Schriftsteller und Schriftstellerverbände

FRIEDHELM KRON

Schriftsteller und Schriftstellerverbände

Schriftstellerberuf und Interessenpolitik 1842—1973

J. B. METZLER STUTTGART

ISBN 3 476 00304 3

 Satz und Druck: Gulde-Druck, Tübingen. Printed in Germany.

Inhaltsverzeichnis

1 Einleitung 1

1.1 Verbände-Soziologie (Organisationssoziologie) 3
1.1.1 Verbandsbegriff und Verbandshandeln 3
1.1.2 Methodologische Aspekte der Analyse des Selbstverständnisses deutscher Schriftstellerverbände 6
1.1.3 Verbände und Gesellschaft 7

1.2 Berufssoziologie 9
1.2.1 Tätigkeitselemente und Tätigkeitsbereiche 9
1.2.2 Versorgungs- und Erwerbschance 12
1.2.3 Qualifikation und Wissen 14
1.2.4 Die Theorie der freien Berufe 22

1.3 Literatursoziologie 27

1.4 Zusammenfassung 29

2 Schriftstellerverbände: Interessen und Schriftstellerberuf 31

2.1 Einleitung 31

2.2 Schriftstellerverbände und ihre Ziele (chronologischer Abriß) 32

2.2.1 Einzelverbände 1842–1933 32
2.2.2 Zusammenschlüsse von Schriftstellerverbänden bis 1933 38
2.2.3 Zäsur in der Entwicklung deutscher Schriftstellerverbände 1933 39
2.2.4 Einzelverbände nach 1945 40
2.2.5 Dachverbände 1947–1973 41
2.2.6 Zusammenfassung 44

2.3 Schriftstellerverbände und das Problem der Integration und Desintegration 46
2.3.1 Appelle an die Solidarität der Schriftsteller 46
2.3.2 Möglichkeiten der Kontrolle und Konfliktlösung 49
2.3.3 Die Realisierung der Kontrolle und Konfliktlösung 54
2.3.3.1 Konflikte zwischen Verbandsleitung und Mitgliedergruppen über die Verbandspolitik 54
2.3.3.2 Konflikte der Verbände mit einzelnen Mitgliedern 57
2.3.3.3 Systematische Darstellung der Realisierungsmöglichkeiten der Kontrolle und Konfliktlösung 59
2.3.4 Beispiele solidarischen Handelns 60
2.3.5 Konkurrenz der Verbände 61
2.3.5.1 Der ›Dilettanten-Vorwurf‹ 61
2.3.5.2 Die Auseinandersetzung über berufspolitische Vorgehensweisen 62
2.3.6 Kooperation der Verbände 67
2.3.6.1 Andere Organisationen als Vorbilder 67
2.3.6.2 Arbeitsgemeinschaften einzelner Schriftstellerverbände untereinander und/oder mit Verbänden anderer künstlerischer und freier Berufe 68
2.3.6.3 Internationale Schriftstellerorganisationen 70
2.3.7 Erklärungsversuche der Zersplitterung durch die Schriftstellerverbände selbst 70

2.3.8 Zusammenfassung 71

2.4 Schriftstellerverbände und Schriftstellerberuf 77
2.4.1 Regelung der Mitgliedsfrage in den Schriftstellerverbänden 77
2.4.2 Definition des Schriftstellerberufs durch die Schriftstellerverbände 88
2.4.3 Zusammenfassung 93

2.5 Schriftstellerverbände und Literatur 96
2.5.1 Organisation und literarische Qualität 96
2.5.2 Literarische Beratung der Mitglieder 98
2.5.3 Repräsentation und Beeinflussung literarischer Werte und Tendenzen . . . 100
2.5.4 Schriftstellerberuf und schriftstellerische Berufsausbildung 111

2.6 Zusammenfassung 114

3 Schriftstellerverbände: Interessenpolitik 119

3.1 Einleitung 119

3.2 Schriftstellerverbände und soziale Interessen der Schriftsteller 120
3.2.1 Die soziale Lage der Schriftsteller (Exkurs) 120
3.2.2 Initiativen deutscher Schriftstellerverbände auf sozialem Gebiet 121
3.2.3 Zusammenfassung 132

3.3 Schriftstellerverbände und rechtliche Interessen der Schriftsteller 136
3.3.1 Die urheberrechtlichen Interessen der Schriftsteller 136
3.3.1.1 Schriftsteller und Urheberrecht (Exkurs) 136
3.3.1.2 Initiativen deutscher Schriftstellerverbände auf urheberrechtlichem Gebiet 138
3.3.2 Die arbeitsrechtlichen Interessen der Schriftsteller 148
3.3.2.1 Schriftsteller und Arbeitsrecht (Exkurs) 148
3.3.2.2 Initiativen deutscher Schriftstellerverbände auf arbeitsrechtlichem Gebiet . 150
3.3.3 Zusammenfassung 152

3.4 Schriftstellerverbände und wirtschaftliche Interessen der Schriftsteller . . . 155
3.4.1 Die wirtschaftlichen Bedingungen literarischer Produktion (Exkurs) 155
3.4.1.1 Literatur als Ware 155
3.4.1.2 Selbst- und Fremdbestimmung der Schriftsteller 163
3.4.1.2.1 Formen der Fremdbestimmung beim Buchhandel 167
3.4.1.2.2 Formen der Fremdbestimmung bei der Presse 172
3.4.1.2.3 Formen der Fremdbestimmung beim Rundfunk (Hörfunk und Fernsehen) 175
3.4.1.3 Zusammenfassung der wirtschaftlichen Bedingungen literarischer Produktion 188
3.4.2 Initiativen deutscher Schriftstellerverbände auf wirtschaftlichem Gebiet . . 190
3.4.2.1 Genossenschaftliche Selbsthilfe 191
3.4.2.2 Tarifliche Arbeits- und Honorarverträge 198
3.4.2.3 Gewerkschaftliche Organisation der Schriftsteller 222
3.4.2.4 Schriftstellerische Kampfmittel 248

3.5 Zusammenfassung 255

4 Schriftstellerverbände: Interessen und Politik 262

4.1 Einleitung 262

4.2 Schriftstellerverbände und Gesellschaft 264

4.2.1 Das Verhältnis deutscher Schriftstellerverbände zu Gesellschaft und Öffentlichkeit . . . 264
4.2.2 Zusammenfassung . . . 275

4.3 Schriftstellerverbände und Staat . . . 280
4.3.1 Das Verhältnis deutscher Schriftstellerverbände zu Staat und Behörden . . 281
4.3.2 Zusammenfassung . . . 299

4.4 Schriftstellerverbände und Politik . . . 303
4.4.1 Geistige und künstlerische Freiheit . . . 303
4.4.2 Gesellschaftspolitisches Engagement . . . 317

4.5 Zusammenfassung . . . 352

5 ERGEBNISSE, PROGNOSEN, PERSPEKTIVEN . . . 362

5.1 Zusammenfassung der Ergebnisse der Untersuchung des Selbstverständnisses deutscher Schriftstellerverbände . . . 362
5.1.1 Ergebnisse in organisationssoziologischer Sicht . . . 363
5.1.2 Ergebnisse in berufssoziologischer Sicht . . . 374
5.1.3 Ergebnisse in literatursoziologischer Sicht . . . 377
5.2 Prognosen über die weitere Entwicklung deutscher Schriftstellerverbände sowie der literarischen Produktion und ihrer Bedingungen . . . 383
5.3 Perspektiven über mögliche Auswirkungen des Wandels im Selbstverständnis deutscher Schriftstellerverbände auf die Rolle der Schriftsteller in der Gesellschaft . . . 387

ANMERKUNGEN . . . 392

QUELLENVERZEICHNIS . . . 446

LITERATURVERZEICHNIS . . . 448

PERSONENREGISTER (enthält zugleich ein Verzeichnis der in dieser Untersuchung berücksichtigten Verbandsrepräsentanten und ihrer Funktionen) . 474

SACHREGISTER . . . 487

Abkürzungsverzeichnis

ADSV	Allgemeiner Deutscher Schriftstellerverband
AFM	Arbeitsgruppe der freien Mitarbeiter
ALAI	Association littéraire et artistique internationale
ARD	Arbeitsgemeinschaft der öffentlich-rechtlichen Rundfunkanstalten der Bundesrepublik Deutschland
ASV	Allgemeiner Schriftstellerverein
B.A.G.	Belletristische Arbeitsgemeinschaft
BDA	Bundesvereinigung deutscher Arbeitgeberverbände
BDI	Bundesverband deutscher Industrie
BdT	Bund der Tarifkämpfer
BPRS	Bund proletarisch-revolutionärer Schriftsteller
BR	Bayerischer Rundfunk
Bundesvereinigung	Bundesvereinigung der deutschen Schriftstellerverbände
CDU	Christlich Demokratische Union
CISAC	Confédération Internationale des Sociétés d'Auteurs et Compositeurs
Comes	Communità Europea Degli Scrittori
CSU	Christlich Soziale Union
DAR	Deutscher Autorenrat des FDA
DAV	Deutscher Autorenverband
DDR	Deutsche Demokratische Republik
DGB	Deutscher Gewerkschaftsbund
dju	Deutsche Journalisten-Union
DJV	Deutscher Journalistenverband
DKP	Deutsche Kommunistische Partei
DSB	Deutscher Schriftstellerbund
DSchV	Deutscher Schriftsteller-Verein
DSG	Deutsche Schriftsteller-Genossenschaft
DSV	Deutscher Schriftstellerverband
FDA	Freier Deutscher Autorenverband
FDGB	Freier Deutscher Gewerkschaftsbund
GELU	Gesellschaft zur Verwertung literarischer Urheberrechte
GEMA	Gesellschaft für musikalische Aufführungs- und mechanische Vervielfältigungsrechte
IG	Industriegewerkschaft
IWG	International Writers Guild
KlA	Kartell lyrischer Autoren
Koordinations-ausschuß	Koordinationsausschuß der deutschen Schriftstellerverbände
NDR	Norddeutscher Rundfunk
NPD	Nationaldemokratische Partei Deutschlands
NS	Nationalsozialismus
NWDR	Nordwestdeutscher Rundfunk
OSDS	Opposition im SDS
RDS	Reichsverband Deutscher Schriftsteller
RFFU	Rundfunk-Fernseh-Film-Union
RSK	Reichsschrifttumskammer
RWR	Reichswirtschaftsrat, vorläufiger
SBS	Schutzverband Berliner Schriftsteller
SDA	Schutzverband Deutscher Autoren
SDR	Süddeutscher Rundfunk

SDS	Schutzverband deutscher Schriftsteller
SGW	Schriftsteller-Genossenschaft Weimar
SPD	Sozialdemokratische Partei Deutschlands
SR	Saarländischer Rundfunk
SvDS	Schutzverein deutscher Schriftsteller
SWF	Südwestfunk
VDA	Verband Deutscher Autoren
VDBB	Verband Deutscher Bühnenschriftsteller und Bühnenkomponisten
VDE	Verband Deutscher Erzähler
VDF	Verband Deutscher Filmautoren
VDJS	Verband Deutscher Journalisten- und Schriftstellervereine
VdK	Verband deutscher Kritiker
VdÜ	Verband deutscher Übersetzer
Vereinigung	Vereinigung Deutscher Schriftstellerverbände, Vereinigung der deutschen Schriftstellerverbände
VG Wort	Verwertungsgesellschaft WORT
VLU	Verwertungsgesellschaft für literarische Urheberrechte
VS	Verband deutscher Schriftsteller
WAV	Westdeutscher Autorenverband
WDR	Westdeutscher Rundfunk
WMT	Weimarer Mindest-Tarif
WSB	Weimarer Schriftsteller-Bund
ZDF	Zweites Deutsches Fernsehen

1 Einleitung

Die Gründung des »Verbandes deutscher Schriftsteller (VS)« am 8. 6. 1969 sowie seine Entwicklung bis zu seinem Beitritt zur Industriegewerkschaft Druck und Papier am 20. 1. 1973 haben in der interessierten Öffentlichkeit eine breite Resonanz gefunden, wobei ein reges Interesse an der geschichtlichen Herleitung der neueren Entwicklung wach wurde. Dieses Interesse sowie die Tatsache, daß die Literatur über die Entwicklung der deutschen Schriftstellerverbände in systematischer Hinsicht höchst unzureichend und in historischer Sicht äußerst lückenhaft ist, rechtfertigen eine umfassende, systematische Untersuchung der deutschen Schriftstellerverbände. [1] Das Interesse der hier vorgelegten Arbeit ist, literatursoziologische Erkenntnisse über das berufspolitische Engagement deutscher Schriftsteller und die Organisierbarkeit dieser Berufsgruppe zu gewinnen. Da die schriftstellerische Existenz jedoch nicht von der Literatur und die Literatur nicht von ihren Produktionsbedingungen abstrahiert werden soll, muß die Frage nach dem berufspolitischen Engagement der Schriftsteller mit einer eingehenden Analyse der schriftstellerischen Existenzbedingungen verbunden werden, wobei literaturspezifische Probleme, insbesondere die der literarischen Produktion nicht ausgeklammert werden können.

Anhand der neuesten Entwicklung der deutschen schriftstellerischen Berufsorganisationen, insbesondere des Beitritts des VS zur IG Druck und Papier, geht diese Untersuchung von der Arbeitshypothese aus, daß die Entwicklung der schriftstellerischen Produktionsbedingungen die Chance der Schriftstellerverbände erhöht hat, durch den Zusammenschluß verschiedener Gruppeninteressen innerhalb der Kulturindustrie tatkräftig für die beruflichen Interessen der Schriftsteller einzutreten. Dieser Arbeitshypothese liegt die Überlegung zugrunde, daß das Realitätsverhältnis der Schriftstellerverbände, d. h. die realistische Einschätzung ihrer Ausgangsbedingungen, eine wesentliche Voraussetzung ihrer berufspolitischen Erfolgschance ist. Das Realitätsverhältnis selbst steht wiederum in unmittelbarem Zusammenhang mit dem Selbstverständnis der Verbände, d. h. mit der Art und Weise, wie sie sich gegenüber der Berufswirklichkeit ihrer Mitglieder einerseits, den Zielen und Methoden der Adressaten ihrer Forderungen sowie beider Stellung innerhalb der Gesamtgesellschaft andererseits einordnen. Die dieser Arbeit zugrunde liegende These kann somit genauer spezifiziert werden: Die deutschen Schriftstellerverbände haben, bedingt durch die Entwicklung der Kulturindustrie, die Arbeitsbedingungen der Schriftsteller und somit die Ausgangsbedingungen ihrer berufspolitischen Arbeit realistisch einschätzen gelernt. Erst nachdem sich die die Verbandsarbeit tragenden Schriftsteller in zunehmender Weise als wirtschaftlich abhängige Produzenten von Wortbeiträgen für die Kulturindustrie begriffen haben und infolge des damit verbundenen Wandels vom Selbstverständnis eines autonomen Schriftstellers zum Selbstverständnis eines in wirtschaftlicher Abhängigkeit arbeitenden Schriftstellers, konnten sie sich zu einer konsequenten, gewerkschaftlichen Konzeption ihrer Berufspolitik entschließen. Die Verbindung ihrer Interessen mit den Interessen der übrigen Arbeiterschaft innerhalb der Kulturindustrie gibt ihnen die Chance, wirksam für eine Verbesserung der schriftstellerischen Arbeits- und Honorarbedingungen zu kämpfen.

Zur Überprüfung dieser These müssen die folgenden literatursoziologischen Untersuchungen in Zusammenhang mit zwei Bereichen wissenschaftlicher Forschung gestellt werden: da erstens die Schriftstellerverbände hier als schriftstellerische Interessenorganisationen untersucht werden, soll ein spezifischer Bereich der Organisationssoziologie, die Verbände-Forschung auf mögliche Anregungen hin berücksichtigt werden. Um zweitens die Schriftstellerverbände als spezifische Berufsverbände kennzeichnen zu können, soll der Frage nach der schriftstellerischen Tätigkeit als Beruf anhand berufssoziologischer Kategorien eine zentrale Bedeutung zukommen.

1.1 Verbände-Soziologie (Organisationssoziologie)

1.1.1 Verbandsbegriff und Verbandshandeln

Diese Untersuchung benutzt den Verbandsbegriff des neueren soziologischen Sprachgebrauchs, nach dem Verband einen Interessenverband, eine pressure group oder Lobby bezeichnet, eine Organisationsform also, die M. Weber im Gegensatz zum Verband seiner Terminologie als Verein, bzw. vereinbarten Verband bezeichnet hat, wobei die wichtigsten Kriterien des Vereins seine ›rational gesatzte Ordnung‹, d. h. seine spezifische Zweckbestimmung und die freiwillige, auf persönlichem Beitritt beruhende Mitgliedschaft sind. [2] Ein derartiger ›Zweckverein‹ war somit für M. Weber »eine nach Absicht und Mitteln rein auf Verfolgung sachlicher (ökonomischer oder anderer) Interessen der Mitglieder abgestellte Vereinbarung kontinuierlichen Handelns«. [3] Unter Verbänden werden also in dieser Untersuchung Zweckvereine verstanden, die entsprechend auch der neueren Terminologie gegliederte soziale Gebilde mit einem angebbaren, in der Regel freiwilligen Mitgliederkreis und interner Rollendifferenzierung darstellen, die bewußt auf spezifische Zwecke und Ziele ausgerichtet und im Hinblick auf die Verwirklichung dieser Zwecke und Ziele zumindest der Intention nach rational gestaltet sind. [4]

Anhand dieser Definition können bereits erste Einschränkungen und besondere Fragestellungen für diese Arbeit entwickelt werden: Erstens sollen nur diejenigen Schriftstellerverbände Gegenstand der Untersuchung sein, die als ihren Zweck primär die Vertretung der wirtschaftlichen Berufsinteressen ihrer Mitglieder festgelegt haben und nicht wie z. B. Akademien und schriftstellerische Freundeskreise primär der Pflege der Sprache und Dichtkunst oder wie z. B. der PEN-Club primär der politischen Forderung nach schriftstellerischer Freiheit dienen.

Zweitens erwachsen aus der freiwilligen Mitgliedschaft und der Rollendifferenzierung weitere Gesichtspunkte. Eine der Erkenntnisse der Verbände-Forschung ist, daß im Kampf um die Interessen der Verbände u. a. die Zahl der Mitglieder und ihre Geschlossenheit eine zentrale Rolle spielen [5], doch hängt die Frage, ob z. B. Angehörige einer Berufsgruppe ihrem Berufsverband beitreten, von den Einstellungen der potentiellen Mitglieder zum Organisationsziel des Verbands und den persönlichen Motiven für einen Beitritt zusammen. So muß jede derartige Organisation Anreize zum Beitritt liefern, sei es durch persönliche Vorteile wie Rechtsschutz und Interessenvertretung, sei es durch Befriedigung persönlicher Bedürfnisse nach Prestige, Einfluß oder sozialem Kontakt. In diesem Zusammenhang ist wichtig, daß zwischen der Befürwortung oder Ablehnung der Organisationsziele und einer Beteiligung an der Organisation keine direkte Entsprechung bestehen muß; potentielle Mitglieder, die das Ziel der Organisation für gut und erstrebenswert halten, brauchen deshalb noch nicht beizutreten, und umgekehrt können Personen aufgrund ihrer persönlichen Bedürfnisbefriedigung durch Zugewinn an Prestige oder Einfluß einem Verband beitreten, ohne seine Ziele voll zu unterstützen. [6] In den verschiedenen und z. T. auch gegensätzlichen persönlichen Einstellungen und Motiven, die zur Mitgliedschaft in einem Verband führen können, liegt der Ansatz des Problems der Integration und Desintegration oder des funktionalen und dysfunktionalen Verhaltens der Mitglieder in ihrem Verband. Ein Verband, der seine Politik so einrichten muß, daß er möglichst viele Mitglieder gewinnt und möglichst wenige verliert, muß andererseits dafür sorgen, daß er sich im Interesse seiner kontinuierlichen Verbandspolitik gegen Mitglieder schützt, die durch dysfunktionales Verhalten die notwendige Selbstregulierung und Selbstreproduktion des Verbandes stören könnten, wobei der Ausschluß aus dem Verband als höchstmögliche negative Sanktion gegen ein Fehlverhalten angesehen werden muß. Inwiefern diese Sanktion jedoch wirksam werden, d. h. zu einem nachhaltig spürbaren Nachteil führen kann, hängt wiederum vom Leistungsangebot der Verbände und von der persönlichen Bedeutung ab, die die Mitgliedschaft für die betroffene Person hat. Man kann jedoch davon ausgehen, daß die Schriftstellerverbände wie die meisten auf freiwilliger Mitgliedschaft beruhenden Vereine nur über begrenzte Machtmittel und nur über einen reduzierten Zwangsapparat verfügen, um ihren Mitgliedern ihre Ordnungsvorstellungen aufoktroyieren zu können. Vielmehr liegt ein entscheidender Faktor für den Zusammenhalt eines Zweckvereins u. a. im Führungsstil seiner leitenden Repräsentanten, der sich sowohl auf das rollenkonforme Verhalten der Mitglieder als auch auf ihre Einstellung der Organisation gegenüber auswirkt. [7] Somit gewinnt das Verbandshandeln eine besondere Bedeutung für den Zusammenhalt einer Organisation, wobei unter Verbandshandeln nur das Handeln der Verbandsleitung und ihres Verwaltungsstabes sowie alles von ihm geleitete verbandsbezogene Handeln verstanden werden soll. [8]

Man kann davon ausgehen, daß in das Selbstverständnis der Verbände auch das individuelle Selbstverständnis der Verbänderepräsentanten eingeht, was aber unproblematisch bleibt, solange die Repräsentanten Mehrheiten hinter sich vereinen können und somit ein mehrheitliches Selbstverständnis repräsentieren. Gemäß der Tatsache, daß die meisten Verbände nicht aus einem spontanen Konsensus ihrer späteren Mitglieder entstanden sind sondern von einem kleinen Kern aktiver Personen aufgebaut wurden, die später erst potentielle Mitglieder heranziehen und überzeugen mußten, kann man davon ausgehen, daß die Führungsgruppen einer Organisation im allgemeinen dem Verbandsziel gegenüber positiver eingestellt sind als die übrigen Mitglieder [9], auch wenn Autoren wie R. Michels, V. Pareto und J. Schumpeter, deren Beobachtungen und Überlegungen Ph. Herder-Dorneich in entsprechendem Zusammenhang referiert hat, dargelegt haben, daß Führung und Geführte in den Verbänden nahezu unabhängige Gruppen seien (R. Michels), daß die Führung jederzeit durch eine neue, herandrängende Elite austauschbar ist (V. Pareto) oder daß die Führung im Laufe ihrer Amtsführung ihr eigenes Interesse entwickelt, die beim Wandel zur berufsmäßigen Führung zum eigenständigen Berufsinteresse wird (J. Schumpeter). [10] In neueren Abhandlungen wurde positiv bewertet, daß es sich bei der Erfüllung der leitenden Verbandsfunktionen nicht nur um die Vertretung der Interessen nach außen, sondern auch um eine Formung der Interessen, um eine Willensbildung nach innen handelt, wobei den Funktionsträgern eine Bandbreite eigener Initiativen zugesprochen wurde, innerhalb derer sie mit positiven Reaktionen seitens der Verbandsmitglieder rechnen können, und die ihnen die Möglichkeit gibt, durch ihr eigenes Verhalten ihre Rolle mitzubestimmen. [11]

Das hiermit angeschnittene Problem der Rollendifferenzierung soll zu der Frage nach den Möglichkeiten der hier untersuchten deutschen Schriftstellerverbände führen, ihren selbstgesetzten Zielen gemäß zweckrational zu handeln. Eine Organisationsform muß dann als zweckmäßig angesehen werden, wenn sie bei gegebenen Ausgangsbedingungen und einem bestimmten Aufwand an Mitteln eine höchste kontinuierliche Leistung gewährleistet. Dazu muß sie erstens ihre Mittel so einsetzen, daß vor allem die Zahl und die Leistungswilligkeit ihrer Mitglieder erhalten oder gar erhöht werden kann, zweitens muß sie versuchen, das notwendige Maß an Integration im Verband zu bewahren und Spannungen, Konflikte und Desintegrationserscheinungen auf ein Minimum zu beschränken, drittens muß sie sich in ihren wechselseitigen Beziehungen zur Umwelt adäquat verhalten, sie muß schließlich viertens anpassungsfähig sein, um ohne Verlust ihrer Integrität auf mögliche Veränderungen ihrer Umweltbedingungen reagieren zu können. [12] Aus der Antwort auf die Frage nach den Erfolgen der Verbände, sich zweckmäßig zu organisieren, kann unmittelbar auf ihre Werthaltungen oder besser auf ihr ›Wertklima‹ geschlossen werden, worunter R. Mayntz die unter den Mitgliedern vorherrschenden Werthaltungen versteht, die zwar selber kein formaler Bestandteil der Organisationsziele sein müssen, die jedoch diese Ziele und das Handeln in der Organisation und das Verbandshandeln beeinflussen. [13] Aus diesem Handeln kann wiederum geschlossen werden, ob die jeweiligen Verbände mehr zweckrational, wertrational oder traditional orientiert sind. Der zweckrational motivierte Verband wird sein Handeln nach M. Webers Definition nach seinem Zweck, den ihm zur Verfügung stehenden Mitteln sowie den erwarteten Folgen und Nebenfolgen orientieren und dabei diese Orientierungspunkte gegeneinander rational abwägen. Dagegen ist wertrationales Handeln »durch den bewußten Glauben an den – ethischen, ästhetischen, religiösen oder wie immer sonst zu deutenden – unbedingten *Eigen*wert eines bestimmten Sichverhaltens rein als solcher und unabhängig vom Erfolg« geprägt, und traditionales Handeln ist bestimmt von der eingelebten Gewohnheit, es ist »ein dumpfes, in der Richtung der einmal eingelebten Einstellung ablaufendes Reagieren auf gewohnte Reize«. [14]

Die Wertorientierung der Verbände, die sowohl zweckrational als auch wertrational und traditional ausgeprägt sein kann, soll neben den selbstgesetzten Zielen der Schriftstellerverbände und neben ihrem schriftstellerischen Berufsbegriff und Literaturverständnis als dritter wesentlicher Bestandteil ihres Selbstverständnisses herausgearbeitet werden. Dabei muß darauf hingewiesen werden, daß in der Literatur zum Verbändewesen die Begriffe Selbstverständnis, Selbstbild und Ideologie häufig synonym oder in engem Bedeutungszusammenhang verwendet werden. [15] In der hier vorliegenden Arbeit werden die Begriffe Selbstverständnis und Selbstbild im Sinne einer wertfreien Wiedergabe der Verbandsaussagen verwandt. Von Ideologien soll nur dort gesprochen werden, wo Werthaltungen und Zielvorstellungen zum Ausdruck kommen, die über die engen satzungsgemäßen Interessen der jeweiligen Verbände hinausgehen.

1.1.2 Methodologische Aspekte der Analyse des Selbstverständnisses deutscher Schriftstellerverbände

Aus der bisherigen Verbändeforschung sind in methodologischer Hinsicht zwei Publikationen zu nennen, die thematisch mit der hier vorgelegten Arbeit verwandt sind: unter dem Titel »Das Selbstbild der Verbände« untersuchte G. Schmölders mittels einer Befragung wirtschaftliche Interessenverbände der Bundesrepublik [16] und in einer anderen Arbeit untersuchte K.-O. Hondrich unter dem Titel »Die Ideologien von Interessenverbänden« das Selbstbild des BDI, BDA und DGB durch Inhaltsanalysen von Geschäftsberichten, Kongreßprotokollen und Reden, die als offizielle Verbandsäußerungen gelten konnten. [17] Von den beiden genannten Arbeiten kann nur die von K.-O. Hondrich für diese Untersuchung methodologisch vorbildhaft sein. Aus ihr wird der Ansatz übernommen, nach dem die offiziellen Äußerungen von Verbandsvertretern, soweit sie in Geschäftsberichten, Kongreßprotokollen, Reden und Resolutionen schriftlich niedergelegt sind, erstens die Meinung der Verbände darstellen, zweitens an alle Bezugsgruppen der Verbände gerichtet sind, drittens erkennen lassen, welche Bedeutung die Verbände einzelnen Fragen beimessen und viertens durch regelmäßige Wiederholung oder durch Fortfall Konstanten und Variable in den Verbandsäußerungen sichtbar machen. [18]

Da die hier vorgelegte Arbeit zeitlich zu weit zurückreicht, um für den gesamte Zeitraum Verbände-Repräsentanten befragen zu können, muß notwendigerweise auf schriftliche fixiertes Quellenmaterial zurückgegriffen werden. Um die Einheitlichkeit des Materials zu wahren, wird auch für die gegenwärtige Entwicklung der deutschen Schriftstellerverbände gleiches Quellenmaterial verwandt. Dabei wird folgende Gewichtung des Materials vorgenommen: wesentliche Grundlage der Analyse deutscher Schriftstellerverbände sollen diejenigen Dokumente sein, die das Verbandshandeln betreffen. Dies sind insbesondere 1. die Verbandssatzungen, Geschäftsordnungen und alle weiteren satzungsmäßigen Grundlagen des Verbandshandelns, 2. Beschlüsse und Resolutionen der Mitgliederversammlungen sowie 3. Beschlüsse und Resolutionen der Verbandsvorstände. Diese primären Quellen werden, soweit sie wörtlich zitiert werden, drucktechnisch innerhalb des Textes hervorgehoben. Als zweite Grundlage der Analyse gelten die Dokumente, die als Ausdruck verbandsbezogenen Handelns angesehen werden. Dies sind insbesondere 1. persönliche Aussagen von Verbandsrepräsentanten auf Verbandsveranstaltungen und ihre persönlichen Kommentare zum Verbandsgeschehen, 2. persönliche Aussagen und Kommentare von Verbandsmitgliedern, die nachweislich am Meinungsbildungsprozeß innerhalb der Verbände beteiligt waren und 3. Diskussionsbeiträge von Mitgliedern innerhalb der Verbände, soweit sie Kongruenzen und Differenzen innerhalb des Verbandsgeschehens verdeutlichen können.

Wenn auch in dieser Arbeit auf die Anfänge schriftstellerischer Berufsorganisationen zurückgegangen wird, ist es nicht das Ziel dieser Untersuchung, eine historisch lückenlose Darstellung der Entwicklung der deutschen Schriftstellerverbände zu geben, vielmehr sollen exemplarisch die Gesichtspunkte herausgegriffen werden, die Rückschlüsse auf das jeweilige Selbstverständnis der Verbände und das berufspolitische Engagement ihrer Mitglieder zulassen.

Grundsätzlich versteht sich diese Untersuchung als empirische Arbeit ex-post-facto, wobei das vorgefundene Material historisch-analytisch angegangen werden soll. Aufgrund der Besonderheit des Materials, das nahezu pointillistisch aus den verschiedenen Quellen zusammengetragen und wiederum in seine Einzelbestandteile zerlegt werden muß, empfiehlt sich eine induktive Vorgehensweise: nachdem das Material unter den verschiedenen Gesichtspunkten ausgebreitet ist, sollen aus ihm anhand der in dieser Einleitung entwickelten Kategorien Schlüsse gezogen werden. Gegenstand der Analyse wird dabei nicht das Individuum im Verband, sondern der Verband als Gruppe sein, wobei das zielgerichtete Verhalten der Gruppenmitglieder sowohl als soziale Beziehung der Mitglieder untereinander als auch als soziale Beziehung der Gruppe gegenüber anderen, außen stehenden Gruppen und gegenüber der Gesamtgesellschaft betrachtet werden soll.

Ausgehend von der Arbeitshypothese und der Definition von Zweckvereinen sollen diejenigen Schriftstellerverbände als zweckrational definiert werden, die ihr Verhalten so einrichten, bzw. die die ihnen zur Verfügung stehenden Mittel so einsetzen, daß sie ihre selbstgesetzten Ziele auch tatsächlich erreichen, oder die umgekehrt nur solche Ziele in ihre Satzungen aufnehmen, die sie auch tatsächlich zu erreichen vermögen. Verbände, die dieser operationalen Definition nicht entsprechen, können nicht als zweckrational, sondern entweder als wertrational oder traditional motiviert angesehen werden, wobei wiederum ein wertrational motivierter Verband die Repräsentation gemeinsam angenommener Werte höher stellt als das Erreichen der selbstgesetzten Ziele und ein sich traditional verhaltender Verband sich weder zweckrational noch wertrational entscheidet, sondern lediglich nach überkommenen Gewohnheiten handelt.

Über die Analyse der Zweckrationalität deutscher Schriftstellerverbände hinaus wird es eine weitere wichtige Aufgabe sein, Erklärungsmöglichkeiten für das jeweilige Verhalten der Verbände zu suchen, wobei nach den dem Verbandshandeln zugrunde liegenden kognitiven Strukturen gefragt werden soll.

1.1.3 Verbände und Gesellschaft

Seit Mitte der 50er Jahre ist in der Bundesrepublik eine Vielzahl von Publikationen zum Thema Verbände erschienen, die in die Diskussion über die Struktur des Staates unter dem Stichwort Pluralismus eingeordnet werden können. Hierbei wird ausgegangen von dem komplexen Gesellschaftssystem westlicher Prägung, in dem mehr oder weniger stabile und organisierte Gruppen durch Mit- oder Gegeneinanderwirken versuchen, ihre Interessen in den Entscheidungsprozeß der staatlichen Gremien einzubringen. [19] Diese Mitwirkung der Verbände kann infolge des Strukturwandels der bürgerlichen Öffentlichkeit als Begleiterscheinung des Machtzuwachses der Verwaltung im Sozialstaat angesehen werden, wobei der zunehmenden Dezentralisierung staatlicher Macht die Übertragung der Machtausübung auf die Verwaltung einerseits und auf Parteien und Verbände andererseits entspricht. [20] Pluralismus könnte demnach in etwa definiert werden als ein gleichberechtigtes Nebeneinanderwirken mehrerer sozialer Gruppen innerhalb einer staatlichen Gemeinschaft, bei dem keiner Gruppe ein Monopol auf die Definition des Gemeinwohls zusteht. [21]

Diese in der Sache weithin inzwischen anerkannte Definition wurde und wird in verschiedenen Diskussionsbeiträgen überlagert durch normative Komponenten, Wertungen, die von skeptischer Kritik an der ›Herrschaft der Verbände‹ [22] bis zu idealistischer Verklärung der ›ordnungspolitischen Bedeutung des Verbandswesens‹ in einer ›Verbands-Gesellschaft‹ [23] reichen. Beide Standpunkte sind hier nur insofern interessant, als sie zwei heterogene Grundeinstellungen dem Verbändeproblem gegenüber wiedergeben. Beide gehen aus von einer ihnen entsprechenden Idee vom Staat: die eine von einer Nostalgie nach einem Staat, der durch mehr Autorität und institutionelle Festigkeit dem Drängen der Verbände standhält, die andere von einem ständisch-korporativen Leitbild, in der die Gruppengegensätze sich in ihrem Gegeneinander ausgleichen. [24]

Insofern die hier vorgelegte Untersuchung auch die Selbsteinordnung der Schriftstellerverbände in die Gesamtgesellschaft zum Gegenstand hat, gewinnen die aufgezeigten Grundeinstellungen zum Verbändeproblem und somit die Frage eine entscheidende Bedeutung, welche Staatsidee und somit welches Gesellschaftsbild dem Selbstverständnis der jeweiligen deutschen Schriftstellerverbände zugrunde liegt. Dies gilt insbesondere, da die Macht und somit die Erfolgschance von Interessenverbänden nicht nur von der Zahl ihrer Mitglieder und ihrer Homogenität anhängt, sondern auch von ihrer Resonanz in anderen Bevölkerungsgruppen, vom Prestige der Verbände bzw. dem Prestige der in ihnen organisierten Gruppe und ihrer Führung und von dem mit beidem verbundenen Aktionsradius ihrer Aktivitäten und der Wirksamkeit ihrer Propaganda, sowie von ihren Querverbindungen zu Parteien und Regierungs- wie Verwaltungsstellen, von ihren wechselseitigen Abhängigkeiten und persönlichen Beziehungen. [25]

1.2 *Berufssoziologie*

Um den potentiellen Mitgliederkreis der Schriftstellerverbände umreißen und somit ihre berufsspezifischen Interessen herausarbeiten zu können, muß die Frage nach dem Schriftstellerberuf in diese einleitenden Überlegungen mit einbezogen werden. Dies gilt insbesondere schon deshalb, weil die Frage nach dem Beruf soziologisch ihre Bedeutung dadurch gewinnt, daß die Einordnung einer Person in die Gesellschaft u. a. durch den Komplex von Tätigkeiten und von den mit ihnen verbundenen Rechten und Pflichten mitbestimmt wird, der die Berufstätigkeit des Einzelnen ausmacht. [26]

1.2.1 *Tätigkeitselemente und Tätigkeitsbereiche*

Wiederholt wurde behauptet, schriftstellerische Tätigkeit lasse sich als Beruf nicht definieren, da die Tätigkeitsbereiche aller berufsmäßig Schreibenden zu viele verschiedene Aufgaben umfaßten. [27] In der Erfassung der Tätigkeitsbereiche kann jedoch nicht die Hauptschwierigkeit einer Definition des Schriftstellerberufs gesehen werden, da bei allen Berufen, auch bei den Schriftstellern, Abgrenzungen mit ausreichendem Genauigkeitsgrad vorgenommen werden können, wenn Arbeitsplätze, Tätigkeitselemente und -bereiche sowie erforderliche Qualitäten beschrieben werden. [28] Während in der Weimarer Zeit die Beschreibung schriftstellerischer Tätigkeit nicht von normativen Vorstellungen getrennt wurde [29], wurden nach dem 2. Weltkrieg in der Bundesrepublik mehrere Klassifikationsmodelle der Berufe entwickelt, die auch den Beruf des Schriftstellers erfaßten. Seit 1949 wurden mehrere Versuche unternommen, auch den Schriftstellerberuf zu verschiedenen statistischen Zwecken in seinen Erscheinungsformen systematisch zu erfassen. [30] Besonders aufschlußreich hierbei ist die vom Bundesministerium für Arbeit und Sozialordnung 1966 herausgegebene »Klassifizierung der Berufe«, die eine systematische Ordnung der Berufsbenennungen auf die Erscheinungsformen des heutigen Berufslebens abzustellen und dem ständigen Wandel, in dem sich diese Erscheinungsformen befinden, anzupassen versuchte. [31] Hier wurden die einzelnen schriftstellerischen Berufsaufgaben nach den ihnen zugehörigen Arbeitsverrichtungen untergliedert wie: das Verfassen von unterhaltenden, bildenden und berichtenden Arbeiten zur Publikation in Wort, Schrift oder Bild, sowie das Abfassen von Beiträgen für Rundfunk und Fernsehen. Ihre Arbeitsvorrichtungen hierzu wurden folgendermaßen beschrieben: »Sie verfassen bildende und unterhaltende literarische Werke für Bühne, Film, Rundfunk, Fernsehen oder für eine Veröffentlichung im Druck; arbeiten Abhandlungen über wissenschaftliche, technische und praktische Themen zur Veröffentlichung aus; rezensieren Schrift- oder Kunstwerke; liefern Bild- oder Textberichte über aktuelle Ereignisse, Länder und Wissensgebiete zur Unterrichtung der Öffentlichkeit [...].« [32] Wichtig ist, daß hier erstmals Rundfunk- und Fernsehautoren offiziell mit unter die Kategorie Schriftsteller aufgenommen wurden. [33] Das 1967 vom Statistischen Bundesamt herausgegebene »Handbuch der Tätigkeitselemente« analysierte Berufe als ›ausgeübte Tätigkeiten‹ nach ihrem Wie, Was und Warum (muß Wozu heißen!) in bezug auf Arbeitsfunktionen, Tätigkeitsfelder sowie auf Materialien, Erzeugnisse, Fachgebiete und Dienstleistungen. [34] Die Arbeitsfunktion der Schriftsteller wurde hier als Kombinieren von Ideen und Informationen zum Schreiben von Texten aller Art verstanden, wobei unter Kombinieren das folgerichtige Zusammenführen von Ergebnissen und Datenanalysen zu einem Gesamtbild verstanden wurde, »um [...] Fakten zu ermitteln und/oder Erkenntnisse zu erschließen, Konzeptionen zu entwikkeln oder Auslegungen (Deutungen) zu erarbeiten.« [35] Wenn in diesem Handbuch als Tätigkeitsfeld der Schriftsteller ausschließlich das Verfassen und das Publizieren von Texten in Schriftform [36], dementsprechend als Materialien, Erzeugnisse, Fachgebiete und Dienstleistungen nur Werke der Literatur und Philosophie [37] genannt werden, kann, ohne die grundsätzlichen Ausführungen über die Tätigkeitselemente zu verfälschen, das Feld der Tätigkeiten auch auf das Publizieren durch Funk und die Materialien auf ein breiteres Spektrum der Literatur und der mit ihr verbundenen Wissenschaften erweitert werden.

Speziell die Aufgabenbereiche und Tätigkeitselemente von Wortautoren als freien Mitarbeitern beim Rundfunk (Hörfunk und Fernsehen) sind in einer Publikation der Rundfunk-Fernseh-Film-Union (RFFU) im DGB aufgeführt [38], es würde jedoch zu viel Platz in Anspruch nehmen, sollten diese Bezeichnungen, Tätigkeiten und Aufgabenbereiche hier wiedergegeben werden.

Während bis jetzt nur die möglichen schriftstellerischen Tätigkeitsbereiche aufgezeigt worden sind, soll nun nach dem tatsächlichen Anteil der jeweiligen Bereiche an der schriftstellerischen Produktion gefragt werden. Dabei ist der häufig anzutreffenden Ansicht zu widersprechen, nach der Schriftsteller in der Hauptsache durch das Verfassen von Büchern gekennzeichnet ist. Schon in den 20er Jahren war das Bücherschreiben nur noch selten die Haupterwerbsquelle für Schriftsteller, wurde aber dennoch als ihr idealer Tätigkeitsbereich angesehen. [39] Doch selbst im Bereich der Buchproduktion muß stark differenziert werden: so wurde z. B. für das Jahr 1970 vom »Börsenverein des deutschen Buchhandels« eine Buchtitelproduktion von insgesamt 47 096 für die Bundesrepublik angegeben, die in 25 Sparten unterteilt wurde, wobei die ›schöne Literatur‹ global zusammengefaßt als am stärksten vertretene Sparte nur 19,5 % erfaßte. [40] Diese 19,5 % werden im folgenden auf 100 % gesetzt, von denen dann ein relativ hoher Anteil von 23,4 % auf Flugblätter und Broschüren mit einem Umfang von einer bis 48 Seiten entfiel [41], eine Tatsache, die den hohen Anteil der sogenannten Groschen-Hefte in diesem Bereich kennzeichnet. Weitere 29,7 % im Bereich der ›schönen Literatur‹ entfielen auf Übersetzungen aus dem Ausland, 15,6 % auf Neuauflagen [42] und 25,8 % auf die Taschenbuchproduktion [43]. Von der Taschenbuchproduktion (= 100 %) entfielen wiederum 63,9 % auf Übersetzungen und 25,4 % auf Taschenbuchneuauflagen [44], wobei die Taschenbuchproduktion ohnehin zu größtem Teil durch Ausgaben bereits früher in gebundener Form erschienener Werke gekennzeichnet ist. Bedenkt man diese Verteilung der einzelnen genannten Gruppen auf die gesamte Produktion von Buchausgaben der ›schönen Literatur‹, so bleiben bei der Möglichkeit von Überschneidungen etwa nur 25 % übrig. Von den 9181 Titeln in diesem Bereich waren es somit nur ca. 2600 Erstauflagen von Büchern von einem Umfang von über 48 Seiten, was einem Zwanzigstel (5 %) der gesamten Buchproduktion entsprach. Verglichen mit der Zahl von ca. 7000 hauptberuflichen Schriftstellern und weit mehr Autoren im Nebenberuf [45] zeigt sich, daß selbst im Bereich der Buchproduktion die ›ideale‹ schriftstellerische Tätigkeit, das Verfassen schöngeistiger Literatur, einen sehr geringen Anteil ausmacht. Diese Angaben und die Tatsache, daß die Buchproduktion für Autoren auch heutzutage eine untergeordnete Rolle spielt, zeigen auch die Ergebnisse der SPIEGEL-Enquete. Sie führen in den Angaben aller befragten Autoren über die Art ihrer Produktion in den letzten drei Jahren mit 15 und 13 % der Nennungen das fachwissenschaftliche und das Sachbuch erst an 10. und 11. Stelle auf. Romane liegen mit 11 % an 13. Stelle, wobei die Heftromane mitberücksichtigt sind. An 17. Stelle rangiert das Politische Buch. Dagegen sind die fünf am häufigsten genannten Tätigkeitsbereiche Feuilleton-Beiträge (37 %), Rezensionen (35 %), Leitartikel (29 %), Lesungen (29 %) und Dokumentarberichte (27 %). Die Bereiche der ›schönen Literatur‹ finden sich an 8. Stelle (Erzählungen/Stories 19 %), an 13. Stelle (Roman 11 %), an 14. Stelle (Hörspiel 10 %), an 15. Stelle (Lyrik 9 %) und schließlich an 19. Stelle (Drama 5 %). Fernsehfeatures (12 %), Filmdrehbücher (14 %), Werbe- und Public-Relation-Texte (10 %) rangieren neben Roman, Hörspiel und Lyrik im Mittelfeld der literarischen Produktion. [46] Aufgeschlüsselt nach Medienbereichen, für die die Autoren tätig sein können, haben Presse und Rundfunk den höchsten Stellenwert als schriftstellerische Tätigkeitsfelder. Von den hauptberuflichen Autoren waren 1970 bei Mehrfachnennungen 53 % für Tages- und Wochenzeitungen und jeweils 25 % für Publikumszeitschriften (Illustrierte) und Fach- sowie Spezialzeitschriften tätig. 50 % arbeiteten für den Hörfunk und 32 % für das Fernsehen. Im Bereich der Buchproduktion schrieben 31 % an belletristischen oder Sachbüchern, 9 % an wissenschaftlichen Büchern, 10 % waren im Bereich Jugend- und Kinderbuch und 2 % im Bereich Schulbuch tätig. 8 % der Autoren arbeiteten an Heftromanen, 7 % an Filmdrehbüchern, 6 % schrieben für Bühnen. An sonstiger Autorentätigkeit bleibt zu nennen, daß 4 % für Behörden und Ministerien tätig waren, 8 % für Firmen und Industrie und sogar 10 % für Verbände und Gewerkschaften. [47] Die volle Bedeutung dieser Tätigkeitsbereiche für die Existenz der Schriftsteller kann jedoch erst anhand der Angaben ermessen werden, die über sie als schriftstellerische Einkommensbereiche Auskunft geben. Auf die Frage, aus welchen zwei Bereichen die hauptberuflichen Autoren 1970 ihre relativ meisten Einkünfte bezogen, wurde das Fernsehen von 76 % der Befragten genannt, der Hörfunk von 62 %, Tages- und Wochenpresse von 54 %, Belletristik und Sachbuch von 52 % und Fach- sowie Spezialpresse von 38 %. [48] Es zeigt sich somit deutlich, daß von den möglichen schriftstellerischen Tätigkeitsbereichen Rundfunk und Presse in der Berufswirklichkeit dominieren, wobei die meisten Autoren für mehrere Bereiche zugleich arbeiten. Bei der Nennung der beiden wichtigsten Einkommenbereiche pro Autor wurden im Schnitt 1,5 Bereiche genannt, bei der Nennung aller in Anspruch genommenen Bereiche jedoch 2,8. D. h., daß die Schriftsteller der Bundesrepublik im Schnitt für 2,8 in Frage kommende Tätigkeitsbereiche arbeiten, wobei 1,5 als wichtigste Haupteinnahmequellen pro Person anzusehen sind. [49]

Zusammenfassend läßt sich sagen, daß die Tätigkeitsbereiche der Schriftsteller nach all diesen Angaben ein deutliches Übergewicht in den Massenmedien Presse und Rundfunk haben, wobei sich gedruckte und gesendete Publikation etwa die Waage halten. Das Erarbeiten von größeren Einheiten zur Buchpublikation, sei es Bellestristik, Sach- oder wissenschaftliches Buch, steht eindeutig im Hintergrund schriftstellerischer Tätigkeit. Für die Tätigkeitselemente ergibt sich daraus, daß sie vor allem in der aktuellen Recherche zur kommentierenden, berichtenden oder kritisierenden Bearbeitung mittels Wort und Bild (Film) zu sehen sind, wobei zur Fixierung der Texte sowohl die Schriftform als auch das Tonband und der Film möglich sind.

1.2.2 Versorgungs- und Erwerbschance

Um einem möglichen Begriff des Schriftstellerberufs näher zu kommen, soll im folgenden versucht werden, aus der allgemeinen Berufssoziologie Kriterien zu übernehmen, die zu einer Definition des Schriftstellerberufs führen können. Hierbei wird von der Definition M. Webers ausgegangen, nach der unter einem Beruf »jene Spezifizierung, Spezialisierung und Kombination von Leistungen einer Person« verstanden werden soll, »welche die Grundlage einer kontinuierlichen Versorgungs- oder Erwerbschance ist.« [50]

Vorerst wird nun auf die Gesichtspunkte dieser Definition eingegangen, die die Versorgungs- und Erwerbschance der Schriftsteller betreffen, wobei ein besonderer Akzent auf ihre Kontinuität zu setzen ist. Wie schon die Autoren der SPIEGEL-Enquète gezeigt haben, ist hierbei zu unterscheiden zwischen dem hauptberuflichen Schriftsteller, der neben seiner schriftstellerischen Tätigkeit keinen weiteren Beruf ausübt, dem nebenberuflichen Autor, der neben seiner Autorentätigkeit noch anders voll berufstätig ist, und dem teilberuflichen Autor, der neben seiner Tätigkeit als Autor einer Halbtagsbeschäftigung nachgeht oder in einem selbständigen Beruf nicht voll erwerbstätig ist. Zur ersten Gruppe der von ihnen befragten Autoren gehörten 40 % (680), zur zweiten 49 % (827) und zur dritten 11 % (186). [51] Da diese Prozentsätze sich jedoch nicht auf die gesamte Autorenschaft übertragen lassen – der prozentuale Anteil der nebenberuflichen Autoren müßte wesentlich höher liegen –, muß festgestellt werden, daß auf weniger als 40 % aller Autoren in der Bundesrepublik das Kriterium der hauptberuflichen schriftstellerischen Tätigkeit zutrifft.

Wie schon einige frühere, nicht repräsentative Untersuchungen [52] sowie die Analyse der Umsatzsteuerstatistiken von 1955 bis 1969 [53] zeigten, reicht die schriftstellerische Erwerbschance von einigen wenigen Spitzenverdienern bis zu einer weitaus höheren Zahl ›ausgesprochen proletarischer Existenzen‹ [54]. Die

SPIEGEL-Enquète bestätigte diese Feststellung im wesentlichen. Wenn auch festzustellen ist, daß sich die Einnahmen der Autoren im Alter zwischen 30 und 60 Jahren, die mit 69 % aller befragten Autoren und mit 59 % der hauptberuflichen den größten Anteil ausmachen [55], erhöht haben, müssen selbst bei 23 % der Autoren aus dieser Altersgruppe die Einnahmen als kaum ausreichende Existenzgrundlage angesehen werden. Als Voraussetzung einer Kontinuität wirtschaftlicher und sozialer Sicherheit auch im Alter können sogar die meisten besseren Verdienstbereiche nicht angesehen werden. Im einzelnen sind folgende wichtige Ergebnisse der SPIEGEL-Enquète über die finanzielle Lage der Schriftsteller anzugeben: Grundsätzlich muß bei einer Analyse der Autoreneinkünfte nach verschiedenen Altersgruppen der Schriftsteller differenziert werden, da vor allem bei Schriftstellern Alter mit Arbeitskraft und beruflicher Nachfrage deutlich in einem direkten Zusammenhang stehen. [56] Während das Durchschnittseinkommen aus hauptberuflicher Tätigkeit der zwischen 30 und 60 Jahre alten Autoren im Jahr 1970 bei etwa DM 20 000 und das der unter 30jährigen ähnlich gelegen hat, wobei bei den jüngeren gegenüber 1968 eine überdurchschnittliche Steigerung der Einnahmen zu verzeichnen war, konnten die über 60 Jahre alten Autoren nur etwa die Hälfte an Einnahmen verbuchen, wobei sich ihre Einkommenschancen gegenüber 1968 verschlechtert hatten. [57] K. Fohrbeck und A. Wiesand schrieben hierzu: »Die gesicherten Autoreneinkünfte, die bei den Freien Autoren zwischen 30 und 60 Jahren noch zu 67 % gegeben waren, lassen in höherem Alter erheblich nach. Nur 48 % der über 70jährigen Autoren können sich auf diese Finanzquelle, egal wie spärlich oder reichlich sie fließen mag, noch verlassen, 51 % müssen dagegen schon größere ›Pausen‹ in Kauf nehmen.« [58]

Interessant ist, daß etwa 75 % der hauptberuflichen Autoren angaben, irgendwelche Vermögenswerte zu besitzen, 37 % der Autoren unter 30 Jahren gaben an, über keine Vermögenswerte zu verfügen, desgleichen 22 % der Autoren von 30 bis unter 60 Jahren und 23 % der über 60jährigen. Es können hier nicht alle Zahlenangaben über Besitzverhältnisse wiedergegeben und kommentiert werden, vielmehr sollen nur die Formen eigenes Haus oder Eigentumswohnung und Lebensversicherung herausgegriffen werden: dabei zeigt sich, daß nur 12 % der Autoren unter 30 Jahren, 28 % der 30- bis 60jährigen und 39 % der über 60jährigen nicht zur Miete wohnen müssen, wobei Angaben darüber, ob die eigene Wohnung oder das eigene Haus bereits voll bezahlt ist, fehlen. Des weiteren ist den Angaben zu entnehmen, daß nur 39 % der Autoren unter 30 Jahren, immerhin 57 % der 30- bis 60jährigen und nur 22 % der über 60 Jahre alten eine Lebensversicherung als gezielte Altersversicherung abgeschlossen haben, wobei über die Versicherungshöhe nichts bekannt ist. Im Vergleich zu den nebenberuflichen wie zu den teilberuflichen Autoren zeigt sich, daß die hauptberuflichen ihnen in bezug auf Besitz von Vermögenswerten in jeder Hinsicht benachteiligt sind [59]. Wenn die SPIEGEL-Enquète auch keinen Aufschluß über den finanziellen Wert der jeweiligen Vermögen gibt, so betonen K. Fohrbeck und A. Wiesand jedoch, daß es sich hierbei nicht »um große Reichtümer handelt [...], es handelt sich dabei meist auch nicht einmal um eine wirtschaftliche Sicherheit, die ausreichen könnte, den Autor und seine Familie in Krisenzeiten über mehrere Jahre vor Notlagen zu bewahren, sondern lediglich um Rücklagen, [...] die über den (anteiligen) Besitz eines Hauses, eines Grundstücks oder einer Eigentumswohnung kaum hinauszureichen pflegen.« [60] Im übrigen ist festzustellen, daß nur 78 % der hauptberuflichen Autoren unter 30 Jahren, 82 % der zwischen 30 und 60 Jahre alten und sogar nur 55 % der über 60jährigen, das sind im Schnitt 75 %, 1970 ihre wichtigsten Einkünfte aus ihrer Autorentätigkeit beziehen konnten. Im Vergleich dazu ist interessant, daß 12 % der nebenberuflichen und 41 % der teilberuflichen Autoren im gleichen Jahr ihre Haupteinkünfte aus ihrer schriftstellerischen Tätigkeit bezogen. [61] Es wird somit deutlich, daß ein Viertel der hauptberuflichen Schriftsteller ihren Lebensunterhalt aus anderen Erwerbsquellen mitfinanzieren müssen und daß andererseits 12 % der nebenberuflichen aus ihrer Autorentätigkeit mehr verdienen als durch ihren Hauptberuf.

Trotz der zahlreichen Belege, daß der Schriftstellerberuf nicht die Garantie einer kontinuierlichen Versorgungs- und Erwerbschance in sich birgt, ist wiederholt auch aufgrund der SPIEGEL-Enquète zu Recht betont worden, daß sich durch die starke Nachfrage an schriftstellerischen Produkten in den Massenmedien Rundfunk und Presse von schriftstellerischer Tätigkeit leben läßt, doch wurde auch betont, wie es die Beispiele der älteren Autoren und die verbesserte Situation der jüngeren zeigen, daß die Erwerbschance auch von anderen Faktoren als dem Schreiben, nämlich primär von der Nachfrage nach Geschriebenem abhängt. [62] Doch muß zusammenfassend festgestellt werden, daß das Kriterium der kontinuierlichen Erwerbschance für die Definition des Schriftstellerberufs allein zumindest problematisch ist.

1.2.3 Qualifikation und Wissen

Im folgenden wird nun auf die Aspekte einer möglichen Definition des Schriftstellerberufs eingegangen, die M. Weber Spezifizierung, Spezialisierung und Kombination von Leistungen genannt hat und die man unter dem Gesichtspunkt ihres Erwerbs auch unter dem Begriff der Ausbildung subsumieren kann. 1964 stellten R. König und A. Silbermann fest, daß das Erfassen der Berufswirklichkeit künstlerischer Berufe dadurch erschwert werde, daß das Selbstverständnis als auch das Fremdverständnis der Schriftsteller noch stark von den Theorien der bürgerlichen Ästhetik und des bürgerlichen Geniebegriffs durchdrungen seien. [63] Die Darstellungen des Schriftstellerberufs wurden auch tatsächlich immer wieder mit der wertenden Frage nach dem ›eigentlichen‹ Schriftsteller, dem ›Dichter‹, verbunden. Sie können hier nur insofern berücksichtigt werden, als sie im engeren Zusammenhang mit dem Organisationsproblem der Schriftsteller und ihrer Berufspolitik gesehen wurden. So nannte W. Schäfer den ›Schriftsteller im höchsten Sinne‹, den ›Dichter‹, Gewissen und Bewußtsein seiner Zeit, der nicht eine zeitlich zufällige Existenz sondern gewissermaßen die Zeit selbst sei, »indem sein Kopf ihre Gedanken denkt und seine Schrift sie formuliert«. [64] G. Beyer nannte die Literatur den ›Strom des Geistigen‹, an dessen Quelle die Schriftsteller als ›Erwecker alles

Werdens und alles Schönen‹ sitzen und aus deren Hirn der ›fruchtbare Odem der Welt‹ komme. [65] W. Mahrholz glaubte wiederum im Schriftsteller das Gewissen seiner Zeit erkennen zu können, der ihr Werte und Ziele setze, ihren Ablauf kritisch begleite, warne, richte, prophezeie und deute [66], und A. Weber bestimmte das Schaffen des Schriftstellers bzw. das der geistigen Arbeiter als Arbeit am geistigen Hintergrund der Gesellschaft als »rein notwendige *seelische Entladung* produktiver Geister, die ihrer Natur nach ganz im *Allgemeinen* leben«. [67] Noch 1949 beschrieb P. Kluckhohn den Schriftsteller anhand der Selbstaussagen von Klopstock, Hölderlin und Novalis als Dichter, als Mittler des Göttlichen, einen Seher und Propheten, der bestimmt sei, die Herzen zu bewegen und die Seelen zu erschüttern. »Er steht unter dem Geheiß einer besonderen ›Berufung‹ im Sinne der christlichen vocatio und unter höchster Verantwortung.« [68] Diese aus einer möglichen Vielzahl von Belegstellen herausgegriffenen Zitate haben alle die Rückführung schriftstellerischer Tätigkeit auf einen irrationalen, visionären Vorgang gemeinsam, wobei der Schriftsteller als eine Art Prophet mit dem Privileg erscheint, der idealistischen Wahrheit nahe zu stehen und in der Deutung der Welt die Nachfolge der Obrigkeit und der Kirche anzutreten. [69]

Im folgenden soll nun im Gegensatz zu dieser verklärenden Sichtweise und als Weiterführung der Darstellung schriftstellerischer Tätigkeitselemente und -bereiche nach den einzelnen Faktoren schriststellerischer Tätigkeit gefragt und versucht werden, sie in einen anthropologischen und sozial- wie individualpsychologischen Zusammenhang zu stellen. Als die wichtigsten Faktoren des literarischen Arbeitsprozesses, die sich in ihrem Zusammenwirken als literarische Produktivkräfte im Schriftsteller manifestieren, können die betätigte menschliche Arbeitskraft in ihrer zweckmäßigen Ausrichtung, die spezifischen Arbeitsinstrumente und das literarische Material sowie der literarische Arbeitsgegenstand angesehen werden. B. J. Warneken beschränkte die Arbeitsinstrumente und das literarische Material nicht nur auf die stofflichen Elemente wie Schreibmaterial sowie Studio- und Sendeapparaturen, er verstand unter ihnen auch das sprachliche Material mit seinen jeweils zu Verfügung stehenden Möglichkeiten literarischer Verfahrensweisen oder Techniken wie Motivverknüpfung, Montage und anderer literarischer Konstruktionsprinzipien. Unter dem Arbeitsgegenstand begriff er das geistige Rohmaterial des Schriftstellers, einen aus früherer geistiger Arbeit filtrierten Themenbereich als ›vergegenständlichte geistige Wirklichkeitsaneignung‹. [70]

Daß jede schriftstellerische Äußerung ein gewisses Talent zur Formung und Festlegung von Gedanken und Empfindungen durch das Mittel der Sprache voraussetzt und daß somit die Sprache wichtigstes Material schriftstellerischer Tätigkeit ist, kann wohl als unumstrittene Aussage gewertet werden. Mit dieser Aussage ist dann bereits verbunden, daß der Schriftsteller durch den Gebrauch der Sprache in das jeweilige kulturelle Erbe seiner Sprachgemeinschaft eingebettet ist. Doch steht jedes literarische Werk nicht nur in einem sprachlich-kulturellen sondern auch in einem historischen und literaturhistorischen Zusammenhang. Der Schriftsteller muß, um sich nach außen verständlich zu machen und um an seinen Arbeitsgegenstand überhaupt heranzukommen, wie A. Hauser betont hat, neben den eigenen auch bereits bekannte und bewährte Ausdrucksmittel verwenden: »Der Künstler muß gesehen haben, wie man einen Gegenstand darstellt, um ihn darstellen zu können und darstellen zu wollen.« [71] Künstler schaffen somit nicht in unbeschränkter Freiheit, sie finden vielmehr bereits »gewisse Wahrheits- und Geschmackskriterien, eine Reihe von formalen Aufgaben und thematischen Interessen, ein verbindliches Niveau der künstlerischen Technik und einen maßgebenden Grad der Sensibilität« vor. [72] Ähnlich schrieb auch B. J. Warneken, daß wahre Originalität keine creatio ex nihilo sei, »kein vermittlungsloses Erfinden, sondern [...] der Autor muß sich [...] dem Stand der literarischen Produktivkräfte seiner Epoche gewachsen zeigen«. [73] Zudem ist der Schriftsteller auch einbezogen in den Fortschritt der künstlerischen Technik, wobei Fortschritt nicht mit einer qualitativen Verbesserung gleichzusetzen ist, was Th. W. Adorno anhand der zunehmenden Differenzierung der künstlerischen Ausdrucksmittel bestimmter Epochen dargelegt hat [74]; er ist somit genötigt, den jeweils fortgeschrittensten Stand des künstlerischen Problems in sein Bewußtsein aufzunehmen und ihm somit den Teil seiner Produktivkraft anzupassen, der den künstlerischen Mitteln entspricht. [75] Was Th. W. Adorno anhand der anspruchsvollen Moderne aufgezeigt hat, gilt in modifizierter Form für alle Bereiche literarischer Tätigkeit: sowohl der wissenschaftliche oder der Sachbuchautor als auch der Autor hoher oder trivialer Literatur muß sich den jeweiligen Vorgehensweisen und Darstellungsformen seiner Zeit anpassen, wenn er die gegebene Sensibilität seiner jeweiligen Leser ansprechen will.

Komplizierter als auf der Ebene des literarischen Materials zeigt sich die Darstellung der literarischen Produktivkräfte auf der Ebene des Arbeitsgegenstandes. Grundsätzlich ist es zwar so, daß die Aktivität des schöpferischen Geistes mit der Aufnahme geistiger Inhalte aus allgemein zugänglichen Quellen beginnt, denen er »aus seiner Phantasie eigene und originelle Gedanken« hinzufügt [76], oder, wie L. Löwenthal schrieb: »Das objektive Quellenmaterial ist für ihn nichts anderes als eine riesige Schatzkammer von Anregungen, die er, wenn überhaupt, ganz eigenwillig seinen besonderen ästhetischen Zielen gemäß benutzt.« [77] U. Jaeggi hat aber zu Recht die hier absolut gesetzte Eigenwilligkeit und Besonderheit der jeweiligen ästhetischen Ziele eines Schriftstellers in Frage gestellt und erklärt, daß der Schriftsteller zwar frei aber nur bedingt [78], d. h. immer nur in bezug auf den jeweiligen Stand der Produktivkräfte wählen könne, zumal auch die schöpferische Phantasie psychologisch gesehen nur als Vorstellungskraft verstanden werden kann, deren Inhalte und Richtung durch momentane Einfälle und abgewandelte, aktivierte Erinnerung bestimmt sind. Neben die Originalität des Schriftstellers tritt somit sein Wille, sein Entschluß, zum Zweck der literarischen Produktion zwischen den zur Verfügung stehenden Möglichkeiten eine Wahl zu treffen. [79] Th. W. Adorno sprach entgegen einer Illusion vom organischen Wesen der Kunst von bewußtem Verfügen über Mittel. [80] Die unbeschränkte Autonomie des Schriftstellers liegt im wesentlichen in dieser Willensentscheidung: »Der Schriftsteller schreibt, weil er schreiben will; niemand zwingt ihn.« [81] Nach diesem ›Sprung von der Natur zur Kunst‹ beginnt, wie A. Hauser es formuliert, die Geschichte der erlernbaren, fortsetzbaren und entwickelbaren Form. [82] Auch

B. J. Warneken bejahte in diesem Sinne die ›entschiedenste individuelle Spontaneität‹, er wandte sich aber gegen jede Ideologie der Intuition, indem er die plausible Hypothese aufstellte, daß das, »was als spontaner Einfall erscheint, nur das ins Bewußtsein tretende Ergebnis einer Verknüpfung momentan z. T. unbewußter und vorbewußter Lebenserfahrungen und Vorarbeiten mit den innervierten Materialgehalten zu bestimmten Lösungen« sei. [83] Literarisches Schaffen erscheint somit nicht als irrationaler seelisch-geistiger Vorgang, und die persönlichen künstlerischen Fähigkeiten entziehen sich nicht, wie M. Doehlemann noch glaubte, einer genaueren Bestimmung [84], vielmehr müssen sie aus anthropologischer und psychologischer Sicht erklärt werden können. Dem anthropologischen Vorgehen soll A. Gehlens Hauptansatz anthropologischer Überlegungen zugrunde gelegt werden, wonach ihr Gegenstand menschliches Handeln im Sinne einer Veränderung der Natur, der vorgefundenen Realität ist, um sie dem Zweck des Menschen verfügbar zu machen. [85] Auf den Schriftsteller angewandt bedeutet dies: er handelt, indem er die soziale Bedeutung der vorgefundenen Wirklichkeit in Form sprachlicher Verarbeitung verändert. Zu der Fähigkeit der Kombinationsgabe oder Phantasie, die in gewissem Grade jeder Mensch hat, tritt beim Schriftsteller die Fähigkeit, sein Wirklichkeitserlebnis in eine neue, bildhafte oder begriffliche Welt umzugestalten. Das Sprechen bzw. Schreiben in Bildern oder Begriffen ist somit die eine spezifische Leistung des Schriftstellers. Die andere ist die, die K. Burke »die Anwendung verschiedener Strategien zu dem Zweck, Situationen gerecht zu werden und sie zu ›bewältigen‹« nannte [86], wobei sich die schriftstellerische Strategie der Synekdoche bedient, d. h. was sie hervorhebt, steht symbolisch für anderes mit. [87] Diese Synekdoche folgt keiner statistischen Schlußfolgerung [88], vielmehr deutet der Schriftsteller die dargestellte Situation über das Wahrnehmbare hinaus, er arbeitet, wie A. Hauser schrieb, »immer und überall an der Bewältigung einer und derselben Aufgabe – an der Bekämpfung der verwirrenden Vieldeutigkeit und Fremdartigkeit der Dinge«. [89] Zu diesem Zweck verleiht der strategisch vorgehende Schriftsteller den von ihm dargestellten Situationen und situativen Momenten charakteristische Züge; das Dargestellte steht symbolisch und stellvertretend für mehr als das Dargestellte. Dies entspricht dem, was G. Lukács 1909 unter dem Formulieren der Umwelt verstand: durch Hervorhebungen und Weglassungen, die aus der Formgebung des Schriftstellers resultieren, wird die wahrgenommene Welt in eine formulierte Welt übertragen [90], wodurch der Schriftsteller zugleich das Bedürfnis erfüllt, dem diffusen, konturlosen, unfertigen und unabgeschlossenen Leben eine andere, fixierte und somit geordnete und repetierbare Welt entgegenzustellen, die je nach Gattung, Bereich oder Stil verschiedene Zwecke und Ansprüche wie Zerstreuung, Unterhaltung, Besinnung, Belehrung, Einsicht in Sinn- und Bedeutungszusammenhänge, Selbst- und Fremdbekräftigung usw. erfüllt. Abstrahiert man von qualitativen Unterscheidungsmerkmalen der Literatur, von ihren Erfolgsbedingungen und den Unterschieden ihrer gesellschaftlichen Rezeption, gilt dieser Sachverhalt für jede literarische Tätigkeit, sei es im wissenschaftlichen oder informierenden Sachbereich, sei es bei ›hoher‹ oder ›trivialer‹ Literatur im Bereich des Fiktiven. Die Schriftstellerpersönlichkeit ist somit gekennzeichnet durch ihre

Fähigkeit, einen literarischen Arbeitsgegenstand zu erkennen, und ihren Willen sowie ihre Kraft, diesen Arbeitsgegenstand mit den Möglichkeiten eines zur Verfügung stehenden adäquaten literarischen Materials zu verarbeiten. Diese beiden Eigenschaften verbinden sich mit der zur Herstellung eines literarischen Werks eingesetzten Arbeitskraft zur literarischen Produktivkraft. Ob der Schritt von der latent vorhandenen zur realisierten literarischen Produktivkraft vollzogen wird oder nicht und wie sich seine Realisierung individuell differenziert, hängt im wesentlichen von idividualpsychologischen Komponenten ab wie Temperament und Teilen der Begabung als angeborenen Faktoren sowie Begabung (Intelligenz), Motivstruktur und Anspruchsniveau als Resultanten des individuellen Lebens- und Lernschicksals, die wiederum entschieden sozialpsychologisch bedingt sind. Die Dialektik der individuellen und anthropologisch-gesellschaftlichen Ebenen der literarischen Produktivkraft Schriftsteller ist somit dadurch gekennzeichnet, daß auch die privateste Eigenart als Gestaltungsabsicht nur über die literarischen Mittel zur Konkretisierung gelangt, die wiederum nur als gesellschaftlich vermittelt erfahren werden können. [91]

Der Schriftsteller ist somit Teil der Gesellschaft mit einer anthropologisch begründbaren Funktion. Durch sein Handeln, das Formulieren in Bildern und Begriffen, trägt er dazu bei, die Vielfalt des Lebens dem Menschen zumindest auf geistiger Ebene einsichtig, d. h. verfügbar zu machen. Das literarische Werk steht dabei in einem zweifachen dialektischen Verhältnis zur Realität: auf der einen Seite ist sie Reaktion auf die Umwelt, weist aber über sie hinaus, auf der anderen Seite sondert sie sich von der Umwelt ab, wirkt aber in sie hinein. Literatur verändert die Realität, sie schafft eine neue – allerdings auf einer anderen Ebene – und stellt sie ihr gegenüber. Die neue Welt hat im Gegensatz zur vorgefundenen Umwelt ein in sich geschlossenes Ausdrucksfeld. Durch dieses literarische Formprinzip sondert sich Literatur »von der empirischen Realität und damit dem gesellschaftlichen Wirkungszusammenhang« ab, wobei sie jedoch »zugleich in die empirische Realität und die gesellschaftlichen Wirkungszusammenhänge hineinfällt«, wie es Th. W. Adorno ausdrückte. [92]

Literarische Produktion darf jedoch wie bisher nicht außerhalb ihrer Zusammenhänge mit der Vermittlung literarischer Produkte und somit außerhalb der Bedingungen ihres Erfolgs gesehen werden. Darauf, wie sich diese Bedingungen innerhalb der derzeitigen spätkapitalistischen Kulturepoche gestalten und auswirken, wird noch ausführlich einzugehen sein (s. 3.4.1, S. 155–190). So viel ist schon jetzt vorwegzunehmen, daß vor allem dem hauptberuflichen Schriftsteller durch den literarischen Markt Tätigkeiten zugewiesen werden, die nur noch im niederen Prozentsatz diejenigen literarischen Bereiche decken, die mit dem Begriff von schriftstellerischer Tätigkeit als autonomer Entscheidung für bestimmte literarische Arbeitsgegenstände und bestimmte literarische Materialen in Übereinstimmung zu bringen sind. Die Haupttätigkeit zeitgenössischer Schriftsteller ist, wie die SPIEGEL-Enquète deutlich gezeigt hat, durch auftragsgebundene Arbeiten bestimmt, sei es für die zahlreichen Programme des Hörfunks und des Fernsehens, sei es durch den sich ständig beschleunigenden Umsatz von aktuellen, kurzfristig benötigten

Wortprodukten für Tagespresse, Funk und Publikumszeitschriften, sei es durch die auch auf dem Buchsektor auf raschen Umsatz zielende Marksteuerung. Der gesamte Bereich schriftstellerischer Produktionsmöglichkeiten verlangt inzwischen von jedem Autor medienbezogene Verhaltensweisen, wobei die Marktorientiertheit der Produktion bedeutet, »daß Programmkonzeptionen und Interessen von Auftraggebern teils durch den Autor schon antizipiert werden, teils durch die inhaltliche Festlegung des Auftrages den ursprünglichen Mittler an der Urheberschaft beteiligen«. [93] Diese Umstände bedingen für jeden Autor Leistungszwänge, deren Auswirkung auf die ausgesparten Bereiche nicht auftragsgebundener oder selbstbeauftragter Tätigkeit, auf dem allein freie Entscheidungen zum Tragen kommen können, nicht unterschätzt werden darf. Sie bedeuten auch die Gefahr einer totalen Neutralisierung und Nivellierung der Literatur und ihrer Rezeption [94], was M. Horkheimer und Th. W. Adorno schon 1948 mit dem Begriff der Kulturindustrie zu charakterisieren versuchten und anhand ihrer Tendenz, alle durch sie vermittelten Darstellungen auf ihren Effekt hin zu nutzen, dargestellt haben. [95]

Aus dem Doppelcharakter der Kunst, mit dem Th. W. Adorno ihre Autonomie und ihr Wesen als fait social bezeichnet hat, folgerte er die Möglichkeiten handfester Abhängigkeiten und Konflikte. Da Autoren auch gezwungen sind zu leben, d. h. ihren Lebensunterhalt aus ihrer schriftstellerischen Tätigkeit zu beziehen, ist der künstlerischen Produktion die Nötigung zur Produktion bei gleichzeitigem wirtschaftlichem Zwang zu ihrer Fortsetzung immanent und die Gefahr eines unmittelbar gesellschaftlich-ökonomischen Eingreifens immer gegeben. [96]

Da inzwischen die Medien alle sozialen Gruppen zu bedienen beabsichtigen und da sie entsprechend den verschiedenen Zielgruppen auch die verschiedensten Stiltendenzen und literarischen Bereiche nebeneinander oder ineinander zu berücksichtigen haben, sind die Medien darauf angewiesen, auch alle Bereiche literarischer Produktion zu verwalten, woraus folgt, daß kein Autor außerhalb der literarischen und ökonomischen Interessen dieser Medien steht. Da alle Autoren, zumindest die jungen, auf diese Medien angewiesen sind, kann nur der sich durchsetzen, der die mit der permanenten Produktion verbundenen Multiplizierung und Vereinheitlichung der an ihn gerichteten Rollenerwartungen erfüllt, auch wenn es zu dieser Rolle gehört, daß er gegen sie aufbegehrt. [97] Es zeigt sich somit, daß nicht nur die literarische Produktion und die schriftstellerische Erfolgschance sondern auch die Möglichkeiten der schriftstellerischen Selbstdarstellung in hohem Maße von den auftraggebenden Medien bestimmt werden. Dies läßt auch die Frage nach dem Schriftstellerberuf in neuem Licht erscheinen. H. A. Hesse erfand in bezug auf Handwerks- und Industrieberufe den Begriff der ›Berufs-Konstrukteure‹, deren Ziel es ist, »individuelle Arbeitsfähigkeit und -bereitschaft, und das heißt heute vor allem: individuelle *Anpassungsfähigkeit* und *-bereitschaft«* zu erreichen. Beruf ist somit zu definieren als »Instrument zur Anpassung arbeitswilliger einzelner an die – oftmals wechselnden – Bedürfnisse der Wirtschaft«. [98] Analog zu den Einzeluntersuchungen H. A. Hesses und einer spezielleren Untersuchung von J. Kurucz [99] kann festgestellt werden, daß der Beruf des Schriftstellers heute eher mit dem des naturwissenschaftlich hoch qualifizierten Angestellten der Industrie als mit dem des Handwerkers gleichzustellen ist. Den Industrie- und Handwerksberufen ist gemeinsam, daß ihre Ausbildung und ihr Einsatz planvoll gesteuert und gelenkt ist und somit zweckrational erfolgt. Der wesentliche Unterschied liegt vor allem darin, daß die Bildung und Entwicklung von Industrieberufen ein kurzfristiger und fremdgesteuerter Vorgang zur Anpassung der Betroffenen an wirtschaftliche und technische Erfordernisse ist, während der Handwerksberuf einem selbstgesteuerten Vorgang zur Verwirklichung von Selbstbestimmung und Selbstherrschaft einerseits und zur Sicherung einer gewissen Einkommenshöhe andererseits unterliegt. [100] Somit erscheint ein Beruf als ein Produkt von Herrschaftsausübung, und H. A. Hesse sah als Hauptaufgabe der Berufsforschung, zu untersuchen, »inwieweit das derzeitige Verfaßtsein eines Berufes auf *Selbststeuerung* oder auf *Fremdsteuerung* zurückzuführen ist«. [101] Dabei stellen Selbststeuerung und Fremdsteuerung nicht unbedingte Alternativen dar, sie sind vielmehr extreme Pole einer Skala, die fließende Übergänge zuläßt. Diese Frage auf den Schriftstellerberuf angewandt ergibt, daß die derzeitige schriftstellerische Berufswirklichkeit weitgehend durch Fremdsteuerung, d. h. die Herrschaft der Vermittler über die Produktion, bestimmt ist. Anhand dieser Feststellung, die die hohe Diskrepanz zwischen der Theorie des Schriftstellerberufs und der schriftstellerischen Berufspraxis aufzeigt, wird es besonders interessant sein zu beobachten, wie die einzelnen Schriftstellerverbände ihre Politik zwischen Anspruch und Wirklichkeit eingeordnet haben.

In bezug auf die Qualifikation und das Wissen der Schriftsteller stellt sich schließlich noch die Frage nach den Möglichkeiten einer schriftstellerischen Berufsausbildung. Daß es für den Schriftstellerberuf keine institutionalisierte berufsspezifische Ausbildung mit einem abschließenden Examen als Befähigungsnachweis gibt und daß es sie auch nicht geben könne, wurde in der Literatur über schriftstellerische Tätigkeit immer wieder als Hindernis genannt, sie als Beruf zu fassen. [102] Statt einer geregelten berufsspezifischen Ausbildung wurden für die erfolgreiche schriftstellerische Tätigkeit allgemeine Qualifikationen vorausgesetzt. In jüngster Zeit haben Berufssoziologen ihr Hauptaugenmerk auf die Bedingungen gerichtet, unter denen Berufspositionen kontinuierlich gewahrt werden können. [103] Ein einmal abgelegtes Examen erscheint unter den heutigen Bedingungen des Berufslebens nicht mehr als geeignete Voraussetzung, die Kontinuität der Berufsausübung zu gewährleisten. Infolge dieser Einsicht rücken Berufssoziologen zunehmend von dem mehr starren Schema einer einmaligen Ausbildung für die Ausübung eines Berufes ab und sprechen von dem zur Ausübung einer beruflichen Tätigkeit erforderlichen spezialisierten und systematisierten Wissen. [104] Jeder beruflich Tätige gilt als Teil einer Arbeitsorganisation; nur die Befriedigung des Rationalitätszieles der Arbeitsorganisation sichert ihm die Kontinuität seiner Erwerbschance. [105] Ein spezifisches, spezialisiertes und systematisiertes Wissen für Schriftsteller soll hier auf ihre bereits genannten Tätigkeitsbereiche (s. 1.2.1, S. 9–11) und ihre Einordnung in die Arbeitsorganisation der Literaturproduktion bezogen werden als Wissen um die inhaltlichen und formalen Anforderungen sowie die technischen Bedingungen, die mit der Möglichkeit einer Veröffentlichung literarischer Werke jeweils verbunden sind, wozu auch die Kalkulation der Aufnahmebereitschaft des jeweils anzusprechenden Publikums gehört. Dieses Wissen muß sich durch eine Veränderung der Wissens-Systematik [106] einem möglichen Wandel in den Bedingungen der Literaturproduktion anpassen können, um die Kontinuität der Berufsausübung und damit die der Erwerbschance zu gewährleisten. Somit wird Schriftstellerausbildung nicht mehr als einmalige Erlangung eines Befähigungsnachweises verstanden sondern als ein ständiger Prozeß in der Auseinandersetzung des literarischen Schaffens mit den Bedingungen des literarischen Markts. Dabei darf nicht von der Möglichkeit ausgegangen werden, aus jedem Schreibenden einen ›Dichter‹ machen zu können, ein Mißverständnis, das viele Autoren verleitet hat, Schriftstellerausbildung von vornherein für absurd zu erklären. Vielmehr muß zwischen dem handwerklichen Anteil und dem individuellen künstlerischen Vermögen unterschieden werden, wie es auch schon andere Autoren getan haben, wobei Ausbildung hauptsächlich auf der Ebene des handwerklichen Bereichs ein Bekanntmachen mit den Produktionstechniken und mit den Bedingungen der Vermittlung zwischen Werk und Publikum gewährleisten sollte. [107] Wie die SPIEGEL-Entquète zeigt, sieht noch ein großer Teil der Autoren in der Bundesrepublik (58 %) die eigenen Erfahrungen und Eindrücke als Hauptgrundlage ihrer schriftstellerischen Tätigkeit an; 57 % der hauptberuflichen, 38 % der nebenberuflichen und 52 % der teilberuflichen Autoren halten die Begabung als die ausschlaggebende Autoreneigenschaft, und nur 36 % der hauptberuflichen, 52 % der nebenberuflichen und 38 % der teilberuflichen Autoren halten ihre Tätigkeit für weitgehend erlernbar. [108] K. Fohrbeck und A. Wiesand wiesen jedoch grundsätzlich darauf hin, daß systematisches Wissen und Informiertheit immer wichtigere Voraussetzungen für nahezu alle Arten von Autorentätigkeit werden, und daß die private Meinungsbildung, der Verlaß auf die eigene Lebenserfahrung sowie die persönlichen Sprach- und Ausdrucksqualitäten häufig keine ausreichende Grundlage mehr für schriftstellerischen Erfolg seien. [109] Vielmehr kann als Perspektive anhand der Bedingungen der schriftstellerischen Berufswirklichkeit hervorgehoben werden, daß der Zwang zur permanenten Produktion in den verschiedenen literarischen Bereichen und bei den verschiedenen Medien von den Schriftstellern ein neues spezialisiertes Wissen erfordert, das neben der Kenntnis der Marktlage, der technischen Möglichkeiten der Medien und einer allgemeinen Grundausbildung auf psychologischem, soziologischem, wirtschaftlichem und anderen relevanten Gebieten auch eine Einübung in bekannte und eine systematische Erprobung neuer literarischer Materialien umfassen könnte.

Nachdem die schriftstellerische Tätigkeit anhand verschiedener Kategorien der Berufssoziologie beleuchtet worden ist, ist eine soziologische Definition des Schriftstellerberufs möglich geworden. Die Darstellung der Klassifikationsversuche der schriftstellerischen Tätigkeit nach ihren Bereichen und Elementen hat zwar gezeigt, daß es mit zunehmender Genauigkeit gelungen ist, Aussagen darüber zu machen, in welchen Bereichen und in welcher Form Schriftsteller tätig sind. Diese Beschreibungen können aber für eine berufssoziologische Erfassung des Schriftstellerberufs allein nicht ausreichen. Der Versuch, jeden, der in einem oder mehreren der möglichen Bereiche schreibt und mit einem größeren zeitlichen und geistigen Aufwand durch seine schreibende Tätigkeit seinen Lebensunterhalt verdient, dem Schriftstellerberuf zuzuordnen, ist zu schmal angelegt, um soziologische Kategorien zu erfüllen, da er die Einordnung des Berufs oder des Berufstätigen in die Gesellschaft und in seinen Produktionsbereich nicht erfaßt. Auch die Einbeziehung der Erwerbschance konnte als solche keine hinreichende Grundlage für die Erfüllung dieser Aufgabe abgeben, da sich zeigte, daß die Ausübung literarischer Tätigkeit keine Voraussage über etwa einheitlich zu erwartende Einnahmen erlaubt, sondern daß sie vielmehr durch eine große Spannbreite niedrigster bis hoher Einnahmen gekennzeichnet ist, die in zahlreichen Fällen keine Kontinuität wirtschaftlicher Sicherheit zu gewährleisten vermögen. Erst nach einer ausführlichen Analyse der für die schriftstellerische Tätigkeit erforderlichen Qualifikationen und Wissensvoraussetzungen kann als Summe aller Faktoren eine soziologische Definition mit der Feststellung gegeben werden, daß ein Autor so lange die Kontinuität seiner Erwerbs- und Versorgungschance wahren kann, wie er die für seinen Erfolg erforderlichen Qualifikationen als literarische Produktivkraft erhalten und sein Wissen über die Bedingungen der Literaturproduktion ihrem möglichen Wandel anzupassen vermag. Somit wird schriftstellerische Tätigkeit als Beruf über die Beschreibung der Tätigkeitsbereiche und Tätigkeitselemente hinaus als einbezogen in gesellschaftlich-literarisches Wissen einerseits und in die kulturindustrielle Arbeitsorganisation andererseits verstanden. Die besondere Problematik des Schriftstellerberufs liegt darin, daß schriftstellerische Tätigkeit ein gewisses Maß an schöpferischer Leistung als literarische Kompetenz verlangt. Dieser nicht handwerklich zu fassende Anteil läßt sich nicht beliebig steuern und hervorrufen, vielmehr kann er vom Autor her gesehen aus verschiedenen psychischen und physischen Ursachen zum Erliegen kommen. In diesem Fall besteht im Rahmen der Arbeitsorganisation kein Leistungsangebot von seiten des Autors (mehr). Andererseits folgt aus der nur schwer zu messenden schöpferischen Leistung des Autors, daß die Auswahl seiner Werke subjektiven Kriterien unterliegt. Da er zudem den jeweiligen literarischen und ökonomischen Interessen der Kulturindustrie Rechnung tragen muß, kann auch das Interesse der Medien an ihm zum Erliegen kommen, vor allem wenn er den an ihn gestellten Erwartungen nicht mehr Rechnung trägt oder sich geänderten Erwartungen nicht anzupassen vermag. In diesem Fall besteht im Rahmen der Arbeitsorganisation kein Leistungsangebot von seiten der Kulturindustrie (mehr). Sobald aber ein Autor, aus welchen Gründen auch immer, aus der Arbeitsorganisation der Literaturproduktion ausgeschieden ist, kann er soziologisch gesehen nicht mehr als berufsmäßiger Schriftsteller, gleichgültig ob haupt-, neben- oder teilberuflich, angesehen werden, auch wenn das seinem Selbstverständnis widerspricht.

1.2.4 Die Theorie der freien Berufe.

Da in den Indices der Publikationen zur allgemeinen Berufssoziologie das Stichwort ›Schriftsteller‹ im allgemeinen nicht auftaucht, wohl aber in Schriften über die freien Berufe, wo der Schriftsteller sogar allgemein als Prototyp dieser Berufe verstanden wird [110], liegt es nahe zu untersuchenn, was die Theorie der freien Berufe zu einer Begriffsbildung des Schriftstellerberufs beitragen kann.

Eine erste Schwierigkeit beim Erfassen der freien Berufe ergibt sich daraus, daß sehr verschiedene Berufstätigkeiten unter dieser Bezeichnung zusammengefaßt werden: so gelten Ärzte, Rechtsanwälte, Schriftsteller, bildende Künstler, Schauspieler, Musiker u. a. als den freien Berufen zugehörig. [111] Die theoretischen Überlegungen gehen dabei häufig von den Berufen der Ärzte und Rechtsanwälte aus, wobei dann bestimmte Eigenschaften dieser Berufe verallgemeinert und auf alle anderen freien Berufe übertragen werden, ohne daß überlegt wird, ob das jeweils genannte Kriterium auch für andere Berufsbeispiele zutrifft. [112] Grundsätzlich wird die Theorie der freien Berufe mit dem Begriff der geistigen Arbeit in Zusammenhang gebracht, der eine kulturschöpferische Funktion sowohl auf vermittelndem als auch produzierendem Gebiet zugesprochen wird. [113] Wie schon S. Feuchtwanger die Theorie der freien Berufe als eine Theorie der Kulturwirtschaft begriff, wonach die geistigen Produzenten eine simultane und kontinuierliche, überpersönliche und überzeitliche Arbeitsgemeinschaft aufgrund ihres Schaffens am nie vollendeten Kulturwerk bilden, sind für H. Stieglitz die Träger der freien Berufe zugleich Träger von Funktionen einer repräsentativen Kulturgemeinschaft, die den Sinn für ›zweckfreie Geistigkeit‹ gemeinsam haben. [114] Aufgabe der freien Berufe sei es, den Gegensatz von erwerbswirtschaftlicher Sachgüterwelt und Kulturwirtschaft aufzuheben und »die naturalistische Eigengesetzlichkeit der Güterbewegung dem Walten des Sittengesetzes zu unterwerfen«. [115] Auch in neueren Abhandlungen werden als Ideale der freien Berufe das Streben nach einer Universalität des Geistes als Synthese schöpferischer und anwendender kulturtragender Tätigkeit angesehen [116], und daß kulturelle Produktivität nur in Freiheit denkbar sei [117], wird als besondere Eigenschaft der freien Berufe ihre Eigenverantwortlichkeit und Weisungsungebundenheit verstanden. [118] So wird der Berufsbegriff in diesen Theorien in engsten Zusammenhang gestellt mit dem Begriff der Berufung und freier Beruf wesentlich als ›Freiheit für die Erfüllung der persönlichen Berufung‹ definiert. [119] Bei freiberuflicher Tätigkeit wird unterschieden zwischen ideellen Dienstleistungen und ideeller Güterproduktion, die beide nicht wirtschaftlicher Natur seien; so wie die Eigenverantwortlichkeit gehöre auch Selbstlosigkeit zum System der freien Berufe. [120] Diese Theorie der Inkommensurabilität geistiger Arbeit mit wirtschaftlichen Werten hat eine lange Tradition und erhält in den Überlegungen zur Theorie der freien Berufe ein besonderes Gewicht. Wie der Wert der geistigen Arbeit für die Gesellschaft nicht errechenbar, quantifizierbar oder meßbar sei, sei die geistige Arbeit »nicht ausgerichtet und darf nicht ausgerichtet sein auf Geld; [...] Sie ist entstellt und entwertet, wird sie Geldberuf. Der Künstler oder Gelehrte, der nach Geld geht, wird ein Lump«. [121] Eng verbunden mit der Theorie der Unbezahlbarkeit geistiger Arbeit ist auch die Überzeugung, daß zur Ausübung eines freien Berufs das Wagnis der sozialen Unsicherheit gehöre. [122]

Diese Gedanken blieben nicht unwidersprochen. Schon 1916 empfahl Th. Heuss, künstlerisches Schaffen nüchtern ausschließlich als Beruf mit Erwerbsziel anzusehen, und H. Fiemsch wandte gegen S. Feuchtwanger ein, daß sich die Träger der freien Berufe auf Gelderwerb richten müssen, wenn sie ihre geistige Freiheit erkämpfen und bewahren wollen. [123] Etwas differenzierter erklärte J. v. Kempski, daß zwar die berufsethische Orientierung der freien Berufe, insbesondere der Schriftsteller, tendenziell das Erwerbsstreben überlagere, daß aber freiberuflich Tätige durchaus ihr Ziel darin sehen können, spezifische Bedürfnisse zu befriedigen und somit einen Erwerb zu suchen. [124] An dieser Stelle stehen sich berufsethische Postulate und Berufswirklichkeit gegenüber, wobei es bezeichnend ist, daß sich die Verfechter der Theorie der freien Berufe z. T. scheuen, sie an der Wirklichkeit zu prüfen. So sah zwar S. Feuchtwanger im Wandel ihrer geschichtlichen Bedingungen die Hauptgefahr für die Existenz der freien Berufe, glaubte aber, daß das von ihm dargestellte Wesen der freien Berufe wirklicher sei »als alles unfreie Scheinwesen und Unwesen der empirischen Wirklichkeit«. [125] Ähnlich entzog sich auch H. Stieglitz der Überprüfbarkeit, wenn er ›zugunsten der Einheitlichkeit der Darstellung‹ auf eine Erörterung der Berufswirklichkeit der freien Berufe verzichtete und es ablehnte, die freien Berufe einer funktionalen Betrachtungsweise zu unterziehen, da das Wort ›frei‹ einen emphatischen Wert beinhalte, der letztlich nur einer philosophischen Auslegung zugänglich sei. [126] Obwohl V. Deneke erkannte, daß in die literarische Produktion durch den Verleger als Vermittler zwischen Schriftsteller und Publikum erwerbswirtschaftliche Bedingungen eindringen, vermochte auch er nicht, die postulierte Einheit von Selbstverantwortlichkeit und Selbstlosigkeit freiberuflicher Tätigkeit aufzugeben. [127] So erweist sich die Argumentation der Theorie der freien Berufe als tautologisch: da die Hauptfunktion der freien Berufe kulturberufliche Tätigkeit, kulturberufliche Tätigkeit aber nur bei Freiheit der Berufsausübung möglich sei, übe jeder kulturberuflich Tätige einen freien Beruf aus. [128]. Es zeigt sich somit, daß sich die Literatur zur Theorie der freien Berufe als Zugang zu einem berufssoziologischen Begriff des Schriftstellers entzieht, da sie sich vor allem als ›ethischer Appell‹, als ›sozialethisches System‹ erweist. [129] Obwohl H. Stieglitz wiederholt behauptete, eine soziologische Grundlegung für die Theorie der freien Berufe zu bieten [130], mußte er schließlich zugeben, daß seine Kategorien weniger soziologischer als sozialpsychologischer Art sind und auf die Unterscheidung eines Menschentyps und dessen geistigen Habitus abzielen. [131] Indem freiberufliches Handeln auf zentrale Werte der Gesellschaft und ihrer Kultur bezogen wird, bietet die Theorie Leitsätze für ein bestimmtes ethisches Handeln im beruflichen Bereich mit normativem Anspruch. Diese Art der Wertbezogenheit kann jedoch kein Unterscheidungsmerkmal von anderen Berufen sein, vielmehr wird der Begriff der freien Berufe mit allgemeinen, sozialethisch-ideologischen Vorstellungen belastet. [132]

Neuere berufssoziologische Theorien lehnen deshalb herkömmliche Berufsbegriffe ab, die im wesentlichen mit Kennzeichen wie Neigung, Berufung, Pflichtgefühl und Verantwortungsbewußtsein charakterisiert sind, da sie von Begriffen der vorindustriellen Arbeitswelt ausgehen, die nicht auf die moderne industrialisierte Gesellschaft übertragen werden kann, deren Arbeits- und Berufswelt u. a. durch schnell auseinander folgende und einschneidende Veränderungen gekennzeichnet ist. [133]Was Theoretiker der freien Berufe als einen Verlust des ›metaphysischen Ankergrunds‹ innerhalb einer ›unbegründeten, grund-losen Wirklichkeit‹ beklagen [134], kann aus berufssoziologischer Sicht als Folge einer ›spezialisierten intellektuellen Technik‹ beschrieben werden, die alle Bereiche der Gesellschaft mit einem rationalen, wissenschaftlichen Denken, einer komplexen Theorie durchdringt. [135] Das Element der Berufung, das in der Theorie der freien Berufe noch eine zentrale Rolle spielt, gilt mit seinem emotionalen Akzent für die Berufstheorie der modernen industrialisierten Gesellschaft als nicht mehr brauchbar, weil es die Berufsposition, ausgehend von den partikulären Strukturen der vorindustriellen Gesellschaft, im partikulären Rahmen definiert. So muß auch im Bereich der Kulturproduktion die Berufstätigkeit als arbeitsteiliges System verstanden werden, als ein ›Geflecht von Interaktionsbeziehungen zwischen verschiedenen Akteuren‹. [136]

Für die Beurteilung der Theorie der freien Berufe ist weiterhin wichtig, daß sie einer traditional-ständischen Berufsauffassung entspricht und somit wie sie in eine objektive, überdauernde Ordnung eingebettet erscheint, die nicht nur den Beruf, sondern das ganze Leben erfaßt, wobei ihre vorbehaltlose Anerkennung eine materielle Lebensgrundlage, soziale Wertschätzung und individuelles Sinnerleben sichern soll. [137] Nach M. Weber können Stände primär durch eine eigene ständische Lebensführung insbesondere durch die Art des Berufes entstehen. Stände sind dann ein Vielzahl von Menschen innerhalb einer Gesellschaft, die »a) eine ständische Sonderschätzung, – eventuell [...] auch b) ständische Sondermonopole in Anspruch nehmen«. [138] Eine ständisch orientierte Berufspolitik bedeutet also den Anspruch auf eine besondere soziale Wertschätzung, wie er auch bei S. Feuchtwanger zum Ausdruck kommt, der die freien Berufe als Führerberufe und verantwortliche Träger der Kulturfunktion des Staates ansah, weshalb sie sich zu einem Stand als einer »Gemeinschaft der im Gefühl gemeinsamer Verantwortung für die Erfüllung einer sozialen Aufgabe verbundenen Berufsgenossen« zusammenschließen müßten. [139] In seiner Abhandlung über die Fundamente der freien geistigen Berufe betonte auch G. Lüben, daß für die freien Berufe die Organisation des Berufsstandes »die Verbundenheit durch die gleiche kulturelle Grundauffassung« bedeute und daß der Berufsstand »der Erfüllung gemeinsamer Aufgaben der Sicherung und Förderung der politischen Stellung des Berufsstandes, der Pflege gemeinsamer Güter, insbesondere der Standesethik« diene. [140] Die Theorie der freien Berufe erweist sich somit deutlich als eine berufsständische Ideologie. So wurde auch im Vergleich mit anderen Interessenverbänden festgestellt, daß von den Verbänden der freien Berufe ein besonders ausgeprägtes Standesbewußtsein vor allem in Richtung auf den Anspruch und das Ethos der geistigen Freiheit gefördert und gepflegt wird. [141] Da aber Berrufsstände als gesellschaftliche Repräsentanten bestimmter Berufe bereits eine soziale Geltung und Anerkennung voraussetzen [142], was durchaus bei Ärzten und Rechtsanwälten, nicht aber bei Schriftstellern zutrifft [143], soll in bezug auf die Schriftsteller und die Vertretung ihrer beruflichen Interessen durch die Schriftstellerverbände in Analogie zur Arbeitshypothese, die dieser Arbeit zugrunde liegt, die These aufgestellt werden, daß die Inanspruchnahme der Theorie der freien Berufe und der in ihr eingeschlossenen ständischen Berufsauffassung durch die Verbände für eine wirksame schriftstellerische Interessenpolitik hinderlich sein muß, da sie wegen ihrer Diskrepanz zur schriftstellerischen Berufswirklichkeit eine realistische Einschätzung ihrer Bedingungen und somit zweckrationales Handeln verhindert.

1.3 Literatursoziologie

Schon bei dem Versuch, eine soziologische Definition des Schriftstellerberufs zu geben, wurde der Zusammenhang von literarischem Schaffen und gesellschaftlichen Faktoren hervorgehoben, sei es der Bezug auf das sogenannte geistige Gemeingut, sei es die Einordnung des Schriftstellers in die Arbeitsorganisation der Kulturindustrie. Wenn jetzt die bisherigen Überlegungen in die literatursoziologische Forschung einbezogen werden sollen, muß jedoch sofort einschränkend darauf hingewiesen werden, daß es keine einheitliche, geschweige denn abgeschlossene literatursoziologische Theorie oder Forschung gibt. [144] Im wesentlichen stehen sich marxistische und positivistische Ansätze gegenüber. Marxistische Literaturwissenschaft versteht Literatur als einbezogen in die Vielschichtigkeit gesellschaftlicher und geschichtlicher Prozesse und versucht, die dichterischen Werkstrukturen sowie die Ästhetik der Werke aus dem gesamtgesellschaftlichen Prozeß zu erklären. [145] In dem Maße aber, in dem die verschiedenen Interpretationen marxistischer Gesellschaftstheorien divergieren, gibt es keine einheitliche marxistische Literaturwissenschaft, sobald einzelne Autoren wie G. Lukács oder Th. W. Adorno von dem genannten gemeinsamen thematischen Ansatz aus Einzelanalysen vornehmen. [146] Hinzu kommt, daß die marxistische Literaturwissenschaft vielfach normativ in ästhetischen Kategorien denkt, die weitgehend der gehobenen Literatur des 18. und 19. Jahrhunderts entsprechen. [147]

Vom gleichen konventionalen Literaturbegriff gehen auch die meisten Autoren der positivistisch-empirischen Schule der Literatursoziologie aus. [148] Der Forschungsgegenstand dieser literatursoziologischen Richtung wird als ›literarische Tatsache‹ verstanden und meint insbesondere die das literarische Werk umgebenden Sozialstrukturen wie politische Systeme, soziale Schichtung, technische Mittel, wirtschaftlicher Status und rechtliche Stellung der Schriftsteller, Buchhändler und Verleger. Auf diesem Hintergrund wird nach einer ›gleichgerichteten Absicht des Lesers und des Autors‹ gefragt, was N. Fügen ›literaturgemäßes Verhalten‹ nannte. [149] Diese Kategorien beschränken die Aufgabe der Literatursoziologie im wesentlichen auf Rollenanalysen der an der Literatur beteiligten Schriftsteller, Leser, Kritiker etc. und auf eine Wirkungsanalyse. [150] So erkennt auch R. Escarpit, daß mit der Frage nach der gleichgerichteten Absicht des Lesers und des Autors vor allem Probleme individual- und sozialpsychologischer Art aufgeworfen werden. [151] In dem Maße, in dem diese Soziologie das literarische Werk fiktiven Inhalts als zweckfrei, jenseits aller politischen Nützlichkeitserwägungen verstehen will [152], macht sie die geschichtliche Bedingtheit der Literatur zu einem abseitigen Problem. [153] Der marxistischen Literaturwissenschaft wird demgemäß von Autoren der positivistischen Schule der Vorwurf gemacht, statt Literatursoziologie eine sich soziologisch tarnende Literaturphilosophie und Literaturkritik zu entwickeln. [154]

Die dieser Arbeit zugrunde liegende Fragestellung ist, ob die anhand des Selbstverständnisses der Schriftstellerverbände darstellbaren kollektiven Verhaltensweisen der Schriftsteller in ihren Berufsverbänden und die durch diese Berufsverbände zum Ausdruck gebrachte Selbsteinordnung der literarischen Tätigkeit sowie der literarisch Tätigen in die Gesellschaft Veränderungen aufweisen, die aus den Produktionsbedingungen der Kulturindustrie erklärt werden können. Einen für die Beantwortung dieser Frage wichtigen Ansatz hat bereits W. Benjamin genannt, als er forderte, Literaturwissenschaft müsse auch die Funktion berücksichtigen, die das Werk innerhalb der schriftstellerischen Produktionsverhältnisse seiner Zeit hat, wodurch erst »die literarischen Produkte einer unmittelbaren gesellschaftlichen, damit materialistischen Analyse zugänglich« werden. [155] An dieser Stelle ist es nicht möglich, die Zusammenhänge zu diskutieren, in denen W. Benjamins Forderung zu sehen ist [156], auch soll hier keinesfalls ein monokausaler Zusammenhang von Produktionsverhältnissen und Form sowie Inhalt literarischer Werke behauptet werden. Vielmehr muß die Entwicklung von Kunst und Literatur als eine ›Resultante einer Wechselbeziehung von materieller und ästhetischer Produktionsweise‹ angesehen werden, wobei sich bei der künstlerischen Produktion eine relative Selbstbewegung herausgebildet hat. [157] In diesem Zusammenhang muß auch Th. W. Adornos Hinweis darauf gesehen werden, daß die Kulturindustrie dem Autor trotz des vollen Einsatzes ihrer außerkünstlerischen Technik zur materiellen Güterherstellung ihrer Produkte immer auch individualistische Restbestände zugesteht. [158] Fest steht, daß gesellschaftswissenschaftliche Literaturanalyse nie allein mit der Dialektik Basis-Überbau bzw. Literatur und Ökonomie zu tun hat, sondern daß sie »die Gesamtheit der dazwischenliegenden Vermittlungsfaktoren in ihrer Interdependenz und Wechselwirkung kalkulieren« muß. [159] Hier soll davon ausgegangen werden, daß die Bedingungen der Literaturproduktion sowohl in jenen ›individualistischen Restbeständen‹ als Teilen der literarischen Produktivkräfte als auch in den außerkünstlerischen Möglichkeiten und Einschränkungen literarischer Warenherstellung liegen.

1.4 Zusammenfassung

Die einleitenden Überlegungen haben gezeigt, daß sich der Schriftstellerberuf wie die schriftstellerische Tätigkeit trotz zahlreicher Schwierigkeiten definieren und daß sich somit auch die berufsmäßigen Grundlagen einer schriftstellerischen Interessenpolitik beschreiben lassen. Die Schwierigkeiten einer Definition des Schriftstellerberufs liegen vor allem in der Vielfalt der schriftstellerischen Tätigkeitsbereiche, in den Schwierigkeiten beim Messen der schriftstellerischen Leistung, die sich mit dem Problem der literarischen Wertung stellen, und in der Unsicherheit des Absatzes literarischer Produkte und damit verbunden in der Unsicherheit der Erwerbs- und Versorgungschance in ihrer Kontinuität bis ins Alter hinein. Mittels einer grundsätzlichen Darstellung der schriftstellerischen Produktivkräfte und des schriftstellerischen Schaffensprozesses aus anthropologischer sowie sozial- und individualpsychologischer Sicht konnte in Anschluß an die Berufs-Definition M. Webers und späterer Berufssoziologen ein berufssoziologischer Begriff des Schriftstellers gefunden werden, der den Schriftstellerberuf über eine Beschreibung der Tätigkeitsbereiche und -elemente hinaus in gesellschaftlich-literarisches Wissen und in die kulturindustrielle Arbeitsorganisation einbezog. Danach ist schriftstellerische Tätigkeit solange als Berufstätigkeit anzusehen, als es einem Autor gelingt, die Kontinuität seiner Erwerbs- und Versorgungschance unter der Bedingung zu wahren, daß er die für seinen literarischen Erfolg erforderliche Qualifikation durch das Finden literarischer Arbeitsgegenstände und die Beherrschung der literarischen Mittel zu ihrer Bearbeitung zu erhalten und sein Wissen über die Bedingungen der Literaturproduktion ihrem möglichen Wandel anzupassen vermag.

Als störend für die Entwicklung eines realistischen Verhältnisses der Schriftsteller zu den Bedingungen ihrer Existenz erwies sich die Hervorhebung eines übertriebenen Autonomie-Verständnisses sowie die Inanspruchnahme der Theorie der freien Berufe und des in ihr eingeschlossenen ständischen Berufsbegriffs, nach denen Schriftsteller außerhalb einer rationalen Beschreibung mit einem besonderen ethischen und gesellschaftlichen Auftrag versehen eine besondere soziale Wertschätzung beanspruchen könnten. Im Gegensatz hierzu hat sich gezeigt, daß auch der Beruf des Schriftstellers in seiner Berufswirklichkeit ein Herrschaftsprodukt ist, wobei die Fremdsteuerung des Schriftstellerberufs innerhalb der Kulturindustrie ein wesentliches Merkmal seiner derzeitigen Existenz darstellt. Aufgrund dieser Überlegungen konnten zwei sich entsprechende Arbeitshypothesen für diese Arbeit aufgestellt werden. Die erste lautet, daß die Schriftstellerverbände als berufspolitische Zweckverbände erst dann zu einer erfolgversprechenden Arbeit gelangen können, wenn sie ihre Mitglieder als überwiegend wirtschaftlich abhängige Produzenten von Wortbeiträgen für die Kulturindustrie begriffen und einen Wandel des schriftstellerischen Selbstverständnisses vom autonomen Schriftsteller zu einem in wirtschaftlicher und anderer Abhängigkeit arbeitenden vollzogen haben. Die zweite These lautet, daß die Inanspruchnahme der Theorie der freien Berufe und der in ihr eingeschlossenen ständischen Berufsauffassung eine wirksame Interessenpolitik der Schriftsteller blockiert, da sie wegen ihrer Diskrepanz zur schriftstellerischen Berufswirklichkeit eine realistische Einschätzung ihrer Bedingungen verhindert. Die nun folgenden Einzeluntersuchungen werden unter Einbeziehung der verbändesoziologischen und literatursoziologischen Kategorien das Handeln der Verbände als Verbandshandeln und berufspolitisches Engagement der Schriftsteller auf seine Zweckrationalität hin überprüfen.

Dabei bietet sich eine Gliederung in drei Kapitel an: das erste erfaßt das Verhältnis der Schriftstellerverbände zueinander sowie zu ihren potentiellen Mitgliedern. Von besonderer Bedeutung wird hier die Frage sein, welche Berufsdefinition der Schriftsteller die Verbände ihrem Handeln zugrunde legen, vor allem, ob sie Fragen der literarischen Wertung in die Verbandsdiskussion mit einbeziehen, oder ob sie sich den Schriftstellern aller Tätigkeitsbereiche ohne Unterschied öffnen. Das zweite Kapitel stellt das Verhältnis der Schriftstellerverbände zu ihren eigenen interessenpolitischen Zielen sowie zu den Adressaten ihrer Forderungen in den Mittelpunkt. Da die Schriftstellerverbände als berufliche Interessenverbände jeweils in ihren Satzungen Ziele für ihre Arbeit formulieren, soll gefragt werden, ob und inwieweit sie und ihre Repräsentanten zweckrational handeln. Das dritte Kapitel hat das Verhältnis der Schriftstellerverbände zur Gesellschaft und zum Staat bzw. seinen Instanzen zum Gegenstand. Dabei wird zu untersuchen sein, welche Bedeutung die Verbände sich und ihren Mitgliedern innerhalb der Gesellschaft zumessen. Diese Frage berührt neben ihrer dem Verbandshandeln zugrunde liegenden Staatstheorie auch ihre Wertorientierung, wobei diejenigen Zielvorstellungen und Werthaltungen als ideologisch gekennzeichnet werden sollen, die über die jeweiligen satzungsgemäßen Ziele hinausgehen. Bei allen drei Fragenkomplexen soll die jeweilige Entwicklung der Verbände dargestellt werden, wobei den Konstanten und Variablen in den Verbandsäußerungen eine besondere Bedeutung zukommt. Eine wichtige Aufgabe wird dabei darin liegen, zu untersuchen, ob die Variablen in den Verbandsäußerungen und Verbandshandlungen aus den Bedingungen der schriftstellerischen Berufsausübung und Produktionsverhältnisse erklärt werden können.

2 Schriftstellerverbände: Interessen und Schriftstellerberuf

2.1 Einleitung

»Dichter und auch Schriftsteller unter einen Hut zu bringen, ist ein schwerer Ding, als Flöhe unter einen Käsedeckel zu sammeln.« [1]

Die in diesem Zitat zum Ausdruck kommende Skepsis gegenüber der Organisierbarkeit der Schriftsteller durchzieht wie ein roter Faden die gesamte Literatur über Schriftstellerverbände und die Diskussion innerhalb der Verbände selbst.

Im Hinblick auf diese Diskussion soll im ersten Kapitel dieser Arbeit ein Abriß der Gründungen schriftstellerischer Berufsverbände anhand einer chronologischen Aufzählung der dieser Arbeit zugrunde liegenden Verbände mit einer Darstellung ihrer satzungsgemäßen Ziele verbunden werden, wobei zu fragen sein wird, ob die Vielzahl der Verbände und die zeitweilige Unmöglichkeit, sie zu vereinen, bereits aus Unterschieden in diesen Zielen erklärt werden können.

Im weiteren Verlauf wird anhand des Problems der Integration und Desintegration das Verhältnis der Verbände untereinander und ihren Mitgliedern gegenüber in Hinblick auf Strategien zur Lösung von Konflikten untersucht. Hierbei werden die Bedingungen der Mitgliedschaft in den Verbänden und die Bedingungen der Konkurrenz und der Kooperation der Verbände untereinander analysiert.

Anschließend wird nach dem Verhältnis deutscher Schriftstellerverbände zum Schriftstellerberuf und zur Literatur gefragt. Das Berufsbild und der Literaturbegriff der Verbände sollen über ihre Zwecksetzung hinaus erste Aussagen über ihre Werthaltungen ermöglichen.

2.2 *Schriftstellerverbände und ihre Ziele (chronologischer Abriß)*

2.2.1 *Einzelverbände 1842 bis 1933*

Zu den Vorläufern der schriftstellerischen Berufsorganisationen in Deutschland hat schon J. Hofmann Überlegungen angestellt, die später von anderen Autoren im wesentlichen übernommen worden sind. [2] Besonders hervorgehoben wurde der 1772 in Göttingen gegründete Dichterbund »Hain«, der im Gegensatz zu früheren reinen Sprach- und Dichterschulen schon die Forderung nach Freiheit und Recht der dichterischen Persönlichkeit im Staat erhoben habe, – sowie eine Äußerung F. Schlegels, der 1800 in seinen ›Ideen‹ schrieb: »Wie die Kaufleute im Mittelalter so sollten die Künstler jetzt zusammentreten zu einer Hanse, um sich einigermaßen gegenseitig zu schützen.« [3] J. Hofmann sah die Entwicklung der Schriftstellerorganisationen im Rahmen der allgemeinen geistigen Entwicklung nach der Französischen Revolution: an die Stelle des anfänglichen ›schrankenlosen Freiheitsdrangs‹, der in der Sturm- und Drangperiode, der Romantik und im jungen Deutschland zum Ausdruck kommt, trat dann in der zweiten Epoche immer mehr der realistische Gedanke, daß geistige Emanzipation nur auf der Grundlage *wirtschaftlicher Sicherung und Unabhängigkeit* ruhen kann«. [4]

Hier soll auf eine ausführliche Darstellung eventueller Vorläufer der Berufsverbände verzichtet und der Ansatz J. Hofmanns und auch H. Schmitts übernommen werden, daß die wirtschaftliche Interessenvertretung das wichtigste Merkmal moderner schriftstellerischer Berufsorganisationen ist. [5]

Nach allgemeiner Ansicht erfüllt der 1842 auf Initiative R. Blums u. a. gegründete »Leipziger Literatenverein«, der 1846 in »Leipziger Schriftstellerverein« umbenannt wurde, als erste schriftstellerische Berufsvereinigung diese Bedingung, was anhand des § 1 der Satzung zu belegen ist:

»Sein Zweck ist nicht ästhetischer Art, sein Zweck ist nicht politischer Art – er wird über allgemeine staatliche Verhältnisse keine Gesammtmeinung aufstellen wollen. Sein Zweck ist ein moralischer. Gemeinsame Beobachtung, Prüfung, Beratung und Entschließung hinsichtlich aller Verhältnisse, welche die Ehre und die Interessen des Literatenstandes, der Literatur und der Presse angehen: das ist sein Zweck. Die Mitglieder sind verpflichtet, alle dahin einschlagenden Angelegenheiten, die den Vorteil und die Ehre der Literatur und der Presse betreffen, im Vereine zur Kenntniß und zur Sprache zu bringen, damit ein allseitiges Einverständnis hierüber möglich werde und nötigenfalls die öffentliche Darlegung des Gesammtwillens erfolgen könne. *Nachdruck, gesetzlicher und ungesetzlicher Zustand der Presse, Handhabung der Censur,* diese drei Punkte wird seinerseits der Leipziger Literatenverein zu Gegenständen unausgesetzter Beratung und Entschließung machen.« [6]

Entkleidet man diesen etwas umständlichen Paragraphen von den Bestimmungen über Verfahrensweisen, bleiben einige wichtige Aussagen über den Zweck des Leipziger Literatenvereins stehen. Es fällt zunächst auf, daß die Diskussion über ästhetische Fragen, worunter in dieser Arbeit Fragen der literarischen Wertung verstanden werden, ausdrücklich ausgeschlossen wird. Bedeutsam ist auch, daß laut Satzung politische Fragen nicht Gegenstand der Verbandsdiskussion sein durften, daß aber die Ehre des Schriftstellerstandes auf der Tagesordnung stand.

Neben diesen negativen Bestimmungen enthält die Satzung wichtige positive Zwecksetzungen wirtschaftlicher und rechtlicher Art. Die Frage des Nachdrucks literarischer Arbeiten betrifft urheber- und verlagsrechtliche Bestimmungen, die ihrerseits im engen Zusammenhang mit der wirtschaftlichen Situation der Schriftsteller stehen. Auf das Problem der Forderung deutscher Schriftstellerverbände nach künstlerischer und geistiger Freiheit wird noch eingehend zurückgekommen (s. 4.4.1, S. 303–317); so viel ist hier schon vorwegzunehmen, daß in dieser Arbeit die Forderung nach einer Aufhebung von Zensurverordnungen den politischen Interessen der Verbände zugerechnet wird. Innerhalb der Zweckbestimmungen des Leipziger Literatenvereins ergibt sich somit als erster Konflikt ein Widerspruch zwischen der Behandlung von Zensurfragen und dem Ausschluß politischer Diskussionen.

Für die Beantwortung der Frage nach den Zwecksetzungen des Leipziger Literatenvereins ist zusammenfassend festzuhalten, daß er rechtliche, wirtschaftliche und politische Interessen zu verfolgen sich vornahm, alles unter Ausschluß ästhetischer und problematischerweise auch politischer Fragen.

Der Leipziger Literatenverein bestand bis 1870, war aber ab 1848 nahezu bedeutungslos. [7]

Als nächster bedeutenderer Verband wurde erst am 6. 10. 1878, wiederum in Leipzig der »Allgemeine Deutsche Schriftsteller-Verband« (ADSV) gegründet, dessen Zweck in der Satzung von 1878 in den §§ 1 und 7 wie folgt festgelegt wurde:

§ 1: »Der Zweck des Allgemeinen Deutschen Schriftstellerverbandes ist:
1. Energische Vertretung der Interessen des Schriftstellerstandes nach Innen und Außen.
2. Veranstaltung eines jährlichen Schriftstellertages.«
§ 7: »Der Vorstand [...] sorgt [...] für Vorlagen, um den in § 1 der Statuten [...] bezeichneten Zweck [...] zu fördern. Als solche Vorlagen werden bezeichnet:
a) Bekämpfung des unberechtigten Nachdrucks in Deutschland; Regelung der Nachdrucksverhältnisse mit anderen Ländern.
b) Vorlage betreffend die Einsetzung eines Ehrengerichtes bezüglich eines Schiedsgerichtes.
c) Vorlagen betreffend die Gründung gemeinnütziger Institutionen.« [8]

Im Vergleich zu der Satzung des Leipziger Literatenvereins enthielt die des ADSV keine Bestimmung zur Haltung in ästhetischer und politischer Hinsicht. Ähnlich wie im Leipziger Literatenverein spielten jedoch Standesfragen eine zentrale Rolle, wobei die Standesehre durch Einsetzung eines Ehrengerichts [9] gewährleistet werden sollte.

Nachdrucksbekämpfung und Urheberrecht, hier sogar mit internationalem Akzent, standen im Vordergrund der rechtlichen und wirtschaftlichen Interessen des ADSV.

Unter ›gemeinnützigen Institutionen‹ waren schriftstellerische Kranken- und Alterssicherung, also soziale Interressen gemeint (s. 3.2.2, S. 121).

Die Bedeutung der Schriftstellertage für den ADSV, die sowohl geselliger als auch repräsentativer Art war, wird später erörtert werden (s. 2.5.3, S. 101).

Verglichen mit dem Leipziger Literatenverein vertrat der ADSV in gleicher Weise rechtliche und wirtschaftliche Berufsinteressen der Schriftsteller, politische Interessen in Gestalt der Zensur-Frage fielen in der Satzung fort, soziale Interessen kamen hinzu.

Der ADSV bekam einige Jahre nach seiner Gründung Konkurrenz durch die Gründung des »Deutschen Schriftsteller-Vereins« (DSchV) im März 1885, dessen Schriftführer und Mitbegründer J. Kürschner schrieb, der DSchV sei gegründet worden, »nachdem von den verschiedensten Seiten die Wertlosigkeit des Schriftsteller-Verbandes für praktische Interessen betont und der Wunsch ausgesprochen worden war, sich zu einer neuen, thätigen Vereinigung zusammenzuthun«. [10]

Die Gründung des DSchV erweist sich somit als gegen den älteren ADSV gerichtet.

Die Ziele des DSchV waren in den §§ 1–3 der Statuten festgelegt:

»1) Der Verein bezweckt die Vereinigung deutscher Schriftsteller, Schriftstellerinnen und Journalisten zu gemeinsamer Vertretung der materiellen und idealen Berufs- und Standesfragen im Allgemeinen und im Besonderen. Die Gesamtheit bekennt sich ausdrücklich dazu, mit ihrer ganzen Macht auch für die verletzten Rechte des Einzelnen einzutreten, ohne Ansehen der Person.
2) Der Verein bezweckt weiter die Begründung einer Pensions-, Darlehens- und Unterstützungskasse [...].
3) Der Verein erstrebt insbesondere die rechtliche Sicherstellung der deutschen Schriftsteller durch Anregung und Unterstützung aller Bestrebungen zur Begründung von Litteraturkonventionen, durch Einführung bestimmter Normen für den Verkehr zwischen Autor und Zeitungsverleger, durch Kontrolle über den unerlaubten Nachdruck im In- und Ausland.« [11]

Während der ADSV die genauen Bestimmungen seiner Ziele aus einer späteren Fassung seiner Satzung herausgenommen hatte [s. S. 395, Anm. 8], versuchte der DSchV von neuem, die Ziele schriftstellerischer Berufsvertretung zu präzisieren. Es waren jedoch im einzelnen die gleichen Ziele geblieben: berufliche Ziele allgemein, die in der DSchV-Satzung mit den idealen Berufs- und Standesfragen umschrieben werden, sowie rechtliche, wirtschaftliche und soziale Ziele.

Die Wirkung des DSchV muß in seiner Zeit groß gewesen sein; nicht nur, daß er einen Teil der Mitglieder des ADSV zu sich herüberziehen konnte [12], es gelang ihm sogar innerhalb von zwei Jahren die völlige Verschmelzung mit dem ADSV, als durch Fusion beider Verbände am 29. 9. 1887 in Dresden der »Deutsche Schriftsteller-Verband« (DSV) gegründet wurde. Der ehemalige Vorsitzende des DSchV R. Schweichel wurde auch Vorsitzender des DSV, dessen Sitz erstmals in der Geschichte deutscher Schriftstellerverbände auf Reichsebene Berlin war. [13]

§ 1 der Satzung bestimmt die Ziele des DSV:

»Der [...] Deutsche Schriftsteller-Verband bezweckt
a) die Wahrung und Förderung der Berufsinteressen seiner Mitglieder;
b) die Unterstützung der letzteren in Fällen der Not und im Alter, sowie die Fürsorge für ihre Hinterbliebenen.« [14]

Bei diesen Bestimmungen fällt die unpräzsie Fassung der Berufsinteressen auf. Daß sie im Sinne der DSchV-Satzung zu verstehen sind, liegt aufgrund seiner überragenden Bedeutung bei der Gründung des DSV nahe. Wichtig erscheint jedoch, daß mehr die sozialen Interessen in den Vordergrund traten, denn sie allein sind präzisiert. Interessant hierzu ist ein verbandsinterner Kommentar zur Gründung des DSV, in dem es u. a. heißt: »Hatten sich die früheren Schriftsteller-Vereinigungen meist mit wenig bestimmten Schlagworten begnügt und in erster Reihe die allerdings mit Recht hoch zu haltenden idealen Ziele des deutschen Schrifttums und der deutschen Schriftsteller in's Auge gefaßt, wo wurde in den [...] Satzungen des Deutschen Schriftsteller-Verbandes vornehmlich dem Gedanken Ausdruck gegeben, daß dem Schriftsteller-Elend, das jeden höheren geistigen Aufschwung lähme und die hemmendste Schranke für die Erreichung jener idealen Bestrebungen bilde, ein Ende gemacht werden« müsse. [15] Die Hervorhebung der sozialen Interessen wird auch hier deutlich, wobei die beruflichen, wirtschaftlichen und sozialen Interessen der Schriftsteller als ineinander verschmolzen angesehen wurden.

Nach einem Jahr glaubte die Verbandsleitung des DSV bereits, ihren Zielen nahe zu sein [16], doch trat nach vier Jahren Verbandsarbeit schon eine starke Desillusionierung ein, die bald zu einer erheblichen Schwächung des Verbands führte. [17]

Auch blieb der DSV von Anfang an nicht ohne Konkurrenz. Wenige Tage nach seiner Gründung wurde am 2. 10. 1887 in Berlin der »Schutzverein deutscher Schriftsteller« (SvDS) durch E. L. Freiherr von Wolzogen gegründet, dessen Satzung im § 1 lautete:

»Der [...] ›Schutzverein deutscher Schriftsteller‹ bezweckt
a) den Schutz und die Förderung der Berufsinteressen seiner Mitglieder;
b) die bestmögliche Verwertung der litterarischen Arbeiten seiner Mitglieder zu deren Gunsten.« [18]

Wenn auch in den übrigen Paragraphen der SvDS-Satzung viele Parallelen zu der des DSV feststellbar sind, so kann doch in der Zweckrichtung eine grundsätzlich stärkere Betonung der wirtschaftlichen Interessen beim SvDS festgestellt werden. Der DSV empfand seinerseits die Gründung des SvDS als einen Versuch, die Pläne des DSV zu durchkreuzen. [19] Der SvDS bestand jedoch nur wenige Monate; er wurde am 22. 4. 1888 durch die Gründung des »Deutschen Schriftstellerbundes« (DSB) abgelöst, dessen Satzung im wesentlichen mit der des SvDS identisch war. [20] Auch der DSB war nicht von längerer Dauer; er wurde im Deutschen Literaturkalender von 1892 schon nicht mehr erwähnt. Wichtig sind diese beiden Verbände jedoch, da sie aufzeigen, daß sich gegen die starke Betonung der sozialen Interessen seitens des DSV in der Schriftstellerschaft Widerstand regte.

Nachdem der DSV Mitte der 90er Jahre an Kraft verloren hatte, blieben neue Verbandsgründungen nicht aus. Hier soll der 1901 gegründete »Allgemeine Schriftstellerverein« (ASV) hervorgehoben werden, dessen Gründung in der Zeitschrift »Die Feder«, aus der heraus der ASV entstand, mehrere Angriffe auf den DSV vorausgegangen waren, woraus zu schließen ist, daß sich der ASV bewußt vom DSV absetzte. [21] Über den Zweck des ASV gibt § 1 seiner Satzung folgendes an:

»Zweck: Förderung der Standesinteressen, Vertretung in Rechtsfällen, Unterstützung von Schriftstellern, Geselligkeit.« [22]

Neben den üblichen beruflichen, rechtlichen und sozialen Interessen wird im ASV auch das Moment der Geselligkeit vertreten. Diese Zwecksetzung wurde später noch erweitert:

»Zweck: Förderung der Standesinteressen, Vertretung in Rechtsfällen, Unterstützung von Schriftstellern, Stellenvermittlung, Nachdruckskontrolle, *Kritik*, Geselligkeit.« [23]

Außer einer Erweiterung und Spezifizierung der wirtschaftlichen Ziele traten nun auch ästhetische hinzu, was deutlich aus dem Rahmen der Ziele der übrigen modernen Schriftstellerverbände heraus fällt. Der ASV bestand bis 1933, sein Organ »Die Feder« erschien unverändert auch noch 1934.

Anfangs organisatorisch eng mit dem ASV verbunden war das »Kartell lyrischer Autoren« (KlA), das 1902 von O. J. Bierbaum, C. Busse, R. Dehmel, G. Falke, H. v. Hofmannsthal, A. Holz und D. v. Liliencron gegründet wurde und dessen Statuten direkt keine Zwecksetzung formulierten. Der Zweck des KlA muß vielmehr aus den Statuten erst geschlossen werden; er war im wesentlichen als eine Hilfe bei der Nutzung des neuen Urheberschutzgesetzes von 1901 zu verstehen und bezog sich auf die Verbesserung der wirtschaftlichen Erträge aus Zweitdrucken von Gedichten und ihren Veröffentlichungen in Anthologien:

»Die Mitglieder des Kartells sind verpflichtet, Nachdrucke ihrer Dichtungen in *Zeitungen* und *Zeitschriften* nur gegen Honorar zu gestatten [...] Die Nachdruckserlaubnis für *Anthologien* erteilt *ausschließlich das Kartell* [...].« [24]

Die Ziele des KlA waren also als Verpflichtung der Mitglieder zur wirtschaftlichen Nutzung ihrer Arbeit oder als Abtretung bestimmter Rechte an den Verband formuliert, was die KlA-Statuten deutlich aus den Satzungen der anderen Verbände heraushebt.

Ein anderer fachspezifischer Schriftstellerverband war der »Verband Deutscher Bühnenschriftsteller und Bühnenkomponisten« (VDBB), der nach 1945 neu gegründet werden konnte, noch heute besteht und sich 1970 in »Dramatiker-Union« umbenannte. Dieser Verband hat, wenn man seine Vorläufer-Organisationen mit einbezieht, eine über 100jährige Geschichte: als erste Stufe wurde 1871 die »Genossenschaft deutscher Dramatiker« gegründet, die jedoch infolge einer ständig abnehmenden Mitgliederzahl in Bedeutungslosigkeit versank und 1899 bei der Gründung des »Verbandes Deutscher Bühnenschriftsteller« aufgelöst wurde, dem sich 1919 die Bühnenkomponisten anschlossen. [25] Die Satzung des VDBB formulierte in ihrem § 2 folgenden Zweck:

»Der Verein soll die beruflichen und wirtschaftlichen Interessen der Bühnenschriftsteller und Bühnenkomponisten im In- und Auslande vertreten.
Dieser Zweck soll insbesondere erreicht werden:
a) durch den Abschluß von Kartell-, Tarif- und Normalverträgen mit den Bühnenleitern, Kartellverträgen mit den Verlegern,
b) durch Einwirkung auf die Theater- und Urhebergesetzgebung,
c) durch Gewährung von Rechtsschutz, insbesondere durch Errichtung von Schiedsgerichten,
d) durch Abschluß von Kartellverträgen mit gleichgerichteten Verbänden des Auslandes,
e) durch Unterstützung der Mitglieder in Notfällen.« [26]

Ein anderer Verband, der auch Schriftsteller und Komponisten zusammenzufassen versuchte, war der gegen Ende des 1. Weltkrieges von P. Bourfeind und F. von der Groth gegründete »Weimarer Schriftsteller-Bund« (WSB), der gemäß § 1 seiner Satzung

»Die Vertretung der Standes- und Berufsinteressen der deutschen Schriftsteller und Tondichter, deren Förderung durch Veranstaltungen von Vorträgen, Vorlesungen und Probeaufführungen, sowie Rechtsschutz und Hilfe in Not- und Unglücksfällen.« [27]

zum Zweck hatte. Während die Ziele des WSB weitgehend denen der bereits genannten Verbände in beruflicher, rechtlicher und sozialer Hinsicht entsprachen, erscheint in der Bestimmung über die Förderung der Berufsinteressen durch Veranstaltungen von Vorträgen, Vorlesungen und Probeaufführungen ein besonderes Problem. Diese Förderung kann zwar dem Erfolg und somit den wirtschaftlichen Interessen der geförderten Autoren dienen, weil es aber bei ihrer Handhabung immer auch Probleme der Auswahl geben muß, sind Fragen der Wertung nicht auszuschließen. Wie der WSB dieses Problem zu lösen vermochte, ist jedoch aufgrund von Quellenmangel bisher nicht festzustellen gewesen.

Während das KlA und der VDBB als Fachgruppen besonders interessant sind, hat der 1909 in Berlin gegründete »Schutzverband deutscher Schriftsteller« (SDS) seine Bedeutung dadurch erlangt, daß in ihm später nahezu alle bedeutenden Autoren der Weimarer Zeit organisiert waren [28] und daß er auch bald nach dem 1. Weltkrieg als die maßgebende schriftstellerische Berufsorganisation angesehen wurde. [29] Der Zweck des SDS war im § 2 seiner Satzung folgendermaßen geregelt:

»Der Verband bezweckt den Schutz, die Vertretung und Förderung der wirtschaftlichen, rechtlichen und geistigen Berufsinteressen seiner Mitglieder. Diesem Zweck dient im besonderen:
1. die Förderung der Berufsgemeinschaft und der einheitliche Zusammenschluß aller deutschen Schriftsteller;
2. der körperliche Abschluß von Tarifverträgen über Verlagsbedingungen und über die Vergütung schriftstellerischer Arbeit bei Berücksichtigung der Bedürfnisse einzelner Fachgruppen;
3. die Gewährung von Rechtsberatung und Rechtsschutz in allen Streitigkeiten, die aus dem Arbeitsverhältnis der Mitglieder als Schriftsteller entstehen;
4. die tatkräftige Vertretung der Berufsinteressen der Schriftsteller gegenüber Gesetz und Verwaltung
a) durch die Einbeziehung der festangestellten wie der freien Schriftsteller in die sozialen Schutzbestimmungen des Arbeitsrechts, durch ihre Gleichstellung in der Sicherung des Arbeitsentgeltes, in der sozialen Versicherung, in der Besteuerung und dergl.,
b) durch Rechtsschutz bei der Beschlagnahme von Büchern, sowie bei sonstigen Ein- und Übergriffen der Staatsgewalt in die Tätigkeit der Verbandsmitglieder;
5. die Unterstützung bei Erwerbslosigkeit, Arbeitsunfähigkeit und in besonderen Notlagen;
6. die Einrichtung von Arbeitsvermittlung und Berufsberatung;
7. die genossenschaftliche Besorgung aller schriftstellerischen Bedarfsmittel;
8. die Pflege der Berufsstatistik;
9. die Herausgabe einer Verbandszeitschrift, die die gemeinsamen Interessen aller Schriftsteller und die besonderen der Schriftsteller-Fachgruppen zu vertreten hat.« [30]

Ein erster Überblick über diese Bestimmungen ergibt, daß der SDS sehr detaillierte Vorstellungen über die ansonsten üblichen beruflichen, rechtlichen, wirtschaftlichen und sozialen Interessen der Schriftsteller in seiner Satzung formuliert hat. Mit der Frage der Bekämpfung der Zensur kamen politische Interessen hinzu.

Neben den bisher genannten bedeutenderen überregionalen Verbänden weisen die einzelnen Jahrgänge des Deutschen Literaturkalenders noch eine Vielzahl regionaler und auch überregionaler Schriftstellerverbände auf, die hier jedoch nicht behandelt werden können, weil sie entweder zu spezifisch waren oder weil über sie kein Material gefunden werden konnte.

2.2.2 *Zusammenschlüsse von Schriftstellerverbänden bis 1933*

Frühzeitig wurde erkannt, daß die bisher dargestellte Vielzahl und Konkurrenz von Schriftstellerverbänden zu keiner erfolgreichen Interessenpolitik führen konnte. Wie schon der DSV aus einem Zusammenschluß des ADSV und des DSchV entstanden war, so hofften später auch alle Einzelverbände, durch die Bildung von Dachorganisationen wirksamere Interessenvertretungen der Schriftsteller schaffen zu können. Als erster großer Versuch in dieser Richtung muß der auf dem 4. Journalisten- und Schriftstellertag am 18.–22. 7. 1895 in Heidelberg vom DSV mitgegründete »Verband Deutscher Journalisten- und Schriftstellervereine« (VDJS) angesehen werden, dessen Ziele wie folgt umrissen waren:

»Der Verband Deutscher Journalisten- und Schriftstellervereine bezweckt, die journalistischen und schriftstellerischen Vereinigungen deutscher Sprache zusammenzufassen, um die gemeinsamen rechtlichen und sozialen Interessen der deutschen Journalisten und Schriftsteller zu vertreten.
Insbesondere ist der Verband berufen, die gemeinsamen Interessen zu vertreten:
a) in allen Fragen des Urheber- und Verlagsrechtes;
b) in allen Fragen des Preßrechts und des Preßhaftrechtes;
c) in der Wahrung der Standesehre und allgemeiner Standesfragen;
d) in der Anbahnung und Förderung der Alters-, Witwen- und Waisenversorgung der Standesgenossen.« [31]

Die beruflichen, rechtlichen, sozialen und politischen Ziele entsprechen weitgehend denen der bereits behandelten Einzelverbände. Als organisatorisches Problem tauchte hier jedoch die Frage auf, wie diese ›Gemeinschaft‹ der Verbände unter Wahrung der geforderten Selbständigkeit ihrer Mitglieder funktionsfähig sein sollte. Die Lösung dieses Problems durch den jährlichen Wechsel der Geschäftsführung durch einen Mitgliedsverband mag noch die Kontinuität der Verbandsarbeit sehr erschwert haben. Dem VDJS gehörten anfangs 19 Mitgliederverbände an, später kamen noch weitere 13 hinzu. [32] Wesentlich geschwächt wurde er, als sich die Journalisten 1910 durch die Gründung eines eigenen Dachverbandes, des »Reichsverbands der deutschen Presse«, vom VDJS abspalteten. Der Versuch der zurückgebliebenen Schriftstellerverbände, sich 1911 durch die Gründung des »Kartells deutscher Schriftstellervereine« (KDS) von neuem geschlossen zu organisieren [33], war nur kurzlebig und führte zu keinem sichtbaren Erfolg.

Auch der 1920 durch R. Eichacker gegründete »Bund der Tarifkämpfer« (BdT), der sich die Wahrung aller Berufs- und Standesinteressen der deutschen Schriftsteller zum Ziel setzte und der sich von vornherein als Vorläuferorganisation eines Kartells aller Einzelverbände verstanden wissen wollte, vermochte nicht, alle wichtigeren Schriftstellerverbände zusammenzufassen. [34] Die wichtigsten Ziele seiner Satzung waren:

»[...] die Wahrung aller Berufs- und Standesinteressen der deutschen Schriftsteller, besonders:
a) Zusammenarbeit der bestehenden Organisationen des Schrifttums;
[...]
d) Zusammenarbeit mit den Vertretungen des Verlegerstandes zur angemessenen Regelung der Arbeitsbedingungen des Schriftstellers und zur Beseitigung wirtschaftlicher und ideeller Schäden;
e) Stärkung des Berufsschriftstellertums und Beseitigung des Auchschriftstellertums;
f) Verhinderung unzulässiger Ausbeutung des Schriftstellers;
g) Vertretung der Standesinteressen gegenüber Gesetz und Regierung.« [35]

Als letzter Versuch muß die Initiative des SDS genannt werden, auf die hin am 9. 12. 1927 der »Reichsverband des deutschen Schrifttums« als ›gemeinsame Vertretung der bedeutendsten deutschen Schriftstellerverbände‹ mit dem Ziel gegründet wurde, »alle gemeinsamen Interessen der deutschen Schriftsteller vor der Öffentlichkeit, insbesondere vor den Behörden und Parlamenten zu vertreten«. [36] Doch auch dieser Dachverband erwies sich bald als nicht aktionsfähig, da er an die Einstimmigkeit aller Mitgliederverbände gebunden war. [37]

2.2.3 Zäsur in der Entwicklung deutscher Schriftstellerverbände 1933–1945

Die Entwicklung der deutschen Schriftstellerverbände wurde unterbrochen, als am 31. 1. 1933 die NS-Herrschaft im Reich begann. Anfang Juni 1933 wurde auf Befehl des Reichsministeriums für Volksaufklärung und Propaganda der »Reichsverband Deutscher Schriftsteller« (RDS) durch den Zusammenschluß des SDS, des DSV, des VDBB und des Verbandes Deutscher Erzähler gebildet, dessen Protektorat sogleich Reichsminister J. Goebbels übernahm. [38] Organisatorisch unterschied sich der RDS von den früheren Schriftstellerverbänden grundlegend, nachdem er durch das Reichskulturkammer-Gesetz zum Zwangsverband für alle arischen Schriftsteller erklärt worden war. [39] Am 1. 10. 1935 wurde er schließlich aufgelöst und war somit nur eine Zwischenstation auf dem Weg in die Reichsschrifttumskammer (RSK). [40] Ein großer Teil der Schriftsteller, die seit 1933 in die Emigration gegangen und vorher Mitglieder des SDS gewesen waren, gründete im Ausland den »SDS im Exil« [41], der als einziger freier deutscher Schriftstellerverband die NS-Herrschaft überdauern konnte und noch heute als »Internationaler Schutzverband deutschsprachiger Schriftsteller« (ISDS) mit Sitz in der Schweiz existiert.

2.2.4 Einzelverbände nach 1945

Nach 1945 konnten zunächst aufgrund der Teilung des ehemaligen Reiches in verschiedene Besatzungszonen nur regionale Neugründungen vorgenommen werden. Als erster Nachkriegsverband wurde in Berlin am 9. 11. 1945 auf Anregung der »Kammer der Kulturschaffenden« der »Schutzverband Deutscher Autoren« (SDA-Berlin) gegründet. [42] Am 1. 12. 1945 folgte in Hessen der »Schutzverband Deutscher Schriftsteller« (SDS-Hessen) [43] und im gleichen Jahr in Hamburg der »Schutzverband Deutscher Autoren Nordwest« (SDA-Nordwest). [44] Am 20. 4. 1946 wurde in München der »Schutzverband Deutscher Schriftsteller« (SDS-Bayern) [45], am 4. 6. 1946 der »Rheinisch-Westfälische Schriftstellerverband«, der 1947 in »Westdeutscher Autorenverband« (WAV) umbenannt wurde [46] und am 22. 10. 1946 in Hannover der »Deutsche Autoren-Verband« (DAV-Hannover) [47] gegründet. Am 29./30. 4. 1947 fand in Baden-Baden die Gründungsversammlung des »Verbandes südwestdeutscher Autoren« statt. [48] Der »Schleswig-Holsteinische Schriftstellerverband« wurde am 10. 3. 1948 [49] und ebenfalls im Jahre 1948 der »Verband Rheinisch-Pfälzischer Schriftsteller« [50] gegründet. Zuletzt ist noch der 1952 ins Leben gerufene »Verband Saarländischer Autoren« [51] zu nennen, der aber erst seit der Eingliederung des Saarlandes in die Bundesrepublik am 1. 1. 1957 zu den bundesdeutschen Regionalverbänden gezählt werden kann. Interessant ist, daß sich diese Verbände, soweit bekannt, auf die Tradition des SDS vor 1933 beriefen und erklärten, seine Tradition fortsetzen zu wollen. [52]

Zur Darstellung des Zwecks dieser Nachkriegsverbände soll stellvertretend die Satzung des SDS-Bayern herangezogen werden. Dort wurde der Zweck des Verbandes in den §§ 3 und 6 festgelegt:

»§ 3. Er bezweckt, nach Maßgabe der Lizenz unter Ausschaltung politischer Interessen und Ablehnung aller nationalsozialistischen, militaristischen und nationalistischen Einflüsse, die geistigen und kulturellen Aufgaben der deutschen Schriftsteller sowie die wirtschaftlichen und rechtlichen Berufsinteressen der Mitglieder zu wahren.

§ 6. Der Verein bezweckt insbesondere:

a) Pflege des deutschen geistigen Lebens, Hebung und Förderung der deutschen Literatur, Reinhaltung des Standes durch Ausschaltung von Schriftstellern und Veröffentlichungen, die die Bemühungen des deutschen Volkes, seine Lebenswürde wieder zu erlangen, gefährden.

b) Fühlungnahme und Zusammenarbeit mit allen Kulturträgern des In- und Auslandes.

c) Vertretung wesentlicher Kulturinteressen vor allem gegenüber Behörden, gegenüber anderen Berufsverbänden und in der Öffentlichkeit.

d) Veranlassung und Beeinflussung aller Gesetze, die für den Stand der Urheber und ihre Berufsinteressen wichtig sind: Vertretung dieser Interessen, insbesondere gegenüber Behörden, Verbänden sowie Verlegern, Theatern, Film, Rundfunk, Presse, Buchhandel und in der Öffentlichkeit.

e) Rechtsberatung und Rechtsschutz [...] der Mitglieder, Sorge für die politisch Verfolgten, Beilegung von Meinungsverschiedenheiten zwischen den Mitgliedern.

f) Durchsetzung angemessener Honorare.

g) Aufbau eines Vereinsvermögens [...].

h) Unterstützung der Mitglieder bei Erwerbslosigkeit, Arbeitsunfähigkeit und sonstigen Notlagen durch Einrichtung einer Unterstützungs- und einer Pensionskasse.« [53]

Ähnlich wie vor 1933 werden auch in dieser Satzung die beruflichen, rechtlichen, wirtschaftlichen und sozialen Interessen der Schriftsteller genannt, doch ist die Spur, die die NS-Herrschaft hinterlassen hat, in dieser Satzung nicht zu verkennen. Merkwürdig dabei ist, daß politische Interessen ausdrücklich ausgeschlossen werden, obwohl die Ablehnung aller nationalsozialistischen, militaristischen und nationalistischen Einflüsse eindeutig politische Ziele formuliert. Beachtenswert ist auch, daß der SDS-Bayern zwischen geistigen und kulturellen Aufgaben, mit denen er sich an alle Schriftsteller wandte, und den wirtschaftlichen und rechtlichen Interessen seiner Mitglieder unterschied.

2.2.5 Dachverbände 1947 bis 1973

Die Entwicklung der deutschen Schriftstellerverbände nach 1945 stand bald im Zeichen der zunehmenden Ost-West-Spannung. Mit der Konstituierung der Bundesrepublik im Jahre 1949 wurde auch die Trennung der Verbände in Ost- und West-Deutschland bald vollzogen. Vor 1949 gab es noch Versuche, die Arbeit der verschiedenen regionalen Verbände aller Besatzungszonen zusammenzufassen. So wurde am 8. 10. 1947 auf dem 1. Schriftstellerkongreß in Deutschland nach dem Krieg in Berlin der »Koordinationsausschuß der deutschen Schriftstellerverbände« (Koordinationsausschuß) gegründet [54], der am 17./18. 1. 1948 zum ersten Mal in Frankfurt/M. tagte. [55] Da sich jedoch die Arbeit des Koordinationsausschusses aufgrund der politischen Entwicklung der Jahre 1948 und 1949 als immer schwieriger erwies [56], wurde auf einer ›Arbeitstagung deutscher Schriftstellerverbände‹, die vom 11.–14. 3. 1949 in Hamburg stattfand, auf Initiative von H. Reuß-Löwenstein (SDA-Nordwest) und H. Berl (Verband Südwestdeutscher Autoren) der »Verband Deutscher Autoren« (VDA) gegründet [57], dessen Satzung allerdings nicht veröffentlicht wurde und der trotz jahrelanger Bemühungen die erstrebte einheitliche Vertretung der deutschen Schriftsteller nicht erreichen konnte. [58]

Der dritte Versuch, eine umfassende Schriftstellerorganisation in der Bundesrepublik zu gründen, wurde am 2. 2. 1952 unternommen, als in Berlin die »Vereinigung der deutschen Schriftstellerverbände« (Vereinigung) ins Leben gerufen wurde [59], die zwar mit einigen Namensänderungen bis 1969 bestand, aber mit zahlreichen Schwierigkeiten mit einigen Landesverbänden zu kämpfen und wegen der satzungsgemäß weitgehenden Selbständigkeit der Landesverbände wenig Schlagkraft hatte. [60] Auch die Vereinigung verstand sich als eine ›zeitgemäße Fortsetzung des alten zentralen SDS‹ [61] und in einer Denkschrift an die Kultusministerkonferenz von 1965 hieß es zur Gründung:

»Die Vereinigung ist auf Empfehlung des damaligen Bundespräsidenten Prof. Dr. Theodor Heuss 1952 gegründet worden. Heuss ging dabei von der Erfahrung aus, die er als Vorsitzender des zentralen Schutzverbandes der deutschen Schriftsteller in den zwanziger

Jahren gesammelt hatte, daß Berufsfragen und evtl. kulturpolitische Auseinandersetzungen der Schriftsteller nur im politischen Gesamtraum des Volkes zu klären sind. Dieser war damals das Deutsche Reich. Überdies hatte Heuss Kenntnis von dem dringenden Wunsche einiger Bundesministerien, so des Auswärtigen Amtes, des Bundesministeriums des Innern, des Bundesministeriums für gesamtdeutsche Fragen und des Bundesvertriebenenministeriums, die durch die Vielzahl von Schriftstellerverbänden entstandene Unübersichtlichkeit und die daraus resultierende Verwirrung zu beenden. So kam die Vereinigung zustande, [...].« [62]

Th. Heuss, der schon an der Gründung des SDS im Jahre 1909 beteiligt gewesen war, hatte also auch den Anstoß zur Gründung der Vereinigung gegeben. Überhaupt scheint der Zusammenschluß der Einzelverbände mehr von außen gefordert als von innen gewünscht gewesen zu sein, worauf auch die Streitigkeiten und Rivalitäten zwischen den Landesverbänden hindeuten, die von Anfang an die Arbeit der Vereinigung behinderten. [63]

Der Zweck der Vereinigung war in den §§ 1 und 3 ihrer Satzung festgelegt:

»§ 1. Die Vereinigung [...] bezweckt den Zusammenschluß der Berufsverbände der Schriftsteller in der Bundesrepublik und Westberlin zur Wahrung ihrer literarischen und wirtschaftlichen Interessen, sowie die Durchführung allgemein kultureller Veranstaltungen.

§ 3. Der Zweck der ›Vereinigung‹ ist nicht auf einen wirtschaftlichen Geschäftsbetrieb gerichtet und verfolgt weder politische noch sozialpolitische oder religiöse Zwecke.« [64]

Die sehr allgemein gehaltenen Formulierungen über die beruflichen und wirtschaftlichen Ziele dieses Verbands mögen darauf hindeuten, daß man sich bei der Gründung der Vereinigung nicht auf eine genauere Festlegung einigen konnte oder ihr nicht zu viele Kompetenzen zubilligen wollte. Die Bestimmung ›Durchführung allgemein kultureller Veranstaltungen‹ weist zudem auf ein Interesse an Geselligkeit und Repräsentation hin. Auch in dieser Satzung befindet sich die Bestimmung über die Ablehnung politischer, auch sozialpolitischer Ziele.

Der Sinn und die Organisationsform dieser Vereinigung wurden stark in Frage gestellt und öffentlich diskutiert, nachdem I. Drewitz im Nov. 1967 in der ›Zeit‹ darauf hingewiesen hatte, daß die Einzelverbände von Jahr zu Jahr überalterten und für die jüngeren Autoren der Nachkriegszeit unattraktiv geworden seien. [65]

Das Bild der schriftstellerischen Berufsorganisationen in der Bundesrepublik änderte sich entscheidend, als am 9. 6. 1969 in Köln der »Verband deutscher Schriftsteller (VS)« gegründet wurde, nachdem es dem letzten Präsidenten der Bundesvereinigung und späteren 1. Vorsitzenden des VS D. Lattmann gelungen war, die Landesverbände von der Notwendigkeit einer zentralen Neugründung zu überzeugen. [66]

Der VS legte seine Aufgaben in den §§ 3 und 4 seiner Satzung fest:

»§ 3. Der Verband hat den Zweck, die kulturellen, rechtlichen, beruflichen und sozialen Interessen seiner Mitglieder zu fördern und zu vertreten, sowie die internationale Beziehungen der Schriftsteller zu pflegen. Der Zweck des Vereins ist nicht auf einen wirtschaftlichen Geschäftsbetrieb gerichtet.

§ 4. Der Verband tritt für praktizierte Demokratie, insbesondere für die Freiheit der Meinungsäußerung, ein.« [67]

Während die beruflichen, rechtlichen und sozialen Interessen nur eben erwähnt waren, war die Bestimmung über die politische Enthaltung nicht nur fortgefallen, sondern es wurde sogar eine genauere Definition der politischen Verbandsziele gegeben. Diese Veränderung signalisiert einen neuen Ansatz der schriftstellerischen Verbandsarbeit. [68] Neu zu den Verbandszielen kam auch die Bestimmung über die Pflege der internationalen Beziehungen der Schriftsteller.

Inzwischen betrieb der VS erfolgreich eine Veränderung seiner Organisations- und Rechtsform, indem er als berufsspezifische, selbständige Gruppe in die Industriegewerkschaft Druck und Papier eintrat, in der er gemäß § 1 der neuen Geschäftsordnung des VS in der IG Druck und Papier die gleichen berufsspezifisch engeren Ziele verfolgt:

»Der VS hat den Zweck, die kulturellen, rechtlichen, beruflichen und sozialen Interessen seiner Mitglieder in Übereinstimmung mit der Satzung der IG Druck und Papier und den Zielen des Deutschen Gewerkschaftsbundes zu fördern und zu vertreten sowie die internationalen Beziehungen der Schriftsteller zu pflegen.« [69]

Als bisher letzter deutscher schriftstellerischer Berufsverband wurde am 25. 2. 1973 in München der »Freie Deutsche Autorenverband« (FDA) gegründet [70], der sich als Untertitel den Namen »Schutzverband Deutscher Schriftsteller« hinzugefügt und im § 1 (2) seiner Satzung erklärt hat:

»Der Verband führt die Tradition des Schutzverbandes Deutscher Schriftsteller im Sinne dieser Satzung fort.« [71]

Er hat nach § 2 der Satzung folgenden Zweck:

»(2) Der FDA fördert und schützt das deutsche Kunst- und Kulturschaffen und zwar insbesondere die
geistige Freiheit
soziale Gerechtigkeit
wirtschaftliche Unabhängigkeit.
Der FDA sichert und erhält den autonomen Freiheitsraum der Kulturschaffenden ohne Unterschied von
Geschlecht, Rasse, Hautfarbe, Sprache, Religion, Herkunft, Geburt, politischer oder sonstiger Anschauung.
Der FDA erfüllt seine Aufgaben unparteiisch und unabhängig von Parteien, Weltanschauungs-, Wirtschafts- und Finanzgruppen und Regierungen nach freiheitlich demokratischen Grundsätzen.
(3) Der FDA erstrebt die gesetzliche Regelung tarifvertragsähnlicher Rahmenverträge.«

Es fällt zunächst auf, daß diese Satzung schon rein stilistisch aus dem Rahmen aller früheren deutschen Schriftstellerverbände herausfällt: so heißt es nicht, daß der FDA die Förderung und den Schutz des deutschen Kunst- und Kulturschaffens bezwecke, sondern daß er sie (bereits) fördere und schütze. Zwar werden auch berufliche, soziale und wirtschaftliche Ziele genannt, doch dies mit einem pathetischen Ton (›soziale Gerechtigkeit‹), verbunden mit Ansätzen literaturtheoretischer Grundsatzbekenntnisse, die sich u. a. in der Formulierung vom ›autonomen Freiheitsraum der Kulturschaffenden‹ manifestieren. Wie beim VS fehlt die Forderung einer politischen Enthaltung, doch ist die Betonung der Überparteilichkeit derart hochgetrieben, daß sich schon hierdurch eher eine politisch-weltanschauliche denn eine rein berufspolitische Gegenüberstellung zum VS aufzeigen läßt.

2.2.6 *Zusammenfassung*

Der hier vorgelegte chronologische Abriß der Entwicklung deutscher Schriftstellerverbände hat gezeigt, daß es zahlreiche schriftstellerische Berufsorganisationen gegeben hat, die z. T. gegeneinander konkurrierten, z. T. miteinander kooperierten und z. T. einander ablösten. Die zusammenfassende Beobachtung anderer Untersuchungen des deutschen Verbändewesens, nach der sich Fachverbände, die zunächst in einer großen Vielzahl entstanden und sich gegenseitig durch ihre Konkurrenz behinderten, im Zuge ihrer Konsolidierung vereinigten und sich vor allem nach dem 2. Weltkrieg zu Spitzen- und Gesamtverbänden zusammenschlossen [72], kann also bei den Berufsorganisationen der Schriftsteller nicht bestätigt werden. 1887 gelang einmal die Verschmelzung zweier Verbände zu einem neuen und stärkeren, dem DSV, der jedoch nicht einziger Verband auf Reichsebene blieb. Die späteren Ansätze von übergreifenden Organisationen scheiterten vor allem an dem Verlangen der Mitgliedsverbände, innerhalb des Gesamtverbands autonom zu bleiben. Nach dem 2. Weltkrieg konnten aufgrund der Aufteilung Deutschlands in Besatzungszonen vorerst nur regionale Schriftstellerverbände gegründet werden, deren Eigenleben sich zu weit entwickelt hatte, als daß eine straffe Zusammenfassung dieser Verbände nach der Konstituierung der Bundesrepublik möglich gewesen wäre, obwohl es mehrere Versuche hierzu gegeben hatte. Erst 1969 gelang es durch die Gründung des VS erstmals in der Geschichte der deutschen Schriftstellerverbände, eine straff organisierte, zentrale Interessenvertretung der Schriftsteller zu schaffen, die nicht zugleich als Zwangsverband fungierte. Doch auch der VS konnte nur vier Jahre lang konkurrenzlos auf Bundesebene arbeiten. Insgesamt läßt sich somit für die deutschen schriftstellerischen Berufsverbände ein organisatorisches Zurückbleiben hinter anderen Berufsverbänden feststellen.

Die Frage, ob die Zweckbestimmungen in den Verbands-Satzungen die Vielzahl und das Gegeneinander der Verbände ausreichend erklären, kann verneinend beantwortet werden. Zwar konnten einige Unterschiede in den Bereichen geselliger, kultureller und auch literarischer Aufgaben festgestellt werden, doch blieben die zentralen beruflichen, rechtlichen, wirtschaftlichen und sozialen Interessen derart gleich, daß hier nicht von fundamentalen Zielkonflikten gesprochen werden kann. Unterschiede gab es eher in der Formulierung politischer Interessen, die sich aber häufig schon in sich als widersprüchlich erwiesen. Wenn aber die Zersplitterung der deutschen Schriftstellerverbände nicht aus Zielkonflikten der beruflichen Interessenvertretung erklärt werden kann, muß nach anderen Gründen gefragt werden, wobei das Eigenleben der Verbände von vornherein nicht ausreichte, da es Spaltungen und Gegengründungen nicht erklären kann. Vielmehr soll nach tiefer liegenden Ursachen innerhalb der dem Verbandshandeln zugrunde liegenden Sichtweisen der spezifischen schriftstellerischen Interessenlage und der mit ihnen verbundenen jeweiligen Werthaltungen gefragt werden. Gerade in der unpräzisen Nennung der ›beruflichen‹ Interessen verbirgt sich die Möglichkeit von Gegensätzen, die im Zusammenhang mit den Problemen einer Definition des Schriftstellerberufs gesehen werden können. Der Gegensatz liegt also nicht so sehr in den Fragen nach dem Was der schriftstellerischen Interessenvertretung, sondern in den Fragen nach ihrem Wie und Wozu. Das Wie betrifft dabei eher die eingesetzten Mittel sowie die jeweilige Organisationsform, die sich z. B. beim VS zum Gewerkschaftsbeitritt entwickelte und als Gegenbewegung die Gründung des FDA auslöste. Das Wozu betrifft dann eher die Frage der Werthaltungen der Schriftstellerverbände, wie es bisher erst für einen Verband, nämlich in der Satzung des FDA, anklang, indem als Hauptzweck der Verbandsarbeit die Erhaltung des autonomen schriftstellerischen Freiheitsraumes angesprochen wurde.

Letztes Fazit dieses Abschnitts ist somit, daß sich die weiteren Einzeluntersuchungen, die sich weitgehend aus den bisher herausgearbeiteten schriftstellerischen Interessen ergeben, verstärkt den jeweiligen Meinungsverschiedenheiten über das Wie und das Wozu der schriftstellerischen Interessenvertretung zuwenden muß.

2.3 *Schriftstellerverbände und das Problem der Integration und Desintegration*

Um die Meinungsverschiedenheiten über das Wie schriftstellerischer Interessenvertretung systematisieren zu können, werden vorerst die Versuche der verschiedenen Schriftstellerverbände, auf der einen Seite möglichst viele Mitglieder zu werben und auf der anderen die bereits organisierten Mitglieder zur geschlossenen Unterstützung der Verbandspolitik zu veranlassen sowie sich von konkurrierenden Verbänden abzugrenzen, auf ihre Konstanten und Variablen hin untersucht.

3.3.1 Appelle an die Solidarität der Schriftsteller

Bereits am Leipziger Literatenverein läßt sich das Grundproblem aufzeigen, die Frage nach der Möglichkeit, die Vorgehensweisen und Stellungnahmen eines Berufsverbandes für alle Mitglieder und alle Berufsangehörigen verbindlich zu machen. Abgesehen davon, daß 1842 und in den folgenden Jahren der Großteil der deutschen Schriftsteller keine Notwendigkeit in einem Zusammenschluß zur Vertretung der Berufsinteressen sah [73], lag die besondere Schwierigkeit dieses Vereins in der mangelnden Bereitschaft auch seiner Mitglieder, ihre persönlichen Interessen und Einstellungen dem Gesamtwillen des Vereins unterzuordnen. So blieb die Frage, ob die etwaigen Beschlüsse nicht zustimmende Minorität durch die Majorität gebunden werden könne, in den Statuten offen: den Mitgliedern wurde anheim gestellt, ob und wie sie sich individuell an Beschlüsse halten wollten. [74]

Im Gegensatz hierzu haben spätere Verbände ihre Mehrheits- oder Verbandsbeschlüsse als verbindlich für alle Mitglieder angesehen. An die Stelle der Entscheidungsfreiheit der Mitglieder traten Appelle an die Schriftsteller, sich in ihre Berufsorganisationen einzuordnen.

Einige wesentliche Argumente, die immer wieder geäußert wurden, erfaßte bereits einer der ersten Appelle dieser Art, der anläßlich eines Aufrufes zur Teilnahme am 1. Schriftstellertag des ADSV 1879 veröffentlicht wurde. In ihm hieß es u. a.:

»[...] und es bleibt nur das Eine zu bedauern, daß so manche tüchtige Schriftsteller erst dann dem Verband beizutreten sich entschließen können, wenn die Wirksamkeit und Bedeutung desselben eine tiefer eingreifende ist. Sie begreifen nicht, daß sie durch ihr Fernbleiben diese Wirksamkeit erschweren; was sie wünschen und fordern, hindern sie selbst.
Darüber kann wohl kein Schriftsteller mehr im Zweifel sein, daß ein Verband, der nicht Vereinsinteressen verfolgt, sondern nur die Interessen des ganzen deutschen Schriftstellerstandes im Auge hat, eine Nothwendigkeit ist, zumal in der gegenwärtigen Zeit, wo auf allen Gebieten die Interessen sich vereinigen, um durch die Vereinigung ihr Wohl zu fördern. Wenn das Gedeihen und Ansehen des ganzen Schriftstellerstandes gefördert wird, gewinnt auch jeder einzelne Schriftsteller [...].« [75]

Dieser indirekt gehaltene Appell wendet sich namentlich an die ›tüchtigen‹ Schrift-

kein bindendes Beschlußfassung

steller in der Überzeugung, daß ihre Mitgliedschaft oder gar Mitarbeit die Wirksamkeit des Verbandes erhöhen könnte.

Zwei Gesichtspunkte fallen hier zusammen: Der eine kennzeichnet bereits den elitären Berufsgriff des ADSV (s. 2.4.2, S. 98), der andere betrifft die Frage nach der Integrationsbereitschaft der bekannteren Autoren. Hierzu ist der Jahresbericht des ADSV für das Jahr 1879–1880 aufschlußreich, in dem u. a. begrüßt wird, daß der ADSV bereits die ›größten und besten Namen‹ zu seinen Mitgliedern zähle. Bedauert wird jedoch, daß er noch nicht alle großen Namen für sich habe gewinnen können, was aus dem Mangel an esprit de corps der Deutschen und des deutschen Schriftstellertums im besonderen erklärt wurde. [75a] Interessant ist auch der ausdrückliche Hinweis auf die Organisierung der Interessen verschiedener Gruppen innerhalb des Staates, die 1869 durch das zwar eingeschränkte Recht auf Koalitionsfreiheit staatliche Legitimation erhalten hatte. Die Aufnahme dieses Gesichtspunktes durch den ADSV berührt seinen Staatsbegriff einerseits, andererseits hat sie die appellative Funktion, anderen Gruppen nicht nachzustehen. Die rhetorische Wendung, daß niemand mehr Zweifel an der Notwendigkeit schriftstellerischer Berufsorganisation haben könne, weist darauf hin, daß dieser Zweifel noch bestanden haben muß und abgebaut werden sollte. Das Fazit des Appells kommt in der pauschal formulierten Überzeugung zum Ausdruck, daß eine erfolgreiche Arbeit des Verbandes das Ansehen jedes einzelnen Schriftstellers fördern werde.

Mit verschiedenen Nuancen wurde dieser pauschale Solidaritätsappell von den deutschen Schriftstellerverbänden wiederholt angewandt. Einen mehr sozialen Akzent enthielt der Gründungsaufruf des DSchV:

»[...] deshalb darf sich keiner ausschließen, denn der Betrag, welchen jeder dem Verein fernbleibende Schriftsteller oder Journalist erspart, geht notleidenden Berufsgenossen verloren. Wenn wir alle zusammenstehen, dann sind wir [...] eine Macht, welche der Not des Lebens Widerstand zu leisten vermag.« [75b]

Auch der DSV rief nach seiner Gründung in einem Brief an alle deutschen Schriftsteller zur Solidarität auf:

»Die Lage und Stellung des deutschen Schriftstellers kann keine bessere werden, wenn nicht Jeder für seinen Theil redlich dazu mitwirkt. Einigkeit allein macht stark.« [76]

Diesem Zitat aus der Anfangszeit des DSV mag eines aus den letzten Jahren seiner Existenz beigeordnet werden: In einer Rede appellierte auch H. Eulenberg 1927 an die deutschen Schriftsteller, eine Einheitsfront gegen die Nöte der Gegenwart und der Zukunft des Schrifttums zu bilden, und er erklärte: »Je zahlreicher wir uns vereinigen, je mächtiger und einflußreicher werden wir sein.« [77]

Es kann nicht Aufgabe dieses Abschnitts sein, eine lückenlose Aufzeichnung aller schriftstellerischen Solidaritätsappelle zu geben. So sollen im folgenden nur noch die Beispiele genannt werden, die durch besondere Nuancen oder durch die Namen ihrer Urheber hervorragen.

Auf einen literaturtheoretischen Akzent weist der Appell des Komitees des KlA an alle Lyriker hin, dem Kartell »der Kunst zur Ehr, den Künstlern zur Wehr« beizutreten. [78]

Der SDS sah von Anfang an in der ›Bekämpfung der eigenbrötlerischen Tendenzen in den Reihen der Schriftsteller‹ eine seiner Hauptaufgaben. [79] K. Tucholsky beklagte, daß das Gefühl der Solidarität unter geistigen Arbeitern nicht genug verbreitet sei [80], und Th. Mann appellierte an die schriftstellerische Solidarität als ›Kameradschaftsgefühl im brüderlichen Geist‹ [81], in der er, ähnlich wie sein Bruder H. Mann den Sinn des SDS sah. [82] Im SDS erhielten die Solidaritätsappelle vieler Verbandsrepräsentanten einen wirtschaftspolitischen Akzent. So sah R. Breuer die Grundlage einer schriftstellerischen Berufsorganisation darin, daß alle Schriftsteller, ungeachtet ihrer religiösen, politischen oder ästhetischen Bekenntnisse und ungeachtet ihrer Erfolge als ›Objekt des Marktes‹ zusammengehören. Er forderte die Schriftsteller auf, sich auf der Basis dieser gemeinsamen wirtschaftlichen Situation zusammenzuschließen. [83] Im gleichen Sinne erwartete A. Eloesser von den Schriftstellern einen ›Akt der Selbstverleugnung‹, indem sie diese wirtschaftliche Komponente als Grundlage ihrer Mitgliedschaft oder gar Mitarbeit im Berufsverband ihren literarischen Abstufungen und Rangunterschieden überordneten. [84] Ähnlich appellierten A. Zweig u. a. an die Schriftsteller, sich dem SDS anzuschließen, weil sie sonst als Einzelne zwischen den Wirtschaftsmächten zerrieben würden. [85]

Hier taucht besonders eindringlich der Zusammenhang der berufspolitischen Interessen der Autoren mit der Frage nach ihren Rangunterschieden in literarischer Hinsicht wieder auf. Anders als beim ADSV, bei dem um die Mitgliedschaft der ›großen Namen‹ im Interesse einer Stärkung der Organisation der Schriftsteller geworben wurde, wurde im SDS die literarische Prominenz auf die ihnen mit allen Autoren gemeinsamen wirtschaftlichen Interessen verwiesen. Einen ähnlichen Akzent enthielt der Appell des BdT an seine Mitglieder, ihn zu einer ›mächtigen und maßgebenden Standesorganisation *aller* Schriftsteller‹ auszubauen: »Zusammenschluß allein gibt heute Macht und Existenzfähigkeit. Wer sich dieser Erkenntnis in Größenwahn oder Eigenbrötelei verschließt, wird als Außenseiter enden und sich selbst zur Unwirksamkeit verurteilen.« [86] Die hier ausgesprochene Warnung erhielt ihr Gewicht durch den Hinweis auf die wachsende Bedeutung der Berufs- und Interessenverbände innerhalb der Gesellschaft der 20er Jahre.

Die Situation der deutschen Schriftstellerverbände nach 1945 unterschied sich von der vor 1933 u. a. dadurch, daß es auf Bundesebene keine konkurrierenden Verbände gab. Die dennoch zahlreich geäußerten Solidaritätsappelle [87] waren demnach nicht Versuche, Mitglieder anderer Verbände abzuwerben; sie wandten sich einerseits an nicht organisierte Autoren, andererseits an die Autoren im eigenen Verband. So hieß es in einer Verlautbarung der Vereinigung, daß ihre Zukunft besser wäre,

> »[...] sofern es gelänge, die Träger partikularer und persönlicher Ziele stärker als bisher zu etwas schmiegsamerer und einsichtigerer Einfügung in die gemeinsamen Aufgaben der Vereinigung zu führen«. [88]

Auch hier erhält der Gegensatz von persönlichen Zielen und gemeinsamen Aufgaben eine zentrale Bedeutung in der Überlegung, wie eine wirksame Interessenvertretung der Schriftsteller organisiert werden kann.

D. Lattmann sah die Möglichkeit erfolgreicher kämpferischer Maßnahmen von vornherein in der Qualität schriftstellerischer Solidarität [89] und die Qualität eines schriftstellerischen Berufsverbands in der Bereitschaft prominenter Autoren, sich dieser Solidarität nicht zu versagen. [90] Vor der Gründung des VS bezeichnete er dementsprechend die Solidarisierung der Elite als Hauptproblem des neuen Verbands und forderte in einem Grundsatzpapier »die Solidarität der Mehrheit der Schriftsteller um sachlicher Ziele willen. Ausschlaggebend für den Gewinn an Substanz und Durchsetzungskraft ist das nüchterne Engagement der Autoren – hinweg über unterschiedliche literarische Auffassungen«. [91] Dieses Zitat steht hier als letztes Beispiel zahlreicher Versuche, den Gegensatz zwischen Einzelinteressen sowie Unterschieden in literarischer Sicht und beruflichen Gesamtinteressen zu überwinden. Über den Grundgedanken hinaus, daß Einigkeit allein stark mache, wurde eine Stärkung der Verbände durch die Mitgliedschaft ›großer Namen‹ angenommen; andererseits wurde darauf hingewiesen, daß auch die literarische Prominenz von der Verbandsarbeit profitiere.

2.3.2 *Möglichkeiten der Kontrolle und Konfliktlösung*

Unter dem Gesichtspunkt der Erhaltung der notwendigen Selbstregulierung und Selbstreproduktion eines Verbandes durch das Verhängen von negativen Sanktionen gegen dysfunktionales Verhalten (s. 1.1.1, S. 4) wird im folgenden gefragt, welche Gründe die Schriftstellerverbände als schwierwiegend genug angesehen haben, um einen Ausschluß als höchstmögliche Strafe gegen Mitglieder zu verhängen, und welche Möglichkeiten vorgesehen waren, interne Konflikte zwischen den Verbänderepräsentanten und Mitgliedern sowie zwischen Mitgliedern selbst gütlich zu lösen.

Die Satzung des ADSV sah im § 3 die Möglichkeit des Ausschlusses nur für den Fall der Nichtzahlung von Mitgliedsbeiträgen vor. [92] Ergänzt wurde diese Bestimmung durch das in der Satzung verankerte Schiedsgericht, das die Aufgabe hatte, über ›Streitigkeiten und Ehrensachen‹ zwischen Schriftstellern zu entscheiden:

»Es ist jedem Mitgliede des Verbandes gestattet, die Vermittelung beziehungsweise die Entscheidung des Schiedsgerichts in einer Streitsache mit einem anderen Schriftsteller, gleichviel ob Letzterer Mitglied des Verbandes ist oder nicht, anzurufen, und das Schiedsgericht ist verpflichtet, der Berufung Folge zu leisten.
Die Mitglieder des Verbandes haben sich der Entscheidung des Schiedsgerichts zu unterwerfen. [...]
Die Entscheidung kann veröffentlicht werden.« [93]

In diesen Bestimmungen ist zwar keine Aussage darüber enthalten, ob das Schiedsgericht auch über Streitigkeiten über organisatorische Fragen innerhalb des Verbandes und über sein berufspolitisches Agieren entscheiden konnte; da sie jedoch nichts Gegenteiliges enthalten, muß diese Möglichkeit als gegeben angesehen werden. Grundsätzlich scheint dieses Schiedsgericht als Instrument angesehen worden zu sein, Streitigkeiten, die dem Ansehen des Verbandes und dem der Schriftsteller allgemein hätten schaden können, intern beizulegen.

Während die Satzung des DSchV keine Regelung für eine Konfliktlösung beinhaltete, kehrten sie in den Satzungen des DSV in verschärfter Form wieder. Zu dem Ausschluß wegen Nichtzahlung der Mitgliedsbeiträge kam in § 7 der Satzung die Bestimmung, daß ausgeschlossen werden mußte,

»[...] wenn ein Mitglied zum Verluste der bürgerlichen Ehrenrechte rechtskräftig verurteilt ist,
[...] wenn ein Mitglied durch ehrenrührige Handlungen Anstoß erregt oder sonst das Interesse des Deutschen Schriftsteller-Verbandes schwer schädigt«. [94]

Hier wird ein neuer Aspekt in die Bestimmungen über die Ausschlußbedingungen sichtbar: die Tendenz des DSV und mit ihm anderer Schriftstellerverbände, sich u. a. als Organisation zur Hebung des öffentlichen Ansehens der Schriftsteller und des Schriftstellerberufs zu verstehen und somit berufsständische Interessen zu vertreten.

Auch im DSV war zur Beilegung aller den Beruf und die Ehre der Schriftsteller betreffenden Streitigkeiten ein Schiedsgericht vorgesehen, das in Fällen nicht vermögensrechtlicher Art als ›Sühnegericht‹ fungieren sollte. § 1 der Geschäftsanweisung für die Schiedsgerichte regelte die Zuständigkeit:

»Der Zuständigkeit des Schiedsgerichts unterliegen:
1. alle Rechtsstreitigkeiten der Mitglieder des Verbandes unter einander, soweit sie aus dem Beruf als Schriftsteller oder ihrer Mitgliedschaft zum Verbande herrühren, [...]
2. alle Rechtsstreitigkeiten der Verbandsmitglieder mit den Organen des Verbandes oder der Bezirksvereine,
3. alle Rechtsstreitigkeiten der Verbandsmitglieder mit Nichtmitgliedern, sofern dieselben den schriftstellerischen Beruf der Verbandsmitglieder betreffen und das Nichtmitglied schriftlich sich der Zuständigkeit des Schiedsgerichts unterwirft.« [95]

In dieser Regelung ist als Erweiterung zu der des ADSV das Problem verbandsinterner Streitigkeiten über Fragen organisatorischer und berufspolitischer Art berücksichtigt. Im übrigen scheint die Einrichtung auch dieses Schiedsgerichts der Versuch gewesen zu sein, durch interne Regelung von Streitigkeiten Konflikte nicht an die Öffentlichkeit gelangen zu lassen und somit möglichen Schaden vom Ansehen der Schriftsteller abzuwenden. Dies wird auch durch den vom DSV mitbegründeten VDJS bestätigt, der sein eigenes ›Schieds- und Ehrengericht‹ hatte, »um Streitigkeiten der Mitglieder untereinander zu schlichten und zu Handlungen derselben Stellung zu nehmen, die eine Verletzung der Standesehre enthalten«. [96] Ähnlich müssen auch die Bestimmungen des SvDS und des DSB verstanden werden, die neben dem Ausschluß wegen Nichtzahlung der Beiträge den desjenigen Mitglieds vorsahen, das sich

»[...] einer Handlung schuldig macht, welche die Zwecke des Vereins oder dessen Ansehen zu schädigen geeignet ist.« [97]

Über die Schädigung des Verbandsansehens als Ausschlußgrund hinaus wurden nach § 9, Abs. 3 der Satzung auch die Mitglieder mit Ausschluß bedroht, die wissentlich mit Verlagen, Redakteuren oder Theaterleitungen Geschäftsbeziehungen anknüpften oder erneuerten,

»[...] welche sich gegen das Urheberrecht vergangen oder sonst die Interessen des Schriftstellerstandes oder eines einzelnen Schriftstellers geschädigt haben, und sich weigern, ihr Unrecht zu sühnen.«

In dieser für die deutschen Schriftstellerverbände einmaligen Bestimmung ist die Verpflichtung zu einem besonderen solidarischen Verhalten der Schriftsteller untereinander und zum solidarischen Eintreten zugunsten der gemeinsamen wirtschaftlichen Interessen gegeben.

Während alle bisher genannten Verbände die Berufung eines ausgeschlossenen Mitglieds gegen diesen Ausschluß vorsahen, schloß § 2 der Satzung des ASV diese Möglichkeit kategorisch aus:

»Den Ausschluß eines Mitgliedes kann der Vorstand mit Stimmenmehrheit beschließen. Gegen diesen Beschluß gibt es keine Berufung. Dem Ausschluß geht eine Aufforderung zum Austritt von Seiten des Vorsitzenden voraus.« [98]

Diese Bestimmung, die auf die Nennung von Ausschlußbedingungen verzichtet, macht die außerordentliche Vormachtstellung des Vorstandes im ASV bzw. seines Gründers, Organisators und ständigen 1. Vorsitzenden M. Hirschfeld deutlich. [99]

Wiederum anders als die bereits benannten Verbände berücksichtigte das Statut des KlA lediglich den Austritt eines Mitgliedes, wobei – einmalig in der Geschichte der deutschen Schriftstellerverbände – einem ausgetretenen Mitglied das Recht eingeräumt wurde, die Gründe, die den Austritt verursacht hatten, im Verbandsorgan veröffentlichen zu lassen. [100] Hier wurde die öffentliche Kritik an dem Verband und seiner Leitung institutionalisiert.

Die Ausschlußbedingungen des WSB entsprachen wiederum mehr denen des DSV. Sie waren wie folgt im § 9 der Satzung formuliert:

»Der Ausschluß muß erfolgen, wenn das Mitglied die bürgerlichen Ehrenrechte verliert oder sein Verbleiben im Bunde dessen Interessen erheblich gefährden würde.« [101]

Als Schiedsgericht fungierte im WSB ein von der Mitgliederversammlung gewählter 5köpfiger ›Aufsichtsrat‹, der auch als ›Ehrenrat‹ wirken konnte. Ausschlüsse aus dem Verband durften nur durch einstimmigen Beschluß dieses Aufsichtsrats vorgenommen werden [102], was als eine Erschwerung der Ausschlußmöglichkeiten angesehen werden kann, soweit der Ausschluß nicht satzungsgemäß zwangsweise erfolgen mußte.

Anders als die anderen Verbände unterschied der SDS im § 6 seiner Satzung zwischen Streichung und Ausschluß. Gestrichen werden konnte, wer mit Mitgliedsbeiträgen oder anderen Leistungen länger als 6 Monate im Rückstand blieb. Der Ausschluß konnte erfolgen,

»[...] wenn das Mitglied
1. den Grundsätzen des Schutzverbandes, seiner Satzung oder den satzungsmäßigen Beschlüssen seiner Organe zuwiderhandelt,
2. die Standespflichten schwer verletzt.« [103]

Hier tritt zum ersten Mal neben die pauschale Forderung, die Standespflichten zu erfüllen, die eindeutige Kontrolle der Mitglieder nach den Grundsätzen des Verbands und seiner satzungsgemäßen Arbeit. Auch der SDS begründete 1912 ein Schiedsgericht, das aber ausdrücklich nicht als Ehrengericht gedacht war. [104] Nachdem dieses Schiedsgericht nach dem 1. Weltkrieg aufgelöst worden war, wurde 1932 die Frage einer Ehren- und Schiedsgerichtsordnung erneut diskutiert, wobei die Einrichtung eines Ehrengerichts wiederum abgelehnt, die des Schiedsgerichts auf den Bereich zivilrechtlicher Fälle beschränkt wurde. [105]

Für die Zeit nach dem 2. Weltkrieg bis zur Gründung des VS werden hier die Einzelverbände außer acht gelassen und die Darstellung auf die von ihnen begründete Vereinigung beschränkt, deren Satzung im § 10 die Ausschlußbedingungen folgendermaßen festlegte:

»Der Vorstand kann ein Mitglied ausschließen, wenn es trotz zweimaliger Mahnung den Beitrag nicht zahlt oder die Interessen der ›Vereinigung‹ gröblich verletzt.« [106]

Unter der globalen Benennung der Interessen der Vereinigung kann sowohl die Einhaltung der Verbandsbeschlüsse durch die Mitglieder als auch allgemein ein ›standesgemäßes‹ Wohlverhalten verstanden worden sein, wofür die Ehrengerichtsordnung der Vereinigung spricht, in der entsprechend unterschieden wurde:

»Das Ehrengericht hat die Aufgabe, festzustellen, ob und inwieweit ein Mitgliedsverband der Vereinigung oder ein einem Mitgliedsverband angehörendes Mitglied ein verbandswidriges oder unwürdiges Verhalten gezeigt hat.« [107]

In dieser Ehrengerichtsordnung klingt in Ergänzung zum § 10 der Satzung deutlich an, daß die Vereinigung wie die Mehrzahl der Verbände vor 1933 neben der Bestrafung von Nichtbefolgen der Verbandsbeschlüsse als verbandswidrigem Verhalten auch Verstöße gegen Verhaltenserwartungen negativ zu sanktionieren bereit war, die Schriftstellern gegenüber als allgemein gültig angenommen wurden.

Entsprechend dem SDS der Weimarer Zeit hat der VS zwischen Ausschluß und Streichung der Mitglieder unterschieden. Die Ausschlußbestimmung des VS war im § 7 seiner Satzung festgelegt:

»Der Aussyhluß kann aus wichtigen Gründen, insbesondere wegen verbandswidrigen Verhaltens vom Vorstand mit Zustimmung des Vorstandes der zuständigen Landes- oder Fachgruppe beschlossen werden.« [108]

Während ›verbandswidriges Verhalten‹, das hier nicht näher definiert ist, analog zur Darstellung der Ehrengerichtsordnung der Vereinigung als Nichtbeachten der Verbandsbeschlüsse gewertet werden muß, bleibt immer noch offen, was unter den sonstigen ›wichtigen Gründen‹ zu verstehen ist. Ein Schiedsgericht oder ein entsprechendes Organ hatte der VS nicht.

Nach seiner neuen Geschäftsordnung hat der VS in der IG Druck und Papier die Ausschlußregelung der Gewerkschaft übernommen, die sich aber, wie es aus § 2 (5) der Geschäftsordnung des VS in der IG Druck und Papier ersichtlich ist, ausdrücklich nicht auf die Ausübung schriftstellerischer Tätigkeit als Beruf bezieht.

»Die VS-Mitglieder in der IG Druck und Papier sind in der Ausübung ihres Berufes völlig frei. Sie sind insoweit den Ausschlußbestimmungen der Satzung der IG Druck und Papier nicht unterworfen. Was und wie sie arbeiten, ist ihre eigene Angelegenheit.« [109]

Gemäß § 11 (1) der Satzung der IG Druck und Papier kann der Ausschluß eines Gewerkschaftsmitgliedes erfolgen, wenn es

»a den Bestimmungen der Satzung oder den Beschlüssen der Gewerkschaft nicht Folge leistet, insbesondere bei einem von der Gewerkschaft ausgerufenen Streik Streikbrecherarbeit leistet;
b Veruntreuungen, Fälschungen oder Verbrechen begangen hat, denen eine gemeine Gesinnung zugrunde liegt;
c Handlungen begeht oder begangen hat, die die Interessen oder das Ansehen der Gewerkschaft schädigen oder ihren Grundsätzen zuwiderlaufen.« [110]

Die Ausschlußbestimmungen unter Punkt a sind eindeutig funktional begründet. Punkt b erinnert an die Ausschlußbestimmung des DSV und kann als berufsständisches Relikt gewertet werden, nach dem ›gemeine Verbrecher‹ das Ansehen der Organisation und der in ihr Organisierten schädigen und somit die soziale Wertschätzung belasten könnten. Aber insbesondere Punkt c könnte in Konflikt mit der Bestimmung der VS-Geschäftsordnung treten, wenn engagierte Mitglieder ihnen unzumutbar erscheinende gewerkschaftsinterne Vorgänge oder auch einzelne Maßnahmen in verschiedenen Formen kritisch schreibend aufgreifen. Es ist nicht ersichtlich, worin der Unterschied zwischen einem Handeln und einem Schreiben gegen Interessen, Ansehen und Grundsätze der Gewerkschaften liegen soll, zumal sich berufliches Schreiben in der Regel an die Öffentlichkeit wendet. Andersherum ist zu fragen, ob die Gewerkschaft durch die Aufnahme der VS-Mitglieder engagierte Schriftsteller legitimiert hat, eventuell auch gegen eigene Entwicklungstendenzen an die Öffentlichkeit zu treten.

Entgegen der Satzung des VS und auch des VS in der IG Druck und Papier sind die Ausschlußbestimmungen des FDA recht offen. Der FDA, der wie frühere Verbände zwischen der Streichung wegen Nichtzahlung von Mitgliedsbeiträgen und Ausschluß unterscheidet (§ 4 [f]), sieht als Entscheidungsorgan für den Ausschluß einen ›Ehrenrat‹ vor, der im § 13 der Satzung wie folgt definiert ist:

»(1) Der Ehrenrat wahrt das Ansehen des FDA und ahndet Verstöße dagegen.
(2) Zusammensetzung, Aufgabe und Verfahren des Ehrenrats regelt die Ehrenratsordnung des FDA, die die Bundestagung verabschiedet.« [111]

Wenn auch vom FDA wie bei der IG Druck und Papier das Ansehen der Organisation geschützt werden soll, so sind die Kriterien, die es definieren könnten, beim FDA mit derart unpräzisen ethischen Qualitäten wie denen der Ehre belastet, daß hiermit weniger funktionale als ständische Prinzipien angesprochen sind. Der FDA fällt durch diese Einseitigkeit nicht nur im Stil sondern auch in der Aussage gegenüber dem VS in der Entwicklung der Schriftstellerverbände zu einer rational begründeten Organisationsform weit zurück.

Auf die Frage nach den Konstanten und Variablen in den Solidaritätsappellen und den Möglichkeiten, die sich die Verbände zur Kontrolle ihrer Mitglieder einräumten, können diese Appelle und die Kontrollbestimmungen selbst als Konstanten herausgestellt werden. Während die Solidaritätsappelle nach außen eindeutig dem Ziel dienten, die Zahl der Mitglieder zu erhöhen, hatten die Solidaritätsappelle nach innen das Ziel, die Homogenität der Gruppe und die Intensität der Gruppenbindung zu fördern. Unterschiede traten bisher vor allem in dem Bereich auf, in dem es um die Erhaltung oder Erhöhung des Prestiges der Verbände und somit auch um das Prestige der Verbandsführung ging. Hierzu sind zwei verschiedene Ansätze zu nennen: auf der einen Seite die Verpflichtung der Mitglieder zur Befolgung der Verbandsbeschlüsse, um durch eine kontinuierliche Verbandspolitik ihre Wirksamkeit und damit auch das Ansehen des Verbands zu erhöhen; auf der anderen Seite der Versuch, durch negative Sanktionierung eines für Schriftsteller als unwürdig angesehenen Verhaltens ein berufsethisches Postulat durchzusetzen. Dieser ständische Akzent konnte in den Satzungen und den Statuten der Schieds- oder Ehrengerichte aller Verbände außer dem KlA und dem VS eindeutig nachgewiesen werden.

2.3.3 Die Realisierung der Kontrolle und Konfliktlösung

Ob und inwieweit die Ausschlußbestimmungen und die Regelungen zur Konfliktlösung in der Verbandspraxis gehandhabt und durchgesetzt werden konnten, ist aufgrund der z. T. zu schmalen Quellengrundlage nicht umfassend darzustellen. Da von den meisten Verbänden kein Material über ihr Verbandsgeschehen existiert, kann nur auf die wenigen zurückgegriffen werden, von denen ausführliche Protokolle über Mitgliederversammlungen, Rechenschaftsberichte und andere Materialien vorliegen, um Fälle von Konflikten und mangelnder Solidarität sowie die aus ihnen resultierenden Konsequenzen aufzuzeigen.

2.3.3.1 Konflikte zwischen Verbandsleitung und Mitgliedergruppen über die Verbandspolitik

Besonders aufschlußreich waren hierbei Kontroversen innerhalb der Verbände über Meinungsverschiedenheiten über das Wie ihrer Politik, die häufig zu Auseinandersetzungen zwischen Mitgliedern und Verbandsvorstand führten. Zu nennen ist z. B. die wachsende Unzufriedenheit zahlreicher Mitglieder des DSV gegenüber der als zu langsam vorgehend empfundenen Vorstandspolitik, die bereits 1891 zu heftigen Angriffen innerhalb des Verbands, zu starken Auseinandersetzungen über die Prinzipien des Verbands sowie seiner Organe und Einrichtungen, zu persönlichen Verdächtigungen und Austritten führte. [112] Da sich aber die Verbandsführung nicht in der Lage gesehen zu haben scheint, die in den Satzungen und anderswo vorgesehenen Maßnahmen zur Disziplinierung der Mitglieder durchzusetzen, blieben die Konflikte mehr oder minder offen erhalten, und der Vorstand paralysierte sich in der Folge selbst, was zu einem erheblichen Rückgang seiner Mitgliederzahl und Aktivität geführt hat (s. S. 396 Anm. 17). Heftige Auseinandersetzungen über das Wie schriftstellerischer Interessenvertretung gab es auch mehrere Male im SDS. So brachen 1931 starke Spannungen zwischen einzelnen Orts-, Gau- sowie Fachgruppen und dem Hauptvorstand auf. Der Gau Rheinland-Westfalen beschuldigte den Hauptvorstand ›verheerender Leistungen‹, deren Folgen den SDS in seinen Grundfesten erschüttert hätten. Die Ortsgruppe Berlin fühlte sich durch den SDS-Hauptvorstand bevormundet; nach Aussage von Th. Bohner wurden die Arbeitsthemen der Ortsgruppe unberechtigterweise vom Hauptgeschäftsführer des SDS W. Schendell bestimmt, und Beschlüsse der Ortsgruppe wurden vom Hauptvorstand nicht berücksichtigt. Der Nordwestgau (Hamburg) sowie das KlA und der ›Bund deutscher Lyriker‹ beklagten, daß ihnen die satzungsgemäßen Mittel nicht zugeteilt wurden. [113] Einen Höhepunkt dieser verbandsinternen Konflikte signalisierte die Gründung der »Opposition im SDS« (OSDS) durch zahlreiche Mitglieder der Berliner Ortsgruppe im August 1931, durch die die Arbeit des Hauptvorstands des SDS weitgehend in Frage gestellt und gelähmt wurde. Auf diese Herausforderung reagierte der Hauptvorstand zuerst mit Einzelausschlüssen, danach durch den kollektiven Ausschluß von 18 Mitgliedern der OSDS und wenig später durch die am 11. 12. 1931 vollzogene Gründung der Ortsgruppe Berlin-Brandenburg als Gegengewicht zur alten Ortsgruppe Berlin. [114] Nachdem der Ausschluß der 18 Mitglieder von der Mitgliederversammlung des SDS mehrheitlich aufgehoben worden war [115] und nachdem sich der Hauptvorstand im weiteren Verlauf seines Handelns nicht mit dieser opponierenden Gruppe arrangieren konnte, verfügte er am 14. 9. 1932 die Auflösung der Ortsgruppe Berlin, um die Fortsetzung der Verbandsarbeit in seinem Sinn durchzusetzen. [116]

Zahlreiche Beispiele für verbandsinterne Konflikte und mangelnde Solidarität können auch für die Verbände nach 1945 aufgezeigt werden. Schon der VDA scheiterte daran, daß es trotz jahrelanger Bemühungen nicht gelang, die von ihm erstrebte einheitliche Vertretung der Schriftsteller zu erreichen. [117] Die ebenso schwache Stellung der Vereinigung gegenüber ihren Mitgliederverbänden zeigte sich in ihrer Machtlosigkeit gegenüber mehreren Versuchen, Veränderungen ihrer Struktur und Politik durch Austrittsandrohungen und andere Maßnahmen nach den jeweiligen Interessen der Mitgliederverbände zu erzwingen. Die Gründung einer »Arbeitsgemeinschaft Deutscher Schriftstellerverbände« durch den Präsidenten des SDS-Berlin, G. Pohl, Ende 1958 war im wesentlichen gegen den Präsidenten der Vereinigung W. v. Hollander und für eine Stärkung der Position des SDS-Berlin in der Vereinigung während des Berlin-Ultimatums durch N. Chruschtschow motiviert (s. 4.4.2, S. 336). [118] Bezeichnenderweise wurde diese Arbeitsgemeinschaft sofort aufgelöst, nachdem G. Pohl zum Präsidenten der Vereinigung gewählt worden war. [119]

Ähnlich wurde die Vereinigung vom SDS-Bayern erpreßt, der erst 1959 seine Aufnahme beantragte und dies mit der Forderung nach einem qualifizierten Stimmrecht verknüpfte, das ihm als dem mitgliederstärksten Landesverband eine höhere Machtstellung gewährleisten sollte. Außerdem wurde eine führende Stellung des bayerischen SDS in Fragen des Urheberrechts gefordert. [120] Der SDS-Bayern konnte seine Bedingungen durchsetzen und erreichte darüber hinaus, daß München neben Berlin und Hamburg als Sitz der Vereinigung anerkannt wurde. [121]

Als 1964 innerhalb der Vereinigung die Möglichkeiten einer strafferen Organisationsform diskutiert wurde, um dem Verband einen größeren Handlungsspielraum nach innen und außen zu ermöglichen [122], beschloß der SDS-Bayern am 12. 5. 1964 ›vorsorglich‹ seine Mitgliedschaft in der Vereinigung zu kündigen, da er es nicht für ausgeschlossen hielt, daß die Vereinigung eine Organisationsform beschließen könnte, die er seinerseits für ›verderblich‹ ansehen müßte. Insbesondere befürchtete er eine Lähmung der Initiativen der Einzelverbände. [123] Da später ein Widerruf dieser Kündigung ausblieb, obwohl statt einer echten Reform der Organisation die Vereinigung lediglich in »Bundesvereinigung deutscher Schriftstellerverbände« umbenannt worden war [124], wurde sie am 31. 12. 1964 rechtskräftig. Der Antrag des SDS-Bayern auf Wiederaufnahme wurde 1967 unter Hinweis auf die Stärke des Landesverbands mit der Forderung nach einem zweiten Vize-Präsidenten verbunden, den der bayerische SDS zu stellen hätte. [125] Dieser Bedingung wurde 1968 durch die Wahl R. Schmitt-Sulzthals zum 2. Vizepräsidenten der Bundesvereinigung entsprochen, die bis zu einer entsprechenden Satzungsänderung ohne Rechtsanspruch erfolgte. [126] Anhand der bisherigen Beispiele läßt sich zeigen, daß nicht die Vereinigung als Dachorganisation den Landesverbänden als ihren Mitgliedern gegenüber Kontrolle ausüben konnte, sondern daß umgekehrt die Landesverbände die Möglichkeit hatten und wahrnahmen, durch erpresserische Maßnahmen ihre Ziele im Dachverband durchzusetzen.

Auch der VS bedauerte vor allem zu Anfang seiner Existenz, daß nicht alle ihm angeschlossenen Landesgruppen mit dem Bundesvorstand an einem Strang zogen und daß die Kooperation mit den Landesverbänden von unterschiedlicher Qualität war, ja sogar manche von ihnen die gemeinsam beschlossenen Richtlinien und Programme nicht befolgten. [127] Der größte Konflikt brach auf, als innerhalb des VS in Bayern eine Gruppe entschieden gegen den berufspolitischen Kurs des VS opponierte und sich am 6. 3. 1972 als »Fraktion unabhängiger Schriftsteller im VS Bayern« organisatorisch zusammenschloß. [128] Nachdem sich die opponierende Gruppe auf der Mitgliederversammlung des VS in Bayern am 22. 4. 1972 bei der Wahl eines neuen Vorstands nicht hatte behaupten können – von den 215 anwesenden Mitgliedern erhielt ihr Kandidat O. Zierer nur 54 Stimmen, die sich bei einer weiteren Wahl sogar auf 28 verringerten [129] – und nachdem der Sprecher der Fraktion P. Norden aus dem VS ausgeschlossen worden war [130], spaltete sie sich selbst am 11. 5. 1972 durch die Gründung des bayerischen FDA als eigenem Verband vom VS ab. [131] Die bisher genannten Beispiele mögen genügen um zu zeigen, daß es innerhalb der Verbände wiederholt zu Auseinandersetzungen um die Struktur und Politik gekommen ist. Sie illustrieren auch, ob und inwieweit die Verbände die ihnen satzungsgemäß zustehenden Möglichkeiten ergriffen, um Störungen des Verbandshandelns auszuschalten. Für die Schriftstellerverbände bestätigte sich in hohem Maße die bereits in der Einleitung erwähnte Theorie, nach der die auf freiwilliger Mitgliedschaft beruhenden Verbände nur über einen begrenzten Zwangsapparat verfügen bzw., daß ihre Verwaltungsstäbe nur selten stark genug sind, um ihren Mitgliedern ihre Ordnungsvorstellungen aufoktroyieren zu können (s. 1.1.1, S. 4). Sowohl der DSV als auch die Vereinigung erwiesen sich als zu schwach, um eine starke Desintegration oder erpresserischen Druck zu verhindern und ihm wirksam zu begegnen. Daraus kann vorläufig geschlossen werden, daß beide Verbände für ihre Mitglieder keinen sehr hohen Stellenwert hatten. Lediglich der Hauptvorstand des SDS vor 1933 versuchte, seine Möglichkeiten auszuschöpfen, um gegen die seine Politik in Frage stellende OSDS vorzugehen. Es konnte jedoch gezeigt werden, daß die Mitgliederversammlung im Fall des Ausschlusses der 18 Mitglieder dem Hauptvorstand nicht zu folgen bereit gewesen war. Ob die Auflösung der Ortsgruppe Berlin von der Mehrheit der Mitglieder gebilligt worden ist, kann nicht mehr festgestellt werden, da der nächsten Mitgliederversammlung die Usurpation des SDS durch die Nationalsozialisten zuvorkam. Eindeutig erfolgreich scheint allein der VS in der Abwehr einer seine Verbandsarbeit lähmenden Gruppe gewesen zu sein, wobei er jedoch die Gründung eines Gegenverbandes in Kauf nehmen mußte.

2.3.3.2 *Konflikte der Verbände mit einzelnen Mitgliedern*

Neben diesen verbandsinternen Gruppen-Gegensätzen gab es auch Konflikte der Verbände mit einzelnen Mitgliedern oder einzelner Mitglieder mit den jeweiligen Verbandsvorständen. Da diese persönlichen Konflikte und ihre Folgen im allgemeinen nicht in der Öffentlichkeit ausgetragen wurden, sind nur wenige Beispiele dieser Art bekannt, die als exemplarisch herausgestellt werden können. Eines hiervon ist der Ausschluß G. Pohls aus dem SDS, der 1926 verfügt wurde, weil er als einer der Geschäftsführer eines Verlages wegen versuchten Betruges gegenüber einem Autor strafrechtlich verurteilt worden war. [132] Dieser Ausschluß wurde von der Mitgliederversammlung in einem Berufungsverfahren bestätigt, wobei das Verhalten G. Pohls als den Standesinteressen zuwiderlaufend bezeichnet wurde. [133] Dieses Beispiel ist wichtig, weil es das einzige in seinen Einzelheiten bekannte ist, nach dem ein Ausschluß aus Gründen ständischer Prinzipien erfolgte [134], eine Möglichkeit, die wie gezeigt fast alle Verbände in ihren Satzungen vorsahen.

Ein weiterer Konflikt im SDS tat sich auf, als sein 1. Vorsitzender Th. Heuss 1926 als Abgeordneter der Deutschen Demokratischen Partei im Reichstag für die Verabschiedung des »Gesetzes zur Bewahrung der Jugend vor Schund und Schmutz« gestimmt hatte. Der SDS, der sich öffentlich gegen dieses Gesetz ausgesprochen hatte (s. 4.4.1, S. 307) und sich im Reichstag durch seinen 1. Vorsitzenden gut vertreten glaubte [135], sah sich durch das Verhalten von Th. Heuss getäuscht, der daraufhin durch seinen freiwilligen Rücktritt vom Amt des 1. Vorsitzenden einem entsprechenden Antrag der Ortsgruppe Berlin zuvorkam. [136] Einem weitergehenden Antrag der gleichen Ortsgruppe, Th. Heuss wegen verbandsschädigenden Verhaltens auszuschließen, wurde durch den Hauptvorstand unter dem Hinweis auf die Meinungsfreiheit der Mitglieder nicht stattgegeben. [137] Dieser Fall ist ein Beispiel für einen Konflikt, der sich aus der Mitgliedschaft in zwei verschiedenen Organisationen und den damit verbundenen Funktionen ergab und der zuungunsten der schwächeren, nämlich des Schriftstellerverbands entschieden wurde. Es zeigt sich darüber hinaus, daß der SDS ein weniger bekanntes und weniger einflußreiches Mitglied wie G. Pohl auszuschließen bereit war, nicht aber Th. Heuss, dessen Verhalten, den Verbandsbeschlüssen widersprechend, durchaus als verbandsschädigend bezeichnet werden konnte, der aber ein größeres öffentliches Ansehen genoß.

Auch für die Zeit nach 1945 sind Beispiele für persönliche Konflikte oder Schwierigkeiten mit einzelnen Personen aufzuzeigen. So sah sich z. B. 1951 der SDA-Berlin gezwungen, seinen Mitbegründer und langjährigen Geschäftsführer W. Schendell von seinem Amt zu suspendieren, als er zusammen mit G. Pohl, der ebenfalls ein Vorstandsmitglied des SDA war, den »Schutzverband Berliner Schriftsteller« (SBS) gründete und durch satzungswidriges Verhalten versuchte, den SDA-Berlin zu liquidieren. [138] Nachdem er 1951 Geschäftsführer des SBS und 1952 auch Geschäftsführer der Vereinigung geworden war, wurde er 1956 auch in diesem Amt gekündigt. Sein Nachfolger, W. Teich, erklärte später, W. Schendell habe es auf nicht mehr zu klärende Weise verstanden, sich über seine Amtszeit hinaus auf mehrere Jahre die Weiterzahlung eines monatlichen Gehalts als Geschäftsführer der Vereinigung zu sichern. Außerdem habe er sich monatelang geweigert, seinem direkten Nachfolger F. K. Fromm die Akten und Bücher des Verbands zu übergeben, um ihn zu zwingen, ihm einen weiteren Anstellungsvertrag auszustellen und zu unterschreiben. Außerdem sei es nicht möglich gewesen, Licht in die Kassenführung W. Schendells zu bringen. [139] Dieses Beispiel ist ein Hinweis darauf, wie ein Funktionsträger die Schwäche eines Verbandes durch seinen Informationsvorsprung sowie sein Wissen um verbandsinterne Vorgänge, die nicht an die Öffentlichkeit dringen sollten, zu seinen Gunsten auszunutzen in der Lage war. Bezeichnenderweise wurden auch von Seiten der Vereinigung keine Sanktionen gegen W. Schendell verhängt, vielmehr entschied die Mitgliederversammlung, daß zwischen ihm und der Vereinigung ein Schiedsvertrag ausgehandelt werden sollte, nach dem sich beide Parteien über vermögensrechtliche Streitigkeiten und nicht vermögensrechtliche Meinungsverschiedenheiten einigen sollten. [140]

Neben dem ›Fall Schendell‹ mußte die Vereinigung noch eine weitere schwere Belastung bewältigen: Als 1955 unter Federführung der Vereinigung die »Gesellschaft zur Verwertung literarischer Urheberrechte« (GELU) mit Sitz in Hannover gegründet worden war, wurde als ihr Geschäftsführer der Präsident des DSV-Hannover A. Kols ernannt, der sogleich ein komfortabel ausgestattetes Büro mit Personal und Dienstwagen einrichtete und innerhalb von weniger als 2 Jahren unter Täuschung des Aufsichtsrates der GELU u. a. hohe staatliche Kredite sowie umfangreiche Einzahlungen auf einen Schuldenposten von DM 312 000 und ein Mindervermögen von DM 282 000 verwirtschaftete, wobei offen blieb, wie viele Gelder er für sich persönlich verwendete. [141] Schließlich wurde er von einem Schöffengericht wegen Untreue in zwei Fällen und Urkundenfälschung in einem Fall zu einer Gefängnisstrafe auf Bewährung und zu einer Geldstrafe verurteilt. Eine für die Autoren wichtige Einrichtung war somit durch die organisatorische Unfähigkeit und Leichtfertigkeit ihres Geschäftsführers gescheitert. [142] Obwohl A. Kols zwar hauptverantwortlich, nicht aber allein verantwortlich für den Konkurs der GELU gewesen war, richteten sich die Sanktionen der Vereinigung allein gegen ihn und seinen Landesverband, der, nachdem sich der DSV-Hannover nicht von A. Kols distanziert hatte, aus der Vereinigung ausgeschlossen wurde. [143] Dieser Ausschluß und der weniger spektakuläre Ausschluß des DAV-Hannover im Jahre 1957 [144] sind die einzig bekannten Sanktionen, die die Vereinigung gegen Personen oder Mitgliederverbände, die sich verbandsschädigend verhalten hatten, zu verhängen in der Lage war. In beiden Fällen war die Möglichkeit hierzu erleichtert, da am gleichen Ort mehrere konkurrierende Verbände existierten und die Vereinigung somit auf einen anderen Verband als Mitglied zurückgreifen konnte. So wurde bereits 1959 der »Schutzverband Niedersächsischer Schriftsteller, Hannover« in die Vereinigung als niedersächsischer Landesverband aufgenommen. [145]

2.3.3.3 Systematische Darstellung der Realisierungsmöglichkeiten der Kontrolle und Konfliktlösung

Obwohl sich nahezu alle Schriftstellerverbände Möglichkeiten eingeräumt haben, durch Kontrollmaßnahmen eine kontinuierliche Verbandsarbeit zu gewährleisten, erwiesen sich ihre Realisierungsmöglichkeiten als kompliziert und nicht einheitlich. Auch wenn nur wenige Fälle innerverbandlicher Konflikte und ihrer Folgen in ihren Einzelheiten bekannt sind, sollen die genannten Beispiele im folgenden verglichen und auf etwaige Regelmäßigkeiten hin untersucht werden, wobei gefragt werden soll, von welchen Faktoren die praktische Durchführung der Kontrollmaßnahmen abhing.

Es fällt auf, daß in 2 Fällen die Position der Betroffenen, sowohl G. Pohls 1926 als auch A. Kols' 1958, durch eine vorangegangene gerichtliche Verurteilung, die im Zusammenhang mit dem Ausschlußgrund stand, wesentlich geschwächt war. Außerdem waren durch die Gerichtsverfahren beide Fälle der Öffentlichkeit zugänglich; ein Verbleiben beider Personen in ihren Verbänden hätte eine Minderung des öffentlichen Ansehens dieser Verbände zur Folge gehabt. Auch die Position P. Nordens im VS in Bayern war durch die Abstimmungsniederlage der von ihm vertretenen Fraktion erheblich geschwächt. Zudem war der VS durch P. Nordens Auftreten in der Öffentlichkeit zum Handeln gegen ihn gezwungen, wollte er eine ähnliche Entwicklung in anderen Landesgruppen verhindern. Anders verhielt es sich in den Fällen, bei denen Öffentlichkeit nicht gegeben war. Da sich der DSV z. B. 1891 nicht durch einen öffentlichen Druck zum Handeln gegen seine verbandsinternen Kritiker gezwungen sah, glaubte er, durch Übergehen der aufgebrochenen Konflikte die Einheit des Verbandes wahren zu können. Ähnlich verhielt sich die Vereinigung 1959 im ›Fall Schendell‹, als sie versuchte, durch verbandsinterne Schlichtung der Streitigkeiten die Öffentlichkeit aus dem Geschehen herauszuhalten. In einigen der genannten Fälle verhinderte außerdem die starke Position der betroffenen Person oder Gruppe gegenüber dem Verband das Verhängen einer wirksamen Sanktion. Ein Ausschluß von Th. Heuss, der als Reichstagsabgeordneter und durch seinen weiteren Wirkungsradius öffentlich angesehen war, hätte 1927 eine Schwächung der Einflußmöglichkeiten des SDS selbst zur Folge haben können. Anders wiederum war W. Schendells Position in der Vereinigung 1959 dadurch gefestigt, daß er der Vereinigung durch seine langjährige Erfahrung mit schriftstellerischen Berufsorganisationen unentbehrlich war und einigen Verbandsrepräsentanten durch sein Wissen um interne Vorgänge nach einem Ausschluß vielleicht hätte schädlich werden können. Wieder anders gelagert war die Situation des Hauptvorstands des SDS, als er 1932 den Ausschluß zahlreicher Mitglieder der OSDS nicht aufrecht erhalten konnte, weil sie einen zu großen Anhang in der Ortsgruppe Berlin und im Gesamtverband für sich gewinnen konnten. Als eine erhebliche Schwächung ihrer Position gegenüber ihrem Zentral- oder Dachverbänden erwies sich konkurrierendes Auftreten mehrerer Orts- oder Landesgruppen. 1932 konnte die Auflösung der Ortsgruppe Berlin im SDS erst verfügt werden, nachdem eine Gegengründung erfolgt war. Ebenso hatten 1957 und 1959 die niedersächsischen Landesverbände gegenüber der Vereinigung eine relativ schwache Stellung, solange sie zugleich um die Gunst des Dachverbandes, bzw. um ihre Mitgliedschaft rivalisierten.

Zusammenfassend läßt sich zeigen, daß es die Faktoren Öffentlichekti und Macht waren, die die Realisierbarkeit vorgesehener Kontrollmaßnahmen bestimmten. Ein Fall mußte zugleich öffentlich bekannt bzw. zugänglich sein, und es mußte ein eindeutiges Machtgefälle zuungunsten der Betroffenen bestehen, damit ein Verband einen Ausschluß als letzte vorgesehene Maßnahme gegen verbands- und sogenanntes standeswidriges Verhalten zu verfügen wagte. War nicht beides zugleich gegeben, dann war ein betroffenes Mitglied weitgehend vor negativen Sanktionen geschützt.

Die Tatsache, daß nur selten die satzungsgemäßen Maßnahmen gegen verbandswidriges Verhalten ergriffen wurden, mag bereits darauf hindeuten, daß beide Faktoren nur geringe Bedeutung in den Schriftstellerverbänden erlangt hatten, d. h. daß sowohl das Interesse der Öffentlichkeit an ihnen als auch ihre Macht gegenüber ihren Mitgliedern gering waren. Es ist zu vermuten, daß sich diese Situation durch den Beitritt des VS zur IG Druck und Papier und die große öffentliche Resonanz, die dieser Schritt zur Folge hatte, entscheidend geändert hat.

2.3.4 Beispiele solidarischen Handelns

Während die Verbände verbandsinterne Konflikte möglichst zu überdecken oder auch intern zu lösen versuchten, teilten sie um so lieber Beispiele vorbildlicher Solidarität mit, besonders wenn sich prominente Autoren öffentlich für den Verband und seine Interessen eingesetzt hatten. So stellte z. B. der ASV die wiederholte Teilnahme V. Blüthgens an Lesungen zugunsten der Unterstützungskasse des Verbands heraus. [146] Auch der SDS berichtete von zahlreichen Beispielen solidarischen Handelns prominenter Mitglieder: 1914 hielt M. Harden in Berlin einen Vortrag, der dem SDS 1700 Mark einbrachte [147]; 1915 lasen Th. Mann, K. Martens, M. Halbe und A. Kutscher zugunsten des SDS [148], und 1916 erbrachten

F. Wedekind und W. Vesper durch je ein Gastspiel und eine Lesung dem SDS finanzielle Zuschüsse. [149] 1922 wurde die ›kollegiale Liebenswürdigkeit‹ G. Hauptmanns gerühmt, der zur Zeit seines 60. Geburtstags einen Vortrag zugunsten der Wohlfahrtskasse des SDS zusagte [150] und der auch dem SDS Gau Schlesien aus dem Ertrag der G. Hauptmann-Festspiele finanzielle Mittel zuschoß. [151] Schließlich hat Th. Mann 1929 aus dem Fonds seines Nobel-Preises der Darlehenskasse des SDS RM 10 000 zugewiesen. [152] Neben diesen Unterstützungsaktionen finanzieller Art muß auch die ideelle und organisatorische Unterstützung des SDS durch zahlreiche prominente Schriftsteller der Weimarer Zeit hervorgehoben werden: so waren z. B. B. Kellermann 1921, A. Döblin 1924 und A. Zweig 1929 1. Vorsitzende des SDS. H. Mann war 1929 2. Vorsitzender des SDS, und Th. Mann war von 1928 bis 1933 1. Vorsitzender des SDS Gau Bayern.

Während sich die literarische Prominenz der Bundesrepublik in der Vereinigung zurückhielt oder erst gar nicht Mitglied wurde, konnte sich der VS von Anfang an der Unterstützung zahlreicher prominenter Autoren erfreuen. So hielt H. Böll auf der Gründungsveranstaltung des VS ein viel beachtetes Referat und verlieh dieser Gründung große Publizität. [153] Auf dem 1. Schriftstellerkongreß des VS sprachen außer dem Bundeskanzler W. Brandt die Autoren H. Böll, G. Grass und M. Walser [154], und auf dem 2. Kongreß lasen H. E. Nossack, S. Lenz und A. Mechtel. [155] D. Lattmann rühmte u. a. das Engagement prominenter Autoren zugunsten sozial schwächer gestellter Kollegen. [156] Auch erklärte sich H. Böll auf einer Veranstaltung des VS in Hamburg am 16. 1. 1970 bereit, sich mit jedem Autor im Interesse der Durchsetzung schriftstellerischer Berufsinteressen zu solidarisieren. [157] M. Walser trug durch die Gründung des »Arbeitskreises Kulturindustrie« mit dazu bei, daß die bewußtseinsmäßigen Voraussetzungen der berufspolitischen Arbeit des VS weiter entwickelt wurden. [158]

2.3.5 Konkurrenz der Verbände

Die Frage der Mitgliedschaft prominenter Autoren und ihres Engagements in den Verbänden hatte im Verlauf der Geschichte deutscher Schriftstellerverbände einen weiteren Akzent, der vor allem bei der Konkurrenz verschiedener Verbände zum Ausdruck kam.

2.3.5.1 Der ›Dilettanten-Vorwurf‹

Noch vor der Gründung des ASV erklärte es »Die Feder« für lächerlich, daß der DSV als wirtschaftlicher Verband für die Aufnahme neuer Mitglieder ein Verfahren vorsah, bei dem durch Gewährsmänner die literarische Qualität neu aufzunehmender Schriftsteller bescheinigt werden sollte. [159] Andererseits aber wehrte sich der ASV später gegen den Vorwurf, er selbst nehme Dilettanten auf oder bestehe gar nur aus Dilettanten, mit dem Hinweis auf die Mitgliedschaft so prominenter Autoren wie V. Blüthgen, H. v. Hofmannsthal, R. Dehmel, A. Holz

u. a. [160] Dieser Vorwurf, bloße Dilettantenvereinigung zu sein, und die Rückweisung des Vorwurfs durch Hinweise auf prominente Mitglieder haben in vielen Fällen den Stil der Polemik konkurrierender Verbände untereinander bestimmt. Eine Blüte solcher Polemik befindet sich im Verbandsorgan des WSB, von dem der SDS als ›kleiner trustlüsterner Kreis‹ bezeichnet wurde, der andere Verbände nur lächerlich zu machen suche, ohne selbst etwas zu leisten, und der schließlich in seiner ›Todesangst‹ den ASV und den WSB bezichtigt habe, reine Dilettantenvereinigung zu sein, worauf als Antwort folgt: »Was nun die Zahl der Nichtskönner anbetrifft – ich wette, daß sie beim SDS größer ist, als beim WSB.« [161] Als später vom SDS erklärt wurde, der DSV sei ein Verband, der bis auf wenige Ausnahmen nichts mit ›richtigen Schriftstellern‹ zu tun habe, der vielmehr eine Vertretung von ›Dilettanten poetischer Nebenstunden‹ sei [162], kam aus dem DSV die eher besonnene Antwort, man solle sich besser der Wertung und Abschätzung in bezug auf die Mitglieder anderer Verbände enthalten. [163] 1929 erklärte der SDS, er strebe mit allen ihm ähnlich gesinnten Schriftstellerverbänden eine Kooperation an, daß aber gegen Verbände, »die ihr Dasein hauptsächlich Dilettanten verdanken, mit aller Schärfe vorgegangen werden« müsse. [164] Relikte dieser Art von Auseinandersetzung mit gegnerischen Verbänden klangen auch im VS an, als D. Lattmann nach Gründung des FDA in Bayern erklärte, man werde bald sehen, ›wer und wie viele die daran beteiligten Autoren‹ seien. [165] Die hier zum Ausdruck gebrachte Geringschätzung bezog sich jedoch nicht so sehr auf einen literarischen, sondern auf einen ›organisatorischen Dilettantismus‹, von dem sich der VS befreit zu haben erklärte. [166] Einen weiteren polemischen Akzent gegen den FDA setzte M. Gregor-Dellin, indem er auf die schon vom FDA-Bayern für kurze Zeit herausgegebene Zeitschrift »Neues Kulturforum« und die in ihr publizierten literarischen Beiträge einging und erklärte, daß es nicht so sehr das Dilettantische sei, »das an solchen Hervorbringungen und Publikationen bestürzt, [...] diese Kaffeekränzchen-Seligkeit, die sich [...] die Händchen hält, sondern die eigene Unmündigkeits-Erklärung, ein hochherzig-idiotisches Rollenverständnis« der Schriftsteller. [167] Nach der Konstituierung des FDA auf Bundesebene zweifelte D. Lattmann an der Möglichkeit des FDA, eine Alternative zum VS werden zu können, vielmehr schien ihm der FDA als ›Splittergruppe‹, »die hundertjährige Tradition berufsständischer Ohnmacht fortzusetzen«. [168]

2.3.5.2 *Die Auseinandersetzung über berufspolitische Vorgehensweisen*

Im folgenden soll nun nach den Auseinandersetzungen um das Wie berufspolitischer Vorgehensweisen gefragt werden. An den Anfang soll eine Polemik gestellt werden, die der WSB gegen den 1919 vom VDBB mit dem »Deutschen Bühnenverein« und der »Vereinigung der Bühnenverleger« abgeschlossenen Kartellvertrag (s. 3.4.2.2, S. 201 f.) führte. Der WSB kritisierte an diesem Kartellvertrag, daß er ›Possenfabrikanten‹ gegenüber ›ernsten Dichtern‹ begünstigen werde und daß er somit die ›Ideale eines deutschen Kunsttheaters verschachert‹ habe. [169] In dieser

Polemik stoßen zwei völlig verschiedene Ebenen der Berufs- und Verbandspolitik aufeinander: während der VDBB versuchte, durch den Vertrag eine berufspolitische Monopolstellung in seinem Bereich zu erlangen, erhob der WSB den Anspruch auf Wahrung ideeller literarischer Werte. Es wäre jedoch falsch, auzunehmen, daß der WSB gegen jede Kartellbestrebung gewesen wäre und daß der VDBB an der Wahrung der ideellen Interessen seiner Mitglieder kein Interesse gehabt hätte. Wie noch gezeigt werden wird, haben beide Verbände beiden Bestrebungen zu entsprechen versucht. Bei genauerem Hinsehen zeigt sich, daß die scheinbar sachbezogene Kritik des WSB am Kartellvertrag durch persönliche Animositäten motiviert war. So schrieb einer der Vorsitzenden des WSB, er habe keine grundsätzlichen Einwände gegen den Kartellvertrag, er zweifle jedoch an der Redlichkeit der Leiter des VDBB. [170]

In einem anderen Beispiel soll das Verhältnis des BdT zum SDS näher beleuchtet werden, das wiederum wegen der engen Verflechtung des BdT mit dem ASV das Verhältnis des SDS zum ASV berührt. Der ASV zweifelte von Anfang an an der Chance des BdT, sein Ziel verwirklichen und alle Schriftsteller im Tarifkampf vereinen zu können, solange der SDS den ›Fimmel‹ habe, als allein berechtigter Schriftstellerverband gelten zu wollen; da die Bestrebungen R. Eichackers nicht vom SDS ausgingen und auch nicht von ihm allein vertreten würden, behandele er sie sehr nachlässig. [171] Nachdem der BdT dem SDS, der ebenfalls für Tarife kämpfte, die Führung in diesem Kampf angeboten hatte [172], warf R. Eichacker der Leitung des SDS vor, nie auf seine Einigungsbestrebungen eingegangen zu sein. [173]. Von der Sache her gesehen ist die Weigerung des SDS, auf die Vorstellungen des BdT einzugehen, nahezu unverständlich. Zwar vertraten beide Verbände in der Frage nach der Höhe der zu erstrebenden Tarife verschiedene Positionen [174]; schwerer aber als diese Meinungsverschiedenheiten in der Sache, über die man sich hätte einigen können, mag jedoch für den SDS die Tatsache gewogen haben, daß R. Eichacker alle Mitglieder des BdT zum Beitritt in den ASV aufgefordert hatte [175], dem der SDS wiederum feindlich gegenüberstand. Er warf dessen Vorsitzenden M. Hirschfeld z. B. vor, nur angeblich die schriftstellerischen Berufsinteressen zu vertreten, in Wirklichkeit aber auch verlegerische Ausbeutungsversuche zu unterstützen. [176] Auch mußte sich M. Hirschfeld gegen den Vorwurf des SDS zur Wehr setzen, er betreibe mit dem ASV seine Privatgeschäfte. [177] Es zeigt sich also, daß auch das Verhältnis des SDS dem BdT und dem ASV gegenüber selbst dort, wo man sich sachbezogener Argumente bediente, durch beiderseitige berufspolitische Monopolbestrebungen und durch persönliche Feindschaften bestimmt war.

1921 kam es zwischen dem SDS und dem »Verband Deutscher Erzähler« (VDE) [178] zu einer heftigen Kontroverse über den Plan des VDE, mit der »Belletristischen Arbeitsgemeinschaft (B. A. G.) der Vereinigung schönwissenschaftlicher Verleger« einen Kartellvertrag abzuschließen, nach dessen § 1 Abs. f in alle Einzelverträge über belletristische Publikationen folgende Bestimmung hätte aufgenommen werden müssen:

»Der Verlerger versichert, Mitglied der ›B.A.G. der Vereinigung schönwissenschaftlicher Verleger‹; der Verfasser, Mitglied des ›Verbandes Deutscher Erzähler‹ zu sein.« [179]

Dieser Vertrag hätte nach und nach alle belletristischen Autoren und Verlage gezwungen, beiden Organisationen beizutreten und dem VDE somit zu einer Monopolstellung innerhalb der deutschen Schriftstellerverbände verholfen, auch wenn es im § 1 des Vertrags hieß,

»[...] dass die außerordentliche Mitgliedschaft des Verbandes Deutscher Erzähler gegen eine Jahresgebühr von 3 Mark zu erwerben und die Aufgabe der Zugehörigkeit zu irgendeiner anderen Fachvereinigung nicht bedingt ist«.

Eine Verwirklichung dieses Plans hätte die anderen Schriftstellerverbände zu einer weitgehenden Wirkungslosigkeit verurteilt, sie hätte auch ein Monopolrecht beider vertragschließenden Parteien über die in ihm formulierten Honorar- und Arbeitsbedingungen der Schriftsteller bedeutet (s. 3.4.2.2, S. 204 f.). Der SDS sah sich durch diesen Plan nicht nur zu Recht in seiner Existenz bedroht [180], er erblickte außerdem in den Bestimmungen dieses Vertragsentwurfs eine ›unerträgliche Preisgabe wichtiger schriftstellerischer Rechte und Forderungen‹, die vor allem zu einer Gefährdung junger Talente führen müsse und ›den Gedanken der Solidarität der geistigen Arbeiter erschlage‹. [181] In seiner SDS-Kampfschrift gegen den VDE mit dem Titel »Verrat am deutschen Schrifttum« griff H. Kyser vor allem W. Goldbaum als den Initiator des Kartellvertragsplanes an und warf ihm u. a. vor, schon 1919 die Bühnenschriftsteller durch den Vertrag zwischen dem VDBB, dem »Deutschen Bühnenverein« und der »Vereinigung der Bühnenverleger« in ein Kartell gzwungen zu haben, nur ›terroristische Maßnahmen‹ zu kennen und durch seine enge Zusammenarbeit mit dem Verleger F. Th. Cohn, dem Begründer der »B. A. G. der Vereinigung schönwissenschaftlicher Verleger«, allen deutschen Schriftstellern in den Rücken gefallen zu sein. [182] Es lassen sich hier vier verschiedene Ebenen feststellen, auf denen der SDS seinen Kampf gegen den VDE führte: auf einer organisatorischen Ebene wurde das Monopolstreben des VDE angegriffen und mit dem Aufruf zu einer Gegengründung erwidert (s. S. 404 Anm. 182); auf einer berufspolitischen Ebene wurden die inhaltlichen Bestimmungen des geplanten Vertrags abgelehnt; auf literarischer Ebene wurde der Schutz junger Talente gegen die Vertragsbestimmungen gefordert; schließlich wurde auf einer persönlichen Ebene gegen den Initiator des Kartellvertragsplanes polemisiert. Aufgrund dieser Polemik verklagte W. Goldbaum K. Kyser wegen Beleidigung. H. Kyser wurde jedoch von einem Schöffengericht freigesprochen, weil er nicht die Absicht gehabt habe, den Kläger zu beleidigen, sondern nur dessen ihm verderblich erscheinenden Methoden zu bekämpfen, außerdem habe er sich ständig bemüht, ein Zusammengehen des SDS mit den von W. Goldbaum geführten Verbänden zu erreichen. [183] Dieses Zusammengehen wurde nach dem Prozeß erstaunlich schnell erreicht: nachdem die persönlichen Streitigkeiten zwischen den Parteien in einer zusätzlichen gütlichen Aussprache beigelegt worden waren, verständigten sich der SDS, der VDE, der VDBB und der VDF darauf, alle grundsätzlichen Angelegenheiten in einer ›kollegialen Arbeitsgemeinschaft‹ zu vertreten. [184] Dieses Beispiel zeigt sehr deutlich, wie berufspolitische Meinungsverschiedenheiten und Richtungskämpfe mit persönlichen Auseinandersetzungen verbunden waren, wie diese persönlichen Streitigkeiten aber auch relativ schnell beigelegt werden konnten, sobald der gegensätzliche Monopolanspruch durch Zusammenarbeit beider Konkurrenten aufgegeben wurde.

In der Auseinandersetzung zwischen den Verbänden wurden die Gegensätze in den berufspolitischen Vorgehensweisen auch auf Gegensätze im politischen Bereich übertragen. So wehrte sich H. Kyser für den SDS, der vom VDE einer ›äußerst radikal politischen Färbung‹ bezichtigt worden war. [185] Aufgrund ähnlich grundsätzlicher Unterschiede war auch das Verhältnis des SDS zum DSV gespannt. Währrend der SDS 1913 beabsichtigte, zusammen mit dem DSV und anderen Verbänden ein Kartell aller Schriftstellerverbände zu begründen, und noch 1920, als der BdT und der VDE ihre größten tarifpolitischen Aktivitäten entfalteten, mit dem DSV zur Aufstellung von eigenen tariflichen Forderungen zusammengearbeitet hatte [186], waren es wenige Jahre später vor allem politische Bedenken, die ein weiteres Zusammenarbeiten beider Verbände verhinderten. Der DSV, der dem SDS nun ›marxistisch-bolschewistisches Denken‹ nachsagte [187], befürchtete wegen der ›linken Richtung‹ des SDS eine Verquickung seiner Verbandsarbeit mit staatspolitischen Fragen. [188] Andererseits wurde der DSV vom SDS als ›nationaler Schriftstellerverband‹ bezeichnet, der versuche, dem SDS Wind aus den Segeln zu nehmen. [189]

Im Zusammenhang mit den Auseinandersetzungen des SDS mit dem ASV und dem DSV, die 1929 kulminierten, muß der Versuch des SDS gesehen werden, sich durch eine Satzungsänderung klarer von anderen Verbänden durch eine Neuregelung der Bestimmungen über die Aufnahme neuer Mitglieder abzugrenzen:

»Der Hauptvorstand ist berechtigt, die Zugehörigkeit zum Schutzverband abhängig zu machen von der Nichtzugehörigkeit zu bestimmten anderen Schriftstellerverbänden, soweit es sich um Verbände handelt, deren Ziele und Tätigkeit den Interessen des Schutzverbandes entgegenstehen.« [190]

Diese Bestimmung, die zusätzlich noch die Möglichkeit von Vergünstigungen bei Doppelmitgliedschaft in anderen Verbänden vorsah, mit denen der SDS freundschaftliche Beziehungen unterhielt, war ein eindeutiges Machtinstrument des SDS-Vorstands gegenüber Mitgliedern, die durch ihre Mitgliedschaft gegnerische Verbände stärkten, wobei aber die Wandelbarkeit des Verhältnisses der Verbände untereinander die Handhabung der Bestimmungen erschwert, wenn nicht gar ausgeschlossen haben mag.

Während nach 1945 keine überregionalen Schriftstellerverbände in der Bundesrepublik gegeneinander konkurrieren konnten, hat die Gründung des FDA als Gegenverband zum VS erneute Spannungen in das Organisationswesen der Schriftsteller gebracht. Der FDA wandte sich gegen das industriegewerkschaftliche Konzept des VS und gegen die in seiner Sicht damit verbundenen politischen Konsequenzen. [191] R. Krämer-Badoni erklärte, der FDA sei »als notwendiger Ersatz des unzulänglichen VS gegründet« worden. »Wir hätten ihn nicht zu gründen brauchen, wenn der bisherige ›Verband deutscher Schriftsteller‹ (VS) ein sachlicher, überparteilicher, berufsspezifischer Schutzverband geblieben wäre.« Er habe aber seinen Mitgliedern empfohlen, »den VS auszulösen und sich einzeln der Gewerkschaftsdisziplin zu unterstellen«, worin R. Krämer-Badoni eine deutliche Politisierung und Disziplinierung der Schriftsteller zu erkennen können glaubte. [192] Der VS hingegen warf dem FDA vor, eine ständisch orienterite Splittergruppe zu sein [193], und M. Gregor-Dellin bezeichnete ihn im Hinblick auf seine Ablehnung des VS-Gewerkschaftsbeitritts als einen ›strampelnden Verein der Neinsager‹. [194]

Während aus den satzungsgemäßen Zweckbestimmungen der verschiedenen Verbände nur in sehr beschränktem Maße grundsätzliche Zielkonflikte abzulesen waren, muß ein heilloses Durcheinander von Konflikten und Übereinstimmungen zwischen den verschiedenen Verbänden vor allem in der Zeit bis 1933 festgestellt werden, wobei die Grenzen zwischen Konkurrenz und Zusammenarbeit fließend waren. Die Auseinandersetzung auf literarisch wertender Ebene wurde auf der berufspolitischen Ebene durch Meinungsverschiedenheiten über das Wie schriftstellerischer Interessenvertretung vertieft und auf organisatorischer Ebene durch den jeweiligen Monopolanspruch der konkurrierenden Verbände verschärft. Nicht zu trennen sind diese Auseinandersetzungen sachlicher und organisatorischer Art von persönlichen Angriffen und Diffamierungen der Verbandsrepräsentanten verschiedener Verbände untereinander, wobei sich persönliche Feindschaften und Gegensätze in berufspolitischer Hinsicht gegenseitig bedingt haben. Als fünfte Ebene verbandspolitischer Kontroversen kam in einigen Fällen eine gesellschaftspolitische hinzu, wobei gegnerische Verbände sich gegenseitig aufgrund ihrer Einstellungen zu berufspolitischen Fragen gegensätzliche politische Haltungen vorwarfen.

Diese Situation wurde selbstverständlich auch von den Verbänden selbst erkannt und wie von A. Kuhn im Organ des WSB beklagt: »Es gibt bei uns so viele Organisationen; aber jede schließt sich hermetisch von der andern ab, sofern sie einander nicht sogar bekämpfen. Jede hat einen anderen Glauben, und doch hat bis jetzt noch keiner selig gemacht.« [195] So wurde auch im SDS wiederholt bedauert, daß die Existenz der verschiedenen lokalen und überregionalen Verbände die eigene Arbeit behinderte [196] und daß die Behörden beträchtliche Summen an kleine Verbände gäben, was umfangreiche Unterstützungsmaßnahmen für notleidende Schriftsteller häufig unmöglich machte. [197] 1931 stellte E. Rutra 38 konkurrierende Verbände fest, die sich landsmannschaftlich, fachlich oder politisch unterschieden, wobei allerdings zahlreiche Mitglieder in mehreren Verbänden vertreten waren. [198]

2.3.6 *Kooperation der Verbände*

2.3.6.1 *Andere Organisationen als Vorbilder*

Die eigene Ohnmacht wurde um so bedrückender empfunden, je erfolgreicher sich andere Gruppen beruflicher, wirtschaftlicher oder politischer Art zusammenschlossen. Appelle an einen Zusammenschluß der verschiedenen Schriftstellerverbände waren daher häufig mit Hinweisen auf die Organisationsbereitschaft anderer Gruppen verbunden. In den Solidaritätsappellen des ADSV und des BdT sind bereits Elemente dieses Aspekts aufgezeigt worden. Ähnlich wie der ADSV forderte W. Bloem die ›literarische Intelligenz‹, auf, nicht länger hinter der wirtschaftlichen zurückzubleiben »in der Erkenntnis des Grundgedankens des modernen Verkehrslebens: daß nämlich im Kampfe der Zeit nur der Zusammenschluß gleichartiger Interessen den Erfolg gewährleistet«. [199] 1919 nannte A. Kuhn als Vorbild für eine Organisation aller Schriftsteller die Rolle der Sozialdemokraten, die sich während der Novemberunruhen als beste Organisation erwiesen hätten. [200] Im Hinblick auf die straffe Organisation der Verleger als starkem Unternehmerverband wurde 1921 im SDS eine ›einzige große Urheberorganisation‹ gefordert, von der allein die Rettung und Sicherung des Einzelnen ausgehen könnte. [201] Eine besondere Anziehungskraft als Modell übten für einige Schriftstellerverbände die Arbeitergewerkschaften aus, an die H. Eulenberg eher zynisch erinnerte, als er fragte, warum sich die Schriftsteller nicht zusammenschlössen, während sich sogar Scheuerfrauen und Müllkutscher organisierten. [202] Ernster zu nehmen ist der Hinweis auf die Gewerkschaften, wie er von Anfang an im SDS gegeben wurde. So bedauerte H. Landsberg schon 1910, daß die Schriftsteller noch nicht das richtige Verständnis für die Notwendigkeit eines gewerkschaftlichen Zusammenschlusses aller Berufskollegen erworben hätten. [203] In diesem und ähnlichem Sinn wurde im SDS wiederholt auf die Gewerkschaften der Maurer, Fabrikarbeiter, Setzer u. a. als vorbildhafte Organisationen hingewiesen. [204] Auch nach 1945 erklärte z. B. H. Reuß-Löwenstein, daß es den Schriftstellern noch an Solidarität fehlte, die die Stärke der Arbeiter sei. [205] Die Hoffnung auf eine einheitliche Organisation der Schriftsteller, »die wie etwa die Gewerkschaften alle Vertreter des Berufsstandes umfaßt«, hatte sich in den Jahren nach dem Krieg nicht erfüllt. [206] Doch glaubte man mit der Gründung der Vereinigung den Rahmen geschaffen zu haben, den andere Berufe schon längst hatten, denn ohne starke Organisation würden die Schriftsteller »in dem rücksichtslosen Kampf der Parteien und Interessenverbände einfach zerrieben«. [207] Nachdem sich dieser Glaube an die Kraft der Vereinigung bald als Illusion erwiesen hatte, wurden wieder die Gewerkschaften als Vorbild hingestellt und erklärt: »Wenn alle Gruppen im Lebenskampf ihre Waffe modernisieren, müssen es die Geistigen, die Schriftsteller, auch tun.« [208] Auf der Gründungsveranstaltung des VS spottete H. Böll, Schriftsteller verhielten sich als Vertreter ihrer Interessen ›wie Schwachsinnige‹ in einer Gesellschaft, die von Interessenvertretern dirigiert werde. [209] In diesen Hinweisen auf Interessenverbände als Machtinstrumente verschiedener Gruppen im pluralistischen Staat und in der Frage, inwieweit Schriftstellerverbände diesen von ihnen genannten Vorbildern entsprachen, liegt ein wichtiger Schlüssel für das Verhältnis der Schriftstellerverbände zu Staat und Öffentlichkeit, das im dritten Kapitel dieser Arbeit eingehend behandelt wird.

2.3.6.2 Arbeitsgemeinschaften einzelner Schriftstellerverbände untereinander und/oder mit Verbänden anderer künstlerischer und freier Berufe

Der Erkenntnis der eigenen Schwäche infolge der Zersplitterung und den Hinweisen auf die Macht anderer Organisationen entsprachen im Laufe der Entwicklung deutscher Schriftstellerverbände zahlreiche Forderungen nach Zusammenarbeit der verschiedenen Verbände. So appellierte der WSB um das Ende des 1. Weltkriegs wiederholt an alle Schriftstellerorganisationen, sich zusammenzuschließen. [210] Am weitesten ging dabei O. Th. Stein, der ein Kartell aller Schriftstellerverbände als Zwangsmaßnahme »gegen das im deutschen Blute liegende krankhafte Moment der Uneinigkeit, der Zersplitterung, der sogenannten ›Freiheitslust‹« forderte. [211] Da ein solcher Zusammenschluß nur schrittweise vor sich gehen könnte, schlug A. Kuhn vorerst ein Zusammengehen des WSB mit dem ASV und dem DSV vor. [212] Schon vor dem 1. Weltkrieg hatte der SDS versucht, gemeinsam mit dem DSV der Zersplitterung, die alle schriftstellerischen Berufsorganisationen gegenüber dem Verlegerverein und dem Verband deutscher Zeitungsverleger schwächte, durch die Bildung eines Kartells aller Schriftstellerverbände entgegenzuwirken. [213] Das Vorhaben scheiterte am Ausbruch des 1. Weltkriegs; ein bereits für den 14. bis 17. 9. 1914 nach Leipzig einberufener Allgemeiner Schriftstellertag mußte abgesetzt werden. [214] Dieses Problem einer schriftstellerischen Gesamtorganisation, das der SDS 1927 durch die Gründung des »Reichsverbandes des deutschen Schrifttums« gelöst zu haben glaubte, beschäftigte ihn fortwährend. Noch 1931 erinnerte H. Mann an die Pläne des SDS, eine Zusammenfassung des gesamten deutschen Schrifttums erreichen zu wollen. [215] Ein Weg, auf dem man diesem Ziel näher kommen wollte, war die wiederholte Gründung von Arbeitsgemeinschaften mit anderen Schriftstellerverbänden. 1921 begründete der SDS mit dem »Akademischen Schutzverein« eine lose Arbeitsgemeinschaft zum Zweck der gemeinsamen Einwirkung auf eine Verbesserung des Urheberrechts. [216] Auf die Einigung des SDS mit dem VDE wurde bereits hingewiesen. 1923 schlossen sich der SDS, der VDE, VDBB und VDF zu einer Arbeitsgemeinschaft zusammen, die gemeinsam mit Verlegervertretern Richtlinien für den Verkehr zwischen Verlegern und Autoren ausarbeiten sollte. [217] Eine gesonderte Arbeitsgemeinschaft ging der SDS mit dem VDBB ein, um mit ihm gemeinsam eine Eingabe an das Reichsjustizministerium zur Verbesserung des Urheberrechts einzureichen. [218] Zur Erlangung eines Schiedsgerichts zwischen Verlegern und Schriftstellern gründete der SDS 1924 eine Arbeitsgemeinschaft wiederum nur mit dem VDE. [219] 1927 verfaßten SDS, VDE und VDBB eine gemeinsame Resolution gegen das geplante »Gesetz zum Schutz der Jugend bei Lustbarkeiten«. [220] 1931 schlossen sich der SDS und der VDBB zur gemeinsamen Erkämpfung höherer

Filmtantiemen zusammen [221] und schließlich wurde am 1. 6. 1932 die Bürogemeinschaft zwischen dem SDS und dem VDE vollzogen, um unproduktive Doppelarbeit zu vermeiden und eine ›verstärkte Stoßkraft des deutschen Schrifttums in allen standes- und berufspolitischen Fragen‹ zu erreichen. Allerdings führten beide Verbände ihre Geschäfte nach wie vor getrennt weiter. [222]

Der SDS wollte jedoch eine Zusammenarbeit nicht nur mit Schriftstellerverbänden, er strebte schon sehr früh Arbeitsgemeinschaften mit geistig und beruflich benachbarten Verbänden an. [223] So bildete er eine Arbeitsgemeinschaft mit den Verbänden der freien Berufe, mit denen er im »vorläufigen Reichswirtschaftsrat« (RWR) besonders in Steuerfragen zusammenarbeitete. [224] Erwähnenswert ist auch die »Arbeitsgemeinschaft für Kunst und Schrifttum«, die der SDS mit der »Genossenschaft deutscher Tonsetzer« zu dem Zweck begründete, eine einheitliche Bearbeitung und Vertretung der gemeinsamen Interessen der geistig Schaffenden in Kunst und Schrifttum zu erreichen, insbesondere in Fragen der Urheber- und Verlagsinteressen. [225] 1922 versuchte diese Arbeitsgemeinschaft, eine Reichskulturabgabe zu erkämpfen [226], und 1931 wurde die Arbeitsgemeinschaft neu belebt, um eine Künstler-Kammer öffentlichen Rechts durchzusetzen. [227]

Der Gedanke an eine Vereinigung aller Künstlerverbände wurde im SDS belebt, nachdem es H. H. Jahnn gelungen war, in Hamburg durch Zusammenschluß der Schriftsteller, bildenden Künstler, Komponisten, Gebrauchsgraphiker und anderer künstlerischer Berufe ein lokales »Künstler-Kartell« zu gründen, das in Hamburg erfolgreich für finanzielle Unterstützungen alter ›verdienter‹ Künstler und Schriftsteller zu wirken vermochte. Das Hauptziel des Kartells, die Einrichtung einer Künstler-Kammer wurde jedoch nicht erreicht, weil dies eine Angelegenheit der Reichsregierung war. Um diese Künstler-Kammer verwirklichen zu können, wurde von der Generalversammlung des SDS ein Antrag gebilligt, in dem der Hauptvorstand des SDS ersucht wurde,

> »[...] analog der Bildung des ›Hamburger Künstlerkartells‹ einen Zusammenschluß *aller* Künstlerverbände Deutschlands herbeizuführen«. [228]

Ein solcher Zusammenschluß kam jedoch vor 1933 nicht mehr zustande.

Auch nach 1945 versuchten die Schriftstellerverbände sich durch Zusammenarbeit mit anderen Berufsorganisationen zu verstärken. Der SDS-Bayern schloß sich 1948 der »Arbeitsgemeinschaft der freien geistigen Berufe« an mit dem Ziel, für die geistig Schaffenden eine Gleichstellung bei der Zuteilung von Lebensmitteln, Kleidung, Arbeitsmaterial und Arbeitsräumen zu erreichen. [229] Das SDS-Hessen wurde vorerst Mitglied der »Landesgewerkschaft Freie Berufe, Hessen – Sektion Schriftsteller, Komponisten und Journalisten«. [230] Auch die Vereinigung wurde Mitglied des »Bundesverbandes der Freien Berufe«.

Ähnlich wie der SDS der Weimarer Zeit versuchte der VS durch Zusammenarbeit mit Verbänden anderer künstlerischer Berufe sein Wirkungsfeld zu vergrößern. So schlossen sich 1970 der VS, die »Deutsche Journalisten-Union« (dju) in der IG Druck und Papier, die »Genossenschaft Deutscher Bühnenangehöriger«, die »Rundfunk-Fernseh-Film-Union« (RFFU) in der Gewerkschaft Kunst des DGB und die

»Vereinigung deutscher Musikbearbeiter« zu einer »Arbeitsgruppe der freien Mitarbeiter« (AFM) zusammen, um gemeinsam bei den deutschen Hörfunk- und Fernsehanstalten eine Verbesserung der allgemeinen Honorar- und Arbeitsbedingungen für freie Mitarbeiter zu erreichen. [231] 1971 beschlossen der VS und der »Bund Deutscher Grafik-Designer« (BDG), Landesgruppe Baden-Württemberg, auf allen gemeinsamen Gebieten zusammenzuarbeiten [232], und am 4. 11. 1971 unterschrieben der VS und der »Bundesverband Bildender Künstler« (BBK) eine Kooperationsvereinbarung, die eine Zusammenarbeit auf mehreren gemeinsamen berufspolitischen Gebieten und gegenseitige Unterstützung jeweiliger Forderungen vorsah. [233]

2.3.6.3 Internationale Schriftstellerorganisationen

Außer den nationalen Arbeitsgemeinschaften gab und gibt es auch mehrere Verflechtungen deutscher Schriftstellerverbände mit internationalen Urheberorganisationen oder anderen nationalen Schriftstellerverbänden. Schon der DSV war Mitglied der 1878 von V. Hugo zum internationalen Schutz des geistigen Eigentums gegründeten »Association littéraire et artistique internationale« (ALAI) [234], der auch nach 1945 die Vereinigung angehörte. [235] Der SDS beschloß 1920, eng mit dem Schweitzer und dem Dänischen Schriftstellerverein zusammenzuarbeiten [236], außerdem bestanden Landesgruppen des SDS in Österreich [237] und in der Tschechoslowakei. [238] Die Vereinigung war außer in der ALAI auch in der in den 50er Jahren gegründeten Gemeinschaft europäischer Schriftstellerverbände »Communità Europea Degli Scrittori« (Comes) zur Erörterung und Förderung wirtschaftlicher, sozialer und künstlerischer Angelegenheiten [239]; auch war sie 1964 an der Gründung der »International Writers Guild« (IWG) beteiligt, die als internationale Schriftstellergewerkschaft vor allem Rechte der Autoren vertritt, die für Hörfunk, Fernsehen und Film arbeiten. [240] Als Rechtsnachfolger der Vereinigung ist auch der VS Mitglied der ALAI, der Comes und der IWG.

2.3.7 Erklärungsversuche der Zersplitterung durch die Verbände selbst

Trotz der soeben aufgezeigten zahlreichen Ansätze gemeinsamen Handelns bleibt das Bild der Uneinigkeit, Zersplitterung und Konkurrenz der meisten Verbände untereinander bestehen. Darum soll abschließend gefragt werden, wie die Verbände selbst die organisatorische Zersplitterung des deutschen Schrifttums sahen und wie sie sie zu erklären versuchten. An der Darstellung des Leipziger Literatenvereins war bereits zu erkennen, daß ihn ein starker Gegensatz von Einzelinteressen und Verbandsinteressen an einer geschlossenen Arbeit hinderte. Zu den organisatorischen Schwierigkeiten des VDJS erklärte z. B. H. Rösch, daß die Voraussetzungen für eine geschlossene schriftstellerische Berufsorganisation noch nicht gegeben war, da ein Stand, »der fast ausschließlich aus Individualisten und Ideologen mit eigener Lebens- und Weltanschauung besteht«, längere Zeit brauche, um seine gemeinsamen Interessen zu erkennen. [241] Die hier angesprochene schriftstellerische Individualität wurde wiederholt als die wichtigste Ursache aller organisatorischen Schwierigkeiten genannt und mit den unterschiedlichen Erscheinungsweisen und Tätigkeitsbereichen des Schriftstellerberufs wie haupt- und nebenberuflicher literarischer Produktion, festangestellter und freier Arbeitsverhältnisse, hohem literarischen Können und Dilettantismus oder auch mit Gegensätzen nach literarischen Gattungen zwischen Lyrikern, Dramatikern, Romanschriftstellern, wissenschaftlichen Autoren etc. zu erklären versucht. [242]

D. Lattmann sah noch vor der Gründung des VS das Problem einer wirksamen schriftstellerischen Berufsorganisation sowohl in dem wenig ausgeprägten Zusammengehörigkeitsgefühl der wirtschaftlich gut gestellten mit den wirtschaftlich schwächer gestellten Kollegen [243] und auch in der mangelnden Toleranz der Elite gegenüber dem Durchschnitt der Schriftsteller. [244] Auf der Gründungsveranstaltung des VS knüpfte H. Böll an die bisher genannten Schwierigkeiten einer Überwindung der Einzelinteressen zugunsten der Gesamtinteressen an, indem er alle Schriftsteller aufforderte, »darüber nachzudenken, ob die alte bürgerliche Alternative Solidarität oder Individualismus [...] noch gültig ist; niemand wird uns zwingen können, auch nur die kleinste literarische Nuance aufzugeben [...] und gleichzeitig gesellschaftspolitisch solidarisch zu sein«. [245] Das Zitat zeigt, daß am Anfang des VS der Versuch gemacht wurde, die alten Gegensätze aufzuheben, die ein geschlossenes Auftreten der schriftstellerischen Interessenvertretung bisher verhindert hatten.

2.3.8 *Zusammenfassung*

Ausgehend von der Frage nach den Meinungsverschiedenheiten der verschiedenen Schriftstellerverbände über das Wie schriftstellerischer Interessenvertretung wurden in diesem Abschnitt die Möglichkeiten der Verbände untersucht, Handlungsstrategien und Stellungnahmen für alle Mitglieder und alle Berufsangehörigen verbindlich zu machen. Es wurde gezeigt, daß alle Verbände an die Solidarität sowohl der noch nicht organisierten Schriftsteller als auch der eigenen Mitglieder appellierten. Ebenfalls räumten sich fast alle Verbände Möglichkeiten ein, gegen Mitglieder, die gegen die Interessen der Verbände gehandelt hatten, negative Sanktionen zu verhängen und sie im schlimmsten Fall aus dem Verband auszuschließen. Hierbei zeigten sich Unterschiede in der Definition der Verbandsinteressen, die von der Befolgung allgemeiner ethischer Postulate bis zur Einhaltung der Verbandsbeschlüsse reichten. Während es bei dem ersten Definitionsansatz mehr um das öffentliche Ansehen der Schriftsteller als Berufsgruppe und somit auch um ständische Interessen geht, steht im zweiten die berufspolitische Geschlossenheit des Verbandes im Vordergrund. Es zeigte sich ferner, daß die Verbände zur Durchsetzung der Kontrollmöglichkeiten im Interesse der Konfliktlösung sowohl gegen verbandsinterne Gruppen als auch gegen einzelne Personen häufig nicht genug Macht hatten und daß ebenso häufig auch das öffentliche Interesse an den verbandsinternen Vorgängen fehlte. Nur wenn beide Faktoren, Öffentlichkeit und Macht, gegeben waren, mußte ein Betroffener mit einer negativen Sanktion für verbandsschädigendes Verhalten rechnen. Zu der Schwächung der Verbände durch verbandsinterne Schwierigkeiten trat vor allem in der Zeit bis 1933 die Zersplitterung des organisierten Schrifttums in z. T. konkurrierende und z. T. kooperierende Verbände, wobei einerseits harte Kämpfe um das Vertretungsmonopol geführt wurden und andererseits die Grenzen zwischen Konkurrenz und Kooperation häufig und schnell verschoben wurden. Nach dem Vorbild anderer beruflicher und wirtschaftlicher Interessenverbände, vor allem der Gewerkschaften, versuchten verschiedene Verbände wenigstens im Interesse einzelner gemeinsamer Ziele zusammenzuarbeiten, was zu verschiedenen Arbeitsgemeinschaften führte, die in einigen Fällen über die Berufsgruppe der Schriftsteller hinaus auch andere künstlerische Berufe oder Verbände der freien Berufe umfaßten. Die Schriftstellerverbände selbst versuchten das Bild der Zersplitterung des organisierten Schrifttums aus den verschiedenen Erscheinungsformen schriftstellerischer Produktion und aus dem schriftstellerischen Individualismus als Wesensmerkmal des Schriftstellerberufs zu erklären. Bei der Gründung des VS deutete sich dagegen der Versuch einer Überwindung dieses Erklärungs- und Rechtfertigungsansatzes an. Daß die Individualismus-Theorie jedoch auch heute noch eine überragende Bedeutung bei den Schriftstellern spielt, zeigt die SPIEGEL-Enquete: auf die Frage, woran es liegen möge, daß die Schriftsteller in berufspolitischer Sicht bisher so wenig Aktivität entwickelt und wenig Erfolg gehabt hätten, gaben immerhin 60 % die Antwort, Schriftsteller seien Einzelgänger und Individualisten. 37 % begründeten den mangelnden berufspolitischen Erfolg mit der arbeitsbedingten Isolation der Schriftsteller, 31 % nannten die Probleme als zu vielschichtig, 24 % hielten die Autoren für eine Gruppe ohne die notwendige wirtschaftliche Macht, 24 % hielten die Schriftsteller für zu unpolitisch und an ihren eigenen berufspolitischen Fragen zu uninteressiert, 23 % führten schließlich die Konkurrenz der unterschiedlichen Interessen z. B. bei haupt- und nebenberuflichen Autoren an. [246] Bei den Schriftstellerverbänden zeigt sich somit sehr eindringlich, daß der Integrationsprozeß bei Großgruppen wie Berufsverbänden infolge der großen Distanzierung der Mitglieder und ihrer zum großen Teil persönlichen Fremdheit nur schwer einzuleiten ist und daß zudem die hohe berufliche Differenzierung sowie rangmäßige Abstufungen nach literarischer Qualität und soziale Aufgliederung nach wirtschaftlichem Erfolg zu wiederholten Konflikten geführt hat. [247]

Als einziger Autor hat bisher B. Rauecker versucht, die Frage nach der Integrationsfähigkeit der Schriftsteller systematisch zu erörtern. Er ging dabei von einer besonderen Asoziabilität der Schriftsteller aus und unterschied in Anlehnung an W. Fred zwischen drei Schriftstellergruppen: erstens den ›Literaten mit großem Namen‹ sowie den ›Eigenbrötlern‹, zweitens den Autoren, die für ein bestimmtes Publikum schreiben und drittens den festangestellten Schriftstellern. [248] Unter den Literaten mit großem Namen verstand er die Arrivierten, die wirtschaftlich unabhängig geworden sind und von denen alles veröffentlicht wird, was sie schreiben. Die Eigenbrötler dagegen sind die noch unbekannten, ›unzeitgemäßen‹ Autoren, die die literarische Entwicklung voranzutreiben suchen. Beide hielt B. Rauecker für nur schwer organisierbar, die einen, da sie, wirtschaftlich gesichert, kein Interesse an einem Kampf um bessere Arbeits- und Honorarbedingungen mehr hätten, die andern, da sie zugunsten ihrer künstlerisch-literarischen Ziele sozialwirtschaftliche Fragen vernachlässigten. Da beide außerdem eine Abneigung gegen die übrigen Autoren hegten, die im Gegensatz zu ihnen Konzessionen an den Publikumsgeschmack bzw. an ihre Auftraggeber machen müssen, seien sie einer umfassenden schriftstellerischen Berufsorganisation nur schwer zugänglich. Mit dieser Gruppe ist die soziologisch am schwersten erfaßbare der Schriftsteller umrissen. Im Hinblick auf sie, auf die sich das Interesse der literarisch interessierten Öffentlichkeit sowie das der Literaturwissenschaft bevorzugt richtet, wurde immer wieder die Schwierigkeit der Organisierung schriftstellerischer Berufsinteressen betont. In dem Maße, in dem die wirtschaftlichen Interessen als ›äußerliches Merkmal‹ schriftstellerischer Tätigkeit aufgefaßt wurden, hielt man es für unsinnig, ›Schriftsteller *und* Dichter‹ organisatorisch in einem Berufsverband zusammenfassen zu wollen. [249]

Die zweite, zahlenmäßig weitaus größere Gruppe, die laut B. Rauecker für ein bestimmtes Publikum schreibt, ist wirtschaftlich und auch literarisch abhängig von ihren Vermittlern und Auftraggebern. Die Autoren dieser Gruppe müssen sich an Wünsche dieser Auftraggeber anpassen, die sie zu einer bestimmten Richtung, zu einem bestimmten Inhalt ihrer Leistung veranlassen können. »Jeder Wechsel in der politischen, sozialpolitischen oder kulturpolitischen Haltung ihres Brotgebers kann ihre Mitarbeit verhindern oder beschränken; jede Veränderung im Publikumsgeschmack, in der literarischen Mode verengt oder erweitert ihren Leserkreis.« [250] Einerseits hielt B. Rauecker diese Gruppe, die abhängig und zumeist besitzlos kapitalkräftigen Unternehmern gegenübersteht, durch ihre ›äußere und innere Abhängigkeit‹ für leicht organisierbar, andererseits betonte er, daß sie ihre Armut häufig ›hemmungs- und hilflos‹ in die Arme ihrer ›wucherischen Ausbeuter‹ treibe. Mit dieser zweiten Gruppe hat B. Rauecker das Gros der sogenannten freien Mitarbeiter gekennzeichnet, das in der Literatur über den Schriftstellerberuf und über Schriftstellerverbände erst in neuester Zeit auf wachsendes Interesse stößt.

Die dritte Gruppe, die festangestellten Schriftsteller, die durch einen Arbeitsvertrag einer Zeitung, Zeitschrift, einem Verlag oder Theater (Hörfunk und Fernsehen kommen heute hinzu) verpflichtet sind, ist wirtschaftlich gesichert, auch leicht organisierbar, gehört aber nach B. Raueckers Überzeugung nicht in einen Verband ›freier‹ Schriftsteller. Diese Überzeugung wird sowohl in dieser Arbeit als auch von den meisten Schriftstellerverbänden nicht geteilt, da die schriftstellerischen Berufsverbände z. B. auf urheberrechtlichem Gebiet auch die Interessen der festangestellten Autoren vertreten können. Diese Gruppe muß zudem über B. Rauecker hinaus auf die nebenberuflichen Schriftsteller erweitert werden. Tatsache ist, daß die meisten ›freien‹ Schriftsteller schon 1919 und später ihren Lebensunterhalt aus Tätigkeiten in einem festen Anstellungsverhältnis, meistens in akademischen Berufen, bezogen. [251]

Über die drei genannten Gruppen hinaus hat B. Rauecker noch weitere berufsspezifische Merkmale zusammengestellt, die in seiner Sicht einer Organisierbarkeit der Schriftsteller im Wege stehen. [252] Die von ihm angenommene ›besondere asoziable geistige Struktur des Literaten‹ folgte nach seiner Ansicht aus dem Schaffen der Schriftsteller in Einsamkeit [253] und dem hieraus resultierenden ›Mangel an sozial organisatorischer Kraft‹. Als weitere Gesichtspunkte nannte er das ›Fehlen jedes maßgebenden Kriteriums für die tatsächliche Zugehörigkeit zum Schriftstellerstand‹ und die ›sehr schwierige Ausmerzung der Dilettanten‹. Hier ist ein Bereich angesprochen, der schon bei der Darstellung der Auseinandersetzung zwischen den Schriftstellerverbänden erwähnt wurde: der Versuch einiger Verbände, den Wert anderer herabzusetzen, indem man ihnen vorwarf, Dilettanten-Vereinigungen zu sein (s. 2.3.5.1, S. 61 f.). Die Diskussion über den Dilettantismus erwies sich auch in der die Schriftstellerverbände betreffenden Literatur als höchst problematisch: Während G. v. Karger in der Beseitigung der Dilettanten eine Hauptaufgabe der Schriftstellerverbände sah [254], andererseits aber eine literarische Wertung durch die Verbände ablehnte, da es keine Kriterien dafür gebe [255], betonten andere Autoren, daß eine Unterscheidung der Schriftsteller nach Maßstäben der Qualität für die Berufsverbände nicht möglich sei. [256] B. Rauecker selbst war in dieser Frage widersprüchlich: einerseits bedauerte er, daß im SDS verschiedenen Anträgen auf eine bessere Berücksichtigung der literarischen Qualität bei Mitglieder-Neuaufnahmen nicht stattgegeben wurde, andererseits betonte er, daß eine literarisch-ästhetische Qualifikation kein Aufnahmekriterium sein könne, weil sie erstens nicht objektiv zu beurteilen sei und weil zweitens die Verbände über die Diskussion dieser Frage auseinanderbrechen würden. [257] Verwandt mit diesem Gesichtspunkt ist auch ein dritter, den B. Rauecker unter der ›Verschiedenheit der literarischen Richtungen und deren Betonung auch bei der Erörterung der wirtschaftlichen und sozialen Fragen‹ zusammenfaßte. Unter der Verschiedenheit der literarischen Richtungen kann selbst sehr Verschiedenes verstanden werden: in Anlehnung an den angenommenen Gegensatz von Kunst und Dilettantismus kann die Frage nach verschiedenen literarischen Stilrichtungen wie Expressionismus, Realismus etc. gemeint sein, aber auch der Gegensatz von ›hoher‹ und ›trivialer‹ Literatur. Andererseits mögen auch die verschiedenen literarischen Gattungen eine Rolle spielen, erst recht die verschiedenen Tätigkeitsbereiche. Dies leitet über zu dem vierten Gesichtspunkt, den B. Rauecker als Hindernis gegen eine schriftstellerische Gesamtorganisation ins Feld führte: es ist die ›Uneinheitlichkeit in den Abhängigkeitsverhältnissen vom Brotgeber‹ und die ›kraftvolle Position der Verleger, Redakteure und Theaterdirektoren‹. Dieser Aspekt betrifft die bereits genannten Gegensätze zwischen anerkannten und gut verdienenden Autoren sowie noch nicht anerkannten und weniger gut verdienenden Autoren, zwischen Autoren im Haupt- und denen im Nebenberuf. Die anerkannten und nebenberuflichen Autoren sind wirtschaftlich wenig oder gar nicht von ihren Verlegern etc. abhängig, während die anderen als in hohem Maße abhängig angesehen werden müssen. Die kraftvolle Position der Verleger etc. meint das gleiche Verhältnis aus gegenteiliger Sicht: durch sie können die abhängigen Autoren zu Zugeständnissen und zur Verinnerlichung der Verlegerwünsche gezwungen werden, was den Zielen der schriftstellerischen Berufsverbände und ihrer Mitglieder zuwiderlaufen kann, wobei zu bemerken ist, daß der am meisten Abhängige in einen doppelten Konflikt gerät: auf der einen Seite muß er das größere Interesse an der Durchsetzung der wirtschaftlichen Ziele haben, auf der anderen Seite kann er vom Abnehmer seiner Arbeit zu einem teilweisen Verzicht auf diese Ziele gezwungen werden. Die mögliche Reaktion in Resignation ist dann um so wahrscheinlicher, je schwächer die Schriftsteller in ihren Berufsverbänden organisiert sind.

Der fünfte, von B. Rauecker dargestellte Aspekt, der zu ungunsten einer einheitlichen Berufsorganisation spricht, ist die ›Uneinheitlichkeit der Mitglieder in politischen und ständischen Beziehungen‹, worunter neben der Verschiedenartigkeit der Tätigkeitsbereiche und den Unterschieden der sozialen Herkunft Probleme der verschiedenen individuellen oder gruppenspezifischen Werthaltungen verstanden werden können.

Es bleibt zu fragen, inwieweit die Thesen B. Raueckers auch heute noch auf die Integrationsschwierigkeiten der deutschen Schriftsteller Anwendung finden können. Der von ihm aufgestellte Gegensatz zwischen den arrivierten und den nicht arrivierten Autoren mag nur bedingt zutreffen und hat auch in der Weimarer Zeit nur bedingt zugetroffen, da nahezu alle bedeutenden Autoren jener Zeit z. B. im SDS organisiert waren. So zählt auch der VS nahezu die gesamte literarische Avantgarde der Nachkriegszeit zu seinen Mitgliedern, die auch mehr oder minder aktiv seine Verbandspolitik unterstützen. Es wäre zu untersuchen, ob das berufspolitische Engagement der Autoren im SDS der Weimarer Zeit und der im VS eine andere Qualität hat, ob z. B. Th. Manns Bereitschaft, zugunsten seines Verbandes Lesungen abzuhalten, ihm einen Betrag aus dem Fonds des ihm verliehenen Nobel-Preises zu spenden oder ihm im Gau Bayern seinen Namen als Vorsitzender zur Verfügung zu stellen, eher einer generösen Haltung entsprach, während z. B. H. Bölls Bereitschaft, offen für die VS-Politik einzutreten und sich mit allen VS-Mitgliedern in berufspolitischer Sicht solidarisch zu fühlen, eher der Einsicht in die auch für ihn gültigen Bedingungen der Literaturproduktion und der, innerhalb der Kulturindustrie Glück gehabt zu haben, folgt.

Auch der Gegensatz des FDA zum VS bietet einige Ansatzpunkte rein statistischer Untersuchungen an. So ist zu vermuten, daß im VS in der IG Druck und Papier neben dem Großteil der literarischen Elite mit ihrem progressiv gesellschaftskritischen Engagement ein größerer Anteil junger, nicht arrivierter, weitgehend wirtschaftlich abhängiger Autoren Mitglied ist, die für alle Medien, besonders aber für Höfunk und Fernsehen arbeiten.

Als gravierender jedoch muß immer noch der Gesamtkomplex angesehen werden, der die Unterschiede in politischer und ständischer Beziehung betrifft. Vor allem der Vergleich der satzungsgemäßen Ziele des FDA und des VS hat gezeigt, daß hier eine Heterogenität der Werthaltungen und Zielvorstellungen besteht. Nicht nur in der Frage nach dem Wie, vor allem in der Frage nach dem Wozu schriftstellerischer Interessenpolitik zeigen sich Gegensätze, die sich auch in den polemischen Auseinandersetzungen der beiden Verbände und in ihren Ausschlußbestimmungen manifestieren. Während der VS eher eine rational-funktionale Grundhaltung einnimmt, tendiert der FDA mehr zu einer ständisch-irrationalen Position. Hier ist zu vermuten, daß im FDA überwiegend die arrivierten Autoren mit einem konservativen bis reaktionären gesellschaftskritischen Engagement und ökonomischer Abgesichertheit sowie ältere Autoren Mitglied sind, die im traditionalen Selbstverständnis des weitgehend und entscheidend autonomen Schriftstellers leben.

So haben auch K. Fohrbeck und A. Wiesand aus den Daten der SPIEGEL-Enquete zwei Grundtypen herausgearbeitet, die den Konflikt kennzeichnen und der sich zum großen Teil »aus ökonomisch und beruflich unterschiedlichen Voraussetzungen ableiten läßt«. Es sind dies der ältere, hauptberufliche Autor, »der vorwiegend bei Buchverlagen arbeitet, [...] ständisch orientiert bleiben will, ›höhere‹ kulturelle Maßstäbe hat, am Selbständigkeitsideal festhält und keineswegs in die Gewerkschaft eintreten will«. Ihm steht der jüngere Autor gegenüber, »der seine Produkte in mehreren Medien umsetzt, eine Reihe technischer Qualifikationen dazu erworben hat, nicht so sehr auf die Begabung als auf eine bessere Nutzung seiner politischen Wirkungsmöglichkeiten pocht, für den die Gewerkschaft selbstverständliche, wenn auch (noch) nicht optimale Interessenvertretung ist, der seine Freiheit nicht überschätzt, aber konkret auszuweiten sucht«. [258] Solange der VS als eigenständige Organisation auch ständischem Denken eine Möglichkeit bot, konnte er über diesen Konflikt hinwegtäuschen. Die Spaltung erfolgte erst, nachdem er konsequent aus der Erkenntnis der schriftstellerischen Arbeits- und Honorarbedingungen handelte und eine neue Organisationsform riskierte. Umgekehrt haben die ständisch orientierten ehemaligen VS-Mitglieder die neue VS-Politik nur solange mittragen können, wie sich der Verband nicht dem industriegewerkschaftlichen Konzept zuwandte, wobei davon ausgegangen werden kann, daß nicht alle FDA-Mitglieder frühere VS-Mitglieder sind, sondern daß der FDA auch von neuen, vorher nicht organisierten Gegnern des Gewerkschaftskurses getragen wird.

2.4 *Schriftstellerverbände und Schriftstellerberuf*

Man kann davon ausgehen, daß die satzungsgemäße Eingrenzung der Verbandsmitglieder einen ersten Aufschluß über die Definition gibt, die die Schriftstellerverbände dem Schriftstellerberuf zugrunde legten oder legen. Darüber hinaus kann aus weiteren Verlautbarungen auf die Wesensmerkmale geschlossen werden, die die Verbände für die Definition der schriftstellerischen Tätigkeit entscheidend halten.

2.4.1 *Regelung der Mitgliedsfrage in den Schriftstellerverbänden*

Den durchaus liberalen Satzungsbestimmungen des Leipziger Literatenvereins entspricht auch der § 2, der die Mitgliederfrage regelte:

»Der Literaten-Verein besteht, seiner ursprünglichen und wesentlichen Tendenz nach, aus wirklichen Literaten, und zwar aus jedem Gebiete und von jeder Richtung der Literatur.« [259]

Das Spektrum der Mitgliedschaft reichte vom ›altmodischen Unterhaltungspoeten‹ bis zu ›jungdeutschen Pionieren‹ und deren Nachfolgern. [260] Ungeklärt bleibt jedoch, was unter der eine Wertung beinhaltenden Formulierung verstanden worden ist, Mitglieder könnten nur alle ›wirklichen‹ Literaten werden.

Auf der Gründungsversammlung des ADSV am 6. 10. 1878 war das Problem der Mitgliederaufnahme der umstrittenste Diskussionsgegenstand. § 2 der Satzung wurde dann wie folgt verabschiedet:

»Mitglied des Allgemeinen Schriftstellerverbandes kann jeder unbescholtene Schriftsteller und Journalist werden. Auch Schriftstellerinnen können dem Verbande beitreten.« [261]

Der Verband unterschied demnach nicht nach Tätigkeitsbereichen, auch nicht nach qualitativen Gesichtspunkten. Er führte jedoch das ständische Prinzip entsprechend einer moralischen Kategorie ein, indem er nur ›unbescholtene‹ Schriftsteller in seinen Reihen sehen wollte. Die Bestimmung über die Schriftstellerinnen zeigt, daß es zu jener Zeit nicht selbstverständlich war, daß weibliche Berufskollegen Anerkennung in den Berufsgenossenschaften fanden. Wenn auch die Satzung keine Unterscheidungen qualitativer Art vornahm, so gehörte eine derartige Abgrenzung dennoch zum Ziel des Verbands. Eine Aufforderung an ›Alle von der Feder‹ zum Beitritt begründete er damit, daß verhindert werden sollte, daß

»[...] jene ›zweideutigen Existenzen, die sich Schriftsteller nennen‹, im Stande sind, ›durch ihre Unfähigkeit und Verkommenheit diesen Ehrennamen in den Augen des Publikums herabzusetzen und zu schädigen‹.« [262]

Unter dem Stichwort ›Unfähigkeit‹ kann nur eine literarisch qualitative Abwertung einzelner Schriftsteller gemeint gewesen sein. Wie wenig brauchbar allerdings dieser Passus in der Verlautbarung ist, zeigt die Tatsache, daß keine Kriterien für faßbare Qualitätsmerkmale genannt wurden. Die ›Verkommenheit zweideutiger Existenzen‹ berührt eindeutig wieder das berufsständische Prinzip, bei dem mit dem Verhalten einzelner Berufsangehöriger das Ansehen des gesamten Berufsstandes verbunden wurde.

Der DSchV, der sich im § 1 seiner Satzung eine Vereinigung deutscher Schriftsteller, Schriftstellerinnen und Journalisten nannte, spezifizierte die Mitgliedschaft im § 4 wie folgt:

»Mitglied kann jeder der unter 1 gedachten unbescholtenen Personen werden,
a. soweit sie beim Eintritt mindestens ein Jahr lang zu den berufsmäßigen Schriftstellern und Journalisten gehört;
b. soweit sie, einem andern Berufszweig angehörend, nicht nur ausnahmsweise literarisch thätig war.
Als Schriftsteller im Sinne des § 1 werden nicht betrachtet Herausgeber von Adreßbüchern, Katalogen etc., ebenso die gewöhnlichen Reporter in Tageszeitungen.« [263]

Entsprechend den früheren Bestimmungen sind auch hier keine Unterscheidungen nach Fachgruppen vorgenommen, auch sollte das ständische Prinzip durch die ausschließliche Aufnahme ›unbescholtener‹ Schriftsteller wieder verwirklicht werden. Im Gegensatz zu den früheren Satzungen versuchte die des DSchV, einige spezielle berufsspezifische Kriterien bei der Aufnahme einzuführen: Zum ersten Mal findet sich hier die Unterscheidung zwischen haupt- und nebenberuflicher Tätigkeit. Wichtig ist, daß in beiden Fällen auf die Kontinuität der schriftstellerischen Tätigkeit geachtet werden sollte. Auch sind zum ersten Mal Kriterien für die Nicht-Aufnahme wegen Mangel an schriftstellerischer Qualität angegeben, worunter sowohl die Herausgabe nicht-literarischen Materials als auch ›gewöhnliche Reportagen‹ für Tageszeitungen fielen. Eine Unterscheidung im Sinne einer literarischen Wertung gab es demnach nur im journalistischen Sektor. Unter Journalismus wurde die Arbeit für Zeitungen und Zeitschriften verstanden, soweit sie über die Erstellung reiner Reportagen hinausging.

Entsprechend den im vorigen Abschnitt behandelten Ausschlußbestimmungen lautete der § 3 der Satzung des DSV:

»Mitglied des Verbandes kann jeder deutsche Schriftsteller männlichen oder weiblichen Geschlechts werden, der im Besitze der bürgerlichen Ehrenrechte ist.« [264]

Der DSV versuchte, die Bewerber auf Mitgliedschaft zu beschränken, indem er laut § 4 seiner Satzung von jedem neuen Mitglied ein von zwei Mitgliedern unterstütztes Gesuch mit der Erklärung verlangte, daß sich das neue Mitglied den Satzungen des Verbandes unterwerfen wolle. Außerdem mußte der Antrag vier Wochen vor Beschlußfassung im Verbandsorgan veröffentlicht werden, um Mitgliedern die Möglichkeit des Einspruchs zu geben. [265] Neben dem bereits bekannten ständischen Prinzip ist diese schriftliche Verpflichtung auf die Satzung neu.

Laut H. Steinitz wurde in der Satzung bewußt keine Eingrenzung des Begriffs ›Schriftsteller‹ versucht, da weder eine Unterscheidung nach haupt- oder nebenberuflicher Tätigkeit, noch nach Buchschriftsteller oder Journalist, noch nach der künstlerischen Fertigkeit oder nach der Bedeutung des einzelnen Schriftstellers brauchbare Kriterium zu diesem Zweck seien. [266] Diese sehr sinnvoll erscheinenden Überlegungen wurden jedoch nicht einmal vom gleichen Autor eingehalten, der wenig später erklärte, daß aufgrund des Mangels an allgemein gültigen Kriterien für einen Befähigungsnachweis für Schriftsteller die Aufnahmefähigkeit von Fall zu Fall, d. h. von Person zu Person entschieden werden müsse. So dürfte nicht jeder Reporter, jeder Bücher- oder Zeitungsschreiber aufgenommen werden, sondern es müßte geprüft werden, »ob er diejenigen Eigenschaften besitzt, die [...] seine Mitgliedschaft für den Verband wünschenswert und ersprießlich erscheinen lassen«. Wie weit diese Überlegungen von ständischen Prinzipien bestimmt waren, zeigt die Aussage, daß ein Schriftsteller nicht einmal nur die Ehrenrechte verloren haben müßte, um abgelehnt werden zu können, er konnte »gleichwohl aus sittlichen Gründen für nicht würdig, oder aus gesellschaftlichen für nicht geeignet zur Aufnahme angesehen werden«. [267] Es wird hier deutlich, daß die Mitgliedschaft im DSV nach den Vorstellungen seiner Gründer und Repräsentanten nicht von berufsspezifischen Kriterien, sondern primär von ständischen Prinzipien abhängig gemacht werden sollte. Auch wurde das Kriterium der literarischen Qualität später erneut im Verband diskutiert und es wurde den Bezirksverbänden empfohlen, bei der Aufnahme neuer Mitglieder im Interresse einer Ausschaltung von Dilettanten streng vorzugehen. [268] Später sprach sich auch V. Blüthgen gegen die ›ungeheuer krankhafte Wucherung‹ des Dilettantismus im DSV aus, wozu er eine Neugliederung des Verbandes nach Fachgruppen vorschlug, deren Führung ein noch zu begründender »Deutscher Dichterbund« inne haben sollte. Diesen ›Dichterbund‹ dachte V. Blüthgen als ein Gremium der ›Vertreter des oberen Niveaus, für die eigentlichen Träger der zeitgenössischen Literaturgeschichte‹. »Auf alle Fälle sind diejenigen unter den Dichtern, die beruflich als Dichter leben, die vorzugsberechtigten Mitglieder eines Verbandes, der unsere Berufsinteressen wahrnehmen und verfechten will.« [269] In diesen Überlegungen, die allerdings nicht zum Tragen kamen, wurde den hauptberuflichen Schriftstellern, verbunden mit einer literarischen Wertung ihrer Publikationen, das Hauptgewicht in den Verbänden einberaumt. Neu ist die Forderung von Fachgruppen. Bisher hatten sich die Verbände lediglich nach lokalen Gesichtspunkten in Orts- oder Bezirksvereine untergliedert. [270] Wenn auch bei V. Blüthgen die qualitative Unterscheidung der Schriftsteller noch Vorrang hatte, so muß die Erörterung von Fachgruppen als erster Schritt dazu angesehen werden, die verschiedenen schriftstellerischen Tätigkeitsbereiche organisatorisch besser vertreten zu können.

Die Satzung des SvDS und die des DSB verlangten zur Aufnahme neuer Mitglieder wie der DSV die Empfehlung zweier Mitglieder mit dem Nachweis ›wirklicher‹ Schriftstellerschaft, ohne allerdings Kriterien hierzu zu nennen. [271]

Im Gegensatz zu den bisher üblichen wertenden Einschränkungen lehnte der ASV eine Ausschaltung von Dilettanten von vornherein ab, da es hierzu keine brauchbaren Kriterien gebe. [272] Mitglied des ASV konnte nach § 2 seiner Satzung

»[...] jeder Schriftsteller werden, der sich bei einem Vorstandsmitgliede meldet und gegen dessen Aufnahme zwei Wochen nach Ankündigung im Vereinsorgan kein Widerspruch eingelaufen ist.« [273]

Das KlA, der VDBB und der VDE nehmen als Fachverbände innerhalb der dieser Arbeit zugrunde liegenden deutschen Schriftstellerverbände eine Sonderstellung ein. Laut § 1 seiner Statuten konnte im KlA ›jeder lyrische Autor‹ Mitglied werden, wenn er sich bei der Geschäftsstelle meldete und sich ehrenwörtlich auf die Statuten verpflichtete. [274] Während in den frühen Satzungen des KlA offensichtlich kein Unterschied nach qualitativen Gesichtspunkten gemacht wurde, wurde später auch von diesem Verband die ›Qualitätsleistung‹ als Bedingung zur Aufnahme genannt. [275]

Der VDBB nahm entsprechend seinem Ziel, die beruflichen und wirtschaftlichen Interessen der Bühnenschriftsteller und Bühnenkomponisten zu vertreten, nur Urheber von Bühnenwerken auf. Gemäß § 3 seiner Satzung mußten die Bühnenwerke entweder in einem Theater, das dem Deutschen Bühnenverein angehörte, öffentlich aufgeführt oder von einem Mitglied der Vereinigung der Bühnenverleger zum Vertrieb angenommen worden sein. [276] Im übrigen unterschied die Satzung des VDBB zwischen ordentlichen und außerordentlichen Mitgliedern. Ordentlichen Mitgliedern blieb das aktive und passive Wahlrecht vorbehalten. Sie mußten den Nachweis eines gewissen Erfolgs erbringen, der in der Aufführung eines abendfüllenden Bühnenwerkes oder insgesamt dreier Akte an einem Theater, mit Ausnahme der Liebhaberbühnen, in mindestens fünf Städten bestand, von denen zwei über 200 000 Einwohner gehabt haben mußten. [277] Im Unterschied zum KlA und zum VDBB ist die Regelung der Mitgliederfrage des VDE nicht bekannt. Am KlA und am VDBB zeigt sich jedoch, daß die fachlich orientierten Schriftstellerverbände fach- und berufsspezifische Aufnahmekriterien aufgestellt hatten und sich somit von den Verbänden unterschieden, die alle Fachgruppen umfaßten.

Ähnlich wie der VDBB unterschied auch der WSB zwischen ordentlichen und außerordentlichen Mitgliedern, über die es im § 5 der Satzung hieß:

»Ordentliches Mitglied kann jeder ehrenhafte, bereits mit Erfolg tätige Schriftsteller und Tondichter werden.
Außerordentliches Mitglied kann jede ehrenhafte Persönlichkeit werden, welche sich schriftstellerisch betätigt.« [278]

Die Forderung nach der Ehrenhaftigkeit der Mitglieder zeigt, daß der WSB als umfassender Schriftstellerverband wie die anderen das ständische Prinzip betonte. Ansonsten unterschied er deutlich zwischen haupt- und nebenberuflicher Tätigkeit. Die Frage der qualitativen Wertung, die in der Satzung nicht angesprochen ist, wurde aber auch im WSB diskutiert. Dabei wurde einerseits erklärt, daß sich der Verband gegen eine Ausschaltung von Dilettanten aus der Berufsorganisation wende, denn zu den Schriftstellern gehörten sowohl die bekannten wissenschaftlichen und unterhaltenden Autoren als auch die unbekannten handwerklichen Schreiber [279]; andererseits wurde in der ›rücksichtslosen Bekämpfung‹ aller ›minderwertigen‹ Literatur durch eine ›gesunde, ehrliche Kritik‹ eine Hauptaufgabe der Schriftstellerverbände gesehen. [280] Dem entsprach auch der Plan des WSB, ein Kartell zwischen Schriftstellerverbänden und Verlegern zu gründen, dem u. a. auch die Aufgabe zugedacht war, den Dilettantismus auszuschalten. Die Aporie dieser Überlegung wird in der dazu gegebenen Erläuterung besonders deutlich, nach der ein solches Kartell nicht wahllos jeden Schriftsteller und Verleger aufnehmen sollte, der sich als ein solcher ausgibt, man sollte von ihnen vielmehr den Nachweis ›wirklicher schriftstellerischer oder verlegerischer Leistungen‹ verlangen, »*ohne* jedoch etwa sein Schaffen und seine Leistung einer Wertkritik unterwerfen zu müssen!« [281]

Nach dem § 3 seiner Satzung konnte im SDS Mitglied werden, wer im Haupt- oder Nebenberuf schriftstellerisch tätig war. [282] Bis 1920 enthielt die Satzung den zusätzlichen Vermerk, daß die Aufnahme von Dilettanten ausgeschlossen sei. [283] Die mit diesem Zusatz angesprochene Qualitätsfrage ist im SDS wiederholt diskutiert worden. Wenn auch von Anfang an die Grenzen des Schriftstellerberufes als fließend angesehen [284], und die Schwierigkeiten erkannt worden sind, Schriftsteller unter einem Berufsbegriff zusammenzufassen [285], so wurde auch von vornherein die Organisationsfrage mit der Qualitätsfrage verbunden. [286] So sollten auf jeden Fall Dilettanten vom SDS ferngehalten werden, und R. Breuer erklärte auf einer als »Nachtversammlung der Berliner Schriftsteller« bekannt gewordenen Veranstaltung des SDS, »eine Organisation von Schriftstellern kann nur dann wirksam operieren und kann nur dann die Achtung der Verleger erzwingen, wenn sie sich reinhält und nach Möglichkeit absolut reinhält von allen Dilettanten. Die Abwehr von Dilettanten ist ein Grundgesetz des Schutzverbandes«. [287] Auf einer anderen Veranstaltung des SDS sprach A. Grabowsky den schriftstellerischen Berufsverbänden die Aufgabe zu, zwischen Könnern und Dilettanten zu unterscheiden. Ähnlich wie schon andere Autoren verwickelte er sich dabei in Widersprüche: auf der einen Seite sollte niemandem der Zugang zum Schriftstellerstand verwehrt werden, und jeder sollte schreiben können, so viel und was er wolle, auf der anderen Seite sollten Dilettanten und Schundschriftsteller bekämpft werden, wobei die Maßstäbe völlig diffus blieben, wenn erklärt wurde: »Anständige Schriftsteller haben das unbeirrbare Empfinden, ob Dilettantismus oder Nichtdilettantismus vorliegt.« [288] Obwohl diese Verschmelzung der Frage nach der literarischen Qualität mit einem ethischen Postulat die Unmöglichkeit einer literarisch wertenden Haltung in einem schriftstellerischen Berufsverband offenlegte, wurde dieses Problem wiederholt aufgegriffen. 1925 erklärte A. Eloesser, daß der SDS wegen der notwendigen Breite einer Berufsorganisation auch Schriftsteller im Nebenberuf aufnehmen müsse, doch solle von Fall zu Fall »nach möglichst genauen Informationen, nach Menschenkenntnis und nach Übersicht über die allgemeinen Verhältnisse entschieden werden. Ausgeschlossen sind völlige Dilettanten, die sich als solche nicht schwer erkennen lassen.« [289] Obwohl beschlossen worden war, daß der SDS allgemeine Richtlinien zur Aufnahme neuer Mitglieder erarbeiten sollte, um die verschiedenen Ansichten in den einzelnen Landes- und Ortsgruppen hierzu auf einen Nenner zu bringen [290], hielt der Hauptvorstand eine Änderung der Aufnahmebestimmungen für nicht notwendig. Aufgenommen werden sollte nach den Kriterien Hauptberuf oder ›wesentlicher‹ Nebenberuf. [291] So blieb die Forderung nach einem ›gewissen Anspruch auf Qualitätsleistung‹ bei Aufnahmegesuchen bestehen, da, wie A. Eloesser 1928 formulierte, eine ›ausreichende Casuistik für alle Arten von Schriftstellerei‹ nicht zu schaffen sei. [292] Die Folge war, daß die einzelnen Landes- und Ortsgruppen sehr unterschiedliche Maßstäbe zur Aufnahme neuer Mitglieder anlegten. [293]

Während sich der SDS einige Jahre nach seiner Gründung in Orts- und Gaugruppen untergliederte [294], wurde erst am 3. 10. 1920 der Beschluß gefaßt, den Verband zusätzlich in Fachgruppen nach Erzählern, Lyrikern, Essayisten etc. einzuteilen. [295] Durch die Bildung der verschiedenen Fachgruppen sollte der SDS den unterschiedlichen Bereichen schriftstellerischer Tätigkeit gerecht werden; so wurde 1931, als die Diskussion über die Funktion der Fachgruppen erneut auflebte, betont, daß sie durch die speziellen Kenntnisse den Hauptvorstand in seiner berufspolitischen Arbeit entlasten könnten. [296] Obwohl der Hauptvorstand in den Fachgruppen seinerseits die Gefahr einer Aushöhlung seiner Arbeit gesehen zu haben scheint [297], kann in dieser Diskussion die Tendenz erkannt werden, über die qualitativen Prinzipien hinaus zu einer Berücksichtigung der berufsspezifischen Vielfalt zu gelangen. Jedenfalls hat der SDS den Ansatz, den V. Blüthgen im DSV bereits 1899 vorgeschlagen hatte, weitgehend ausgeführt, ohne allerdings die von V. Blüthgen mitgedachte Hierarchie verwirklichen zu wollen. Unter dem Aspekt der Mitgliederregelung und der Gliederung in Fachbereiche konnte im SDS, im Gegensatz zu den anderen umfassenden Schriftstellerverbänden, wie in den fachspezifischen Verbänden keine Artikulierung des berufsständischen Prinzips festgestellt werden.

Es bedarf keiner weiteren Erörterung, daß die Aufnahmebedingungen in die schriftstellerischen Zwangsverbände der NS-Zeit vornehmlich von politischen und rassistischen Prinzipien beherrscht waren. So hat bereits die neue Satzung des SDS vom 4. 5. 1933 in ihrem § 3 folgende Formulierung:

»Der SDS fordert als Vorbedingung des Eintritts von seinen Mitgliedern in Form einer schriftlichen Erklärung das klare Bekenntnis zur deutschen Kulturgemeinschaft in Wort und Tat. Wer unter diesen Voraussetzungen im Haupt- und Nebenberuf eine dauernde schriftstellerische Tätigkeit in deutscher Sprache ausübt, kann in den SDS aufgenommen werden.« [298]

Noch im gleichen Jahr beschloß der RDS darüber hinaus, nur arische Schriftsteller in seine Reihen aufzunehmen. [299]

Die nach 1945 neu gegründeten Schriftstellerverbände reagierten auf diese politisch-rassistische Umfunktionierung der alten Verbände ihrerseits mit dem Versuch, sich von ehemaligen NS-Autoren rein zu halten. [300] Auch nach den Vorstellungen des Koordinationsausschusses sollte grundsätzlich bei allen Aufnahmegesuchen die ›politische Tragbarkeit‹ des Antragstellers überprüft werden. [301]

Obwohl die Vereinigung als Dachverband mit kooperativen Mitgliedern über Einzelmitgliedschaften in ihrer Satzung nichts aussagte, ist die Bestimmung über die Aufnahme von Mitgliedsverbänden im § 4 ihrer Satzung interessant:

»Mitglied können alle Schriftstellerverbände und -vereine sein, die der Wahrung der literarischen und wirtschaftlichen Interessen eines unabhängigen Schrifttums dienen.« [302]

Neben beruflichen Interessen sind hier also auch politische Gesichtspunkte genannt, die unter dem Begriff eines ›unabhängigen‹ Schrifttums zusammengefaßt sind. Diese Regelung entspricht dem § 3 der Satzung des SBS von 1951:

»Mitglieder können nur Schriftsteller sein, welche die Gewähr dafür bieten, daß sie die Freiheit des literarischen Schaffens verteidigen.« [303]

Einen ähnlichen Passus enthielt auch der § 3 der Satzung des SDS-Rheinland-Pfalz:

»Mitglieder können nur Schriftsteller werden, die die Freiheit des literarischen Schaffens vertreten.« [304]

Auf die Bedeutung dieses politischen Aspekts für die Schriftstellerverbände der Nachkriegszeit wird (s. 4.4.2, S. 331 ff.) noch ausführlich zurückzukommen sein. Wichtig in dem hier gegebenen Zusammenhang ist der Hinweis darauf, daß an Stelle der qualitativen und ständischen Prinzipien bei der Aufnahme von Schriftstellern in ihren Berufsverband nach der NS-Zeit ein politisches Kriterium einen gewissen Vorrang erhalten hatte. In diesem politischen Kriterium kann aber wiederum selbst ein Relikt des ständischen Prinzips gesehen werden, da eine Unterstützung eines verbrecherischen Regimes mit der Ehre des schriftstellerischen Berufsstandes als nicht vereinbar angesehen werden sollte.

Wenn auch in den bisher gezeigten Aufnahmebedingungen kein Hinweis auf die vor 1933 üblichen Überlegungen über die qualitativen Bedingungen zu finden war, sind entsprechende Hinweise durchaus an anderen Stellen zu finden. Auf der 1. Tagung des Koordinationsausschusses am 17./18. Januar 1948 in Frankfurt/M. faßten die anwesenden Verbände einen bemerkenswerten Beschluß über die Aufnahme und Einteilung der Mitglieder, der für alle deutschen Schriftstellerverbände verbindlich werden sollte:

»Die Schriftstellerverbände umfassen folgende Abteilungen:
1. Personen, die *hauptberuflich* als Autoren tätig sind (Schriftsteller, Komponisten, Rundfunkautoren usw.). Ferner Personen, die durch die *Qualität* ihrer schriftstellerischen bzw. kompositorischen Arbeiten dieser Gruppe anzurechnen sind.
2. Alle übrigen Autoren, die aufgrund ihres Schaffens Autorenrechte wahrzunehmen haben. Die Möglichkeit des Aufrückens in Gruppe 1 ist sinngemäß gegeben. Alle Nachwuchsautoren, soweit der Umfang ihrer Veröffentlichungen bzw. ihre Qualität noch nicht zur Aufnahme in Gruppe 1 ausreicht, gehören zur Gruppe 2.« [305]

In diesen Bestimmungen ist der Ansatz einer Berücksichtigung der verschiedenen schriftstellerischen Tätigkeitsbereiche erkennbar. Daß auch die Komponisten in die Autorenverbände mit einbezogen werden sollten, sei nur am Rande hervorgehoben. Wichtig ist außerdem, daß eine Bestimmung über haupt- und nebenberufliche Tätigkeit aufgenommen worden ist, wobei allerdings die Aufnahme in die 1. Gruppe, die wesentlich mehr Rechte erhalten sollte als die 2. [306], für die Autoren im Nebenberuf mit qualitativen Gesichtspunkten verbunden sein sollte. Auch die unter 1 zugesicherte Aufnahme aller hauptberuflichen Autoren wurde durch die in 2 gegebene Bestimmung über *alle* Nachwuchsautoren wieder eingeschränkt, indem auch dort die Forderung nach Qualität in den Vordergrund gestellt wurde.

Über die Durchführung dieser für alle verbindlich gedachten Beschlüsse ist nicht viel bekannt. Der SDA-Berlin hat zwar die Einteilung der Mitglieder in 2 Gruppen begrüßt [307], über ihre Verwirklichung in diesem Verband wurde jedoch nichts berichtet. Der SDA-Nordwest hat seine Satzung den Beschlüssen entsprechend geändert, allerdings ohne die Bestimmung über die Nachwuchsautoren [308]; die Kontrolle der neuen Satzungsbestimmungen erwies sich jedoch als nicht durchführbar. [309] Aus anderen Landesverbänden läßt sich keine Resonanz aufzeigen. Lediglich der VDA beschloß noch, die Einteilung der Mitglieder in 2 Gruppen vorzunehmen [310], zur Analyse in dieser Arbeit liegt jedoch kein Exemplar der VDA-Satzung vor. Bei der Gründung der Vereinigung scheint diese Bestimmung endgültig unter den Tisch gefallen zu sein.

1962/1963 wurde in den westdeutschen Schriftstellerverbänden die Diskussion über die Frage, ob die Aufnahme neuer Mitglieder an qualitative Kriterien gebunden werden sollte oder nicht, neu entfacht, nachdem einige Mitglieder zum Zweck eines Schutzes der Berufsbezeichnung »Schriftsteller« die Bildung einer Schriftsteller-Kammer vorgeschlagen hatten. In diese Kammer sollten nach Vorschlag G. Leithäusers nur Autoren aufgenommen werden, die ein ›sichtbares Werk‹ geschaffen und sich so weit durchgesetzt haben, daß sie in der Öffentlichkeit bekannt seien. Diese Vorschläge, die eine heftige verbandsinterne Diskussion auslösten, mündeten in den umstritten gebliebenen Beschluß, daß wenigstens bei der Wahl des Präsidenten und des Vizepräsidenten der Vereinigung darauf geachtet werden sollte, daß sie als Schriftsteller bekannt seien. [311] Im Jahre darauf vertrat G. Leithäuser wiederum die Auffassung, daß die Vereinigung durch Bildung einer Kammer die Frage der Berufsabgrenzung klären müsse, damit sie überhaupt berufspolitisch erfolgreich arbeiten könne: »Wir müssen uns darüber einig sein, [...] daß wir schon aus Gründen des Ansehens unseres Standes genötigt sind, etwas zu tun, was auf die Hebung des Berufsstandes wirken kann.« Dieses Mal stieß der Gedanke auf das Wohlwollen nahezu aller Delegierten der Mitgliederversammlung, die sich für die Weiterentwicklung des Plans aussprach. [312] Der Satzungsentwurf für eine »Deutsche Schriftsteller-Kammer« enthielt schließlich im § 5 folgende Bestimmungen über die Aufnahme von Mitgliedern:

> »Mitglied der Kammer (MdK) werden deutsche Dichter und Schriftsteller, die sich um die Literatur oder den Berufsstand verdient gemacht haben. Es können sowohl Berufs-Schriftsteller als auch nicht hauptberuflich tätige Autoren berufen werden. Ein strenges, noch auszuarbeitendes Aufnahmeverfahren soll ein hohes Niveau der Kammer und damit den Grad ihres Ansehens und das ihrer Mitglieder sichern.« [313]

Diese Pläne, die vor allem der Abgrenzung von ›Auch-Schriftstellern‹ und ›Gelegenheitsdichtern‹ dienen sollten [314], wurde in einer Zeit erwogen, als die Mitgliedschaft in einigen Verbänden zunehmend von Personen bestimmt wurde, die im Urteil der Verbände selbst der Gruppe der ›Auch-Schriftsteller‹ und der ›Nicht-mehr-Schriftsteller‹ zugerechnet wurden. [315] Die Diskussion um die Abgrenzungsmöglichkeiten des Schriftstellerberufs durch die Vereinigung bietet ein höchst verworrenes Bild über die Vorstellungen der Möglichkeit einer Lösung dieses Problems.

Ein weiteres Indiz für das Berufsbild des Verbands ist auch die Vorstellung davon, wer den Verband repräsentieren sollte. Allgemein wurde in der Vereinigung gehofft, daß sich Schriftsteller von Rang für die berufspolitischen Belange in ihrem Berufsverband einsetzen würden; ihnen sollte dann die Führung zufallen. [316] Es gelang der Vereinigung jedoch nicht, für das Amt ihres Präsidenten nach dem Tode von G. Pohl und einer Interims-Lösung durch W. Illing einen prominenten Autor zu gewinnen. Vorgeschlagen wurden u. a. R. Hagelstange, G. Weisenborn, H. E. Nossack, H. W. Richter und H. Hartung, die jedoch die Übernahme dieses Amtes ablehnten. [317] Eine Durchsicht dieser Vorschläge zeigt, daß das Leitbild des Schriftstellers allein am belletristischen Autor orientiert war.

Die Mitgliedschaft im VS wurde 1969 im § 5 seiner Satzung wie folgt geregelt:

»Mitglied kann jeder deutschsprachige Schriftsteller und jeder Erbe eines solchen Schriftstellers, der dessen Urheberrechte wahrnimmt, über eine Landes- oder Fachgruppe werden, sofern das fachliche Können des Schriftstellers durch eine Buchveröffentlichung, die Sendung eines Hör- oder Fernsehspiels, die literarische Mitarbeit bei einer Rundfunkanstalt oder bei der Presse, die Aufführung eines Bühnenwerkes, die literarische Tätigkeit als Übersetzer oder entsprechende schriftstellerische Tätigkeit nachgewiesen ist.« [318]

In dieser Satzung ist zum ersten Mal eine detaillierte Angabe über Bereiche schriftstellerischer Tätigkeit gegeben, ohne daß zugleich ständische Prinzipien oder wertende Kriterien mit einbezogen worden sind. D. Lattmann hat wiederholt betont, daß Schriftsteller aller Bereiche Mitglieder im VS sind. [319]

Eine Änderung und Weiterentwicklung der Satzung in die »Geschäftsordnung des VS in der IG Druck und Papier« ergab sich aus dem Beitritt des VS zu dieser Gewerkschaft. § 2 (1) dieser Geschäftsordnung lautet:

»Mitglied kann jeder haupt- oder nebenberufliche deutschsprachige Autor werden, sofern sein fachliches Können durch eine Buchveröffentlichung, die Sendung eines Hör- oder Fernsehspiels, die literarische Tätigkeit als Übersetzer oder entsprechende schriftstellerische Tätigkeit (Sachbuch-, Wissenschaftsautor, Kritiker, Filmautor) nachgewiesen ist. Erben solcher Autoren, die deren Urheberrechte wahrnehmen, können Anschluß-Mitglieder werden.« [320]

Es fällt zuerst auf, daß die Berufsbezeichnung ›Schriftsteller‹ zugunsten der Bezeichnung ›Autor‹ fallen gelassen wurde. Offenbar soll die Geschäftsordnung den Akzent schriftstellerischer Tätigkeit vom Inhaltlichen mehr auf die Tätigkeit selbst verlagern, d. h. auf das Verfassen von Texten als wirtschaftliche Grundlage des Lebensunterhalts, wobei haupt- und nebenberufliche Tätigkeit als gleichberechtigt angesehen werden. Wichtig ist auch die genauere Benennung verschiedener Tätigkeitsbereiche, vor allem die Einbeziehung des wissenschaftlichen Autors. Merkwürdigerweise fehlen gegenüber der VS-Satzung von 1969 die Bereiche Theater und literarische Mitarbeit bei Presse, die weit über die Tätigkeit als Kritiker hinausgehen kann. Die Minderung des Status der Autorenerben signalisiert eine stärkere Hervorhebung des im Berufsleben stehenden Autors.

Vor allem die Frage der literarischen Wertung wurde von vornherein aus dem Themenbereich des VS ausgeklammert, was aus den Reden der Gründungsversammlung eindeutig zu entnehmen ist. D. Lattmann erklärte, wenn Schriftsteller auch nie die ›Sensibilität für Begabungen‹ aufstecken und nicht blind gegenüber Rangunterschieden sein sollten, gehörten literarische Wertungen jedoch nicht zum Aufgabenbereich eines Berufsverbandes: »Wenn wir uns wechselseitig an unseren Büchern messen, einigen wir uns nie.« [321] Und H. Böll betonte, daß Schriftsteller nicht die kleinste literarische Nuance aufzugeben brauchten, wenn die sich berufspolitisch solidarisch verhalten wollen. [322]

Der VS versuchte wie schon frühere Verbände, seine Arbeit durch Fachgruppen zu spezialisieren. Zwar trat der VDBB nicht mit in den VS über, weil die Theater-Komponisten nicht Mitglieder in einem straffen Schriftstellerverband sein wollten. Es wurde jedoch betont, daß nahezu alle übrigen Theater-Autoren durch andere Landesgruppen Mitglieder des VS geworden waren. [323] Der VS übernahm als korporative Mitglieder von der Bundesvereinigung den VdÜ und den VdK, der jedoch im April 1973 aus dem VS ausschied. Nachdem der VS seinen Mitgliedern den Beitritt zur IG Druck und Papier empfohlen hatte, gab der VdK für seinen Austritt als entscheidend an, daß viele seiner Mitglieder bereits in tariffähigen Verbänden organisiert seien. [324] Als neue Fachgruppen gründete der VS am 11. 4. 1970 einen Ausschuß für Kinder- und Jugendbuchautoren [325] und am 7./8. 3. 1971 seinen Ausschuß für die bereits erwähnte »Arbeitsgemeinschaft der freien Mitarbeiter« (AFM). [326]

Der FDA hat in seiner Satzung die Mitgliederfrage ausführlich an mehreren Stellen geregelt. So versteht er sich nach § 2 (1) als

> »[...] eine Berufsorganisation für deutschsprachige Autoren (Schriftsteller, Texter, Kritiker, Librettisten, sowie sonstige publizierende Kunst- und Kulturschaffende) und Autorenerben gleich welcher Staatsangehörigkeit.« [327]

Nach § 4 können sowohl Einzelpersonen als auch korrespondierende Verbände Mitglieder werden. Dabei unterscheidet der FDA unter ordentlichen, außerordentlichen und fördernden sowie Ehrenmitgliedern. Über die ordentliche Mitgliedschaft heißt es, sie stehe

> »[...] jedem deutschsprachigen Autor und Kulturschaffenden [...] offen. Jedoch muß er für die Freiheit des Geistes entsprechend dieser Satzung eintreten. Er darf keiner extremistischen Organisation angehören und nicht seiner bürgerlichen Rechte verlustig sein.
> Das ordentliche Mitglied bedarf des Nachweises von entweder
> aa) mindestens einer Buchveröffentlichung
> bb) Sendung eines Hör- oder Fernsehspiels
> cc) Veröffentlichung oder Sendung von mindestens 10 Liedertexten bzw. Kompositionen
> dd) literarische Mitarbeit bei Rundfunk, Fernsehanstalten oder Presse über einen angemessenen Zeitraum
> ee) Aufführung eines entsprechend dd) Bühnenstückes

ff) literarische Tätigkeit als Übersetzer oder Kritiker
gg) Musiker (Komponisten, ausübende Musiker und Dirigenten).«

Außerordentliche Mitglieder können auf Antrag u. a. Schauspieler, Sänger, Choreographen, Tänzer, Conferenciers, Showmaster u. dergl. werden. Erläuternd zu seiner Satzung erklärte der FDA, daß er im Sinne seiner Satzung alle Menschen als Autor betrachtet, »die auf wissenschaftlichem, publizistischem und sonst kulturellem Gebiete schöpferisch tätig sind«. [328] In diesen Aufnahmebestimmungen des FDA fällt neben der Tatsache, daß wie im VDBB und im WSB auch Komponisten und darüber hinaus (als publizierende Kulturschaffende?) auch ausübende Musiker und Dirigenten aufgenommen werden können, vor allem wieder der literaturtheoretische Akzent durch die Hervorhebung des Schöpferischen, des Kunst- und Kulturschaffens und der Freiheit des Geistes sowie der ständisch-politische Akzent durch die Forderung der bürgerlichen Rechte (wie im DSV) und der Nichtzugehörigkeit zu extremistischen Organisationen auf.

Die hiermit abgeschlossene Darstellung der Aufnahmebedingungen deutscher Schriftstellerverbände ging von der Hypothese aus, daß die Regelungen der Mitgliederaufnahme Schlüssel für das schriftstellerische Berufsverständnis der Verbände sein könnten. Es zeigte sich jedoch, daß in der Zeit bis 1933 mit Ausnahme weniger Fachverbände (VDBB und KlA) keine Aufschlüsselung der Mitglieder nach Tätigkeitsbereichen und nur in wenigen Fällen (DSchV, VDBB und SDS) eine ausdrückliche Berücksichtigung haupt- und nebenberuflicher Tätigkeit gegeben war. Generell hatten qualitative Forderungen an die literarische Leistung der Mitglieder und, wie schon bei den im vorigen Abschnitt dargestellten Kontrollbestimmungen der Verbände, ethisch begründete Verhaltenserwartungen an die potentiellen Mitglieder sowohl in den satzungsgemäßen Bestimmungen als auch in den dazu gehörenden Diskussionen den Vorrang. Auch nach 1945 wurde an diese Tradition weitgehend angeknüpft, wobei dem Postulat nach ethischem Wohlverhalten in der Nachkriegszeit die Reinhaltung der Verbände von NS-Schriftstellern entsprach. Auch hat der qualitative Gesichtspunkt in den Jahren nach 1945 noch eine bedeutende Rolle gespielt. Somit ist über die NS-Zeit hinaus eine Kontinuität sowohl der ständisch als auch der qualitativ orientierten Gesichtspunkte bei der Aufnahme festzustellen. Erst seit der Gründung der Vereinigung ist eine Entwicklung zu beobachten, bei der beide Aspekte, die mehr das Wertklima der Verbände als ihre berufspolitischen Ziele charakterisieren, zugunsten einer wertfreieren Berücksichtigung der Schriftsteller nach ihren verschiedenen Tätigkeitsbereichen zurückgestellt wurden. [329] Während in der Vereinigung eine Unterscheidung nach qualitativen Gesichtspunkten, die u. a. auch mit ständischen Argumenten begründet worden sind, noch diskutiert wurde, hat der VS diese Kriterien aus der verbandsinternen Diskussion ausgeklammert. Er hat die eindeutige Konsequenz daraus gezogen, daß eine gegenseitige Beurteilung nach literarischen Werten sich nicht integrativ, sondern nur desintegrativ für den Berufsverband und seine Mitglieder auswirken kann. Einen deutlichen Rückschritt in dieser Entwicklung signalisiert wiederum der FDA, der zwar eine recht genaue Aufgliederung nach Tätigkeitsbereichen vornahm und sich allen Arten schriftstellerischer Tätigkeit öffnet, der die Mitgliedschaft aber weniger von der Bereitschaft zur berufspolitischen Konsequenz im wirtschaftlichen und sozialen Sinn als von ethischen, ständischen und politischen Postulaten sowie der Übereinstimmung in einem einseitigen und zudem überholten literaturtheoretischen Ansatz abhängig macht.

2.4.2 Definition des Schriftstellerberufs durch die Schriftstellerverbände

Während vom Leipziger Literatenverein keine repräsentativen Aussagen über das Wesen des Schriftstellers und seiner Tätigkeit bekannt sind, kann für den ADSV aus einer Rede F. Friedrichs auf seinem 2. Schriftstellertag am 25.–27. 9. 1880 in Weimar ein Abschnitt entnommen werden, der als charakteristisch für die Definition des Schriftstellerberufs durch diesen Verband angesehen werden kann. Darin heißt es u. a., daß die Schriftsteller in ihren Gedanken und Empfindungen und in ihrer Lebensstellung frei seien wie Kometen, »die sich zwischen den anderen festgeordneten Himmelskörpern mehr oder weniger geschickt hindurchschlängeln«. Der Kern dieses Kometen sei gut, aber sein Schweif zu lang, und niemand könne den Kern für die Sternschnuppen verantwortlich machen, die hinter ihm fallen und zugrunde gehen. [330] In dieser Passage fallen der Anspruch auf völlige Freiheit und Ungebundenheit der Schriftsteller innerhalb der Ordnung der Gesellschaft und die Abwertung zahlreicher Schriftsteller durch den Verband auf. Des weiteren nannte F. Friedrich die Schriftsteller seiner Zeit mit Stolz Epigonen ›jener großen Männer, die um Weimar den Lorbeerkranz unvergänglichen Ruhmes gewunden‹ hätten. [331] Er orientierte sich demnach bei einer Definition des Schriftstellerbegriffs weitgehend an den Autoren der deutschen Klassik, Goethe und Schiller, und wandte sich gegen den Vorwurf, die Schriftsteller seiner Zeit seien gemessen an jenen Dichtern nur ›Dichterlinge‹: »Man klage die Zeit an, wenn man uns anklagen will, denn die Zeit schafft die Geister und nicht umgekehrt.« [332]

In dem bereits mehrfach zitierten Gründungsaufruf des DSchV befindet sich eine weitere interessante Anmerkung über den Schriftstellerberuf:

> »Wenn es einen Beruf gibt, dessen Vertreter auf eigenen Füßen stehen, so ist es der Schriftstellerberuf. Wir alle, die wir ihm angehören, folgen einem unwiderstehlich inneren Drange, denn wer diesen nicht fühlt, wird unserm Beruf den Rücken wenden.« [333]

Hier wird wieder die Freiheit und Ungebundenheit des Schriftstellers hervorgehoben, verbunden mit dem Hinweis auf die schriftstellerische Arbeit aus einem inneren, unwiderstehlichen Schaffenszwang heraus, der als von außen nicht beeinflußbar angesehen wird.

Einen ähnlichen Begriff schriftstellerischer Tätigkeit formuliert auch ein Diskussionsbeitrag des DSV, nach dem das literarische Werk aus dem ›Allerheiligsten des Hauses, der Studierstube‹ in die ›Markthalle des Lebens‹ trete, wobei die Misere des Schriftstellers allein im ›oberflächlichen Verhalten des Lesepublikums‹ zu suchen sei. [334] Hier wird ähnlich wie von F. Friedrich die Gesellschaft für die Leistung und die Lage der Schriftsteller verantwortlich gemacht. Im Verbandsorgan des DSV wurde der Bericht von der Gründung des Verbandes mit einem Zitat aus der »Grazer Morgenpost« abgeschlossen, das den deutschen Schriftstellern besonders ans Herz gelegt werden sollte und nach dem die Schriftsteller fähig und berufen seien, »den Ideen, welche das Kleid des unvergänglichen nationalen Gedankens weben und mit ihm wachsen, Ausdruck zu geben, sie zu verbreiten und ein vielfaches Echo derselben in allen Kreisen hervorzuheben«. [335] Der Schriftsteller galt also als derjenige, der die Werthaltungen des gesamten Volkes formuliert und somit der Gesellschaft ihre Zielorientierung aufzeigt.

Auch im WSB wurden die Schriftsteller als die ›geistigen Führer des Volkes‹ und seine Erzieher bezeichnet, was unabhängig von dem Grad ihres Bekanntseins und der Art ihrer Tätigkeit gesehen wurde. [336] Dieser elitären Selbsteinschätzung steht die bescheidenere Aussage G. Grünfelds gegenüber, nach der auch die Schriftsteller in erster Linie für den Erwerb des Lebensunterhalts arbeiteten und die ›ideellen Schaffensgründe‹ im Hintergrund ihrer Motivation stünden. [337]

Auch im SDS wurde wiederholt die schriftstellerische Tätigkeit am ›wirklichen Dichter‹ gemessen, der außerhalb jeden Berufes allein für sich »der Gleichgültigkeit und Trägheit der Welt gegenüber« stehe. [338] Das Wesen des Schriftstellers wurde in seiner Individualisierung und Differenzierung gesehen [339], und schriftstellerische Tätigkeit als das ›hohe Amt‹, für die ›Menschlichkeit und deren Rechte und Pflichten‹ einzutreten. [340] Als der SDS 1927 den Grundstein zu seiner Berliner Künstlerkolonie legte, Häuser, in denen Schriftsteller billig zur Miete wohnen konnte, schrieb er auf den Grundstein:

»Aus dem Nichts schafft Ihr das Wort / Und Ihr tragt's lebendig fort. / Dieses Haus ist Euch geweiht, / Euch, Ihr Schöpfer unsrer Zeit.« [341]

Wiederum wird die Heraushebung des Schriftstellers aus der Zeitbindung betont; ja, der Schriftsteller wird als Schöpfer der Zeit apostrophiert, der aus dem Nichts das Wort, den Sinn der Zeit schaffe. 1931 druckte das Verbandsorgan des SDS eine Rede W. v. Hollanders vor dem deutschen PEN-Club mit lobendem Kommentar ab, in der dem Schriftsteller die Aufgabe von ›gigantischer Größe‹ zugesprochen wurde, Brücke zu sein zwischen dem, was ist, und dem, was sein soll. Der Schriftsteller müsse somit die verpflichtende Wirklichkeit neu gestalten. [341a]

Gegenüber dieser traditionalen Einstellung zum Beruf des Schriftstellers hat es auch schon früh im SDS Versuche gegeben, aus den Produktionsbedingungen einen neuen Begriff des Schriftstellers abzuleiten. Dieser Gegensatz kann bereits zur Zeit der Gründung des SDS verdeutlicht werden. So sah H. Landsberg im Schriftsteller einen Arbeitnehmer und im Schriftstellertum einen Beruf wie jeden anderen, da der Schriftsteller infolge vielfältiger Abhängigkeiten nicht mehr das schreiben könne, was in ihm lebe. In dem wachsenden Schematismus der Presse und in den festgefügten Programmen der Verlage erkannte er Bedingungen, die die geistige Freiheit einschränkten. [342] H. Landsberg stellte somit die Autonomie der schriftstellerischen Arbeit in Frage. 1929 ging H. E. Wolff in seinem Geschäftsbericht des SDS auf die Bedingungen der Literaturproduktion ein, indem er erklärte, daß die Verdienstmöglichkeiten an Verlagen immer mehr eingeschränkt würden, daß Rundfunk und Film eine ständig zunehmende wirtschaftliche Rolle für Schriftsteller spielten, was in der Folge eine ›große Umwälzung auf dem Markt der geistigen Werte‹ herbeiführen werde. Unter den schwierigen wirtschaftlichen Verhältnissen sah er den Schriftsteller gezwungen, »die freie Schriftstellerei zurückzustellen und sich in ein Abhängigkeitsverhältnis zu begeben, so daß der Stand des freien Schriftstellers kaum noch Vertreter« habe. [343]

Im SDS zeigte sich somit deutlicher als im WSB eine widersprüchliche Haltung dem Schriftstellerberuf und der Freiheit des literarischen Schaffens gegenüber. Dem Bild des Schriftstellers als uneingeschränkt autonomem Schöpfer von Werken, die die für die Gesellschaft verbindlichen Wert- und Zielvorstellungen beinhalteten, stand die Einsicht in vielfältige wirtschaftliche sowie literarisch-inhaltliche Abhängigkeiten gegenüber.

Im folgenden wird untersucht, wie die Verbände nach 1945, die vorgaben, an die Tradition des SDS anzuknüpfen, den Schriftsteller und das Wesen seiner Tätigkeit definierten. Die Aufnahmekommission des SDA-Berlin sah im Beruf und in der Aufgabe des Schriftstellers die ›hervorragende und besondere Verantwortung des schaffenden Menschen vor dem Geiste‹ [344], und W. Schendell betonte, daß Schriftsteller bei ihrer Arbeit keine Wahl hätten, sondern einem inneren Zwang gehorchten. [345] Th. Mann nannte in seinem Geleitwort zum neuen Verbandsorgan des SDS-Bayern den Schriftsteller ›Richter und Befeuerer des Lebens‹ [346], und F. Märker forderte den ›vom Gewissen bestimmten‹ Schriftsteller, der als sein höchstes Gut die Freiheit bewahren müsse. [347] Er verstand die Schriftsteller vorbehaltlos den ›freien geistigen Berufen‹ zugehörig und trat mit den Verbänden der freien Berufe kooperativ zusammen. [348] Ähnlich wie diese beiden Nachkriegsverbände an die traditionale Position des autonomen Schriftstellers anknüpften, wurde auch im SDA-Nordwest die Einsicht in die Abhängigkeitsverhältnisse schriftstellerischer Arbeit nicht übernommen. In ihren Berichten vom 1. deutschen Schriftstellerkongreß nach dem 2. Weltkrieg, der vom 4.–8. 10. 1947 in Berlin stattfand, stellten H. Reuß-Löwenstein und V. Mönckeberg unvereinbare Standpunkte in Gewissensangelegenheiten zwischen Ost und West fest. Beide beklagten, daß niemand mehr ein Wort für die ›deutsche Innerlichkeit‹ habe sprechen können. [349] H. Reuß-Löwenstein nannte den Schriftsteller Repräsentanten des geistigen und kulturellen Fortschritts und den Verfechter ethischer Ideale [350], und noch später wurde in diesem Verband gefordert, daß der Schriftsteller das ›Rettungswerk durch den Geist‹ vollbringen müsse, um die Humanitas in einer inhumanen Welt zu bewahren. [351]

Entsprechend dieser Haltung der einzelnen Mitgliederverbände knüpfte auch die Vereinigung an die Definition des Schriftstellers als autonomem Schöpfer verbindlicher Werte an. Dies kam u. a. in einer Rede zum Ausdruck, die W. v. Molo auf einer Tagung der Vereinigung hielt, die bald nach der Gründung des neuen Dachverbands am 27.–30. 4. 1952 in Berlin stattfand. Indem der Schriftsteller nicht nur sage, was er persönlich, sondern was die Gesamtheit des Volkes leidet, diene er der Wahrheit, Gerechtigkeit und Sittlichkeit und sei Gewissen und Vertreter des Volkes. Auch brachte W. v. Molo die Überzeugung von der inneren Berufung des Schriftstellers zum Ausdruck, indem er erklärte: »Wir freien Schriftsteller *wollen das,* was unser *inneres Sollen uns auferlegt.*« [352] 1954 veröffentlichte das Verbandsorgan der Vereinigung eine Rede des gleichen Autors. In einem der Rede zugeordneten Vorspann wurde die Hoffnung ausgesprochen, daß diese Rede weithin Gehör finden möge, da in ihr die ›Stimme des deutschen Dichters‹ spreche, »der sich in unvorstellbarer Weise verloren fühlen muß in der bloßen und daher falschen Rechenhaftigkeit der heutigen Welt«. [353] In diesem Kommentar wurde von Seiten des Verbandes der Gegensatz zwischen Schriftsteller und Gesellschaft in der Weise formuliert, wie er schon vom ADSV und anderen Verbänden beklagt worden ist: die Unfähigkeit des Schriftstellers, sich in der Welt zurechtfinden zu können, wird der Gesellschaft und nicht dem Schriftsteller angelastet. W. v. Molo selbst erklärte, daß aus dem Schriftsteller die ›innere Gesetzlichkeit des Alls‹ spreche und daß der ›verantwortungsvolle‹ Schriftsteller daran erinnere, daß überall im Zusammenleben eine unveränderliche Gesetzmäßigkeit bestehe und bestehen müsse. [354] Ähnlich glaubte W. v. Hollander, daß der Schriftsteller etwas vom Auftrage des Erlösers zu verwirklichen habe, der dazu geboren sei, für die Wahrheit zu zeugen, wobei die Wahrheit ›das ganze Bild des Lebens‹ sei. [355] G. Pohl nannte die Schriftsteller die Sprache und das Gewissen des Volkes und forderte eine entsprechende einträchtige Zusammenarbeit der Schriftsteller untereinander [356], und in Anspielung an eine Äußerung H. Manns sah er im Schriftsteller als dem Nicht-Handelnden das Gewissen für den Handelnden. [357]

Nachdem 1954 B. v. Heiseler aus der Deutschen Akademie für Sprache und Dichtung aus Protest dagegen ausgetreten war, daß die Akademie nichts gegen die Werbetätigkeit einiger Mitglieder (K. Edschmid, F. Thieß und F. K. Borée) für eine Zigarettenmarke unternommen hatte, entbrannte auch in der Vereinigung ein Streit darüber, ob das Verfassen von Reklametexten mit der Würde eines Dichters zu vereinbaren sei. [358] Im Gegensatz zu einigen Autoren, die in der Werbetätigkeit gute Verdienstmöglichkeiten für Schriftsteller sahen und die sie deshalb empfahlen [359], sah W. v. Molo im Verfassen von Werbetexten eine Herabwürdigung des Schriftstellers; »damit gibt der Schriftsteller seine richtunggebende Berufung preis; denn seine innere Form ist Sehertum«. [360]

Für die Vereinigung zeigte sich somit ein eindeutiges Übergewicht eines Bildes vom Schriftsteller als dem Künder der Wahrheit als den wesentlichen gesellschaftlichen Zielvorstellungen. Dies steht im Gegensatz zum SDS der Zeit vor 1933, in dem neben der gleichen Überzeugung, die z. T. von den gleichen Personen vorgetragen worden war, zumindest auch die Abhängigkeit der Schriftsteller von den Produktionsbedingungen und ein daraus resultierendes neues Selbstverständnis diskutiert wurde.

Erst gegen Ende ihrer Existenz wurde in der Bundesvereinigung die diesbezügliche Diskussion umgepolt. D. Lattmann, der letzte Präsident der Bundesvereinigung und Gründer des VS, erklärte, daß sich im Wechsel der Zeiten das Selbstverständnis der Schriftsteller gründlich geändert habe und daß dementsprechend viele Autoren von ihrem Berufsverband neue Formen und Ideen erwarteten. [361] So setzte der VS von Anfang an im Gegensatz zur Vereinigung und den anderen Verbänden der Vor- und Nachkriegszeit einen völlig neuen Akzent in seiner Definition des Schriftstellers und des Schriftstellerberufs. D. Lattmann wies in seinem VS-Gründungsreferat auf die rechtlichen, gesellschaftlichen und wirtschaftlichen Kräfte hin, von denen die Schriftsteller abhängig sind, und forderte eine Veränderung dieser Abhängigkeitsverhältnisse. [362] H. Böll forderte von dem neuen schriftstellerischen Berufsverband, daß es ihm um die Arbeitsbedingungen der Schriftsteller gehen müsse, nicht aber um ihren Anteil an der Erstellung von Kunst und ›möglichen Ewigkeitswerten‹. Er nannte Schriftsteller u. a. ›Mitarbeiter einer Riesenindustrie‹, die bisher den Autoren ihre Honorar- und Arbeitsbedingungen einseitig diktiert habe. [363] Ähnlich bezeichnete auch M. Walser auf dem 1. Schriftstellerkongreß des VS den Schriftsteller als Rohstofflieferanten derjenigen Industriemonopole, die die schriftstellerische Arbeit realisieren und verwerten. [364] Hier wird deutlich, daß sich das Selbstbild der Schriftsteller, wie es durch den Berufsverband artikuliert wird, nahezu mit einem Schlage geändert hat, wobei die Frage nach den Arbeitsbedingungen auch die Frage nach einem neuen berufspolitischen Arbeitsstil nach sich ziehen mußte. Der Schriftsteller wird nun nicht mehr durch den Anspruch auf die ewigen Wahrheiten seiner Werke definiert sondern nach seinem Arbeitsverhältnis innerhalb der Kulturindustrie. So forderte H. Böll, bei der Definition des Schriftstellerberufs »nicht zimperlich mit althergebrachter deutscher Dichter-Attitüde die Grenzen« zu ziehen, sondern sich für alle schriftstellerischen Tätigkeitsbereiche offen zu halten. [365] Freiheit weiterhin als den zentralen Begriff schriftstellerischer Tätigkeit zu sehen, lehnte I. Drewitz ab, denn als Voraussetzung aller Kultur habe sich Freiheit längst als manipulierbar erwiesen; Literatur sei nicht mehr identisch mit philosophischer oder anthropologischer Wahrheit, die der Dichter als Deuter der Welt darstellt, sondern sie müsse vielmehr im Wandel ihrer Bedingungen gesehen werden. [366] Konsequent wurden in einem Beschluß des 1. Schriftstellerkongresses des VS die Schriftsteller definiert als

»[...] Urheber, die von privatwirtschaftlichen Unternehmern und Anstalten des öffentlichen Rechts abhängig sind [...].« [367]

Wiederholt wurde im VS die von G. Grass formulierte Maxime ausgesprochen, nach der der VS nicht mehr Geniekult, sondern die ›Säkularisierung eines ehemals hehren Berufsstands‹ betreibe. [368]

Aus der Einsicht des VS, daß die Schriftsteller größtenteils in ihrer Berufspraxis abhängige Urheber sind, folgte konsequent sein Austritt aus der »Bundesvereinigung der Freien Berufe« [369] und schließlich der Eintritt in eine Industriegewerkschaft als Arbeitnehmerorganisation. D. Lattmann erklärte, daß sich die ›Urheber Wort‹ bis auf wenige Ausnahmen nicht mehr einbilden könnten, »die Vorteile der sogenannten freien Berufe zu besitzen. Die Arbeitsbedingungen, denen die sogenannten Selbständigen in diesen Berufen ausgeliefert sind, entsprechen meist dem einseitigen Diktat des Stärkeren«. [370] Schließlich stellte H. M. Braem anhand der Ergebnisse der SPIEGEL-Enquete fest, daß die tatsächlichen Arbeitsbedingungen der Autoren bei vielen von ihnen noch nicht zu neuen Einsichten geführt hätten: »Gar nicht wenige von ihnen haben es [...] versäumt, [...] die Konsequenzen zu ziehen, sich vom Bild der ›Dichter‹ zu lösen und sich selbst einzugestehen, daß man als ›freier Autor‹ mehr denn je ein unfreier ist, ein abhängiger.« [371]

Diese Stellungnahme kann durchaus auch auf das Selbstverständnis des FDA übertragen werden, der, wie bereits zitiert, unter seinen satzungsgemäßen Zielen die Sicherung und Erhaltung des ›autonomen Freiheitsraumes der Kulturschaffenden‹ nennt (s. 2.2.5, S. 43), ein Anspruch, der in zahlreichen Variationen immer wieder im Mittelpunkt von FDA-Aussagen erscheint. So hat auch der »Deutsche Autorenrat« (DAR), nach § 11 der FDA-Satzung das ›aktive Instrument des FDA zur Durchsetzung seiner Ziele‹, u. a. das Ziel, die ›Freiheit des Geistes‹ zu wahren und zu verteidigen und die Freizügigkeit und Autonomie zu erhalten. [372] Auch für H. Prinz zu Löwenstein ist die Wahrung der ›Freiheit des schöpferischen Geistes und damit des Geistes selbst‹ zentrales Ziel seiner berufspolitischen Aktivität [373], und dem gleichen Zweck soll auch der vom FDA gegründete »Fördie Freiheit des Geistes« dienen. [374] Von den tatsächlichen wirtschaftlichen Arbeitsbedingungen der Schriftsteller innerhalb der Kulturindustrie, wahrscheinderverein zur Freiheit des Geisteslebens« sowie der von ihm geplante »Preis für lich für den FDA schon unzulässige Reizworte, ist innerhalb diesen Verlautbarungen nirgends die Rede.

2.4.3 Zusammenfassung

Eine der Hauptaufgaben dieser Arbeit wurde darin gesehen, zu untersuchen, welche Definition des Schriftstellerberufs die Verbände selbst gaben, ob sie Fragen der literarischen Wertung in die Verbandsarbeit mit einbezogen und ob sie sich den Schriftstellern aller Tätigkeitsbereiche öffneten. Vor der Darstellung der Regelungen über die Aufnahme von Mitgliedern durch die Schriftstellerverbände wurde von der Hypothese ausgegangen, daß sie wesentliche Elemente der Definition des Schriftstellerberufs enthalten. Diese Hypothese erwies sich weitgehend als falsch. Nur wenige Verbände berücksichtigten mehr oder weniger sachliche Kriterien zur Eingrenzung der potentiellen Mitglieder. Nahezu alle historisch zurückliegenden Verbände zogen derartige Kriterien, wie der haupt- oder nebenberuflichen Tätigkeit oder der Nennung von Tätigkeitsbereichen, die literarische Wertung vor oder betonten ständische Prinzipien. Das hiermit gezeigte Übergewicht eines geistig-ethisch orientierten Wertklimas über der sachlichen Abgrenzung des Schriftstellerberufs fand seine Bestätigung in den dargestellten Versuchen der Schriftstellerverbände, das Wesen des Schriftstellers und seiner Tätigkeit zu bestimmen. Hier zeigte sich, daß der Anspruch auf die geistigen Werte schriftstellerischer Arbeit einen weitaus höheren Stellenwert inne hatte als eine realistische Einschätzung ihrer Bedingungen. Die Autonomie des Schriftstellers als Schöpfer richtungweisender Werte wurde bis 1933 und nach 1945 vorerst nur bis etwa 1968, dann aber wieder seit 1973 in verschiedenen deutschen Schriftstellerverbänden als wesentliches Merkmal schriftstellerischer Tätigkeit hervorgehoben. Lediglich andeutungsweise konnten im WSB und etwa gleichzeitig im SDS der Weimarer Zeit entgegengesetzte Aspekte einer Einschätzung des Schriftstellerberufs nach den Bedingungen seiner wirtschaftlichen und sozialen Existenz beobachtet werden. Die Gründung des VS signalisierte einen Wandel zugunsten dieses zweiten Aspekts: der Begriff des Schriftstellers als Schöpfer von Ewigkeitswerten wurde zurückgestellt zugunsten einer Definition des Schriftstellers aus den Bedingungen seiner Tätigkeit innerhalb der Kulturindustrie. Aus dem autonomen Schöpfer wurde der abhängige ›Urheber Wort‹, eine Bezeichnung, die synonym zum ›Worturheber‹ vom VS bewußt dem ›Dichter‹ entgegengestellt wurde.

Im ersten Abschnitt dieses Kapitels wurde gezeigt, daß die Zielsetzungen aller Verbände bis auf wenige Nuancen konstant blieben. Jetzt kann jedoch beim Übergang von der Bundesvereinigung zum VS eine einschneidende Variable festgestellt werden, die auf einen Parameter-Wechsel in der Wahrnehmung schriftstellerischer Tätigkeit zurückgeführt werden kann: bei den Schriftstellerverbänden wurde der Parameter schriftstellerischer Tätigkeit als ›autonomer, öffentlicher Weltauslegung‹ abgelöst vom Parameter ›wirtschaftliche Abhängigkeit als ökonomischer Teil schriftstellerischer Produktionsbedingungen‹. Die Darstellung des Parameter-Wechsels vertieft die bisherige organisations-soziologische Aussage, daß die Interessen der Verbände inhaltlich gleich bleiben, daß sie aber unter anderen Bedingungen anders wahrgenommen werden können. [375]

Die dem Verbandshandeln zugrunde liegenden Parameter sind zugleich die Grundlage bzw. das Richtmaß der kognitiven Struktur der Verbände-Repräsentanten und der Mehrheit der ihre Politik unterstützenden und mitvollziehenden Mitglieder. Durch das Aufzeigen der dem Wahrnehmen zugrunde liegenden Parameter wird das Denken selbst zum Gegenstand des Denkens, wobei ersichtlich wird, daß die Art der Wahrnehmung von der Art der ihr zugrunde liegenden Parameter abhängt, bzw. daß die Träger eines Parameters ihre Umwelt gar nicht anders als ihm entsprechend wahrnehmen können. Aus dieser Bedingung folgt auch die Schwierigkeit oder gar Unmöglichkeit einer Verständigung zwischen den entgegengesetzten Positionen, die sich zuletzt konkret im Gegensatz zwischen dem FDA und dem VS niedergeschlagen haben. Hieraus wird auch ersichtlich, daß die dieser Arbeit zugrunde liegende Arbeitshypothese bereits in dem Sinne modifiziert werden muß, daß es nicht nur eine Dialektik Basis–Überbau gibt, sondern daß hier auch eine Dialektik auf der Überbau-Ebene sichtbar wird, wobei der Erkenntnisstruktur des traditionalen Schriftstellerbegriffs eine neue Erkenntnisstruktur gegenübertritt.

Da die öffentliche Weltauslegung, die einen Anspruch auf universale Geltung erhebt, nicht unter öffentlicher Kontrolle stattfindet, findet sie im soziologischen Sinn auch keinen objektiven und allgemeinverbindlichen Maßstab vor, an dem ihre jeweilige Bedeutung gemessen werden könnte. Zwar ist jedes geistige Orientierungssystem intentionell universal, hinsichtlich seiner tatsächlichen gesellschaftlichen Rezeption jedoch partikular. [376] Das Verhältnis von universalem Anspruch und partikularer Geltung mußte sich jedoch in dem Maße zuungunsten des Universalen verschieben, in dem durch die zunehmende Vermarktung der literarischen Arbeit und einen sich immer weiter verfestigenden Wertepluralismus innerhalb der Gesellschaft jedem Ansatz einer universalen Orientierung der Boden entzogen wurde. E. Lämmert hat versucht, den gleichen Sachverhalt anhand der Leistungen der Naturwissenschaft und der empirischen Psychologie zu erklären, die seit der Wende in das 20. Jahrhundert an dem ›unmittelbaren Wahrheitsanspruch selbstgeschaffener Texte‹ Zweifel aufkommen ließen. Die Autoren müssen zunehmend angesichts der exakteren Methoden der Wahrheitsermittlung und der Erkenntniskritik ihren Anspruch auf absolute Autonomie zugunsten einer relativen Autonomie revidieren. [377] Übrig bleibt nicht der Anspruch auf eine universale Geltung der dichterischen Aussage, sondern die Einsicht in die Verflechtung auch der dichterischen Aussage als Ware in den ökonomischen Gesamtprozeß.

Die Erschließung neuer Medientechniken für das Arbeitsfeld des Schriftstellers innerhalb der vergangenen 50 Jahre hat auch den Wissensstoff der Schriftsteller vermehrt und zu einer neuen Systematisierung ihres Wissens geführt. In Anlehnung an Ausführungen von H. Hartmann kann wohl die These aufgestellt werden, daß literarische Tätigkeit, die sich überwiegend auf die Publikation des geschriebenen Wortes in Buchform beschränkte, durch die mit ihr verbundenen Einsamkeit des Schreibens das Sozialbewußtsein der Autoren relativ eingeschränkt bleiben ließ, während durch die Zusammenarbeit mit Funk und Film z. B. immer größere Sozialräume in das Blickfeld der Autoren geraten sind, die auch das Selbstverständnis dieser Berufsgruppe mit verändert haben, wobei auch die wirtschaftlichen Zusammenhänge ihrer Tätigkeit erkannt worden sind. [378] »Diese Entwicklung verrät sich unter anderem in einem gesteigerten Bewußtsein der Interdependenz von beruflicher Leistung für die Gesellschaft und der Einstufung des Berufes durch die Gesellschaft. In den hochentwickelten Stadien der Professionalisierung kommt es auf Seiten der Berufsgemeinschaft sowohl zur Ausbildung einer sozialen Dienstgesinnung wie zu taktisch-organisatorischer Einflußnahme auf die Öffentlichkeit.« [379] Die Ausbildung einer sozialen Dienstgesinnung gehört bei den freien Berufen schon lange zu ihrer Berufsethik [380], sie bekommt jetzt aber einen anderen Charakter, nämlich den der auftragsgebundenen Dienstleistung. Während die Verbände, die den Parameter der universalen Weltauslegung repräsentierten, ihre ständischen Prinzipien betonten, erleben sich heute viele Autoren auf dem wirtschaftlichen Nenner ihres Parameters eins mit allen lohnabhängig Arbeitenden der Gesellschaft. Es steht fest, daß es noch zahlreiche Träger des alten Parameters gibt, was durch die Gründung des FDA, die sich wesentlich gegen das ökonomisch orientierte Selbstverständnis des VS richtete, bestätigt wird. Es hat sich jedoch gezeigt, daß der Generationswechsel der Repräsentanten schriftstellerischer Berufspolitik auf dem Wege von der Bundesvereinigung zum VS dort zu einem Wechsel zugleich der Parameter-Träger geführt hat.

2.5 *Schriftstellerverbände und Literatur*

Zu Beginn dieses Kapitels, als die satzungsmäßigen Ziele der einzelnen Schriftstellerverbände dargestellt worden sind, blieb die Frage offen, was unter den häufig genannten beruflichen und literarischen Intererssen der Verbände und ihrer Mitglieder gemeint war. Dieser Frage soll nun im folgenden Abschnitt nachgegangen werden, wobei zu untersuchen ist, ob und wie sich der qualitative Aspekt literarischer Wertung, der auf verschiedenen Ebenen bereits für die meisten hier untersuchten Verbände nachgewiesen werden konnte, auch in Versuchen niederschlug, bestimmte literarische Richtungen oder Ansprüche zu fördern oder auf das literarische Schaffen der Mitglieder direkt oder indirekt Einfluß zu nehmen, und ob Verbände, die den qualitativen Aspekt nicht vertraten, auf eine aktive Einflußnahme auf das literarische Schaffen ihrer Mitglieder verzichteten.

2.5.1 *Organisation und literarische Qualität*

Zunächst wird gefragt, ob und wie die Verbände ihr Verhältnis zur Literatur über die bereits dargestellten Standpunkte zum Problem des Dilettantismus hinaus artikulierten.

Erste grundsätzliche Äußerungen hierzu finden sich innerhalb der Diskussion des DSV, in der erklärt wurde, daß der Verband nicht gesonnen sei, die ›idealen Bestrebungen der deutschen Schriftsteller und des deutschen Schrifttums‹ zu vernachlässigen, sondern vielmehr darauf bedacht sei, auch zur Förderung des deutschen Schrifttums beizutragen. Ein Haupthindernis zur Erreichung dieser Bestrebungen sah der DSV in dem Schriftsteller-Elend, das er zugunsten eines ›höheren geistigen Aufschwungs‹ beseitigen wollte. [381] Durch eine Verbesserung der materiellen Lage der Schriftsteller sollte die Schaffensfreude erhalten und gesteigert werden; hierin sah der Verband seine Aufgabe im Interesse der Förderung der Literatur. [382]

Auch der VDJS wollte durch eine Verbesserung der sozialen und wirtschaftlichen Lage der Schriftsteller ihr Ansehen verbessern und somit den Boden bereiten, »auf dem die Verehrung und der Nachruhm für die Zierden des Berufs, für große Dichter und Schriftsteller, am reichsten und schönsten gedeiht«. [383]

Der ASV teilte die Überzeugung, daß eine bessere Bezahlung der Schriftsteller eine Hebung des Niveaus ihrer Arbeiten und somit auch eine Verbesserung des Absatzmarktes für literarische Produkte mit sich bringen würde. [384]

Das KlA, das unter den bisherigen Gesichtspunkten dieser Arbeit und in der bisherigen Literatur [385] vor allem als ein Verband zum Schutze der Urheberrechte und damit verbunden zur Sicherung der wirtschaftlichen Ansprüche der Schriftsteller, namentlich der Lyriker dargestellt wurde, hatte neben diesen rechtlich-wirtschaftlichen Interessen auch eine starke ideelle Motivation: Die Gründer des Kartells wollten eine Überproduktion lyrischer Anthologien bekämpfen, weil sie die meisten von ihnen für wertlos hielten. Gegen diese ›Massensammelsurien‹ wollten sie zugunsten der ›eigentlichen Produktion‹ einen schützenden Damm entgegensetzen. Die Forderung lautete, daß Deutschland die Verse seiner Dichter wieder bei diesen Dichtern selbst lesen sollte; das Publikum, das durch die vielen Anthologien »lediglich zum oberflächlichen Mitreden über Neuigkeiten des Büchermarktes erzogen« worden sei, sollte wieder im Interesse der eigenen Nachprüfung zu den Originalwerken greifen. [386] Obwohl das KlA wie gezeigt in der Frage der Mitgliedschaft zu Zeit seiner Gründung keine, sondern erst viel später qualitative Forderungen stellte, war es andererseits von Anfang an darauf aus, die Qualität der lyrischen Produktion fördern zu helfen, wobei das Wort von der ›eigentlichen‹ Produktion indirekt auf eine Ablehnung dilettantischer Autoren schließen läßt. Dieser Aspekt überrascht, da das KlA zur gleichen Zeit jedem Lyriker, der sich bei der Geschäftsstelle meldete, die Aufnahme anbot.

Für den SDS ist bereits nachgewiesen worden, daß er z. T. die Tendenz verfolgte, die Mitgliedschaft von der Qualität der literarischen Arbeiten abhängig zu machen, was bis zum Ende des 1. Weltkriegs sogar in den Satzungen verankert war. Dieser Forderung stand die mehrfach geäußerte Erklärung entgegen, daß erst die Hebung der wirtschaftlichen Lage der Schriftsteller, ein Hauptziel des Verbandes, eine Hebung der literarischen Leistung der Autoren fördern könne. [387] R. Breuer formulierte diesen Zusammenhang am entschiedensten, als er erklärte, daß das ›moralische Lebensrecht‹ der Organisation erst in der Steigerung der schriftstellerischen Qualität der Mitglieder erwiesen werden könne [388], daß aber erst die erfolgreiche Arbeit des Verbandes auf berufspolitischem Gebiet eine ›Scheidung am Maßstabe der Qualität‹ möglich mache. [389] Nach Ansicht des SDS bedingten sich somit Organisation und literarische Qualität darin, »daß Organisation mit dem Ziele einer Sicherung und Erhöhung der Lebenshaltung eine Prämie auf Qualitätsarbeit bedeutet«. [390] In diesem Sinne ging es dem SDS, so wie es B. Kellermann formulierte, »um Gegenwart und Zukunft des deutschen Schrifttums«. [391] Noch 1929 sahen A. Zweig und W. v. Molo im SDS einen Berufsverband, der erst durch die wirtschaftliche Sicherung der Schriftsteller es ihnen ermögliche, weiterhin als ›Erkenntnisorgane der Gesellschaft‹ zu wirken [392], und der ihnen die Grundlage ihrer freien Persönlichkeitsentfaltung als Bedingung ihrer Arbeit schaffe. [393]

Nach 1945 sind vereinzelt ähnliche Standpunkte über die Aufgabe der Schriftstellerverbände bezogen worden. Der VDA sah eine seiner Hauptaufgaben in der Vertretung der künstlerischen Interessen seiner Mitglieder [394], wobei eine energische Vertretung künstlerischer und kultureller Forderungen, »die in der turbulenten Zeit eines wachsenden Materialismus immer mehr in den Hintergrund gedrängt werden«, gefordert wurde. [395]

Die Vereinigung veröffentlichte in ihrem Verbandsorgan einen Aufsatz von V. Deneke, nach dem die Subventionierung der Schriftsteller, die zu erreichen eine Aufgabe des Berufsverbandes sei, vor allem qualitätsfördernd wirken sollte, wenn auch derartige Unterstützungen nie als vollkommen angesehen werden könnten. [396] Die Vereinigung wußte zwar, daß sie »keine neue ›Klassik‹ der deutschen Literatur schaffen oder garantieren« könne, sie glaubte aber, daß sie Kräfte zusammenhalten, stimulieren und einsetzen könne, »die eines Tages internationale Durchschlagskraft gewinnen« könnten. In diesem Sinne verstand sie sich als »eine geistige Berufsvertretung, die vorhandene Fähigkeiten planmäßig einzusetzen versucht, wo sie Geltung innerhalb des deutschen Volkes und vor dem Ausland gewinnen können.« [397] Aus dem VS ist keine entsprechende Aussage bekannt, wohl aber aus dem FDA, der noch vor seiner Konstituierung auf Bundesebene eine seiner Pflichtaufgaben darin sah, für die Pflege des von Schriftstellern geschaffenen Kulturgutes Sorge zu tragen. [398] Nicht alle Verbände haben Aussagen zu dieser Diskussion über das Verhältnis von Organisation und literarischer Qualität beigetragen. Es kann jedoch davon ausgegangen werden, daß die Verbände, die im Schriftsteller Erkenntnisorgane der Gesellschaft sahen, den angenommenen Folgeerscheinungen der berufspolitischen Arbeit eine höhere Bedeutung beimaßen als diejenigen, die ihn vor allem in wirtschaftlicher Abhängigkeit der Kulturindustrie sehen.

2.5.2 Literarische Beratung der Mitglieder

Auch mit der literarischen Beratung machte der DSV den Anfang, indem er in seinem Verbandsorgan entsprechende Artikel seiner Verbandsrepräsentanten erscheinen ließ. So glaubte W. Wendlandt, daß der Verband Schritte zur Modernisierung des Lesepublikums einleiten könnte, indem er versuchen sollte, neue literarische Arbeiten an den Leser heranzutragen, z. B. die einer ›zolastisch-realistischen‹ Richtung, die allerdings in ›klassischer Schönheit‹ erscheinen sollte. Dies würde dem literarischen Markt ein anderes Aussehen geben und ›frisches Leben auch in die Schädel der täglichen Leser‹ bringen. Neben dieser Überlegung, die davon ausging, daß die Misere des deutschen Schrifttums vor allem durch das ›oberflächliche Verhalten des Lesepublikums‹ begründet sei, wurde gefordert, daß die Schriftsteller selbst ihren Teil zur Verbesserung ihrer Situation beitragen sollten, indem sie dem ›Körper der Nation‹ das böten, »was seinen lebensbewegenden Nerv berührt. Alles Streben der Literatur muß daher auf die Anknüpfung an die veränderten Gefühle unserer Zeitgenossen gerichtet sein«. W. Wendlandt forderte das deutsche Schrifttum auf, »die Leserwelt wieder mehr für grundsätzlich erschöpfende Erzeugnisse [...] zu interessieren, indem es danach strebt, möglichst *unabhängig* von den erniedrigenden Neigungen des Tages nur wirklich gute, das Leben zu höherer Vollkommenheit fördernde Schöpfungen auf den Markt zu bringen«. [399] Diese Beratung ist nicht ohne Widersprüche: auf der einen Seite wurde eine Anpassung an den Lesergeschmack der Zeit gefordert, auf der anderen eine Umerziehung dieses Geschmacks. Dazu kommt, daß W. Wendlandt deutlich literarische Positionen bezog, als er einen Realismus in klassischer Schönheit und eine Literatur forderte, die das Leben zu höherer Vollkommenheit stilisiert.

Auch der ASV bezog auf seine Art Position, indem er wiederholt in seinem Verbandsorgan und anderen Publikationen versuchte, Ratschläge zu geben, die die

Absatzschwierigkeiten seiner Mitglieder überwinden helfen sollten. Nicht alle Ratschläge waren so kurios und dubios wie einer von 1914, in dem der ASV seinen Mitgliedern riet, sich durch irgendeine originelle Idee einem Verleger zur Gründung einer neuen Zeitschrift anzubieten: »Wird man auf solche Weise Redakteur, so kann man alle seine Arbeiten schön finden und sie gegen Honorar in dem eigenen Blatte unterbringen. Manchmal schadet das dem Blatte nichts.« [400] Nach dem 1. Weltkrieg glaubte der ASV, daß die neue Hochflut von Verlagen jedem Autor den Absatz jedes Ladenhüters ermögliche, so daß Romane schon sehr untauglich sein müßten, wenn sie keinen Absatz finden. »Wenn dagegen Kriegserinnerungen und Kriegsgeschichten wenig Anklang finden, so muß die Zeit abgewartet werden. Wir leben unter dem niederdrückenden Eindruck der Friedensbedingungen. Wir werden später einmal anders denken lernen.« [401] Die Position des ASV entsprach somit einer bestmöglichen Anpassung an die Bedingungen und Anforderungen des literarischen Marktes. Im Dezember 1933 wurde dies ein letztes Mal bestätigt, indem er erklärte, er habe stets geraten, auf das Bedürfnis der Redaktionen und Lektorate zu achten; zur Zeit seien Artikel und Bücher über Deutschtum, germanische Vorzeit u. a. gefragt. »Wenn man Manuskripte anderer Art liegen hat, [...] so braucht man nur Geduld zu haben.« [402]

Im WSB wurden den Schriftstellern geraten, wie der Kaufmann Kenntnisse von den zahlreichen Veränderungen, Umwälzungen und Neugestaltungen seines Absatzgebietes zu erwerben und nicht die Fühlung mit ›mancherlei Moden, wechselnden Bedürfnissen des Marktes, den Frontwechseln der literarischen und künstlerischen Meinung des Tages‹ zu verlieren, sondern stets mit dem Leben seiner Zeit in Verbindung zu bleiben. [403] In den Versuchen deutscher Schriftstellerverbände, ihre Mitglieder literarisch zu beraten oder zu fördern, trat eine lange Pause ein, bis erst wieder der FDA durch die Gründung eines »Verbandslektorats zur Förderung junger Autoren« in dieser Richtung aktiv wurde. Es verpflichteten sich »fünf bekannte Autoren, jährlich eine Anzahl Manuskripte zu lesen und [die] Veröffentlichung einer Auswahl zu empfehlen«. [404] Die Initiative hierzu ging von H. Habe aus, der auch Mitglied der von ihm so benannten »Prüfstelle für Förderung junger Autoren« ist, die nach seinem Willen ›unentdeckte Talente‹ und ›Verkannte‹ fördern helfen soll. [405] In der Lektorats-Ordnung heißt es u. a. dazu:

»1. Der DAR will junge Autoren entdecken und fördern. ›Jung‹ bedeutet indes kein bestimmtes Geburtsdatum. Wir knüpfen an die Prüfung der eingereichten Manuskripte nur die Bedingung, daß sie von einem Autor stammen, der noch kein Buch veröffentlicht hat.

[...]

4. Finden mehrere Lektoren, daß das Manuskript würdig ist, veröffentlicht zu werden, bemüht sich der DEUTSCHE AUTORENRAT in Zusammenarbeit mit dem FREIEN DEUTSCHEN AUTORENVERBAND und mit Zustimmung des Autors um die Placierung bei einem renommierten Verlag.« [406]

Des weiteren geht aus der Lektorats-Ordnung hervor, daß die Begutachtung kostenlos erfolgt und daß die Mitgliedschaft im FDA nicht Bedingung ist.

Über die Intentionen dieser Prüfstelle gab H. Habe Auskunft, als er erklärte, daß es viele unentdeckte Talente gebe, was nur zum Teil an den Verlegern und nur zum Teil an den Autoren liege. »Es liegt vor allem an den ungeschriebenen Gesetzen der literarischen Mode. Wir möchten ›junge‹ Autoren ermutigen, sich nicht von der Mode beeinflussen zu lassen. Was gewissen Literaturpäpsten mißfällt, braucht nicht schlecht zu sein, noch heißt es, daß dem Werk keine Zukunft beschieden ist.« – »Wir sind nicht, wie Alfred Kerr schrieb, ›höfisch-zarte Narren‹, die der Mode nachlaufen, aber wir wissen, daß Prominenz eine Falle sein kann.« [407] Es wird somit deutlich, daß der FDA versucht, als Berufsverband auch eine Gegenbewegung gegen die derzeitige literarische Entwicklung hervorzurufen.

Bei der Durchsicht des dieser Arbeit zugrunde liegenden Materials konnten neben den aufgezeigten keine weiteren Beispiele einer Beratung in literarischer Sicht gefunden werden. Die Mehrzahl dieser Fälle beinhaltete Ratschläge für eine inhaltliche und stilistische Anpassung an die Bedürfnisse des Publikums, der Redakteure oder Lektoren, um somit die Absatzchancen zu verbessern. Nur der FDA empfiehlt, sich nicht von der Mode beeinflussen zu lassen. In einem Fall konnte zudem der Versuch nachgewiesen werden, diese Art Beratung mit der Propagierung einer etwas enger umrissenen literarischen Position zu verbinden.

2.5.3 Repräsentation und Beeinflussung literarischer Werte und Tendenzen

Da zahlreiche Verbände qualitative Aspekte zu verwirklichen suchten, soll im folgenden gefragt werden, ob und in welcher Weise deutsche Schriftstellerverbände bestimmte literarische Richtungen zu repräsentieren oder einen qualitativen Anspruch durch aktive Unterstützungen zu fördern versuchten.

Es ist schon darauf hingewiesen worden, daß sich der ADSV weitgehend an dem Bild des Schriftstellers und der Literatur der 1. Hälfte des 19. Jahrhunderts orientierte (s. S. 2.4.2, S. 88). So verstand er sich als Korporation,

> »[...] welche im besten genossenschaftlichen Sinne dem Schriftstellerthum die Ehre und Würde zu wahren weiß, welche Pietät dem Verdienste der Geschiedenen entgegenbringt und mit vollem Herzen für die Zeit das Recht der Lebenden ehrt.« [408]

Noch 1882 bestätigte sich der Verband nach außen hin überwiegend durch ›Akte der Pietät‹, indem er verstorbenen Mitgliedern durch einen ›Lorbeerkranz und mit einem tiefempfundenen poetischen letzten Wort‹ die letzte Ehre erwies. [409]

Der Präsident des Verbandes, F. Friedrich, nahm 1882 an der Gedenkfeier zum 50. Todestag J. W. Goethes teil und verlieh »an der Gruft Goethes der allgemeinen pietätvollen Empfindung schwungvolle warme Worte«. [410] Die Ehrung verstorbener Dichter wurde auch durch die Errichtung von Gedenkstätten gefördert: So hatte die Stadt Berlin auf Veranlassung durch den ADSV an den Geburtshäusern K. Gutzkows und L. Tiecks Gedenktafeln anbringen lassen [411], und am 11. 6. 1886 wurde in Dresden ein Gutzkow-Denkmal enthüllt, eine Veranstaltung, die bereits auf dem 1. Schriftstellertag des Verbandes 1879 beschlossen worden war. [412]

Als für den ADSV charakteristisch kann auch sein in den Satzungen festgelegtes Ziel angesehen werden, einen jährlichen Schriftstellertag abzuhalten. Wie es in einem Bericht vom 3. Schriftstellertag am 18.–24. 9. 1881 in Wien hieß, war auf diesen Veranstaltungen der ›Festjubel‹ wichtiger als berufspolitische Beratungen, die man ›allenfalls auch schriftlich pflegen‹ könne und die deshalb auf den Zusammenkünften ›ein wenig als bloße Episoden‹ erschienen. [413] Wie sich der Verband gerne repräsentiert sah, geht aus der Schilderung des 2. Schriftstellertages des ADSV am 25.–27. 9. 1880 in Weimar hervor, in dem es u. a. heißt: »Vom Mittag des 25. September an bot Weimar ein belebtes Bild. Interessante Köpfe und Gestalten, denen sich die Geistesarbeit in der Erscheinung ausgeprägt hatte, durchwanderten die denkwürdigen Stätten, von denen Licht ausging für die unsterbliche Welt des Schönen.« Völlig ins Rituale wurde der gemeinschaftliche Besuch des Goethe-Hauses gesteigert: »Wie kirchliche Festversammlungen sich durch einen Gottesdienst zu ihrem Feste weihen, so konnte das Fest der deutschen Schriftstellergemeinde kein ergreifenderer Gottesdienst einleiten, als der pietätvolle Besuch des Hauses dessen, von welchem sein eignes Wort gilt: Es kann die Spur von seinen Erdentagen,/Nicht in Aeonen untergehn!« [414]

Es zeigt sich, daß sich der ADSV weitgehend auf die Aufrechterhaltung der literarischen Tradition beschränkte, die von der Klassik und Romantik zum Jungen Deutschland reichte. Zuletzt ist in diesem Zusammenhang noch eine Petition des ADSV an den deutschen Reichskanzler zum Zweck der Begründung einer deutschen Reichsbibliothek zu erwähnen, in der die Literatur der verstorbenen und lebenden großen Dichter der Nation gesammelt werden sollte. [415]

Die Pflege der literarischen Tradition und eine Einflußnahme auf die zeitgenössische Literatur machte auch der DSV zum Aufgabengebiet seiner Arbeit. Zwar sollte im Verbandsorgan keine Buchkritik erscheinen, da persönliche Parteinahmen vermieden werden sollten, doch sollten »literarische Zeitströmungen, nationale Unternehmungen, wie die neue Goethe-Ausgabe, in einer Zeitschrift, welche auch die Interessen des vaterländischen Schrifttums fördern soll, nicht ungewürdigt bleiben«. [416] Eine Maßnahme zur Förderung der Absatzchancen seiner Mitglieder ergriff der DSV mit der Gründung seines »Literarischen Bureaus« als einer Agentur zur Vermittlung von Manuskripten. [417] Obwohl dieses Literarische Bureau nach dem § 3 seiner Satzung Arbeiten jedes Mitglieds und jeder Art zum Vertrieb und zur bestmöglichen Verwertung annehmen mußte, wobei bei der Art des Vertriebs in erster Linie die Aufträge der Autoren maßgebend sein sollten [418], wurde von dem Leiter des Bureaus, W. Wendlandt, betont, daß man sich von Anfang an einig gewesen wäre, daß ungeeignete Manuskripte zurückgewiesen werden sollten, da das Bureau auch als eine ›Repräsentation des Verbandes‹ angesehen werden müsse. [419] Neben dieser Maßnahme zum Zweck der Repräsentation ausgewählter Literatur glaubte der DSV auch eine Gutachterfunktion im Falle einer staatlichen Altersversorgung der Schriftsteller übernehmen zu können, da er ohne Zweifel die nötigen Kräfte zu besitzen glaubte, »um ein Gutachten darüber abzugeben, ob ein Schriftsteller, dessen Schaffenskreis die schöne Literatur ist, als ein verdienter betrachtet werden muß, ob seine Schöpfungen es verdienen, daß der Staat ihrem Autor aus öffentlichen Mitteln eine Unterstützung im Alter zuwendet«. [420] In beiden Fällen, dem literarischen Bureau sowie dem Gutachteranspruch, reichten die qualitativen Prinzipien der DSV-Politik weit in die wirtschaftlichen und sozialen Belange seiner Mitglieder und der Schriftsteller allgemein hinein.

Um die Jahrhundertwende war der DSV darüber hinaus bemüht, in Preußen parallel zur Akademie der Künste und Wissenschaft eine Akademie der Literatur ins Leben zu rufen, die u. a. der Pflege und Förderung des deutschen Schrifttums dienen sollte. Trotz anfänglicher positiver Aufnahme des Plans durch das Preußische Kultusministerium scheiterte der Plan, als statt einer Akademie nur eine ›Zentralstelle für Angelegenheiten der Literatur und der Schriftsteller‹ gegründet werden sollte. Dem DSV widerstrebte, daß für die Zentralstelle kein fester staatlicher Etat vorgesehen sein sollte, daß er also die finanziellen Mittel hätte ›zusammenschmeicheln‹ müssen. [421]

Es zeigt sich, daß der DSV mehrere Initiativen zur Pflege der Literatur und zur Förderung besonders qualitativer Arbeiten geplant, eingeleitet oder ergriffen hatte, um das Ansehen der Schriftsteller und das Niveau der Literatur zu heben.

Aufschlußreich für das Wertklima des DSV sind auch die Berichte über seine Mitgliederversammlungen. Zwar wurde im Gegensatz zum ADSV betont, daß festliche Veranstaltungen nur soweit gebilligt werden sollten, wie weit sie die berufspolitischen Beratungen nicht beeinträchtigten [422], doch sind von allen Mitgliederversammlungen umfangreiche Festberichte überliefert, in denen von zahlreichen Empfängen, Ausflügen, Theaterbesuchen und Weinfesten berichtet wird. [423] Auch die Verbandstage des vom DSV mitbegründeten und mitorganisierten VDJS »waren meist mit glänzenden Festlichkeiten, offiziellen Empfängen von seiten der Regierungen und Behörden, Audienzen bei den Landesfürsten verbunden«. [424] Es zeigt sich, daß das festliche Moment verbunden mit Akten der Repräsentation in den Schriftstellerverbänden vor dem 1. Weltkrieg noch eine große Rolle spielte.

Für den ASV wurde bereits nachgewiesen, daß er eine kontinuierliche Beratung seiner Mitglieder im Sinne einer Anpassung an die Erwartungen der Abnehmer ihrer Arbeiten betrieb. Außerdem wurde darauf hingewiesen, daß der ASV als einziger Verband die Ausübung von Kritik in seine Zweckbestimmungen mit aufgenommen hatte (s. 2.2.1, S. 36). Zu diesem Zweck errichtete er eine »Kritische Abteilung«, die am 1. 12. 1902 zum ersten Mal in seinem Verbandsorgan erwähnt wurde. Gegen Gebühren konnten von dieser Abteilung alle Arten von Manuskripten begutachtet werden, wobei besonders gut kritisierte Manuskripte an den literarischen Abenden des Vereins zum Vortrag gebracht werden sollten. [425] Ein weiterer Versuch, die literarischen Arbeiten der Mitglieder zu fördern, wurde Anfang 1902 durch die Gründung eines »Vereins Versuchbühne« zum Zweck von Theateraufführungen unbekannter Autoren gemacht. [426] Nachdem dieser Plan wegen Unstimmigkeiten zwischen den leitenden Personen schließlich scheiterte [427], wurde er erneut aufgegriffen, wobei »sorgfältig ausgesuchte Stücke unserer Mitglieder auf einem großen renommierten Theater Berlins mit den besten Kräften« zur Aufführung gebracht werden sollten. Wenn nur eine von zwanzig solcher Aufführungen den Durchbruch eines Autors ermöglichen würde, glaubte man, das Ziel dieses Unternehmens erreicht zu haben. [428] Wenn dieser Plan auch nicht verwirklicht werden konnte, er wurde später nicht einmal mehr erwähnt, so ist doch erwiesen, daß der ASV zumindest zur Zeit seiner Gründung große Anstrengungen unternahm, die Arbeiten seiner Mitglieder unter Berücksichtigung qualitativer Aspekte zu fördern. Wenn M. Hirschfeld später erklärte, daß der ASV als ein wirtschaftlicher Berufsverband nicht die Aufgabe einer Art Kunsterziehung habe [429], kann dies als eine Einsicht in die Undurchführbarkeit seiner Pläne zur Förderung seiner Mitglieder angesehen werden.

Auch das gesellige Moment hat im ASV, entgegen einer Behauptung H. Schmitts [430], eine bedeutende Rolle gespielt. Nicht nur, daß Geselligkeit in die Zweckbestimmungen der Satzung aufgenommen war; Vorläufer, bzw. erstes Stadium in der Entstehungsgeschichte des ASV war die »Gesellige Zusammenkunft«, die seit dem 3. 6. 1899 regelmäßig tagte [431], die auf ihrem 1. Jahrestag in »Federklub« umbenannt [432] und nach der Gründung des ASV als selbständige Abteilung in den Verein mit einbezogen wurde. [433] Zahlreiche Ankündigungen und Berichte von geselligen Veranstaltungen in allen Jahrgängen des Verbandsorgans, die z. T. mit musikalischer Unterhaltung, z. T. mit literarischen Lesungen verbunden, der Auflockerung der Verbandsarbeit dienten, deuten darauf hin, daß sie ohne Aufgaben der Repräsentation des Verbandes nach außen eher den Charakter von Vereinsmeierei hatten, den Veranstaltungen der bereits genannten Verbände gegenüber also eine Verflachung bedeuteten.

Interessant ist, wie das KlA seine bereits dargestellten literarischen Interessen durchzusetzen versuchte. Man glaubte, eine ›ästhetisch gerechtfertigte Handhabung des Nachdruckswesens‹ herbeiführen zu können, wenn man für alle innerhalb wie außerhalb des Kartells stehenden Lyriker gleiche Zeilenhonorare durchsetzen könnte. Diese Überlegung ging von der Überzeugung aus, daß ein Verleger als Geschäftsmann erst dann Werke ›bedeutender Dichter‹ beim Nachdruck bevorzugen werde, wenn er »ein künstlerisch wertloses Gedicht genau so hoch wird bezahlen müssen wie ein wertvolles von gleicher Zeilenzahl«; nicht mehr der ›Geschäftswert des Autors‹, sondern der ›Kunstwert des Werkes‹ werde dann den Ausschlag geben. [434] Hier sollte also durch wirtschaftliche Maßnahmen eine qualitative Förderung der Literatur erreicht werden. Einen weiteren sehr interessanten Hinweis auf das KlA bringt die Umstrukturierung des Komitees im März 1919, die notwendig wurde, als vom Gründungs-Komittee nur noch R. Dehmel, H. v. Hofmannsthal, A. Holz und A. Mombert am Leben waren. Anläßlich dieser Umstrukturierung wurde die alte Satzungsbestimmung als nicht mehr zeitgemäß abgeschafft, nach der diejenigen Kartellmitglieder bei der Wahl in das Komittee bevorzugt werden sollten, die in den jeweils letzten drei Jahren am meisten honoriert worden waren. Jetzt beschloß man einstimmig, sich aus den begabtesten jüngeren Lyrikern, besonders auch aus denen der Arbeiterschaft, zu ergänzen, wobei die Wahl auf H. Lersch, A. R. Meyer und P. Zech fiel. [435] Durch diese organisatorische Maßnahme wurden zugleich auch eine bestimmte literarische Richtung und ihre Repräsentanten anerkannt und gefördert.

Der WSB verpflichtete jedes seiner Mitglieder im § 11 seiner Satzung,

»[...] vierteljährlich wenigstens ein Werk eines Mitgliedes von einem Bande, das ihnen vom Bunde überreicht wird, kostenlos eingehend zu prüfen und schriftlich zu beurteilen.« [436]

Diese für die in dieser Arbeit behandelten deutschen Schriftstellerverbände einmalige Bestimmung entsprach offenbar einem Versuch, die Mitglieder des WSB über die gemeinsamen berufspolitischen Interessen hinaus auch zu einer literarischen Gemeinschaft werden zu lassen. Über eine Durchführung dieser Satzungsbestimmung ist nichts bekannt.

Im SDS wurde wie vom DSV in einigen Fällen die Forderung nach einer staatlichen Unterstützung von Schriftstellern und des Schrifttums mit der Forderung verbunden, in solchen Fällen die literarische Qualität der zu unterstützenden Autoren mit zu berücksichtigen. [437] Diese Forderungen standen jedoch nur am Rande der übrigen Diskussion in diesem Verband. Andererseits glaubte aber auch der SDS, zum Schutz gegen von ihm als ungerechtfertigt angesehene Zensurmaßnahmen eine offizielle Gutachterfunktion übernehmen zu können. Schon 1921 schlug H. Mann vor, daß Sachverständige der Zensurbehörden nur unter Mitwirkung des SDS ernannt werden sollten, ein Ziel, das er durch eine Eingabe an den Reichspräsidenten erreichen wollte. [438] 1925 gelang es schließlich dem Verband, mit der Preußischen Regierung eine ›Kunstkommission‹ zu verabreden, nach der literarische Verfolgungen ohne vorherige Einholung von Gutachten beim SDS nicht stattfinden durften [439]; A. Eloesser bat daraufhin die Mitglieder des Verbands, den Vorstand bei der Begutachtung ›fragwürdiger Schriften‹ zu unterstützen. [440] Es wird somit deutlich, daß auch der SDS glaubte, seine berufspolitischen Aktivitäten mit literarisch wertenden Stellungnahmen verbinden zu müssen, wenn auch in der Meinung, damit Schriftsteller vor ungerechtfertigten behördlichen Übergriffen schützen zu können. In dieser Bereitschaft des SDS, mitverantwortlich zu entscheiden, was als unsittlich oder nicht unsittlich gewertet werden sollte, muß ein aktives Eingreifen in die literarische Produktion einzelner Autoren gesehen werden.

Während die jährlichen Mitgliederversammlungen des SDS reine Arbeitssitzungen ohne repräsentativen Veranstaltungsrahmen waren, wurde in den Gau- und Ortsgruppen die gesellige Ebene des Verbandslebens rege gepflegt. Wöchentliche bis monatliche Zusammenkünfte gab es in den meisten dieser Untergliederungen des SDS, wobei nur in wenigen Fällen ein repräsentativer Rahmen für einzelne Veranstaltungen gesucht wurde. Hervorzuheben ist die Vortragstätigkeit des SDS Gau Bayern, die durch Besuche von Behörden, Oberbürgermeistern und Vertretern des Kultusministeriums ›ausgezeichnet‹ wurden [441], sowie die jährlich veranstaltete Hamburger Buchwoche des SDS Gau Nordwest, die mit Lesungen und Ausstellungen an die Öffentlichkeit trat. [442] Die zahlreichen Stammtische für SDS-Mitglieder, die an verschiedenen Orten regelmäßig gepflegt wurden, weisen jedoch darauf hin, daß auch in den Orts- und Gaugruppen des SDS eine vereinsmeierliche Geselligkeit gepflegt wurde. Die wichtigste Leistung des vom SDS mitbegründeten »Reichsverbandes des deutschen Schrifttums« war die Gründung einer »Notgemeinschaft des deutschen Schrifttums«. Auf die Umstände dieser Gründung wird an späterer Stelle eingegangen, auch auf die Hauptaufgabe der Notgemeinschaft, eine Konzentration der Initiativen aller angeschlossenen Schriftstellerverbände und Stiftungen bei der Vertretung der sozialen Interessen der Schriftsteller zu gewährleisten (s. 3.2.2, S. 125 f.). Neben dieser mit ›Hilfe an der Person‹ betitelten Aufgabe, plante die Notgemeinschaft gemäß § 5 ihrer Satzung auch eine ›Hilfe am Werk‹, die für diesen Abschnitt besonders interessant ist:

»Die Notgemeinschaft *beabsichtigt*, eine Prüfungsabteilung zu bestellen und zu unterhalten, die diejenigen Werke lebender und verstorbener Schriftsteller, die bisher unveröffentlicht blieben, daraufhin prüft, ob es sich um kulturwichtige Werke handelt, für die der Verlagsbuchhandel unter den obwaltenden Wirtschaftsverhältnissen die Veröffentlichung ablehnt. Nötigenfalls wird die Notgemeinschaft Mittel zur Verfügung stellen, um das Erscheinen solcher Werke zu ermöglichen, entweder unmittelbar in
a) Druckkostenzuschüssen,
b) Beteiligung am Autorenhonorar,
c) Werkbeleihung,
oder mittelbar durch Übernahme einer bestimmten Stückzahl des betreffenden Werkes; insbesondere zur Verteilung an Volksbibliotheken des Inlandes und des Auslanddeutschtums.
Die Notgemeinschaft kann nach Maßgabe ihrer Mittel zur Förderung wertvollen schriftstellerischen Schaffens Preise aussetzen.
Die Notgemeinschaft wird für die Erhaltung derjenigen schriftstellerischen Nachlässe und Archive Sorge tragen, die Bedeutung für die deutsche Kultur besitzen.« [443]

In Anbetracht der Tatsache, daß der Notgemeinschaft mehrere große deutsche Schriftstellerverbände und einige renommierte Stiftungen angehörten, muß in diesem Dokument ein in deutschen Schriftstellerkreisen bzw. in ihren Berufsorganisationen allgemein anerkannter Grundgedanke ausgesprochen gesehen werden, nach dem auch die wirtschaftlichen schriftstellerischen Berufsverbände sowohl in die Pflege der Nachlässe verstorbener Schriftsteller als auch in Förderung lebender Autoren selektiv wertend eingreifen sollten. Wichtig ist, daß somit auch die schriftstellerischen Berufsverbände zur Repräsentation deutscher Kultur aufgerufen wurden. Als dieser Plan einer ›Hilfe am Werk‹ schon bald wieder fallen gelassen wurde, beruhte dies nicht auf einer Änderung dieser Einstellung den Aufgaben der Schriftstellerverbände gegenüber, sondern im wesentlichen auf finanziellen Erwägungen. [444] Es zeigt sich somit, daß auch der SDS, der in seiner eigenen Arbeit keine derartigen Interessen verfolgte, ihnen dennoch aufgeschlossen gegenüberstand.

Es wurde bereits erwähnt, daß die deutschen Schriftstellerverbände nach 1945 versuchten, Schriftsteller auszuschalten, die sich durch eine Unterstützung des NS-Regimes hervorgetan hatten. Diesem Versuch entsprach in einigen Fällen eine Diskussion über Maßstäbe und Werte der Literatur in der Nachkriegszeit. Hervorzuheben ist hierbei der Versuch des SDS-Bayern, 1947 durch eine Umfrage unter dem Titel »Was ist mit der deutschen Literatur?« dazu beizutragen, »einen echten Standort zu gewinnen und von diesem Standort aus das Leben, das Hier und

Heute nicht nur darzustellen, sondern auch zu prägen«. Dieser Versuch ging von der Überlegung aus, daß Einfluß und Geltung der deutschen Literatur nach 1945 deshalb gering seien, »weil es ihr an klaren Konturen und Konzeptionen, an geistiger und moralischer Leidenschaft gebricht«. [445] In dieser Begründung der Umfrage zeigt sich nicht nur deutlich eine ablehnende Wertung weiter Bereiche der Nachkriegsliteratur, sondern auch der Versuch, durch Gewinnung einer neuen Position zu einer Hebung der literarischen Qualität, der Bedeutung und des Ansehens der deutschen Literatur beizutragen.

Der SDA-Berlin versuchte auf andere Weise die Literatur der Nachkriegszeit zu fördern: er beteiligte sich federführend am Kuratorium der »Deutschen Dichterstiftung«, in der er satzungsgemäß den Vorstand stellte. Diese Stiftung erhielt 1947 von der Provinzialregierung Brandenburg das Barockschlößchen Wiepersdorf, einst im Besitz von Bettina und Achim von Arnim, die dort begraben sind, und deren Bibliothek dort noch vorhanden war. Der SDA plante, in diesem Schloß ›eine Art von weltlichem Kloster für Schaffende‹ einzurichten. [446] Über diese Aktivität hinaus begründete der SDA einen Heinrich-Heine-Preis, dem dadurch ein besonderes Gewicht beigemessen wurde, daß durch ihn die Autorenschaft selbst einem Schriftsteller aus ihren Reihen als einem besonderen schöpferischen Talent ihre Anerkennung vor aller Öffentlichkeit bezeugen sollte. [447]

1969 versuchte der SDS-Berlin auf Initiative von I. Drewitz, junge Autoren zu fördern und durch den Verband der Öffentlichkeit vorzustellen, um somit das Gewicht junger Autoren im Verband zu stärken. [448]

1950 schlug der SDA-Nordwest ein Gesetz zur Schaffung eines deutschen Kulturfonds vor, nach dem urheberrechtlich nicht mehr geschützte Werke zum Volkseigentum erklärt und dann von der Deutschen Akademie für Sprache und Dichtung in Verbindung mit dem VDA verwaltet werden, wobei allein die Akademie die Rechte zur Verwertung literarischer Nachlässe erhalten sollte. Aus dem Gewinn dieser Rechte sollten 60 % in einen noch zu begründenden Kulturfonds der Bundesrepublik fließen, davon war ein Drittel zur Hilfe und Unterstützung junger und strebsamer Künstler sowie Wissenschaftler vorgesehen. [449] Die Verwirklichung dieses Plans hätte einen weitgehenden Einfluß der Akademie und des VDA auf die literarische Produktion zur Folge gehabt. Daß sowohl die gezielte Nachwuchsförderung als auch die Herausgabe urheberrechtlich nicht mehr geschützter Werke nicht ohne wertende Stellungnahme erfolgen kann, muß auch dem VDA bewußt gewesen sein. Legt man zudem das Wertklima der Verbände jener Zeit zugrunde, kann in diesem Plan auch die Möglichkeit einer Einschränkung literarisch innovatorischer Versuche gesehen werden.

Daß die Überlegungen der deutschen Schriftstellerverbände in der Nachkriegszeit in Richtung einer institutionalisierten Förderung der Literatur eine zentrale Rolle spielten, zeigt sich auch aus der Erwartung, daß der auf dem 1. deutschen Schriftstellerkongreß 1947 gegründete Koordinationsausschuß noch auf dem Kongreß eine Akademie für Sprache und Dichtung gründen werde. [450] Es ist bereits darauf hingewiesen worden, daß die dem Koordinationsausschuß angehörenden Verbände auf ihrer 1. Tagung beschlossen, die Unterstützung der Mitglieder außer von der Bedingung hauptberuflicher Tätigkeit auch von qualitativen Merkmalen abhängig zu machen (s. 2.4.1, S. 83 f.), was sich im Fall der Nachwuchsautoren geradezu diskriminierend auswirken mußte. Nachdem es dem Koordinationsausschuß nicht gelungen war, eine Schriftsteller-Akademie ins Leben zu rufen, vermochte der VDA diesen Schritt am 14. 3. 1949 einen Tag nach seiner Gründung zu vollziehen. Ohne Debatte wurde die Gründung der »Deutschen Akademie für Sprache und Dichtung« einstimmig gebilligt. Die Bedeutung, die diesem Beschluß beigemessen wurde, kommt in einer Formulierung des Protokolls zum Ausdruck, in der es heißt: »Die Spannung löste sich so spontan, daß sämtliche Anwesenden, ohne Ausnahme, die Hände begeistert hoben und dann in ein langes Beifallklatschen ausbrachen. Die Akademie ist gegründet.« [451] Von H. Berl wurde eine dieser Bedeutung angemessene künstlerisch wertvolle Urkunde gefordert, in der der historische Augenblick der Akademie-Gründung gewürdigt werden sollte. Dem Gründungstext wurde folgende Präambel vorangestellt:

»Der bevorstehende 200. Geburtstag Goethes macht die Gründung der ›Deutschen Akademie‹ zu einer Angelegenheit aller Deutschen, als deren Sachwalter sich der ›Verband Deutscher Autoren‹ betrachtet.« [452]

Neben dem Hinweis auf den 200. Geburtstag Goethes und somit auf die literarische Tradition ist die Tatsache interessant, daß sich der VDA als Sachwalter der kulturellen Interessen aller Deutschen verstand, also als Organisation zur Repräsentation deutscher Kultur.

Nicht nur durch diese Gründung der Akademie versuchte der VDA die kulturellen Interessen der Schriftsteller zu verwirklichen; auf seiner 1. Hauptversammlung wurde beschlossen, bei allen zuständigen staatlichen Stellen zu beantragen, daß die öffentlich subventionierten Theater verpflichtet werden, einen bestimmten Betrag der öffentlichen Mittel für Uraufführungen lebender deutscher Autoren zu verwenden. [453] 1951 forderte der VDA alle Dramatiker auf, ihm mitzuteilen, welche Dramen zur Aufführung bereit lägen, damit er zur Stützung seiner Forderung ein Verzeichnis aller ›künstlerisch wertvollen und aufführungsreifen Stücke‹ erarbeiten könne, wobei das dazu notwendige Lektorat des VDA sich vorbehalten sollte, eine strenge Auswahl der Stücke zu treffen. [454] Auch hier zeigte sich deutlich der Wille des Berufsverbandes, aktiv wertend in die Absatzchancen seiner Mitglieder einzugreifen.

Auch auf anderen Gebieten waren die Schriftstellerverbände der Nachkriegszeit dazu bereit, für das Bild der deutschen Literatur in der Öffentlichkeit Sorge zu tragen. Noch bevor am 9. 6. 1953 ein neues »Gesetz über die Verbreitung jugendgefährdender Schriften« in der Bundesrepublik verabschiedet wurde, beschloß die neugegründete Vereinigung auf ihrer Tagung am 27.–30. 4. 1952 in Berlin einstimmig, selber aktiv auf dem Gebiet des guten Jugendbuches zu werden und

»[...] alle Autoren, Verleger, Buchhändler und Behörden zur tatkräftigen Förderung des guten Jugendbuches aufzufordern, und dadurch der Gefährdung der Jugend durch Schund- und Schmutzschriften entgegenzutreten.« [455]

Nach der Verabschiedung des Gesetzes unterstützte die Vereinigung die Maßnahmen zur Durchführung, indem sie für die dafür vorgesehene Bundesprüfstelle Mitglieder und deren Stellvertreter vorschlug. [456] Auf die Haltung der Vereinigung gegenüber diesem Gesetz wird in anderem Zusammenhang noch zurückzukommen sein (s. 4.4.1, S. 312); in diesem Zusammenhang ist wichtig, daß sich die Vereinigung an der Kontrolle der Jugendliteratur beteiligte, also an staatlichen Zensurmaßnahmen Anteil suchte. So protestierte die Vereinigung 1955 gegen das Vorgehen von Behörden, die nach § 184 StGB (Verbreitung unzüchtiger Schriften) gegen einzelne Autoren vorgegangen waren, ohne dabei die Schriftstellerverbände als Organisation der Sachverständigen zu Rate gezogen zu haben. [457]

Weitere literaturfördernde Interessen vertrat die Vereinigung mit ihrem Plan, aus einem Fonds, der aus einer angestrebten Urhebernachfolgetantieme bezogen werden sollte [458], mit ihrer Mitsprache Gelder zu verteilen, wie z. B. ›Ehrensolde an Urheber, deren Verdienste dies rechtfertigen‹, Unterstützung von bedürftigen Hinterbliebenen ›verdienter Urheber‹ und Förderungsbeihilfen an ›begabte Urheber‹. [459] Bei diesen geplanten wirtschaftlichen und sozialen Maßnahmen fällt vor allem der stark wertende Akzent auf, der als Versuch einer selektiven Förderung angesehen werden muß. Dies entspricht auch dem Argument, mit dem von der Vereinigung die Gründung der »Berlin-Stiftung für Dichtung und Sprache des Kulturkreises der Deutschen Industrie (BDI)« begrüßt wurde: man sah in der Stiftung eine willkommene Möglichkeit, ›wirklich dichterischen Nachwuchs‹ fördern zu können. [460]

Ein weiterer großer Teil der literarischen Interessen der Vereinigung beruhte auf einer Unterstützung der Arbeit der Landesverbände, die durch Lesungen, Zusammenkünfte und Kongresse Förderungsmaßnahmen des Schrifttums ergriffen. Auf die einzelnen Aktivitäten dieser Art kann in dieser Arbeit aus Platzgründen nicht eingegangen werden. Vom Präsidium der Vereinigung wurde jedoch betont, daß sich die Dachorganisation an derartigen Förderungsmaßnahmen beteiligte, indem sie Auslandsstipendien für ›begabte deutsche Schriftsteller gerecht nach Verdienst‹ verteilte oder Sachverständigengutachten abgab, wenn es sich um die Bewertung literarischer Nachlässe oder sonstiger einschlägiger literarischer Fragen handelte. [461]

Erst im letzten Jahr der Bundesvereinigung änderte sie ihre Haltung in den Fragen literarischer Wertung. So lehnte sie es ab, weiterhin Delegierte in die Bundesprüfstelle für jugendgefährdende Schriften zu entsenden, da sie der Auffassung war, »daß die Praxis der Bundesprüfstelle mit ihrem katholisch-konservativen Gepräge und dem Prinzip eines gewissen obrigkeitsstaatlichen Dirigismus nicht mehr den liberalen Verhältnissen in der Bundesregierung gerecht wird«. [462] Das Präsidium der Bundesvereinigung regte darüber hinaus die Auflösung der Bundesprüfstelle an, sie stellte es aber einzelnen Schriftstellern frei, in der Prüfstelle weiter mitzuarbeiten, »nur eben nicht mehr als Beauftragter der Schriftstellerverbände«. [463] Die Tatsache, daß der gesamte Vorstand der Bundesvereinigung diesen Schritt des Präsidiums nachträglich einstimmig billigte [464], unterstreicht den Wandel im Selbstverständnis der Bundesvereinigung.

Ähnlich wie der DSV und seine Vorläufer glaubten auch die deutschen Schriftstellerverbände der Nachkriegszeit, Veranstaltungen mit besonders festlichem Rahmen zur Repräsentation seiner kulturellen Aufgaben abhalten zu müssen. So wurde die 1. Tagung des Koordinationsausschusses am 17. 1. 1948 in Frankfurt im Gewerkschaftshaus feierlich mit musikalischer Umrahmung, Rezitationen und Vorträgen eröffnet. [465] Auch die Gründungsversammlung des VDA hatte durch ein Programm mit einem Festvortrag von W. v. Hollander über »Die Aufgabe des Geistigen heute« einen ›würdigen Auftakt‹ [466], und bald nach ihrer Gründung veranstaltete die Vereinigung am 27.–30. 4. 1952 in Berlin einen Schriftsteller-Kongreß, der der Repräsentation des Verbandes durch seine prominenten Vertreter auf Fest- und Vortragsveranstaltungen diente. [467] Während diese Veranstaltungen noch dem Willen zur Repräsentation des kulturellen Anliegens der Verbände entsprachen, deutete sich bereits gegen Ende der 50er Jahre in den Landesverbänden der Vereinigung eine Verflachung der repräsentativen Verbandsfunktionen ins Vereinsmeierliche ab, eine Tendenz, die auch schon für die Zeit vor 1933 beobachtet werden konnte. Im Verbandsorgan des SDA-Nordwest erschienen u. a. Beiträge, die ein geselliges Zusammenkommen der Verbandsmitglieder propagierten und den geistigen Austausch sowie die Pflege persönlicher Beziehungen über die berufspolitischen Interessen der ›reinen Zweckorganisation‹ stellten. Einem anonymen Bericht zufolge kamen die SDA-Mitglieder allmonatlich zusammen ›wie in einen Club‹: »Die Verbandsmitglieder fühlen sich trotz mancher persönlicher Eigenheiten mehr denn je zu einer familiären Gemeinschaft zusammenwachsen. Die Zusammenkünfte tragen einen intimeren Charakter [...] Das Verbandsleben ist in einem Wandel begriffen, den viele Mitglieder bereits erkannt und schätzen gelernt haben. Sie begrüßen ihn, weil er der Pflege des Gesprächs ebenso wie der Verbindung Gleichgesinnter dienlich ist. [...] Es sollte alles geschehen, um diese neue Art des Verbandslebens zu fördern!« [468] Auf der anderen Seite wurde eine ›profunde Gleichgültigkeit und Teilnahmslosigkeit‹ der Mitglieder gegenüber ihrem Verband und die ›tödliche Langeweile‹ eines ›Dornröschenschlafs‹ beklagt, an dessen Ende der Verband den Anforderungen, die an ihn gestellt werden, nicht mehr gewachsen sein könnte. [469] 1969 prangerten Repräsentanten z. B. des SDS-Berlin die ›Segelclubatmosphäre‹ und die ›Mentalität von Anglern und Taubenzüchtern‹ in ihrem Verband an, in dem Kaffee-Kränzchen und ›telefonische Vereinsmeierei‹ eine berufspolitisch wirksame Arbeit erschwert, wenn nicht verhindert hätten. [470] Die mangelnde Attraktivität der Vereinigung, durch die sie von Anfang an gekennzeichnet war, hat sich im Laufe der Jahre in einer zunehmenden Vereinsmentalität vieler Mitglieder niedergeschlagen, die zuletzt das Verbandsgeschehen weitgehend bestimmt zu haben scheint.

Auf der Gründungsveranstaltung des VS betonte D. Lattmann, daß der neue Verband Nüchternheit anstrebe; ohne musikalische Umrahmung und ohne die Demonstration von Symbolen (Lorbeer) sollte die Arbeit des VS sachbezogen beginnen. [471] Diesen Arbeitsstil hat der VS bisher durchzuhalten vermocht, wenn auch nach wie vor alte und neue Stammtischrunden in einzelnen Landesgruppen existieren.

Wie an der Satzung des VS und auch des VS in der IG Druck und Papier zu ersehen war, vertritt der VS u. a. auch die kulturellen Interessen seiner Mitglieder (s. 2.2.5, S. 42 f.). In seinem 12-Punkte-Programm, das der VS bei seiner Gründung verkündete, versprach er, in der Bundesrepublik und auf internationaler Ebene kulturelle Veranstaltungen zu organisieren. [472] Derartige Pläne wurden u. a. durch Lesungen junger deutschsprachiger Autoren am 24. 10 und 28. 11. 1969 in Berlin [473] sowie durch eine zusammen mit dem bundesdeutschen PEN-Club gemeinschaftlich veranstaltete stellvertretende Lesung tschechoslowakischer Autoren durch H. Böll, G. Grass und Th. Koch am 26. 11. 1970 in Frankfurt verwirklicht. [474] Der wesentliche Anteil dieses Satzungsauftrags wird jedoch wie in der Vereinigung von den Landesgruppen des VS getragen. [475]

In diesem Zusammenhang bemerkenswert sind auch die Aufträge, die der 1. und der 2. Schriftstellerkongreß des VS sowohl dem VS-Bundesvorstand als auch den Verbandsmitgliedern gaben, das Programm und die Arbeit des »Werkkreises Literatur der Arbeitswelt« wirksam zu unterstützen und zu verbreiten. [476] Die hier gegebene Hervorhebung einer bestimmten literarischen Richtung und Gruppe scheint auf den ersten Blick in deutlichem Widerspruch zu der wiederholten Aussage des VS zu stehen, literarische Wertungen gehörten nicht zu den Aufgaben eines schriftstellerischen Berufsverbandes. Daß diese Unterstützung des ›Werkkreises‹ im VS jedoch nicht ästhetisch, sondern politisch motiviert war, wird noch eingehend behandelt werden (s. 2.5.5, S. 115 f. u. 4.4.2, S. 347 f.). Die Bereitschaft des VS, durch seine organisatorische Arbeit auch die deutsche Literatur zu fördern, zeigte sich darin, daß er aus einem Sozialfonds Arbeitshilfen für junge Schriftsteleir abführen will. [477] Diese Unterstützungsmaßnahmen sollen durch einen Autoren-Rat des VS verteilt werden, der auf dem 2. Schriftstellerkongreß des VS 1973 in Hamburg gewählt worden ist. [478] Da es undenkbar ist, daß der VS jeden beliebigen jungen Autor unterstützen kann, muß vom Autorenrat des VS ein Vorgehen nach qualitativen Gesichtspunkten oder persönlichen Vorlieben einzelner Entscheidungsbevollmächtigter erwartet werden.

Anders als der VS hat sich der FDA schon auf bayerischer Ebene die Aufgabe gesetzt, kulturelle Veranstaltungen, Autorenlesungen, Vorstellung neuer Werke und Preisverteilungen zu organisieren. [479] Diesen kulturellen Aufgaben, die einem ›aktiven Schriftstellerverband‹ zugesprochen wurden, versuchte der FDA durch die Herausgabe der literarischen Zeitschrift »Neues Kulturforum« zu entsprechen, in der u. a. ›verdiente Kollegen‹ gewürdigt, ihre Werke hervorgehoben, auf Neuerscheinungen, Arbeitspläne und ›bedeutsame Sendungen‹ hingewiesen werden sollte. [480] Entsprechend seiner Aufgabe einer Förderung verkannter und unentdeckter Autoren (s. 2.5.2, S. 99 f.) und seinem Verständnis von schriftstellerischer Autonomie (s. 2.4.2, S. 93), versucht der FDA auf Bundesebene durch die Verleihung seines »Freiheitspreises des DAR« die ihm gemäße Literatur öffentlich zu repräsentieren. Über diesen Preis heißt es im § 11 (5) der FDA-Satzung:

»Der DAR verleiht mindestens alle vier Jahre einen Preis mit der Bezeichnung
Preis für deutsche Literatur, Wissenschaft und Politik – für die Freiheit des Geistes –.

Der DAR errichtet dazu eine Stiftung namens ›Stiftung des Deutschen Autorenrates‹. Das nähere regelt die Stiftungsordnung des DAR.« [481]

Über diesen Preis hinaus hat der FDA auch die Vergabe von Autoren-Stipendien, die von 3 Monaten bis zu 2 Jahren bewilligt werden sollen, vorgesehen, wozu er erklärte:

»Arbeitshilfen für jüngere oder solche Autoren, die trotz ihrer Leistungen sich in der Öffentlichkeit noch nicht durchsetzen konnten vergibt der FREIE DEUTSCHE AUTORENVERBAND auf Empfehlung des Deutschen Autorenrates ungefähr im Rahmen des ›Honnefer-Modells‹.« [482]

Wenn auch abgewartet werden muß, ob der FDA überhaupt seine hochgesteckten Ziele erreichen kann, so ist doch deutlich, daß er stärker als alle anderen Schriftstellerverbände vor ihm versucht, direkt in die Selbstdarstellung der deutschen Schriftsteller und in die Entwicklung der deutschen Literatur aus seinem Literaturverständnis heraus einzuwirken.

Zusammenfassend läßt sich für die hier untersuchten deutschen Schriftstellerverbände feststellen, daß sie seit der Gründung des ADSV durch verschiedene Maßnahmen fördernd auf die deutsche Literatur und ihre Autoren einwirkten und noch einwirken. Diese Maßnahmen reichten von der Repräsentation einer bestimmten literarischen Tradition über Gutachten und Veranstaltung von Autorenlesungen bis zur Bindung sozialer Unterstützungen an qualitative Forderungen. Grundsätzlich muß davon ausgegangen werden, daß jede Stellungnahme innerhalb eines derart heterogenen Bereiches wie dem des Schriftstellerberufs und der Literatur Wertungen enthalten muß, auch wenn es um die Frage der Berufsabgrenzung geht. Dieser Wertung, ob sie nun eng oder sehr weit gespannt ausfällt, kann sich kein schriftstellerischer Berufsverband entziehen. Die Frage ist, wie weit die wertende Position in die Berufspolitik einfließt, ob sie lediglich der notwendigen Abgrenzung oder auch der an Qualitätsmerkmalen orientierten Förderung einzelner Autoren oder ganzer literarischer Richtungen dient. Festzustellen ist, daß die meisten der dieser Arbeit zugrunde liegenden Verbände, ob sie es zugaben oder nicht, faktisch wertend auch in die literarische Produktion einzuwirken bereit waren. Hiermit gingen sie weit über die engeren Funktionen eines reinen beruflichen Interessenverbandes hinaus.

2.5.4 *Schriftstellerberuf und schriftstellerische Berufsausbildung*

Es ist bereits in der Einleitung darauf hingewiesen worden, daß für die Definition des Schriftstellerberufs das Kriterium der Berufsausbildung nicht gegeben und daß in der Literatur über den Schriftstellerberuf und seine Verbände dieser Mangel wiederholt hervorgehoben worden ist (s. 1.2.3, S. 20). Es soll nun danach gefragt werden, wie sich die Schriftstellerverbände zu der Frage einer berufsspezifischen Ausbildung für Schriftsteller stellten.

Als erster hatte V. Blüthgen als Sprecher des DSV eine akademische Ausbildung auch für Schriftsteller gefordert, die den Schriftsteller mit anderen künstlerischen

Berufen wie Musikern und Bildenden Künstlern gleichstellen sollte. V. Blüthgen wies darauf hin, daß auch die Dichtkunst erlernbare Techniken besitze, wie sie bereits von G. Freytag im Bereich des Dramas und F. Spielhagen im Bereich des Romans dargestellt worden seien. Eine gründliche Ausbildung würde für den einzelnen Autor viel Kraft ersparen, die bisher durch Tasten und Ausprobieren vergeudet werde. Nicht zuletzt sah V. Blüthgen in einer schriftstellerischen Berufsausbildung eine Chance, dem Dilettantismus wirksamer begegnen zu können. [483] Diese Anregungen blieben im DSV jedoch ohne weitere Resonanz.

Auch im WSB wurde ein einziges Mal die Frage einer Berufsausbildung als Befähigungsnachweis für Schriftsteller erörtert, doch wurde im Gegensatz zu V. Blüthgen hier eine Ausbildung für Schriftsteller abgelehnt. Als ›öffentliche Prüfung‹ eines Autors wurde sein jeweiliger Erfolg angesehen: »Zum Stande gehört also derjenige, der jedesmal die Prüfung besteht.« [484] P. Bourfeind scheint die Problematik dieser Aussage nicht aufgefallen zu sein, die darin zu sehen ist, daß z. B. innovatorische literarische Arbeiten zu Anfang weniger Aussichten auf einen Publikumserfolg haben als eine Literatur, die auf einfachen, gewohnten Gleisen fährt. Das Messen am Erfolg beinhaltet also u. a. eine Wertung aus traditionaler Sicht.

Ähnlich wie P. Bourfeind lehnte auch A. Grabowsky im SDS den Gedanken an eine Schriftsteller-Ausbildung mit einer Abschlußprüfung ab, da der ›reine Schriftsteller‹ nicht durch theoretische Kollegs und Examina gefördert werden könne. [485]

Nach 1945 tauchte eine Erörterung dieses Problems in der Vereinigung nur ein einziges Mal auf. Anlaß dazu war das Erscheinen des von O. Schumann herausgegebenen Buches »Das Manuskript«, das als ein ›Lehrbuch zum Selbstunterricht‹ gedacht war. [486] Unter dem Titel »Sind Dichterschulen unzeitgemäß?« erschien im Verbandsorgan der Vereinigung eine anonyme Besprechung dieser Publikation, in der festgestellt wurde, daß die angebliche Nicht-Erlernbarkeit schriftstellerischer Tätigkeit trotz vieler Gegenbeispiele wie dem George-Kreis und der Gruppe 47, denen man einen Lerneffekt nicht absprechen könne, immer noch als allgemein gültig angesehen werde und dies, obwohl von Rundfunk und Film immer häufiger beklagt werde, daß zu wenig Autoren die handwerklichen Kenntnisse haben, die zum Verfassen brauchbarer Manuskripte und Drehbücher Voraussetzung sind. Im Interesse eines Erwerbs dieser handwerklich-technischen Fähigkeiten wurde von jenem anonymen Autor eine vollgültige und sorgsame Ausbildung auch für Schriftsteller angeregt. [487]

Im VS bahnt sich inzwischen ein Wandel in der Einstellung zu einer Schriftsteller-Ausbildung an. Analog dem soeben geschilderten Beitrag im Verbandsorgan der Vereinigung wird von immer mehr Mitgliedern und Repräsentanten des VS eine Autorenausbildung gefordert, vor allem im Hinblick auf den technischen Wandel bei den Rundfunkanstalten, dem Hauptabnehmer schriftstellerischer Arbeiten. Wenn auch M. Gregor-Dellin z. B. eine ›Dichterschule‹ als absurd empfindet, so denkt er wie andere »an eine Einführung in neu sich entwickelnde Bereiche für Worturheber, an eine Grundausbildung in den Möglichkeiten und Formen der

Massenmedien«. [488] »Ein Musiker muß sein technisches Handwerk erlernt haben und beherrschen; der Autor muß es, wenn er mit einer ersten Leistung Glück hat, definitiv nicht. Damit ist er aber den Arbeitsbedingungen auf dem modernen Medienmarkt nicht mehr gewachsen.« [489] Am konsequentesten arbeitet bisher eine Gruppe im VS in Berlin, die durch ein Angebot eines in Semester unterteilten Kursplanes versucht hat, interessierten Autoren nicht nur die Möglichkeit medien-technischer Fortbildung sondern auch die Vermittlung gesellschaftswissenschaftlichen und medienpolitischen Grundwissens anzubieten. [490] Es kann in dieser Arbeit nicht näher auf dieses auch als ›Tempelhofer Modell‹ bekannt gewordene Angebot eingegangen werden, zumal es bereits gescheitert ist. An Stelle dieses Modells fand am 30. 6. und 1. 7. 1973 in Berlin ein Seminar für Autorenausbildung statt, auf dem verschiedene einschlägige Referate gehalten worden sind und beschlossen wurde, ein neues Programm evtl. im Rahmen einer Gesamthochschule zu erarbeiten. Einig war man in der Ansicht, daß ein Autorenstudium nicht vom Abitur abhängen dürfe, sondern einer größeren Gruppe und somit auch einer anderen sozialen Schicht offenstehen solle. [491]

Es ließ sich zeigen, daß die Diskussion um eine schriftstellerische Berufsausbildung durch den VS nicht nur intensiviert wurde, sondern daß sie auch eine neue Qualität erhielt. Während V. Blüthgens Überlegungen von einem Berufsbild bestimmt waren, nach dem eine akademische Ausbildung für Schriftsteller neben einem Befähigungsnachweis vor allem auf die öffentliche Anerkennung der Schriftsteller gezielt sein sollte, wird die Schriftsteller-Ausbildung in neuerer Zeit mehr im Sinne einer Rationalisierung des Schriftstellerberufs, als einer Anpassung des spezialisierten Wissens an die fortlaufenden Bedingungen literarischer Produktion verstanden (s. 1.2.3, S. 20 f.), wobei eine bessere Einstufung des Schriftstellerberufs durch die Gesellschaft im Sinne H. Hartmanns durchaus eine wichtige Folge sein kann (s. 2.4.3, S. 95).

2.6 *Zusammenfassung*

Dieses Kapitel ging aus von einer Darstellung der Satzungsbestimmungen deutscher Schriftstellerverbände über ihre berufspolitischen Ziele. Es zeigte sich, daß bis auf wenige Unterschiede in Randproblemen die von den Verbänden selbst gesetzten Ziele über die geschichtliche Entwicklung hinweg so konstant geblieben waren, daß sie nicht als Erklärung für die Zersplitterung des schriftstellerischen Verbändewesens herangezogen werden konnten. So lag die Vermutung nahe, daß die Gegensätze vor allem in den Meinungsverschiedenheiten über das Wie und das Wozu der schriftstellerischen Interessenvertretung zu suchen seien. Dieser Hypothese wurde unter verschiedenen Gesichtspunkten nachgegangen, wobei sich herausstellte, daß alle Verbände versucht haben, durch Solidaritätsappelle nach außen und Kontrollmaßnahmen nach innen ihren Mitgliederstand zu erhöhen oder zu erhalten und somit die Effektivität der Verbandsarbeit zu steigern. Die verschiedenen Maßnahmen der Mitgliederkontrolle zur Konfliktlösung erwiesen sich bei den Schriftstellerverbänden wie zu erwarten als wenig realisierbar, da die Macht der Verbände ihren Mitgliedern gegenüber zu gering und ein öffentliches Interesse an den verbandsinternen Vorgängen selten gegeben war. So wurde oft versucht, Konflikten durch Passivität auszuweichen oder sie vor der Öffentlichkeit zu verschleiern. Besonders hervorgehoben werden muß, daß die meisten Schriftstellerverbände nicht nur Verstöße gegen die Verbandssatzung oder gegen Verbandsbeschlüsse negativ zu sanktionieren bereit waren, sondern auch Handlungsweisen, die für Schriftsteller als unwürdig angesehen wurden. In diesen Versuchen, ethische Verhaltenserwartungen für Schriftsteller, zumindest aber für die Verbandsmitglieder durchzusetzen und damit die soziale Wertschätzung der Schriftsteller und ihrer Verbände zu heben, wurde der erste Ansatz eines berufsständischen Prinzips gesehen. Kennzeichnend für den Konkurrenzkampf der verschiedenen Schriftstellerverbände untereinander war, daß neben Meinungsverschiedenheiten über berufspolitische Vorgehensweisen emotionale Spannungen zum Tragen kamen, die sich in literarisch abwertenden Polemiken und persönlichen wie politischen Animositäten äußerten. Interessant war des weiteren, daß die Verbände selbst die Gegensätze untereinander weitgehend mit der als berufsspezifisch angenommenen Individualität der Schriftsteller zu erklären versuchten.

In der gesamten Entwicklung deutscher Schriftstellerverbände zeigte sich, daß erst der VS mit der Tradition der ständischen Prinzipien brach, wenn man von einem ständischen Akzent in der Satzung der IG Druck und Papier absieht. Durch diesen Bruch mit der Tradition zeichnete sich ein deutlicher Wandel im Wertklima der Verbände ab, der durch die Gründung des FDA mit seinem Rückfall ins ständische Prinzip besonders deutlich hervorgehoben werden konnte. Die Regelung der Mitgliederfrage war in nahezu allen früheren Verbänden wie im FDA sowohl von qualitativen Merkmalen als auch von einem als standesgemäß erachteten sittlichen Verhalten abhängig gemacht, wobei diese Einschränkungen entweder satzungsgemäß verankert waren oder in den Verbänden intensiv diskutiert wurden. Erst der

VS hat als schriftstellerischer Gesamtverband die Mitgliedschaft allein von der Vertretung literarischer Urheberrechte abhängig gemacht und somit zugunsten beschreibender Kriterien wertende ausgeschlossen. Diesem Unterschied entsprachen auch die Versuche der Schriftstellerverbände, das Wesen des Schriftstellerberufs zu bestimmen. Während es von den früheren Verbänden und vom FDA in der Hauptsache im autonomen Schöpfertum richtungweisender Werte und Werke gesehen wurde, schloß der VS von seiner Gründung an ein Anknüpfen an diese Tradition aus: entgegen der Sicht des Schriftstellers in absoluter Stellung trat das Bild des Schriftstellers als Teil innerhalb der wirtschaftlichen Abhängigkeitsverhältnisse der kulturindustriellen Arbeitsorganisation.

Ein weiterer Wandel zeigte sich im Verhältnis der Schriftstellerverbände zur Literatur und zur literarischen Tätigkeit. Analog dem Berufsbegriff der Schriftstellerverbände konnten bei den einzelnen Verbänden Tendenzen und Aktivitäten festgestellt werden, auf das literarische Schaffen der Mitglieder und auf die Entwicklung der Literatur durch Setzen qualitativer Maßstäbe einzuwirken. Zwar haben wenige Verbände versucht, durch direkte Beratung auf die Arbeit und die Werke ihrer Mitglieder Einfluß zu nehmen, wobei in diesen wenigen Fällen die beratende Tätigkeit von einer Beeinflussung im Interresse einer bestimmten literarischen Richtung oder einem bestimmten Literaturverständnis bis zur Empfehlung reichte, sich an die Marktbedürfnisse und den Publikumsgeschmack anzupassen. Nur der FDA empfahl, sich von der Mode nicht beeinflussen zu lassen. In einigen Verbänden konnte auch die Repräsentation eines Wertklimas beobachtet werden, das die Pflege der literarischen Tradition oder die Propagierung eines neuen literarischen Ansatzes beinhaltete. Über diese direkte Beeinflussung hinaus war den meisten Verbänden gemeinsam, daß sie in ihrer Arbeit die Grundlage zur Hebung der literarischen Qualität sahen. Hervorgehoben werden muß außerdem noch der Versuch aller Verbände bis 1968, durch Gutachtertätigkeit die öffentliche Förderung der Literatur selektiv zu unterstützen oder gar staatliche Zensurmaßnahmen gegen diskriminierte Literatur mitzutragen und somit selbst zensierend in die literarische Produktion einzugreifen. In diesem Bereich der Tätigkeit deutscher Schriftstellerverbände kann ein einschneidender Wandel verzeichnet werden, seitdem die Bundesvereinigung im letzten Jahr ihrer Existenz und anschließend auch der VS mit dieser Tradition brachen und ihre weitere Teilnahme an Zensurbehörden ablehnten.

Im Gegensatz hierzu wurde gezeigt, daß auch der VS die Förderung einer bestimmten literarischen Richtung sowie die Unterstützung junger Autoren in sein Arbeitsprogramm aufgenommen hat. Dies scheint im Widerspruch zu seinem Willen zu stehen, Fragen der literarischen Wertung aus der Verbandsdiskussion herauszuhalten. Die Unterstützung des »Werkkreises Literatur der Arbeitswelt« und die Förderung junger Autoren durch den Autorenrat des VS müssen als wertende Eingriffe in die Literaturproduktion verstanden werden, wobei der Maßstab der Wertung im VS nicht offen ausgesprochen wird, sondern allein aus seinem Wertklima zu erschließen ist, das wiederum im Zusammenhang mit dem neuen Parameter schriftstellerischer Tätigkeit als arbeitsteiligem Prozeß innerhalb der Kulturindustrie zu sehen ist. Entsprechend der kunstsoziologischen Erkenntnis, daß Kunst und Nichtkunst nicht ästhetisch sondern allein soziologisch nach der Art ihrer Verbreitung und Rezeption unterschieden werden können, verschiebt sich auch hier ein Akzent: der VS diskutiert nicht mehr die Frage, was Kunst sei und was nicht, er ist aber bereit, die Verbreitung und Rezeption einer seinem Wertklima entsprechenden Literatur zu fördern. Was bisher unter ›wahrer Kunst‹, ›hoher Literatur‹ etc. verstanden worden ist, muß als eine Beschreibung der Geschmackslagen der jeweils Herrschenden verstanden werden. [492] Die Forderung nach einer Förderung ›wahrer Kunst‹, wie sie frühere Verbände erhoben und wie sie auch beim FDA anklingt, muß demnach als eine Identifikation mit den Herrschenden angesehen werden, sie ist in diesem Sinn politisch. Die Unterstützung einer Erneuerung der Literatur aus den gesellschaftlich unteren Klassen durch den VS signalisiert ebenso kein ästhetisches Interesse sondern ein entgegengesetzt politisches, nämlich das Interesse, »die Welt von einer anderen Seite her beleuchtet zu sehen [...] als die, die die Oberklassen vorziehen«. [493] Somit wird besonders deutlich, daß die berufspolitische Spaltung der Schriftsteller nicht so sehr auf vordergründige Zielkonflikte zurückzuführen ist, sondern auf tiefgreifende Gegensätze in politischer und ständischer Sicht, eine Aussage, die im letzten Kapitel dieser Arbeit noch ausführlich vertieft werden wird (s. 4.4.2, S. 351).

Daß die genannten Aktivitäten der Schriftstellerverbände wesentlich mit ihrem Berufs- und Literaturverständnis zusammenhängen, zeigte sich zuletzt an der Einstellung der Schriftstellerverbände zur Frage einer schriftstellerischen Berufsausbildung. Wenn auch Stellungnahmen zu diesem Problem nur vereinzelt in einigen Verbänden nachzuweisen sind, wobei positive, eine Berufsausbildung befürwortende, und negative Einstellungen sich, die neuere Entwicklung im VS ausgenommen, die Waage hielten, muß festgestellt werden, daß schriftstellerische Tätigkeit überwiegend als nicht erlernbar, sondern als autonomer, persönlichkeitsgebundener Prozeß verstanden wurde. Gerade die Tatsache, daß dieses Problem in den Verbänden nicht diskutiert worden ist, zeigt, daß diese Einstellung unumstritten war. Erst im VS deutet sich ein Parameter-Wechsel auch in dieser Frage an, der sich von schriftstellerischer Tätigkeit als irrationaler schöpferischer Eigenleistung zu schriftstellerischer Tätigkeit als auch handwerklich erlernbar und in ihren Wissensvoraussetzungen vermittelbar vollzieht. Somit können die Variablen in den Aktivitäten der deutschen Schriftstellerverbände durch einen zweifachen Wandel der ihrem Handeln zugrunde liegenden Parameter erklärt werden: der eine ist der Wechsel von einer Literatur als richtungsweisendem Ewigkeitswert bzw. vom Schriftsteller als autonomem Schöpfer universaler Wahrheit zu einer Literatur als Produkt der arbeitsteiligen Kulturindustrie bzw. zum Schriftsteller als ökonomisch abhängigem Teil innerhalb der kulturindustriellen Arbeitsorganisation, der andere ist der Wechsel von schriftstellerischer Tätigkeit als autonomem, an die Originalität des Schriftstellers gebundeme Prozeß zu schriftstellerischer Tätigkeit als arbeitsteiliger, an spezialisiertes Wissen gebundener Leistung.

Dieser Wechsel der Parameter als Grundvoraussetzung einer veränderten Wahrnehmung der Literatur bzw. des Schriftstellerberufs sowie der schriftstellerischen

Tätigkeit muß jedoch als historisch bedingt angesehen werden, so wie auch die Entstehung des überkommenen Parameters historisch bedingt war und im engen Zusammenhang mit dem Geniebegriff gesehen werden muß, wie er sich Mitte des 18. Jahrhunderts herausgebildet hat und schließlich zu einem zentralen Begriff der bürgerlichen Kultur wurde. Schon die Renaissance kannte die Idee des Genies als Gottesgeschenk, als angeborener und nicht erlernbarer Schöpferkraft [494]; die Wandlung zum Typus des ›Originalitätsgenies‹ als nicht gottgegebener sondern gottgleicher oder gottähnlicher Schöpferkraft vollzog sich beim Übergang vom Mäzenatentum zum offenen Markt, auf dem das literarische Produkt seine Funktion des persönlichen Dienstes verlor und zur Ware wurde, deren Wert sich nach ihrer Verkäuflichkeit auf dem Markt richtete. [495] Jetzt erst entstand das Ideal der schöpferischen Persönlichkeit als einem genialen, künstlerisch begabten Menschen, der durch seine Originalität und seinen Subjektivismus charakterisiert ist. [496] Diese Bindung des Geniebegriffs an das Originalitätsprinzip mit den Merkmalen des Irrationalen und Subjektiven fiel mit der Entstehung des freien Literatentums zusammen; sie bildete die wichtigste Waffe im Existenzkampf der Intelligenz und stellte sich in den Dienst der sich ständig verschärfenden geistigen Konkurrenz. [497] Es bildete sich, wie E. Zilsel schrieb, eine religionsartige Genieverehrung heraus, die durch den Glauben an die irrationale Eingebung und an die göttliche Schöpferkraft der literarischen Größen bestimmt war. [498] Der Geniebegriff bzw. der Begriff vom autonomen Schöpfertum reflektiert somit auf das Innenleben des Künstlers, er achtet, wie es E. Zilsel formuliert hat, »weniger auf die sachliche Leistung als auf die persönliche Leistungsfähigkeit, weniger auf die von außen zuströmenden Einflüsse als auf die innere, angeborene Begabung und von den verschiedenen Seiten des Innenlebens selbst sind es gerade die subjektivsten, am schwersten sachlich präzisierbaren, die er in den Vordergrund rückt: die leidenschaftliche Wucht, die irrationale Begeisterung, die inspirationsartige Eingebung, kurz alles, was sich nicht rational erlernen läßt«. [499] Bei dem herausgearbeiteten Parameter-Wechsel kehrt sich nun der Maßstab der Wahrnehmung um, und die objektive Verflechtung von persönlicher Leistung und ihrer gesamtgesellschaftlichen Bedingtheit tritt auch beim literarischen Schaffen in den Vordergrund des Blickfeldes. Gegenüber dieser realistischen Sichtweise muß das Autonomieverständnis des FDA als Ausdruck eines falschen Bewußtseins gekennzeichnet werden. Die Gründung des FDA war somit die organisatorische Bestätigung der von K. Fohrbeck und A. Wiesand anläßlich der Ergebnisse der SPIEGEL-Enquete gemachten Erfahrung, daß die Entwicklung auf dem literarischen Markt und der mit ihr verbundene Wandel der schriftstellerischen Tätigkeit auf das Fremd- und Selbstverständnis der Autoren bisher ohne großen Einfluß geblieben sind. [500] Angesichts der alles durchdringenden Übermacht der Bedingungen, die die Kulturindustrie heutzutage an die Autoren stellt, scheint die weite Verbreitung des falschen Bewußtseins bei den Schriftstellern verwunderlich. Schon G. Linz und M. Doehlemann wiesen nach, daß die schriftstellerische Berufsgruppe sich durch eine geringe soziale Mobilität auszeichnet und daß sich ihr Umgang überwiegend auf die eigene Gruppe beschränkt. [501] Entsprechend stellten auch

K. Fohrbeck und A. Wiesand fest, daß sich das Selbstverständnis der Autoren nur zum Teil durch die tatsächliche berufliche Situation bestimmt: »private, (teil-)öffentliche oder historische Bezugsgruppen und Bezugspersonen prägen das berufliche Selbstverständnis in entscheidendem Maße mit.« [502] Schon diese bloße Beobachtung eines sich selbst bestätigenden Verhaltens, indem als Bezugspartner für den geistigen Austausch Gleichgestellte und Gleichgesinnte bevorzugt werden, macht die Beständigkeit des falschen Selbstbildes, bzw. der unrealistischen Betrachtungsweise der eigenen Existenzbedingungen verständlich, zumal das traditionale Verständnis der Schriftsteller und ihrer Tätigkeit mit seinem ›höheren‹ kulturellen Anspruch eher über manche erfahrene Enttäuschung und Zurückweisung hinweg zu trösten vermag, als eine realistische Beurteilung der objektiven Bedingungen und der eigenen Qualifikation, ihnen zu genügen. J. Kurucz hat aus der Wissenssoziologie V. Paretos als entscheidendes Kriterium des falschen Bewußtseins *»das Mißverhältnis, in dem eine subjektive Zielvorstellung zu dem objektiven Handlungsresultat steht«*, herausgearbeitet. [503] Nach dem traditionellen Begriff des Schriftstellers und seiner Tätigkeit ist die subjektive Zielvorstellung schriftstellerischen Handelns das autonome Hervorbringen universal geltender Weltauslegungen, das Handlungsresultat des Schriftstellers aber ist ein partikularer Beitrag innerhalb der arbeitsteiligen, kulturindustriellen Arbeitsorganisation, es steht also in einem eindeutigen Mißverhältnis zur Zielvorstellung. Die Persistenz des traditionalen Parameters als Grundlage des falschen Bewußtseins ist jedoch nicht nur aus dem bevorzugten Umgang der Schriftsteller mit Gleichgesinnten zu erklären, wie er durch die Gründung des FDA auch als Gesinnungsgemeinschaft dokumentiert wird; tiefere Ursache sind die Parameter des Wahrnehmens und des Denkens selbst, die als solche die Stabilität der Persönlichkeiten sichern. Ein Parameter-Wechsel muß bei einer Person eine Umstrukturierung des gesamten Denkens auslösen, wogegen das permanente Verlangen nach innerem Gleichgewicht von vornherein einen Widerstand ausbildet.

3. Schriftstellerverbände: Interessenpolitik

3.1 Einleitung

Nachdem im vorigen Kapitel anhand organisatorischer Fragen der Schriftstellerverbände sowie ihres Literaturbegriffs und der Definition des Schriftstellerberufs ein einschneidender Wandel im Wertklima der Verbände festgestellt werden konnte, der schließlich auf einen Wandel in den Grundeinstellungen zu zentralen Problemen schriftstellerischer Existenz zurückgeführt wurde, soll im folgenden Kapitel versucht werden, den engeren Bereich der schriftstellerischen Interessenpolitik zu erarbeiten. Hierbei wird von den zu Beginn des ersten Kapitels dokumentierten Satzungsbestimmungen ausgegangen, wobei die drei mit nahezu lückenloser Kontinuität wiederkehrenden wichtigsten Bereiche der Zwecksetzungen zugleich die Gliederung dieses Kapitels ergeben: es sind dies die sozialen, rechtlichen und wirtschaftlichen Interessen.

Hierbei kommt es nicht so sehr auf eine lückenlose Darstellung der Initiativen der verschiedenen Verbände auf diesen drei Gebieten an; vielmehr sollen die Aspekte herausgearbeitet werden, die Rückschlüsse auf grundsätzliche Einstellungen zu diesen Aufgabenbereichen und somit zur schriftstellerischen Interessenpolitik überhaupt zulassen. Hierzu ist es notwendig, den einzelnen Abschnitten in Exkursen einen Überblick über die jeweiligen Grund- und somit Ausgangssituationen eines zielgerichteten Handelns der Verbände zu verschaffen.

Ziel dieses Kapitels ist es, anhand der Berufspolitik der Schriftstellerverbände einen ersten Ansatz für eine Erklärung des aus dem vorigen Kapitel herausragenden Resultats, des Parameter-Wechsels als Voraussetzung des Wandels im Selbstverständnis deutscher Schriftstellerverbände und somit des Wandels in ihren Auffassungen über das Wie berufspolitischer Interessenvertretung zu finden, wobei die Forderung nach einer gewerkschaftlichen Lösung und somit die Entwicklung zum Beitritt des VS zur IG Druck und Papier im Vordergrund stehen wird. Zu fragen ist, ob die Schriftstellerverbände zweckrationaler zu handeln glauben und ob sie vielleicht auch tatsächlich zweckrationaler handeln, wenn sie sich für oder gegen einen gewerkschaftlichen Weg entscheiden. Weiter ist zu fragen, ob es sinnvoll ist, wenn sie sich der wirtschaftlichen Macht der Kulturindustrie innerhalb einer mit organisatorischer Macht ausgestatteten Industriegewerkschaft entgegenstellen wollen oder nicht.

3.2 *Schriftstellerverbände und soziale Interessen der Schriftsteller*

3.2.1 Die soziale Lage der Schriftsteller (Exkurs)

Es ist bereits in der Einleitung zu dieser Arbeit darauf hingewiesen worden, daß Schriftsteller nur schwer und selten ihre Erwerbschance kontinuierlich auch auf die Sicherung ihres Alters auszuweiten vermögen (s. 1.2.2, S. 12 f.). Dieses Problem betrifft nicht nur Schriftsteller, sondern viele freiberuflich Tätige insbesondere im künstlerischen Bereich, die oft bis ins hohe Alter und bis an die Grenze ihrer physischen Leistungsfähigkeit ihrer beruflichen Tätigkeit nachgehen müssen. [1] Die 1972 erfolgte Öffnung der Rentenversicherung auch für Selbständige vermag diese Notsituation in der Zukunft zu lindern, da nun auch die Angehörigen der freien Berufe eine gesetzlich garantierte Alterssicherung in Form einer Rente leichter ansparen und in Anspruch nehmen können, doch bringt diese Neuerung für die heute lebenden alten Autoren kaum noch eine Lösung. Auch ist sie für die Darstellungen dieser Arbeit nahezu irrelevant, da sie sich auf die Interessenpolitik der Schriftstellerverbände erst im letzten Jahr auswirken konnte.

Ebenfalls in der Einleitung wurde bereits darauf hingewiesen, daß für Schriftsteller sehr unterschiedliche Erwerbsmöglichkeiten charakteristisch sind, daß sie von selteneren sehr hohen Einnahmen bis zum extrem niedrigen in weitaus zahlreicheren Fällen reichen (s. 1.2.2, S. 12–14), wobei der Zwang zum Nebenerwerb durch eine berufsfremde oder berufsnahe anderweitige Tätigkeit an dieser Stelle nicht berücksichtigt werden kann. Aufgrund ihrer unregelmäßigen und oft häufig miserablen Erwerbschance können zahlreiche Schriftsteller bei Erreichen ihres Rentenalters auf keine Rücklagen oder gar Renten zurückgreifen, die ihnen einen sorgenfreien Ruhestand gewährleisten. Zwar geben u. a. verschiedene Stiftungen Zuschüsse an notleidende alte Autoren – in der Bundesrepublik sind es vor allem die Künstlerhilfe des Bundespräsidialamtes, die Sozialfonds verschiedener Kultusministerien, die Kulturfonds einzelner Städte, die Schiller-Stiftung sowie die Sozialfonds einiger Rundfunkanstalten –, doch entsprechen diese Zuwendungen einer Art von Almosen ohne Rechtsanspruch und sind auch in den meisten Fällen nicht auf versicherungsbedürftige Hinterbliebene ehemaliger Empfänger solcher Hilfen übertragbar. Da sie zudem häufig von wertenden Kriterien abhängig gemacht werden, bleibt für zahlreiche alte Autoren, die sich nicht haben durchsetzen können, lediglich der Weg zur allgemeinen sozialen Fürsorge. [2] In neuerer Zeit ist wiederholt darauf verwiesen worden, daß alternde Autoren trotz anerkannter Leistungen durch den schnellen Wechsel literarischer Moden und Geschmacksrichtungen vom Markt verdrängt und somit um durchaus noch denkbare Erwerbsmöglichkeiten gebracht werden können; literarischer Erfolg gilt heutzutage als kurzlebig, denn der Literaturbetrieb ist durch eine außergewöhnlich starke Fluktuation gekennzeichnet. [3]

Die SPIEGEL-Enquete zeigt, daß ›nur‹ 4 % der nebenberuflichen, aber schon 25 % der teilberuflichen und 26 % der hauptberuflichen Schriftsteller 1971 nicht für ihr Alter abgesichert waren, und daß 18 % der Über-60jährigen und 25 % der Über-70jährigen gegenwärtig über keinerlei Alterssicherung verfügen. Es muß jedoch dabei berücksichtigt werden, daß die Rente oder Pension, die 44 % der über 60 Jahre alten und 52 % der über 70 Jahre alten Schriftsteller beziehen, nicht notwendigerweise auch eine ausreichende Existenzgrundlage darstellen. Nur so läßt es sich erklären, daß 62 % der über-60jährigen und 70 % der über-70jährigen Schriftsteller ihre Autorentätigkeit nach wie vor als ihre Haupteinnahmequelle angeben, auch wenn die Höhe dieser Einnahmen aus Autorentätigkeit im Vergleich zu früheren Zeiten der alten Autoren selbst und im Vergleich zu gleichzeitigen Einnahmen jüngerer Autoren in vielen Fällen erheblich niedriger liegt. Diese Finanzlage zahlreicher alter Schriftsteller erlaubt ihnen einfach keinen Ruhestand. [4] Jedoch nicht nur die Altersversorgung ist ein wichtiges soziales Problem der Schriftsteller; der gesamte Bereich sozialer Sicherheit wie z. B. die Kranken-, Arbeitslosen-, Invaliden- und Hinterbliebenenversicherung war bisher aufgrund der unsicheren und unregelmäßigen Einnahmen schriftstellerisch Tätiger für sie nur schwer zu verwirklichen.

3.2.2 Initiativen deutscher Schriftstellerverbände auf sozialem Gebiet

Bereits der Leipziger Literatenverein hat einen Unterstützungsfonds gegründet, für dessen Aufrechterhaltung Geld durch literarische Veranstaltungen und Vorträge der Mitglieder gesammelt wurde. Hierdurch hatte der Verein die Möglichkeit, in bescheidenem Umfang die Not einzelner Autoren zu lindern. [5]

Der ADSV nannte als eines seiner Ziele die Gründung gemeinnütziger Institutionen, worunter u. a. eine Pensionskasse für Schriftsteller gemeint war. Für diese Pensionskasse wurden wiederholt Spenden und Einnahmen aus Veranstaltungen verzeichnet. [6] Auf dem Schriftstellertag am 9. und 10. 9. 1883 in Darmstadt wurde der Vorstand des Verbandes beauftragt, durch die Veranstaltung einer Lotterie den Grundstock für einen Pensionsfonds zu beschaffen [7], später wurde wiederum auf einer Generalversammlung am 8. 2. 1885 beschlossen, die Einrichtung einer Hilfskasse für deutsche Schriftsteller durch erneute Kapitalsammlungen zu fördern. [8]

Deutlicher als der ADSV vertrat der in Konkurrenz zu ihm gegründete DSchV in seiner Satzung die sozialen Interessen der Schriftsteller und machte sich die Gründung einer Pensions-, Darlehens- und Unterstützungskasse zur Aufgabe. In seinem Gründungsaufruf versprach er, Vorsorge für die Zeiten der Krankheit und der Arbeitsunfähigkeit treffen zu wollen. [9] Nach einem Plan von 1885 sollte die Pensions-, Darlehens- und Unterstützungskasse des DSchV ihre Arbeit aufnehmen, sobald es gelungen wäre, 10 000 Mark für sie zusammenzutragen. [10]

Es entspricht der Entstehung des DSV als Zusammenschluß der beiden vorher genannten Verbände, daß er versuchte, an die Organisation sozialer Selbsthilfe anzuknüpfen. So wurde auf der 1. Allgemeinen Versammlung des Verbandes beschlossen, durch die Gründung einer Deutschen Schriftsteller-Stiftung, die parallel zur Deutschen Schiller-Stiftung arbeiten sollte, die Voraussetzung einer Renten-, Pensions- und Unterstützungskasse zu schaffen. [11] Jedoch erklärte man schon auf der nächsten Tagung diesen Plan für gescheitert, da der Verband bei seinen eigenen Mitgliedern nur auf Desinteresse gestoßen sei und weil, wie es hieß, der Glaube an die Sache fehlte. [12] Als Ersatz für die Schriftsteller-Stiftung wurde nun die Gründung einer Pensionskasse beschlossen; eine Stiftungs-Kommission sollte die Möglichkeiten zur Beschaffung des Stammkapitals eruieren. Laut einer Satzungsänderung sollte diese Pensionskasse arbeiten, sobald ihr Vermögen die erforderliche Höhe erreicht hätte. [13] Nachdem aber die ursprüngliche Absicht des DSV, aus sich selbst heraus eine Renten- und Unterstützungskasse zu gründen, am Desinteresse der Mitglieder gescheitert war, beschritt er einen neuen Weg, indem er an die Nation appellierte,

»[...] mit Ehrengaben zur Gründung einer Pensionskasse zu Hilfe zu kommen.« [14]

Zudem erhoffte der Verband, das Interesse der Öffentlichkeit an einer Schriftsteller-Pensions-Kasse durch die Veranstaltung von Bücher-Lotterien zu gewinnen. [15] Wenn auch der Verband 1892 durch eine erneute Satzungsänderung die Höchstsumme einer einmaligen Unterstützung aus seiner Kasse auf 40 Mark begrenzte [16], war er nicht in der Lage, eine echte Alterssicherung für seine Mitglieder auf Renten- oder Pensionsbasis aufzubauen. Die Möglichkeiten seiner Hilfe blieben auf einzelne kleinere Zuwendungen beschränkt.

Bereits beim DSV zeichnete sich eine Doppelgleisigkeit des Vorgehens zugunsten der sozialen Interessen der Schriftsteller ab: auf der einen Seite stand der Versuch, durch Selbsthilfe und durch finanzielle Opfer besser situierter Mitglieder eine Institution für die soziale Sicherung aller Schriftsteller zu schaffen, auf der anderen Seite wurde versucht, die Öffentlichkeit durch Appelle für die Hilfe für notleidende Schriftsteller zu mobilisieren. Dieser zweite Weg entspricht der Einstellung des DSV zum Schriftstellerberuf, nach der der Schriftsteller die Werthaltungen des Volkes formuliert und ihm seine Zielorientierung aufzeigt (s. 2.4.2, S. 88 f.). Aus dieser Überzeugung heraus konnte H. Steinitz in seiner Stellungnahme zur Gründung des DSV und zu seinen Zielen das Interesse der Schriftsteller an ihrer sozialen Sicherheit mit dem Interesse der Allgemeinheit an hoher Literatur gleichsetzen, indem er erklärte, daß die Allgemeinheit nicht mit dem durch eigene Kraft über alle Schranken hinauswachsenden Genie rechnen dürfe. Zwar habe es hochbegabte Schriftsteller in Deutschland gegeben, die trotz, vielleicht auch aufgrund ihrer großen Not Großes für die deutsche Literatur geleistet hätten, doch dürfe niemand aus dieser Not eine Tugend machen. [17] In diesen Ausführungen war also schon die Aufforderung an die Öffentlichkeit enthalten, im eigenen Interesse etwas zur Linderung der Not der deutschen Schriftsteller zu unternehmen.

Erfolgreicher verlief die sozialpolitische Arbeit des DSV, als es ihm 1900 gelang, in Wiesbaden ein verbandseigenes Erholungsheim mit dem mythischen Namen »Demmins Hort« zu eröffnen. [18] Darüber hinaus war der DSV seit 1904 am »Deutschen Schriftstellerheim in Jena« beteiligt, das 1901 vom »Verein Deutsches

Schriftstellerheim in Jena« gegründet worden war. [19] Über die Erlangung der finanziellen Mittel zum Bau des zweiten Heimes gibt ein in feierlichem Ton gehaltener Aufsatz von E. Böttger Auskunft, in dem es heißt, daß »die Idee, im Herzen Deutschlands eine Ruhestätte für die deutschen Dichter zu errichten, in den weitesten Kreisen lebhaften Anklang gefunden« hatte und daß neben zahlreichen Spenden von Schriftstellern selbst »Fürstlichkeiten und Städte, sowie viele Deutsche, die ihre Dichter ehren« durch den Kauf ›geschmackvoller Bausteine‹ die Errichtung des Heims ermöglichten [20], dessen Zweck wie folgt festgelegt war:

»1. Dauernde Aufnahme von älteren, nicht mehr erwerbstätigen Schrifstellern und Journalisten beiderlei Geschlechts, *ohne Rücksicht auf ihre Landes- oder sonstige Zugehörigkeit;*
2. *Vorübergehender Aufenthalt* für noch rüstige der in 1 bezeichneten Personen, die entweder *erholungsbedürftig* oder in *jeweiliger Notlage* sind.« [21]

Betreffs der Regelung einer Aufnahme wurde jedoch besonders hervorgehoben, daß bei ihr »neben der Bedürftigkeit hauptsächlich mit die durch irgend welche litterarische Leistung erworbene Würdigkeit entscheidet, da dem Heim nichts ferner liegt als eine Begünstigung des leidigen *Schriftsteller-Proletariats*«. [22] Auch an dieser Stelle bestätigt sich somit die bereits mehrfach für den DSV belegte Tendenz, Leistungen des Verbands mit wertenden Forderungen zu verbinden.

Auch der VDJS verfolgte das Ziel, durch die Gründung einer Alters-, Witwen- und Waisenversorgung die soziale Sicherung der Schriftsteller anzubahnen und zu fördern. Am 8. 7. 1893 gelang es ihm, die »Pensionsanstalt deutscher Journalisten und Schriftsteller«, einen Versicherungsverein auf Gegenseitigkeit, in München zu gründen, die später von der »Deutschen Schriftsteller-Genossenschaft« (DSG) bis zu deren Liquidation übernommen worden ist. Nach § 5 ihrer Statuten gewährte diese Pensionsanstalt u. a.

»[...] nach zehnjähriger Dauer der Mitgliedschaft (Wartezeit) ein Ruhegehalt an solche Mitglieder, welche entweder mindestens das sechzigste Lebensjahr vollendet haben oder zu einer früheren Zeit invalid geworden sind, d. h. infolge körperlichen oder geistigen Leidens sich den früher durch ihre Berufsthätigkeit erworbenen standesgemäßen Unterhalt nicht mehr zu verdienen vermögen.« [23]

Mitglieder dieses Versicherungsvereins konnten gemäß § 3 der Statuten

»[...] alle deutschen Journalisten und Schriftsteller werden, die sich im Besitze der bürgerlichen Ehrenrechte befinden und das fünfzigste Lebensjahr noch nicht überschritten haben.«

Um die Jahrhundertwende hatte die Pensionsanstalt deutscher Journalisten und Schriftsteller etwa 700 Mitglieder bei einem Vermögen von 1 Mill. Mark [24], Größen, die nicht ausreichen konnten, nach dem 1. Weltkrieg und nach der Inflation ein Überdauern von Krisen zu gewährleisten. 1925 stellte sie ihren Geschäftsbetrieb wegen Zahlungsunfähigkeit ein. [25]

Anläßlich der Gründungsgeschichte des ASV wurde bereits darauf hingewiesen, daß der ASV u. a. aus der Anfang Oktober 1900 von M. Hirschfeld gegründeten »Unterstützungskasse für Schriftsteller« entstanden ist (s. 2.2.1, S. 396 Anm. 21).

Diese Unterstützungskasse verlangte von ihren Mitgliedern einen eher symbolisch gedachten Jahresbeitrag von 1 Mark, die größeren Einnahmen erhoffte man sich aus anderen Quellen: Zuwendungen von Verlegern und Theaterdirektoren, Aufführungen und Vorträgen ordentlicher Mitglieder der Kasse und freiwilligen Abgaben aus besonders hohen Einnahmen einzelner Mitglieder. Aus den auf diese Weise gewonnenen Mitteln sollte die Kasse bedürftige Personen, die dem Kassenvorstand oder ›vertrauenswürdigen Kollegen‹ schon länger als Schriftsteller bekannt waren, finanziell unterstützen. So hoffte man, den ›öffentlichen Betteleien für namhafte Schriftsteller‹ ein Ende bereiten zu können. [26] Nachdem sich die Hoffnung der Gründer dieser Unterstützungskasse auf eine Unterstützung durch Verleger und Theaterdirektoren jedoch bald als trügerisch erwiesen hatte, beschränkte man sich in der Folgezeit nur noch auf die eigenen Möglichkeiten der Selbsthilfe. [27] Nach seiner Gründung rühmte sich der ASV, der erste Schriftstellerverband gewesen zu sein, der seine Mitglieder auf Wunsch ausnahmslos und ohne vorherige langwierige Recherchen unterstützt habe [28], doch müssen die verbandseigenen propagandistischen Aussagen mit Vorsicht aufgenommen werden, da die Unterstützungen nur in recht geringen Beträgen erfolgen konnten und zudem dem Ermessen des Kassenvorstandes unterworfen waren. [29]

Grundsätzlich läßt sich feststellen, daß die Initiativen des ASV auf sozialem Gebiet einen entgegengesetzten Verlauf zu denen des DSV nahmen: während man sich im DSV nach einem Scheitern der verbandsinternen Pläne nach außen wandte, folgte im ASV der enttäuschten Hoffnung auf die Hilfe von außen eine Beschränkung auf das Prinzip der Selbsthilfe.

Einen völlig anderen Weg schlug P. Bourfeind im WSB vor, indem er auf die Möglichkeit einer Unterstützungskasse hinwies, die aus einer Urhebernachfolgegebühr, eine Tantieme für urheberrechtlich nicht mehr geschützte Werke, finanziert und von einer staatlichen oder staatlich anerkannten, alle geistigen Arbeiter erfassenden Organisation verwaltet werden sollte. [30] Wie noch zu zeigen sein wird, hat P. Bourfeind hiermit Gedanken entwickelt, die im Mittelpunkt der schriftstellerischen Interessenpolitik der Vereinigung in den 50er und 60er Jahren standen (s. 3.2.2, S. 128).

Wiederum im bisher üblichen Sinne versuchte der SDS seine sozialen Interessen zu vertreten, wobei er sich die Unterstützung seiner Mitglieder bei Erwerbslosigkeit, Arbeitsunfähigkeit und in besonderen Notlagen zum Ziel gesetzt hatte. Im ›bewußt sozialen Zusammenschluß der Schriftsteller‹ sah der Gründungsvorsitzende des SDS 1910 die wesentliche Grundlage einer schriftstellerischen Berufsorganisation [31], 1922 sah C. Bulcke in der durch die Inflation bedingten wachsenden Not der Schriftsteller das Hauptproblem des SDS [32], und 1931 erklärte H. Mann die Verwirklichung einer Altersversorgung der Schriftsteller zu einer der ›sittlichen Aufgaben‹ des SDS, um die Schriftsteller in ihrem Alter für ihre Leistung belohnen zu können, die sie für die Nation erbracht hätten. [33]

Zwar gelang es dem SDS mit einigem Erfolg, einen Fonds für seine sozialen Aufgaben aufzubauen, dessen Mittel durch gewinnbringende Veranstaltungen wie Lesungen, Vorträge und Theateraufführungen prominenter Mitglieder (s. 2.3.4,

S. 60 f.), durch Lotterien und durch Spenden zusammengetragen wurden [34], doch war für den SDS die öffentliche Hand ein wichtiger Adressat zur Erlangung finanzieller Zuschüsse. Zusammen mit anderen künstlerischen Berufsgruppen gründete der SDS 1922 die »Notgemeinschaft für Kunst«, die sich entschieden für die Einführung einer Reichskulturabgabe einsetzen sollte. [35] Diese in Anlehnung an die »Notgemeinschaft für Wissenschaft« gegründete Organisation scheiterte jedoch an den Kompetenzstreitigkeiten und Unstimmigkeiten zwischen der Reichs- und den Länderregierungen. [36]

Nachdem diese großen Pläne vorerst gescheitert waren, mußte sich der SDS damit begnügen, in Zusammenarbeit mit der »Zentrale für private Fürsorge« Ernährungsgelder und Freitische zu vermitteln. [37] Nach der Weltwirtschaftskrise und während ihrer Folgen im Deutschen Reich widmete der SDS seine Aufmerksamkeit überwiegend dem Unterstützungswesen in Fällen von Arbeitslosigkeit, Arbeitsunfähigkeit, Krankheit und Alter. So wurden z. B. 1931 aus der Unterstützungskasse des SDS an eigenen Mitteln RM 1415,– für bedürftige Mitglieder aufgewandt, hinzu kamen RM 1715,–, die aus anderen Quellen an Mitglieder vermittelt wurden. [38] Der Plan einer Alters- und Sterbegeldversicherung für Schriftsteller, die mit einer Privatversicherung für SDS-Mitglieder zu Vorzugsbedingungen vereinbart werden sollte, scheiterte daran, daß die überwiegende Mehrheit der Schriftsteller zu jener Zeit nicht in der Lage war, einen regelmäßigen Monatsbeitrag für eine Altersversicherung abzuführen. [39]

Als letzte große sozialpolitische Initiative der deutschen Schriftstellerverbände vor 1933 muß die Gründung der »Notgemeinschaft des deutschen Schrifttums« genannt werden, die am 1. 1. 1930 ihre Arbeit aufnahm, und die bereits mit ihren Plänen einer ›Hilfe am Werk‹ genannt worden ist (s. 2.5.3, S. 105). Diese Notgemeinschaft war eine gemeinnützige Institution, die durch die gemeinsame Arbeit des »Reichsverbands des deutschen Schrifttums« und der »Reichsgemeinschaft der geldgebenden Stiftungen Deutschlands zu Weimar«, insbesondere der »Deutschen Schiller-Stiftung« entstanden war. [40] Mitglieder der Notgemeinschaft durften nur die den beiden Dachorganisationen angehörenden Verbände sein. [41] Die Notgemeinschaft hatte im wesentlichen die Aufgabe,

»[...] eine zentrale Inkasso- und Verteilungsstelle für Wohlfahrtsspenden von Staat, Industrie und Privatleuten zu bilden und die bisher unvermeidlichen Doppelunterstützungen zu kontrollieren.« [42]

Allein 1931 zahlte sie RM 25 000,– an Unterstützung für bedürftige Schriftsteller aus. [43] Nach § 5 ihrer Satzung geschah dies durch Erteilung von:

»Befristeten Renten, Ehrengaben, Einmaligen Beihilfen, Darlehen, Reisestipendien, Erholungsbeihilfen an: Verdiente, nicht mehr arbeitsfähige Schriftsteller; Schaffende, in Not geratene Schriftsteller; Junge, ringende Schriftsteller, deren Begabung als verheißungsvoll erkannt wird; Die nächsten Hinterbliebenen von Schriftstellern.«

Es zeigt sich, daß diese gemeinnützige Notgemeinschaft nicht nur durch den Gedanken einer ›Hilfe am Werk‹ qualitative, literarisch wertende Aufgaben zu übernehmen bereit war; auch in der Eingrenzung des Personenkreises, dem soziale Unterstützung zugesprochen werden konnte, wurden entsprechende Tendenzen durch Begriffe wie ›Ehrengabe‹, ,verdiente Schriftsteller‹ und ›verheißungsvolle Begabung‹ deutlich hervorgehoben. Dies wird durch den § 4 der Satzung noch bekräftigt, nach dem die Mittel der Notgemeinschaft ausdrücklich ›zur Erhaltung und Förderung des kulturwichtigen schriftstellerischen Schaffens‹ einzusetzen seien, wobei bei der Verteilung die Gesichtspunkte der ›Würdigkeit und Bedürftigkeit‹ gleichermaßen berücksichtigt werden sollten.

Wie nicht anders zu erwarten, war die Linderung der Not zahlreicher ihrer Mitglieder eines der Hauptprobleme der nach dem 2. Weltkrieg neugegründeten schriftstellerischen Berufsverbände. Wie bereits gezeigt enthielt z. B. die Satzung des SDS-Bayern u. a. die Zweckbestimmung, die Mitglieder bei Erwergslosigkeit, Arbeitsunfähigkeit und sonstigen Notlagen durch Einrichtung einer Unterstützungs- und Pensonskasse zu unterstützen (s. 2.2.4, S. 40). 1948 bat F. Märker die für Bayern zuständige Militärregierung, zur Minderung der Not der Künstler und Schriftsteller Gelder aus den Überschüssen des Rundfunks zur Verfügung zu stellen. Einer Wohlfahrtsunterstützung stand er jedoch ablehnend gegenüber, da sie eine Verletzung des ›besonderen Ehrgefühls‹ der Dichter und Komponisten, »deren Denken und Fühlen noch nicht durch totalitäre Erziehung eingeebnet wurde«, bedeutet hätte. [44] Am Beispiel des SDS in Bayern zeigt sich, daß eine Selbsthilfe der Schriftsteller zur Behebung der Not ihrer Kollegen nicht zu realisieren war. Ein Appell an

»[...] alle Mitglieder, die ein festes Einkommen haben oder durch andere glückliche Umstände dazu in der Lage sind, den notleidenden Kollegen durch Darlehen oder Spenden, auch kleine Beiträge, zu helfen [...]« [45]

führte zu keinem Erfolg. So versprach man sich mehr Hilfe durch die Mitarbeit in der »Arbeitsgemeinschaft der freien geistigen Berufe«, die wiederholt mit Resolutionen an den bayerischen Ministerpräsidenten und an die amerikanische Militärregierung für eine staatliche Altersversorgung der Komponisten und Schriftsteller eintrat. [46] Nachdem alle Bitten und Resolutionen zugunsten einer geregelten Altersversorgung für Schriftsteller erfolglos geblieben waren, bedeutete zuletzt die Währungsreform vom 18. 6. 1948 für die meisten hauptberuflichen Autoren den Verlust aller eventuell vorhandenen finanziellen Rücklagen, die sie zur Sicherung ihres Alters angespart hatten. So blieb viele Jahre nichts als die Hoffnung auf eine Hilfe durch die Öffentlichkeit, wie sie in einer Resolution des IV. Internationalen Kongresses deutschsprachiger Schriftsteller, der vom 6.–9. 9. 1958 in München stattfand, artikuliert wurde:

»Der in München tagende internationale Kongreß deutschsprachiger Schriftsteller unterstützt die Bitte des Schutzverbandes deutscher Schriftsteller, der Bundestag möge für die Altersversorgung der Schriftsteller, Komponisten, bildenden Künstler und freien Journalisten in den nächsten Haushaltsetat 10 bis 11 Millionen DM einplanen.« [47]

In der Beseitigung der Not der Schriftsteller und in der Sicherung ihres Alters sah auch der Koordinationsausschuß eine seiner Hauptaufgaben, doch erwies sich bereits auf seiner 1. Arbeitstagung der beabsichtigte Aufbau einer Schriftsteller-Altersversorgung als nicht durchführbar, da man keinen Weg fand, die hierzu erforderlichen großen finanziellen Mittel bei den damals gegebenen Verhältnissen zu beschaffen. [48]

In der kurzen Zeit der Existenz des VDA war es ebenfalls nicht möglich, dieser selbstgestellten Aufgabe gerecht zu werden. Seine Nachfolgeorganisation, die Vereinigung, übernahm deshalb dieses Ziel und forderte zu Beginn ihrer Tätigkeit eine Sozial-Enquete für die Schriftsteller in der Bundesrepublik als Grundlage einer Sozialversorgung für Schriftsteller [49], eine Forderung, die noch auf der letzten Mitgliederversammlung dieser Organisation 1968 erhoben wurde [50], aber erst durch das Wirken des VS verwirklicht werden konnte. Vor allem 1954 war die Vereinigung bemüht, eine Altersversicherung der Autoren aufzubauen: sie plante eine Gruppenversicherung ihrer Mitglieder bei einer privaten Lebensversicherungsgesellschaft. Hierzu empfahl sie ihren Mitgliedern mehrere Male in ihrem Verbandsorgan, sich mit den Problemen ihrer Alterssicherung zu befassen und sich solidarisch mit anderen Schriftstellern für den Vorschlag der Vereinigung zu entscheiden. [51] Sie mußte jedoch bald bedauern, bei ihren Mitgliedern auf sehr geringes Interesse an diesem Problem und an dem gegebenen Lösungsvorschlag gestoßen zu sein; die Meldungen reichten nicht aus, um einer Verwirklichung des Plans näher zu kommen. Erklärt wurde dieses Scheitern einerseits damit, daß viele Mitglieder nicht in der Lage seien, sich durch regelmäßige Versicherungsbeiträge an dem Vorhaben zu beteiligen, andererseits zeigte man sich aber davon überzeugt, daß viele Autoren zu sorglos an den Vorschlägen ihres Berufsverbandes vorbeigegangen seien. [52] Ähnlich wie schon beim DSV scheiterte auf diese Weise eine Initiative am mangelnden Interesse der Mitglieder, und wiederum verlagerte sich das Interesse des Verbandes auf die Hilfe durch die Öffentlichkeit, was sich bei der Vereinigung in dem Wunsch nach einer engeren Zusammenarbeit mit der Deutschen Künstlerhilfe und der 1952 neugegründeten Schiller-Stiftung manifestierte. [53]

Die weitere Entwicklung der Vereinigung auf sozialem Gebiet verlief auf drei Ebenen: Erstens wurde F. Märker 1961 von der Mitgliederversammlung damit betraut, mit führenden privaten Versicherungsgesellschaften Verbindung aufzunehmen, um alle technischen Möglichkeiten zur Durchführung einer Alterssicherung für Schriftsteller auf Versicherungsbasis zu erkunden. [54] Zweitens verabschiedete die gleiche Mitgliederversammlung folgenden Entschluß:

> »Die Vereinigung der deutschen Schriftstellerverbände richtet auf ihrer Generalversammlung einen dringenden Appell an den Bundestag und die Bundesregierung, den Sozialstaatsparagraphen des Grundgesetzes endlich auch gegen den freien Schriftsteller durchzuführen, sie in ihren Versicherungsansprüchen aus ihrer Herabminderung als Staatsbürger zu befreien und ihre unerläßliche Alterssicherung durch Stärkung der Deutschen Künstlerhilfe durchzuführen.« [55]

Und drittens wurde, wiederum auf der gleichen Mitgliederversammlung, ein weiterer Weg vorgeschlagen, nach dem sowohl die Autoren als auch ihre Auftraggeber bzw. die Abnehmer ihrer Arbeiten bei Rundfunk, Verlagen, Zeitschriften etc. je 5 % der jeweiligen Honorarbeträge als quasi Arbeitnehmer- und Arbeitgeberanteile in eine zu schaffende Versicherungskasse abzuführen hätten, aus der später jedem Mitglied entsprechend der Höhe seiner Beiträge eine Rente ausgezahlt werden sollte. [56] F. K. Fromm betonte, daß auch eine derartige Altersversorgung nur vom Gesetzgeber durchgesetzt werden könnte. Er forderte die Schriftsteller zu mehr privater Initiative zugunsten einer solchen Regelung auf. [57]

Parallel zu den bisher aufgezeigten Initiativen wurde aus Anlaß der Absichten der Bundesregierung, das Urheberrecht zu reformieren, ein weiterer Plan verfolgt, bei dem die Vereinigung hoffte, durch die urheberrechtliche Einführung einer Urhebernachfolgegebühr Beiträge nicht individueller Art zu erhalten, die für eine Altersversorgung der Schriftsteller eingesetzt werden könnten. Diese bereits 1918 von P. Bourfeind (s. 3.2.2, S. 124) und direkt nach dem 2. Weltkrieg von W. Schendell und F. Märker entwickelten Gedanken [58] fanden erst Ende der 50er und Anfang der 60er Jahre eine breite verbandspolitische Basis. Ein aus diesen Abgaben aus Veröffentlichungen nicht mehr urheberrechtlich geschützter Werke gespeister Fonds hätte nach Ansicht der Vereinigung zwar nicht zur vollen Finanzierung der Schriftsteller-Altersversorgung ausgereicht, doch hoffte man, mit ihm die Grundlagen zu erhalten, um in vielen Fällen akute Not beseitigen und darüber hinaus ein Versorgungswerk aufbauen zu können. [59]

Die Versuche, Rentenversicherungen für Schriftsteller kollektiv mit Privatversicherungen abzuschließen, scheiterten wie schon vor 1933 am Problem der beruflichen Abgrenzung, was innerhalb der Vereinigung die bereits erwähnte Diskussion um die Bildung einer Schriftsteller-Kammer auslöste, durch die sich ihre Initiatoren eine Stärkung der schriftstellerischen Berufsvertretung erhofften. Die Schriftsteller-Kammer sollte die sozialen Ansprüche ihrer Mitglieder vertreten können, ohne weiterhin als Bittsteller auftreten zu müssen. [60] Dieser gesamte Komplex mündete schließlich in die Empfehlung an die Autoren, sich soweit wie möglich dem »Versorgungswerk der deutschen Presse« freiwillig anzuschließen. [61]

Das andere Bemühen, eine Altersversicherung durch die Bildung eines Sozialfonds aus Arbeitnehmer- und Arbeitgeberanteilen von 5 % der jeweiligen Honorarhöhe zu erreichen, scheiterte nach Verhandlungen mit dem »Bundesverband der Zeitungsverleger« sowie der ARD am Widerstand der Medieninhaber und Medienverwalter, die für sie unzumutbare finanzielle Belastungen befürchteten und technische Schwierigkeiten geltend machten. [62] Die Idee einer Altersversorgung der Schriftsteller durch Einführung der Urhebernachfolgegebühr scheiterte wiederum daran, daß infolge der Intervention anderer Interessenverbände und des Einspruchs des Bundesrates diese Urhebernachfolgegebühr nicht in das neue Urheberrecht von 1965 aufgenommen wurde (s. 3.3.1.2, S. 145).

Zu den sozialpolitischen Plänen des VS erklärte D. Lattmann nach der Gründung des neuen Verbandes, daß er die organisatorische Hilfe des schriftstellerischen Berufsverbands für notwendig halte, da einerseits die Schriftsteller einem der letzten unversorgten Berufe angehörten, daß sie aber andererseits »von ihrer Kondition und Mentalität her besonders wenig geeignet« seien, »private Vorkehrungen auf lange Sicht zu treffen«. [63] In dieser Aussage, die nahezu am Anfang der sozialpolitischen Arbeit des VS steht, wird noch einem Bild des Schriftstellers gehuldigt, der über den Problemen des Alltags steht, und für den der Verband erst seine soziale Sicherheit organisieren müsse. So erfaßten die Programmpunkte des VS zu seiner Gründung an erster Stelle die Forderung nach einer Sozial-Enquete der Schriftsteller als Grundlage der unter Punkt 2 geforderten schriftstellerischen Altersversorgung, als deren Voraussetzung der Gedanke an die Einführung der Urhebernachfolgegebühr neu belebt wurde. [64]

Entgegen seiner ursprünglichen Absicht, einen Sozialfonds aus einer Urhebernachfolgegebühr aufzubauen, verlagerte der VS seine Initiativen in Richtung eines sogenannten Bibliotheks-Groschens, einer Abgabe von 10 Pfennigen pro Buchausleihe aus nicht kommerziellen Leihbibliotheken. Er begründete seine Forderung damit, daß er nicht einsehen könne, daß in einem so sozialisierungsfeindlichen Land wie der Bundesrepublik ausgerechnet die Werke der Schriftsteller sozialisiert, d. h. der Öffentlichkeit kostenlos zugänglich gemacht werden, was schließlich die Einnahmen der Autoren schmälere. [65] Nach einer Reihe von Verzögerungen hatte der VS schließlich mit dieser Initiative Erfolg: das Urheberrecht wurde am 18. 9. 1972 durch den Bundestag und am 21. 9. 1972 durch den Bundesrat u. a. dahingehend geändert, daß für die Ausleihe aus staatlichen, städtischen, kirchlichen, betrieblichen und gewerkschaftlichen Büchereien von den jeweiligen Geldgebern pro Buchausleihe 10 Pfennige zugunsten eines Schriftstellerfonds abzuführen sind. [66] Nach einem Beschluß der Mitgliederversammlung des VS auf seinem 1. Schriftstellerkongreß sollen mindestens 50 % der zu erwartenden Beträge (10 bis 15 Millionen DM) in die Kasse eines Sozialwerks für Autoren fließen, der Rest soll nach Abzug der Erhebungs- und Verwaltungskosten nach einem Punktsystem an anspruchsberechtigte Autoren als Honoraranteil ausgeschüttet werden. [67] Am 16. 10. 1972 beschloß der Bundesvorstand des VS, das Autorenversorgungswerk als GmbH mit folgender Aufgabenstellung zu gründen: ein Teil der Mittel soll unmittelbar als jährliche Sozialleistung alten Autoren und ihren Hinterbliebenen in Not zukommen, ein weiterer Teil soll als Zuschüsse zu persönlich abgeschlossenen Altersversicherungen von Autoren der jüngeren und mittleren Generation verteilt werden, sei es im Rahmen der allgemeinen Renten- und Sozialversicherung, sei es im Rahmen eines Versicherungsabschlusses auf privatwirtschaftlicher Basis. Wichtig ist, daß diese Zuschüsse ausdrücklich als ›Ersatz für den derzeit noch nicht vorhandenen Arbeitgeberanteil‹ verstanden werden. Ein restlicher Teil des finanziellen Aufkommens aus der Bibliotheksabgabe soll in Form von Arbeitsstipendien als Förderungsbeiträge für Autoren ausgegeben werden, ein Sachverhalt, der bereits erörtert worden ist (s. 2.5.3, S. 110). [68] Dieser Vorstandsbeschluß wurde auf dem 2. Schriftstellerkongreß des VS von der Mitgliederversammlung im vollen Umfang bekräftigt. [69] Der Verband geht davon aus, daß etwa in den ersten 5 bis 10 Jahren des Autorenversorgungswerks die Hälfte des Sozialfonds der Unterstützung alter Autoren zur Verfügung stehen wird und daß vorerst nur aus der anderen Hälfte Einzelzuschüsse zu den persönlichen Versicherungen der Autoren vergeben werden können. Das Autorenversorgungswerk ist somit selbst keine Versicherung, sondern eine Auffang- und Weitergabestelle für das Aufkommen des Sozialanteils aus der Bibliotheksabgabe. [70]

In der Geschichte der Interessenpolitik deutscher Schriftstellerverbände ist es somit dem VS erstmals gelungen, eine gesetzliche Voraussetzung zu erlangen, um in einem bisher nicht erreichten Umfang die soziale Not alter Schriftsteller lindern und private Alters- und Lebensversicherungen im Arbeitsprozeß stehender Autoren unterstützen zu können. Damit konnte ein spürbares Gegengewicht zu den verschiedenen Stiftungen und Künstlerhilfen geschaffen werden. Grundsätzlich muß dieser Erfolg jedoch als eine Mischform aus der Selbsthilfe der Autoren und einer Fremdhilfe durch den Staat angesehen werden. Die organisatorische Hilfe des Verbands bestand bisher darin, daß er mit erfolgreicher Taktik den Gesetzgeber in seinem Sinn zu bewegen vermochte. Doch setzt das vom VS geschaffene System auch eine Selbsthilfe der Autoren voraus, indem sie selbst erst, abgesehen von der Altershilfe, durch eigene Versicherungsabschlüsse die Bedingungen für die Anwendung des Autorenversorgungswerks erfüllen müssen. Der Anteil der Fremdhilfe besteht schließlich darin, daß es die Öffentlichkeit ist, die den Sozialfonds speist und somit zum gleichen Anteil die Lasten der Eigenversicherung trägt. Doch kann das bis jetzt vom VS Erreichte durchaus als Übergangsphase verstanden werden. Dem neuen schriftstellerischen Berufsverständnis des VS, nach dem der Autor als abhängiger Urheber Wort innerhalb der arbeitsteiligen Kulturindustrie zu verstehen ist, entspricht der bereits zitierte Gedanke, die Zuschüsse zu den Einzelversicherungen als Ersatz für einen noch nicht vorhandenen Arbeitgeberanteil zu verstehen. Hieraus folgt logisch, daß sich der VS bemühen muß, über die erreichte Bilbiotheksabgabe hinaus die gesetzlich abgesicherte Einführung von Arbeitgeberanteilen für schriftstellerische Sozialversicherungen zu erreichen. Hieraus folgt auch die Frage, ob der VS bereit sein wird, auf die Mittel der Bibliotheksabgabe zu verzichten, sobald dieses Ziel erreicht ist und ein Ersatz für den noch nicht vorhandenen Arbeitgeberanteil nicht mehr nötig ist. Eine derartige Lösung kann jedoch nur durch tarifpolitische Aktivitäten erreicht werden. Mit ihnen ist der VS seit seiner Gründung beschäftigt, sie sind zudem der zentrale Aufgabenbereich der vom VS mitbegründeten AFM. Während die Bibliotheksabgabe auf urheberrechtlichem Wege zu erreichen war, ist die tarifpolitische Lösung einer sozialen Sicherung für Schriftsteller nur auf arbeitsrechtlichem Wege zu bewerkstelligen.

Interessanterweise hat der »Börsenverein des deutschen Buchhandels« 1971 einen Plan vorgelegt, nach dem sich die deutschen Verlage dazu verpflichten sollten, ihren Autoren nach der Öffnung der Allgemeinen Rentenversicherung Beiträge von 10 % der Honorarhöhe als eine Art Arbeitgeberanteil in eine Autorenversorgungskasse abzuführen, falls die Autoren ihrerseits den gleichen Betrag in die gleiche Kasse einzahlen würden. Dieser Vorschlag war an die Bedingung geknüpft, daß der Börsenverein 50 % der Verwaltung des zu bildenden Fonds in seiner Hand behalten sollte. Nicht nur aus diesem Grund lehnte der VS dieses Angebot des Börsenvereins ab; er sah vor allem die Gefahr, daß seine rechtlichen Bestrebungen durch ein freiwilliges Entgegenkommen der Verlegerorganisation im Börsenverein unterlaufen würden. Außerdem kritisierte der VS, daß der Börsenverein mit diesen Plänen ohne vorherige Absprache mit der Berufsorganisation der Schriftsteller an die Öffentlichkeit getreten war, und forderte statt einer Bevormundung die

Selbstbestimmung der Autoren als eine unbedingte Voraussetzung für die Durchführung eines Autorenversorgungswerkes. [71] Daß der VS zur Kooperation mit Verlagen bereit ist, bewies er z. B. dadurch, daß er sich aktiv beim Bertelsmann-Verlag an der Erarbeitung einer verlagseigenen Altersversicherung für Autoren beteiligte, die schließlich am 16. 3. 1970 der Öffentlichkeit bekanntgegeben wurde, wobei D. Lattmann selbst eine Rede hielt. [72] Er betonte, daß derartige freiwillige Maßnahmen auf lange Sicht von entsprechenden gesetzlichen Regelungen abgelöst werden müßten: »Was einzelne potente Unternehmen der publizistischen Branche auf privatwirtschaftlicher Basis tun, vermag eine Gesamtregelung nicht zu ersetzen. Jedoch bedeutet das hier erreichte einen Fortschritt auf dem Weg, den zu gehen notwendig ist.« [73] Inzwischen haben auch zwei Kinderbuch-Verlage ihren Autoren die Möglichkeit einer Alterssicherung eingeräumt. Es sind dies der Signal-Verlag (Baden-Baden), bei dem nach einer Übereinkunft mit dem Ausschuß für Kinder- und Jugendbuchautoren des VS Autoren ab 1972 eine Altersversicherung auf der Basis des 624-DM-Gesetzes aufbauen können, und der W. Fischer-Verlag (Göttingen). [74]

Einen wichtigen beispielhaften Schritt in Richtung auf die soziale Sicherheit der hauptberuflichen Schriftsteller bedeutete 1971 die Gründung der »Pensionskasse für freie Mitarbeiter der deutschen Rundfunkanstalten«, die als ein Erfolg der RFFU anerkannt, aber auch im Zusammenhang mit den VS-Aktivitäten gesehen werden muß. Es handelt sich hierbei um einen Versicherungsverein auf Gegenseitigkeit, in dessen Kasse Autoren als Arbeitnehmer und die öffentlich-rechtlichen Rundfunkanstalten als Arbeitgeber jeweils 5 % der Honorare einzahlen. Mitglied der Kasse können diejenigen Autoren im Alter von 25 bis 55 Jahren werden, die mindestens ein Jahr lang für eine oder mehrere Rundfunkanstalten tätig waren und in diesem Zeitraum Honorare von mindestens DM 6000,– erhalten haben. [75]

Insgesamt zeigt sich, daß auf verschiedenen Ebenen und für verschiedene schriftstellerische Tätigkeitsbereiche erste Schritte in Richtung auf eine soziale Sicherung der Autoren vollzogen werden konnten, die sich durch die Einführung von Arbeitgeber- und Arbeitnehmeranteilen wesentlich von früheren Versuchen wie z. B. der »Pensionsanstalt deutscher Journalisten und Schriftsteller« unterscheiden, bei denen die Autoren allein für die finanziellen Mittel ihrer Renten aufkommen mußten oder in anderen Fällen auf eine Unterstützung durch die Öffentlichkeit hofften.

Zuletzt sei noch darauf hingewiesen, daß sich der VS durch den Beitritt zur IG Druck und Papier auch eine Verbesserung der sozialen Lage seiner Mitglieder verspricht, da sie von den sozialen Leistungen der Gewerkschaft in Form von Streik-, Arbeitslosen- und Krankenunterstützung sowie Hilfen in besonderen Notfällen partizipieren können. [76] Trotz aller Neuerungen, die gewiß für die soziale Sicherheit der Schriftsteller noch nicht ausreichen, und trotz der grundsätzlichen Änderung der VS-Politik in Richtung einer Regelung der Sozialversicherung der Schriftsteller auf arbeitsrechtlicher Grundlage behält das soziale Hilfsprogramm des VS auch nach dem Gewerkschaftsbeitritt einen traditionalen Anteil: bevor der VS innerhalb der IG Druck und Papier seine Rechtsform als eingetragener Verein und damit die Möglichkeit öffentlicher Subventionen zugunsten seiner beruflichen

Interessen verlor, sollten als neue eingetragene Vereine regionale »Förderkreise des VS« mit der Aufgabe gegründet werden, Zuwendungen aus öffentlichen Mitteln und private Spenden aufzufangen und an die Not leidenden Schriftsteller zu verteilen. [77] Die Hinwendung des schriftstellerischen Berufsverbands an die Öffentlichkeit im Interesse einer sozialen Unterstützung der Schriftsteller blieb somit auch im Programm des VS erhalten. Es ist bereits gezeigt worden, daß der FDA das anspruchsvolle Ziel zu verfolgen angibt, ›soziale Gerechtigkeit für Kulturschaffende‹ zu erreichen (s. 2.2.5, S. 43). Hierzu berief das Präsidium des FDA einen ›Sozialausschuß‹, »der notleidenden Autoren Hilfe gewähren, sie beruflich beraten und ggfs. Rechtshilfe leisten will«. [78] Ähnlich wie schon der ASV formulierte der FDA seine Hilfsbereitschaft, mit der er »in besonders dringenden Härtefällen rasch und unmittelbar notleidende Autoren, unabhängig, ob sie Mitglied sind oder nicht« zu unterstützen vorgibt. ›Begründete Anträge‹ brauchen nur an die Geschäftsstelle des FDA zur Entscheidung durch den Sozialausschuß gesandt zu werden. [79] Außerdem kündigte er eine umfassende Krankenversicherung auf der Basis eines Gruppen-Versicherungsvertrags mit einer privatwirtschaftlichen Krankenversicherung unter erheblich vergünstigten Bedingungen an, wie ermäßigte Beiträge, einer vom Alter unabhängigen Aufnahme ohne Wartezeit bei Aufnahme aller Personen, da die Versicherung auf ihr Ablehnungsrecht verzichtet habe. »Eine Beteiligung des FDA an den Beiträgen in beliebiger Höhe ist möglich und vom Sozialausschuß in erkannten Härtefällen zu gewähren.« [80] Schließlich gründete der FDA noch einen »Förderverein zur Freiheit des Geisteslebens«, der nach seiner Satzung ausschließlich gemeinnützige und mildtätige Zwecke verfolgen soll, der aber, wie noch zu zeigen sein wird, auch politische Ziele verfolgt (s. 4.4.2, S. 350). Zu seinen sozialen Zielen gehört die

»Unterstützung bedürftiger Menschen, [...] die infolge ihrer geistigen und körperlichen Beschaffenheit oder ihrer wirtschaftlichen Lage der Hilfe bedürfen, ibs. Autoren und Autorenerben, durch Sach- und Geldzuwendungen.« [81]

Die Versicherungs- und Hilfsangebote des FDA klingen ähnlich denen der Verbände um die Jahrhundertwende sehr großzügig, es muß jedoch gefragt werden, wie dieser Verband die Mittel zu erreichen hofft, die für derartige Maßnahmen notwendig sind. Zwar hat der FDA auch den Anspruch auf eine Mitverwaltung des Fonds aus der vom VS erreichten Bibliotheksabgabe erhoben [82], doch kann eine derartige Mitsprache über die Verteilung dieser Mittel die verbandseigene soziale Unterstützung, wie sie der FDA plant oder gar anbietet, nicht garantieren.

3.2.3 Zusammenfassung

Zusammenfassend kann festgestellt werden, daß alle hier behandelten deutschen Schriftstellerverbände den Willen bekundet haben, für die soziale Sicherung der Schriftsteller einzutreten. Dabei stellten sich vier Ebenen heraus, auf denen versucht wurde, den sozialen Interessen der Schriftsteller zu entsprechen: neben dem Bemühen um Selbsthilfe, sei es in Form der Erstellung einer verbandseigenen Kasse zur Unterstützung von Mitgliedern in Notfällen oder sei es in Form einer verbandseigenen Rentenversicherung, spielte von Anfang an die Hinwendung an die Öffentlichkeit im Interesse finanzieller Zuwendungen, sei es in Form von Stiftungen oder sei es in Form direkter staatlicher Subventionen, eine besondere Rolle. Erst in jüngerer und jüngster Zeit kamen die beiden folgenden Ebenen hinzu: die Anwendung des Urheberrechts auch zugunsten der sozialen Sicherheit für Schriftsteller und das Bemühen, auf tarifvertraglicher Basis zu einer kollektiven, umfassenden und arbeitsrechtlich abgesicherten Sozialversicherung zu gelangen.

Die genossenschaftliche Selbsthilfe scheiterte bisher an Schwierigkeiten der beruflichen Abgrenzung sowie an der zu schmalen Basis und dem damit zu schwachen Kapitalaufkommen einer eventuellen verbandseigenen Versicherung. Sie scheiterte ebenso an dem häufig zu geringen und unregelmäßigen Einkommen der potentiellen Mitglieder. In einigen Fällen scheiterten schon relativ erfolgreich arbeitende Unternehmen dieser Art an den Auswirkungen allgemeiner Krisen wie Kriegsfolgen und Inflationen. Schließlich scheiterten einige Initiativen nachweislich am zu geringen Interesse der Verbandsmitglieder selbst.

Auf der zweiten Ebene, der appellativen Hinwendung der Schriftstellerverbände an die Öffentlichkeit, ist es wiederholt gelungen, öffentliche Mittel zur Unterstützung der Schriftsteller zu erlangen. Diese Mittel gingen aber nie über freiwillige Zuwendungen und Almosen hinaus, die ohne jeden Rechtsanspruch keine geregelte Sozialversicherung der Schriftsteller ermöglichten. Die appellative Hinwendung der Schriftstellerverbände an die Öffentlichkeit entspricht ihrem lange Zeit gültigen Verständnis des Schriftstellers als einem autonomen Schöpfer allgemeinverbindlicher Deutungen und Ziele. Diesem Selbstverständnis entsprach wiederum die Überzeugung, daß sich die Gesellschaft dem Schriftsteller dankbar verpflichtet sehen müßte.

Die dritte, urheberrechtliche Ebene der sozialen Interessenvertretung der Schriftstellerverbände hat bereits zu Erfolgen geführt. Die aufgezeigte Zwitterstellung, die die Bibliotheksabgabe jedoch zwischen der zweiten und dritten Ebene schriftstellerischer Sozialpolitik bezieht, wäre durch die Einführung der Urhebernachfolgegebühr zu vermeiden gewesen, da ihre Mittel nicht aus staatlichen Stellen sondern von Verlagen je nach ihrer Buchproduktion urheberrechtlich nicht mehr geschützter Werke in das Autorenversorgungswerk gezahlt worden wären.

Die vierte Ebene einer Regelung der sozialen Sicherheit für Autoren, die arbeitsrechtlich geregelte und tarifvertraglich vereinbarte, ist als offizielle schriftsterllerische Verbandspolitik erst in jüngster Zeit im Gespräch. Diese Regelung soll auf ein Sozialwerk hinauslaufen, in das die Autoren als Arbeitnehmer sowie die Rundfunkanstalten, Buch- und Presseverlage und andere Abnehmer bzw. Auftraggeber schriftstellerischer Arbeiten als Arbeitgeber gleiche prozentuale Honoraranteile abführen, aus dem später die Schriftsteller eine nach Höhe der Einzahlungen gestaffelte Rente bei Invalidität oder im Alter beziehen werden. Ein erster Schritt in diese Richtung wurde bereits im Bereich der öffentlich-rechtlichen Rundfunkanstalten der Bundesrepublik vollzogen, auch haben einige Verlage inzwischen auf freiwilliger Basis ihren Autoren entsprechende Möglichkeiten eingeräumt. Hierbei darf jedoch nicht übersehen werden, daß diese freiwilligen Leistungen die Abhängigkeit der Autoren von ihren Verlagen eher erhöhen als vermindern, auch daß sie durchaus als Mittel der Konkurrenz auf dem Autorenmarkt angesehen werden können. Doch auch die Altersversorgung der Schriftsteller auf tarifvertraglicher Basis ist nicht ohne Probleme; K. Fohrbeck und A. Wiesand haben schon darauf hingewiesen, daß sich die Versorgungsmodelle auf Versicherungsbasis nicht oder nur bedingt für alle Autorengruppen anwenden lassen. Vor allem die Autoren mit Tätigkeitsbereichen, die auf dem Markt benachteiligt sind, haben kaum eine Chance, ausreichende und regelmäßige Beiträge für ihre Sozialversicherung einzuzahlen. Für sie werden nach wie vor Sozial- oder Kulturfonds aus Stiftungen oder auch öffentliche Mittel beansprucht werden müssen. [83] Hierbei ist vor allem an die Gruppe von Autoren zu denken, die B. Rauecker unter den Eigenbrötlern zusammenfaßte (s. 2.3.8, S. 72 f.): Lyriker, Avantgardisten, Autoren mit hohem Anspruch, die nur ein kleines Publikum erreichen. Hier könnte an eine spätere Verwendung des Sozialfonds aus der Bibliotheksabgabe gedacht werden, sobald er nicht mehr als Ersatz für einen noch nicht vorhandenen Arbeitgeberanteil gebraucht wird, doch entspräche eine derartige Regelung der traditionellen Überzeugung, daß die Öffentlichkeit für die soziale Sicherheit der anspruchsvollen, ›kulturschaffenden‹ Autoren aufzukommen habe, was aber wiederum das heikle Problem der literarischen Wertung einbeziehen würde.

Es zeigt sich analog dem Parameter-Wechsel bei der Wahrnehmung des Schriftstellerberufs und der schriftstellerischen Tätigkeit eine Umkehrung der Sichtweise auch auf sozialem Gebiet: während sich die Forderung nach sozialer Sicherung der Autoren früher vorzüglich am Typ des Eigenbrötlers, bzw. des autonomen Schöpfers orientiert hat, rückt jetzt mit der Diskussion um eine arbeitsrechtliche Regelung der Autorentyp in den Vordergrund, der als Produzent von Wortbeiträgen für verschiedene Medien wirtschaftlich abhängig innerhalb der arbeitsteiligen Kulturindustrie arbeitet. Das nach wie vor gestellte Problem des marktwirtschaftlich schwächer gestellten Autors wird zwar nicht übersehen, aber nur noch mit Ausnahmeregelungen bedacht.

Die Hinwendung der Schriftsteller zu einer gesetzlich geregelten sozialen Sicherung signalisiert einen speziellen Aspekt des Wandels im Verständnis von schriftstellerischer Freiheit. Während eine soziale Sicherung der Autoren früher häufig als Einschränkung der totalen schriftstellerischen Freiheit abgelehnt worden ist, haben R. König und A. Silbermann auf die Notwendigkeit eines Umdenkens hingewiesen, da eine gesetzliche geregelte Sozialversicherung immer auch eine Einschränkung der freien Verfügungsgewalt über die durch die eigene Arbeit erworbenen Mittel mit sich bringe. [84] Hierin liegt ein Grundproblem aller Sozialpolitik, wie es G. Bremme anhand ihrer Untersuchung der französischen und englischen Sozialpolitik formuliert hat: »Absolute Sicherheit und absolute Freiheit schließen einander aus.« Es komme auf eine richtige Dosierung von sozialer Bindung und sozialer Freiheit an, die innerhalb jeder Gesellschaft immer wieder neu diskutiert werden müsse. [85] Die ersten drei Ebenen schriftstellerischer Sozialpolitik, vor allem aber die Hinwendung an die Öffentlichkeit, beruhen auf dem irrationalen Versuch, die soziale Sicherheit der Schriftsteller bei gleichzeitiger Erhaltung ihrer absoluten Freiheit zu erlangen. Erst die vierte, arbeitsrechtliche Ebene ordnet auch die Schriftsteller in die allgemeinen Bedingungen einer sozialen Sicherheit ein. Wie D. Lattmann aber zu Recht betont hat, darf dabei nicht übersehen werden, daß die Existenz des Schriftstellers immer noch mit einem großen Risiko verbunden bleibt, an dem eine Alterssicherung nichts ändern kann. [86] Dieses Risiko muß im wesentlichen in den unsicheren Absatzchancen für schriftstellerische Arbeiten gesehen werden, das weder ein schriftstellerischer Berufsverband, noch eine Gewerkschaft noch andere Institutionen im Einzelfall beseitigen können. Soziale Sicherung für Schriftsteller bedeutet somit nichts anderes als die Fortschreibung der Erwerbschance auf das Alter oder auf Invalidität bei vorheriger erfolgteicher schriftstellerischer Arbeit, d. h. nach entsprechender Teilnahme an der Produktion der verschiedenen Medien der Kulturindustrie.

3.3 *Schriftstellerverbände und rechtliche Interessen der Schriftsteller*

Im folgenden werden die urheberrechtlichen und arbeitsrechtlichen Implikationen schriftstellerischer Tätigkeit behandelt, soweit sie als Voraussetzungen einer Sicherung der schriftstellerischen Existenz angesehen werden müssen. Dabei wird das Augenmerk auf die Aspekte beschränkt, die für das Selbstverständnis deutscher Schriftstellerverbände in beruflicher und politischer Hinsicht aufschlußreich sind.

3.3.1 *Die urheberrechtlichen Interessen der Schriftsteller*

In einem ersten Schritt werden die Bedeutung der Entwicklung des Urheberrechts für die Arbeit der Schriftstellerverbände sowie die Versuche der Schriftstellerverbände selbst, auf diese Entwicklung des Urheberrechts Einfluß zu nehmen, erarbeitet. Als Voraussetzung hierfür wird ein kurzer Exkurs über einige historische und wesensmäßige Grundlagen des Urheberrechts vorangestellt.

3.3.1.1 *Schriftsteller und Urheberrecht (Exkurs)*

Die Entwicklung urheberrechtlichen Denkens moderner Prägung muß in Parallele gesehen werden mit dem bereits erwähnten Wandel des Geniebegriffs vom verliehenen zum autonomen Schöpfertum, der sich Mitte des 18. Jahrhunderts zu vollziehen begann (s. 2.5.5, S. 117). Die Radikalisierung der literarischen Konkurrenz auf dem frei werdenden Markt und die Vergrößerung der Schriftstellergruppe hatten das Verlangen nach wirtschaftlicher Absicherung der schriftstellerischen Leistung zur Folge, was in Einklang mit dem aufkommenden bürgerlichen Rechtsdenken mit der Forderung eines rechtlichen Schutzes des geistigen Eigentums verbunden wurde. [87] Bei der Beurteilung der Entwicklung des neuen Urheberrechtsdenkens muß jedoch berücksichtigt werden, daß sie nicht von den Autoren, sondern vom Buchhandel vorangetrieben wurde, nachdem das Privilegienrecht der Verleger aufgehoben worden war und die Buchhändler angefangen hatten, Verlags- und Sortimentsbuchhandel nicht mehr in einer Hand zu führen sowie im Handel untereinander den Tauschhandel zugunsten der Geldzahlung aufzugeben. [88] Die Gesetzgebung des 19. Jahrhunderts auf urheberrechtlichem Gebiet muß also überwiegend als eine Folge langer Vorarbeit des deutschen Buchhandels angesehen werden, wobei die zunehmende Akzentuierung der kommerziellen Verwertbarkeit, insbesondere der Weiterverwertbarkeit des Urheberrechts durch Verlegerschaft und Buchhandel der wachsenden Bedeutung des Privatökonomischen im sozialen Leben konform verlief. [89] Aus den Darstellungen zur Geschichte des Urheberrechts geht hervor, daß es dem 1825 gegründeten »Börsenverein des deutschen Buchhandels« gelungen war, vor allem die Rechtsstellung der Verleger zu verbessern, und daß erst 1837 auf Beschluß der Bundesversammlung der Schutz des Autors in die Rechtssprechung mit einbezogen wurde, indem der Nachdruck von Werken innerhalb von 10 Jahren nach ihrem Erscheinen in allen dem Deutschen Bund angehörigen Bundesstaaten verboten wurde. Die im gleichen Jahr von Preußen in einem Gesetz zum Schutz des Eigentums an Werken der Wissenschaft und Kunst verordnete Schutzfrist von 30 Jahren nach dem Tode des Urhebers wurde erst 1845 für alle Bundesstaaten verbindlich. Auf eine detaillierte Darstellung der Entwicklung des Urheberrechts muß hier verzichtet werden; sie kann bei mehreren Autoren nachgelesen werden. [90]

Wichtig im Zusammenhang dieser Arbeit ist die Tatsache, daß die Entwicklung des Urheberrechts lange vor der Gründung der ersten schriftstellerischen Berufsorganisationen angefangen hatte, woraus folgt, daß die Schriftstellerverbände auf diesem Felde eine Situation vorfanden, auf deren Grundvoraussetzungen Einfluß zu nehmen keine Möglichkeiten mehr bestanden.

Zu den wesensmäßigen Voraussetzungen des geltenden Urheberrechts gehört, daß es nicht primär den ideellen Interessen der Urheber dient, sondern daß vielmehr der Schutz der materiellen Interessen der Verleger, Buchhändler und Urheber im Vordergrund steht. Die Sicherung des Urhebers bei der wirtschaftlichen Verwertung seiner Arbeit ist somit eine der Hauptaufgaben des Urheberrechts. [91] Die rechtliche Festlegung der materiellen Interessen am literarischen Werk führte bislang jedoch insofern zu einem Dilemma, als literarische Werke zum Kulturgut der Gesellschaft und wiederum das Kulturgut zum Gemeingut gerechnet wird. Es ist bereits darauf hingewiesen worden, daß zum Wesen des schriftstellerischen Schaffens u. a. die schöpferische Verbindung geistigen Gemeinguts mit individueller Leistung gehört (s. 1.2.3, S. 16). Im Hinblick auf die Bedeutung literarischer Werke als geistigem Gemeingut fragte H. Hubmann, »inwiefern ein einzelner ein Anrecht auf ein bestimmtes Kulturgut haben kann, unter welchen Voraussetzungen es ihm als das ›Seine‹ zuzuordnen ist und wieweit es zu seinen Gunsten geschützt werden kann, ohne daß das Geistesleben unterbunden und die Teilhabe aller daran gehindert wird«. [92] Bei geistigem Schaffen könne dem Urheber nur dort Recht geschehen und Lohn zuteil werden, wo er einen persönlichen Anteil dem Gemeingut hinzugegeben habe. Dieser persönliche Anteil liegt nach H. Hubmanns Überzeugung in der schöpferischen Phantasie des Einzelnen, wobei der Schaffende allein durch den der schöpferischen Phantasie entnommenen geistigen Gehalt Eigentum an seinem literarischen Werk erwirbt, wofür ihm wiederum ein ›angemessenes Entgelt‹ gebühre. [93] Es zeigt sich, daß die rechtsphilosophische Begründung des Urheberrechts als ein schwer zu entwirrendes Knäuel zweier entgegengesetzter Rechte, eines individuellen und eines allgemeinen, erscheint, zumal auch die Phantasie psychologisch gesehen selbst als schöpferische Vorstellungskraft verstanden wurde (s. 1.2.3, S. 16), deren Inhalte und Richtung durch momentane Einfälle und abgewandelte, aktivierte Erinnerung bestimmt sind, also selbst individuelle und nicht-individuelle Anteile enthält. In der Literatur zum Urheberrecht wird außerdem hervorgehoben, daß das Urheberrecht in seinen Grundlagen vom Naturrecht bestimmt sei, nach dem »der Stoff, den das Recht zu regeln hat, schon eine bestimmte Ordnung in sich trägt, die es aufzudecken gilt«. [94] Dieser Ansatz bringt jedoch neue Probleme mit sich, da die Definition des Wesens einer Sache ihrerseits abhängig ist von den jeweiligen Einstellungen des Definierenden und den auf ihnen beruhenden Unterschieden der Wahrnehmung.

In der konkreten Ausgestaltung des Urheberrechts erweist sich das literarische Werk als eine Mischform von Geistesgut und Verkehrsgut: da es von den persönlichen Interessen des Autors vor allem seine wirtschaftlichen schützt, muß es in besonderer Weise der Verkehrsfähigkeit literarischer Werke Rechnung tragen. [95] Trotzdem wurde vom Gesetzgeber wiederholt versucht, in den Urheberrechtsgesetzen die Bedeutung der kulturellen Werke als Gemeingut durch besondere Formen der sozialen Bindung des geistigen Eigentums zu berücksichtigen. Diese immer wieder umstrittenen Formen liegen bis heute in der zeitlichen Begrenzung des Urheberschutzes und dem erst 1971 vom Bundesverfassungsgericht aufgehobenen Recht auf entschädigungslosen Abdruck urheberrechtlich geschützter Werke in Sammelwerken zum Schul-, Unterrichts- und Kirchengebrauch. [96]

Im folgenden soll nun dargestellt werden, wie sich die deutschen Schriftstellerverbände zu den grundsätzlichen Problemen der Sicherung der wirtschaftlichen Grundlagen der Schriftsteller durch das Urheberrecht verhielten.

3.3.1.2 Initiativen deutscher Schriftstellerverbände auf urheberrechtlichem Gebiet

Wie bereits gezeigt enthielt die Satzung des Leipziger Literatenvereins von 1842 die Bestimmung, daß er gegen den freien Nachdruck literarischer Werke kämpfen werde. Unter der Voraussetzung, »daß eine Gesundung und Hebung des um seine Existenz kämpfenden Schriftstellerstandes nur auf rechtlicher Basis zu erwarten sei«, versuchte der Leipziger Literatenverein als erster die staatliche Rechtsordnung zu beeinflussen. Die Verbindung von urheberrechtlichem und wirtschaftlichem Denken wurde bereits hier deutlich, indem davon ausgegangen wurde, daß sich die wirtschaftliche Lage der Schriftsteller erst dann bessern könnte, wenn ihre Arbeit gesetzlich geschützt ist. [97] Der Verein forderte in diesem Interesse eine einheitliche Regelung des Urheber- und Verlagsrechts, war aber nur teilweise erfolgreich. Er erzielte einen Erfolg, als nicht ohne seine Beteiligung 1844 in Sachsen ein Urheberschutzgesetz mit einer 30jährigen Schutzfrist nach dem Tode eines Autors eingeführt wurde. Auf dem Gebiet des Rechtsschutzes für dramatische Autoren erzielte er keine Erfolge, ein entsprechendes Gesetz wurde erst 1870 verkündet, auf ein einheitliches Verlagsrecht mußten die Schriftsteller noch bis 1901 warten. [98]

Auch der ADSV schrieb die Bekämpfung des unberechtigten Nachdrucks literarischer Werke in sein Programm, zudem forderte er eine Regelung der Nachdrucksverhältnisse auch auf internationalem Gebiet. Auf den verschiedenen Schriftstellertagen des Verbands faßten die Mitglieder wiederholt Beschlüsse auf urheberrechtlichem Gebiet. Vor allem wandten sie sich außer gegen den unberechtigten Nachdruck auch gegen die vom Autor nicht genehmigten Bearbeitungen von Romanen und Dramen sowie gegen das Leihbibliothekswesen. [99] Einen ›Entscheidungsschlag in dem Kampfe für den Rechtsschutz des geistigen Eigentums‹ hoffte der ADSV zu führen, als er gemeinsam mit dem »Börsenverein des deutschen Buchhandels«, dem Verband der Musikalienhändler und der »Genossenschaft deutscher Dramatiker« eine Eingabe an den Reichskanzler richtete [100], die aber ohne jede Resonanz blieb. Auf dem Gebiet des internationalen Urheberrechts wurde der ADSV vor allem durch seine Teilnahme an den »Internationalen litterarischen Congressen« 1881 in Lissabon und 1882 in Rom aktiv. [101]

Eine zweite Ebene in der Vertretung der rechtlichen Interessen seiner Mitglieder betrat der ADSV, als er ein verbandseigenes Syndikat zu ihrem rechtlichen Schutz gründete. Die Mitteilungen, wie vielen Mitgliedern das Syndikat Rechtsschutz und Rechtshilfe gewährt hatte, gehörte von da an zu den wichtigsten Erfolgsmeldungen und auch Werbemitteln des Verbands. [102]

Im bereits zitierten § 3 der Satzung des DSchV wurde festgelegt, die rechtlichen Interessen der Schriftsteller durch die Begründung von Literaturkonventionen u. a. zu vertreten (s. 2.2.1, S. 34). Darüber hinaus verpflichtete sich dieser Verband im § 6 seiner Satzung,

> »[...] jederzeit berechtigte Klagen seiner Mitglieder, gegen wen sie immer gerichtet sind, durch den Vorstand zur Austragung bringen zu lassen, sei es nun durch Herbeiführun einer Verständigung zwischen Beklagtem und Kläger, auf dem Wege des Prozesses oder durch andre von der Gesamtheit auszuführende Maßnahmen. Die Klagefreiheit ist nicht auf vermögensrechtliche Fragen beschränkt. Ebenso wird den Mitgliedern bei Kontraktabschlüssen u. a. rechtlicher Beistand unentgeltlich gestellt.« [103]

Der vom DSchV angebotene Rechtsschutz wurde somit gegenüber dem des ADSV deutlich präzisiert und auch auf einen Rechtsbeistand bei bereits eingetretenen Streitfällen sowie auf die vorbeugende Rechtsberatung ausgedehnt.

Auch der DSV vertrat von Anfang an das Ziel, eine Gesetzgebung zu fördern, »welche die Rechte der Schriftsteller nach allen Seiten hin sicher zu stellen geeignet ist [...] Der Schutz des geistigen Eigenthums, der für den Schriftsteller von allergrößter Bedeutung ist, hat in der deutschen Gesetzgebung noch immer nicht seine vollkommene Durchführung erreicht«. [104] Auf seiner 1. Allgemeinen Versammlung verabschiedete der DSV eine Petition an das Reichskanzleramt, nach der das Urheber- und Verlagsrecht in das Bürgerliche Gesetzbuch aufgenommen werden sollte. [105] Neben den Versuchen, Einfluß auf die nationale Gesetzgebung in Sachen Urheberrecht zu nehmen, beteiligte sich der DSV wie schon der ADSV an internationalen Kongressen, wie den 1888 in Venedig und 1889 in Paris von der »Association littéraire et artistique internationale (ALAI)« veranstalteten Kongressen zum Schutz des geistigen Eigentums. [106]

Ebenfalls in Anlehnung an die Tradition des ADSV gründete der DSV ein Syndikat, das den Mitgliedern in allen literarischen Rechtsangelegenheiten Beistand gewähren sollte, und das bei Rechtsgeschäften wie Vertragsabschlüssen Rat, Auskunft und Gutachten kostenlos anbot. [107] Über diesen Rechtsschutz hinaus ermittelte der DSV durch die Abteilung für Überwachung seines Literarischen Büreaus (s. 3.4.2.1, S. 191) unbefugte Nachdrucke und Theateraufführungen.

Ein Vergleich der satzungsgemäßen Zweckbestimmungen des DSV und des in

Konkurrenz zu ihm gegründeten SvDS hat bereits ergeben, daß der SvDS stärker als die sozialen die wirtschaftlichen Interessen der Schriftsteller betonte (s. 2.2.1, S. 35). Dieser Hervorhebung der wirtschaftlichen Interessen entsprach ein Passus im § 9 seiner Satzung, der jedes Mitglied verpflichtete, für die Einhaltung der urheberrechtlichen Bestimmungen persönlich einzutreten. Diese Verpflichtung wurde wiederum bestärkt durch eine über alle sonst üblichen Ausschlußbestimmungen hinausgehende Verordnung, daß derjenige aus dem Verband ausgeschlossen werden müsse,

»[...] der wissentlich Geschäftsbeziehungen anknüpft oder erneuert mit solchen Verlagshandlungen, Redaktionen, Agenturen, Theaterleitungen u.s.w., welche sich gegen das Urheberrecht vergangen [...] haben, und sich weigern, ihr Unrecht zu sühnen.« (s. 2.3.2, S. 51).

Diese in den Satzungen der in dieser Arbeit untersuchten Schriftstellerverbände einmalige Bestimmung wurde auch vom DSB, der Nachfolgeorganisation des SvDS, übernommen. Dem SvDS und dem DSB gemeinsam war auch die Gründung eines ›Sachwalteramts‹, das weitgehend dem Syndikat des DSV entsprach und wie es die Verbandsmitglieder in Rechtsgeschäften, namentlich bei Vertragsabschlüssen kostenfrei beraten und auch zugunsten der Mitglieder Prozesse auf Kosten des Verbands führen sollte. [108]

Als eine besondere Vereinigung zur Wahrnehmung der urheberrechtlichen Interessen der Schriftsteller, Komponisten und Bildenden Künstler wurde 1895 in Berlin auf Anregung der ALAI und der DSG die »Deutsche Gesellschaft zum Schutze des geistigen Eigentums« gegründet. Sie richtete ein Büro ein, das mehr für die Einhaltung der geltenden Urheberrechtsbestimmungen als für eine Weiterentwicklung des Urheberrechts eintreten sollte. Die Aufgaben des Büros lagen u. a. darin, den Mitgliedern der Gesellschaft in allen urheberrechtlichen Angelegenheiten Auskunft und sachverständigen Rat zu erteilen, Rechtsgutachten zu erstellen, Vertragsentwürfe auszuarbeiten, Honorare und Tantiemen einzuziehen, unberechtigten Nachdruck sowie widerrechtliche Aufführungen und Nachbildungen zu verfolgen und schließlich auch Urheberrechtsprozesse zu führen. [109]

Auch der ASV hat seine Hauptaktivitäten in rechtlichen Fragen auf die Sorge um die Einhaltung der Urheberschutzgesetze verlegt. Seit seiner Gründung hatte der Verband eine Rechtsabteilung, die die Rechtsberatung und den Rechtsschutz seiner Mitglieder übernahm. Im § 6 seiner Satzung waren die Voraussetzungen festgelegt, unter denen die Rechtsabteilung die Führung von Prozessen übernehmen durfte. [110] Über diese Bestimmungen hinaus wurden die finanziellen Bedingungen für die Mitglieder nach und nach zusätzlich erschwert. [111] Überhaupt scheint der Rechtsschutz des ASV wenig attraktiv gewesen zu sein. So hielt es die Rechtsabteilung von vornherein für ausgeschlossen, von Verlegern nicht veröffentlichte, aber einbehaltene Zweitdrucke zurückzufordern. Sie empfahl statt dessen den Betroffenen, keine Prozesse zu führen, sondern neue Manuskripte zu verfassen, die ihnen wohl mehr einbrächten. Die gleiche Empfehlung wurde auch gegeben, wenn Verleger sich weigerten, geringe Honorarsummen auszuzahlen. [112] Eines der wichtigsten Werbemittel des ASV war seine seit dem 1. 1.

1902, dem Inkrafttreten des Urheberschutzgesetzes, durchgeführte Nachdruckskontrolle. Nach eigenen Angaben sandte die Redaktion der ›Feder‹ an alle ›Feder‹-Abonnenten unaufgefordert alle mit ihrem Namen unterzeichneten Feuilletonbeiträge oder andere Zeitungsartikel zu. Sollte sich dann eine solche Veröffentlichung als unberechtigter Nachdruck erwiesen haben, so versuchte der Verband, das Nachdruckshonorar zu erstreiten und dem Autor unter Abzug von 10 oder 15 % auszuzahlen. Um dem Verschleiern unberechtigter Nachdrucke durch Fortlassen der Autorennamen vorzubeugen, veröffentlichte die ›Feder‹ unter der Rubrik »Nachdruckskontrolle« die Titel aller ohne Autorennamen veröffentlichten Artikel mit der Aufforderung an alle Autoren, die schon Beiträge entsprechenden Inhalts veröffentlicht hatten, zu überprüfen, ob etwa ein unberechtigter Nachdruck ihrer Arbeit vorliege. [113] Wenn man bedenkt, welcher Aufwand mit einer vollständigen Auswertung aller Zeitschriften verbunden ist, können dieser Nachdruckskontrolle des ASV allenfalls Zufallserfolge zugemutet werden.

Die Gründung des KlA stand nach eigener Darstellung in ursächlichem Zusammenhang mit dem Inkrafttreten des Urheberschutzgesetzes von 1901 und seiner Nichtbeachtung durch zahlreiche Zeitschriften- und Buchverleger. In dem Gründungsaufruf hieß es hierzu: »Da das neue Urheberschaftsgesetz endlich die Möglichkeit giebt, sich gegen [...] Ausbeutung zu wehren, schließen sich die Unterzeichneten zu einem *Cartell* zusammen.« [114] Auch später berief sich das Komitee des KlA auf das neue Urheberschutzgesetz, vor dessen Inkrafttreten ein Gedicht mit seiner ersten Veröffentlichung aufgehört hatte, Eigentum seines Verfassers zu sein. Das neue Recht schützte den Lyriker vor von ihm nicht erlaubtem Abdruck seiner Werke in Zeitungen, Zeitschriften und Anthologien. Das KlA war jedoch mit diesem Gesetz nicht zufrieden, das er als mageres Zugeständnis empfand, und versuchte, durch Einwirkung auf die öffentliche Meinung und auf die gesetzgebenden Körperschaften eine Revision dieses Gesetzes herbeizuführen, nach der auch der Nachdruck von Gedichten in Büchern zum Schulgebrauch von der Erlaubnis des Autors abhängig und zudem honorarpflichtig sein sollte: »Ein Dichter, der so wertvolles geschaffen hat, daß es schon bei seinen Lebzeiten als Muster für die nachwachsende Jugend hingestellt wird, soll seines geistigen Eigentums nicht mehr zugunsten von Gewerbetreibenden expropriiert werden.« [115] Es zeigt sich somit beim KlA wieder deutlicher als bei einigen vor ihm untersuchten Verbänden der Wille, zu einer Änderung der geltenden Urheberrechtsgesetze beizutragen. Um jedoch die Einhaltung und wirtschaftliche Nutzung der gegebenen Rechte zu sichern und gleichzeitig den Autoren bei ihrer Wahrnehmung zu helfen, hatten die Gründer des Kartells in die Statuten Bestimmungen aufgenommen, die einerseits jedes Mitglied zur Inanspruchnahme der Rechte verpflichteten, andererseits dem Kartell in einem wichtigen Teilbereich, der Veröffentlichung von Anthologien, sogar das Verfügungsrecht über die Zweitdrucke ihrer Werke einräumten. [116]

Wie das KlA hoffte auch der WSB, auf eine Erweiterung der Urheberschutzgesetze Einfluß nehmen zu können; den bestehenden Rechtsschutz geistiger Arbeit hielt er lediglich für einen Ansatz zu einer Besserung der wirtschaftlichen Existenz der Schriftsteller. So sprach sich P. Bourfeind gegen die Beibehaltung der Schutzfrist und für die bereits gezeigte Einbeziehung der Urheberrechte in die soziale Sicherung der Schriftsteller aus (s. 3.2.2, S. 124). [117]

Eine klare Position gegen das geltende Urheberrecht und zugunsten seiner Erweiterung bezog auch der SDS, dessen Mitbegründer H. Landsberg 1910 erklärte, daß die Schriftsteller bis auf die »spärlichen Bestimmungen, die uns das Urheberrecht bietet, das einige Paragraphen aufgestellt hat, die von einem gewissen Teil der Presse fortwährend umgangen werden«, überhaupt keine Rechte besäßen. [118] 1916 forderte der SDS nicht nur die Verlängerung der Schutzfrist, sondern sogar eine Übertragung der Schutzrechte an ihn selbst. [119] Als nach dem 1. Weltkrieg das Bemühen um eine Verbesserung der Urheberschutzbestimmungen nach wie vor zu den erklärten Hauptaufgaben des Verbandes gehörte [120], die Reichsregierung aber keine Novellierung der bestehenden Gesetze beabsichtigte, erklärte C. Bulcke, daß der Verband zur Erreichung seiner Ziele auf direkte Verhandlungen mit den Verlegern angewiesen sei. [121] Neben diesen Initiativen, auf die im nächsten Abschnitt dieses Kapitels ausführlich eingegangen wird (s. 3.4.2.2, S. 205 ff.), setzte der SDS jedoch seine Bemühungen um Einflußnahme auf den Gesetzgeber fort, wobei er die Forderung nach einer Verlängerung der Schutzfrist auf 50 Jahre in den Vordergrund stellte. [122] Die Tätigkeit seines Vertreters L. Zeitlin im RWR schien den SDS nahe an einen Erfolg gebracht zu haben, vor allem nachdem in diesem Gremium ein urheberrechtliches Gutachten erarbeitet worden war [123], doch wurde die in Aussicht gestellte Verlängerung der Schutzfrist durch ihre Gegner auf der Verlegerseite 1930 wieder zu Fall gebracht. [124] Auch der vom SDS mitbegründete »Reichsverband des deutschen Schrifttums« beteiligte sich an diesen Initiativen zur Schaffung eines neuen Urheberrechts. [125] Alles was jedoch nach 1933 von ihnen nachwirkte war, daß die Schutzfrist 1934 auf 50 Jahre verlängert wurde, alle weiteren Erneuerungen zugunsten der Autoren blieben aus.

Neben den Initiativen zur Verbesserung des Urheberrechts waren nach der Satzung des SDS auch der Rechtsschutz und die Rechtsberatung seiner Mitglieder in allen Streitigkeiten, die aus ihrem Arbeitsverhältnis als Schriftsteller entstanden, Ziel des Verbandes. Noch 1932 nannte der Syndikus des SDS den Rechtsschutz den zentralen Zweck der Verbandsgründung und das Rückgrat des Verbandes von Anfang an. Nach seiner Darstellung diente der Rechtsschutz mittelbar zwei wichtigen Zielen: auf der einen Seite der ›Erziehung der Verleger‹, die lernen sollten, »daß der Schriftsteller kein Bittsteller ist, und daß, wirtschaftlich gesehen, literarische Produktion einen Wert darstellt, der zu einem angemessenen Entgelt verpflichtet«. Auf der anderen Seite sollte der Rechtsschutz der ›Erziehung der Schriftsteller‹ dienen, denen die Einsicht in die Notwendigkeit der schriftstellerischen Berufsorganisation vermittelt werden sollte sowie das Bewußtsein, »daß sie als gleichberechtigte Vertragspartner dem Verlag gegenüberstehen«. [126] Zu den bevorzugten Werbemitteln des Verbands gehörten Meldungen über die Zahl übernommener Prozesse sowie geleisteter Rechtshilfen. [127] Seit 1929 verstärkte sich jedoch im SDS die Tendenz, Prozesse zugunsten eines Ausgleichs von Differenzen auf dem Verhandlungswege einzuschränken. [128] Wie noch zu zeigen sein wird, bemühte sich der Verband zu diesem Zweck um die Konstituierung ständiger Schiedsgerichte, die bei Streitigkeiten zwischen Verlegern und Autoren vermitteln sollten (s. 3.4.2.3, S. 231 f.); so viel ist jetzt schon vorwegzunehmen, daß er sich schließlich rühmen konnte, daß ein wesentlicher Teil der Tätigkeit seiner Rechtsabteilung aus Bemühungen bestand, »auf gütlichem Wege durch Aufforderungen und Interventionen die Honoraransprüche der Mitglieder bei den Verlagsanstalten durchzusetzen«, wobei er die Größe der »Autorität und das moralische Gewicht des Schutzverbandes« daraus ableiten zu können glaubte, daß allein 1931 in 9 Monaten an Honoraren RM 10 000,– auf diese Weise eingeholt werden konnten. [129]

Ein Blick in die Rechtsschutzordnung des SDS beweist jedoch, daß der Rechtsschutz, den der SDS seinen Mitgliedern anbot, entgegen der eigenen Propaganda nicht besonders vorteilhaft war. Erstens war die Position der Mitglieder gegenüber der Rechtsschutzkommission des SDS sehr schwach, zweitens waren die Einzelbestimmungen der Rechtsschutzverordnung widersprüchlich und zumindest teilweise für die Mitglieder nachteilig. [130] Die Bedingungen zeigen, daß der Rechtsschutz des SDS die schwache Rechtsposition der Autoren nicht stärkte, indem er in der Regel nur eindeutig sichere Fälle zu übernehmen bereit war und andere Fälle dem Ermessen anheimstellte, nicht unerhebliche Gebühren verlangte und schließlich das rechtsuchende Mitglied zwang, sich den Entscheidungen der Rechtsschutzkommission zu unterwerfen, wollte es nicht zusätzliche finanzielle Lasten auf sich nehmen. Trotz allem muß dem SDS zugestanden werden, daß er, folgt man seinen Kassenberichten, erhebliche Beträge für seine Rechtsschutzabteilung aufbrachte. [131] Auch der SDS bemühte sich um die Einrichtung einer verbandseigenen Nachdruckskontrolle, die jedoch bis 1930 schon zweimal gescheitert war und auch später wegen des zu großen Finanzaufwandes nicht vollzogen werden konnte. [132]

Nach dem 2. Weltkrieg war die Forderung nach einer Änderung des Urheberrechts sogleich wieder ein zentrales Thema der neugegründeten Schriftstellerverbände. Für den SDA-Berlin erklärte W. Schendell, es müßten nun, nachdem als einzige Urheberrechts-Forderung der Verbände vor 1933 die Verlängerung der Schutzfrist erfolgt war, die kleinen Rechte, die Leihbibliothekstantieme sowie andere urheberrechtliche Verbesserungen erreicht werden. Ein besonderes Gewicht maß er der Einführung eines ›Kulturpfennigs‹, einer Abgabe von 1 % aus Veröffentlichungen urheberrechtlich nicht mehr geschützter Werke bei: es sollte von dem Gewinn aus gemeinfreien Werken auch ein Teil denen zugute kommen, »die ihrerseits ebenfalls eines Tages ›frei‹ werden«. [133] Anfang 1948 richtete der SDA-Berlin eine Nachdruckskontrolle ein, deren Erfolge aber in keinem Verhältnis zu ihren Ausgaben standen. W. Schendell, der zwar schon die bloße Existenz einer derartigen Einrichtung für ein Abschreckungsmittel hielt, mußte sie aber mit Rücksicht auf die hohen Unkosten bald wieder einstellen. [134] Auch F. Märker forderte für den SDS-Bayern neben der Verbesserung zahlreicher Einzelrechte die Aufhebung der Schutzfrist, doch sollten nach seiner Überzeugung »die Tantiemen nach 50 Jahren nicht mehr den Erben des Autors gehören, sondern der Gesamtheit der lebenden Buchautoren und Komponisten«. [135] Wie schon im vorigen Abschnitt hervorgehoben wurde und wie es noch an der weiteren Entwicklung vertieft werden kann, wurde nach 1945 die Ausweitung der urheberrechtlichen Forderungen über die wirtschaftlichen Interessen der Schriftsteller hinaus auf ihre sozialen Interessen zu einem zentralen Anliegen der westdeutschen Schriftstellerverbände. Die Haltung des Koordinationsausschusses zu diesem Problem ist nicht bekannt. Der VDA scheint seinerseits dem Ausbau des Rechtsschutzes für Autoren den Vorrang eingeräumt zu haben. So wurde auf seiner Gründungsversammlung die Bedeutung einer zentral geleiteten Rechtsstelle für Schriftsteller betont, doch glaubte man, daß der größte Teil von Rechtsschwierigkeiten auf dem Wege von Schiedsverfahren gelöst werden könnte. [136] Auf der 1. Hauptversammlung des VDA am 28./29. 10. 1950 in Hamburg wurde demgemäß beschlossen, den ›immer dringlicher werdenden Rechtsschutz‹ auszubauen. [137]

Nach der Gründung der Vereinigung rückte wieder die Forderung nach einer Reform des Urheberrechts in den Vordergrund. [138] Bis zur Verabschiedung der neuen Gesetze im Jahre 1965 waren Beschlüsse und Resolutionen zu diesem Thema Gegenstand aller Mitgliederversammlungen dieser Vereinigung. [139] Zu den umstrittensten Punkten der Diskussion gehörte die Frage nach der Berechtigung eines zeitlich begrenzten Schutzes für literarische und künstlerische Werke. Die Vereinigung versuchte durch Beiträge in ihrem Verbandsorgan, Veröffentlichung von Gutachten und Broschüren sowie Teilnahme an Urheberrechts-Hearings im Bundesjustizministerium [140] auf diese Diskussion und die Gesetzgebung Einfluß zu gewinnen. Wiederholt wurde hervorgehoben, daß die Sozialgebundenheit des Eigentums bisher nur auf das geistige Eigentum angewandt worden sei und daß die Schutzfrist nicht ihrem Anspruch gemäß der Allgemeinheit sondern nur den Verwertern urheberrechtlich nicht mehr geschützter Werke diene. [141] F. K. Fromm erklärte hierzu, daß das nach Ablauf einer Frist urheberrechtlich nicht mehr geschützte Werk eben nur theoretisch Gemeingut sei, denn der Einzelne könne es überhaupt nicht nutzen. Das Werk werde als Buch oder Bühnenstück, als Sende- oder Fernsehspiel nur durch die Verwertung zugänglich gemacht, wobei die Verwerter sich als die eigentlichen Nutznießer herausstellten: »Was der Allgemeinheit zufließen sollte, fließt unentgeltlich den Verwertern zu.« [142] Um diese Einseitigkeit des Nutzens abzubauen, schlug die Vereinigung die Einführung einer Urhebernachfolgegebühr vor, die, wie bereits gezeigt, als Grundlage einer schriftstellerischen Alterssicherung gedacht war (s. 3.2.2, S. 128), deren Kasse von den Bundesländern und den Berufsverbänden der Urheber verwaltet werden sollte. [143]

In besonderer Weise machte sich die Vereinigung die naturrechtliche Begründung des geistigen Eigentums zu eigen, indem sie einen Aufsatz G. Ermeckes, eines Paderborner Rechts- und Moraltheologen, in ihrem Verbandsorgan veröffentlichte [144] und indem sie H. Hubmann als ihren juristischen Berater in Sachen Urheberrechtsreform heranzog. [145] G. Ermecke hatte in seinem Beitrag erklärt, daß das geistige Eigentum aufgrund der Unablösbarkeit seiner Ursprungsbeziehung nur seinem Schöpfer zustehe, wie viele Personen auch immer nach seiner

Veröffentlichung an der geistigen Schöpfung partizipieren. Daher müsse der Staat sein positives, geschichtlich-konkretes Urheberrecht auf den aus dieser Eigenschaft des geistigen Eigentums folgenden Normen aufbauen. *»Auch das Urheberrecht,* wenn es den Ehrentitel *Recht* tragen soll, *wurzelt wie alles positive Recht im Naturrecht,* d. h. es leitet sich ab vom Sachrichtigen.«

In einem Informationspapier erklärte die Vereinigung zur Urheberrechtsreform grundsätzlich:

»Es geht darum, die bestehenden Gesetze dem sich fortentwickelnden Rechtsbewußtsein anzupassen, also um *juristischen Anspruch,* nicht etwa um ›milde Gaben‹ für sozial Zurückgebliebene.« [146]

Die Repräsentanten der Vereinigung glaubten, mit der Forderung nach der Urhebernachfolgegebühr in besonderer Weise einem fortentwickelten Rechtsbewußtsein zu entsprechen. Während der Diskussion um die Urheberrechtsreform zeigte sich jedoch, daß sich die Vereinigung mit dieser Forderung keineswegs auf der Ebene eines allgemeinen Rechtsbewußtseins bewegte, sondern daß sie versuchte, das Recht in ihrem Sinne selbst zu bewegen. Daß der Börsenverein des deutschen Buchhandels als Vertretung der Interessen der Verleger und des Buchhandels, auf die die Lasten einer Urhebernachfolgegebühr im wesentlichen zugekommen wäre, ihre gesetzliche Einführung zu verhindern versuchte, versteht sich nahezu von selbst und wurde von der Vereinigung auch hingenommen [147], als sich aber auch die »Gesellschaft für musikalische Aufführungs- und mechanische Vervielfältigungsrechte (GEMA)« und der »Verband deutscher Komponisten« gegen die Einführung der Urhebernachfolgegebühr aussprachen, wurde dies von den Repräsentanten der Vereinigung als ein Trauerspiel bezeichnet, bei dem nicht nur die Urheber und Verwerter, sondern nun auch das Urheberlager selbst uneinig seien. [148] In offenen Briefen appellierte die Vereinigung an die Solidarität aller am Urheberrecht interessierten Gruppen und an die ›Schicksalsverbundenheit aller Schöpfer urheberrechtlich geschützten Geistesgutes‹. [149]

Während der Regierungsentwurf des neuen Urheberschutzgesetzes noch die Entrichtung eines Zehntels der üblichen Urhebervergütung für gemeinfreie Werke vorsah, also den Forderungen der Vereinigung entsprach, scheiterte die Einführung der Urhebernachfolgegebühr am Einspruch des Bundesrats; als Ausgleich wurde die Schutzfrist von 50 auf 70 Jahre verlängert. [150] Außer dieser Verlängerung der Schutzfrist brachte das neue Urheberrechtsgesetz den Schriftstellern vor allem die Sicherung zahlreicher wichtiger kleiner Rechte.

Nach dem Scheitern der Urhebernachfolgegebühr erklärte die Bundesvereinigung die Novellierung des neue Urheberrechts zugunsten der Urhebernachfolgegebühr als ihr neues dringlichstes Ziel [151], auch wandte sie sich gegen eine Beibehaltung des § 46 UrhG, der die honorarfreie Veröffentlichung von Teilen von Werken oder kleinerer Werke zum Kirchen-, Schul- oder Unterrichtsgebrauch gestattete. Mit Unterstützung durch die Berufsverbände der Komponisten, Musikverleger, Bildenden Künstler und schöngeistigen Verleger legte die Bundesvereinigung gegen diesen sogenannten Schulbuchparagraphen beim Bundesverfassungsgericht eine Verfassungsbeschwerde ein, mit der eine Anerkennung des geistigen Eigentums auch auf diesem Sektor erreicht werden sollte. [152]

Neben der Arbeit für die Reform des Urheberrechts hat die Vereinigung wie die anderen Schriftstellerverbände vor ihr versucht, ihren Mitgliedern einen Rechtsschutz anzubieten. Hier erwies sich jedoch die schwache Struktur und die mit ihr verbundene schlechte Finanzlage der Organisation als hinderlich. 1961 wurde zwar folgender Beschluß über den Rechtsschutz gefaßt:

»a) Der Rechtsschutz ist Aufgabe der Landesverbände;
b) die Vereinigung kann Rechtsberatung der Mitglieder von Landesverbänden übernehmen.
Sollte sich bei der Rechtsberatung die Notwendigkeit einer Prozeßführung ergeben, wird die Vereinigung mit dem zuständigen Landesverband über die Kostenfrage und die Beauftragung eines Anwalts verhandeln.
c) Grundsatzprozesse führt die Vereinigung der deutschen Schriftstellerverbände. Diese wird einen Fond für Rechtsschutz bilden.« [153]

Dieser dem Verband selbst äußerst wichtig erscheinenden Aufgabe konnte die Vereinigung nach eigenen Angaben jedoch nur sehr begrenzt nachkommen, da der geplante Rechtshilfefonds als Voraussetzung für einen wirkungsvollen Rechtsschutz nicht begründet werden konnte. [154] Außerdem zeigt der Beschluß von 1961, daß der Rechtsschutz sich innerhalb der Vereinigung recht zersplittert gestaltete und daß in schwierigen Fällen sogar verbandsinterne Verhandlungen notwendig waren.

In seinem 12-Punkte Programm hatte der VS bei seiner Gründung auch urheberrechtliche Ziele formuliert, die neben der Forderung nach der Urhebernachfolgegebühr, neben der Abschaffung des § 46 UrhG die Forderung nach einer Bibliotheksabgabe für die Buchausleihe aus Werks-, Kirchen- und öffentlichen Bibliotheken sowie einer Erklärung gegen die Unterzeichnung des sogenannten Stockholmer Protokolls umfaßte. [155] Im letzten Fall handelte es sich um bestimmte Teilbeschlüsse der 1967 in Stockholm abgehaltenen Revisionskonferenz des internationalen Urheberrechts, nach denen Entwicklungsländern das Recht eingeräumt werden sollte, auch urheberrechtlich geschützte Werke honorarfrei abzudrucken und zu nutzen. Der VS wandte sich neben anderen Urheberverbänden sowie den Verlegern gegen diese einseitig zu ihren Lasten gehende Entwicklungshilfepolitik. [156]

Bereits 1970 änderte der VS sein Programm, indem er das Ziel, die Urhebernachfolgegebühr zu erreichen, zurückstellte und sich entschieden auf die Durchsetzung der Bibliotheksabgabe konzentrierte. [157] Gemeinsam mit 12 weiteren auf dem Gebiet des Urheberrechts tätigen Verbänden übergab der VS den parlamentarischen Gremien des Bundestags Anfang 1971 eine Eingabe mit dem Ziel, eine Novelle des Urheberrechts in ihrem Sinn zu erreichen und zu beschleunigen. [158]

In relativ kurzer Zeit konnte der VS schließlich auf urheberrechtlichem Gebiet einige Erfolge verbuchen: das Stockholmer Protokoll wurde nur unter Ausklammerung der umstrittenen Entwicklungsländer-Bestimmungen ratifiziert [159], am 14. 10. 1971 wurde der § 46 UrhG vom Bundesverfassungsgericht als verfassungswidrig erklärt, ein Erfolg, der noch auf eine Initiative der Bundesvereinigung zurückging [160], und schließlich wurden im November 1972 durch die Verabschiedung der Urheberrechtsnovelle und die mit ihr erreichte Bibliotheksabgabe den Schriftstellern die Mittel bereitgestellt, die der VS zur Durchführung seines Sozialwerks benötigt (s. 3.2.2, S. 129 f.). Weitere Interessen des VS am Urheberrecht konzentrieren sich vor allem auf internationaler Ebene, wie es aus einem Beschluß des 2. Schriftstellerkongresses des VS hervorgeht:

»Der Schriftstellerkongreß bekräftigt den Auftrag an den VS-Bundesvorstand, seine Bemühungen um zweiseitige Urheberrechtsabkommen zwischen der Bundesrepublik und Staaten fortzusetzen, die der Berner Übereinkunft nicht angehören [...]« [161]

Selbstverständlich hat auch der VS eine Rechtshilfe und Rechtsberatung für seine Mitglieder organisiert, wobei ähnlich wie bei seiner Vorläuferorganisation ein Großteil dieser Aktivitäten den Landesgruppen vorbehalten blieb. W. Nordemann übernahm als ehrenamtlicher Justitiar des VS auch die Beratung der Mitglieder in Einzelfällen gegen relativ geringe Gebühren; Prozesse müssen allerdings nach der allgemeinen Gebührenordnung des rechtsanwaltlichen Berufsstandes bezahlt werden. [162] Der Beitritt des VS zur IG Druck und Papier bietet den Schriftstellern auf diesem Gebiet einen nicht unerheblichen Fortschritt, denn die Gewerkschaft gewährt ihren Mitgliedern Rechtsschutz in allen aus ihrer Berufsausübung erwachsenden Fällen. Nachdem sich die IG Druck und Papier inzwischen bereit erklärt hat, auch urheberrechtliche Fälle zu vertreten, ist somit erstmals für die deutschen Schriftstellerverbände die Chance eines umfassenden und abgesicherten kostenlosen Rechtsschutzes gegeben. [163]

Während der VS in kurzer Zeit auf urheberrechtlichem Gebiet sehr erfolgreich arbeiten konnte, wurden innerhalb des Verbands jedoch Stimmen laut, die sich skeptisch oder gar kritisch zu diesen urheberrechtlichen Bemühungen äußerten. H. Böll, der sich bei der Gründung des VS ausführlich mit der rechtlichen Stellung der Autoren auseinandersetzte und sich für die Sicherung und den Ausbau des geistigen Eigentums aussprach [164], räumte auf dem 1. Schriftstellerkongreß des VS ein, daß es mißverständlich scheinen müsse, wenn die Autoren um eine Ausweitung ihres Eigentums in einer Gesellschaft kämpften, die sie als Eigentumsgesellschaft für reformbedürftig hielten; nur im historischen Augenblick sei deshalb die Politik des VS zu rechtfertigen, in weiterer Sicht sollten die Schriftsteller »die Ersten sein, die ihre Rechte, ihr Eigentum neu bedenken und in eine neue Eigentumspolitik einbringen. [...] Autoren können nicht für die Enteignung anderer plädieren und selbst auf ihrem Eigentum hocken«. [165] Auf der gleichen Veranstaltung pointierte G. Grass seine Rede mit dem Vorschlag, das ›materielle Großeigentum‹ dem geistigen Eigentum gleichzustellen und es nach einer angemessenen Frist zum Wohle der Allgemeinheit freizusetzen [166], was einer Umkehrung der bisherigen Sichtweise entspräche. Schließlich polemisierte M. Walser vor allem gegen die VS-Initiativen zugunsten des neuen Urheberrechts, als er jede Perfektionierung der Gewinneintreibung durch Rechtsexpansion einen sehr systemkonformen und damit auch ideologiehaltigen Schritt nannte. [167] Während also der VS eine weitere Verbesserung des Urheberrechts und eine Anerkennung des Anspruchs auf geistiges Eigentum auf weiteren Bereichen erfolgreich bewirken konnte, kündigte sich bereits eine Gegenbewegung an, die die Frage nach Alternativen zum Urheberrecht als Grundlage der wirtschaftlichen Sicherung der schriftstellerischen Existenz aufwarf.

3.3.2 Die arbeitsrechtlichen Interessen der Schriftsteller

Bereits im vorigen Abschnitt wurde gezeigt, daß neben die urheberrechtlichen Interessen der Schriftsteller neuerdings Überlegungen in den Vordergrund treten, nach denen die wirtschaftliche und soziale Sicherung der Autoren durch arbeitsrechtliche Regelungen verbessert werden kann (s. 3.2.3, S. 133 f.). Dieser Frage nach den Möglichkeiten einer Einbeziehung der Schriftsteller in das Arbeitsrecht und einer entsprechenden schriftstellerischen Interessenpolitik soll im folgenden nachgegangen werden.

3.3.2.1 Schriftsteller und Arbeitsrecht (Exkurs)

Ausgegangen werden kann von der Feststellung E. Ulmers, daß sich Urheberrecht und Arbeitsrecht nicht berühren: »Das Arbeitsrecht regelt nur die Rechtsverhältnisse, die sich aus abhängiger, in fremdem Dienst geleisteter Arbeit ergeben. Für das Urheberrecht aber ist es gleichgültig, ob das Werk das Ergebnis freier literarischer oder künstlerischer Tätigkeit ist oder ob es im Rahmen eines Arbeitsverhältnisses geschaffen wird.« [168] Allein aus dieser Gegenüberstellung wird evident, daß die Diskussion über eine Anwendung beider Rechtsbereiche für schriftstellerische Tätigkeit unmittelbar das Selbstverständnis der Schriftsteller bzw. ihren Begriff vom Schriftstellerberuf berührt. So betonte 1922 G. v. Karger in ihrer Dissertation, daß das Arbeitsrecht für die Schriftsteller nicht anwendbar sei und daß sich die Schriftsteller selbst aus psychologischen Gründen ihres Selbstverständnisses gegen eine Einbeziehung in das Arbeitsrecht wehrten. [169] Die zweite Feststellung traf im gleichen Jahr auch H. Potthoff in seiner Untersuchung über das Arbeitsrecht der Schriftsteller und erklärte das damit, daß mit dem Wort Arbeitsrecht ein ›Proletariergeruch‹ verbunden sei, der manche Kreise daran hindere, sich mit ihm zu befreunden. Doch im Gegensatz zu G. v. Karger hielt er das Arbeitsrecht für Schriftsteller durchaus für anwendbar und hielt es für ein Mißverständnis, wenn »Schriftsteller [...] vom künftigen Arbeitsrecht eine Herabdrückung ihrer gesellschaftlichen Stellung, eine Bindung ihrer Geistesfreiheit oder etwas Ähnliches besorgen«. [170] Auch H. Potthoff stellte die Gegensätze zwischen einem Arbeitsvertrag, der auf dem Arbeitsrecht beruht, und einem Verlagsvertrag, der sich aus dem Urheberrecht ableitet, heraus: durch einen Arbeitsvertrag begäbe sich der Schriftsteller als Arbeitnehmer in eine gewisse Abhängigkeit und Botmäßigkeit des Verlegers oder Redakteurs, während nach der üblichen Definition der Verlagsvertrag umgekehrt als Arbeitsvertrag erscheine, in dem der Verleger den Arbeitnehmer darstellt, der dem Autor als seinem Auftraggeber die Arbeit der Vervielfältigung und Verbreitung gegen Entgelt verspricht. [171] Diese nach H. Potthoff nicht einmal eindeutige Rechtsnatur des Verlagsvertrages sei jedoch mit der wirtschaftlichen Entwicklung in Widerspruch geraten: »Die Leistung der Autorenarbeit gegen das Honorar des Verlegers ist so in den Vordergrund getreten, daß sie dem Verhältnisse ihren Stempel aufdrückt.« [172] Dies gelte zumindest für diejenigen Schriftsteller, die zwischen den fest angestellten und den völlig unabhängigen, d. h. unmittelbar mit den Verbrauchern ihrer Erzeugnisse verkehrenden, die stärkste und wichtigste Gruppe bilden, »nämlich die Gesamtheit derjenigen Schriftsteller, die ihr Erzeugnis nicht unmittelbar an das Publikum absetzen, sondern sich eines Zwischengliedes bedienen und auf dessen Mitwirkung angewiesen sind«. [173] Ein Hauptproblem sah H. Potthoff nun darin, daß die Grenze zwischen einem freien Schriftsteller und einem Schriftsteller als Arbeitnehmer fließender sei als in jedem anderen Wirtschaftsbereich, was eine genaue Differenzierung nach dem jeweiligen Grad der Abhängigkeit notwendig mache. [174] Für das Gros der Schriftsteller, die er in Anlehnung an die Heimarbeiter ›Heimgeistige‹ nannte, hielt er eine Anwendung des Arbeitsrechts durchaus für angebracht, ohne sie damit sogleich den Arbeitnehmern völlig gleichstellen zu wollen. [175] Ähnliche Gedanken wurden erst wieder 1968 in einer arbeitsrechtlichen Studie über die ›freien Mitarbeiter‹ an den deutschen Hörfunk- und Fernsehanstalten von W. Maus entwickelt. Auch er ging vom Heimarbeiter aus, der als Prototyp der arbeitnehmerähnlichen Personen gilt und dessen persönliche wie wirtschaftliche Abhängigkeit von seinem Auftraggeber längst arbeitsrechtlich anerkannt ist. Die Arbeitnehmerähnlichkeit ist ein Begriff des Arbeitsrechts und des Tarifvertragsgesetzes, nach denen arbeitnehmerähnliche Personen das Recht auf tarifliche Vereinbarungen haben, d. h. auf Absprachen über Honorar- und Arbeitsbedingungen mit Gesetzeskraft. [176] So wie der Heimarbeiter seine Produkte nicht dem freien Markt sondern an seinen Auftraggeber liefert, so haben nach W. Maus auch die ›freien Mitarbeiter‹ auf dem Literatursektor, besonders aber im Hörfunk- und Fernsehwesen durch die monopolartige Stellung dieser Unternehmen und Anstalten keinen freien Markt vor sich; sie nähern sich somit dem Status der Heimarbeiter, zumal sie häufig in ›Einzelauftragsketten‹ für ihre Auftraggeber arbeiten und ihre Existenz auf diese Tätigkeit hin aufgebaut haben. [177] Da sie ohne Dauerdienstvertrag nicht in die Anstalten voll integriert sind, befinden sie sich in einem den von den Anstalten insgesamt beschäftigten Arbeitnehmern ähnlichen Status. »Sie sind [...] betriebszugehörig und dem Weisungsrecht der Anstalten unterworfen, sobald sie für deren Arbeitsaufgaben eingesetzt werden.« [178]

In jüngster Zeit stieß die Frage, ob und inwiefern Schriftsteller unter das Arbeitsrecht subsumiert werden können, auf zunehmendes positives Interesse. Hierbei wird immer wieder von der gesetzlichen Definition des Heimarbeiters ausgegangen, die als auf die soziale und ökonomische Situation wenigstens eines Teils der literarischen und künstlerischen Produzenten anwendbar angesehen wird. Heimarbeiter ist derjenige, der »in selbstgewählter Arbeitsstätte im Auftrag von Gewerbetreibenden gewerblich arbeitet, jedoch die Verwertung der Arbeitsergebnisse dem unmittelbar oder mittelbar auftraggebenden Gewerbetreibenden überläßt.« [179] Diese Beziehung, auch auf Schriftsteller angewandt, mündete ein in die Forderung, durch eine Änderung des Tarifvertragsgesetzes auch Schriftstellern die Arbeitnehmerähnlichkeit zuzuerkennen, wobei diejenigen als arbeitnehmerähnliche Personen angesehen werden sollten, die trotz ihrer persönlichen Unabhängigkeit in wirtschaftlicher Beziehung durch ihre dienstvertraglichen Leistungen von einer Hörfunk- oder Fernsehanstalt abhängig sind und bei ihr, neben sonstigen Zusatzeinkommen, ihre Existenzgrundlage finden. [180]

Bis zum 18. 10. 1974 galten die Schriftsteller den Unternehmern zugehörig mit der Folge, daß ihnen nach dem Kartellrecht das Aushandeln von Richtlinien über Honorare und Arbeitsbedingungen mit Verlegern und Rundfunkanstalten verwehrt war. [181] Mit der Einbeziehung der Schriftsteller in das Arbeitsrecht und mit einer entsprechenden Änderung des Tarifvertragsgesetzes wurde die Tarifautonomie auch für die schriftstellerischen Berufsorganisationen gefordert, um auch die Bedingungen für Werkverträge, die bisher aus der tariflichen Regelbarkeit ausgeschlossen waren, tarifvertraglich aushandeln zu können. [182]

3.3.2.2 Initiativen deutscher Schriftstellerverbände auf arbeitsrechtlichem Gebiet

Für den Zeitraum vor 1933 ist nur innerhalb des SDS für eine kurze Zeitspanne die Beschäftigung mit der Frage festzustellen, ob Schriftsteller in das Arbeitsrecht mit einbezogen werden können und sollen. In der 1928 im Verbandsorgan veröffentlichten Satzung des SDS wurde im § 2, Abs. 4a die Einbeziehung der fest angestellten wie der freien Schriftsteller in die sozialen Schutzbestimmungen des Arbeistrechts zu den Zielen des Verbands gezählt (s. 2.2.1, S. 37). 1921 erklärte A. Eloesser, daß er die Erfassung der Schriftsteller im neuen Arbeitsrecht begrüßen würde, daß ein solcher Schritt aber nicht das schriftstellerische Eigenleben bedrohen dürfe. Die Einordnung der Schriftsteller unter dem Begriff der ›verlagsmäßigen Heimwerker‹ schien ihm durchaus akzeptabel, auch wenn er selbst der Bezeichnung ›verlagsbedürftig‹ den Vorzug gegeben hätte. [183] Im gleichen Jahr verhandelte der SDS diesbezüglich mit dem Reichsarbeitsministerium, und auf der Hauptversammlung von 1922 wurde die Überzeugung zum Ausdruck gebracht, daß sich die Einführung des Rechtsschutzes auf das Honorar als Arbeitslohn bereits anbahnte. [184] H. Potthoff, der eine Hauptaufgabe für die Schriftstellerverbände in der Verbreitung eines neuen Selbstverständnisses der Schriftsteller im Interesse ihrer Einbeziehung in ein neues Arbeitsrecht sah [185], hielt 1922 vor der SDS-Ortsgruppe Berlin einen entsprechenden Vortrag, der jedoch nach einem Bericht von Th. Heuss so schwach besucht, d. h. auf so geringes Interesse bei den Mitgliedern gestoßen war, daß der Verband von weiteren derartigen Veranstaltungen absehen mußte. [186] Die gesamte arbeitsrechtliche Initiative des SDS scheint nicht zuletzt an diesem Desinteresse gescheitert zu sein; in späteren Jahren wurde im Verbandsorgan nichts mehr von weiteren Vorstößen in dieser Richtung berichtet.

Parallel zu der allgemeinen Diskussion dieses Themas wurde es nach dem 2.

Weltkrieg erst wieder vom VS aufgegriffen. 1969 erfaßte das 12-Punkte-Programm des neugegründeten Verbands noch keine Erwähnung des Arbeitsrechts, wohl aber befaßten sich 5 Punkte mit urheberrechtlichen Forderungen. Nur in einem Punkt wurde pauschal die Verbesserung der wirtschaftlichen Arbeitsbedingungen der Schriftsteller mit dem Ziel gefordert, Schriftsteller von der Umsatzsteuer zu befreien. [187] Wenn auch Umsatzsteuer zu bezahlen aus der rechtlichen Einstufung der Schriftsteller als Unternehmer folgt, ist aus den Ausführungen D. Lattmanns bei der Gründung des VS nichts über Überlegungen zu einer Änderung des rechtlichen Status der Schriftsteller zu entnehmen. Erst nachdem sich der VS in den ersten Monaten seiner Existenz vergeblich darum bemüht hatte, mit dem »Verband Schöngeistiger und Wissenschaftlicher Verleger« im »Börsenverein des deutschen Buchhandels« sowie mit den Rundfunkanstalten der ARD und mit dem ZDF in Verhandlungen über tarifvertragsartige Vereinbarungen einzutreten (s. 3.4.2.3, S. 216 ff.), deutete sich allmählich ein Wandel an. So forderte D. Lattmann die Autoren auf, die Überzeugungskraft ihrer Argumente zu verbessern und ihre Zusammenarbeit zu steigern, damit sie schneller mit den Verlegern und den Vertretern der Massenmedien zu tarifartigen Grundsatzvereinbarungen gelangen könnten. Neben einer gewerkschaftlichen Rückenstärkung auf diesem Weg erhoffte er eine Gesetzesänderung, die die steuerrechtliche Einstufung der Schriftsteller als Unternehmer aufheben würde: »Fällt der Unternehmerstatus [...], kommt die Tariffähigkeit.« [188] Noch ist hier nur vom Steuerrecht die Rede, nicht vom Arbeitsrecht. Auf dem 1. Schriftstellerkongreß des VS ließ auch G. Grass die Frage noch offen, welchen Status die Schriftsteller denn haben sollten, wenn sie weder den Unternehmern noch den Arbeitnehmern voll zugerechnet werden wollten. [189] Auf der gleichen Veranstaltung jedoch wurde im Zusammenhang mit einem Beschluß über die Möglichkeiten eines Gewerkschaftsbeitritts fast beiläufig zum ersten Mal die Entwicklung des Schriftstellers zum arbeitnehmerähnlichen Status erwähnt:

»Der Bundesvorstand erhält Auftrag, in Kontakt einerseits mit dem DGB, andererseits mit der IG Druck und Papier sowie der Gewerkschaft Kunst die Voraussetzungen zu klären, unter denen im Lauf der weiteren Entwicklung – arbeitnehmerähnlicher Status, Tariffähigkeit – aus der Phase der Kooperation der Anschluß an eine Gewerkschaft [...] hervorgehen kann.« [190]

Schließlich wurde 1971 im VS-Organ offiziell die arbeitsrechtliche Definition der Schriftsteller als ›arbeitnehmerähnliche Urheber‹ eingeführt. [191] Der verbandsinterne Prozeß der Meinungsbildung auf arbeitsrechtlichem Gebiet wurde mit einem Beschluß des 2. Schriftstellerkongresses des VS vom 21. 1. 1973 konkretisiert, indem der VS-Vorstand aufgefordert wurde, auf eine Novelle des Tarifvertragsgesetzes mit folgendem Argument hinzuwirken:

»Die überwältigende Mehrzahl der Autoren in der Bundesrepublik ist von ihren Auftraggebern in Fernsehen und Funk, Presse und Buchverlagswesen, Film und Theatern ähnlich wie Arbeitnehmer anhängig. Daraus folgt die Forderung des VS, die Schreibenden einzubeziehen als ›arbeitnehmerähnliche Personen‹ in ein verändertes Tarifvertragsgesetz.

Das Verhandlungsrecht für tarifartige Musterverträge darf den sogenannten freiberuflichen Mitarbeitern der Medien nicht länger vorenthalten bleiben.« [192]

Parallel zu diesem Willenbildungsprozeß verliefen verschiedene Initiativen des VS, beim Gesetzesgeber eine entsprechende Änderung des Tarifvertragsgesetzes zu erreichen. So verhandelten der VS und die RFFU, unterstützt vom DGB, mit dem Bundesministerium für Arbeit und Sozialordnung in diesem Sinn. [193] Nachdem das Bundesministerium für Arbeit und Sozialordnung schon 1970 erklärt hatte, daß es ständige freie Mitarbeiter der Massenmedien, »die hinsichtlich der Art der Tätigkeit nicht persönlich, jedoch mit Rücksicht auf den Umfang der Beschäftigung von einer Anstalt wirtschaftlich abhängig sind, als arbeitnehmerähnliche Personen« ansehe [194], wurde schließlich am 18. 10. 1974 vom Bundestag eine Änderung des Heimarbeitergesetzes und des Tarifvertragsgesetzes endgültig verabschiedet, nach der u. a. die freiberuflich tätigen Mitarbeiter bei Rundfunkanstalten, Zeitungs- und Zeitschriftenredaktionen, Buchverlagen und Film sowie Bühnenproduktionen den arbeitnehmerähnlichen Personen zugerechnet werden, soweit sie mindestens ein Drittel ihrer Einnahmen von einem der möglichen Arbeitgeber beziehen. [195] Mit diesem Gesetz ist nun gewährleistet, daß auch die Schriftsteller, soweit sie den arbeitnehmerähnlichen Personen zuzurechnen sind, ihre Rechtsverhältnisse gegenüber ihren Auftraggebern in Zukunft durch Tarifverträge regeln können.

3.3.3 Zusammenfassung

Die Darstellung der rechtlichen Interessen der Schriftsteller, wie sie von ihren Berufsverbänden vertreten worden sind, hat grundsätzlich zwei Ebenen ergeben, auf denen die Verbände diesen Interessen nachkamen: auf einer Seite stand der Schutz und die Vertretung der bestehenden Rechte, auf der anderen Bemühungen, diese Rechte zugunsten der Schriftsteller zu erweitern. Während der Rechtsschutz und die Rechtsberatung der Mitglieder zu den zentralen Aufgabengebieten und auch Werbemitteln aller schriftstellerischen Berufsverbände gehörten, haben nur einige von ihnen konkrete Vorstöße auf der zweiten Ebene unternommen. Auch diese Ebene mußte in zwei Bereiche untergliedert werden, in einen urheber- und einen arbeitsrechtlichen.

Das Urheberrecht galt bis vor wenigen Jahren als alleinige Grundlage einer wirtschaftlichen Absicherung der schriftstellerischen Existenz. Vornehmlich der Leipziger Literatenverein, der DSV, das KlA und der SDS haben vor 1933 z. T. mit Erfolg versucht, die Gesetzesarbeit auf diesem Gebiet voranzutreiben. Der Beginn der NS-Herrschaft hat eine kontinuierliche Entwicklung des Urheberrechts verhindert; mit Ausnahme einer Verlängerung der Schutzfrist auf 50 Jahre wurde von den 1932 nahezu ausformulierten neuen urheberrechtlichen Bestimmungen nichts verwirklicht. Erst einige Jahre nach dem 2. Weltkrieg begann die Vereinigung wieder an die urheberrechtlichen Forderungen der Weimarer Zeit anzuknüpfen, wobei konkrete Erfolge 1965 durch die Verabschiedung eines neuen Urheberrechtsgesetzes verzeichnet werden konnten. Als zentraler Begriff aller Bemühungen um eine Erweiterung des urheberrechtlichen Schutzes für literarische Werke wurde der des geistigen Eigentums herausgestellt, der nicht zuletzt mit einer naturrechtlichen Begründung vorgetragen, d. h. mit Definitionen des Wesens schriftstellerischer Tätigkeit verbunden wurde.

Trotz einer Erweiterung der urheberrechtlichen Bestimmungen auf die soziale Sicherheit der Schriftsteller, die sich 1972 in der gesetzlichen Einführung der vom VS durchgesetzten Bibliotheksabgabe als Grundlage eines Autoren-Versorgungswerks niederschlug, blieb das Erreichte für die Schriftstellerverbände zum Teil unbefriedigend. Dies wuchs in dem Maße, in dem sich Schriftsteller zunehmend als von wirtschaftlichen Faktoren der Kulturindustrie sowie vom Eigentum an Kapital seitens der Verleger abhängig begriffen. An diesem Punkt setzt der zweite Bereich rechtlicher Forderungen der Autoren, der arbeitsrechtliche an. Er zielt darauf, daß die schriftstellerische Berufsorganisation mit dem Recht ausgestattet werden soll, mit den Organisationen der Auftraggeber und Abnehmer schriftstellerischer Arbeit tarifartige Musterverträge über die Honorar- und Arbeitsbedingungen der Schriftsteller auszuhandeln, und daß zudem beide Seiten, Autoren wie Auftraggeber, in gleichen Anteilen finanzielle Mittel für die soziale Sicherheit der Autoren abführen, wie es z. T. schon in einigen Bereichen gehandhabt wird (s. 3.2.2, S. 131).

Es ist evident, daß eine Anwendung beider Rechtsbereiche auf die Sicherung der schriftstellerischen Existenz unmittelbar das Selbstverständnis der Schriftsteller bzw. ihren Begriff vom Wesen des Schriftstellerberufs berührt: die ausschließliche Anwendung des Urheberrechts, wie sie bis zuletzt praktiziert wurde, muß als rechtspolitische Entsprechung des Parameters schriftstellerischer Tätigkeit als autonomen, wirtschaftsenthobenen Prozesses gesehen werden; die Diskussion um eine arbeitsrechtliche Ergänzung der urheberrechtlichen Bestimmungen wuchs dagegen in dem Maße, in dem sich Schriftsteller in wirtschaftlicher und geistiger Verflochtenheit mit der Kulturindustrie begriffen. Es konnte entsprechend gezeigt werden, daß nach dem 1. Weltkrieg, als die Frage nach einer Einbeziehung schriftstellerischer Tätigkeit in das Arbeitsrecht überhaupt erst gestellt wurde, diese Möglichkeit entweder aus Gründen des schriftstellerischen Selbstverständnisses abgelehnt oder, falls sie bejaht wurde, erst in das Selbstverständnis der Schriftsteller integriert werden mußte, ein Versuch, der an ihrem eigenen Desinteresse an dieser Frage scheiterte. Erst etwa seit 1970 findet dieses Problem unter Schriftstellern eine breitere Resonanz mit dem Resultat, daß nun die Forderung nach einer Einbeziehung der Schriftsteller in den Schutz des Arbeitsrechts, zumindest im VS eine breite verbandspolitische Basis findet. Vom rechtlichen Status der Schriftsteller her gesehen ergibt sich somit eine Verschiebung vom selbständigen Unternehmer zum zumindest wirtschaftlich abhängigen arbeitnehmerähnlichen Urheber.

Die sich anbahnende Parallele von urheber- und arbeitsrechtlicher Regelung der Bedingungen literarischer Produktion zeigt jedoch, daß der neuere Parameter der Wahrnehmung schriftstellerischer Tätigkeit nicht den älteren ablöst, sondern daß er ein Komplement zum älteren darstellt und sich nur wegen seiner innovatorischen

Bedeutung in den Vordergrund des Interesses schiebt. So ist auch in den Augen der Initiatoren der arbeitsrechtlichen Entwicklung das Problem einer Abgrenzung und Vermittlung zwischen den unterschiedlichen individuellen Ansprüchen, die sich aus dem Urheberrecht ableiten lassen, und den kollektiven, tarifpolitisch vereinbarten, die sich mit dem Arbeitsrecht verbinden, noch nicht voll gelöst. [196] Doch kann davon ausgegangen werden, daß auch in Zukunft das Urheberrecht die Autoren neben den tarifartigen Musterverträgen über ihre Honorar- und Arbeitsbedingungen sowohl auf nationaler wie auf internationaler Ebene vor von ihm nicht genehmigten Veröffentlichungen seiner Arbeiten und damit vor wirtschaftlicher und persönlicher Mißachtung seiner Leistung schützen wird. Auf diese Weise bleibt die schöpferische Eigenleistung der Schriftsteller im Blickfeld der Definition schriftstellerischer Tätigkeit sowie des Schriftstellerberufs. Aber in dem Maße, in dem sich der Autor in wirtschaftlicher Abhängigkeit von einer immer mächtiger werdenden Kulturindustrie erlebt, die ihm seine Arbeits- und Honorarbedingungen trotz des Urheberrechts im Interesse ihrer primär gewerblichen Verwertungs- und Profitinteressen einseitig diktiert, werden sich die schriftstellerischen Berufsorganisationen, die sich diese Sichtweise zu eigen gemacht haben, Einfluß auf die Entstehung dieser Arbeits- und Honorarbedingungen zu erlangen versuchen müssen, um die volle Respektierung des Interesses der Schriftsteller an Möglichkeiten schöpferischer Eigenleistungen auch vertraglich sichern zu können.

Diese Forderung ist jedoch nur durch die Installierung und Praktizierung einer gewerkschaftlichen Gegenmacht der literarischen Produzenten aller Medienbereiche gegenüber der Kulturindustrie möglich, da nach einer Entscheidung des Bundesarbeitsgerichts nur die Vereinigungen als tariffähig anerkannt werden können, »die die tarifrechtlichen Aufgaben einer Koalition sinnvoll, d. h. durch einen [...] wirkungsvollen Druck und Gegendruck erfüllen können«. [197]

3.4 Schriftstellerverbände und wirtschaftliche Interessen der Schriftsteller

Die nun folgende Darstellung der wirtschaftlichen Interessen der Schriftsteller und ihrer Vertretung durch ihre Berufsorganisationen geht davon aus, daß die wirtschaftlichen Interessen über die Honorarbedingungen der Autoren hinaus ihre Produktionsbedingungen im weiteren Sinn umfassen, soweit sie ihre Absatzchancen und die Möglichkeiten ihres literarischen Erfolgs betreffen. Damit ist in diesen Abschnitt ein wichtiger Bereich dessen mit einzubeziehen, was in den Satzungen der Schriftstellerverbände häufig mit ›beruflichen Interessen‹ umschrieben worden ist, ohne daß diese beruflichen Interessen genauer spezifiziert wurden. Grundsätzlich gewinnen somit neben den Honorarbedingungen vor allem die Probleme der Voraussetzungen schriftstellerischer Einnahmen sowie Fragen der Beeinflußbarkeit dieser Voraussetzungen eine zentrale Bedeutung. Im Einzelnen berührt dies Themenbereiche wie die Situation der Schriftsteller auf dem literarischen Markt, das Verhältnis zwischen Autoren und Verlegern und das Verhältnis der Autoren zur Presse sowie zu den Rundfunkanstalten. Bevor die Haltungen der verschiedenen deutschen Schriftstellerverbände zu diesen Fragen und ihre Initiativen in diesen Bereichen dargestellt werden, wird vorerst eine grundlegende Diskussion dieser wirtschaftlichen Produktionsbedingungen erarbeitet.

3.4.1 Die wirtschaftlichen Bedingungen literarischer Produktion (Exkurs)

Im Rahmen der berufssoziologischen Grundlegung des schriftstellerischen Berufsbegriffs wurde bereits in der Einleitung zu dieser Arbeit anhand der Kategorie der Erwerbschance Zahlenmaterial über Einnahmen der Schriftsteller vorgelegt. Wichtigstes Ergebnis dieser Darstellungen war, daß das Kriterium der kontinuierlichen Erwerbschance nicht für die Definition allein angewandt werden konnte, daß vielmehr ihre Diskontinuität im einzelnen Fall sowie gravierende Unterschiede insgesamt als charakteristisch für die schriftstellerische Berufstätigkeit angesehen werden müssen. Dies hat sich grundsätzlich bis heute nicht geändert, obwohl in jüngster Zeit eine Verbesserung dieser Situation beobachtet werden konnte (s. 1.2.2, S. 12–14). Diese Tatsache muß in engem Zusammenhang mit der Situation der Schriftsteller im literarischen Markt gesehen werden, der in diesem Exkurs nachgegangen werden soll, wobei unter den wirtschaftlichen Bedingungen literarischer Produktion die Bedingungen der Möglichkeiten von Einnahmen aus literarischer Tätigkeit verstanden werden.

3.4.1.1 Literatur als Ware

Grundsätzlich hängen die Möglichkeiten literarischer Einnahmen von der Bedingung ab, daß das literarische Produkt gegen Entgelt (Honorar) von einem Vermittler auf den literarischen Markt gebracht wird, wobei es gleichgültig ist, ob es sich dabei um den Buchmarkt, die Presse oder den Rundfunk handelt. So einfach diese Aussage ist, so kompliziert gestaltet sich die Diskussion über ihre Konsequenzen für das schriftstellerische Selbstverständnis. Seit Mitte des 18. Jahrhunderts mußten die Schriftsteller zunehmend ihre literarischen Werke direkt in finanzielles Entgelt umsetzen. Man verstand aber das Entgelt für schriftstellerische Arbeit nicht in Begriffen marktgemäßer Arbeitsvergütung wie Lohn oder Gehalt, sondern belegte sie mit der Bezeichnung Honorar, wodurch es einen doppelten Akzent erhielt: der Marktwert eines Werkes drückte sich im materiellen Entgelt aus, sein Kulturwert sollte jedoch durch Ansehen und Ehre vergütet werden. [198] Da geistige Leistung nicht meßbar ist, wurden geistige Arbeit und materielle Werte häufig als inkommensurabel erklärt und eine Vergütung literarischer Leistungen als widersinnig, ein Arbeitslohn in Geld als inadäquat und willkürlich angesehen. [199] Ausgehend von der Überzeugung, daß sich Kultur in einem ständigen ›organischen Wachsen‹ befinde, erklärte S. Feuchtwanger, daß bei Kulturleistungen »nicht das Naturgesetz des abnehmenden Reizes (Sättigungsgesetz), sondern das *Kulturgesetz* des zunehmenden Reizes« herrsche, daß deshalb auch die Leistungen der Idealgüterwirtschaft nicht nach den Prinzipien der Sachgüterwirtschaft gehandhabt werden dürften. [200] Diese Inkommensurabilitäts-Theorie führte u. a. zu der Überzeugung, daß schriftstellerische Tätigkeit keine Erwerbstätigkeit sondern vielmehr ein ›Wagnis auf Erwerbslosigkeit‹ sei. [201] Bei näherem Hinsehen erweist sich diese Überzeugung jedoch weniger als Beschreibung des Schriftstellerberufs sondern eher als eine berufsethische Orientierung, als ein Postulat, wie es besonders deutlich von S. Feuchtwanger formuliert wurde, der als ›wahre Realpolitik‹ der ›freien Berufe‹ den Kampf gegen den ›materiellen Druck der Tatsachen‹ ansah [201] und glaubte, daß eine Verbindung von Kulturleistung und materiellem Gewinn den Kulturschaffenden unfrei mache, da im Sinne seiner Wirtschaftstheorie nur der Beruf frei ist, *»der frei geübt werden muß, damit Kultur werde;* frei, d. h. in unbedingter auf sachliche Arbeit bedachter Hingabe an den absoluten Wertgedanken, dem das Schaffen dient«. [203] Auch H. Hubmann forderte, daß der Gedanke, mit einem literarischen Werk Gewinn zu erzielen, nur eine zweitrangige Bedeutung haben solle. [204] Die Theorie der Inkommensurabilität geistiger Arbeit mit materiellen Werten resultiert im wesentlichen aus der Orientierung des Schriftstellers am Idealtyp, den z. B. L. v. Wiese ausdrücklich zum Angelpunkt seiner Überlegungen machte [205], wobei der Parameter dieses Idealtyps im Schriftsteller als ›autonomem Schöpfer ewiger Kulturwerte‹ gesehen werden muß. Mit dieser Sichtweise wiederum verbunden ist, daß der Literatur auch als Ware ein besonderer Charakter, eine besondere Dimension zugesprochen wird, die darin liegt, daß ein literarisches Produkt als Typ jeweils nur einmal vorhanden sei, das, beliebig oft genutzt, im Konsummarkt nicht untergehe sondern ein dauerndes Gut sei, das wiederum durch seinen geistigen Gehalt ›ansprechen‹ könne und somit neben seiner materiellen vor allem eine immaterielle Schicht habe. [206]

Die Hervorhebung dieser an einen bestimmten Idealtyp schriftstellerischer Tätigkeit orientierten Gesichtspunkte ist nur möglich, wenn man Literatur von den unterschiedlichen Bedingungen ihrer Verbreitung und ihres Erfolgs abstrahiert und wenn man Literatur nahezu ausschließlich als ›hohe‹ Literatur begreift, wie sie noch heute bevorzugter Gegenstand der konventionellen Literaturwissenschaft ist. Doch mußten auch die Theoretiker der Inkommensurabilität die wirtschaftliche Marktbeziehung der Literatur in ihre Überlegungen mit einbeziehen, sei es, indem sie wie S. Feuchtwanger nahezu trotzig dieser Sichtweise den Kampf ansagten, sei es, indem sie wie L. v. Wiese diese Problematik nach außen verlagerten und den Verlegern die Funktion zusprachen, das schriftstellerische Werk in den Zustand der Vertriebsfähigkeit zu versetzen und ihm somit Warencharakter zu verleihen [207], sei es, indem sie wie H. Hubmann die Ursachen in den Bedingungen einer historischen Wirtschaftsordnung sahen und bedauerten, daß der Gedanke, mit einem literarischen Werk einen Gewinn zu erzielen, in den Vordergrund trete, da der Schriftsteller, der »zwar in der Regel aus ideellen Gründen« und auf eigenes Risiko schaffe, im System der freien Marktwirtschaft von der Verbreitung seiner Arbeitsergebnisse leben und somit materielle Vorteile erstreben müsse [208]; das Werk werde somit als objektivierter Geist zur Ware, zu einem selbständigen Verkehrsgut, das auf dem Markt gehandelt und zugleich seinen Gesetzen von Angebot und Nachfrage unterliegt. [209] Daß dieses Gesetz von Angebot und Nachfrage manipulierbar und selbst erfolgssoziologischen Beeinflussungen unterworfen ist, darauf haben schon verschiedene Autoren hingewiesen. [210]

Der Eindruck der Inkommensurabilität konnte ohnehin nur entstehen, weil eine Reihe von literarischen Werken ihre Entstehungszeit überdauerten. Es muß aber beachtet werden, daß sich auch die Rezeption literarischer Werke immer nur im gesellschaftlichen Rahmen als Niederschlag bestimmter konkreter gesellschaftlicher Bedürfnisse realisiert. [211]

Im folgenden sollen nur einige Bedingungen dieser marktwirtschaftlichen Gesetze, soweit sie für die Verbreitung von Literatur Anwendung finden, dargestellt werden: Da sich die Kulturwaren der Industrie nach dem Prinzip der Verwertung und nicht nach dem literarischen oder künstlerischen Gehalt und seiner stimmigen Gestaltung richten [212], verwandelt sich das Produkt des Schriftstellers, das auf den Markt kommen soll, nicht auf dem Weg vom Schreibtisch des Schriftstellers zum Regal des Buchhändlers in eine Ware; es hat seinen Warencharakter von vornherein. [213] Umgekehrt läßt sich der Warencharakter der Literatur auch nicht durch schöngeistige Euphorie und werkimmanente Interpretation wegläutern. [214]

Wenn der Qualitätsbegriff an der sogenannten hohen Literatur der konventionellen Literaturwissenschaft orientiert ist, sind Qualität und Erfolg keine identischen Größen, und dann hat der Warencharakter des Kunstwerks mit seinem Kunstwert nichts zu tun und kann ihn auch in keiner Weise erklären. [215] Wenn man aber, zumindest im Zusammenhang dieser Überlegungen, literarische Qualität eines literarischen Werkes als dasjenige definiert, was seine Absatz- und somit Erfolgschancen fördert, was also auf verschiedenen Ebenen Bedürfnisse befriedigt, kommt man der marktbedingten Situation der Literatur und ihrem Warencharakter näher. Literarischer Erfolg hängt nämlich vielmehr von der Aufnahme eines Werks in der Gesellschaft ab, als von abstrakten, literaturwissenschaftlich erarbeiteten Qualitätsmerkmalen. Auch wenn Literatur nicht unmittelbar dieser Bedürfnisse wegen produziert worden sein mag, läßt sich wie bei anderen Waren kaum daran zweifeln, »daß die Literatur in ihrer Gesamtheit ebenso reale Bedürfnisse beliefert, [...] wie neue einleuchtende und eingebildete Bedürfnisse schafft«. [216] So gesehen erweist sich literarischer Erfolg in hohem Maße vom Publikumsgeschmack und vom Freizeitverhalten des potentiellen Lesepublikums abhängig. An dieser Nahtstelle literarischer Produktion setzt die erste Funktion des Vermittlers zwischen Autor und Publikum ein: beim Buchgewerbe des Verlegers oder Lektors, bei Presse und Rundfunk des Redakteurs. Sie haben die Aufgabe, nahezu instinktiv die Qualität im ihnen vorliegenden literarischen Angebot zu entdecken, die mit den Bedürfnissen eines jeweils spezifischen Publikums in Einklang steht. Die jeweilige Spezifität kann dabei zumindest in den privatwirtschaftlich betriebenen Medienbereichen sehr weit gehen, da innerhalb der marktwirtschaftlich orientierten Kulturindustrie ein pluralistisches Verlagsangebot herrscht. Wenn auch der Keim des Erfolgs im Buch selber liegen muß, so kommt es doch wesentlich auf den Instinkt des Verlegers bzw. seines Lektors an, diesen Keim zu erkennen. [217]

Die zweite wichtige Funktion des Verlegers ist seine Bereitschaft, Kapital in die Publikation eines literarischen Produktes zu investieren und durch seinen Einsatz die Kaufbereitschaft größerer Käufergruppen zu wecken. [218] Es versteht sich nahezu von selbst, daß diese Investitionen mit dem Verkauf der Bücher wieder eingewirtschaftet werden müssen, daß also nicht so sehr die literarische Qualität oder gar der Arbeitsaufwand des Autors, sondern mehr das ökonomische Interesse ein Verlagsprogramm bestimmt. [219] So muß das Buch für den Verleger wie jede andere Ware bei möglichst niedrigen Produktionskosten einen möglichst hohen Profit abwerfen, und der kommerziell orientierte Buchhandel ist vom Verkauf her gesehen auf das problemlose, den schnellen Umsatz bringende Buch angewiesen. [220] Alle marktorientierten Faktoren der Kulturindustrie machen auf diese Weise »insgesamt aus der Buch-, Heft- und Zeitschriftenproduktion einen ansehnlichen, relativ stabilen und durchschnittlich bis überdurchschnittlich profitablen Sektor des modernen Kapitalismus«. [221] Es muß hierbei mit berücksichtigt werden, daß die Verwertung der Nebenrechte aus literarischen Publikationen wie Rundfunkausstrahlung, Übersetzung, Taschenbuchausgabe etc. bei der Gewinnkalkulation eine wichtige Rolle spielen (s. 3.4.1.2.1, S. 168 f.). Die wirtschaftliche Kalkulation muß wiederum nicht die Bereitschaft eines Verlegers ausschließen, auch Literatur in seinem Verlagsprogramm mitzuziehen, die nicht unbedingt marktgängig ist. Mit zunehmender Kommerzialisierung büßen jedoch schwierige und extravagante Bücher ihren Lebensraum ein und sind immer mehr auf die Großzügigkeit ihrer Vermittler angewiesen. [222] Nach strikt marktwirtschaftlicher Kalkulation hätten die meisten Tageszeitungen kaum noch ein Feuilleton, geschweige denn Literaturbeilagen, auch würden dann zahlreiche belletristische Bücher nicht mehr gedruckt. Man muß sich also fragen, was diesen Sektor der Kulturindustrie aufrecht erhält, und den Motor in einem schwer zu entwirrenden Motivknäuel von Prestigebedürfnis, Traditionsverpflichtung und ähnlicher Überzeugung von kulturellen Anliegen sehen. [223] Auch scheint das gewünschte Ansehen und das Anspruchsniveau des Verlegers hierbei eine große Rolle zu spielen. Doch die weitverbreitete Meinung, daß die anspruchsvollen Titel der Buchproduktion den Verlagen überwiegend Verluste bringen und von den wenigen erfolgreichen Büchern mitfinanziert werden müssen, entspricht nach der SPIEGEL-Enquete nicht den Tatsachen. Nach ihr beläuft sich der Anteil aller angesprochenen Verlustprodukte bei den befragten Verlagen kaum auf mehr als 5–10 %. [224] Bei diesen Überlegungen muß berücksichtigt werden, daß auch der Verleger von den Bedingungen des Marktes und ihrem möglichen Wandel abhängt. Aufgrund steigender Produktionskosten und nicht gleichermaßen mitziehender Buchpreise steigt das Risiko des Verlages, so daß das Verlagswesen immer mehr von wirtschaftlichen und außerliterarischen Bedingungen bestimmt wird. [225] Noch vor dem 2. Weltkrieg mußte eine belletristische Erstauflage von 3 bis 5000 Exemplaren in zwei bis drei Jahren abgesetzt sein, um Gewinn zu bringen; heute müssen wesentlich höhere Auflagen in 12 Monaten verkauft sein. Die Folge ist ein Zwang zur billigen Massenauflage und gleichzeitig eine Verminderung der Absatzchancen für unbekannte Autoren oder Literatur mit hohem Anspruch. [226] Diese ökonomischen Schwierigkeiten, neuere Literatur zu produzieren und zu vertreiben, haben bei mehreren Verlagen selbst wiederum den Zwang zur Reihe produziert. [227]

Trotz zahlreicher Maßnahmen wie Rationalisierung der Buchproduktion und des Buchvertriebs zu zeitgemäßen Industrie- und Handelszweigen, wie die Durchforstung der Bestände auf Verkaufbarkeit, wird vom Buchhandel ein Sinken des Reingewinns gemeldet. [228]

Wenn man sich die Produktionszahlen und Umsatzangaben des Buchhandels z. B. in der vom »Börsenverein des deutschen Buchhandels« 1971 wie alljährlich herausgegebenen Ausgabe von »Buch und Buchhandel in Zahlen« anschaut, so stand 1951 bis 1970 die »schöne Literatur« mit durchschnittlich 19,3 % an der Spitze der literarischen Produktion, auf dem Taschenbuchsektor nahm sie 1970 sogar 59,5 % ein, wovon 63,9 % Übersetzungen waren. [229] Der Durchschnittspreis für eine Publikation der schönen Literatur betrug 1970 DM 5,92 gegenüber DM 14,03 für wirtschafts- und sozialwissenschaftliche und DM 34,97 für naturwissenschaftliche Bücher. [230] Eine Aufschlüsselung der Preise in Preisgruppen zeigt, daß im Bereich der schönen Literatur Romanhefte, billige Reihen und Taschenbücher einen verhältnismäßig hohen Anteil haben, so wurden 39,3 % aller Titel für weniger als DM 1,– und 34,2 % für DM 1,– bis DM 5,– angeboten, das sind zusammen 73,5 % aller Titel, die in diese Rubriken fallen. [231] Zu der Preisklasse zwischen DM 15,– und DM 25,–, dem repräsentativen Roman, gehörten lediglich 8,9 % der Gesamtproduktion. [232] Es zeigt sich, daß die relativ hohe Zahl der Titel in diesem Bereich über die realen Erwerbsmöglichkeiten der Autoren täuscht. Interessant sind auch die Angaben über die Umsatzgrößen der verschiedenen Verlage: 1968 waren in der Bundesrepublik 2965 steuerpflichtige Verlage gemeldet ohne Kleinstunternehmen mit einem Jahresumatz von weniger als DM 12.000,–. Davon nahmen 1711 Verlage die Bücher sowie wissenschaftliche und Fachzeitschriften herausgaben, den ersten Platz ein. 573 Verlage publizierten

Zeitschriften, unterhaltende Zeitschriften und Broschüren, 681 Sonstiges. Die 1711 Verlage hatten einen Brutto-Umsatz von DM 2.604.105.000,–, die 573 sogar einen von DM 3.002.774.000,– und die restlichen 681 einen von DM 347.059.000,–. Zusammen erzielten also alle erfaßten Verlage mit steuerpflichtigem Umsatz einen Umsatz von DM 5.953.938.000,–. [233] Schlüsselt man aber die 1711 Buch- und wissenschaftliche Verlage nach der Höhe ihres jeweiligen Jahresumsatzes auf, erhält man folgendes Bild. Fünf Verlage erzielten einen Umsatz von DM 50 Mio bis 250 Mio, 12 von DM 25 bis 50 Mio, 24 von DM 10 bis 25 Mio, 69 von DM 5 bis 10 Mio, 133 von DM 2 bis 5 Mio, 172 von DM 1 bis 2 Mio, 189 von DM 500.000,– bis 1 Mio, 221 von DM 250.000 bis 500.000 und 302 (die größte Gruppe) von DM 100.000,– bis 250.000,–. 684, d. i. mehr als ein Drittel der steuerpflichtigen Verlage, lagen darunter. [234] Es zeigt sich, daß wenige Großverlage einer größeren Anzahl mittlerer und einer noch größeren Anzahl kleiner und Kleinst-Verlage gegenüberstehen. Für den Autor hat das zur Folge, daß er nur bei einem geringen Anteil des Verlagsmarktes eine echte wirtschaftliche Sicherheit erwarten kann, daß nur diese wenigen Verlage ein breites Verlagsangebot haben. Dabei muß wiederum berücksichtigt werden, daß auf dem literarischen Markt eine zweifache Konkurrenzsituation herrscht. Zum einen steht einem Überangebot an literarischen Produktionen ein Unterangebot an Publikationsmöglichkeiten offen, wobei nicht nur lebende Autoren sondern auch die lebenden mit den verstorbenen in Konkurrenz stehen. Zum anderen hat die Konkurrenz unter den Verlagen einzelne Unternehmen zur Profilierung, d. h. zur Einschränkung auf bestimmte thematische oder weltanschauliche Bereiche gezwungen [235], sodaß insgesamt gesehen jedem Autor je nach seinem Tätigkeitsfeld, seinem Stil und seiner weltanschaulichen Bindung nur ein begrenztes Verlagsangebot zur Verfügung steht.

Nachdem gezeigt wurde, daß für Schriftsteller die Bedingungen der Möglichkeiten einer ausreichenden Erwerbschance auf dem Buchmarkt nicht günstig sind, soll nun der Frage nachgegangen werden, welche Faktoren Buchpreise und Autorenhonorare bestimmen. Hierbei kann davon ausgegangen werden, daß, wenn ein Autor einem Verlag ein Werk vorlegt, dessen wirtschaftlicher Wert nicht einmal genau abgeschätzt und daß auch die individuelle Leistung des Autors nicht berücksichtigt werden kann, da der Preis für ein Buch von der Höhe der Nachfrage abhängen muß. Der Preis, und somit auch die Autoren-Honorar als sein prozentualer Anteil, spiegelt lediglich die Produktionskosten und damit den Ertrag einer marktfähigen Leistung, nicht aber die metaökonomischen Komponenten der Ware Buch. [236] Der Autor, der einem Verleger ein Manuskript als fertiges Produkt anbietet, kann vielleicht viele Auskünfte über den intellektuellen Gehalt seiner Ware, ihren Gebrauchswert geben, aber keine über ihren Tauschwert. An der Berechnung des Tauschwertes innerhalb der verlagsmäßigen Produktionspreise ist der Autor in keiner Weise beteiligt. H. May schrieb, daß es dem Autor schwer falle, »einzusehen, daß der Tauschwert der Ware Buch, in der er sein ehemals veräußertes Manuskript erkennt, nicht der Tauschwert dieses Manuskriptes ist«. [237] Dies läßt sich besonders gut an einem Vergleich zwischen dem Taschenbuch und dem gebundenen Buch verdeutlichen. Der Taschenbuchmarkt, der als besonders markt- und konsumkonformes Medium eine wachsende Bedeutung für den Buchmarkt gewinnt, muß im Sinne der Konsumenten positiv bewertet werden, da Literatur hier billig zu erwerben ist. Auch im Sinne des Verlegers ist dieser Markt positiv, da er rentabel ist. Für den Autor ist er insoweit positiv, als er ihm eine große Verbreitung sichert, negativ aber ist er, als er ihm trotz höherer Auflagen niedrigere Einnahmen bringt. Das gebundene Buch zu DM 20,– bringt bei einer Auflage von 20.000 bei einem 10%igen Honoraranteil Einnahmen von DM 40.000,–. Das Taschenbuch zu DM 3,– bringt bei einer Auflage von 100.000 als Zweitdruck bei einem günstigen 2,5%igen Honoraranteil Einnahmen von DM 7500,– als Original-Ausgabe bei einem 5%igen Honoraranteil Einnahmen von DM 15.000,–. [238] Es zeigt sich, daß der Tauschwert der Ware Manuskript bei verschiedenen Publikationsformen in verschiedenem Verhältnis zum Tauschwert der Ware Buch stehen kann, ganz abgesehen davon, daß der Gebrauchswert als gleichbleibend angesehen werden muß.

Im Hinblick auf die Manipulierbarkeit auch des Literaturmarktes stellte P. Härtling die Frage, ob sich die Verlage den Markt schaffen oder ob der Markt die Verlage zu ihren Programmen zwingt. Er antwortete aus eigener Erfahrung, daß beides der Fall sei, daß aber die Verlage darauf angewiesen seien, für ihre Produkte produktionsgerecht zu werben. [239] Wenn auch das Buchgeschäft mit unbekannten Faktoren rechnen muß und ein Bucherfolg nicht unmittelbar von der Höhe der Werbeausgaben abhängt, Werbung also nur ein Faktor neben anderen für den Bucherfolg ist, stecken die Buchverlage immer mehr Geld in die Werbung, vom Gesamtumsatz etwa 5 bis 10 %, wobei es die Aufgabe ist, die richtige Zielgruppe für ein Buch anzusprechen. [240] Dabei wird dem Autor häufig ein Image zugeschrieben, das aus seiner Selbstdarstellung, der Verlagsreklame und der Publikumswirkung zusammengesetzt wird. [241] Ziel der Werbung ist ein rascher, saisonaler Massenabsatz mit rentablen Umsätzen, wobei das Buch zum Modeartikel und der Leser auf seine reine Käuferfunktion reduziert werden. [242] Jedoch kommt nicht jedes Buch in die Werbung. Von etwa 32 Titeln einer Herbstproduktion werden allenfalls 6 bis 10 von der Werbung erfaßt; für sie stehen rund drei Viertel der Werbeetats zur Verfügung, »der große Rest wird mitgezogen, und die Information über ihn erreicht nur den, der interessiert ist, der nach Information sucht«. [243] Wettbewerb und Werbung kommen somit nur wenigen Publikationen zugute, wodurch die ohnehin geringen Chancen der übrigen Bücher noch weiter geschmälert werden. [244] Die jährliche »Weihnachtsumfrage« im Sortimentsbuchhandel, die der Börsenverein des deutschen Buchhandels veranstaltet, hat 1970 ergeben, daß sich 22,1 % der Kunden von der Schaufensterwerbung beeinflussen ließen, 19 % von der Prospekt- und Katalogwerbung, 10,4 % von der Verlagswerbung. 18,5 % folgten Pressebesprechungen, 17,9 % dem Fernsehen und 10,3 % dem Rundfunk. 1,8 % machten öffentliche Gemeinschaftswerbungen aus, insbesondere die Bemühungen der Arbeitsgemeinschaften der Buchhandlungen. [245] Hier wird deutlich, wie wichtig es für den Erfolg eines Buches ist, in ein Buchhandlungssortiment aufgenommen oder gar ins Schaufenster gestellt zu werden, oder auch ins Werbeprogramm eines Verlags einbezogen zu sein, wovon zumindest zum Teil auch die Besprechung in der Presse, beim Fernsehen und Hörfunk abhängt. In seiner Dissertation, in der H. Weinhold die Marktforschung für das Buch »als Mittel der Erhöhung der Wirtschaftlichkeit im Verlagsbetrieb durch Steigerung der Marktleistung« untersuchte, stellte er fest, daß die Verleger Marktforschung betreiben müssen, um ihre Urteilsfähigkeit über die Marktchancen ihrer Angebote zu verbessern, da nicht die Beschaffenheit des Manuskripts sondern sein Absatz die Hauptrolle spielt. [246] Es ist hier nicht möglich, im einzelnen Methoden und Ergebnisse der Buchmarktforschung zu referieren, wichtig allein ist hier die Tatsache, daß sich die Verleger der Marktforschung, das heißt nicht zuletzt der Anpassung ihrer Produkte an die Marktbedürfnisse bedienen müssen, um ihre wirtschaftlichen Verlagsunternehmen erhalten zu können. Zu erwähnen ist auch das »Hamburger Institut für Buchmarktforschung«, das durch seinen »Verlag für Buchmarktforschung« zahlreiche Publikationen veröffentlicht hat, die es dem Verleger und dem Buchhändler erleichtern, die geeigneten Methoden zu finden, ihre Produkte markt- und konsumgerecht auszuwählen und zu verkaufen. [247] Das wöchentlich erscheinende vom »Börsenverein des deutschen Buchhandels« herausgegebene »Börsenblatt für den deutschen Buchhandel« und die Fachzeitschrift »Buchmarkt« tragen auch ihren Teil zum gleichen Zweck bei. Es ist somit nicht nur der Verleger-Instinkt, mit dem der Autor zu rechnen hat, sondern auch die Tatsache, daß das Buch-Marketing wissenschaftlich betrieben wird.

Die wirtschaftlichen Bedingungen schriftstellerischer Erwerbschancen, die hier anhand der gegenwärtigen Situation dargelegt werden, resultieren historisch gesehen aus der gesellschaftlichen Entwicklung, wie sie sich bereits Anfang des 18. Jahrhunderts anbahnte. Mit dem Aufkommen der kapitalistischen Wirtschaftsform stellte sich erstmals das Problem der freien Schriftsteller auf dem literarischen Markt. Die Anwendung des Prinzips des Sachgütermarktes auch für den Idealgütermarkt führte zur Kommerzialisierung des literarischen Lebens: »Mit der kapitalistischen Freisetzung des Geldes auf dem Sachgütermarkt korrelierte [...] die Freisetzung des geistigen Kapitals der Schriftsteller auf dem literarischen Markt.« [248] Durch die Kommerzialisierung der Literatur wurde der Schriftsteller genötigt, »sich dem wirtschaftlichen Selektionsprinzip des Marktes und den Bedingungen des anonymen Warenverkehrs unterzuordnen«. [249] Die Kriterien des Erfolgs und des Prestiges orientierten sich fortan am Markt und somit auch am Tageserfolg. [250] Indem die Kunst von ihrer Funktion der gesellschaftlichen Repräsentation sowohl des Staates als auch der Kirche entlastet wurde, wurde sie zum Gegenstand der freien Wahl und der wechselnden Neigungen. [251]

Nach etwa 250 Jahren seit Beginn dieser Umstrukturierung fällt es noch vielen Autoren schwer, ihr Selbstverständnis mit den wirtschaftlichen Bedingungen ihrer Produktion in Einklang zu bringen; die funktionelle Einordnung der Schriftsteller in die gesellschaftliche Struktur und ihre Mechanismen steht für viele Autoren noch heute in krassem Widerspruch zu ihrem Selbstverständnis. [252] Die Abneigung, Begriffe wie Literatur und Markt, Kunst und Industrie etc. in Zusammenhang zu sehen, folgt aus der Schwierigkeit, den dialektischen Zusammenhang der bürgerlichen, auf dem Individualismus beruhenden Bildungsideologie und den Methoden der bürgerlich-kapitalistischen, durch die Medien-Eskalation ökonomisch eingezwängten Kulturproduktion zu durchschauen. [253]

R. König und A. Silbermann gingen der Frage nach, ob die Kommerzialisierung von Kunst und Literatur Konsequenzen für die künstlerische Produktion haben könne und kamen noch zu dem Ergebnis, daß das nicht der Fall sein müsse. Was sie andererseits aber bereits als Möglichkeit einräumten, muß nach den bisherigen Überlegungen jedoch als die Regel angesehen werden, nämlich, daß die Kommerzialisierung der künstlerischen Produktion und der marktbedingte Zwang zur permanenten Produktion sowohl soziale als auch künstlerische Probleme schaffen, die sich letztlich bis in die künstlerische Konzeption hinein auswirken: »So erfahren gegen Ende der Entwicklung auch alle ästhetischen und künstlerischen Gestaltungsprobleme eine tiefgehende Verwandlung.« [254]

So wie der Lektor bewußt oder vielleicht auch unbewußt auf den Markt achtet und Tendenzen ausnutzt, das heißt die möglichen Interessen und Neigungen der Leser und ihren Wandel zu beachten versucht [255], so muß auch der Autor, der seine Erwerbschancen wahren will, versuchen, den Geschmack und das Interesse bestimmter Käufergruppen zu treffen. [256] »Wer nicht annähernd so schreiben will, wie der Markt und seine Lücken es verlangen, bleibt entbehrlich.« [257] Durch diesen marktbezogenen Zusammenhang von literarischer Produktion und Konsumption sind die Gesetze des Marktes in die Substanz der Werke eingedrungen, ihr als Gestaltungsgesetz immanent geworden [258], ob das den Autoren und ihren Vermittlern nun bewußt ist oder nicht. Damit ist auch eine qualitative Veränderung der Literaturproduktion verbunden, wobei Qualität in diesem Zusammenhang nicht am Maßstab einer zu Konvention gewordenen ästhetischen Norm, die z. T. aus anderen Epochen gewonnen wurde, gemessen werden darf. Das hat unmittelbaren Einfluß auf die so oft geforderte und gerühmte Freiheit des schriftstellerischen Schaffens, der im weiteren Verlauf dieser Überlegungen zu den wirtschaftlichen Bedingungen schriftstellerischer Produktion nachgegangen werden soll.

3.4.1.2 Selbst- und Fremdbestimmung der Schriftsteller

Daß Schriftsteller wie alle Angehörigen der ›freien Berufe‹ unter den Bedingungen der Selbstlosigkeit und Eigenverantwortlichkeit arbeiten, ist ein Grundsatz in der Theorie der freien Berufe (s. 1.2.4, S. 23). Während für V. Deneke die Grundsatzentscheidung zur Ausübung einer ›freien‹ Berufstätigkeit mit der ›permanenten Bewährung der geistigen Freiheit in der wirtschaftlichen Freiheit und Vogelfreiheit‹ verbunden war [259], erklärte H. Stieglitz, daß die wirtschaftliche Selbständigkeit nicht unbedingte Voraussetzung zur Ausübung eines ›freien Berufes‹ sei. Er bezog die Merkmale der Selbständigkeit oder Abhängigkeit bei den freien Berufen nur auf die Frage der Berufsstellung, nicht aber auf die der Berufsausübung, da er davon überzeugt war, daß eine Abhängigkeit in der Berufsstellung die Freiheit in der Berufsausübung nicht zu beeinträchtigen brauche. [260]

Daß diese Überzeugung eher einem berufsethischen Postulat als einer Beschreibung der realen Arbeitsbedingungen entspricht, bestätigt die Phrase, mit der V. Deneke seinerseits das Kriterium der Weisungsungebundenheit für die Ausübung eines freien Berufs auch in wirtschaftlicher Abhängigkeit begründet, nach der das ›Wesen dieser durch eigene Willensentscheidung gebundenen Freiheit‹ und nach der ›diese Verantwortung zutiefst mit dem Geiste und der Geistigkeit verbunden‹ ist. [261]

Es ist bereits belegt worden, daß die Theoretiker der ›freien Berufe‹ es ablehnten, ihre Aussagen an der jeweiligen Berufswirklichkeit zu überprüfen (s. 1.2.4, S. 24). Wenn einzelne Autoren, die die Wirtschaftsenthobenheit geistiger Arbeit theoretisch begründeten, sich dennoch auf die Berufswirklichkeit einließen, ergaben sich nicht selten Widersprüche, die nicht aufgelöst werden konnten. So hielt z. B. A. Weber am Gedanken vom außerökonomischen Wesen der geistigen Arbeit mit allen Konsequenzen wie dem Postulat einer Herrschaft über das Ökonomische fest, obwohl er erkannt hatte, daß bei all seinen Überlegungen das Schicksal der freien geistigen Berufe offen blieb, »deren Entlohnung nicht durch einen Druck auf öffentliche Organe regulierbar, vielmehr das Resultat einer unfreien, ganz brutalen Marktlage für geistige Dinge ist«. [262] Auch V. Deneke zog keine Konsequenzen aus seiner Erkenntnis, daß das ›zum Mittler berufene Kulturgewerbe‹ (Verlage etc.) durch seine wirtschaftliche Übermacht »einen entscheidenden Einfluß auf die geistige Produktion selbst ausüben« kann [263] und daß die ›freien Mitarbeiter‹ bei Presse und Rundfunk unter Umständen ›schmerzhafter weisungsgebunden‹ sind als fest angestellte Redakteure. [264] H. Kairat hat sich kritisch mit einigen Punkten der Theorien der freien Berufe auseinandergesetzt; er beschränkte Selbständigkeit auf den Faktor der wirtschaftlichen Selbständigkeit, wobei er fragte, ob diese wirtschaftliche Selbständigkeit eine Funktionsvoraussetzung für die Ausübung eines ›freien Berufes‹ sei oder ob sie nicht primär einem Gegenleistungsinteresse entspringe, das günstige Einkommens- und Prestigechancen ermögliche. [265] Zumindest dadurch, daß der Freiberufler seine Leistungen verkaufen muß, komme ein fremdes Element in seine Tätigkeit. [266] Aufgrund dieses Elementes spielt die jeweilige Marktposition eines ›freien Berufes‹ eine entscheidende Rolle: bei einer starken Marktposition, bei der der Patient oder Klient nur geringe Kontrollmöglichkeiten hat (Arzt und Rechtsanwalt), ist eine asymmetrische Beziehung zugunsten des Freiberuflers gegeben; der marktschwache Typ der ›freien Berufe‹, dem der Schriftsteller, den H. Kairat nicht ausdrücklich nennt, zugerechnet werden muß, hat keine echten Chancen zu sozialer ›Autonomie‹. [267] Der Freiberufler in marktschwacher Position, der womöglich ausschließlich für einen Auftraggeber arbeitet, muß in seiner sozialen Existenz als von diesem Auftraggeber entschieden abhängig angesehen werden. Die marktschwache Position verschlechtert sich zudem in dem Maße, in dem die Stärke der berufsethischen Orientierung beim marktschwachen Berufstätigen zunimmt. [268] Nur in Ausnahmefällen kann die Bekanntheit eines Autors, oder, wie H. Kairat es formulierte, ›extrem sichtbare Erfolge‹ eines Freiberuflers dessen marktschwache Position verbessern und somit seine Abhängigkeit mindern. [269] Wenn hier von Abhängigkeit die Rede ist, so im Bewußtsein, daß es verschiedene Formen der Abhängigkeit gibt, spezifische und unspezifische. Als spezifische Form schriftstellerischer Abhängigkeit soll die Tatsache gelten, daß Autoren darauf angewiesen sind, mit ihrer geistigen Leistung bzw. schriftstellerischen Tätigkeit ihren Lebensunterhalt zu verdienen. Dabei liegt die Abhängigkeit nicht in dem Verhältnis des Autors zum Leser, sondern darin, daß beide »nicht [...] durch einen ›Dialog Autor–Leser‹ sondern primär übers Profitprinzip vermittelt sind, welches das Sichentwickeln neuer ästhetischer Produktionsmethoden und neuer Leserbedürfnisse nur unterstützt, wenn sich damit neue Möglichkeiten der Mehrwertproduktion eröffnen«. [270] Die spezifische Abhängigkeit des Autors ist somit die Bedingung, unter der er seine Chance für eine kontinuierliche Erwerbsmöglichkeit erhält.

Die einfachste Form der wirtschaftlichen Abhängigkeit der Autoren ist die finanzieller Art: erstens muß ein Autor in der Regel sein Werk selbst finanzieren. Erhält er Vor- oder Zuschüsse, so begibt er sich in zusätzliche Abhängigkeit, da für ihn die spätere Wahl des Verlages oder Adressaten entfällt und er sich in das Programm und die Richtung des ihn bezuschussenden Verlags einschreiben muß. Zudem bringt der Zuschuß den Verlag in eine bessere Vertragsposition. Zweitens erhält ein Autor sein Honorar nie prompt: Ein Verlag zahlt im allgemeinen in jährlicher/oder halbjährlicher Abrechnung nach der Zahl der verkauften Exemplare, die Rundfunkanstalten zahlen eine Hälfte des Honorars nach Einsendung, Prüfung und Annahme des Manuskripts, die andere Hälfte erst nach Ausstrahlung der Sendung. Auch die Presse zahlt erst nach Abdruck des Artikels.

Wesentlich komplizierter und weitreichender gestaltet sich die Implikation der wirtschaftlichen Abhängigkeit, die mit der Entwicklung der Bedingungen der Kulturindustrie zusammenhängen: Hierzu gehört z. B., daß sich der Markt für die Autoren durch die oligopolartige Stellung der Rundfunkanstalten und die fortschreitende Konzentration im Buch- und Pressewesen zunehmend verengt. Die Konzentration der sechs größten Medienunternehmen der Bundesrepublik erfaßte Ende 1971 bereits alle Bereiche der Literaturproduktion wie Buchverlage aller Sparten, Buchgemeinschaften, Tageszeitungen, Publikums- und Fachzeitschriften sowie Verlage zur Herstellung von Hörfunk- und Fernsehbeiträgen. [271]

Trotz der Verengung des Marktes besteht ein großer Bedarf der Kulturindustrie an literarischen Produkten aller Art. Die Verlage sind, sollen sich ihre Investitionen lohnen und sollen ihre Personalkosten gedeckt werden, zur permanenten Produktion gezwungen; sie müssen selbst für einen ständigen Zustrom von Manuskripten sorgen, indem sie selbst Themen erfinden, sie bei geeigneten, interessierten Autoren in Auftrag geben und indem sie durch eine großzügige Nachwuchsförderung schon früh mögliche junge Talente an sich zu binden suchen. [272] Auch blüht ein großer internationaler Manuskripthandel, der, wie P. Härtling erklärte, unter den Auspizien des Sensationellen abläuft. [273] Besonders hoch sind die Aktualitätsnormen bei Presse und Rundfunk, entsprechende Auftragsarbeiten liegen aber selbst in den Tätigkeitsbereichen Belletristik und Sachbuch keineswegs unter dem Durchschnitt. [274] So lebt der moderne Autor überwiegend von Aufträgen, mit denen er die Bedürfnisse der Massenmedien auf allen Gebieten befriedigt, vielleicht in der Hoffnung, sich neben diesen Auftragsarbeiten das Risiko einer Produktion in Selbstauftrag leisten zu können. [275] Nach der SPIEGEL-Enquete erhalten 71 % aller Autoren ihre Aufträge, indem man an sie herantritt, da sie als Experten oder aus anderen Gründen bekannt sind, 23 % durch feste Vertragsverhältnisse, 14 % durch Bekanntschaften und Beziehungen, 8 % durch Zufall. Dagegen stehen 56 %, die ihre Manuskripte selbst anbieten, d. i. von der Summe der Nennungen nur ein Drittel, wobei bei den hauptberuflichen Autoren ein leichtes Übergewicht zugunsten der Auftragstätigkeit festzustellen ist. [276] Dabei muß davon ausgegangen werden, daß selbst dieses Drittel zu einem großen Teil bereits auf den möglichen Bedarf bestimmter Verlage hin geschrieben wurde. Bei den meisten Verlagen sind z. B. Buchmanuskripte, die ohne Auftrag eingesandt werden, ohne Chance: Nach der Verlegerumfrage der SPIEGEL-Enquete erhalten die Verlage mehrere hundert Manuskripte im Jahr, von denen im allgemeinen wenig mehr als 10 %, teilweise auch nur 5 % gebraucht werden. [277]

Wenn auch durch die SPIEGEL-Enquete keine unmittelbare Weisungsgebundenheit der Autoren nachgewiesen werden konnte, so zeigte sich doch indirekt, »wie sich die Arbeitnehmerähnlichkeit (wirtschaftliche Abhängigkeit) mit persönlicher Gebundenheit, Fremdbestimmung und Weisungsabhängigkeit verbindet«. [278] Auch wenn die Weisungen der Auftraggeber in sublimierter Form als Erwartungen erscheinen, die an ihn gestellt werden, der Autor ist in jedem Fall nicht nur in bezug auf das Was, sondern auch auf das Wie seiner Leistung an die jeweilige Vorstellung seines Auftraggebers gebunden. Wer z. B. das Wie eines Features, wie es sich der Redakteur vorstellt, nicht beherrscht, kann ihm auch keines verkaufen. Dies ist nicht nur eine Frage der literarischen Freiheit, sondern auch eine der literarischen Kompetenz, eines spezialisierten und systematisierten Wissens.

Neben die Zensur durch ökonomische und technische Gesetze treten auch im Wirtschaftssystem liegende, bewußt oder unbewußt eingesetzte, ideologische Restriktionen, von denen u. a. das Nichtentstehen oder die Nichtverbreitung literarischer Werke abhängen kann. [279] Für H. Ridder stellte sich das Recht auf Freiheit der Kunst als eine notwendige Folge des Paktierens der Künstler mit den kommerziellen Kräften der Gesellschaft dar, wobei der Künstler Gefahr läuft, »in eine innere Abhängigkeit von der Zahl der erhofften Werksauflagen oder -aufführungen« zu geraten [280], also in eine Anpassung an die an den Normen der durch kapitalistische Verfügungsgewalt gesteuerten Kulturindustrie orientierten Erwartungen der Vermittler sowie des jeweils potentiellen Publikums.

Als Hauptursachen der Beschränkung schriftstellerischer Produktionsfreiheit stellten K. Fohrbeck und A. Wiesand zusammenfassend wirtschaftliche Unsicherheit, mangelnde soziale Sicherung, rechtliche Benachteiligung, Zensur und staatliche Kontrolle, Selbstzensur, geringe inhaltliche Produktionsbreite und Mangel an Marktkenntnissen fest. [281] Alle diese Punkte weisen direkt oder indirekt auf verschiedene Komponenten der Abhängigkeit bzw. Fremdbestimmung der Autoren durch ihre marktstärkeren Auftraggeber hin.

Obwohl die Mehrheit der Schriftsteller in der Bundesrepublik »häufig nicht einmal so frei ist, daß sie es sich erlauben kann, Aufträge zurückzuweisen, und sich im allgemeinen eher aus fremdmotivierten Zweckschreibern zusammensetzt«, orientiert sich ihr Image noch weitgehend an dem der wenigen Außenseiter, »die – von den medienspezifischen Arbeitsbedingungen einmal abgesehen – in ihrer Autorentätigkeit keinen oder nur geringen Einschränkungen unterworfen sind.« [282] Für diese Diskrepanz zwischen Berufswirklichkeit und Selbstverständnis können zwei Erklärungsmöglichkeiten angeführt werden. Zum einen entstand historisch gesehen das Orginalitäts- und Spontanitätsideal mit der Aufhebung der persönlichen Abhängigkeit des Feudalsystems durch die bürgerliche Verkehrsform. Wenn auch der neugeschaffene literarische Markt dem Autor im Früh- und Hochkapitalismus aufgrund eines besonderen, dem Autor und dem gebildeten Publikum gemeinsamen Interesses, einen größeren Spielraum eingeräumt haben mag, so fand sich der Schriftsteller auf dem Literaturmarkt als einem Teil des bürgerlich-kapitalistischen Warenmarktes von Anfang an nicht zurecht. [283] Zum anderen hat die marktschwache Position der Autoren, die durch ein hohes Maß an Fremdbestimmung, Kontrolle und Austauschmöglichkeit gekennzeichnet ist, zu einer ›inneren Anpassungsbereitschaft‹ geführt [284], denn wer gegen die Folgen der marktstarken Position der Auftraggeber nach außen hin aufbegehrt, läuft Gefahr, seine Erwerbschance einzubüßen, wer nur innerlich aufbegehrt, läuft Gefahr, an Resignation zu zerbrechen.

Anhand der grundsätzlichen Überlegungen zu den wirtschaftlichen Bedingungen literarischer Produktion hat sich gezeigt, daß der Anspruch auf Selbstlosigkeit und Eigenverantwortlichkeit, wie er von der Theorie der freien Berufe erhoben wird, nicht mit der Berufswirklichkeit zu vereinbaren ist, daß vielmehr schriftstellerische Selbstverwirklichung lediglich die Ausnahme und schriftstellerische Fremdbestimmung die Regel ist. Um diese Erkenntnis weiter zu vertiefen, sollen im folgenden verschiedene Formen schriftstellerischer Abhängigkeit auf den drei wichtigsten Tätigkeitsfeldern, dem Buchhandel, der Presse und dem Rundfunk, dargestellt werden.

3.4.1.2.1 Formen der Fremdbestimmung beim Buchhandel

R. König, A. Silbermann und andere wiesen darauf hin, daß das Unternehmerrisiko für den Autor eine ›irrationale Größe‹ ist. [285] Wenn der Autor auch selbst nicht lohnabhängig ist, so ist er doch abhängig von dem Profit, den der Verleger aus der Verarbeitung seines Manuskripts zu erzielen hofft. [286]

Es ist bereits dargestellt worden, daß es die Verlags- und Buchhändler waren, die sich anfangs des 19. Jahrhunderts als erste Urheber- und Verlagsrechte zu sichern verstanden und die Schriftsteller damit z. T. vor vollendete Tatsachen stellten (s. 3.3.1.1, S. 136 f.). Dieser Vorsprung, der sich nicht zuletzt wegen der kapitalistischen Verfügungsmacht trotz mehrerer Änderungen des Urheberrechts erhalten ließ, drückt sich deutlich in den Verlagsverträgen aus, die die bundesdeutschen Verlage ihren Autoren vorzulegen pflegen. [287] Interessant ist hierbei der § 3 eines Normalvertrags, aus dem hervorgeht, daß der Autor seinem Verleger nahezu alle Nebenrechte abtritt, wozu sogar das Recht zur Bearbeitung des vorgelegten

Werks gehört. Im einzelnen sind dies: 1a) das Recht des teilweisen und honorarfreien Vor- und Nachdruckes in verlagseigenen Zeitschriften; b) das Recht des Vorabdrucks und Nachdrucks des Werkes oder von Teilen desselben in Zeitungen und Zeitschriften; c) das Recht der Übersetzung in eine andere Sprache oder Mundart; d) das Recht der Bearbeitung als Bühnenstück, sowie das Recht der Aufführung des so bearbeiteten Werkes; e) das Recht der Verfilmung, einschließlich der Rechte zur Bearbeitung als Drehbuch und zur Vorführung des so hergestellten Films; f) das Recht der Verwertung des Werkes im Fernsehfunk (Television); g) das Recht der Verwertung des Werkes im Hörfunk, z. B. als Hörspiel; h) das Recht der Herausgabe von Mikrokopie-Ausgaben des Werkes; i) das Recht zur Aufnahme des Werkes auf Vorrichtungen zur wiederholbaren Wiedergabe mittels Bild- und Tonträger, sowie das Recht zu deren Vervielfältigungen und Verbreitung; k) das Recht der Linzenzvergabe von Taschenbuch-, Volks-, Sonder-, Reprint- oder Schulausgaben an Dritte, insbesondere an fremde Verlage und an Buchgemeinschaften usw.; l) das Recht zum gewerblichen oder nichtgewerblichen Ausleihen der Buchausgaben; m) das Recht der Herausgabe oder Lizenzvergebung von gekürzten Ausgaben; n) die Rechte zu sonstiger Vervielfältigung, insbesondere durch fotomechanische oder ähnliche Verfahren (z. B. Fotokopie); o) alle Vervielfältigungsrechte sowie die Wiedergaberechte daran [...]; p) das Vortrags-, Vertonungs- und Bandüberspielungsrecht gemäß § 53 UrhG. 2. Im Rahmen der vorstehenden übertragenen Nebenrechte erhält der Verlag auch das Recht, das Werk entsprechend zu bearbeiten oder bearbeiten zu lassen, sowie Dritten das Recht zu entsprechender Verwertung einzuräumen. Unter 3 sichert sich der Verlag die Rechte, die durch Rechtsprechung oder Gesetzesänderung als neue Auswertungsrechte am Werk hinzukommen könnten. Punkt 4 regelt, daß der aus einer Verwertung des Werkes erzielte Netto-Erlös nach Abzug der dem Verlag entstandenen Unkosten zwischen dem Autor und dem Verlag zu gleichen Teilen (50:50) geteilt wird, »unabhängig davon, durch wessen Initiative solche Abschlüsse zustande gekommen sind«. Es ist also durchaus denkbar, daß ein besonders tüchtiger Autor für die mehrfache Verwertung seines Werkes selbst sorgt, um seinen Erwerb zu steigern, daß dann aber der Verleger, ohne etwas zu tun, die Hälfte des Gewinns einstreicht.

Interessant ist auch, daß nach § 18 des vorliegenden Mustervertragstextes noch 20 Jahre nach Vertragsabschluß diejenigen Werke des Verfassers, an denen der Verlag die Erstverwertungsrechte erworben hat, nur mit dessen schriftlichem Einverständnis von einem anderen Verlag in eine vom Autor gewünschte Ausgabe seiner gesammelten Werke aufgenommen werden dürfen. Diese Bestimmung zeigt, daß sich der Eigentümer des Verlags offenbar auch so weitgehend als Miteigentümer am literarischen Werk betrachtet, daß er über die wirtschaftliche Nutzung der Nebenrechte hinaus auch in die literarische Selbstdarstellung des Autors in Form einer Gesamt-Ausgabe einzugreifen bereit ist. Dies kann einem Autor besonders dann abträglich werden, wenn er ein- oder mehrere Male seinen Verlag gewechselt hat und die verschiedenen Verlage gegeneinander um den Autor oder um das gleiche Publikum bzw. ein ähnliches Verlagsprogramm rivalisieren. Ein literarisch ambitionierter Autor wird daher versuchen, solange wie möglich bei einem Verlag zu bleiben, was im Grunde nur seine Position gegenüber dem Verlag schwächt.

Der hohe Anteil, den die literarischen Nebenrechte heutzutage für den wirtschaftlichen Nutzen eines Werkes sowohl für den Autor aber insbesondere auch für den Verleger bedeutet, wirft noch ein besonderes Licht auf das Risiko des Verlegers. Während vor der Ausweitung der Massenmedien durch die audio-visuellen Medien das Verlegerrisiko weitgehend darin bestanden hat, im schlimmsten Falle auf einem Buch sitzenzubleiben, wird bei der heutigen Handhabung der literarischen Publikation in der Regel schon vor einem Vertragsabschluß geprüft, ob die Nutzung ihrer Nebenrechte genügend einbringt, um das Buch rentabel zu machen. Von dieser Kalkulation hängt häufig die Entscheidung über ein Manuskript ab, wodurch die sogenannten Nebenrechte zu Hauptrechten geworden sind. [288]

Unabhängig von der rechtlichen und auch thematisch-weltanschaulichen Abhängigkeit eines Autors von einem Verlag ist auch seine formelle Freiheit zur Auswahl seines Vertragspartners, rechtlich gesehen eine Fiktion, weil der Inhalt der vom Verlag vorgelegten ›Normalverträge‹ bei der Mehrzahl der Verlage nahezu identisch ist. Auf dem Weg der sogenannten ›unverbindlichen Empfehlung‹ wurde von den Verlegern die kartellrechtliche Bestimmung umgangen, nach der die Verlegerverbände keine verbindlichen Einheitsverträge vorlegen dürfen. [289] Aufgrund dieser Rechtspraxis und aufgrund der wirtschaftlichen Abhängigkeit der Autoren muß die Verlagsvertragspraxis, trotz einzelner Ausnahmen bei prominenten Autoren, als Verlagsdiktat bezeichnet werden. [290]

Neben der Regelung der Rechte am literarischen Werk enthält der Verlagsvertrag auch die für den Autor wichtige Regelung der Honorarfrage. Daß das Honorar des Autors nicht von seinem Arbeitsaufwand sondern allein vom kommerziellen Erfolg seines Werkes abhängt, braucht nicht mehr besonders hervorgehoben zu werden. Die SPIEGEL-Enquete stellte bei der Untersuchung der Honorarpraxis zudem eine ›chaotische Situation‹ fest. Je nach Sparte, Publikationsform und seinem ›Marktwert‹ kann ein Autor sehr verschiedene Erwerbschancen durch seine Arbeit haben. Die Durchschnittskalkulation eines Verlages sieht bei der Erstausgabe eines gebundenen Buches so aus, daß, ausgehend vom Buchladenpreis, die Buchhandelsrabatte 30–50 %, die Vertreterprovision 10–15 %, die Herstellungskosten 20–25 %, der Vertrieb 8–15 % und die Werbung 5–10 %, der Verlagsgewinn 8–15 % und das Autorenhonorar 5–10 % ausmachen. [291] Hierbei ist noch nicht die wirtschaftlich oft bedeutungsvollere Nutzung der literarischen Nebenrechte berücksichtigt.

Dem Autor eines Bestsellers, dessen Werk im Mittelpunkt des Publikumsinteresses steht und an der Norm einer Ausgabe zu DM 20,– bis 25,– orientiert ist, steht, wie F. Hitzer es zutreffend nannte, der ›austauschbare, anonyme Taglohntexter‹ gegenüber; aus ihm rekrutiert sich die wachsende Zahl der Autoren, die jederzeit für die auftragsgebundene Literaturproduktion der Kulturindustrie bereitsteht. [292] Am deutlichsten zeigt sich die Abhängigkeit dieser Gruppe am Heftromanautor, der für seine Produktion, den Hauptteil der Belletristik, mit niedrigem Zeilenhonorar pauschal abgefunden wird, wobei ihm zum Abfassen seiner Texte Thema, Sujet, Zahl und Eigenschaften der handelnden Personen exakt vorgegeben sind. [293] Auch der Autor von Kinder- und Jugendbüchern wird, abgesehen von wenigen Großverdienern, die 10–15 % Honorar vom Buchladenpreis erhalten, mit 5%igen und geringeren Honoraranteilen abgefunden; nicht selten sind in diesen Sparten auch niedrigste Pauschalhonorare ohne Rücksicht auf den Verkaufserfolg. [294] Wie bereits an anderer Stelle demonstriert wurde, bedeutet die Taschenbuchpublikation für einen Autor niedrigere Einnahmen, als die gebundene Buchausgabe brächte (s. 3.4.1.1, S. 160 f.). Am wenigsten läßt sich jedoch nach Feststellung der SPIEGEL-Enquete mit wissenschaftlichen Publikationen verdienen; bei diesem schriftstellerischen Tätigkeitsbereich »steht der Arbeitsaufwand nur dann im Verhältnis zur Honorierung, wenn das Buch zum Standardwerk avanciert. Häufig zwingt sogar der akademische ›Druckzwang‹ den Wissenschaftler, die Herausgabe selbst oder mit Unterstützung anderer vor- bzw. mitzufinanzieren«. [295]

Neben den soeben umrissenen Unterschieden der Honorarpraxis je nach Publikationsform und Tätigkeitsbereich sind auch verschiedene Praktiken beim Verkauf der Bücher für das wirtschaftliche Interesse der Schriftsteller von Bedeutung. Wie wichtig es für den Verkaufserfolg eines Buches ist, daß es in die Bestände des Sortimentbuchhandels aufgenommen oder gar durch besondere Verkaufsstände und Schaufensterausstellung hervorgehoben wird, darauf wurde bereits hingewiesen. Eine besondere Form des Buchhandels stellt der Ramschhandel dar, für den sich der Verlag nach den heutzutage üblichen Verlagsverträgen entscheiden darf, wenn der Absatz einer Auflage zwei Jahre nach dem erstmaligen Erscheinen des Werkes so nachläßt, daß sich der weitere Vertrieb nach Ansicht des Verlages nicht mehr lohnt. In diesem Fall ist er bei bloßer Information des Verfassers dazu berechtigt, den Restvorrat ganz oder teilweise zu oder unter den Herstellungskosten honorarfrei zu verramschen oder zu makulieren. Der Verfasser hat lediglich das Recht, die Restbestände zum Herstellungspreis selbst zu erwerben. [296] Daß die mit dem Ramschhandel verbundenen wirtschaftlichen Einbußen des Verfassers nicht nur von der Qualität seines Werkes sondern auch vom Engagement des Verlages und des Buchhandels für den Verkauf des Buches abhängt, liegt auf der Hand. Von den verramschten Restbeständen leben wiederum eine Reihe von Versandbuchhändlern und sogenannte ›Moderne Antiquariate‹, die mit Listen von Gelegenheitskäufen und Sonderangeboten für ihre Ware werben. [297]

Einen besonders hohen Stellenwert nehmen innerhalb des Buchhandels und der Literaturproduktion die Buchgemeinschaften ein. Nach einer Buchmarkt-Untersuchung des Allensbacher Institut für Demoskopie haben 1967 39 % aller Buchkäufer in der Bundesrepublik Bücher über Buchgemeinschaften bezogen, und in 23 % aller Haushalte war mindestens eine Person Mitglied eines Leserrings oder Buchklubs. [298] Wenn auch die Mitgliedschaft und der Absatzmarkt der Buchgemeinschaften bis auf wenige Ausnahmen zurückzugehen scheint, so gilt nach wie vor, »daß die Vorstellung von dem, was Bücher sind und wozu sie taugen oder nicht taugen, für weite Bevölkerungskreise dominierend vom Angebot der Buchgemeinschaften bestimmt wird«. [299] Seit den 60er Jahren hat auf diesem Sektor eine beispiellose Konzentrationsbewegung eingesetzt, nach der er inzwischen durch die Oligopolstellung zweier großer Verlagskonzerne (Bertelsmann und

Holtzbrinck) beherrscht wird, was jedes Konkurrenzprinzip ausschließt. Beide Großgruppen bieten mit mehreren Gemeinschaften in einem Haus auf verschiedene Zielgruppen ausgerichtete Programme, wobei neben wenigen anspruchsvolleren Angeboten das Hauptprogramm dieser auf Abonnementsbestellungen basierenden Buchverkaufsringe auf problemlose und wenig geschulte Lesererwartungen zugeschnitten ist. [300] Wichtig ist, daß viele Originalverleger inzwischen auf die Kooperation mit diesen Buchgemeinschaften, die neue Absatzmöglichkeiten und -wege erschlossen haben, angewiesen sind, daß ohne die Kooperation mit ihnen zahlreiche schwer kalkulierbare Verlagsobjekte kaum zustande kämen und manche Übersetzungsrechte für den Einzelverlag auf dem internationalen Manuskriptmarkt unerschwinglich wären. [301]

Nicht ohne Einfluß auf die Erwerbschancen der Autoren können auch die Buchhandelsketten à la Montanus bleiben, falls sich diese Buchläden weiter ausbreiten und durchsetzen sollten. Diese Buchladenketten mit Selbstbedienung sind bei gleichem Angebot, das sich aus Reihen und gut gehenden Titeln der Großverlage zusammensetzt, auf den schnellen Umsatz orientiert und können, da sie kleine Auflagen, also auch experimentelle schöngeistige Literatur kaum berücksichtigen, die Literaturproduktion verändern, indem sie sie einengen oder beschneiden oder gar schwer absetzbare Ware ganz vom Markt verdrängen. [302]

Für die Autoren, die sich ihre wirtschaftliche Existenz durch ›Treue‹ bei einem Verlag sichern wollen bzw. müssen, hat dies die Konsequenz, daß sie den Status von vertraglich gebundenen freien Mitarbeitern des Verlags erhalten, wobei allerdings, wie D. Wellershoff bemerkte, »in der Praxis Loyalitäten entscheidender sind als Optionsverträge«. [303] Im Verhältnis zwischen Autor und Verlag erweist sich somit die Freiheit des Autors als beträchtlich beschnitten, was sich darin zeigt, daß er durch das jeweilige Produktionsprogramm seines Verlags auf eine Richtung festgelegt wird, wobei zu berücksichtigen ist, daß zumindest die großen Verlage nicht mehr nur wirtschaftlichen, sondern auch in ihrem Interesse politischen Gesetzen und Aufgaben gehorchen müssen. [304]

Die Erweiterung der Informationsmedien durch elektronische Medien hatte im Gegensatz zu einer häufig gehegten Befürchtung nicht die Verdrängung der alten Medien wie der Bücher zur Folge, wohl aber ihre Veränderung durch ihre marktbedingte Anpassung an ein neues Freizeitverhalten des Publikums. [305] Die Marktforschung für das Buch hat dabei nicht nur dazu geführt, daß Format und Preis der Produkte auf die potentiellen Käufer zugeschnitten werden, sondern auch der Inhalt, wobei »die Anpassung von Manuskripten [...] nach rein kommerziellen Gesichtspunkten in der Regel eine Senkung des literarischen Niveaus [...] bedeutet«. [306] Auch das Problem der Buchgemeinschaften, die einem weiten Publikum den Eintritt zur Literatur nicht nur ökonomisch, sondern durch ihren geringeren Niveauanspruch vor allem psychologisch erleichtert haben, kann für den Autor, der an diesem Geschäft teilhaben will oder durch das Angewiesensein vieler Verlage auf die Kooperation mit ihnen teilhaben muß, wenn er überhaupt ins Geschäft kommen will, kaum ohne Folgen für seine Schreibweise sein. [307] Schließlich beklagte P. Härtling in bezug auf die Bedeutung der Werbung für den

Absatzmarkt der Schriftsteller, daß sie den Markt entstelle und eine ›Elite der Angepaßten‹ schaffe. [308] Für die beiden verantwortlichen Lektoren der ›Reihe Hanser‹ war es aufschlußreich zu erleben, »wie tief die ökonomischen Interessen die inhaltlichen bereits durchsetzt haben, wie also eine unbewußte Selbstzensur oftmals daran hindert, inhaltlich wichtige Bände aufgrund wirtschaftlichen Erwägungen ins Programm aufzunehmen.« [309] Nach den dargestellten Zusammenhängen kann es nicht verwundern, wenn die von den einzelnen deutschen Autoren bevorzugten inhaltlichen Schwerpunkte häufig nicht mit dem identisch sind, was sie tatsächlich auf dem Markt absetzen [310], oder umgekehrt, daß die große Mehrzahl der Autoren ihre Meinungen zurückstellen muß zugunsten einer Literaturproduktion, von der der Buchhandel glaubt, sie auf dem Markt absetzen zu können.

3.4.1.2.2 Formen der Fremdbestimmung bei der Presse

Obwohl sich die Berufsorganisationen der Schriftsteller und Journalisten 1910 trennten und somit für den darauffolgenden Zeitraum die Journalistenverbände im engeren Sinn nicht Gegenstand dieser Untersuchung sind, muß auch ein Blick auf die Arbeitsbedingungen und Erwerbschancen der Autoren im Bereich der Presse geworfen werden. Hierbei steht nicht der Journalist, der als freier oder angestellter Mitarbeiter vor allem die Tagesneuheiten für die aktuellen Seiten der Tageszeitungen eruiert und aufzeichnet, im Vordergrund des Interesses, sondern mehr der freie Mitarbeiter, der das Medium Presse als ein thematisch wie zeitlich übergreifendes Feld seiner schriftstellerischen Tätigkeit zu nutzen versucht, wobei davon ausgegangen werden muß, daß die Grenzen beider Bereiche fließend sind.

Infolge der wirtschaftlichen Entwicklung im Pressewesen sind in den letzten Jahren mehrere Arbeiten über die Presse insbesondere unter dem Gesichtspunkt der Pressekonzentration und ihrer möglichen Auswirkungen auf die Meinungsvielfalt und Meinungsfreiheit veröffentlicht worden. Aus diesen Publikationen interessiert vorerst die Grundtatsache, daß nicht nur bei der Tagespresse die Zahl der publizistischen Einheiten zurückging [311], sondern daß im gesamten Bereich der Presse immer mehr Publikationsorgane in die wirtschaftliche Kontrolle weniger Großverlage einbezogen wurden [312] und daß die Konzentration der Presse mit einer zunehmenden wirtschaftlichen Verflochtenheit mit anderen Branchen der Kulturindustrie verbunden ist. [313] Da als ein entscheidendes Merkmal der bundesrepublikanischen Presse ihre privat-ökonomische Produktionsweise angesehen werden muß, muß auch die Rentabilitätserwägung des Presse-Verlegers als ein grundlegender Maßstab seiner Produktion erkannt werden. K. Bücher formulierte 1922 diesen Zusammenhang in der Weise, daß ›öffentliche Interessen‹ in der Zeitung nur gepflegt werden, »soweit es den Erwerbsabsichten des Verlegers nicht hinderlich ist«. [314] Am deutlichsten läßt sich dieser Faktor wohl an der Bedeutung der Werbung innerhalb der Presse darstellen. Schon M. Weber betonte, daß das Presseunternehmen im Gegensatz zu allen anderen Wirtschaftszweigen zwei völlig verschiedene Kundengruppen habe, die Abonnenten und die Inserenten. [315] In bezug auf die Produktionsform und den Inhalt der jeweiligen Zeitungen und Zeitschriften erscheint das anteilsmäßige Verhältnis beider Gruppen am Gewinn des Verlegers als wichtig: hierzu ist festzustellen, daß in den letzten Jahren das Verhältnis deutlich zu einem Übergewicht des Werbeanteils verschoben wurde. Infolge einer Verteuerung der Produktionskosten im Pressewesen in den letzten Jahren, wohl aber mehr noch infolge des erhöhten Werbeinteresses seitens der Wirtschaft, entwickelte sich von 1952 bis 1967 der Anteil der Anzeigenerlöse im Verhältnis zum Verkaufserlös von 43 % auf 65,9 %, was eine deutliche Anzeigenabhängigkeit der Presse signalisiert. [316] Folge dieser Anzeigenabhängigkeit sind in einzelnen Fällen nachweisbare, in ihrer Mehrzahl öffentlich wohl nicht bekannt gewordene Fälle konkreter Versuche von Anzeigenkunden, auf den redaktionellen Inhalt der Zeitungen Einfluß zu nehmen. [317] Besonders im Hinblick auf themenspezifische und konsumverbundene redaktionelle Zeitungsbeilagen oder ganze Zeitschriften, die den Bereichen Bauen und Wohnen, Schönheitspflege, Ausbildung, Reise u. a. gewidmet und die alle mehr oder minder spezifische Werbeträger der einschlägigen Industrien sind, kann durchaus mit K. Fohrbeck und A. Wiesand vom ›Journalismus als einer Unterfunktion von Werbung‹ gesprochen werden. [318] Aber nicht nur die Rücksicht auf die Hauptkunden seiner Produkte, die Inserenten, sondern auch ein mögliches Sendungsbewußtsein, der Wille zu einer bestimmten Beeinflussung von Meinungen und Überzeugungen, kann einen Verleger zur Kontrolle der redaktionell-inhaltlichen Gestaltung seiner Zeitung oder Zeitschrift veranlassen. Als Machtmittel dient ihm hierzu nicht nur die unternehmerische Verfügungsgewalt durch wirtschaftliche Abhängigkeit der Textlieferanten, sondern auch eine gesetzliche Sonderregelung im § 118 des Betriebsverfassungsgesetzes, der Presseunternehmen als Tendenz-Betrieben, d. h. als politischen, gewerkschaftlichen, konfessionellen, karitativen, erzieherischen, wissenschaftlichen und künstlerischen Zielen dienenden Betrieben, eine starke Einschränkung der Mitwirkungsmöglichkeiten von Betriebsräten gewährleistet. Bei der Abgrenzung der Kompetenzen zwischen Verleger und Redaktion in bezug auf die Gestaltung der Zeitung wird hierdurch allein dem Verleger oder Herausgeber als dessen Beauftragten das Recht zugesprochen, den ›allgemeinen publizistischen Charakter‹ und die ›grundsätzliche publizistische Haltung‹ seiner Zeitung oder Zeitschrift zu bestimmen. [319] Die hier aufgezeigten Grundbedingungen einer Einschränkung der Möglichkeiten für Pressemitarbeiter, ihre Wortbeiträge nach eigenen Interessen und Neigungen zu gestalten, muß nicht in jedem Falle als Widerspruch empfunden werden, da häufig die Meinungen und Interessen der Verleger vom Autor schon vor der Arbeit verinnerlicht sein können. Aber auch im entgegengesetzten Fall muß es nicht zu einem öffentlichen Konflikt zwischen den Mitarbeitern und dem Verleger kommen, da bereits innerhalb der Redaktionshierarchie eine wirkungsvolle Selbstzensur geübt werden kann. [320]

Über diese grundsätzlichen Darstellungen der Arbeitsbedingungen bei der Presse hinaus zeigt sich bei einer Analyse der einzelnen Blätter, daß verschiedene Zeitungen und Zeitschriften in sich auf bestimmte Zielgruppen und Publikumsinteressen zugeschnitten sind, daß also der einzelne Pressemitarbeiter bei grundsätzlich gleichen Bedingungen je nach thematischer Festlegung und in eingeschränktem Maß nach ideologischer Tendenz spezielle Absatzchancen hat. So gibt es verschiedene Zeitungstypen wie regionale/lokale und überregionale sowie Kauf- und Abonnementszeitungen, die für die Leser unterschiedliche Aufgaben erfüllen und sich somit auch an verschiedene Leserkreise wenden. Außerdem gibt es einige, wenn auch weniger als in der Weimarer Republik, politisch oder konfessionell festgelegte Wochenzeitungen. [321] In besonderem Maße trifft eine thematische Festlegung jedoch für den Zeitschriftenmarkt zu, auf dem in den letzten Jahren verschiedene Blätter vor allem unter dem Gesichtspunkt konzipiert wurden, die für bestimmte Wirtschafts- und Industriezweige optimale Zielgruppe zu erschließen. [322] Gerade bei den sogenannten Publikumszeitschriften wird systematisch versucht, die Lesegewohnheiten bzw. Präferenzen des Publikums zu erforschen und die Blattinhalte mit den gewonnenen Daten in Einklang zu bringen. [323] Ein Autor, der seine Erwerbschance durch Mitarbeit bei der Presse nutzen oder erweitern will, muß also nicht nur die privat-kapitalistischen Bedingungen des Pressewesens sondern auch die jeweiligen Verlegerinteressen und Marktbedingungen der einzelnen Presseorgane berücksichtigen.

Wie die SPIEGEL-Enquete zeigt, sind die Honorarbedingungen für die freien Pressemitarbeiter extrem unterschiedlich; möglich sind Zeilen- und Pauschalhonorare verschiedener Höhe. Auch wenn in einzelnen Bereichen, besonders bei den feuilletonistischen Sonntagsbeilagen überregionaler Zeitschriften, gemessen am sonstigen Durchschnitt, relativ gut verdient werden kann, sind die Erwerbschancen bei der Pressemitarbeit verhältnismäßig gering. [324] Dennoch können dort erzielte Einnahmen in einzelnen Fällen die Basis für anderweitige und längerfristige Autorentätigkeit bilden. [325]

Da besonders der nicht angestellte Pressemitarbeiter damit rechnen muß, in Konflikt mit bestimmten Interessen politischer und wirtschaftlicher Gruppen zu geraten, ergibt sich für ihn fast zwangsläufig in bezug auf sein spezielles Tätigkeitsfeld eine Spezialisierung auf den feuilletonistischen Bereich einschließlich der Sektoren allgemeiner Lebenshilfe, Roman und Unterhaltung. Allenfalls kann die lokale Berichterstattung besonders bei der überregionalen Presse für freie Mitarbeiter ein mögliches Tätigkeitsfeld sein; bei der überregionalen Presse kommt der politische Kommentar eventuell hinzu. Grundsätzlich bleibt jedoch Kultur und Feuilleton Hauptdomäne freier Autorentätigkeit bei der Presse. [326] Doch ist dieses Feld dadurch wieder eingeschränkt, daß es am wenigsten gelesen wird, besonders die Bereiche Roman und Kurzgeschichte. Wenn die Verhältnisse bei der überregionalen Presse auch etwas günstiger sind, so sind im Prinzip die Teile Lokales, Politik, Wirtschaft und Anzeigen für den Durchschnittsleser von weit höherer Attraktivität als die Beiträge, die freie Mitarbeiter am häufigsten für die Tagespresse liefern. [327] Auch die Wochenpresse sowie die verschiedenen Zeitschriftentypen können hier keinen Ausgleich schaffen. Die wenigen Literaturzeitschriften der Bundesrepublik, von denen die meisten nur regionale Verbreitung finden, bieten keine oder nur sehr geringe Erwerbschancen. Andere Fachzeitschriften werden ohnehin nur von Fachautoren beliefert. [328] Bei den Publikumszeitschriften ist die Situation aus anderen Gründen nicht viel besser: An der Boulevardpresse sind freie Mitarbeiter kaum beteiligt, und ihre Beiträge werden in der Regel von angestellten Redakteuren auf die Zeitschrift zugeschnitten und umgearbeitet. Die Illustrierten sind bis auf wenige Ausnahmen, die auch politische Themen aufgreifen, in der Hauptsache auf Sensationsberichte über Verbrechen, Katastrophen, Lebensschicksale, Stars etc. sowie Mode und Lebenshilfe ausgerichtet, wobei Stil und Aufmachung dem Publikumsgeschmack angepaßt werden. [329] Wie wenig die Pressepublikation vor allem im Bereich der Publikumszeitschriften den tatsächlichen Neigungen der Autoren entspricht, zeigt der hier besonders hoch anzutreffende Gebrauch des Pseudonyms: 52 % aller Autoren verwenden in diesem Bereich nicht ihren bürgerlichen Namen. [330] Es erweist sich, daß die Arbeitsbedingungen bei der Presse mehr noch als beim Buchgewerbe derartigen Einschränkungen unterworfen sind, daß die Erwerbschancen für Autoren nur gering und die freie, das heißt hier unter Selbstbestimmung verlaufende Autorentätigkeit in vielen Fällen kaum gegeben ist.

3.4.1.2.3 Formen der Fremdbestimmung beim Rundfunk (Hörfunk und Fernsehen)

Im Gegensatz zu den bisher besprochenen Medien schriftstellerischer Arbeit kann der Rundfunk erst auf eine fünfzigjährige Geschichte zurückblicken. Er wurde dementsprechend auch erst für die neuere Entwicklung der Schriftstellerverbände relevant. Der Rundfunk unterschied sich sehr bald von den Medien Buch und Presse grundsätzlich dadurch, daß er nicht privatökonomisch betrieben wurde. Den ersten seit dem 29. 10. 1923 aus Berlin regelmäßig ausgestrahlten Rundfunksendungen folgten im Laufe des Jahres 1924 zusätzliche 8 regionale Sender. Diese Rundfunkgesellschaften wurden von privaten Kapitalgebern meistens in der Form von Aktiengesellschaften gegründet. Bald aber verschaffte sich die Reichspost durch eine Reihe von Transaktionen, Verträgen und Staatseingriffen die Kontrolle über alle Gesellschaften. Die Nachrichtensendungen wurden nach einer kurzen Anlaufzeit vom Reichsministerium des Inneren kontrolliert, das 1926 das Amt eines Reichsrundfunkkommissars einrichtete. Für die nicht-politischen Sendungen hatten kulturelle Beiräte ein Vetorecht. Schon vor 1925, als die Reichsrundfunkgesellschaft als eine Dachgesellschaft mit Aktienmehrheit auch bei den regionalen Gesellschaften gegründet wurde, war der Rundfunk in Deutschland unter starker staatlicher Kontrolle. 1932 wurde der Rundfunk schließlich vollends verstaatlicht. [331]

Nach 1945 setzte eine völlig neue Entwicklung ein: Zuerst wurden auf Initiative der Militärregierungen neue regionale Sendeanstalten gegründet, vier in der amerikanischen Zone, in Frankfurt der Hessische Rundfunk (HR), in Stuttgart der Süddeutsche Rundfunk (SDR), in München der Bayerische Rundfunk (BR) und Radio Bremen, eine in der britischen Zone (der Nordwestdeutsche Rundfunk, NWDR, in Hamburg und Köln) und eine in der französischen Zone (Südwestfunk, SWF, in Baden-Baden). 1954 wurde der NWDR in den Norddeutschen Rundfunk (NDR) in Hamburg und den Westdeutschen Rundfunk (WDR) in Köln aufgeteilt, im gleichen Jahr wurde der Sender Freies Berlin (SFB), vormals ein Funkhaus des NWDR, verselbständigt und schließlich entstand 1956 aus dem französisch kontrollierten Sender des Saargebietes der Saarländische Rundfunk (SR). Das sind insgesamt 9 selbständige Rundfunkanstalten auf Landesebene. Hinzu kamen 1960 die beiden Anstalten Deutschlandfunk (für Hörer in Europa, in erster Linie in beiden Teilen Deutschlands) und Deutsche Welle (für Hörer im Ausland), die beide auf einem Bundesgesetz beruhen. Als letzte deutschsprachige Rundfunkanstalt muß noch der Sender RIAS-Berlin (Rundfunk im amerikanischen Sektor) genannt werden. [332] Mit Ausnahme des RIAS-Berlin sind diese Sender in der 1950 gegründeten »Arbeitsgemeinschaft der öffentlich-rechtlichen Rundfunkanstalten der Bundesrepublik Deutschland« (ARD) auf föderalistischer Grundlage zusammengeschlossen, die u. a. eine Reihe von Tätigkeiten ihrer Mitglieder auf dem Programmgebiet koordiniert, einen gewissen Finanzausgleich zwischen den verschieden großen Anstalten durchführt und, abgesehen vom Deutschlandfunk und der Deutsche Welle, seit dem 1. 11. 1954 das gemeinsame 1. Fernsehprogramm ausstrahlt. Der RIAS-Berlin nimmt als Gast an den Sitzungen der ARD teil. [333] Das ARD-Fernsehprogramm, das den Rundfunk um einen Medienbereich erweiterte, beruht auf dem Fernsehvertrag der ARD aus dem Jahre 1953. Zum 1. Fernsehen der ARD kam am 1. 4. 1963 das Zweite Deutsche Fernsehen (ZDF) mit Sitz in Mainz, das auf einem Staatsvertrag der Ministerpräsidenten der Bundesländer aus dem Jahre 1961 beruht. Seit 1964 begannen schließlich verschiedene Sender und Sendergruppen der ARD dritte (regionale) Fernsehprogramme auszustrahlen. [334]

Nach 1945 war es ein zentrales rundfunkpolitisches Anliegen der westlichen Alliierten, keine parteipolitisch-staatliche Kontrolle über den Rundfunk in Deutschland mehr zuzulassen. So wurden z. B. 1948 bis 1950 unter mehr oder minder starkem amerikanischen Druck in deren Besatzungszonen in den Landtagen entsprechende Rundfunkgesetze als Grundlage der Sendeanstalten verabschiedet. [335] Sehr deutlich kommt dieses Anliegen in dem am 2. 11. 1950 verabschiedeten Gesetz zum SDR zum Ausdruck, in dem es heißt, daß der Rundfunk keiner einzelnen Partei, keinem bestimmten Glauben oder Weltanschauung dienen und kein Werkzeug einer Regierung sein dürfe, daß er vielmehr demokratisch gesinnten Autoren das Recht zur Kritik an Ungerechtigkeiten, Mißständen oder Unzulänglichkeiten bei Persönlichkeiten oder Amtsstellen einräumen müsse. [336] Die Freiheit der Rundfunkanstalten sollte dadurch garantiert werden, daß sie zu auf Landesrecht beruhenden Landesfunkanstalten gemacht wurden, wobei ihnen im Gegensatz zur Zeit der Weimarer Republik auch die Sendeeinrichtungen gehören. Somit sollten sie zu vom Staat unabhängigen Anstalten des öffentlichen Rechts werden, die sich aus Hörergebühren und z. T. aus Werbesendungen selbst finanzieren. [337] Im internationalen Vergleich sind die Bedingungen des Rundfunks der Bundesrepublik nahezu einmalig; lediglich der Status der Britisch Broadcasting Corporation entspricht ihnen nahezu, doch ist die BBC nur noch für den Hörfunk in Großbritannien allein zuständig. [338] Hieraus ergibt sich, daß die sich aus den Arbeitsbedingungen der Schriftsteller an den bundesrepublikanischen Rundfunkanstalten resultierenden berufspolitischen Komponenten der hier untersuchten Schriftstellerverbände sowie ihr möglicher Einfluß auf ihr Selbstverständnis nicht auf die schriftstellerischen Berufsorganisationen anderer Länder übertragen lassen.

Nach dieser historischen Einleitung ist jedoch grundsätzlich festzustellen, daß es bisher keine wissenschaftlich begründete Theorie des Rundfunkwesens gibt. Weder weiß man, nach welchen künstlerischen, ästhetischen oder auch soziologischen Grundsätzen der Rundfunk zu erfassen ist, noch gibt es bis heute systematische Auswertungen der von den Sendeanstalten veröffentlichten Informationen, erst recht fehlen genauere Kenntnisse über rundfunkinterne Vorgänge und Entscheidungsprozesse. [339] E. Wagner teilte anhand eigener Erfahrung die Rundfunkarbeit ein in produktive und reproduktive Leistungen. Danach fielen von den 1963 ca. 240 täglichen Sendestunden etwa 90 % auf den reproduktiven Teil, woraus als hauptsächliche Aufgabe des Rundfunks abzuleiten ist, »das künstlerische Schaffen des Komponisten, des Schriftstellers, des Bühnenautors, die Leistungen von Schauspielern, Solisten und Orchestern in breiter Auswahl dem Rundfunkteilnehmer darzubieten«. In erster Linie ist der Rundfunk somit ein Instrument der Publizistik, ein rein technisches Mittel zur Vervielfältigung und Verbreitung vorgegebener Formen und Inhalte, und erst an zweiter Stelle eine eigenständige künstlerische Ausdrucksform. Andererseits folgt aber auch aus der hohen Nachfrage der Rundfunkanstalten an Sendematerial, daß sie selber zu Produktionen anregen und Produktionen aller Art fördern. [340] Die Situation wird noch wesentlich komplizierter, wenn durch technische Weiter- und Neuentwicklungen zum Kassetten- oder Schallplattenfernsehen sowie zum Fernsehen über Satelliten dieser Medienbereich vervielfacht werden kann. Da diese neuen Entwicklungen privat-ökonomisch betrieben werden, können die privaten Hersteller solcher Programme eine ökonomische Machtposition gewinnen, die auch die Fernsehanstalten zu Konsequenzen zwingen kann wie zu einer Anpassung an die kommerziell hergestellten Programme und einer Übernahme ihrer Platten- und Kassettenproduktion, wie sie schon weitgehend beim Rundfunk praktiziert wird. [341] Schon heute ist eine fortschreitende Kommerzialisierung des Rundfunks, insbesondere des Fernsehens zu beobachten, indem die Rundfunkanstalten, vor allem das ZDF immer mehr Sendungen bei privaten Firmen in Auftrag gibt oder Angebote von ihnen aufkauft. [342] Diese privaten Herstellungsfirmen gehören wiederum zu den großen bundesdeutschen Buch- und Zeitschriftenverlagen. Der Axel Springer KG gehört die Ullstein AV Produktions- und Vertriebs-GmbH, der Bertelsmann AG und der Gruner und Jahr GmbH & Co gehören die Videophon GmbH & Co KG, der Burdagruppe gehört Burda-Scope etc. [343]. E. Wagner stellte fest, daß es einen ›nie aufhörenden Kontakt von Beziehungen und Anregungen zwischen den Rundfunkhäusern und den Leitern sowie Lektoren aller deutschen Verlage‹ gibt und daß sich der Rundfunk gern von den Verlagen beraten lasse. [344] Es zeigt sich, daß auch beim Medium Rundfunk als formaler Anstalt des öffentlichen Rechts ohne privat-wirtschaftlichen Charakter eine starke Verflechtung mit den übrigen Medien der Kulturindustrie, die privat-kapitalistisch betrieben werden, gegeben ist, wobei die Verflechtung zunimmt. Dies kann nicht ohne Rückwirkung auf die

Arbeitsbedingungen der Schriftsteller am Medium Rundfunk sein, zumal es heute als Haupteinnahmequelle der Schriftsteller anzusehen ist (s. 1.2.1, S. 11 f.).

Ein Blick auf die Rundfunkprogramme zeigt, daß der Anteil der Sendungen, an denen nicht angestellte Schriftsteller beteiligt sein können, höchstens 30 % des Gesamtprogrammes ausmachen. Die meisten Anstalten haben drei selbständig nebeneinander ausgestrahlte Hörfunkprogramme, die aber nicht immer die volle Sendezeit umfassen. Ein Programm dient der Unterhaltungs-, Nachrichten- und Werbesendung, eines dem mehr kulturellen Programm, ein drittes wendet sich an Gastarbeiter, Jugendliche oder sonstige spezielle Zielgruppen oder Minderheiten. Das Gesamtprogramm des Hörfunks umfaßt dabei etwa 30 % Eigenproduktionen, 30 % Wiederholungen und 40 % Übernahmen. [345] Eine andere Untergliederung ergibt u. a. Anteile von 46 % Musiksendungen sowie 32 % Wortsendungen, die sich wieder untergliedern in 39 % Politik, 17 % Kultur, 13 % Magazinsendungen (Mischung von Unterhaltung und Information) und 10 % Hörspiel etc. [346] Beim Fernsehen, dem für Autoren lukrativeren Tätigkeitsfeld, schätzen K. Fohrbeck und A. Wiesand einen Anteil von 50 % der Sendungen, an denen freie Wortautoren beteiligt sein können. [347] Untergliedert nach Sendungsarten ergibt sich dort ein Anteil von 13,1 % (ARD) oder 14,8 % (ZDF) für Berichte, Dokumentationen, Diskussionen und aktuelle Sendungen, die nicht Politik und Wirtschaft in engerem Sinn betreffen, 25,9 % (ARD) oder 24,5 % (ZDF) Fernsehspiele und Fernsehfilme, 1,6 % (ARD) oder 2,9 % (ZDF) Theaterübertragungen, 13,9 % oder 14,8 % Kinospielfilme, 16,5 % (ARD) oder 11,8 % (ZDF) Unterhaltungssendungen, einschließlich Unterhaltungsmusik und Ballett, das sind 71,0 % (ARD) oder 67,2 % (ZDF) an Sendungen, an denen freie Wortautoren beteiligt sein *können.* [348] Berücksichtigt man den Musik- und Ballettanteil der letzten Gruppe sowie die hohe Quote an Übernahmen auch aus dem Ausland bei den Sparten Fernseh- und Kinofilmen, so scheint der Anteil von 50 %, an denen deutsche Autoren in freier Tätigkeit beteiligt sind, recht hoch bemessen. Bei dem 3. Programm der ARD-Fernsehsendungen, die für interessierte Minderheiten ausgestrahlt werden, die aber bedeutend weniger Sendezeiten umfassen als die Hauptprogramme, mag die Situation für freie Wortautoren günstiger sein. Bedenkt man aber, daß der Anteil beim Hörfunk bei hoher Sendestundenzahl recht gering, beim Fernsehen bei niedrigerer Stundenzahl günstiger ist, so scheint der Schätzwert von einem 30%-igen Anteil für die Möglichkeit freier Wortproduktionen relativ realistisch zu sein, das heißt aber nicht, daß tatsächlich freie Autoren 30 % der Rundfunksendungen bestreiten. M. Doehlemann, der von ›Auftragsmäzenatentum‹ des Rundfunks schrieb, betonte zudem, daß diese Aufträge selten auf die Bedürfnisse von Künstlern sondern viel öfter auf die der Auftraggeber zugeschnitten sind. Nur selten findet Primärliteratur im Rundfunk Verwendung; die große Nachfrage besteht auf dem Literatursektor nach ›Nachkunst‹ (Besprechungen) und Nichtkunst, kulturelle und sonstige Berichte. [349] Der zunehmende Anteil an Hitparaden als kostenlose Werbeträger der Schallplattenindustrie sowie an Werbesendungen während hoher Einschaltzeiten bei Hörfunk und Fernsehen und der starke Rückgang von Hörspielproduktionen bei einzelnen Rundfunkanstalten sowie von Eigenproduktionen in beiden Bereichen, begünstigt durch zunehmende Programmzusammenlegungen und -austausch beim Hörfunk, signalisiert die Tendenz, daß auch beim Rundfunk Reduktionen verursacht werden, wie sie bei dem Medium Presse diesbezüglich dargestellt worden ist (s. 3.4.1.2.2, S. 173).

Gemessen an der hohen Produktion täglicher Sendestunden ist der Bedarf der Rundfunkanstalten an Wortproduktion jedoch relativ hoch. H. Ridder bezeichnete den Rundfunk als den größten aller vorhandenen Erstkonsumenten und Verteiler von Kunst [350], und wenn auch bei der umfassenden Wortproduktion ein hoher Wiederholungsfaktor zu verzeichnen ist, so erfaßt doch die große Nachfrage alles, was irgendwie verwertbar ist. [351] Dies hat auch Rückwirkung auf die Erwartungen des Rundfunks an die Schriftsteller, nach denen, wie H. Lehner es formulierte, die Universalfigur gefordert wird, die in der Lage ist, ›auf mehreren Hochzeiten zu tanzen‹. [352]

Für die Ausführung ihrer Programme haben die einzelnen Rundfunkanstalten Programmgrundsätze und Richtlinien. So heißt es in den Programmgrundsätzen des Fernsehens der ARD, daß das Fernsehen u. a. die Möglichkeit habe, die gegenseitige Achtung zwischen den Menschen und den sozialen Gruppen, Völkern, Kulturen und Rassen zu fördern, daß Kritik und Satire für diese Ziele angewandt werden, aber nicht ausarten dürfen in eine Verächtlichmachung der Grundlagen der staatlichen und rechtlichen Ordnung. Außerdem wird dem Fernsehen die Aufgabe zugesprochen, alle Bestrebungen zu unterstützen, die das Verständnis füreinander, den Geist der Zusammenarbeit, die Toleranz und die Ehrfurcht vor dem Leben pflegen; ihm wird eine besondere Verantwortung gegenüber der Familie auferlegt und verboten, den religiösen Frieden zu stören. Ähnlich bestimmen die Richtlinien des ZDF, daß seine Sendungen die Würde des Menschen wahren, Ehe und Familie als Institution nicht in Frage stellen, die Grundsätze des demokratischen und sozialen Rechtstaates im Sinne des Grundgesetzes vertreten, dem Frieden unter den Völkern dienen, das gegenseitige Verstehen zwischen den Kirchen und Religionsgemeinschaften fördern und zur allgemeinen Anerkennung der vom Grundgesetz geschützten sittlichen Wertordnung beitragen sollen. [353] Weitere übergeordnete Grundlagen für die Rundfunkanstalten, für ihre Organisation und Produktion, sind das Urteil des Bundesverfassungsgerichts vom 28. 2. 1961, in dem der Rundfunk als ›eminenter Faktor der öffentlichen Meinungsbildung‹ grundsätzlich bei Wahrung seiner staatlichen Unabhängigkeit organisatorisch unter die Kompetenz der Bundesländer gestellt wurde, sowie der Artikel 5 des Grundgesetzes, der verlangt, »daß dieses moderne Instrument der Meinungsbildung weder dem Staat noch einer gesellschaftlichen Gruppe ausgeliefert wird. Die Veranstalter von Rundfunkdarbietungen müssen also so organisiert werden, daß alle in Betracht kommenden Kräfte in ihren Organen Einfluß haben und im Gesamtprogramm zu Wort kommen können«. [354]

Organisatorisch stehen bei allen Runkfunkanstalten gleiche oder ähnliche Instanzen für die Einhaltung und Kontrolle der Grundlagen und Richtlinien ein: es sind dies die Rundfunk- und Verwaltungsräte sowie die von ihnen oder einem von ihnen gewählten Intendanten. Die Rundfunkräte des WDR und NDR werden von den Landtagen gewählt und spiegeln daher deren Parteizusammensetzung wider; die übrigen Rundfunkräte werden bei mehr oder minder starker Beteiligung der Regierungen und Landtage von Vertretern der verschiedensten gesellschaftlichen Gruppen und Organisationen wie Religionsgemeinschaften, Arbeitgeber- und Arbeitnehmervereinigungen, Vertreter der Bildungsinstitutionen etc. gebildet. [355] Der Fernsehrat des ZDF z. B. besteht aus 66 Mitgliedern: aus Vertretern der Länder (11), aus Vertretern des Bundes (3), aus Vertretern der Parteien (12) sowie aus Vertretern der Kirchen und des Zentralrates der Juden, der Gewerkschaften, der BDA, der Landwirtschaft, des Handwerks, der Zeitungsverleger und der Journalisten, der Freien Wohlfahrtsverbände, der Kommunalen Spitzenverbände, des Sports, der Vertriebenen, des Erziehungs- und Bildungswesens, der Wissenschaft und der Kunst, sowie der freien Berufe, der Familien-, Frauen- und Jugendarbeit. [356]

Schriftsteller sind mit Ausnahme des BR und des SDR in keinem Rundfunkrat vertreten, als einzige Autorengruppe haben Journalisten dort Sitz und Stimme. Das bedeutet, daß die Gruppe der freien Mitarbeiter, die hier besonders interessiert, keine Mitwirkungsrechte und keinen Einfluß bei der Gestaltung und Überwachung der Rundfunkrichtlinien hat. Da die für die Sendungen verantwortlichen Redakteure, Intendanten und Programmdirektoren von den Aufsichtsgremien oder ihren Mitgliedern zur Rechenschaft gezogen werden können, ergibt sich, wie H. Meyn und W. Schulz es schrieben, »daß von ihnen ein im einzelnen kaum fixierbarer Einfluß auf das Programm ausgeübt wird. Die Unabhängigkeit des Fernsehens hängt deshalb nicht zuletzt davon ab, wie die Mitglieder der Kontrollinstanzen die Richtlinien für das Programm im konkreten Konfliktfall interpretieren und wie die für das Programm Verantwortlichen auf Kritik reagieren«. [357] Hierbei ist zu beachten, daß die für den Rundfunk verantwortlichen Landtage und Regierungen zum Teil immer mehr von ihren ursprünglichen Grundsätzen einer absoluten Staatsfreiheit des Rundfunks abgerückt sind. So werden alle 24 Mitglieder der Rundfunkräte des NRD und des WDR aufgrund von Staatsverträgen der beteiligten Länder von den Länderparlamenten gewählt. Beim BR, der wie die übrigen ein ständisch strukturiertes Aufsichtsgremium hat, wurde der staatliche Einfluß schon 1958 verstärkt, indem der ursprüngliche Anteil der vom Landtag bestimmten Mitglieder von 14 % auf 20 % erhöht wurde. [358] Daß auch beim ZDF der Anteil der Länder-, Bundes- und kommunalpolitischen Vertreter hoch ist, wurde bereits gezeigt.

Der Autor kommt als freier Mitarbeiter jedoch nicht mit den Aufsichtsgremien, sondern mit den Abteilungen der Rundfunkanstalten, ihren Referenten und Redaktionen, in seltenen Fällen auch mit ihren Programmdirektoren in Berührung. Ihnen bietet er seine Manuskripte an; von ihnen wird er zu bestimmten Arbeiten angeregt bzw. mit ihnen beauftragt. [359] Die konkrete Handhabung der Richtlinien und Grundsätze liegt also in der Art, wie diese Stellen und Personen Sendungen zulassen, anregen oder selbst gestalten. In dem Verhältnis zwischen Autoren und Redaktionen liegt nun die Quelle zahlreicher Konflikte. Man braucht nicht, wie es G. Heidenreich und H. L. Arnold mit zugestandenen Ausnahmen taten, die Ursache der Konflikte primär in der restriktiven Handhabung der Richtlinien durch Redakteure zu sehen. [360] G. Haedecke wies darauf hin, daß es sich im Verhältnis der Redakteure zu den freien Mitarbeitern nicht um einen systematischen Gegensatz sondern vielmehr um ein Problem der einzelnen Person handele, da weder die Honorarbedingungen noch die Richtlinien der Rundfunkarbeit von den Redakteuren beschlossen würden. [361] Doch läßt sich eine besondere persönliche Abhängigkeit der Autoren von den Redakteuren nicht abstreiten. A. Mechtel berichtet von Fällen, daß ältere Autoren, die Jahre lang für den Schulfunk, den Kinderfunk und andere Sparten geschrieben hätten, von dem Tag an keine Aufträge mehr bekamen oder Arbeiten absetzen konnten, an dem ein Wechsel auf dem Redakteursstuhl stattfand. Grundsätzlich könne sich der in die schwächere Position gedrängte Autor gegen diese Handhabungen der Redakteure nicht wehren, »ohne das Risiko einzugehen, auftraglos zu werden«. [362]

Die Situation hat sich in jüngster Zeit erheblich zugespitzt. Schon im Zusammenhang mit der Darstellung der Rundfunkräte wurde gezeigt, daß der parteipolitische Einfluß auf die Rundfunkanstalten zugenommen hat. Dies ist jedoch nicht nur anhand der Zusammensetzung der Aufsichtsgremien zu erkennen, vielmehr haben in letzter Zeit zahlreiche Versuche direkter Einflußnahme durch politische Parteien Aufsehen erregt. [363] Die grundsätzliche Verpflichtung der Rundfunkanstalten in der Bundesrepublik zu einer Kontrolle der politischen Macht und ihrer Inhaber, die mit den Studentenunruhen von 1967/68 wachsende Kritik an den Verhältnissen in der Bundesrepublik, schließlich das Gleichziehen der großen politischen Blöcke und zuletzt der Wechsel der politischen Macht auf Bundesebene haben die Parteien und verschiedene ihrer Repräsentanten dazu verleitet, über die Aufsichtsgremien oder durch direkten Druck von außen, ihnen mißliebige Sendungen zu verhindern bzw. ihnen positiv scheinende zu fordern oder durchzusetzen. Schon 1965 erklärte H. Bausch, daß innerhalb der pluralistischen Gesellschaft alle möglichen organisierten Kräfte versuchen, auf die Gestaltung der Rundfunkprogramme einzuwirken und daß andererseits die Entscheidung der Verantwortlichen für oder gegen eine Sendung im Rundfunk von vielen Faktoren wie Form und Inhalt, Popularität der Autoren und Darsteller, aber auch von ihrer politischen Tendenz, z. B. einer Dokumentation, abhängen können. [364] Selbstverständlich müssen Redakteure in ihrem eigenen Interesse versuchen, »ihre Programme mit der Politik des eigenen Hauses wenigstens halbwegs in Einklang zu halten«. Die sich hieraus ergebenden Zwänge haben im allgemeinen die freien Mitarbeiter auszutragen, denn sie können sich gegen eventuelle Manuskriptveränderungen, die häufig unter technischem Vorwand erfolgen mögen, nicht zur Wehr setzen, denn: »Keine Verabredung verpflichtet den Verwalter der Medien, dem protestierenden Autor weiterhin seine Manuskripte abzukaufen – entweder er fügt sich diesen Praktiken und verliert so vielleicht noch sein Gesicht, oder er muß sich nach einem anderen Medium umsehen«, wobei die Auswahl bei der Verflechtung der Medien klein ist. [365] Das Produktionsmonopol des Rundfunks erhält somit auch einen politischen Aspekt. Die Meinungsbevormundung der Schriftsteller durch die Massenmedien kann, wie G. Heidenreich anhand von Beispielen zeigte, »durch einen Apparat getarnt werden, der sich unpolitisch gibt und doch in der Lage ist, den zunehmenden Druck der Parteien auf die Medien in Programmänderungen umzusetzen«. [366] Die Schweigepflicht über die Vorgänge in den Rundfunk-, Fernseh- und Verwaltungsräten verhindert, daß politische Eingriffe und rechtswidriger Druck in und auf die Programmgestaltung sowie Willkürakte der Personalpolitik publik werden. Was ursprünglich als öffentliche Kontrolle gedacht war, kehrt sich nun gegen jede öffentliche Kontrolle. [367] Mitunter haben aber Boykottdrohungen und -maßnahmen einzelner Rundfunkanstalten der ARD, bestimmte Fernsehbeiträge in ihrem Bereich nicht zu übernehmen, offen politischen Druck dokumentiert. Diese Maßnahmen müssen auf Redakteure wie Autoren einschüchternde Wirkung haben. Es ist daher verständlich, daß viele Redakteure ihre Sendungen von vornherein so gestalten, daß sie nicht negativ auffallen, woraus folgt, daß ein Konformismus gefördert wird, ohne daß solcher Vorgang innerhalb der Aufsichtsgremien zur Sprache kommt. [368] G. Haedecke, der in seiner Stellungnahme das Wort Politik oder politisch strikt vermeidet, bestätigt diesen Zusammenhang eindeutig, indem er die Kritiker des Rundfunks fragt, ob sie glauben, daß Sendungen von G. Wallraff, R. Lettau, Y. Karsunke, H. M. Enzensberger u. a. bei einer Verteuerung der Literaturprogramme von den Aufsichtsgremien akzeptiert würden. Darüber hinaus stellt er die rhetorische Frage, »ob nicht auch ein literarischer Text, ungeachtet seiner formalen Ansprüche, die Rundfunkgesetze verletzen kann, an die eine Anstalt des öffentlichen Rechts gebunden ist«, und billigt den ›Repräsentanten der gesellschaftlichen Ordnung‹, das ›Recht auf Meinung‹ zu, »wenn diese gesellschaftliche Ordnung in einem Literaturprogramm attackiert wird«. [369] Man muß aber davon ausgehen, daß diese Repräsentanten der gesellschaftlichen Ordnung u. a. auch ihre spezifischen Einzelinteressen vertreten können und nicht zuletzt bedeutend mehr Macht haben als der Autor, der gar keine Rechte hat. In der Tat kann nachgewiesen werden, daß die Zahl der Fälle bis 1971 zunahm, in denen kulturelle Beiträge des Fernsehens aus politischen Gründen gestrichen, zeitlich ungünstig verlegt oder redigiert wurden. [370] Die geforderte Ausgewogenheit der Rundfunkprogramme wird auf diese Weise nicht nur auf der Ebene des Gesamtprogramms einer Anstalt, sondern innerhalb der einzelnen Beiträge erreicht, wodurch eindeutige Positionen abgeschwächt und relativiert werden. Doch ist, wie J. Seifert es zutreffend formuliert hat, die Entscheidung, ob »eine Sendung ›einseitig‹ einer Partei oder Weltanschauung dient, ob bei einer Sendung ›ein Standpunkt allein oder überwiegend zur Geltung kommt‹ oder nicht [...] immer eine Frage des Ermessens. Eben darum sind nicht die dehnbaren und auslegungsfähigen Richtlinien entscheidend, sondern die Personen und Gremien, die über die Auslegung der Leitsätze zu befinden haben: Redakteure, Chefredakteure, Programmdirektoren, Intendanten« etc. [371]

Dieser Zusammenhang leitet direkt über in das Problem der Weisungsbefugnis seitens der Rundfunkanstalten und der Weisungsgebundenheit seitens der Autoren. H. Heißenbüttel hat im Zusammenhang mit der Hörspielproduktion versucht, diesen Komplex darzustellen und ein Modell des Gleichgewichts von Weisungsbefugnis und Sachverstand zu erstellen. Dabei wurde deutlich, daß es Eingriffe von ›Programmverantwortlichen‹ gibt, daß aber die Personen oder das Gremium, die bestimmte Weisungen aussprechen, in der Regel nicht ausfindig zu machen sind. »Wenn Macht ausgeübt wird, bestimmt wird, Weisungen gegeben werden, so gibt es nicht einen bestimmten Zuständigen dafür. Selbst da, wo die staatliche oder parteipolitische Kontrolle bis in die Details des Programms geht, ist es kaum möglich, diesen Zuständigen zu finden.« Dies liegt nach H. Heißenbüttel daran, daß nicht die einzelne Weisung entscheidend sei, sondern die Weitergabe und Vermittlung von Weisungsbefugnissen, die in der Verwaltungsspitze, wo das Programm nicht unmittelbar bestimmt wird, am stärksten ist. Auf der Gegenseite, dort wo das Programm konkret gestaltet wird, herrscht Sachverständnis vor. Während sich die Weisungsbefugnis, die von oben nach unten delegiert wird, verdünnt, wird der Sachverstand unter gleichen Bedingungen von unten nach oben vermittelt. Ein Gleichgewicht ist nur solange möglich, wie es in beiden Bereichen eine Übereinstimmung in grundsätzlichen Fragen, d. h. Einverständnis mit den Voraussetzungen der Programmgestaltung gibt. Der Konfliktfall tritt dort auf, wo aus machtpolitischen Gründen, gleich von welcher Seite, in dieses Verhältnis regulativ einzugreifen versucht wird. [372] Aus der derzeitigen rechtlichen Situation ergibt sich dabei eindeutig, daß der Autor als freier Mitarbeiter im Konfliktfall immer am kürzeren Hebel sitzt. Seine Weisungsfreiheit beschränkt sich allein darauf, einen Auftrag anzunehmen oder abzulehnen; aber: »dieser Rahmen der Freiheit [...] ist so schmal, daß die Nichtausführung von Aufträgen zur Beendigung des Geschäftigungsverhältnisses führen kann«. [373] Die inhaltliche Abhängigkeit der Autoren erweist sich somit bei den audiovisuellen Medien als besonders hoch, was auch aus den Daten der SPIEGEL-Enquete unmittelbar bestätigt wird. [374]

Wie ausgeprägt die Weisungsgebundenheit der ›freien‹ Rundfunkmitarbeiter ist, geht besonders klar aus den Vertragsbedingungen hervor, nach denen Autoren den Anordnungen der für die Sendungen Verantwortlichen unterworfen sind. Dem Monopolcharakter der Anstalten entspricht ihr Umgang mit den freien Mitarbeitern: die Vertragsbedingungen werden ihnen einseitig, ohne jede Absprache mit den Berufsorganisationen der Betroffenen diktiert, wobei sie als Musterbedingungen unter den Anstalten abgestimmt werden. [375] Der erste bundesdeutsche Normalvertrag der Rundfunkanstalten trat am 1. 4. 1953 in Kraft. Als Beispiel sicherte § 1 des Normalvertrags des NWDR der Anstalt nicht nur das Recht auf eine ganze oder teilweise Darbietung des Werks für Rundfunkzwecke in beliebig häufiger Wiederholung, er sicherte ihr auch das Recht, »das Werk unter Wahrung seiner geistigen Eigenart für Sendezwecke zu bearbeiten«. Darüber hinaus durfte der Sender nach § 7 des Normalvertrags den Zeitpunkt der Sendung ändern, ohne daß sich etwas an den Vertragspflichten der Vertragsteilnehmer änderte. Des weiteren hieß es dort: »Sieht der Nordwestdeutsche Rundfunk von den Sendungen des Werkes ab, so entfällt der Anspruch auf das Sendehonorar. Im übrigen gilt der Vertrag als gelöst. Das Werkhonorar bzw. der Anspruch darauf verbleibt dem Vertragsteilnehmer.« [376] Diese Bestimmungen wurden später noch wesentlich zuungunsten der Autoren verändert: Während 1953 bei einer Bearbeitung noch die geistige Eigenart des Werkes gewahrt werden mußte, fehlt eine derartige Bestimmung in den Musterverträgen von 1972. Im Mustervertrag des WDR z. B. heißt es, daß der Autor dem Rundfunk die ausschließlichen sowie zeitlich und räumlich unbeschränkten Rechte einräumt, »sein Werk in unveränderter, bearbeiteter oder umgestalteter Form für alle Tonrundfunkzwecke zu nutzen [...] Der WDR ist berechtigt, die ihm eingeräumten Rechte ganz oder teilweise auf Dritte zu übertragen oder diesen Nutzungsrechte einzuräumen.« Während im Vertragstext von 1953 der Autor die ihm zustehenden Rechte dem Rundfunk nur insoweit übertragen mußte, als es für die Durchführung des Vertrages erforderlich war, so besagt der neuere Vertragstext unter Punkt vier: »Mit der Ablieferung des Manuskripts [...] überträgt der Vertragspartner dem WDR das Eigentum an diesen Werkstücken.« Punkte 11 und 12 zeigen, welch geringe Rechte der Autor aus diesen Verträgen ableiten kann: »11. Eine Verpflichtung des WDR, das Werk für Tonrundfunkzwecke zu nutzen, wird durch diesen Vertrag nicht begründet. Sieht der WDR von der Sendung des Werkes ab, so entfällt der Anspruch auf das Sendehonorar. Das Arbeitshonorar verbleibt dem Vertragspartner. 12. Der WDR ist berechtigt, den Zeitpunkt für die Sendung des Werkes zu bestimmen. Der Vertragspartner kann gegen Rückerstattung des bereits empfangenen Honorars die dem WDR eingeräumten Nutzungsrechte zurückrufen, falls innerhalb von fünf Jahren nach Vertragsabschluß eine Sendung nicht stattgefunden haben sollte. Die Geltendmachung weitergehender Ansprüche ist ausgeschlossen.« [377] Im Gegensatz zum Text von 1953 ist hier für das Nichtsenden wenigstens eine Frist gesetzt. Diese Regelung erweist sich aber als für den Autor wenig nützlich, da erstens sein Beitrag in den meisten Fällen nach 5 Jahren kaum noch aktuell sein wird und da der Autor schließlich bei der Rücknahme seiner Rechte auch das vor Jahren erhaltene Honorar erstatten muß. Die Fernsehverträge der ARD-Anstalten entsprechen den soeben aufgezeigten Bedingungen nahezu wörtlich. Es kommt, so z. B. beim Vertragstext des SWF, noch eine weitere Bedingung hinzu: »4. Der SWF ist berechtigt, ein Exposé des Vertragspartners ganz oder teilweise nach seiner Wahl durch den VP oder durch Dritte für die Produktion und/oder Sendung ausarbeiten oder fertigstellen zu lassen. Er ist auch berechtigt, die Produktion und/oder Sendung unter Benutzung eines anderen Exposés endgültig zu gestalten oder gestalten zu lassen.« [378] Ein entsprechendes Bild gibt auch die Bedingung zum ›Mitwirkungsvertrag‹ innerhalb des Honorar- und Verpflichtungsscheins des ZDF. Dort tritt der Autor dem Sender alle Verwertungsrechte ab, ohne daß sich der Sender verpflichtet, das Werk auch zu verwerten. Wichtig erscheinen daneben die Punkte 3 und 16 des Vertrags: »3. Bei Meinungsverschiedenheiten über die inhaltliche, künstlerische und technische Gestaltung [...] des Werkes entscheidet das ZDF.« – »16. Der Vertragspartner verpflichtet sich, seine Mitarbeit an der Produktion auch dann nicht einzustellen, wenn sich über das Zustandekommen, den Bestand oder die Auslegung des Vertrags oder aus sonstigen Gründen Meinungsverschiedenheiten ergeben, und verzichtet auf das Recht, die Sendung und/oder die Auswertung des Bild- und/oder Tonträgers zu stören oder zu behindern.« [379] Eindeutig wird hier vom ›Recht‹ des freien Mitarbeiters gesprochen, sich gegen seiner Überzeugung und künstlerischen Auffassung widersprechende Manipulationen an seinem Werk zu wehren, doch muß er durch den Vertrag auf dieses Recht ausdrücklich verzichten. Diese in einem »unverfänglich anmutendem System privatrechtlicher Verträge« [380] vorgelegten rechtskräftigen Bedingungen entsprechen einem Diktat des Mächtigen gegenüber einem Schwachen. In dem Vertrag, der seine Rechte sichern soll, entäußert sich der Autor nahezu aller Rechte. Der Rundfunk darf mit dem Manuskript machen, was er will, dem Autor bleibt nur die Zusicherung eines halben Honorars. Seine Beziehung zum Rundfunk und im Hinblick auf das Endprodukt seiner schriftstellerischen Arbeit auch zu seinem Werk ist somit überwiegend wirtschaftlicher Natur. Hinzu kommt, daß vor allem bei Autoren die schriftliche Anerkennung der Musterbedingungen häufig erst nach beendeter Tätigkeit gefordert wird. Dies macht »die peinliche Abhängigkeit des Beschäftigten von den einseitig festgesetzten und damit auch einseitig abänderbaren Bedingungen der Anstalten deutlich. Daß damit zugleich die soziale Situation der freien Mitarbeiter durch eine vielfach untragbare Unsicherheit gekennzeichnet ist, liegt auf der Hand.« [381] Diese vertragliche Abhängigkeit ist auch nach den Ergebnissen der SPIEGEL-Enquete bei den audio-visuellen Medien durch die monopolartige Stellung der Rundfunkanstalten sowie die enge Kooperation und den Programmaustausch besonders hoch und im Zunehmen begriffen. [382] Wie weit diese Abhängigkeit eines Autors bis in seine literarische Selbstdarstellung reichen kann, zeigt das Beispiel des SR, der die Genehmigung zur Schallplattenreproduktion des Hörspiels »Staatsbegräbnis« von L. Harig, bei dem es sich um collagiertes Originalmaterial vom Begräbnis K. Adenauers handelt, aufgrund ›grundsätzlicher Erwägungen‹ und wegen der ›eindeutig politischen Zielsetzung‹ des Stücks verweigert hat. Die Schallplatte sollte für eine gemeinsam vom Luchterhand-Verlag und der Deutschen Grammophon-Gesellschaft geplante Reihe moderner deutscher Hörspiele produziert werden. [383]

Wie wirken sich diese Bedingungen der Literaturproduktion nun auf die Tätigkeit des Autors aus? Daß eine verschleierte Fremdzensur aus politischen und nicht nur aus diesen Gründen stattfindet, braucht nicht mehr eigens betont zu werden. Aber wie schon Redakteure versuchen müssen, sich so weit wie möglich der Politik ihrer Anstalten anzupassen, so werden auch Autoren von vornherein zu verhindern suchen, ihre Existenz durch eine deutliche Abweichung von dieser Politik zu gefährden. Sie sehen sich veranlaßt, sich den Anforderungen anzupassen und möglicher Kritik schon im vorhinein aus dem Wege zu gehen: sie üben Selbstzensur, indem sie ihre Formulierungen, wo nötig, entschärfen, um einer Änderung ihrer Texte durch andere zu entgehen. [384] Es liegt auf der Hand, daß »freie Mitarbeiter davor zurückscheuen, Zeit, Geld, und künftige Aufträge zu riskieren, nur um Sendungen fertigzustellen, die sie doch nicht ›durchkriegen‹ oder mit denen sie ihre halbwegs fortschrittlichen Redakteure gefährden würden«. [385] Ob fortschrittlich oder nicht – die hier aufgezeigte Abhängigkeit bleibt problemlos, solange Rundfunkanstalt, vom Aufsichtsrat bis zum Redakteur, und Autor in ihren Überzeugungen über die Grundlagen der Programme übereinstimmen. Hierbei öffnet sich ein breiter Spielraum von Möglichkeiten der Programmverwirklichung. Erst im Widerspruch oder im konkreten Konfliktfall wird die Tragweite des Abhängigkeitsverhältnisses deutlich.

Wie die allgemeinen Mitarbeitsbedingungen sind auch die Honorarbedingungen einseitig von den Anstalten festgelegt, sie gleichen sich in monopolistischer und kartellartiger Art bei den verschiedenen Anstalten bis auf geringfügige Ausnahnahmen. [386] Der Vertragstext des WDR besagt, daß durch das vereinbarte Gesamthonorar alle Ansprüche des Vertragspartners abgegolten sind. Das Gesamthonorar setzt sich zu gleichen Teilen aus dem Ausarbeitungs- und Sendehonorar zusammen. Das Ausarbeitungshonorar ist nach Abnahme des Werkes, das Sende- (und Wiederholungs-)honorar ist nach der Sendung (oder Wiederholung) auszuzahlen. Das Wiederholungshonorar für Wiederholungen beim gleichen Sender entspricht dem Sendehonorar. Übernimmt aber ein anderes Sendeunternehmen die Sendung, so erhält der Autor von diesem Sendeunternehmen für jede Sendung, gleichgültig ob Erst- oder Wiederholungssendung, in der Regel mindestens 50 % des mit dem WDR vereinbarten Sendehonorars. Übernimmt ein ausländisches Sendeunternehmen diese Sendung, so erhält der Autor von der ARD-Anstalt zusätzlich 20 % des Sendehonorars. Wird aber die Sendung des WDR in einem gemeinsamen Hörfunkprogramm gleichzeitig von einer anderen ARD-Anstalt gesendet, »so ist dafür eine besondere Vergütung nicht zu entrichten.« [387] Von geringfügigen Abweichungen abgesehen, sind die Honorarbedingungen des Fernsehens die gleichen. [388] Es wird hier zweierlei deutlich: erstens ist der Autor zumindest über den Zeitpunkt des Erhalts seines Sendehonorars im Unklaren, da bekanntlich der Sender den Sendetermin bestimmt. Zweitens wirken sich die Programmübernahmen und -zusammenlegungen nicht nur marktverengend aus, sie mindern auch die Erwerbschance, die mit einem einzelnen Werk verbunden ist.

Als Bemessungsgrundlage für die Honorarhöhe bestehen bei den Anstalten allgemeine Honorarrahmen, in denen die Sätze nach Umfang, Eigenart, Thematik, künstlerischen und informatorischen Gehalt des Werks oder nach Umfang und Schwierigkeit der Leistung festgelegt sind. [389] Honorare für Werke von besonderem Rang oder für solche prominenter Mitarbeiter können außerhalb des Honorarrahmens besonders vereinbart werden; sie bedürfen dann der Zustimmung des Programmdirektors oder des Intendanten. [400] Die wirtschaftliche Abhängigkeit der Autoren vom Rundfunk dokumentiert sich aber nicht zuletzt in der Tatsache, daß sie bis auf wenige Ausnahmen und dann auch unter erschwerten Bedingungen keinen Einfluß auf die ihnen angebotenen Honorare haben.

Die hier dargestellten Arbeitsbedingungen des Rundfunks stehen in krassem Widerspruch zum traditionalen Selbstverständnis der Schriftsteller als freie Mitarbeiter, die sich ›frei‹ fühlen und ihre ›Freiheit‹ entsprechend erhalten wollen. [401] Dieses Gefühl der Freiheit kann ohnehin nur aufkommen bei der bereits dargestellten Übereinstimmung in der Überzeugung über die Grundlagen der Rundfunkarbeit und der literarischen Arbeit beim Rundfunk, das heißt andererseits, daß diejenigen, die die vermeintliche Freiheit erhalten wollen, die angepaßteren der Autoren sind. Grundsätzlich muß aber festgehalten werden, daß der Begriff der ›freien Mitarbeiter‹ gesetzlich noch nicht definiert ist, und daß das Attribut ›frei‹ lediglich in der Lage ist, das tatsächliche Abhängigkeitsverhältnis zu verschleiern, eine Verdunklung, die dadurch gestützt wird, daß die frühere Literatur und die Rechtsprechung bisher die freien Mitarbeiter zu den Selbständigen gerechnet haben. [402] Grundlage der Selbständigkeit ist jedoch nur die Selbstbestimmung der Arbeitsfunktion und der Arbeitsbedingungen außerhalb eines Arbeitsvertrages oder Dienstverhältnisses. [403] Der ›Nimbus der Selbständigkeit im Sinne von Eigenverantwortlichkeit und Risikobereitschaft‹ wurde seit Beginn des 19. Jahrhunderts auf dem Hintergrund liberaler Ideen aufgebaut und »durch die Verbände der Selbständigen nicht selten gefördert und ideologisch ausgeweitet«. Grundsätzlich jedoch unterlag die Bedeutung der ›freien Berufe‹ einem ständigen historischen Wandel. [404] Ein zentraler Begriff innerhalb der Diskussion über die Frage, ob die Rundfunkmitarbeiter frei sind oder nicht, ist der der Weisungsfreiheit oder Weisungsgebundenheit. Eine neuere Studie zum Weisungsrecht zeigt, daß selbst für die Arbeit in einem Industriebetrieb das Weisungsrecht nicht eine Anordnung über alle Details auch der Art der Ausführung eines Auftrags bedeuten muß, daß vielmehr der rechtserhebliche Wille beim Vertragsabschluß nur die Verpflichtung begründet, das vom Arbeitgeber gesetzte Ziel zu verfolgen. »Die Art und Weise seiner Leistung hat zunächst der Arbeitnehmer als Schuldner der Leistung selbst zu bestimmen (Eigeninitiative).« [405] Was für die Arbeit im Industriebetrieb zutrifft, gilt ebenso wenn nicht noch mehr für die Arbeit beim Rundfunk: Der Auftragnehmer hat in eigener Initiative seine persönlichen Eigenarten und Fähigkeiten innerhalb des durch die Weisung gesteckten Rahmens selbst zu entfalten, das heißt also, daß eine Anerkennung der Weisungsabhängigkeit auch für den Schriftsteller beim Rundfunk nicht den Verzicht auf die Geltendmachung individueller Unterschiede bedeuten kann. Daß mit dieser Einschränkung bei den Rundfunkanstalten Weisungsbefugnis sowohl in grundsätzlicher als auch konkretvertraglicher Hinsicht ausgeübt wird, wurde hinreichend dargestellt. Bezugnehmend auf das traditionale Selbstverständnis der freien Mitarbeiter ist somit mit W. Maus die Frage zu stellen, »inwieweit dem Willen, frei zu bleiben, gegenüber dem rechtlichen Befund Bedeutung zukommt«. [406] Die Antwort kann nur lauten, daß dieser erklärte Wille ohne rechtliche Bedeutung ist, wenn unter vielfältigem Zwang einseitige Vertragsbedingungen angenommen werden, auch wenn dabei erklärt wird, daß aus dem Abschluß des Vertrags kein Abhängigkeitsverhältnis entstehe. [407] Wie weit freie Mitarbeiter beim Rundfunk ihre Freiheit des Arbeitsverhältnisses tatsächlich nutzen, zeigt die Untersuchung der SPIEGEL-Enquete über die Mobilität der Autoren: von den haupt- und teilberuflichen freien Rundfunkmitarbeitern erwiesen sich für das Jahr 1970 nur 17 %, meist prominente und spezialisierte Autoren, als mobil, indem sie im Durchschnitt für 2,6 Sendeanstalten arbeiteten. 83 % waren immobil; sie arbeiteten für eine einzige Rundfunkanstalt. [408] So gehört es zur Regel, daß »Kettenverträge«, d. h. in ununterbrochener Reihenfolge abgeschlossene Einzelverträge, häufig ein Arbeitsverhältnis auf unbestimmte Dauer tarnen. An dieser Feststellung ändert auch die Tatsache nichts, daß die Anstalten wie z. B. das ZDF ihre ›freien‹ Mitarbeiter die Formel unterschreiben lassen: »Es besteht Einverständnis zwischen ZDF und dem Vertragspartner, daß der Vertragspartner beim ZDF als freier Mitarbeiter und nicht als Arbeitnehmer tätig ist/war.« [409]

3.4.1.3 Zusammenfassung der wirtschaftlichen Bedingungen literarischer Produktion

Angesichts der Tatsache, daß es keine systematisch zusammenfassende Darstellung der schriftstellerischen Produktionsbedingungen bei den drei wichtigsten Medien gibt, war es für das Verständnis des folgenden Abschnitts dieser Untersuchung notwendig, einen Abriß dieser Grundbedingungen zu erarbeiten. Der 1972 vorgelegten SPIEGEL-Enquete, die wie zahlreiche andere Einzeluntersuchungen hierfür sehr hilfreich war, fehlt trotz einiger Ansätze eine tiefer greifende Diskussion ihrer Ergebnisse. Im Hinblick auf die hier vorgelegte historische Untersuchung deutscher Schriftstellerverbände war es notwendig, auch die traditionalen Einstellungen zur schriftstellerischen Existenz hervorzuheben und die Dimensionen Freiheit und Abhängigkeit schriftstellerischer Tätigkeit anhand der Berufswirklichkeit zu diskutieren. Auch wenn hier fast ausschließlich die jüngere Entwicklung in den drei Medienbereichen Buch, Presse und Rundfunk dargestellt wurde, kann wohl zu Recht unterstellt werden, daß die erarbeiteten Ergebnisse, sieht man einmal vom Rundfunk ab, prinzipiell als Grundlage für den gesamten Zeitraum dieser Arbeit gültig sind.

Es hat sich im wesentlichen gezeigt, daß die Theorie der schriftstellerischen Freiheit und Autonomie sowie der Inkommensurabilität geistiger Arbeit und wirtschaftlicher Entlohnung, die beide auch als berufsethische Postulate auftreten können, sich anhand der Berufswirklichkeit nicht aufrechterhalten lassen. Vielmehr stehen die wirtschaftlichen Bedingungen der literarischen Produktion, d. h. die Erwerbschance der Schriftsteller in engstem Zusammenhang mit der literarischen Produktion auch in ästhetischer und inhaltlicher Hinsicht. Doch wäre es falsch, wollte man bei allen Medien eine gleiche unmittelbare Wirkung auf die inhaltlichen Aspekte der Literaturproduktion annehmen. Gerade beim kapitalistisch betriebenen Buchhandel, wo das Buch als Träger eines Tauschwertes erscheint, war und ist es möglich, eine Vielzahl andernfalls unterdrückter Bedürfnisse und Werthaltungen auszusprechen. [410] Schon W. Benjamin stellte fest, »daß der bürgerliche Produktions- und Publikationsapparat erstaunliche Mengen von revolutionären Themen assimilieren, ja propagieren kann, ohne damit seinen eigenen Bestand und den Bestand der ihn besitzenden Klasse ernstlich in Frage zu stellen«. [411] Den Verleger interessiert als Kapitalist weniger der Gebrauchswert als der Tauschwert der Ware Buch. Bei der Presse ist die Publikationsvielfalt bereits bedeutend beschränkter, da sie ihre Abhängigkeit von Inserenten zu einer weitgehenden Berücksichtigung ihrer wirtschaftlichen Interessen zwingt. Weniger einseitig gestaltet sich die Beeinflussung literarischer Arbeit beim Rundfunk, da hier nicht das Profitstreben der Rundfunkanstalten, das es wegen ihrer öffentlich-rechtlichen Struktur nicht geben kann, sondern eher die politische Opportunität und somit u. U. das Profitstreben und die Interessen anderer, Außenstehender, in die Produktion hineinwirken, wobei ein schwer zu durchdringendes System von Kontrolle und Verschleierung von Kontrolle zur Auswirkung kommt.

Der Schein der schriftstellerischen Autonomie und der geistigen Autarkie wird zudem durch den Faktor der Arbeitsteilung innerhalb der Kulturindustrie begünsitgt, d. h. durch die Trennung des Autors von den Produktionsmitteln und somit durch die Absonderung der Anfertigung des Manuskripts von seiner technischen Reproduktion. [412]

Den dargestellten Produktionsbedingungen gegenüber hat die idealistische Sichtweise des Autors als autonomen, ›freien‹ Schriftstellers bzw. Dichters keinen Bestand. Vielmehr müssen die idealistische Sichtweise und die wirtschaftlichen Produktionsbedingungen vermittelt werden. Hierzu können zwei Ebenen literarischer Qualität undschieden werden: Zum einen gibt es eine ästhetisch-inhaltliche Qualität der Literatur, sie liegt in der Art der Ausführung eines literarischen Werks und entspricht dem Anspruchsniveau des Autors, das sich z. B. an den von der konventionellen bürgerlichen Literaturwissenschaft erhobenen Werten oder an der Geschmackslage der Herrschenden sowie anderer sozialer Gruppen orientieren kann. Diese Qualität interessiert überwiegend den Autor und seine engere Lesergemeinde, sie ist zudem abhängig von den individuellen Eigenschaften des Schriftstellers. Auf ihrer Ebene versteht sich Literatur als Kunst und wird als solche verstanden. Zum anderen gibt es eine wirtschaftliche Qualität der Literatur, sie liegt in den Absatzchancen eines literarischen Werkes auf dem freien Markt und entspricht verschiedenen Faktoren: dem Publikumsinteresse, dem Geschmack und den Lesegewohnheiten der Leser bzw. bestimmter Leserschichten und -gruppen, der Aktualität, der Mode und auch den herrschenden Weltanschauungen oder der bevorzugten Weltanschauungen bestimmter Gruppen etc. Diese Qualität interessiert überwiegend den Verleger, bzw. die Inhaber oder Verwalter der Medien, auf ihrer Ebene versteht sich Literatur als Ware und wird als solche verstanden. Beide Ebenen stehen in einem dialektischen Verhältnis zueinander. Da jedoch die erste Ebene nur über die Bereitschaft von Verlegern, Lektoren oder Redakteuren, Kapital in eine Veröffentlichung zu investieren (Buch, Presse) sowie Platz oder Sendezeit für ihre Verbreitung zur Verfügung zu stellen (Presse, Rundfunk), erreicht werden kann, bekommt die zweite Ebene ein deutliches Übergewicht; sie drückt der gesamten Literaturproduktion somit ihren Stempel auf, indem ihre Instanzen in ihrem Interesse in die literarische Produktion auf vielfältige Weise hineinwirken und literarische Produkte verändern, sei es durch offene Einflußnahme oder sei es dadurch, daß der Autor bereits die Erwartungen seiner Auftraggeber oder Abnehmer bewußt oder unbewußt antizipiert. Bei einer Übereinstimmung beider Seiten, d. h. bei einer weitgehenden Kongruenz der Motivstruktur, Einstellungen und Werthaltungen in bezug auf Literatur mögen Autoren einen relativ breiten Spielraum zur literarischen Selbstverwirklichung haben. Entscheidender Faktor für einen literarischen Erfolg ist jedoch der glückliche Zufall; ein Autor, der erfolgreich arbeiten will, muß neben anderem vor allem Glück haben, entdeckt und gefördert zu werden. Die Grundbedingungen literarischer Produktion anhand der wenigen Erfolgreichen darzustellen, hieße, die wichtigen Faktoren Glück und Zufall vergessen. Wie stark die wirtschaftliche, berufliche, inhaltliche, persönliche und rechtliche Abhängigkeit der Autoren ist, zeigte sich vor allem darin, daß sich sowohl die Verlage als auch die Rundfunkanstalten weitestgehende Rechte an den ihnen zur Verwertung übertragenen literarischen Werken zu sichern vermochten. Diese Rechte reichen weit in die inhaltliche und künstlerische Konzeption und Verwirklichung der Werke sowie die literarische Selbstdarstellung der Autoren hinein. Daraus folgt, daß nicht nur Schriftsteller Literatur bewirken, sondern daß auch diejenigen in den Literaturprozeß einwirken, die über den wirtschaftlichen Teil der Produktionsbedingungen verfügen.

3.4.2 Initiativen deutscher Schriftstellerverbände auf wirtschaftlichem Gebiet

Nachdem in einem umfassenden Exkurs die wirtschaftlichen Produktionsbedingungen der Schriftsteller aufgezeigt und erörtert worden sind, können nun vor diesem Hintergrund das Selbstverständnis deutscher Schriftstellerverbände und ihre Initiativen in wirtschaftlicher Hinsicht mit Verständnis für ihre historischen und ökonomischen Bedingungen dargestellt werden. Hierbei sollen vor allem die genossenschaftliche Selbsthilfe der Autoren, ihre Initiativen zugunsten verbesserter Arbeits- und Honorarbedingungen, die Frage nach der Zweckrationalität berufsständischer oder gewerkschaftlicher Organisationsformen sowie die Möglichkeiten schriftstellerischer Gegenmacht berücksichtigt werden.

3.4.2.1 Genossenschaftliche Selbsthilfe

Eine Analyse ihrer Satzungen hatte ergeben, daß alle hier behandelten deutschen Schriftstellerverbände u. a. die Vertretung der wirtschaftlichen Interessen ihrer Mitglieder zum Ziele hatten. Es soll im folgenden nun der Frage nachgegangen werden, inwieweit die Verbände versucht haben, in diesem Sinne Selbsthilfeorganisationen zu sein oder Selbsthilfeorganisationen zu gründen, soweit sie über die bereits in den vorigen Abschnitten dargestellten Eigeninitiativen auf rechtlichem und sozialem Gebiet hinausgingen. Der ADSV wählte nach seiner Gründung eine »Finanzkommission«, deren Aufgabe es war,

»[...] Mittel und Wege zu finden, welche geeignet erscheinen, den Mitgliedern des Verbandes die Erreichung ökonomischer Selbständigkeit zu erleichtern, bezüglich zu ermöglichen.« [413]

Diese Finanzkommission war noch keine vollwertige Selbsthilfeorganisation, sie hätte allenfalls zu einer führen können. Doch wurde schon bald der Zweck der Finanzkommission für verbandsinterne Ziele uminterpretiert als Aufgabe, auf

»[...] Mittel und Wege bedacht zu sein, die Geldfonds des Verbandes zu vergrößern (im Besonderen durch Veranstaltungen von Vorträgen, theatralischen und musikalischen Aufführungen u. dgl.) sowie die materiellen Interessen des Verbandes zu stärken.« [414]

Von einer erfolgreichen Aufstockung eines Geldfonds, der auch den Verbandsmitgliedern zugute gekommen wäre, wurde später nicht berichtet; es muß also schon dieser erste vorsichtige Ansatz einer wirtschaftlichen Selbsthilfee als gescheitert angesehen werden.

Der DSV verstand sich von vornherein als eine ›genossenschaftliche Selbsthilfe‹. Das von ihm betriebene ›Literarische Bureau‹ wurde als entsprechendes Organ angesehen mit der Begründung, daß selbst bei der besten Nachdrucksgesetzgebung der einzelne Schriftsteller nicht die Mittel besäße, sein Recht zu verfolgen, »ganz abgesehen von der Schwierigkeit für den Einzelnen, die einzelnen Fälle des Nachdrucks bei der großen Menge der Druckschriften zu ermitteln«. [415] V. Blüthgen nannte das Bureau später ein »genossenschaftliches Unternehmen [...] zur Einschränkung bzw. Überflüssigmachung des Agenturwesens, über das genug berechtigte Klagen vorliegen und dessen Zehntung unserer Einnahmen nützlicher unserer Gesamtheit zugute kommen könnte, und zur Erzielung einer Macht, die uns ermächtigt, die Preise zu bestimmen«. [416] Diese Einrichtung, die auch als ›genossenschaftliche Auskunftstelle‹ charakterisiert wurde [417], hatte nach ihren Statuten als Zweck

»a) die Verwertung schriftstellerischer Arbeiten der Mitglieder des Verbandes,
b) Arbeits- und Stellennachweis,
c) Ermittlungen des unbefugten Nachdrucks und der unbefugten Aufführungen.« [418]

Organisatorisch wurde das Literarische Bureau in zwei Abteilungen untergliedert, die Abteilung für Überwachung und die für Vermittlung. Da die Abteilung für Überwachung bereits im vorigen Abschnitt behandelt worden ist (s. 3.3.1.2, S. 139), interessiert hier nur noch die für Übermittlung. Sie übernahm nach § 3

»[...] von jedem Mitglied schriftstellerische – gedruckte und ungedruckte – Arbeiten jeder Art zum Vertrieb und zur bestmöglichen Verwertung ...« [419],

des weiteren nach § 6 einen Arbeits- und Stellennachweis. Diese Einrichtungen konnten von den Mitgliedern gegen Gebühren in Anspruch genommen werden, wobei der Leiter der Abteilung berechtigt war, vom einreichenden Mitglied zur Deckung der Vertriebskosten einen Kostenvorschuß zu erheben, der nach erfolgter Vermittlung auf die Gebühr angerechnet wurde. [420] 1888 vermochte das Literarische Bureau des DSV 256 Manuskripte zu vermitteln, 1889 524. Der Verband schloß aus diesen Erfolgen, daß sein Vermittlungsbureau das Vertrauen der Verleger und Autoren gewonnen hätte. [421] Darüber hinaus glaubte man, daß viele Mitglieder überwiegend deshalb in den Verband eingetreten seien, um das Literarische Bureau in Anspruch nehmen zu können. [422] Seit 1894 legte der DSV die Leitung des Bureaus nacheinander in die Hände verschiedener Verlagsbuchhändler [423], was aber nach dem Urteil von V. Blüthgen nicht zum Vorteil des Bureaus war, vielmehr sah er das Gegenteil der ursprünglichen Ziele des Literarischen Bureaus erreicht, was nach seiner Ansicht »an der fragmentarischen Gestalt des Verbandes, an dem Vielerlei der Manuskripte, an dem mangelnden guten Willen gerade der gesuchten Dichter, das Bureau zu benutzen, an der bisher unüberwindlichen Gleichgültigkeit der Redaktionen gegen unsere Bestrebungen, am Mangel an einer erschöpfenden Übersicht des Marktes« lag. [424] Nimmt man die Ursachen für das Scheitern der genossenschaftlichen Verbandsagentur, die bei den Schriftstellern selbst lagen, war es vor allem ihre mangelnde Solidarität und die Tatsache, daß die Schriftsteller, die keine Absatzschwierigkeiten hatten, auf die Vermittlung ihrer Werke durch den Verband verzichteten, während das Literarische Bureau offensichtlich vor allem von unbekannteren und weniger populären Autoren in Anspruch genommen wurde. Als Abhilfe schlug V. Blüthgen vor, das Literarische Bureau wieder vom DSV selbst verwalten zu lassen und es nach literarischen Gattungen zu untergliedern. Auf diese Weise hoffte er, erhebliche Gewinne erzielen zu können. [425] Im Gegensatz zu diesem Optimismus sah sich der DSV jedoch 1900 gezwungen, sein Literarisches Bureau ganz aufzugeben; es wurde im Deutschen Literaturkalender seit 1901 nicht mehr erwähnt. Wie der DSV glaubten auch der SvDS und der DSB ihren Mitgliedern durch die Einrichtung Literarischer Bureaus genossenschaftsähnliche Manuskriptverwertungsagenturen anbieten zu können. [426] Angesichts der kurzen Lebensdauer dieser Organisationen und der schlechten Quellenlage kann auf sie jedoch nicht näher eingegangen werden.

Eine schriftstellerische Selbsthilfeorganisation auf der Basis des Reichsgesetzes für Erwerbs- und Wirtschaftsgenossenschaften vom 1. 5. 1889 wurde mit der Gründung der »Deutschen Schriftsteller-Genossenschaft eGmbH (DSG)« am 13. 10. 1891 ins Leben gerufen. Sie hatte nach § 2 iher Satzung folgenden Zweck:

»1. Die Verwertung schriftstellerischer Erzeugnisse in Manuskript und Vervielfältigung.
2. Die Vermittlung literarischer und journalistischer Arbeitskräfte.
3. Die Diskontierung schriftstellerischer Honorarforderungen.
4. Die Gewährung von Rechtshilfe.
5. Die Verfolgung unerlaubten Nachdrucks.« [427]

1892 beschloß die Generalversammlung der DSG, unter Punkt 6 die Einrichtung einer Hilfskasse hinzuzunehmen. [428]

Da die Rechtshilfe, die Nachdruckskontrolle und die soziale Hilfe bereits in den vorigen Abschnitten behandelt worden sind (s. 3.2.2, S. 123 u. 3.3.1, S. 140), ist hier nur noch auf die übrigen Aufgabenbereiche der DSG einzugehen. Einer ihrer Schwerpunkte lag in ihrer Tätigkeit als Agentur literarischer Manuskripte, wobei die Vermittlung und die Überwachung der Einhaltung urheberrechtlicher Bestimmungen als zusammenhängende Aufgaben angesehen wurden. Zur Erreichung der selbstgesteckten Ziele unterhielt die DSG eine Bankstelle, die der Einziehung schriftstellerischer Honorarforderungen sowie der Kreditgewährung auf schriftstellerische Manuskripte diente, daneben betrieb sie eine Verlagsbuchhandlung zur Beschaffung ›literarischer Erscheinungen‹. Eine dramatische Agentur vermittelte Manuskripte zur Aufführung bei Theatern und überwachte die Aufführungsrechte. Darüber hinaus fungierte ein Literarisches Bureau als weitere Manuskriptagentur und als Überwachungsstelle, auch wies es Arbeitskräfte und offene Stellen nach. [429]

Mitglied der DSG durften laut § 1 ihrer Satzung

»[...] nur volljährige und verfügungsfähige Personen deutscher Zunge sein, welche einen schriftstellerischen oder journalistischen Beruf ausüben und gegen deren Ehrenhaftigkeit kein Einwand zu erheben ist.« [430]

In dieser Bestimmung zeigt sich, daß auch die DSG als sachspezifische Schriftstellerorganisation die Aufnahme von Mitgliedern von der Erfüllung moralisch-ethischer Postulate abhängig zu machen versuchte.

§ 22 der DSG-Satzung regelte die Betriebsmittel der Genossenschaft: sie bestanden aus den jeweiligen Geschäftsanteilen der Mitglieder und einem Reservefonds. Ein Mitglied durfte einen bis höchstens zehn Geschäftsanteile zu je Mk 50,– erwerben und war dadurch im Verhältnis seiner Anteile am Gewinn oder Verlust der Genossenschaft beteiligt. § 26 bestimmte, daß 10 % der Gewinne in den Reservefonds abgeführt werden mußten, bis er eine Höhe von Mk 50.000,– erreicht haben würde. Der verbliebene Überschuß sollte an die Mitglieder ausgezahlt werden.

Für eine weitergehende Untersuchung der Arbeit der DSG waren bis zum Abschluß dieser Arbeit keine Unterlagen zu erhalten, doch scheint das Unternehmen von vornherein ohne Erfolg gearbeitet zu haben, denn bereits 7 Jahre nach ihrer Gründung wurde die DSG wegen Zahlungsunfähigkeit eingestellt [431], sie wurde im Deutschen Literaturkalender 1901 zum letzten Mal als in Liquidation befindlich gemeldet. [432]

Nicht besser erging es dem am 1. 1. 1899 vom VDJS eröffneten »Zentralbureau für Stellenvermittlung«, das ebenfalls nach wenigen Jahren seinen Betrieb einstellen mußte. [433]

Der ASV hat sich nie als genossenschaftliche Selbsthilfeorganisation bezeichnet, doch können die Stellenvermittlungs-Abteilung des Vereins, die für Redakteure offene Stellen nachwies, sowie einige im Verbands-Organ regelmäßig erscheinende Rubriken zu den genossenschaftlichen Aktivitäten deutscher Schriftstellerverbände gerechnet werden. Die Stellvermittlungs-Abteilung sandte an alle suchenden Redaktionen Listen von Bewerbern, die ihre Angaben über Alter, Bildungsgang, schriftstellerische Tätigkeit, politische Gesinnung, Religion, Zeugnisse, Referenzen sowie Gehaltsansprüche beinhalteten. Nach einer Mitteilung von 1905 wurden weder vom Verlag noch vom Autor auch bei erfolgreicher Vermittlung Gebühren erhoben. [434] Zum Zweck der Manuskriptvermittlung sandte die Redaktion der ›Feder‹

»[...] ständig an Redaktionen und Verlage Fragebogen betr. Bedarfs an Manuskripten. Die Antworten werden wie nachstehend in jeder Nummer veröffentlicht.« [435]

Über diese Vermittlung hinaus half der ASV seinen Mitgliedern sowie den ›Feder‹-Abonnenten, indem er mit einer ›schwarzen Liste‹ vor unreellen Verlagen und Redaktionen warnte und die Honorar- und Manuskript-Versandbedingungen vieler deutscher Redaktionen, Verlage und Theater und eine fortlaufende Liste und Charakteristik sämtlicher deutscher Zeitungen und Zeitschriften veröffentlichte. [436]

Der VDBB ließ sich von 1908 bis 1911 als GmbH eintragen. In dieser Zeit hatte der Verband einen eigenen Geschäftsbetrieb als genossenschaftliche Vertriebsstelle für Theatermanuskripte; er war somit zeitweilig ein genossenschaftlicher Bühnenverlag. [437] Auf diese Weise gelang es ihm, die ohnehin geringe Macht der Bühnenverleger einzuschränken, was nicht zuletzt später zu deren Bereitschaft beitrug, mit dem VDBB und dem Deutschen Bühnenverein den Kartellvertrag abzuschließen, der bereits erwähnt wurde (s. 2.3.5.2, S. 62 f.) und auf dessen Bestimmungen noch zurückgekommen wird (3.4.2.2, S. 201 f.).

Für den WSB regte P. Bourfeind nach dem 1. Weltkrieg an, einen Genossenschaftsverlag zu gründen [438], und forderte alle geistigen Arbeiter auf, aus dem ›Überfluß der eigenen Arbeit‹ das Kapital für eine Schriftstellergenossenschaft zusammenzutragen. [439] Am 19. 9. 1918 beschloß schließlich die Mitgliederversammlung des WSB die Gründung der »Schriftsteller-Genossenschaft Weimar eGmbH (SGW)«. Sie hatte laut § 1 ihrer Satzung als Zweck

»[...] die Verwertung von Urheberrechten durch Vertrieb von Handschriften und Aufführungsrechten, die Beratung durch Prüfung von Handschriften, Auskunfterteilung, Einziehung von Forderungen und Rechtsschutz.« [440]

Mitglied der SGW konnten gemäß § 2 ihrer Satzung

»[...] nur Mitgleder solcher schriftstellerischen Vereine werden, mit denen die Genossenschaft dahingehende Vereinbarungen getroffen hat.«

Nach § 16 konnte der Verlust der Mitgliedschaft in einem entsprechenden Schriftstellerverband auch zum Ausschluß aus der SGW führen.

Die Geschäftsbedingungen der SGW entsprachen weitgehend denen der oben dargestellten DSG von 1891, lediglich die Höchstzahl der möglichen Geschäftsanteile war verdoppelt. Hinzu kam, daß sich die Mitglieder der SGW im § 19 der Satzung verpflichteten,

»[...] der Genossenschaft neu geschaffene Buch- und Bühnenwerke alsbald nach deren Fertigstellung anzumelden; eine Verpflichtung, alle Werke der Genossenschaft zum Vertriebe zu übergeben, besteht dagegen nicht.«

Über diese Satzungs-Bestimmungen hinaus machte die SWG »besonders darauf aufmerksam, daß die Vertriebsstellen völlig unparteiisch arbeiten und keinerlei Richtung besonders befürworten oder zurückstellen«. [441]

Leider ist aufgrund der dürftigen Quellenlage keine Auskunft über die weitere Entwicklung dieser Genossenschaft zu geben. Da sie in keinem Jahrgang des Deutschen Literaturkalenders erwähnt wurde, muß angenommen werden, daß sie ihren Geschäftsbetrieb gar nicht aufgenommen hatte. Dafür spricht auch ein Aufsatz von O. Th. Stein, der 1919 im Verbandsorgan des WSB erschien und in dem ohne jede Erwähnung der SGW der Auf- und Ausbau der schriftstellerischen Selbsthilfe durch eine Produktions- und Konsumgenossenschaft als ›Kampf für das wirtschaftliche Eigenleben des deutschen Schriftstellers‹ gefordert wurde. [442]

Auch im SDS wurde die Frage einer genossenschaftlichen Selbsthilfe diskutiert. So veröffentlichte sein Verbandsorgan »Der Schriftsteller« 1916 einen Aufsatz von E. E. Lehmann, der sich mit den Bedingungen einer Genossenschaft deutscher Schriftsteller auseinandersetzte. Grundsätzlich sollte eine derartige Genossenschaft die geschäftliche Arbeit übernehmen, »welche der einzelne Schriftsteller bis dahin entweder hat selbst tun oder durch einen Agenten für sich hat tun lassen müssen«. [443] Anhand der Erfahrungen der »Genossenschaft deutscher Dramatiker«, der Vorläuferorganisation des VDBB (s. 2.2.1, S. 36), die durch das »Festhalten hervorragender dramatischer Urheber an besonderen Privatagenturen [...] zu einer geschäftlichen Bedeutungslosigkeit« verurteilt worden war, »der sehr bald auch eine recht wesentliche Einbuße an wirtschaftlichem und literarischem Ansehen folgte«, forderte E. E. Lehmann als Grundbedingung einer neuen Schriftsteller-Genossenschaft, daß ihr die Mitglieder »möglichst die Alleinvertretung ihrer wirtschaftlichen Interessen anvertrauen. Die möglichst vollkommene Konzentration dieser geschäftlichen Interessen in der Hand ihrer dafür geschaffenen Organe verleiht der Genossenschaft erst die ökonomisch-ethische Macht, deren sie für die Geltendmachung der wirtschaftlichen Interessen jedes einzelnen ihrer Mitglieder durchaus bedarf«. [444]

Obwohl die Satzung des SDS zumindest das Ziel einer genossenschaftlichen Besorgung aller schriftstellerischen Bedarfsmittel enthielt (s. 2.2.1, S. 37), hat der SDS eine derartige umfassende Schriftsteller-Genossenschaft, wie sie E. E. Lehmann angeregt und gefordert hatte, nicht gegründet.

Lediglich in zwei Teilbereiechn vermochte der SDS genossenschaftliche Einrichtungen zu schaffen: 1926 gründete er zusammen mit der »Genossenschaft deutscher Bühnenangehöriger« die »Gemeinnützige Heimstätten-GmbH Künstlerkolonie« mit dem Ziel, ›gesunde, billige und kulturell befriedigende Wohnungen für geistige Arbeiter‹ zu schaffen. Der SDS übernahm dabei 25 % der Geschäftsanteile, sein Partner 75 %. Finanziert wurde diese Kolonie von der Stadt Berlin und dem Land Preußen aus Mitteln ihrer Hauszinssteuer. [445] Diese Künstler-Heimstätten-Gesellschaft arbeitete mit gutem Erfolg: Am 30. 4. 1927 erfolgte die Grundsteinlegung für den ersten Bauabschnitt von 134 Wohnungen incl. Freizeit- und Sozialeinrichtungen. [446] Dieser Abschnitt sowie zwei weitere wurden bis zum 1. 10. 1931 bezogen und je nach Geschäftsanteil an Verbandsmitglieder zu vergleichsweise billigen Mitteln vergeben. Weitere Wohnungen wurden geplant [447], konnten aber nicht mehr realisiert werden.

Der andere Teilbereich lag in einer Einrichtung zur finanziellen Unterstützung der SDS-Mitglieder. Für sie nahm am 1. 4. 1931 die »Darlehensgenossenschaft des SDS eGmbH« ihren Geschäftsbetrieb auf. Diese Genossenschaft, die nur SDS-Mitglieder gegen ein Eintrittsgeld von RM 5,– und einen in fünf Raten zahlbaren Genossenschaftsanteil von RM 50,– aufnahm, zahlte gegen geringe Gebühren (2–3 %) Darlehen auf Zeitungs-, Zeitschriften- und Rundfunkbeiträge im Wert von mindestens RM 30,–, wobei 75 % des angenommenen Wertes beliehen werden konnten. Die Höchstgrenze der Darlehen belief sich auf RM 500,–, mit Genehmigung des Aufsichtsrates auf RM 750,–. Buchmanuskripte konnten nur in Sonderfällen und nur mit Genehmigung des Aufsichtsrates, also nur unter erheblich erschwerten Bedingungen innerhalb der Beleihungsgrenze beliehen werden. [448] So wenig die Bedeutung dieser Selbsthilfeorganisation für ihre Mitglieder unterschätzt werden darf; sie nützte jedoch nur denjenigen SDS-Mitgliedern, die ohnehin erfolgreich arbeiteten, d. h. ihre Manuskripte absetzen konnten, denn die wesentliche Voraussetzung für eine Kreditgewährung war der Nachweis, daß das zu beleihende Manuskript bereits von einer Redaktion angenommen und somit ein ›sozusagen dringlich gesichertes Gut‹ war [449], auf das dann ein Darlehen ohne Risiko gegeben werden konnte.

Für die Jahre unmittelbar nach dem 2. Weltkrieg, die durch eine besondere Notlage der Schriftsteller gekennzeichnet waren, ist von den neugegründeten Schriftstellerverbänden nur für den SDA-Berlin eine Initiative in Richtung auf eine schriftstellerische Selbsthilfeorganisation nachzuweisen. So gründete er 1947 eine »Gesellschaft für Senderechte mbH« in paritätischer Zusammenarbeit mit den Verlegern. Das geplante Geschäftskapital von RM 20.000,– sollte zu je RM 500,– zu gleichen Teilen von Autoren und Verlegern erworben werden. Diese Gesellschaft, die als Verwertungsgesellschaft der Einziehung von Rundfunkhonoraren dienen sollte [450], muß jedoch schon bald nach ihrer Gründung gescheitert sein; sie wurde, bis auf eine Ausnahme (s. 3.4.2.2, S. 213), nicht mehr erwähnt.

1954 scheiterte der Versuch der Vereinigung, wieder an die Darlehensgenossenschaft des SDS anzuknüpfen, an den zu wenigen Anmeldungen und dem damit demonstrierten zu geringen Interesse der Mitglieder an einem solchen Projekt. [451]

Wenig Glück hatte die Vereinigung auch mit der von ihr am 19. 11. 1955 gegründeten »Gesellschaft zur Wahrung literarischer Urheberrechte mbH (GELU)«, die aufgrund einer diesbezüglichen Entschließung vom 1. 5. 1955 durch 12 ihrer Mitgliedsverbände vorgenommen worden war. Die GELU hatte den Zweck, in Form eines wirtschaftlichen Geschäftsbetriebs vor allem die urheberrechtlichen Vergütungsansprüche aus der Nutzung literarischer Werke beim Rundfunk zu vertreten. Sie war somit auf die ›kleinen Rechte‹ beschränkt und berührte das Verlagsrecht nicht. [452] Auf das Scheitern der GELU ist bereits in einem anderen Zusammenhang hingewiesen worden (s. 2.3.3.3, S. 58 f.). Die Vereinigung, die darauf drang, daß ihre Gründung selbständig und arbeitsfähig bleiben sollte [453], konnte ihre Liquidation nicht verhindern und mußte in Kauf nehmen, daß die Position der Schriftsteller in der Nachfolgeorganisation, der am 17. 2. 1958 gegründeten »Verwertungsgesellschaft WORT (VG Wort)« gegenüber den an ihr beteiligten Verlegern erheblich verschlechtert wurde. [454]

Der VS legte, wie im nächsten Abschnitt gezeigt wird, von Anfang an mehr Gewicht auf tarifrechtliche Regelungen der wirtschaftlichen Arbeitsbedingungen der Schriftsteller (s. 3.4.2.2, S. 216 ff.) als auf eine Organisation genossenschaftlicher Selbsthilfe. Als einzige Ausnahme beschloß die Delegiertenversammlung des VS am 4. 11. 1971 in Berlin, die Möglichkeiten eines Autorenverlags prüfen zu lassen. Dieser Beschluß führte auf der VS-Vorstandssitzung vom 11. 1. 1972 in München zu der Gründung einer »Arbeitsgruppe Autorenverlag«, die Modelle für autoreneigene Verlage entwickeln und den Bundesvorstand auf diesem Gebiet beraten sollte. [455]

Auf dem 2. Schriftstellerkongreß wurden die ersten Vorstellungen in dieser Richtung vorgelegt. Dabei wurden 3 Modelle unterschieden: 1. ein Verlag, der auf nicht zurückzahlbaren Subventionen beruhen sollte, 2. ein genossenschaftlich, durch Geschäftsanteile der Autoren betriebener Verlag, der auch durch Geschäftsanteile anderer Interessierter unterstützt werden sollte und 3. eine Verbindung beider Formen. Es wurde hervorgehoben, daß das Ziel eines Autoren-Verlags, »Höchstsätze für Honorare bei gleichzeitiger Niedrighaltung von Betriebskosten und Buchpreisen« zu erreichen, allein von der Beteiligung führender Autoren, einem ›ästhetisch hohen Niveau der Publikationen‹ und einem effektiven eigenen Vertriebssystem abhänge. [456] Auf dem Schriftstellerkongreß erfolgte schließlich die Gründung eines »Initiativ-Komitees Autorenverlag« mit H. Bingel als Sprecher, woraufhin die Mitgliederversammlung beschloß, das Komitee zu bitten,

»[...] nach seiner Konstituierung, den Autoren-Buchverlag als Modell vorzubereiten und in Zusammenarbeit mit dem VS-Bundesvorstand der nächsten Delegierten-Konferenz über den Stand zu berichten.« [457]

Die anfängliche Hoffnung H. Bingels, daß der DGB über die Bank für Gemeinwirtschaft dem Autorenverlag ein Startkapital von DM 2 Mill. zur Verfügung stellen würde, wurde vom DGB noch vor der Delegiertenversammlung des VS, die am 9./10. 11. 1973 in München stattfand, zerstört. Die Delegierten-Versammlung beschloß schließlich, keinen eigenen Autoren-Verlag zu gründen, um nicht der Konkurrenz der Autoren selbst Nahrung zu geben, der VS behielt sich aber für die Zukunft vor, ein ›sachlich aussichtsreiches Unternehmen‹ dieser Art zu unterstützen. [458]

Für den bayerischen FDA kündigte O. Zierer 1972 die Bildung einer Agentur zur Arbeitsvermittlung, sowie zur Unterbringung literarischer Arbeiten und zur Vermittlung von Vertragsabschlüssen an [459], Vorhaben, die vor der Konstituierung des FDA auf Bundesebene nicht verwirklicht wurden. Der bundesweite FDA steckte sich mit seinem DAR ein nicht weniger ehrgeiziges Ziel, indem er Autoren, die noch keine Arbeit veröffentlicht haben, die Prüfung von Manuskripten und bei Wohlgefallen ihre Vermittlung mit geeigneten, womöglich renommierten Verlagen versprach. [460]

Es hat sich gezeigt, daß nur selten von den deutschen Schriftstellerverbänden Versuche gemacht wurden, Selbsthilfeorganisationen im engeren genossenschaftlichen Sinn zu gründen. Dagegen haben aber zahlreiche Schriftstellerverbände in ihr Angebot Aufgaben der wirtschaftlichen Hilfe einbezogen, die in ihrer konkreten Form teilweise oder ganz denen der umfassenden Genossenschaften entsprachen. Über die hier gezeigten Initiativen hinaus gab und gibt es noch weitere kleine, teilweise spezialisierte, genossenschaftliche Selbsthilfe-Organisationen wie Autorenverlage und -agenturen, die in dieser Arbeit jedoch nicht berücksichtigt werden konnten, da sie sich auf die Organisationen beschränken mußte, die entweder, wie die DSG von 1891, alle schriftstellerischen Bereiche und Aufgaben zu erfassen suchten oder organisatorisch eng an die hier behandelten deutschen Schriftstellerverbände angeschlossen waren.

Die Schwierigkeit für die Autorenverbände, sich auch als wirtschaftliche Selbsthilfeorganisationen zu konstituieren, zeigt das Scheitern nahezu all dieser Versuche. Dabei funktionierten diejenigen Einrichtungen am wenigsten, die sich der Vermittlung von Manuskripten widmeten und gar hofften, durch sie Gewinne erzielen zu können. Am besten gestalteten sich noch diejenigen Ansätze, die sich auf kleine Aufgaben wie Kreditgewährung oder die Vertretung von Nebenrechten beschränkten, bei denen das Geschäftsrisiko ohnehin gering war oder ist.

Auch das dem 2. Schriftstellerkongreß des VS vorgelegte Modell eines genossenschaftlichen Verlags kann mit dem von J. Seyppel geforderten Anspruch kaum verwirklicht werden, da die Auswahl der Publikationen nach ihrem ästhetischen Niveau noch keinen Geschäftserfolg garantiert. Wichtiger scheint der Gedanke zu sein, daß der Gewerkschaftsbeitritt Autorenverlage und -agenturen zur Hebung des wirtschaftlichen Gewinns der Autoren dadurch überflüssig machen könnte, daß die Gewerkschaft für den Abschluß und die Einhaltung sicherer Tarifverträge und in weiterer Sicht auch für eine Mitsprache bei der Verwaltung der Produktionsmittel sorgen könnte.

3.4.2.2 Tarifliche Arbeits- und Honorarverträge

Es ist schon mehrfach in dieser Arbeit angeklungen, daß die Schriftsteller bisher kein Recht auf den Abschluß von Tarifverträgen hatten, die ihre Arbeits- und Honorarbedingungen regeln konnten. Auch hat, wie bereits anhand der sozialen Interessen der Schriftsteller gezeigt wurde, die Frage tarifrechtlicher Regelungen im engeren Sinne erst in den letzten Jahren der Entwicklung an Bedeutung gewonnen.

Im folgenden werden unter dem Gesichtspunkt tariflicher Vereinbarungen alle Bemühungen deutscher Schriftstellerverbände subsumiert, die darauf ausgerichtet waren oder sind, mit den Organisationen der Verwerter literarischer Arbeiten vertragliche Übereinkünfte über den Verkehr zwischen beiden Seiten und über die Arbeits- und Honorarbedingungen der Schriftsteller auszuhandeln.

Als erster Schriftstellerverband nahm der DSchV 1885 die Forderung nach ›bestimmten Normen für den Verkehr zwischen Autor und Zeitungsverleger‹ auf (s. 2.2.1, S. 34). Der erste Ansatz von Überlegungen, zu einem geregelten geschäftlichen Verhältnis zwischen dem Autor und dem Abnehmer seiner Arbeit zu kommen, war also auf den Tätigkeitsbereich Presse beschränkt. Doch schon wenige Jahre später bezog der DSV auch die Buchverlage in seine entsprechenden Bemühungen mit ein. So forderte H. Steinitz anläßlich der DSV-Gründung, daß das Verhältnis zwischen Schriftsteller und Verleger auf eine gesetzliche Grundlage gestellt werden müsse. [461] Der DSV nahm eine Anregung des Verlagsbuchhändlers R. Voigtländer bereitwillig auf, der den »Börsenverein des deutschen Buchhandels« auf deren Hauptversammlung am 4. 5. 1890 aufgefordert hatte, in Zusammenarbeit mit sachverständigen Schriftstellern eine Verlagsordnung auszuarbeiten, die das Verhältnis zwischen Autoren und Verlegern regeln sollte. R. Schweichel forderte daraufhin den Börsenverein auf, den DSV als den ›eigentlichen Repräsentanten des literarischen Standes in Deutschland‹ und als gegebenen Verhandlungspartner anzuerkennen. Diesem Ansinnen wurde vom Börsenverein zunächst stattgegeben; der Ausschuß zur Ausarbeitung der Verlagsordnung sollte von beiden Verbänden paritätisch besetzt werden. [462] Im gleichen Jahr jedoch mußte der

DSV mit Verbitterung feststellen, daß der Börsenverein diese Verhandlungsbereitschaft fallen gelassen hatte. [463] Daraufhin beschloß die Allgemeine Versammlung des DSV, eine Kommission mit dem Auftrag zu wählen, einen eigenen Entwurf für ein neues Verlagsrecht als Grundlage von Verlagsverträgen zu erarbeiten. [464] Dieser Entwurf wurde 1891 vorgelegt und beinhaltete allgemeine Bestimmungen über das Verlagsrecht, über den Inhalt von Verlagsverträgen, die in die jeweiligen Rechte und Pflichten der Urheber und der Verleger untergliedert waren, auch enthielt er Bestimmungen über das Erlöschen eines Verlags-Vertrages sowie über die Vererbbarkeit des Verlags-Rechts. [465] § 7 dieses Entwurfs besagte u. a.:

»Durch den Verlags-Vertrag wird der Verleger berechtigter Inhaber des Urheberrechts an dem ihm übertragenen Werke in bezug auf dessen Vervielfältigung, Veröffentlichung und Verbreitung und zwar in demselben Umfange, in welchem diese Befugnisse dem Urheber im Zeitpunkte des Vertragsschlusses zustanden. Der Verleger wird Eigenthümer der von ihm rechtmäßig hergestellten Exemplare. Soll das Verlagsrecht nicht mit diesen Folgen übertragen werden, so ist schriftliche Form erforderlich.«

Zu den Pflichten des Verlegers sollte es u. a. gehören, die vereinbarte Auflagenhöhe einzuhalten (§ 7), Korrekturen lesen zu lassen (§ 10), Honorare pünktlich zu zahlen (§ 11), Freiexemplare zu stellen (§ 12), für das Werk noch vor seinem Erscheinen zu werben (§ 13) sowie bei Unverkäuflichkeit des Werkes dem Verfasser das Vorkaufsrecht zum Sortimentbuchhändlerpreis einzuräumen (§ 15). Wichtig war außerdem § 9, der Veränderungen an Werken ausschließen sollte:

»Der Verleger ist verpflichtet, das Werk unter genauer Anpassung an den Inhalt des Manuskriptes herstellen zu lassen, er darf ohne Zustimmung des Urhebers keinerlei Veränderungen, Abkürzungen oder Zusätze an demselben anbringen, ebensowenig darf der Titel eine Änderung erleiden. Jede Zuwiderhandlung gegen die Vorschrift berechtigt den Urheber [. . .] zum Anspruch auf Schadenersatz und Rücktritt vom Vertrage.«

§ 20 bestimmte, daß das Übersetzungsrecht als einzig genanntes Nebenrecht nicht auf den Verlag übertragen werden sollte.

Die Pflichten des Urhebers bezogen sich vor allem darauf, daß er das Werk in druckreifem Zustand pünktlich und im vereinbarten Umfang abzuliefern (§§ 24 u. 29) und daß er bei einer neuen Auflage das Werk u. U. dem neuen Stand der Wissenschaft anzupassen hätte.

Dieser Entwurf wurde von der nächsten Allgemeinen Versammlung des DSV en bloc angenommen, doch mußten in zahlreichen Punkten erhebliche Gegensätze zu den Vorstellungen des Börsenvereins festgestellt werden. Man war sich darin einig, daß eine einheitliche Ordnung des Verlagsrechts in Deutschland an der Unmöglichkeit gescheitert sei, die verschiedenen Interessengegensätze zu überwinden. [466]

Die berufspolitischen Aktivitäten des DSV haben nach einer Analyse der zur Verfügung stehenden Quellen bis auf eine Ausnahme keine Versuche mehr beinhaltet, mit der Verlegerseite wieder in Verhandlungen über eine grundlegende Klärung und Regelung des beiderseitigen Verhältnisses zu treten. Lediglich nach dem 1. Weltkrieg wurde, wie bereits in anderem Zusammenhang berichtet, vom SDS erwähnt, er habe zusammen mit dem DSV tarifliche Forderungen ausgearbeitet und erhoben (s. 2.3.5.2, S. 65). Über Einzelheiten dieser Forderungen wurde jedoch seitens des SDS nichts veröffentlicht.

Nach der Jahrhundertwende bemühte sich auch der VDJS um die Aufstellung eines Normalvertrages, der zumindest für Redakteure gelten sollte. Auf seinem Verbandstag in München wurde 1903 ein entsprechender Entwurf verabschiedet, doch konnte der Verband mit dem „Deutschen Verlegerverein“ keine Einigung in dieser Frage erzielen. [467]

Das KlA war die erste schriftstellerische Berufsorganisation, die versucht hat, allgemeine Tarifansprüche in ihrem Fachbereich durchzusetzen. Hierzu setzte es nicht so sehr bei den Verlegern, sondern bei den Autoren selbst an, indem es seine Mitglieder dazu verpflichtete, erstens den Nachdruck ihrer Gedichte in Zeitungen und Zeitschriften nur gegen Honorar zu gestatten und zweitens die Nachdruckserlaubnis in Anthologien allein dem KlA-Komitee zu übertragen (s. 2.2.1, S. 36 u. 3.3.1.2, S. 141). Als Honorarforderung wurde 1902 50 Pfennig pro Verszeile für Nachdrucke in Zeitschriften genannt, das gleiche bei Nachdrucken in Anthologien von 3000 Exemplaren. [468] 1904 wurden diese Forderungen in bezug auf Zeitungs- und Zeitschriftenveröffentlichungen auf die Hälfte reduziert. Bei Anthologien sollten mindestens 10 % des Ladenpreises an das KlA abgeführt werden, das dann die Verteilung an die Autoren übernahm. Von Autoren, die nicht Mitglied des Kartells waren, sollten 10 % ihres Honoraranteils für eine Kartell-Kasse einbehalten werden. [469]

Seinen ersten großen Erfolg und Durchbruch erzielte das KlA bei der Reclam-Anthologie „Moderne Lyrik“, der für jeden der 167 an ihr beteiligten Autoren ein Verszeilen-Honorar von 25 Pfennigen, Revisionssendungen und Belegexemplare brachte. Dieser Erfolg wurde vom Komitee des KlA als grundlegendes Ereignis in der Geschichte des deutschen Verlagswesens bezeichnet. Anhand von Beispielen wurde belegt, daß auch zahlreiche »andere Verlagsanstalten, mit denen das Kartell in der Folgezeit über Anthologien zu verhandeln hatte, das mit Reclam vereinbarte Honorarprinzip mutatis mutandis angenommen« hatten. [470] Den Nachdruck in Zeitungen und Zeitschriften konnte das Kartell zwar nicht so durchgreifend regulieren, aber auch hier hoffte das Komitee auf einen Wandel. [471]

Als weiterer spezialisierter schriftstellerischer Berufsverband ist der VDBB mit Erfolg zugunsten einer tariflichen Regelung für seine Mitglieder eingetreten. Dieser Verband, der laut § 2a seiner Satzung die beruflichen und wirtschaftlichen Interessen der Theaterautoren

»[...] durch den Abschluß von Kartell-, Tarif- und Normalverträgen mit den Bühnenleitern, Kartellverträgen mit den Verlegern [...]« (s. 2.2.1, S. 36)

vertreten wollte, schloß als erstes einen Vertrag mit der „Vereinigung der Bühnenverleger“, der im § 1 das gemeinsame Vorgehen beider Verbände gegenüber den Bühnenleitern vorsah:

»Die Vertragschließenden unterstützen sich gegensitig gegenüber den Bühnenleitern und den Behörden. Die Mitglieder der vertragschließenden Organisationen sind verpflichtet,

Verträge über Bühnenwerke nur miteinander zu schließen, dagegen nicht mit Außenstehenden.« [472]

Dieser Vertrag hat nicht nur alle wichtigeren Bühnenautoren und Bühnenverleger in die beiden Berufsorganisationen sondern er hat auch den „Deutschen Bühnenverein" gezwungen, sich schließlich mit den beiden Verbänden durch einen Kartellvertrag zusammenzuschließen, der am 1. 7. 1919 in Kraft trat [473] und durch den die Mitglieder der drei Organisationen verpflichtet wurden, Verträge über Bühnenwerke nur miteinander zu schließen. [474] Eine für die Autoren günstige Regelung enthielt dieser Vertrag, indem er alle in Betracht kommenden, dem Bühnenverein angehörenden Bühnen dazu verpflichtete, jährlich mindestens eine Uraufführung zu veranstalten.

Mit diesem Vertrag waren praktisch alle für den Tätigkeitsbereich Bühne arbeitenden Autoren gezwungen, dem VDBB beizutreten und sich den von ihm ausgehandelten Bedingungen unterzuordnen, da dem Deutschen Bühnenverein alle renommierten Theater angehörten oder ebenfalls infolge des Vertrags nun beitreten mußten.

Konkrete Folge des Kartellvertrags war ein Vertrag, der die Geschäftsbeziehungen der möglichen Partner bei der Verwertung von Bühnenwerken in allen Einzelheiten regelte. [475] Neben der Frage der Übertragung von Aufführungsrechten und der Regelung der allgemeinen Geschäftsbeziehungen war u. a. auch die Honorarfrage eindeutig geregelt. Danach mußte das Autorenhonorar für Bühnenwerke, die am Vertragsort noch nicht aufgeführt worden waren,

»[...] für die Dauer von drei Jahren vom Tage der ersten Aufführung an gerechnet, an allen staatlichen und städtischen Bühnen und allen denjenigen Bühnen, deren Einnahmemöglichkeit zu normalen Preisen die Summe von zweitausend Mark übersteigt, betragen:
10 %, sofern das Werk allein den Abend ausfüllt oder als abendfüllend angenommen ist,
7 %, sofern das Werk allein mit einem Einakter aufgeführt wird,
5 %, sofern es gemeinschaftlich mit einem Zweiakter oder zwei Einaktern aufgeführt wird [...].«

Zugunsten der ›künstlerischen Interessen‹ des Verfassers wurden die Bühnenleitungen u. a. zu Folgendem verpflichtet:

»1. Das Bühnenwerk in würdiger Weise vorzubereiten, aufzuführen und angemessen im Spielplan auszunutzen,
2. an dem Werke keine wider Treu und Glauben verstoßenden Änderungen vorzunehmen oder zuzulassen und Änderungen des Titels, sowie Zusätze oder Änderungen nur mit Zustimmung des Verfassers bzw. Komponisten vorzunehmen. Diese hat die Bühnenleitung auf Wunsch des Verlages auf ihre Kosten in Abschrift dem Verlage zu übermitteln [...],
3. bei Uraufführungen oder wichtigen Erstaufführungen die geplante Besetzung auf Wunsch dem Urheber noch vor Verteilung der Rollen mitzuteilen und eventuelle Gegenvorschläge nach Möglichkeit zu berücksichtigen, dem Verfasser [...] die persönliche Teilnahme an den Proben zu ermöglichen und dem Verlage zu diesem Zweck sowohl den Probenplan als etwaige nachträgliche Änderungen des Probenplans mitzuteilen,

4. dem Verfasser den Termin der ersten Aufführung, sobald er angesetzt ist, mindestens aber acht Tage danach schriftlich mitzuteilen,
5. die in dem Aufführungsort erscheinenden Tageszeitungen einzuladen und die Zeitungsberichte über die Aufführung mit Quellenangabe unverzüglich ohne besondere Aufforderung und unberechnet einzusenden [...].«

Demgegenüber wurde der Verfasser dazu verpflichtet,

»1. das Bühnenwerk aufführungsbereit einzureichen,
2. auf Änderungsvorschläge der Bühnenleitung unverzüglich zu antworten [...],
3. alle das angenommene Stück betreffenden Veröffentlichungen in Tageszeitungen zu unterlassen, die geeignet sind, die Interessen des Bühnenleiters und des Theaters zu gefährden.«

Mit diesem Vertragswerk hatte sich der VDBB, bedingt durch die besondere Situation seines Ressorts, nicht nur eine Monopolstellung innerhalb der beruflichen Organisationen von Theaterschriftstellern gesichert, er hatte auch erstmals allgemein vertraglich anerkannte Regelungen der Arbeits- und Honorarbedingungen für seine Mitglieder erreicht. [476]

Nach dem 2. Weltkrieg versuchte der VDBB an diesen Erfolg anzuknüpfen, indem er am 3. 5. 1956 ein Vertragswerk mit dem »Deutschen Bühnenverein«, der »Vereinigung der Bühnenverleger und Bühnenvertriebe« (Berlin) und dem »Verein Deutscher Bühnenverleger« (Hamburg) abschloß, das mit einem Rahmenvertrag und einem Vertrag über die allgemeinen Bestimmungen für den Geschäftsverkehr zwischen Bühnenunternehmern und Werkberechtigten nahezu identische Ziele verfolgte. [477] Aufgrund eines neuen Gesetzes gegen Wettbewerbsbeschränkung interventierte 1960 das Bundeskartellamt gegen diese Verträge und untersagte sie als ›Abreden mit dem Ziel gleichförmigen Verhaltens‹. [478]

Intensive tarifpolitische Bemühungen gingen 1920 bis 1922 vom BdT mit Unterstützung des ASV aus. Der Name »Bund der Tarifkämpfer« und sein Selbstverständnis, Vorläuferorganisation eines umfassenden Kartells deutscher Schriftstellerverbände zu sein, deutet auf diese zentrale Anliegen schon hin, das sich auch entsprechend in den Zweckbestimmungen der BdT-Satzung niederschlug (s. 2.2.2, S. 39).

Grundlage der berufspolitischen Arbeit des BdT war die Aufstellung von Tarifen, die mit dem Namen »Weimarer Mindesttarif (WMT)« in mehreren Fassungen vorgelegt wurden. [479] Dieser WMT, der sich ausdrücklich nicht als Normal-Tarif, sondern als Mindest-Tarif für Zeitungs-, Zeitschriften- und Buchverlage verstand, formulierte genaue Honorarsätze für die verschiedenen Formen literarischer Publikationen.

Es ist bereits darauf hingewiesen worden, daß der BdT bestrebt war, mit dem SDS in der Tariffrage zusammenzuarbeiten, daß der SDS dieses Angebot aber nicht angenommen hatte (s. 2.3.5.2, S. 63). Da der SDS höhere Tarife forderte, wollte der BdT ihm vorerst die Führung in der Tariffrage überlassen und sich, sollte der SDS mit seinen weitergehenden Tarifforderungen Erfolg haben, auf diese Tarife geschlossen verpflichten. Sollten die Verhandlungen des SDS allerdings scheitern, wollte der BdT »unverzüglich aufgrund des WMT erneut die Führung übernehmen und durch die von *ihm* vorgesehenen Maßnahmen das Ziel zu erreichen bestrebt sein«. [480]

Anfangs meldete der BdT im Verbandsorgan des ASV vereinzelte Erfolge; es hieß, daß sich bereits einzelne Verlage zur Honorierung nach dem WMT verpflichtet hätten. [481] Auch wurde mitgeteilt, daß der neugegründete »Verein schöngeistiger Verleger« sowie zahlreiche Buch- und Zeitschriftenverleger noch vor Beginn von Verhandlungen den WMT als verbindlich anerkannt hätten; eine ›endgültige Vereinbarung‹ sollte »auf einer, in einigen Wochen zusammentretenden Delegiertenkonferenz der Verleger und der dem BDT angeschlossenen Schriftstellerverbände erfolgen«. [482] Von einer derartigen Delegiertenkonferenz oder gar von deren erfolgreichen Verhandlungen wurde allerdings nie berichtet. Vielmehr mußte R. Eichacker als Initiator des BdT wiederholt in den eigenen Reihen Mißverständnisse über seine Bemühungen ausräumen und Kritik in Kauf nehmen. Auf Ersuchen zahlreicher Mitglieder der ASV mußte er betonen, daß der WMT »vorläufig die Mitglieder des BDT *nicht* verpflichtet. Der Tarif ist nur bei jeder Honorarforderung *anzustreben.* Wird weniger als der Tarifsatz geboten, so *darf* der Tarifkämpfer abschließen, soll aber dauernd darauf hinweisen, daß er nur den Tarifsatz als *angemessenen* Mindestsatz ansieht. Es entspricht also nicht den Anweisungen des BDT, wenn ein Tarifkämpfer den Abschluß wegen zu geringen Honorars *ablehnt*«. [483] Auch mußte R. Eichacker wiederholt »die *große Lüge* widerlegen, daß der Tarif geistige Arbeit mit der Elle messe und keine Wertung der *Qualität* gestatte. Der Tarif ist ein *Mindest*-Tarif. Er schützt den Schriftsteller als *Arbeitnehmer* gegen Bewucherung durch seine Grenze nach unten. Als *freier Unternehmer und Qualitätskünstler* wird der Schriftsteller in keiner Weise behindert. Der Tarif kennt *keine* Grenze nach *oben*«. [484] Diese beiden Zitate zeigen deutlich, daß der BdT und seine Mitglieder keinen Tarifkampf im strengen Sinne geführt haben, und dies aufgrund der sozialen Not und des schriftstellerischen Selbstverständnisses auch wohl gar nicht konnten. Auf dieses Dilemma weist die Tatsache hin, daß der Schriftsteller zugleich als Arbeitnehmer und als freier Unternehmer angesehen wurde. So hatte der BdT auch keine Druckmittel zur Durchsetzung seiner Forderung; es blieb die Hoffnung, daß er die allgemeine Einführung des WMT durch Rundschreiben erreichen könne [485], eine Hoffnung, die sich als illusionär erwies.

Wie gering die Erfolgschance des BdT gewesen ist, zeigt auch die lasche Haltung des ASV als größtem Mitgliederverband in dieser Frage. Mit der Begründung, daß »aus dem Kreise des ASV der Tarifkampf allgemein als berechtigt anerkannt wurde«, hatte der Vorstand des ASV den Anschluß an den BdT beschlossen [486] und erklärt, für den Tarif eintreten zu wollen, wo es irgend ginge. Daß er aber von vornherein zu keinem konsequenten Handeln bereit war, belegt folgendes Zitat: »Aber wenn etwa verlangt würde, daß diejenigen Mitglieder, die zu geringeren, als den Tarifhonoraren arbeiten, aus unseren Mitgliederlisten gestrichen werden sollen, dann machen wir nicht mehr mit.« [487] An anderen Stellen wurde die Einhaltung der Tarife wiederholt dem einzelnen Autor je nach seiner wirtschaftlichen Lage anheimgestellt und schon durch die bloße Forderung ein ›moralischer‹ Erfolg gegenüber den Verlegern erwartet. [488]

Als eine letzte besondere Aktivität der ASV ist 1929 sein Kampf um bessere Rundfunkhonorare und gegen die »Gesellschaft für Senderechte mbH« nachzuweisen. Es ging hierbei um den Schutz der Nebenrechte beim Rundfunk und um eine bessere Beteiligung der Autoren an den Honoraren bei der Verwertung der Nebenrechte. Die »Gesellschaft für Senderechte«, deren Aufsichtsrat paritätisch aus Vertretern der Verleger und Autoren (zumeist Mitgliedern des SDS) besetzt war, zahlte an Autoren 45 %, an die Verleger 25 % und kassierte selbst als Inkassogebühr 30 % der Rundfunkhonorare. Der ASV warf nun der Verlegerseite vor, sich willkürlich die Verfügung des neuentstandenen Rundfunkrechts angeeignet zu haben und machte ihnen ihren Anteil streitig. Den Autorenvertretern warf er vor, unbefugt und widerrechtlich zum Nutzen der Verleger gearbeitet zu haben und erklärte, es sei die Stunde da, »wo die Autoren selbst ihre Interessen vertreten müssen. Es wird so viel über die Not der Urheber und ihrer Hinterbliebenen gejammert; hier sind Millionenbeträge, die sie u. E. rechtmäßig zu verlangen haben, um die sie nicht zu betteln brauchen«. [489] Konkreter Anlaß dieser Auseinandersetzung war ein Prozeß, den der ASV für die Busch-Erben gegen die »Gesellschaft für Senderechte« geführt hatte. Diesen Prozeß hatte der ASV mit dem Ergebnis gewonnen, daß der Verlag W. Buschs den Erben für eine Rundfunksendung aus seinen Werken Rundfunkhonorare abführen mußte; grundsätzlich wurde dadurch entschieden, daß ein Vertrag mit einem Verlag die Verbreitungsmöglichkeiten mit erfaßt, die es zur Zeit des Vertragsabschlusses noch gar nicht gab. [490] Zu den Praktiken der »Gesellschaft für Senderechte« erklärte der ASV, daß es »für die Autoren wirtschaftlich höchst bedenklich« wäre, »wenn sie von vornherein ihren Verleger zum Miteigentümer – oder schlimmer noch: zu Alleineigentümern – der Sendehonorare werden ließen«. [491] Er forderte zudem, daß die Namen der Verfasser von Rundfunkbeiträgen im Rahmen einer Sendung zu nennen seien. [492] Von dieser Kritik des ASV aufgeschreckt, verklagte die »Gesellschaft für Senderechte« ihrerseits den ASV wegen unlauteren Wettbewerbs [493], ein Prozeß, den der ASV in der ersten Instanz verlor, woraufhin er in die 2. Instanz zu gehen ankündigte. [494] Über den Ausgang dieses Streites konnten jedoch bis zum Abschluß dieser Arbeit keine Quellen gefunden werden; im ASV-Organ wurde nichts mehr in dieser Angelegenheit berichtet.

Anknüpfend an die Erfolge des VDBB versuchte auch der eigens zu diesem Zweck gegründete VDE zu einem Kartellvertrag mit der »B. A. G. der Vereinigung schönwissenschaftlicher Verleger« zu gelangen. Der Vertrags-Entwurf enthielt im § 1 folgende Bestimmung:

»Die Mitglieder der vertragschließenden Organisationen verpflichten sich [...], Verträge über Romane, Novellen, Gedichte, Dramen, Brief- und Erinnerungsstücken und Ähnliches nur miteinander zu schließen [...].« [495]

Auf die organisationspolitischen Implikationen dieses Versuches und auf den Kampf des SDS gegen ihn wurde bereits eingegangen (s. 2.3.5.2, S. 64); hier interessieren nur noch die Teile des geplanten Kartell-Vertrages, die sich auf die Honorar- und Arbeitsbedingungen der Schriftsteller ausgewirkt hätten. Die entsprechenden Bestimmungen waren im § 2 des Vertragsentwurfs zusammengefaßt. Sie enthielten u. a. die Anerkennung der Dauer der gesetzlichen Schutzfrist.

Zur Frage der Nebenrechte wurde Folgendes in den Vertragsentwurf aufgenommen:

»Das Übersetzungs-, Verfilmungs-, Dramatisierungs- und Vertonungsrecht sowie das Journalabdrucksrecht vor Erscheinen der Buchausgabe verbleibt dem Verfasser. Das Recht zum Journalabdruck nach Erscheinen der Buchausgabe gehört dem Verlage, welcher die Hälfte des jeweiligen Abdruckserlöses an den Verfasser abzuführen hat. Doch hat der Verlag hierzu die Einwilligung des Verfassers einzuholen.«

Die Honorarregelung war sehr pauschal geplant, indem neben der Möglichkeit eines Pauschalhonorars die Höchstgrenze von 15 % am Broschurladenpreis empfohlen werden sollte. [496]

Von den weiteren Bestimmungen sind noch die hervorzuheben, die das Ramschrecht der Verleger anerkannten, das mit den heute noch üblichen Einschränkungen frühestens fünf Jahre nach Erscheinen der letzten Auflage eines Werks eintreten sollte.

Vergleicht man diese Richtlinien mit einem heute üblichen Verlagsvertrag (s. 3.4.1.2, S. 167 f. u. 170), ist deutlich zu erkennen, daß sich sowohl in der Frage der Abtretung von Nebenrechten als auch in der des Ramschrechts die Situation der Schriftsteller inzwischen erheblich verschlechtert hat, denn jetzt müssen die Autoren mehr noch als die im Vertragsentwurf genannten Rechte abtreten, und das Recht auf Verramschung kann jetzt bereits nach zwei Jahren einsetzen. So muß man sehen, daß die Tatsache, daß der SDS den Abschluß des Kartellvertrages verhindert hat, den Schriftstellern in rechtlicher Hinsicht auf die Dauer eher Nachteile als Vorteile eingebracht hat.

Wie schon die Satzung des SDS gezeigt hat, war sein Zweck u. a.

»[...] der körperliche Abschluß von Tarifverträgen über Verlagsbedingungen und über die Vergütung schriftstellerischer Arbeit bei Berücksichtigung der Bedürfnisse einzelner Fachgruppen« (s. 2.2.1, S. 37).

Diese Satzungsbestimmung war deutlicher Ausdruck des wirtschaftlichen Kampfes, der von Anfang an ein wesentlicher Bestandteil der berufspolitischen Arbeit des SDS war. Schon im Gründungsjahr des Verbands wandte sich H. Landsberg dagegen, daß es für den Schriftsteller etwas Entwürdigendes sein sollte, »wenn er sich um soziale und materielle Angelegenheiten kümmert und an der zunehmenden Vergesellschaftung aller Erwerbsarten sich beteiligt«. [497] Er beklagte, daß kein anderer Berufsstand sich die Ausbeutung jeder Art durch unberechtigten Nachdruck, Honorarentziehung u. a. widerspruchslos gefallen lasse und somit seine eigenen dringenden Berufsangelegenheiten vernachlässige. [498] Nach Ansicht des SDS-Gründungsvorsitzenden G. Herrmann waren für den Schriftsteller alle Arbeitsbedingungen »unerhört erschwert, weder besteht eine Ordnung, ein einheitlich kaufmännisch geregelter Zustand, über die Behandlung seiner Ware, noch über die

Verwertung, noch über die Bezahlung. Er ist der durch Gesetze gemäßigten Willkür preisgegeben«. [499] W. Fred wandte sich gegen die »noch nicht ausgestorbene *›ideale‹* Forderung [...], der Schriftsteller habe in Ruhm, Anerkennung oder schöner ausgedrückt: im Gefühle seiner fruchtbaren Tätigkeit so viel Lohn, daß es auf ein paar Mark mehr oder weniger nicht ankomme«. Er wollte Honorare für schriftstellerische Arbeit schlichtweg als Arbeitslohn und nicht als Almosen oder Ehrensold verstanden wissen [500], und Th. Heuss erklärte 1911: »den Feuilletonidealismus der Arrivierten haben wir gründlich satt, die uns erzählen, daß jede literarische Leistung in sich den Lohn trage und der Gedanke an das Hononorar das Ende des guten Schriftstellers bedeute.« [501] Auch auf der ›Nachtversammlung der Berliner Schriftsteller‹ wurde 1913 vom SDS herausgestellt, daß den Schriftstellern die Frage nach dem Lebenwollen und Lebenkönnen wichtiger sein müsse als die nach der Unsterblichkeit [502], wobei sich R. Breuer gegen den ›romantischen Aberglauben‹ wandte, »daß das Genie hungern müsse, um etwas hervorbringen zu können«; er wollte nicht annehmen, »daß anständiges Auskommen und selbst einiges darüber hinaus den Schriftsteller notwendig zum Philister und Kretin machen müßte«. [503]

An den Kommentaren des SDS zur wirtschaftlichen Lage der Schriftsteller während der Weimarer Republik lassen sich deutlich die wechselnden Schwierigkeiten des SDS in seinem Kampf um bessere schriftstellerische Arbeitsbedingungen und der Wandel in den Bedingungen dieses Kampfes ablesen. So erklärte L. Zeitlin 1922, daß der Krieg und die wirtschaftliche Umwälzung als eine seiner Folgen für die meisten deutschen Schriftsteller eine katastrophale wirtschaftliche Notlage heraufbeschworen und die Bedingungen schriftstellerischer Produktion erheblich erschwert haben. [504] Während 1923 die Geldentwertung eines der Hauptprobleme für die schriftstellerische Berufspolitik war [505], wurde 1928 infolge des wirtschaftlichen Drucks auf die Verlage eine zunehmende Verschlechterung der Lebensgrundlage für Schriftsteller und der Zwang für viele beklagt, in andere Berufe abwandern zu müssen. Zugleich wurde eine zunehmende Presse- und Verlagskonzentration beobachtet, die für die Autoren die Auswahl ihrer Publikationsmöglichkeiten erheblich einengte. [506] Die Wirtschaftskrise von 1929 führte zu zahlreichen Verlagszusammenbrüchen und verschlechterte die Existenzbedingungen der Schriftsteller weiter. Zur gleichen Zeit eröffneten jedoch Film und Rundfunk neue Einnahmequellen, was auch eine Erweiterung des berufspolitischen Aktionsraumes und eine Veränderung des Bezugsfelds für Schriftstellerverbände mit sich brachte. In seinem Geschäftsbericht für das Jahr 1928 erklärte H. E. Wolff hierzu: »Verfilmungsrecht und Rundfunkrechte spielen jetzt eine wirtschaftlich bedeutsame Rolle, Tonfilm und Bildfunk werden in nächster Zeit praktisch in Erscheinung treten und damit eine große Umwälzung auf dem geistigen Markt herbeiführen.« [507] Auch W. Schendell sah im Tonfilm und Hörfunk neue schriftstellerische Erwerbsmöglichkeiten und zeigte sich davon überzeugt, daß die sogenannten kleinen Rechte in Zukunft für die Autoren lebenswichtiger sein werden als das Verlagsrecht. [508]

Eine Hoffnung des SDS, auf die wirtschaftliche Lage der Schriftsteller Einfluß nehmen zu können, beruhte auf seiner Mitgliedschaft im RWR, der nach Artikel 165 der Verfassung des Deutschen Reichs vom 11. 8. 1919 den Versuch einer Verschmelzung einer ständischen und einer von politischen Parteien getragenen Regierung darstellen sollte. Nach einer RWR-Verordnung gehörten ihm 326 Mitglieder an [509], eines davon war seit 1921 L. Zeitlin, der als Mitglied des SDS die Gesamtheit der Schriftsteller in diesem Gremium vertrat. Angesichts dieser schwachen Position bezeichnete er jedoch bis zuletzt den Wert des RWR für die Vertretung der schriftstellerischen Berufsinteressen als ›ziemlich fragwürdig‹. [510]

Die tarifpolitischen Bemühungen des SDS erstreckten sich auf den gesamten Zeitraum seiner Existenz. Ohne daß vom SDS irgendwelche Einzelheiten dargestellt wurden, berichtete sein Verbandsorgan schon 1922, daß ein von ihm vorgelegter Verlagsvertrags-Entwurf allgemeine Aufmerksamkeit gefunden habe. [511] Auch R. Breuer sprach auf der ›Nachtversammlung der Berliner Schriftsteller‹ nur pauschal vom Kampf des SDS um Tarifsätze und Normalverträge. [512] Auch für die Zeit nach dem 1. Weltkrieg kann man sich über die tarifpolitischen Absichten des SDS nur ungenaue Vorstellungen machen. A. Eloesser u. a. forderten eine Gleichstellung der Schriftsteller mit anderen Berufsgruppen bei der Entschädigung nach Pfändungen und Konkursen von Verlagen, auch forderte er eine angemessene Kündigungsfrist für ständige freie Mitarbeiter, Unterstützungspflicht im Krankheitsfalle und bezahlten Urlaub, sowie eine Verbesserung des Verlagsrechts. [513] Weitere Forderungen des SDS können indirekt aus der Kritik des SDS am oben dargestellten Entwurf eines Kartellvertrags des VDE mit der B.A.G. der Vereinigung schönwissenschaftlicher Verleger erschlossen werden. Gemäß einer diesbezüglichen Entschließungen versuchte der Hauptvorstand des SDS »gültige und gute Normen für den Wirtschaftskampf des SDS zu finden«, indem er als Minimum die Honorarsätze der Vorkriegszeit zurückforderte, einen verbindlichen Mindestsatz für Honorare anstrebte, das Ramschrecht der Verleger ausdrücklich nicht anerkennen und die urheberrechtlichen Bestimmungen zugunsten der Schriftsteller voll ausschöpfen wollte. [514] Für H. Kyser sollte die Bindung eines Autors an einen Verlag immer zeitlich begrenzt sein, und die Autorenrabatte sollten niemals nach oben begrenzt werden, sie sollten sich vielmehr nach den Prozentrabatten der Sortimenter beim Verkauf der Werke richten, wobei die gleiche Regelung auch beim Verkauf von Büchern im Ausland gelten sollte. [515] Auch er wollte das Recht auf Verramschung, eine »neue Errungenschaft der Verleger«, grundsätzlich auf das Äußerste bekämpft wissen, da »die tiefen, der Zeit vorauseilenden Werke, die innerhalb von fünf Jahren noch keinen Leserkreis zu sich erzogen haben, [...] zuerst der Verramschung« unterliegen, »und die Folgen jeder Verramschung [...] eine äußerste Schädigung ideeller und wirtschaftlicher Art für Schriftsteller« seien. [516]

In den ersten Jahren nach dem 1. Weltkrieg hat die Tariffrage der Schriftsteller nicht nur für die schriftstellerischen Berufsorganisationen eine besondere Rolle gespielt; nach einem Bericht des SDS hatten 1921 Verhandlungen mit dem Reichswirtschaftsministerium sogar auch dort den Wunsch nach der Bildung tariffähiger

Gruppen auch auf dem Literatursektor offenbart. [517] Diesbezüglich hatte der SDS am 15. 3. 1923 eine erste Sitzung mit dem »Deutschen Verlegerverein«, auf der die Verlegerseite Richtlinien vorlegte, die jedoch vom SDS in dieser Form als nicht akzeptabel angesehen wurden. Weitere Verhandlungspunkte befaßten sich vor allem mit dem Thema der fortlaufenden Geldentwertung, wobei der SDS einen Teilerfolg meldete, nach dem die überwiegende Anzahl der Verlage zu verkürzten Abrechnungen bereit war. [518] Der SDS, der seit 1927 statt des Begriffs des ›üblichen Honorars‹ den des ›angemessenen Honorars‹ verwandte [519], legte seinerseits wiederholt Normalvertrags-Entwürfe vor, die ausführlich kommentiert wurden. [520] Nach einem Entwurf von 1929, der von H. E. Wolff ausgearbeitet worden war, sollte u. a. der Autor dem Verlag nur das Verlagsrecht, nicht aber das Urheberrecht an seinem Werk übertragen, da die Abtretung des Urheberrechts unüblich und unangemessen sei und zu ›schwersten Schädigungen des Autors‹ führe (§ 1). Eine Übertragung der Rechte an Dritte wie auch die Verramschung sollte von der Zustimmung des Verfassers abhängig sein (§ 5). Keine Vorschläge wurden jedoch über die anteilsmäßige Höhe des Honorars am Ladenpreis gemacht, es wurde nur betont, daß Vereinbarungen darüber von ›äußerster Wichtigkeit‹ seien,

»[...] besonders unter dem Gesichtspunkt, daß der Verfasser mit Einsatz seines Kapitals an Arbeitszeit und Arbeitskraft vorangegangen ist.« (§ 10)

Schon hier kann also bereits ein Zurückgehen des SDS von früheren Vorstellungen und Forderungen vor allem in der Haltung gegenüber dem Recht auf Verramschung erkannt werden, zumal die hier zitierten Vorschläge allein vom SDS ausgingen und nicht Ergebnisse von Verhandlungen waren. Dieser Schwächung der eigenen Position stand die wiederholte Aufforderung des SDS zum Kampf gegen die ›wirtschaftliche Verelendung der Schriftsteller‹ gegenüber, »gegen die Herabsetzung der Honorare und die Schmälerung der Arbeitsmöglichkeiten«. [521] Doch läßt sich in den letzten Jahren der berufspolitischen Arbeit des SDS seine zunehmende Ohnmacht gegenüber den Verlegern, aber auch gegenüber den eigenen Mitgliedern aufzeigen: So kamen 1931 Verhandlungen mit dem »Verband der deutschen Korrespondenzverleger« mit dem Ziel, Richtlinien über Verfahrensweisen bei Annahme, Bezahlung, Vertriebsart und -dauer von Korrespondenzen (ausgewählte und bearbeitete Stoffe für Zeitungen) zu erarbeiten, zum Stillstand, weil nach Aussagen des SDS »der Verein der Korrespondenzverleger scheinbar nicht die Kraft hat, seine Mitglieder zur Befolgung der für die Schriftsteller günstigen Richtlinien anzuhalten. Andererseits ist aber auch die Haltung unserer eigenen Mitglieder zu allen Fragen der Korrespondenzen durchaus uneinheitlich«. [522]

Wenn schon die Verhandlungen mit den Korrespondenzverlegern, also reiner Agenturen ohne wirtschaftliche Verfügungsmacht über Produktionsmittel, scheiterten, läßt sich vermuten, daß Verhandlungen mit den Buchverlegern noch schwieriger sein mußten. Zu solchen Verhandlungen hatten sich 1930 der SDS auf der einen Seite und der »Deutsche Verlegerverein« sowie der »Börsenverein des deutschen Buchhandels« auf der anderen Seite in einem eigens zu diesem Zweck gegründeten »Arbeitsamt des Deutschen Schrifttums« zusammengesetzt mit dem Ziel, Richtlinien über die Beziehungen zwischen Autoren und Verlegern zu erarbeiten, die von jedem Buchverlag berücksichtigt werden sollten. [523] Schon 1931 erfuhr laut Geschäftsbericht des SDS diese Zusammenarbeit einen Stillstand, da man sich in den Richtlinien vor allem nicht auf eine Regelung der Verramschung einigen konnte. [524] Dennoch legte der SDS seinen Mitgliedern auf seiner Generalversammlungen im Januar 1932 einen mit den Verlegern erarbeiteten Entwurf vor, dessen Abschnitt über die Verramschung und das Einstampfen von Büchern sich als am umstrittensten erwies:

»Zum Abstoßen (Verramschen) oder Einstampfen (Makulieren) ist der Verleger berechtigt, wenn nach allgemeinen verlegerischen Erfahrungen ein Absatz in irgendwie nennenswertem Umfang nicht mehr zu erzielen ist. Dabei ist auf berechtigte Interessen des Autors Rücksicht zu nehmen, jedenfalls ist vor dem Abstoßen oder Einstampfen der Verfasser von dieser Absicht des Verlegers in Kenntnis zu setzen und es ist ihm die Möglichkeit zu geben, die Vorräte selbst innerhalb einer angemessenen Frist zu erwerben. Steht dem Verfasser für noch vorhandene Werke eine Vergütung nach Maßgabe des Absatzes zu, so ist er am Erlöse zu beteiligen.« [525]

Zur Erörterung der vorgelegten Richtlinien setzte die Mitgliederversammlung eine Kommission unter H. M. Elster ein, die der Versammlung die Ablehnung dieser Richtlinien und ihre neue Ausarbeitung vorerst ohne Hinzuziehung der Verleger und Buchhändler empfahl.

Mit der einstimmigen Annahme dieses Antrags war, wie es ausdrücklich im Protokoll hieß, »der Verramschungsparagraph gefallen«. [526] Der SDS-Vorstand war also eindeutig beauftragt, vorerst eigene Forderungen aufzustellen und über sie neu zu verhandeln. Es geschah aber etwas anderes: Im August 1932 veröffentlichte »Der Schriftsteller« ›Neue Richtlinien für den Verkehr mit Verlegern‹, die von den Mitgliedern des »Arbeitsamts des Deutschen Schrifttums« beschlossen und angenommen waren. [527]

Punkt 10 der Richtlinien, der die Verramschungsfrage regelte, entsprach dabei wörtlich dem auf der Generalversammlung des SDS einstimmig abgelehnten Text. Diese »neuen« Richtlinien waren vom Börsenverein und vom Verlegerverein am 20. 2. 1932, nur einen Monat nach der Generalversammlung des SDS, unterzeichnet worden. Die Unterschrift des SDS durch W. Schendell war am 11. 7. 1932 erfolgt, also mit einem gewissen Zögern. Offenbar ist jedoch, daß die Verlegerseite dem SDS durch seine schnelle Unterschrift bekundet hatte, daß sie zu weiteren Verhandlungen nicht mehr bereit war, und ihn somit zur Unterschrift zwang, wollte er überhaupt Vereinbarungen erhalten. Somit liegt hier eindeutig ein Vertragsdiktat seitens des wirtschaftlich Stärkeren vor. Wie die Mitglieder des SDS auf die eigenmächtige Unterschrift des Geschäftsführers reagiert haben, war nicht mehr zu ermitteln, da die nächste in München, also ohne die starke kritische Berliner Gruppe geplante Generalversammlung bereits infolge der NS-Machtergreifung verschoben und umfunktioniert wurde. Ein weiterer Einblick in diese Richtlinien zeigt, daß sie z. B. keine Regelung der Honorarfrage enthielten, sondern lediglich die Erklärung ihrer Notwendigkeit wiederholte. Recht offen wurde auch das Problem der Nebenrechte gelassen:

»Nach dem Urheber- und Verlagsrecht stehen die Rechte der Uebersetzung, Verfilmung, Dramatisierung und der Rundfunkübertragung, wenn nichts anders vereinbart ist, dem Verfasser zu. Wird dem Verleger die Verwertung der drei ersten Rechte übertragen, so ist sein Anteil am Erlös vertraglich festzulegen.«
»Zweitdrucke und Lizenzen können nur im beiderseitigen Einvernehmen vergeben werden. Abmachungen über die Verteilung des Erlöses aus Zweitdrucken sind daher erforderlich.«

Auch hier ist zu sehen, daß der SDS gezwungen war, von früheren Positionen abzurücken. Während in seinem zitierten Entwurf eines Normalvertrags noch die Übertragung von Rechten nur auf das Verlagsrecht beschränkt werden sollte, wurde nun die Übertragung auch des Urheberrechts als Möglichkeit anerkannt. Diese Kann-Bestimmung wandelte sich infolge der vermehrten verlegerischen Gewinnmöglichkeit in einen Ist-Zustand, wie auch die zitierten Abschnitte eines inzwischen üblichen Normalvertrags zeigen (s. 3.4.1.2.1, S. 167 f.). Die wichtigsten Bestandteile der vereinbarten Richtlinien waren die unter Punkt 1 definierten Regelungen, die die Modalitäten des Geschäftsverkehrs zwischen Autoren und Verlegern festlegten.

Wenn auch diese speziellen Regelungen mit Sicherheit für den Autor von Nutzen gewesen sind, kann doch gesagt werden, daß der SDS in seinen Bemühungen um eine tarifvertragliche Regelung der schriftstellerischen Arbeits- und Honorarbedingungen auf dem Buchsektor wenig erfolgreich war und daß er keine seiner zentralen grundsätzlichen Vorstellungen verwirklichen konnte.

Das gleiche gilt auch für den Tätigkeitsbereich Presse. Nach dem 1. Weltkrieg versuchte der SDS, mit den Zeitschriftenverlegern zu Verhandlungen über eine Regelung der Geschäftsbeziehungen zwischen den freien Mitarbeitern und der Presse zu gelangen. 1923 wurde der SDS vom Groß-Berliner Schlichtungsausschuß sogar gegenüber den Zeitschriftenverlegern als tariffähig anerkannt, doch scheint es Schwierigkeiten gegeben zu haben, den Arbeitgeberverband für das Berliner Zeitungsgewerbe überhaupt an den Verhandlungstisch zu bekommen. [528] 1924 wurde auf der SDS-Hauptversammlung nicht mehr von Tarifverhandlungen berichtet, vielmehr wurde erklärt, daß die allgemeinen Verkehrssitten bei der Presse und die Honorierung vor allem durch die Provinzpresse noch viel zu wünschen übrig ließen und daß die Gefahr bestünde, daß Zeitungskonzerne, die Artikel für ein einzelnes Blatt erwerben, diesen Artikel dann honorarfrei in allen anderen dem Konzern angehörenden Blättern ebenfalls abdrucken. [529] Im folgenden Jahr glaubte der SDS einen Erfolg verbuchen zu können, als er in Zusammenarbeit mit dem »Reichsverband der deutschen Presse« nach Abschluß von zahlreichen Inflationsprozessen mit dem »Verband deutscher Zeitungsverleger« einen verbindlichen Beschluß faßte, nach dem Pressebeiträge spätestens einen Monat nach ihrer Drucklegung bzw. Annahme honoriert werden sollte. Bald mußte er jedoch feststellen, daß dieser Vereinbarung nur diejenigen Presseverlage nachkamen, die ohnehin entsprechend verfuhren. [530]

Nachdem die Klagen der SDS-Mitglieder über die schlechte Zahlungsmoral der Presse vor allem bei Nachdrucken zugenommen hatte [531], gründete der Verband 1929 zum gezielten Kampf um bessere Arbeits- und Honorarbedingungen bei der Presse als SDS-Fachgruppe die »Gruppe freier Pressemitarbeiter«, der der »Reichsverband der deutschen Presse« als Berufsorganisation der Journalisten zunächst ablehnend gegenüberstand, deren Initiativen er sich aber nach Aussage des SDS anschließen mußte, um keine Mitglieder zu verlieren. [532] Als erster Erfolg wurde gemeldet, daß endlich die Zeitungsverleger vom Groß-Berliner Schlichtungsausschuß gezwungen worden waren, vor ihm zu erscheinen, was den SDS bereits den Abschluß von Tarifverträgen für Berlin anzukünden verleitete und die Hoffnung aussprechen ließ, bald einen für das ganze Reich gültigen Presse-Tarifvertrag schaffen zu können. [533]

Nach einer Erklärung ihres Vorsitzenden F. Wynands hatte die »Gruppe freier Pressemitarbeiter« trotz zahlenmäßiger Schwäche in kurzer Zeit »eine Tarifbewegung eingeleitet und die Großmächte der Presse, die Zeitungsverleger, zu Verhandlungen gezwungen«. Als weiterer Erfolg wurde die Durchsetzung des Anspruchs auf eine Kündigungsfrist und auf Urlaub für ständige freie Pressemitarbeiter gemeldet. Des weiteren sollte der Versuch gemacht werden, »zum Abschluß des großen Tarifvertrages eine möglichst breite Kampffront zu mobilisieren«, der auch Redakteure, Pressezeichner und Pressephotographen angehören sollten. [534] 1932 hoffte die Fachgruppe, Richtlinien über die Geschäftsbeziehungen der freien Pressemitarbeiter mit den Zeitungsverlagen mit dem »Verband deutscher Zeitungsverleger« aushandeln zu können, »der sich endlich bereitgefunden hat, sich mit dem SDS als dem Vertreter der freien Schriftsteller und Mitarbeiter zur Verhandlung an einen Tisch zu setzen«. [535] Das Ende der Weimarer Republik bedeutete jedoch auch das Ende dieser tarifpolitischen Bemühungen, es bedeutete auch die Verhinderung des Beweises, daß die Arbeit auf dem Sektor Presse erfolgreicher verlaufen ist als auf dem Sektor Buch. Schon 1932 hatte die »Gruppe freier Pressemitarbeiter« des SDS ihre Position infolge verbandsinterner Auseinandersetzungen und infolge einer unausgesetzten Pressekampagne seitens der Presseverleger als denkbar ungünstig angesehen. [536]

Der Rundfunk als neues Tätigkeitsfeld für Schriftsteller begann seit 1924 auch die berufspolitische Arbeit des SDS in Anspruch zu nehmen. Nachdem das Urheberrecht gegenüber der Verbreitung durch das Radio durch zwei Grundsatzprozesse, die sich auf G. Hauptmanns Theaterstück »Hannele« und H. v. Hofmannsthal »Der Tor und der Tod« bezogen, auch auf den Rundfunk angewandt worden war, galt die Verbreitung literarischer Werke nicht mehr als Vortrag, sondern als Vervielfältigung respektive Verbreitung durch mechanische Mittel. Der SDS trat bald mit den zuständigen Organisationen in Verbindung, »um geeignete Grundsätze für die Berechnung und Ablieferung der Gebühren aus der Rundfunkverbreitung aufzustellen«. A. Eloesser erklärte dazu in seinem Geschäftsbericht für das Jahr 1924, daß mit der Verbreitung des Radios »allen schriftstellerischen Organisationen eine ungemein dringende Auseinandersetzung aufgegeben worden« sei, »sowohl mit den Sendegesellschaften, die sich unseres geistigen Eigentums ohne weiteres bedienen, sowie mit dem Reichspostministerium, das diese Gesellschaften wegen der unklaren Rechtslage gewähren ließ. [...] Da derartige Erfindungen sich nicht aufhalten lassen, müssen wir wenigstens entgangenen Gewinn herauszuholen suchen«. [537] Hilfreich für die Arbeit des SDS war hierzu die 1926 erfolgte Gründung der »Gesellschaft für Senderechte mbH«, die die Aufgabe hatte, die aus Aufführungen und Vorträgen fließenden Rundfunkhonorare von der Reichsrundfunkgesellschaft einzuziehen. Nachdem sich der SDS von der Gemeinnützigkeit dieser Verwertungsgesellschaft überzeugt hatte, empfahl er seinen Mitgliedern, ihr beizutreten, und ließ dort seine Interessen durch seinen Syndikus H. E. Wolff im Aufsichtsrat vertreten. Die Gesellschaft vermochte bald, aus früheren Jahren fällige Honorare einzuziehen, ferner erhielt sie eine bindende Zusage des Rundfunks, daß wöchentlich mindestens 15 000 Zeilen aus Werken noch geschützter Autoren gelesen würden. [538] 1931 wurde innerhalb des SDS die Bildung einer Rundfunk-Fachgruppe empfohlen [539], wozu es allerdings nicht mehr kam. Zur gleichen Zeit begannen sich auch die Honorarbedingungen beim Rundfunk zu verschlechtern, was auf der letzten freien Generalversammlung des SDS mit der Verabschiedung folgender Resolution beantwortet wurde:

»Die Hauptversammlung protestiert aufs schärfste gegen den durch nichts zu rechtfertigenden Druck auf die Honorare im Rundfunk und in der Filmindustrie. Sie beauftragt den Hauptvorstand, in der allernächsten Zeit die Verhandlungen mit den zuständigen Instanzen aufzunehmen.« [540]

Anhand der tarifpolitischen Bestrebungen des SDS zur Verbesserung der schriftstellerischen Arbeits- und Honorarbedingungen ließ sich besonders eindringlich zeigen, daß die nicht spezialisierten Schriftstellerverbände vor 1933 nicht in der Lage waren, ihre diesbezüglichen Vorstellungen und Forderungen durchzusetzen. Vielmehr war auch der SDS gezwungen, von seinen Ausgangspositionen abzurücken. Als er schließlich im Verlagsbereich einen Vertrag über Richtlinien des Geschäftsverkehrs zwischen Autoren und Verlegern unterzeichnete, mußte er, um überhaupt zu einem Abschluß zu kommen, sogar gegen den einstimmigen Willen seiner Mitgliederversammlung handeln. Das Ergebnis war dabei um nichts besser als ein früherer, vom SDS verhinderter Vertragsentwurf des VDE; er war in einigen Punkten, z. B. in der Abtretung der Urheberrechte und somit der Nebenrechte eher schlechter und ließ die Frage der Honorarbedingungen offen.

Erst unter der NS-Herrschaft wurde am 3. 6. 1935 ein Normalvertrag zwischen Verfassern schöngeistiger Werke und ihren Verlegern festgelegt, der den Verfasser grundsätzlich am Erfolg seiner Werke beteiligte und ihm den Mindestanteil von 12,5 % am Ladenpreis garantierte. [541]

Nach 1945, als viele Mitglieder in die neugegründeten freien Schriftstellerverbände eintraten, da ihre hiermit verbundene Registrierung als Schriftsteller sie vor der Möglichkeit schützte, daß sie vom Arbeitsamt zu irgendwelchen anderen Arbeiten herangezogen werden könnten [542], wurden vor allem im SDA-Berlin die Bemühungen um Tarifverträge wieder aufgenommen, nachdem die NS-Regelungen wieder aufgehoben worden waren. Wesentliche Bedingung für die neue Situation war, daß sowohl Buch- als auch Zeitungsverlage in den ersten Nachkriegsjahren von der Lizenzvergabe durch die Militärregierung abhängig waren.

Dadurch traten viele branchenfremde und unerfahrene Personen an die Stelle der alten Verleger. Am 12. 4. 1946 wurde in Berlin eine »Zentralstelle der Autoren und Verleger GmbH« gegründet, deren paritätisch besetzter Beirat u. a. an der Wiederherstellung der früheren tariflichen Regelungen arbeiten sollte. Auch mit dem Rundfunk versuchte der SDA-Berlin sogleich zu Tarifverträgen zu kommen. Zu diesem Zweck gründete der Verband die neue »Gesellschaft für Senderechte mbH« (s. 3.4.2.1, S. 196), die 1947 einen Tarifvertrag mit der »Zentralverwaltung für Volksbildung« in Ost-Berlin abschloß. W. Schendell erklärte darüber hinaus, daß deutsche Rundfunkvertreter der drei westlichen Zonen in einer entsprechenden Verhandlung erklärt hätten, mit dem SDA-Berlin ebenfalls gleiche Tarifverträge abschließen zu wollen. [543] In den späteren Geschäftsberichten und Nachrichten des SDA-Berlin wurde von derartigen Tarifabschlüssen nichts berichtet, überhaupt verschwand das Thema Tarife aus den Verbandsmeldungen ganz. Die Währungsreform vom Juni 1948 hat schließlich die schriftstellerischen Berufsorganisationen in eine tiefe Krise gestürzt und ihre Arbeit erheblich geschwächt. [544]

Erst 1951 wurde durch den VDA wieder die Forderung nach Tarifverträgen und nach Anerkennung der schriftstellerischen Honorarforderungen erhoben [545], wobei davon ausgegangen wurde, daß nur ein starker Verband als Verhandlungspartner der Buch- und Zeitungsverleger, der Bühnen und des Rundfunks ernst genommen werden könnte. [546] Die innere Zerrissenheit des Verbandes ließ es jedoch nicht einmal zu einem Ansatz von Verhandlungen kommen.

Zwar wurden innerhalb der Vereinigung nach ihrer Gründung Forderungen nach Kollektivabmachungen mit den Rundfunkanstalten, nach einer Vertretung der Autoren in den Gremien der einzelnen Sendegesellschaften [547] und nach Vereinbarungen mit Verlegern erhoben. [548] Auch protestierte die Vereinigung in einem Telegramm an die ARD und an den Unterausschuß Kunst des Bundestags-Kulturausschusses gegen den am 1. 4. 1953 in Kraft getretenen Normalvertrag der Rundfunkanstalten (s. 3.4.1.2.3, S. 183). Sie erhob

»[...] schärfsten Protest gegen die von der Arbeitsgemeinschaft der Rundfunkanstalten beschlossenen Neufassung der Vertragsbestimmungen für die freien Mitarbeiter. Diese Regelung ist ohne Mitwirkung der Autoren vorgenommen worden. Sie sehen in diesen einseitig festgelegten Bestimmungen eine untragbare Einschränkung und Verletzung ihrer Rechte.« [549]

Der Protest mündete in den Vorwurf gegen die ARD, sie versuche

»[...] durch einseitige Generalklauseln die Autoren zu knebeln.«

In einem dieses Telegramm kommentierenden Text warf die Vereinigung der ARD vor, daß sie ›rücksichtslos vom Recht des Stärkeren Gebrauch gemacht‹ habe, dem sich die meisten Schriftsteller unterwerfen müßten, wenn sie überhaupt leben wollten. [550]

Trotz dieser Ansätze eines Denkens in tarifpolitischen Kategorien veröffentlichte die Vereinigung in ihrem Verbandsorgan 1954 eine Rede von W. v. Molo als besonders beherzigenswert, in der er erklärte, der Schriftsteller dürfe »nicht vom

Gelde beauftragt werden – soll sich die Gemeinschaft nicht schweren Schaden zufügen«. [551] Diese Aussage, die wieder der tiefen Überzeugung von der Inmkommensurabilität geistiger Arbeit mit wirtschaftlichen Werten und von der richtungsweisenden Bedeutung der Schriftsteller für die Gesellschaft entspricht, fand innerhalb der Vereinigung ihre weitere Entsprechung durch die Übernahme mehrerer Aufsätze V. Denekes in das Verbandsorgan, in denen die Überzeugung ausgesprochen wurde, daß eine Regelung des Entgelts ›für freie, geistige Leistung durch den Mechanismus der Marktwirtschaft‹ den ›wertvollsten Gehalt der Gesellschaft‹ in Gefahr brächte; Honorar sei eine ›Ehrengabe‹, die der ›eigentlichen Unbezahlbarkeit geistiger Leistungen‹ entspreche. [552] Obwohl V. Deneke erkannte, daß die erwerbswirtschaftliche Kalkulation von den Honorierenden längst in die Honorare einbezogen worden waren, daß Honorare von ihnen wie Löhne behandelt werden und die Marktgängigkeit von Werken für den Erfolg eines Autors ausschlaggebender ist als seine ›Begabung‹, blieb er dabei, daß man sich schäme, »für ideelle Leistungen ein materielles Entgelt zu geben und zu nehmen«. [533]

Diese Haltung, die einem tarifpolitischen Kampf der Schriftsteller um eine Verbesserung ihrer Arbeits- und Honorarbedingungen diametral entgegenstand, hat auch die weitere Arbeit innerhalb der Vereinigung bestimmt. Zwar gelangte ihre Mitgliederversammlung 1961 zu einem Appell

»[...] an die Rundfunkanstalten, ihre Honorarrahmen jeweils mit dem Steigen der Lebenshaltungskosten wie auch der Zahl der Teilnehmer am Hörfunk und Fernsehen zu erhöhen [...]« [554],

doch als auf der Generalversammlung der Vereinigung 1963 die Frage von Verhandlungen des Verbandes mit den Rundfunkanstalten angeschnitten wurde, erklärte F. K. Fromm, daß die Vertreter der Interessen der Schriftsteller im Gegensatz zur Rundfunk-Union oder zur Film-Union »niemals als Arbeitnehmer anzusehen seien, sondern freie Mitarbeiter sind, die Honorare erhalten und kein Arbeitsentgelt (Lohn oder Gehalt)«. So seien Verhandlungen mit dem Rundfunk nicht im Sinne von Tarifverhandlungen möglich, sondern allenfalls zugunsten von Rahmenabkommen. [555] Auf der gleichen Versammlung stellte J. Leithäuser zudem die Behauptung auf, daß die Verbindung von geistigem Schaffen und materiellem Erfolg das Prestige der Schriftsteller in der Öffentlichkeit beeinträchtigen würde. [556] Dennoch wurde von der Versammlung beschlossen, die Vereinigung möge mit der ARD in Verhandlungen eintreten, nachdem der SDS-Bayern durch seinen Präsidenten F. Märker beim BR akzeptablere Bedingungen ausgehandelt hatte, als sie anderswo üblich waren. [557] Von einem Beginn oder gar einem Erfolg solcher Verhandlungen wurde jedoch nicht berichtet. Später protestierte das Präsidium der Bundesvereinigung gegen Sparmaßnahmen der Hörfunk- und Fernsehanstalten in ihren kulturellen Programmen, wobei es erklärte, daß derartige Maßnahmen

»[...] für die meisten freien Geistesarbeiter eine schwere Existenzbedrohung [...]«

bedeuteten. [558] In dieser und in anderen Erklärungen unterstützte die schriftstellerische Berufsorganisation die Forderung der Rundfunkanstalten nach höheren

Teilnehmergebühren mit der Bedingung, daß dann die Honorare für freie Mitarbeiter an die gestiegenen und weiter steigenden Lebenshaltungskosten rückwirkend und fortlaufend angepaßt würden. [559]

1964 hatte sich die Vereinigung dazu durchgerungen, eine Kommission zur Ausarbeitung eines Mustervertrages für Buchverlage zu wählen mit dem Auftrag, »diesen Vorschlag schnellstens zu realisieren«. [560] Die Arbeit dieser Kommission ging jedoch nur schleppend voran und kam nie zu einem Abschluß. 1965 erklärte F. K. Fromm, daß die Verwirklichung dieses Plans nur in Zusammenarbeit mit dem Börsenverein des deutschen Buchhandels möglich sei [561], 1967 beabsichtigte man, mit einer Kommission des Börsenvereins, vor allem der Fach- und schöngeistigen Verleger sowie mit der VG-Wort, den Entwurf eines Muster-Vertrages zu beraten [562], und 1968 stellte der Norddeutsche Schriftstellerverband (Hamburg) erneut den Antrag auf Erstellung eines Mustervertrages, woraufhin F. K. Fromm nun darauf aufmerksam machte, daß ein solcher Mustervertrag der Zustimmung des Kartellamts bedürfe. Schließlich wurde ein Vorschlag angenommen, den Autoren wenigstens einige Tips zur Beachtung bei Vertragsabschlüssen zu geben. [563] Noch 1969 schlug F. Schilling vor, in Gesprächen mit dem Verlegerverband zu einer gütlichen Einigung über die Honorarabrechnungen zu kommen. [564] Es zeigt sich somit, daß die Vereinigung nicht nur in der theoretischen Diskussion um ein Tarifrecht für Schriftsteller, sondern auch in ihrer praktischen berufspolitischen Arbeit zugunsten einer Verbesserung schriftstellerischer Arbeits- und Honorarbedingungen weit hinter den Stand der Weimarer Zeit zurückfiel, ja im Grunde nicht über vereinzelte Proteste und Appelle hinauskam.

Unter ganz anderen Vorzeichen trat der VS an. Schon auf seiner Gründungsveranstaltung berichtete D. Lattmann von Gesprächen mit im »Verband Schöngeistiger und wissenschaftlicher Verleger« zusammengeschlossenen Verlegern, bei denen deutlich geworden sei, daß die Verleger »sich darüber im klaren sind, was mit dem neuen VS auf sie zukommt«, wobei aber auch deutlich geworden sei, daß es auf mehreren Gebieten Möglichkeiten der Zusammenarbeit der Schriftsteller- und Verlegerorganisation gebe. [565] So wurde unter Punkt 9 des VS-Programms der Abschluß von Rahmenverträgen mit Verlegern und Sendern als eines der Hauptziele des neuen Verbands genannt. [566] H. Böll ging in seinem Gründungsvortrag hart mit den Praktiken der Verleger ins Gericht, als er erklärte, daß die ›Mammutindustrie Medienwesen‹ den Schriftstellern ihre Arbeits- und Honorarbedingungen einseitig diktiere; so, als er es die Folge ›nackter und harter Gewalt‹ nannte, daß z. B. die Verleger an der Verwertung der Nebenrechte 50 % mitverdienen. Er fragte, wer diese Regeln aufgestellt habe, nach denen Autoren bezahlt würden, und forderte: »Als erstes nach der Gründung dieses Gesamtverbandes sollten wir sämtliche Honorarbedingungen prüfen, neu mit unseren Partnern diskutieren und möglicherweise kündigen.« [567] Von Initiatoren des VS wurde dazu erklärt, er sei gegründet worden, »um Jahrzehnte lang Versäumtes nachzuholen«. [568] So erklärte D. Lattmann: »Die gesellschaftliche Entwicklung ging über die Autoren hinweg. Aus freien Schriftstellern wurden unterprivilegierte Worturheber ohne Tarifschutz, abhängig von Massenmedien und Verlagsindustrie.« [569] An anderer Stelle erklärte er, daß z. B. die freitätigen Mitarbeiter an den Rundfunkanstalten in den 50er Jahren relativ günstige Arbeitsbedingungen vorgefunden hätten, daß sich aber infolge des verminderten Geldwertes und der Lohnsteigerungen anderer Berufsgruppen das Durchschnittseinkommen der Autoren auf ›existenzgefährdende Weise‹ verringert habe. [570]

Von Anfang an stand der VS einer zunehmenden Konzentration innerhalb der Medienindustrie gegenüber. Nachdem sich z. B. 1969 der BR und 8 Verlage zu der »Television-Rundfunk-Verlagsunion« (TR-Verlagsunion) zusammengeschlossen hatten, der sich andere Rundfunkanstalten und Verlage bald anschlossen, betrachtete der VS die wachsende Verbindung zwischen Rundfunkanstalten und Buchverlagen als eine Gefahr wirtschaftlich monopolistischer Tendenzen im Medienbereich und forderte in einem Schreiben an alle Intendanten, daß die Zweitrechte an Texten, die für Schul- und Lehrprogramme geschrieben würden, bei den Autoren blieben. [571] Als der VS 1970 aufgefordert wurde, im Autorenbeirat der TR-Verlagsunion mitzuwirken, lehnte der VS-Vorstand dieses Angebot mit dem Argument ab,

»[...] daß Rundfunk und Fernsehen ihren öffentlich-rechtlichen Charakter behalten und gegen Interessendruck gesichert sein müssen. [...] Weder sollten Verleger Machtpositionen in Anstalten des öffentlichen Rechts erhalten, noch die Institutionen der Massenmedien Fernsehen und Funk sich als Verleger oder Agenturen gewerblich betätigen.« [572]

Dieser Beschluß wurde auf der Delegiertenkonferenz des VS am 11. 4. 1970 in Hannover einstimmig gebilligt. [573] Ebenso protestierte der VS gegen die Vertragsbedingungen der neuen Ullstein-Verlagsabteilung Kassettenbereich, die nach seiner Ansicht an einseitiger Benachteiligung und Entrechtung der Autoren ihresgleichen suchten. [574]

Bald nach seiner Gründung kündigte der VS für den 28. 11. 1969 ›Tarifverhandlungen‹ mit dem Verband Schöngeistiger und Wissenschaftlicher Verleger mit folgendem Kommentar an:

»Es ist vereinbart, daß diese erste Unterhandlung dazu dienen soll, die wechselseitigen Positionen völlig offen zu erörtern und damit auszuprobieren, wie weit man in einem freundschaftlichen Gespräch kommt. Die Erfahrungen dieser ersten Runde sollen dann die Basis für den nächsten Schritt abgeben, also vor allem auch für Gespräche mit dem Verlegerausschuß des Börsenvereins.« [575]

Nach diesem Gespräch wurde vom VS erklärt, daß es ›in guter, teilweise kooperativer Atmosphäre‹ geführt worden sei und eine Abklärung der wechselseitigen Standpunkte gebracht habe. Die Verleger hatten ihre Zustimmung zu den Bemühungen des VS zugunsten einer Novellierung des Urheberrechts (s. 3.3.1.2, S. 146), vor allem aber ihre Bereitschaft bekundet, gemeinsam mit dem VS einen Katalog zu empfehlender und abzulehnender Verlagsvertragspunkte auszuarbeiten, was vom VS als ›erster Schritt auf dem Weg zu einem Mustervertrag‹ begrüßt wurde. [576] Am 8. 9. 1970 führte eine VS-Delegation mit H. M. Braem, W. Nordemann und D. Lattmann Gespräche mit dem Verlegerausschuß des Börsenvereins, bei denen sich die Gesprächspartner zwar über die Urheberrechtsnovelle und nach Annahme seiner Charta auch über den Messerat, nicht aber über die Möglichkeiten von Verhandlungen über tarifartige Musterverträge einig werden konnten. [577] Diese Gespräche erstreckten sich bis hin zum 1. Schriftstellerkongreß des VS, auf dem A. Martens als Sprecher des Börsenvereins erklärte, daß den Verhandlungen, wie sie der VS forderte, das Kartellrecht entgegenstünde. [578]

Das Verhältnis zwischen dem VS und dem Börsenverein hatte sich kurz vor diesem Kongreß zusätzlich durch ein Rundschreiben des Verlegerausschusses des Börsenvereins vom 21. 10. 1970 zugespitzt, in dem der Verlegerausschuß seinen Mitgliedern empfahl, sich schon im vorhinein bei Vertragsabschlüssen den Anspruch auf 50 % der durch die Urheberrechtsnovelle zu erwartenden Bibliotheksabgabe zu sichern [579], ein Vorgehen, das D. Lattmann als ›Kriegsfall‹ bezeichnete, wobei er jedoch glaubte, daß die Verleger ihre Macht überschätzt hätten. [580] Diese Kontroverse wurde auf dem Schriftstellerkongreß fortgesetzt, als A. Martens einen Beschluß des Verlegerausschusses vom Vorabend bekanntgab, nach dem der Ausschuß die Fortsetzung der Gespräche vorschlug. Obwohl der Ausschuß keinen Zweifel daran ließ, daß auch die neu zu schaffenden Rechte dem Verlag gehörten und daß die Verleger einen moralisch begründeten Anspruch auf diese Rechte hätten, deutete er an, daß die Verleger u. U. auf ihre finanziellen Ansprüche aus der Bibliotheksabgabe nach Verhandlungen verzichten könnten. W. Nordemann erwiderte darauf, daß keineswegs alle Rechte automatisch bei den Verlagen lägen, und D. Lattmann erklärte, der VS sei nicht gegründet worden, um die bestehenden Verhältnisse zu akzeptieren, vielmehr um Änderungen durchzuführen. »Wir sind bereit, uns mit den Verlegern zusammenzuraufen, wenn sie uns einen entscheidenden Schritt entgegenkommen.« [581]

Mit den Rundfunkanstalten der ARD kam der VS innerhalb der AFM am 23. 6. 1970 in Bremen zum erstenmal zu einem Gespräch zusammen. Unterstützt vom PEN-Zentrum der Bundesrepublik forderte die AFM u. a.:

»1. Zweiseitig zu vereinbarende Neuformulierung der allgemeinen Honorar- und Arbeitsbedingungen.
2. Koppelung der Honorare der freien Mitarbeiter an die Progression der Gehälter der festen Mitarbeiter [...]
4. Rechtsvorbehalt bei neuen Medien wie Teleschallplatten und Videokassetten, insbesondere Einspruch gegen privatwirtschaftliche Betätigung der Rundfunkanstalten im Verbund mit Verlagsgruppen wie der TR-Verlagsunion.« [582]

Zu Punkt 1 wurden u. a. folgende Einzelheiten gezählt:

»a) Herstellung einer tarifartigen Verhandlungsbasis für den zu vereinbarenden Honorarrahmen.
b) Gleichziehen der Honorarerhöhungen, so daß überall mindestens 50 % seit 1958 mehr bezahlt werden.
c) Wegfall der Trennung zwischen Ausarbeitungs- und Sendehonorar. Hundertprozentige Bezahlung der angenommenen Manuskripte nach Ablieferung, unabhängig vom Sendetermin.
d) Hundertprozentige Wiederholungshonorare, [...]« [583]

Vor dem ersten Gespräch mit der ARD erklärte D. Lattmann, daß bisher die Vertragsbedingungen für freie Mitarbeiter einseitig von den Rundfunkanstalten bestimmt worden seien, und er forderte entgegen diesem ›monopolistischen Diktat‹ »tarifähnliche Verträge, die von beiden Seiten auf der Basis der Gleichberechtigung abgeschlossen werden müssen«. [584] Nach dem Gespräch wurde vom VS erklärt, es habe »bisher nur eine erste Basis für das Verfahren« ergeben; neue Gespräche würden folgen. [585] Bei einem zweiten Gespräch erklärten sich die ARD-Vertreter am 1. 10. 1970 in München zu konkreten Verhandlungen über die Vertragsbedingungen für freie Mitarbeiter bereit. Ziel dieser Verhandlungen sollten einheitliche Mustervereinbarungen sein, die die ARD-Kommission den einzelnen Anstalten zur Durchführung empfehlen würde. [586]

Während sich die Versuche des VS, mit der ARD ins Gespräch zu kommen, somit recht günstig anließen, erstattete der VS gegen die am 1. 8. 1970 beim ZDF in Kraft getretenen neuen Honorar- und Arbeitsbedingungen Anzeige beim Bundeskartellamt. Der VS sah in diesen Bedingungen einen Monopolmißbrauch, »der die Autoren einem unzumutbaren Diktat unterwirft«. [587]

In seinem Rechenschaftsbericht räumte D. Lattmann auf dem Stuttgarter Schriftstellerkongreß ein, daß der VS das Verhandlungsrecht mit den Massenmedien, mit den Verlagen und Sendern, nicht erreicht habe. »Wir haben zwar sowohl der ARD als dem ZDF als dem Verband der Schöngeistigen, Wissenschaftlichen Verleger und dem Verlegerausschuß des Börsenvereins den konkreten Vorschlag gemacht, eine Verhandlungskommission zu bilden und sich mit dem VS über Musterverträge an einen Tisch zu setzen. Man ist bisher allenfalls bereit, über gewisse empfohlene Verträge zu sprechen, aber auch noch nicht zu verhandeln.« D. Lattmann forderte den Kongreß auf, den Willen zu Verhandlungen so deutlich und entschieden zu artikulieren, »daß die angesprochenen Gruppen und daß vor allem auch die angesprochenen Politiker das nicht überhören können«. [588]

Unter Punkt 1 des Arbeitsprogramms des VS für die nächsten beiden Jahre wurde dieses Verhandlungsrecht schließlich ausdrücklich gefordert:

»Der VS fordert in Solidarität mit der Gesamtheit der Urheber Wort, Bild und Ton das Verhandlungsrecht für Autoren gegenüber Verlagen, Sendern und sonstigen Auftraggebern. [...] Als Urheber, die von privatwirtschaftlichen Unternehmern und Anstalten des öffentlichen Rechts abhängig sind, verlangen wir zweiseitig zu vereinbarende Rahmenverträge mit Verlagen und Sendern.« [589]

Speziell zu dem Ansinnen des Verlegerausschusses im Börsenverein, die Verleger am Gewinn aus der Bibliotheksabgabe zu beteiligen, beschloß der Kongreß,

»[...] allen VS-Mitgliedern und allen übrigen Urhebern dringend anzuraten, keinen Vertrag mit einer solchen Zusatzklausel zu unterschreiben. *Die von den Schriftstellern erkämpften Rechte gehören den Schriftstellern.«* [590]

Nach dem 1. Schriftstellerkongreß geriet die schwungvoll begonnene Arbeit des VS auf tarifpolitischem Gebiet langsam ins Stocken. Der Verband stellte lakonisch fest, daß die Verleger das vom VS vorgeschlagene Gespräch über Musterverträge nicht suchten [591], und sah sich gezwungen, mit der Veröffentlichung eines eigenen Musters für einen Verlagsvertrag in die Offensive zu gehen, dessen Bestimmungen ausdrücklich als Mindestbedingungen verstanden werden sollten. [592] Nach diesem Vertragsentwurf übertrüge der Verfasser dem Verlag neben dem ausschließlichen Recht der Vervielfältigung und Verbreitung (Verlagsrecht) nach § 3 nur noch die Nebenrechte

»a) des Vorabdrucks und des Nachdrucks des Werkes oder von Teilen des Werkes in Zeitungen und Zeitschriften;
b) zur Herausgabe des Werkes in Taschenbuch-, Volks- und Buchgemeinschaftsausgaben;
c) zur Sendung des Werkes durch Lesung oder Vortrag im Rundfunk oder Fernsehen;
d) zur Vervielfältigung und Verbreitung des Werkes durch Lesung und Vortrag auf Tonträgern, auch sofern diese in einem Zusammenhang mit Bildbeiträgen gebracht werden.
Eine Weiterübertragung dieser Rechte ist nur nach Zustimmung des Verfassers möglich. Das Recht, das Werk in irgendeiner Weise umzugestalten, z. B. es in eine andere Sprache zu übersetzen, es für die Bühne oder den Rundfunk zu bearbeiten, es zu verfilmen, zu kürzen, zu erweitern usw. sowie die Befugnis zur Einräumung solcher Rechte an Dritte verbleibt dem Verfasser. Der Verlag kann derartige Rechte nur mit Zustimmung des Verfassers ausüben.«

Hier sollte also gegenüber den üblichen, mehrheitlich angewandten Verlagsverträgen (s. 3.4.1.2.1, S. 167 f.) der Autor vor von ihm nicht genehmigten Änderungen an seinem Werk geschützt werden, was eine Einschränkung der Fremdbestimmung und somit eine wichtige Verbesserung der schriftstellerischen Arbeitsbedingungen bedeuten würde. Neben dieser Bestimmung sah der Vertragsentwurf auch eine Verbesserung der Honorarbedingungen vor. Zwar setzte auch der VS den Mindestanteil bei 10 % vom Ladenpreis an, doch schlug er eine Erhöhung des Anteils um je ein Prozent bei einer gestaffelten Progression der Auflagenhöhe vor. Vor allem aber verteilte er die Anteile aus den Nebenrechtserlösen neu, indem er Einnahmen aus einer Drittverwertung im Verhältnis 80 (75) für den Verfasser und 20 (25) für den Verlag aufzuteilen empfahl.

Im weiteren Verlauf seiner Arbeit konnte der VS jedoch nicht über Verhandlungen mit dem zuständigen Verlegerausschuß des Börsenvereins berichten; die Rechtslage, nach denen die Schriftsteller als Unternehmer mit Verlegern als Unternehmern keine Rahmenabkommen schließen durften, stand einem derartigen Schritt bis 1974 im Wege (s. 3.3.2.2, S. 151 f.).

Ähnlich wie im Verhältnis zu den Verlegern verlief bisher auch die Entwicklung im Verhältnis zu den Rundfunkanstalten. Anfang 1971 legten der VS und die RFFU der ARD einen Entwurf über allgemeine Bedingungen zu Verträgen zwischen Rundfunkanstalten und frei mitarbeitenden Autoren als Grundlage für die nächste Gesprächsrunde vor, woraufhin der zuständige ARD-Ausschuß ein Gegenpapier ankündigte, alle Terminvorschläge in der Folgezeit aber ausweichend beantwortete. Durch dieses Verhalten sah sich der VS veranlaßt, seine Vorschläge einseitig zu veröffentlichen. [593] In diesem Vertragsentwurf sind gegenüber den noch üblichen Regelungen (s. 3.4.1.2.3, S. 183 ff.) sowohl in der Frage der Übertragung von Rechten als auch in der Frage der Honorierung wesentliche Verbesserungen für den Autor enthalten. So sollte der Autor der vertragschließenden Rundfunkanstalt die Nutzungsrechte an seinem Werk nur noch auf 5 Jahre begrenzt einräumen müssen, wobei er bei für das Fernsehen bestimmten Werken die Hörfunkrechte und bei für den Hörfunk bestimmten Werken die Fernsehrechte behalten sollte. [594] Nach § 9 des Entwurfs dürften die Rundfunkanstalten den Zeitpunkt der Sendung nur im Einvernehmen mit dem Autor bestimmen und könnte der Autor, wenn sein Werk innerhalb von 2 Jahren nach Ablieferung nicht gesendet worden ist, sein Werk zurückrufen, ohne eine Entschädigung zahlen zu müssen. Für aktuelle Werke sollten kürzere Fristen vorgesehen sein.

Wichtig vor allem aber wäre die im § 4 vorgesehene Einschränkung der Rechte der Rundfunkanstalt, Veränderungen am Werk vorzunehmen oder von Dritten vornehmen zu lassen:

»(1) Änderungen des vom Autor für die Sendung bestimmten Titels bedürfen seiner Zustimmung.
(2) Liegt das Werk bei Vertragsabschluß fertig vor, so hat die Rundfunkanstalt keinen Anspruch auf Änderungen des Werkes.
(3) Bei Auftragswerken werden Bearbeitungen, Umgestaltungen und über 10 % hinausgehende Kürzungen des Werkes vom Autor vorgenommen. Die Rundfunkanstalt darf damit Dritte nur mit ausdrücklicher Zustimmung des Autors, für die eine zusätzliche angemessene Vergütung zu zahlen ist, beauftragen. Das Zustimmungserfordernis des Autors entfällt nur dann, wenn er selbst zur Bearbeitung, Umgestaltung oder Kürzung des Werkes nicht in der Lage ist und seine Zustimmung ohne Angabe eines zureichenden Grundes verweigert.
(4) In keinem Falle darf eine Bearbeitung, die nicht der Autor vornimmt, die Wesenszüge des Werkes verändern.«

Diese Bestimmungen könnten dazu in der Lage sein, die Fremdbestimmung der Autoren beim Rundfunk wesentlich zu vermindern und ihnen somit ihre persönliche Urheberschaft und Identität zu sichern und zu wahren.

Die in diesem VS- und RFFU-Entwurf darüber hinaus formulierten Honorarbedingungen entsprachen im wesentlichen den bereits zitierten Forderungen der AFM nach einer Aufhebung der Trennung in Ausarbeitungs- und Sendehonorare und nach einer hundertprozentigen Vergütung von Wiederholungssendungen.

Über diesen Entwurf kam es ebenso wie über den Verlagsvertragsentwurf des VS zu keinen Verhandlungen mit den entsprechenden Stellen, vielmehr mußte die Delegierten-Versammlung des VS am 4. 11. 1971 in Berlin in einem Beschluß feststellen,

»[...] daß die ARD es nach zehn Monaten hinhaltenden Taktierens unter durchsichtigen Vorwänden jetzt abgelehnt hat, über den Mustervertragsentwurf der Autoren überhaupt zu sprechen. Der ständig angekündigte Gegenentwurf der ARD wurde niemals vorgelegt.« [595]

In der Folgezeit mußten die Autoren weitere Konzentrationsbewegungen und Programmzusammenlegungen im Rundfunkbereich hinnehmen. Zusammen mit dem bundesdeutschen PEN-Zentrum protestierte der VS gegen drastische Programmzusammenlegungen im Südwestdeutschen Raum [596], und die AFM versuchte, unterstützt vom VS in Hamburg, gegen Geldkürzungen des NDR in seiner Hörfunkabteilung anzugehen, wobei zwar Gespräche mit der Rundfunkanstalt aber keine Änderungen ihrer Beschlüsse erreicht wurden. [597]

Die bisherigen tarifpolitischen Bestrebungen der deutschen Schriftstellerverbände wurden ausführlich dargestellt, um deutlich werden zu lassen, daß es mit Ausnahme zweier fachspezifischer (VDBB und KlA) sowie dem SDS, der allerdings Bedingungen annahm, die seine Mitgliederversammlung einstimmig verworfen hatte, keinem schriftstellerischen Berufsverband trotz einiger entschiedener Anläufe je gelungen ist, die wirtschaftliche Lage ihrer Mitglieder sowie die allgemeinen schriftstellerischen Arbeits- und Honorarbedingungen zu verbessern oder auch nur zu beeinflussen, daß sie vielmehr nicht einmal die zunehmende Verschlechterung dieser Bedingungen verhindern konnten. Während alle früheren Verbände bald resignierten und ihre tarifpolitischen Bemühungen aufgaben, stellte sich im VS bald die Frage nach einer zweckmäßigeren Organisationsform, deren Entwicklung erst im nächsten Abschnitt ausführlich dargestellt werden kann. Hier sei so viel vorweggenommen, daß sich seit 1971 die Überzeugung im VS ausbreitete, daß erst eine ernst zu nehmende gewerkschaftliche Organisation der Schriftsteller die Verleger und Rundfunkanstalten an den Verhandlungstisch und dann den Autoren auch von ihnen mitbestimmte Rundfunk- und Verlagsverträge bringen werde. Außer der Einbeziehung der Schriftsteller in den Kreis der arbeitnehmerähnlichen Personen durch eine Änderung des Tarifvertragsgesetzes (s. 3.3.2.2, S. 151 f.) strebte er bald seine Eingliederung in eine Gewerkschaft an. Nachdem er schließlich auf seinem 2. Schriftstellerkongreß in Hamburg am 20. 1. 1973 der IG Druck und Papier unter der Voraussetzung beigetreten war, daß dies der erste Schritt zu einer alle im Medienbereich Tätigen umfassenden neuen Mediengewerkschaft sei, beschloß die Mitgliederversammlung des VS am darauffolgenden Tag in bezug auf die tarifpolitischen Bemühungen des Verbands:

»Das Verhandlungsrecht für tarifartige Musterverträge darf den sogenannten freiberuflichen Mitarbeitern der Medien nicht länger vorbehalten bleiben. Solange die Mediengewerkschaft noch nicht besteht, sollen Verhandlungen über solche Musterverträge von gemischten Tarifkommissionen, die von den gewerkschaftlichen Organisationen der Betroffenen gebildet werden, die Praxis sein.« [598]

Sowohl von den Autoren als auch von den verschiedenen betroffenen Organisationen aus gesehen tauchte das Problem der Tarifhoheit auf: auf der einen Seite sind die heute hauptberuflich tätigen Autoren als ›typische Medienmitarbeiter‹ in verschiedenen Medienbereichen tätig und somit von verschiedenen Auftraggebern abhängig; keine der vorhandenen Organisationen vertritt ihn also ganz, sondern immer nur zum Teil. [599] Auf der anderen Seite besitzen die verschiedenen gewerkschaftlichen Organisationen unterschiedliche Tarifhoheiten, die RFFU z. B. im Funkbereich und die IG Druck und Papier im Druckbereich. Da aber im VS Mitarbeiter beider Bereiche organisiert sind, könnten sich, wie einige Skeptiker befürchten, hieraus bald Kompetenzstreitereien ergeben. [600] Wichtig ist jedoch, daß der Gewerkschaftsbeitritt des VS und die Einbeziehung eines Großteils der Schriftsteller in den Kreis der arbeitnehmerähnlichen Personen die Stellung der Schriftsteller im Tarifbereich wesentlich gestärkt hat und somit als Folgewirkung die Verlegerverbände wie die Rundfunkanstalten zu Verhandlungen über tarifartige Musterverträge zwingen wird.

Nachzutragen ist, daß auch der FDA nach § 2 seiner Satzung

»[...] die gesetzliche Regelung tarifvertragsähnlicher Rahmenverträge [...]«

anstrebt (s. 2.2.5, S. 43). Doch wird dieser Verband, der gegen das Gewerkschaftskonzept des VS angetreten ist (s. 2.3.5.2, S. 65 f.), eines Tages bekennen müssen, wie er selbst gegenüber der wirtschaftlichen Übermacht der Verleger und Rundfunkanstalten die Verwirklichung dieses Satzungszieles erreichen und ob er sich nicht nur an die möglichen Erfolge des VS in der IG Druck und Papier anhängen will. Unwahrscheinlich ist, daß der FDA bei gleicher Organisationsstruktur wie die früheren, ständisch konzipierten deutschen Schriftstellerverbände wesentlich andere Erfahrungen machen wird, als die in dieser Darstellung aufgezeigten.

3.4.2.3 *Gewerkschaftliche Organisation der Schriftsteller*

Angesichts der dokumentierten Ohnmacht deutscher Schriftstellerverbände, die wirtschaftlichen Interessen ihrer Mitglieder wirkungsvoll zu vertreten, und angesichts der Konsequenz, die der VS aus seiner bisherigen Ohnmacht gezogen hat, stellt sich die Frage nach den Möglichkeiten einer gewerkschaftlichen Organisation der Schriftsteller. Diese Frage tauchte als Reaktion auf die revolutionären Ereignisse nach dem 1. Weltkrieg und den neuen Aktionsradius der Gewerkschaften in Deutschland und ihre damit veränderte Bedeutung vermehrt in der Literatur über das Organisationswesen der Schriftsteller auf. In seinem Aufsatz »Die Gewerkschaft der Geistigen« stellte G. Beyer 1919 eine Proletarisierung der Schriftsteller fest und zitierte E. Steiger, der die Organisation der geistigen Arbeiter nach gewerkschaftlichem Muster forderte. [601] Doch schon in diesem Aufsatz zeigte sich der Gegensatz zwischen dem schriftstellerischen Selbstverständnis und den Möglichkeiten einer gewerkschaftlichen Organisation, indem G. Beyer der Forderung E. Steigers die Frage entgegenstellte, ob denn eine Gewerkschaft der ›Ritter des Geistes‹ wirklich denkbar sei, und diese Frage mit dem Argument verneinte, daß es die Eigenart des geistigen Schaffens erzwinge, »daß kein sozialer Kampf nach gewerkschaftlichen Grundsätzen für ihn möglich« sei und daß es aufgrund der ›Wesensverschiedenheit zwischen produktiver Handarbeit und schöpferischer Kopfarbeit‹ keinen ›Tarif für das Talent‹ geben könne. »Maßstab ist nicht die produzierte Zeile, sondern der unsterbliche Glanz der gerundeten Schöpfung, die Entwicklung des Geistes.« [602] Trotz seiner umfangreich begründeten Ablehnung einer schriftstellerischen Berufsorganisation gewerkschaftlicher Art schloß G. Beyer seinen Aufsatz mit der Feststellung, daß die Schriftsteller in einer Gesellschaft lebten, die alle individuelle Freiheit und erst recht geistige Arbeit zur ›kapitalistischen Schuldknechtschaft‹ nötige, so daß sich eine neue Wertung des geistigen Arbeiters anbahne, nach der es zu seiner ›höchsten Standespflicht‹ gehören werde,

»sich zum großen Emanzipationskampf *aller* Arbeitenden in Reih und Glied zu stellen«. [603]

Ähnlich zwiespältig wurden auch von anderen Autoren Schriftstellerorganisationen gewerkschaftlichen Charakters gefordert. [604] A. Weber z. B. hielt die »gewerkschaftliche Organisation auch für die geistige Arbeit in den neuen Verhältnissen für unentbehrlich und im höchsten Grade richtig« [605], doch konnte er einer solchen Organisation gemäß seiner Überzeugung, daß die ›eigentlich wertvolle geistige Arbeit‹ etwas ›gänzlich Individuelles‹ sei, nur eine beschränkte Bedeutung zusprechen: wie sich die geistige Arbeit seiner Meinung nach »in ihrem *Wesen* außerhalb des Ökonomischen bewegt, so ist sie auch nicht durch die Regeln des regulären ökonomischen Kampfes zu sichern und wird sich nicht nach ihnen richten«. [606] Ähnlich erklärte K. Nötzel, daß der »Hauptfehler an der ganzen Gewerkschaftsbewegung innerhalb des Schriftstellertums« darin liege, »daß die Rolle des Wirtschaftslebens im Seelenhaushalt des berufenen Berufsschriftstellers maßlos überschätzt [...] wird«. [607] B. Rauecker stellte den Widerspruch zwischen der Notwendigkeit einer wirkungsvollen Organisation der Schriftsteller und ihrem Selbstverständnis heraus, indem er feststellte, daß »die Not auch derjenigen Schriftsteller, die die ›Berufung‹ zu ihrem Berufe haben, und deren Erhaltung in ihrem Berufe für die Volksgesamtheit von Nutzen ist, [...] im gegenwärtigen Augenblick geradezu fürchterlich« sei, und er führte diesen Zustand nicht zuletzt auch darauf zurück, daß ihnen die Druckmittel eines gewerkschaftlichen Zusammenschlusses nicht zur Verfügung stünden. [608] An anderer Stelle führte er diesen Mangel auf die Unkenntnis der meisten Schriftsteller in Gewerkschaftsfragen zurück und erklärte kritisch, daß kaum ein Schriftsteller seiner Zeit die Gewerkschaftsfrage überhaupt begriffen habe und zudem bereit sei, sich als Arbeitnehmer zu verstehen: »Sie würden sich als ›Unternehmer‹ bezeichnen, als ›Arbeitgeber‹ oder ›Hausgewerbetreibende‹, jedenfalls als Selbständige und Unabhängige, die wenigstens die *Fiktion* der Unabhängigkeit bewahren wollen, wenn sie schon in Wirklichkeit abhängig geworden sind.« [609]

Diese Zusammenstellung von Zitaten aus der unmittelbaren Zeit nach dem 1. Weltkrieg zeigt deutchlich, welche Bedeutung die Rolle des schriftstellerischen Selbst- und Fremdverständnisses für die Frage einer gewerkschaftlichen Organisation der Schriftsteller spielte und noch spielt und daß der traditionale schriftstellerische Berufsbegriff sowie die freiberufliche Standesideologie bisher einer Gewerkschaftsbildung für Schriftsteller entgegenstehen mußten. Noch 1954 sah Th. Heuss das gewerkschaftliche Denken als unvereinbar mit freier Berufstätigkeit an, wenn es das Tarifdenken mit einbeziehen sollte. Bezüglich der freien Berufe hielt er lediglich ein Gewerkschaftsdenken für erstrebenswert, bei dem für »alle Beteiligten ein Gefühl der Verantwortung für den Partner zur Standespflicht wird«. [610] Das Beiwort gewerkschaftlich bedeutete hier eher ein Epitheton ornans, das ein Gefühl für Solidarität ausdrücken sollte, oder wie es Th. Heuss 1916 selber formuliert hat, »ein gewisses unklares Gefühl von Hingabe und Verpflichtung«. [611] Es beinhaltete also nicht den modernen Gewerkschaftsbegriff, nach dem Gewerkschaften »dauernde Interessenorganisationen von Arbeitnehmern« sind, »die als

Kontrahenten der Arbeitgeber über den Rahmen der Selbsthilfe hinaus notfalls mit den Mitteln des Arbeitskampfes im Interesse der durch sie repräsentierten Sozialschichten auf Lohn- und Gehaltsgestaltung, Arbeitsbedingungen, Sozialpolitik und Wirtschaftsordnung einzuwirken bestrebt sind«. [612] An diesem Begriff wird sich die folgende Darstellung der Diskussion einer gewerkschaftlichen Organisation der Schriftsteller, wie sie sich innerhalb der deutschen Schriftstellerverbände entwickelt hat, orientieren.

Über die Frage nach dem schriftstellerischen Selbstverständnis hinaus, das bereits aus der Sicht der Schriftstellerverbände im vorigen Kapitel behandelt worden ist (s. 2.4.2, S. 88–93), sollen dazu im folgenden Verbandsäußerungen und Verbandshandlungen unter besonderer Berücksichtigung all dessen untersucht werden, was in Theorie und Praxis das jeweilige Verhältnis der Verbände zu ihren wirtschaftlichen Kontrahenten, zunächst den Verlegern und später auch den Rundfunkanstalten, kennzeichnet. Hierzu gehören auch die Aussagen der Schriftstellerverbände über das grundsätzliche Verhältnis der Schriftsteller zu den Auftraggebern und Abnehmern ihrer Arbeit sowie über das Verhältnis der Literatur zum literarischen Markt. Die Frage nach den Möglichkeiten schriftstellerischer Kampfmaßnahmen und ihrer Organisierung durch die Schriftstellerverbände wird in einem eigenen Abschnitt anschließend behandelt.

Als erster Hinweis auf einen Versuch, das Verhältnis eines Schriftstellerverbandes und seiner Mitglieder gegenüber dem Buchhandel (Verleger und Sortimentsbuchhandel) zu regeln, kann das bereits erwähnte Schiedsgericht des ADSV angesehen werden (s. 2.3.2, S. 49), das über seine bereits genannten Ziele hinaus auch

»[...] über Streitigkeiten zwischen Schriftstellern und Buchhändlern entscheiden [...]«

sollte, falls sich die betroffenen Buchhändler vorher bereiterklärt haben sollten, sich einer Entscheidung des ADSV-Schiedsgerichts zu unterwerfen. [613] Es ist nicht bekannt, ob das Schiedsgericht in diesem Sinne in Anspruch genommen worden ist, doch deutet allein diese Absicht des ADSV darauf hin, daß der Verband neben seiner Aktivität zur rechtlichen Vertretung der Schriftstellerinteressen (s. 3.3.1.2, S. 138 f.) den Weg zu einer gütlichen Einigung bei Streitigkeiten zwischen Autoren und Buchhändlern (Verlegern) zu suchen beabsichtigte.

Erstmals sind aus dem DSV Stimmen überliefert, die sich grundsätzlich und kritisch über das Verhältnis der Literatur zum literarischen Markt äußern. So erklärte W. Wendlandt: »Wenn man von einem ›literarischen Markt‹ spricht, so ist damit von vornherein ausgedrückt, daß die Schöpfungen der freien, phantasietrunkenen Seele, die so glücklich ist, keine enge Grenze zwischen Soll und Haben zu kennen, ausschließlich unter dem Zeichen des großen, schwer und unerbittlich niederfallenden Hammers des *Geschäftes* betrachtet werden.« [614] Diese als erdrückend empfundene Bedingung versuchte der DSV durch die Arbeit seines Literarischen Bureaus zu mildern (s. 3.4.2.1, S. 191), d. h. der Verband versuchte neben der Einführung vertraglicher Regelungen im Verhältnis zwischen Autoren und Verlegern (s. 3.4.2.2, S. 198 f.) den Verlegern durch eigene wirtschaftliche Aktivitäten einer Manuskriptagentur Macht zu nehmen.

Die Haltung in dieser Frage war innerhalb des DSV jedoch sehr uneinheitlich, es hat sogar der gegenteilige Standpunkt überwogen: Als z. B. der Börsenverein des deutschen Buchhandels dem DSV eine gemeinsame Kommission zur Ausarbeitung eines Verlagsvertrags-Entwurfes angeboten hatte, hieß es seitens des DSV-Vorstands, daß er sich stets von der Überzeugung habe leiten lassen, »daß die wohlverstandenen Interessen der Schriftsteller und der Buchhändler durchaus gemeinsame sind und daß die Geltendmachung dieser gemeinsamen Interessen zur Förderung des Schriftthums beitragen müsse«. [615] Als die Buchhändler bald darauf ihre Zusage rückgängig gemacht hatten, blieb der DSV bei seiner Einstellung, indem er durch R. Keil seine Verwunderung über diese Entscheidung der Buchhändler ausdrückte mit dem Hinweis, daß doch »die Interessen der Buchhändler und der Schriftsteller im Grunde vollkommen solidarisch« seien. [616] Ein Jahr später wurde diese Haltung zwar teilweise eingeschränkt, indem erklärt wurde, beider Interessen seien nur scheinbar, bis zu einer gewissen Linie identisch: »Der Verleger will Geld verdienen, er will mit dem Buche kaufmännisch operieren. Ganz anders liegen die Interessen auf seiten des Autors.« [617] Aus dieser Einsicht zog der Verband jedoch keinerlei organisatorische Konsequenz, vielmehr propagierte V. Blüthgen einige Jahre später wieder die Kooperation der Schriftsteller mit dem Buchhandel und empfahl, »nicht ohne Not in feindlichen Gegensatz zum Buchhandel« zu treten. [618]

Während das Schiedsgericht des DSV lediglich den Zweck hatte, Streit zwischen Verbandsmitgliedern zu schlichten und Verstöße gegen die Standesehre zu ahnden (s. 2.3.2, S. 50), wollte der vom DSV mitbegründete VDJS zur Konstituierung von Schiedsgerichten zwischen Schriftstellern und Buchverlegern ›gern die Hand bieten‹. [619]

Innerhalb des Verbandsorgans des ASV konnte nur an einer einzigen Stelle eine Aussage zur Frage einer gewerkschaftlichen Organisation der Schriftsteller festgestellt werden, wobei ihre Möglichkeit jedoch ausgeschlossen wurde, da der ›Ruf nach der Gewerkschaftung der Schriftsteller‹ trotz zahlreicher Versuche nicht den geringsten Erfolg gehabt hätte; es sei nicht gelungen, »die Schriftsteller, wenn auch nur zu einem erheblichen Teil, unter einen Hut zu bringen«. In einer gewerkschaftlichen Organisation der Schriftsteller sah der ASV ohnehin keine Lösungsmöglichkeit für die wirtschaftlichen Probleme der Schriftsteller. Er schlug vor, daß besser die Zahlungskraft der Verleger gestärkt würde, »denn die meisten Verluste der Schriftsteller stammen erfahrungsgemäß mehr aus der Zahlungsunfähigkeit als aus der Zahlungsunwilligkeit von Verlegern«. [620] Aus diesem Zitat wird deutlich, daß der ASV eine verlegerfreundliche Haltung einnahm und eher auf die Unterstützung der Verleger bedacht war, als die Schriftsteller zu einem geschlossenen Kampf gegen ihre wirtschaftliche Übermacht zu organisieren. Ansonsten scheint auch hier unter dem Gewerkschaftsbegriff lediglich eine umfassendere, solidarischere Organisation aller Berufsangehörigen gemeint gewesen zu sein.

Das KlA, das aufgrund der Nichtbeachtung des neuen Urheberrechts von 1901 durch die Zeitschriften- und Buchverleger gegründet worden war (s. 3.3.1.2, S. 141), unterschied die Verleger nach zwei Kategorien: in einen ›intelligenten und anständigen Teil‹ und in ›literarisch unlautere Unternehmen‹. Das KlA-Komitee fand es zwei Jahre nach der Gründung des Verbands erfreulich, daß der intelligente und anständige Teil der deutschen Verlegerschaft ohne weiteres eingesehen hatte, »daß wir mit unserer Front *nicht gegen* ihn standen«. Das KlA glaubte sich in seinem Kampf gegen »jede kommerzielle Ausschlachtung unserer Produktion« durch die literarisch unlauteren Unternehmen »der freudigen Zustimmung desjenigen Teils der deutschen Verlegerschaft sicher, auf den wir einzig Wert legen und vor dem allein wir Achtung haben!« Diesen Verlegern wollte das KlA seine Arbeit wie auch den Lyrikern zugute kommen lassen, denn: *»Verleger- und Autoren-Interessen sind in unserem Sinne nicht Gegensätze, sondern solidarisch.«* [621] Diese Haltung des KlA kann nur aus seiner ideellen Motivation verstanden werden, nach der es auch dafür kämpfte, das Niveau lyrischer Anthologien zu heben (s. 2.5.1, S. 97 u. 2.5.3, S. 103), woran seiner Ansicht nach wieder nur der von ihm so angesprochene ›intelligente und anständige Teil der Verlegerschaft‹ interessiert sein konnte.

Innerhalb des WSB forderte P. Bourfeind von den schriftstellerischen Berufsverbänden »die Selbsterziehung zu dem gerade bei den geistig Tätigen so verkümmerten wirtschaftlichen Sinn« [622] und fand es tragisch, »daß die geistigen Arbeiter, die für andere mit der Feder kämpften und ihnen manchen Schritt auf dem Wege zur Verwirklichung ihrer Ideale weiterhalfen, nicht an sich selbst dachten und bei aller Bedeutung ihrer Arbeit für die Hebung der Kultur und die Förderung des geistigen Fortschritts keine wirtschaftliche Macht bilden«. [623] In diesem Verband wurde gefragt, ob nicht die geistige Arbeit mehr ausgebeutet werde als die körperliche, die ja bereits viel besser geschützt sei [624], und es wurde festgestellt, daß die Schriftsteller gegenüber den Verlegern keinerlei Macht besäßen [625] und daß diese Schwäche es den Verlegern ermögliche, die Schriftsteller für ihre Interessen ausnutzen. [626] »Vielfach und auch ganz natürlich kommt für den Verleger nicht zuerst der Kulturwert eines Werkes in Betracht, sondern in der Hauptsache sein wirtschaftlicher Wert, seine Absatzfähigkeit.« [627] Doch ist zu fragen, welche organisatorische Konsequenz der WSB anhand dieser durchaus kritischen Sicht des Autoren-Verleger-Verhältnisses vorzuschlagen wußte. Da man davon überzeugt war, daß alle Schriftsteller den Erwerb als ›gemeinsamen Interessenschnittpunkt‹ ansähen und daß das erwerbsorganisatorische Moment sie am ehesten verbinden könnte [628], wurde der Zusammenschluß aller Schriftstellerverbände mit der Aufgabe gefordert, eine ›gerechte Bewertung geistiger Arbeit‹ zu sichern. Eine solche Organisation sollte allerdings nach Ansicht P. Bourfeinds nicht auf dem Gegensatz zwischen Arbeitgeber und Arbeitnehmer beruhen, da »nur die Zusammenarbeit beider Beteiligten [...] fruchtbar für die Zukunft werden« könnte. [629] Eine Konsequenz aus dieser Einstellung war die Forderung O. Th. Steins nach einem Kartell aller Schriftsteller- und Verlegerverbände. [630] Diese Wendung, die im Widerspruch zu der oben gezeigten Einsicht in die wirtschaftliche Abhängigkeit der Autoren von den Verlegern gesehen werden muß, kann nur aus dem übergeordneten Denken der

WSB-Repräsentanten in kulturellen Werten und Verpflichtungen erklärt werden (s. 2.4.2, S. 89).

Der VDE kann zumindest für die Zeit unmittelbar nach seiner Gründung von vornherein nicht als eine gewerkschaftliche Organisation angesehen werden, da schon seine Gründung zum Zweck einer engen Zusammenarbeit mit der »B. A. G. der Vereinigung schönwissenschaftlicher Verleger« erfolgt war. So konnte H. Kyser in seiner Polemik gegen den VDE eine von ihm publizierte Rede des Vorsitzenden der Arbeitsgemeinschaft zitieren, in der behauptet wurde, daß Autoren und Verleger immer die gleichen Interessen hätten und daß sich beide Gruppen gegen eine ›Einmischung von außen‹ wehren sollten, womit die Arbeit des SDS gemeint war, der nach Ansicht des Redners »den Autor gegen seinen besten, seinen einzigen wahren Freund [...], gegen den Verleger« zu schützen sich vorgenommen habe. F. Th. Cohn bezeichnete das Vertrauen zwischen Autor und Verleger als Grundlage jedes Verlagsvertrages, und der mit dem VDE geplante Kartellvertrag sollte die Grundlage dazu befestigen helfen. [631] Der Entwurf dieses Kartellvertrags enthielt denn auch zwei Paragraphen (§§ 2F u. 4), die die Schlichtung aller Streitigkeiten zwischen Autoren und Verlegern ausdrücklich unter Ausschluß des ordentlichen Rechtsweges in die Hände der vertragschließenden Parteien selbst legte. [632]

Vor allem die Anerkennung des Ausschlusses des ordentlichen Rechtsweges und die der ausschließlichen Anwendung von Schlichtungs- und Schiedsverfahren hätte für die Schriftsteller bedeutet, daß nicht das Urheberrecht Maßstab bei der Beilegung von Rechtsstreitigkeiten gewesen wäre, sondern im günstigsten Fall ein Ausgleich der Autoren- und Verlegerinteressen und im ungünstigsten Fall ein Diktat der wirtschaftlich mächtigeren Verleger gegenüber den von ihnen abhängigen Autoren. Beides hätte bei einem Zustandekommen des Kartellvertrages eine eindeutige Stärkung der Verlegerposition und eine Schwächung der Autorenposition bedeutet.

Es ist bereits gezeigt worden, daß die Aussagen des SDS über wesentliche Merkmale des Schriftstellerberufs widersprüchlich waren, daß dem traditionalen Begriff des Schriftstellers als autonomer Persönlichkeit die Einsicht in den Zusammenhang der schriftstellerischen Existenz und der wirtschaftlichen Bedingungen literarischer Produktion gegenüberstand (s. 2.4.2, S. 89 f.). Man muß deshalb annehmen, daß sich das Verhältnis des SDS zu seinem wirtschaftlichen Gegenüber entsprechend ambivalent gestaltet hat.

Vor allem die Gründer des SDS waren Träger des Parameters, nach dem Schriftsteller in wirtschaftlicher Abhängigkeit zu sehen sind. H. Landsberg bezeichnete Schriftsteller als Arbeitnehmer; Verleger und Theaterdirektoren, »mit denen er dauernd oder zeitweilig in Verbindung steht«, als Unternehmer und seine Arbeitgeber. [633] Obwohl er zugeben mußte, daß die »groß organisierten Verlagsanstalten unendlich viel für die Verbreitung der Bildung getan haben«, stellte er fest, daß die kapitalistischen Produktionsbedingungen »sich längst des geistigen Gebiets im weitesten Umfange bemächtigt« haben: »gerade das Bedürfnis nach einem großen Massenabsatz zwingt sie zur Nivellierung und läßt sie das Prinzip der geistigen Bewegungsfreiheit verhältnismäßig gering einschätzen.« [634] Die Freiheit des Schriftstellers sah er infolgedessen sehr eingeschränkt, »denn er hat genau die Tendenzen des Organes, für das er tätig ist, zu berücksichtigen«. [635] Beklagenswert fand es H. Landsberg vor allem, daß die Schriftsteller diese Bedingungen und ihre Ausbeutung durch die Verleger widerspruchslos hinnähmen. [636] Um einen Widerspruch gegen die Verlagspraktiken auszulösen und einen besseren Widerstand gegen sie organisieren zu können, gab der SDS 1911 eine Broschüre heraus, in der W. Fred die Arbeits- und Honorarbedingungen der Schriftsteller einer genauen Analyse unterzog. In dieser Schrift, der Th. Heuss ›einen gewissen programmatischen Charakter‹ für den SDS zusprach [637], wurde Dichtung grundsätzlich unter dem Gesichtspunkt der Ware untersucht, als ein Verkaufsartikel, der wirtschaftlichen Gesetzen unterliegt, wobei Arbeitsdauer und Arbeitsqualität mit der Preisbildung nur wenig zu tun haben. [638] Wer auf den Erlös seiner literarischen Arbeit angewiesen war, mußte, W. Fred zufolge, mindestens »seine Stoffwahl so vollziehen, daß seine Produktion marktgängig ist«. [639] Aufgrund der wirtschaftlichen Gesetze habe die Freiheit der Schriftsteller ›recht enge und reale Grenzen; auch die ›produktiven Naturen‹ seien »nur *scheinbar* freie Künstler. Man tut ihrer künstlerischen Bedeutung [...] wahrhaftig keinen Abbruch, wenn man sagt, daß sie alle in ihrer Produktion durch die ökonomische Wertung ihrer Arbeiten beeinflußt werden«. [640] Diese Zusammenhänge wurden nach W. Fred nur noch von »Heuchelei und falschen, angeblich idealen Standpunkten aus« vertuscht. [641] Th. Heuss teilte in einer Besprechung dieser Untersuchung W. Freds Standpunkt, daß Literatur als Ware erscheine und dem ›Spiel von Angebot und Nachfrage‹ unterliege. »Ein lyrisches Gedicht, eine Novelle wird freilich gemeinhin nicht fabriziert wie etwa ein verkaufsfähiger Stiefel oder gegen ein Fixum heruntergeschrieben wie die Ausarbeitung eines Gerichtsurteils. Aber wenn sie vorhanden, bilden sie einen ökonomischen Wert, gehen sie [...] auf den Markt.« [642] Für Th. Heuss war somit Schriftstellerei »bei der ungeheuren Ausdehnung der Publizistik, bei ihrer Spezialisierung und Kapitalisierung nicht mehr allein die Sache einer Begabung«, vielmehr forderte er den Schriftsteller auf, er sollte auch »die wirtschaftlichen und sozialen Bedingungen seiner Existenz begreifen lernen«. [643] Zu diesen Bedingungen hat Th. Heuss wenig später erklärt, daß das freie wie das angestellte Berufsschriftstellertum den ›kapitalistischen Tendenzen des Verlagswesens‹ unterworfen sei, und daß man sich daran gewöhnen müsse, »daß auch die zarteste Dichtererfindung, wenn sie den Weg in die Öffentlichkeit sucht, ›Ware‹ wird, ein ökonomischer Nenner«. [644] Diese Überzeugung wurde 1913 auch auf der »Nachtversammlung der Berliner Schriftsteller« von mehreren Rednern geteilt. R. Breuer sah damals den Schriftsteller eingeordnet in das System von Angebot und Nachfrage, denn in dem Augenblick, in dem der Schriftsteller sein Werk einem Verleger anbiete, sei er ›Produzent einer mehr oder weniger marktgängigen Ware‹, zudem eines ›Halbfabrikats‹, das nur durch die ›Manipulationen‹ des Verlegers zur ›Handelsware‹ werde. [645] So reizend und liebenswürdig Verleger gegenüber gängigen Autoren auch sein mögen, immer stehen sie ihnen als die wirtschaftlich Mächtigeren gegenüber. Der Autor dagegen sei in seiner ›wirtschaftlich faßbaren Eigenschaft‹ abhängig vom Kapital des Unternehmers und erscheine somit als ›Arbeitnehmer‹, als eine ›Art von Heimarbeiter‹, »abhängig von einem kalt rechnenden Arbeitgeber«. [646] H. Landsberg erklärte auf der gleichen Veranstaltung, daß es wohl Verleger gebe, mit denen keine Differenzen bestünden, er betonte aber, daß sie nur vereinzelt anzutreffen seien. Grundsätzlich sei es deshalb die wirtschaftliche Abhängigkeit, die dem deutschen Schriftstellertum ihren Stempel aufdrücke, eine »Abhängigkeit von sichtbren und unsichtbaren Tyrannen«. [647]

Diese Diskussion literarischer Produktionsbedingungen wurde auch nach dem 1. Weltkrieg im SDS fortgesetzt. A. Eloesser nannte die schriftstellerische Freiheit und die Selbständigkeit der Autoren eine Fiktion; deutlich näherte sich nach seiner Ansicht der Schriftsteller dem Typ des Arbeitnehmers, dessen Honorar zu 99 % als Lohnauszahlung anzusehen sei. [648] K. Tucholsky kam wieder auf den Waren-Charakter der Literatur zurück, der sie bestimme, sobald sie auf den Markt komme und der die ›moralische Wertung literarischer Arbeit‹ aufhebe, wie auch die ›moralische Qualität‹ des einzelnen Autors vor dem Verleger nicht ins Gewicht falle. [649]

Entsprechend dieser Diskussion der literarischen Produktionsbedingungen wurde im SDS bald die Organisationsfrage aufgeworfen und eine schriftstellerische Berufsorganisation auf gewerkschaftlicher Grundlage gefordert. [650] H. Landsberg bedauerte, daß der Schriftsteller »noch nicht das richtige Verständnis erworben« habe »für die Notwendigkeit eines sozialen, oder, um es genauer auszudrükken, rein gewerkschaftlichen Zusammenschlusses mit seinen Berufskollegen«. Er suchte die Ursachen für diesen Mangel im ›übertriebenen Selbstbewußtsein des Autors‹, »der sich durch den Zusammenschluß mit sozial Gleichgestellten in seiner ›Individualität‹ herabgesetzt fühlt«. [651] W. Fred ging davon aus, daß der SDS nur dann als gewerkschaftliche Organisation arbeiten könne, »wenn Gefühlsmäßiges ausgeschaltet wird«. [652] Einen wesentlichen Gedanken zu einer gewerkschaftlichen Organisation der Schriftsteller steuerte Th. Heuss bei, als er erklärte, daß der einzelne Schriftsteller in seinem Existenzkampf die »Vorgänge und Erlebnisse nicht mehr als Zufälligkeiten« empfinden dürfe, »wie sie überall vorkommen können«; sondern »sie im Zusammenhang als bedingte Notwendigkeiten« begreifen lernen müsse. [653] Auf der ›Nachtversammlung‹ rief R. Breuer schließlich die Schriftstelleroganisation zum Kampf gegen die Verlegerorganisationen auf, zu einem ›Messen der Macht‹. [654] Seit 1920 nannte sich der SDS im Untertitel »Gewerkschaft Deutscher Schriftsteller«, wozu M. Jacobs beim Wiedererscheinen des Verbandsorgans nach dem 1. Weltkrieg erklärte, aus dem Schutzverband sei nun eine Gewerkschaft geworden und als Kriterium dafür den ›Willen zur Einmütigkeit‹ nannte. »Gewerkschaftlicher Geist heißt [...]: Opfersinn und Einmütigkeit.« [655] K. Tucholsky schrieb aus gleichem Anlaß, daß der nicht gewerkschaftlich organisierte Schriftsteller dem Verleger gegenüber angesichts der »übergroßen Leichtigkeit, mit der der Unternehmer den Einzelnen aushöhlen kann«, wie ein ›braves Hampelmännchen‹ erscheine, und er nannte als Ziel des SDS »eine große Gewerkschaft, ein Bund, der den Markt beherrscht«. [656] Vermutlich von K. Tucholsky, damals Schriftführer des SDS, stammt auch ein anonymer Aufsatz im SDS-Verbandsorgan, in dem es u. a. hieß, daß der Schriftsteller als Einzelperson der Verlegervereinigung gegenüber als einer kapital- und wirtschaftskräftigen Organisation nichts erreichen könne, daß aber auch dem SDS als ›einheitlich großer Wirtschaftsverband des Schrifttums‹ »nur durch eine äußerst angestrengte, aufmerksame planmäßige Arbeit möglich sein« könne, »die wirtschaftlich unterlegene Klasse der Schriftsteller vor äußerstem Schaden zu bewahren«. [657] So forderte J. Schaffer den SDS auf, sich durch eine Erweiterung zu einem Reichsschutzverband zu einem ›Bollwerk des deutschen Schrifttums gegen das Unternehmertum‹ aufzuwerfen. [658] Zur gleichen Zeit schrieb jedoch A. Eloesser in einem für seine langjährige verbandspolitische Arbeit grundlegenden Aufsatz, daß der SDS bereits als Gewerkschaft »zu einer moralischen Macht geworden« sei, »die von der Gesetzgebung, von den Behörden oder vom Verlegertum nicht mehr übersehen werden kann«. [659] Im Verlauf der 20er Jahre ist es dann überraschend schnell im SDS still geworden um die Gewerkschaftsfrage. Sie tauchte erst um 1930 wieder auf. Damals sah die »Gruppe freier Pressemitarbeiter«, eine SDS-Fachgruppe, »als Gewerkschaft ihre Aufgabe im Kampf um bessere Arbeitsbedingungen« ihrer Mitglieder [660], und im Geschäftsbericht des Gaues Rheinland-Westfalen hieß es 1931, daß der SDS seinen Gewerkschaftsnamen nicht gegenüber denen verbergen solle, die Gewerkschaften nicht für salonfähig halten:

»[...] wir haben gar keinen Anlaß, vom Schutzverband und Gewerkschaft schüchtern zu schweigen, im Gegenteil, mit Kränzchenfimmel und Zünftler- und Gildenungeist ist heute keine Berufspolitik zu machen. [...] Nicht allerfeinste Differenzierung, sondern Solidarität ist das Rückgrat unserer Bewegung.« [661]

A. Zweig nannte in einem Brief an die Generalversammlung des SDS die gewerkschaftliche Haltung die allein mögliche Basis, auf der der Verband zum Besten seiner Mitglieder und des Schrifttums arbeiten könne [662], und J. Schaffner glaubte, daß der Gewerkschaftsgedanke des SDS durch eine Stärkung seiner Fachgruppenarbeit erneuert werden könnte. [663] Schließlich wurde 1932 von der Generalversammlung des SDS ein Antrag seiner Ortsgruppe-Berlin mit folgendem Wortlaut angenommen:

»Die Grundlage aller gewerkschaftlichen Arbeit des SDS muß erst dadurch geschaffen werden, daß mit tunlichster Beschleunigung alle deutschen Schriftsteller zu einer Zwangsorganisation im SDS zusammengeschlossen werden. Wir empfehlen die Einsetzung einer Kommission, die alle dazu notwendigen Schritte unternimmt.« [664]

Bemerkenswert ist, daß die frühe, etwa bis 1921 vorgetragene Forderung einer gewerkschaftlichen Organisation des SDS sich vor allem durch ihre verbale Radikalität ausgezeichnet hat und somit mehr einer gefühlsmäßigen Einstellung, einem Wunschdenken denn einem planmäßigen Handeln zu diesem Zweck entsprach. Weiter fällt auf, daß die spätere Wiederbelebung des Gewerkschaftsgedankens nicht vom SDS-Hauptvorstand, sondern von Randgruppen, Fach- und Gaugruppen, ausging, woraus zu schließen ist, daß sich konkret eine andere organisatorische

Richtung durchgesetzt hatte. Dieser Annahme soll nun im folgenden nachgegangen werden, indem den bisher zitierten theoretischen Äußerungen die praktische Politik des SDS gegenüber den Verlegern und ihren Organisationen gegenübergestellt wird. Hierzu soll exemplarisch die Frage herausgehoben werden, wie der SDS versucht hat, Konflikte zwischen Autoren und Verlegern zu lösen. Ausgegangen wird davon, daß H. Kyser in seiner Polemik gegen den Kartellvertrag zwischen dem VDE und der »B. A. G. der Vereinigung schönwissenschaftlicher Verleger« sich besonders gegen die dort vorgesehene Einrichtung des Schlichtungsausschusses und des Schiedsgerichts unter Ausschluß des ordentlichen Rechtswegs ausgesprochen hatte. Dazu schrieb er: »Ist der ordentliche Rechtsweg ausgeschlossen und der Schlichtungsausschuß und das Schiedsgericht, das *zwischen den beiden Organisationen vereinbart ist,* rechtsverbindlich, so hat der Schutzverband für die Wahrnehmung aller berechtigten Interessen seiner Mitglieder die Basis verloren.« [665] Daß der SDS aber nicht grundsätzlich dagegen war, den ordentlichen Rechtsweg auszuschließen, zeigt die Tatsache, daß er schon sehr früh darum bemüht gewesen war, eigene Schiedsverfahren zu führen. So hieß es im Jahresbericht für 1916, daß der SDS versucht habe,

»[...] soviel wie möglich alle Differenzen zwischen den Urhebern einerseits und den Schriftleitern und Verlegern andererseits auf dem Verhandlungswege beizulegen. Es zeigt sich immer mehr, daß auf diese Weise mit gutem Erfolg gearbeitet wird.« [666]

Obwohl mehrfache Besprechungen mit den Verlegern belletristischer Werke zu keiner Einigung geführt hatten, verdichtete sich 1920 die Überzeugung des SDS-Geschäftsführers H. Kyser, »daß die Interessen der Verleger und Autoren vielfach übereinstimmen, [...] zu dem Vorschlag, ein gemeinsames Schiedsgericht zu bilden«. [667] Auf der Hauptversammlung des SDS hieß es dann 1921 ausdrücklich:

»Die Bildung eines paritätischen Schiedsgerichts wie die Aufnahme des S.D.S. in die Spitzenorganisation des deutschen Buchhandels als gleichberechtigte Kammer wird angestrebt.« [668]

1922 bot die Vereinigung schönwissenschaftlicher Verleger dem SDS von sich aus die Einsetzung eines paritätischen Schiedsgerichts an. [669] 1924 legte der SDS jedoch Wert auf die Feststellung, daß diese Anregung von ihm ausgegangen sei, und stellte sich wieder auf den Standpunkt, daß mit einem Schiedsgericht den Interessen seiner Mitglieder am besten gedient sei: »der Schriftsteller tritt meistens als Kläger auf, er braucht eine schnelle Rechtsprechung, die wir uns auch billiger vorstellen, und der ganze Stand ebenso wie der der Verleger braucht vor allem eine Weiterbildung und Veredelung von Urheber- und Verlagsrecht, sowie der gesamten Verkehrssitten«. [670] Der SDS sah demnach in den Aufgaben eines Schiedsgerichts neben der Beilegung aktueller Rechtsstreitigkeiten auch die Aushandlung von Richtlinien über die Arbeits- und Honorarbedingungen, wie sie im vorigen Abschnitt dargestellt worden sind. Von einer gewerkschaftlichen Einrichtung im Sinne der oben gegebenen Definition kann jedoch schon allein deshalb nicht gesprochen werden, da sie, wie gezeigt, auch auf Wunsch der Verlegerseite zustande kommen und gerade Kampfmaßnahmen, und sei es der Weg des ordentlichen Rechts, im Konfliktfall vermeiden sollte.

Die Hauptversammlung des SDS stimmte am 17. 2. 1924 schließlich laut einem vom Hauptvorstand eingebrachten Beschluß

»[...] der Einsetzung eines paritätischen Schiedsgerichts zwischen Schriftstellern und Verlegern zu.« [671]

Bis zur nächsten Mitgliederversammlung gelang es dem SDS, mit dem »Deutschen Verlegerverein« einen Vertrag über ein Schiedsgericht abzuschließen, was auf Antrag des Hauptvorstandes von der Versammlung wie folgt begrüßt wurde:

»Der S.D.S. begrüßt den Abschluß des *Schiedsgerichtsvertrages* mit dem deutschen Verlegerverein und beauftragt und ermächtigt den Vorstand und die Geschäftsleitung des Verbandes, alles zu tun, um diesem Schiedsgericht den weitestgehenden Wirkungskreis zu verschaffen. Insbesondere wird der Vorstand ermächtigt, mit dem deutschen Verlegerverein einen Vertrag bezügl. Einrichtung eines *obligatorischen Schiedsgerichts* zu schließen.« [672]

Mit diesem Abschluß erhoffte sich der SDS u. a. »durch die Ausscheidung der ordentlichen Gerichte und die Überführung aller Rechtsangelegenheiten auf das Schiedsgericht« auch finanzielle Erleichterungen. [673]

1927 hieß es im Verband, daß das Schiedsgericht erfolgreich gearbeitet hätte, daß es aber nicht weiter ausgedehnt werden konnte, weil eine Anzahl von Verlegern seine Anrufung grundsätzlich abgelehnt habe. Andererseits wurde bestätigt, daß es überhaupt nur wenig in Anspruch genommen wurde, was als eine Art Erfolg verbucht wurde, »da allein sein Vorhandensein Differenzen und Prozessen mit den Verlegern zuvorgekommen« sei. [674] Auch wurde erklärt, daß das Schiedsgericht vor allem von ›Verlegern von Ruf und Ansehen‹ in Anspruch genommen würde, »die erforderlichenfalls auch lieber mit der Sachlichkeit des Schutzverbandes als mit der Empfindlichkeit des Autors verhandeln«. [675] Andererseits war der SDS trotz Schiedsgericht gezwungen, 1927/1928 gegen Verleger gerichtlich vorzugehen, da sie ihren Verpflichtungen gegenüber den Autoren nicht nachkamen. [676] 1930 rühmte sich der Hauptvorstand des SDS, daß er sich mit Erfolg bemüht habe, »die großen Prozesse, die den Verband in seiner Existenz bedrohen, abzubauen und neuen Prozessen vorzubeugen, indem man sich erfolgreich um den Ausgleich von Differenzen auf dem Verhandlungswege bemühte«. [677]

Auch wenn dieses Schiedsgericht nur selten, z. B. 1931 nur zweimal in Anspruch genommen worden ist [678], zeigt sich, daß die praktische Politik des SDS in bezug auf die Verleger eher zu einer Kooperation als zu einer gewerkschaftlichen Einflußnahme auf die schriftstellerischen Arbeitsbedingungen tendierte. Die Grundlage eines Interessengegensatzes war nicht anerkannt.

Diese Tendenz war neben der gewerkschaftlichen von vornherein im SDS mit angelegt. Es gab dort nicht nur Stimmen, die sich vom Warenbegriff der Literatur und dem damit verbundenen wirtschaftlichen Verständnis der Literaturproduktion entschieden distanzierten [679]; bereits der Gründungsvorsitzende des SDS, G. Herrmann, empfahl wie schon O. Th. Stein vom WSB nach dem Zusammenschluß aller Schriftsteller in einer Organisation ihre Verbindung mit den Organisationen der Verleger. [680] Auch wurde im SDS wiederholt wie im KlA zwischen guten, ›verantwortungsbewußten‹ und bösen, nicht zahlungswilligen Verlegern unterschieden. [681] Interessant ist, welchen zentralen Zweck neben dem wirtschaftlichen H. Landsberg einer Schriftstellergewerkschaft geben wollte: sie sollte dem Bestreben, Literatur als Ware zu behandeln, einen Damm entgegensetzen. [682] Es zeigt sich somit, daß ein Autor wie H. Landsberg, der die wirtschaftlichen Bedingungen der literarischen Produktion seiner Zeit erkannt hatte, diese Bedingungen nicht zugunsten der Autoren verbessern, sondern aufheben wollte. Diese Haltung ist nur zu verstehen aus der auch bei H. Landsberg gegebenen Dominanz des traditionalen Parameters der Literatur als Kulturwert, auf dessen Ebene Schriftsteller- und Verlegerinteressen auch im SDS als identisch angesehen wurden. So erklärte W. Bloem, daß das Kapital, das für die Erschließung des literarischen Markts arbeite, und der Schriftstellerstand, der die ›geistige Produktivität der Nation‹ verkörpere, von Natur nicht Feinde, sondern Bundesgenossen seien und daß nur ein ›Irrgang der Entwicklung‹ sie in eine oppositionelle Stellung gebracht habe. [683] Auf der gleichen Ebene sah A. Eloesser in seinem bereits zitierten Aufsatz, in dem er den Schriftsteller dem Arbeitnehmer ähnlich sah, die Interessen des Autors und die des Verlegers als »im kulturellen Sinne immer identisch« an; er forderte sogar die Schriftsteller auf, sich im gemeinsamen Interesse an der Erhaltung des Buches um die Sorgen der Verleger zu kümmern. [684] Hinzu kam, daß der Schriftsteller im SDS aufgrund seiner besonderen Individualität (s. 2.3.7, S. 71) als nicht wie Maurer, Metallarbeiter etc. gewerkschaftlich organisierbar gehalten wurde. [685] So gab es zahlreiche distanzierte und auch ironische Aussagen zum gewerkschaftlichen Selbstverständnis des SDS. Als erster erklärte Th. Heuss, daß bei der seit der Verbandsgründung immer wieder angebrachten ›anregenden und alarmierenden Zauberformel‹, eine schriftstellerische Berufsorganisation müsse gewerkschaftlich vorgehen, das damit verbundene ›psychologische Moment‹ berücksichtigt werden müsse, die »faszinierende Parole: Gewerkschaft, und der traditionelle Individualist entzündete sich, ohne Kritik der Unterschiedlichkeit, an dem Allheilmittel, das ihm so beschrieben wurde. Der Funke des Solidaritätsgedankens sprang herüber von dem Herd der Massenkörper – ein gewisses unklares Gefühl von Hingabe oder Verfplichtung brachte auch Leute herbei, für die jede Organisation sachlich unerheblich war«. [686] G. Beyer stellte 1919 ähnlich fest, daß die ›praktische Standesarbeit‹ des SDS von gewerkschaftlichen Methoden weit entfernt gewesen sei [687], und B. Rauecker gab 1922 zu bedenken, daß die von ihm so genannte ›Umwandlung des SDS in eine Gewerkschaft‹ vor sich gegangen sei, »ohne daß auch nur ein geringer Prozentsatz der in ihm vereinigten *qualifizierten* Schriftsteller eine Ahnung von den hieraus entstehenden Konsequenzen hatte«. [688] Überhaupt muß schon diese Formel von der ›Umwandlung des SDS in eine Gewerkschaft‹, wie sie auch in der späteren Literatur wiederholt verwendet wurde [689], als zu weitgehend angesehen werden, zumal H. Kyser kurz nach dieser Namenserweiterung des SDS den geplanten Kartellvertrag des VDE auch wegen seiner ›radikal-gewerkschaftlichen Tendenz‹

abgelehnt hatte. [690] C. Bulcke schränkte den Gewerkschaftsgedanken des SDS nach seiner Wahl zu dessen 1. Vorsitzenden ein, indem er den SDS eine ›gewerkschaftsähnliche Einrichtung‹ nannte [691], F. Wynands wollte schließlich die Bezeichnung des SDS als Gewerkschaft 1931 nur noch symbolisch verstanden wissen [692] und R. Schickele bekannte in seiner Festrede zur Gründung des SDS-Gauverbandes Baden, daß sich der SDS nur ›mit dichterischer Freiheit‹ eine Gewerkschaft nenne. »Fehlt ihm einiges Wesentliche, um mit vollem Klang die Bezeichnung ›Gewerkschaft‹ führen zu können, darunter vor allem die Machtmittel, so verkörpert er doch in all seiner zarten Leiblichkeit die Solidarität der Schriftsteller deutscher Sprache.« [693] Ironisch stellte A. E. Rutra in Anspielung auf die offizielle Schreibweise »Schutzverband deutscher Schriftsteller (Gewerkschaft Deutscher Schriftsteller)« fest, die Gewerkschaft habe im SDS nur eine zweifelhafte Rolle ›in der Klammer‹ gespielt [694], und als R. Breuer den SDS 1931 dazu aufrief, seine gewerkschaftliche Aufgabe geschlossen zu erfüllen, schränkte er den Begriff der gewerkschaftlichen Arbeit zugleich ein in das, »was dem immerhin ähnlich sieht: denn der SDS ist keine vollkommene Gewerkschaft und kann keine sein«. [695] Diese Formulierung war bereits eine Antwort auf die SDS-Ortsgruppe Berlin und die von ihr gegründete OSDS, die als erste einen entschiedenen gewerkschaftlichen Kurs des SDS gefordert hatten. Schon 1926 hatte L. Lania zu den Widersprüchen und Schwierigkeiten im SDS erklärt, daß sich dieser Verband, »der sich ganz ohne Scheu offiziell den Titel ›*Gewerkschaft* deutscher Schriftsteller‹ beigelegt hat, [...] – aus Rücksicht auf die Mehrheit seiner Mitgliedschaft und deren politische Stellung – nichts so sehr [fürchte], wie den Zwang, das zu sein, was sein Firmenschild verheißt«. [696] 1927 forderte die Ortsgruppe Berlin offiziell den Anschluß des SDS an die Freigewerkschaftlichen Organisationen der Arbeiter, Angestellten und Beamten, da angesichts »der auf allen Gebieten des geistigen, politischen, wirtschaftlichen Lebens auftretenden Reaktion [...] der Anschluß an diese zahlenmäßig mächtige Organisation als dringendes Erfordernis anzusehen« sei [697], eine Forderung, die von der Mehrheit der Mitgliederversammlung dem SDS-Hauptvorstand als Material zugewiesen wurde, nachdem A. Eloesser erklärt hatte, daß der SDS, »wenn er sich auch Gewerkschaft nennt, [...] nicht auf mechanische Weise mit den Freien Gewerkschaften gleichzusetzen« sei. [698]

Aus den Reihen der OSDS wurden auch Kritiken an anderen offiziellen Verbandshandlungen des SDS laut. So kritisierte E. E. Kisch die Tendenz des SDS-Rechtsschutzes, Prozesse zugunsten von Vergleichen zu vermeiden [699], und E. Mühsam wandte sich dagegen, daß der SDS vom Staat Subventionen erbat und annahm (s. 4.3.1, S. 286 f.), worin er eine wesentliche Einschränkung des gewerkschaftlichen Charakters des SDS sah, und er fragte, ob es irgendeine Arbeitergewerkschaft gäbe, die sich vom Staat aushalten ließe, um ihren Kampf gegen die Ausbeutung, »die zu schützen die wirkliche Aufgabe des Staates ist«, führen zu können. [700] Am konsequentesten wurde der Gewerkschaftsgedanke des SDS schließlich seit ihrer Gründung von der OSDS vertreten, die die Solidarität der Schriftsteller mit der Arbeiterschaft forderte. Für die OSDS, die im wesentlichen von den Initiatoren des »Bundes proletarisch-revolutionärer Schriftsteller (BPRS)« getragen wurde, verlangte J. K. Koenig bei aller Berücksichtigung der schriftstellerischen Besonderheiten den einheitlichen Kampf »an der Seite der klassenbewußten Arbeiterschaft«. [701] Eine ›wirkliche Schriftstellergewerkschaft‹ sollte alle ›ausgebeuteten Schriftsteller‹ »unter Einbeziehung all der Tausende von Arbeiterkorrespondenten, die heute einen wichtigeren Teil der Literatur als viele ›gefeierte‹ Produkte der ›anerkannten‹ Literatur darstellen« zusammenfassen und all jene Prominenten ausschließen, »die heute selbst zu den kapitalistischen Parasiten zählen«. [702] Dieser Forderung entsprechend hieß es im Programm der OSDS vom August 1931 unter Punkt 5 zur Gewerkschaftsfrage:

»Es ist klar, daß nur eine Schriftstellergewerkschaft, die ihre wirtschaftlichen Interessen zu sichern vermag, auch dem Staat und anderen Machtsphären gegenüber Rückgrat besitzen wird, um für die kulturellen Lebensbedingungen zu kämpfen. Die Schriftsteller müssen also [...] zur Umwandlung ihrer lockeren, ohnmächtigen Organisation in eine straffe, *tatsächlich kämpfende* Gewerkschaft gelangen.« [703]

Es versteht sich nahezu von selbst, daß dieses Konzept der OSDS auf den Widerstand des SDS-Hauptvorstandes stieß, der die offizielle, kompromißbereite Berufspolitik des SDS trug. Zwar hieß es auf der Hauptvorstandssitzung des SDS am 16. 11. 1931, daß die Gewerkschaft durchgeführt werden müsse, nachdem ein großer Teil der Mitgliedschaft eine derartige Forderung erhoben habe [704], doch hatte der Hauptvorstand schon am 20. 10. 1931 u. a. 18 Mitglieder der OSDS in der Hoffnung aus dem Verband ausgeschlossen, daß künftig »niemand im SDS [...] in seiner Eigenschaft als Mitglied des SDS und unter Berufung auf den SDS gegen die anerkannten Grundsätze der gewerkschaftlichen Arbeit verstößt«. [705] Der Hauptvorstand wehrte sich also u. a. dagegen, daß SDS-Mitglieder den Gewerkschaftsnamen des Verbands beim Wort genommen sehen wollten und damit seine praktische Arbeit grundsätzlich in Frage stellten. Auch wehrte er sich dagegen, wie es aus der Pressekonferenz W. Schendells vom 21. 11. 1932 hervorging, daß die Behandlung grundsätzlicher Fragen wie einer Analyse der schriftstellerischen Produktionsbedingungen zum Gegenstand seiner Politik gemacht würde. Vielmehr sah er die Aufgabe in der ›Hilfe von Fall zu Fall‹. »Gewiß können sich aus der Auseinandersetzung von Fällen grundsätzliche Fragen und Forderungen ergeben, aber der *einzelne Fall* ist das Primäre. [...] Das Leben, ja das Daseinsrecht des SDS entscheidet sich an der Erledigung von praktischen Fällen.« [706]

Der SDS, der mit der Herausgabe der Broschüre von W. Fred damit begonnen hatte, die wirtschaftlichen Produktionsbedingungen der Schriftsteller grundsätzlich zu analysieren, und an dessen Anfang zahlreiche Aufrufe zu einem entsprechend konsequenten Handeln standen, hat sich im Laufe der Weimarer Zeit von dieser grundsätzlichen zu einer kasuistisch orientierten Berufspolitik entwickelt und somit seine schon im Ansatz zögernde Frontstellung gegenüber den Verlegerverbänden zu einer Kooperationsbereitschaft höchsten Ausmaßes verwandelt. Dieser Verband, der sich in seinem Beinamen Gewerkschaft nannte, erwies sich somit als nicht qualifiziert, die Interessen seiner Mitglieder und der Schriftsteller überhaupt gegenüber ihren Arbeitgebern und Abnehmern ihrer Produktion wirkungsvoll zu vertreten.

Von den regionalen Nachkriegsverbänden haben sich nur zwei zu einer gewerkschaftlichen Grundhaltung bekannt: der SDA-Berlin und der SDS-Hessen. Der SDA-Berlin sah sich als erster Verband nach dem 2. Weltkrieg vor die Frage gestellt, ob er sich als Gewerkschaft verstehen sollte oder nicht. Nach W. Schendells Aussage hat sich die überwiegende Mehrheit auf der konstituierenden Versammlung des Verbands im Hinblick auf die Erfahrungen des alten SDS dazu entschlossen, »sich diesmal von vornherein den Gewerkschaften direkt anzuschließen«, und er hob lobend hervor, »daß auch der geistig schaffende Mensch sich zu der Gemeinschaft aller Kopf- und Handarbeiter bekannte«. [707] Der SDA-Berlin trat sogleich der sich gerade in der sowjetischen Besatzungszone und Berlin konstituierenden Gewerkschaft 17 Kunst und Schrifttum im FDGB bei, wobei ihm eine weitgehende finanzielle Selbständigkeit und volle Freiheit in der Durchführung aller spezifischen Berufsaufgaben zugesichert wurde. [708] Doch zeigte sich diese Bindung als nicht zufriedenstellend und widersprüchlich. W. Schendell erklärte dazu, daß bei »aller positiven Einstellung zum Gewerkschaftsgedanken« die Arbeit des SDA »in und mit der Gewerkschaft Kunst und Schrifttum im einzelnen noch keine endgültige Gestalt gewonnen« habe. »Wir Schriftsteller sind in der Mehrzahl keine gleichartige in festem Anstellungsverhältnis befindliche Berufsgruppe. [...] Es handelt sich bei unserer Organisation um den Zusammenschluß der Nichtorganisierbaren, die aber eben gerade deshalb in ihren aktuellen Einzelfällen die Hilfe ihres Verbandes in Anspruch nehmen« müßten. [709] Trotz des Gewerkschaftsbeitritts seines Verbands vertrat W. Schendell wie schon 1932 wieder die These, daß der Schriftstellerverband in der Hauptsache Hilfe von Fall zu Fall zu leisten habe. [710] Sein zugleich gegebenes Bekenntnis, daß die Schriftsteller als die Nichtorganisierbaren gleichwohl »in die große Organisation des arbeitenden Volkes« gehörten und »sich trotz des Berufsmerkmals der Vereinzelung ihren Platz unter dem gemeinsamen Dache einzurichten wissen« [711], entsprach wohl eher einer opportunistischen Pflichtübung als einer echten Überzeugung.

Die praktische Berufspolitik des SDA-Berlin entsprach denn auch der des SDS in seinen letzten Jahren. Am 12. 4. 1946 gründete er zusammen mit den damals noch nicht organisierten Bühnenverlegern eine »Zentralstelle der Autoren und Verleger GmbH« mit dem Zweck, gemeinsam gegen die zahlreichen Schwarzaufführungen der vielen, nach 1945 in Berlin aus dem Boden geschossenen Bühnen aller Gattungen zu kämpfen. [712] Am 30. 1. 1947 rief der SDA-Berlin zusammen mit der Berliner Verleger- und Buchhändlervereinigung ein Schiedsgericht ins Leben [713], wozu W. Schendell grundsätzlich bemerkte, daß man nicht beabsichtige, in den alten Stil der Zeit vor 1933 zurückzufallen, sondern daß die »zynische Polemik der wirtschaftlich stärkeren Interessenverbände, die ihre aalglatten Autoritäten auf unsere wohlbegründeten und maßvollen Forderungen loßließen, [...] nicht wiederkommen« würde und daß andererseits auch die Schriftsteller selbst »nicht in die alten Untugenden jener Zeiten verfallen und nicht allgemein von ungerechtfertigten Verlegergewinnen, von Nutznießern der Arbeit anderer und von Ausbeutern und ähnlichem reden. Wir wissen sehr wohl, daß die Verlegertätigkeit ein verantwortungsvolles Berufensein voraussetzt«. [714]

1948 war die Höhe der Beiträge, die der SDA-Berlin an den FDGB abzuführen hatte, noch nicht geregelt. Als ein organisatorischer Zusammenschluß aller Gewerkschaften der Ostzonenländer auch eine straffere Organisation der Gewerkschaft Kunst und Schrifttum erforderte, wurde erwogen, den Mitgliedsbeitrag im SDA-Berlin zu erhöhen, damit er seiner Zahlungspflicht gegenüber dem FDGB nachkommen könnte. [715] Dies löste eine neue Diskussion des Verhältnisses des SDA zum FDGB aus, umd man kam zu dem Entschluß, »einen neuen Weg für die Form unserer Zusammenarbeit mit der Gewerkschaft zu suchen«. Diese Form bestand schließlich in einer Lockerung der Bindung, die durch den Abschluß eines Kartellvertrags mit dem FDGB erreicht wurde, »so daß statt der *alten Gewerkschaft 17 Kunst und Schrifttum Groß-Berlin* ein Zusammenschluß selbständiger Verbände in einem Kartell unter dem Namen ›Kartell Kunst und Schrifttum FDGB‹ entstanden ist«. [716] Um »ohne den Schatten eines Verdachtes, ein parteipolitischer Verband zu sein, besser arbeiten« zu können, schied der SDA-Berlin schließlich am 1. 11. 1950 endgültig ganz aus dem FDGB aus [717], was aber nicht mehr die Abspaltung des »Berliner Schriftstellerverbandes« hatte rückgängig machen können, die am 14. 10. 1949 aufgrund der geplanten Erhebung der Mitgliedsbeiträge durch den FDGB von einigen Gewerkschaftsgegnern initiiert worden war. [718]

Über den zweiten gewerkschaftlich organisierten Nachkriegsverband der Schriftsteller, den SDS-Hessen, liegen nur sehr geringe Informationen vor. Es steht lediglich fest, daß sich dieser Verband innerhalb der »Landesgewerkschaft Freie Berufe, Hessen – Sektion Schriftsteller, Komponisten und Journalisten« mit Sitz in Frankfurt/M. konstituiert hatte [719], und daß diese Organisation, obwohl ihr Delegierter auf der ›Arbeitstagung deutscher Schriftstellerverbände‹ 1949 in Hamburg erklärte, »daß nach seinen Erfahrungen die Gewerkschaften niemals die geistige Unabhängigkeit der Autoren bedroht hätten« [720], 1950 oder 1951 aufgelöst und ohne gewerkschaftliche Bindung neu gegründet worden ist. [721]

Der WAV war nicht einer Gewerkschaft angeschlossen, doch zählte er u. a. nach § 4, Abs. d seiner Satzung die

»[...] Zusammenarbeit mit anderen gleichartigen Verbänden der Kulturschaffenden in Deutschland und im Ausland sowie mit den Gewerkschaften im Dienste des geistigen Neuaufbaus in Deutschland [...]«

zu seinen Aufgaben. [722]

Dies sind, soweit bekannt, alle Versuche der deutschen regionalen Nachkriegsverbände, sich in irgendeiner Form mit Gewerkschaften zu verbinden oder sich gewerkschaftlich zu verstehen. Anders als die beiden gewerkschaftlich organisierten Verbände hatte es die Mitgliederversammlung des SDS-Bayern am 11. 11. 1947, nachdem R. Schneider-Schelde aus Protest gegen die Haltung der bayerischen Behörden der Not der Schriftsteller gegenüber von seinem Präsidentenamt zurückgetreten war, abgelehnt, den Verband der Gewerkschaftsbewegung anzuschließen. [723] Aber auch die gewerkschaftspositiven Ansätze sind, wie gezeigt werden konnte, etwa zusammen mit der Gründung der Bundesrepublik, d. h. auch, mit

Beginn der Restauration nach dem Kriege, im Sande verlaufen. Bereits auf der ›Arbeitstagung deutscher Schriftstellerverbände‹ stand vom 11.–14. 3. 1949 nicht der Gewerkschaftsgedanke zur Diskussion, wohl aber wurde wieder das Schiedsgericht zwischen Autoren und Verlegern als besonders nützlich gepriesen und gefordert. [724] Die Vereinigung hat sich von vornherein nie als Gewerkschaft verstanden; in den 50er Jahren kam gar keine Diskussion zu diesem Thema auf. Erst seit 1960 lassen sich vereinzelte Stellungnahmen zum Gewerkschaftsgedanken nachweisen. So erklärte G. Pohl, daß das schriftstellerische Berufsinteresse zugleich ein Kulturinteresse sei, und die Vereinigung sei »eine Art Gewerkschaft und doch weit mehr«, was es überall und unaufhörlich zu demonstrieren gelte. [725] Hier wurde also wie schon im SDS der Weimarer Zeit der Kulturwert literarischer Arbeit über ihren wirtschaftlichen gestellt und dies mit dem Wesen des Schriftstellers und seiner Organisationsfrage verbunden. Auch F. Schilling ging davon aus, daß Schriftsteller nicht wie eine Gewerkschaft einen größeren Anteil am Ertrag ihrer Arbeit erkämpfen könnten, sie könnten lediglich versuchen, »sich vor dem Mißbrauch der wirtschaftlichen Stärke ihres Partners zu schützen und um eine echte Arbeitsgemeinschaft zu werben«. [726] Auf der Mitgliederversammlung der Vereinigung von 1962 ›bat‹ F. K. Fromm die Delegierten, »nicht anzunehmen, daß wir uns einer Gewerkschaft anschließen. Das wäre ein Begräbnis I. Klasse der deutschen Autorenschaft«. [727] Er ging davon aus, daß Schriftstellerinteressen nicht als Arbeitnehmerinteressen anzusehen seien. [728] In einer Denkschrift, die die Grundlagen und die wichtigsten Ziele der Arbeit der Vereinigung darlegen sollte, hieß es entsprechend, die Vereinigung sei »keine Gewerkschaft, sondern eine geistige Berufsvertretung«. [729]

Überraschenderweise hielt ausgerechnet F. K. Fromm laut Protokoll der Mitgliederversammlung der Vereinigung von 1965 ein Referat über die Möglichkeiten einer Gewerkschaftsgründung für Autoren, das auf großes Interesse stieß, wobei jedoch der Vorschlag, dieses Thema auf der nächsten Vorstandssitzung zu beraten, nicht verwirklicht wurde. [730]

Statt des Gewerkschaftsgedankens spielte in der Vereinigung der 50er Jahre das Thema der freien Berufe eine zentrale Rolle. 1954 bedauerte die Vereinigung, daß der 12. Deutsche Soziologentag, der das Thema »Die freien Berufe« zum Gegenstand hatte, nicht zu einer Kategorie durchgedrungen sei, die die Zugehörigkeit zu einem freien Beruf fixieren könnte. Tautologisch wurde angemerkt, daß die Frage nach der Abgrenzung der Freien Berufe »eng verbunden mit der Frage nach dem *Wesen der freien Berufe«* sei. Dieses Wesen wurde von der Vereinigung darin gesehen, daß die Angehörigen der freien Berufe keine Weisungsgebundenheit vertrügen und daß, wenn sich freiberuflich Tätige fremden Weisungen gegen Wissen und Gewissen beugten, »es nicht nur um die Freiheit ihres Schaffens geschehen, sondern die Erledigung ihres Auftrages selbst [...] auf das Schwerste gefährdet« sei: »Dann zerbricht die diesen Berufen eigentümliche Identität von Beruf und Berufung.« [731] Später hieß es, daß der Schriftsteller unter den freien Berufen der Bundesrepublik »zu den echten ganz freien Gruppen« gehöre und daß weder Juristen noch Ärzte so völlig frei seien wie sie. Diese Freiheit sei »ein Vorzug, denn derart gestellt vermag er, unabhängig selbst in Armut und Bedürfnislosigkeit dem Geist der echten Freiheit zu dienen«. [732] Diese Haltung, die völlig an der schriftstellerischen Berufswirklichkeit vorbeiging und die nur als Reaktion auf die NS-Zeit und die Konsolidierung der DDR verstanden werden kann, hat auch nachhaltig das Verhältnis der Vereinigung zur Literatur und ihren Verwertern, vor allem den Verlegern, geprägt. So wurde entschieden gegen die Gleichsetzung von Literatur und Ware polemisiert. M. Baumann z. B. räumte zwar ein, daß auch der ›echte Dichter von hohem Rang‹ in den ›Bannkreis der Werbung‹ mit einbezogen sei, doch sah er darin einen wesentlichen Unterschied, »ob für eine von vielen Zahnpasten geworben wird oder für einen die Zeit aus der Tiefe her deutenden Roman«. [733] Worin dieser Unterschied konkret liegt, wußte der Autor nicht mitzuteilen. Er suggerierte den Unterschied und erkannte nicht, daß er vor allem in der Berücksichtigung einer anderen, begrenzteren Zielgruppe, nämlich der jeweils potentiellen Lesergruppe zu suchen ist.

Gegen die geplante Einführung der Mehrwertsteuer auch für literarische Produkte argumentierte z. B. F. Schilling u. a. unter Hinzuziehung einer Stellungnahme des Deutschen Industrieinstituts Köln vom 2. 8. 1963, in der es u. a. hieß, »daß ein rein geistiges Produkt niemals einer Ware oder Leistung im gewerblichen Bereich gleichgestellt werden« könne und daß es sich bei der Literatur »nicht um die Bearbeitung einer Ware [...] sondern um eine fast reine Wertschöpfung« handele. [734] Von anderen Schriftstellern wurde gegen die ›materielle Gleichsetzung von Lyrik und Klosettbürsten‹ polemisiert. [735] Der kulturelle Wert literarischer Produktion wurde hier derart einseitig betont, daß man sich nicht scheute, von ›rein geistigen Produkten‹ und ›fast reiner Wertschöpfung‹ zu sprechen und recht beleidigt zu reagieren, wenn zumindest an den Auch-Waren-Charakter der Literatur erinnert wurde.

Obwohl V. Deneke in seinen im ›Schriftsteller‹ veröffentlichten Aufsätzen die ›kulturwirtschaftliche Institution‹ Verlag als erwerbswirtschaftlich orientiert erkannte und die Abhängigkeit des Künstlers vom Kulturgewerbe als schlimm bezeichnete, da er »in dieser Partnerschaft [...] am kürzeren Hebelarm« sitze [736], und trotz der Einsicht, daß die Marktgängigkeit eines Atuors vom Verleger höher gewertet werde als seine Begabung [737], blieb er bei der Überzeugung, daß ideelle Güter ›nicht-wirtschaftlicher Natur‹ seien und folgerte, daß es auch für den Verleger keine freie Wahl beim Literaturangebot gebe, die nach marktwirtschaftlichen Prinzipien funktioniert, sondern daß vielmehr die ›Elemente des subjektiven Vertrauens und der subjektiven Vorliebe‹ bei der Wahl eines Autors eine dominierende Rolle spielen; »daß die Bereitschaft zur Zahlung eines Honorars letzten Endes weniger mit der Notwendigkeit zusammenhängt, diesen oder jenen Bedarf decken zu müssen, [...] als eben mit dem subjektiven Vertrauensverhältnis, mit der subjektiven Vorliebe«. [738]

1964 bezeichnete F. K. Fromm in einem Artikel, den er für das Börsenblatt für den deutschen Buchhandel geschrieben hatte und den er auch im ›Schriftsteller‹ veröffentlichte, den Verleger als ›natürlichen Freundgegner‹ des Autors, mit dem er eine ›Vernunftehe‹ eingehe, die zu einer ›Liebesheirat‹ werden könne, sobald sich beide zu einer ›gemeinsamen Kampfeslinie‹ gegen ihre vielen gemeinsamen Freinde zusammenschlössen. [739] Wie sehr dieser Repräsentant der Vereinigung bereits den Standpunkt der Verleger übernommen hatte, zeigt die im Börsenblatt erschienene Antwort auf diesen Artikel, in der es metaphorisch über das Autor-Verleger-Verhältnis hieß, der Autor habe unter Schmerzen sein Kind, das Werk, geboren und bringe »dieses Kind in die Ehe ein. Der Verleger, vergleichsweise der Vater – in vielen Fällen ein echter Vater, weil er vieles zum Werden des Kindes beigetragen hat – soll und will gerade dieses Kind in die Welt hinausführen [...] weil er es liebt«. [740] Dieses geradezu kitschige Rührstück über das Autoren-Verleger-Verhältnis gewinnt für die Darstellung des Selbstverständnisses der Vereinigung deshalb eine große Bedeutung, weil sie es im ›Schriftsteller‹, wie sie ausdrücklich erklärte, ›dankbar‹ und ›im Interesse einer sachlichen Klärung‹ abdruckte. [741]

1962 veröffentlichte die Vereinigung an der gleichen Stelle sogar einen Plan, nach dem sie den Fonds, den sie aus der geforderten Urhebernachfolge-Tantieme zu bilden hoffte (s. 3.2.2, S. 128 u. 3.3.1.2, S. 145), auch zur Unterstützung von Verlegern durch Druckkostenzuschüsse für die Veröffentlichung von Werken lebender Autoren heranziehen wollte, um auf diese Weise »den Verlegern das Risiko bei der Veröffentlichung neuer Werke« abzunehmen oder zu erleichtern, damit sie sich eher entschließen könnten, »Förderer der neuen Literatur zu werden«. [742] Im Interesse einer rein ideell verstandenen Kultur identifizierte sich die Vereinigung hiermit derart mit den Verlegern, daß sie sie sogar wirtschaftlich zu unterstützen trachtete.

Entsprechend dieser Haltung zeichnete sich die praktische Politik der Vereinigung gegenüber den Verlegern, wie bereits anhand ihrer tarifpolitischen Bemühungen gezeigt worden ist, durch Harmlosigkeit und Inaktivität aus (s. 3.4.2.2, S. 213 ff.). 1960 z. B. pflichtete R. Italiaander der Auffassung von G. Pohl und C. Haensel ›energisch‹ bei, daß die Vereinigung eine tragfähige Basis der Zusammenarbeit mit den Verlegern suchen sollte, ohne allerdings die Rechte der Schriftsteller zu gefährden. Er wußte zu berichten, daß der Börsenverein dem VdÜ als Fachgruppe der Vereinigung ohne Bedingungen DM 2.000,– für eine Tagung in Bad Godesberg zur Verfügung gestellt hatte [743], und 1963 konnte von der Vereinigung »bei der Wertung der divergierenden Interessen ein besseres Klima in der Zusammenarbeit« mit dem Börsenverein festgestellt werden. [744] Als aber die Vereinigung eine gemeinsame Schlichtungsstelle für Streitigkeiten zwischen Autoren und Verlegern vorschlug, konnte sie den Börsenverein nicht einmal für eine solche konkrete Zusammenarbeit mehr gewinnen. [745] So erklärte sie schließlich 1965 in ihrer Denkschrift, daß ihre Existenz deshalb besonders bedeutsam sei, »da sich die deutschen Autoren immer noch in einem schweren Existenzkampf gegenüber übermächtigen Organisationen der Verwerter befinden«. Sie nannte hierbei neben den Rundfunkanstalten und den Filmgesellschaften auch den Börsenverein des deutschen Buchhandels. [746]

Erst im letzten Jahr ihrer Existenz kündigte sich im Übergang zum VS ein Umdenken an: In seinem 3. Rundschreiben erklärte D. Lattmann als letzter Präsident der Bundesvereinigung, daß die »Lebensform in der Industriegesellschaft der vorhersehbaren Zukunft [...] immer mehr zuungunsten der freien Berufe ausschlagen« werde, und daß sich die Schriftsteller in ihren berechtigten Forderungen nur dann behaupten könnten, »wenn sie als starke Gruppe operieren, in gewerkschaftsähnlicher Solidarität«. [747] Wenn D. Lattmann noch von einer ›gewerkschaftlichen Organisation‹ sprach [748], dann wurde unter ›gewerkschaftlich‹ ein gesteigert solidarisches Verhalten verstanden und unter einer ›gewerkschaftsähnlichen Organisation‹ eine im Vergleich zur Vereinigung straffere Organisation möglichst vieler Schriftsteller. Von einem Gewerkschaftsdenken im Sinne der dieser Abhandlung zugrunde liegenden Definition war man damals noch weit entfernt.

Einen Schritt weiter ging die Entwicklung bereits im Gründungsmodell des VS, in dem die Konzeption des anzustrebenden neuen Verbands als ›gewerkschaftlich‹, auf die gesellschaftlichen und juristischen Belange der Schriftsteller gerichtet bezeichnet wurde. Da jedoch die hauptberuflichen Schriftsteller im Steuerrecht als Unternehmer eingestuft wurden, konnten »sie nicht wie Arbeitnehmer direkt einer Gewerkschaft beitreten«. D. Lattmann schlug deshalb eine ›lose Assoziation an den Deutschen Gewerkschaftsbund‹ vor. »Voraussetzung dafür wäre, daß der DGB dem Schriftstellerverband für den voraussichtlich nicht geringen Mitgliedsbeitrag ausreichende Stärkung der Position und der berufspolitischen Forderungen zusichern kann.« [749] So endete die Existenz der Vereinigung, die außer auf urheberrechtlichem Gebiet zu keinem nennenswerten Erfolg zugunsten der schriftstellerischen Arbeitsbedingungen gekommen war und die sich nahezu mit dem Standpunkt der Verleger identifiziert hatte, mit einem Gedanken an einen Gewerkschaftsbeitritt, der zwar noch verworfen, aber bereits in den Plan einer Assoziation des Schriftstellerverbands mit dem DGB abgewandelt wurde.

Wie schon im Gründungsmodell nannte D. Lattmann die Konzeption des VS bei seiner Gründung ›gewerkschaftlich‹. »Verhandlungen werden ergeben, in welcher Form sich die Assoziation an den Deutschen Gewerkschaftsbund anbietet.« [750] Auf verschiedene Bestrebungen hinweisend, die zu jener Zeit unter dem Stichwort Gewerkschaft diskutiert wurden [751], und die er nicht alle für rational motiviert hielt, erklärte er weiter: »Wichtiger als der Name Gewerkschaft ist für den Schriftstellerverband vorläufig, daß er seine Aufgaben gewerkschaftlich erfüllt.« [752]

Auf einer Veranstaltung des VS in Hamburg waren sich H. Böll und D. Lattmann darin einig, daß nur eine gewerkschaftliche Solidarität die Situation der Schriftsteller bessern könne, und D. Lattmann zeigte sich davon überzeugt, daß die 1910 erfolgte organisatorische Spaltung von Schriftstellern und Journalisten durch eine gemeinsame Autorengewerkschaft wieder überwunden werden könne. [753] Als Ursachen für die bisherige Ohnmacht der Schriftsteller gegenüber ihren Arbeitgebern wurden u. a. die elitäre Denkweise ihrer Organisationen und ihre ständischen Prinzipien angesehen, die sich in dem »Unvermögen vieler Schriftsteller, mit den Arbeitnehmern in verwandten Berufsbereichen gemeinsame Sache zu machen«, ausdrückte. [754] D. Lattmann sah in der Hinwendung des Schriftstellerverbandes zu den Gewerkschaften und somit in der Verbindung der Schriftsteller mit der Arbeiterbewegung einen ›fortschreitenden Prozeß der Bewußtseinsveränderung‹: »Immer mehr Autoren begreifen sich als abhängige Urheber, als Schriftsteller, die de facto von den Massenmedien, von den großen zusammengefaßten Verlagskonzernen wie Arbeitnehmer abhängig sind.« [755] G. Grass, der nach der Gründung des VS als erster den Anschluß an eine der vorhandenen Gewerkschaften wie der IG Druck und Papier angeregt hatte [756], sprach auf dem 1. Schriftstellerkongreß des VS von einer Schwelle widersprüchlicher Verhältnisse, die bisher zwischen Schriftstellern und Gewerkschaften bestanden und viele ›linksbürgerliche Schriftsteller und Theoretiker‹ daran gehindert habe, »sich außerhalb des aufgeklärten Bürgertums als Lohnabhängige, als Arbeitnehmer, als jemand zu verstehen, der des Schutzes der Gewerkschaften bedarf«. Erst in jüngster Zeit hätten viele begonnen einzusehen, »es könne Zusammenarbeit zwischen Schriftstellern und Gewerkschaften zumindest erwägenswert sein«. [757] Auch M. Walser und H. Böll sahen den Zeitpunkt für eine Änderung der schriftstellerischen Organisationsform infolge der zunehmenden Monopolisierung und des sich anbahnenden ›Zeitalter des Medienverbunds‹ gegeben [758], und D. Lattmann erklärte: »Erst durch die Konzentration und auftauchenden Mammutunternehmen im Verlagswesen, sowie die Übermacht der Massenmedien über den einzelnen Schreibenden, wurde die gewerkschaftliche Organisation der Worturheber zur Existenzfrage.« [759]

Im Gegensatz zum SDS der Weimarer Zeit zog der VS während der kurzen Zeit seiner Existenz aus seiner Ohnmacht beim Versuch, bessere Arbeitsbedingungen für die Schriftsteller durchzusetzen, bald entschiedenere Konsequenzen.

Einen eindeutigen Gewerkschaftskurs des VS forderte ein von mehreren Autoren dem Schriftstellerkongreß vorgelegtes Arbeitspapier, in dem ein erfolgreicher Kampf der Schriftsteller gegen die Auswirkungen der ›rasch fortschreitenden Monopolisierung bei den Massenmedien‹ und gegen die ökonomische Abhängigkeit der Autoren von diesen Unternehmen nur im Bündnis »mit allen Kräften, die ebenfalls um Mitbestimmung kämpfen müssen, um sich gegen die Diktatur der Monopole zu behaupten«, namentlich mit einer DGB-Gewerkschaft für möglich gehalten wurde. [760] So beschloß der 1. Schriftstellerkongreß erstmals mit großer Mehrheit, den Vorstand zu beauftragen, die Gewerkschaftsfrage voranzutreiben:

»Zur Durchsetzung seiner Ziele wird der VS die begonnene Kooperation mit den Gewerkschaften zu intensivieren suchen. Der Bundesvorstand erhält Auftrag, in Kontakt einerseits mit dem DGB, andererseits mit der IG Druck und Papier sowie der Gewerkschaft Kunst die Voraussetzungen zu klären, unter denen im Lauf der weiteren Entwicklung – arbeitnehmerähnlicher Status, Tariffähigkeit – aus der Phase der Kooperation den Anschluß an eine Gewerkschaft unter Wahrung der Selbständigkeit einer Fachgruppe hervorgehen kann.« [761]

Diesem Beschluß der Mitgliederversammlung waren Gespräche mit den angesprochenen Gewerkschaftsorganisationen vorausgegangen, bei denen der DGB dem VS zugesagt hatte, von Fall zu Fall mit dem VS sozialpolitisch im Interesse der wirtschaftlichen und sozialen Ziele der Schriftsteller und gesellschaftspolitisch für Reformen auf kulturellem Gebiet zu kooperieren. Konkret versprach der DGB dem VS Unterstützung bei seiner Forderung nach einer Urheberrechtsnovelle als Basis für das geplante Sozialwerk der Autoren (s. 3.2.2, S. 129 f. u. 3.3.1.2, S. 146 f.) zu. [762]

In den weiteren Gesprächen unmittelbar nach dem 1. Schriftstellerkongreß konnte zwar noch keine konkrete Basis für einen Gewerkschaftsanschluß des VS gefunden werden, doch erklärte sich der DGB bereit, auch künftig die Interessen der Schriftsteller mitzuvertreten, wie z. B. die Initiativen des VS zugunsten einer Einbeziehung der Schriftsteller in den Kreis der arbeitnehmerähnlichen Personen durch eine Änderung des Tarifvertragsgesetzes (s. 3.3.2.2, S. 151 f.). Insbesondere wollte man in Zukunft gemeinsam »über die Konzentration der Massenmedien und die sich daraus ergebenden Konsequenzen« beraten. [763] Wichtig für die weitere Entwicklung war, daß der DGB bald zu verstehen gab, nicht an einer Intellektuellen-Gewerkschaft interessiert zu sein und daß er auf der Einhaltung des industriegewerkschaftlichen Prinzips bestand, daß also nach seinen Vorstellungen Schriftsteller und andere künstlerisch Schaffende nur zusammen mit den technisch-reproduzierenden Arbeitskräften der Kulturindustrie in einer Organisation zusammengefaßt sein sollten. [764] Der VS mußte also, wollte er weiter in Verbindung mit den Gewerkschaften bleiben, einen Anschluß an eine bestehende Industriegewerkschaft anstreben. Dieser Plan modifizierte eine Idee M. Walsers, der auf dem 1. Schriftstellerkongreß eine IG-Kultur gefordert hatte, die aus verschiedenen Einzelverbänden eine Organisation machen sollte, »die den Multimedia-Konzernen gewachsen ist«. – »Da unser Partner oder Gegner neuerdings immer nach der Verfügung über *alle* Medien strebt, ist es nur komisch, wenn Autoren als Schriftsteller, Journalisten, Schauspieler, Maler, Kameraleute, Regisseure in separierten Häufchen herumoperieren.« [765] Ähnlich wie einzelne VS-Mitglieder erklärte D. Lattmann später hierzu, daß die ›Zauberformel IG-Kultur‹ nicht etwa ›Interessengemeinschaft-Kultur‹ sondern ›Industriegewerkschaft Kultur‹ bedeute, und daß ein »Zusammenschluß aller kreativ und intellektuell Tätigen in den Bereichen der Kultur und der Medien [...] noch keine Industriegewerkschaft« wäre, sondern erst »die Solidarität der Intellektuellen und Kreativen mit den Arbeitnehmern aus dem Bereich der Kulturindustrie«. [766]

Einen Schritt weiter in dieser Richtung kam der VS in seinem ersten Gespräch mit der IG Druck und Papier am 11. 3. 1971, nach dem es hieß, es hätten sich konkrete Möglichkeiten für einen Gewerkschaftsbeitritt aufgezeigt. [767] Am 15. 4. 1971 beriet der VS-Bundesvorstand sein erstes Modell für einen Anschluß des VS an eine Gewerkschaft, das er dann den VS-Mitgliedern zur Diskussion stellte. In einer Präambel stellte der VS-Bundesvorstand seiner Modellvorstellung folgende Erklärung voran:

»Die Entwicklung in den kulturellen und publizistischen Bereichen ist Ausdruck der gesellschaftlichen Entwicklung. Angesichts der zunehmenden Verlagskonzentration und der Übermacht der Massenmedien als Auftraggeber sind die Worturheber gezwungen, ihre Solidarität in einer möglichst wirkungsvollen Organisation zu praktizieren. Dies soll als mittelfristige Zielsetzung in einer Gewerkschaft aller Urheber Wort, Bild und Ton einschließlich der Mitwirkenden und Interpreten geschehen. Da der Schriftstellerverband jedoch auf die Organisationen der Bildenden Künstler und der Komponisten nur wenig Einfluß nehmen kann, müssen die Autoren als ersten Schritt der Realisierung ihre eigene Entscheidung der Gewerkschaftsfrage treffen.« [768]

Des weiteren ließ sich der Bundesvorstand von folgenden Überlegungen leiten:

»Die hundertjährige Geschichte schriftstellerischer Berufsorganisationen in Deutschland weist wenige Höhepunkte und zahlreiche Phasen mangelnder Solidarität auf. Schon der Schutzverband Deutscher Schriftsteller (SDS), 1909 in Berlin gegründet, nannte sich im Untertitel eine Schriftstellergewerkschaft, doch bis zum Jahr 1933 kam er über die Dimension einer ständischen Berufsvertretung nicht hinaus. Auch der Verband deutscher Schriftsteller (VS) vermag seine Ziele nur unzureichend durchzusetzen, wenn er nicht ernstmacht mit seiner gewerkschaftlichen Konzeption. [...] Wenn der gegenwärtig vorhandene Elan nicht ausgenutzt wird, um die Gewerkschaftslösung zu realisieren, besteht nach aller Erfahrung die Gefahr, daß der VS nach dem Erreichen schon der ersten sozialpolitischen Nahziele zur Bedeutungslosigkeit absinkt. Deswegen meinen wir: ein VS, dessen Organisation die Gewerkschaft übernimmt, der aber Bewegungsfreiheit durch einen eigenen Bundesvorstand und berufsspezifische Landes- und Fachgruppen behält – das könnte eine realistische Lösung sein, die unserer Arbeit auf lange Zeit Kontinuität sichert.« [769]

Es zeigt sich, daß der VS seine Situation realistisch einzuschätzen versuchte. Auf der einen Seite stand dabei die Einsicht in die realen Produktionsbedingungen, wie sie für schriftstellerische Arbeit bestehen und wie sie voraussichtlich noch auf sie zukommen, sowie das Wissen um das berufspolitische Scheitern seiner ständischen Vorläuferorganisationen, auf der anderen Seite die Skepsis gegenüber dem Durchhaltevermögen der Schriftsteller in ihrem berufspolitischen Engagement sowie der Wunsch, über die eigene schriftstellerische Berufsorganisation hinaus zu einem Verband aller im kulturellen Bereich produktiv wie reproduktiv Tätigen zu kommen. Der VS erlebte sich somit historisch als Zwischenstation zwischen den zurückliegenden Verbänden und einem zu erstrebenden zukünftigen Verband.

Auf dem 9. ordentlichen Gewerkschaftstag der IG Druck und Papier, der zwischen dem 24. und 30. 10. 1971 abgehalten wurde, warben Vertreter des VS aktiv für die Mitgliedschaft der Schriftsteller in dieser Gewerkschaft, die sich bei Sondierungsgesprächen der Konzeption einer künftigen Mediengewerkschaft aufgeschlossener gezeigt hatte, als die Gewerkschaft Kunst, mit der ebenfalls gesprochen worden war. [770] In seiner Rede vor dem Gewerkschaftstag hoffte D. Lattmann auf die Unterstützung der Gewerkschaft bei dem Schritt »der scheinbar unverbesserlichen Eigenbrötler in die Solidarität nicht nur untereinander, sondern [...] auch mit den Arbeitnehmern in verwandten Berufsbereichen«. [771] In die gleiche Richtung zielte ein Schreiben an die Delegierten des Gewerkschaftstages, das M. Walser und F. Hitzer ausgearbeitet und weitere 10 Autoren unterzeichnet hatten. In diesem Schreiben wurde der Gedanke »von der notwendigen Einheit und Solidarität der technischen und geistigen Berufe« hervorgehoben, weil im Zuge der weiteren Medienentwicklung und der Kapitalkonzentration in allen kulturellen Produktionszweigen für beide Bereiche neue Situationen entstünden, und weil der gemeinsamen Abhängigkeit nur eine alle Lohnabhängige umfassende Organisation wirkungsvoll begegnen könne. [772] Der auf diese Weise angesprochene Gewerkschaftstag der IG Druck und Papier appellierte schließlich seinerseits in einem Beschluß an den DGB,

»[...] im Rahmen einer DGB-Reform die Zweckmäßigkeit einer größeren gewerkschaftlichen Organisation im Medienbereich ernsthaft zu prüfen. Der ständig fortschreitenden Konzentration in den Unternehmen der Massenkommunikation (Zeitungen, Zeitschriften, Bücher, Schallplatten, Film und Fernsehen) muß mit einer auch organisatorischen Konzentration gewerkschaftlicher Aktivität begegnet werden. Das Prinzip der Industriegewerkschaft ist auch im Bereich der Medienindustrie durchzusetzen.« [773]

Der Gewerkschaftstag, der sich somit die Vorstellungen und Initiativen des VS voll zu eigen machte, bevollmächtigte darüber hinaus den erweiterten Vorstand der IG Druck und Papier, den VS in die Gewerkschaft aufzunehmen, sobald er sich dazu entschlösse. [774]

L. Mahlein, der als Vorsitzender der IG Druck und Papier der Delegiertenversammlung des VS am 4. 11. 1971 diese Beschülsse persönlich mitteilte und der in einer kurzen Rede noch einmal die grundsätzliche Unterstützung seiner Organisation bei allen berufspolitischen Fragen dem VS zusicherte, erklärte, »daß es auch für die freischaffenden Autoren einer festen gewerkschaftlichen Organisation bedarf, um sozialpolitische Forderungen durchzusetzen und die Bedingungen der Abhängigkeit von Verlagen, Funkanstalten und anderen Auftraggebern im Medienbereich erträglicher zu gestalten«. [775] Diese Rede hatte nach dem Urteil anwesender VS-Repräsentanten einen großen Einfluß auf die weitere Willensbildung dieser Delegiertenversammlung. [776] Von 32 anwesenden Delegierten stimmten schließlich bei einer Gegenstimme und 5 Enthaltungen 26 für die folgende Entschließung, die als Probeabstimmung über den Gewerkschaftsbeitritt des VS gewertet wurde:

»Die auf der Bundesdelegiertenversammlung des VS anwesenden Delegierten sind für den Anschluß an die Gewerkschaften, speziell für den Anschluß an die IG Druck und Papier. Die Delegierten wollen mit dieser Abstimmung den Mitgliedern in den Landesverbänden und Fachgruppen des VS eine neue Diskussionsgrundlage geben. Die Versammlung geht davon aus, daß sich in absehbarer Zeit auch andere Gruppen der IG Druck und Papier anschließen, so die Grafik Designer und die Bildenden Künstler.
Dadurch soll erreicht werden, daß alle im kulturellen Bereich Tätigen in einem Verband versammelt werden, der auch für andere Medienbereiche offen bleibt.
Die anwesenden Delegierten befürworten den Anschluß des VS an die IG Druck und Papier unter der Voraussetzung, daß der VS als VS-Autorenfachgruppe in der IG Druck und Papier bestehen bleibt.« [777]

Obwohl es nach dieser Abstimmung schien, daß der Weg des VS in die IG Druck und Papier unumstritten beschritten werden konnte, regte sich bald im VS in Bayern, dessen 5 Delegierte geschlossen für den Antrag gestimmt hatten, eine Opposition gegen den geplanten Gewerkschaftsbeitritt, die z. T. von den Delegierten selbst angeführt wurde. Ein immer wieder vorgebrachtes Argument der Gewerkschaftsgegner war, daß sich der VS auflösen müsse oder daß er zumindest eine andere Rechtsform erhalte als die des eingetragenen Vereins und daß die VS-Mitglieder innerhalb der mitgliederstarken IG Druck und Papier ohne Einfluß sein würden. [778] Bedeutsamer als diese Argumente scheint die Tatsache zu sein, daß die Wortführer der Opposition von einem anderen schriftstellerischen Selbstverständnis ausgingen, als es sich im VS als dominant entwickelt hatte. So erklärte P. Norden, daß die Abhängigkeit der Autoren allenfalls für die beim Rundfunk beschäftigten zutreffe, nicht aber »für den klassischen Schriftsteller, also den Buchautor, den Verfasser von Bühnen- und Filmstücken, den freien Mitarbeiter an Zeitschriften und Zeitungen«. [779] Auch H. Hochrain vertrat die Ansicht, daß durch den Gewerkschaftsbeitritt »die ›echten‹ freien Schriftsteller, die bisher im wesentlichen die Verbände trugen, zu Randfiguren des Geschehens« würden und daß somit die »Proletarisierung eines Berufsstandes [...] eingeleitet« sei. [780]

Der VS in Bayern ging aus dieser Auseinandersetzung in sich geschlossener hervor. M. Gregor-Dellin, der noch 1971 starke Bedenken gegen einen Gewerkschaftsanschluß geäußert hatte [781], sah seine Haltung rückblickend als Beitrag zur Klärung der Verhandlungsposition des VS gegenüber den Gewerkschaften an und erklärte, daß es für den VS nur noch zwei Möglichkeiten gäbe: »Entweder auf der Ebene von Landesvereinen einflußlos zu verkümmern, oder mit der großen Mehrheit einen gewiß schwierigen, aber [...] aussichtsreichen Weg anzutreten, dessen Risiken nach dem neuesten Stand der Verhandlungen so gut wie beseitigt sind.« Der Gewerkschaftsanschluß wurde somit für ihn wie für andere zu einem ›Akt der Vernunft‹. [782]

Am 20. 1. 1973 beschloß die Mitgliederversammlung des VS auf dem 2. Schriftstellerkongreß in Hamburg mit folgender Erklärung den Anschluß des VS an die IG Druck und Papier:

»Der Verband deutscher Schriftsteller (VS) kann angesichts der Abhängigkeit der Autoren von ihren Auftraggebern die in seiner Satzung beschriebenen Ziele am wirkungsvollsten dadurch erfüllen, daß er sich in einem größeren Zusammenhang gewerkschaftlich organisiert. Der Schriftstellerkongreß beschließt daher, den VS in die IG Druck und Papier zu überführen. Er geht davon aus, daß es sich hierbei um eine Änderung der Organisationsform handelt, Zweck und Aufgaben des VS jedoch erhalten bleiben.

Um diesen Beschluß durchzuführen, empfiehlt der Schriftstellerkongreß den VS-Mitgliedern, der IG Druck und Papier auf der Grundlage der vorliegenden Geschäftsordnung mit den heute festgelegten Änderungen beizutreten und so die Berufsgruppe der Autoren in dieser Gewerkschaft zu bilden. [...]

Der VS setzt seine bisherige Arbeit so gestärkt fort. Im übrigen sehen die auf dem Schriftstellerkongreß versammelten Autoren im Anschluß an die IG Druck und Papier nur den ersten Schritt auf dem Weg zur gemeinsam mit anderen Organisationen der kulturellen Bereiche angestrebten Gründung einer IG Medien, die vor allem auf der IG Druck und Papier und der Gewerkschaft Kunst fußen soll. Der Schriftstellerkongreß appelliert an die in den Medien tätigen Urheber und technischen Mitarbeiter, die Mediengewerkschaft möglichst bald zu verwirklichen.« [783]

Die auch hier wieder zum Ausdruck gebrachte Forderung nach einer Mediengewerkschaft war nicht nur ein zentraler Gegenstand der Diskussion auf diesem Kongreß, sie kehrte auch in einem weiteren Beschluß zum Arbeitsprogramm des VS für die Jahre 1973/74 wieder. [784]

In einer von M. Walser und F. Hitzer verfaßten Erklärung, die von 70 weiteren VS-Mitgliedern als Willenserklärung unterschrieben worden war, wurde das Prinzip der Industriegewerkschaft im Medienbereich bekräftigt und erklärt, daß die gewerkschaftlich Organisierten, »die ihren Lebensunterhalt mit körperlicher und geistiger Arbeit in der Medienindustrie verdienen«, soziale und arbeitsrechtliche Forderungen erheben müßten: »Wir fordern die Sicherung unserer Arbeitsergebnisse und unseres Arbeitsertrags, Vorsorge für Krankheit und Alter. Wir brauchen ein neues Tarifvertragsgesetz, verbindliche Musterverträge, Mindesthonorarsätze.« [785] Es wird somit deutlich, daß die Schriftsteller, die für ihren Beitritt zur IG Druck und Papier stimmten, sich durch diesen Beitritt das Erreichen aller bisher nicht verwirklichten berufspolitischen Ziele der Schriftsteller erhofften.

Selbstverständlich erwartet der VS infolge seines Gewerkschaftsbeitritts eine Änderung seines Verhältnisses gegenüber den Verlegern und den Rundfunkanstalten, die nicht zuletzt darin liegen wird, daß sich ihre Organisationen nach der Änderung des Tarifvertragsgesetzes auch den Autoren gegenüber als Arbeitgeberverbände verstehen müssen. [787]

Es ist bereits darauf hingewiesen worden, daß der FDA auf Bundesebene vor allem als Erwiderung auf den Gewerkschaftsbeitritt des VS gegründet worden ist (s. 2.3.5.2, S. 65 f.), was sich auch aus einer Vorgeschichte im bayerischen VS ergibt. O. Zierers Forderung, die er noch vor der Gründung der »Fraktion unabhängiger Schriftsteller im VS Bayern« erhoben hatte und nach der die Schriftsteller »zwar mit den Gewerkschaften [...] aber nicht in ihnen« vorgehen sollten [788], bestimmte auch den weiteren Weg dieser Autoren-Gruppe. So legte die ›Fraktion‹ Wert auf die Feststellung,

> »[...] daß sie keineswegs eine Kampfstellung gegen die Gewerkschaft bezieht, sondern einzig und allein für die Erhaltung eines unabhängigen Schriftstellerverbandes eintritt.« [789]

Ähnlich erklärte der FDA nach seiner Konstituierung auf Bundesebene wiederholt, nicht gewerkschaftsfeindlich zu sein und die Tür für einen zukünftigen Medienverband offenhalten zu wollen. [790] In seinem ersten Rundschreiben erklärte er darüber hinaus, daß er sich ›im Sinne echter Toleranz‹ nicht gegen die Gewerkschaften wende, sondern vielmehr deren ›entscheidende Rolle in einem demokratischen Staate‹ voll anerkenne. [791] Andere Äußerungen von FDA-Repräsentanten lassen diese Bekenntnisse jedoch als zweifelhaft erscheinen, so wenn O. Zierer die ›gesellschaftliche Relevanz‹ der Gewerkschaften bejahte, aber gleichzeitig »die völlige Freiheit der Meinung und ihre Unabhängigkeit der geistig Schaffenden wahren und diese nicht in die Hände einer riesigen Industriegewerkschaft legen« wollte [792], womit er unterstellte, daß die Gewerkschaften die Freiheit der Meinung nicht wahren wollen. Ähnlich muß auch R. Krämer-Badonis Stellungnahme verstanden werden, in der er die Empfehlung des VS an seine Mitglieder, einzeln der IG Druck und Papier beizutreten, polemisch in die Empfehlung ummünzte, »sich einzeln einer Gewerkschaftsdisziplin zu unterstellen«, wobei er behauptete, dem VS sei es »neben den eigentlichen Berufsfragen immer deutlicher auf eine Politisierung und Disziplinierung« der Schriftsteller angekommen. [793] Hier schwingen durchaus gewerkschaftsfeindliche Töne mit, die im Zusammenhang mit der organisatorischen Veränderung des VS eine geistige Disziplinierung der Schriftsteller auch als ein Ziel der Gewerkschaften unterstellen.

3.4.2.4 Schriftstellerische Kampfmittel

In Ergänzung zu den Darstellungen der organisatorischen Konsequenzen, die die deutschen Schriftstellerverbände aus den Erfahrungen ihres Kampfes zugunsten der wirtschaftlichen Interessen der Schriftsteller gezogen oder nicht gezogen haben, und der Diskussion über die Möglichkeiten einer gewerkschaftlichen schriftstellerischen Berufsorganisation soll im folgenden derjenige Teil der dieser Untersuchung zugrunde gelegten Gewerkschaftsdefinition in bezug auf die Schriftstellerverbände beleuchtet werden, in dem von den Mitteln des Arbeitskampfes als letztmöglichem Bestandteil gewerkschaftlicher Aktivität zur Durchsetzung von Zielen gesprochen wurde.

So wie es selbstverständlich ist, daß die Tariffähigkeit der Schriftsteller ihre Fähigkeit einschließen muß, auf die Verleger und Rundfunkanstalten einen ›nachhaltigen wirtschaftlichen Druck‹ auszuüben [794], so selbstverständlich erschien es bisher in der Literatur über schriftstellerische Berufsorganisationen, daß für Schriftsteller das äußerste Kampfmittel, der Streik, an der Konkurrenz der Autoren untereinander, an dem Überangebot an literarischen Produkten sowie daran scheitern müsse, daß Verlage und Rundfunkanstalten jederzeit auf urheberrechtlich nicht mehr geschützte Autoren oder auf archiviertes Material zur Publikation zurückgreifen können. [795] A. Weber vertrat darüberhinaus die Ansicht, daß Autoren, deren geistige Arbeit sich in ihrem Wesen ohnehin außerhalb des Ökonomischen bewege, Streikbrecher sein müßten, da sie immer, gleich unter welchen Bedingungen, darauf aus seien, ihre Werke der Öffentlichkeit zugänglich zu machen. [796]

In der folgenden Darstellung sollen jedoch nicht nur die verschiedenen Aussagen deutscher Schriftstellerverbände über die Möglichkeiten eines globalen Schriftstellerstreiks sondern auch mögliche Versuche, durch gezielte Boykotts wirtschaftliche Ziele zu erreichen, analysiert werden. Als erste Verbände hatten der SvDS und in seiner Nachfolge der DSB derartige Maßnahmen in ihre Satzungen aufgenommen, indem sie ihre Mitglieder verpflichteten, mit keinem Verlagsbuchhändler, Redakteur oder Theaterleiter wissentlich Geschäftsbeziehungen anzuknüpfen oder zu erneuern,

> »[...] welche sich gegen das Urheberrecht vergangen oder sonst die Interessen des Schriftstellerstandes oder eines einzelnen Schriftstellers geschädigt haben, und sich weigern, ihr Unrecht zu sühnen«. (s. 2.3.2, S. 51)

Darüberhinaus verpflichteten sich die Mitglieder der beiden Verbände im § 36 ihrer Satzungen, keine private Agenturen zur Vermittlung ihrer Werke sondern nur die verbandseigene Agentur in Anspruch zu nehmen. [797] Die hier verankerte Verpflichtung zu einem konsequent solidarischen Verhalten der Schriftsteller untereinander und der gezielte Boykott privater Agenturen kann als erstes Beispiel schriftstellerischer Kampfmaßnahmen und somit als erster Ansatz einer echten gewerkschaftlichen Organisation gewertet werden, der jedoch an der Zerstrittenheit der Schriftstellerverbände untereinander von vornherein zum Scheitern verurteilt war. Es ist nicht ausgeschlossen, daß die Ursache der nur sehr kurzen Existenz dieser beiden Verbände in der Rigorosität seiner Satzungsbestimmungen lag.

Als besonders deutliches Beispiel für die Organisierung nicht gezielter Maßnahmen und mangelnder Konsequenz kann der ASV herangezogen werden, dessen Initiator noch vor der Verbandsgründung von einer Zukunft träumte, in der »wir einmal die Macht haben, dem Verleger unsere Bedingungen vorzuschreiben«. [798] Daß er wenig später noch nicht einmal seinen Mitgliedern gegenüber Machtmittel einzusetzen bereit war, um dieses Ziel zu erreichen, zeigte er, indem er es 1902 ablehnte, diejenigen Schriftsteller von der Mitgliedschaft auszuschließen, die ihre Arbeiten unentgeltlich an Redaktionen abgaben. Es wurde erklärt, »so allgemeine Bestimmungen« könnte man nicht in die Satzung aufnehmen. Immerhin erklärte sich der ASV-Vorstand bereit, derartige Vorkommnisse »bei der Nichtaufnahme von Mitgliedern in Erwägung zu ziehen«, und er empfahl den Mitgliedern, »von dem Rechte [...] Gebrauch zu machen, bei Aufnahmegesuchen solcher Schriftsteller die Ablehnung zu beantragen«. [799] Auf einer Versammlung des ASV wurde diese Frage am 20. 4. 1904 erneut diskutiert. Vor allem wurde der Einwand, daß außerhalb des Vereins noch zahlreiche Schriftsteller blieben, die sich an eine entsprechende Bestimmung nicht halten würden, damit entkräftet, »daß der moralische Eindruck eines solchen Vereinsbeschlusses allein hinreichen würde, um auch die außerhalb des Vereins stehenden Schriftsteller im kollegialen Sinne zu beeinflussen«. Obwohl man hoffte, »daß ein solches Vorgehen besonders geeignet sei, die stets gewünschte schriftstellerische Organisation zu schaffen, und daß man von diesem Standpunkt aus den wirtschaftlich überlegenen Verlegern gegenüber ein wirksames Gegengewicht schaffen könne«, wurde vorerst nur beschlossen, die Mitglieder zu befragen, »ob es geraten sei, einen Vereinsbeschluß zu fassen, nach welchem es den Mitgliedern untersagt sein soll, ohne Entschädigung schriftstellerische Arbeiten zu liefern«. [800] Erst die Mitgliederversammlung des ASV beschloß am 7. 9. 1904 folgende Empfehlung:

»Die Mitglieder des Allgemeinen Schriftstellervereins sollen im Interesse des Standes belletristische Arbeiten – Gedichte einstweilen ausgeschlossen – grundsätzlich nicht honorarfrei abgeben.« [801]

Daß diese Empfehlung im Einzelfall ein gegenteiliges Handeln immer ermöglichte und daß somit der ASV keine geschlossene Solidarität seiner Mitglieder herstellen konnte, wurde bereits dadurch belegt, daß er auch bei der späteren Übernahme des Tarifkampfes des BdT nicht konsequent gegen die Nichteinhaltung der Forderungen vorzugehen bereit war (s. 3.4.2.2, S. 203 f.). Statt dessen erging sich das Verbandsorgan in pauschalen Selbst-Belobigungen, daß das Erscheinen jeder Nummer der ›Feder‹ bedeute, »daß die Schriftsteller gesonnen sind, gleich anderen Berufsklassen den Kampf ums tägliche Brod aufzunehmen und sich günstige Existenzbedingungen zu verschaffen«. [802]

1920 begründete der ASV seine schwache Haltung im Tarifkampf damit, daß es wegen des Mangels an einer Streikkasse keinen Schriftstellerstreik geben könne. [803] Auch der BdT hielt einen Schriftstellerstreik für ein Unding, glaubte aber, daß ein Streik der Arbeiter und Angestellten des Buchhandels zugunsten der Schriftsteller erfolgreich sein könnte. [804] Aus dieser Idee, die bereits die VS-Konzeption einer Solidarität aller im Medienbereich Tätigen vorwegzunehmen scheint, entwickelte der BdT jedoch keine organisatorischen Neuansätze, er verfolgte sie auch theoretisch nicht weiter.

Trotz seiner ablehnenden Haltung gegenüber einem Streik der Schriftsteller proklamierte der ASV in Verbindung mit R. Eichacker den einzig bekannten, vom 15. 2.–15. 3. 1923 angesetzten Schriftstellerstreik und erklärte dazu:

»Es kann sich natürlich nur um eine teilweise Arbeitseinstellung handeln, denn lohnende Dauerverbindungen, nach Tarif bezahlte Arbeiten, Verkäufe von Ladenhütern bleiben davon unberührt. Wir sind uns auch darüber nicht im Unklaren, daß diese Proklamation nur einen kleineren Teil der Schriftsteller erreicht und daß wir mit Streikbrechern zu rechnen haben. Aber der moralische Einfluß des Entschlusses einer immerhin großen Zahl von Schriftstellern darf nicht unterschätzt werden. Vorläufig soll sich die Arbeitseinstellung auf vier Wochen [...] erstrecken. In der nächsten [...] Feder-Nummer werden wir entweder Fortsetzung des Streiks oder Wiederaufnahme der Arbeit anraten.« [805]

Dieser Schriftstellerstreik, der sogar im Organ des Deutschen Verlegervereins positiv beurteilt wurde [806], wurde von R. Eichacker mit der hohen Inflationsrate begründet: »Der Streik ist aus natürlichen Gründen, d. h. ohne Organisation und Zwang, ausführbar, wenn die gebotenen Honorare die eigenen Spesen des Schriftstellers nicht mehr decken. [...] Da Neuproduktion unrentabel, bringt Streik keinen Ausfall von Einnahmen, sondern *Ersparung* von Ausgaben.« Er empfahl den Schriftstellern, für eine künftige, bessere Konjunktur vorzuarbeiten. »Jetzt nicht verkaufen, liegen lassen! Jede Novelle ist Spekulationspapier.« [807] Gleichzeitig kündigte der ASV die Begründung einer Streikkasse an, die aus der Vereinskasse mit einem Grundfonds sowie aus Spenden finanziert werden sollte, zu denen die ›valutastarken Kollegen‹ aufgerufen wurden. Vor allem bedürftige belletristische Schriftsteller ohne Nebenberuf sollten aus dieser Kasse unterstützt werden. [808]

Diese mit großem Elan begonnene Aktion endete jedoch schneller als angekündigt: 12 Tage nach seiner Proklamation wurde der Streik seitens des ASV-Vorstands am 27. 2. 1923 durch folgende Resolution ersetzt:

»Die Mitglieder des A.S.V. werden verpflichtet, von begründeten Ausnahmen abgesehen, keine Beiträge an Zeitungen oder Zeitschriften unter Mindesttarif zu liefern.« [809]

Daß die Einhaltung dieses Beschlusses, der nicht einmal die Buchproduktion erwähnte, nicht kontrollierbar war, muß auch dem ASV-Vorstand bewußt gewesen sein, als er ›begründete Ausnahmen‹ beim Verstoß gegen diesen Beschluß als berechtigt vorwegnahm. Dieser ›Schriftstellerstreik‹, der in seiner dilettantischen

Art nicht als gewerkschaftliche Aktion verstanden werden kann, blieb ohne die erhoffte moralische Wirkung und fand auch bei den anderen schriftstellerischen Berufsorganisationen keinerlei Resonanz.

Im Gegensatz zum ASV haben die beiden fachlich gebundenen Autorenverbände, das KlA und der VDBB, ihre Mitglieder zu gezielten Maßnahmen verpflichten können. Die Verpflichtung der KlA-Mitglieder, den Nachdruck ihrer Gedichte in Zeitungen und Zeitschriften nur gegen ein Mindesthonorar zu gestatten und Anthologieverträge nur über das Kartell-Komitee abzuschließen sowie die Honorare aus Anthologie-Veröffentlichungen nur über die Kartell-Kasse zu beziehen (s. 3.4.2.2, S. 200), hatte sich als solidarisches Verhalten besonders positiv zugunsten ihrer wirtschaftlichen Interessen ausgewirkt. Diese Wirkung beruhte auf dem gezielten Boykott von Verlagen, die den Forderungen des Kartells nicht stattgaben; sie war nur möglich unter der Voraussetzung, die das Kartell-Komitee als Grundgedanken seiner Initiativen wie folgt formuliert hatte: »ohne jeden *Einzelnen* von uns können sogenannte *moderne* Anthologien von literarisch gewissenlosen Verlegern noch zusammengestellt werden, ohne uns *alle nicht mehr!*« [810]

Auch der VDBB vermochte durch die Gründung einer eigenen Vertriebsstelle (s. 3.4.2.1, S. 193 f.) und durch spätere, gezielte Boykotts sowohl gegen Bühnenverlage als auch gegen einzelne Theater seinen Gegnern seine Interessen aufzuzwingen. [811] Von einem ersten Erfolg des VDBB (damals noch ohne die Bühnenkomponisten) berichtete ausführlich das Verbandsorgan des SDS: »Dem ›*Verband Deutscher Bühnenschriftsteller*‹ gebührt das Verdienst, der deutschen Schriftstellerschaft den Wert der Solidarität eindringlich vor Augen geführt zu haben. Nicht mit schönen Worten, aber mit einem Erfolg.« [812] Der Intendant des Mannheimer Nationaltheaters war 1917 einer Aufführungsverpflichtung gegenüber einer Tragödie von V. Hahn nicht nachgekommen, er hatte sich auch geweigert, die von der Vertriebsstelle des VDBB verfügte Vertragsstrafe zu zahlen, und gedroht, in Zukunft kein Stück von V. Hahn mehr aufzuführen, sollte der VDBB auf der Zahlung der Strafe bestehen. Als Antwort darauf faßte die Generalversammlung des VDBB folgenden einstimmigen Beschluß:

> »Der Verband Deutscher Bühnenschriftsteller verpflichtet seine Mitglieder, dem Grhz. Hof- und Nationaltheater in Mannheim während der Dauer der Amtsführung des Intendanten Dr. Karl Hagemann das Aufführungsrecht über ihre Stücke nicht zu überlassen.« [813]

Soweit es aus diesem Bericht hervorgeht, zog der Intendant daraufhin zumindest seine Drohung zurück. Ob das Theaterstück von V. Hahn nun aufgeführt oder ob die Vertragsstrafe gezahlt wurde, geht aus ihm nicht hervor.

Im SDS ging man von vornherein davon aus, daß den Schriftstellern der Streik als Kampfmaßnahme nicht zur Verfügung stünde. [814] Alles, was nach 1920 den Beinamen Gewerkschaft beim SDS rechtfertigte, nannte B. Rauecker die neu aufgenommene Satzungsbestimmung im § 8, Abs. 4, nach der jedes SDS-Mitglied die Pflicht hatte,

»[...] grundsätzlich schriftstellerische Arbeiten, die von anderen kaufmännisch verwertet werden, nicht ohne angemessenes Entgelt zu leisten«. [815]

Als eine gezielte Kampfmaßnahme veröffentlichte der SDS in seinem Verbandsorgan seit 1924 eine ›Schwarze Liste‹ unzuverlässiger Verleger. [816] Auf Antrag des SDS-Gaues Bayern wurde diesbezüglich von der Hauptversammlung des SDS eine Satzungsänderung beschlossen:

»Der S.D.S. erwartet von seinen Mitgliedern, daß sie *keine neuen Verträge* schließen mit solchen Verlagen (Buch oder Zeitung), die auf der *Schwarzen Liste* stehen.« [817]

Diese Schwarze Liste hatte jedoch als gezielte Kampfmaßnahme gegen einzelne Verlagsunternehmen nicht durchgehend existiert. Als 1930 auf Antrag des Nordwestgaues (Hamburg) die Schwarze Liste nach mehrjähriger Unterbrechung wieder eingeführt wurde, wurde dazu beschlossen, daß SDS-Mitglieder,

»[...] die nach Veröffentlichung der Schwarzen Liste trotzdem Verträge mit solchen Verlagen abschließen, [...] für Rechtsstreitigkeiten, die sich daraus ergeben, keinen Rechtsschutz vom SDS erhalten [...]«

könnten. [818] Im SDS beliefen sich die gewerkschaftlichen Kampfmaßnahmen somit alles in allem auf zeitweilige Versuche, durch gezielte Boykottmaßnahmen eine Verbesserung der Rechtsposition oder auch bloß einen Schutz der Schriftsteller vor unlauteren Verlegern zu erreichen.

Das Thema Schriftstellerstreik kam erst wieder mit der Gründung des VS zur Sprache, wobei H. Böll erklärte, daß nicht die Frage interessiere, ob Schriftsteller streik*berechtigt* seien, sondern daß allein die Tatsache zähle, »daß 99 Prozent der freien Schriftsteller einen Streik nicht einmal für zwei oder drei Monate durchhalten könnten«. Dennoch erklärte er, daß ein einjähriger Streik zeigen würde, wie stark die Medienindustrie von den Schriftstellern abhängig ist. [819] D. Lattmann glaubte noch 1970 an die Wirksamkeit eines Schriftstellerstreiks, wenn alle Autoren, die für Verleger und Rundfunkanstalten wichtig seien, bestimmte Verlage oder Sender boykottierten; er bezeichnete dies als eine Frage der schriftstellerischen Solidarität. [820]

Auf dem 1. Schriftstellerkongreß des VS fragte G. Grass nicht nur nach der Tariffähigkeit der Schriftsteller, sondern mit einem skeptischen Unterton auch nach ihrer Streikwilligkeit. Im Hinblick auf die Gewerkschaftsdiskussion im VS forderte er auch die rechtlich gesicherte Koalitionsfreiheit für Schriftsteller. [821] Von einem anderen Redner wurde jedoch die Wirksamkeit von Schriftstellerstreiks von vornherein angezweifelt; sie wäre eher als ein Druckmittel ein Geschenk für die Verwaltungsdirektoren der Rundfunkanstalten, die dann preisgünstiger auf die Manuskript-Archive zurückgreifen könnten. [822]

Eine völlig neue Dimension erhielt die Diskussion um die Möglichkeiten eines Streiks zur Durchsetzung schriftstellerischer Berufsinteressen nach den ersten Verhandlungen des VS mit den Gewerkschaften und nach der Entwicklung des Konzepts einer Mediengewerkschaft. Diese Wandlung schlug sich zum ersten Mal in der Rede D. Lattmanns vor dem 9. Gewerkschaftstag der IG Druck und Papier nieder, in der er die Streikfrage für die Autoren die Gretchenfrage ihres Gewerkschaftsbeitritts nannte. Die neue Chance sah er in dem angestrebten ›Bündnis der literarisch und künstlerisch Produzierenden mit Setzern, Druckern, Graveuren und Arbeitern in den Papierfabriken‹. [823] Noch deutlicher formulierte L. Mahlein den neuen Zusammenhang vor den Delegierten des VS am 4. 11. 1971 in Berlin, indem er es als eine Illusion bezeichnete, »eine Gewerkschaft schaffen zu wollen, in der nur oder vorwiegend Intellektuelle organisiert sind. Intellektuelle, insbesondere Kulturschaffende können sich mit ihren politischen, sozialen und wirtschaftlichen Forderungen nur durchsetzen, wenn es ihnen gelingt, die Reproduktion ihrer Arbeit für einen von ihnen mitzubestimmenden Zeitraum zu verhindern. Die Setz- und Druckmaschinen, die Sendeanlagen von Funk und Fernsehen, der Theaterbetrieb und alles, was sonst noch dazu gehört, müssen stillstehen. In diesem Bereich geht es nur in zweiter Linie um die Verweigerung der eigentlichen Produktion [...], sondern um die Verweigerung jeder Form von Reproduktion, die mit ganz geringen Ausnahmen nur durch die Arbeiter und Angestellten der Druckereien und der Funk- und Fernsehanstalten erfolgen kann«. [824] L. Mahlein hatte hiermit als Sprecher der Gewerkschaften gegenüber den Schriftstellern sehr wichtige und grundlegende Gedanken einer neuen Konzeption des Streiks für schriftstellerische Berufsinteressen zusammengefaßt. Erstens räumte er mit der Vorstellung auf, daß Autoren auf sich allein gestellt einen Streik wirksam durchführen könnten, zweitens auch damit, daß es keineswegs darauf ankomme, das Schreiben als solches zu verweigern, sondern daß nur die Verhinderung der technischen Reproduktion des Geschriebenen die wirtschaftlichen Interessen der Verwerter sowie die Interessen der Konsumenten nachhaltig treffen kann. L. Mahlein machte somit deutlich, daß eine Verwirklichung von Kampfmaßnahmen zugunsten einer Verbesserung der schriftstellerischen Arbeits- und Honorarbedingungen nur mit Hilfe der organisierten Arbeiterschaft in den entsprechenden Industrien realisierbar sei, wobei er den Schriftstellern bei der Durchführung derartiger Maßnahmen Möglichkeiten der Mitbestimmung einräumte. Das bedeutet aber nichts anderes, als daß die Schriftsteller nur im Rahmen anderer Aktionen oder nur mit Unterstützung dieser Gruppen für ihre Interessen kämpfen können. Es war jedoch durchaus realistisch, wenn L. Mahlein betonte, daß eine schriftstellerische Standesorganisation allein nie in der Lage sein könnte, »mit Kampfmaßnahmen Existenzbedingungen zu verändern«. [825]

Die Schriftsteller erhielten durch den Gewerkschaftsbeitritt des VS eine neue Chance, ihre Interessen auch durch das Mittel eines Arbeitskampfes verwirklichen zu können, zumal ihnen über die Streikkassen und Solidaritätsfonds der Gewerkschaften nach Maßgabe ihrer jeweiligen Beiträge im Konfliktfall finanzielle Unterstützung zustände. So trat der VS schließlich mit dem Bewußtsein in die Gewerkschaft ein, daß sie »allein gewerkschaftliche Gegenmacht sichert, Gegenmacht, die im Konfliktfall auch zum Streik als Mittel greifen kann«. [826] Der VS gewann auf diese Weise nicht nur eine neue Organisationsform, sondern auch eine neue Qualität, oder, wie D. Lattmann schrieb: »in der Gemeinsamkeit mit den Arbeitnehmern der Technik gewinnt die Organisation der Autoren zum erstenmal ein entscheidendes Mehr an Verwirklichungschance für berufspolitische Forderungen. Der VS auf dem Weg zur IG Medien kann rechtliche, soziale und ökonomische Zielsetzungen energischer und genauer erfüllen als eine unverbindliche Standesorganisation.« [827]

An dieser Stelle dokumentierte sich der FDA als reaktionäre ›unverbindliche Standesorganisation‹. Als Repräsentant des FDA hat R. Krämer-Badoni unmittelbar nach dem Beitritt des VS zur IG Druck und Papier seinen Spott mit der Vorstellung getrieben, daß es Schriftstellern einfallen könnte, streiken zu wollen, wobei er bezeichnenderweise nur vom damaligen Ist-Zustand des rechtlichen Status der Schriftsteller als Unternehmer ausging [828], nicht aber die Bemühungen um eine Änderung dieses Status in sein Denken einbezog.

3.5 Zusammenfassung

Nachdem in drei Abschnitten die zentralen Bereiche der schriftstellerischen Interessenpolitik auf sozialem, rechtlichem und wirtschaftlichem Gebiet sowie die diesbezüglichen Initiativen deutscher Schriftstellerverbände in historischer Reihenfolge systematisch erarbeitet worden sind, kann rückblickend festgestellt werden, daß sich bis auf zwei fachspezifische Ausnahmen alle bisherigen, berufsständisch organisierten Schriftstellerverbände bei der Verfolgung ihrer Interessen als machtlos und nahezu erfolglos erwiesen haben. Lediglich auf urheberrechtlichem Gebiet konnten schrittweise Verbesserungen zugunsten der Autoren erreicht werden, doch war hierfür vor allem der Staat als Gesetzgeber zuständig. Grundsätzlich hatte der Buchhandel allein schon durch einen historischen Vorsprung die Rechtsposition zu seinen Gunsten vorgeprägt, und es ist den Schriftstellerverbänden zwar über ihren Einfluß auf den Gesetzgeber Schritt für Schritt gelungen, den Verlegern und Verwertern literarischer Arbeiten den einen oder anderen Rechtsanspruch abzuringen, der Buchhandel bzw. die Verleger vermochten sich jedoch im Gegenzug immer mehr Nebenrechte anteilsmäßig zu sichern.

Auf sozialem Gebiet konnten die Schriftstellerverbände bis 1973 nahezu keinerlei Erfolge verbuchen, sieht man einmal von der Einrichtung von Alters- und Erholungsheimen durch den DSV ab, die jedoch nur wenigen, zumeist arrivierten Autoren zur Verfügung standen und keine Änderung der Grundsituation der Schriftsteller auf sozialem Gebiet bedeuten konnten. Erst der VS vermochte durch eine Verbindung der sozialen Interessen mit dem Urheberrecht die Grundlage für eine gesicherte Rente für Schriftsteller zu erreichen, doch auch hier ist es nicht nur der Staat, der diese Regelung zum Gesetz machte, er ist auch derjenige, der die Mittel für den entsprechenden Fonds stellen muß.

Entsprechend dem sozialen Bereich scheiterten auch alle Ansätze einer genossenschaftlichen Selbsthilfe der Schriftsteller an ihrer geringen Organisations- und Finanzkraft. Auf tarifpolitischem Gebiet, auf dem durch Vereinbarungen mit den Auftraggebern und Abnehmern schriftstellerischer Arbeiten, den Buch- und Zeitungsverlegern sowie später auch den Organisationen der Rundfunkanstalten, die Honorar- und Arbeitsbedingungen der Schriftsteller festgelegt und wenn möglich verbessert werden sollten, hat die wirtschaftliche Abhängigkeit der Schriftsteller von ihrem wirtschaftlichen Gegenüber zu einem nahezu totalen Versagen der Schriftstellerverbände geführt. Fast alle Versuche, in Verhandlungen mit den Organisationen der Literaturverwerter zu treten, um Rahmenrichtlinien über die schriftstellerischen Arbeits- und Honorarbedingungen gemeinsam und verbindlich zu erarbeiten, sind gescheitert. Die einzige Ausnahme, die vom SDS unterzeichneten Richtlinien, erwiesen sich in wesentlichen Teilen als Diktat der wirtschaftlich Mächtigeren gegenüber dem Willen der Verbandsmitglieder. Anstatt Verbesserungen zu erreichen, mußten die Schriftsteller Verschlechterungen ihrer Arbeitsbedingungen hinnehmen, indem sich die Verlage und die Rundfunkanstalten immer mehr Nebenrechte anteilsmäßig zu sichern und auch ihre Einflußmöglichkeiten auf die literarische Produktion der Autoren direkt oder indirekt vertraglich zu erweitern verstanden.

Erstaunlich bei all dem war, daß die Schriftstellerverbände in einem Zeitraum von über hundert Jahren aus ihren Erfahrungen keine organisatorischen Konsequenzen gezogen haben. Allenfalls ergingen sie sich in Verbalismen, indem sie sich Gewerkschaft nannten oder einen völlig wirkungslosen Streik ausriefen. Dies gilt nicht für die auch in dieser Arbeit dargestellte Interessenpolitik des KlA und des VDBB, die als spezifische Fachverbände unter z. T. unterschiedlichen Bedingungen recht erfolgreich für ihre Mitglieder arbeiten konnten.

Was für die Verbände der Zeit vor 1933, auch in bezug auf die politische Praxis des SDS galt, haben R. König und A. Silbermann 1964 auch für die berufspolitischen Repräsentanten der Autoren in der Zeit nach 1945 festgestellt, die in ihrer ›Wirklichkeitsfremdheit‹ nicht sehen wollten, »daß in der modernen Industriegesellschaft die künstlerische Kreation im wesentlichen [...] von den Mechanismen eines Marktes« abhängt. [829] Deshalb haben sich nach einigen anfänglich gewerkschaftlich verstandenen Neugründungen nach dem 2. Weltkrieg die bundesrepublikanischen Schriftstellerverbände und insbesondere ihre Dachorganisationen mehr als kulturpolitisch denn als wirtschaftspolitisch orientierte schriftstellerische Berufsverbände verstanden.

Erst der VS, der seine Konzeption von Anfang an zwar ›gewerkschaftlich‹ nannte, was aber wie beim SDS der Weimarer Zeit nichts anderes bedeutete als der Wunsch nach einer besseren schriftstellerischen Solidarität, zog nach dreijähriger erfolgloser Berufspolitik auf tarifpolitischem Gebiet eine entscheidende organisatorische Konsequenz, indem er sich nicht nur zu einer Gewerkschaft erklärte, sondern sich das industriegewerkschaftliche Prinzip zu eigen machte und seinen Beitritt zur IG Druck und Papier ausdrücklich mit der Vorstellung verband, damit die Bildung einer alle innerhalb der Kulturindustrie tätigen Berufszweige zusammenfassenden Mediengewerkschaft einzuleiten. Die Diskussion über die Möglichkeiten und Erfolgschancen eines Schriftstellerstreiks erst hat deutlich werden lassen, daß das neue gewerkschaftliche Konzept des VS in seiner Konsequenz auch den schriftstellerischen Berufsverband mit der notwendigen Gegenmacht ausstattet, die es ihm ermöglichen könnte, seinen berufspolitischen Forderungen im Konfliktfall auch Maßnahmen des Arbeitskampfes beizuordnen. Während ein reiner Schriftstellerstreik aus mehreren Gründen von vornherein zum Scheitern verurteilt ist, kann erst ein Stillegen der Reproduktionsmittel der Kulturindustrie die wirtschaftlichen und öffentlichen Interessen der Verleger und Rundfunkanstalten treffen. Dies hat zur Folge, daß nicht mehr nur Schriftsteller die Abgabe ihrer Arbeiten verweigern, sondern daß in Solidarität mit ihnen die Arbeitskräfte des technischen Bereichs ihre Arbeit niederlegen müssen. Bei einem solchen Streik wird es voraussichtlich nicht mehr nur um Forderungen der Schriftsteller gehen, vielmehr werden auf diese Weise innerhalb gesamtgewerkschaftlicher Maßnahmen *auch* schriftstellerische Forderungen durchgefochten werden können. Hierin eine Schwächung des Profils des Schriftstellerverbands sehen zu wollen, wie es der FDA tat, heißt, die völlige Ohnmacht der allein auf berufsständischer Basis operierenden traditionalen

Verbände zu verkennen. Vielmehr muß der Schritt des VS in eine dem DGB angehörende Gewerkschaft als zweckrationale Entscheidung gewertet werden, wenn man die berufspolitischen Ziele der früheren Verbände und ihre Erfolge bzw. das Fehlen von Erfolgen mit der Chance vergleicht, die dieser Gewerkschaftsbeitritt den Schriftstellern bietet.

Nach M. Webers bereits zitierter Definition des zweckrationalen Handelns ist die Entscheidung des VS insofern als zweckrational anzusehen, als sie sich am Verbandszweck, seinen Mitteln zur Erreichung dieses Zwecks und den möglichen Folgen seines Handelns orientiert und diese Orientierungswerte untereinander rational abwägt (s. 1.1.1, S. 5); nicht zweckrational ist sie nur insofern, als sie mit der Gefahr einer dann auch tatsächlich erfolgten Spaltung der schriftstellerischen Berufsorganisationen verbunden war und es zu den Zielen eines Interessenverbandes gehört, möglichst alle potentiellen Mitglieder für sich zu gewinnen. Bei der Kollision der Zwecke möglichst effektiven Verbandshandelns und möglichst umfassender Mitgliedschaft mußte sich der VS wertrational für die Dominanz seines wirtschaftlichen Selbstverständnisses gegen die traditionale Einstellung der Gewerkschaftsgegner entscheiden. Von diesem Standpunkt aus erweist sich die Gründung des FDA als irrational, da sie sich traditional aus eingelebter Gewohnheit und wertrational aus dem Glauben an den kulturellen Eigenwert einer schriftstellerischen Berufsorganisation, unabhängig von einer realistischen Einschätzung seiner Erfolgschance herleitet. [830] Sie erweist sich darüber hinaus als reaktionär, die sie gegenüber dem Gewerkschaftsbeitritt des VS als Alternative lediglich die alten Positionen früherer, ohnmächtiger Verbände aufzeigt. Die dieses Kapitel einleitende Frage, ob sich der VS zweckrational verhalten habe, als er in die IG Druck und Papier eintrat, muß hier, vorausgesetzt, daß die hierdurch gegebenen neuen Möglichkeiten auch genutzt werden, eindeutig positiv beantwortet werden.

Damit die gegebenen neuen Möglichkeiten genutzt werden können, bedarf es in näherer Zukunft noch weiterer berufspolitischer Arbeit. Dies betrifft nicht nur die Überwindung der Schwierigkeiten, die sich aus der organisatorischen Zersplitterung der im Medienbereich Tätigen ergeben, sondern auch das gewerkschaftliche Selbstverständnis der VS-Mitglieder. D. E. Zimmer hat schon früh eine doppelte Motivation unterstellt, die im VS den Gewerkschaftskurs vorantrieb; er unterschied einen ›realistischen‹ und einen ›romantischen‹ Impuls. Den realistischen bezog er auf die Einsicht vieler Schriftsteller in die Situation ihrer wirtschaftlichen Abhängigkeit und in die Wirkungslosigkeit einer berufsständischen Vertretung mit dem Ziel, das Abhängigkeitsverhältnis erträglicher zu gestalten. Die romantische Komponente bezog er auf die gefühlsmäßige Einstellung zahlreicher Schriftsteller, sich als Proletarier zu verstehen, um nicht als intellektuelle Randfiguren, sondern als ›echte‹ Arbeiter zu gelten. [831] Während die erste Komponente in organisatorische Aktivität umgesetzt werden kann, könnte ein Überwiegen der zweiten bald zu einer Gleichgültigkeit gegenüber der berufspolitischen Arbeit führen, da das Motiv, das zum Gewerkschaftsbeitritt geführt hat, bereits durch ihn seine Erfüllung erfahren haben kann. Aber auch andere Komponenten, wie unrealistische und aus ideologischen Werthaltungen resultierende Erwartungen können die politische

Arbeit des VS in der Gewerkschaft erschweren, ein Zusammenhang, der im nächsten Kapitel im Mittelpunkt des Interesses stehen wird.

Als schwierig wird sich vor allem die Bildung der erstrebten Mediengewerkschaft erweisen, da sie mit dem Verzicht zahlreicher bisheriger Funktionsträger auf Positionen innerhalb der bestehenden Gewerkschaftsstruktur verbunden wäre. Auf dieses Problem hat D. Lattmann bereits hingewiesen, indem er bekannte, daß die Schwierigkeiten nur teilweise im Sachlichen liegen: »Fast mehr noch bestehen sie im Menschlichen; in gewachsenen Zuständigkeiten, Selbstverteidigungen und Ehrgeizen, Rivalitäten und scheinbaren Unvereinbarkeiten von Meinungen.« [832] Ob sich seine Hoffnung, daß diese Schwierigkeiten bis Mitte der 70er Jahre überwunden werden können und daß dann die neue Mediengewerkschaft im Rahmen einer Teilreform des DGB entstanden sein wird [833], als realistisch erweist, muß eher skeptisch abgewartet werden.

Möglich ist, daß mit der Veränderung des VS auch eine qualitative Veränderung innerhalb der Kulturindustrie eingeleitet wurde. Während die Verleger vor dem Gewerkschaftsbeitritt der Schriftsteller in ihrer Einschätzung der Verhandlungsmacht der Schriftsteller für sich von einer geringen Risikoerwartung [834] ausgehen konnten, was auch für die Rundfunkanstalten zutraf, müssen sie nun, nachdem die Reform des Tarifvertragsgesetzes beschlossen ist und die Schriftsteller arbeitsrechtlich nicht mehr als Unternehmer, sondern als arbeitnehmerähnliche Personen gelten, ihr Risiko bei der Vorlage ihrer bisher einseitig bestimmten schriftstellerischen Vertragsbedingungen neu kalkulieren und sich sogar, auch wenn das gegen ihr bisheriges Selbstverständnis verstößt [835], den Schriftstellern gegenüber als Arbeitgeber definieren. In Anlehnung an J. Habermas ist somit festzustellen, daß erst jetzt mit nahezu 80jähriger Verspätung die im Bereich der industriellen Arbeit längst verwirklichte Rechtssituation auch für die Literaturproduzenten Anwendung finden kann. Noch gilt für diese Berufsgruppe, daß die seitens der Verwerter literarischer Arbeiten vorgenommene zunehmende Standardisierung der Vertragsverhältnisse die Freiheit der ökonomisch Schwächeren beschneidet. Das Instrument des tariflich abgesicherten Kollektivvertrages, das auch hier die Gleichheit der Machtpositionen herstellen kann, muß jedoch erst verwirklicht werden. [836] Der Gewerkschaftsbeitritt des VS ist eine Bedingung der Möglichkeiten hierzu.

Die in diesem Kapitel dargestellten Konstanten und Variablen der berufspolitischen Aktivitäten deutscher Schriftstellerverbände und ihrer Organisationsformen muß auf dem Hintergrund der im vorigen Kapitel erarbeiteten Parameter in der Wahrnehmung wesentlicher Merkmale der schriftstellerischen Existenz gesehen werden. Der Wandel in der Organisationsform vom berufsständischen zum industriegewerkschaftlichen Prinzip kann nicht allein aus dem Scheitern aller berufspolitischen Initiativen der früheren Verbände und des frühen VS erklärt werden; seine zentrale Voraussetzung war der Wechsel der Dominanz der Parameter in der Wahrnehmung der schriftstellerischen Tätigkeit und des Schriftstellerberufs. Solange der kulturelle Parameter schriftstellerische Tätigkeit als autonomen Vorgang zur Schöpfung wirtschaftsenthobener Kulturwerte begreifen ließ, mußten die

Schriftsteller im Verhältnis zu ihrem wirtschaftlichen Gegenüber im Konfliktfall den angenommenen gemeinsamen Kulturwert höher erachten als den realen gegensätzlichen Wirtschaftswert literarischer Produktion. Erst als der wirtschaftliche Parameter, nach dem Literaturproduktion als eine sich innerhalb der Kulturindustrie in vielfacher Abhängigkeit zu vollbringende Leistung begriffen werden konnte, zur Grundlage schriftstellerischer Interessenpolitik wurde, mußte zwangsläufig eine neue Ebene tarifpolitischer Auseinandersetzungen im Kulturbereich betreten und der wirtschaftliche Wert literarischer Produktion im Konfliktfall über ihren kulturellen gestellt werden. Diese Entwicklung wurde durch die Ausweitung der Industrialisierung innerhalb der Kulturindustrie begünstigt, was sich an einer zunehmenden Konzentration im Verlagswesen und an der monopolartigen Stellung der Rundfunkanstalten als Hauptabnehmer schriftstellerischer Arbeit darstellen ließ. Die in Exkursen erarbeiteten Arbeitsbedingungen als Ausgangsbedingungen für das berufspolitische Handeln der Schriftstellerverbände auf sozialem, rechtlichem und wirtschaftlichem Gebiet vermochten, den Parameterwechsel zu konkretisieren, und machten deutlich, daß die sozialen, rechtlichen und wirtschaftlichen Bedingungen schriftstellerischer Tätigkeit direkt oder indirekt in die literarische Produktion hineinwirken.

Die Anteile Kulturwert und Wirtschaftswert literarischer Arbeit müssen in einem dialektischen Verhältnis zueinander begriffen werden, wobei das schriftstellerische Selbstverständnis als historische Dimension gegenüber der realen Entwicklung der schriftstellerischen Produktionsbedingungen sich um Jahrzehnte im Rückstand befindet. Das Selbst- und Fremdverständnis literarischer Arbeit, nach dem die Gaben der schriftstellerischen Fähigkeit ihren Lohn in sich selber trügen, hat die Durchsetzung der wirtschaftlichen Interessen der Schriftsteller immer wieder verhindert, und von seiten der Schriftsteller hat die kategoriale Absetzung der Literatur von ihrem ökonomischen Zusammenhang vor allem die Einbildung geistiger Autarkie befördert und praktisch dazu geführt, »die materiellen Interessen keusch zu verbergen oder von der anderen Seite die sich autonom fühlenden Schriftsteller besser auszunützen«. [837] Obwohl sich die Herstellung des Manuskripts heute noch zum größten Teil auf vorindustrieller Stufe vollzieht [838], muß festgestellt werden, daß die kapitalistische Arbeitsteilung auch aus dem Schriftsteller einen Spezialisten auf dreifacher Ebene gemacht hat: auf der einen Ebene muß der einzelne Autor, auch wenn er für mehrere Medien arbeitet, sich zumindest über längere Zeiträume jeweils als ein Spezialist für marktgängige Themen anbieten, um unter den Bedingungen der permanenten Produktion erfolgreich arbeiten zu können. Auf der zweiten Ebene fungiert er in einem großen Bereich seiner Tätigkeitsfelder nur noch als Zulieferant von Texten, über deren endgültige Publikationsform andere, in der Regel Redakteure und Lektoren entscheiden, wobei die Mitwirkung des Autors bei einer Veränderung seines Textes nicht gesichert sein muß. Auf der dritten Ebene macht, wie U. Jaeggi es formuliert hat, die ›Stilisierung der Literatur zum Selbstzweck‹, d. h. die Beschränkung des Gebrauchswerts Literatur auf Freizeitbeschäftigung deutlich, daß schriftstellerische Tätigkeit in der Regel Spezialtätigkeit für die Freizeitindustrie ist. [839] Der Schriftsteller, der diese Bedingungen als einzelner nicht kontrollieren und über sie nicht mitbestimmen kann, muß sich ihnen unterwerfen, ob er sie zu akzeptieren bereit ist oder nicht. In diesem Sinne entspricht die Fremdbestimmung schriftstellerischer Tätigkeit der des in der Industrie Beschäftigten, insbesondere der des naturwissenschaftlich hochqualifizierten Industrie-Angestellten, der, an spezielle Aufträge gebunden, ein umfangreiches spezialisiertes Wissen zur Erfüllung seines Auftrags benötigt und einbringt.

Noch 1964 beschränkten R. König und A. Silbermann ihren Begriff der Kunstproduzenten nur auf die Personen, »die mit Hilfe künstlerischer Materialien den sozialen Tatbestand des Kunsterlebnisses schaffen«. Sie lehnten dabei die Einbeziehung derjenigen ab, »die das Kunsterlebnis verbreiten, erklären oder reproduzieren«. [840] Diese idealtypische Einengung des Künstlerbegriffs, unter dem die beiden Autoren auch den des Schriftstellers subsumierten, ist im Zusammenhang der hier vorgelegten Untersuchung nicht zu übernehmen, da in der Berufswirklichkeit nicht zuletzt aufgrund der schriftstellerischen Vertragsbedingungen Verleger und Intendanten, Redakteure und Sendetechniker ebenfalls Produzentenrollen bei der Verwirklichung eines literarischen Werks übernehmen. Schon W. Benjamin hat 1934 den politischen und gewerkschaftlichen Aspekt schriftstellerischer Interessenvertretung mit dem Hinweis auf den Unterschied verklammert, »der zwischen der bloßen Belieferung eines Produktionsapparates und seiner Veränderung besteht«. Er forderte, daß die Arbeit der Literaturproduzenten, die ihre Produktionsbedingungen verändern wollen, »niemals nur Arbeit an den Produkten« sein dürfe, »sondern stets zugleich die an den Mitteln der Produktion sein« müsse. [841] Dieser Forderung entspricht heute das berufspolitische Ziel der Mitbestimmung über die Reproduktionsmittel, die der VS wiederum nur über die gewerkschaftliche Macht erreichen zu können glaubt. Gewerkschaftliche Macht bedeutet hier, die Mittel der literarischen Reproduktion zu blockieren und sich somit an der Verfügungsgewalt über sie zu beteiligen.

Obwohl sich anhand der Berufswirklichkeit für Schriftsteller keine andere zweckrationale Entscheidung anzubieten scheint, muß festgestellt werden, daß noch 1971, als anläßlich der SPIEGEL-Enquete die von ihr verfaßten VS-Mitglieder nach der Organisationsform gefragt wurden, die nach ihrer Ansicht am besten die Autoreninteressen vertreten könnte, sich bei den Möglichkeiten von Mehrfachnennungen nur 36 % von ihnen für eine Mediengewerkschaft entschieden, die alle Autoren der Bereiche Wort, Bild und Ton einschließlich der Interpreten und sonstigen Mitwirkenden zusammenfassen sollte. 17 % sprachen sich für eine Fachgruppe der Autoren innerhalb der IG Druck und Papier aus, 14 % für einen Fachverband in der Gewerkschaft Kunst. 41 % sprachen sich damals für die Beibehaltung eines selbständigen Verbands möglichst aller Autoren aus, 28 % für eine ›Gewerkschaft‹ aller Worturheber, 17 % für genossenschaftliche Autorengemeinschaften, 15 % für berufs- bzw. branchenbezogene Interessengemeinschaften mit jeweils anderen Verbänden, und 5 % suchten einen kleinen, exklusiven Verband aller freien Schriftsteller. [842] Wenn diese Zahlen nur etwa den Meinungsstand während der Berliner Delegiertenversammlung des VS vom 4. 11. 1971 wiedergeben und somit anzunehmen ist, daß sich das Verhältnis zugunsten der inzwischen im ersten Schritt abgeschlossenen Entwicklung verschoben hat, ist doch deutlich, daß der Gewerkschaftskurs des VS nur etwa von der Hälfte seiner Mitglieder voll unterstützt wurde. Für die, die dies nicht taten, mag sich der FDA als Auffangorganisation anbieten, auch wenn davon ausgegangen werden muß, daß nicht alle derzeitigen FDA-Mitglieder früher im VS organisiert waren. Anzunehmen ist jedoch, daß die aktiven hauptberuflichen Schriftsteller, die für mehrere Medien tätig sind, zunehmend erkennen, daß die im kulturellen Sektor Tätigen Arbeitsweisen und Entlohnungsformen unterworfen sind, die ihnen »die Erkenntnis gemeinsamer, antikapitalistischer Interessen langfristig erleichtern dürfte«. [843] Dies wird um so eher gelingen, wenn der VS in der IG Druck und Papier seine berufspolitischen Ziele erfolgreicher als die traditionalen Verbände zu vertreten vermag.

Aus organisationssoziologischer Sicht ist abschließend in diesem Zusammenhang eine Bemerkung von R. Mayntz interessant, die erklärt hat, daß sich die Form einer Organisation erst im Laufe ihrer Entwicklung herausbilden kann, wobei ihre Zweckmäßigkeit erst aus Urteilen post factum sowie aus langsam und schrittweise gewonnenen Erfahrungen beurteilt werden kann. [844] Das Ziel einer Organisation kann nicht dadurch bewahrt werden, daß ihre Repräsentanten die gewohnte Routine aufrechterhalten, sondern »indem es immer erneut in Entscheidungen umgesetzt wird, indem sie den Umständen nach veränderlichen Tätigkeiten immer wieder darauf ausgerichtet werden und immer wieder geprüft wird, ob das, was bewirkt wird, tatsächlich dem Ziel entspricht«. [845] Je mehr den Mitgliedern oder Mitgliedergruppen einer Organisation wie einem auf freiwilliger Mitgliedschaft beruhenden Berufsverband an dem Organisationsziel liegt, desto mehr werden sie dafür eintreten, auch »wenn es infolge veränderter Umstände mit den bisherigen Mitteln und auf die bisherige Weise nicht mehr zu erreichen ist«. [846] Es hat sich gezeigt, daß mit Ausnahme des VS alle deutschen Schriftstellerverbände, die sich als Organisation aller schriftstellerischen Berufssparten verstanden, sich traditional verhielten und die gewohnte Routine einem Überdenken ihrer Arbeit vorzogen. Erst der VS identifizierte sich derart mit seinem Organisationsziel, der Verbesserung der schriftstellerischen Arbeits- und Honorarbedingungen, daß er nach dem Nichterreichen dieses Ziels seine Arbeitsmethoden überdachte und sie den Bedingungen anzupassen versuchte. Aus der Tatsache, daß zahlreiche VS-Mitglieder an diesem Denkprozeß nicht teilzunehmen bereit waren und eine auf dem traditionalen Konzept schriftstellerischer Berufsverbände beruhende Gegenorganisation begründeten, ist somit zu schließen, daß ihnen weniger an den parallel zum VS formulierten Organisationszielen sondern an anderen Werten liegt. Es kann hier, im Gegensatz zu den früheren konkurrierenden Schriftstellerverbänden, die sich in ihren Grundlagen im wesentlichen nicht unterschieden, von einer Dichotomie der der berufspolitischen Arbeit jeweils zugrunde liegenden Werthaltungen gesprochen werden.

4 Schriftstellerverbände: Interessen und Politik

4.1 Einleitung

Nachdem in den vorigen beiden Kapiteln das Verhältnis der deutschen Schriftstellerverbände zur eigenen Bezugsgruppe, den Schriftstellern selbst, sowie zu den Bedingungen ihrer Existenz und denen, die sie im engeren Sinn bestimmen, den Verlegern, Redakteuren etc., untersucht worden ist, soll nun nach der Selbsteinordnung der Verbände in die Gesamtgesellschaft gefragt werden. Es hieß hierzu bereits in der Einleitung zu dieser Arbeit, daß die Macht und die Erfolgschancen von Interessenverbänden nicht nur von der Zahl ihrer Mitglieder und ihrer Homogenität sondern auch von ihrer Resonanz in anderen Bevölkerungsgruppen abhängt (s. 1.1.3, S. 8). Nach einer immer wiederkehrenden Aussage der Verbände-Forschung müssen die Verbände versuchen, ihre partikularen Interessen bzw. diejenigen ihrer Mitglieder mit denen der Gesamtgesellschaft abzustimmen bzw. sie als mit ihnen im Einklang befindlich darzustellen, d. h. die Verbände müssen versuchen, sich der öffentlichen Meinung anzugleichen oder sie in ihrem Sinn zu beeinflussen. [1] Jedoch sind Gesamtgesellschaft, als Öffentlichkeit verstanden, und öffentliche Meinung keine einheitlichen Begriffe, sie werden vielmehr in verschiedenen Bedeutungszusammenhängen gebraucht. Öffentlichkeit als Publikum und Träger der öffentlichen Meinung ist ein idealtypischer Begriff des Liberalismus als eines ›Publikums räsonierender Privatleute‹; sie hat sich jedoch in der letzten Zeit durch die offizielle und halboffizielle Mitarbeit der Verbände bei den Entscheidungen der staatlichen Gremien nahezu umgekehrt. Öffentlichkeit ist laut J. Habermas heute reduziert auf den Versuch der Verbände, sich selbst am Allgemeinwohl zu legitimieren, indem sie die privaten Interessen vieler Einzelner in ein gemeinsames öffentliches Interesse umzuwandeln versuchen. Öffentlichkeit kann sich demnach nur noch inner- und unterhalb von Organisationen entfalten. [2] Somit ist auch die öffentliche Meinung keine Einheit, vielmehr hat jedes partikulare Interesse bestimmte potentielle Gruppen hinter sich. [3] Als solche macht sie sich bemerkbar im Druck gegenüber Privatpersonen und gegenüber den staatlichen Institutionen; sie ist immer auf Zeitströmungen, Einstellungen und Wertsysteme bezogen, die als vorherrschend, wesentlich und realisierbar angesehen werden, und bezieht ihre Dynamik »aus der Vorstellung der Menschen, daß viele andere auch so denken«. [4] Da der unkontrollierte Einfluß der Verbände auf die öffentliche Meinung und die staatlichen Entscheidungsgremien jedoch vielfach als Gefahr angesehen wurde, wird wiederum häufig eine öffentliche Kontrolle der Verbände gefordert: damit die Verbände wirklich demokratische Funktionen ausüben, soll bei ihnen eine uneingeschränkte Publizität gewährleistet sein. [5] Diese Publizität der Verbände hat jedoch einen doppelten Aspekt, denn neben die Publizität der Verbände als Offenlegung verbandsinterner Vorgänge tritt die Publizität als Interesse der Öffentlichkeit an diesen Vorgängen. Es ist bereits darauf hingewiesen worden, daß an den vergangenen deutschen Schriftstellerverbänden kein öffentliches Interesse bestand, das ausgereicht hätte, sie zu kontrollieren (s. 2.3.3.4, S. 60). Dies stand in deutlichem Widerspruch zu ihrem Selbstverständnis als Organisation derjenigen, die die maßgebenden Werte und Zielvorstellungen ihrer Gesellschaft definieren (s. 2.4.3, S. 93 f.). Aus diesem Widerspruch und aus der Feststellung, daß der Standort von Personen und Personengruppen im sozialen System ihre Vorstellungen vom System prägt [6], resultiert die Frage, ob eine ständische Organisation der Schriftsteller die Ausprägung ihres falschen Bewußtsein und somit die Fremdsteuerung der schriftstellerischen Berufswirklichkeit begünstigt, oder ob die organisatorische Verbindung der Schriftsteller mit anderen im Medienbereich tätigen Berufsgruppen nicht nur realistischere Vorstellungen von den Bedingungen schriftstellerischer Existenz, sondern auch ein bewußtes Hineinwirken in die Bedingungen der Berufspraxis zur Folge haben kann. Dieser Frage soll in drei Abschnitten nachgegangen werden, von denen der erste das Verhältnis deutscher Schriftstellerverbände gegenüber der Gesellschaft, der zweite das gegenüber dem Staat und seinen Institutionen und der dritte das gegenüber den für Schriftsteller relevanten, allgemein politischen Fragen behandelt. Insgesamt kann dieses Kapitel als eine Vertiefung der Abhandlungen dieser Arbeit angesehen werden, die die Definition wesentlicher Merkmale des Schriftstellerberufs durch die Schriftstellerverbände (s. 2.4.2, S. 88–93) sowie ihre Repräsentation literarischer Werte und Tendenzen (s. 2.5.3, S. 100–111) erarbeitet haben, wobei im folgenden nun die gesellschaftliche Dimension dieser Gesichtspunkte im Mittelpunkt stehen wird.

4.2 Schriftstellerverbände und Gesellschaft

4.2.1 Das Verhältnis deutscher Schriftstellerverbände zu Gesellschaft und Öffentlichkeit.

Eine der zentralen Fragen nach der Selbsteinordnung der Schriftsteller in die Gesellschaft bezieht sich auf die bereits mehrfach angeklungenen ständischen oder nicht-ständischen Tendenzen der deutschen Schriftstellerverbände. In Hinblick auf die in der Einleitung gegebene Erörterung des berufsständischen Prinzips, nach der seine Inanspruchnahme u. a. die soziale Wertschätzung und das individuelle Sinnerleben der Berufsangehörigen sichern soll (s. 1.2.4, S. 25), fällt schon beim Leipziger Literatenverein auf, daß er in seiner Zielsetzung die ›Ehre der Literatur und der Presse‹ als ein zu erstrebendes Gut betonte (s. 2.2.1, S. 32). Um in Zukunft zu vermeiden, daß im Fremdverständnis der Schriftsteller Literat und Lump so ziemlich das gleiche wären, machte es der Leipziger Literatenverein seinen Mitgliedern zur Pflicht, »alle unwürdige und unanständige Ausdrucksweise in persönlichen, polemischen Schriften zu vermeiden«. [7] Das Vermeiden von Fremdwörtern, die objektive Darstellung der öffentlichen Meinung und der Tagesereignisse sowie die Ablehnung unzuverlässiger oder absichtlich lügenhafter Berichte sollte als ›sittliche Verpflichtung‹ der Schriftsteller ihre ›Würde und Wahrhaftigkeit‹ sichern. [8] Es wird somit deutlich, daß der Leipziger Literatenverein nicht auf ein bereits vorhandenes schriftstellerisches Standesbewußtsein aufbauen konnte, sondern selbst erst versuchte, ein solches Bewußtsein zu begründen.

Ähnlich ging auch später der ADSV bei seiner Gründung davon aus, »daß ein ›fest gegliederter Verband aller tüchtigen und ehrenwerthen Schriftsteller Deutschlands‹ ein wesentliches Mittel biete, den Schriftstellerstand als solchen zu heben und zu schützen«. [9] Die ›Hebung des Standesgefühls‹ der Schriftsteller gehörte auch nach Aussage von F. Hirsch zu den zentralen Zielen des ADSV [10], und die jährlich abgehaltenen Schriftstellertage sollten neben dem Ziel eines Gedankenaustauschs durch das ›Näherrücken mit Geistesverwandten‹ insbesondere das Standesbewußtsein der Teilnehmer heben helfen. [11] Sinn dieses Ziels sollte es sein, gegen die ›materialistische Zeitrichtung‹ die Begeisterung für den Schriftstellerberuf und das Bewußtsein anzufachen, »daß die Schriftsteller vor allem verpflichtet und berufen sind, die Ideale unseres Volkes hoch zu halten und alle Zeit heilig sein zu lassen«. [12] Der Schriftsteller wird hier gemäß seines traditionellen Selbstverständnisses als Erzieher der Nation gesehen und das Wozu der schriftstellerischen Berufsorganisation kennzeichnet sich in dem Bestreben, dieser schriftstellerischen Aufgabe mehr Gewicht zu verleihen. In dem Gründungsaufruf des DSchV hieß es, daß der ganze Schriftstellerstand durch die Not der einzelnen Schriftsteller in ›unverdienten Verruf‹ geraten sei und daß der neue Verband den Schriftstellerberuf in Ehren halten

»[...] und da, wo ihm Mißachtung zu teil geworden ist, seine angetastete Ehre wieder herstellen [...].«

wolle. [13] Die in diesem Gründungsaufruf gemachten Aussagen und Aufforderungen unterscheiden sich also von denen der früheren Verbände durch die Behauptung eines verlorenen Standesbewußtseins und der Notwendigkeit seiner Wiederherstellung. Sie gleichen ihnen aber insofern, als auch der DSchV zur Zeit seiner Gründung auf kein gegebenes Standesbewußtsein aufzubauen vermochte.

Auch der DSV sah sich als Fundament, »um einen [...] vom Publikum, von den Verlegern, von den Behörden hochangesehenen und geachteten weil achtungswerthen, deutschen Schriftstellerstand zu schaffen«. [14] Dieses Ziel versuchte er u. a. durch eine »moralische Reinigung des Standes‹ zu erreichen [15], was sich in den bereits dargestellten Aufnahmebedingungen und Ausschlußbestimmungen niederschlug (s. 2.4.1, S. 78 u. 2.3.2, S. 50). In Ergänzung zu diesen satzungsgemäßen Bestimmungen raisonierte H. Steinitz, daß ein Mitglied oder ein Bewerber auch aus sittlichen oder auch gesellschaftlichen Gründen schon durch die »Nichtbeachtung allgemein gültiger und insbesondere für den Schriftsteller-Verband verbindlichen Gesetze und Anstandsregeln« als für die Mitgliedschaft nicht würdig angesehen werden könnte. [16]

Dem Bestreben, ein schriftstellerisches Standesbewußtsein zu entwickeln, entsprach im DSV auch der Anspruch, den R. Schweichel auf einem Empfang der Stadt Breslau formulierte, mit allen Kräften dafür einzutreten, »daß die Schriftsteller und Dichter [...] danach streben, ihr Vaterland mit ihren Leistungen zu Ehren zu bringen, damit es dastehe als eine Leuchte, welcher später kommende Geschlechter mit Begeisterung nachstreben«. [17] Aus dieser Überzeugung einer besonderen Wertleistung, die die Schriftsteller der Nation erbrächten, folgerte der DSV den Anspruch auf eine besonders soziale Wertschätzung durch die Nation. Dies kam besonders deutlich durch die mehrheitliche Verabschiedung eines Appells nach dem Scheitern einer Pensionskasse aus eigener Kraft (s. 3.2.2, S. 122) zum Ausdruck, der als »dem idealen Begriffe des Wesens des Schriftstellerthums und seiner Stellung zur Nation vollständig würdig« empfunden wurde und in dem es hieß:

»Die deutsche Nation wird ihre Dichter und Schriftsteller nicht im Stiche lassen, sie wird es als eine *Ehrenpflicht* betrachten, für jene Männer und Frauen, welche sie mit ihren Werken begeistern und erbauen, veredeln und unterhalten, nach besten Kräften beizutragen, ihr im Alter vielfach trauriges Loos zu verbessern und sich dadurch selbst das schönste Denkmal zu setzen.« [18]

Der Vorsitzende der Kommission, der diesen Appell ausgearbeitet hatte, erklärte dazu, daß das Volk den Schriftstellern etwas schuldig sei; »wir haben eine Forderung an das Volk. Von dem Schriftstellerstande hat es seine kostbarsten Güter empfangen, die ruhmvollsten historischen Erinnerungen sind an die Namen unserer Dichter geknüpft.« [19] Hier wurde der doppelte Aspekt der Beanspruchung des berufsständischen Prinzips zum ersten Mal deutlich ausformuliert: auf der einen Seite steht der Schriftsteller, der im Standesbewußtsein sein besonderes Werterlebnis findet, auf der anderen Seite die Gesellschaft, die dem Schriftsteller aufgrund seiner Wertleistung eine besondere soziale Wertschätzung entgegenbringen, d. h. auch, ihn im eigenen Interesse unterstützen müsse.

Ständische Prinzipien wie die Wahrung der Standesehre und des schriftstellerischen Berufsprestiges sind an verschiedenen Stellen bereits für fast alle deutschen Schriftstellerverbände der Vergangenheit nachgewiesen worden. Hier sollen deshalb nur noch die Verbände eingehender behandelt werden, von denen über das bereits Gezeigte hinausgehende Verbandsaussagen vorliegen.

Eine leicht differenzierte Haltung zum Standesproblem wurde vom WSB eingenommen, was aus den gegensätzlichen Aussagen hierzu seitens seiner verschiedenen Repräsentanten zu entnehmen ist. Während O. Th. Stein sich gegen einen schriftstellerischen Berufsverband als Standesorganisation zugunsten seiner erwerbsorganisatorischen Funktion aussprach [20], beklagten andere den Mangel an schriftstellerischem Standesbewußtsein und forderten eine scharfe Abgrenzung des Schriftstellerstandes nach außen und seine Geschlossenheit nach innen. [21] Auf der anderen Seite warnte F. von der Groth vor einer Borniertheit der Schriftsteller, die als Standesdünkel das Standesbewußtsein ersticken könnte. [22] Einig war man sich jedoch in der Hinsicht, daß dem Schriftsteller in der Öffentlichkeit die Aufgabe als ›Erzieher des Volkes‹ zukomme. Das Besußtsein dieser Aufgabe zu pflegen, gehörte für O. Th. Stein zu den zentralen Aufgaben eines Schriftstellerverbands. [23] P. Bourfeind leitete von diesem Selbstverständnis den Anspruch der ›geistigen Arbeiter‹ ab, von dem ›unmittelbaren Druck der Notdurft‹ frei zu sein, da die »Entwicklung jedes Volkes im Sinne einer höheren Kultur [...] durch das Vorhandensein einer möglichst großen Zahl von Existenzen, die unter der Notdurft nicht unmittelbar leiden« bedingt sei. [24] Aus dieser Überlegung resultierte auch sein Vorschlag, eine staatlich gesicherte Unterstützung für Schriftsteller zu schaffen (s. 3.2.2, S. 124).

Der Diskussion im WSB, die hier nur für einen Zeitraum eines Jahres dargestellt wurde, war die im SDS verwandt. Einer der Initiatoren und Gründer des Verbands, H. Landsberg, schrieb im Gründungsjahr des SDS, daß der Schriftstellerberuf inzwischen ein Beruf wie jeder andere geworden sei und daß der Schriftsteller sich durch die ›Annektierung eigener Moralgesetze‹ und Inanspruchnahme von ›Eigenrechten außerhalb der Gesellschaft‹ lächerlich gemacht habe. Er wandte sich gegen jeden ›geistigen Hochmut‹ der Schriftsteller und forderte sie auf, sich als ›geistige Arbeiter‹ in die soziale Ordnung des Volkes einzugliedern. [25] Doch schon 1913 erklärte er auf der »Nachtversammlung der Berliner Schriftsteller«, daß die Autoren ihre wirtschaftliche Abhängigkeit abschütteln müßten, da nur die freien Schriftsteller die ›höchsten Güter der Nation‹ recht verwalten könnten. Im Kampf des SDS um die Hebung der wirtschaftlichen Lage der Schriftsteller sah er dementsprechend eine ›soziale Standesfrage‹. [26] Der Gründungsvorsitzende des SDS bezog von vornherein eine ständische Position, als er fragte, ob es nicht eine verkehrte Welt sei, daß die Schriftsteller, die »eigentlich nach Lage der Dinge gleichberechtigt, ja Herren sein sollten« weniger geschätzt seien als »der Maurer auf dem Bau und der Schraubendreher in der Fabrik«. [27] W. Fred beklagte in seiner für den frühen SDS programmatischen Schrift, daß sich die Schriftsteller selbst nicht einmal untereinander als Stand achteten [28] und andere Redner jener ›Nachtversammlung‹ betonten die standespolitische Aufgabe des SDS, wobei R. Breuer, der sonst recht realbezogen argumentierte, erklärte, daß der Schriftsteller »gleich dem Arzt, dem Geistlichen, dem Offizier mit größerem Respekt angesehen sein will als all die andern Leute, die nur verdienen«. [29] Wenn man in dieser Gleichstellung der Schriftsteller mit anderen Berufen wenigstens den Ansatz einer, wenn auch elitären Eingliederung in die Gesellschaft erkennen kann, so haben andere Redner und Repräsentanten des SDS bald wieder den alleinigen Führungsanspruch der Schriftsteller erhoben, wie A. Grabowsky, der dem SDS für die Zeit nach dem 1. Weltkrieg die Rolle der ›geborenen Organisation‹ zusprach, einen Schriftstellerstand zu schaffen, »den man hört und achtet als den berufenen Vertreter der öffentlichen Meinung«. Für ihn war die öffentliche Meinung dabei gleichbedeutend mit der »Meinung der Wenigen. Und diese Wenigen, diese Könner, werden dann den Schriftstellerstand bilden«. [30]

Nach dem 1. Weltkrieg häuften sich die Aussagen im SDS, die die besondere Bedeutung der Schriftsteller in und für die Gesellschaft hervorhoben und in der Ausbildung eines entsprechenden schriftstellerischen Standesgefühls eine zentrale Aufgabe der Schriftstellerverbände sahen [31], Gedanken, die auch gegen Ende der Weimarer Republik wiederholt hervorgehoben wurden. So beklagte W. Mahrholz, daß die ›Geistigen‹ das Feld den ›Ungeistigen‹ überlassen hätten, und forderte die ›Durchseelung der Mechanik‹ und die ›Vergeistigung der Technik‹ durch die Schriftsteller. [32] W. v. Molo glaubte, in jener Zeit der ›traurigen politischen Zersplitterung‹ sei das Werk des Künstlers »das einzig Bindende und *Einigende, das wir noch besitzen*«. [33] Er war deshalb wie andere davon überzeugt, daß die Arbeit des SDS zur Hebung des Ansehens der Schriftsteller nicht nur den Schriftstellern, sondern der gesamten Öffentlichkeit diene. [34] Während diese ständisch-elitäre Selbsteinschätzung ›nur‹ auf eine besondere soziale Wertschätzung hin tendierte, vertrat J. Schaffner eindeutig stände-staatliche Ideen, als er die Prognose aufstellte, daß die politische Entwicklung zu einem Stände-Staat hinführen werde und sich der SDS auf eine Ständevertretung in den Parlamenten einrichten müsse, in denen er als ›reine Kulturvertretung‹ »bestimmt und bevollmächtigt« sein würde, »der Führer zu sein«. [35] Die hier aufgeführten Zitate zeigen deutlich, daß das elitäre Selbstbild der Schriftsteller im SDS, der sich ›Gewerkschaft‹ nannte, eine wichtige Bedeutung hatte. Kehrseite dieses Denkens war wieder die Erwartung, daß die Öffentlichkeit sich verpflichtet fühlen müsse, die Schriftsteller zu unterstützen. In der berufspolitischen Praxis des SDS folgte hieraus die Hinwendung zum Staat als Adressat des Verlangens nach finanziellen Zuwendungen (s. 3.2.2, S. 125 u. 4.3.1, S. 285 ff.). Der SDS, der auf diese Weise öffentliches Interesse und öffentliche Mittel für sich forderte, bestimmte jedoch 1925 auf seiner Mitgliederversammlung, daß Verhandlungen und Beschlüsse der Sitzungen und Versammlungen des Verbandes, soweit sie nicht ausdrücklich für die öffentliche Besprechung freigegeben würden, nur vertraulich zu behandeln seien. Darüber hinaus wurde folgender Beschluß gefaßt:

»Bei Versammlungen der Ortsgruppen und Gaue und bei den Delegiertenversammlungen ist die Anwesenheit von *Nichtmitgliedern* (auch von angemeldeten, aber noch nicht aufgenommenen Mitgliedern) *unzulässig*. Bei Veranstaltungen und Vorträgen, deren Interesse über den Rahmen des Schutzverbandes hinausgeht, kann auf Antrag des Vorstandes die Zulassung beschlossen werden.« [36]

Dieser Beschluß macht deutlich, daß der SDS eine Publizität im Sinne einer Offenlegung des Verbandsgeschehens zu verhindern suchte, indem er die Öffentlichkeit von der Teilnahme an seinen Veranstaltungen weitgehend auszuschließen sich bemühte.

Allein die OSDS, die sich als ›Vertreter des revolutionären Proletariats im Schutzverband‹ verstand, wollte den elitären, ständischen Anspruch mit dem ihm entsprechenden exklusiven Verbandshandeln aufgeben, um »an jenen Teil der Mittelschichten, der zwar nicht durch seine Zahl eine ausschlaggebende Rolle spielt, aber durch seine Tätigkeit für die herrschende Klasse einen nicht unwichtigen Faktor in der Erhaltung der bestehenden Gesellschaftsordnung darstellt, heranzukommen«. [37] J. K. Koenig glaubte, daß die Voraussetzungen hierzu durch die Verelendung der Volksmassen Anfang der 30er Jahre von Tag zu Tag besser würden, da die ›allgemeine Lohnabbauoffensive der Kapitalisten‹ durch die Hand der Verleger auch die überwältigende Mehrheit der Schriftsteller treffe, was die Erkenntnis gleichgerichteter Interessen der Schriststeller und aller Lohnabhängigen beschleunigen müßte. [38] In ihr Programm nahm die OSDS nicht nur unter Punkt 3 das Ziel auf, die Kampfkraft des SDS durch die Aufnahme aller Schriftsteller bzw. der ›Schriftstellermassen‹ zu erhöhen (gemeint waren u. a. die Arbeiterkorrespondenten des BPRS), sondern sie glaubte auch im ›Weg zu dem Werktätigen‹ den einzigen Weg zur Rettung vor der gemeinsamen Ausbeutung und dem Faschismus erkennen zu können. [39] Die OSDS, die ihren Kampf gegen die offizielle Politik des SDS in der Öffentlichkeit führte, zwang hierdurch die Repräsentanten des SDS-Hauptvorstands, ebenfalls an die Öffentlichkeit zu treten, um ihren entgegengesetzten Standpunkt zu verfechten. [40] Die Machtergreifung der Nationalsozialisten kam jedoch einer Entscheidung des Gesamtverbandes für die eine oder die andere Position zuvor.

Nach dem 2. Weltkrieg eröffnete der SDA-Berlin die erste Nummer seines Verbandsorgans mit einem Aufsatz G. Weisenborns, der das deutsche Volk anklagte, nicht seinen Dichtern sondern seinen Militaristen gehorcht zu haben. Obwohl er eingestand, daß die Schriftsteller selbst in zwei Lager gespalten, von denen wiederum auch die Warner vor Krieg und Faschismus unter sich uneinig waren, schloß er seinen Beitrag mit der Behauptung, daß es die Dichter gewesen seien, die gewarnt hätten, und daß das Volk »aus diesem gewaltigen Beispiel die eine, die notwendige, die entscheidende Erfahrung ziehen« sollte, auf die Dichter zu hören. [41] G. Birkenfeld erklärte 1947 anläßlich einer Buchausstellung im Berliner Schloß Charlottenburg als Vertreter des SDA-Berlin, daß die geistig Schaffenden »dem heiligen Geist des Lebens ein wenig näher [stünden], als der Durchschnittsmensch«. [42] Und W. Schendell betonte, daß eine Nation der Dichter und Schriftsteller zur Formung der Zeitseele bedürfe, woraus er den Anspruch der

Schriftsteller auf eine angemessene Berücksichtigung ihrer wirtschaftlichen und sozialen Belange durch die Öffentlichkeit sowie auf eine Kulturabgabe ableitete, die mit »einer Art von Selbstrespekt und Achtung [...], die man schöpferischen Menschen unter den Zeitgenossen erweisen möchte«, angegangen werden sollten. [43]

Wie bereits gezeigt, bezweckte der SDS-Bayern u. a. die

»[...] Reinhaltung des Standes durch Ausschaltung von Schriftstellern [...], die die Bemühungen des deutschen Volkes, seine Lebenswürde wieder zu erlangen, gefährden.« (s. 2.2.4, S. 40)

Am 17. 6. 1948 verabschiedete eine Versammlung der »Arbeitsgemeinschaft der freien geistigen Berufe«, der der bayerische SDS angehörte, eine von R. Schneider-Schelde ausgearbeitete Resolution, in der es u. a. hieß:

»Die unterzeichnenden Verbände erklären ihre Absage an alle herrschenden ungeistigen und scheingeistigen Mächte der Gegenwart, jedoch keineswegs für sich allein. Wir sprechen vielmehr im Namen aller Menschen mit sittlichem Willen, einerlei ob sie als Arbeiter, Angestellte, Beamte oder Freischaffende tätig sind. Wir machen uns zu ihren Sprechern als berufliche Repräsentanten geistiger Kräfte.« [44]

In dieser Resolution, die Ungerechtigkeiten der Nachkriegszeit und die mangelnde Fähigkeit der Behörden, die Not zu lindern, anklagte, wurde

»[...] eine Anerkennung der Geistigkeit, mit deren Hilfe allein die Rettung aus dem materiellen Chaos erwachsen kann [...]«,

gefordert. Der SDS und die mit ihm zusammengeschlossenen Verbände der ›geistigen und künstlerischen Berufe‹ wandten sich gegen die ›Prinzipien und Methoden der Siegermächte den Deutschen gegenüber‹ sowie gegen die Planungen der deutschen Verwaltungsstellen, indem sie ihnen in recht nebulöser Form das Primat des Geistes entgegenstellen.

Ähnliche Gedanken wurden auch im SDA-Nordwest vertreten, in dessen Verbandsorgan L. Hartenfels der Öffentlichkeit vorwarf, ihre Aufgabe der Literatur gegenüber nicht erfüllt zu haben, indem sie den Dichter nur genutzt habe, um ›ästhetischer Bürger‹ zu sein. Er forderte den Leser auf, dem Schriftsteller und Dichter zu vertrauen: »Wenn Du Urteile fällst und handeln mußt – tue es in ihrem Geiste. Wenn Du Leser das lernst, dann ›wird alles wieder gut‹.« [45] In einem anderen Aufsatz im Verbandsorgan des SDA-Nordwest wurde der Schriftsteller als das ›nie rastende, personifizierte Weltgewissen‹ der Öffentlichkeit gegenübergestellt. [46] Entsprechend dieser elitären Selbsteinschätzung wurde auch wie z. B. im WAV versucht, das berufsständische Denken im Bewußtsein der Verbandsmitglieder zu verankern. Nach § 4 f. seiner Satzung hatte der WAV als besonderen Zweck:

»Die allgemeine Hebung des Berufsstandes und Sicherung einer von hohem Berufsethos und Verantwortungsgefühl getragenen Berufsausübung.« [47]

Es wird somit deutlich, daß das ständisch-elitäre Denken der Schriftsteller in ihren Berufsverbänden schon in der unmittelbaren Nachkriegszeit einen neuen Aufschwung erlebte und z. T. mit dem Anspruch auf eine politische Vormacht dieser

Berufsgruppe in der Öffentlichkeit verbunden wurde. Dieser Tendenz entsprachen in der Folge auch wesentliche Aussagen der ersten Dachorganisationen nach dem 2. Weltkrieg. So wurde schon der Koordinationsausschuß bei allen Unterschieden der ihm angeschlossenen Verbände als Organisation empfunden, die durch ein geschlossenes Vorgehen dem Schriftsteller und Geistesarbeiter »wieder sein Recht und die ihm gebührende Achtung« verschaffen sollte. [48] In der Praxis wandte sich der Koordinationsausschuß in einer Resolution mit folgender Begründung

»[...] an alle verantwortlichen Ämter und Behörden, wie an die gesamte kulturbewußte Öffentlichkeit. Er weist darauf hin, daß die Mehrzahl der deutschen Schriftsteller sich in überaus bedrängter Lage befindet. Über die allgemeine Not hinaus unterliegen geistig schaffende Menschen heute einem Ausleseprozeß, der zur Ausrottung werden kann, wenn nicht bald Hilfe kommt.

Ohne Rettung des Geistes gibt es keinen Neubau Deutschlands. Ohne eine wenigstens bescheidene Sicherstellung der geistig Arbeitenden wird es bald keinen lebenden Geist in Deutschland mehr geben.« [49]

An diesem Text fällt wieder die Verquickung des öffentlichen Interesses an kultureller Arbeit mit der Sicherung der beruflichen Existenz der Schriftsteller auf, die hier besonders apodiktisch als Bedingung eines neuen Aufbaus der deutschen Nation ihren Anspruch auf eine besondere Wertschätzung in einer Zeit anmeldete, in der zahlreiche Bevölkerungsgruppen am Rande oder unter ihrem Existenzminimum lebten und in der die Sicherung der materiellen Lebensgrundlage für viele wichtiger gewesen sein muß als der Wunsch nach einer ›Rettung des Geistes‹.

Die Gründung der Vereinigung wurde schließlich mit großen Hoffnungen verknüpft. H. Reuß-Löwenstein glaubte, sie werde als Organisation aller Schriftsteller das Ansehen und die Macht erlangen, »um für den Geistesarbeiter, entsprechend seiner Leistung und Bedeutung für unsere Kulturarbeit, wieder Lebensbedingungen zu schaffen, die seiner würdig sind«. [50] Anderen ging es ähnlich um die »Herausführung des deutschen Schriftstellerstandes aus wirtschaftlicher Misere und öffentlicher Mißachtung« [51] und um die Beseitigung der ›schlimmsten Unsicherheit, Ungerechtigkeit und vor allem der grotesken Verständnislosigkeit‹ der Öffentlichkeit gegenüber den Schriftstellern und ihren Problemen. [52] 1960 nannte G. Pohl in seiner Begrüßungsansprache zum 6. Internationalen Kongreß der Schriftsteller deutscher Sprache in Berlin als ›Grundsatz der Vereinigung‹, die durch die Nazizeit verlorene Geltung der Schriftsteller in der Öffentlichkeit wieder herzustellen [53]; für ihn mußte derjenige, der »ohne jede weitere Beweisbarkeit seiner Existenz das Wort als einzigen Hort seiner kurzen Daseinsstrecke wählt, [...] wesenhaft ein ›Besonderer unter anderen‹ sein, wie es in der Heiligen Schrift heißt«. [54]

Die Vereinigung verstand sich als ›Spitzenorganisation der Schriftstellerverbände und damit praktisch beinahe aller lebenden deutschen Autoren‹ und sah es als ihre Pflicht an, »für deren gesellschaftliche und berufliche Geltung zu sorgen«, wozu sie Frankreich als Vorbild ansah, wo nach ihrer Überzeugung »die Öffentlichkeit die Bedeutung der Schriftsteller für eine gesunde demokratische Entwicklung richtig einzuschätzen« wisse. [55] Sie stellte fest, daß sich Rechtsanwälte, Ärzte, Architekten und andere Berufsgruppen bereits wirkungsvoll organisiert hätten, nicht aber die Schriftsteller, die in der Nachhut der Entwicklung hinterherhinkten. »Dabei kommt es gerade auf sie an. Das ist unsere Überzeugung. Deutschlands geistiges Ansehen vor der Welt hieß vor rd. 150 Jahren Lessing, Goethe, Schiller, Herder usw.« [56]

Aus ähnlichen Erwägungen resultieren die Bemühungen um die Bildung einer Schriftsteller-Kammer, die, soweit sie für die verbandsinterne Diskussion über die Mitgliedsfrage aufschlußreich waren, bereits im ersten Kapitel dieser Arbeit behandelt worden sind (s. 2.4.1, S. 84 f.). J. Leithäuser, der Initiator und Hauptpropagandist dieses Plans argumentierte gegenüber der Generalversammlung der Vereinigung recht tautologisch, »daß wir schon aus Gründen des Ansehens unseres Standes genötigt sind, etwas zu tun, was auf die Hebung des Berufsstandes hinwirken kann«. [57] Daß dieser Plan letzten Endes scheiterte, lag nicht daran, daß seine ständische Grundidee keinen Anklang fand, sondern daran, daß keine Kriterien für die Auswahl der Kammer-Mitglieder gefunden werden konnten. [58]

Entsprechend den früheren Verbänden erwartete auch die Vereinigung die Unterstützung der Schriftsteller durch die Öffentlichkeit. Schon 1955 hatte V. Deneke im Verbandsorgan der Vereinigung geschrieben, daß die ›Produzenten ideeller Güter‹ auf Zuwendungen angewiesen seien, »die über das Honorar hinaus aufgebracht werden müssen, wenn Gesellschaft und Kultur nicht schließlich an Geistlosigkeit zugrunde gehen sollen«. [59] E. Lüth appellierte an die Öffentlichkeit, die Schriftsteller in ihrem Kampf gegen die Mehrwertsteuer zu unterstützen [60], und der Vorstand der Vereinigung kündigte im Fall eines Scheiterns der von ihm im Rahmen der Urheberrechtsreform geforderten Urhebernachfolgegebühr (s. 3.3.1.2, S. 144 f.) die Mobilisierung der Öffentlichkeit durch Presse, Rundfunk und Versammlungen an, wobei er jedoch »von vornherein mit dem stärksten Widerstand einer trägen ungeistigen Welt« rechnete. [61]

Dieser Widerspruch in den Verbandsaussagen spiegelte sich auch im Verhältnis der Vereinigung zu ihrer Öffentlichkeitsarbeit. Einerseits wurde eine große Public-Relation-Arbeit der Vereinigung gefordert; durch ständige Informationen sollte die öffentliche Meinung für die Sache der Schriftsteller eingenommen werden. [62] Andererseits fanden Vorstandssitzungen und Delegiertenversammlungen unter Ausschluß der Öffentlichkeit statt, da man die Presse für überfordert hielt und sich darin einig war, »daß der Öffentlichkeit Arbeitsergebnisse erst dann vorgelegt werden sollten, wenn die ›ausgereift‹ sind«. [63] Die Öffentlichkeit sollte sich also bedingungslos den ihr von der Vereinigung fertig vorgelegten Vorstellungen anschließen. Indem die Vereinigung auf der einen Seite die Unterstützung der Öffentlichkeit in Anspruch nehmen wollte, andererseits sie nicht am vereinsinternen Geschehen teilnehmen ließ und zudem von ihr im Sinn einer trägen, ungeistigen Welt sprach, kann man durchaus von einem gestörten Verhältnis der Vereinigung zur Öffentlichkeit sprechen. Deshalb kann auch nicht verwundern, daß es dieser Schriftstellerorganisation versagt blieb, von der Öffentlichkeit wirklich wahrgenommen zu werden [64], eine Feststellung, die auch innerhalb der Vereinigung nach der Kritik von I. Drewitz an ihr wiederholt gemacht wurde. I. Drewitz hatte u. a. beklagt, daß den Schriftstellerverbänden der Bundesrepublik »jedewede geistige Repräsentanz [...] entglitten« und daß es ihnen nicht gelungen sei, »als Berufsstand Vorbehalte gegen die politische Entwicklung anzumelden, wo sie geboten gewesen wären«. [65] Auch E. Horst erklärte, daß die Öffentlichkeitswirkung der Schriftstellerverbände zu wünschen übrig gelassen habe und daß zu wenig geschehen sei, »um dem Berufsverband der Schriftsteller im Bewußtsein der Öffentlichkeit seinen gebührenden Platz zu geben«. [66] Diese späte Kritik innerhalb der Bundesvereinigung, die schließlich zu der Revision ihrer Organisationsform durch Gründung des VS führte, hatte immer noch deutliche ständische Akzente. Überraschenderweise reagierten die Repräsentanten des Bundesvorstands auf diese Kritik mit dem Einwand, daß die ›Repräsentation des aktuellen deutschen Schrifttums‹ nicht Aufgabe des schriftstellerischen Berufsverbands, sondern nur anderer Gremien wie des PEN-Clubs oder der Akademie für Sprache und Dichtkunst sein könne. [67] Dagegen forderte der damals besonders agile Norddeutsche Schriftstellerverband auf der vorletzten Mitgliederversammlung der Bundesvereinigung, daß sie ihr Prestige durch die Veranstaltung von regelmäßigen Schriftstellerkongressen heben sollte, eine Anregung, die von der Versammlung bereitwillig aufgegriffen wurde. [68]

D. Lattmann erklärte hierzu, daß ein Gesamtverband der deutschen Schriftsteller neben der Erleichterung der bisher verstreuten Arbeit ›die besten Kräfte des Berufsstandes anziehen‹ und »dem Schriftsteller-Berufsstand allgemein nützen« werde. [69] C. H. Trinckler erwartete ebenfalls von der Gründung eines strafferen Verbandes eine Hebung des Ansehens und der Achtung der Schriftsteller sowie ihres Berufsstands in der Gesellschaft, denn nach seiner Überzeugung waren die Schriftsteller in der Bundesrepublik unterprivilegiert, was sich nicht zuletzt in der ›geistigen Einstellung‹ ihnen gegenüber durch ›abwertende Äußerungen mancher verantwortlicher Politiker‹ zeigte, »die immer wenn sie kritisiert werden, mit Worten wie ›Pinscher‹, ›ultralinke Schriftsteller‹ die Vertreter des geistigen Lebens allgemein herabsetzen«. Diese Kritiker seien zwar »stolz auf ihre literarische Bildung. Von den Literaten, denen sie diese Bildung doch verdanken, wollen sie nichts wissen«. [70] Als praktische Konsequenz aus diesem von den Schriftstellern beklagten Zustand sollte die Gründung des VS der ›Stärkung des Berufsverbandes der Autoren im Hinblick auf alle wichtigen Ziele‹ dienen, zu denen D. Lattmann auch die »gesellschaftliche Geltung der Schriftsteller und ihre Mitwirkung an öffentlichen Aufgaben« zählte. [71]

Es zeigt sich somit deutlich, daß die Motivation zur Gründung des VS neben sach-politischen Überlegungen auch in der Hoffnung auf die Anerkennung der schriftstellerischen Sonderstellung in der Gesellschaft begründet lag. Daß diese Erwartung bis über den Gewerkschaftsbeitritt hinaus immer noch bei einzelnen Verbandsrepräsentanten latent eine Rolle spielte, zeigen verschiedene ihrer Äußerungen. In seinem VS-Gründungsreferat wandte sich D. Lattmann gegen das ›denunziatorische Klima‹, »das hierzulande traditionell für die Autoren besteht. Für den einen sind wir ›Pinscher‹, für andere ›Nestbeschmutzer‹.« [72] Nahezu triumphierend berichtete er knapp ein Jahr später vom ersten Kontakt des VS mit dem DGB, bei dem ›die Organisation der 6 1/2 Millionen mit der der 3000 Mitglieder‹ gesprochen und bei der H. O. Vetter die Bedeutung der Schriftsteller herausgestrichen habe, »die zahlenmäßig innerhalb der Gesellschaft eine kleine Gruppe sind, deren gesellschaftliche Bedeutung jedoch nach der allgemeinen Meinung weit über die Bedeutung ihrer Zahl hinausgeht«. [73] Für I. Drewitz fiel dem Schriftstellerverband als Organisation einer ›potenten Minderheit‹ die Aufgabe zu, den Zerfallsprozeß der Gesellschaft und der Kultur durch seine Präsenz, d. h. seine Mitbestimmung in den Medien überwinden zu helfen. [74] 1972 sprach H. Bayer noch von der Verpflichtung der Gesellschaft gegenüber dem Schriftsteller [75] und zuletzt begründete M. Gregor-Dellin den Anschluß des VS an die IG Druck und Papier u. a. mit der Aufforderung an die Gesellschaft, auch den Schriftstellern »überflüssiges Risiko abzubauen und denjenigen, die in der Gesellschaft eine notwendige kritische Funktion ausüben, wenigstens ihre Selbstachtung wiederzugeben«. [76] Diese Forderung klingt zwar bescheiden, sie ist aber gerade in ihrer Bescheidenheit lediglich eine Umkehrung der alten Hoffnung auf ein besonderes gesellschaftliches Interesse für die Schriftsteller, die ja keineswegs alle jene ›notwendige kritische Funktion‹ ausüben.

Die Gründer des VS gingen zurecht davon aus, daß es seinen Vorläuferorganisationen, wie I. Drewitz es formulierte, nicht befriedigend gelungen war, »die Position der Schriftsteller in der Industriegesellschaft zu bestimmen«. [77] H. Böll und D. Lattmann waren sich darin einig, daß es den Schriftstellern nicht gelungen war, sich in der Bundesrepublik gegenüber anderen Berufs- und Interessengruppen zu behaupten. [78] Doch wenn H. Böll erklärte, daß sich die Schriftsteller ihre Probleme im ›Windschatten der Prominenz‹ hätten verschleiern lassen [79], und wenn D. Lattmann meinte, daß ihnen in der vergangenen Zeit ihr elitäres Prinzip durch Staat und Publikum aufgenötigt worden sei [80], so ist das insofern eine Verkennung der geistigen Grundlagen für die Entwicklung der deutschen Schriftstellerverbände, da das elitäre schriftstellerische Selbstverständnis von den Schriftstellern selbst als Folge aus dem Wandel der wirtschaftlichen Bedingungen literarischer Produktion im 18. Jahrhundert mitentwickelt worden war (s. 2.5.5, S. 117 f.). Eher trifft D. Lattmanns entgegengesetzte Aussage zu, daß die Schriftsteller, bezogen auf das Unverwechselbare ihrer Position, bisher an der Möglichkeit gezweifelt hätten, sich anders als elitär zu gruppieren. [81] Parallel zu den ständischen Relikten des VS erfolgte von seiner Gründung an, z. T. durch die gleichen Autoren, eine Ernüchterung und Reduzierung im Anspruch auf eine soziale Sonderstellung. So erklärte H. Böll, daß die Schriftsteller in ihrem Berufsverband für den ›geistigen und politischen Kredit, den sie der Bundesrepublik einbrächten‹, nichts verlangten und daß es ihnen nicht um ihre gesellschaftliche Ehre, sondern um ihre gesellschafts- und finanzpolitische Stellung ginge. Er wandte sich gegen das ›muffig gewordene Ehrgefühl‹, das irdischen Lohn verachte und ihn doch wie Almosen annehme, und er kennzeichnete den erforderlichen Wandel vom ständischen zum realpolitischen Denken bildlich mit der Aufforderung: »hängen wir uns den hingestreuten Lorbeer nicht an die Wand, streuen wir ihn dorthin, wohin er gehört: in die Suppe.« [82] D. Lattmann, der erkannt hatte, daß das Eigenbild des Schriftstellers als Glied in der Gesellschaft weitgehend noch an Vorstellungen des 19. Jahrhunderts geprägt war [83], erklärte bald, daß die Schriftsteller im VS »an der Änderung ihres Bewußtseins, ihres Eigenbildes, ihrer Beziehung zur Gesellschaft« arbeiteten, und daß der VS als Verband auf der Suche nach einem neuen Verhältnis zur Öffentlichkeit sei. [84] In der Anwendung des ständischen Prinzips durch den Schriftstellerverband sahen die Befürworter eines Gewerkschaftsanschlusses die Ursache für ihre bisherige berufspolitische Ohnmacht [85], und nach dem vollzogenen Beitritt fragte S. Lenz auf dem 2. Schriftstellerkongreß des VS, mit welchem Recht Schriftsteller erwartet hätten, »als eine Art heimlicher Legislative behandelt zu werden«. Er bezweifelte, daß sie sich daraus legitimieren könnten, daß sie als »Außenseiter ein ›kritisches Bewußtsein‹ für alle« entwickelten, und wies darauf hin, daß etwa 80 % der Bevölkerung ohne Literatur auskommen, ohne »Aufklärung durch Geschriebenes, ohne Erkenntnishilfe durch Literatur«. [86] Wenn auch in diesen Formulierungen von S. Lenz die alte Hervorhebung des ›idealen‹ schriftstellerischen Tätigkeitsbereichs, der Buchproduktion, anklingt und die bedeutend vielseitigere und breitenwirksamere literarische Arbeit in den Massenmedien vernachlässigt erscheint, so werden sie doch der geringen Bedeutung der Literatur im öffentlichen Bewußtsein gerecht. Gegenüber dem Gewerkschaftstag der IG Druck und Papier hob D. Lattmann 1971 diesen Wandel in der Selbsteinschätzung der Schriftsteller hervor, indem er erklärte, daß die Schriftsteller »mit an einer Kommunikation« arbeiten, »auf die die Öffentlichkeit längst nicht mehr verzichten kann. Die Mehrzahl von ihnen leistet also eine Arbeit, die der Allgemeinheit nicht mehr und nicht weniger nützlich ist als die anderen Berufe.« [87] Hier wurde die Abkehr vom Anspruch auf ständische Sonderinteressen besonders deutlich. Nicht war mehr von hoher Literatur die Rede, sondern von Kommunikation, an deren Erstellung sich die Schriftsteller beteiligen, und der Beruf des Schriftstellers erschien nicht mehr als der wichtigste aller Berufe, sondern als einer unter vielen anderen.

Im Selbstverständnis des VS erscheint die schriftstellerische Tätigkeit in ihrer überwiegend realisierten Form nicht mehr als selbstbeauftragte universale Wertschöpfung, sondern als eine von einer neu verstandenen sozialen Dienstgesinnung getragene Tätigkeit (s. 2.4.3, S. 95). Bei dem bereits genannten Bemühen des VS um eine ›Säkularisierung eines ehemals hehren Berufsstandes‹ der Schriftsteller (s. 2.4.2, S. 92) tritt die einmalige, hervorragende schriftstellerische Persönlichkeit, die es wohl immer geben wird, aus dem Mittelpunkt der Betrachtung zugunsten der Vielzahl literarischer Wirkungsmöglichkeiten innerhalb der Kulturindustrie. Der Gewerkschaftsbeitritt des VS zeigt, daß zumindest dieser Schriftstellerverband nicht mehr vom Prestige seiner prominenten Mitglieder, sondern von der gesellschaftlichen Macht der Gewerkschaft als Organisation aller an der Kommunikationsherstellung beteiligten Berufsgruppen leben will, so weit sie keine Verfügungsmacht über die Kommunikationsmittel haben. Diese Macht kann der Verband jedoch nur dann in Anspruch nehmen, wenn er sich nicht mehr für die Öffentlichkeit schlechthin engagiert, sondern für ihren weitaus größten Teil, die lohnabhängig Arbeitenden, mit deren Interessen er sich zu identifizieren bereits bemüht.

Der neuen Einstellung des VS zur Öffentlichkeit entsprach ein großes publizistisches Interesse, auf das der VS seit seiner Gründung stieß [88], und das sich auch in dem Bemühen der politischen Parteien niederschlug, bald mit ihm ins Gespräch zu kommen. [89] Der VS selbst dokumentierte ein positives Verhältnis zur Öffentlichkeit, indem er bisher an allen Mitglieder- und Delegiertenversammlungen die Öffentlichkeit zuließ.

Als Gegenprobe auf diese Entwicklung kann wiederum der FDA dienen. Schon vor der Gründung der »Fraktion unabhängiger Schriftsteller im VS Bayern« wurde deutlich, daß die Gewerkschaftsgegner im wesentlichen auf dem alten ständischen Prinzip beharren wollten. [90]

Für den FDA auf Bundesebene zeigt schon die Diktion seiner Satzung, daß er einen hohen Anspruch auf die geistige Repräsentation erhebt: es geht ihm um die ›Freiheit des Geistes‹ oder die ›geistige Freiheit‹, die allein fünfmal neben Formulierungen wie der ›Erhaltung der Autonomie‹ (§ 11) und des ›autonomen Freiheitsraumes‹ (§ 2 [2]) genannt werden. [91] Der FDA gibt an seine Mitglieder keinen einfachen Mitgliederausweis, sondern einen ›Mitgliederausweis in Form des Deutschen Autorenpasses (DAP)‹ (§§ 14 [e] u. 15). Seine Mitgliederversammlung als oberstes Organ heißt ›Bundestagung‹ (§ 8 [1]), sein Vorstand heißt ›Präsidium‹, es hat einen Präsidenten, einen geschäftsführenden Vizepräsidenten und einen Vizepräsidenten (§ 10). Der FDA hat zudem einen ›Präsidialrat‹, der die Arbeit des FDA auf Bundes- und Länderebene koordinieren soll, dem die Mitglieder des Präsidiums, die Vorsitzenden der Landesverbände angehören und in den

»[...] um das Kunst- und Kulturschaffen besonders verdiente Persönlichkeiten des In- un Auslandes [...] berufen werden [...].«

können (§ 9). Der ›Deutsche Autorenrat (DAR)‹, der das ›aktive Instrument des FDA zur Durchsetzung seiner Ziele‹ ist, hat keine Satzung sondern eine ›eigene Charta‹, die er sich selbst im Rahmen der FDA-Satzung gibt (§ 11).

Durch die Verwendung dieser Vielzahl hochtrabender Begriffe wird deutlich, daß der FDA sich eine Exklusivität sichern will, die einen Habitus erhabener Repräsentanz und den Anspruch auf eine besondere soziale Wertschätzung kennzeichnet. Diesem Stil entsprach auch die Tatsache, daß die Gründung des FDA im Gegensatz zu der des VS unter Ausschluß der Öffentlichkeit stattfand. [92]

4.2.2 Zusammenfassung

Der Überblick über die Aussagen deutscher Schriftstellerverbände über ihr Verhältnis und das ihrer Mitglieder zur Gesellschaft und zur Öffentlichkeit hat deutlich gezeigt, daß dem traditionellen Begriff schriftstellerischer Tätigkeit als selbstbeauftragte universale Wertschöpfung, wie er dem Verbandshandeln aller vergangenen Verbände und dem heutigen FDA dominierend zugrunde lag, der Anspruch der Schriftsteller auf eine besondere soziale Wertschätzung und somit auf eine Verwirklichung des ständischen Prinzips entsprach.

Am SDS bestätigte sich die Tatsache, daß in der Zeit der Weimarer Republik die Theorien eines Ständestaates neuen Aufschwung erhielten. [93] Nach außen manifestierte sich dies an der Vertretung der Schriftstellerverbände im RWR durch den SDS, nach innen zeigte es sich am verstärkten Wiederaufleben des Anspruchs auf eine besondere soziale Wertschätzung, ein Denken, an das auch unmittelbar nach dem 2. Weltkrieg wieder angeknüpft wurde. Für die Schriftstellerverbände scheint vor allem diejenige Begründung ihrer ständischen Haltung zugetroffen zu haben, die sich in dem Bestreben manifestierte, »die an Zahl schwachen führenden Stände gegenüber der breiten Masse besser zur Geltung zu bringen, als es im allgemeinen Wahlrecht möglich ist«. [94] Da sich die Schriftsteller als Erzieher und Repräsentanten der Nation angesehen haben, sahen es ihre Verbände als ihre Pflicht an, durch eine Hervorhebung des Schriftstellerstands »die wahren Volksinteressen sachgemäß zum Ausdruck zu bringen, sie vor der Verzerrung durch das Parteiwesen zu schützen, und den Staat in unmittelbare Fühlung mit ihnen zu bringen«. [95] Dieser Versuch mußte für die Schriftsteller um so enttäuschender ausgehen, je mehr sie die geistige Führung in der Gesellschaft für sich beanspruchten, aber tatsächlich nicht inne hatten. Kompensiert wurde diese Enttäuschung, wie es für die Verbände vor der Jahrhundertwende besonders deutlich dargestellt werden konnte, mit einem devoten Identifikationsangebot an die Oberschicht. [96]

Ohne an dieser Stelle das Elite-Problem diskutieren zu wollen, kann anknüpfend an Ausführungen von O. Stammer festgestellt werden, daß die Bedeutung, die sich die Schriftstellerverbände mit ihrem Selbstverständnis als Organisation der gesellschaftlichen Elite anmaßten, auf eine traditionelle, hierarchisch gegliederte Gesellschaftsform zurückgriffen, in der eine durch Standeszugehörigkeit, Geburt, Vermögen oder Bildung privilegierte Führungsschicht die Herrschaft im Staat inne hatte. [97] Da die Schriftsteller jedoch auf keine traditionale elitäre Position, vielmehr nur auf individuelle Einzelleistungen einiger weniger hervorragender Mitglieder ihrer Berufsgruppe verweisen konnten, blieb für sie nur der Bezug auf die geringe Zahl, aus der der elitäre Anspruch abgeleitet wurde, ohne daß dabei deutlich wurde, »was denn diese Wenigen vor den ›Allzuvielen‹ auszeichnet, außer der Tatsache, daß sie eben wenige sind«. [98] Das elitäre Denken, das die Schriftsteller in besonderer Weise für sich in Anspruch nehmen zu können glaubten, entsprach dem Begriff einer ›Wert-Elite‹, der bestimmte Gruppen als alleinige Träger besonderer gesellschaftlicher Werte voraussetzt. [99] Dieses Ständestaatsdenken auf der Bais einer angenommenen Wert-Elite muß als besonders bedeutsames konservatives Element in der Gesellschaft angesehen werden. [100] Tatsächlich haben die Theoretiker der freien Berufe und die Schriftstellerverbände, die sich diese Konzeption zu eigen gemacht haben, den Wandel der sozialen Tatbestände durch die Industrialisierung entweder übersehen oder negativ gewertet. V. Denekes Aufruf zu einer ›konservativen Revolution‹, die

›eine Brücke vom Gestern ins Morgen schlagen und das Heute überwinden‹ sollte [102], signalisiert das mangelnde Realitätsprinzip des gesamten berufsständischen Denkens innerhalb der industrialisierten, demokratischen Gesellschaft. In diesen Zusammenhang gehört auch die Frage nach einer Berufs-Kammer, die für die Schriftstellerverbände der Bundesrepublik für kurze Zeit eine Rolle gespielt hat. Kammern setzen das Recht auf Zwangsmitgliedschaft, die Befugnis zum Einziehen von Beiträgen und eine eigene Berufsgerichtsbarkeit als staatlich verliehenes Recht voraus. [103] Doch haben sich nur wenige Berufe als ›kammerfähig‹ bis heute erwiesen oder erhalten; es sind dies insbesondere Berufe, die durch Ausbildung und Berufsausübung abgrenzbar sind, oder die aus der Tradition der ständischen Ordnung die ihnen einmal vom Staat verliehene Macht erhalten konnten. Der Schriftstellerberuf ist in beiderlei Hinsicht als nicht kammerfähig anzusehen. Ihm fehlt sowohl die Eingrenzung durch Ausbildung als auch die historisch abgeleitete gesellschaftliche Macht. Der Versuch, die ständischen Sonderprivilegien einer Kammer vom Staat zu erhalten, zeigte für die betroffenen Schriftstellerverbände besonders deutlich die Diskrepanz zwischen gesellschaftlichem Anspruch und gesellschaftlicher Wirklichkeit.

Das traditionale schriftstellerische Selbstverständnis mit seinem Anspruch auf einen quasi übermenschlichen Status hatte speziell für diese Berufsgruppe drei Haltungen gegenüber der Gesellschaft zur Folge: »1. soziale Abgeschiedenheit von der Gesellschaft, 2. geringschätzige Haltung gegenüber der Gesellschaft, 3. Anspruch auf absolutes Recht auf Selbstbestimmung« [104]; oder der Schriftsteller spottete, wie W. Mahrholz es formulierte, »als eine Naturerscheinung [...] der Regeln, welche die bürgerliche Welt braucht und liebt«. [105] Wie E. Lämmert schrieb, steht die Hartnäckigkeit, »mit der die Schriftsteller ihr Berufsethos zur Rede stellen« jedoch »in auffälligem Gegensatz zu dem geringen Gewicht der Schriftsteller als einer sozialen Interessengruppe«. Der Unsicherheit über die Rolle und Tragweite der schriftstellerischen Tätigkeit entsprechen sowohl die krassen Über- als auch die Unterschätzungen dieser Tätigkeit. [106] So mag man sich über die öffentliche Bedeutung der Schriftsteller leicht täuschen, wenn man das Interesse sieht, das ihnen in Feuilletons der Presse und in Kultursendungen des Rundfunks entgegengebracht wird. In Wirklichkeit handelt es sich bei den Schriftstellern und ihren Ineressenten um eine in sich abgeschlossene Gruppe, die durch die Autoren selbst, ihre Vermittler und eine geringe Anzahl eingeweihter Leser begrenzt ist. [107] Auf der anderen Seite gibt es eine Literatur für ein millionfaches Publikum, das als Leserschaft kein literarisches, schon gar keines am Autor verfolgt, sondern eher auf Bestärkung oder Zerstreuung und Ablenkung von den Lasten des Alltags aus ist. Bei beiden Bereichen, die sich durchaus nicht auf das gedruckte Wort beschränken lassen, dürfen die möglicherweise sehr unterschiedlichen Wirkungen nicht unter-, aber auch nicht überschätzt werden.

Die SPIEGEL-Enquete ergab, daß 62 % aller Autoren sich bei ihrer Autorentätigkeit besonders verpflichtet fühlen, auf den Abbau sozialer und politischer Mißstände hinzuwirken. K. Fohrbeck und A. Wiesand stellten jedoch fest, daß die Formen dieser Einflußnahme auffallend privat blieben, »über den privaten

Schreibtisch und über halbwegs normale Bürgerinitiativen« kaum hinaus reichten. Von den 62 % wollten wiederum 49 % hauptsächlich durch das Schreiben selbst wirken, nur 17 % übernahmen auch Funktionen in Institutionen oder Parteien. 14 % beschieden sich mit gelegentlicher Teilnahme an Demonstrationen, Unterschriftensammlungen, Appellen oder Wahlkampagnen. [108] 44 % der hauptberuflichen, 35 % der nebenberuflichen und 45 % der teilberuflichen Autoren orientierten sich von vornherein an gar keinem Publikum; sie haben keine konkrete Zielgruppe beim Schreiben vor sich, an das sich ihr möglicher ›sozialer‹ oder ›politischer‹ Auftrag richten könnte. Bei denen, die angaben, sich ›an ein Publikum zu richten‹, herrschten wiederum weitgehend diffuse, von Wunschvorstellungen geprägte Ansichten vor. [109] Bei den politischen Interessengebieten der bundesrepublikanischen Autoren rangierten das Interesse an Kultur- und Bildungspolitik mit 50 bzw. 49 % im Durchschnitt mit am höchsten. Es fällt aber auf, daß z. B. von den jüngeren Autoren, den 20- bis 19jährigen, die am stärksten für ihren gesellschaftlichen Auftrag einzutreten vorgeben, bei der Möglichkeit von Mehrfachnennungen 63 % an allgemeiner Gesellschaftspolitik, aber nur 39 % an Sozialpolitik, 28 % an Innenpolitik und 19 % an Wirtschafts- und Finanzpolitik interessiert waren. [110] Schließt man von Interesse auf Wissen, vom Wissen auf Verständnis und von dort auf die Berechtigung des Anspruchs auf gesellschaftliche Wirkung, muß man folgern, daß der selbstgegebene Auftrag der Schriftsteller beziehungslos auf sich selbst zurückgeworfen erscheint.

Die Entwicklung des VS wies nun darauf hin, daß sich die Schriftsteller, die seine Berufspolitik unterstützten, auf ihre realen Möglichkeiten besinnen und sich nicht mehr als Erzieher oder Gewissen der Nation begreifen wollen, sondern als Mitarbeiter einer Industrie, die die verschieden gelagerten Bedürfnisse eines breiten, heterogenen Publikums befriedigt. Es konnte festgestellt werden, daß selbst im VS und z. T. in den gleichen Personen ein Nebeneinander der traditionalen und der neuen Einstellung der Schriftsteller gegenüber der Gesellschaft und ihrer eigenen Rolle in ihr anzutreffen war, daß sich also die Dialektik des schriftstellerischen Selbstverständnisses nicht nur in den verschiedenen Schriftstellerverbänden sondern auch in ein und demselben Verband und auch in einzelnen Personen manifestierte.

Die frühere Überzeugung, daß die Schriftsteller innerhalb der Gesellschaft die Wert-Elite verkörpern, wurde im VS von der Haltung abgelöst, die aus einem Bekenntnis zu Funktions-Eliten resultiert, eine Einordnungsweise, bei der der gesellschaftliche Status von den Funktionen her bestimmt wird, die eine Gruppe real im gesellschaftlich-politischen Wirkungszusammenhang übernimmt. [111] In diesem Sinn erklärte D. Lattmann schon 1957, daß die Umwandlung des Schriftstellers zu einem Produzenten für die Medien, die durch den Zwang zur permanenten Produktion gekennzeichnet sind, den Schriftsteller zwangsläufig in die Gesellschaft integriere. [112] E. Lämmert sprach im Hinblick auf den Wandel im Selbstverständnis des VS von einer ›Gelenkstelle‹ zwischen der Epoche der bürgerlichen Literatur und Kunst zu einer Epoche »nüchterner, wenn auch darum keineswegs konfliktfreier Sozialpartnerschaft der Schriftsteller innerhalb der gesamten Gesellschaft«. [113] Während früher die Macht der Schriftstellerverbände auf dem Prestige ihrer Mitglieder oder Repräsentanten beruhen sollte, eine Machtchance, die sich als labil und damit als nicht ausreichend erwiesen hat, beruht die Machtchance der Schriftsteller nun auf ihrem Bündnis mit den Gewerkschaften, das als erstes, tiefgreifendes Ergebnis aus der geistigen Umorientierung der Schriftsteller in ihrem Verhältnis zur Gesellschaft resultiert. An die Stelle der früheren devoten Anbiederung an die Oberschicht trat mit dem VS das praktizierte Bündnis mit einer Organisation der Unter- und Mittelschicht als einem den schriftstellerischen Existenzbedingungen adäquaten gesellschaftlichen Machtfaktor.

4.3 *Schriftstellerverbände und Staat*

4.3.1 Das Verhältnis deutscher Schriftstellerverbände zu Staat und Behörden

Das Verhältnis der Schriftstellerverbände zum Staat bzw. zu den staatlichen Instanzen muß von vornherein in engem Zusammenhang mit ihrem Verhältnis zur Öffentlichkeit und zur Gesellschaft gesehen werden. Die Untergliederung dieses Themenkomplexes in zwei Abschnitte rechtfertigt sich daher, daß unter der Beziehung der Schriftsteller und ihrer Verbände zur Öffentlichkeit ihre Selbsteinordnung in die Gesellschaft untersucht werden konnte, während unter dem Verhältnis zum Staat konkrete Forderungen und Einflußnahmen auf Regierungen und Behörden verstanden werden sollen. Dabei wird von der naheliegenden Hypothese ausgegangen, daß sich die Begründung derartiger Versuche unmittelbar aus der gesellschaftlichen Selbsteinordnung ableiten läßt.

Die nun folgende Untersuchung der Beziehung deutscher Schriftstellerverbände zum Staat hat auf der einen Seite ihre Forderungen nach staatlicher Unterstützung für die Interessen der Schriftsteller, auf der anderen Seite die Reaktionen der Verbände auf Forderungen des Staates ihnen gegenüber zum Gegenstand.

Daß der Leipziger Literatenverein schon als echter Interessenverband anzusehen ist, zeigt die Tatsache, daß er in den Jahren 1842 und 1843 versuchte, durch Petitionen die Beschlüsse der Ständeversammlungen im Königreich Sachsen zu beeinflussen, um eine Garantie der Pressefreiheit und auch ein einheitliches Urheber- und Verlagsrecht zu erreichen. [114]

1881 versuchte der ADSV seinen selbstgestellten kulturellen Auftrag u. a. dadurch zu verwirklichen, indem er sich mit folgender Petition an den Reichskanzler persönlich wandte:

»Ew. Durchlaucht wolle gütigst die erforderlichen Schritte zur Begründung einer Deutschen Reichsbibliothek thun, in welcher alle Erzeugnisse des deutschen Geistes, soweit sie auf typographischem Wege hergestellt und für die Veröffentlichung bestimmt sind, eine gesetzmäßige Sammelstelle finden, welche eventuell die künftige Königliche Bibliothek in Berlin, deren umfassender Neubau dem Vernehmen nach beabsichtigt wird, sein könnte.« [115]

Zwar hieß es noch auf der Generalversammlung des ADSV am 9./10. 9. 1883 in Darmstadt, »daß die Vorbereitungen im Gange seien, das nötige Material zur festen Begründung der Idee einer Reichsbibliothek zu beschaffen« [116], doch ist es dem ADSV nicht gelungen, diese als eine Art Denkmal für die deutsche Literatur gedachte Einrichtung in die Tat umsetzen zu lassen.

Auch der DSV beschloß, wie bereits berichtet, auf seiner ersten Mitgliederversammlung, ein Gesuch an den deutschen Reichskanzler zu richten, in der Absicht, eine Regelung des Urheber- und Verlagsrechts zu erwirken (s. 3.3.1.2, S. 139). In dieser Petition hieß es, der Reichskanzler möge

»[...] veranlassen, bezüglich dem Bundesrath befürworten, daß das Verlagsrecht in das bürgerliche Gesetzbuch für das Deutsche Reich aufgenommen oder doch durch besonderes Reichsgesetz geordnet und ein Entwurf desselben baldigst veröffentlicht werde.« [117]

Nachdem dieses Gesuch nach knapp zwei Jahren unbeantwortet geblieben war, beschloß die Mitgliederversammlung des DSV, nun eigene Wege zu gehen und entsprechend der ›Mitwirkung der Kaufleute bei der Abfassung des vielgerühmten Handelsgesetzbuches‹ einen eigenen Gesetzentwurf auszuarbeiten und ihn

»[...] dem Reichskanzleramt mit dem Gesuche um Berücksichtigung des Entwurfs bei der Kodifikation des deutschen Verlagsrechts zu überweisen.« [118]

Unter Beifall erklärte R. Keil zu seinem entsprechenden Antrag, der DSV »umfasse eine Reihe der hervorragenden geistigen Kräfte Deutschlands [...] und beanspruche eine billige Berücksichtigung als geistige Macht«. [119] Die Tatsache, daß die Schriftsteller noch bis 1901 auf das Inkrafttreten eines neuen Urheber- und Verlagsrechts warten mußten, und daß auch dieses Recht die Interessen der Schriftsteller keineswegs voll berücksichtigte, zeigt, daß die Respektierung des DSV als geistige Macht durch den Staat nicht gegeben war. Darüber vermag auch nicht das Interesse hinwegzutäuschen, das staatliche Instanzen daran hatten, auf den offiziellen Versammlungen des DSV repräsentiert zu sein. So wurde vom DSV schon nach seiner 1. Allgemeinen Versammlung dankbar vermerkt, daß Staats- und Gemeindebehörden, die Direktionen der Eisenbahnen und Privatpersonen sich in dem Bestreben vereinigt hätten, den Schriftstellern ihren Aufenthalt in München so angenehm wie möglich zu machen. [120] Auf der Festversammlung wurde dieser Dank an die Behörden und Korporationen mit einer Huldigung auf den Regenten Bayerns,

»[...] Sv. Königl. Hoh. dem Prinzregenten, dem erhabenen Fürsten, der gleich seinem Vater, König Ludwig I., Kunst und Wissenschaft fördert und für alles schöne Schaffen ein reges Interesse bekundet [...]«,

gekrönt, woraufhin Se. Exc. der K. Staatsminister des Innern, für Kirchen- und Schul- Angelegenheiten, J. Frhr. v. Lutz in einer Ansprache erklärte, daß die Ziele des DSV »in hohem Maße die Sympathien der bayerischen Staatsregierung und insbesondere auch des Staatsministeriums des Innern, für Kirchen- und Schul-Angelegenheiten für sich« hätten. »Repräsentiert ja doch der Deutsche Schriftsteller-Verband und die ihn heute vertretende Versammlung einen sehr namhaften Theil der geistigen Kraft der deutschen Nation.« Nachdem auch der zweite Bürgermeister der Stadt München einen Willkommensgruß an die Versammlung gerichtet hatte, dankte für den DSV R. Schweichel mit dem Versprechen, daß der Verband »ermutigend auf die Schriftsteller wirken« wolle, »daß sie die geistigen Kräfte anspornen und entfalten. Die Dichtkunst hat der Menschheit immer die Fackel einer besseren Zukunft vorangetragen. Und wenn es geschieht, daß der ideale Geist der deutschen Schriftstellerwelt einen neuen Aufschwung nimmt, so habe sie den wohlwollenden Gesinnungen, wie sie [...] von Sr. Exc. dem Hrn. Staatsminister bekundet wurden, gewiß dankbar zu sein.« [121] Die gegenseitige Ehrerbietung zwischen dem Staat und den Schriftstellern fand nach der

Versammlung noch einmal ihren Ausdruck im folgenden vom DSV an den Prinzregenten gerichteten Dank- und Huldigungs-Telegramm und dessen Antwort:

»Eurer Königlichen Hoheit sagt der Deutsche Schriftsteller-Verband seinen tiefempfundenen Dank für die unvergeßlich-gastliche Aufnahme in Bayerns Haupt- und Residenzstadt München und bringt Eurer Königlichen Hoheit seine ehrerbietigste Huldigung dar.« [122]

Der somit Gehuldigte ließ dem DSV durch die bayerische Geheimkanzlei seinerseits »für diese Kundgebung Allerhöchst ihren huldvollsten Dank zum Ausdruck bringen«. [123]

Die Festversammlung der 2. Allgemeinen Versammlung des DSV wurde durch Ansprachen des Polizei-Präsidenten W. Frhr. v. Müffling und des Oberbürgermeisters der Stadt Frankfurt J. Miquel beehrt, wobei W. Frhr. v. Müffling es als eine »doppelt ehrenvolle und hochwillkommene Pflicht« ansah, die Versammlung »im Namen und Auftrag der Kgl. Regierung auf's herzlichste zu begrüßen«, da sie »zum ersten Male auf preußischem Staatsgebiete« tagte. Im einzelnen begrüßte er, daß durch den DSV ein Vereinigungspunkt für diejenigen geschaffen sei, »die in dem öffentlichen Leben des deutschen Volkes eine so hochbedeutsame Stelle einnehmen«. Er erklärte, daß die Gründung des DSV »in den Augen der staatlichen Organe [...] noch dadurch eine erhöhte Bedeutung« gewonnen habe, »daß nach den bisherigen Erfahrungen angenommen werden darf, die Anregungen, die von Ihren Zusammenkünften gegeben werden, werden das gesammte geistige Leben der Nation je länger je mehr befruchten, vertiefen, veredeln und den köstlichen Schatz, den das deutsche Volk in seinem tiefsten inneren Denken und Empfinden birgt, heben und immer mehr in's helle Licht stellen«. [124] Wieder dankte R. Schweichel den Repräsentanten des Staates mit dem Versprechen, daß die Schriftsteller »gute Bürger im Staate, tüchtige Männer im Gemeinwesen sein« und die ihnen verliehenen Gaben gebrauchen wollten, »um der Sprache und der Wissenschaft die hohe Bedeutung erringen zu helfen, für welche die Stadt Frankfurt ein so glänzendes Zeugnis ablegt«. [125]

Eine ebenso ehrfürchtige wie erwartungsvolle Haltung gegenüber dem Staat und seinen höchsten Repräsentanten, den deutschen Kaisern, bekundete der DSV nach dem Tod von Kaiser Wilhlem I. In seinem Nachruf auf den Verstorbenen hieß es u. a.:

»Auch das *deutsche Schriftthum* hat sich während des Entschlafenen langer und ruhmvoller Regierung zu einem reiche Blüthen und Früchte tragenden Baum entwickelt [...] Die deutschen Schriftsteller, welche an den großen Erfolgen der Regierung Kaiser Wilhelms ihren wohlgemessenen Antheil haben, besitzen sicherlich Anspruch darauf, sich der Schaar der um ihn Trauernden zugesellen zu dürfen.« [126]

In einer anschließenden Huldigung auf den Thronfolger, Kaiser Friedrich III., begrüßte der DSV die Gedanken des neuen Kaisers, die er in seiner Erklärung über seine Regierungsgrundsätze geäußert hatte, wonach

»[...] auch das deutsche Schriftthum sich seiner vollen Gunst erfreue, daß, soweit an ihm liegt, er alle Schranken entfernen werde, welche die deutsche Presse in ihrer Entwicklung hemmen, daß er das Streben der deutschen Schriftsteller fördern werde, materielle Unabhängigkeit und Selbständigkeit zu gewinnen, die Spannkraft ihres Geistes zu erweitern, an der allgemeinen Entwicklung der Nation auch in literarischer Beziehung mitzuwirken.« [127]

Diese Beispiele mögen genügen, um zu zeigen, in wie hohem Maße sich der DSV und die staatlichen Repräsentanten gegenseitig ihre Wertschätzung bezeugten, aber auch zu demonstrieren, wie groß die Diskrepanz zwischen den verbalen Bekundungen des Staats und den tatsächlich den Schriftstellern von ihm entgegengebrachten Leistungen war.

Die Schriftsteller hofften neben der Sicherung ihrer Rechte vor allem auf ihre staatliche Unterstützung in Alter und Not. 1888 berichtete L. Fuld, daß die 2. Kammer der bayerischen Landstände bei ihren Etatberatungen die Frage erörtert hätte, »ob sie nicht die Pensionierung verdienter Schriftsteller in's Auge fassen« sollte, und er erklärte, daß der Umstand allein von erheblicher Bedeutung sei, »daß man in politischen und gesetzgebenden Kreisen heute die Nothwendigkeit einsieht, dem Schriftsteller, dessen Wirksamkeit doch wesentlich im öffentlichen Interesse erfolgt, auch mit öffentlichen Mitteln zu Hilfe zu kommen«. [128] Daß all diese Hoffnungen auf eine staatliche Unterstützung, sei es im sozialen, sei es im rechtlichen oder sei es im wirtschaftlichen Bereich, sich im Laufe der Zeit weitgehend als Illusion erwiesen haben, wurde in dieser Arbeit bereits mehrfach belegt.

Auch der VDJS versuchte wiederholt seine Interessen durch Eingaben an Behörden besser zu vertreten, doch mußte man auch dort zur Kenntnis nehmen, daß die organisatorische Vertretung der Schriftsteller von den Behörden bei der Verwirklichung politischer Aufgaben stillschweigend übergangen wurde. [129]

Während der DSV sich nach dem 1. Weltkrieg immer noch seine Versammlungen durch Empfänge und Repräsentanten staatlicher Behörden im Rahmen von Festveranstaltungen krönen ließ, was ihm vor allem den Spott des SDS eintrug [130], haben sich die späteren deutschen Schriftstellerverbände um ein sehr sachbezogenes Verhältnis zum Staat und zu seinen Regierungen bemüht. 1916 sandte z. B. der ASV eine Bittschrift an den Reichstag, zugunsten der zahlreichen notleidenden Schriftsteller von beabsichtigten Porto-Erhöhungen der Post abzusehen, da sie nicht nur eine starke Vermehrung des geistigen Proletariats bedeuten sondern auch die Existenz zahlreicher Zeitungen gefährden würde. [131] Unmittelbar nach dem 1. Weltkrieg forderte der ASV nicht nur eine staatliche Unterstützung für Schriftsteller, sondern auch die Gründung einer einheitlichen Schriftstellerorganisation durch den Staat, »die aus eigener Anstrengung der Schriftsteller niemals geschaffen« werden könne. Diese Organisation sollte als Schriftsteller-Parlament die großkapitalistischen Verleger von Zeitungen und Zeitschriften zurückdrängen. [132] Doch schon 1920 sah sich der ASV in seiner Hoffnung getäuscht, daß die Mißachtung der Schriftsteller unter der neuen Regierung, deren Vertreter zahlreich aus der Presse und dem Schrifttum hervorgegangen seien, beendet sein würde. [133] Auch der BdT, der u. a. die ›Vertretung der Standesinteressen gegenüber Gesetz und Regierung‹ zum Ziel hatte (s. 2.2.2, S. 39), war mit der neuen Regierung nicht zufrieden und behauptete, sie betriebe ihre Politik unter der Parole ›Verderben dem Schriftsteller‹. Er forderte von der deutschen Regierung u. a. die Beseitigung der Umsatzsteuer für Schriftsteller, die Einführung der Reichskulturabgabe, die Verhinderung des Papierwuchers und die Beseitigung des Sortimentszuschlags. R. Eichacker formulierte mit kämpferischem Elan einen Aufruf an alle Schriftsteller, »mit flammenden Protestartikeln in allen Tageszeitungen und Zeitschriften« eine Beseitigung der beklagten Notstände zu fordern. »Sollten diese Forderungen nicht in *kürzester* Zeit erfüllt werden, so wird der BdT den Kampf gegen die zuständigen Regierungsstellen mit allen gesetzmäßigen Mitteln, einschließlich Steuerstreik der deutschen Schriftsteller, organisieren. Die Mißachtung und Vergewaltigung des geistigen Arbeiters muß und wird ein Ende nehmen. Unsere Geduld ist erschöpft.« [134] Gerade die Wirkungslosigkeit solcher Angriffe und Appelle mögen dazu beigetragen haben, daß der BdT nur wenige Jahre als Vertretung der schriftstellerischen Interessen in Erscheinung trat, zumal nicht einmal die in diesem Dachverband angeschlossenen Einzelorganisationen wie der ASV diese Forderungen konsequent unterstützten. So veröffentlichte das Verbandsorgan des ASV auf der gleichen Seite, auf der der BdT die Kulturabgabe forderte, einen Aufsatz, in dem die Einwände der Verleger gegen diese Kulturabgabe als nicht ganz unberechtigt dargestellt wurden. [135]

Daß das KlA von vornherein auf die Gesetzgebung im Interesse einer Verbesserung des Urheberrechts Einfluß nehmen wollte, wurde bereits gezeigt (s. 3.3.1.2, S. 141). Während der revolutionären Unruhen nach dem 1. Weltkrieg glaubten die Repräsentanten des KlA offenbar, unmittelbar in die Entwicklung des Staates eingreifen zu können, und berichteten, daß sie sich, um »Einfluß auf die neue Gesetzgebung zu erlangen«, den vereinigten Berufsverbänden der freien Künste angegliedert hätten, »die auf Anlaß der Volksbeauftragten Vorschläge für die Umgestaltung des öffentlichen Bildungswesens machen« sollten. [136] Diese noch im März 1919 gehegte Hoffnung wurde jedoch mit der Konstituierung der Weimarer Republik bald zerstört. Wichtig ist, daß auch die Repräsentanten des KlA von der Überzeugung getragen waren, daß die Schriftsteller mit zu denen gehören sollten, die die kulturellen Geschicke der Nation zu leiten hätten.

Ähnliches glaubte zur gleichen Zeit im WSB auch P. Bourfeind, der neben der sozialen Sicherung verdienter Schriftsteller durch den Staat eine den Bedürfnissen der Gegenwart entsprechende Kulturpolitik forderte und erklärte: »Hätten wir wenigstens einen Vertreter bei der Regierung, etwa im Kulturministerium, wir würden uns weniger vereinsamt vorkommen und um unseren Stand wäre es besser gestellt.« [137]

Bald nach seiner Gründung versuchte auch der SDS im Interesse der Schriftsteller Einfluß auf den Staat zu nehmen. So beschloß 1914 eine außerordentliche Mitgliederversammlung der SDS-Ortsgruppe Berlin den Hauptvorstand zu ersuchen,

»[...] eine Denschrift an den Reichstag und die Regierung vorzubereiten, um über die Frage des Nachdrucks eine möglichst durch Beispiele und Zahlen belegte Darstellung des jetzigen Zustands und der sich aus ihm ergebenden Wünsche der Schriftsteller zu geben.« [138]

Für den Ausbau des SDS und seine berufspolitische Arbeit wurde jedoch der bald ausgebrochene 1. Weltkrieg zu einem entscheidenden Hindernis, so daß erst für die Zeit danach ausführliches Material über sein Verhältnis zum Staat zur Verfügung steht. 1921 beklagte B. Kellermann, daß ein Gassenkehrer für zwei Besenstriche soviel erhalte wie ein Schriftsteller für eine Druckzeile geistiger Arbeit und daß der Staat nicht daran denke, »dieser furchtbaren Notlage des freien Schriftstellers irgendwie Rechnung zu tragen«, sondern daß er im Gegenteil noch eine Umsatzsteuer auf schriftstellerisches Honorar forderte. [139] Im gleichen Jahr versuchte A. Döblin auf einer Veranstaltung des SDS zu erläutern, »welche geistige Verpflichtung der Staat gegen den Schriftsteller hat«. Der Schriftsteller sei als ›Bewahrer und Anfacher des Feuers der Völker‹ vom Staat auf das sorgfältigste zu hüten. So wie der Staat vom Schriftsteller Verantwortlichkeit, Übersicht und Ruhe verlangen müsse, so verlangte A. Döblin vom Staat ›Achtung vor den Leistungen des verantwortungsbewußten Schriftstellers‹. Dazu müsse sich der Staat selber humanisieren und kultivieren. Grundsätzlich könne der Staat dem Schriftsteller gegenüber »nur wie der Gärtner handeln, ordnen und völlige Schonung, völliges Gewährenlassen sichern«. In diesem Sinn sah A. Döblin die wirtschaftliche Fürsorge des Staates für die Schriftsteller als eine selbstverständliche Aufgabe an. [140] Das Verbandsorgan des SDS veröffentlichte zu diesen in sich widersprüchlichen Aussagen A. Döblins einen Kommentar von M. Hochdorf, in dem behauptet wurde, A. Döblin habe mehr von der Pflicht des Schriftstellers gegenüber dem Staat gesprochen als von der Pflicht des Staates gegenüber den Schriftstellern. M. Hochdorf klagte den Staat an, den Schriftsteller der ›niedrigsten kapitalistischen Ausbeutung‹ auszuliefern, ohne ihm irgendeine ›sittliche Ermunterung‹ zukommen zu lassen und somit nicht nur die Existenz der Schriftsteller, sondern auch die Ästhetik zu verderben und zum ›Feinde der Kunst‹ zu werden. »Wir aber [...] heben flehentlich und warnend beide Hände auf und zeigen auf die Krankheit, die bald den deutschen Geist aufgezehrt haben wird, sofern die Köpfe trotz aller Besonnenheit und die Kassen trotz aller Ebbe nicht schleunigst geöffnet werden!« [141] Diese hier zum Ausdruck gekommene Mischung von Flehen und Warnen kann als die Grundhaltung noch weiterer Stellungnahmen im SDS zu diesem Problem gesehen werden: F. Engel hielt die Pflege der Schriftsteller, »die sich der deutschen Literatur und damit der deutschen Sache und der deutschen Zukunft widmen«, für die Hauptaufgabe des Staates und forderte, daß er ›aus seiner stiefväterlichen Gesinnung zur väterlichen gelange‹. [142] Auf einer öffentlichen Versammlung, die die SDS-Ortsgruppe Berlin am 11. 2. 1926 unter dem Motto ›Die Not der Schriftsteller‹ abhielt, machten Th. Heuss, A. Eloesser und E. Toller »besonders auf die Verpflichtung des Staates aufmerksam, nachdem allein die Schriftsteller-Organisationen und besonders der Schutzverband das ihrige getan haben, um erhaltenswürdige Kräfte, darunter literarische Persönlichkeiten von höchstgesichertem Ruf [...] am Verhungern zu verhindern«. [143] Anläßlich der Grundsteinlegung für die Berliner

Künstlerkolonie (s. 3.4.2.1, S. 195) ging W. v. Molo in einer Rede davon aus, »daß die Geltung des Schriftstellers die Geltung seines Landes *bestimmt,* daß die Stellung des Schriftstellers für die Geistigkeit, für die Kultur und für unsere Zukunft – *entscheidend*« sei und daß der Schriftsteller »die Existenz des Staates in sich« trage, und er erklärte, daß es ›geradezu beschämend und aufreizend‹ sei, »wie gleichgültig unser Land das Schicksal der Schriftsteller betrachtet, wie freventlich es damit spielt, wie es ohne Absicht, und das ist viel schlimmer, diesen Stand durch innere Gleichgültigkeit mißhandelt und verfemt«. [144] Ähnlich hat auch R. Schickele die Verpflichtung des Staates zur Unterstützung der Schriftsteller gesehen. Am Ausgang des 1. Weltkriegs habe die Öffentlichkeit erkannt, wie wichtig der Schriftsteller im Kampf gegen die Feinde der Nation sei: »Die Feder [...] gewann den Krieg, *nicht* das Schwert. Clemenceau gewann ihn, beileibe nicht Foch.« Mit dieser Behauptung verband er anläßlich der Gründung des SDS-Gaues Baden die Bitte um Hilfe für den SDS: »Mit scheinbar leeren Händen kommt er zum Staat, zur Gemeinde, und bittet um Hilfe. Es fiele ihm schwer, sie zu erzwingen. Es wäre gefahrvoll genug, sie ihm zu verweigern.« [145]

Diesen zahlreichen Aussagen im SDS über das Verhältnis der Schriftsteller zum Staat entsprachen die Forderungen des Verbands, an den Vorbereitungen von Gesetzen beteiligt zu werden, soweit sie die Schriftsteller betrafen. [146] Diesem Begehren wurde auch mehrmals von Regierungsseite stattgegeben. Allein 1921 berief der RWR L. Zeitlin und H. Kyser vom SDS zur Beratung der Reichskulturabgabe als Sachverständige in seiner Urheberrechtskommission. Darüber hinaus führte der SDS mit dem Reichsinnenministerium Gespräche über drohende Zensurmaßnahmen, und das Reichsjustizministerium zog den SDS zur Beratung über eine Verlängerung der Schutzfrist hinzu. [147] Eine im November 1921 vom SDS für die Freiheit des geistigen Schaffens veranstaltete Aktion wurde offen vom Reichsjustizminister G. Radbruch und vom Reichsinnenminister A. Köster und anderen staatlichen Stellen unterstützt. [148] Während der Inflationszeit, als die Beschaffung finanzieller Mittel die Hauptsorge des SDS war, überwies ihm Reichspräsident F. Ebert eine Spende von 6 Mill. Mark, die zu einem Drittel zur Erhaltung der Rechtsschutzabteilung bestimmt war, und 1923 veranstaltete der SDS seine öffentliche Sammlung unter dem Stichwort ›Schrifttum in Not‹ unter dem Patronat des Reichspräsidenten. [149]

Über die Jahre der Existenz des SDS hinweg konnten sich die Kassenverhältnisse des SDS nur deswegen relativ günstig entwickeln, weil sein Finanzbedarf zum großen Teil durch Zuschüsse des Reiches und des Landes Preußen gedeckt wurde, worin man den Beweis dafür gegeben sah, »daß man die Notwendigkeit des Schutzverbandes und des kulturellen Schaffens seiner Mitglieder auch an den amtlichen Stellen anerkennt«. [150] Der SDS war auf diese Zuschüsse angewiesen, die er ausdrücklich nicht als Almosen empfand, sondern als »Anerkennung der Notwendigkeit und der Verdienste des SDS für das deutsche Schrifttum«. Der SDS bemühte sich dabei, seine Verwaltungskosten aus den Mitgliedsbeiträgen zu finanzieren, den Rechtsschutz und das Unterstützungswesen jedoch aus Spenden des Staates zu bestreiten. [151] Auch nachdem das Unterstützungswesen seit

1930 einheitlich über die »Notgemeinschaft des deutschen Schrifttums« abgewikkelt wurde, blieb das Spendenkonto des SDS von Seiten des Reichsinnenministeriums, des Reichskulturministeriums und der Reichskanzlei nicht unberücksichtigt. [152] Diese Unterstützungen sowie die Tatsache, daß die dem SDS mitgehörende Künstlerkolonie in Berlin von der Stadt Berlin und dem Land Preußen aus deren Hauszinssteuer-Einnahmen finanziert wurde [153], zeigen, daß die Klagen der Repräsentanten des SDS gegenüber der angeblichen Gleichgültigkeit des Staates gegenüber der Not der Schriftsteller, die durch W. v. Molos Rede bei der Grundsteinlegung eben jener Künstlerkolonie einen ihrer Höhepunkte fand, zumindest in ihrer Grundsätzlichkeit unberechtigt waren.

Die Annahme staatlicher Subventionen blieb innerhalb des SDS nicht unumstritten. Es waren vor allem die Vertreter der OSDS, die wie J. K. Koenig dem SDS-Hauptvorstand vorwarfen, »den SDS zu einem Teil des herrschenden Systems gemacht« zu haben, »indem sie Subventionen vom Staate beziehen, wofür die Gegenleistung unbedingter Staatstreue gefordert und gegeben wird«. [154] Auch E. Mühsam und D. Luschnat lehnten die Annahme staatlicher Subventionen ab, da sie verpflichtend und somit entwürdigend seien. [155] E. Mühsam bezweifelte, »ob alle Zuwendungen in voller Höhe weiter bezahlt worden wären, wenn der Schutzverband [...] dauernd Alarm geschlagen hätte gegen die Kulturreaktion, gegen das klerikale Regiment im Staate, gegen alle die Dinge, die die Freiheit des Geistes beschränken«. [156] Auf eine ähnliche Polemik von E. E. Kisch antwortete A. Eloesser auf der Generaversammlung des SDS von 1931, daß der Verband vom Staat und aus privaten Quellen Zuschüsse erhalten habe, »ohne sich jemals für verpflichtet zu halten, seine eigene Stellungnahme oder die seiner Mitglieder beeinflussen zu lassen«. [157] Auch A. Zweig griff in diese Diskussion zugunsten des SDS-Hauptvorstands ein und zeigte sich davon überzeugt, »daß eine Organisation wie der Schutzverband, die dem Staate wichtige Aufgaben abgenommen hat und immer abnimmt [...], ein Anrecht auf staatliche Zuwendungen hat, und daß er diese staaatlichen Zuwendungen beanspruchen kann, ohne auch nur in den Verdacht zu kommen, seine Beschlüsse und kulturellen Kampfeinstellungen nach solchen Zuwendungen einzurichten«. [158] Auch blieb der Hinweis nicht aus, daß die Einnahmen des SDS aus den Mitgliedsbeiträgen für die Erfüllung der Verbandsaufgaben nie ausgereicht hätten, und daß man es unter diesen Umständen nicht hätte verantworten können, »nicht von jeder Möglichkeit Gebrauch zu machen, durch die dem SDS [...] wenigstens einigermaßen die Durchführung seiner den wirtschaftlichen Gesamtinteressen der deutschen Schriftsteller dienenden Aufgaben« ermöglicht wurde. [159]

Während also der SDS beim Erlangen staatlicher Subventionen recht erfolgreich war, gelang es ihm auf steuerpolitischem Gebiet nicht, sein Verhältnis zum Staat in seinem Sinn zu regeln. L. Zeitlin mußte feststellen, daß die Einführung der Umsatzsteuer auch für Schriftsteller 1919 trotz der Einsicht, daß die schriftstellerische Tätigkeit nicht in den Rahmen der umsatzsteuerlichen Erfassung hinein gehörte, nur mit der zu erstrebenden Einheitlichkeit der Steuergesetzgebung begründet worden war. [160] Zusammen mit der »Arbeitsgemeinschaft der

Freien geistigen Berufe« protestierte der SDS im RWR gegen die Einbeziehung der freien Berufe in die Umsatzsteuer und kämpfte gleichzeitig für eine Herabsetzung der Einkommenssteuer für diese Berufe. [161] Auf der Hauptversammlung des SDS wurde 1924 diesbezüglich folgender Antrag des SDS-Gaues Bayern angenommen:

»Der Hauptvorstand möge mit allen Mitteln sich dafür einsetzen, daß für schriftstellerische Tätigkeit dauernd und uneingeschränkt die Umsatzsteuer in Wegfall kommt und die kulturwidrige Behandlung der geistigen Arbeit als Ware unterbleibt.« [162]

Zwar konnten einige, wenn auch nur zeitweilige Erleichterungen in Steuerfragen erreicht werden [163], die Hauptaufgabe des SDS, die Umsatzsteuer für Schriftsteller wieder abzuschaffen, wurde jedoch, wie A. Eloesser erklärte, »trotz berechtigter Gegengründe« nicht gelöst. Obwohl eingestanden wurde, daß die Umsatzsteuer finanziell gesehen keine große Bedeutung für die Schriftsteller hatte, sollte sie »aber schon aus moralischen Gründen bekämpft werden«, da Schriftsteller sie nicht abwälzen könnten und da sie »keine Ware umsetzen, sondern für ideelle Leistungen honoriert werden«. [164]

Nach dem 2. Weltkrieg entwickelte sich das Verhältnis der regionalen Schriftstellerverbände zum Staat unterschiedlich, was vor allem am SDA-Berlin und am SDS-Bayern aufgezeigt werden kann. Der SDA-Berlin stieß von vornherein auf staatliches Wohlwollen. Wie etwas später gezeigt wird, haben die westlichen Verbände die Unterstützung, die den Schriftstellern in der sowjetisch besetzten Zone z. B. durch eine großzügigere Lebensmittelzuteilung erfuhren, ihren Landesregierungen als vorbildlich vorgehalten. Über diese materielle Unterstützung hinaus ging die am 6. 11. 1946 erfolgte Gründung einer »Deutschen Dichterstiftung« durch den SDA-Berlin, den »Kulturbund zur demokratischen Erneuerung Deutschlands«, die »Deutsche Zentralverwaltung für Volksbildung« und die Provinzialregierung der Mark Brandenburg. Zweck dieser Stiftung war die Förderung und Unterstützung der künstlerischen Leistung von verdienten Schriftstellern sowie die Förderung von Nachwuchsautoren. Wie bereits gezeigt, wurde dieser Stiftung von der Provinzialregierung das Barockschlößchen Wiepersdorf übereignet (s. 2.5.3, S. 106), das nicht als Erholungsheim sondern als ruhige Arbeitsstätte dienen sollte. [165]

Als weitere staatliche Maßnahme zur Unterstützung der Schriftsteller wurde durch eine ›Kulturverordnung‹ der »Deutschen Wirtschaftskommission« in der Sowjetischen Besatzungszone am 31. 3. 1949 ein Kulturfonds gegründet, der aus der Erhebung von einer 1%igen Tantieme des Ladenpreises aller urheberrechtlich nicht mehr geschützten Werke der Literatur, Musik und bildenden Kunst gespeist werden und den Kulturschaffenden zugute kommen sollte. [166] Daneben wurden den Schriftstellern wie allen Angehörigen der freien Berufe vom 1. 1. 1949 an erhebliche steuerliche Erleichterungen eingeräumt. [167] Somit traten in diesem Bereich noch vor der Konstituierung der DDR (30. 5. 1949) Bedingungen in Kraft, um die sich die Verbände der westlichen Zonen vergeblich bemühten.

Der erste Präsident des SDS-Bayern, R. Schneider-Schelde, sah sich im November 1947 dazu veranlaßt, aus Protest gegen die Gleichgültigkeit der Behörden gegenüber der Not der Schriftsteller von seinem Amt zurückzutreten. Auf einer anläßlich dieses Rücktritts am 11. 11. 1947 einberufenen Mitgliederversammlung erklärte er, »daß die Schriftsteller von der heutigen Bürokratie hintangestellt würden. Anstatt ihnen die Möglichkeit zu freiem Schaffen zu geben, entfalteten die Behörden kulturelle Betriebsamkeit, um ihre eigene Daseinsberechtigung zu beweisen.« [168] Obwohl der Kulturbeauftragte der Stadt München der Versammlung die Schwierigkeiten behördlicher Hilfe zu erklären versuchte, wurde nach »langen und erregten Debatten [...], in denen einige der Teilnehmer als Protest die Selbstauflösung des Verbandes oder einen Generalstreik aller Schriftsteller gefordert hatten« [169], die Wahl eines Drei-Männer-Präsidialrates (H. Braun, P. Dörfler und E. Penzoldt) beschlossen, »der einen letzten Versuch zur gütlichen Klärung der Situation zwischen Staat und Schriftsteller« unternehmen sollte. [170]

Der bayerische SDS, der wie erinnerlich, u. a. die ›Vertretung wesentlicher Kulturinteressen vor allen Behörden‹ zum Ziel hatte (s. 2.2.4, S. 40), versuchte durch verschiedene Veranstaltungen und Resolutionen diesem Auftrag zu entsprechen. So griff er zusammen mit der »Arbeitsgemeinschaft der freien geistigen Berufe«, deren Gründung als ›geistige Abwehrreaktion‹ verstanden worden war, in einer noch von R. Schneider-Schelde formulierten Resolution Staat und Behörden an und wies auf Mängel hin.

»[...] deren Beachtung und Behebung den drohenden völligen Verfall der Geistigkeit und damit den Lebensnerv unseres Volkes verhindern kann.« [171]

Den für die politische Entwicklung Verantwortlichen wurde in dieser Resolution vorgeworfen, daß sie

»[...] es nicht verstanden haben, den Bestand von echten Lebenswerten zu sichern, die nötig sind, damit nicht jeder Glaube verloren geht, nicht jede Hoffnung schwindet, nicht alle der Verzweiflung anheimfallen.«

1948 überreichte der SDS dem bayerischen Ministerpräsidenten H. Ehard eine Denkschrift, die neben materiellen Zuwendungen folgende ideelle Unterstützung forderte:

»Erforderlich ist vor allem die klar ausgesprochene Anerkennung der geistig Schaffenden als Stützpfeiler eines Kulturstaates, – als nicht nur zierende, sondern das ganze Gefüge tragende Stützpfeiler.« [172]

Sieben konkrete Forderungen, darunter eine tägliche Lebensmittelration von mindestens 2000 Kalorien und die Zuweisung eines ruhigen Arbeitsplatzes hielt der SDS-Bayern,

»[...] soll die Kraft der geistig Schaffenden und damit die Voraussetzung für den Wiederaufbau eines Kulturstaates nicht völlig zerstört werden, für notwendig [...].«

Doch auch nach einem diesbezüglichen Gespräch mit dem Ministerpräsidenten, in dem den Angehörigen der freien Berufe staatliche Unterstützungen zugesagt wurden, blieb F. Märker skeptisch und befürchtete, »daß die geistigen Arbeiter bei der Lebensmittelzuteilung weiterhin gegenüber der anderen arbeitenden Bevölkerung benachteiligt werden«. Wahre Hilfe erhoffte er nur noch vom Ausland, wenn es sich dazu entschließen könnte, die Lieferung von Lebensmitteln davon abhängig zu machen, »daß sie gerecht verteilt werden. Von außen mußten wir Deutsche von unseren marschierenden Tyrannen befreit werden, nur von außen kann wahrscheinlich die Macht der am grünen Tisch sitzenden neuen Feinde des Geistes beseitigt werden.« [173] Die Naivität des Gedankens, das Ausland könnte die Lieferung von Lebensmitteln von einer stärkeren Berücksichtigung der Schriftsteller bei ihrer Verteilung abhängig machen, und der Haß gegen die Behörden, der sich in ihrer Kennzeichnung als ›neue Feinde des Geistes‹ niederschlug, kann nur als Folge der eigenen Selbstüberschätzung und der öffentlichen Nichtbeachtung dieses Anspruchs, die sich beide gegenseitig bedingt verstärkt haben mögen, verstanden werden.

Sein besonderes Verhältnis zum Staat kam auch in der bereits erwähnten Umfrage des SDS-Bayern mit dem Titel »Was ist mit der deutschen Literatur?« (s. 2.5.3, S. 105 f.) zum Ausdruck, in der Verbandsmitglieder u. a. gefragt wurden, ob sie

»[...] es für möglich und nützlich halten, daß geeignete Vertreter künstlerischer und kultureller Berufe, insbesondere repräsentative Schriftsteller, einen größeren und unmittelbaren Einfluß auf das politische Leben nähmen? Etwa in einem Kultursenat?« [174]

Wie wichtig der SDS-Bayern diese Frage nahm, zeigt, daß er sie in einer zweiten Umfrage mit dem Titel »Brauchen wir ein Kulturparlament?« eigens vertieft sehen und erreichen wollte,

»[...] daß alle um die Worte ›Kulturparlament‹, ›Akademie der schönen Künste‹, ›Deutsche Akademie‹ oder ›Landeskulturparlament‹ kreisenden Pläne und Bemühungen zusammengefaßt werden.« [175]

Unabhängig von den eingegangenen Antworten kommt eindeutig zum Vorschein, daß zumindest der Vorstand des bayerischen SDS versucht hat, die vermeintliche Sonderstellung der Schriftsteller durch die Propagierung eines ständestaatlichen Gedankenguts zu befestigen. Nach F. Märkers Überzeugung war der derzeitige Staat ohnehin »so aufgebaut, daß die Dichter, Schriftsteller und Künstler in einer Krisenzeit von ihm nicht *die* Hilfe bekommen können, die ihnen zusteht«. [176]

Was sich an den zwei Nachkriegsverbänden deutlich zeigen ließ, spiegelt sich auch in den Aktionen der ersten Dachorganisation wider. Am 17./18. 1. 1948 trat der Koordinationsausschuß mit einer Resolution an die Öffentlichkeit, in der die materielle Sicherung der geistig Arbeitenden gefordert wurde. Neben der Forderung nach ruhigen Arbeitsplätzen, Arbeitsmaterial, Reiseerleichterungen und Steuervergünstigungen stand auch hier die Ernährung im Vordergrund:

»Geistige Arbeit von Wert ist fast stets Schwerarbeit. Das muß – ähnlich wie in der Ostzone – überall auch bei der Kartenzuteilung anerkannt werden unter Zuziehung der dazu berufenen Verbände bei der Auswahl der Berücksichtigten.« [177]

Auch die Arbeitstagung deutscher Schriftstellerverbände, auf der der VDA gegründet wurde, endete am 14. 3. 1949 mit einem Appell an den Staat und die Wirtschaft sowie alle finanzkräftigen Stellen, den Schriftstellern zu helfen. [178] Im VDA wurde beklagt, daß die Währungsreform für die Schriftstellerverbände eine Krise ausgelöst und ihre Widerstandskraft geschwächt habe, und man war davon überzeugt, daß nur ein starker Schriftstellerverband als ›ernst zu nehmender Verhandlungspartner der Behörden‹ in Frage käme. [179]

Die Gründung der Vereinigung wurde schließlich als Erfüllung dieser Erwartung begrüßt und der neue Verband als die Spitze bezeichnet, »die auch von den staatlichen Behörden als legitimierter Verhandlungspartner anerkannt wird«. [180] H. Reuß-Löwenstein berichtete, daß die Vereinigung auf ihrer »Tagung deutscher Schriftsteller« 1952 »nachdrücklich die Forderung erhoben« habe, »daß wir in allen das Schrifttum betreffenden Fragen vom Parlament und Gesetzgeber unbedingt gehört werden müssen«. [181] Die Teilnehmer dieser Veranstaltung hatten in einer Resolution an alle für Kulturfragen zuständigen amtlichen Stellen die Forderung gerichtet,

»[...] daß in Zukunft alle Entscheidungen, die das Gebiet der Literatur und des Theaters berühren, den beruflichen Vertretern der deutschen Literatur überantwortet werden.« [182]

Außerdem stellen sie

»[...] an den Deutschen Bundestag den Antrag, bei dem in Bildung begriffenen Erziehungs- und Bildungsbeirat eine Vertretung der deutschen Autoren vorzusehen.« [183]

Auf der gleichen Veranstaltung formulierte H. Ermann in Anlehnung an eine Aussage von H. Leibniz über die Wesensfremdheit vom göttlichen Ingenium der Kunst und dem irdischen Staat, daß die Schriftsteller in der Vereinigung »jenseits und unabhängig von diesem Gegensatz des irdischen Staates und des göttlichen Ingeniums [...] Gerechtigkeit« fordern müßten. [184] Darunter verstand er einerseits keine ›besondere Förderung‹ des Schriftstellerberufs durch den Staat sondern nur »die Fürsorge, die er allen anderen künsterlischen Berufen zuteil werden läßt«; andererseits aber behauptete er, daß es »keinen Staat mehr geben« werde, wenn »der Schriftsteller als Stand und Person nicht mehr existiert«. [185] Bei gleicher Gelegenheit sprach W. v. Molo davon, daß die Schriftsteller »dem Staate *unerläßlich* sind, als diejenigen, die ihm die Wahrheit sagen! Durch uns erfährt die Staatslenkung, wie es im Volke, in der Gesamtheit wirklich aussieht, er kann auf uns, unsere Mitwirkung als Gewissen und Vertreter des Volkes [...] gar nicht verzichten, wenn er ein freier Staat sein und – bleiben will«. [186] In der 1954 im Verbandsorgan der Vereinigung veröffentlichten Rede W. v. Molos, die, wie bereits erwähnt, als ›Stimme des deutschen Dichters‹ apostrophiert wurde (s. 2.4.2, S. 91), hieß es, daß ein Staat, der »nicht mit aller Energie *alles tut, das Geistige zu schützen, der erfüllt nicht seine Pflicht*, der versündigt sich schwer, außerordentlich schwer an unserer Zukunft«. [187] Auch G. Pohl beanspruchte in nahezu drohender Haltung die besondere staatliche Anerkennung der Schriftsteller, indem er erklärte: »Wehe [...] dem Staat, den Institutionen, der Demokratie, die etwa nicht begriffen, daß sie des unabhängigen und verantwortungsbewußten freien Geistes bedürfen – wie der Vogel der Luft.« [188] Die wirtschaftliche Not der Schriftsteller hielt er für schlimm und gefährlich für den Staat und seine Verwaltung, da das Volk auch im Industrie-Zeitalter nicht auf den Geist verzichten könne: »Ein demokratisches Staatsgebilde kann ohne die demokratische Institution eines freien Schriftstellers dauerhaft nicht fortbestehen.« [189] Es wird nach diesen Zitaten deutlich, daß die Vereinigung durch ihre Sprecher entsprechend ihrer gesellschaftlichen Selbsteinordnung die staatliche Anerkennung der besonderen sozialen Stellung der Schriftsteller forderte, was in der Bezeichnung des Schriftstellers als eine ›demokratische Institution‹ ihren Höhepunkt erfuhr.

Diese Haltung schlug sich in z. T. erfolgreichen Bemühungen nieder, Einfluß auf staatliche Gremien zu gewinnen oder finanzielle Unterstützung von ihnen zu erhalten. Wie die Vereinigung versucht hat, als Lobby auf die Urhebergesetzgebung Einfluß zu gewinnen, ist bereits ausführlich dargelegt worden (s. 3.3.1.2, S. 144 ff.). Einen höheren Stellenwert räumte die Vereinigung jedoch von Anfang an dem Verlangen nach staatlicher Unterstützung ihrer sozialen und wirtschaftlichen Interessen ein, ein Anspruch, den H. Ermann schon auf der ersten Veranstaltung der Vereinigung erhob. [190] V. Deneke forderte eine Subventionierung der Ideal-Güter-Produktion, die die Verzerrung ihrer Marktchance aufheben und durch ihre »hauptsächlich qualitätsfördernde Aufgabe [...] einen Honorarfehlbetrag für qualitativ hochstehende Literatur ausgleichen« sollte. [191] G. Pohl forderte den Staat auf, sich zu überlegen, wie er etwa die Existenz der Schriftsteller sichern könnte, ohne daß sie sich den politisch-taktischen Linien der jeweiligen Regierungen anpassen müßten. [192]

Im gleichen Interesse appellierte E. Lüth 1963 an die Generalversammlung, die Vereinigung schlagkräftiger zu organisieren und danach mit verschiedenen Bundesministerien zu verhandeln, »damit die Situation der Schriftsteller nicht unwürdiger bleibe als die der Akademien«. [193] In der Folgezeit erhielt die Vereinigung auch tatsächlich verschiedene finanzielle Zuwendungen von geringerem Ausmaß, so z. B. 1964 DM 12 000,– vom Bundesinnenministerium und DM 3500,– vom Berliner Senat. [194] Diese Mittel mußten von Jahr zu Jahr neu beantragt werden und ihre Erlangung war immer unsicher. Die Vereinigung befürchtete, ihre Arbeit einstellen zu müssen, sollten z. B. die Mittel aus dem Bundesinnenministerium gestrichen werden. Sie wandte sich 1965 an die Kultusministerkonferenz, um DM 40 000,–, auf die Bundesländer verteilt, zu erbitten:

> »Gelingt [...] die Schaffung einer Existenzbasis für die Vereinigung nicht, wird diese ihre Tätigkeit Ende 1965 einstellen müssen. Damit ist die einheitliche konzentrierte Vertretung der deutschen Schriftsteller vor dem deutschen Volk in dessen freiem Teil und vor der Öffentlichkeit beendet. [...] Der für das Ansehen der deutschen Kultur wichtige Berufsstand der Autoren insonderheit vor dem Ausland würde empfindlich beeinträchtigt werden. Ja, er fiele wahrscheinlich aus dem Bewußtsein unseres Volkes wie dem anderer Völker. Das aber kann kein Verantwortlicher im freien Deutschland wünschen.« [195]

Aus der gleichen Selbstüberschätzung heraus bezeichnete F. K. Fromm in einem diesem Appell beigefügten Begleitschreiben die Erhaltung der Existenzfähigkeit der Vereinigung als »ein Gebot der Selbstachtung Deutschlands« und legte das

Schicksal der Vereinigung »vertrauensvoll in die Hände der Kultusministerkonferenz«. [196] 1966 konnte schließlich verzeichnet werden, daß der Kunstausschuß der Ständigen Kultusministerkonferenz die Unterstützung der Bundesvereinigung empfohlen hatte [197], ein Auftrag, dem jedoch nur einige Bundesländer in weit geringerem Maß nachkamen, als es sich die Bundesvereinigung gewünscht hatte [198], und das zu erhalten die Generalversammlung 1967 erneut an die Kultusministerien der Länder, dieses Mal aber vergeblich, appellieren mußte. [199]

Wie schon beim SDS der Weimarer Zeit erhielt auch die Stellung der Vereinigung zur Frage der Besteuerung schriftstellerischer Einnahmen aufschlußreiche Gesichtspunkte für ihr Verhältnis zum Staat. Schon 1947 hatte H. Reuß-Löwenstein eine ›gerechtere‹ Steuergesetzgebung für die Schriftsteller gefordert, da dem »Dichter Buchführung zuzumuten [...] fehl am Platze« sei. [200] 1953 richtete die Vereinigung ein von H. Reuß-Löwenstein unterschriebenes Telegramm an den Ausschuß des Bundestags für Finanz- und Steuerfragen:

»Wir Schriftsteller erwarten von der bevorstehenden Steuersenkung endlich Berücksichtigung der immer unhaltbarer werdenden Lage schöpferischer Menschen. Entsprechend der Bedeutung unseres Wirkens für die deutsche Kultur fordern wir eine gerechtere Bewertung. Wir bitten dringend, daß in letzter Stunde vor den entscheidenden Beschlüssen des Ausschusses für Steuervereinfachung Vertreter der Schriftsteller-Verbände gehört werden.« [201]

Als die geplanten Steuervereinfachungen nicht beschlossen wurden, forderten W. v. Hollander und W. v. Molo kurzerhand ein neues Steuerrecht für Schriftsteller. [202]

Einen Sturm der Entrüstung löste 1963 die Ankündigung der Einführung der Mehrwertsteuer auch für schriftstellerische Einnahmen bei den Schriftstellern aus. Neben den sachlichen Argumenten, daß diese Steuer entgegen ihrem Grundsatz von den Schriftstellern nicht auf die Abnehmer ihrer Produkte abwälzbar seien, da sie den Verlegern und Rundfunkanstalten keine Rechnungen ausstellten [203], und neben dem Hinweis, daß diese aus Frankreich stammende Steuerform dort für Schriftsteller keine Anwendung findet [204], wurden auch Überzeugungen geäußert, die für das Selbstbild der Schriftsteller und ihrer Verbände sehr aufschlußreich sind. Ähnlich wie L. Zeitlin 1922 in der Einführung der Umsatzsteuer auch für Angehörige der freien Berufe, sah E. Lüth 1963 in der Einführung der Mehrwertsteuer für Schriftsteller ein »mechanisiertes Gleichheitsprinzip, das Unvergleichbares gleichzuschalten beabsichtigt«. [205] F. Schilling behauptete, daß die Regierungsstellen, die die Umsatz- und Mehrwertsteuer für Schriftsteller einführten, ›jeden Sinn für das Geistige verloren‹ hätten [206], und Chr. Ferber glaubte, daß ein Verzicht des Staates auf das Steuereinkommen der künstlerisch Schaffenden »der Nation vermutlich mehr eintragen ...« würde, »als ein Hundertfaches der von den freien Berufen zu kassierenden Summe. Ehre und Ansehen würde dieser Verzicht einbringen, einen Zuwachs an geistigen Gütern.« [207] 1963 sandte die Vereinigung schließlich eine Resolution an die Bundesregierung, in der es hieß:

»Die Vereinigung der deutschen Schriftstellerverbände warnt die Bundesregierung vor der geplanten Einführung der Mehrwertsteuer für die freien geistigen Berufe. Das neue Steuersystem [...] ist dem Kauf beziehungsweise Verkauf von Rohstoffen und Fertigwaren angepaßt. Geistige Arbeit hat ihrem Wesen nach damit nichts zu tun. Sie bietet Leistung und empfängt Honorar.

Würde das Mehrwertsteuersystem auch für geistige Arbeit eingeführt, bedeutete das eine ungerechtfertigte Erhöhung der Umsatzsteuer. Die französische Regierung hat das erkannt. Die Mehrwertsteuer in Frankreich betrifft keinen einzigen freien Beruf. Die Bundesregierung muß dem Beispiel folgen, will sie nicht schwere psychologische und politische Rückschläge erleiden.« [208]

G. Pohl schrieb unter Bezugnahme auf diese Resolution, die Vereinigung habe die Bundesregierung vor der Ausdehnung der Mehrwertsteuer auf die freien Berufe »dringlich gewarnt. Die Politiker mit dem Blick für das Psychologische und das Historische sollten der Bürokratie klarmachen, daß nicht jeder Perfektionismus sinnvoll [...] ist.« Für ihn war der Streit um die Mehrwertsteuer eine Auseinandersetzung zwischen Macht und Geist, wobei er in der Einführung der Mehrwertsteuer indirekte Beschlüsse gegen den freien Geist auf dem Umweg eines ›existenzdrosselnden Steuergesetzes‹ erkennen zu können glaubte. [209]

Durch diese Appelle, Drohungen und Unterstellungen konnte die Einführung der Mehrwertsteuer auch für Schriftsteller nicht verhindert werden, doch hatten sie Teil an der für alle freien Berufe gültigen Vergünstigung, nach der sie diese Steuer nur in halber Höhe zu zahlen haben.

Bei seiner Gründung grollte auch der VS mit dem Staat: H. Böll meinte, daß die Schriftsteller dem Staat nichts, er ihnen aber eine Menge verdanke, doch glaubte er, dieses Mißverständnis damit erklären zu können, daß sich weder der Staat noch die Gesellschaft um eine Minderheit kümmerten, die sich nicht in ihrer Gesamtheit solidarisiert. In der Erwartung einer künftigen Solidarität der Schriftsteller versuchte er, den Staat darauf vorzubereiten, daß er die Schriftsteller »nicht länger auf dem Umweg über einen Pseudo-Geniekult oder auch nur auf dem Umweg über einen Pseudo-Individualitätskult zerspalten und zersplittert halten und einzeln abfertigen kann«. [210] Die Analyse bisheriger Aussagen der deutschen Schriftstellerverbände hat jedoch gezeigt, daß die Schriftsteller selbst nichts oder sehr wenig dazu beigetragen haben, ihren eigenen Genie- oder Individualitätskult abzubauen, daß sie vielmehr mit ihm ihren Anspruch auf eine besondere soziale Wertschätzung gegenüber dem Staat begründet haben, ein Anspruch, auf den der Staat moderner westlicher Prägung nicht eingehen konnte, auch wenn sein Fremdverständnis schriftstellerischer Tätigkeit ebenfalls von Genie- und Individualitätsvorstellungen geprägt sein mag. Auch D. Lattmann hatte in seinem VS-Gründungsreferat erklärt, daß der »Staat, den wir haben, [...] nicht viel« nach den Schriftstellern gefragt habe. [211] Neben diesen traditionalen Aussagen wollte jedoch zumindest H. Böll schon den Anspruch auf eine gesellschaftliche Sonderschätzung der Schriftsteller durch ein neues schriftstellerisches Selbstverständnis relativiert sehen. Dieser neue Ansatz machte es dem VS bald möglich, sein Verhältnis zu staatlichen Institutionen zu versachlichen. Dies ergab wiederum die Basis, auf der es auch staatlichen Repräsentanten möglich wurde, von sich aus das Gespräch mit dem VS zu suchen. So empfing am 23. 9. 1970 Bundespräsident G. Heinemann eine Delegation des VS, mit der er sich außer über die sozialen Probleme der Schriftsteller auch über allgemeine, gesellschaftspolitische Fragen unterhielt. [212] Die Rede Bundeskanzler W. Brandts auf dem 1. Schriftstellerkongreß des VS, mit der er dazu beitragen wollte, die Gegensätze zu verringern und die Kluft zu schmälern, die jahrzehntelang das Verhältnis zwischen Schriftstellern und Politikern bestimmt hätten [213], kann nicht nur als Stil einer neuen Regierung, sondern auch als Resultat eines gesellschaftspolitisch realitätsbezogeneren Selbstverständnisses der neuen schriftstellerischen Berufsorganisation verstanden werden.

Bei seinem Kampf um die Bibliotheksabgabe stellte der VS bald fest, daß er gegen die wirtschaftliche und finanzielle Übermacht seiner Gegner, die Kirchen und Industrie, die kommunalen Verbände und den Verlegerausschuß des Börsenvereins, die die zuständigen Parlamentarier nach Aussagen des VS mit umfangreichem Material versorgten, nur die eigene Solidarität, die Überzeugungskraft und den Appell an die Öffentlichkeit zugunsten einer Regelung der sozialen Probleme der Schriftsteller als einer unterprivilegierten Bevölkerungsgruppe aufbieten konnte. [214] Darüber hinaus bat der VS in einem offenen Brief an Bundeskanzler W. Brandt vom 11. 10. 1971 um eine Fortführung der Urheberrechtsnovelle mit dem Hinweis, daß er die Schriftsteller auf dem Schriftstellerkongreß um ihre Mitarbeit gebeten, selber aber seine Unterstützung bei der Lösung ihrer Probleme zugesagt habe. Der VS erklärte hierzu:

»Schriftsteller besitzen keine Lobby, die es mit Interessenmanagern von Medienkonzernen aufnehmen kann. Sie sind darauf angewiesen, daß die Demokratie in der Bundesrepublik sozialer wird, auch für Autoren.« [215]

Im Gegensatz zu den Erfahrungen früherer Verbände erhielt der VS innerhalb weniger Tage eine Antwort des Bundeskanzlers, in der er dem VS seine weitere Unterstützung bei der Urheberrechtsnovelle, vor allem durch ein Gespräch mit den Ministerpräsidenten der Länder zusicherte. [216]

Deutlich fällt bei diesen Aussagen auf, daß der VS die schriftstellerischen Forderungen nicht mehr mit dem Anspruch auf eine besondere soziale Geltung der Schriftsteller begründete, sondern sei in allgemeine sozialpolitische Bestrebungen eingebettet sehen wollte.

In Zukunft könnte sich dieses sachlichere Verhältnis des VS zum Staat weiter verfestigen, da für ihn als Mitglied der IG Druck und Papier zum einen eine feste soziale Bindung gegeben ist, die den elitären Anspruch nicht mehr zuläßt, und da er zum anderen bei der Vertretung seiner Interessen die Unterstützung der Gewerkschafts-Organisationen als einer starken Lobby erhalten hat. Dies erfolgte gemäß der Satzung der IG Druck und Papier, die nach ihrem § 4 (6) auch die

»Einflußnahme auf die Gesetzgebung, insbesondere zur Schaffung und Gestaltung eines fortschrittlichen Arbeits- und Sozialrechts sowie des Presse- und Urheberrechts«

zum Ziel hat. [217]

Von Anfang an hoffte auch der VS, für die Durchführung seiner berufspolitischen Arbeit auf eine finanzielle Unterstützung aus öffentlichen Mitteln, anfangs über die Kultusministerkonferenz [218], später über das Bundesinnenministerium, von dem er schließlich in den ersten Jahren jährlich DM 40 000,– [219], später weniger erhielt, nachdem sich beim Erlangen finanzieller Mittel zunehmend Schwierigkeiten für den VS eingestellt hatten. [220] Einer Intervention des Bundesrechnungshofes beim Bundesinnenministerium gegen die pauschale Subventionierung des VS, die schließlich zu einem Kompromiß führte [221], lagen im wesentlichen Unterschiede im Selbst- und Fremdverständnis schriftstellerischer und damit kultureller Arbeit zugrunde.

Mit diesem Problem hat sich D. Lattmann in einem Aufsatz auseinandergesetzt, in dem er den Kulturbegriff der Behörden angriff, den sie der Bewilligung öffentlicher Mittel zugrunde legten. So sollte z. B. ein in München geplanter Kongreß der »Internationalen Schriftsteller-Union«, der sich mit dem Nutzen von Computern für kreative Tätigkeit, Videokassetten im privaten Gebrauch, Fernsehübertragungen durch Satelliten und Fragen des internationalen Urheberrechts beschäftigen sollte, von den Behörden nicht unterstützt werden, da er keine Kulturveranstaltung sei. [222] An diesem und anderen Beispielen erklärte D. Lattmann, daß bei den bundesrepublikanischen Behörden als Kultur noch vorwiegend das gelte, »was man öffentlich sehen und hören kann. Es scheint vor allem dem Zweck zu dienen, daß sich Staatsrepräsentanten und Politiker wie weiland die Landesfürsten mit ihren Hoftheatern auch heute noch mit Aufführbarem schmükken können.« Dagegen wandte er ein, daß sich mit diesem traditionellen Kulturbegriff keine den derzeitigen Bedingungen entsprechende Kulturpolitik machen lasse, und forderte ihre Reform: »Gespräche der Autoren hinweg über Grenzen sind wichtiger als ›Dichterlesungen‹ im Staatsdienst. Die Erneuerungen der Organisationsformen im künstlerischen Bereich ist [...] Ausdruck einer kulturellen Veränderung. Daß Künstler und Autoren begonnen haben, ihre Rolle in der Gesellschaft als abhängige Medienproduzenten zu definieren, sollte in Bonn Konsequenzen zeitigen.« [223]

Dieser Widerspruch zwischen dem Selbstverständnis der Schriftsteller, wie es der VS formuliert hat, und ihrem Fremdverständnis, wie es den Richtlinien der Behörden zugrunde liegt, fand auch seinen Niederschlag in den Beschlüssen des 2. Schriftstellerkongresses des VS. Die Mitgliederversammlung des VS verabschiedete dort zwei Beschlüsse, von denen der erste als Appell an das Bundesinnenministerium und an den Bundesrechnungshof formuliert war, mit dem Auftrag, die Bundessubventionen für den VS ›entsprechend der Bedeutung des Schriftstellerverbands‹ zu gewährleisten und

»[...] den überalterten Kulturbegriff in der Subventionspraxis zu revidieren. Sachliche Beiträge dazu werden vom VS seit Jahr und Tag geliefert.« [224]

Der letzte Gedanke dieses Appells wurde in dem Grundsatzpapier, in dem der VS-Bundesvorstand zur Verwirklichung der zukünftigen Ziele des Verbands beauftragt wurde, weiter konkretisiert:

»Der VS ist bemüht, seine Aufgaben aus eigenen Mitteln zu erfüllen. Dennoch bleibt er auch als zur Gewerkschaft gehörige Organisation für seine sozialen und kulturellen Aufgaben in Bund und Ländern auf Förderung aus öffentlichen Mitteln angewiesen. Auf Grund so bitterer wie unzeitgemäßer Erfahrungen mit dem Subventionsgebaren zuständiger Behörden fordert der VS den Bundesrechnungshof und die Kultusminister der Länder auf, nicht bei einem Kulturbegriff aus dem vergangenen Jahrhundert stehen zu bleiben, sondern die Bestimmungen für öffentliche Förderungen den tatsächlichen Erfordernissen und Gegebenheiten der Arbeitswelt der Autoren und Künstler anzupassen. Bundesrechnungshof, Bundesinnenministerium und die Länder sollen von einem vorwiegend auf Repräsentation bedachten und häufig im Elitekult befangenen Kulturverständnis abrücken und die Eigeninitiative der Künstler und Autoren respektieren. Kultur (wenn schon dieses fragwürdige Wort bleiben soll) ist nicht nur, was man an künstlerischen Leistungen öffentlich hören und sehen kann.« [225]

Wenn auch der Kulturbegriff hier nur negativ definiert wird, so fällt doch gegenüber der Vereinigung und früheren Schriftstellerverbänden auf, daß der VS ihn nicht mehr, an den hervorragenden Persönlichkeiten orientiert, für alle Autoren elitär definiert, sondern daß er ihn vielmehr von den künstlerischen und schriftstellerischen Arbeitsbedingungen abgeleitet wissen will. Kultur wäre dann etwa das Gesamt aller geistigen und künstlerischen Aussagen, wie sie sich in den verschiedenen Medienbereichen darstellen. Zur Kultur gehören somit auch all jene Faktoren, die zur Vermittlung literarischer und künstlerischer Aussagen und Formen dienen, was die Bedingungen ihrer Reproduktion und Rezeption mit einbezieht. Da dieser Kulturbegriff auch die Bedingungen für Kultur miterfaßt und nicht nur ihre Produkte, wird die Einwirkung auf diese Bedingungen somit integrierter Bestandteil schriftstellerischer und auch öffentlicher Kulturpolitik.

Diese Konsequenz geht schon über die Geschäftsordnung des VS in der IG Druck und Papier hinaus, deren § 9 lautet:

»Der VS kann – gegebenenfalls über dafür gebildete juristische Personen – zweckgebunden für kulturelle und soziale Aufgaben von der öffentlichen Hand Forderungen entgegennehmen, jedoch nicht für die allgemeine Berufsgruppenarbeit.« [226]

Zwar ist hier schon gegenüber der Vereinigung eine deutliche Trennung vollzogen zwischen Berufspolitik und allgemeiner kultureller Arbeit. Nach dem soeben dargestellten Kulturbegriff, der logisch aus den Verlautbarungen des VS gefolgert wurde, kann auch die ›allgemeine Berufsgruppenarbeit‹ kulturelle Arbeit sein, denn was sind z. B. mögliche tarifliche Vereinbarungen über die Arbeitsbedingungen der Schriftsteller anderes als Vereinbarungen über die Bedingungen der Kulturproduktion und somit Bestandteile der Kultur selbst? Die Vereinbarungen über Honorarbedingungen können sich ebenfalls unmittelbar auf die Kulturproduktion auswirken, da eine bessere Bezahlung der Autoren ihren Zwang zur permanenten Produktion mindern und somit mehr Zeit für selbstbeauftragte Arbeiten freistellen würde. Nach der zitierten Geschäftsordnungsbestimmung werden in Zukunft jedoch nur noch die Leistungen der Schriftsteller, nicht aber ihr Anspruch auf eine besondere soziale Wertschätzung Grundlage ihrer Bemühungen um Förderungen aus öffentlichen Mitteln sein. Auch hierin ist ein Bestandteil der Integration der Schriftsteller in die Gesellschaft, so wie sie der VS vollzogen hat, zu sehen.

Steuerpolitisch versuchte der VS anfangs wie seine Vorläufer, Steuererleichterungen, wie die Abschaffung der Umsatz- und Mehrwertsteuer, für Schriftsteller zu erreichen. [227] H. Böll betonte aber schon, daß die Schriftsteller nicht mehr Privilegien fordern, daß sie sie sogar ablehnen sollten. Doch erklärte er, daß die Art, wie die Schriftsteller ihr Geld verdienen, schwer erfaßbar und steuerlich kaum analysierbar sei, und er wehrte sich dagegen, daß die Schriftsteller »der Einfachheit halber unter die Unternehmer« eingestuft würden. [228]

Der Beschluß der VS-Mitgliederversammlung auf dem 1. Schriftstellerkongreß von 1970 entsprach noch den alten Forderungen nach bloßer Abschaffung dieser Steuern für Schriftsteller:

»Die Worturheber fordern die Befreiung von der Umsatz- beziehungsweise Mehrwertsteuer – wie in Frankreich, Belgien, Holland, Dänemark und Schweden.« [229]

Der Hinweis auf die steuerliche Praxis anderer Länder kann jedoch nicht als Ersatz für neue Argumente genommen werden, die im Ansatz zur gleichen Zeit schon von der AFM formuliert wurden, als sie u. a. die

»Zusätzliche Vergütung der Mehrwertsteuer bei den freien Mitarbeitern, die der Regelbesteuerung unterliegen«

gegenüber den Rundfunkanstalten forderte. [230] Diese Neuorientierung floß bald in die tarifpolitischen Bemühungen des Gesamtverbandes ein, indem die Vorschläge des VS für neue Rahmenverträge mit den Verlagen wie mit den Rundfunkanstalten die Abwälzbarkeit der Mehrwertsteuer auf die Abnehmer literarischer Arbeiten beinhalten, d. h., sie verpflichten, die Honorare zuzüglich der Mehrwertsteuer auszuzahlen. [231] Hier wird nicht mehr die Abschaffung der Mehrwertsteuer mit dem Anspruch des besonderen Charakters literarischer Werke begründet, vielmehr wird sie anerkannt und ihre Abwälzbarkeit als tarifvertraglich zu vereinbarende Forderung dargestellt. Bei diesem Vorschlag fällt der Staat als Gesetzgeber aus der Diskussion um die Mehrwertsteuer heraus. Andererseits hatte der VS somit auch den Unternehmer-Status der Schriftsteller anerkannt. Dies konnte im Hinblick auf die Entwicklung des VS zur Gewerkschaft jedoch nur als mögliche Übergangsregelung angesehen werden, denn durch diese Entwicklung, bei der sich die Schriftsteller im VS als arbeitnehmerähnliche Personen zu definieren begannen (s. 3.3.2.2, S. 151 f.), erhält das Problem der Mehrwertsteuer, soweit es die Schriftsteller betrifft, eine neue Dimension. Die Schriftsteller produzieren zwar eine Ware, nicht aber als freie Unternehmer, sondern als von den Medien der Kulturindustrie weitgehend abhängig arbeitende, arbeitnehmerähnliche Personen. Da die entsprechende rechtliche Definition der Schriftsteller auf dem 2. Schriftstellerkongreß des VS in Aussicht stand, wandte er sich mit folgendem Beschluß wiederum an den Staat:

»Der VS fordert die Bundesregierung, den Bundestag und den Bundesrat auf, entsprechend dem arbeitnehmerähnlichen Status der Autoren die Schriftsteller von der Mehrwertsteuer zu befreien. Dies entspricht der Regelung in Frankreich, Belgien, Holland, Dänemark, Schweden und Österreich. Am sinnvollsten wäre eine Regelung, die Autoren im Einzelfall dennoch die Möglichkeit läßt, für die Mehrwertsteuer zu optieren.« [232]

Der zweite Satz dieses Beschlusses ist insofern richtig, als in den genannten Ländern von Schriftstellern keine Mehrwertsteuer erhoben wird, falsch ist er jedoch insofern, daß dort für Schriftsteller keineswegs der Status der arbeitnehmerähnlichen Person eingeführt wurde. Dieser Satz läßt darauf schließen, daß dem VS selbst nicht einmal die volle juristische Tragweite des ersten Satzes bewußt war, denn die neue Begründung für den Wegfall der Mehrwertsteuer für Schriftsteller kann nicht als zusätzliches Argument auf der Ebene der Quantität gesehen werden, sie muß vielmehr als neue Qualität des schriftstellerischen Selbstverständnisses gewertet werden. Mit dem dritten Satz dieses Beschlusses trug der VS der Tatsache Rechnung, daß immer noch ein Teil der bundesdeutschen Autoren als wirtschaftlich selbständig anzusehen ist. Er gibt auch denjenigen, die sich nicht mit dem neuen schriftstellerischen Selbstverständnis identifizieren können, die Chance, ihrem traditionalen Selbstverständnis durch ihre freiwillige und aktive Option für die Mehrwertsteuer Ausdruck zu verleihen. Die in diesem Fall nicht mehr vorhandene Selbstverständlichkeit des traditionalen Status könnte auch bei ihnen einen Denkprozeß auslösen, der schließlich zur Ausbildung des neuen Selbstverständnisses führen kann.

Die tarifvertraglich durchzusetzende Abwälzbarkeit der Mehrwertsteuer auch für Schriftsteller bleibt dann nur noch für die Autoren relevant, die sich weiterhin als selbständige Unternehmer definieren. Dabei tritt jedoch das Problem auf, daß sie als solche in keine Gewerkschaft gehören und auch nicht tarifrechtlich erfaßt werden können. Es wäre Aufgabe des FDA, auch für diese Autoren entsprechende Regelungen durchzusetzen.

Interessant ist, daß sich auch auf steuerpolitischem Gebiet die durch den VS eingeleitete Entwicklung auswirkt, die Position der Schriftsteller nicht als eine besondere im Staat zu begreifen und für schriftstellerische Arbeit die Anerkennung besonderer Regeln nicht zu beanspruchen. Vielmehr bestätigt sich auch auf diesem Gebiet durch die Inanspruchnahme bestehender Gesetze der Integrationsprozeß, wie er vom VS bisher betrieben wurde.

4.3.2 Zusammenfassung

Die Darstellung des Verhältnisses deutscher Schriftstellerverbände zum Staat hat bestätigt, daß es als die konkrete Ausgestaltung ihres Verhältnisses zu Gesellschaft und Öffentlichkeit begriffen werden muß. Dem Anspruch auf eine besondere soziale Wertschätzung der Schriftsteller entsprach bei den traditionalen Verbänden bis hin zur Vereinigung auf der einen Seite die hohe Selbsteinschätzung als eigentliche Garanten eines freiheitlichen Staates und auf der anderen Seite die Forderung an den Staat, die Schriftsteller als diese Garanten im Interesse eben des Staates zu unterstützen. Hierbei bestätigte sich im übrigen W. Daims Beobachtung, daß das devote Identifikationsangebot an die Oberschicht von der Oberschicht selbst nur teilweise und auch das nur bedingt angenommen wurde, wohl um die sich anbiedernden Schriftstellerverbände nicht allzusehr zu enttäuschen. [233] Dies zeigte sich vor allem darin, daß die Oberschicht die z. T. gegebenen Versprechen nicht immer erfüllte. Allein der VS hat im Laufe seiner bisherigen Entwicklung von der überdimensionalen Selbst- und Fremdeinschätzung Abstand genommen und versucht, die Vertretung der schriftstellerischen Berufsinteressen als integrierten Bestandteil der Gesellschafts-, Sozial- und Kulturpolitik zu begreifen.

Als besonderes Teilergebnis kann herausgestellt werden, daß die Inanspruchnahme eines erhöhten sozialen Status der Schriftsteller durch die Verbände bis hin zur Vereinigung zunahm. Schon die Organisationen vom Ende des 19. Jahrhunderts vertraten diesen Anspruch, wobei z. B. für die Anfangszeit des DSV gezeigt werden konnte, daß der gegenseitigen Zuwendung von Verbandsrepräsentanten und Vertretern des Staates eine Abkühlung der Beziehungen folgte, nachdem den Bekundungen der besonderen Wertschätzung von seiten des Staates keine den Verbänden ausreichend erscheinende konkrete Hilfe folgte. Je stärker den Verbänden jedoch das staatliche Desinteresse an ihren Problemen und Aufgaben erschien, desto höher wurde der Anspruch auf eine besondere Aufmerksamkeit gestellt, was seinen Höhepunkt bei einzelnen Landesverbänden der Zeit nach dem 2. Weltkrieg, hier insbesondere des SDS-Bayern, und in den Anfangsjahren der Vereinigung erfuhr.

Der Anspruch der Schriftstellerverbände auf ihre besondere Wertschätzung manifestierte sich in der Forderung nach finanziellen Subventionen für ihre berufspolitische Arbeit wie in der Forderung nach einer besonderen Behandlung der Schriftsteller auf steuerlichem Gebiet oder nach besonderen steuerlichen Vergünstigungen. Obwohl einige Verbände wie der SDS der Weimarer Zeit und die Vereinigung eingestehen mußten, daß sie ohne die empfangene staatliche Hilfe ihrer Verbandsarbeit gar nicht hätten nachkommen können, blieb das Diskrepanzerlebnis zwischen Anspruch und Leistung bestehen, wobei zugestanden werden muß, daß die empfangenen Mittel zumindest bei der Vereinigung z. B. für eine wirkungsvolle Öffentlichkeitsarbeit nicht ausreichen konnten und daß ihre Billigung oft von als kleinkariert aufzufassenden Bedingungen abhängig gemacht wurde.

Daß der Staat über die Künstlerhilfe und andere Einrichtungen auch Mittel zur sozialen Hilfe für Schriftsteller bereit stellte, wurde bereits gezeigt (s. 3.2.1, S. 120). R. König und A. Silbermann haben errechnet, daß z. B. 1964 als direktes Staatsmäzenat durch Unterstützungen und Preise, wie sie aus den verschiedenen Kulturfonds von Bund, Ländern und Gemeinden finanziert wurden, etwa DM 225 000,– ausgegeben wurden. 1961 bis 1965 waren es insgesamt für diese Zwecke DM 840 000,–, davon entfielen jedoch DM 247 000,– allein an 14 Personen. [234] H. Ridder stellte fest, daß der Staat »im Rahmen der direkten und indirekten [...] Subventionierung von Film, Bühne, Konzert, Ausstellungswesen ein zwielichtiges Mäzenatentum der Mitentscheidung über die Förderungswürdigkeit von Kunstwerken und Kunstrichtungen und damit oft der Letztentscheidendung über deren Bestand ausübt«, und forderte eine Institutionalisierung der Subventionspraxis, die die Autonomie der Kunst nicht gefährden sollte. [235] Es ist nun interessant, daß der VS, der gerade keinen besonderen Anspruch gegenüber dem Staat mehr zu vertreten sich bemühte, für die Schriftsteller durch die urheberrechtlich verankerte Bibliotheksabgabe Subventionen in einem bisher nicht gekannten Ausmaß zu erreichen vermochte (s. 3.2.2, S. 129 f.). Auch hat er versucht, die staatlichen Unterstützungen seiner sozial- und kulturpolitischen Initiativen durch die Forderung nach einer Anpassung der staatlichen Förderungsbedingungen an das Selbstverständnis der Literatur- und Kulturproduzenten, so wie es der VS formuliert, zu verbessern und zu institutionalisieren. Für die Zukunft entscheidender scheinen jedoch die Bemühungen des VS zu sein, die wirtschaftlichen und sozialen Bedingungen schriftstellerischer Existenz auf tarifvertraglichem Wege zu regeln (s. 3.3.2.2, S. 151 f. u. 3.4.2.2, S. 217 ff.), wobei der Staat als Adressat schriftstellerischer Forderungen wenn auch nicht ganz fortfällt, aber doch zurücktritt.

Die in diesem Abschnitt dargestellten Initiativen deutscher Schriftstellerverbände lassen besonders deutliche Rückschlüsse auf ihren jeweiligen Verbandsbegriff sowie ihren Staatsbegriff zu. Anhand der bereits dargestellten Voraussetzungen, nach denen Verbänden wie den hier untersuchten schriftstellerischen Berufsverbänden immer ein begrenzter, satzunsgemäß definierter Zweck zugrunde liegt (s. 1.1.1, S. 3), und nach denen alle Verbände versuchen, ihre spezifischen Zwecke mit den Interessen der Öffentlichkeit oder des Gemeinwohls als identisch bzw. vereinbar darzustellen (s. 4.1, S. 262), ließ sich zeigen, daß die traditionalen Schriftstellerverbände diesen Versuch, gemäß ihrem Verständnis schriftstellerischer Tätigkeit als autonomer universaler Wertschöpfung übersteigerten und ihre Interessen nicht als mit dem Gemeinwohl vereinbar sondern als das Gemeinwohl schlechthin darzustellen versuchten. Damit wurde nicht nur die ständische Idee übernommen, nach der sich die verschiedenen gesellschaftlichen Gruppen und Interessen im ständisch strukturierten Staat am Gemeinwohl orientierend gegenseitig ausgleichen (s. 1.1.3, S. 8), wurde nicht nur das der Theorie der freien Berufe zugrunde liegende Standesbewußtsein einer Berufsgruppe übernommen (s. 1.2.4, S. 25 f.), sondern man ging über diese Ansätze hinaus, indem man die Schriftsteller als die ›eigentlichen‹ Führer der Nation apostrophierte und ihren Verbänden, wenn auch oftmals verklausuliert, die höchste Funktion im Staat zusprach.

Es ist bezeichnend, daß mehrere Verbände vor allem nach dem 2. Weltkrieg den Staat als ›Kulturstaat‹ ansprachen, womit ein Staatsbegriff beansprucht wurde, der den Staat als politisch Handelnden auf den Anspruch einer einheitlich sittlich-geistigen Zielsetzung und einen ihr entsprechenden Verhaltensstil reduziert. [236] Der Staat pluralistischer Prägung ist jedoch weder mit einer Rechtsordnung identisch, noch liegt ihm eine ihm immanente Sinneinheit oder Kulturobjektivation zugrunde; er ist vielmehr »nur im Struktur- und Wirkungszusammenhang aller die politische Willensbildung und die politischen Entscheidungen [...] beeinflussenden Normen, Verhaltensweisen, Institutionen und Gruppen zu begreifen«. [237] Das Handeln der traditionalen Schriftstellerverbände erwies sich somit als ideologisch, da es über die wirtschaftlichen und sozialen Interessen der Schriftsteller hinaus auf eine Änderung der staatlichen Organisationsstruktur zugunsten des Anspruchs einer Führung durch eine geistige Wert-Elite tendierte, die sich selbst aus der persönlichen Entscheidung zum Beruf des Schriftstellers für die Übernahme dieser Funktion legitimiert sah. Erst der VS hat die pluralistische Machtverteilung im Staat akzeptiert und den Versuch unternommen, sich für die Teilnahme an einem der möglichen gesellschaftlichen Machtfaktoren zu entscheiden, ohne den irrationalen Anspruch aufrecht zu erhalten, allein ein entscheidender Machtfaktor zu sein. Er tat dies durch seinen Beitritt in eine DGB-Gewerkschaft, einerseits, weil die Entscheidung zugunsten dieser Organisation der Analyse der schriftstellerischen Arbeits- und Honorarbedingungen adäquat war, andererseits in der Absicht, mit dem eigenen Schritt eine Organisation aller innerhalb der Kulturindustrie abhängig Arbeitenden einzuleiten. Auch in dieser Hinsicht stellte der VS dem wertrationalen und traditionalen Handeln seiner Vorläuferorganisationen sein zweckrational bestimmtes Handeln entgegen, was wiederum nur auf der Basis des Parameterwechsels in der Wahrnehmung des Schriftstellerberufs und der schriftstellerischen Tätigkeit möglich wurde. Aus diesem Wandel folgte für den VS eine Versachlichung seines Verhältnisses zum Staat, was ihm eine wirkungsvollere Vertretung der schriftstellerischen Berufsinteressen auch gegenüber dem Staat und seinen Institutionen ermöglicht.

4.4 *Schriftstellerverbände und Politik*

Das politische Engagement, dessen Darstellung die Untersuchung des Selbstverständnisses deutscher Schriftstellerverbände abschließen soll, wird im folgenden in zwei Einheiten untergliedert, von denen die eine schriftstellerische Berufsinteressen im engeren Sinne, das Verlangen nach geistiger und künstlerischer Freiheit, und die andere eher allgemein-gesellschaftspolitische Stellungnahme beinhalten. In beiden Unterabschnitten wird zu fragen sein, ob und inwiefern die Schriftstellerverbände ihrem Anspruch entsprachen, Führer oder Erzieher der Nation und somit Vorreiter der gesellschaftlichen Entwicklung zu sein, und wie sie versuchten, mit ihren gesellschaftspolitischen Vorstellungen diese Entwicklung zu beeinflussen.

4.4.1 *Geistige und künstlerische Freiheit*

Der Leipziger Literatenverein, der laut seiner Satzung u. a. die Handhabung der Zensur zum Gegenstand dauernder Beratung und Entschließung machen wollte (s. 2.2.1, S. 32), forderte die ›Preßfreiheit‹, die schon in der deutschen Bundesakte vom 8. 6. 1815 gewährt, durch die Karlsbader Beschlüsse vom 20. 9. 1819 jedoch wieder aufgehoben worden war. [238] Auf diesem Gebiet erzielte dieser erste deutsche Schriftstellerverband durch eine Petition an die Ständeversammlung des Sächsischen Königreichs von 1842/43 einen Teilerfolg der Art, daß größere Schriften ab 20 Bogen, wenn sie nicht in kleineren Abteilungen erschienen, nicht mehr der Zensur unterlagen, auch wenn sie noch einer Empfangsbestätigung durch die Meldebehörde bedurften. Kleine Schriften blieben jedoch der Zensur unterworfen. [239]

Für die in der wilhelminischen Ära folgenden Schriftstellerverbände ist es interessant, daß die ersten von ihnen in ihren Verlautbarungen und Diskussionen nichts über die Frage der Zensur und Pressefreiheit hinterließen, obwohl die Freiheit der Meinungsäußerung zu ihrer Zeit besonders eingeengt war. So fielen die Gründung des ADSV und der Erlaß des »Gesetzes gegen die gemeingefährlichen Bestrebungen der Sozialdemokratie (›Sozialistengesetz‹)« gemeinsam in das Jahr 1878, ein Gesetz, das noch bis in die ersten drei Jahre der Existenz des DSV hinein bis 1890 Gültigkeit hatte. Es besagte im § 11:

> »Druckschriften, in welchen sozialdemokratische, sozialistische oder kommunistische, auf den Umsturz der bestehenden Staats- oder Gesellschaftsordnung gerichtete Bestrebungen in einer den öffentlichen Frieden, insbesondere die Eintracht der Bevölkerungsklassen gefährdenden Weise zu Tage treten, sind zu verbieten.
> Bei periodischen Druckschriften kann das Verbot sich auch auf das fernere Erscheinen erstrecken, sobald auf Grund dieses Gesetzes das Verbot einer einzelnen Nummer erfolgt.« [240]

Die Tatsache, daß von den damaligen Verbänden weder zum Erlaß dieses Gesetzes noch zu dessen Aufhebung ein Kommentar abgegeben worden ist, läßt zumindest darauf schließen, daß die in ihnen organisierten Schriftsteller und Journalisten gar kein Interesse daran hatten, derartige Einschränkungen der Pressefreiheit zu bekämpfen. Erst der VDJS hat 1895 wieder die Vertretung seiner Mitglieder in allen Fragen des Preßrechts und des Preßhaftrechts in seine Satzung aufgenommen (s. 2.2.2, S. 38), und es wurde berichtet, daß er auch für die Aufhebung der Theaterzensur eintrat. [241] Vor dem Ende der Kaiser-Zeit hat lediglich noch der SDS eine Garantie der Meinungsfreiheit gefordert und sich 1916 gegen die verschärfte Zensur während des Krieges ausgesprochen. [242]

Nach der Gründung der Weimarer Republik, in deren Verfassung neben der Wissenschaftsfreiheit auch die Freiheit der Kunst erstmals garantiert war, ein Auftrag, der jedoch im Verlauf der Entwicklung nicht einmal als Norm ernst genommen wurde [243], haben einzelne Verbände das Thema Freiheit der Meinungsäußerung erneut zum Gegenstand ihrer Arbeit gemacht. So forderte R. Eichacker für den BdT von der deutschen Reichsregierung die ›sofortige Einstellung der verfassungswidrigen Verfolgungen deutscher Schriftwerke durch eine irgendwie geartete Zensur‹. [244] Er appellierte an die Schriftsteller, im Kampf gegen die praktizierte Zensur Solidarität zu üben, und er warf dem Staat vor, seinen »immer mehr *zum Skandal und zur Katastrophe treibenden Beschlagnahmefeldzug*« nicht nur von Staatsanwälten, Richtern und Polizisten, sondern auch von Post- und Zollbeamten, Oberlehrern und Jugendbünden vornehmen zu lassen, und damit »einen *Vernichtungsfeldzug gegen* den *Schriftsteller,* der etwas anderes schreibt als Kinderverse und Backfischromane«, zu organisieren und somit die Kunst und die Entwicklung der Künstler auf lange Zeit zu schädigen. [245] Aus der Tatsache, daß der ASV als größter Mitgliederverband des BdT diesbezüglich keine R. Eichacker unterstützende Stellungnahme abgab, kann geschlossen werden, daß R. Eichacker auch hier in seinem Verband auf verlorenem Posten stand.

Zur gleichen Zeit wie R. Eichacker nahm auch der SDS seinen Kampf gegen die Zensur wieder auf, die zwar, wie gesagt, rechtlich nicht mehr begründet war, aber dennoch durch zahlreiche Beschlagnahmungen praktiziert wurde. [246] A. Eloesser versuchte dabei, von vornherein Mißverständnissen vorzubeugen, indem er erklärte, daß es dem SDS nicht um die Unterstützung bestimmter politischer Richtungen ginge, sondern nur um das Recht des schutzlosen Schriftstellers, »um die grundsätzliche Abwehr der Übergriffe, die im systematischen Zusammenhang seine wirtschaftliche Existenz, seine geistige Freiheit und Schaffensruhe bedrohen«. [247] Am 24. 11. 1921 veranstaltete der SDS in Berlin seine erste, für die Freiheit des geistigen Schaffens eintretende Protestversammlung, auf der folgende Resolution verabschiedet wurde:

»Die systematische Verfolgung von Werken der Literatur und Kunst aus angeblich moralischen Gründen bedeutet in Wahrheit nichts anderes als den Versuch der Wiedereinführung der verfassungsmäßig abgeschafften Zensur.
Die Versammlung richtet stärksten Protest gegen diese Bedrängung der Geistigen und des Geistes der Künstler und der Kunst und fordert, um den gröbsten Mißständen abzuhelfen:
1. Schaffung von Sachverständigen-Kammern. Anhörung von diesen Kammern vor Beschlagnahmen.

2. Einrichtung von gemischten Gerichten nach Art der Handelsgerichte, wobei als Beisitzer ein Laie und ein Künstler aus dem Kunstgebiet sein müsse, dem das betreffende Werk angehöre.
3. Reform des Strafgesetzes, Reform des materiellen Strafrechts durch eine klare, dem heutigen Literaturzustande entsprechende Definition des Begriffs der unzüchtigen Darstellung.« [248]

Nicht zuletzt, weil diese Veranstaltung des SDS durch die Anwesenheit zweier Reichsminister unterstützt worden war (s. 4.3.1, S. 286), konnte der SDS hier einen Teilerfolg verbuchen, der darin zu sehen war, daß die Preußische Regierung die wahllose Beschlagnahme von Verlagswerken an ihren Verbreitungsorten einstellte. [249] Auf einer anderen Veranstaltung des SDS lehnte A. Döblin eine staatliche Zensur nicht grundsätzlich ab, sprach dieses Recht jedoch nur einem Staat zu, den eine ›große ethische und religiöse Idee‹ durchstrahle. »Die positive Idee wird eine einfache Zensur üben, indem sie erstickend negiert, unterdrückt, was ihr nicht konform wächst; was ihr feindlich ist, wird zugrunde gehen, eben weil es nicht am Leben der großen Idee teilnimmt.« Dieser Idee stellte er jedoch protestierend »den ahnungslosen engen Geist, der heute an Zensur über Schriftsteller zu denken wagt«, gegenüber. [250] Dieser Diskussionsbeitrag A. Döblins, nach dem das literarische Werk, soweit es überhaupt politisch engagiert sein sollte, auch als politischer und nicht nur literarisch-künstlerischer Beitrag zu verstehen war, hat in das Handeln des SDS nicht hineingewirkt, vielmehr wurde wiederholt versucht, das literarische Werk vor seiner politischen Aussage in Schutz zu nehmen. Dies kam besonders deutlich in einer von Th. Heuss unterschriebenen Erklärung des SDS an den Reichsjustizminister und den Oberreichsanwalt zum Ausdruck, in der es hieß, daß sich der SDS in bezug auf die gerichtlichen Verfolgungen von Schriftstellern nicht des Eindrucks erwehren könnte,

»[...] daß es sich bei den im einzelnen verschieden gelagerten Fällen um eine grundsätzliche und systematische Stellungnahme der obersten politischen Justizbehörde handelt. Es sind der Beschlagnahme verfallen eine Anzahl von Werken von unzweifelhaftem literarischen Charakter, lediglich deshalb, weil in der Gesinnung der Autoren eine tendenziöse politische Stellungnahme gesehen wurde; [...] Worum es sich handelt, ist die für das freie literarische Schaffen vollkommen unerträgliche Haltung der Rechtsprechung, dichterische Darstellungen, deren künstlerische Absicht und Wirkung außer Frage steht, unter dem schwankenden und banalen Begriff der ›Aufreizung zum Klassenhaß‹ zu rücken, dichterische Manifeste, in denen eine persönliche oder der Zeit gehörende Stimmung sich geformt hat, als ›Vorbereitung zum Hochverrat‹ zu behandeln.
[...]
Die Logik der Justizbehörde ist schlechthin unerfindlich, die Gesinnungen, Wünsche, Forderungen, die täglich unbeanstandet in Leitartikeln und Reden ausgesprochen werden, zu strafbaren Handlungen werden läßt, da sie im Gewand der Lyrik, des Drams, der Erzählung wiederkehren. Damit scheint die künstlerische Formkraft geradezu unter eine Sonderbedrohung gestellt. [...]
Eine vollkommene Unsicherheit der Rechtslage für den literarisch schöpferischen Menschen, der aus den Bewegungen seiner Gegenwart heraus ein geistiges Bild gestalten will, muß die Folge dieser Vorgänge sein; [...].« [251]

In dieser Stellungnahme, die mit dem Ersuchen endet, die Verhaftung J. R. Bechers rückgängig zu machen, wird der literarische Charakter eines dichterischen

Werkes deutlich von der ihm immanenten politischen Aussage und Absicht des Autors getrennt und gegen sie in Schutz genommen. Politische Absicht und Wirkung wird als ›künstlerische Absicht und Wirkung‹ bezeichnet, und das Werk wird als ›eine der Zeit gehörende Stimmung‹, als ein ›aus der Bewegung der Gegenwart heraus gestaltetes geistiges Bild‹ verstanden und somit dem politischen Zugriff entrückt. Die Freiheit der Meinungsäußerung als solche klingt in der Erklärung des SDS nur in dem Hinweis auf Leitartikel und Reden an. In bezug auf das literarische Werk wird jedoch nicht die Forderung nach ihr, sondern nach der Anerkennung seines besonderen Charakters als ›Ausdruck der Zeit‹, als eines universalen Werts erhoben.

Seit Mitte der 20er Jahre nahmen die staatlichen Aktionen gegen Schriftsteller erheblich zu: K. Raichle, R. Gärtner, J. R. Becher und viele andere wurden wiederholt verhaftet, Theateraufführungen einiger Dramen von C. Zuckmayer, A. Döblin und anderen Autoren wurden verboten. Es wurden nicht nur Autoren, sondern auch Verleger, Redakteure, Buchhändler, ja auch Setzer und Drucker wegen ›Verletzung der Sittlichkeit‹, ›Gotteslästerung‹ sowie ›Vorbereitung zu Hoch- und Landesverrat‹ angeklagt und verurteilt, Fälle, zu denen der SDS wiederholt kritisch Stellung nahm, oder bei denen er den Betroffenen Rechtsbeistand gewährte. [252]

Gegen die Willkür bei der Verfolgung literarischer Werke nahm der SDS 1927 mit folgender Resolution Stellung:

»Der Schutzverband deutscher Schriftsteller *protestiert* durch Beschluß seiner Hauptversammlung vom 20. Februar mit äußerster Entschiedenheit gegen die letzten *Urteile des Reichsgerichts,* die das bisher unbekannte Delikt von *literarischem Hoch- und Landesverrat* konstruieren.

Wenn das Reichsgericht im Gegensatz zu seiner früheren Rechtsprechung für die Feststellung von Hoch- und Landesverrat nicht mehr ein konkretes Unternehmen voraussetzt, wenn es schon die Äußerung einer Gesinnung in publizistischer Form für ausreichend erachtet oder die Verbreitung einer beliebigen Nachricht, die nach Ansicht des Gerichts geeignet scheint, dem Reich oder den Ländern Schaden zuzufügen, so wird die durch die Verfassung verbürgte *Rede- und Denkfreiheit völlig vernichtet.* Wenn ferner die an der Herstellung und Verbreitung einer Druckschrift beteiligten Setzer, Drucker, Buchhändler mit ihren Gehilfen und Lehrlingen für den *Inhalt* der von ihnen gedruckten oder vertriebenen Schriften verantwortlich gemacht werden, so wird hierdurch unverantwortlichen Angestellten, die zu einer Prüfung weder berechtigt noch verpflichtet sind, ein Einspruchsrecht oder eine Art *private Zensur* aufgenötigt, die mit den Grundsätzen unserer Rechts- und Wirtschaftsordnung unvereinbar ist und die unvermeidliche Konflikte und Korruptionserscheinungen herbeiführen muß.

Der Schutzverband deutscher Schriftsteller hält es für seine Pflicht, das Reich und die Länder, die Parlamente und die öffentliche Meinung auf die *schwere Bedrohung* unseres gesamten geistigen, künstlerischen, politischen Lebens durch eine *willkürliche, verfassungswidrige Justiz* aufmerksam zu machen.« [253]

Indem sich der SDS mit dieser Resolution gegen eine Art literarischen Vigilantismus an die Öffentlichkeit wandte und auf eine Bedrohung des gesamten geistigen, künstlerischen und politischen Lebens hinzuweisen versuchte, verkannte er, daß der beklagte Zustand eben Ausdruck des gesamten geistigen, künstlerischen und politischen Lebens seiner Zeit war und daß er selbst hiervon nur einen Teil vertrat. Die Gesamtheit der öffentlichen Meinung war ebenso wenig der geeignete Adressat zur Bekämpfung der literarischen Verfolgung wie die diese Verfolgung anordnenden Behörden. Die Gesamtheit umschloß ebenso die Gruppen, die durch Jugendverbände, Korporationen, Kirchen u. a. für die Verhinderung einer ihnen schädlich scheinenden Literatur eintraten, wie auch jene Gruppen, die für die uneingeschränkte künstlerische und geistige Freiheit eintraten. Der undifferenzierte Appell des SDS und seine nicht vorhandene Bereitschaft, sich mit den Kräften namentlich zusammenzutun, die wie er dachten, resultiert wiederum aus dem Begriff literarischer Tätigkeit als universaler, für die Gesamtheit gültiger Weltauslegung. Das an diesem Begriff orientierte Handeln des SDS mußte zwangsläufig schon deshalb scheitern, weil diejenigen Subgruppen, die für eine Beschränkung der künstlerischen und geistigen Freiheit eintraten, innerhalb der Weimarer Republik die größere Macht und damit die größeren Erfolgschancen als der SDS hatten.

Ähnlich verhielt sich der SDS auch in seinem Kampf gegen die Verabschiedung des »Gesetzes zur Bewahrung der Jugend vor Schmutz und Schund«, in dem eine indirekte Wiedereinführung der Zensur gesehen und wobei der Verdacht geäußert wurde, daß den ›Drahtziehern der Sittlichkeit‹ weniger am Schutz der Jugend als an der Unterdrückung unbequemer Meinungen gelegen gewesen sei. [254] Nachdem Th. Heuss als 1. Vorsitzender des SDS vor der Hauptversammlung des Verbands über den Gesetzentwurf berichtet und ihn in seiner damals vorliegenden Fassung auf das Schärfste verurteilt hatte, verabschiedete die Versammlung eine dementsprechende Resolution:

»Der Schutzverband deutscher Schriftsteller verfolgt mit Sorge die Gestaltung, die der Gesetzentwurf zum Schutze der Jugend vor Schund und Schmutz angenommen hat, weil er befürchten muß, daß die Schaffung einzelstaatlicher Prüfstellen eine unübersichtliche und verwirrte Rechtslage zur Folge hat und willkürlicher Geschmacksdiktatur das Tor öffnet.
Der S.D.S. erhebt ungeachtet seiner grundsätzlichen Bedenken gegen den Gesetzentwurf die dringende Forderung, daß statt der vorgesehenen Landesprüfstellen eine Reichsprüfstelle gebildet wird und die Entscheidungen nicht mit einfacher, sondern mit qualifizierter Mehrheit getroffen werden.« [255]

Der SDS hat also das Gesetz offiziell nicht kompromißlos abgelehnt, sondern er hat lediglich Verbesserungsvorschläge gemacht, von denen auch einige, wahrscheinlich durch die Mitwirkung von Th. Heuss im Reichstag, berücksichtigt wurden. So wurde die ›qualifizierte Mehrheit‹ (= $^2/_3$-Mehrheit) eingeführt, die Landesprüfstellen waren geblieben, doch kam als Berufungsinstanz eine Reichs-Oberprüfstelle hinzu. Was jedoch vor allem dem Gesetz fehlte, war eine Definition dessen, was als ›Schund‹ und ›Schmutz‹ anzusehen sei. [256]

Während die Mitgliederversammlung der SDS-Ortsgruppe Berlin in der Verabschiedung des Gesetzes

»[...] einen vernichtenden Schlag gegen die Freiheit des geistigen und künstlerischen Schaffens überhaupt und damit gegen die Interessen der Schriftsteller im besonderen [...]«

sah und einen Ausschluß von Th. Heuss aus dem Verband forderte, da er im Reichstag für die Verabschiedung des Gesetzes gestimmt hatte (s. 2.3.3.3,

S. 57) [257], nahm der Hauptvorstand des SDS eine weniger kompromißlose Haltung zu dem Gesetz ein,

»[...] um auf die nicht unwichtigen Ausführungsbestimmungen noch einwirken zu können. Es wird ferner unsere Pflicht bleiben, auf die Ausführung des Gesetzes zu achten und auf jeden der zu fürchtenden Übergriffe hinzuweisen. Unsere Kampfstellung dürfen wir jetzt erst recht nicht aufgeben. Im übrigen können Gesetze eben so gut aufgehoben wie eingeführt werden.« [258]

Wie stark der SDS bei der Beurteilung des neuen Gesetzes und seiner eigenen Chance, auf seine Ausführung einwirken zu können, von Illusionen ausging, zeigt vor allem der letzte Satz dieser Stellungnahme. Es ist nicht festzustellen, von welchen Voraussetzungen der SDS-Hauptvorstand in seiner Hoffnung ausging, daß etwa eine Veränderung der Machtverhältnisse im Reichstag zu einer Abschaffung dieses die künstlerische Freiheit einschränkenden Gesetzes hätte führen können.

Schon in anderem Zusammenhang wurde darauf hingewiesen, daß der SDS versucht hat, gutachterlich auf die Arbeit von Zensurbehörden einzuwirken (s. 2.5.3, S. 104). Es gelangen ihm auch auf diesem Gebiet nur Teilerfolge. So galt z. B. die mit dem Land Preußen vereinbarte ›Kunstkommission‹ nur für dessen Hoheitsgebiet, während der SDS in Bayern Beschlagnahmen eben der Bücher registrieren mußten, die in Preußen geschützt werden konnten. [259] Entsprechend seiner Teilnahme an der Kunstkommission trat der SDS auch für eine Teilnahme von Schriftstellern in den vom Gesetz zum Schutz der Jugend vor Schund und Schmutz vorgesehenen Prüfstellen ein. Obwohl er vor einer ›zu strengen Geschmackszensur der als Beisitzer mitwirkenden Schriftsteller‹ warnen mußte, hielt er die Mitarbeit von Schriftstellern für unbedingt notwendig, um eine Kontrolle über die Anwendung des Gesetzes zu haben. [260]

Ähnlich war auch die Haltung des SDS gegenüber dem »Gesetz zum Schutz der Jugend bei Lustbarkeiten«, in dem er eine ebenso schwere, wenn nicht noch schwerere Bedrohung des Schrifttums sah. [261] Gegen die Verabschiedung dieses Gesetzes hatte der SDS zusammen mit dem Goethebund-Berlin, dem VDE und dem VDBB eine Resolution verfaßt, in der es u. a. hieß, das Gesetz überschreite

»[...] in seinen entscheidenden Paragraphen den berechtigten Schutz der Jugend gegen die Gefahren der sogenannten niederen Lustbarkeiten. Dafür wird die Freiheit künstlerischer Betriebe und Veranstaltungen jeglicher Art, also auch Theateraufführungen, Vorlesungen, Kunstausstellungen usw. auf das schwerste bedroht! Der Willkür einzelner Landes- und Ortsbehörden wird jede Handhabe geboten, ernste, aber unbequeme Kunst zu unterdrücken, und den Jugendämtern werden Zensurbefugnisse eingeräumt! [...] Die Verbände des Schrifttums erwarten von den gesetzgebenden Körperschaften eine Rückführung der Vorlage auf ihre ursprüngliche Absicht, die Jugend bei sogenannten niederen Lustbarkeiten zu schützen, und fordern eine Formulierung, die eindeutig ist und die Freiheit der Kunst nicht gefährdet.« [262]

Die an der Formulierung dieser Resolution beteiligten Schriftstellerverbände gingen also von der Überzeugung aus, daß eine eindeutige, gesetzlich festgelegte Grenze zwischen Kunst und ›niederen Lustbarkeiten‹ zu ziehen sei.

Nach der Verabschiedung des Gesetzes glaubte der SDS vorerst, mit Befriedigung feststellen zu können, daß beide Gesetze, die zum Schutz der Jugend beschlossen worden waren, unwirksam blieben, da innerhalb der Prüfstellen keine Einigung über die Auslegung der Bestimmungen hergestellt werden konnte. [263] Trotz dieser Feststellung sahen sich die Mitgliederversammlungen des SDS zur gleichen Zeit veranlaßt, wiederholt Anträge anzunehmen, die alle den Kampf gegen die zunehmende Einengung der schriftstellerischen Freiheit zum Gegenstand hatten, und wie ein Antrag der Ortsgruppe Berlin den SDS-Hauptvorstand aufforderten,

»[...] alle Maßnahmen zu treffen, die der Bedrohung der Freiheit und der Leistungsfähigkeit des Schrifttums durch eine rückständige Gesetzgebung und Gerichtspraxis entgegen zu wirken.« [264]

In der Folgezeit wurde die in dieser Resolution zum Ausdruck gebrachte Notwendigkeit des vermehrten Kampfes für die künstlerische und geistige Freiheit durch eine zunehmend restriktive Handhabung der Gesetze bestätigt. Entgegen seiner früheren optimistischen Beurteilung ihrer Unwirksamkeit mußte der SDS schon bald ein immer deutlicher werdendes Einsetzen der Kulturrestriktion feststellen, wobei z. B. das Gesetz zum Schutz der Jugend vor Schund und Schmutz als Ausnahmebestimmung gegenüber der in der Weimarer Verfassung abgeschafften Zensur diente. Zwar konnte der SDS auf seine Mitwirkung in den diversen Prüfstellen verweisen, doch nicht verhindern, daß die zahlenmäßig stärkere Vertretung der Lehrer, Jugendämter und Jugendwohlfahrt zu einer Rechtsprechung führte, die in den Augen des SDS ›die Grundlage zur Wiedereinführung einer ästhetischen Zensur‹ bot, wobei die Reichs-Oberprüfstelle nach dem Urteil des SDS eine ›sehr bedenkliche Geschmackszensur‹ ausübte. Gegen die Absicht einzelner Schriftsteller, ihre Mitarbeit in den Prüfstellen einzustellen, hielt der SDS jedoch an seiner Ansicht fest, daß nur ihre Mitarbeit ein völliges Ausschalten der geistig Schaffenden verhindern könne. [265]

1929 gründete der SDS zusammen mit 18 Verbänden der Kunst und des Schrifttums, darunter die Dachorganisation filmschaffender Künstler, der Reichsverband der bildenden Künstler sowie der Musiker- und Komponistenverband einen »Kampfausschuß gegen die Zensur«,

»[...] um mit gesammelten Kräften den Kampf gegen die Kulturreaktion auf allen Gebieten aufzunehmen.« [266]

Es stellte sich aber bald heraus, daß dieser Kampfausschuß wegen seiner uneinheitlichen Zusammensetzung zu keiner wirkungsvollen, geschlossenen Aktion fähig war, was den SDS dazu zwang, seinen Kampf für die künstlerische und geistige Freiheit allein weiterzuführen. [267] Dieser eigene Kampf wurde jedoch in den letzten Jahren der Weimarer Republik auch durch die im SDS vorhandenen Meinungsverschiedenheiten über das notwendige Ausmaß dieses Kampfes erheblich erschwert. Es bildete sich vor allem ein Gegensatz zwischen dem SDS-Hauptvorstand und der SDS-Ortsgruppe Berlin heraus, die z. T. auch zu einem Gegensatz des Hauptvorstandes zum Gesamtverband führte. So hatte der Hauptvorstand den Beschluß der Generalversammlung sabotiert, der die Gründung eines Fonds zur

»[...] materiellen und sofortigen juristischen Unterstützung von Schriftstellern, die wegen schriftstellerischer und sonstiger publizistischer Manifestationen ihrer politischen und weltanschaulichen Überzeugung von den Behörden des Staates verfolgt werden [...]«,

vorsah. [268] Auch die Erneuerung dieses Beschlusses auf der nächsten Generalversammlung [269] wurde vom Hauptvorstand nicht respektiert. Neben dieser Mißachtung von Verbandsbeschlüssen ist noch die Tatsache zu erwähnen, daß der SDS-Hauptvorstand und das SDS-Verbandsorgan keine Kenntnis von den zahlreichen Aktivitäten nahm, die die Berliner Ortsgruppe des SDS zum Kampf gegen die die schriftstellerische Freiheit einschränkenden Notverordnungen der Regierung Brüning ergriffen hatte. [270] Ein entsprechender Antrag, der von W. Bloem, Th. Bohner, W. v. Hollander, J. K. Koenig, A. Seghers, E. Mühsam und anderen Mitgliedern der Berliner Ortsgruppe eingebracht worden war, wurde von der Generalversammlung allerdings nur dem Hauptvorstand zur Bearbeitung überwiesen. In diesem als Resolution geplanten Antrag hieß es:

»Die Hauptversammlung des Schutzverbandes Deutscher Schriftsteller erhebt gegen die neue Notverordnung der Reichsregierung vom 28. 3. 31, die unter Aufhebung der Weimarer Verfassung elementare Grundrechte des deutschen Volkes wie Versammlungs- und Demonstrationsfreiheit aufhebt und besonders die Freiheit des Schriftstellers völlig unterbindet, schärfsten Protest. Sie erblickt in dieser Notverordnung eine beispiellose Knebelung der geistigen Freiheit und fordert sowohl den Hauptvorstand wie auch alle Mitglieder des Schutzverbandes auf, sich an die Spitze einer breiten Protestbewegung zu stellen durch Veranstaltung öffentlicher Protestkundgebungen in Verbindung mit allen freiheitlich gerichteten Organisationen und Personen.« [271]

In diesem Antrag wurde zum ersten Mal deutlich der Anspruch auf eine absolute Neutralität des SDS aufgegeben und zwischen Gegner und Befürwortern der geistigen Freiheit unterschieden, wobei die Befürworter zur Solidarität gegen ihre Gegner aufgerufen werden sollten. Adressat dieses Antrags war also nicht mehr *die* Öffentlichkeit oder *der* Staat, sondern eine nicht näher definierte Gruppe Gleichgesinnter. Dies entsprach auch einer vor dem SDS gehaltenen Rede H. Manns, in der er das Eintreten für die Geistesfreiheit als politisches Interesse definierte. [272] Als aber die Berliner Ortsgruppe in dem folgenden Antrag den politischen Gegner, der die Geistesfreiheit einschränkte und noch weiter einzuschränken drohte, beim Namen nannte, wurde eine derartige Verlautbarung offenbar als eine so schwerwiegende Veränderung der bisherigen Verbandspolitik angesehen, daß sich die Mehrheit der Generalversammlung entschloß, sie vorerst den Landesverbänden und dem Hauptvorstand zur weiteren Begutachtung zu überweisen. Dieser Antrag lautete:

»Der Schutzverband deutscher Schriftsteller beobachtet mit wachsender Beunruhigung das Überhandnehmen von Methoden des öffentlichen Lebens wie in der Praxis der Gesetzgebung und Verwaltung auf kulturellem, wirtschaftlichem und politischem Gebiet, die nicht anders als faschistisch genannt werden können. Von dem Eingreifen der großen Industriemonopole in die ›Freiheit der Presse‹ bis zur Durchführung der Fingerzeige faschistischer Organisationen durch staatliche Organe haben wir es hier mit der begin-

nenden endgültigen Liquidierung der Demokratie zu tun, die in anderen Ländern der Aufrichtung der offenen faschistischen Diktatur vorangegangen ist.
Das Beispiel derjenigen Länder, in denen der Faschismus zur Macht gekommen ist, zeigt, was die geistig Schaffenden von einer solchen Diktatur zu erwarten haben. Man denke an den seit Jahren anhaltenden Rückgang der Buchproduktion in Italien, an die künstlerische Unfruchtbarkeit und an die Verfolgung jeder Regung freien Geisteslebens in dem Land, in dem der Faschismus am ausgeprägtesten entwickelt ist.
Der Schutzverband hat die Pflicht, diesen faschistischen Methoden schon in ihren Anfängen entgegenzutreten und in der Öffentlichkeit auf die Perspektiven aufmerksam zu machen, die dem freien Schrifttum bei längerer Duldung dieser faschistischen Politik drohen.
Da der Vorstand bisher nichts in dieser Richtung unternommen hat, ist es Aufgabe der Mitglieder selbst, die erforderlichen Schritte zu unternehmen, um alle kulturell interessierten Kreise gegen die faschistische Reaktion an die Front der Kultur zu mobilisieren, insbesondere öffentliche Kundgebungen zu organisieren.« [273]

Dieser Text wandte sich nicht an die Öffentlichkeit schlechthin, sondern an die kulturell interessierten und freiheitlich, antifaschistisch gesinnten Kreise, die die Öffentlichkeit erst auf die Gefahren des Faschismus aufmerksam machen sollten. Interessant ist hierbei, daß nicht nur eine politische Richtung und eine auf sie hörende Verwaltung als Ursache für die undemokratischen Zustände verantwortlich gemacht wurden, sondern daß auch die wirtschaftliche Macht der Industrie genannt wurde, die durch ihren Einfluß auf die Presse zur Unterdrückung ihr nicht angenehmer Beiträge beitragen konnte.

Daß der Hauptvorstand des SDS auch weiterhin nicht bereit war, sich gegen die Notverordnungspolitik und gegen das Vorschreiten faschistischer Methoden zur Unterdrückung freiheitlich gesinnter literarischer Werke öffentlich auszusprechen, machte R. Breuer deutlich, der noch 1927 eine Abwehrphalanx der Buchdrucker, Buchhändler, Redakteure und Schriftsteller gegen die ›Hochverratsmanie des Reichsgerichts‹ gefordert hatte [274], der aber 1931 zu dem Berliner Antrag und den diesbezüglichen Stellungnahmen von Vertretern der OSDS erklärte, daß man mit dem SDS nicht die Notverordnungspolitik der Regierung Brüning bekämpfen könne: »dazu reicht weder die Macht noch die Bedeutung des Verbandes aus. Man kann selbstverständlich protestieren, aber man muß sich darüber klar sein, daß es sich bei diesen Protesten nur um dekorative Gesten handelt.« Er hielt derartige Aktionen für »verhältnismäßig nebensächlich. Entscheidend bleibt der Wirtschaftskampf, den der SDS für den Einzelnen und zugleich für die Gesamtheit führen muß. Wobei die Erkenntnis nottut, daß die beste wirtschaftliche Sicherung des Schriftstellers zugleich die beste Sicherung seiner geistigen Freiheit ist.« [275] R. Breuer meinte hier nicht die wirtschaftliche Sicherung des Schriftstellers durch den Staat, die alles andere als die Sicherung seiner geistigen Freiheit bedeuten kann und die in Deutschland tatsächlich bald zur totalen Unterdrückung der Freiheit geführt hat; er glaubte noch an die Möglichkeit, auf tarifpolitischem Gebiet eine bessere Entlohnung schriftstellerischer Arbeit erreichen und damit den Schriftstellern den gewünschten Freiheitsraum für selbstbeauftragte Arbeit erweitern zu können, eine Hoffnung, die an den wirtschaftlichen und politischen Machtverhältnissen vorbeiging.

Als nach dem 2. Weltkrieg alle Publikationen von der Lizenzvergabe seitens der Besatzungsmächte abhängig waren, forderten die neugegründeten Schriftstellerverbände bald, sie zur Handhabung oder Aufhebung der Zensur beratend heranzuziehen. [276]

Erst das Grundgesetz der Bundesrepublik garantierte wieder in seinem Artikel 5 das Ende der Zensur und die Freiheit der Kunst und Meinungsäußerung, soweit sie nicht mit dem Recht der persönlichen Ehre und den gesetzlichen Bestimmungen zum Schutz der Jugend kollidieren. Diese Garantie wurde als Reaktion auf die politische Verknechtung der Kunst durch den Nationalsozialismus als eindeutiger Normcharakter in die Verfassung aufgenommen. [277] Als am 9. 6. 1953 das 1926 beschlossene »Gesetz zum Schutz der Jugend vor Schund und Schmutz« durch ein neues »Gesetz über die Verbreitung von jugendgefährdenden Schriften« abgelöst wurde, äußerte die Vereinigung punktuelle Kritik, erhob aber keinen Protest gegen das neue, ebenfalls die künstlerische und geistige Freiheit einschränkende Gesetz. Zwar hielt man seine Bestimmungen für zu undefiniert und die Ermächtigung der Prüfstelle für zu groß, doch hoffte man, daß durch die im neuen Gesetz gegebene Möglichkeit des Rechtsweges über die Verwaltungsgerichte die Gefahr, die der Freiheit des künstlerischen Schaffens drohte, weitgehend behoben sei, auch wenn die Dauer bis zu einer verwaltungsgerichtlichen Entscheidung den Verlegern, Buchhändlern und Autoren beträchtlich schaden könnte. [278]

In den folgenden Jahren sind in der Vereinigung nur selten Aussagen zum Thema Freiheit der Meinungsäußerung zu verzeichnen. Lediglich W. v. Hollander hatte sehr früh gegen erneute Zensurversuche protestiert und die Schriftsteller zum Kampf gegen die Selbstkontrolle der Buch- und Zeitungsverleger aufgefordert. [279] 1959 drückte die Mitgliederversammlung der Vereinigung in einer Resolution die Befürchtung aus, daß die Bemühungen des Bundesjustizministeriums um ein Gesetz zur Neuordnung des zivilrechtlichen Persönlichkeits- und Ehrenschutzes (›Lex-Soraja‹) die Gefahr der Einengung der freien Meinungsäußerung in sich trügen. [280] Zu den möglichen Auswirkungen der SPIEGEL-Affaire nahm der Gesamtverband keine Stellung, lediglich E. Lüth erklärte für den SDA-Nordwest, daß auch die Schriftsteller von dieser Affaire betroffen seien, denn auch sie wollten nicht nur Themen der Vergangenheit behandeln, »sondern Gegenwart und Zukunft geistig meistern helfen«. Er wandte sich gegen jede Form der Vorzensur und gegen jede Maßnahme, die ohne gerichtliches Urteil ergriffen würde, und mahnte die Schriftsteller zu erhöhter Wachsamkeit. [281]

Wichtiger als diese wenigen kritischen Stellungnahmen zum Problem der Meinungsfreiheit war die bereits belegte Bereitschaft der Vereinigung, selber aktiv an staatlichen Zensurmaßnahmen teilzunehmen, indem sie bis zum letzten Jahr ihrer Existenz eigene Vertreter in die Bundesprüfstelle delegierte, die über die Einhaltung des Gesetzes über die Verbreitung jugendgefährdender Schriften wachte (s. 2.5.3, S. 108).

Erst der VS erhob die Freiheit der Meinungsäußerung wieder zu einem seiner satzungsmäßigen Ziele, die er als einen Beitrag zur Praktizierung der Demokratie verstand (s. 2.2.5, S. 42). Konsequent beteiligte er sich an keiner staatlichen

Zensurbehörde mehr. Über diese Grundsatzentscheidung hinaus gab die Delegierten-Versammlung des VS am 11. 4. 1970 in Hannover eine Erklärung zur Beschlagnahme des Buches »Der bundesdeutsche Dreyfus-Skandal« von U. Sonnemann ab, in dem Kritik an der zehn Jahre alten Justizsache Brühne-Ferbach geübt wurde. In der Stellungnahme des VS hieß es u. a.:

»Diese Kritik wurde bisher nicht öffentlich ausgetragen, vielmehr durch Strafanzeigen seitens des CSU-Vorsitzenden und des bayerischen Innenministers mit dem Ergebnis der Beschlagnahme des Buches verhindert. [...] Die Delegierten des VS halten die Zulassung des Wahrheitsbeweises für die Sonnemannschen Thesen für ein Gebot der Demokratie.« [282]

Auf dem 1. Schriftstellerkongreß des VS stellte A. Astel den Antrag, daß der VS sich gegen das Verbot der ersten Nummer einer Strafgefangenen-Zeitung aussprechen sollte, das in den Bundesländern Baden-Württemberg, Nordrhein-Westfalen und Saarland erlassen worden war. Nachdem der VS-Bundesvorstand auf Beschluß der Mitgliederversammlung den Sachverhalt überprüft und bestätigt gefunden hatte, verfaßte er ein Schreiben an die betreffenden Justizministerien, das u. a. folgende Erklärung enthielt:

»Der Verband deutscher Schriftsteller (VS) wendet sich entschieden gegen den Versuch der Justizbehörden [...], die Verteilung der *Gefangenen-Zeitung* in den Strafanstalten zu verhindern. Die Begründung für das Verbot [...], ein Absatz von ganzen 12 Zeilen aus der 36 Seiten umfassenden Zeitschrift komme ›im Ergebnis einer Aufforderung zum Streik gleich‹ und gefährde die ›Sicherheit oder Ordnung‹ in den Strafanstalten, ist in tatsächlicher Hinsicht unhaltbar. Durch die in Art. 9 des Grundgesetzes verbürgte Koalitionsfreiheit, die das Recht der kollektiven Arbeitsniederlegung einschließt und das jedermann, also auch den Strafgefangenen, zusteht, kann die öffentliche Sicherheit und Ordnung nicht gefährdet werden, weil alle Grundrechte Teil dieser Ordnung sind. Die Argumentation [...] erscheint somit lediglich als Vorwand für eine verfassungswidrige Beschneidung des Grundrechts der Meinungs- und Informationsfreiheit.« [283]

Dies sind bisher die beiden einzigen Aktivitäten des VS, mit denen er gegenüber staatlichen Behörden die Freiheit der Meinungsäußerung zu verteidigen suchte.

Die Diskussion über diesen Aufgabenbereich wurde innerhalb des VS bald von Überlegungen über die möglichen Auswirkungen der wirtschaftlichen Entwicklung im kulturindustriellen Bereich auf die Meinungs- und Informationsvielfalt überlagert. Schon in seinem VS-Gründungsreferat hatte D. Lattman den engeren Zusammenschluß der Schriftsteller in einer Zeit gefordert, »die zu großen Blöcken publizistischer Macht tendiert«. [284] Im Hinblick auf später nicht realisierte Pläne der Verlagsgruppe Bertelsmann, sich in höherem Umfang am Springer-Konzern zu beteiligen, räsonnierte D. Lattmann: »wenn eine Konzentration dieses Ausmaßes auf dem publizistischen Sektor eine monopolartige Marktvorherrschaft auf den Plan bringt und wenn sie möglicherweise einer großen Zahl der Bevölkerung als Benutzer der Kommunikationsmittel eines Tages kaum noch Alternativen läßt, dann sind Informationsfreiheit und unbehinderte Meinungsbildung in der Bundesrepublik in Gefahr«. Um dieser Gefahr zu begegnen, forderte er durch eine Bundesgesetzgebung zum Schutz der Informationsfreiheit die Selbstbestimmung in allen Lektoraten und Redaktionen, die durch jeweilige Statute garantiert sein sollte. [285] Auch nachdem die teilweise Fusion von Bertelsmann und Springer ausgeblieben war, blieb für D. Lattmann die Tatsache vorrangig, daß in »Konzernen wie Holtzbrinck, Bertelsmann, Springer/Ullstein und Produktionsgemeinschaften wie der TR-Verlagsunion [...] ökonomische Steuerungen und inhaltliche Programmierungen über die siebziger Jahre hinweg [...] zum Teil mit amerikanischem Kapital« festgelegt werden. In der zunehmenden Pressekonzentration und in den zahlreichen Verlagsfusionen, in der Oligipolmacht von Hörfunk, Fernsehen und Kassettenprogrammen, die zunehmend von internationalen Wirtschaftskräften beeinflußt würden, sowie in den Kündigungen unbequemer und kritischer Mitarbeiter im Medienbereich sah er die Anzeichen einer nachhaltigen Einschränkung der Informations- und Meinungsvielfalt. [286] Auch der »Arbeitskreis Kulturindustrie« war sich darin einig, daß die Abhängigkeit der Schriftsteller durch die Art und Weise bestimmt ist, wie und womit die Millionen Leser, Hörer und Zuschauer von den Medien bedient werden [287], und S. Lenz stellte auf dem 2. Schriftstellerkongreß des VS fest, daß die Schriftsteller sich darüber besorgt zeigen müßten, »was zum Beispiel die Verlagsmonopole beschließen, wie es mit der Informationsfreiheit steht, oder was auf dem ungeheuren Markt der visuellen Kommunikation vorgeht«. [288]

Im gleichen Sinn hatte schon ein von 14 Autoren auf dem 1. Schriftstellerkongreß des VS eingebrachtes ›Arbeitspapier zu Verhandlungen mit den Gewerkschaften‹ mit folgenden grundsätzlichen Feststellungen begonnen: »Die rasch fortschreitende Monopolisierung bei den Massenmedien, namentlich die Konzentration im Verlagswesen, steigert die ideologische und politische Macht der Unternehmen der Meinungsindustrie. Da die Schriftsteller darauf angewiesen sind, diesen Unternehmen die Produkte ihrer Arbeit zu verkaufen, sind sie von den Monopolen abhängig.« [289] Die hier formulierte Abhängigkeit bezieht sich auf die Einschränkung der Meinungs- und Informationsvielfalt, die durch die Fremdbestimmung innerhalb der schriftstellerischen Berufswirklichkeit die inhaltlichen und weltanschaulichen Dimensionen schriftstellerischer Tätigkeit vordefiniert. Als wichtigste Ursache der Behinderung einer freien Meinungsäußerung und freier künstlerischer Entfaltung wurden somit nicht mehr staatliche Zensurmaßnahmen sondern die wirtschaftlichen Bedingungen der Kulturindustrie gesehen.

Nicht nur die privatökonomische Umstrukturierung im Verlagsbereich wurde als Bedrohung empfunden, sondern auch die Neuorientierung der Rundfunkanstalten. So protestierten der VS und das PEN-Zentrum der Bundesrepublik gemeinsam gegen die drastischen Programm-Zusammenlegungen im Bereich des SDR, des SWF und des SR, von denen nur ein geringer Spareffekt erwartet wurde, die den Kritikern jedoch als ›wesentlich politisch motiviert‹ erschienen. [290] In einem Arbeitspapier des VS-Arbeitskreises der AFM hieß es, daß sowohl die ARD als auch das ZDF darauf ausgingen, möglichst alle Urheberrechte und Nebenrechte der von ihnen ausgestrahlten Sendungen zu erwerben, worin vom Arbeitskreis

»[...] angesichts der Machtansprüche bestimmter parteipolitischer Kräfte und gruppenegoistischer Unternehmerziele von Rundfunk und Fernsehen wie auch der Bestrebungen nach bundesweiten Einrichtungen kommerzieller Sender ein Politikum hohen Grades [...]«

gesehen wurde. [291] Darüber hinaus sahen auch die Sprecher der AFM in den Programmkürzungen und Programmzusammenlegungen der Rundfunkanstalten sowohl die Gefahr einer politisch motivierten Restriktion kritischer und unbequemer Sendungen, als auch Anzeichen einer Flucht der Anstalten vor ihrem kritischen und bildenden Auftrag. [292]

In diesem Zusammenhang werden auch einige Aspekte der Diskussion über den Beitritt des VS zu einer Gewerkschaft interessant. 1971 warnte M. Gregor-Dellin noch vor diesem Schritt, der einen Verzicht auf die Beeinflussung gesellschaftlicher Prozesse bedeuten und die Unabhängigkeit jedes einzelnen Mitglieds gefährden, seine Gewissens- und Meinungsfreiheit einschränken könnte. »Was geschieht mit Schriftstellern, die mit der Politik der Gewerkschaften nicht einverstanden sind und dies auch schreiben? Sie müssen gewärtig sein, aus ihrem eigenen Verband ausgeschlossen zu werden. Wer dem Schriftsteller eine gesellschaftliche Funktion zubilligt, kann nicht gleichzeitig für seine Kastration eintreten.« [293] Gewerkschaftsbefürworter antworteten auf diese Befürchtungen, daß die Schriftsteller als berufsspezifisch selbständige Gruppe innerhalb einer Gewerkschaft ohne parteipolitische Einseitigkeit mehr gesellschaftlichen Einfluß nehmen könnten als bisher, und daß die Gewerkschaft die Schriftsteller keineswegs unmündig zu machen und ihnen ihre individuelle Gewissensfreiheit zu nehmen beabsichtige. [294] Nachdem L. Mahlein den VS-Delegierten schließlich 1971 versichert hatte, daß die Gewerkschaft den Schriftstellern dazu verhelfen wolle, »in geistiger und wirtschaftlicher Unabhängigkeit schaffen zu können. Was und wie Sie schaffen, ist Ihre eigene Aufgabe. [...] In Ihrem geistigen Schaffen sind Sie völlig frei« [295], gab selbst O. Zierer als bayerischer Delegierter seine politischen Bedenken gegen den Gewerkschaftskurs des VS vorerst auf und zeigte sich davon überzeugt, daß niemand daran denke, »die geistige oder ideologische Freiheit der Schriftsteller anzutasten oder den dann als Fachgruppe integrierten VS einseitig parteipolitisch umzufunktionieren«. [296]

Gerade in der Forderung der Gewerkschaft nach Errichtung, Sicherung und Ausbau der Mitbestimmung, wie sie auch in § 4, Abs. 3 der Satzung der IG Druck und Papier erhoben wird [297], sahen der VS, der »Arbeitskreis Kulturindustrie« und andere meinungsbildende Gruppen innerhalb des VS bald die Chance, auch für die Schriftsteller eine Mitsprache über die Programme und Veröffentlichungen der Medien erreichen und somit ihre künstlerische und geistige Freiheit sichern zu können. [298] Damit von der IG Druck und Papier selbst keine Einschränkung dieser Freiheit zu befürchten sei, wurde § 2, Abs. 5 der Geschäftsordnung des VS in der IG Druck und Papier wie folgt formuliert:

»Die VS-Mitglieder in der IG Druck und Papier sind in der Ausübung ihres Berufes völlig frei. Sie sind insoweit den Ausschlußbestimmungen der Satzung der IG Druck und Papier nicht unterworfen. Was und wie sie arbeiten, ist ihre eigene Angelegenheit.« (2. 2.3.2, S. 53)

Um der Forderung nach Mitbestimmung der Autoren Nachdruck zu verleihen, verabschiedete die Mitgliederversammlung des VS auf dem 2. Schriftstellerkongreß eine Resolution, die die Streichung des § 118 des Betriebsverfassungsgesetzes (Tendenzschutzparagraph) (s. 3.4.1.2.2, S. 173) forderte:

»Der Verband deutscher Schriftsteller erklärt sich mit der IG Druck und Papier in dem Bestreben einig, den auch im neuen Betriebsverfassungsgesetz verankerten ›Tendenzschutz‹ abzuschaffen. Der Verband fordert den Gesetzgeber auf, noch in dieser Legislaturperiode den sogenannten ›Tendenzschutzparagraphen‹, des § 118 im BVG zu streichen. Er empfindet es als Mangel an Demokratie, daß ausgerechnet auf dem Gebiet der Medien die Mitbestimmung der Arbeitnehmer eingeschränkt ist. Eine entsprechende Korrektur des BVG muß als ein wesentlicher Schritt zur Erreichung der inneren Pressefreiheit geleistet werden.« [299]

Das gleiche Thema behandelte auch eine als Appell an die Mitgliederversammlung gedachte Willenserklärung, die von M. Walser und F. Hitzer verfaßt und von 70 weiteren VS-Mitgliedern unterschrieben worden war. In diesem Papier hieß es u. a.: »Wir verlangen [...] die Abschaffung des Tendenzparagraphen und ein Presserahmengesetz, das den Verlagsmonopolen die Entscheidungsgewalt darüber entzieht, was die Bevölkerung erfahren darf und was nicht. Wir brauchen die Fusionskontrolle gegen das Meinungsdiktat der Monopole, wir brauchen Redaktionsstatute und vor allem die qualifizierte Mitbestimmung der Belegschaften, ihrer Betriebsräte und ihrer Gewerkschaft in den Verlagen und in den öffentlich rechtlichen Anstalten. [...] Wir brauchen Mitbestimmung, wirksame gesellschaftliche Kontrolle, damit die Medien eine für die große Mehrheit der Bevölkerung nützliche Rolle spielen, damit sie nicht manipulieren, sondern informieren, damit sie nicht Unterdrückung bewirken, sondern gesellschaftlichen Fortschritt zur Demokratie.« [300] Aus diesem Text geht wie schon aus den vorherigen Zitaten eine Verschiebung der Argumentation hervor: Während die deutschen Schriftstellerverbände früher die künstlerische und geistige Freiheit der Schriftsteller forderten, wird jetzt neben dieser Forderung auch die nach der Informationsfreiheit und -vielfalt der Konsumenten literarischer Produkte erhoben, ja, die Informationsfreiheit bzw. die garantierte Vielfalt des Informationsangebotes wird als Voraussetzung der schriftstellerischen Meinungsfreiheit begriffen. Damit wird das Interesse des großen Teils der Bevölkerung, der nicht zu allen Informationen Zugang hat, mit dem Interesse der Schriftsteller verknüpft.

Darüber hinaus wird deutlich, daß der VS auch hier berufspolitisch einen neuen Weg einschlägt: er fordert nicht mehr allein die Freiheit der Meinungsäußerungen von denen, die sie unterdrücken, sondern er ist bereit, sie mit der Macht der Gewerkschaft aktiv zu erkämpfen. Dabei geht es ihm darum, die Fremdbestimmung durch die Mitbestimmung zu überwinden. Das Eintreten für die Einbeziehung der Schriftsteller in die Tarifautonomie (s. 3.3.2.2, S. 151 f.), der Kampf gegen den Tendenzschutz bei den Massenmedien sowie der Gewerkschaftsbeitritt sind deutliche Zeichen für diese neue Entwicklung.

Wie bereits gezeigt, tritt auch der FDA für die Freiheit des Geistes ein (s. 2.2.5, S. 43), und sein DAR hat u. a. die Aufgabe,

»[...] die Unterdrückung der Presse- und Medienfreiheit zu bekämpfen.« [301]

In einer anderen Verlautbarung hieß es u. a.:

»Der Freie Deutsche Autorenverband fühlt sich allein der Freiheit des Geistes verpflichtet [...] Er bekennt sich zum Grundgesetz dieser freiheitlichsten Verfassung der deutschen Geschichte und verwirft daher bedingungslos jeden Extremismus und jede Bestrebung, den Geist politischem Druck zu unterwerfen.« [302]

Es ist offensichtlich, daß sich der FDA nicht wie der VS auf die die Meinungsfreiheit einschränkenden Bedingungen der Kulturindustrie, sondern allein auf die Angst vor ihrer politischen Unterdrückung, vor allem durch extremistische Gruppen, bezieht.

Noch vor der Gründung des FDA zitierte der Gründer der Fraktion im bayerischen VS, P. Norden, zustimmend und für seinen eigenen Standpunkt bestätigend, eine Aussage eines Funktionärs des Deutschen Journalistenverbandes (DJV), nach der der DJV, dessen Lebensluft die Toleranz sei, sich niemals auf die politischen Ziele des DGB verpflichten könnte. [303] O. Zierer, der vor der VS-Delegiertenkonferenz von 1971 bei vielen Mitgliedern des Verbands eine aus ständischem Denken resultierende ›ideologische Abneigung gegenüber der gewerkschaftlichen Konzeption‹ festgestellt hatte [304], betonte, wie gezeigt, nach dieser Konferenz die parteipolitische Neutralität eines möglichen VS in der Gewerkschaft. Die Hervorhebung dieser parteipolitischen Neutralität als wesentliche Voraussetzung seiner damaligen Zustimmung zum Gewerkschaftsbeitritt zeigt jedoch, daß sie nicht als Konsequenz eines neuen schriftstellerischen Selbstverständnisses, nicht als Konsequenz aus den Arbeits- und Honorarbedingungen innerhalb der Kulturindustrie resultierte. Die bereits zitierten Worte, die später dann R. Krämer-Badoni zu dem vollzogenen Gewerkschaftsbeitritt des VS fand, indem er von einer Unterstellung der VS-Mitglieder unter die Gewerkschaftsdisziplin, von einer deutlichen Politisierung und Disziplinierung der Schriftsteller sprach (s. 2.3.5.1, S. 66), bestätigen, daß der FDA allein die Unterdrückung der Meinungsfreiheit durch parteipolitisch oder gewerkschaftlich orientierte Gruppen fürchtet, die reale Einschränkung der künstlerischen und geistigen Freiheit durch die Bedingungen der Kulturindustrie aber nicht erkennt. Vom FDA ist also keine schriftstellerische Berufspolitik zu erwarten, die zu einer grundlegenden, die Freiheit schriftstellerischen Schaffens fördernden Veränderung der schriftstellerischen Arbeitsbedingungen innerhalb der Kulturindustrie führen könnte.

4.4.2 Gesellschaftspolitisches Engagement

Die Gründung des Leipziger Literatenvereins fiel in die Zeit, als das Bürgertum und mit ihm die bürgerlichen Schriftsteller noch in der Vorstellung lebten, neben der wirtschaftlichen auch die politische Macht im Staat erlangen zu können. Leipzig war damals Zentrum der liberalen Bewegung, Sammelpunkt vieler Literaten und die Zentrale des deutschen Buchhandels. [305] Obwohl R. Blum und

G. Günther als Hauptmotoren seiner Gründung den Verein in der Hauptsache als Medium ihrer politisch-liberalen Aktivität nutzen wollten [306], enthielt die erste Fassung der Vereinssatzung den Passus, nach dem der Zweck des Vereins nicht politischer Art sei und daß er über allgemeine staatliche Verhältnisse keine Gesamtmeinung aufstellen wolle (s. 2.2.1, S. 32). Auch die 2. Fassung der Statuten des Leipziger Literatenvereins von 1843 versuchte, die politischen Ziele des Vereins zurückzustellen oder zu verschleiern, indem es dort hieß:

»Der Zweck des Literaten-Vereins ist: gemeinsame Besprechung aller das Gesammtinteresse der Literatur und des Literatenstandes betreffenden Vorkommnisse und Verhältnisse in persönlichen Zusammenkünften, die Wahrung allgemeiner Rechte und der Rechte des Einzelnen, wenn sie von Gewicht für das Allgemeine sind. Daher machen die Mitglieder desselben sich anheischig, alle einschlagenden Angelegenheiten im Vereine zur Sprache zu bringen, damit wo möglich ein allseitiges Verständnis im Sinne des allgemeinen Interesses darüber vermittelt werde. Da der Verein weder in literarischer noch politischer Hinsicht eine Wirksamkeit als *Corporation* aussprechen will, so beschränkt sich seine Tätigkeit in allen Fällen, wo öffentliche Schritte im Interesse der Literatur erforderlich scheinen, darauf, die Vorbereitung derselben zu ermitteln. Im übrigen aber bleibt es ganz dem Ermessen seiner Mitglieder anheimgestellt, wie sie sich dabei individuell beteiligen wollen.« [307]

Nach diesen Bestimmungen wurde die Diskussion allgemein gesellschaftspolitischer Fragen in das Programm aufgenommen, die wie die Forderung nach Abschaffung der Zensur, die der Leipziger Literatenverein erhoben hatte, nicht außerhalb gesamtgesellschaftlicher Bezüge gesehen werden kann. Der Verein vermochte, wie es seine Satzung zeigt, jedoch nicht über einen reinen Debattierclub hinaus zu gelangen, wobei diese Selbstbeschränkung einerseits zum Schutz vor Verfolgungen gedient haben mag, andererseits aber Ausdruck der Zerstrittenheit innerhalb des liberalen Lagers gewesen ist. Nach J. Hofmann kamen in dem Verein sozialdemokratische Revolutionäre, jungdeutsche Pioniere und ihre Nachfolger sowie altmodische Unterhaltungspoeten zusammen, die zwar alle mehr oder weniger liberal waren, ob sie nun die konstitutionelle Monarchie oder die Republik als ihr Staatsideal priesen, die aber aufgrund der Verschiedenheit der Persönlichkeiten und Überzeugungen oft stürmische Debatten führten, »die nicht selten das Weiterbestehen des Vereins gefährdeten und manchmal bittere Feindschaften zur Folge hatten. Die allgemeine Aufgeregtheit der vormärzischen Epoche trug dazu nicht wenig bei.« [308] R. Blum, der sich, um dem Verein nach außen nicht zu schaden, nicht in seinen Vorstand hat wählen lassen, gelang es nicht, ihn zum Ausgangspunkt liberaler Demonstrationen zu machen, und nach der Niederlage der bürgerlichen Revolution von 1848 sowie dem Sieg der Restauration, deren erstes blutiges Opfer R. Blum selber war, fiel der Verein infolge schärfster polizeilicher Kontrolle bald in Bedeutungslosigkeit zurück. [309]

Als 30 Jahre später der ADSV gegründet wurde, hatte sich das politische Bild in Deutschland wesentlich verändert: das Kaiserreich war gegründet worden und der Beginn eines wirtschaftlichen Aufschwungs ging mit der Bereitschaft des Bürgertums einher, sich mit dem Adel in der Macht zu teilen, wobei die politische Macht dem Adel, die wirtschaftliche dem Bürgertum zufiel. [310] Dies bestätigt sich für den ADSV in der Tatsache, daß er z. B. zum Sozialistengesetz in keiner Weise Stellung bezog (s. 4.4.1, S. 303), sowie in seiner bereits an mehreren Stellen belegten konservativ-nationalen Grundhaltung mit ihrem elitären kulturellen Anspruch. Auch der DSV fügte sich ganz in die Machtteilung. Während bis 1848 das deutsche Bürgertum selbst noch die Einheit des deutschen Reichs gegen die partikularen Interessen der Fürstenhäuser durchsetzen wollte, nahm es 1871 eine ganz anders gestaltete Einheit vom Preußischen König und deutschen Kaiser an, eine Anerkennung, die auch der DSV Kaiser Wilhelm I. zollte, als er ihm nach dessen Tod einen Lorbeerkranz mit folgender Widmung am Katafalk niederlegte:

»Der deutsche Schriftsteller-Verband in tiefster Trauer dem Schöpfer der deutschen Einheit.« [311]

Daß der DSV das politische Handeln dem Adel zu überlassen bereit war, brachte er auch in dem Nachruf auf Kaiser Friedrich III. zum Ausdruck, in dem er u. a. erklärte, daß er wie das Vaterland und die ›ganze gesittete Welt‹ vom Verstorbenen

»[...] die Heraufführung eines neuen goldenen Zeitalters der Versöhnung und friedlichen Ausgleichung aller Gegensätze [...]«

erwartet hatte. In diesem Sinn ließ der DSV

»[...] auch Deutschlands Schriftsteller begeistert und freudig [...]«

in das Heil auf den Nachfolger Kaiser Wilhelm II. einstimmen. [312]

Nur durch diesen Verzicht auf politische Macht, der ja in Wirklichkeit ein Politikum ersten Ranges war, ist zu verstehen, daß sich der DSV trotz der bereits deutlich gewordenen politischen Stellungnahmen als unpolitisch verstand. Unter seinen Versuchen, auf das öffentliche Recht Einfluß zu nehmen, verstand er »keine politische Parteifrage, sondern eine Angelegenheit, die mit den Berufsinteressen der Schriftsteller im engsten Zusammenhange steht«. [313] Die Ablehnung von Mitgliedern aus politischen und konfessionellen Gründen hielt er zwar mit dem Geiste des DSV nicht für vereinbar [314], andererseits verstand er sich als ›geistiger Nationalverein‹, der für die ›heilige nationale Sache‹ kämpfte. [315] Einerseits wollte der DSV seine Beschränkung auf deutschsprachige Autoren nicht als Chauvinismus interpretiert sehen, andererseits sah er seinen Hauptzweck »in der Förderung des vaterländischen Schriftthums und daher in erster Linie in der Herbeiführung günstiger Lebensbedingungen für die vaterländischen Schriftsteller«. [316] Auf seiner Allgemeinen Versammlung in Breslau gedachte der Verband 1890 darüber hinaus »der Stellungnahme Breslaus in dem Kampfe für die deutsche Sache gegenüber den Slaven und Franzosen und feierte unser Heer, unser Volk in Waffen«. [317]

Wie es zu jener Zeit um die politische Neutralität deutscher Schriftstellerverbände bestellt war, zeigte der VDJS, an dessen Gründung der DSV führend beteiligt gewesen war. Über den VDJS hieß es, daß ihm im Laufe der Zeit nahezu alle ›maßgebenden und zielbewußten Einzelverbände‹ beigetreten waren, daß aber Korporationen, »deren politische Tendenz sich mit den Statuten nicht vereinbaren ließ, wie der sozialdemokratische Verein Arbeiterpresse und der auf dem Zentrumsprogramm stehende Augustinusverein« keinen Anschluß fanden und suchten. [318] Daß z. B. der Ausschluß von Sozialdemokraten, die zu jener Zeit auf allen Gebieten ihre eigenen Vereine gründen mußten, da sie in bürgerlichen keine Aufnahme fanden, auch aus dem möglichen Kreis der Mitglieder von bürgerlichen Schriftstellerverbände ebenso politisch motiviert war wie die stillschweigende Duldung der Sozialistengesetze, wurde nicht begriffen. Diese Ignoranz entsprach einer unkritischen Verinnerlichung eines bestimmten politischen Systems. Nur so ist zu begreifen, wenn die Behandlung der schriftstellerischen Interessen durch den VDJS als »streng fachgemäß nach den allgemein gebilligten Auffassungen«, und der VDJS »in der Begrenzung seiner Tätigkeit« als »das Muster einer unparteiischen, streng sachlichen Berufsvertretung« charakterisiert wurde. [319]

Während der DSV auch in der Weimarer Zeit als konservativ-nationaler Schriftstellerverband auftrat und, wie es im Festbericht seines Verbandstags hieß, den er 1925 in Wiesbaden abgehalten hatte, »auch in der anders geformten Zeit die Ziele der Jugend, die ewig die selben sind, in Treue zu bewahren« und somit dem Volke und dem ›Herzschlag der neuen Jugend‹ nahe zu sein suchte [320], ist die politische Haltung des ASV kaum auszumachen, da in seinem Verbandsorgan nur sehr selten Stellungnahmen zu politischen Fragen und Ereignissen zu finden sind. In dem ersten Heft nach dem Kriegsbeginn von 1914 erschien ein Aufsatz, in dem die Schriftsteller aufgefordert wurden, dazu beizutragen, »daß die schweren Schicksalsstunden dem Vaterlande erleichtert werden. Der Umstand, daß Deutschland schuldlos in den Krieg getrieben worden ist, wird es den Lyrikern leicht machen, mit flammenden Versen Heer und Volk zu begeistern.« [321] Am 20. 9. 1914 veranstaltete der ASV in Berlin einen ›patriotischen Vortragsabend‹, auf dem V. Blüthgen und andere ASV-Mitglieder aus ihrer neuesten Kriegsliteratur lasen. [322] Am Ende des Kriegs schwenkte der ASV um und versuchte, sich der revolutionären Bewegung anzupassen, indem er erklärte: »Wenn jetzt das Proletariat obenauf sein soll, wird hoffentlich die Schriftstellerwelt nicht vergessen werden, zu der ein großer Teil des geistigen Proletariats gehört.« [323] Die nächste und letzte Stellungnahme zu politischen Ereignissen erfolgte erst wieder nach der Machtergreifung durch die Nationalsozialisten. Während der SDS wie auch die meisten anderen deutschen Schriftstellerverbände aufgelöst worden waren, erschien »Die Feder« auch weiterhin als ›Organ des ASV‹ und erst am 15. 12. 1933 veröffentlichte sie die Mitteilung, daß alle Schriftsteller dem RDS angehören müßten. Der ASV glaubte jedoch, daß die Bestimmung, nach der nicht-arische Autoren im RDS unerwünscht seien, dadurch umgangen werden könnte, daß sich die nicht-arischen Autoren dennoch einfach anmeldeten. [324] Wie schon auf nahezu allen anderen Gebieten zeigte sich der ASV somit auch politisch als anpassungswilliger Verein, der sich durch besondere Einfalt und Harmlosigkeit ausgezeichnet hat.

Wie der DSV verstand sich auch der SDS ausdrücklich als unpolitisch. R. Breuer erklärte 1913 auf der ›Nachtversammlung der Berliner Schriftsteller‹, daß den SDS nicht eine den Mitgliedern gemeinsame Weltanschauung zusammenhalte [325], und A. Eloesser schrieb 1927, daß der SDS so verschiedenen Mitgliedern wie G. Hauptmann und G. Frenssen, Th. Mann und H. Mann, E. Toller und L. Weismantel, Graf Keyserling und O. Spengler zu denken und zu schreiben erlaube, was sie wollten. »Wir zusammen aber denken überhaupt nicht politisch, sondern wir verteidigen [...] die gemeinsamen Interessen aller wie auch immer gesinnten deutschen Schriftsteller.« [326] 1917 wurde auf der Mitgliederversammlung des SDS ein entsprechender Antrag einstimmig angenommen, in dem es hieß:

»Die Generalversammlung widerspricht jedem Versuch, den S.D.S. auf eine einseitige politische Haltung festzulegen, auf das schärfste.« [327]

Als sich 1924 innerhalb der Ortsgruppe Berlin des SDS mehrere Mitglieder zu einer kommunistischen Fraktion zusammengeschlossen und sich mit Plakaten und Aufrufen an die Öffentlichkeit gewandt hatten, wurden von der Hauptversammlung des SDS folgender Antrag des Hauptvorstandes angenommen:

»Der Hauptvorstand des S.D.S. verweist auf § 1 seiner Satzungen, der eine politische Differenzierung innerhalb des S.D.S. ausschließt und erklärt deshalb: Die Bildung einer nach politischen Parteien sich orientierenden Fraktion innerhalb des S.D.S. ist unstatthaft. Der Verband verweigert jeder politischen Gruppenbildung seiner Mitglieder, welcher Partei sie auch sei, die Anerkennung und wird einen öffentlichen Mißbrauch seines Namens durch solche Gruppen mit allen rechtlichen und publizistischen Mitteln verhindern.« [328]

Nachdem A. Döblin auf der gleichen Versammlung zum 1. Vorsitzenden des SDS gewählt worden war, nahm er zur Abwehr politischer Gruppen im Verband Stellung und erklärte, daß die Fraktionsbildung politischer Art in einem Verband verfehlt sei, »der neutral, apolitisch ist und politisch divergierende Schriftsteller zusammenschließt zur Erreichung gemeinsamer wirtschaftlicher und schriftstellerisch ideeller Ziele«. [329] Zum politischen Selbstverständnis des SDS ist ein weiterer Gedanke A. Döblins aufschlußreich, nämlich der, daß gar kein Schriftsteller unpolitisch sein könne; »der einzelne Schriftstellermensch ist [...] intensiv politisiert, wenn auch nicht im Sinn der zufälligen Parteien«. [330] Hier wird deutlich, daß die Forderung nach einer apolitischen Haltung des Verbands aus dem Wunsch nach seiner parteipolitischen Neutralität resultierte, wobei problematisch ist, daß eine parteipolitische Neutralität des Schriftstellerverbands seine politische Arbeit im weiteren Sinn nicht ausschließt. Da zahlreiche Ziele des SDS wie z. B. seine Forderung nach geistiger Freiheit der Schriftsteller nicht außerhalb politischer Bezüge gesehen werden konnten, ergaben sich schließlich aus dem Selbstverständnis, apolitisch zu sein, zahlreiche Konflikte.

Interessant hierzu ist eine Erklärung, die in dem schon in anderem Zusammenhang zitierten Schreiben des SDS an den Reichsjustizminister und den Oberreichsanwalt betreffs gerichtlicher Verfolgungen von Schriftstellern enthalten war:

»Der S.D.S. ist seiner Natur nach eine überparteiliche Organisation. Er hat weder Anlaß noch Möglichkeit, sich mit der politischen Haltung seiner Mitglieder zu identifizieren, noch an dichterische Werke des deutschen Schrifttums einen parteipolitischen Maßstab zu legen. Immerhin kann gesagt werden, daß die überwiegende Mehrheit der Mitglieder

der politischen Anschauung, die in den inkriminierten Werken vorgetragen wird, ablehnend gegenübersteht; ja, daß führende Mitglieder des S.D.S. soweit sie sich außerhalb des Verbandes politisch beteiligen, in heftigem Kampfe sich befinden gegen die kommunistische Partei, zu der sich eine Anzahl der verfolgten Schriftsteller bekennt. Das wird um deswillen zum Ausdruck der Justiz gebracht, um diesen unseren Einspruch von vornherein von dem Verdacht fernzuhalten, als sei er eine parteipolitische Hilfsaktion.« [331]

In diesem Schreiben versuchte also der SDS, seinen Kampf gegen die Verfolgung literarischer Werke als politisch absolut neutral darzustellen, was aber insofern nicht gelang, als er sich sowohl vom Inhalt der Werke als auch vom politischen Standort ihrer Autoren distanzierte, wodurch er die Position der Betroffenen, soweit sie sich zum Kommunismus bekannten, schwächte. Die Hervorhebung der ästhetischen Dimension ihrer Werke, mit der das Schreiben fortgesetzt wurde (s. 4.4.1, S. 305), und der Verweis auf die in ihnen zum Ausdruck kommende der ›Zeit gehörende Stimmung‹ konnte die Position der betroffenen Autoren sicher nicht stärken. Auch ist kaum glaubhaft, daß die von Th. Heuss bekundete Neutralität ernst genommen wurde, die er als ›führendes Mitglied‹ des SDS mit seiner Unterschrift unter dieser Erklärung beteuert hatte.

Ähnlich aufschlußreich ist auch eine Episode, die im SDS-Verbandsorgan dokumentiert wurde: am 11. 2. 1926 hatte die SDS-Ortsgruppe Berlin eine öffentliche Veranstaltung gegen die Not der Schriftsteller abgehalten, auf der B. Lask und J. R. Becher Reden gehalten hatten, die im ›Schriftsteller‹ als parteipolitische Propaganda abgelehnt wurden, »die mit der zur Zeit bestehenden Not der Schriftsteller und den vom Staat geforderten Abwehrmitteln nichts mehr zu tun hatte«. [332] In einer Gegendarstellung erklärte die Berliner Ortsgruppe, daß die beiden Redner sich mit »nichts anderem als mit der gegenwärtigen Not der Schriftsteller, ihrer Ursache und den Mitteln ihrer Beseitigung« beschäftigt hätten; und sie lehnte es ab, »daß als parteipolitisch bezeichnet wird, was von der politischen Haltung der Mehrheit abweicht«. Hierunter setzte die Redaktion des ›Schriftstellers‹ selbst wiederum eine Anmerkung, nach der die »Mehrheit [...] wohl auf dem Standpunkt« gestanden haben dürfte, »daß ihre Haltung als unpolitische anzusehen ist«. [333]

1930 hat A. Zweig noch einmal versucht, den Standpunkt des SDS zu verdeutlichen, indem er forderte, daß zwar jedes einzelne Mitglied die Möglichkeit haben müsse, »außerhalb des Verbandes seine persönliche oder Klassenüberzeugung als politischer Mensch scharf und radikal zur Geltung zu bringen«, daß aber die politische Aktivität des Verbandes nur so weit gehen dürfe, »als eine Gewerkschaft sie mit der verschiedenartigen Zusammensetzung ihrer Mitglieder vereinigen kann. Der S.D.S. soll die Existenz der Schriftsteller dort sichern, wo er sie allein sichern kann: in der Einwirkung auf die Öffentlichkeit, im Kraftausgleich mit Verlegern, Buchhändlern, Jugendorganisationen, Zeitungen, Buchgemeinschaften. Den Kampf gegen die Reaktion führt der einzelne Schriftsteller unter vollem Einsatz seiner Person und der Schutzverband in einer allgemeinen breiten Front gleichgerichteter, gleich ihm kulturell freiheitlich gesonnener Berufsverbände. Ihn politisieren heißt ihn lähmen.« [334] Diese Stellungnahme kann nur als Aporie gewertet werden, denn die Ablehnung einer Politisierung des Verbandes und die gleichzeitige Forderung seiner Wirkung auf die Öffentlichkeit, seines Kraftausgleichs mit den Jugendorganisationen sowie seines Kampfes gegen die Reaktion mit anderen ›kulturell freiheitlich gesonnenen‹ Verbänden ist ein Widerspruch in sich.

Dem apolitischen Selbstverständnis widersprachen über das bereits Dargestellte hinaus zahlreiche Beschlüsse und Erklärungen, die vom Verband gefaßt oder abgegeben wurden. So schloß sich der SDS 1914 der allgemeinen Kriegsbegeisterung an und gab als eigenen Beitrag »Das deutsche Soldatenbuch« heraus, das Beiträge von Autoren der verschiedenen weltanschaulichen Positionen versammelte, zum Versand mit der Feldpost eingerichtet war und ein breites positives Presseecho fand. [335]

1924 wurde von der Hauptversammlung des SDS folgende kulturpolitisch wichtige Resolution verabschiedet:

»Im Interesse des kulturellen Aufstiegs des deutschen Volkes ist es dringend erforderlich, allen Arbeitenden nach Möglichkeit Zeit zur allgemeinen und speziellen Fortbildung freizugeben, wozu das Lesen von Zeitungen, Zeitschriften und im besonderen von Büchern an erster Stelle gehört. Der S.D.S. erklärt darum, daß die grundsätzliche Aufrechterhaltung des Achtstundentages ein dringendes Bedürfnis für die Durchgeistigung der deutschen Volksgemeinschaft ist.« [336]

Indem sich der SDS hier deutlich zum Anwalt aller Deutschen und vor allem der deutschen Kultur machte, übersah er, daß die Forderung des Achtstundentages eine rein politische Forderung war, da ihre Durchsetzung von politischen Kräften abhing. Die Naivität, anzunehmen, daß die ›Arbeitenden‹ nach acht Stunden zumeist schwerer körperlicher Arbeit noch Zeit und Muße für die Lektüre kulturell anspruchsvoller Bücher finden könnten, zeigt, daß der SDS in seiner Forderung nach einem ›kulturellen Aufstieg‹ und einer ›Durchgeistigung der deutschen Volksgemeinschaft‹ keinen Blick für die realen Verhältnisse hatte. Auf der falschen Einschätzung der Möglichkeiten zu Verwirklichung seiner Forderung beruhte sein Verkennen, daß sie eine politische war. Während diese Resolution neben allgemeinen gesellschaftspolitischen auch die eigenen kulturellen und wirtschaftlichen Interessen der Schriftsteller mit betraf, enthielt die nächste, 1931 von der Hauptversammlung des SDS angenommene, einen reinen gesellschafts- und rechtspolitischen Auftrag, indem sie sich wie folgt gegen die Inhaftierung von F. Wolf wandte:

»Der SDS spricht Friedrich Wolf zu seinem notwendigen Kampf seine kameradschaftliche Sympathie aus. Der SDS fordert mit ihm die Aufhebung des § 218.« [337]

Neben diesen konkreten politischen Stellungnahmen wurden auch politische Aussagen innerhalb des SDS gemacht, die nicht anders als nationalistisch charakterisiert werden können. So vertrat der Vorsitzende des SDS-Gaues Oberschlesien, W. E. Peukert, 1929 die Auffassung, daß der Schutzverband sein politisches Gebot erkennen und in den ›bedrohten Randgebieten‹ für die Erhaltung des Deutschtums eintreten müßte. [338] 1930 sprach der Delegierte des gleichen Gaues auf der Generalversammlung des SDS die Hoffnung aus, daß das Band, das den Gau mit dem Gesamtverband verknüpfe, erstarken möge, »dem in unserem exponierten und doch von Deutschland selbst oft genug übersehenen Oberschlesien vielfach gefährdeten Deutschtum zu Heile!« [339] Und im nächsten Jahr gedachte der gleiche Gau bei gleichem Anlaß »in freudiger Genugtuung des Tages, an welchem sich vor zehn Jahren der überwiegende Teil Oberschlesiens zum Deutschtum bekannte, in Wehmut der uns unverständlichen Entscheidung, die einen Teil dieser seit neunhundert Jahren durch das Recht deutscher Arbeit zu uns gehörenden Provinz vom Reiche abtrennte«. Der Gau plante, seine folgende Generalversammlung mit einer diesbezüglichen Gedenkfeier zu verbinden. [340] Auch der SDS-Gau Baden sah sich verpflichtet, Kulturpolitik zu treiben, da das Land ›süddeutsche Grenzmark‹ war. Der SDS-Gau Ostpreußen wirkte nach eigener Aussage in ›Treue zum Reich und zum Deutschtum‹, und der SDS in der Tschechoslowakischen Republik, neben dem SDS in Österreich eine der Exklaven des SDS, verstand sich als einen ›vorgeschobenen kulturellen Posten des Deutschtums‹, und bat für diese ›Sendung der Autoren und des Verbandes‹ um Verständnis. [341]

Während also der SDS oder seine Unterorganisationen durchaus den Verband für politische Bekundungen offen hielt, wurden die Aktionen und Gruppen innerhalb des Verbands bekämpft, die mit dem Kommunismus in Verbindung gebracht wurden oder die sich selbst zum Kommunismus bekannten. Diese Gruppen forderten seit etwa 1924 eine konsequente Verfolgung der Verbandsziele. L. Lania erklärte, daß auch die anderen Gewerkschaften unpolitisch seien im Sinne keiner parteipolitischer Bindungen, nicht aber im Sinn der Arbeiter im Klassenkampf. Er forderte, die Politik nicht aus dem SDS zu verbannen, sondern »immer wieder klipp und klar den politischen Weg« aufzuzeigen, »auf dem die Schriftsteller ihre wirtschaftlichen Forderungen durchsetzen können«. [342] Ende der 20er Jahre vermochten die Anhänger dieser berufspolitischen Richtung im SDS ihre Position auch im SDS-Vorstand zu stärken, und nach der Gründung des BPRS versuchten sie, ihren eigenen Anspruch im Verband noch entschiedener zu formulieren. [343] Auf diesem Hintergrund und parallel zur Radikalisierung des politischen Klimas gegen Ende der Weimarer Zeit sowie als Reaktion auf die Verschlechterung der allgemeinen wirtschaftlichen Lage und auf die immer restriktiver werdende Kulturpolitik konservativer Regierungen spitzte sich auch im SDS die Diskussion zu, was innerhalb der SDS-Ortsgruppe Berlin 1931 zur Gründung der OSDS führte, der u. a. G. Lukács, A. Seghers, A. Kurella, E. Mühsam, J. R. Becher, L. Renn, E. Kästner und W. Karsch angehörten. Im August 1931 verabschiedete die OSDS ihr Programm, das sich unter Punkt 2 gegen die weitere Konzentration des Kapitals und gegen das offene Hervortreten des Faschismus in den Notverordnungen wandte. [344] Punkt 7 versuchte, die Interessen der Schriftsteller mit denen der Arbeiter zu verbinden:

»Wenn die Schriftsteller erkannt haben, daß das System der Notverordnungen, das System der Unterdrückung des freien Wortes, das System des Belagerungszustandes gegen die Arbeiterbewegung *ein einheitlicher Feldzug zur Ausplünderung aller Schaffenden ist*, und

wenn sie nicht als erste materielle und moralische Opfer dieses Feldzuges fallen wollen, so müssen sie fordern:
Den Kampf um die Aufhebung der Presseverordnung, den Kampf gegen alle Notverordnungen und die ganze Notverordnungspolitik; den Kampf gegen Faschismus und Kulturreaktion auch in ihrer demokratischen Tarnung [...]; den Kampf der vereinigten Schriftsteller gegen die Ausbeutung, in gemeinsamer Front mit allen Unterdrückten und Ausgebeuteten.« [345]

Hiermit wurde deutlich der elitäre politische Standpunkt des SDS in Frage gestellt, der auf der einen Seite sich als freischwebend apolitisch darstellte, auf der anderen Seite dem bürgerlichen Selbstverständnis deutscher Schriftsteller als den Erziehern der Nation entsprach, wobei vor allem die bürgerliche Bildungsschicht angesprochen wurde. Die OSDS glaubte hingegen, ihren Partner in dem Teil der Bevölkerung finden zu können, der wie die Mehrzahl der Schriftsteller selbst von der politisch wie wirtschaftlich herrschenden Klasse abhängig war, wie es im Punkt 6 seines Programms besonders deutlich zum Ausdruck gebracht wurde:

»Die Freiheit des Schrifttums ist die Sache nicht nur aller Schriftsteller, sondern aller *progressiven Elemente* der Gesellschaft [...], sie ist Sache aller Werktätigen.« [346]

Wenn auch der Forderungskatalog der OSDS auf der einen Seite den Kern der Ursachen der schriftstllerischen Notlage zu treffen schien und auf der anderen Seite wichtige Aussagen über die Möglichkeiten ihrer Überwindung zu geben vermochte, so lag der Irrtum der OSDS darin, daß sie glaubte, die ›progressiven Elemente‹ mit allen Werktätigen identifizieren und infolgedessen die geschlossene Solidarität mit dieser Bevölkerungsgruppe herstellen zu können. Sowohl die Schriftsteller- als auch die Arbeiterschaft waren jedoch nicht auf einen politischen Nenner zu bringen, zumal die Arbeiterschaft insgesamt wohl wenig Einsicht in die Problemlage der Schriftsteller besaß, die sich bisher vornehmlich elitär gebärdet hatten.

Über die verschiedenen Maßnahmen, die der Hauptvorstand gegen Mitglieder der OSDS und gegen die gesamte Berliner Ortsgruppe getroffen hatte, um die Verbandsarbeit in seinem Sinn ungestört fortsetzen zu können, wurde bereits in anderem Zusammenhang dieser Arbeit berichtet (s. 2.3.3.1, S. 54 f.). An dieser Stelle können nicht diese einzelnen Maßnahmen interessieren, sondern die Versuche, sie vor dem Gesamtverband zu rechtfertigen. Zu dem kollektiven Ausschluß von 18 OSDS-Mitgliedern erklärte der Hauptvorstand vor der Generalversammlung des SDS 1932, er habe diese Maßnahme nach langer Beratung getroffen, »um eine Sprengung des Verbandes zu verhüten«, und er forderte die Versammlung auf, über die Ausschlüsse zu befinden und zu entscheiden,

»[...] ob der Charakter des SDS der eines Verbandes ist, der sich dringlich und notwendig mit Berufsfragen und Verbesserungen der Lebensbedingungen der Schriftsteller zu befassen hat oder nicht. Der Hauptvorstand hat im Sinne einer unpolitischen Arbeit für die Hebung des Berufsstandes sein Mandat ausgeübt [...].« [347]

Es wird hier deutlich, daß sowohl der SDS-Hauptvorstand als auch die OSDS als Zentrum seiner Kritiker die Verbesserung der schriftstellerischen Existenzbedingungen als ihr Ziel angaben, wobei jedoch die Sicht des Hauptvorstands, daß es sich hierbei um eine unpolitische Aufgabe handelte, grundsätzlich und erst recht angesichts der politischen Verhältnisse von 1931/32 nicht mehr von allen SDS-Mitgliedern nachzuvollziehen war. Der Unterschied beider Gruppen lag auch darin, daß der Hauptvorstand nach wie vor die Hebung des Berufsstandes und somit die Anerkennung einer besonderen Wertschätzung der Schriftsteller als seine Aufgabe ansah, während die OSDS es vorzog, diejenigen Interessen der Schriftsteller herauszustellen, die sie mit der Arbeiterschaft gemein hatten, und somit eine Integration beider herzustellen.

Zwar wurde der Hauptvorstand bei den Neuwahlen zum größten Teil von der Generalversammlung bestätigt, doch wurde der Ausschluß der 18 aufgrund der Überzeugung aufgehoben, daß sie

»[...] durchaus in gutem Glauben gehandelt und daß sie keineswegs die Absicht gehabt haben, die Verbandsarbeit zu schädigen, sondern daß alle ihre Handlungen aus dem Wunsche entstanden sind, den SDS in einer ihrer weltanschaulichen Einstellung gemäßen Weise zu aktivieren.« [348]

Die Auflösung der Ortsgruppe Berlin, die der SDS-Hauptvorstand schließlich am 14. 9. 1932 verfügte, begründete Th. Bohner wiederum mit der Abwehr einer Politisierung des Verbandes und mit der Haltung der Mehrheit der Verbandsmitglieder, die ›unbedingt eine politische Neutralität wollten‹. [349] Der Auflösung der Ortsgruppe Berlin war am 11. 12. 1931 die Gründung der Ortsgruppe Berlin-Brandenburg vorausgegangen, die sich von der Ortsgruppe Berlin abspaltete, nachdem M. Jakobs am 27. 11. 1931 zum Austritt aus ihr aufgefordert hatte. [350] Die Ortsgruppe Berlin-Brandenburg übernahm die Satzung der Ortsgruppe Berlin, fügte ihr jedoch zwei bezeichnende Paragraphen hinzu:

»§ 7. Kein Mitglied der Ortsgruppe Berlin-Brandenburg darf einer anderen Berliner Lokalorganisation des Schutzverbandes deutscher Schriftsteller angehören [...]
§ 8. Die Ortsgruppe Berlin-Brandenburg dient allein dem Schutz und der Förderung wirtschaftlicher, rechtlicher und geistiger Berufsinteressen der Schriftsteller. Politische Kundgebungen dürfen nur erfolgen, wenn sie von den allgemeinen Berufsinteressen gefordert werden. Dagegen vermeidet die Ortsgruppe parteipolitische Erörterungen und Kundgebungen [...].« [351]

Mit dem § 7 wurde die Spaltung des SDS in Berin organisatorisch abgesichert. Im zweiten überrascht, daß neben den üblichen beruflichen Zielen nun doch politische Kundgebungen zugelassen werden mit der Einschränkung, daß sie nur von den ›allgemeinen Berufsinteressen‹ der Schriftsteller gefordert sein müssen. Wo die Ortsgruppe Berlin-Brandenburg allerdings im Gegensatz zur Ortsgruppe Berlin die Grenze zwischen den politischen Implikationen allgemeiner Berufsinteressen und ›parteipolitischen Erörterungen‹ ziehen wollte, geht aus der Satzung nicht hervor.

Bei der Konstituierung der neuen Ortsgruppe versuchte M. Jacobs den Teilnehmern darzulegen, wie sich nach dem 1. Weltkrieg eine ›linke Fraktion‹ im SDS gebildet habe, »aus der später eine im überreizten Ton kämpfende Opposition mit kommunistischen Parteien entstanden« sei, die ihre »Parteiinteressen in den überparteilichen Schutzverband getragen« habe. Die hier deutlich gewordene antikommunistische und damit auch parteipolitische Motivation zur Spaltung der Berliner Ortsgruppe versuchte M. Jacobs mit der Erklärung zu verschleiern, daß niemand von den Neugründern etwas gegen Kommunisten hätte, auch stellte er ihren Arbeitseifer, ihre Ausdauer und ihre Solidarität als vorbildlich hin, was bezeichnenderweise Eigenschaften waren, die mit den inhaltlichen Forderungen der OSDS nichts zu tun hatten. Diese Forderungen wertete er indirekt ab, indem er erklärte, daß sich die Kommunisten ›eigentlich‹ »in erster Linie bei uns als Vertreter schriftstellerischer Berufsinteressen« hätten verstehen müssen. Der Arbeit der OSDS stellte er schließlich den sachlich unbrauchbaren positiven Auftrag an die Ortsgruppe Berlin-Brandenburg entgegen, »die schöpferischen Kräfte frei zu machen«. [352] Aus diesen Ausführungen wird deutlich, daß es M. Jacobs und mit ihm den Gründern der Ortsgruppe Berlin-Brandenburg nicht bewußt war, daß die jeweilige Definition der schriftstellerischen Berufsinteressen und der mit ihr verbundene Weg zu ihrer Bewältigung entscheidend für die Art der Berufspolitik eines Verbandes ist. Diese Formulierungen verraten auch deutlich die politische Grundeinstellung der Gründer der neuen Ortsgruppe, denn sie rekrutieren sich erstens aus dem traditionellen bürgerlichen schriftstellerischen Selbstverständnis und enthalten zweitens indirekt die Aussage, daß die Kräfte, die die OSDS vertrat, nicht als schöpferisch anzusehen seien. Dies wurde auch in der Darstellung bestätigt, die M. Barthel, einer der Initiatoren der Gegengründung, von der vorherigen Situation in der Ortsgruppe Berlin gab, wobei er vom Vorherrschen eines ›unritterlichen Mißtrauens‹ und einer ›ungeistigen Kampfesweise‹ sprach. [353]

Die berufspolitischen Ziele der Ortsgruppe Berlin-Brandenburg unterschieden sich in keiner Weise von den bereits bekannten Zielen des SDS, sie wurden nur etwas forscher formuliert. Über diese Ziele hinaus kam von M. Barthel die Anregung, »in das literarische Leben der Gegenwart« durch die »Schaffung einer Vermittlungsstelle für Vorträge und Vorlesungen« sowie durch »Anknüpfung mit den literarischen Gesellschaften im Reich« aktiv einzugreifen. Außerdem trat er für die »Einrichtung eines ›Freundeskreises deutscher Literatur‹ von Interessenten und Dichtern, die einander unterstützen«, ein. [354] Daß ein solcher ›Freundeskreis deutscher Literatur‹ der von M. Barthel so bezeichneten ›ungeistigen Kampfesweise‹ der kommunistischen Autoren gegenübergestellt werden sollte, also auch politisch gemeint war, ist anzunehmen, zumal sich M. Barthel bereits auf die Seite der Nationalsozialisten gestellt hatte. [355] Interessanterweise erhielt die Ortsgruppe Berlin-Brandenburg auf der nächsten Mitgliederversammlung des SDS bei fast allen von ihr eingebrachten Anträgen Abstimmungsniederlagen. Bei den Anträgen, die die wirtschaftlichen, sozialen und rechtlichen Aufgaben des SDS betrafen, zumeist deshalb, weil die Vorschläge der Ortsgruppe Berlin-Brandenburg entweder zu vage formuliert waren oder weil sie seit jeher zu den Aufgaben des SDS gehört hatten und z. T. sogar schon erfüllt waren [356], woraus zu schließen ist, daß die Gegner der alten Ortsgruppe Berlin keine genauen Kenntnisse von den berufspolitischen Aktivitäten des Verbandes und somit auch wenig Interesse an seiner sachlichen Arbeit hatten. Auch der Antrag auf die Gründung eines

›Freundeskreises deutscher Literatur‹ durch den SDS wurde bereits von der Antragskommission zur Ablehnung empfohlen, da er ihr »nicht innerhalb der gewerkschaftlichen Aufgaben des SDS zu liegen« schien. [357]

Die Aporie des Anspruchs auf eine unpolitische Haltung des SDS kann noch einmal an verschiedenen Stellungnahmen der Verbandsfunktionäre aus den letzten Jahren vor 1933 dargestellt werden. Schon 1927 hatte A. Eloesser die politische Neutralität des SDS mit seiner Aufgabe verteidigt, die gemeinsamen Interessen aller wie auch immer gesinnten deutschen Schriftsteller zu vertreten, wobei er den Satz hinzufügte: »Wir verteidigen sogar die Freiheit.« [358] Obwohl derart globale Forderungen aufgestellt wurden, die eine gründliche Analyse der Faktoren erfordert hätten, die die Freiheit bedrohten, wurde gerade diese Analyse und das aus ihr folgende konsequente Verbandshandeln als eine Politisierung abgelehnt, dafür aber ›konkrete Kleinarbeit‹, der ›Schutz von Fall zu Fall‹ propagiert. [359] Auch W. Schendell, der 1931 sogar erklärt hatte, daß die Zunahme der Kulturreaktion, die er zu Recht als Folge der politischen Entwicklung ansah, schärfer bekämpft werden müßte [360], lehnte am 21. 11. 1932 auf einer Pressekonferenz, die er aus Anlaß der verbandsinternen Auseinandersetzungen gab, ›sogenannte Gesinnungsverbände ab, ob sie nun national oder proletarisch seien‹, da im SDS Schriftsteller aller Richtungen und Parteien vereinigt wären. [361] Auch Th. Bohner, als Nachfolger des zurückgetretenen W. Bloem, letzter Vorsitzender des SDS, lehnte es ab, den SDS zum Sprachrohr des Pazifismus oder Antifaschismus machen zu lassen, da es auch Dichter von Rang gäbe, die nicht Pazifisten oder gar selbst Faschisten seien. Auch wandte er sich gegen eine Stellungnahme des SDS gegen den Nationalsozialismus, weil der Verband neben Parteilosen, Sozialdemokraten und Kommunisten auch nationalsozialistische Mitglieder hatte. Aus all dem folgerte er, daß der SDS »unter jedem Regime für das freie Wort zu kämpfen habe, aber nicht eine politische Richtung zu bejahren oder zu verneinen«. [362]

Daß der SDS nicht unter jedem Regime für das freie Wort kämpfen *konnte,* zeigte sich unmittelbar nach der Machtergreifung durch die Nationalsozialisten. Am 4. 2. 1933 richtete noch der Vorstand der Ortsgruppe Berlin einen Brief an den SDS-Hauptvorstand, in dem er nach den politischen Ereignissen der vergangenen Tage seine bisherige Auffassung über die Aufgaben des SDS bestätigt sah und nunmehr den Hauptvorstand aufforderte, sich zusammen mit der Ortsgruppe Berlin ›gegen die Faschisierung des Geistes‹ auszusprechen. Die Berufung auf die angeblich unpolitische Natur des SDS habe sich angesichts der Tatsache als Illusion erwiesen, daß sich die Maßnahmen der neuen Machthaber nicht gegen Kommunisten allein, sondern auch gegen Sozialdemokraten und alle ›des fortschrittlichen Denkens verdächtigen‹ Schriftsteller richteten. [363] Am 7. 2. 1933 appellierte die Berliner Ortsgruppe noch einmal an alle Schriftsteller im SDS, nun endlich gemeinsam den gewerkschaftlichen Kampf für die Interessen der Schriftsteller, gegen ›alle Formen der Ausbeutung‹ und gegen ›jede Unterdrückung des freien Wortes‹ aufzunehmen. Sie lud zu einer Versammlung mit dem Motto »Unter allen Wipfeln ist . . .« ein, die allerdings nicht mehr stattfinden konnte. [364] Statt dessen erschien im ersten Heft des ›Schriftstellers‹ nach der Machtergreifung unter der Überschrift »Die Umstellung des Schutzverbandes deutscher Schriftsteller« folgende Erklärung eines z. T. neuen Hauptvorstandes:

»Als Gemeinschaft der schaffenden Schriftsteller hat der S.D.S. die Erschütterungen des Staatskörpers vorausempfunden, die zum Durchbruch der nationalen Revolution führten. Wir haben, noch bevor der Staat sich gegen die kommunistische Unterhöhlung mit seinen Machtmitteln zu wehren wagte, die Auflösung der Ortsgruppe Berlin durchgeführt. Wir haben bereits seit geraumer Zeit Vertreter ausgesprochen nationaler Gesinnung in unseren Vorstand berufen. Nur geringe Personenveränderungen waren nötig, um die erprobte und wertvolle Zusammenfassung der deutschen Schriftsteller zwecks Vertretung ihrer Berufsinteressen arbeitsfähig zu erhalten und eine fruchtbare Tätigkeit unter der neuen Regierung zu gewährleisten.« [365]

Auch die Ortsgruppe Berlin-Brandenburg meldete sich mit der Überschrift »16 Monate Arbeit und Kampf« wie folgt zu Wort:

»Als wir uns am 11. 12. 31 zusammenfanden, um den Kampf gegen die von Kommunisten geführte und stark beeinflußte alte Berliner Gruppe aufzunehmen, war Berlin der Tummelplatz zersetzender Elemente [...] Persönliche und politische Zänkereien vergifteten die Atmosphäre, und das große Wort führten oft Schriftsteller, die sehr spät die deutsche Staatsangehörigkeit erworben hatten und die durchaus nicht immer der deutschen Sprache vollkommen mächtig waren. Der typisch intellektuelle Schreihals beherrschte das Feld und machte eine praktische Arbeit oft unmöglich. Gegen diesen Zerfall und gegen diese Zersetzung hat auch die Ortsgruppe Berlin-Brandenburg den Kampf aufgenommen und zu Ende geführt.« [366]

Wenn auch diese Erklärungen des SDS nach der Machtergreifung von den neuen Vorstandsmitgliedern geprägt waren und z. T. das vorherige Verbandsgeschehen durch einen Anpassungsmechanismus anders dargestellt haben, als sie ursprünglich gemeint waren, so wurde die 1931 noch verschleierte oder unterschwellige Motivation eines Teils der an der Gründung der Ortsgruppe Berlin-Brandenburg Beteiligten nachträglich deutlich ausgesprochen. Die Andeutung anti-jüdischer Elemente kam nun neu hinzu.

Der neue Übergangsvorstand des SDS war schon am 15. 3. 1933 zum ersten Mal zusammengetreten und hatte dabei einstimmig beschlossen, daß Mitglieder der kommunistischen Parteien oder ihr nahe stehender Verbände nicht mehr Mitglied des SDS sein durften. [367] Auf der Hauptversammlung des SDS wurde schließlich am 4. 5. 1933 eine neue Satzung des SDS verabschiedet, deren § 3 als

»[...] Vorbedingung des Entritts von seinen Mitgliedern in Form einer schriftlichen Erklärung das klare Bekenntnis zur deutschen Kulturgemeinschaft in Wort und Tat [...]«

verlangte (s. 2.4.1, S. 82). B. H. Jahn forderte die deutschen Schriftsteller zu einer ›einheitlichen, geschlossenen Gesittung‹ auf und erklärte, daß sich »diese ›Gleichschaltung‹ [...] nur erreichen« lasse, »wenn eine wurzelfeste Geistigkeit die Begriffe so zu klären versteht, daß sie höchste Enthüllung der Vernunft werden«. [368] Er versprach den Schriftstellern schließlich die baldige Anpassung des Urheberrechts an das ›sittliche Empfinden des Volkes‹ durch eine Verlängerung der Schutzfrist auf 50 Jahre. [369]

Der Teil der SDS-Mitglieder, der bald nach der Machtergreifung das Deutsche Reich verließ, um wegen seiner politischen Gesinnung oder jüdischen Abstammung dort nicht geistig oder gar physisch unterdrückt zu werden, gründete im Herbst 1933 in Paris den »SDS im Exil«. Es waren etwa 250 Autoren, überwiegend Mitglieder der ehemaligen Ortsgruppe Berlin [370], die diesen Verband als ›Zusammenfassung aller freiheitlichen und fortschrittlichen Kräfte der deutschen Literatur‹ ins Leben gerufen hatten. [371] Das Wort ›Schutz‹ im Namen des Schutzverbandes im Exil erhielt nach einer späteren Aussage von A. Kantorowicz einen neuen Sinn: »Es galt nicht so sehr, den Autor vor der Willkür des Verlegers zu schützen, wie vielmehr, sein Leben vor der physischen Vernichtung durch den Faschismus zu retten.« [372] So wollte der SDS im Exil nach § 1 seiner Satzung

»[...] die Schriftsteller zusammenfassen [...], die sich der Unterdrückung und Verfolgung des freien Schrifttums durch den Faschismus nicht unterwerfen und die Herrschaft des Faschismus bekämpfen.« [373]

Neben der Pflege der Begegnung deutscher Exil-Autoren mit namhaften Schriftstellern der asylgebenden Länder hatte der SDS im Exil zahlreiche Aufgaben wie die Intervention in Honorar- und Urheberrechtsfragen sowie die Hilfe bei der Beantragung von Aufenthaltsgenehmigungen. Daneben stand der politische Kampf gegen die NS-Herrschaft in Deutschland, der auf verschiedenen Ebenen geführt wurde. Am 10. 5. 1934 wurde in Paris unter großer Anteilnahme französischer Schriftsteller eine deutsche »Freiheitsbibliothek« gegründet. Anläßlich der Pariser Weltausstellung wurden 1937 in Paris Buchausstellungen und Lesungen organisiert, die viele deutsche Besucher aus dem Reich ansprachen. Wiederholt wurden die Zeitschrift »Der Schriftsteller« sowie Bücher nach Deutschland eingeschmuggelt. Auf Kongressen wurde in Reden und Resolutionen auf den Widerstand zahlreicher deutscher Schriftsteller gegen den Faschismus im Ausland aufmerksam gemacht. [374] Daß der SDS im Exil jedoch wiederum in sich zerstritten war und daß sich verschiedene Gruppen, vor allem Kommunisten und ihre Gegner, einander befehdeten, zeigen die verschiedenen Appelle von Th. Mann, A. Döblin, B. Brecht und anderen Autoren, die für die Einheit aller Antifaschisten eintraten. [375]

Nach dem Zusammenbruch des ›Dritten Reichs‹ wurde der Versuch gemacht, die verschiedenen Gruppen miteinander zu versöhnen, wobei vor allem der Ausgleich zwischen den Autoren der sogenannten ›inneren Emigration‹ mit denen des Exils eine besondere Rolle spielte. So erklärte A. Kantorowicz im Verbandsorgan des SDA-Berlin, daß diejenigen, die das Exil überlebt hätten, nun begännen, »sich [...] zu denen zu gesellen, die den Kampf in Deutschland selber überlebt haben«. [376] H. v. Gebhardt, die nicht emigriert war, schrieb ebendort, daß der neue Schutzverband nach dem Ende der RSK gegründet worden sei, um »die verbliebenen Treuen und Heimgekehrten zu einer brüderlichen Gemeinschaft« zu vereinen. [377] In seinem Geleitwort zum Erscheinen des Verbandsorgans des SDS-Bayern äußerte Th. Mann schließlich sein Verständnis dafür, daß die Emigranten in Deutschland auf Skepsis stießen [378], und wollte damit sicher zur Überwindung dieser Skepsis beitragen, ein Anliegen, das auch H. Berl bei der Gründung des »Verbandes südwestdeutscher Autoren« vortrug, an dessen Gründung A. Döblin stark beteiligt gewesen war. [379]

Es ist erstaunlich, daß sich der überwiegende Teil der Nachkriegsverbände trotz der Erfahrungen des SDS in der Weimarer Zeit sogleich wieder als unpolitisch verstand. So hat der SDS-Bayern diesem Selbstverständnis in seiner Satzung Ausdruck gegeben, wonach er

»[...] unter Ausschaltung politischer Interessen und Ablehnung aller nationalsozialistischen, militaristischen und nationalistischen Einflüsse, die geistigen und kulturellen Aufgaben der deutschen Schriftsteller [...] zu wahren [...]«,

sich vorgenommen hatte (s. 2.2.4, S. 40). Hier ist jedoch schon der erste Widerspruch zu erkennen, denn die Ablehnung aller nationalsozialistischen, nationalistischen und militaristischen Einflüsse kann nicht anders als politisch motiviert verstanden werden.

Auch der SDS-Rheinland-Pfalz verfolgte nach § 2 seiner Satzung

»[...] weder politische noch religiöse Ziele.« [380]

Im § 3 der Satzung hieß es jedoch:

»Mitglieder können nur Schriftsteller werden, die die Freiheit des literarischen Schaffens vertreten.«

Auch hier muß der Ausschluß politischer Ziele und die Forderung nach der Freiheit des literarischen Schaffens als Widerspruch angesehen werden.

Im Gegensatz hierzu hatte der WAV diesen Widerspruch nicht in seiner Satzung, nach deren § 3 die Grundlage der Verbandsarbeit

»[...] die unbedingte parteipolitische und konfessionelle (religiöse) Neutralität [...]«

sein sollte [381], wozu u. a. die

»[...] Erleichterung und Sicherung der freien Berufsausübung [...]«

gehören sollte, ein Ziel, das bei parteipolitischer Neutralität den politischen Zielen des Verbands zuzordnen ist. Auch der SDA-Berlin hat seine Aufgabe anfangs nicht als unpolitisch, wohl aber als parteipolitisch neutral verstanden. Dies brachte er besonders deutlich nach seinem Austritt aus dem FDGB zum Ausdruck, wobei er hoffte, er werde nun

»[...] ohne den Schatten eines Verdachtes, ein parteipolitischer Verband zu sein, besser arbeiten können. Der SDA war nie parteipolitisch.« [382]

Die gegen den SDA in West-Berlin gegründeten regionalen Schriftstellerverbände haben wieder wie der SBS erklärt, daß sie

»[...] weder politische, noch sozialpolitische oder religiöse Ziele [...]«

verfolgten. [383] Dieser Rückzug auf das vermeintlich Unpolitische kann am ehesten aus der Erfahrung politischer Ohnmacht erklärt werden, die die deutschen

Autoren sowohl im Reich als auch im Exil zumeist machen mußten. Vor allem für die im Reich verbliebenen kam hinzu, daß sie gezwungen waren, ihre schon vor 1933 gepflegte unpolitische Haltung weiter zu vertiefen, wollten sie sich nicht in dem Sog des Nationalsozialismus begeben, andererseits aber ihre Existenz nicht gefährden. Auf jeden Fall hat die NS-Zeit für zahlreiche Autoren keinen Gesinnungswandel in ihrem Selbstverständnis herbeigeführt, vielmehr hat sie ihr apolitisches Selbstverständnis verstärkt. Lediglich die Mitglieder des SDA-Berlin und des WAV haben zwischen parteipolitischer Neutralität und politischem Engagement unterschieden, wobei zu vermerken ist, daß die Gründung des SDA-Berlin im wesentlichen von ehemaligen Mitgliedern der OSDS stark beeinflußt worden war, die nach dem Krieg nach Berlin zurückgekehrt waren. Dies bestätigt sich in zahlreichen Aktionen, mit denen der SDA-Berlin den Kampf gegen den Nationalsozialismus fortsetzte. Am 10. 5. 1947 veranstaltete er eine Kundgebung, auf der gefordert wurde, den Jahrestag der Bücherverbrennungen zum Tag des freien Buches zu erklären. Im gleichen Monat hielt er eine Versammlung zum Thema der Entnazifizierung ab und über das »Wiedererscheinen derjenigen Schriftsteller [...], von denen wir nichts mehr zu hören wünschen«. [384] Außerdem hatte der SDA-Berlin eine Aufnahmekommission unter K. F. Borée gebildet, die ehemalige Mitglieder der NSDAP und durch Kollaboration mit ihr Belastete nicht aufnehmen, sondern nur vornotieren durfte. Die endgültige Entscheidung über eine Aufnahme sollte dann nach einer gutachterlichen Zusammenarbeit mit der Entnazifizierungskommission der Militärregierung gefällt werden. [385]

Auch der SDS-Bayern, dessen Mitgliedschaft überwiegend durch im Reich gebliebene Autoren bestimmt war, wollte die Mitgliedschaft nur ›politisch einwandfreien Personen‹ offen halten [386], doch waren seine Aktivitäten weniger auf eine Verlängerung des Kampfes gegen den Nationalsozialismus denn auf eine Grundlegung für einen neuen Beginn nach dem Krieg ausgerichtet. Dies kam besonders deutlich in einer Erklärung zum Ausdruck, die der SDS-Bayern am 6. 5. 1947 auf seiner Hauptversammlung verabschiedete und durch E. Kästner dem Kongreß des Internationalen PEN-Clubs in Zürich überbringen ließ und in der es u. a. hieß:

»Diejenigen unter den deutschen Schriftstellern, die sich freigehalten haben von den Verführungen der autoritären Herrschaftssysteme und ihrer Unmenschlichkeit [...] beklagen aufs tiefste die zwei Jahre nach Beendigung der Kriegshandlungen noch immer unlösbar scheinenden Schwierigkeiten, die einem wirklichen Frieden entgegenstehen. Sie sehen in einer möglichst freien Kommunikation der gutwilligen Menschen aller Nationen ein besseres Mittel, erträgliche Lebensumstände herbeizuführen, als im unkontrollierten Wirken einer immer formalistischer werdenden Bürokratie, die [...] das Leben zu ersticken droht und nun, nach der Vernichtung Hitlers, mehr und mehr seinem Ungeist verfällt. [...] Von der Einsicht der deutschen Schriftsteller erwarten sie Verständnis für die hohe Aufgabe, die ihnen auch heute noch im Kampf gegen jede überlebende Gesinnung der Rechtlosigkeit und Unmenschlichkeit erwächst. Von der Einsicht der Schriftsteller in den anderen Ländern erhoffen sie, daß sie in ihren [...] Völkern die Erkenntnis verbreiten, wie allein der Gefährdete zu retten ist: nämlich durch einen allgemeinen, nicht in Worten, sondern aus Taten bestehenden Akt der Humanität, der den ersten Schritt zum angestrebten Ziel, zur Aufrichtung einer besseren Welt darstellen würde.« [387]

In dieser Erklärung rechneten sich also ihre Autoren, die Mitglieder des SDS-Bayern, selber zu den ›politisch einwandfreien‹ Personen, die dann auch kein Wort über die Vergangenheit verloren, sondern die Schwierigkeiten der Nachkriegszeit beklagten und sie als eine Verlängerung des Hitlerschen Ungeistes bezichtigten. Die Lösungsvorschläge des SDS-Bayern bestanden in der Aufforderung nach innen, den Fortbestand unmenschlicher Gesinnung zu bekämpfen, und in der Hoffnung auf einen ›allgemeinen Akt der Humanität‹ von außen, Vorschläge, die so pathetisch wie nichtssagend waren und in ihrem globalen Anspruch mehr dem elitären Selbstbild der Autoren als einer realistischen Einschätzung der Nachkriegssituation entsprachen.

Leider ist das Quellenmaterial aus jener Zeit für die übrigen Nachkriegsverbände nicht detailliert genug, um auch sie in das politische bzw. apolitische Selbstbild der Nachkriegsverbände einzuordnen. Auf jeden Fall muß die Frage der Nicht-Mitgliedschaft ehemaliger NS-Angehöriger für alle Verbände damals eine hervorragende Bedeutung gehabt haben, denn der Koordinationsausschuß als erster Versuch einer Dachorganisation verstand sich als Organ zu Fortsetzung der politischen Bereinigung des literarischen Lebens in Deutschland und faßte dazu folgenden Beschluß:

»Bei Aufnahmeersuchen ist grundsätzlich in allen Fällen die politische Tragbarkeit zu prüfen.« [387a]

Das Problem der Bekämpfung ehemaliger Nazi-Autoren und -Kolloraboteure wurde jedoch bald innerhalb der Schriftstellerverbände vom Ost-West-Problem überlagert und verdrängt. [388] Noch 1947 sprach W. Schendell die Erwartung aus, daß die Mitgliederzahl des SDA-Berlin sprunghaft steigen werde, wenn »im kommenden Jahr die Zonengrenzen fallen«. [389] Im gleichen Jahr mahnte G. Birkenfeld als Redner des SDA-Berlin, daß die Teilung Deutschlands in Zonen nicht auch zu einer Teilung in geistige Zonen führen dürfe, denn »auf dem Gebiet des Geistes kann und darf es nur *eine einzige freie Republik* geben«. [390] Diese Hoffnung beherrschte auch die Stimmung und verschiedene Resolutionen des 1. deutschen Schriftstellerkongresses der Nachkriegszeit, dessen Unterlagen jedoch nicht zu den Quellen der Verbandsarbeit der deutschen Nachkriegsverbände zu zählen sind, auch wenn er vom SDA-Berlin organisiert und von führenden Repräsentanten der regionalen Verbände besucht worden ist. Der Kongreß verdeutlichte die damals in den Verbänden vorherrschende Grundhaltung, die ganz auf den Ausgleich zwischen Ost und West ausgerichtet war. [391] So wurde auch die Gründung des Koordinationsausschusses, die auf diesem Kongreß erfolgte, als ›Zeichen des Willens zur deutschen Einheit‹ verstanden, und H. Reuß-Löwenstein verband mit ihm die Hoffnung, daß er ›alle Schwächen und Blößen der ost-westlichen Gegensätze‹ bedecken könnte. [392]

Ein halbes Jahr nach der Währungsreform wurden schon die ersten Ost-West-Spannungen innerhalb der Schriftstellerverbände verzeichnet. Auf der ›Arbeitstagung deutscher Schriftstellerverbände‹ erklärten H. Berl, J. Nowak und andere Teilnehmer, man sollte vorerst einen festen Zusammenschluß der Schriftstellerverbände im Westen organisieren, ohne allerdings die Tür zum Osten zu verschließen. Als dann am 14. 3. 1949, dem Tag nach der Gründung des VDA, auch der SDA-Berlin seinen Beitritt zum VDA erklärt hatte, würdigte H. Quistorf laut Protokoll »in eindringlichen Worten die Bedeutung dieses ersten Zusammenschlusses von Ost und West«. [393]

Obwohl der SDA-Berlin sich darum bemühte, seine Klammerfunktion zwischen Ost und West für die Schriftstellerverbände beizubehalten, konnte er eine westliche Gegengründung, an der W. Schendell wesentlich beteiligt war (s. 2.3.3.3, S. 58), nicht verhindern. In seinem Geschäftsbericht für das Jahr 1949/50, der noch von W. Schendell formuliert worden war, wurde vom SDA-Berlin erklärt, er habe

»[...] in seiner Arbeit von der Berliner Spaltung bisher nicht Notiz genommen. Er unterhält nach wie vor seine Büros im Osten und Westen und ist ebenso, wie für ganz Berlin, auch für die vier deutschen Zonen und für alle im Ausland lebenden deutschen Schriftsteller vorhanden und tätig. [...] An dieser Auffassung wollen wir auch in Zukunft festhalten.« [394]

Nach seinem Austritt aus dem FDGB bemühte sich der SDA-Berlin schließlich darum, sich sowohl im Osten als auch im Westen bei den jeweiligen Amtsgerichten als Verein eintragen zu lassen, was vom Amtsgericht Berlin-Mitte (Osten), abgelehnt wurde, woraufhin die Anmeldung nur im westlichen Amtsgericht Berlin-Charlottenburg vorgenommen wurde. [395] Es hatte sich somit ergeben, daß alle drei in Berlin existierenden Verbände im Westen eingetragen waren, was zumindest vereinsrechtlich die Motivation der Gründung des SBS als westlichen Gegenverband zum SDA-Berlin aufhob.

In jener Zeit beherrschte der Ost-West-Gegensatz derart die Gemüter, daß eine Einigung nicht mehr möglich war. Dies zeigte sich auch am Austritt mehrerer westlicher Autoren aus dem deutschen PEN-Club, nachdem J. R. Becher zu seinem 2. Vorsitzenden gewählt worden war. Die damalige Stimmung kommt in einem Aufsatz M. Beheim-Schwarzbachs hierzu zum Ausdruck, in dem er für die unterdrückten Autoren im Osten Partei ergriff und empfahl, man solle »ihnen still die Hand drücken und sie stillschweigend als unsere Kameraden betrachten, solange sie nicht den Gegenbeweis antreten«, was für ihn damit gleichzusetzen war, daß sie sich »ausdrücklich zur These der dortigen Machthaber bekennen, daß die Andersdenkenden zu vernichten seien«. [396] Diese Konfrontation brachte wiederum die westlichen Verbände in interne Schwierigkeiten. H. Reuß-Löwenstein z. B. wehrte sich im SDA-Nordwest gegen Versuche, »politische Argumente in unsere sachliche Arbeit zu tragen«. So gab es Autoren, die auch vom Schriftstellerverband »Stellungnahmen zwischen Ost und West« verlangten oder die die Verbandsversammlungen »als Plattform zur Propagierung für ihre Gedanken mißbrauchen« wollten, »sei es für Zwecke, die durchaus der Unterstützung wert sind, wie die Friedensidee«. H. Reuß-Löwenstein postulierte jedoch die strikte Enthaltung des Verbandes in politischen Fragen mit dem Argument: »was dem einen recht ist, ist dem andern billig, und wenn wir solchen Forderungen nachgeben, ist es aus mit dem SDA.« [397]

Die verbandspolitische Konsequenz aus der Ost-West-Konfrontation lag bei den westlichen Schriftstellerverbänden somit in der Forderung nach politischer Enthaltung, ein Postulat, daß sich auch die bald darauf gegründete Vereinigung zu eigen machte, indem sie im § 3 ihrer Satzung politische, sozialpolitische oder religiöse Ziele für ihre Arbeit ausschloß (s. 2.2.5, S. 42). Ihre Anpassung an die Spaltung Deutschlands vollzog sie im § 1 ihrer Satzung, wo sie als ihren Zweck den

»[...] Zusammenschluß der Berufsverbände der Schriftsteller in der Bundesrepublik und Westberlin [...]«

bestimmte. Der SDA-Berlin, der im wesentlichen Schriftsteller Ost-Berlins erfaßte, nachdem sich der SBS von ihm abgespalten hatte (Vorsitzender des SDA-Berlin war damals P. Huchel), gehörte der Vereinigung nicht an, obwohl er, wie gezeigt, im Westen eingetragen war.

Neben diesen durchaus politisch zu wertenden Tatsachen stand innerhalb der Vereinigung auch die Regelung der Mitgliedsfragen im Widerspruch zum Ausschluß politischer Ziele, da nach § 4 der Satzung nur Schriftstellerverbände aufgenommen werden konnten,

»[...] die der Wahrung der literarischen und wirtschaftlichen Interessen eines unabhängigen Schrifttums dienen.« (s. 2.4.1, S. 83)

Die Forderung nach der Unabhängigkeit des Schrifttums kann im Hinblick auf die vergangene NS-Zeit, aber vor allem auch im Hinblick auf die politische Konfrontation gegenüber dem Osten nur als politisch motiviertes Ziel verstanden werden.

Der mangelnde Mut, sich bei aller erforderlichen parteipolitischen Neutralität offen politisch zu erklären, brachte die Vereinigung wiederholt in Schwierigkeiten. Als W. v. Hollander 1956 angesichts verschiedener staatlicher Aktionen gegen literarische Publikationen, die in der Bundesrepublik erfolgt waren, mit Nachdruck darauf hinwies, daß die Vereinigung kulturpolitisch nicht neutral sein dürfe, um von der Öffentlichkeit beachtet zu werden und nicht ihr Gesicht zu verlieren, wurde er von Th. Bohner mit der Erklärung in die Schranken gewiesen, daß die Vereinigung als Berufsverband vollkommen unparteiisch und unpolitisch sein müßte. [398] In Wirklichkeit verhielten sich die Vereinigung und ihre Repräsentanten gar nicht unpolitisch, wenn es um ihr Verhältnis zum Osten ging. Bezeichnend hierfür ist ihre Entscheidung, nicht am ›Wartburg-Treffen‹, einer vom 4./7. 7. 1954 in der DDR abgehaltenen Schriftstellertagung, teilzunehmen. W. Birkenfeld, der diese Entscheidung ausführlich begründete, sah die ›engagierten Kommunisten‹ wie A. Seghers, W. Herzfelde und A. Kurella, die auf ›sowjetzonaler Seite‹ an dem Treffen teilnehmen sollten, nicht als Kollegen sondern als Funktionäre an, da in der DDR jede prominente Stellung eine Funktionärsstellung gewesen sei. Als ›wirkliche Kollegen‹ bezeichnete er die ›Opfer der Politik der Sowjetzone‹. Zwar hatte die Vereinigung ihren einzelnen Mitgliedern keine Sanktionen angedroht, wenn sie privat an der Tagung teilnehmen wollten, doch daß eine derartige Teilnahme nicht gern gesehen wurde, zeigten die Ausführungen

W. Birkenfelds über die von ihm so genannten ›wahren Kollegen‹: »Aber sie werden nicht zugelassen, müssen sich vielmehr verbergen und tarnen wie verfolgtes Wild. Und müssen zähneknirschend mitansehen, daß höchst achtbare westdeutsche Autoren sich mit ihren Aufpassern und Häschern an einen Tisch setzen.« [399] Die Entscheidung der Vereinigung, selber an dem Treffen nicht teilzunehmen, wurde damit begründet, daß die Mitgliedsverbände, »die lediglich die beruflichen Interessen ihrer Mitglieder zu vertreten und sich von jeder Politik fernzuhalten haben, keine andere Haltung einnehmen« könnten. [400] Daß das Fernbleiben der Vereinigung vom ›Wartburg-Treffen‹ und seine Kommentierung ebenso eine politische Aktion war, wie sie eine Teilnahme hätte sein können, braucht nicht mehr erörtert zu werden.

Interessant ist auch, daß die Wahl G. Pohls zum Vorsitzenden der Vereinigung und damit verbunden die Verlegung ihrer Geschäftsstelle nach Berlin, die während der Dauer des Berlin-Ultimatums 1959 vollzogen wurde und auf verbandsinterne Auseinandersetzungen gefolgt war (s. 2.3.3.2, S. 55), schließlich als ein ›Bekenntnis zu Berlin‹ gefeiert wurde. [401]

1963 protestierte die Vereinigung dagegen, daß die DDR eine Einfuhrbeschränkung von Büchern aus dem Westen verfügt hatte. Sie sah in dieser »Anordnung über die Erteilung von Sondergenehmigungen zum Empfang von Literatur aus Westdeutschland, Westberlin und dem kapitalistischen Ausland«.

»[...] eine Fortsetzung der ›Kulturkammer‹-Politik von Goebbels, die bekanntlich zum geistigen ›Kahlschlag‹ in Deutschland geführt hat. Bei Lichte betrachtet ist sie noch radikaler als diese. [...]
Wie so etwas in der Praxis aussieht, wissen die deutschen Autoren allzu genau. Da ihre Kollegen [...] jenseits der Mauer mundtot gemacht sind, protestieren sie auch in deren Namen gegen das Elend eines stockreaktionären Zensurterrors.« [402]

Bemerkenswert ist hier, daß sich die Vereinigung der politischen Grundhaltung der Bundesrepublik anschloß und sich das Recht herausnahm, auch für die Menschen in der DDR zu sprachen. Dies wurde besonders deutlich, als F. K. Fromm 1965 feststellte, daß die Schriftstellerorganisationen ›Mitteldeutschlands (DDR)‹ international bisher nur in der CISAC vertreten waren, und als er forderte, daß es verhütet werden müßte, »daß auch bei ALAI und IWG die Ostzone mit ihren Schriftstellervereinigungen und Verwertungsgesellschaften als Mitglieder und Sprecher der deutschen Autorenschaft in Erscheinung tritt. Diesem Ziel dient die aktive Mitarbeit der Vereinigung an Kongressen und Tagungen der Organisationen«. [403] Erst seit 1966, parallel zur Großen Koalition in Bonn, bahnte sich eine Änderung in der Beziehung der Bundesvereinigung zum Osten an, als sie es ablehnte, eine Vortragsreise von V. Tarsis über die Verhältnisse in der Sowjetunion zu unterstützen, da sich die z. T. den ›tatsächlichen Verhältnissen in Rußland nicht entsprechenden Aussagen‹ von V. Tarsis »belastend auf die sich anbahnenden Ost-West-Beziehungen auswirken könnten«, was nicht im Sinn der Arbeit der Bundesvereinigung und der deutschen Autoren läge. [404] 1968 wurde schließlich die Bedeutung der Mitgliedschaft der Bundesvereinigung in der IWG betont, weil sie Kontakte mit den Ostblockstaaten ermöglichte, bei denen man sich nicht mehr zurückzuhalten brauchte, da das Ansehen der deutschen Schriftsteller im Ostblock von Jahr zu Jahr gewachsen sei. [405]

Während das Verhältnis der Vereinigung zum Osten ihr Selbstbild einer unpolitischen Organisation besonders deutlich ad absurdum führte, wurde der in diesem Selbstverständnis enthaltene Anspruch auch auf anderen Gebieten nicht eingehalten. 1960 z. B. verabschiedete die Generalversammlung der Vereinigung einstimmig folgende Resolution:

»Die G.V. der Vereinigung der deutschen Schriftstellerverbände erklärt, keine Mitglieder zu dulden, die in Wort und Schrift Angehörige anderer Völker und Rassen verächtlich machen.« [406]

Mit dieser politisch motivierten Resolution wurde noch einmal generell an die Nachkriegsdiskussion über den Ausschluß politisch durch den Nationalsozialismus belasteter Schriftsteller angeknüpft. Wie diese Entscheidung entsprach auch die Erwartung G. Pohls einer politischen Haltung, nach der die deutschen Schriftsteller »die leidenschaftlichsten Verteidiger der deutschen Einheit in ihrem unglücklich dreigeteilten Lande« sein würden, sobald der Staat ihre Rechte verbessert hätte. [407] Auch forderte er vom Staat die finanzielle Unterstützung seines Verbandes, damit er seinen gesamtdeutschen und internationalen Aufgaben für die Geltung Deutschlands nachkommen könne. [408] F. K. Fromm zeigte sich davon überzeugt, daß die Vereinigung bereits einen ›wirksamen Beitrag für die Kulturpolitik Deutschlands‹ geleistet habe, »da sie an der Verbreitung des deutschen Schrifttums im Ausland, die [!] Austausch von literarischem Geistesgut zwischen den Kulturnationen, der Geltung des deutschen Wortautors in der Welt [...] entscheidend mitwirkt«. [409] Über diesen kulturpolitischen Aspekt nach außen wurden die Pläne einer Neuorganisation der Vereingung in Richtung auf einen stärkeren Zentralverband schon 1964 mit dem Zweck verbunden, eine ›Macht im kulturpolitischen Bereich der Bundesrepublik‹ zu werden. [410] Schon 1960 hatten G. Pohl und W. Karsch die Freiheit der Vereinigung für politische Stellungnahmen gefordert, um eine »ev. notwendige Opposition gegenüber der Bundesregierung in dieser oder jener berufswichtigen Frage« bilden zu können. [411] An diesen verschiedenen Äußerungen hat sich zeigen lassen, daß einige Repräsentanten der Vereinigung den Anspruch auf die politische Abstinenz einer schriftstellerischen Berufsorganisation nicht konsequent einhalten wollten. Die Entwicklung zugunsten eines politischen Engagements der Schriftstellerverbände ging jedoch mehr von einigen Landesverbänden aus. Den Anfang machte dabei, soweit bekannt, der SDA-Nordwest, nachdem E. Lüth, der eine Zeit lang Pressesprecher des Hamburger Senats gewesen war, zu seinem Vorsitzenden gewählt worden war. E. Lüth bekannte sich schon in einer Art Antritts-Rede zum ›politischen Prinzip‹ und zur ›politischen Verpflichtung‹ eines Schriftstellerverbandes: »Arbeits- und Aufgabenbereich eines Schutzverbandes deutscher Schriftsteller kann nicht die Verwaltung eines Erbhofes abgestandener Meinungen sein.« Er ging dabei von der Erfahrung aus, daß die unpolitische Haltung vieler Intellektueller mit zum Dritten Reich geführt habe, und rief die Schriftsteller in ihren Verbänden »zur Kritik an allen falschen Disziplinen und zur unermüdlichen Überprüfung falscher oder schlechter Ordnungen« auf. [412] In der Folgezeit hat der SDA-Nordwest durch verschiedene Veranstaltungen wie öffentliche Lesungen und Diskussionen mehrere jüngere Autoren für seine Verbandsarbeit aktivieren und sich selbst zunehmend politisieren können.

Später zogen auch andere Verbände nach. So strebte der SDS-Rheinland-Pfalz nach seiner Umbenennung in »Verband deutscher Schriftsteller Rheinland-Pfalz« unter H. Knebel eine Ausweitung seiner Aktivitäten an, um »an den wichtigen und notwendigen gesellschafts-, bildungs-, kulturpolitischen Veränderungen unseres Staates und unserer Gesellschaft mitarbeiten und zu wichtigen Fragen (etwa der Pressekonzentration, der bedrohten Meinungsfreiheit, der gefährdeten künstlerischen Freiheit usw.) unmißverständlich Stellung nehmen« zu können. [413] Auch E. Horst, Vorstandsmitglied und späterer Vorsitzender des SDS-Bayerns, fragte, warum die Schriftstellerverbände beharrlich schwiegen, »obwohl Anlässe gegeben sind, die ihre kritische Stellungnahme erforderten? Es geht nicht um eine Politisierung sondern um die Wahrnehmung demokratischer Rechte und Verantwortlichkeiten, wo immer die Sache der Schriftsteller Entschiedenheit verlangt.« [414]

Es entsprach somit einer bereits angelegten Entwicklung, als die Mitgliederversammlung der Bundesvereinigung am 7. 4. 1968 den § 3 ihrer Satzung in der Weise kürzte, daß der Ausschluß politischer, sozialpolitischer und religiöser Ziele fortfiel. [415] Mit diesem Schritt war erstmals die satzungsgemäße politische Einschränkung für einen deutschen schriftstellerischen Dachverband bewußt beendet worden und D. Lattmann konnte unwidersprochen erklären, »daß in der Bundesrepublik [...] kein Berufsverband der Schriftsteller Aussicht hat, von der Öffentlichkeit und den wichtigen Schriftstellern respektiert zu werden, wenn er sich nicht politisch engagiert«. [416]

Am 22. 8. 1968 gab die Bundesvereinigung auf Anregung von Th. Tauchel folgende Solidaritätsbekundung gegenüber den tschechoslowakischen Schriftstellern an die Presse:

»Im Augenblick, in dem in der Tschechoslowakei eine Verhaftungswelle gegen Schriftsteller läuft, ruft die Bundesvereinigung der deutschen Schriftstellerverbände auf zur Solidarität aller Schriftsteller in der freien Welt mit dem Geist der Demokratisierung, der in Prag die Reform ins Leben rief. Der persönliche Mut einzelner tschechischer Schriftsteller verdient Bewunderung. Die Bundesvereinigung appelliert an die Vollversammlung der Vereinten Nationen, die Sowjetunion als Agressor zu verurteilen.« [417]

Interessanter als dieser ohnehin wirkungslose Protest war eine weitere Aktion der Bundesvereinigung, bei der sie für den amerikanischen Präsidenten R. Nixon ein Bücher-Paket mit mehreren Anthologien zeitgenössischer deutscher Literatur zusammenstellte, nachdem Bundeskanzler G. Kiesinger erklärt hatte, Nixon habe bei seinem Besuch der Bundesrepublik auch mit deutschen Schriftstellern sprechen wollen, aber man wisse ja nicht, wer für die Bundesrepublik heute literarisch repräsentativ sei. Hierzu gab die Bundesvereinigung folgende Erklärung ab:

»Das Bücherpaket dient der besseren Orientierung, als Nixon sie in Bonn erhielt. Der Bundeskanzler hat es für zweckmäßig gehalten, in der Öffentlichkeit einseitig abwertend über die deutsche Gegenwartsliteratur zu urteilen. Kiesinger beklagte das Vorhandensein einer in seinen Augen allzu linken Literatur. In der Bundesrepublik gebe es kein breitgestaffeltes literarisches Angebot wie in der Weimarer Republik – heute kenne man nur die ›Gruppe 47‹ mit Grass als angeblich rechten Flügelmann und ein paar ultralinke junge Autoren. – Wir fragen: Was erwartet der Bundeskanzler von der Literatur? [...] Die politischen Meinungen der Autoren sind ungleich differenzierter, als es der Kanzler sich vorstellt. Sein Pauschalurteil erweist der deutschen Literatur einen schlechten Dienst, es schürt Emotionen an und kann dem Ansehen der Bundesrepublik im Ausland nur schaden. Vor allem ähnelt es auf fatale Weise jenen kritikfeindlichen Vereinfachungen in Regimen, die den Schriftstellern nur die Wahl zwischen Schweigen oder Anpassung lassen. Der Kanzler sollte die deutsche Literatur genauer kenne, ehe sein Unmut sie als politischen Eintopf ausgibt.« [418]

13 Jahre nachdem W. v. Hollander erstmals die Vereinigung aufgefordert hatte, ihre kulturpolitische Neutralität aufzugeben, und nachdem er mit dem Hinweis auf die Verpflichtung eines Schriftstellerverbandes zur strikten unparteiischen und unpolitischen Haltung zurückgewiesen worden war, hatte nun die Bundesvereinigung bei einer ihr passend erscheinenden Gelegenheit eine klare politische Stellung bezogen, indem sie einem Bundeskanzler verwehrte, die Literatur der Bundesrepublik einseitig politisch abzuqualifizieren.

In dem Entschluß der Bundesvereinigung, auf das Postulat ihrer unpolitischen Haltung zu verzichten, muß ein entscheidender Wandel im berufspolitischen Selbstverständnis der deutschen Schriftstellerverbände gesehen werden, der auch eine wesentliche Voraussetzung für die Gründung des VS und ihre öffentliche Resonanz wurde. Noch vor der Gründung des VS bezeichnete es D. Lattmann als undenkbar, daß sich ein Schriftstellerverband noch politisch abstinent verhalten könnte, und er hoffte, daß den Schriftstellern mit Hilfe ihres Verbands der ›Ausbruch aus dem Ghetto des Feuilletons‹ gelingen möge, so daß sie nicht mehr nur auf den Kulturseiten der Presse zur Kenntnis genommen würden. [419]

In der Satzung des VS fehlte nicht nur von vornherein die Verpflichtung des Verbandes zu politischer Abstinenz, sie verpflichtete ihn vielmehr positiv, ›für praktizierte Demokratie‹ einzutreten (s. 2.2.5, S. 42). Unter Punkt 11 der Hauptziele des neuen Verbands nannte D. Lattmann darüber hinaus die ›Mitwirkung an öffentlichen Aufgaben‹ und ›gesellschaftskritisches Engagement‹. [420] Im weiteren Verlauf seines VS-Gründungsreferates erklärte er: »Vom Schriftstellerverband wird Engagement verlangt, und er wird sich engagieren: Für den fortschreitenden Prozeß, der das Ziel aller ernsthaften Bestrebungen nach Demokratisierung ist. Gegen alles Totalitäre und die Fortsetzung politischen Handelns mit Mitteln der Gewalt.« Die Erwartung eines politischen Unisono wies er jedoch zurück: »Konflikten, die aus der Ungleichheit der Intentionen und Temperamente herrühren, muß der VS sich stellen, und zwar ohne Angst, die Spannungen würden ihn gleich wieder zerbrechen.« Daß somit erst der VS seine Konsequenzen aus den Erfahrungen der Weimarer Zeit zog, zeigt D. Lattmanns rhetorische Frage nach den Schriftstellern, »die sich nach dem Tausendjährigen Reich leisten könnten zu sagen, Politik gehe sie nichts an?« [421] Entscheidend für den Wandel im Selbstverständnis der deutschen Schriftstellerverbände war jedoch, daß der VS, wie es D. Lattmann deutlich machte, auch die spezifisch beruflichen Ziele als politische begriff, wozu sowohl die sozialen und wirtschaftlichen Ziele als auch die Bestrebungen gehörten, die schriftstellerischen Arbeitsbedingungen zu verändern. [422] H. Böll, der anläßlich der VS-Gründung die Schriftstellerkollegen über das sie auf ästhetisch-literarischem Gebiet Trennende hinweg zu berufspolitischer Solidarität aufgefordert hatte, damit sie auch zu einer gesellschaftspolitischen Bedeutung gelangen könnten [423], erklärte auf dem 1. Schriftstellerkongreß des VS, daß es bei den Bemühungen des VS um bessere Honorarbedingungen der Schriftsteller und um ihre bessere soziale Sicherung nicht nur um Geld gehen könne, sondern daß zu den Voraussetzungen zum Erreichen dieser Ziele diese Analyse der Bedingungen literarischer Produktion und ihre Verbesserung im Sinn der Autoren gehöre. [424]

D. Lattmann hat in den ersten Jahren des VS wiederholt versucht, den politischen Standort des VS zu umreißen und erklärt, daß alles, was der VS tue, letzten Endes Politik sei [425], und daß der VS, fernab von aller Parteipolitik deutlich machen müsse, wo er gesellschaftspolitisch angesichts ›allgemeinpolitischer Fragen‹ stehe, die ›die Existenz der Menschen in der Bundesrepublik und darüber hinaus‹ berührten. [426] So sollte der VS nach seiner Vorstellung versuchen, mit bestimmten Reformideen auf der kulturpolitischen Ebene der Medien- und Schulsysteme in die Gesellschaft hineinzuwirken. [427] Während die sozialen und urheberrechtlichen Forderungen des VS gleichsam als Grundlage der Verbandsarbeit den gemeinsamen Nenner aller VS-Mitglieder darstellen, verkannte D. Lattmann nicht die Schwierigkeiten, die auftauchen würden, »sobald man dieses Terrain verläßt. Doch Grenzüberschreitungen vom Berufspolitischen hin zum Gesellschaftspolitischen lassen sich keineswegs immer vermeiden«. D. Lattmann rechnete sie vielmehr zum ›diffizilsten Teil der Konzeption‹ des VS. [428] Während D. Lattmann also die berufspolitische Arbeit des VS weitgehend als gesellschaftspolitisch verstand, warnte er auf einer Veranstaltung des VS in Hamburg am 16. 1. 1970 vor der Illusion, 3000 organisierte Schriftsteller könnten das politische und gesellschaftliche System der Bundesrepublik verändern. Er warnte vor dem Glauben, »daß eine Schar politisch Radikaler, die zwar als Gruppe im VS durchaus willkommen, geduldet und sehr nützlich sein könne, nur durch ihre Programmierung ›unsere Verhältnisse im ganzen‹ umgestalten könne«. [429] Der VS könne niemals als »Organisation der Autoren einen sozialistischen Kampfverband zur Änderung des Systems« abgeben [430], und allzufrüh vorgetragene gesellschaftspolitische Forderungen dürften nicht das Interesse an konkreten sozialen Verbesserungen für die Autoren und den Blick und die Ausdauer für die »zunächst vorwiegend sozial orientierte Politik des VS« verstellen. [431] Am Schluß seines ersten Rechenschaftsberichtes als Vorsitzender des VS nahm D. Lattmann auf dem 1. Schriftstellerkongreß zusammenfassend zu der Frage Stellung, wie es der VS mit der Politik halte, und erklärte hierzu: »Wenn sich 3000 Schriftsteller zusammentun, um ihre Situation, ihr gesellschaftliches Selbstverständnis, ihre soziale Situation zu verändern, dann ist das [...] praktische Politik. Und diese Politik hat Auswirkungen für die Gesellschaft und sie kann, wenn der VS lange und entschieden genug diese Politik betreibt, durchaus auch eine Chance, eine weitergehende Möglichkeit haben, als eine Instanz hin und wieder bei sehr überlegten Situationen über die eigene Verbandsthematik hinaus, Politisches zu sagen. Aber wenn wir den VS begreifen würden als eine Organisation zur Beendigung des Vietnam-Krieges oder als einen Kampfverband zur Veränderung des Systems in diesem Land, dann würden wir alles verlangen und nichts bekommen.« D. Lattmann forderte deshalb den VS auf, sich in seinem Politik-Verständnis ›progressiv-pragmatisch‹ zu begreifen. [432] Über das politische Konzept ist somit zusammenfassend festzustellen, daß er die gesamtgesellschaftlichen Bedingungen und Konsequenzen seiner berufspolitischen Arbeit erkannt hat, daß er aber nur in vereinzelten konkreten Fällen direkt zu politischen Ereignissen Stellung beziehen wollte. Er forderte somit nicht die globale Veränderung der Gesellschaft, wohl aber war er bereit, durch eine Veränderung der kulturpolitischen Landschaft und der kulturindustriellen Bedingungen der Literaturproduktion und mit ihr auch der Meinungsbildung auf eine Veränderung der Gesellschaft hinzuwirken.

Als seine erste politische Stellungnahme gab der Vorstand des VS 1969 eine Erklärung zur damals bevorstehenden Frankfurter Buchmesse ab, in der er vor politischen Unruhen auf der Buchmesse warnte und von ihnen mit folgender Begründung abriet:

»Die Messe zu stören ist leicht. Schwieriger ist es, Reformen durchzusetzen, die an der Zeit sind. Der VS tritt für solche Reformen ein. Um sie zu verwirklichen, ist er bereit, in einem Messerat mitzuarbeiten, der als gewählte Vertretung aller an der Buchproduktion beteiligten Gruppen tätig werden sollte. [...] Gewalt ist auf keiner Seite ein Argument. Der VS unterstützt alle Kräfte, die ernsthaft um die Demokratisierung der Buchmesse bemüht sind.« [433]

So wie der VS hier die Auseinandersetzung über die Bedingungen der Buchproduktion in der Bundesrepublik versachlichen wollte, so versuchte er auch bei den Ost-West-Beziehungen seiner Arbeit von vornherein eine realistische Haltung einzunehmen. D. Lattmann berichtete von seiner Teilnahme am Internationalen Kongreß der IWG 1969 in Moskau, daß eine Übereinstimmung in politischen Fragen mit den Gastgebern zwar zu keinem Zeitpunkt erreichbar gewesen sei, daß es aber schon viel bedeutet habe, daß es überhaupt zu offenen politischen Diskussionen gekommen war. Ziel dieser Diskussionen war für den VS die Erweiterung eines Kulturaustauschs zwischen der Bundesrepublik und der UdSSR. [434]

Bald nach dieser ersten Begegnung des VS mit Vertretern des sowjetischen Schriftstellerverbandes war der Besuch einer Delegation sowjetischer Schriftsteller in der Bundesrepublik geplant, den der VS jedoch im letzten Augenblick absagte, nachdem der sowjetische Schriftstellerverband A. Solschenizyn ausgeschlossen hatte und es dem VS-Bundesvorstand nicht mehr möglich erschien, »gerade in diesem

Moment eine offizielle Delegation des Autorenverbandes aus Moskau für einen 14tätigen Aufenthalt in der BRD mit einem ›großen Bahnhof‹ zu empfangen«. Dennoch wollte der VS seine Literaturdiplimatie nicht abreißen lassen und versuchen, »trotz allen immensen Schwierigkeiten den Faden in absehbarer Zeit weiterzuspinnen«. [435] Im übrigen betonte der VS, daß er auf dem Moskauer Kongreß auch mit der Delegation der DDR zusammengetroffen sei und daß Ost und West innerhalb der IWG eine weltweite Basis der Zusammenarbeit hätten. [436] 1971 wurde schließlich beschlossen, daß sich Schriftsteller der UdSSR und der Bundesrepublik halbjährlich gegenseitig besuchen sollten, eine Abmachung, die »als Beitrag zum beiderseitigen Bemühen um Verständigung gewertet« [437] und auch in der Folgezeit erfüllt wurde.

Auf innenpolitischem Gebiet mußte sich der VS mit einem Antrag seines Hamburger Landesverbands beschäftigen, nach dem die Mitgliedschaft in der NPD nicht mit der Mitgliedschaft im VS vereinbar sein sollte. [438] Zu diesem Antrag faßte die 1. Delegiertenversammlung des VS am 11. 4. 1970 in Hannover mit 22 Stimmen und 5 Enthaltungen folgenden vorläufigen Beschluß:

»Die Delegiertenversammlung des VS wendet sich entschieden gegen alle neofaschistischen Tendenzen, die sich vor allem in der NPD konzentrieren. Sie vertritt daher den Standpunkt, daß die nächste Mitgliederversammlung des VS darüber entscheiden muß, ob die Zugehörigkeit zur NPD für unvereinbar mit der Mitgliedschaft im VS erklärt werden soll.« [439]

Der VS-Bundesvorstand bemerkte hierzu, daß NPD-Mitglieder im VS nicht bekannt seien und daß in der Praxis Aufnahmeanträge solcher Personen schwerlich positiv entschieden würden. [440] Schließlich faßte der 1. Schriftstellerkongreß hierzu den folgenden Beschluß:

»Laut § 4 der Satzung tritt der VS für praktizierte Demokratie, insbesondere die Freiheit der Meinungsäußerung ein. Dieser Grundsatz schließt den Auftrag ein, daß der VS sich entschieden gegen alle nationalistischen Tendenzen wendet.« [441]

Interessant hieran ist, daß der VS die Tradition aller Verbandsneugründungen nach dem 2. Weltkrieg fortsetzte und sich gegen die Mitgliedschaft nationalistisch gesinnter Autoren entschied. Er konnte zwar die parteipolitische Neutralität des Verbands insoweit wahren, als die Nennung einer bestimmten Partei vermieden wurde, doch wurde der Anspruch des VS, gegen alles Totalitäre und die Fortsetzung politischen Handelns mit den Mitteln der Gewalt zu sein, politisch einseitig »gegen alle rechtsextremen Gruppierungen in der Bundesrepublik wie überall in der Welt« [442] fixiert. Er hat sich somit nicht zu einem, auf die Mitgliedschaft im VS bezogenen Gleichsetzen von kommunistischen mit nationalistischen Organisationen entschieden, die, wären sie im Besitz der politischen Macht, beide voraussichtlich die vom VS geforderte Meinungsfreiheit in ihrem Interesse einschränken würden. Die zumindest vorläufige Ausladung des Sowjetischen Schriftstellerverbands nach dem Ausschluß A. Solschenizyns und auch die vom VS und dem bundesdeutschen PEN-Zentrum gemeinsam veranstaltete Lesung von Texten inhaftierter oder verfolgter tschechoslowakischer Autoren (s. 2.5.3, S. 110) zeigen jedoch, daß der VS bereit ist, gegen restriktive, die schriftstellerische Freiheit einschränkende Maßnahmen in den Ostblockstaaten öffentlich Stellung zu nehmen.

Neben diesen politischen Stellungnahmen hat der VS mehrfach die kulturpolitische Selbstdarstellung der Bundesrepublik angegriffen. So reagierte R. Baumgart auf den Vorwurf, die vom VS angestrebte und schließlich erreichte Bibliotheksabgabe werde zu lasten der Anschaffungsetats der Bibliotheken gehen [443], offensiv, indem er aufzeigte, daß sie jährlich für alle öffentlichen Bibliotheken in der Bundesrepublik etwa den Subventionen für ›eine einzige große Staatsoper‹ oder den ›Dreispartenbetrieb einer Großstadtbühne‹ entsprächen und daß somit die großen Summen immer noch dorthin gezahlt würden, »wo repräsentativer Glanz und Prunk als Gegenwert zu erwarten sind«. Er machte darauf aufmerksam, »daß folglich die demokratischste, doch unscheinbarste Kultureinrichtung, das Bibliothekswesen, nur als Aschenputtel dahinvegetieren« dürfe, und versicherte die Bibliothekare der Solidarität der Schriftsteller gegen diese von ihm ›feudalistisch‹ genannte Kulturpolitik des Staates. [444] Wie bereits gezeigt, kritisierte auch D. Lattmann den staatlichen Kulturbegriff (s. 4.3.1, S. 296) und verlangte ein Umdenken, da mit einem an der wilhelminischen Epoche anknüpfenden Kulturbegriff keine zeitgemäße Kulturpolitik mehr betrieben werden könne. [445]

Neben diesen politischen Stellungnahmen des VS in Grundsatzfragen spielten solche zu einzelnen Ereignissen oder Problemen eine untergeordnete Rolle. [446] Zu einer politisch begründeten Kontroverse kam es jedoch, als die Mehrheit der Mitgliederversammlung auf dem 2. Schriftstellerkongreß auf Initiative von M. Walser folgendes Telegramm an die »Initiative Internationale Vietnam Solidarität« verabschiedete:

»Die Schriftsteller, die zum 2. Kongreß des VS nach Hamburg gekommen sind, versichern die Teilnehmer an der Vietnam-Kundgebung in Dortmund ihrer Solidarität. Da in unserem Land Parlament und Regierung sich noch nicht dazu entschließen können, den Krieg zu verurteilen, den die USA in Vietnam führen, ist es um so wichtiger, daß aktive Demokraten in Aufrufen und Demonstrationen den Abscheu der Bevölkerung der BRD gegen diesen Krieg zum Ausdruck bringen. Wer zu diesem Völkermord schweigt, scheint zuzustimmen. Die in Hamburg versammelten Schriftsteller erklären, daß sie sich durch dieses offizielle Schweigen – und was der Bundeskanzler in seiner Regierungserklärung zu Vietnam sagte, halten wir für Schweigen – nicht vertreten fühlen, deshalb bekunden sie ihre Solidarität mit der Dortmunder Kundgebung.« [447]

Gegen diesen Mehrheitsbeschluß der Versammlung gab C. Amery eine persönliche Erklärung ab, der sich u. a. auch D. Lattmann, G. Grass und S. Lenz anschlossen, und in der er erklärte, daß er sich durch die Abstimmung über das Vietnam-Telegramm ›unzulässig majorisiert‹ fühlte, da sowohl der Wortlaut als auch der Abstimmungsmodus »den Kongreß als Ganzes bewußt auf eine Linie festlegen, die der Zustimmung jedes einzelnen Teilnehmers durch individuelle Unterschrift bedürfte«. [448] Mit diesem Ereignis war zum ersten Mal der Fall eingetreten, daß eine Mehrheit einer Versammlung des VS eine politische Entscheidung fällte, gegen den eine Minderheit offen Stellung bezog, ohne daß daraus eine Spaltung des Verbandes resultierte.

Neben derartigen Stellungnahmen aus realpolitischen Anlässen hat der VS bald eine Entwicklung begonnen, die auf eine radikale Veränderung des gesellschaftlichen Standorts des Schriftstellerverbands hinauslief und in ihrer Konsequenz eine Veränderung der gesellschaftlichen Kräfteverhältnisse bedeutet. Schon auf dem 1. Schriftstellerkongreß des VS hatte M. Walser vor einem systemkonformen Verhalten ohne theoretische Grundlage gewarnt und vor einer ›kentaurischen Lösung‹, die darauf hinauslaufen könnte, daß der VS einerseits (im Sinn der Autoren als Unternehmer) einen marktwirtschaftlich orientierten Ausbau ihrer Urheberrechte, andererseits (im Sinn der Autoren als ›einer Art Arbeitnehmer‹) den Unterschlupf bei einer Gewerkschaft erstrebte. [449] Diese von M. Walser 1970 noch für möglich angenommene Entwicklung zu einer ›Edellobby plus Gewerkschaftstouch‹ hielt er »für einen Verzicht auf politische Vertretung. Das läuft dann eben so: jede Menge abstrakte Bekenntnisse gegen Konzentration, aber keine Spur von ›Enteignet Springer‹.« Er erinnerte daran, daß jede Interessenvertretung ›unwillkürlich politisch‹ ist und daß die Schriftsteller, die ihre Interessen vertreten und sich nicht nur durch Wohlverhalten empfehlen wollten, die ersten wären, »denen das ohne politische Verbindlichkeit gelänge«. [450] Hier wurde eine politische Entscheidung des VS gefordert, die über konkrete Einzelfragen hinaus das gesellschaftliche Selbstverständnis der Schriftsteller und mit ihm ihre gesellschaftliche Funktion zur Diskussion stellte. Die politische Brisanz einer derartigen Diskussion muß darin gesehen werden, daß das neue schriftstellerische Selbstverständnis die Abkehr von seinem ehemaligen bürgerlich-elitären Selbstbild bedeutet, das von ihren Berufsverbänden bis kurz zuvor noch besonders intensiv vertreten wurde. Die neue gesellschaftspolitische Verbindlichkeit des VS, die in seiner Identifizierung mit den Interessen der Arbeiterschaft beruhen sollte, wurde sehr deutlich in den von 24 Mitgliedern des VS in Berlin formulierten ›Thesen für einen VS in der Gewerkschaft‹ gefordert, die die Diskussion über den Gewerkschaftsbeitritt stärker politisch akzentuieren sollten. Dort hieß es u. a., daß es gelte, »den profitorientierten Publikationsunternehmen eine möglichst breite Front in dieser Industrie tätiger Kultur- und Handarbeiter im gesellschaftlichen Interesse entgegenzusetzen«. [451]

Diese Schwächung der bürgerlichen Position innerhalb der Gesellschaft wurde schließlich durch das Bekenntnis des VS zum industriegewerkschaftlichen Prinzip auch der schriftstellerischen Berufsvertretung manifest, und D. Lattmann fragte hierzu recht bescheiden, ob nicht das Einüben gemeinsamen Handelns der literarisch und künstlerisch Produzierenden mit den Setzern, Druckern, Graveuren und Arbeitern in den Papierfabriken innerhalb der IG Druck und Papier nicht bereits einen ›kleinen Umsturz der bestehenden Verhältnisse‹ bedeuten könnte. [452] Nach dem Gewerkschaftsbeitritt des VS wurde auf der Abendveranstaltung seines 2. Schriftstellerkongresses dieser Schritt vor allem politisch begründet. A. Mechtel zufolge hatten die Schriftsteller entdeckt, daß ihr bisheriges Selbstverständnis, das ihnen »von der Tradition her bis in die sechziger Jahre hinein mitgegeben war, im Widerstreit lag zur Neuorientierung der gesellschaftspolitischen Wirklichkeit. Wir begannen zu lernen und lernten neue Wertmaßstäbe an unsere Existenz und unseren Beruf zu legen. Dabei wurde es unumgänglich, uns auch mit den Machtverhältnissen und den Verantwortungsträgern dieser Gesellschaft auseinanderzusetzen.« [453] S. Lenz verwies darauf, daß die politischen Parteien Medienkonzepte erarbeiteten, während die Schriftsteller, »die den elektronischen Markt beschicken, vermutlich kaum gefragt werden«. Das gleiche gelte für die Beschlüsse der Verlagsmonopole, was die Schriftsteller zu politischer Besorgnis veranlassen sollte, wollten sie nicht zum Anachronismus werden. Vorbehalten gegenüber dem politischen Engagement der Schriftsteller und ihres Berufsverbandes begegnete er mit dem Satz, daß niemand Schaden nehmen werde, »wenn die Qualität der Literatur schwankt; aber alle werden Schaden nehmen, wenn die Qualität der Politik zu wünschen übrig läßt«. [454] Von der Gewerkschaftsseite machte L. Mahlein noch einmal darauf aufmerksam, daß die Konzentration und Umschichtung im Gesamtbereich der Kommunikationsmittel »nicht vor den dort Tätigen halt« machten und daß sie »enorme politische Auswirkungen für unser Volk haben, wenn sie nicht öffentlich kontrolliert werden können«. Gegen die private Verfügungsmacht über die Reproduktionsmittel stellte er die Mitbestimmung im gesamten gesellschaftlichen Leben als eine gewerkschaftliche Hauptforderung »mit der Zielsetzung der Selbstbestimmung für Abhängige oder der Menschen schlechthin«. [455]

Durch seinen Gewerkschaftsbeitritt hat sich der VS diese politische und vollauf ideologische Zielsetzung zu eigen gemacht, die über die konkreten beruflichen Interessen der Schriftsteller hinaus zu einer Veränderung der Gesellschaft führen soll. Beide Bereiche sind statutengemäß für die Arbeit des VS in der IG Druck und Papier getrennt, wie es aus den Abschnitten 1 und 2 des § 4 seiner Geschäftsordnung hervorgeht:

»(1) Der VS kann als berufsspezifisch selbständige Gruppe innerhalb der IG Druck und Papier in den Belangen, welche die Autoren betreffen, von sich aus tätig werden.
(2) Maßnahmen und Aktivitäten, die über diesen Bereich hinausgehen, insbesondere Fragen von allgemeiner gesellschafts- oder gewerkschaftspolitischer Bedeutung, werden – auch mit Rücksicht auf die bessere Durchsetzbarkeit gemeinsam getragener Beschlüsse – mit den satzungsmäßig zuständigen Organen der IG Druck und Papier abgestimmt.« [456]

Der 2. Absatz macht die politischen Ziele der IG Druck und Papier besonders wichtig, wie sie aus dem § 4 ihrer Satzung hervorgehen. Danach bekennt sie sich

»[...] zur Demokratie in Staat, Wirtschaft und Gesellschaft unter Wahrung konfessioneller und parteipolitischer Unabhängigkeit.« [457]

Als ein besonderes Ziel verfolgt sie dabei nach § 4 (4) die

»Demokratisierung der Wirtschaft und Sicherung der Demokratie. Bekämpfung von faschistischen, militaristischen und reaktionären Einflüssen und allen sonstigen antidemokratischen Bestrebungen.«

Diese politischen Ziele der Gewerkschaft entsprechen weitgehend denen des VS. Doch enthält die Bestimmung, nach der neben faschistischen, militaristischen und reaktionären Einflüssen auch ›alle sonstigen antidemokratischen Bestrebungen‹ bekämpft werden sollen, die Möglichkeit, daß hier ein Gegengewicht zu der einseitigen Festlegung des alten VS gegenüber rechtsextremen Gruppen geschaffen worden ist. Daß diese Möglichkeit durchaus gegeben ist, zeigt die Forderung von E. Stotz im Bundesvorstand der IG Druck und Papier, den Extremistenerlaß der Innenminister der Bundesländer auch auf die Gewerkschaften anzuwenden, da nach seiner Ansicht ein linientreuer Kommunist kein guter Gewerkschafter sein könne, eine Forderung, gegen die auf dem 2. Schriftstellerkongreß von zahlreichen VS-Mitgliedern offen opponiert wurde. [458] Diese Opposition kam auch in einer als »Hamburger Erklärung westdeutscher Schriftsteller« benannten Entschließung zum Ausdruck, die unmittelbar nach dem Votum für den Anschluß des VS an die IG Druck und Papier wie folgt verabschiedet wurde:

»1. Wir betrachten den Gewerkschaftsanschluß nicht nur als formalen Akt. Wir erblikken in der Aufnahme in eine Organisation der Arbeitnehmer die Verpflichtung, mitzuhelfen, die Interessen der Arbeitnehmer unseres Landes und aller Länder zu verwirklichen.
2. Wir versichern, daß wir mithlefen werden, jeden Angriff auf die gesellschaftlichen und politischen Organisationen der Lohnabhängigen abzuwehren, und daß wir der Diskriminierung von Demokraten, Sozialisten und Kommunisten durch die Praxis der Berufsverbote in der BRD und Westberlin entgegentreten.« [459]

Unter Punkt 1 wurde die bereits oben entwickelte gesellschaftspolitische Konsequenz aus dem Gewerkschaftsbeitritt des VS gezogen. Der erste Teil von Punkt 2 setzt diesen Gedanken fort, der zweite Teil bezog mit der Abwehr der ›Praxis der Berufsverbote‹ einen weiteren Gedanken mit ein, wobei die Berufsverbote mit einem Angriff auf die gesellschaftlichen und politischen Organisationen der Lohnabhängigen gleichgesetzt wurden. Mit der Wahl des Begriffs ›Berufsverbot‹ ging der VS über die Handhabung des Extremistenerlasses im engeren Sinne hinaus, der sich ja ›nur‹ auf die Ablehnung von Angehörigen oder Bewerbern des öffentlichen Dienstes bezieht, wie Lehrern, Sozialpädagogen, Wissenschaftlern etc. Er wandte sich somit außer gegen diese staatlich gehandhabte Verhinderung der Berufsausübung auch gegen Entlassungen von Betriebsräten, gewerkschaftlichen Vertrauensleuten und Betriebsjugendsprechern innerhalb der Industrie, die sich, ebenso politisch begründet, aber im Gegensatz zum Extremistenerlaß, privat gegen Sozialisten, Kommunisten, Sozialdemokraten und liberale aktive Gewerkschaftler richten. Hier kommt implizit die einseitige Abgrenzung des VS gegenüber rechtsextremen Gruppen zum Ausdruck, wobei das Problem auftaucht, was der VS als Fachgruppe der IG Druck und Papier unternehmen wird, wenn die Überlegungen z. B. von E. Stotz innerhalb der gesamten IG Druck und Papier eine Mehrheit finden sollten und die Einseitigkeit zugunsten einer Abgrenzung auch gegenüber Linksextremen in der Gewerkschaft aufgehoben wird. Die Gefahr für VS-Mitglieder, die z. B. in kommunistischen Organisationen mitwirken, bestünde dann darin, daß sie aus der Gewerkschaft ausgeschlossen werden könnten, weil sie einer von einer Gewerkschaftsmehrheit für antidemokratisch gehaltenen Organisation angehören. Sie brauchten dann also gar nicht, wie es die Geschäftsordnung des VS in der IG Druck und Papier ausdrücklich verneint, für das ausgeschlossen zu werden, was sie schreiben (s. 4.4.1, S. 315). Es ist somit deutlich, daß die politische Abgrenzungsproblematik erneut in den VS hineingetragen werden kann, wobei er dann diesen gesellschaftspolitisch brisanten Konfliktstoff wie auch alle anderen politischen Probleme nicht mehr im Alleingang, sondern nur im Einvernehmen mit seiner Dachorganisation klären muß.

Deutlich geworden ist, daß der Gewerkschaftsbeitritt des VS mehrere politische und ideologische Implikationen hat. Soweit sie die Übernahme der Interessen aller Lohnabhängigen betreffen, sind sie eine logische Folge aus der neuen ›innergesellschaftlichen Positionsbestimmung der Schriftsteller‹, wie I. Drewitz die erste Testabstimmung zugunsten des Gewerkschaftsbeitritts auf der Berliner Delegiertenversammlung des VS 1971 (s. 3.4.2.3, S. 245) bereits gewertet hatte. [460] Kurz vor dem Gewerkschaftsbeitritt des VS hatte M. Walser schon erklärt: »Wir haben uns nicht zu den Selbständigen bekannt, sondern zu den Abhängigen, weil wir uns selbst als abhängig erkannt haben. Und das hat politische Konsequenzen, auch wenn das nicht von allen erkannt wird.« Er stellte die Prognose, daß der Gewerkschaftsbeitritt auf die Schriftsteller eine politisierende Wirkung haben werde, »daß heißt, es werden mehr [...] wacher am Aktuellen teilnehmen, als das bisher unter Intellektuellen der Fall war«. [461] Diese politisierende Wirkung hat er selbst zusammen mit F. Hitzer in dem bereits mehrfach zitierten Appell an den 2. Schriftstellerkongreß des VS vorzuzeichnen versucht, wobei es hieß, die Schriftsteller müßten sich mit den Arbeitern und Angestellten organisieren, um sich »zusammen mit ihnen gegen die zunehmende Monopolisierung in der Kulturindustrie zu behaupten«. [462]

Daß die hier propagierte Solidarisierung der Schriftsteller mit den Arbeitern und Angestellten auch auf die Dimension des Arbeitsgegenstandes und des literarischen Materials der Schriftsteller ausgeweitet werden sollte, zeigen die auf den beiden ersten Schriftstellerkongressen des VS verabschiedeten Beschlüsse, die den »Werkkreis Literatur der Arbeitswelt« betreffen. Auf dem 1. Kongreß wurde folgender Antrag, der von E. Schöfer, M. Walser, E. Runge, R. Hey, H. Böll, L. Harig und anderen Autoren eingebracht und von E. Schöfer mit einer Erläuterung der Ziele des Werkkreises begründet wurde, mit großer Mehrheit angenommen:

»Der Schriftstellerkongreß hat den Vorstand beauftragt, das Programm und die Arbeit des Werkkreises nach seinen Möglichkeiten wirksam zu unterstützen und zu verbreiten. Der VS empfiehlt seinen Mitgliedern, durch Mitarbeit im Werkkreis Literatur der Arbeitswelt praktische Solidarität zwischen den lohnabhängig Arbeitenden und den Schriftstellern zu entwickeln.« [463]

Während hier noch der VS-Vorstand recht unverbindlich zur Unterstützung des Werkkreises aufgefordert und den Mitgliedern ihre Mitarbeit empfohlen wurde, ging die Entschließung auf dem 2. Kongreß gemäß der organisatorischen Entwicklung des VS einen entscheidenden Schritt weiter:

»Alle Mitglieder des VS sind hiermit aufgefordert, durch direkte Unterstützung des *Werkkreises Literatur der Arbeitswelt* und Mitarbeit in seinen Werkstätten praktische Konsequenzen aus dem Schritt an die Seite der abhängig Arbeitenden zu ziehen.« [464]

Zur Begründung dieses Antrags wurde von H. Kammrad ein Referat über den Werkkreis gehalten, in dem es u. a. hieß, daß die Mitglieder des Werkkreises, Arbeiter, Angestellte, Lehrlinge, Hausfrauen und Intellektuelle, versuchen, »aus eigenen Erfahrungen und aus den Erfahrungen ihrer Kollegen im Betrieb die menschlichen und materiell-technischen Probleme der Arbeitswelt als gesellschaftliche bewußt zu machen. – Anhand von realistischen Beispielen und nutzbaren Erfahrungen wollen wir dazu beitragen, die gesellschaftlichen Verhältnisse im Interesse der Arbeitenden zu verändern.« Aus dem Gewerkschaftsbeitritt des VS zog H. Kammrad den Schluß, daß die Schriftsteller erkannt haben, »daß ihre Interessenlage den Interessen der Arbeiter und Angestellten sehr ähnlich ist«. [465]

Es ist nun interessant und bezeichnend, daß nicht die Öffnung des VS zum Politischen, sondern sein Weg in die Gewerkschaft von den Gegnern des Gewerkschaftskurses als Politisierung empfunden wurde. Die politischen und ideologischen Implikationen dieses neuen Kurses deutscher Schriftstellerverbände veranlaßte sie, politische Gegenpositionen aufzuzeigen. E. Horst, der noch 1971 von einer Verpflichtung des Schriftstellerverbandes zur Politik gesprochen hatte, wollten die Schriftsteller nicht zu ›Randfiguren der Gesellschaft und bestenfalls zu Almosenempfänger‹ werden [466], warnte angesichts der im VS in Bayern besonders scharf geführten Gewerkschaftsdiskussion »mit aller Schärfe vor der politischen Polarisierung, die teils im Gange ist, teils durch Verdächtigungen der einen oder der anderen Seite angefeuert wird«. [467] Während die Befürworter des Gewerkschaftskurses versuchten, aus ihrer Analyse der schriftstellerischen Produktions- und Erwerbsbedingungen eine ihnen angemessen erscheinende Konsequenz zu ziehen, beschuldigten Gewerkschaftsgegner wie H. Hochrain und P. Norden sie, den VS ›auf linken Vordermann‹ bringen zu wollen. [468] So verband P. Norden seine Gegnerschaft gegen den Gewerkschaftskurs des VS eindeutig mit antikommunistischen Einstellungen, indem er F. Hitzer der DKP-Mitgliedschaft bezichtigte und dies eine Feststellung nannte, »der man nicht genügend Aufmerksamkeit widmen kann, wenn man weiß, daß gerade Hitzer es ist, der die Meinungsbildung im VS in den vergangenen zwei Jahren wesentlich zu beeinflussen versucht«. Völlig irrational und von diffuser Angst gekenzeichnet, dennoch aber politisch motiviert ist die Stelle, an der er wie folgt schrieb: »Das Gespenst der roten Zellen – wie sie sattsam von den deutschen Universitäten her bekannt sind – lauert im Hintergrund. Die deutschen Schriftsteller werden wachsam sein und einen Faschismus – gleich ob von links oder rechts – schon in den Anfängen bekämpfen.« [469] Diese Aussagen sind wichtig, um zu zeigen, aus welchen Ressentiments die Entwicklung entstand, die schließlich zur Gründung des FDA führte. Sie zeigen deutlich, daß diese gegen den VS gerichtete Gründung aus einer völlig anderen politischen Grundeinstellung als die vom VS vertretene motiviert war. Während der VS versucht hat, das Konzept des Verbands dadurch zu verwirklichen, daß er seine Organisationsform änderte, lösten die Gedanken an diese Änderung bei den eher konservativen Mitgliedern Ängste aus, wenn sie nicht gar ganz gegen ihre inneren politischen Bindungen gerichtet waren. So begründete O. Zierer die Gründung des bayerischen FDA damit, daß von einer Einigkeit im VS keine Rede mehr hätte sein könne, »seit Lattmann die Ideologisierung, Politisierung und damit Polarisierung des Verbandes mit allen Mitteln betrieben«

habe und die anders denkenden Mitglieder von ›offensichtlich gut geleiteten Zellen‹ aus Pressionen ausgesetzt gewesen seien. Der FDA wollte dagegen »wieder für Kollegen aller Richtungen, soweit sie mit dem Grundgesetz der BRD vereinbar sind, offen bleiben. In sachlicher Toleranz wollen wir ein Berufsverband bleiben, in dem jede Konfession oder politische Ansicht nebeneinander leben können, ohne sich feindlich anzufallen oder Andersdenkende zu diffamieren«. [470] Hier wiederholte sich die gedankliche Verbindung des Gewerkschaftskurses des VS mit der Politisierung und Ideologisierung des Verbandes, die angesichts des Widerstands gegen diese Entwicklung von ihren Gegnern als aktive Polarisierung empfunden wurde. Der FDA wollte gegen die Entwicklung des VS ›sachliche Toleranz‹ stellen, wobei das Wort ›wieder‹ eine Rückführung zu einem alten Zustand und die Worte ›bleiben‹ seine Erhaltung ansprachen. Unter ›sachlicher Toleranz‹ verstand der FDA somit die Erhaltung des Gewesenen, Eingeübten, durch neue Überlegungen nicht Beeinträchtigten. Das Neue im VS war die Analyse der schriftstellerischen Produktionsbedingungen durch den Schriftstellerverband und seine Bereitschaft, organisatorische Konsequenzen aus ihren Ergebnissen zu ziehen. Das Wort ›frei‹ im Namen des FDA ist somit Teil seines Programms, allerdings im negativen Sinn, denn es kann im Gesamtzusammenhang der Entwicklung deutscher Schriftstellerverbände nur heißen: frei von gewerkschaftlicher Bindung, frei von allen Versuchen, die schriftstellerischen Produktionsbedingungen neu zu analysieren und somit auch frei von der Konsequenz, sich innerhalb der Kulturindustrie als weitgehend abhängig zu erkennen. Das Wort ›frei‹ erhält im FDA kompensatorische Bedeutung; es hilft über den Mangel an analytischer Kraft hinweg, damit auch über die Tatsache, daß die schriftstellerische Tätigkeit auch der FDA-Mitglieder innerhalb des vielschichtigen wirtschaftlichen und politischen Abhängigkeitsgefüges der Kulturindustrie einzuordnen ist. Diese kompensatorische Funktion wird nicht zuletzt dadurch bestätigt, daß der FDA bei jeder ihm sinnvoll er scheinenden Möglichkeit die Worte frei oder Freiheit verwendet, wodurch das politische Selbstverständnis dieses Verbands ohne Schwierigkeiten herausgearbeitet werden kann.

Wie bereits zitiert bestimmt § 2 (2) der FDA-Satzung unter seiner Zwecksetzung, daß der Verband

»[...] seine Aufgaben unparteiisch und unabhängig von Parteien, Weltanschauungs-, Wirtschafts- und Finanzgruppen und Regierungen nach freiheitlich demokratischen Grundsätzen [...]«

erfülle (s. 2.2.5, S. 43). Nach § 4a der Satzung muß jedes ordentliche Mitglied

»[...] für die Freiheit des Geistes [...] eintreten. Es darf keinen extremistischen Organisationen angehören [...]« (s. 2.4.1, S. 86).

Auch der DAR des FDA hat

»[...] die Freiheit des Geistes, den Frieden der Völker, sowie die Toleranz und Humanität zu wahren und zu verteidigen
der Diskriminierung von Gesinnung, Religion oder Beruf entgegenzutreten und die Freizügigkeit und Autonomie zu erhalten
[...].« [471]

Mitglied des DAR können neben ›verdienten‹ Autoren ›Persönlichkeiten aus Wissenschaft, Religion und Politik‹ werden,

»[...] die sich um die Erhaltung der Freiheit des Geistes, der demokratischen Grundordnung und um das deutsche sowie europäische Kultur- und Sprachgut verdient gemacht haben.« [472]

Der »Förderverein zur Freiheit des Geisteslebens«, der von FDA-Mitgliedern zur ›effektiven‹ Förderung ›freiheitlicher Autoren‹ gegründet wurde und der nach eigenen Angaben ›ausschließlich und unmittelbar gemeinnützige und mildtätige Zwecke‹ verfolgen soll, dient zuerst einmal der

»1. Förderung internationaler Gesinnung, ibs. der Freiheit des Geistes und dem Frieden der Völker, der Toleranz auf allen Gebieten der Kultur, ibs. der Kunst- und Kulturschaffenden.
2. Förderung der Erziehungs-, Volks- und Berufsbildung, ibs. der Autorenhilfe [...].« [473]

Der vom FDA vorgesehene »Preis für die Freiheit des Geistes« sei in diesem Zusammenhang nur noch einmal erwähnt (s. 2.4.2, S. 93 u. 2.5.3, S. 110 f.).

In einem kurzen Aufsatz mit dem programmatischen Titel »Nur der Freiheit verpflichtet« verwandte H. v. Löwenstein die Worte ›frei‹ oder ›Freiheit‹ mit Varianten allein 13mal, außer in Namen wie des FDA selbst oder der FU-Berlin. Nach diesem Aufsatz hat der FDA eine »überparteiliche, nur der Freiheit verpflichtete Zielsetzung«. Neben seinem ›engeren Aufgabenkreis als Berufsverband‹ sollte er »im weiteren Sinne ein Sammelbecken freiheitlich gesinnter Menschen« sein. »Für Extremisten der Linken oder Rechten ist in ihm kein Raum.« [474] Da aber »nur eine Freiheit als Wesensbestandteil der menschlichen Natur« gelte, sah sich der FDA verpflichtet, »für alle verfolgten oder bedrängten geistig Schaffenden einzutreten, ja, sie im umfassenden Sinn als Mitglieder zu betrachten«. [475] H. v. Löwenstein erinnerte daran, daß auch ›wir Deutschen‹ erlebt hätten, »daß sich geistige Freiheit nur behaupten kann im Raume politischer Freiheit«. Das gelte jenseits aller Parteipolitik, wobei er voraussetzte, »daß alle im Bundestag vertretenen Parteien ihr Bekenntnis zur Demokratie und unsere freieste aller Verfassungen ernst nehmen. Jede Gefährdung dieser Ordnung, die sich stetig weiter entwickelt und vervollkommnet, gefährdet gleichermaßen die Freiheit des schöpferischen Geistes und damit den Geist selbst«. [476] Auch in seinem ersten Rundschreiben erklärte der FDA, daß er sich allein der Freiheit des Geistes und der Interessenvertretung der geistig Schaffenden verpflichtet fühle und sich »zum Grundgesetz dieser freiheitlichsten Verfassung in der deutschen Geschichte« bekenne und «daher bedingungslos jeden Extremismus und jede Bestrebung, den Geist politischem Druck zu unterwerfen«, ablehne. In diesem Sinn wollte er »eine Gemeinschaft aufbauen, unabhängig von Staatsangehörigkeit, ›Rasse‹, Religion oder Parteibindungen«. [477]

Über die Erhaltung einer wie auch immer gearteten ›Freiheit des Geistes‹ hinaus erklärte der FDA wiederholt seine Überparteilichkeit, und dies in einer derart betonten Form, als ob er über eine tatsächlich vorhandene Parteilichkeit hinwegtäuschen müsse. Das gleiche betrifft seine Haltung gegenüber ›extremistischen‹ Gruppen, wobei sich der FDA im Gegensatz zum VS ausdrücklich gegen rechts- wie linksextreme Gruppen wandte, was ihm um so leichter gefallen sein muß, da ›linke‹ Autoren kaum unter seinen Mitgliedern zu finden sein werden. Der FDA wie sein DAR verstanden sich von vornherein in der Hauptsache als Gegengewicht gegen die ›Linksdrift‹ der organisierten bundesrepublikanischen Schriftsteller. [478] Dagegen setzte er so wenig definierte Begriffe wie Toleranz und Humanität, um ein geistiges Klima anzudeuten, das grundsätzliche Gegensätze nicht zuläßt oder nach außen nicht in Erscheinung treten läßt. Die politisch konservative Grundhaltung wird im Bekenntnis des FDA zum Grundgesetz der Bundesrepublik besonders deutlich, die zwar mit Recht als die freiheitlichste Verfassung der deutschen Geschichte bezeichnet wurde, wobei jedoch davon ausgegangen wurde, daß sie sich selbst weiter vervollkommne. Ein politisches Eingreifen gesellschaftlicher Kräfte zu ihrer Weiterentwicklung wurde somit vom FDA abgelehnt, weil sie ihm von vornherein nur als Verschlechterung möglich erschien.

Der Unterschied zum VS wird hier auch im gesellschaftspolitischen Engagement des FDA deutlich. Während der VS sich zu einer Veränderung der gesellschaftlichen Ordnung zugunsten einer größeren sozialen, wirtschaftlichen und politischen Sicherung der Rechte und Interessen der Lohnabhängigen bekannte, trat der FDA für die Erhaltung des derzeitigen gesellschaftspolitischen Zustands ein, was nur heißen kann, daß diejenigen, denen Rechte genommen werden müßten, um die Ziele des VS zu erreichen, ihre Rechte oder Privilegien behalten sollen, daß z. B. die Mitbestimmung der Autoren an den Reproduktionsbedingungen ihrer Produkte nicht zuungunsten der Alleinbestimmung der Besitzer oder Verwalter dieser Medien eingeführt werden soll. Der FDA bekannte sich somit eindeutig zum bürgerlichen Wirtschaftssystem mit seinem Eigentumsbegriff, der die Verfügungsmacht über die Reproduktionsmittel und somit auch die Fremdbestimmung in der schriftstellerischen Berufswirklichkeit einschließt.

4.5 Zusammenfassung

Die politischen Aspekte des Selbstverständnisses deutscher Schriftstellerverbände darzustellen, hieß, über die verbandsinternen Organisationsprobleme, über den Berufsbegriff und den Literaturbegriff der Schriftsteller und über ihre sozialen, rechtlichen und wirtschaftlichen Interessen hinaus die gesamtgesellschaftlichen Begründungen der jeweiligen schriftstellerischen Berufspolitik zu erarbeiten. Es zeigte sich, daß bis in die Gegenwart hinein bei wenigen Ausnahmen das schriftstellerische Selbstbild mit dem Anspruch auf eine besondere soziale Wertschätzung einherging, wobei auffiel, daß die Haltung gegenüber der Gesellschaft und ihren Repräsentanten mit einer Anbiederung an die Oberschicht verbunden war. Das elitäre Selbstbild, Schöpfer von universalen, richtungsweisenden Werten zu sein, entsprach jedoch keiner realistischen Selbsteinschätzung, vielmehr war es, wie im ersten Kapitel gezeigt wurde, Ausdruck eines historisch bedingten Konkurrenzprinzips innerhalb der Schriftstellerschaft selbst (s. 2.5.5, S. 117). Zwar wurde das Identifikationsangebot an die Oberschicht von ihren Repräsentanten teilweise angenommen, wohl um die Schriftsteller nicht zu enttäuschen, doch blieb diese Annahme stets unverbindlich; eine reale, durch gegebene Privilegien dokumentierte Anerkennung des schriftstellerischen Anspruchs erfolgte nie, was darauf hinweist, daß man die Schriftsteller von oben allenfalls für nützlich, nicht aber für gleich erachtete. Trotz dieser enttäuschenden Erfahrungen blieben die Schriftstellerverbände bis in die 60er Jahre hinein bei ihrem Anspruch, was sich in der Weimarer Republik im Postulat einer geistigen Führung durch die Schriftsteller und in der Bundesrepublik in der Rückbesinnung auf ständische Prinzipien durch die besonders intensive Adaptation der Theorie der freien Berufe manifestierte. Seit der Gründung des FDA wurde von einem Teil der beruflich organisierten Schriftstellerschaft wieder an diese Tradition angeknüpft, was hier besonders deutlich an der bereits in der Satzung gewählten sprachlichen Erhabenheit gezeigt werden konnte.

Dem Anspruch auf eine ständische Sonderschätzung entsprach auch das Verhältnis der Schriftstellerverbände zum Staat, das sich besonders in dem Verlangen nach finanzieller Unterstützung der schriftstellerischen Berufsinteressen in sozialer Hinsicht und der berufsorganisatorischen Aufgaben in kultureller Hinsicht manifestierte. Besonders interessant war, daß die Schriftstellerverbände ihre Interessen nicht wie andere Verbände als mit dem Gemeinwohl identisch hinstellten, sondern daß sie ihre Interessen als das Interesse der Allgemeinheit schlechthin darzustellen versuchten. Der Staat und die Gesellschaft sollten die Schriftsteller, die ihnen nach ihrem Selbstbild Werte und Ziele setzten, in ihrem eigenen Interesse unterstützen. Erst der VS stellte diesem Anspruch auf eine elitäre Sonderstellung die Integration der schriftstellerischen Berufsgruppe in die Gesellschaft entgegen, indem er sich einem der gesellschaftlichen Machtfaktoren organisatorisch anschloß. Diese Entscheidung für den Beitritt zu einer Industriegewerkschaft folgte sowohl aus der Analyse der schriftstellerischen Erwerbs- und Produktionsbedingungen, deren Ergebnis den Anspruch auf eine autonome Sonderstellung innerhalb der Gesellschaft nicht mehr zuließ, als auch aus der Einsicht, daß im pluralistischen Gefüge eines demokratischen Staates westlicher Prägung eine gesellschaftlich kleine Gruppe, die über keine Machtmittel verfügt, von niemandem effektive Unterstützung zu erwarten hat, wenn sie sich nicht mit den Interessen einer größeren, mächtigeren Gruppe identifiziert. Somit wurde zumindest organisatorisch und damit berufspolitisch der Anspruch auf eine Verantwortlichkeit für alle gesellschaftlichen Gruppen aufgegeben zugunsten einer partikularen Unterstützung der Interessen aller Lohnabhängigen, die wie die Schriftsteller nicht über die Produktions- oder Reproduktionsmittel ihrer Arbeit verfügen.

Der Gegensatz von universaler und partikularer Identifikation bestimmte auch das gesellschaftspolitische Engagement der Schriftstellerverbände. Es zeigte sich, daß die Schriftstellerverbände nach der Gründung des Wilhelminischen Kaiserreichs keine Forderungen nach künstlerischer oder geistiger Freiheit der Schriftsteller erhoben. Der Leipziger Literatenverein, der vor 1848 dem Liberalismus verbunden war, machte diesen politischen Anspruch noch geltend. ADSV, DSchV und DSV hatten als bürgerliche Schriftstellerverbände inzwischen derart den Verzicht des Bürgertums in Deutschland auf die politische Macht verinnerlicht, daß auch sie von der in der damaligen Oberschicht herrschenden Überzeugung ausgingen, nach der nur der politische Adel die Interessen des Gemeinwohls angemessen zu verwalten vermochte. Dies kam besonders deutlich durch die Tatsache zum Vorschein, daß die genannten Schriftstellerverbände während und nach der Gültigkeit der ›Sozialistengesetze‹, mit ihren die Freiheit der Meinungsäußerung und damit verbunden auch die künstlerische Freiheit beschneidenden Bedingungen, keine Stellung zu diesen Gesetzen bezogen. Es war für diese Verbände offenbar selbstverständlich, daß der Anspruch der Oberschicht auf alleinige politische Verantwortung nicht in Zweifel gezogen werden dürfe. Erst später, besonders aber als die geistige und künstlerische Freiheit verfasungsgemäß garantiert war, wurde sie wieder in den Forderungskatalog der Schriftstellerverbände aufgenommen. Besonders interessant war dabei, daß sie sich gegebenenfalls darum bemühten, sich an der Ausführung von Gesetzen zu beteiligen, die diese Freiheiten wieder einschränkten. Wenn auch dieses Bemühen von dem Willen bestimmt war, einen möglichst weitgehenden Schutz gegen ungerechtfertigte Zensurmaßnahmen zu gewährleisten, war es doch letzten Endes das Bemühen, bei Zensurmaßnahmen als letzte Instanz aufzutreten, das heißt selbst zu bestimmen, was zu verbieten sei und was nicht. Erst Ende der 60er Jahre wurde jede Beteiligung der Schriftstellerverbände an Zensurbehörden konsequent abgelehnt.

Während die Einschränkung der Meinungsfreiheit bis vor wenigen Jahren entweder macht- oder parteipolitisch begründet gesehen wurde, hat sich im VS inzwischen die Erkenntnis weitgehend durchgesetzt, daß neben und mit der offenen machtpolitischen Restriktion künstlerischer Freiheit die Bedingungen der Kulturindustrie als wirtschaftliche Komponenten kultureller und geistiger Produktion eine verdeckte aber nicht minder wirksame Einschränkung literarischer Entfaltungsmöglichkeiten bedeuten. Der Fremdbestimmung der Literaturproduktion seitens der Inhaber oder Verwalter der Medien setzte der VS die Forderung nach einer tariflich abgesicherten Mitbestimmung der Autoren an der Reproduktion ihrer Produkte entgegen. Diese Forderung drängt zwar nicht, wie es M. Scharang für ein antikapitalistisches Verhalten der Kunstproduzenten fordert, »auf Aneignung der für eine zeitgemäße Kunstproduktion notwendigen technischen Produktionsmittel durch die Kunstproduzenten«, da »nur eine freie Verfügung über die technischen Mittel [...] eine freie Entfaltung der künstlerischen Produktivkräfte möglich« mache [479]; sie ist auch nicht, worin H. Schwenger etwas verklausuliert den Sinn des Gewerkschaftsbeitritts der Schriftsteller sah, ein Schritt zur Herrschaft der Arbeiter über die Produktionsmittel [480]; sie ist vielmehr eine Alternative sowohl zur Fremdbestimmung als auch zur reinen Selbstbestimmung. Die Forderung nach Mitbestimmung tendiert zu einer Beteiligung der Autoren an der Verfügungsmacht der Medienbesitzer oder -verwalter, sie entspricht somit der Forderung nach einer Anerkennung der Gleichberechtigung von Arbeit und Kapital, nicht der Alleinherrschaft des Faktors Arbeit. Hierin zeigt sich eine Skepsis gegenüber den Möglichkeiten, die künstlerische Selbstbestimmung durch einen revolutionären Umsturz sozialistischer Prägung erreichen zu können. Dennoch kann gesagt werden, daß das Bedürfnis nach Mitbestimmung ein revolutionäres Bedürfnis ist, »weil es an den bestehenden Eigentumsverhältnissen rüttelt«. [481] Die Änderung der Quantität der Gruppen, die über die Reproduktionsmittel der Medien verfügen, muß zwangsläufig eine Änderung der Qualität ihrer Entscheidungen nach sich ziehen.

Kennzeichnend für die Verbände, die den Anspruch auf universale Geltung schriftstellerischer Aussagen erhoben, war ihre Selbstbeschränkung auf politische Neutralität. Politische Neutralität entspricht hier dem Verlangen, sich mit keinem partikularen Interesse zu identifizieren; sie entspricht einer Idee des Liberalismus, nach der Öffentlichkeit begriffen wurde als Diskussion von Privatleuten, die sich außerhalb von politischer Macht und wirtschaftlicher Abhängigkeit kritisch mit dem ›allgemein Menschlichen‹ befaßten, nachdem Philosophie, Literatur und Kunst der staatlichen und kirchlichen Autorität das gesellschaftliche und geistige Interpretationsmonopol abgenommen hatten. Die liberale Bedeutung von Kunst und Kultur als einer von der Reproduktion des Lebens abgelöste Sphäre entstand, als das künstlerische Werk als Ware allgemein zugänglich wurde und nicht mehr Bestandteil der Repräsentation höfischer oder kirchlicher Öffentlichkeit war, sondern vielmehr durch die Möglichkeit rationaler Interpretation seines sakramentalen Charakters entkleidet wurde. Das Abgelöstsein der Kunst von der Reproduktion des gesellschaftlichen Lebens begünstigte die Entfaltung ihrer Innerlichkeit. [482] Die Epitheta des Bürgertums, Besitz und Bildung, die zu Beginn der bürgerlichen Epoche noch als Einheit verstanden wurden [483], haben auch für die Entwicklung des schriftstellerischen Selbstverständnisses bedeutsam werden können, weil die Entfaltung der bürgerlichen Ideologie wesentlich auch ein literarisches Phänomen war. [484] Die Schriftsteller mußten jedoch bald eine Trennung von Besitz und Bildung erleben, als sich der Besitz als kapitalistisch fungierendes Eigentum verselbständigte und auch politisch wurde. Seitdem identifizierten sich die Schriftsteller zunehmend mit dem Teil des bürgerlichen Selbstverständnisses, der im Bereich des ›allgemein Menschlichen‹ das Interpretationsmonopol beanspruchte und somit unpolitisch blieb. Da für die Mehrheit der Schriftsteller Besitz nicht gegeben war oder da er nach Verfall einer teilweise noch gegebenen Rentenbasis immer seltener wurde, entwickelte sich auf der einen Seite die Rückwendung zu einem Anspruch auf mäzenatische Unterstützung, die nun der Staat durch direkte Subventionierung oder die Öffentlichkeit durch Stiftungen übernehmen sollten, auf der anderen Seite entwickelte sich durch den Anspruch auf das universale, das ›allgemein Menschliche‹ betreffende Interpretationsmonopol ein durch Innerlichkeit vermittelter Schein der Freiheit. [485] Eine partikulare Bindung einzugehen, hätte den Bruch mit diesem bürgerlichen Selbstbild der Schriftsteller bedeutet, sie hätte auch die Einsicht in den illusionären Untergrund dieses Selbstbilds zur Voraussetzung haben müssen.

Da man jedoch von politischer Öffentlichkeit sprechen muß, wenn Sachverhalte öffentlich diskutiert werden, die mit der Praxis des Staates und darüber hinaus mit der gesellschaftlichen Entwicklung zusammenhängen [486], müssen logischerweise auch den Interessenverbänden, die schließlich im gesellschaftlich-öffentlichen Bereich wirken wollen, politische Stellungnahmen und Aktivitäten zugesprochen werden, auch wenn sie die Behandlung politischer Fragen in ihren Satzungen ausschließen. [487] Dies gilt insbesondere für die Schriftstellerverbände, da die für ihre Verbandsarbeit zentrale Frage, welche Werte und Ziele im Bereich der öffentlichen Kommunikation im Vordergrund stehen sollen, und die Art und Weise, wie das Kommunikationssystem angelegt sein und funktionieren soll, in einem engen Zusammenhang mit der Eigenart und der Funktionsfähigkeit des politischen Systems stehen. [488] Jede Aussage über das Kommunikationssystem, sei sie nun den jeweiligen Zustand bejahend oder verneinend, ist somit eine politische Aussage. Wie B. Rauecker gezeigt hat, liegt jedoch gerade in der Unterschiedlichkeit der Schriftsteller in politischer und ständischer Hinsicht eine der Hauptschwierigkeiten, die einer umfassenden Solidarisierung der Schriftsteller entgegenstehen (s. 2.3.8, S. 75). Dies wurde sowohl in den Gegensätzen zwischen dem DSV und dem SDS während der Weimarer Zeit wie im Gegensatz zwischen dem FDA und dem VS heutzutage deutlich. Die verschiedenen gesellschaftspolitischen Standorte, die die jeweiligen Verbände beziehen, stehen wiederum in engem Zusammenhang mit der jeweiligen Wahrnehmung der schriftstellerischen Tätigkeit.

Als G. Zehm 1969 aus Anlaß der VS-Gründung und der sich damals andeutenden Tendenz einer Änderung in der schriftstellerischen Berufspolitik vor der Illusion warnte, »die bürokratische Organisation der Literatur-Industrie könnte auf die Dauer ohne unheilvollen Einfluß auf die Inhalte und Meinungen der Literatur selbst bleiben« [489], hätte dieser Satz auch vom VS formuliert sein können, wenn mit der ›bürokratischen Organisation der Literatur-Industrie‹ die Buch- und Zeitungsverlage sowie die Rundfunkanstalten gemeint gewesen wäre, nicht aber der VS, demgegenüber G. Zehm mit Blick auf die Kulturpolitik der DDR und den dortigen Schriftstellerverband (DSV) die Frage stellte, ob »sich der Trend zum Kollektivismus und zum tariflich geregelten Arbeitsverhältnis am Ende nicht gerade gegen die wenigen unabhängigen, kritischen, ästhetisch kompromißlosen Geister wenden« werde, »um derentwillen die Literatur sich einzig lohnt?« [490] Bezeichnend an dieser Kritik ist, daß hier Literatur an den zahlenmäßig geringen hervorragenden Ausnahmeerscheinungen der Schriftsteller gemessen wird, ohne auf deren reale Arbeitsbedingungen einzugehen und ohne die Berufswirklichkeit der Literaturproduzenten im umfassenden Sinn zu berücksichtigen. Nur aus der Verkennung dieser Bedingungen literarischer Produktion innerhalb der Kulturindustrie konnte G. Zehm auch den Gewerkschaftsbeitritt des VS und die von ihm so gesehenen Versuche verschiedener Befürworter dieses Schritts, »die Schriftsteller im Sinne einer ›antikapitalistischen Stoßtruppe‹ zu formieren und auf ganz bestimmte politische Inhalte festzulegen«, als Tatsache fassen, die den VS in der IG Druck und Papier »zu einer weltanschaulich eingegrenzten Fraktion der deutschsprachigen ›Worturheber‹« mache. Die Befürchtung, das Ende der literarischen Freiheit werde besiegelt sein, wenn »es einmal soweit kommen sollte, daß nur noch Gewerkschaftsmitglieder Manuskripte an die Medien verkaufen dürfen« [491], ist nicht nur eine indirekte Unterstellung, sondern auch unbegründet, da die sich im Privatbesitz befindlichen als auch die öffentlich-rechtlichen Medien nicht in den Besitz der Gewerkschaften übergehen werden, was allein die rechtliche Grundlage für derartige Befürchtungen herstellen würde. Was G. Zehm aber nicht sah, war die Möglichkeit, daß die Gewerkschaft durch eine tarifvertraglich gesicherte Verbesserung der Honorar- und Produktionsbedingungen sowohl in den Verlagsverträgen als auch in den Mitarbeitsverträgen der Rundfunkanstalten einen umfassenderen Freiheitsraum für ihre literarische Tätigkeit sichern und somit die Fremdbestimmung zugunsten einer Mitbestimmung über das, unter welchen Bedingungen Literatur entsteht und wozu sie dienen soll, überwinden helfen könnte.

In der Tat hat sich der VS weltanschaulich eingegrenzt, als er die gegebenen Bedingungen literarischer Produktion zum Anlaß nahm, sich zusammen mit der Gewerkschaft für ihre Änderung einzusetzen: die Verfügungsfreiheit der Medienbesitzer und -verwalter soll zugunsten einer Mitbestimmung der Autoren über die Produktionsbedingungen ihrer Arbeit eingeschränkt werden. Diesem Anliegen stellte der FDA eine vermeintlich vorhandene Freiheit der Autoren entgegen, wobei sich der Freiheitsbegriff des FDA als Begriff der bürgerlichen Literaturideologie als einer über den Dingen schwebenden, nur dem ›allgemein Menschlichen‹ verpflichteten, universalen und somit nicht an partikulare gesellschaftliche Interessen orientierten Haltung erwies. Diese Einstellung ist insofern politisch, als sie aus einer illusionären Wahrnehmung der Bedingungen literarischer Produktion heraus für die Erhaltung des überkommenen Zustands eintritt. Diese Identifikation mit einem innerweltlich absolut gesetzten Wert versetzt den FDA vom VS aus gesehen in die Isolation, sie führt zu einer Verteidigungsideologie und zu einem deutlichen Abwehrmechanismus. [492] Analog zu W. Daims Analysen kann gesagt werden, daß sich der FDA zur gegebenen Ordnung so einstellt, daß er an ihr festhalten, sie fixieren will. Diese Fixierung richtet sich zugleich gegen jede Veränderung der Sozialordnung. In ihr »steckt eine tiefe Angst vor notwendigen Adaptationen«. Sie wird »zum Bremsklotz für eine [...] notwendige Entfaltung. Sie stellt ein Trägheitsmoment dar, hält die Gesellschaft auf einem Niveau zurück, das ihrem Entwicklungsstand nicht entspricht«. [493]

Es bleibt zu fragen, ob sich die Konstanten und Variablen im Selbstverständnis der deutschen Schriftstellerverbände mit der allgemeinen Situation der Intellektuellen der Weimarer und der Bundesrepublik in Verbindung gebracht werden können. Es ist nachgewiesen worden, daß in der Weimarer Republik die Intellektuellen in drei Lager gespalten waren, das der sogenannten konservativen Revolutionäre, das der linksintellektuellen Utopisten und das der humanistischen Intellektuellen. [494] Die humanistischen Intellektuellen, die die Republik gegen die linken und die rechten Extremisten zu konsolidieren versuchten, befanden sich in einer besonderen Defensivstellung, weil sie programmatische Einstellungen nicht mit ihren Axiomen des freiheitlichen Denkens in Einklang bringen konnten. Sie wollten gegenüber den politischen Aktivisten auch ›das Recht und die Würde des Denkens‹ demonstrieren. [495] Während es so scheint, als seien es diese humanistischen Intellektuellen gewesen, die allein den Anspruch auf das Unpolitische ihres Handelns erhoben, waren es aber gerade die Konservativen, die so verfuhren. Dies wurde z. B. 1929 in der Sektion für Dichtkunst der Preußischen Akademie der Künste deutlich, als es um die Frage einer Aufnahme von Essayisten ging. Diese Frage wurde zum Politikum, als international gesinnte Humanisten wie H. und Th. Mann, J. Wassermann und A. Döblin sowie sozialistische Autoren für die Aufnahme der Essayisten eintraten, die völkisch-konservativen Autoren um E. G. Kolbenheyer sich dagegen aussprachen, da essayistische Werke nur vom rationalen Denken und nicht vom schöpferischen Gefühl bestimmt und somit keine Kunstwerke und erst recht nicht Dichtkunst seien. [496] Dieser Streit, der auf grundsätzlich verschiedenen Wertungen literarischer Tätigkeit und ihrer Bereiche beruhte, wurde zu einem politischen Streit, bei dem die Konservativen auf der einen Seite den Humanisten und den Sozialisten auf der anderen gegenüberstanden, und der die Arbeit der Sektion zunehmend lähmte. [497] Daß bei diesen ›Weltanschauungskontroversen‹ [498] es gerade die konservativen Revolutionäre waren, die sich auf eine Argumentation des Unpolitischen zurückzogen, beweist der Ausschluß H. Manns aus der Sektion für Dichtkunst der Preußischen Akademie der Künste, der noch am 15. 2. 1933 von mehreren Gegnern H. Manns mit dem Argument verteidigt wurde, es ginge bei den Entscheidungen der Sektion »nur um Kunst, nicht um Politik«. [499]

Diese Aussage kann als Parallele zu den Vorgängen im SDS herangezogen werden, als M. Barthel gegen Ende der Weimarer Republik die konservativ orientierte Ortsgruppe Berlin-Brandenburg gegen die alte Berliner Ortsgruppe mit dem Anspruch des Unpolitischen gegründet hatte. F. Albrecht, Verfasser der Einleitung des Abschnitts »Die Anfänge der antifaschistischen Einheitsfront im Schutzverband Deutscher Schriftsteller (SDS) 1931–1933« in »Aktionen, Bekenntnisse, Perspektiven« bemerkte zweifellos richtig, daß der SDS von der verdienstvollen Kleinarbeit beherrscht gewesen sei, die wachsende Not der Schriftsteller durch materielle Unterstützung von Fall zu Fall zu lindern, daß er aber die Bedingungen seiner Arbeit und die der literarischen Produktion nicht grundsätzlich erörtert, geschweige denn eine Veränderung dieser Bedingungen erwogen habe. [500] Damit ist der Kern der ›unpolitischen‹ Haltung des SDS gekennzeichnet, der später zu den Auseinandersetzungen innerhalb des Verbands geführt hatte.

F. Albrecht behauptet nun, daß die ›reaktionären Kräfte‹ im SDS seit 1920 daran gearbeitet hätten, »ein einheitliches Vorgehen der deutschen Schriftsteller gegen die Entdemokratisierung und Faschisierung der Weimarer Republik zu verhindern. Gerade weil es offenkundig war, daß der sogenannte unpolitische Schriftsteller schon der Vergangenheit anzugehören begann und daß das politische Wort des Schriftstellers in der Öffentlichkeit größeres Gewicht erhielt, sollte der SDS ausschließlich auf ökonomische Aufgaben festgelegt und von der Sicherung der gesellschaftlichen und der ideellen Grundlagen des literarischen Schaffens abgehalten werden«. [501] Diese Behauptung ist nur aus der einseitigen Darstellung der DDR-Publikation zugunsten der marxistisch orientierten Opposition im SDS sowie aus der Einbeziehung der späteren Entwicklung einschließlich der NS-Zeit zu erklären. Die von F. Albrecht behauptete aktive Rolle der reaktionären Kräfte geht von der Voraussetzung aus, den Zeitgenossen von 1920 sei schon bewußt gewesen, wohin die politische Entwicklung gehen würde. Aber selbst ein Kronzeuge F. Albrechts, A. Döblin, der dem Schriftsteller eine politische Funktion zuschrieb, hatte eine Politisierung des SDS abgelehnt, was F. Albrecht auch erwähnte. [502] Die Behauptung, daß die ›reaktionären Kräfte‹, die sich wie R. Breuer und A. Eloesser zur Sozialdemokratie bekannten, schon seit 1920 eine zielstrebige Politik im oben zitierten Sinne betrieben hätten, läßt sich nicht aufrechterhalten. Vielmehr konnte in der hier vorgelegten Untersuchung nachgewiesen werden, daß die Schriftsteller der Weimarer Zeit aus ihrem vom Individualismus geprägten schriftstellerischen Selbstverständnis noch ein anderes Politik-Verständnis hatten als das, das F. Albrecht ihnen zu unterstellen versuchte. A. Zweig, der noch 1931 die Politisierung des SDS abgelehnt hatte, hat erst nach 1933 die unpolitische Haltung des SDS als einen Fehler bezeichnet, der darin gelegen hätte, daß ohne Ansehen der politischen Richtung dem einzelnen Schriftsteller Hilfe auf wirtschaftlicher Ebene gegeben wurde, womit sich der SDS schließlich selbst untergraben habe, indem er auch seine Feinde unterstützte. Er fragte erst 1938, ob es nicht Pflicht des SDS gewesen wäre, »die ökonomischen Mittel, die uns aus dem Geiste der Demokratie ein von Sozialdemokraten regierten Staat zur Verfügung stellte, nur zur Sicherung dieses Staates zu verwenden«. Dagegen habe dem Verband nur die wirtschaftliche Sicherung der Schriftsteller am Herzen gelegen, »nicht aber Propaganda für die Republik und den republikanischen Geist, aus dessen Antrieb, aus dessen Verkörperung wir doch arbeiteten«. Man habe sich auf die ›sachliche Anziehungskraft‹ der Demokratie verlassen, dabei aber das Niveau der Zeitgenossen über-, die Notwendigkeit des Kampfes gegen den Ungeist des Faschismus unterschätzt. [503] Richtiger als die Behauptung einer aktiven Rolle der ›reaktionären Kräfte‹ im SDS schon 1920 erscheint somit eine andere Aussage F. Albrechts, nach der die unpolitische Haltung des Hauptvorstands den Verband gegenüber der Restauration und dem Faschismus neutralisiert habe. [504]

Es zeigte sich, daß die Spaltung der Schriftsteller in mehrere Lager und ihre verschiedenartige Gruppierung in einem weltanschaulich gebundenen Kampf und daß auch das in der Weimarer Zeit in allen Lagern vorherrschende, von bürgerlichen Ideologien und ständischem Denken geprägte schriftstellerische Selbstbild eher in der Lage war, konservativ-reaktionäre Kräfte zu unterstützen oder zu tolerieren, weniger, ihnen aktiv entgegenzutreten, und schon gar nicht, ihnen organisatorische Alternativen entgegenzustellen. Einzige Ausnahme war die OSDS, die jedoch im Hinblick auf die Bereitschaft der Arbeiterschaft zum geschlossenen Kampf gegen den Faschismus von Fehleinschätzungen ausging.

Erstaunlich war, daß ein Großteil der Schriftsteller, die nach dem 2. Weltkrieg wieder eine freie Verbandsarbeit der Schriftsteller begründeten, ihre Aktivitäten trotz ihrer Erfahrungen aus der Weimarer Zeit wieder als unpolitisch begriffen. Während die Autoren, die vormals der OSDS angehört hatten, zum größten Teil wieder nach Berlin zurückkehrten und dem SDA-Berlin durch den Gewerkschaftsbeitritt anfangs politische Akzente verliehen, blieben die ›Unpolitischen‹ vor allem in den westlichen Zonen.

Auch wenn die Forderung nach der Einheit Deutschlands zentraler Gegenstand des 1. Nachkriegskongresses deutscher Schriftsteller gewesen ist, so wurde doch schon von diesem Treffen berichtet, daß die Spaltung mitten durch den Kongreß gegangen sei. [505] Und als sich abzeichnete, daß die politische und wirtschaftliche Einheit kaum zu erreichen sein würde, sollte wenigstens die geistige Einheit Deutschlands gewahrt werden [506], womit sich die Schriftsteller wieder dem unpolitischen Primat des Geistes ergaben. Die Entwicklung des Ost-West-Verhältnisses wurde von den Nachkriegsverbänden ohne Alternativen zur Politik der Bundesregierungen nachvollzogen, indem sie sich der jeweiligen Entwicklung vollständig anpaßten.

Die totale Niederlage von 1945 und die mit ihr offen zutage getretenen Verbrechen des NS-Regimes hatten zwar bei den Nachkriegsautoren eine tiefe moralische Erschütterung ausgelöst [507], die aber nicht verhindern konnte, daß parallel zur Restauration des Kapitalismus in der Bundesrepublik eine Restauration der Kunst im Sinn des bürgerlichen Kunstverständnisses erfolgte. [508] Zwar ist die literarische Landschaft derzeit, soweit sie diejenigen Autoren betrifft, die im wesentlichen nach 1945 zu publizieren begonnen hatten und die im Mittelpunkt des intellektuellen Literaturinteresses stehen, überwiegend von einer linksintellektuellen Literatur bestimmt [509], wobei die sublimierte Variante des Linksintellektuellen überwiegt, nach der, ganz im Gegenteil zu der von W. Benjamin 1932 geforderten Aufgabe der Linksintellektuellen [510], keine Destruktion propagiert wird, ohne sich darum zu kümmern, was an die Stelle des Zerstörten treten soll; doch darf nicht übersehen werden, daß es neben dieser ›linken‹ Literatur durchaus eine ›rechte‹ und eine ausgeprochen ›rechts‹ zu klassifizierende Literatur in der Bundesrepublik gibt. Sie tritt zwar in der öffentlichen Literaturdiskussion nicht in Erscheinung, hat aber, gemessen an den Auflagenhöhen, eine hohe Wirkungsmöglichkeit auf breite Schichten der Bevölkerung, obwohl oder weil sie ästhetisch gegenüber der literarischen Linken weit zurückgeblieben ist. [511]

Dies gilt nicht nur für verschiedene Wochenblätter, die im Herbst 1970 wöchentlich etwa 11 Millionen Käufer und damit etwa 25 Millionen Leser erreichten. Von ihnen stellte der Hamburger Bauer-Verlag mit seinen Blättern Wochenend (Auflage 1 689 000), Neue Post (1 650 000), Das Neue Blatt (1 260 000), Praline (865 000) und Sexy (768 00) den größten Anteil. Diese Zeitungen propagieren die Leitbilder der bürgerlich-konservativen Mittelschicht mit starken apolitischen Ressentiments, häufig verbunden mit der Monarchie als Leitbild. [512] Zu ausgesprochen neonationalistischen Publikationen gehören die Aktivitäten sogenannter ehemaliger NS-Kulturarbeit und ihrer Verlage, wie der Türmer-Verlag, die von der öffentlichen Kulturkritik verschwiegen oder allenfalls lächerlich gemacht werden, die z. T. gar nicht auf der Frankfurter Buchmesse in Erscheinung treten, dennoch aber über Anzeigen in einschlägigen Zeitschriften und durch Mundpropaganda ihren Leserkreis finden. [513] Über die ca. 70 Titel der Landser-Hefte im Pabel-Verlag mit ihren auf über 50 Millionen geschätzten Gesamtauflagen hinaus [514] gibt es etwa 42 weitere Verlage und Buchdienste in der Bundesrepublik, die teilweise oder überwiegend rechtsradikales Schrifttum auf den Markt bringen. [515] Eine humanistisch-konservative Literatur wird vor allem von Autoren repräsentiert, die bereits vor 1933 literarisch tätig waren, z. T. dem Nationalsozialismus aus humanistischen Motiven kritisch gegenüberstanden oder ihn bekämpften, nach 1945 jedoch an ihrer bürgerlichen Ideologie festhielten und für den Wiederaufbau der traditionalen Ordnung auf der Basis einer demokratischen Verfassung eintraten. Aus diesem Kreis rekrutiert sich vor allem die Mitgliedschaft des FDA. Diese Tatsachen mögen ausreichen, um das Bild einer überwiegend linksintellektuell orientierten Literatur der Bundesrepublik zu relativieren. Der Unterschied zur Weimarer Zeit, daß es neben einer linksintellektuellen und einer humanistisch-intellektuellen Literatur keine Literatur einer ›konservativen Revolution‹ mehr gebe, trifft nur auf die Ebenen der Literatur zu, wie sie im eher linksintellektuellen Feuilleton vor allem der ZEIT und der Süddeutschen Zeitung oder im eher rechtsintellektuellen Feuilleton der Frankfurter Allgemeinen Zeitung und der WELT Resonanz finden.

Erst seit Mitte der 60er Jahre, als die Restauration des Kapitalismus in der Bundesrepublik abgeschlossen war und sich die restriktiven Produktionsbedingungen mit ihren Rechtsfertigungsideologien von Freiheit, Gleichheit und Partnerschaft offen zutage traten, begann sich auch in Literatenkreisen eine offene antikapitalistische Opposition zu regen. [516] 1959 hatte die Kohlekrise im Ruhrgebiet bereits zu ersten Ansätzen einer literarischen Beschäftigung mit der Welt der Arbeit geführt, die in die spätere »Gruppe 61« mündeten. Die Wirtschaftskrise von 1966/67, die Große Koalition und die Streikwelle von 1969 sowie die Studentenunruhen von 1968/69 mit ihrer parteiischen Berichterstattung z. B. in der Springer-Presse hatten dazu geführt, daß sich immer mehr Autoren mit den Bedingungen ihrer literarischen Produktion auseinandersetzten und sie als mit denen der in der Industrie Tätigen gleich oder verwandt anerkannten. [517] Die am Anfang dieser Entwicklung von M. Doehlemann befragten 30 jüngeren Autoren begriffen sich alle »*als Mitglied einer demokratischen Gesellschaft, die, um demokratisch zu bleiben, sich selbst gegenüber skeptisch sein muß*«. [518]

Zwar lehnten sie einen Zwang zum politischen Engagement der Autoren ab, fanden aber nicht, »daß politisches Engagement etwas Außerliterarisches sei, das in seinen außerkünstlerischen Intentionen dem Wesen der Kunst widerspreche«. [519] M. Doehlemann kam zu der Unterscheidung von 3 Typen: dem pluralistisch-demokratischen Typ (12 Autoren von 30), dem sozial-demokratischen (10) und dem sozialistisch-demokratischen (8) [520], die alle die weitverbreitete Interpretation der derzeitigen Gesellschaftsform ablehnten, »die sich sehr oft dogmatisch und pathetisch als die einzig mögliche und richtige begreift und in ihrer selbstzufriedenen Erstarrung jeden Zweifel, jede Auseinandersetzung [...] zu unterdrücken sucht [...] Dem selbstverständlichen Bestehen auf dem politisch-sozialen Status quo, der mit ›Ordnung‹ gleichgesetzt wird, stellen die Schriftsteller ihre, wie sie sagen, demokratischen Werte wie Unruhe, Kritik, Auseinandersetzung, Veränderung entgegen«. [521]

Wie schon Mitte der 60er Jahre auch in der Deutschen Akademie für Sprache und Dichtkunst immer mehr jüngere und kritische Autoren Aufnahme und Einflußmöglichkeiten fanden [522], so wuchs auch die Bedeutung der linksintellektuellen Schriftsteller in der Bundesvereinigung, was schließlich 1969 zur Ablösung dieser berufsständisch orientierten Organisation durch den VS und schließlich zu dessen Beitritt zur IG Druck und Papier führte. Zur Spaltung der schriftstellerischen Berufsorganisationen der Bundesrepublik durch die Gründung des FDA kam es parallel zur parteipolitischen Polarisierung, die verändernde und konservierende politische Intentionen wieder deutlich werden ließ.

Bis zum derzeitigen Stand deutscher Schriftstellerverbände ließ sich zeigen, daß sie, soweit sie unter den Bedingungen der Selbstbestimmung arbeiteten, in ihrem Verhältnis zur Gesellschaft und zur politischen Entwicklung stets getreues Spiegelbild ihrer Epoche waren und daß sie häufig sogar erst im Nachhinein auf gesellschaftliche Entwicklungen reagierten. Im Gegensatz zu ihrem früheren Selbstverständnis, Schöpfer der richtungweisenden Werte einer Gesellschaft zu sein, konnten die Schriftsteller in ihren Berufsverbänden niemals zu Recht den Anspruch erheben, Vorreiter einer Entwicklung zu sein. Der Gewerkschaftsbeitritt des VS hat allenfalls für die anderen künstlerischen Berufsgruppen eine Vorreiterfunktion, in bezug auf die gesellschaftliche Situation der Schriftsteller und in bezug auf den Stand ihrer Produktionsbedingungen kam er um Jahrzehnte verspätet.

5 Schluss: Ergebnisse, Prognosen, Perspektiven

5.1 Zusammenfassung der Ergebnisse der Untersuchung des Selbstverständnisses deutscher Schriftstellerverbände

Die in drei Kapiteln vorgenommene Untersuchung des Selbstverständnisses deutscher Schriftstellerverbände umfaßte mit einem Zeitraum von 131 Jahren die gesamte bisherige Geschichte der deutschen schriftstellerischen Berufsorganisationen, soweit sie sich unter den Bedingungen freier Selbstbestimmung entfalten konnten. Im Zentrum des Interesses standen dabei bei drei Ausnahmen, die sich wie der VDBB, das KlA und der VDE fachspezifisch organisierten, alle überregionalen Verbände, die in bezug auf ihre Mitgliedschaft alle schriftstellerischen Tätigkeitsbereiche erfaßten. Hinzu kamen für die Zeit nach dem 2. Weltkrieg einige regionale Schriftstellerverbände sowie als sachspezifische vor der Jahrhundertwende die DSG und die Pensionsanstalt.

Die Quellenlage erwies sich trotz des weiten Zeitraums und der mit ihm verbundenen gesellschaftlichen und politischen Veränderung sowie der Folgen zweier Kriege als relativ günstig. Da von nahezu allen genannten Verbänden die Satzungen sowie Protokolle und Berichte von den Mitgliederversammlungen, auch Resolutionen und weitere Verbandsaussagen nachgewiesen werden konnten, war eine weitgehende Einheitlichkeit des primären Quellenmaterials gewährleistet. Hinzu kamen für den gesamten Zeitraum zahlreiche Aussagen von Verbänderepräsentanten und -mitgliedern, die als sekundäres und tertiäres Material das Bild der einzelnen Verbände vervollständigen halfen.

Von den möglichen Typen von Interessenverbänden lag dieser Arbeit der Typ des Berufsverbandes zugrunde. Ein besonderes Problem war, daß die Definition schriftstellerischer Tätigkeit als Beruf bei den schriftstellerischen Berufsorganisationen selbst wie in der Literatur über sie bisher wiederholt auf Schwierigkeiten gestoßen war.

Gegenstand dieser Untersuchung war nicht das individuelle Verhalten von Mitgliedern oder Funktionären in ihren Verbänden, sondern das Verbandshandeln als Gruppenverhalten. Hierbei brauchte die Frage nach der subjektiven Redlichkeit der hervorgehobenen Aussagen innerhalb der Verbände nicht gestellt zu werden, solange sie als objektive Tatbestände des Verbandshandelns gewertet werden konnten. Der objektive Tatbestand war gegeben, wenn sich die Aussagen auf die engen, satzungsgemäß definierten berufspolitischen Interessen der jeweiligen schriftstellerischen Berufsorganisationen oder auf die Art und Weise des Verbandshandelns zur Durchsetzung der Ziele bezogen. Unter Verbandshandeln wurde das Handeln der Verbandsleitung und ihres Verwaltungsstabes sowie alles von ihnen geleitete verbandsbezogene Handeln verstanden, wobei Entschließungen und Willensbekundungen der Mitglieder oder verschiedener Mitgliedergruppen auf ihren offiziellen Versammlungen mit einbezogen wurden, auch wenn diese Entschließungen gegen das Handeln der Verbandsleitung gerichtet waren. Nur auf diese Weise konnte die gestellte Aufgabe gelöst werden, die verschiedenen Konstanten und Variablen im Verbandshandeln detailliert herauszuarbeiten und zu verdeutlichen.

Die Arbeit ging von der Überlegung aus, daß das Realitätsverhältnis der Schriftstellerverbände, d. h. die realistische Einschätzung ihrer Ausgangsbedingungen, eine wesentliche Voraussetzung ihrer berufspolitischen Erfolgschance sei. Im Hinblick auf den Beitritt des VS zur IG Druck und Papier als einer Teilorganisation des DGB wurde die Arbeitshypothese aufgestellt, daß die Entwicklung der literarischen Produktionsbedingungen die Bereitschaft der Schriftstellerverbände erhöht habe, die Arbeitsbedingungen der Schriftsteller und somit die Ausgangsbedingungen ihrer berufspolitischen Arbeit zu analysieren, und daß sie sich zu einer konsequent gewerkschaftlichen Konzeption ihrer Berufspolitik entschließen konnten, nachdem sie sich in zunehmender Weise als wirtschaftlich abhängige Produzenten von Wortbeiträgen für die Kulturindustrie begriffen hatten. Die Entwicklung der literarischen Produktionsbedingungen habe somit die Chance der Schriftstellerverbände erhöht, durch Zusammenschluß verschiedener Gruppeninteressen innerhalb der kulturindustriellen Arbeitsorganisation ihre eigenen beruflichen Interessen wirkungsvoller zu vertreten.

Die Ergebnisse dieser Untersuchung sollen nun gemäß der Einleitung unter drei Gesichtspunkten, dem organisationssoziologischen, dem berufssoziologischen und dem literatursoziologischen dargestellt werden.

5.1.1 Ergebnisse in organisationssoziologischer Sicht

Bei der Analyse von Berufsverbänden, bei denen die Mitgliedschaft freiwillig ist und die Motive zur Mitgliedschaft höchst verschieden sein können, mußte davon ausgegangen werden, daß sie darauf angewiesen sein würden, die Zahl und die Leistungswilligkeit ihrer Mitglieder zu erhalten oder zu erhöhen. Zu diesem Zweck war es wichtig zu untersuchen, wie die deutschen Schriftstellerverbände die Integration der Mitglieder zu wahren und Spannungen, Konflikte sowie Desintegrationserscheinungen zu mindern suchten. Es wurde die Hypothese aufgestellt, daß die Regelung der Mitgliedsfrage in den einzelnen Verbänden Aufschluß über die jeweilige an Tätigkeitsbereichen orientierte Definition des Schriftstellerberufs und somit über die Einschätzung ihrer berufspolitischen Ausgangslage geben würde. Diese Hypothese erwies sich jedoch als weitgehend falsch. Die Mehrzahl der Verbände nannte zur Aufnahme von Mitgliedern keine sachlichen Kriterien wie Tätigkeitsbereiche oder Tätigkeit im Haupt- oder Nebenberuf, vielmehr stellten sie ethische oder literarisch-qualitative Anforderungen in den Vordergrund wie Unbescholtenheit, Ehrenhaftigkeit oder ›wirkliche‹ sowie die einem unabhängigen Schrifttum oder der geistigen Freiheit dienende schriftstellerische Tätigkeit (ADSV, DSV, SvDS, DSB, einzelne Nachkriegsverbände, Koordinationsausschuß, Vereinigung). Andere nannten zwar sachliche Kriterien, koppelten sie jedoch mit wertenden (Leipziger Literatenverein, DSchV, KlA, VDBB, SDS (bis 1920), FDA). Ein

Verband nannte keine Bereiche und keine wertenden Kriterien (ASV), und nur zwei nannten sachliche Kriterien ohne die Verbindung mit Wertungen (SDS [seit 1920], VS). Hier deutete sich bereits das Übergewicht eines geistig-ethischen Wertklimas über die sachliche Abgrenzung des Schriftstellerberufs ab, das sich dann auch in den Versuchen niederschlug, das Wesen des Schriftstellerberufs und der schriftstellerischen Tätigkeit zu bestimmen. Ihm entsprachen die Regelungen über den möglichen Ausschluß von Mitgliedern: Während einige gar keine Ausschlußregelungen hatten (Leipziger Literatenverein, DSchV, KlA) oder keine Bedingungen nannten (ASV), hatten die meisten von den übrigen Verbänden den Ausschluß wegen ehrenrührigen und somit das Ansehen des Verbands schädigenden Verhaltens vorgesehen (ADSV, DSV, SvDS, DSB, WSB, SDS, Vereinigung, FDA), wozu noch andere Kriterien wie das Nichtzahlen von Beiträgen (ADSV, SvDS, DSB, SDS, Vereinigung, FDA) und ein den Vereinszweck schädigendes Verhalten, das als sachliches Kriterium nicht genau definiert war, hinzukommen konnten (SvDS, DSB, SDS, Vereinigung). Lediglich ein Verband hatte allein das letzte Kriterium als Ausschlußbedingung genannt (VS), was durch die neu für ihn geltenden Ausschlußbestimmungen der IG Druck und Papier wieder relativiert wurde, da dort wiederum auch der Verstoß gegen ethische Postulate geahndet werden kann, insbesondere Verbrechen, denen eine ›gemeine Gesinnung‹ zugrunde lag. Mit Ausnahme des VS rangierten somit bei allen deutschen Schriftstellerverbänden der Anspruch auf schriftstellerisches Wohlverhalten über oder gleichwertig neben einer sachlichen Abgrenzung des Schriftstellerberufs oder einem auf die sachliche Arbeit des Verbands bezogenen Handeln. Das Wertklima dieser Verbände zielte somit mehr auf einen Habitus, der des Schriftstellers als würdig empfunden wurde, als auf wertfreie Kriterien schriftstellerischer und berufspolitischer Tätigkeit.

Somit hing auch die erforderliche Geschlossenheit sowie die Frage der Integration oder Desintegration von der Teilhabe an diesem Wertklima ab.

Zu den Eigenschaften eines auf freiwilliger Mitgliedschaft beruhenden Zweckverbands gehört es, daß er nur über begrenzte Machtmittel bzw. einen reduzierten Zwangspparat verfügt. Als wesentliche Grundlage der Macht der Verbände muß ihr jeweiliges Leistungsangebot für die Mitglieder gesehen werden. Hinzu kommt die persönliche Bedeutung, die ein Mitglied in der Verbandsmitgliedschaft findet, was wiederum mit der Macht der Verbände nach außen, ihrem Einfluß und ihren Erfolgen zusammenhängt. Während alle Verbände an die Solidarität der Schriftsteller appellierten, um einerseits neue Mitglieder zu gewinnen und andererseits die Geschlossenheit des Verbands zu erhöhen, gelang es nur wenigen, ihre vorgesehenen Sanktionen gegen dysfunktionales Verhalten durchzusetzen. Es stellte sich dabei heraus, daß als wichtige Faktoren Öffentlichkeit und Macht gegeben sein mußten, damit die Verbände ihre Ausschlußbestimmungen anwenden konnten; d. h., die Öffentlichkeit mußte an dem Verbandsgeschehen interessiert Anteil genommen haben, und es mußte ein Machtgefälle zugunsten des Verbandes gegenüber dem einzelnen Mitglied gegeben sein. War keiner oder nur ein Faktor von beiden gegeben, d. h., konnte ein verbandsschädigendes Verhalten vor der Öffentlichkeit verborgen bleiben oder war das betroffene Mitglied für den Verband wichtiger als der Verband für das Mitglied, wurde der Ausschluß als höchste Sanktion nicht verhängt. Anhand der Tatsache, daß nur bei vier Verbänden erfolgte Ausschlüsse registriert werden konnten (DSV, SDS, Vereinigung, VS), wobei bei zweien von ihnen in anderen Fällen ihre Macht gegenüber einzelnen Mitgliedern zu gering war (SDS, Vereinigung), ließ sich bereits zeigen, daß die deutschen Schriftstellerverbände auf nur geringes öffentliches Interesse stießen und daß ihre Bedeutung für die Mitglieder nicht besonders hoch gewesen sein kann.

Voraussetzung für den Erfolg von Zweckverbänden ist ihre Anpassungsfähigkeit, die Fähigkeit also, sich adäquat den wechselnden Beziehungen zur Umwelt zu verhalten. So war auch hier zu untersuchen, wie die deutschen Schriftstellerverbände ihr Handeln mit ihren Ausgangsbedingungen und ihren Zielen in Einklang brachten. Zur Analyse dieses Verbandshandelns wurde als wichtige Frage die nach der Rationalität des Handelns hervorgehoben, wobei zwischen Zweckrationalität und Wertrationalität unterschieden wurde, wozu noch traditionales Handeln hinzukam. Zweckrationales Handeln wurde dadurch definiert, daß bei gegebenen Ausgangsbedingungen und bei einem adäquaten Aufwand an Mitteln ein Höchstmaß an kontinuierlicher Leistung erreicht wird. Verbände handeln demnach dann zweckrational, wenn sie ihr Verhalten so einrichten bzw. die ihnen zur Verfügung stehenden Mittel so einsetzen, daß sie ihre selbstgesetzten Ziele auch tatsächlich zu erreichen vermögen. Wertrationales Handeln dagegen war dadurch definiert, daß es, unabhängig vom Erfolg, vom Glauben an einen ethischen, ästhetischen oder sonstwie gearteten unbedingten Eigenwert des Sichverhaltens bestimmt ist. Traditionales Handeln war schließlich ein Handeln nach eingelebten Gewohnheiten, ein dumpfes Reagieren auf gewohnte Reize.

Insofern diese Arbeit Schriftstellerverbände als berufliche Interessenverbände untersucht hat, mußte sie davon ausgehen, daß ihrem Handeln eine jeweils definierte Zwecksetzung zugrunde lag. Die Frage danach, *was* die Interessen der Verbände waren, ließ sich recht einheitlich beantworten. Fast alle Verbände vertraten im Vordergrund ihrer Arbeit die sozialen, rechtlichen und wirtschaftlichen Interessen ihrer Mitglieder bzw. der Schriftsteller. Zu diesen Zielen kam in allen Satzungen ein weniger abgegrenzter Bereich, der mit beruflichen, geistigen, kulturellen oder literarischen Interessen umschrieben wurde. Nur in einem Fall wurde auch das Interesse an Geselligkeit in die Satzung mit einbezogen (ASV).

Erste Unterschiede ergaben sich in der Art, *wie* die Verbände ihre Ziele zu erreichen versuchten: Bei der Verfolgung der *sozialen* Interessen kristallisierten sich vier Ebenen heraus: 1. das Bemühen um Selbsthilfe, 2. das Bemühen um Fremdhilfe, 3. die urheberrechtliche Regelung einer Sozialversorgung der Schriftsteller und 4. die tarifrechtliche Regelung einer Sozialversorgung der Schriftsteller. Wiederholt wurde versucht, auf der ersten Ebene eine Alters-, Kranken-, Arbeitslosen- und/oder Hinterbliebenenversorgung für Verbandsmitglieder zu organisieren (Leipziger Literatenverein, ADSV, DSchV, *DSV, VDJS* durch die Gründung der *Pensionsanstalt, ASV, SDS,* WSB, BdT, VDA, Vereinigung, FDA). [1] Wenn diese Versuche nicht schon über das Postulat nicht hinauskamen (DSchV, WSB, BdT, VDA) oder ihre Ergebnisse nahezu belanglos blieben (Leipziger Literatenverein, ASV), scheiterten sie entweder am Desinteresse der Mitglieder (DSV, Vereinigung), an Abgrenzungsschwierigkeiten der potentiell in Frage kommenden Schriftsteller (SDS, Vereinigung) oder am zu geringen Kapitalaufkommen (ADSV, *Pensionsanstalt*, SDS). Trotz einiger befristeter Teilerfolge ist es den deutschen Schriftstellerverbänden nie gelungen, eine schriftstellerische Selbsthilfeorganisation auf sozialem Gebiet zu errichten. Das Handeln auf dieser Ebene kann schon deswegen nicht als zweckrational angesehen werden, da die Zahl der potentiellen Mitglieder einer nur aus Schriftstellern bestehenden Sozialversicherung von vornherein zu klein sein mußte und da zudem die Mehrzahl der potentiellen Mitglieder zu geringe und unregelmäßige Einnahmen als Voraussetzung für Versicherungsbeiträge erzielte.

Die zweite Ebene, das Bemühen um Fremdhilfe, wurde ebenfalls wiederholt betreten (ADSV, *DSV*, *SDS*, *Reichsverband* und mit ihm als Mitglieder der SDS, VDBB, VDE und das KlA, Nachkriegsverbände nach 1945, Vereinigung durch ihre Regionalverbände, VS, zuletzt durch seine neu gegründeten Förderkreise). Adressat dieses Bemühens waren die Öffentlichkeit und der Staat, die durch Stiftungen oder Subventionen aus öffentlichen Mitteln die soziale Not zahlreicher Schriftsteller beheben helfen sollten. Auch auf dieser Ebene konnten nur Teilerfolge erzielt werden (SDS, *Reichsverband*, einige Landesverbände der Bundesrepublik). Grundsätzlich kann sie jedoch nicht als zweckrational angesehen werden, da auf ihr die Verbände selbst keine Mittel einsetzten, sondern nur davon überzeugt waren, als Elite den Anspruch auf eine besondere soziale Wertschätzung und damit auch auf ihre soziale Unterstützung erheben zu können, ein Anspruch, dem teilweise und begrenzt nachgekommen wurde. Das Betreten dieser Ebene entsprach vielmehr traditionalem Handeln: Nach dem Ende des personengebundenen Mäzenatentums sollten Gesellschaft und Staat als anonyme Mächte die Rolle der Mäzene übernehmen, wobei die soziale Sicherheit der Schriftsteller ohne jede Einschränkung ihrer künstlerischen und geistigen Freiheit gewährt werden sollte.

Die dritte Ebene, die urheberrechtliche Regelung einer sozialen Sicherung der Schriftsteller, wurde nur selten beschritten, doch war sie bis jetzt die erfolgreichste (WSB, SDA-Berlin, *Vereinigung*, VS). Während die früheren Verbände eine Urhebernachfolgegebühr als Grundlage einer sozialen Sicherung der Schriftsteller gefordert und der VS anfangs diese Forderungen übernommen hatten, vermochte der VS schließlich mit Erfolg die Bibliotheksabgabe für Buchausleihen in öffentlichen und gemeinnützigen Bibliotheken durchzusetzen. Das Handeln auf dieser Ebene war für den VS insofern zweckrational, als es ihm möglich war, mit der ihm zugesagten Unterstützung des DGB seine seit seiner Gründung gegebene Publizität und seinen z. T. an Personen gebundenen Einfluß auf die politischen Gremien, vor allem auf die sozial-liberale Regierungskoalition, zu nutzen. Traditional ist das Handeln auf dieser Ebene jedoch insofern, als die finanziellen Mittel wie auf der zweiten Ebene aus staatlichen und anderen, nicht den Schriftstellern gehörenden, Etats kommen sollen, was wiederum vom VS damit gerechtfertigt wurde, daß die Öffentlichkeit von der kostenlosen Buchausleihe profitiere, während den Schriftstellern möglicherweise Bücherkäufer verloren gingen.

Die vierte Ebene, die tarifliche Regelung einer schriftstellerischen Sozialversicherung, wurde erst in jüngster Zeit angestrebt (Vereinigung, *VS*). Dieses Vorhaben, eine Sozialversorgung der Schriftsteller im Rahmen von Tarifverhandlungen durchzusetzen, kann für den VS als zweckrationales Handeln eingestuft werden, da er durch seinen Gewerkschaftsbeitritt und die Einbeziehung der Schriftsteller in das Tarifrecht seine Mittel gegenüber den Verwertern schriftstellerischer Arbeiten wesentlich verstärkt hat und da eine entsprechende Regelung nicht mehr vom pauschalen Anspruch auf eine besondere Verpflichtung der Gesellschaft den Schriftstellern gegenüber lebt. Vielmehr wird durch sie der individuellen Leistung, dem innerhalb der Kulturindustrie erreichten Erfolg Rechnung getragen, wobei der Schriftsteller nicht mehr allein die Kosten für seine soziale Sicherung trägt, sondern die Verwerter seiner Arbeit einen gleich hohen Anteil beisteuern müssen. Dadurch, daß eine derartige Regelung nicht mehr an die Mitgliedschaft in einem Berufsverband gebunden sein kann sondern die gesamte Berufsgruppe der Autoren erfaßt, wird die Anzahl der potentiellen Mitglieder zudem im Vergleich zu früheren Versuchen von Selbsthilfeorganisationen der ersten Ebene wesentlich erhöht.

Neben dieser Ebene kann die zweite insofern bestehen bleiben, wenn sie über Stiftungen wenigen exklusiven Autoren vorbehalten bleibt, die als anspruchsvolle Schriftsteller geringe Absatzchancen haben und damit geringere Versicherungsbeiträge erwirtschaften können. Der Unterschied zu der Zeit vor Einführung der tarifrechtlichen Regelung ist der, daß die Fremdhilfe auf eine Liebhaberbeziehung beschränkt und nicht mehr für die gesamte Berufsgruppe beansprucht wird.

Bereits auf sozialem Gebiet ließ sich somit zeigen, daß erst die Integration der Schriftsteller in einen größeren gesellschaftlichen Machtfaktor wie die Gewerkschaft ein erfolgreiches und zweckrationales Handeln gewährleisten konnte.

Bei der Verfolgung der *rechtlichen* Interessen der Schriftsteller wurden zwei Ebenen unterschieden, eine urheberrechtliche und eine arbeitsrechtliche. Die erste Ebene untergliederte sich wiederum in zwei Aktivitäten, das Bemühen um eine Verbesserung des jeweils vorhandenen Urheberrechts und das Bemühen um den Schutz der jeweils vorhandenen Rechte. Wichtige Voraussetzung zum Verständnis der Entwicklung auf urheberrechtlichem Gebiet war die Tatsache, daß die ersten urheberrechtlichen Bestimmungen vom Buchhandel (Verlag und Buchhandel) erwirkt waren und somit vor allem dessen Rechte definierten. Die erst später gegründeten schriftstellerischen Berufsorganisationen haben in ihrer Mehrheit einer Verbesserung des Urheberrechts im Sinne der Schriftsteller gefordert *(Leipziger Literatenverein,* ADSV, DSchV, *DSV, VDJS,* VDBB, KlA, *SDS,* WSB, BdT, Reichsverband, Regionalverbände nach dem 2. Weltkrieg, *Vereinigung, VS),* einige von ihnen haben über diese Forderung hinaus versucht, selbst aktiv auf die Neuformulierung des Urheberrechts einzuwirken (Leipziger Literatenverein, ADSV, DSV, *SDS, Vereinigung, VS*). Während einige Verbände Teilerfolge erzielen konnten (Leipziger Literatenverein, Vereinigung), mußten andere hinnehmen, daß ihre Petitionen an die Regierungen ohne jede Resonanz geblieben waren (ADSV, DSV). Die langjährigen Initiativen des SDS wurden durch die Machtergreifung der NS-Herrschaft zunichte gemacht, es sei denn, man rechnet die Verlängerung der

Schutzfrist, die 1934 verfügt wurde, noch zu den Folgeerscheinungen der SDS-Arbeit vor 1933. In der Geschichte des Urheberrechts war es jedoch ein einmaliger Erfolg, als eine vom VS erstmals formulierte und erhobene Forderung durch den Gesetzgeber in relativ kurzer Zeit verwirklicht wurde, ohne daß die aus der erreichten Bibliotheksabgabe fließenden Beträge mit den Verwertern, hier den Verlagen, geteilt werden müssen.

Wenn auch das Urheberrecht zu den wesentlichen Voraussetzungen schriftstellerischer Einnahmen gehört, war das Handeln der Schriftstellerverbände in diesem Bereich keineswegs immer zweckrational. Besonders der ADSV und der DSV mußten die Erfahrung machen, daß es keineswegs ausreicht, Petitionen an Regierungen zu senden. Anders als sie hatten der SDS und die Vereinigung erkannt, daß sie ihre Interessen von denen der Verwerter literarischer Arbeiten abgrenzen und versuchen mußten, bereits vor der Gesetzgebung mit ihnen Kompromisse auszuhandeln. Auch wenn der Gesetzgeber eine eigene Entscheidungsgewalt hat, muß er doch die jeweiligen Interessen der Betroffenen berücksichtigen und ist deshalb bereit, schon vorher getroffene Vereinbarungen aufzunehmen. Die Vereinigung konnte somit auch zahlreiche Verbesserungen im Bereich der Nebenrechte sichern, sie scheiterte jedoch mit ihrer bis zuletzt erhobenen Forderung einer Urhebernachfolgegebühr. Der Erfolg des VS muß in engem Zusammenhang mit der Zusage gesehen werden, die der DGB dem VS zur Unterstützung seiner urheberrechtlichen Forderungen angeboten hatte, was in der Geschichte der Organisationen schriftstellerischer Berufsinteressen als ein sensationelles Novum angesehen werden mußte und was das machtpolitische Prestige des VS aufgewertet hatte. Nur auf dieser Grundlage konnte der VS seine kompromißlose Haltung gegenüber der Verlegerorganisation im »Börsenverein des deutschen Buchhandels« aufrechterhalten, woraufhin die Verleger schließlich zurücksteckten. Während das Handeln des SDS und der Vereinigung bereits zweckrational angelegt war, war erst das des VS voll zweckrational, da er seine machtpolitischen Mittel organisatorisch so verstärkt hatte, daß er zu einem optimalen Erfolg kommen konnte.

Rechtsschutz und Rechtsberatung haben nahezu alle Verbände ihren Mitgliedern in bezug auf ihre schriftstellerische Tätigkeit angeboten (ADSV, DSchV, *DSV*, DSG durch die Gründung der *Deutschen Gesellschaft zum Schutze des geistigen Eigentums*, *VDBB*, ASV, KlA, *SDS*, WSB, Regionalverbände nach 1945, Vereinigung [durch ihre Landesverbände], VS). Auf diesem Gebiet sahen sie eines ihrer wichtigsten Leistungsangebote und somit auch Machtmittel ihren Mitgliedern gegenüber. Da dieser Rechtsschutz aber nicht kostenlos angeboten wurde, da also die Mitgliedschaft in den Verbänden auch hier nicht unbedingt Vorteile für das Mitglied mit sich brachte, konnte auch der Rechtsschutz weder als Macht- und Disziplinierungsmittel noch als Werbemittel ausreichen, um die Verbände stabil zu halten oder auszuweiten. Erst der VS in der IG Druck und Papier bietet seinen Mitgliedern durch den Rechtsschutz der Gewerkschaft auch einen urheberrechtlichen Schutz, dessen Inanspruchnahme durch die Mitgliedsbeiträge gedeckt ist. Die Anwendung des Arbeitsrechts für schriftstellerische Tätigkeit wurde erst spät, vor allem aber in jüngster Zeit diskutiert (SDS, *VS*). Nachdem die entsprechende

Forderung vom VS wiederholt aufgestellt worden war, wurden 1974 diejenigen publizistisch tätigen Heimarbeiter, die mehr als ein Drittel ihrer Einkünfte von einem Auftraggeber oder Abnehmer ihrer Arbeiten beziehen, den arbeitnehmerähnlichen Personen gesetzlich zugerechnet, wodurch sie die Möglichkeit erhalten haben, bei den wichtigsten schriftstellerischen Tätigkeitsbereichen als Sozialpartner an Tarifverhandlungen teilzunehmen. Während das Urheberrecht das geistige Eigentum der Autoren an ihren Werken eingrenzt und es somit vor beliebiger Verwertung schützt, garantiert das Arbeitsrecht für die Schriftsteller eine weitere Berücksichtigung ihrer Leistung innerhalb der arbeitsteiligen Kulturindustrie. Das Urheberrecht läßt die Bedingungen der literarischen Produktion unberührt; die Inanspruchnahme des Arbeitsrechts gibt den Schriftstellerverbänden dagegen die Möglichkeit, auf diese Bedingungen verändernd Einfluß zu nehmen. Erst die Verbindung beider Ebenen macht das Handeln der Schriftstellerverbände auf rechtlichem Gebiet zweckrational.

Die Vertretung der *wirtschaftlichen* Interessen der Schriftsteller, die ihrerseits auf rechtlicher Grundlage basieren, muß wieder auf zwei Ebenen gesehen werden, auf der einen der der Honorarbedingungen und auf der anderen der der Arbeitsbedingungen. Beide Ebenen stehen dabei in einem dialektischen Verhältnis zueinander. Neben verschiedenen Versuchen zahlreicher Verbände, ihren Mitgliedern die Einnahmen aus ihrer schriftstellerischen Tätigkeit verbessern oder erleichtern zu helfen, standen Bemühungen, die Honorar- und Arbeitsbedingungen der Schriftsteller auf dem Verhandlungswege mit den Organisationen der Verwerter zu regeln. Große Hoffnung setzten mehrere Verbände auf die Organisation einer genossenschaftlichen Selbsthilfe, sei es durch genossenschaftliche Materialbeschaffung (DSV, DSG, SDS), sei es durch eine genossenschaftliche Agentur als Manuskriptvermittlungsstelle (*DSV*, SvDS, DSB, *DSG*, *VDBB*, ASV, *KlA*, WSB, FDA), sei es durch eine verbandseigene Stellenvermittlung (DSV, DSG, VDJS, ASV, SDS) oder sei es durch die Begründung eines genossenschaftlichen oder verbandseigenen Autorenverlags (VS). Während über Erfolge in der genossenschaftlichen Materialbeschaffung und Stellenvermittlung wenig bekannt geworden ist, haben die Versuche, Manuskripte zu vermitteln, zu unterschiedlichen Ergebnissen geführt: Neben dem Scheitern verbandseigener Agenturen (DSV, DSG) standen das bloße Publizieren von Manuskriptgesuchen (ASV) und das Angebot, Verbandsmitglieder würden Manuskripte anderer, jüngerer Autoren begutachten und an Verlage übermitteln (WSB, *FDA*). Lediglich zwei fachspezifische Verbände konnten auf diesem Gebiet Erfolge aufweisen (*VDBB*, *KlA*). So hatte der VDBB für kurze Zeit eine eigene Theateragentur, mit der er die Bühnenverleger zu zwingen vermochte, auf seine Forderungen einzugehen. Auch das KlA konnte mit Erfolg auf die Herstellung von Anthologien Einfluß nehmen, da seine Mitglieder sich verpflichtet hatten, die Vermittlung von Zweitdrucken in Anthologien ganz dem KlA-Komitee zu übertragen. Als letzten Versuch hat der VS seine Bemühungen um einen von ihm zu gründenden Autoren-Verlag aufgegeben, da er einerseits über das dazu notwendige Kapital nicht verfügte und andererseits der Konkurrenz der Schriftsteller untereinander nicht Nahrung geben wollte.

Mit zwei Ausnahmen haben sich die deutschen Schriftstellerverbände auf genossenschaftlichem Gebiet somit als nicht zweckrational erwiesen, weil die Mittel für einen Erfolg nie ausgereicht haben; entweder war das notwendige Kapital nicht vorhanden, oder die Mitglieder waren nicht bereit, die Verbandsinitiativen voll zu unterstützen. Die Erfolge des VDBB und des KlA basierten im wesentlichen auf der Tatsache, daß die von ihnen erfaßten Tätigkeitsbereiche auf Drama oder Lyrik spezialisiert waren und daß sie somit nur eine begrenzte Zahl von Autoren erfaßten, was ihre berufspolitische Arbeit überschaubarer machte, als es die von Schriftstellerverbänden sein kann, die alle Tätigkeitsbereiche als Grundlage ihrer Berufspolitik berücksichtigen.

Vor allem bis 1933 haben verschiedene Schriftstellerverbände versucht, gegen unberechtigte Nachdrucke von Arbeiten ihrer Mitglieder vorzugehen, wobei das den Autoren vorenthaltene Honorar eingetrieben werden sollte. Nachdem schon zwei frühe Verbände die ungesetzlichen Nachdrucksgepflogenheiten der Presse verurteilt hatten (Leipziger Literatenverein, ADSV), wurde später versucht, die Nachdruckskontrolle durch eine Überwachung aller Zeitschriften zu systematisieren (DSV, DSG, ASV, KlA, SDS). Diese Unternehmen scheiterten jedoch an der Unübersichtlichkeit der Presse, die insbesondere bei unberechtigten Nachdrucken die Namen der Verfasser verschwieg, und an dem zu geringen Kapitalaufkommen, das eine Anstellung des zur wirkungsvollen Überwachung notwendigen Personals vereitelte.

Andere Versuche, den Mitgliedern ihre Honorarbedingungen zu verbessern, waren die Forderung von Darlehenskassen (ADSV, DSchV, DSG, SDS), die nur in einem Fall zu einem Erfolg führte (*SDS*), der jedoch allein den Schriftstellern zugute kam, die ohnehin ihre Manuskripte absetzen konnten. Seit dem Aufkommen des Rundfunks und seiner wachsenden Bedeutung für schriftstellerische Einnahmen wurden mit oder ohne Beteiligung der Verleger Verwertungsgesellschaften gegründet, die die Rundfunknebenrechte von gedruckten Publikationen wahrzunehmen hatten (*SDS* durch die Gründung der *Gesellschaft für Senderechte*, *SDA-Berlin* durch die Wiederbelebung der *Gesellschaft für Senderechte*, *Vereinigung* durch die Gründung der *GELU* (ohne Verleger) und später der *VG-Wort* (mit Verlegern), *SDS-Bayern* durch Gründung der *VLU*). An der derzeit noch bestehenden VG-Wort arbeiten Vertreter sowohl des VS als auch des FDA mit. Von den bisher genannten Bemühungen um eine Verbesserung der schriftstellerischen Honorarbedingungen hat sich vor allem die letzte als zweckrational erwiesen, wobei jedoch berücksichtigt werden muß, daß an diesen Verwertungsgesellschaften, solange sie mit Erfolg gearbeitet haben, die wesentlich kapitalkräftigeren Verwerterorganisationen beteiligt waren und sind.

Als für das Selbstverständnis der Schriftstellerverbände besonders aufschlußreich erwiesen sich ihre Versuche, mit den Verlegern und später auch den Rundfunkanstalten zu verbindlichen Normen über die Honorare und Arbeitsbedingungen der Schriftsteller zu gelangen, die in dieser Untersuchung global unter dem Begriff tariflicher Vereinbarungen zusammengefaßt wurden. Der Verlauf der Geschichte der deutschen Schriftstellerverbände war gekennzeichnet durch das immer wieder neu ansetzende Bemühen, Einfluß auf die schriftstellerischen Arbeitsbedingungen zu gewinnen (DSchV, *DSV, VDJS,* ASV, *SDS, BdT, VDE,* Vereinigung, *VS,* FDA). Während einige Verbände sich bei der Vertretung dieser Interessen besonders lau verhielten und nicht einmal eigene Vorstellungen in Form von Vertragsentwürfen entwickelt hatten (DSchV, ASV, Vereinigung, FDA), haben andere eigene Entwürfe vorgelegt (DSV, VDBB, SDS, BdT, VDE, VS), einige haben auch mit den für sie zuständigen Verlegern verhandelt (VDJS, VDBB, BdT, VDE, SDS, VS). Nur drei Verbände jedoch haben bisher Erfolge verzeichnen können (*VDBB,* SDS, BdT), wobei zwei von ihnen nur mit recht zweifelhaften Teilerfolgen aufwarteten (SDS, BdT). Lediglich dem VDBB gelang es, mit der »Vereinigung der Bühnenverleger« und dem »Deutschen Bühnenverein« einen Kartellvertrag abzuschließen, der die Aufführungsbedingungen von Dramen weitgehend bestimmte. Dieser Erfolg des VDBB mußte jedoch als Ausnahme gewertet werden, da dem Verband mit den Bühnenverlegern kein kapitalkräftiger Industriezweig gegenüberstand sondern vielmehr eine Gruppe von Manuskriptagenturen, die der VDBB durch die zeitweilige Bildung einer eigenen Agentur unterlaufen konnte.

Hervorstechendes Merkmal für die berufspolitische Arbeit der deutschen Schriftstellerverbände auf wirtschaftlichem Gebiet war, daß die meisten von ihnen ihren Aktivitäten keine Analyse der schriftstellerischen Produktionsbedingungen zugrunde legten (Leipziger Literatenverein, ADSV, DSchV, SvDS, DSB, VDJS, ASV, VDA, Vereinigung, FDA). Nur bei wenigen waren Ansätze einer solchen Analyse vorhanden (DSV, *KlA, SDS,* WSB, *BdT,* VDE), wobei hier unter den Ergebnissen einer Analyse der schriftstellerischen Arbeitsbedingungen die Einsicht in den Zusammenhang von literarischer Produktion mit den Bedingungen des literarischen Markts verstanden wurde. Ein Verband allein hat diese Analyse systematisch vorangetrieben und schließlich berufspolitische und organisatorische Konsequenzen aus ihren Ergebnissen gezogen *(VS).* Entgegen einer Analyse der schriftstellerischen Produktionsbedingungen wurde von vielen Verbänden die Überzeugung vertreten, daß Schriftsteller und Verleger ein gemeinsames Kulturinteresse hätten, das höher rangiere als das jeweilige Wirtschaftsinteresse und das somit beide Seiten zur Kooperation und zur gütlichen Einigung verpflichte (*ADSV, DSV,* VDJS, *SDS,* WSB, VDE, VDA, *Vereinigung*). Hieraus folgte, daß nahezu alle Schriftstellerverbände einen Streik oder gezielten Boykott als Kampfmittel zur Durchsetzung der wirtschaftlichen Ziele der Schriftsteller gar nicht erwogen (Leipziger Literatenverein, ADSV, DSchV, VDJS, WSB, VDE, Reichsverband, VDA) ober ablehnten (ASV, SDS, BdT, Vereinigung, FDA). Lediglich drei Verbände haben sich bisher positiv zu den Möglichkeiten eines gezielten Streiks der Schriftsteller geäußert (*VDBB,* ASV, *VS*), wobei es dem VDBB gelang, durch gezielte Boykotts und durch die zeitweilige Ausschaltung der Bühnenverlage bis 1933 Erfolge in seiner Berufspolitik zu verbuchen. Als der ASV trotz seiner früheren Ablehnung eines Schriftstellerstreiks 1923 einen solchen ausrief, scheiterte er mit diesem dilettantisch eingeleiteten Unternehmen kläglich. Bei all dem konnte eine zunehmende Verschlechterung der schriftstellerischen Arbeits- und Honorarbedingungen nicht verhindert werden, auch wenn infolge der Ausdehnung der Medienbereiche die schriftstellerischen Verdienstmöglichkeiten zunahmen. Erst der VS in der IG Druck und Papier hat als erster, alle Tätigkeitsbereiche umfassender schriftstellerischer Berufsverband in der Zukunft die Chance, auch den Streik als wirkungsvolles Kampfmittel gegen die Verwerter schriftstellerischer Arbeit einzusetzen, wobei als neue Qualität die Möglichkeit hinzukommt, daß nicht Schriftsteller allein, sondern mit ihnen die an der technischen Reproduktion ihrer Werke beteiligten Arbeiter und Angestellten der Medienindustrie in den Streik treten. Nur dadurch könnten die Verlage, die Filmindustrie und die Rundfunkanstalten empfindlich getroffen werden, was sie zu einer neuen Risikokalkulation gegenüber den Forderungen der Schriftsteller zwingen wird.

Rückblickend zeigt sich, daß das Handeln der meisten deutschen Schriftstellerverbände auf dem Gebiet ihrer wirtschaftlichen Interessen keineswegs zweckrational war. Die Mittel der Verbände, die mit kapitalkräftigen Verlegerverbänden und Rundfunkanstalten zu tun hatten, reichten nie aus, wirtschaftliche Forderungen mit Nachdruck durchzusetzen. Vielmehr war ihr Handeln durch wertrationale Überlegungen bestimmt: das Betonen eines gemeinsamen Kulturwertes und die Annahme der Inkommensurabilität geistiger Arbeit mit wirtschaftlichen Werten, die beide unabhängig vom Mißerfolg der berufspolitischen Arbeit aufrechterhalten oder gar gesteigert wurden, ließen die wertrationalen Motive des Handelns über die zweckrationalen dominieren, wodurch sich das Festhalten am Gewohnten als traditional und irrational erwies. Ausnahmen waren zwei fachspezifische Verbände (VDBB, KlA) und ein umfassender (VS), der mit seinen in die Zukunft projizierten Alternativen gegenüber den traditionalen Verbänden herausragte.

Auch im mehr diffusen Bereich der schriftstellerischen Berufsinteresesn, die mit *literarischen, geistigen* und *kulturellen* Interessen bezeichnet worden waren, gab es viele Gemeinsamkeiten unterhalb der einzelnen Verbände. So sahen viele von ihnen den Sinn ihrer berufspolitischen Arbeit darin, daß sie helfen sollte, die Qualität der Literatur zu heben (*ADSV, DSV,* SvDS, DSB, VDJS, *KlA, SDS, WSB,* BdT, *SDS-Bayern,* Koordinationsausschuß, VDA, Vereinigung, *FDA*). Einige von ihnen glaubten auch, eine bestimmte Literatur oder die Literatur ihrer Mitglieder repräsentieren zu können, was u. a. durch Veranstaltungen von Festen (*ADSV,* DSV), sowie durch Verleihung von Preisen (SDA-Berlin, *FDA*) und das Bemühen um die Gründung von Akademien für Dichtkunst (DSV, *VDA*) gewährleistet werden sollte. Durch die Übernahme von Gutachterfunktionen (DSV, *SDS, Vereinigung*) oder durch gezielte Förderungen junger Autoren (DSV, Reichsverband durch die Gründung der *Notgemeinschaft des deutschen Schrifttums,* VS, *FDA*) versuchten einzelne Verbände, selbst aktiv wertend in die literarische Produktion einzuwirken. In einigen Fällen sollte sogar die Zuteilung von finanziellen Unterstützungen von qualitativen Gesichtspunkten abhängig gemacht werden (DSV, Reichsverband). Über diese organisatorischen Bemühungen hinaus hofften mehrere Verbände, auf ihre Mitglieder in ästhetisch-literarischer Hinsicht Einfluß nehmen zu können (*ADSV, DSV,* ASV, WSB, SDS, *SDS-Bayern, FDA*), was einer Identifikation mit der Geschmackslage der jeweils herrschenden Oberschicht gleich kam. Andere versuchten, aus einer literarisch-politischen Motivation, insbesondere durch die Unterstützung von Arbeiterliteratur, die Welt anders dargestellt zu zeigen, als es die Herrschenden vorzogen *(KlA, OSDS, VS)*. Mit dieser Ausgestaltung der literarischen Interessen deutscher Schriftstellerverbände wurde offensichtlich, daß es hier nicht mehr um das *Was* der Berufsinteressen oder das *Wie* ihrer Verwirklichung sondern um das *Wozu* der berufspolitischen Arbeit ging. Dabei kamen deutlich ideologische Momente zum Vorschein, Interessen, die über die satzungsgemäßen Ziele hinaus bewahrend oder verändernd auf Literatur und Gesellschaft einzuwirken suchten.

Dies wurde besonders deutlich in den Zielen der Verbände, die in dieser Arbeit unter ihren *politischen* Interessen erfaßt worden sind. Schon entgegen der Annahme, daß die Regelung der Mitgliedsfrage Aufschlüsse über das reale Berufsbild der Schriftsteller geben würde, war deutlich geworden, daß die Mehrzahl der deutschen Schriftstellerverbände weniger an einer Berücksichtigung verschiedener Tätigkeitsbereiche als an einem, an ethischen Postulaten orientierten Standesbewußtsein ihrer Mitglieder interessiert war, was sowohl in den Satzungsbestimmungen über die Aufnahme und den Ausschluß von Mitgliedern als auch durch die Einrichtung von Standes- oder Ehrengerichten zum Ausdruck kam (Leipziger Literatenverein, *ADSV*, DSchV, *DSV*, SvDS, DSB, Pensionsanstalt, DSG, VDJS, SDS, WSB, Regionalverbände nach 1945, Vereinigung, FDA). Das schriftstellerische Standesbewußtsein basierte auf der Überzeugung, als Erzieher der Nation höchsten gesellschaftlichen Einfluß auszuüben (*ADSV*, DSchV, *DSV*, *KlA*, *SDS*, WSB, Regionalverbände nach 1945, VDA, *Vereinigung*), ging einher mit der Attitüde exklusiver Erhabenheit (*ADSV*, DSV, Vereinigung, *FDA*) und mündete in den Anspruch auf eine besondere soziale Wertschätzung durch den Staat und die Gesellschaft (*ADSV*, DSchV, *DSV*, *SDS*, WSB, *Reichsverband*, *SDS-Bayern*, Vereinigung, VS). Diese Grundhaltung, die einer illusionären Wahrnehmung der schriftstellerischen Berufsposition entsprach, führte bei den traditionalen Verbänden zu einem devoten Identifikationsangebot an die Oberschicht, wobei jedoch die Integration in die Oberschicht nie erreicht werden konnte. Der Anbiederung an die Oberschicht, die auf die Erhaltung der jeweiligen Herrschaftsstruktur ausgerichtet war, setzten andere die Integration der schriftstellerischen Berufsinteressen in die Interessen der Arbeiterschaft entgegen (KlA, OSDS, *VS*), was auf eine Veränderung der Herrschaftsstruktur hinauslaufen sollte. Beide Richtungen müssen als ideologisch motivierte Interessen verstanden werden. Es zeigt sich somit, daß das Handeln aller hier untersuchten deutschen Schriftstellerverbände wesentlich wertorientiert war. Im Gegensatz zu den traditionalen Verbänden ist es das Neue beim VS in der IG Druck und Papier, daß seine Wertorientierung nicht mit der Zweckrationalität seines Handelns im Widerspruch steht.

Die hier vorliegende Untersuchung hat somit deutlich gezeigt, daß die nur zeitweilig vom VS unterbrochene organisatorische Zersplitterung des deutschen Schrifttums nicht aus unterschiedlichen Zielvorstellungen über das *Was* schriftstellerischer Berufsinteressen, sondern aus unterschiedlichen Vorstellungen über das *Wie* ihrer Verwirklichung resultierte, die wiederum auf unterschiedlichen Überzeugungen über das *Wozu* schriftstellerischer Verbandsarbeit basierten, auf verschiedenen Werthaltungen in bezug auf die Rolle der Schriftsteller in der Gesellschaft.

Während die traditionalen Schriftstellerverbände aus einem besonders elitären Anspruch heraus die schriftstellerischen Berufsinteressen denen anderer gesellschaftlicher Gruppen übergeordnet darstellten und vorzuleben versuchten, hat der VS ernst gemacht mit dem Bemühen, die Interessen der Schriftsteller als identisch mit den Interessen anderer gesellschaftlicher Gruppen zu sehen. Er vertrat nicht mehr nur schriftstellerische Interessen, sondern ordnete sie als Folge der Ergebnisse seiner Analyse der schriftstellerischen Berufswirklichkeit als wesentlicher Ausgangssituation seiner schriftstellerischen Berufspolitik ein in den Rahmen gewerkschaftlicher Gesamtinteressen. Voraussetzung für diese organisatorische Stärkung des Schriftstellerverbands gegenüber den kapitalkräftigen Verwerterverbänden war die Preisgabe einer dominant wertrationalen, berufsethischen und illusionären Orientierung seines Handelns. Während die Macht der traditionalen Verbände auf dem Prestige einiger weniger Schriftsteller und Mitglieder beruhen sollte, das auf die gesamte Berufsgruppe oder den gesamten jeweiligen Verband global übertragen wurde, hat der VS diese labile Machtchance aufgegeben zugunsten einer Machtchance, die auf dem Bündnis mit den Gewerkschaften als einem den schriftstellerischen Berrufsbedingungen adäquaten gesellschaftlichen Machtfaktor beruht.

5.2.1 Ergebnisse in berufssoziologischer Sicht

Da diese Untersuchung als spezielle Variante des Verbandstyps Berufsverband die Schriftstellerverbände zum Gegenstand hatte, stellte sich ihr das Problem, die Definition schriftstellerischer Tätigkeit als Beruf im soziologischen Sinn zu erfassen. Es wurde von vornherein nicht die häufig vertretene Ansicht geteilt, daß eine Definition des Schriftstellerberufs nicht möglich sei, vielmehr wurde versucht, anhand der schriftstellerischen Tätigkeitsbereiche und der Erwerbschance im Rahmen der schriftstellerischen Arbeits- und Honorarbedingungen eine berufssoziologische Definition schriftstellerischer Tätigkeit zu finden.

Es stellte sich heraus, daß das berufssoziologische Kriterium der kontinuierlichen Erwerbschance für die Definition des Schriftstellerberufs nicht gegeben oder problematisch ist. Die schriftstellerische Erwerbschance wurde gekennzeichnet durch eine Streuung hoher bis extrem niedriger jährlicher Einnahmen, wobei die niedrigen bis sehr niedrigen Einnahmen deutlich überwogen. Des weiteren war die Erwerbschance aufgrund der Absatz- und willkürlichen Honorarbedingungen unsicher, wobei hervorgehoben wurde, daß Schriftsteller ihre Arbeit in der Regel vorfinanzieren müssen. Hinzu kam, daß die Einnahmen bei den drei wichtigsten Tätigkeitsbereichen, Rundfunk (Hörfunk und Fernsehen), Presse und Buchproduktion, verschieden sind, wobei innerhalb der einzelnen Bereiche wiederum große Spannbreiten verschieden hoher Bezahlung zu verzeichnen waren. Von diesen Tätigkeitsbereichen erwies sich der Rundfunk als für die Erwerbschance der Schriftsteller am bedeutendsten, es folgte der Bereich Presse noch weit vor dem ›klassischen‹ Tätigkeitsbereich, der Buchproduktion. Wichtig war, daß die überwiegende

Mehrzahl der schriftstellerisch Tätigen für mehr als einen Tätigkeitsbereich arbeiten.

Während die detaillierte Darstellung der Tätigkeitsbereiche die erste Grundlage für die Eingrenzung des Schriftstellerberufs ergab, war eine Analyse der schriftstellerischen Qualifikation eine wesentliche Voraussetzung für die Definition des Schriftstellerberufs. Grundlage der Qualifikation war das Verfügen über literarische Produktivkräfte, die sich aus dem literarischen Material, dem Arbeitsgegenstand und der betätigten menschlichen Arbeitskraft zusammensetzten. Unter dem literarischen Material wurden die jeweils zur Verfügung stehenden sprachlichen Mittel mit ihren gesellschaftlich-kulturellen Bindungen sowie der jeweilige Stand der Darstellungsformen und Vorgehensweisen zum Zweck literarischer Arbeit verstanden. Der Arbeitsgegenstand war der thematische Bereich, der sich aus dem thematischen Material als Gemeingut und der individuellen Phantasieleistung als aktivierter Erinnerung zusammensetzte. Die Arbeitskraft manifestierte sich im Erkennen eines geeigneten Arbeitsgegenstands und im Einsatz des Willens, der Kraft und der Ausdauer zum Zweck der Bewältigung eines Arbeitsgegenstandes mit den Mitteln des literarischen Materials. Die seit dem Aufkommen der bürgerlichen Kunst- und Literaturtheorie überbewertete schriftstellerische Autonomie wurde hier in erster Linie auf die Willensentscheidung des Schriftstellers, sich selbst als literarische Arbeitskraft einzusetzen, und erst in zweiter Linie auf den Entschluß begrenzt, zwischen den zur Verfügung stehenden Arbeitsgegenständen und literarischen Materialien eine Wahl zu treffen.

Zu der schriftstellerischen Qualifikation trat als Wissen des Schriftstellers das um die inhaltlichen und formalen Anforderungen sowie die wirtschaftlichen und technischen Bedingungen, die mit den Möglichkeiten einer Veröffentlichung literarischer Werke verbunden sind. Dazu gehörte die Kalkulation der Aufnahmebereitschaft eines jeweilig anzusprechenden Publikums. Ein Wandel in diesem Bedingungsgeflecht mußte dabei eine Veränderung der Wissenssystematik nach sich ziehen. Besonders wichtig für den Schriftsteller war das Wissen um die Tatsache, daß die Reproduktionsmittel seiner Arbeit in der Regel in der Hand anderer liegen. Bei allen Medienbereichen, besonders aber beim Rundfunk wurde deutlich, daß die Verwerter der literarischen Arbeit weitgehend über die Wahl des Arbeitsgegenstandes und des literarischen Materials bestimmen können.

Während nach der bürgerlichen Kunst- und Literaturtheorie schriftstellerische Tätigkeit als nicht erlernbarer, autonomer schöpferischer Prozeß verstanden wurde, wurde hier die Organisation einer schriftstellerischen Berufsausbildung befürwortet zum Erwerb eines zur kontinuierlichen Ausübung der schriftstellerischen Tätigkeit erforderlichen qualifizierten und systematisierten Wissens, ein Standpunkt, der in zunehmender Weise nur von einem schriftstellerischen Berufsverband erst geteilt wurde (VS). Eine Rationalisierung des Schriftstellerberufs bedeutete somit die ständige Anpassung der Wissenssystematik an die sich wandelnden Bedingungen der Kulturindustrie.

Qualifikation und Wissen des Schriftstellers befähigen ihn zu einer spezifischen schriftstellerischen Leistung, die auf einer Veränderung der sozialen Bedeutung der vorgefundenen Wirklichkeit beruht. Die Leistung ist die Bewältigung der Vieldeutigkeit der Welt durch ihr Formulieren in Bildern und Begriffen; der Schriftsteller setzt der vorgefundenen, unformulierten Welt seine formulierte gegenüber. Damit erfüllt er das Bedürfnis, dem diffusen, konturlosen, unfertigen und nicht abgeschlossenen Leben eine fixierte, repetierbare und damit in irgendeiner Weise geordnete Welt entgegenzustellen, sowie das Bedürfnis nach Unterhaltung, Belehrung, Zerstreuung, Bestätigung usw.

In der Berufspraxis muß sich der Schriftsteller als Spezialist in dreifacher Hinsicht erweisen: Zum einen muß er sich als Fachmann für einen oder für bestimmte begrenzte Arbeitsgegenstände hervortun; er muß für bestimmte Themenbereiche bekannt sein, um unter den Bedingungen der permanenten Produktion erfolgreich arbeiten zu können. Zum anderen ist er zum Teil nur noch Zulieferant von Texten, über deren endgültige Form andere entscheiden oder entscheiden können. Zum dritten beschränkt sich schriftstellerische Arbeit mit wenigen Ausnahmen auf die Kulturindustrie als Freizeitindustrie.

Die notwendige Spezialisierung der Schriftsteller ist Folge der für sie notwendigen medienbezogenen Verhaltensweisen, die durch den Zwang zur permanenten Produktion aller Medienbereiche gekennzeichnet sind. Der Schriftsteller hat dabei nur einen eingeschränkten Raum für selbstbestimmte literarische Arbeit zur Verfügung. Mit der Übernahme medienbezogener Verhaltensweisen fügt sich der Schriftsteller in die Arbeitsorganisation der Kulturindustrie mit ihrem spezifischen Rationalitätsziel, der reibungslosen Produktion einer Vielzahl täglicher Rundfunksendungen oder Zeitungsartikel sowie des am Massenkonsum orientierten Buchs.

Die schriftstellerische Berufswirklichkeit zeigte, daß Schriftsteller vor allem Auftragsarbeiten verrichten, die zudem nicht im ›idealen‹ Bereich, der belletristischen Literatur angesiedelt sind. Dabei unterliegen sie einem hohen Maß an Fremdbestimmung, sowohl was den Auftrag als auch das Arbeitsresultat betrifft. Besonders vergleichbar erwiesen sich die Schriftsteller mit dem naturwissenschaftlich hochqualifizierten Angestellten der Industrie, der sein spezialisiertes Wissen zur Verfügung stellt, über das von der Arbeitsorganisation aus verfügt wird und das sich dem Rationalitätsprinzip des Industirebetriebs unterordnen muß.

Unter Ablehnung der wirklichkeitsfremden, wertorientierten und somit von unspezifischen ethischen Postulaten bestimmten Theorie der freien Berufe wurde schließlich eine soziologische Definition des Schriftstellerberufs in der Formulierung gesehen, nach der ein Autor, gleichgültig auf welcher literarischen Ebene er arbeitet, so lange seine schriftstellerische Tätigkeit als Beruf ausübt, wie er die für seinen Erfolg erforderliche Qualifikation als literarische Produktivkraft zu erhalten, sein Wissen über die kulturellen und wirtschaftlichen Bedingungen der Literaturproduktion ihrem möglichen Wandel anzugleichen und somit die Kontinuität seiner Erwerbs- und Versorgungschance zu wahren vermag. Da der Schriftsteller in der Regel jedoch nicht über die Reproduktionsmittel seiner Arbeit verfügt und somit auf einen Vermittler, Verleger oder Redakteur angewiesen ist, trat zur Realisierung der in der Definition des Schriftstellerberufs gegebenen Bedingungen die Vermittlerentscheidung für oder gegen ein literarisches Werk als eine für den Schriftsteller irrationale Größe hinzu: Glück und Zufall erhielten somit eine besondere Rolle bei der Erfolgschance eines Schriftstellers.

5.1.3 Ergebnisse in literatursoziologischer Sicht

Eines der zentralen Interessen dieser Untersuchung war, literatursoziologische Erkenntnisse über das berufspolitische Engagement deutscher Schriftsteller und über ihre Organisierbarkeit zu gewinnen. Die literatursoziologische Fragestellung war die, ob das Gruppenverhalten der Schriftsteller in den Schriftstellerverbänden Veränderungen ausweist, die aus dem Wandel der Produktionsbedingungen innerhalb der Kulturindustrie erklärt werden können. Das hieß, in welchem Zusammenhang standen das Selbstverständnis deutscher Schriftstellerverbände mit den wirtschaftlichen, technischen, rechtlichen, gesellschaftlichen und politischen Bedingungen literarischer Produktion. Für die Beantwortung dieser Frage waren sowohl eine historisch-exemplarische Darstellung der schriftstellerischen Berufspolitik als auch eine Analyse der schriftstellerischen Existenzbedingungen notwendig.

Anhand der bisherigen, vornehmlich theoretisch orientierten verbändesoziologischen Forschung wurde die Frage nach der Staatsidee und dem Gesellschaftsbild der Schriftstellerverbände aufgestellt, soweit es ihrem Handeln und ihrem Selbstverständnis zugrunde lag. Unterschieden wurde zwischen drei Ideen des Staates: Erstens einem ständischen Leitbild, nach dem sich die Gruppeninteressen in ihrem Gegeneinander in der Annahme einer Respektierung der jeweiligen gesellschaftlichen Bedeutung ausgleichen, wobei bestimmten gesellschaftlichen Gruppen Sonderprivilegien zugebilligt werden, zweitens einem mit Autorität ausgestatteten Staat, der dem Drängen der Sonderinteressen im Sinn eines von ihm selbst definierten Gemeinwohls widersteht und drittens dem pluralistischen Staat, in dem die verschiedenen gesellschaftlichen Gruppen offen um die Anerkennung ihrer jeweiligen partikularen Interessen kämpfen und in dem keiner Gruppe das Monopol auf die Definition des Gemeinwohls zusteht.

Es hat sich in dieser Untersuchung gezeigt, daß alle traditionalen deutschen Schriftstellerverbände einer Mischform der beiden ersten Staatsideen nachhingen, einem ständisch-autoritären Staatsbild, das sie als Kulturstaat ansprachen als einem Staat mit einer einheitlich sittlich-geistigen Zielsetzung mit einem ihr entsprechenden Verhaltensstil. Innerhalb dieses Staatsbildes stuften die Schriftstellerverbände die schriftstellerischen Berufsinteressen nicht wie andere Interessengruppen als Teil der gesellschaftlichen Gesamtinteressen sondern als diesen Gesamtinteressen übergeordnet ein. Diese Selbsteinstufung erfolgte aus einem besonderen Elite-Verständnis, das den Schriftstellern die Funktion der nationalen Erziehung zusprach.

Die traditionalen Schriftstellerverbände orientierten sich bei ihrer Definition des Schriftstellerberufs und der schriftstellerischen Tätigkeit am Typ des genialen ›Eigenbrötlers‹, der als autonomer Schöpfer besonderer literarischer Leistungen dem Staat und der Gesellschaft Maßstab und Ziele ihres Handelns setze. Es stellte sich jedoch heraus, daß diese Definition und die aus ihr folgende Selbsteinstufung der Schriftsteller in die Gesellschaft einer illusionären Selbstwahrnehmung entsprach. Dies zeigte sich für ihre Berufsverbände schon darin, daß sie nur wenig Macht gegenüber ihren eigenen Mitgliedern und gegenüber dem Staat und seinen gesetzgebenden Instanzen hatten und daß die Öffentlichkeit an ihrem Handeln und dem verbandsinternen Geschehen nur wenig Interesse zeigte.

Die illusionäre Selbstwahrnehmung der Schriftsteller kann als Gruppensehnsucht Unterprivilegierter verstanden werden. Aus ihr folgte ein besonderes Identifikationsangebot an die Oberschicht, das nicht anders als devot bezeichnet werden konnte. Der Sehnsucht, von der Oberschicht als ihr zugehörig anerkannt zu werden, wurde von der Oberschicht nur vereinzelt und dann auch nur bedingt nachgekommen. Diese Sehnsucht war bei den traditionalen deutschen Schriftstellerverbänden mit einem weitgehenden Wohlverhalten verbunden, was sich nicht nur in den Versuchen zeigte, durch ihr Wirken ethisch begründete Postulate für das Verhalten der Verbandsmitglieder durchzusetzen. Auch bei der Vertretung wichtiger beruflicher Interessen war dieses Bemühen nachzuweisen. So wurde die für die schriftstellerischen Schaffensbedingungen so wichtige Forderung nach künstlerischer und geistiger Freiheit noch vor der Revolution von 1848 vertreten, in der Wilhelminischen Ära, als diese Freiheiten stark eingeschränkt waren, jedoch gar nicht oder nur lau. Erst als durch die Weimarer Verfassung und das Grundgesetz der Bundesrepublik die künstlerische und geistige Freiheit garantiert waren, wurde die Forderung nach der Realisierung dieser Garantie erhoben, wobei sich einzelne Verbände an der in einigen Bereichen vom Gesetzgeber wieder eingeführten Zensurgewalt beteiligten (SDS, Vereinigung).

Bezeichnend war auch, daß sich die traditionalen Schriftstellerverbände als unpolitisch verstanden. Diese Haltung entsprach der Überzeugung, über den Dingen des praktischen Lebens zu stehen, und äußerte sich in der Ablehnung einer Identifikation mit partikularen Interessen. In dieser Haltung mußte jedoch als Widerspruch erkannt werden, daß alles gesellschaftlich Relevante auch politisch relevant ist. Somit war die unpolitische Haltung durchaus politisch. In bezug auf die traditionalen deutschen Schriftstellerverbände war sie es dadurch, daß sie dem Herrschaftsanspruch der jeweils Herrschenden diente. Somit erwies sich das Handeln dieser Verbände als ideologisch, da es über die engeren, satzungsgemäß definierten schriftstellerischen Berufsinteressen hinaus auf die Erhaltung der Staatsform oder gar auf ihre Rückführung auf ein ständisch-autoritäres System ausgerichtet war.

Erst der VS hat die Einordnung der Schriftsteller in die komplexe Gesellschaftsstruktur westlicher Prägung vollzogen, indem er sich durch seinen Anschluß an einen gesellschaftlichen Machtfaktor in die pluralistische Machtverteilung integrierte. Das Selbstverständnis des VS orientierte sich nicht mehr am Eigenbrötler und der schriftstellerischen Originalität, sondern an dem in der Berufswirklichkeit vorherrschenden Typ des Autors, der als Produzent von Wortbeiträgen für verschiedene Medien wirtschaftlich weitgehend abhängig und thematisch-methodisch weitgehend fremdbestimmt innerhalb der arbeitsteiligen Kulturindustrie beschäftigt ist. Dies zeigte sich nicht zuletzt darin, daß der VS die Einschränkung der künstlerischen und geistigen Freiheit nicht mehr nur durch macht- oder parteipolitische Faktoren sondern vor allem durch die wirtschaftlichen Bedingungen der Kulturindustrie gegeben sah. In Abkehrung von der früheren Inanspruchnahme der Theorie einer Wertelite für die Schriftsteller vertrat der VS den Anspruch einer Funktionselite, nach dem die Schriftsteller innerhalb der Kulturindustrie bestimmte Aufgaben erfüllen und dafür ihre Qualifikation, ihr Wissen und ihre Arbeitskraft zur Verfügung stellen. Dem früheren unpolitischen Selbstverständnis deutscher Schriftstellerverbände setzte der VS die Forderung nach Mitbestimmung als Teilnahme an der Verfügungsgewalt über die Reproduktionsmittel schriftstellerischer Arbeit entgegen. Die ideologische Motivierung des Handelns des VS lag somit nicht in der Unterstützung des Herrschaftsanspruchs der Herrschenden, sondern in der Unterstützung der Beherrschten, der unter dem Vorzeichen der Fremdbestimmung lohnabhängig Arbeitenden. Dies zeigte sich besonders deutlich in dem Bemühen des VS, durch die Unterstützung einer besonderen Form der Arbeiterliteratur, des »Werkkreises Literatur der Arbeitswelt«, die Welt anders dargestellt zu sehen, als es die Herrschenden vorziehen würden.

Ein wichtiges Teilergebnis dieser Arbeit war, daß die Schriftstellerverbände immer mit der Entwicklung der Gesellschaft oder von Teilen von ihr konform gingen und sich der Meinung der Herrschenden oder einer herrschenden Meinung anpaßten. Auch die Entwicklung des VS mußte als Folge der gesellschaftlichen Entwicklung Mitte bis Ende der 60er Jahre und der Reformideen der sozial-liberalen Regierung angesehen werden. In keinem Fall konnten die Schriftsteller zu Recht als Gruppe die Leistungen Einzelner für sich in Anspruch nehmen und sich als Vorreiter der gesellschaftlichen Entwicklung ausgeben. Auch wenn sie teilweise organisatorisch getrennt waren, hat die Gesamtheit der schriftstellerischen Berufsorganisationen stets konservativ-reaktionäre und fortschrittsgläubig-revolutionäre Schriftsteller in sich vereinigt und somit stets dem Bild der Gesamtgesellschaft entsprochen.

Der Wandel in der sozialen Selbsteinordnung der Schriftstellerverbände von einer elitären zu einer integrierten Rolle innerhalb der Gesellschaft entsprach im wesentlichen einem Wandel ihres Wertklimas, der sich vor allem an der Frage nach dem Wozu schriftstellerischer Berufspolitik aufzeigen ließ. Die dargestellten Verschiebungen basierten auf dem Wandel der kognitiven Strukturen, die dem jeweiligen Verbandshandeln zugrunde lagen. Die kognitiven Strukturen betrafen die Wahrnehmung der Position der Schriftsteller in der Gesellschaft und der Funktion literarischer Tätigkeit innerhalb der Kulturindustrie. Als ein zentrales Ergebnis dieser Untersuchung wurde hierbei ein Parameter-Wechsel festgestellt, ein Wechsel im Grundmaß der Wahrnehmung. Dieser Wechsel wurde auf zwei Ebenen herausgearbeitet: Auf der Ebene des Schriftstellers und des Schriftstellerberufs erfolgte er vom Anspruch auf autonomes Schöpfertum universal geltender, wirtschaftsenthobener Weltauslegungen zur Einsicht in die Verflechtung auch der literarischen Aussage als Ware in den ökonomischen Gesamtzusammenhang der Literaturproduktion und somit als nur partikular geltende Interpretationsversuche. Auf der Ebene der schriftstellerischen Tätigkeit erfolgte er vom autonomen, an die Originalität des Schriftstllers gebundenen Prozeß zur arbeitsteiligen, an spezialisiertes Wissen gebundenen Leistung innerhalb der Kulturindustrie.

Die Folgen dieser verschiedenen Grundwahrnehmungen zeigten sich besonders deutlich im Verbandshandeln zugunsten der wirtschaftlichen Interessen der Schriftsteller. Während die Träger des alten Parameters im Konfliktfall den Kulturwert schriftstellerischer Arbeit höher stellten als ihren Wirtschaftswert und somit der Inkommensurabilitätstheorie entsprachen, stellten die Träger des neuen Parameters im Konfliktfall den wirtschaftlichen Wert schriftstellerischer Arbeit höher als ihren kulturellen.

Grundsätzlich wurde angemerkt, daß zwischen Trägern verschiedener, entgegengesetzter Parameter keine Verständigung über die Grundsätze gleichgerichteten Handelns zu erreichen ist. Dies bestätigte sich im Verhältnis zwischen dem VS und dem FDA, der sich erst vom VS abgespalten hatte, nachdem sich der VS durch seinen Weg in die Gewerkschaft eindeutig zu dem neuen, an den kulturindustriellen Arbeitsbedingungen der Schriftsteller orientierten Parameter bekannt hatte. Solange der VS als eigenständige Organisation auch ständisch-elitärem Denken noch eine Entfaltungsmöglichkeit offen ließ, konnte er nach außen die Geschlossenheit der organisierten Schriftstellerschaft erhalten. Erst der konsequent industriegewerkschaftliche Weg zwang die Träger des alten Parameters zur Abspaltung.

Die Analyse der schriftstellerischen Produktionsbedingungen hat eindeutig ergeben, daß nur der neue Parameter ein adäquater Maßstab für die realistische Wahrnehmung der schriftstellerischen Tätigkeit als Beruf ist und daß der alte die illusionäre Wahrnehmung begünstigt. Anhand der schriftstellerischen Berufswirklichkeit lassen sich die Theorie der schriftstellerischen Autonomie sowie der Inkommensurabilität geistiger Arbeit mit wirtschaftlicher Entlohnung nicht aufrechterhalten. Vielmehr stehen die wirtschaftlichen Bedingungen der literarischen Produktion und somit die schriftstellerische Erwerbschance in engstem Zusammenhang mit den inhaltlichen und ästhetischen Implikationen literarischer Produktion. Die Besitzer und Verwalter der Medien wirken mittelbar und unmittelbar durch die Vorwahl der Arbeitsgegenstände und des jeweiligen literarischen Materials in die Literaturproduktion hinein, ein Umstand, der sogar rechtlich in den meisten Rundfunk- und Verlagsverträgen abgesichert wurde, wie sie freien Mitarbeitern vorgelegt werden.

Die literarische Selbstdarstellung der Autoren erfolgt somit weitgehend nicht autonom sondern fremdbestimmt. Ein freier Entfaltungsraum für Autoren erscheint vor allem bei einer literaturtheoretischen und weltanschaulichen Übereinstimmung der Schriftsteller mit ihren Vermittlern bzw. Vertretern über die Grundlagen literarischer Produktion erlebbar und denkbar, im Konfliktfall jedenfalls kaum. Da auf diese Weise neben der Leistung der Autoren auch die Aufträge oder Erwartungen anderer in die Urheberschaft literarischer Werke einfließen, kann auch nicht der Kulturanspruch der traditionalen Schriftstellerverbände aufrechterhalten werden, nachdem die ›hohen‹ literarischen Werke hervorragender Schriftsteller allein die Kultur einer Nation ausmachten, ein Anspruch, der von ihnen in der Regel auf die gesamte schriftstellerische Berufsgruppe übertragen wurde. Dagegen mußte als Kultur in bezug auf Literatur das Gesamt der literarischen Produktionsbedingungen gleich welcher literarischen Ebene und Bereiche angesehen werden, wie es sich in der Produktion des Autors und der Reproduktion seiner Arbeit durch Druck, Sendung oder Film manifestiert, wozu schließlich die Bedingungen der Rezeption seitens des vielschichtigen Publikums hinzukommen. Wie es durch den VS bereits im Ansatz formuliert wurde, ist die Einflußnahme auf jeden der drei Faktoren somit eine Einflußnahme auf die Bedingungen der Kultur und deshalb selbst kulturelle Arbeit.

In bezug auf die Literatur wurden des weiteren zwei Ebenen der Qualität unterschieden: eine ästhetische und eine wirtschaftliche. Die ästhetische betraf die Geschmackslage des Autors und (s)eines bestimmten Publikums, die wirtschaftliche betraf die Absatzchance, die ein Vermittler einem literarischen Werk zumißt. Obwohl die zweite Ebene der ersten ihren Stempel aufdrückt, da sie nur über die zweite zum Tragen kommen kann, sind besondere literarische Leistungen im Sinne einer innovatorischen Veränderung der sozialen Bedeutung der Wirklichkeit durch Literatur möglich. Sie können aber nicht Maßstab für die Wahrnehmung der schriftstellerischen Berufswirklichkeit und somit des berufspolitischen Engagements der Schriftsteller sein.

Der alte, an der schriftstellerischen Autonomie orientierte Parameter verursachte ein falsches schriftstellerisches Bewußtsein, das sich in der illusionären Selbstwahrnehmung niederschlug. Die langdauernde Persistenz des falschen schriftstellerischen Bewußtseins, das nach wie vor das Selbstverständnis von Teilen der Schriftstellerschaft bestimmt, wurde mit der Immobilität der schriftstellerischen Berufsgruppe, der überwiegenden Rekrutierung der Schriftsteller aus dem Bildungsbürgertum mit seinem unpolitischen Selbstverständnis und dem Mangel an einer schriftstellerischen Grundausbildung erklärt. Hinzu kamen die Bedingungen der schriftstellerischen Produktion selbst, die durch ihre Fremdbestimmung eine Verinnerlichung der für die Auftraggeber oder Abnehmer schriftstellerischer Arbeiten bequemeren, an der Inkommensurabilitätstheorie orientierten Erwartungen begünstigen. Hinzu wurde noch die innerpsychologisch bedingte Konstanz eines Parameters als Grundmaß der Wahrnehmung gezogen, die einer völligen geistigen Umstrukturierung entgegenwirkt, die mit einem Parameter-Wechsel in einer Person verbunden wäre.

Der Wandel im Selbstverständnis der deutschen Schriftstellerverbände weg vom falschen Bewußtsein resultierte im wesentlichen aus einer Umkehrung der eben genannten Kriterien: eine zunehmende Mobilität zeigt sich im zumindest intellektuell zunehmenden Interesse an der Literatur für die Unterschicht oder für die verschiedenen Arten der Arbeiterliteratur und in einer langsam zunehmenden Rekrutierung von Autoren aus der Unterschicht sowie dem Beginn, die Aufnahme soziologischer und wirtschaftlicher Kenntnisse für Schriftsteller als Wissensvoraussetzung ihrer Tätigkeit zu begreifen. Hinzu kam die politisch motivierte Einsicht in die wirtschaftlichen Produktionsbedingungen innerhalb der Kulturindustrie und als deren Folge die zunehmende Weigerung, den Erwartungen und Forderungen der Auftraggeber und Abnehmer literarischer Arbeiten zu entsprechen. Die Entwicklung des neuen Parameters gewährleistet auch eine Konstanz dieser neuen Position.

Die Ausgangshypothese der literatursoziologischen Fragestellung muß nach diesen Erkenntnissen modifiziert werden. Zwar steht der Wandel des Selbstverständnisses der deutschen Schriftstellerverbände in engem Zusammenhang mit den rechtlichen, sozialen, wirtschaftlichen und politischen Bedingungen der literarischen Produktion; diese Bedingungen realistisch einzuschätzen war Grundvoraussetzung für eine zweckrationale Berufspolitik. Aber auch wenn der Wandel durch die Entwicklung der schriftstellerischen Arbeitsbedingungen, durch die Erweiterung der Arbeitsfelder und des Publikums infolge neuer Medien sowie durch die monopolartige Stellung der Rundfunkanstalten als Hauptabnehmer literarischer Arbeit begünstigt wurde, so bestanden diese Bedingungen im Prinzip seit Beginn der bürgerlichen Literatur als einer Literatur, die auf den Verkauf auf einem freien Markt angewiesen ist. Die Persistenz des falschen Bewußtseins, das auf dem mit der bürgerlichen Kunst- und Literaturtheorie eng verbundenen Originalitätsprinzip beruhte, zeigte jedoch, daß neben der Dialektik in der Basis-Überbau-Beziehung eine Dialektik auf der Überbau-Ebene gesehen werden muß. Der Wandel im Selbstverständnis der Schriftstellerverbände resultierte nicht allein aus der Entwicklung der Produktionsbedingungen, sondern auch aus einer Entwicklung der kognitiven Stile: Die Ergebnisse der vergleichenden Kultur- und Religionswissenschaft, der Psychologie, der Erkenntnistheorie und anderer Wissenschaften haben dazu geführt, daß der universale Geltungsanspruch der Literatur in Frage gestellt und aufgehoben wurde. Es folgte eine Umstrukturierung auch des literarischen Wissens, die Bescheidung auf die realistische Einschätzung literarischer Arbeit als partikularer sozialer Leistung. Die somit entstandene neue soziale Dienstgesinnung der Schriftsteller war Grundvoraussetzung ihrer gesellschaftlichen Integrationsbereitschaft und des Gewerkschaftsbeitritts des VS als Anerkennung der pluralistischen Bedingungen, unter denen in der demokratischen Gesellschaft westlicher Prägung berufs- und gesellschaftspolitische Entscheidungen allein herbeigeführt werden können.

5.2 Prognosen über die weitere Entwicklung deutscher Schriftstellerverbände sowie der literarischen Produktion und ihrer Bedingungen

Schon K. Fohrbeck und A. Wiesand haben sich Gedanken über eine künftige optimale schriftstellerische Interessenpolitik gemacht. Sie unterschieden bei ihrem ›Autorenplan‹ 7 Bereiche der Verbandsarbeit [2]: 1. sollten sich die Schriftstellerverbände verbandspolitisch durch eine konsequente Gewerkschaftspolitik konsolidieren. 2. sollten sie tarifpolitisch für die materielle Sicherung der schriftstellerischen Existenz durch den Abschluß von Musterverträgen über die schriftstellerischen Arbeits- und Honorarbedingungen eintreten, vor allem sollte dadurch die Abhängigkeit der Autoren von ihren Auftraggebern eingeschränkt werden. 3. sollte sozialpolitisch durch das Durchsetzen einer auf tarifrechtlicher Regelung beruhenden Renten- und Krankenversicherung die Einbeziehung der Schriftsteller in die für andere Berufsgruppen bereits geltende soziale Sicherung erreicht werden, wobei für besondere Not- und Härtefälle ein zusätzlicher Sozialfonds aufgebaut werden sollte. 4. sollten die Autoren medienpolitisch in die Kontrollgremien der Verlagsunternehmen und der Rundfunkanstalten durch die Durchsetzung der Mitbestimmung einbezogen werden. 5. sollten berufspolitisch Ausbildungsmöglichkeiten für Autoren unter Beteiligung der öffentlichen Hand und der Auftraggeber literarischer Arbeiten aufgebaut werden. 6. sollten die Autorenverbände kulturpolitisch durch ihre Einflußnahme auf und ihre Mitarbeit in den verschiedenen Kulturbehörden aktiv werden, und als letztes sollte 7. versucht werden, durch Stiftungen Autoren fördern zu helfen, die (noch) nicht auf dem Markt absetzbar sind, wobei statt der bisher üblichen Kulturpreise für arrivierte Autoren mehr Förderungsstipendien vergeben werden sollten.

Diese sieben Gesichtspunkte können durchaus auch als Prognose für die künftig zu erwartenden Schwerpunkte schriftstellerischer Interessenpolitik umformuliert werden. Sie entsprechen in ihren Zielsetzungen zum großen Teil auch den bisher üblichen Initiativen deutscher Schriftstellerverbände, nur sind die aufgezeigten Wege gegenüber den früher beschrittenen z. T. verschieden. Wesentliche Voraussetzung für eine Veränderung der schriftstellerischen Berufspolitik ist die Einbeziehung der Schriftsteller in das Arbeitsrecht. Hierdurch können in Zukunft die erfolgreichen Schriftsteller besser als bisher die Kontinuität ihrer Erwerbschance und eine Anpassung ihrer Honorare an die steigenden Lebenshaltungskosten sichern. Die soziale Sicherung wird somit zugleich zu einem Rechtsanspruch und verliert ihren bisherigen Almosencharakter. Durch die Berücksichtigung des Erfolgs bei dem Aufbau individueller Sozialversicherungen wird das Leistungsprinzip der Gesellschaft auch für die Schriftsteller anerkannt. Für die wirtschaftlich erfolglosen, die jedoch einen Kreis von literarischen Liebhabern gefunden haben, bleibt auch in Zukunft die Möglichkeit der mäzenatischen Unterstützung durch Stiftungen und andere Geldquellen. Durch die arbeitsrechtliche Sicherung der Erfolgreichen könnten die Zuwendungen für wirtschaftlich weniger Erfolgreiche sogar erhöht werden.

Voraussetzung für das Erreichen dieser Ziele ist die Bildung von Tarifkommissionen, die auf seiten der Autoren vorerst gemischt sein werden, da die Autoren je nach Tätigkeitsbereich derzeit von verschiedenen Gewerkschaften innerhalb des DGB vertreten werden. Zu dieser Voraussetzung gehört, daß auch die Auftraggeber der Autoren und die Abnehmer ihrer Arbeit, die Verleger und die Rundfunkanstalten, ebenfalls Tarifkommissionen zur Verhandlung mit den Autoren bilden. Beide Ziele können nur erreicht werden, weil den Schriftstellern das Tarifrecht zugesprochen wurde, was zur Folge haben muß, daß sich der Verlegerausschuß im »Börsenverein des deutschen Buchhandels« sowie die ARD und das ZDF in Zukunft auch gegenüber dem Großteil ihrer freischaffenden Autoren als Arbeitgeberorganisationen verstehen werden. Dies wird nicht ohne Auswirkung auf das Selbst- und Fremdverständnis der Schriftsteller und ihrer Arbeitgeber bleiben. In Zukunft wird dann von beiden Seiten der Wirtschaftswert der Literatur im Konfliktfall über ihren Kulturwert gestellt werden, und die Verleger werden ein erweitertes Verständnis von ihrer ›Treuhänderfunktion‹ gegenüber den Autoren entwickeln.

Die schriftstellerischen Interessen können in Zukunft durch Streiks oder andere gezielte Kampfmaßnahmen mit größerem Nachdruck als bisher vertreten werden, wobei es nicht mehr um den unwahrscheinllichen und wirkungslosen Schriftstellerstreik geht, sondern um die Stillegung der Reproduktionsmittel durch die technischen Mitarbeiter der Kulturindustrie. Die gemeinsame Organisation beider Gruppen und die Möglichkeit ihres solidarischen Handelns wird die Medienbesitzer oder -verwalter zu einer neuen Kalkulation ihrer Risikoerwartung zwingen.

Die Bildung einer Mediengewerkschaft als einer einheitlichen Organisation aller im Kulturbereich tätigen Arbeitnehmer wird voraussichtlich länger auf sich warten lassen als das Aushandeln der ersten Musterverträge, da mit der Auflösung bestehender Organisationen der jeweilige Verlust von Macht- und Einflußpositionen verbunden ist, gegen den sich verschiedene ihrer Inhaber wehren werden. Sollte die gemischten Tarifkommissionen, die bald alle künstlerischen Berufsgruppen erfassen könnten, erfolgreich arbeiten, könnte die Forderung nach einer geschlossenen IG Medien langsam in den Hintergrund treten. Gegenüber den Aussichten, dieses Ziel zu erreichen, ist ohnehin Skepsis angebracht, da die Vertreter der verschiedenen Organisationen zugunsten einer besseren Zusammenarbeit lieber Teilkompetenzen abgeben werden als ganz auf ihre Positionen zu verzichten. Das kann jedoch zur Durchsetzung der jeweiligen berufspolitischen Forderungen bereits ausreichen.

Auch die Forderung nach Mitbestimmung in den Medienbereichen stößt auf besondere Schwierigkeiten. Solange der Tendenzschutz im Betriebsverfassungsgesetz eine derartige Mitbestimmung in Großbetrieben der Medienindustrie verhindert, kann sie nicht durchgesetzt werden. Dieser Tendenzschutz wird jedoch aufgehoben werden, sobald die Mehrheit der für die Gesetzgebung verantwortlichen Politiker bereit sein wird, die wirtschaftliche Kalkulation im Medienbereich höher einzuschätzen als die inhaltliche (kulturelle, religiöse, politische, erzieherische), was in bezug auf die überparteilichen Medien auch der Wirklichkeit entspricht. Der Tendenzschutz wird ebenfalls aufgehoben werden, sobald man den die Mitbestimmung fordernden Autoren das Interesse an einer größeren Garantie der Meinungs- und

Informationsvielfalt und an der Sicherheit ihrer Arbeitsplätze sowie an der Transparenz ihrer Arbeitsbedingungen zubilligt, was wiederum sozialen und gesellschaftlichen Interessen entspricht. Dieses Ziel wird auch deshalb erreicht werden, da die Gewerkschaften durch die zukünftige Mitarbeit der Autoren dieses Thema immer wieder zur Sprache bringen und somit ein Umdenken eines Teils der Betroffenen erreichen werden. Auch wird die kapitalistisch orientierte Kulturindustrie dieser wie auch anderen Forderungen schrittweise entgegenkommen, um das kapitalistische Prinzip zu retten.

Die neuen organisatorischen Bedingungen und ihre möglichen Erfolge zugunsten der Schriftsteller, die Erhöhung ihrer Honorare und ihre bessere Berücksichtigung bei der Verwertung ihrer Nebenrechte werden jedoch die Manuskriptbeschaffung der Medienindustrie verteuern. Daraus wird wiederum eine Erhöhung der Buch- und Zeitschriftenpreise sowie der Rundfunkgebühren resultieren. Sollten sich die Verlage und Rundfunkanstalten aus welchen Gründen auch immer zu Einsparungen veranlaßt sehen, wird der Konkurrenzdruck der Autoren untereinander größer werden. Es wird dann weniger erfolgreiche Autoren geben, die werden aber mehr Einnahmen aus ihrer schriftstellerischen Tätigkeit erzielen als jetzt.

Wenn auch die Motivation des Gewerkschaftsbeitritts bei den Schriftstellern unterschiedlich gewesen sein, wenn es neben rationalen Motiven auch irrationale gegeben haben mag, so ist doch ein neuer Erfahrungshorizont der Schriftsteller zu erwarten. Der Umgang mit den Angehörigen anderer Berufe in der gemeinsamen Organisation wird zumindest den Verbandsfunktionären neue Problemstellungen aufgeben, die sie dann, um ihre Aktivitäten verständlich zu machen, auch den Mitgliedern vermitteln müssen. Somit werden die Kenntnisse über die Arbeitsbedingungen und über die Probleme anderer Berufsgruppen zu einer Bewußtseinserweiterung vieler Autoren beitragen. Auf diese Weise wird der Blick für die wirtschaftlichen Bedingungen der Arbeit innerhalb der Kulturindustrie weiter geschärft werden.

Das Verhältnis zwischen dem VS und dem FDA wird weiter auf dem Grundgegensatz ihres jeweiligen Selbstverständnisses gespannt bleiben. Berufspolitisch wird der FDA gegenüber dem VS unbedeutend bleiben, da er sich aller Machtmittel zur Durchsetzung seiner Ziele begeben hat. Jedoch werden auch die FDA-Mitglieder aus den tarifpolitischen Erfolgen des VS Nutzen ziehen können. Erfolgreicher als der VS kann der FDA allenfalls in der Beschaffung mäzenatischer Mittel sein, die aber niemals zur Durchführung seiner sozialen, wirtschaftlichen und kulturellen Ziele ausreichen werden. Je nach konservativen oder sozial-liberalen bzw. sozialdemokratischen Regierungen werden beide Verbände wechselnd erfolgreich in ihrem Einfluß auf die offizielle staatliche Kulturpolitik und auf das vom Staat formulierte Fremdverständnis der Schriftsteller sein.

Auch alters- und interessenmäßig werden sich beide Verbände in Zukunft weiter unterscheiden: in Analogie der von der SPIEGEL-Enquete vorgelegten Daten über die Unterschiede zwischen dem DJV als berufsständischer journalistischer Interessenvertretung und der dju als journalistische Fachgruppe in der IG Druck und Papier kann vorausgesagt werden, daß die Mitglieder im VS durchschnittlich jünger und mehr an arbeits- und tarifrechtlichen Fragen sowie an gesellschaftlichem Einfluß und weniger an Standesfragen wie Imagepflege und politischer Neutralität interessiert sein werden als die FDA-Mitglieder. [3]

Über die beiden Verbände hinaus wäre noch ein dritter Schriftstellerverband in der Bundesrepublik denkbar, wenn die Gewerkschaften die Mitgliedschaft in ihr mit der in kommunistischen Organisationen als nicht vereinbar erachten sollten. Ein solcher Beschluß würde den Ausschluß der Autoren zur Folge haben, die dem VS und der DKP angehören, was voraussichtlich auch den Austritt zahlreicher ihrer Sympathisanten nach sich ziehen würde, die zusammen dann ihren eigenen Verband gründen könnten. Der Solidarisierungseffekt könnte in diesem Fall besonders groß sein, da ein derartiger Beschluß der Gewerkschaften im Widerspruch zu der Versicherung gesehen würde, nach der kein VS-Mitglied aufgrund dessen, was und wie er arbeitet, d. h. auch, was und wie er politisch denkt und handelt, aus der Gewerkschaft ausgeschlossen werden darf.

Der Gewerkschaftsbeitritt des VS und die Einbeziehung eines Großteils der Schriftsteller in den Kreis der arbeitnehmerähnlichen Personen wird einige wichtige Folgen für die Schriftsteller überhaupt haben: Zuerst werden die Einnahmen aus schriftstellerischer Tätigkeit steigen und zwar im Maße aller anderen Lohn- und Gehaltserhöhungen. Darüber hinaus wird die soziale Sicherheit der Autoren durch die tarifrechtlich abgesicherte Kontinuität der Versorgungschance im Alter und bei Krankheit gewährleistet werden. Diese beiden berufspolitischen Erfolge werden den Zwang zur permanenten Produktion der Autoren mindern; die Schriftsteller werden mehr rekreative Freizeit und mehr Zeit für selbstbeauftragte Arbeiten finden. Der neue organisatorische Horizont wird darüber hinaus auch ihren sozialen Horizont erweitern und somit zu neuen Arbeitsgegenständen und weiteren literarischen Materialien führen. Durch alle diese Faktoren mag die Selbstbestimmung der Autoren zuungunsten ihrer Fremdbestimmung gestärkt werden, die bisher die schriftstellerische Berufswirklichkeit prägte.

Auf lange Sicht wird auch der Parameter, der das zweckrationale Handeln des VS bestimmt, von einem neuen, einer veränderten Berufswirklichkeit entsprechenden, aber heute noch nicht erkennbaren Paramter abgelöst werden. In diesem Fall wird sich die Frage stellen, ob der VS durch seine gesellschaftliche Integration besser als seine Vorläuferorganisationen und der FDA in der Lage sein wird, den erneuten Parameter-Wechsel selbst nachzuvollziehen, oder ob er selbst in der Rolle eines dann traditionalen Verbands stagniert, wobei dann ein anderer, neu zu gründender Verband die derzeitige Funktion eines zweckrational handelnden schriftstellerischen Berufsverbands übernehmen müßte.

5.3 Perspektiven über mögliche Auswirkungen des Wandels im Selbstverständnis deutscher Schriftstellerverbände auf die Rolle der Schriftsteller in der Gesellschaft

Schon seit Beginn der bürgerlichen Epoche waren die Träger der Theorie einer machtneutralen und herrschaftsemanzipierten Öffentlichkeit eine gesellschaftliche Minderheit, deren Normen auf ein Modell der bürgerlichen Gesellschaft ausgerichtet waren, das der Realität keineswegs entsprach. [4] Diese Isolation bürgerlicher Intellektueller, Künstler und Literaten setzte sich bis in die Gegenwart fort. Auch heute noch ist der Bezug der Schriftsteller auf die künstlerische Eigengruppe höher als auf alle anderen gesellschaftlichen Gruppen, und die gesellschaftliche Selbsteinordnung der Autoren blieb diffus. [5] Dem entspricht auch die Tatsache, daß sich die Literaten in der Beurteilung ihres weiteren Bezugsfeldes vor allem auf angelesenes, weniger auf erlebtes Wissen stützen. [6]

Während die traditionalen deutschen Schriftstellerverbände in ihrer illusionären Selbsteinschätzung glaubten, selber bestimmen zu können, was Literatur und wozu sie da sei, beinhaltet die Forderung nach Mitbestimmung innerhalb der Kulturindustrie, soweit sie der VS erhoben hat, zweierlei: 1. die Einsicht, daß die Schriftsteller selbst an der Definition der Kulturwerte, soweit sie die Richtlinien der Verlage, der Rundfunkanstalten und der staatlichen Kulturpolitik betreffen, nicht beteiligt sind, und 2. die Bescheidung, nach der die Schriftsteller nicht allein, sondern in Zusammenarbeit mit den auftraggebenden Instanzen an einer Weiterentwicklung kultureller Werte arbeiten wollen. Daraus ergibt sich eine neue schriftstellerische Rollenbestimmung in der Gesellschaft, die die Schriftsteller zwingt, aus ihrer Isolation heraus in engeren Kontakt mit ihrem weiteren Bezugsfeld, den Vermittlern ihrer Arbeiten und ihrem Publikum, zu treten. Einen ersten Schritt in dieser Richtung könnte die gewerkschaftliche Integration eines Teils der Schriftsteller der Bundesrepublik bedeuten.

Sicher würde man zu weit gehen, wollte man W. Benjamins Vision der Kunstentwicklung, nach der die Kunst vom Ritual gelöst und auf Politik begründet werden soll [7], bereits durch den Schritt zahlreicher Schriftsteller in die Gewerkschaft verwirklicht sehen. Die vom VS betriebene ›Säkularisierung eines ehemals hehren Berufsstands‹ liegt etwa zwischen beiden Polen.

So wie die Entwicklung des sozialen Status einer Berufsgruppe von der berufspolitischen Aktivität der Berufsangehörigen selbst abhängt [8], so müssen auch die Schriftsteller versuchen, ihre gesellschaftliche und damit politische Integration durch ihre Mitarbeit in den Gewerkschaften im öffentlichen Bewußtsein abzusichern. Die dazu notwendige Rationalisierung des Schriftstellerberufs, d. h. die ständige Fortentwicklung des systematisierten Wissens der Schriftsteller in bezug auf die Bedürfnisse der Kulturindustrie und ihres Publikums, muß die Berücksichtigung des weiteren schriftstellerischen Bezugsfeldes beinhalten, um realitätsnäher, d. h. politischer und gesellschaftlich relevanter zu werden. Wie H. A. Hesse es formulierte, liegt »in der Aktivierung der Öffentlichkeit für die Angelegenheiten einzelner Berufe, die ja nie die Angelegenheit allein der Berufsangehörigen sind, sondern die die mit den Berufsangehörigen verkehrende Umwelt ebenso betreffen, [...] die wesentliche Aufgabe im Prozeß der Professionalisierung heute – darin, daß die Interessen der Allgemeinheit davon berührt werden, liegt zugleich der Ernst und die Legitimität ihres Anspruchs auf Beteiligung«. [9]

Die soziale Dienstgesinnung als Anerkennung schriftstellerischer Tätigkeit als eine auftragsgebundene Leistung, die nicht mit fremdbestimmter Tätigkeit gleichgesetzt werden muß, hat sich auch im Bewußtsein zahlreicher Schriftsteller eingestellt. So meldete keiner der 30 von M. Doehlemann befragten Autoren »einen Widerspruch gegen den Wert ›Arbeit‹ an. Sie beanspruchten ausdrücklich, wie ›jeder andere zu arbeiten‹, nur eben etwas anderes«. [10] Langfristig könnte sich hiermit aus der gewerkschaftlichen Integration der Schriftsteller und aus ihrer noch zu erreichenden Mitbestimmung über die Rahmenrichtlinien der Kulturindustrie eine gesellschaftlich integrierte Rolle der Schriftsteller ergeben, wobei die auf sie gerichteten Rollenerwartungen einem neuen Fremdverständnis des Schriftstellerberufs entsprechen müßten, das die Schriftsteller nicht mehr zu universalen Deutern der sozialen Wirklichkeit hochstilisiert oder aber als wirklichkeitsfremde und nichts bewirkende Esoteriker abtut, sondern sie als eine an den kognitiven Grundlagen der gesellschaftlichen Entwicklung mitarbeitende Berufsgruppe erlebt und begreift.

Auch der traditionale Schriftsteller glaubt, an den kognitiven Grundlagen der gesellschaftlichen Entwicklung zu arbeiten, sein Anspruch auf universale Geltung beruht jedoch auf einer illusionären Selbstwahrnehmung. Sie wiederum beruht auf der Verkennung der Tatsache, daß z. b. die schöngeistige ›hohe‹ Literatur für die große Menrheit der Bevölkerung fremd blieb. Sie beruht auch auf einem elitär-autoritären Selbstbild, nach dem man nur für die ›Elite‹ zu schreiben brauche, die ohnehin allein die gesellschaftliche Entwicklung vorantreibe. Eine derartige traditionale Einstellung paßt jedoch nicht in eine nach westlicher Prägung demokratische Gesellschaftsordnung, in der sich die politische Entwicklung nicht zu weit vom kognitiven Stand der Wählermehrheiten entfernen darf. An diesem kognitiven Stand hätte eine Literatur, die eine emanzipatorische Breitenwirkung erzielen will, anzusetzen. Noch arbeitet der ›kritische‹ Schriftsteller, wie G. Bauer es formuliert hat, »selbst wenn er über Arbeiter, Angestellte oder Lumpenproletarier schreibt, für seinesgleichen, für einen gedachten allgemeinen Menschen, der für Sorgen über seine Existenz hinaus Zeit, Distanz, intellektuelle Kapazitäten und emotionalen Spielraum hat«. [11] Er bezieht den wirklichen Adressaten, der in seiner Lage durch diese Aufklärung Nutzen haben könnte, nicht in seine Vorstellungswelt mit ein. Damit begibt sich die Literatur selbst in eine deutliche Distanz von Beruf und Wirtschaft, von Haushalt, Erziehung und Politik und wird, »wenn sie politisch wird, [...] nicht wahrgenommen außerhalb einer Clique der Engagierten, darum wird sie nie politisch, sei sie auch noch so deutlich«. [12]

Gegen diese Beschränkung richtete sich neben den berufspolitischen Zielen ein wesentlicher Teil der Intentionen, die Schriftsteller für ihren Gewerkschaftsbeitritt votieren ließen. Zum einen sollte erreicht werden, wie es in der Plattform des ›Arbeitskreises Kulturindustrie‹ hieß, daß die Schriftsteller lernen, für die überwiegende Mehrheit der Bevölkerung zu schreiben [13], zum anderen suchten die Schriftsteller ihre Chance, die ökonomische Orientierung der Herstellung und Verbreitung von Literatur durch ihren Einfluß auf die Medienpolitik zu durchbrechen. [14] Die Durchbrechung der schriftstellerischen Fremdbestimmung durch die Mitbestimmung in den Medien der Kulturindustrie wäre jedoch nur die Erfüllung der äußeren Bedingung, daß die Schriftsteller auch eine von ihnen noch zu entwickelnde erzieherische Funktion realisieren könnten. Ansätze für eine solche Möglichkeit sind im VS bereits angedeutet worden. So hoffte D. Lattmann, daß die »Wiederentdeckung der sozialen Thematik [...] zur Neuentdeckung großer Leserschichten führen« könnte. »Heute verfügen die Arbeitnehmer über mehr freie Zeit [...] Wenn die Schriftsteller diese denkbaren Lesergruppen nicht ansprechen lernen, kommen sie aus dem Elfenbeinturm nicht heraus.« [15] Auch F. Hitzer forderte eine Literatur, die den Bedürfnissen eines breiten Publikums entgegenkommt: »Wir brauchen eine Literatur, die der Wirklichkeit von heute [...] angemessen ist. Das heißt: Möglichkeiten der Identifikation und Erkenntnis für die Mehrheit der Arbeiter, Angestellten, Intelligenz, der Jugend und der älteren Generation« bietet. [16] Die Unterstützung des ›Werkkreises Literatur der Arbeitswelt‹, auf die die VS-Mitglieder mehrfach verpflichtet wurden, bedeutet ebenfalls die Unterstützung einer Literatur, die dazu beitragen will, »die gesellschaftlichen Verhältnisse im Interesse der Arbeitenden zu verändern«. [17]

Wenn die Schriftsteller nicht mehr wollen, daß die ökonomisch-kapitalistisch orientierte Kulturindustrie bestimmt, was für die Mehrheit der literarisch weniger anspruchsvollen Leser gut ist, weil sie es angeblich so wünschen, sondern wenn sie mit Angehörigen dieser Leserschichten zusammen neue literarische Bereiche entwickeln wollen, müssen sie auch deren kognitiven Strukturen und Stile in ihre Überlegungen mit einbeziehen. Wenn die von M. Doehlemann befragten jungen Autoren keinen »möglichst ausgedehnten Wertkonsensus, sondern eine möglichst große Vielfalt einander befruchtender Werthaltungen« suchen [18], so kann dieses Ziel noch in Einklang gebracht werden mit den soeben genannten Intentionen, die mit dem Gewerkschaftsbeitritt verbunden waren. Nicht in Einklang mit diesen Zielen stehen andere Interessen und Einstellungen, nach denen die Schriftsteller die ›Bewußtseinsfindung‹ zu ihrer Aufgabe machen wollen als eine Summe von »Aufdecken neuer Zusammenhänge, neuer Denkmöglichkeiten, Beunruhigung, Verbreitung von Zweifel; Vorbereitung für Veränderung«, und nach denen sie ihr Ziel darin sehen, »der als träge empfundenen Gesellschaft provozierend und verändernd auf den Leib zu rücken«. [19]

So wie die politische Wirkung der sogenannten engagierten Literatur überhaupt sehr ungewiß ist [20], so ist es gewiß, daß Provokation, Beunruhigung und Verbreitung von Zweifel weniger der Aussicht auf gesellschaftliche Veränderungen als bourgeoisen Literaten-Allüren entsprechen. Die Autoren müssen, um mit ihren Arbeiten wirken zu können, berücksichtigen, daß die Wirkung der Medien weitgehend dahin geklärt ist, daß der ›normale‹ Konsument der Massenmedien selektiv das aussucht, das seine Meinung bestätigt. »Für alle Versuche, mit Hilfe der

Massenmedien das Publikum *aufzuklären*, besser zu informieren, Vorurteile abzutragen, Unterstützung gemeinnütziger Anliegen zu gewinnen, bedeutet das Selektionsverhalten des Publikums eine erhebliche Behinderung.« [21] Ein Autor, der eine Breitenwirkung anstrebt aber keine informationstheoretischen Überlegungen anstellt, insbesondere über das Phänomen der ›kognitiven Dissonanz‹, begibt sich leicht in Illusionen über seine realen Möglichkeiten. Die nach einer Darstellung E. Noelle-Neumanns experimentell ausreichend nachgewiesenen Mechanismen selektiver Wahrnehmung sind Abwehrmechanismen zur Erhaltung des notwendigen, individuellen psychischen Gleichgewichts. Informationen, die von den bestehenden Überzeugungen zu weit abweichen, wird ausgewichen, »umgekehrt wird das dargebotene Material danach abgesucht, was bestehende Überzeugungen absichert, bestärkt. Wenn es nicht gelingt, sich rechtzeitig einer Mitteilung zu verschließen, die kognitive Dissonanz hervorruft, wird sie nicht selten umgedeutet oder rundheraus mißverstanden, um in das kognitive Schema des Individuums zu passen«. Dissonante Elemente werden dabei nach dem Zeitpunkt der Information häufig umgedeutet oder schneller vergessen als konsonante Elemente. [22]

Was W. Benjamin auf die linke Intelligenz der 20er Jahre bezog, gilt auch heute, nämlich, »daß die politische Tendenz, und mag sie noch so revolutionär scheinen, solange gegenrevolutionär fungiert, solange der Schriftsteller nur seiner Gesinnung nach, nicht aber als Produzent seine Solidarität mit dem Proletariat erfährt«. [23] Nach den Erfahrungen des ›Werkkreises Literatur der Arbeitswelt‹ bringt erst die »Zusammenarbeit von abhängig Beschäftigten aus Industrie und Verwaltung mit in der Informationsherstellung geschulten progressiven Intellektuellen [...] die normalerweise getrennten Erfahrungen und Fähigkeiten beider Gruppen zur Vereinigung und damit zu einer neuen, systemüberschreitenden Qualität«. [24] Wenn es auch bereits mehrere Autoren waren, die diese Erfahrungen ihrer schriftstellerischen Arbeit zugrunde legten und die aufgrund dieser Erfahrungen den Gewerkschaftsbeitritt des VS unterstützten [25], so muß doch erkannt werden, daß diese Erkenntnisschritte von der Mehrheit der Schriftsteller, die für sich emanzipatorische Wirkung in Anspruch nehmen mögen, erst geleistet werden muß. Im Sinne dieser Überlegungen hat G. Bauer bereits erklärt, daß der Autor aus der ›Rolle des bloßen Senders und Anbieters‹ heraustreten muß. »Er muß selbst erst bei dieser Gruppe lernen und kann das Gelernte nicht ins Allgemeine oder Durchschnittliche abstrahieren, muß vielmehr auch noch die Rezeptionsbedingungen studieren und nach durchaus empirischen Befunden verbessern.« [26]

Somit ist deutlich geworden, daß der Gewerkschaftsbeitritt allein noch keinen Wandel der sozialen Rolle der Schriftsteller bedeuten muß, daß er allenfalls die Möglichkeiten der Bedingungen eines solchen Wandels erleichtert. Die wesentliche Bedingung ist eine Veränderung der kognitiven Struktur der Schriftsteller über die Wahrnehmung ihrer Produtkionsbedingungen hinaus zu einer Veränderung der Einschätzung der Rezeptionsbedingungen seitens der weiteren Bezugsgruppe ihrer Tätigkeit. In Anlehnung an eine Aussage von Th. W. Adorno, die sich auf die Möglichkeit von Kunst bezog, kann somit gesagt werden, daß die Antwort auf die Frage, ob eine Veränderung der Rolle der Schriftsteller in der Gesellschaft möglich ist oder nicht, nicht vom Stand der gesellschaftlichen Produktionsverhältnisse, sondern vom Stand der Produktivkräfte selbst abhängt. [27]

Kurzfristig ist somit im Verhältnis der Schriftsteller zur Gesellschaft keine sichtbare Veränderung zu erwarten, aber die Perspektive auf eine langfristige Wirkung des Wandels im Selbstverständnis der Schriftsteller, so wie ihn der VS als eine der vorhandenen schriftstellerischen Berufsorganisationen zur Grundlage seines Handelns gemacht hat, ist durchaus gegeben, auch die, daß das realitätsbezogenere berufspolitische Engagement einer größeren Anzahl von Schriftstellern auch zu ihrem realitätsbezogeneren allgemeinen gesellschaftspolitischen Engagement führen kann.

Anmerkungen

Einleitung

1 Redaktionsschluß für die hier vorgelegte Untersuchung ist der 31. 12. 1973.
2 M. *Weber* 1964, S. 37 f. 3 Ebda, S. 30.
4 *Mayntz* 1963, S. 36.
5 *Gurland* 1958, S. 526; *Hondrich* 1963, S. 144; *Herder-Dorneich* 1965, S. 17; *Lange* 1966, S. 54.
6 *Mayntz* 1963, S. 112 f. 7 *Mayntz* 1963, S. 67, 112 u. 132.
8 M. *Weber* 1964, S. 35.
9 *Mayntz* 1963, S. 23 u. 64. – R. Breitling hat bemerkt, daß eine Verbandsgründung die ›genossenschaftliche Verbundenheit‹ einer Gruppe, die vorher nur latent vorhanden gewesen sein mag, entscheidend bewußt machen kann (*Breitling* 1960/61, S. 65).
10 *Herder-Dorneich* 1965, S. 26 f.
11 *Hondrich* 1963, S. 14 u. 20; *Mayntz* 1963, S. 61.
12 *Mayntz* 1963, S. 137 f. 13 Ebda, S. 65.
14 M. *Weber* 1964, S. 17 f. – M. Weber hat selbst betont, daß soziales Handeln nur selten von einem der angegebenen Orientierungsmöglichkeiten allein bestimmt ist und daß die hier referierten Arten der Klassifikation erstens nicht erschöpfend und zweitens nur für die soziologische Erkenntnis geschaffene Typen sind (ebda, S. 18).
15 *Beyme* 1969, S. 40; *Görlitz* 1970, S. 429.
16 *Schmölders* 1965, S. VI u. 14–16. 17 *Hondrich* 1963, S. 10.
18 Ebda, S. 55.
19 *Gurland* 1958, S. 525; *Stammer* 1969 (2), S. 1107 u. 1109; *Shell* 1970, S. 306.
20 *Habermas* 1962, S. 215 f.
21 *Fraenkel* 1964, S. 254; *Steffani* 1969, S. 810; *Beyme* 1969, S. 209.
22 *Eschenburg* 1956, S. 5, 65 u. 87; W. *Weber* 1958, S. 149 f. u. 152. – Eine Zusammenfassung der antipluralistischen Literatur und ihrer Argumente hat H. Grebing erarbeitet (*Grebing* 1971, S. 129–158).
23 *Wössner* 1961, S. 101; *Lange* 1966, S. 67 f.
24 *Tuchtfeldt* 1962, S. 66; *Fraenkel* 1964, S. 255; *Shell* 1970, S. 307 f.
25 *Gurland* 1958, S. 526. 26 *Bolte* 1970, S. 7.
27 *Schäfer* 1910, S. 5; *Karger* 1922, S. 38; *Linz* 1965, S. 15.
28 *Molle* 1968, S. 43; *Daheim* 1970, S. 43.
29 G. v. Karger unterschied z. B.: 1. verschiedene Sparten von ›Tagesschriftstellern‹ (politische Journalisten, Feuilletonisten, Reklameautoren u. a.), 2. ›eigentlich Schaffende‹, deren hohes Ziel es sei oder sein sollte, über den Tag hinaus dauernde Ewigkeitswerte zu schaffen (sie rechnete wissenschaftliche Autoren neben den ›Dichtern‹ in diese Gruppe), 3. Fachschriftsteller und 4. Zusammensteller von Schriften (*Karger* 1922, S. 36).
30 Systematik der Berufe 1949, S. 115; Internationale Standardklassifikation 1960, S. 57–59.
31 Klassifizierung der Berufe 1966, S. 5. 32 Ebda, S. 164 f.
33 Nach einem Urteil des Reichsfinanzhofes von 1940 wurde der Schriftstellerberuf noch allein auf das Publizieren in Schriftform begrenzt (*Schilling* 1958[3], S. 95). 1943 wurde entschieden, daß Rundfunkautoren keine Schriftsteller seien (ders. 1953, S. 114).
34 Handbuch der Tätigkeitselemente 1967, S. 24 u. 27.
35 Ebda, S. 31 u. 85. 36 Ebda, S. 128.
37 Ebda, S. 153.

38 Freie Mitarbeiter 1971, S. 13, 15, 20 u. 33 f.
39 *Bücher* 1922, S. 465; A. *Braun* 1922, S. 17 f.
40 Buch und Buchhandel in Zahlen 1971, S. 10.
41 Ebda, S. 18.
42 Ebda, S. 25 u. 13.
43 Ebda, S. 17.
44 Ebda, S. 17 u. 16.
45 Die Berufsstatistik der Bundesrepublik von 1961 zählte im Gegensatz zu der von 1950 die Schriftsteller als eigene Berufsgruppe nicht, sondern zusammen mit Schriftleitern und Lektoren. Während 1950 in der Bundesrepublik und in West-Berlin 4144 hauptberufliche Schriftsteller gezählt worden sind, beträgt die Zahl der 1961 erfaßten Spartenmitglieder zusammen 22 200, von denen 8600 selbständig waren (*Schilling* 1971[1]7). Da Schriftsteller und Lektoren in der Regel im Angestelltenverhältnis stehen, kann der weitaus größere Teil der 8600 Selbständigen den Schriftstellern zugerechnet werden. Als Grundgesamtheit der Schriftsteller für die 1970/71 erhobenen Daten der SPIEGEL-Enquete wurde der Schätzwert von 7000 bis 8000 hauptberuflichen Autoren errechnet, die Zahl der sonstigen Autoren konnte jedoch nur nach einzelnen Tätigkeitsbereichen grob geschätzt werden (*Fohrbeck/Wiesand* 1972, S. 41). Immerhin konnten von den Verfassern der Enquete insgesamt 14 000 Autorenadressen ermittelt werden (ebda, S. 43).
46 *Fohrbeck/Wiesand* 1972, S. 61. – Die Produktionsschwerpunkte verschieben sich je nach Alter der Autoren: In der Gruppe der über 60jährigen überwiegen Kurzgeschichte, Erzählung, Lyrik, Sachbuch, Vorträge/Lesungen. Die unter 30jährigen arbeiten mit großem Übergewicht an Feuilletons, Analysen, Glossen, Dokumentarberichten, Hör- und Fernsehfeatures sowie Filmdrehbüchern. Die Produktionsbereiche der Hauptgruppe der Autoren, die zwischen 30 und 60 Jahre alt sind, verteilen sich gleichmäßig zwischen den beiden Extremen mit einem leichten Übergewicht bei Übersetzungen, Science-fiction und Lexikonartikeln (ebda, S. 69 f.).
47 Ebda, S. 407.
48 Ebda, S. 226.
49 Ebda, S. 73.
50 M. *Weber* 1964, S. 104.
51 *Fohrbeck/Wiesand* 1972, S. 30 f.
52 Statistik der Armut 1954; *König/Silbermann* 1964.
53 *Schilling* 1956, S. 114; *ders.*, 1962(2), S. 59; *ders.*, 1964; *ders.*, 1971(2).
54 *König/Silbermann* 1964, S. 92.
55 *Fohrbeck/Wiesand* 1972, S. 255. – Die Befragung wurde von August bis November 1971 durchgeführt (ebda, S. 46).
56 Ebda, S. 72 u. 262.
57 Ebda, S. 263, 268 f. u. 272 f.
58 Ebda, S. 373. – In der SPIEGEL-Enquete steht der Begriff ›Freier Autor‹ für den in dieser Arbeit verwendeten Begriff der hauptberuflichen Autoren.
59 Ebda, S. 278.
60 Ebda, S. 279.
61 Ebda, S. 277.
62 *Höck* 1963; *König/Silbermann* 1964, S. 89; *Kesting* 1964, S. 20; *Goldschmit* 1971; *Zimmer* 1971(4); *Mechtel* 1972, S. 13; *König* 1972.
63 *König/Silbermann* 1964, S. 12 u. 61.
64 *Schäfer* 1910, S. 19 f.
65 *Beyer* 1919, S. 1013.
66 *Mahrholz* 1922, S. 65.
67 A. *Weber* 1923, S. 7.
68 *Kluckhohn* 1949, S. 6.
69 *Haferkorn* 1963, S. 171 u. 137 f.; *König/Silbermann* 1964, S. 26; *Lämmert* 1971, S. 4 f.
70 *Warneken* 1972, S. 219 f.
71 *Hauser* 1958, S. 405.
72 Ebda, S. 136.
73 *Warneken* 1972, S. 224.
74 *Adorno* 1973, S. 313.
75 Ebda, S. 58 f.
76 *Hubmann* 1954, S. 31 u. 49.
77 *Löwenthal* 1964, S. 246.
78 *Jaeggi* 1972, S. 113.
79 *Hauser* 1968, S. 142.
80 *Adorno* 1973, S. 58 u. 316.
81 *Jaeggi* 1972, S. 113.
82 *Hauser* 1958, S. 406.
83 *Warneken* 1972, S. 224.
84 *Doehlemann* 1970, S. 17.
85 *Gehlen* 1961, S. 17.

86 *Burke* 1966, S. 7.
87 Ebda, S. 30.
88 Ebda, S. 24.
89 *Hauser* 1958, S. 24.
90 *Lukács* 1909, S. 72.
91 *Warneken* 1972, S. 223.
92 *Adorno* 1973, S. 374 f.
93 *Fohrbeck/Wiesand* 1972, S. 19.
94 *Adorno* 1973, S. 339.
95 *Horkheimer/Adorno* 1969, S. 133 f.
96 *Adorno* 1973, S. 340 f.
97 *Jaeggi* 1972, S. 113 f.
98 *Hesse* 1958, S. 149 f.
99 *Kurucz* 1972, S. 124 ff.
100 *Hesse* 1968, S. 140 f.
101 Ebda, S. 151.
102 *Schönthau* 1899, S. 935 f.; *Schäfer* 1910, S. 5; *Heuss* 1916, S. 245, *Karger* 1922, S. 36; A. *Braun* 1922, S. 24; *Mahrholz* 1922, S. 64 f.; *König/Silbermann* 1964, S. 89; *Linz* 1965, S. 150; *Doehlemann* 1970, S. 17.
103 *Hartmann* 1968, S. 193; *Daheim* 1970, S. 74.
104 *Daheim* 1970, S. 42.
105 Ebda, S. 26 f.; *Molle* 1968, S. 42.
106 *Hartmann* 1968, S. 200 f.; *Daheim* 1970, S. 26 f.
107 *Mahrholz* 1922, S. 95 f.; *Schumann* 1954, S. 6 u. 8.
108 *Fohrbeck/Wiesand* 1972, S. 84 u. 373. – Dem Gedanken an eine Autorenausbildung stehen 50 % der hauptberuflichen, 44% der nebenberuflichen und 45 % der teilberuflichen Schriftsteller ablehnend gegenüber. Diese Ablehnung steigt mit zunehmendem Alter: 36 % der 20- bis 30jährigen, 47 % der 30- bis 60jährigen und 55 % der über 60jährigen Autoren lehnen eine Autorenausbildung ab. 23 % aller Autoren halten eine solche Ausbildung nur für bestimmte Sparten für sinnvoll. 27 % nur würden eine Autorenausbildung grundsätzlich begrüßen (ebda, S. 358).
109 Ebda, S. 84.
110 *Heuss* 1916, S. 238; *Schmitt* 1966, S. 85.
111 *Heuss* 1916, S. 237; *Schilling* 1963, S. 118; *Deneke* 1965, S. 262.
112 *Deneke* 1956(2), S. 85. – S. Feuchtwanger ging von vornherein nur vom Beruf des Rechtsanwalts aus (*Feuchtwanger* 1922, Titel u. S. 602 f.).
113 *Stieglitz* 1960, S. 171 u. 178.
114 *Feuchtwanger* 1922, S. 7; *Stieglitz* 1960, S. 154.
115 *Feuchtwanger* 1922, S. 11.
116 *Deneke* 1956(2), S. 99; *Stieglitz* 1960, S. 277.
117 *Stieglitz* 1960, S. 191 f.
118 *Deneke* 1956(2), S. 105; *Kühn* 1962, S. 5; *Schmitt* 1966, S. 85.
119 *Deneke* 1955(2), S. 30; *ders.*, 1965, S. 264.
120 *Feuchtwanger* 1922, S. 14; *Deneke* 1955(1), S. 7 u. 20; *ders.*, 1955(2), S. 30; *ders.*, 1956(2), S. 105; *ders.*, 1965, S. 263; *Kühn* 1962, S. 5.
121 A. *Weber* 1923, S. 7; *Wiese* 1922, S. 391.
122 *Heuss* 1954(2), S. 435; *Schilling* 1958(4), S. 110.
123 *Heuss* 1916, S. 241; *Fiemsch* 1928, S. 14 f. – H. Fiemsch definierte dementsprechend die Tätigkeit der freien Berufe als eine »auf Erwerb gerichtete, durch Ausübung geistiger Fähigkeiten individuelle bestimmte Tätigkeit, die kulturfördernd sich der Allgemeinheit anbietet und dieser zugute kommt«. (Ebda, S. 16.)
124 *Kempski* 1954, S. 423 f.
125 *Feuchtwanger* 1922, S. 10 u. 604.
126 *Stieglitz* 1960, S. 279 u. 191. – Der Hinweis auf seine Untersuchung der steuerberatenden Berufe (Die steuerberatenden Berufe. Eine Analyse ihres gesellschaftlichen Auftrages. In: Beiträge zur soziologischen Mittelstandsforschung. Bd. 1. Köln, Opladen 1960) kann hier nicht befriedigen, da davon ausgegangen werden muß, daß z. B. Schriftsteller und Steuerberater unter sehr unterschiedlichen Bedingungen arbeiten.
127 *Deneke* 1956(2), S. 85, 91 f. u. 105.
128 Freiheit wirke »offenbar als konstitutives Element für gewisse ›Berufe‹. Es scheint,

daß nicht allein die Selbständigkeit des ›Berufes‹ Anlaß gibt, vom ›freien Beruf‹ zu sprechen. Diese gehört ›nur‹ dazu. Die ›Freiheit‹ des ›freien Berufes‹ ist offenbar gekoppelt an eine kulturelle Produktivität. [...] Es läßt sich also die ›Freiheit‹ der ›freien Berufe‹ auf den Bereich der kulturellen Produktion beschränken.« (*Stieglitz* 1960, S. 191 f.) »Die ›Freiheit der Berufsausübung‹ ist aber offensichtlich ein Spezifikum kulturberuflicher Tätigkeit überhaupt und verläuft parallel zu jeder Art geistiger Arbeit. Somit wäre die ›Freiheit‹ ein Kriterium des kulturellen Schaffens schlechthin, und in diesem Sinne ist jeder Kulturberuf [...] ein ›freier Beruf‹, unbeschadet der Selbständigkeit oder Abhängigkeit in der Berufsstellung.« (ebda, S. 260.)

129 *Heuss* 1916, S. 237; *Deneke* 1956(2), S. 105; *Molle* 1968, S. 44.

130 *Stieglitz* 1960, S. 190 f.

131 Ebda, S. 154; *Deneke* 1956(2), S. 83 f.; *ders.*, 1966, S. 199 u. 207.

132 *Lüben* 1959, S. 16; *König/Silbermann* 1964, S. 63; *Kairat* 1969, S. 9, 13 f., 15, 20 u. 26; *Bolte* 1970, S. 110 f.

133 *Hesse* 1968, S. 144 u. 24; *Daheim* 1970, S. 26.

134 *Deneke* 1956(2), S. 107.

135 *Daheim* 1970, S. 41.

136 Ebda, S. 26 u. 15.

137 *Hesse* 1968, S. 18.

138 M. *Weber* 1964, S. 227 f.

139 *Feuchtwanger* 1922, S. 40.

140 *Lüben, 1959*, S. 96 f.

141 *Fiemsch* 1928, S. 12 u. 18; *Breitling* 1955, S. 42.

142 *Hesse* 1968, S. 146.

143 *Bolte* 1959, S. 42.

144 *Silbermann* 1966, S. 139 f.; *Fügen* 1968, S. 16; *Knospe* 1969, S. 638; *Jaeggi* 1972, S. 17.

145 *Gansberg* 1970, S. 7; *Kallweit/Lepenies* 1970, S. 132 u. 134; *Hüppauf/Köhn/Philippi* 1971, S. 127 u. 132; *Jaeggi* 1972, S. 66.

146 *Hüppauf/Köhn/Philippi* 1971, S. 132; *Vaßen* 1972, S. 9.

147 *Jaeggi* 1972, S. 17 u. 75 f.

148 *Fügen* 1968, S. 21 f.

149 *Escarpit* 1961, S. 25; *Fügen* 1966, S. 14; *ders.*, 1968, S. 21 f.

150 *Jaeggi* 1972, S. 18.

151 *Escarpit* 1961, S. 25.

152 *Escarpit* 1961, S. 23; *ders.*, 1963, S. 69; *Fügen* 1968, S. 21.

153 *Völker* 1968, S. 423; *Kallweit/Lepenies* 1970, S. 133; *Jaeggi* 1972, S. 66 u. 71.

154 *Silbermann* 1966, S. 139 f.

155 *Benjamin* 1934, S. 265.

156 *Völker* 1970, S. 127; *Vaßen* 1972, S. 44–49.

157 *Warneken* 1972, S. 212.

158 *Adorno* 1967, S. 64.

159 *Gansberg* 1970, S. 15.

Schriftstellerverbände: Interessen und Schriftstellerberuf

1 *Eulenberg* 1927, S. 11. – Aus einer Rede vor der Jahresmitgliederversammlung des Deutschen Schriftstellerverbandes am 4. 10. 1927 in Barmen, in der H. Eulenberg Vorstellungen über eine Spitzenvereinigung aller damaligen deutschen Schriftstellerverbände erläuterte.

2 *Hofmann* 1921, S. 6–10; *Karger* 1922, S. 1–10; *Rauecker* 1922, S. 157 f.; *Schmitt* 1966, S. 87–90 u. 257.

3 *Schlegel* 1800, S. 151.

4 *Hofmann* 1921, S. 6.

5 *Schmitt* 1966, S. 97.

6 *Hofmann* 1921, S. 15 f. (Hervorhebungen vom Verf.).

7 Ebda, S. 31.

8 Satzung des ADSV (Fassung 1878), vgl.: Deutscher Literaturkalender 1880, Teil 2, S. 65–68. – In einer revidierten Fassung sind die Bestimmungen des § 7 herausgenommen (vgl.: Deutscher Literaturkalender 1881, Teil 2, S. 203–206). In der Fassung von 1882 wird die Zwecksetzung im § 2 der Satzung wie oben in § 1 wie-

derholt, nur ist das Wort ›Energische‹ aus dem Abs. 1 gestrichen (vgl.: Deutscher Literaturkalender 1884, S. 53–57).

9 Statuten des Schiedsgerichts (Fassung 11. 5. 1879), vgl.: Deutscher Literaturkalender 1880, Teil 2, S. 68–70.

10 Vgl.: Deutscher Literaturkalender 1886, S. 31.

11 Satzung des DSchV, vgl.: Deutscher Literaturkalender 1886, S. 32–34.

12 Die Mitgliederzahl des ADSV wuchs von 1879 an gleichmäßig, fiel jedoch nach Gründung des DSchV von 355 auf 296, während der DSchV in seinem Gründungsjahr bereits 450 Mitgl. angab (vgl.: Deutscher Literaturkalender 1885, S. 21; desgl. 1886, S. 29 u. 31). Doppelmitgliedschaften sind nicht auszuschließen.

13 Zur Entstehungsgeschichte des DSV: Der deutsche Schriftsteller-Verband 1888, S. 3 f.

14 Satzung des DSV sowie Geschäftsordnung und Statuten verschiedener DSV-Einrichtungen. Vgl.: Deutscher Literaturkalender 1890, Sp. 15–25. – Während in der 1. Fassung der Satzung nur von den Interessen der Mitglieder die Rede war, wurde der Zweck in einer späteren auf die allgemeinen Interessen des deutschen Schrifttums und der deutschen Schriftsteller erweitert (ebda 1896, Sp. 13).

15 *Steinitz* 1888(1), S. 1.

16 Bericht von der 1. Allgemeinen Versammlung des DSV am 1.–3. 9. 1888 in München. Vgl.: Deutsche Presse. Jg. 1, Nr. 37. 1888. S. 289.

17 Bericht von der 4. Allgemeinen Versammlung des DSV am 13./14. 9. 1891 in Berlin. Ebda, Jg. 4, Nr. 28. 1891. S. 276. – Seit 1894 war die Mitgliederzahl des DSV stark rückläufig: Sie fiel im Jahre 1893 von 859, ihrem höchsten Stand, auf 714 im Jahre 1894 zurück. 1908 hatte der DSV nur noch ca. 400 Mitglieder (vgl.: Deutscher Literaturkalender 1894, S. 16; ebda 1895, Sp. 13; *Kulemann* 1908, S. 169).

18 Satzung des SvDS, vgl.: Deutscher Literaturkalender 1888, S. 16–19.

19 Der Deutsche Schriftsteller-Verband 1888, S. 10.

20 Satzung des DSB, vgl.: Deutscher Literaturkalender 1889, S. 14–18.

21 Vom Deutschen Schriftsteller-Verband 1898, S. 49; »Der Deutsche Schriftstellerverband und seine Zukunft« 1899, S. 62; Ideen zu einer Verbandsgründung 1899, S. 129. – Der ASV nannte in den Jahren 1902 und 1905 den 1. 10. 1900 als Tag seiner Gründung (vgl.: Die Feder. Jg. 5, Nr. 62. 1902. Beilage; ebda, Jg. 8, Nr. 151. 1905. S. 1308). Dieser Angabe widersprechen die Mitteilungen in der ›Feder‹, die erst am 15. 2. 1901 berichtete, daß die Anfang Oktober 1900 gegründete »Unterstützungskasse für Schriftsteller« (ebda, Jg. 3, Nr. 32. 1900. S. 283) in einen ›Rechts- und Hilfeverein‹ mit dem Namen »Allgemeiner Schriftstellerverein« umgewandelt werden sollte (ebda, Jg. 4, Nr. 40. 1901. S. 351). Die ›Feder‹ enthielt erstmals am 1. 3. 1901 Nachrichten unter der Rubrik »Allgemeiner Schriftstellerverein« (ebda, Jg. 4, Nr. 41. 1901. S. 360).

22 Satzung des ASV (Fassung 1902), vgl.: Die Feder. Jg. 5. Nr. 62. 1902. Beilage.

23 Satzung des ASV (Fassung 1905), ebda, Jg. 8, Nr. 150. 1905. Beilage; vgl. Nachschlagebuch 1906, S. 15. (Hervorhebung v. Verf.)

24 Statuten des Kartells (revidierte Fassung), vgl.: Die Feder, Jg. 7, Nr. 117. 1904. Beilage. – §§ 6–8 der KlA-Statuten regelten die Geschäftsbeziehungen des KlA zur ›Feder‹, dem Organ des ASV. Die letzte Nachricht des KlA in der ›Feder‹ erschien am 15. 6. 1922 (ebda, Jg. 25, Nr. 550). 1930 kartellierte das KlA mit der Fachgruppe »Bund deutscher Lyriker« des Schutzverbandes deutscher Schriftsteller (SDS); seit der Zeit erschienen KlA-Nachrichten in dessen Organ »Der Schriftsteller«. Bereits 1921, als die Gründung der Lyriker-Fachgruppe im SDS angekündigt wurde, hieß es dort, man werde in ›engster Fühlung‹ mit dem KlA arbeiten (Geschäftsbericht des SDS für das Jahr 1920. Vgl.: Der Schriftsteller(1). Jg. 8, H. 1/2. 1921. S. 3.). Der ursprüngliche Name des KlA war »Cartell«, der Name »Kartell lyrischer Autoren« wurde erst am 1. 1. 1904 eingeführt.

25 *Lehmann* 1916, S. 12; *Rauecker* 1922, S. 189–192; *Karger* 1922, S. 50–86.

26 Satzung des VDBB (Fassung 1920), vgl.: *Karger* 1922, Anhang S. VIII–X. – Da in dieser Arbeit nur auf eine berufspolitische Initiative des VDBB aus dem Jahr 1919 genauer eingegangen wird, wird hier auch nur die Satzung jener Zeit zitiert.

27 Satzung des WSB, vgl.: Arbeitsmarkt. Nr. 22. 1918. S. 173–178. – Über Gründung und Auflösung des WSB konnte kein Material gefunden werden. Der Name des Verbandes täuscht regionale Gebundenheit vor, was jedoch nicht der Fall war: Seit dem 29. 9. 1918 war der Sitz des WSB Leipzig, und er hatte Zweigstellen in Dresden, Hamburg, Köln und Weimar (ebda, S. 173).

28 Mitgliederverzeichnis des SDS (Stand 1. 4. 1925), vgl.: Der Schriftsteller(1). Jg. 12, Nr. 2. 1925. Beilage. – Gründungsmitglied des SDS war der spätere Präsident der Bundesrepublik Th. Heuss, der sich jedoch 1963 falsch erinnerte, als er C. Bulcke als Gründungsvorsitzenden angab (*Heuss* 1963, S. 96). Gründungsvorsitzender war G. Herrmann (*Landsberg* 1910, S. 155 Fn.).

29 *Beyer* 1919, S. 1016. – Die Bedeutung des SDS wurde nach außen hin auch dadurch dokumentiert, daß er den einzigen Vertreter der deutschen Schriftsteller im ›vorläufigen Reichswirtschaftsrat‹ stellte (*Rauecker* 1922, S. 197; *Bulcke* 1922, S. 1). 1931 erlebte der SDS seinen größten Zustrom an neuen Mitgliedern; er wurde mit 2500 Autoren mitgliederstärkster Verband der Weimarer Republik (Protokoll der Generalversammlung des SDS am 19. 3. 1931 in Berlin. Vgl.: Der Schriftsteller(1). Jg. 19, H. 5. 1931. S. 25). 1932 zählte der SDS sogar 2800 Mitglieder (Zeitlin 1932, S. 221).

30 Satzung des SDS (Fassung 1928), vgl.: Der Schriftsteller(1). Jg. 15, Nr. 4. 1928. S. 40–45.

31 Vgl.: Deutscher Literaturkalender 1896, Sp. 13.

32 *Thieß* 1904, S. 188; *Rösch* 1905; Der Zusammenschluß 1911, S. 74. – Eine Aufzählung der Mitgliedsverbände stelle W. Kulemann zusammen (*Kulemann* 1908, S. 170). Es handelte sich dabei überwiegend um lokale Presse-Vereine.

33 Vgl.: Mitteilungen des Kartells. Jg. 1, Nr. 1. 1912. S. 2 f. – Das KDS wurde durch den DSV, den Akademischen Schutzverein und den Deutschen Schriftstellerinnenbund gegründet.

34 *Eichacker* 1920(1), S. 5014; *Rauecker* 1922, S. 193–195. – Dem BdT gehörten der ASV, der ihn als stärkster Mitgliedsverband verwaltete (*Eichacker* 1921[6], S. 5182), der Bund für Fachschrifttum, der Westdeutsche Schriftstellerbund u. a. an, nicht aber der DSV und der SDS.

35 *Rauecker* 1922, S. 193 f.

36 Vgl.: Der Schriftsteller(1). Jg. 14, H. 7/8. 1927. S. 75; ebda, Jg. 14, Nr. 12. 1927. S. 129; ebda, Jg. 15, H. 4. 1928. S. 48. – Dem Reichsverband gehörten bei seiner Gründung an: SDS, VDBB, Verband Deutscher Erzähler, Verband Deutscher Filmautoren und KlA (ebda, Jg. 14, H. 12. 1927. S. 129). 1930 kam auch der DSV hinzu (ebda, Jg. 19, H. 5. 1931. S. 28).

37 Protokoll der Generalversammlung des SDS am 19. 3. 1931 in Berlin. Ebda, Jg. 19, H. 5. 1931. S. 28.

38 Ebda, Jg. 21, H. 6/7. 1933. S. 69; ebda, Jg. 21, H. 8. 1933. S. I.

39 Ebda, Jg. 21, H. 12. 1933. S. 185.

40 *Wulf* 1963, S. 129 Fn. 3 u. 195.

41 *Frei* 1938; *Kantorowicz* 1938; *ders.*, 1947.

42 *Schendell* 1947(1), S. 6. – Am 14. 10. 1949 wurde in Westberlin als Gegenverband der »Berliner Schriftstellerverband« (Akte 95 VR 1627 Nz im Vereinsregister, Amtsgericht Berlin-Charlottenburg) und am 18. 5. 1951 als dritter Schriftstellerverband der »Schutzverband Berliner Schriftsteller« gegründet, der am 16. 10. 1957 in »Schutzverband Deutscher Schriftsteller« (SDS-Berlin) umbenannt wurde (Akte 95 UR 1880 Nz, ebda). Dem SDA-Berlin wurde am 18. 3. 1970, dem damals inzwischen weniger als 3 Mitglieder angehörten, vom Amtsgericht Berlin-Charlottenburg die Rechtsfähigkeit entzogen (Akte 95 VR 1170 Nz, ebda).

43 Vgl.: Der Schriftsteller(3). Jg. 8, H. 11. 1955. S. 130.

44 *Reuß-Löwenstein* 1949. S. 1. – 1968 wurde der SDA-Nordwest in »Norddeutscher Schriftstellerverband Hamburg« umbenannt (vgl.: der literat. Jg. 10, Nr. 7. 1968. S. 111).

45 Akte 95 VR 1627 Nz, a.a.O.

46 *Damwerth* 1971, S. 253.

47 Vgl.: Der Schriftsteller(2). Jg. 1, H. 8/9. 1948. S. 30. – 1949 existierte in Hannover mit dem »Deutschen Schriftstellerverband« ein zweiter schriftstellerischer Berufsverband (Protokoll der Arbeitstagung deutscher Schriftstellerverbände vom 11. bis 14. 3. 1949 in Hamburg. Vgl.: Der Schriftsteller(3). Jg. 3, H. 13. 1949. Beilage S. 1 u. 2). 1958 wurde als dritter Schriftstellerverband in Niedersachsen der »Schutzverband Niedersächsischer Schriftsteller Hannover« gegründet (Protokoll der a. o. Vorstandssitzung der Vereinigung deutscher Schriftstellerverbände am 7. 11. 1959 in München. VS-Archiv im Büro Dr. W. Nordemann et al., Berlin). Zur Zeit existieren noch zwei Verbände in Niedersachsen, der VS in Niedersachsen und der DAV Hannover.

48 *Berl* 1947, S. 5. – Dieser Verband fusionierte später mit dem am 12. 3. 1951 in Stuttgart gegründeten »Süddeutschen Schriftstellerverband«, der seit der Fusion beider für das Land Baden-Württemberg zuständig war (vgl.: Der Schriftsteller [3]. Jg. 6, H. 6. 1953. S. 141).

49 Vollmachts-Erklärung für den Beitritt in die Vereinigung deutscher Schriftstellerverbände. Akte 95 VR 1627 Uz, a.a.O. – Im Deutschen Literaturkalender 1967 ist im Gegensatz zu dieser Angabe das Jahr 1946 als Gründungsjahr genannt.

50 In einem Bericht von der Jahreshauptversammlung des SDS-Rheinland-Pfalz am 4./5. 5. 1968 in Ludwighafen war von einem Neubeginn der Verbandsarbeit genau 20 Jahre nach seiner Gründung die Rede (vgl.: der literat. Jg. 10, Nr. 6. 1968. S. 95). Im Deutschen Literaturkalender 1967 ist 1950 als Gründungsjahr angegeben. Am 8. 11. 1952 wurde der Verband Rheinland-Pfälzischer Schriftsteller in »Schutzverband Deutscher Schriftsteller« (SDS Rheinland-Pfalz) umbenannt (vgl.: Der Schriftsteller[3]. Jg. 6, H. 3. 1953. S. 70). Seit dem 4./5. 5. 1968 nannte er sich »Verband Deutscher Schriftsteller, Rheinland-Pfalz (vgl.: der literat. Jg. 10, Nr. 6. 1968. S. 95).

51 *Petto* o. J.

52 Für den SDA-Berlin (*Schendell* 1947[1], S. 1). Für den SDS-Berlin (Protokoll der Mitgliederversammlung des SDS-Berlin am 16. 10. 1957. Akte 95 UR 1880 Nz, a.a.O.). Für den SDS-Hessen (vgl.: Der Schriftsteller[3]. Jg. 8, H. 11. 1955. S. 130). Für den SDA-Nordwest (*Reuß-Löwenstein* 1949, S. 1). Für den SDS-Bayern (vgl.: Der Schriftsteller[2]. Jg. 1, H. 1. 1947. S. 1 u 12). Für den Verband Südwestdeutscher Autoren (*Berl* 1947, S. 5).

53 Satzung des SDS-Bayern (Fassung vom 20. 4. 1946), Akte 95 VR 1627 Nz, a.a.O.). – Ähnlich bestimmten auch die §§ 2 und 4 die Arbeit des WAV (Satzung des WAV [Fassung 1952]. Vgl.: Der Schriftsteller[3]. Jg. 5, H 8/9. 1952. S. 172–174 u. 196 f.). Wesentlich kürzer war dagegen die Satzung des SDS-Rheinland-Pfalz, deren § 2 lautete: »Aufgabe des Verbandes ist der Schutz, die Vertretung und Förderung der geistigen, wirtschaftlichen und rechtlichen Berufsinteressen seiner Mitglieder [...] Der Verband verfolgt weder politische noch religiöse Ziele.« (Satzung des SDS-Rheinland-Pfalz [Fassung 1952]. Ebda, Jg. 6, H. 3. 1953. S. 70 f.).

54 Bericht vom 1. Schriftstellerkongreß durch H. *Reuß-Löwenstein* (protokolliert). Vgl.: Der Schriftsteller(3). Jg. 1, H. 8. 1947. S. 1.

55 Ebda, Jg. 1, H. 11. 1948. S. 1 f.; vgl.: Der Autor. Jg. 1, S. 10/11. 1948. S. 4–6. – Teilnehmer der ersten Zusammenkunft waren: SDA-Nordwest, DAV-Hannover, SDS-Bayern, WAV und ein Leipziger Verband. Die Delegierten des SDA-Berlin konnten infolge von Reiseschwierigkeiten nicht erscheinen, schlossen sich aber nachträglich den Beschlüssen an (ebda, S. 4). Eine Satzung oder Geschäftsordnung dieses Koordinierungsausschusses ist nicht bekannt.

56 *Reuß-Löwenstein* 1949, S. 1.

57 Protokoll der Arbeitstagung deutscher Schriftstellerverbände vom 11.–14. 3. 1949 in Hamburg. Vgl.: Der Schriftsteller(3). Jg. 3, H. 13. 1949. Beilage S. 3. – An der Tagung nahmen teil: Verband Südwestdeutscher Autoren, Baden-Baden; WAV; DAV-Hannover; DSV-Hannover; SDS-Bayern; SDS-Hessen; SDA-Nordwest; Schleswig-Holsteinischer SV. Auch auf dieser Versammlung erwies sich die Gründung eines straff organisierten Dachverbandes als nicht möglich, nachdem die Sprecher der Regionalverbände die »Notwendigkeit der absoluten Unabhängigkeit der einzelnen Verbände im Rahmen einer etwaigen Gesamtorganisation« betont hatten (ebda, S. 2). Auch der VDA versuchte, an die Tradition des SDS vor 1933 anzuknüpfen und setzte einen Ausschuß ein, »der in Anlehnung an die alte Satzung des SDS eine neue Satzung« ausarbeiten sollte (ebda, S. 1).

58 *Schäferdieck* 1951(1), S. 55; *ders.*, 1951(2), S. 173 f. – Das Verhältnis des SDS-Bayern zum VDA blieb bis zuletzt ungeklärt (Protokoll der Hauptversammlung des VDA am 19. 4. 1952 in Braunschweig. Vgl.: Der Schriftsteller(3). Jg. 5, H. 6. 1952. S. 106 f.). Die Auflösung des SDS-Hessen und des Verbandes Südwestdeutscher Autoren und ihre Neugründungen im Jahre 1951 gaben zusätzliche Probleme (ebda, Jg. 5, H. 3. 1952, S. 50).

59 Vgl.: Der Schriftsteller(3). Jg. 5, H. 3. 1952. S. 50. – Die Vereinigung war die Gründung einer ›handvoll entschlossener Männer meist schon vorgeschrittenen Alters‹ (*Rehfisch* 1953, S. 3).

60 Der SDS-Bayern und der DSV-Hannover blieben der Vereinigung anfangs fern und erzwangen per Gerichtsbeschluß eine Namensänderung in »Vereinigung Deutscher Schriftstellerverbände« (Akte 95 VR 1627 Nz, a.a.O.). Als der SDS-Bayern 1960 in die Vereinigung eintrat, wurde ihr Name wieder in die ursprüngliche Form gebracht (Protokoll der Mitgliederversammlung der Vereinigung am 18./19. 2. 1960 in Berlin. VS-Archiv im Büro Dr. W. Nordemann et al., Berlin). 1965 trat der SDS-Bayern wieder aus der Vereinigung aus, die sich in »Bundesvereinigung Deutscher Schriftstellerverbände« umbenannte (Protokoll der Generalversammlung der Vereinigung am 31. 10./1. 11. 1965 in Saarbrücken. VS-Archiv in der VS-Bundesgeschäftsstelle, München). Als der SDS-Bayern 1967 wieder eintrat, wurde die Bundesvereinigung entsprechend in »Bundesvereinigung der deutschen Schriftstellerverbände« umbenannt (Protokoll der Jahreshauptversammlung der Bundesvereinigung am 11./12. 3. 1967 in Berlin. Ebda). Neben zahlreichen anderen Schwierigkeiten sind die mit dem SDS-Bayern deshalb besonders wichtig, weil er der zahlenmäßig weitaus stärkste Landesverband war.

61 Unsere Ziele und Aufgaben 1961; *Falkenberg* 1962, S. 58.

62 Denkschrift 1965, S. 1.

63 *Hollander* 1954(1), S. 81; *Reuß-Löwenstein* 1957, S. 2.

64 Satzung der Vereinigung (Fassung 2. 2. 1952). Vgl.: Der Schriftsteller(3). Jg. 5, H. 3. 1952. S. 50–53. – Der Vereinigung bzw. Bundesvereinigung gehörten zuletzt (1968) 10 Landesverbände und 3 Fachgruppen, der VDBB, der Verband Deutscher Übersetzer und der Verband Deutscher Kritiker an.

65 *Drewitz* 1967(1). – Diese an sich sachliche und mäßige Kritik bewirkte wegen der von der ZEIT-Redaktion gegebenen Überschrift »Alte Herren pflegen Heimatdichtung« und ähnlich provozierender Untergliederungsüberschriften eine heftige und teils polemische Diskussion innerhalb des Verbandes (*Illing* 1967; *Drewitz* 1967[2]; *Illing* 1968; *Fromm* 1968[1]; *Horst* 1968).

66 Mit der Parole, »*ein* Schriftstellerverband ist stärker als 13« (vgl.: der literat. Jg. 11, Nr. 2. 1969. S. 38), reiste D. Lattmann zu den einzelnen Landesverbänden und löste durch Vorträge, Diskussionen und Probeabstimmungen die entscheidende Willensbildung aus (Rundschreiben des Präsidenten der Bundesvereinigung D. Lattmann an alle Landesverbände vom 31. 12. 1968. VS-Archiv in der VS-Bundesgeschäfts-

stelle, München; Protokoll der Vorstandssitzung der Bundesvereinigung am 28. und 29. 1. 1969 in Berlin. Ebda), die dann zu der einstimmig beschlossenen Auflösung der Bundesvereinigung und Gründung des VS führte (Protokoll der Jahreshauptversammlung der Bundesvereinigung am 8. 6. 1969 in Köln. Ebda). Als Hauptschwierigkeit erwies sich wie schon bei der Gründung der Vereinigung ihre in Anlehnung an die Bundesrepublik gewählte föderalistische Struktur (*Tauchel* 1968[2]; *Eder* 1969), die vom VS eingeschränkt, nicht aber abgeschafft wurde, um die Subventionsansprüche der Landesgruppen bei den Kultusministerien der Länder nicht zu gefährden (Rundbrief des Präsidenten der Bundesvereinigung D. Lattmann vom 15. 10. 1968. VS-Archiv in der VS-Bundesgeschäftsstelle. München).

67 Satzung des VS. Vgl.: Ende der Bescheidenheit 1969, S. 25–31.

68 Daß diese Bestimmung über die politische Enthaltung schon von der letzten Mitgliederversammlung der Bundesvereinigung aus ihrer Satzung gestrichen wurde (Protokoll der Jahreshauptversammlung der Bundesvereinigung am 7./8. 4. 1968 in München. VS-Archiv in der VS-Bundesgeschäftsstelle, München), weist darauf hin, daß sich das Bekenntnis zum Politischen bereits angebahnt hatte.

69 Geschäftsordnung des VS in der IG Druck und Papier. Vgl.: Entwicklungsland Kultur 1973, S. 95–99.

70 Vgl.: der literat. Jg. 15, Nr. 3. 1973. S. 68. – Der Gründung des FDA auf Bundesebene ging am 12. 5. 1972 die Gründung des »Freien Deutschen Autorenverbandes in Bayern« (FDA-Bayern) voraus (*Zierer* 1972[3]).

71 Satzung des FDA. FDA-Bundesgeschäftsstelle, München. – Der FDA gab Mitte 1973 die Zahl von 380 Mitgliedern an. Am 14. 6. 1973 wurde als erste Landesgruppe der Landesverband Berlin, am 17. 6. 1973 der Landesverband Nordrhein-Westfalen gegründet. Weitere FDA-Landesverbände wurden angekündigt (Rundbrief des FDA Nr. 1 (ohne Datum). Ebda).

72 *Buchholz* 1964, S. 160; *Herder-Dorneich* 1965, S. 109; *Mayntz* 1963, S. 17 f.

73 *Hofmann* 1921, S. 48 u. 56.

74 Ebda, S. 16 ff.

75 Vgl.: Deutscher Literaturkalender 1880, Teil 2, S. 70 f.

75a Ebda 1881, Teil 2, S. 227 f.

75b Ebda 1886, S. 31.

76 Der Deutsche Schriftsteller-Verband 1888, S. 10. – An gleicher Stelle wurde berichtet, daß auf diesen Aufruf hin 500 Autoren dem DSV beitraten.

77 *Eulenberg* 1928, S. 13 f.

78 *Bierbaum* u. a., 1904.

79 *Kellermann* 1921, S. 50.

80 *Tucholsky* 1921, S. 5.

81 Th. *Mann* 1931, S. 4.

82 H. *Mann* 1931, S. 2.

83 *Breuer* 1913, S. 45.

84 *Eloesser* 1921, S. 107. – Im Gegensatz zu diesen Appellen sah E. Reger die Existen der konkurrierenden Verbände als Folge der verschiedenen Selbsteinstufung der Schriftsteller an: Die Bildung verschiedener Verbände und der Eintritt in einen jeweiligen Verband käme einer ›Generalerklärung‹ über den Rang gleich, den der Autor sich selbst gebe. Im SDS sah E. Reger den Verband, in dem der Dilettantismus die wenigsten Chancen habe (*Reger* 1931, S. 11). Ähnlich hatte schon A. Grabowsky die Solidarität von ›Könnern‹ und ›Nichtkönnern‹ als eine ›Karikatur der Solidarität‹ angesehen (*Grabowsky* 1916, S. 8).

85 *Zweig* 1929, S. 3; *Gutmann* 1929, S. 3.

86 Vgl.: Die Feder. Jg. 24, Nr. 523. 15. 4. 1921. S. 5112.

87 *Reuß-Löwenstein* 1951(2), S. 94; *ders.* 1952, S. 98; *ders.* 1953, S. 2; *ders.* 1955; *ders.* 1957, S. 2; *Molo* 1955, S. 1 f.; *Schilling* 1962(1), S. 59 f.; *Lüth* 1963(1), S. 2 f.; *ders.* 1963(3), S. 66 u. v. a.

88 Vgl.: Der Schriftsteller(3). Jg. 15, H. 5/6. 1962. S. 75.

89 *Lattmann* 1970(3), S. 77.

90 *Ders.* 1968, S. 77; *ders.* 1969(4), S. 9 f.

91 *Ders.* 1969(2); *ders.* 1969(1), S. 37. – An jene, die wie G. Zwerenz und H. Bingel

zögerten, dem VS beizutreten, oder gar einen Gegenverband planten, appellierte D. Lattmann in seinem VS-Gründungsreferat, »der Sache nicht fernzubleiben, die für die Allgemeinheit der Autoren Brauchbares leisten soll.« (*ders.* 1969 [4]. S. 9).

92 Satzung des ADSV, a.a.O.

93 Statut des Schiedsgerichts des ADSV (§§ 10–16 der Satzung Fassung 1881). Vgl.: Deutscher Literaturkalender 1881. Teil 2. S. 204 f.

94 Ebda 1890, Sp. 16 f. – Der als erster zitierte Absatz wurde später wie folgt geändert: »wenn ein Mitglied zu einer mit Verlust der bürgerlichen Ehrenrechte verbundenen Gefängnisstrafe oder zu Zuchthausstrafe verurteilt wird« (ebda 1893, Sp. 33 f.).

95 Ebda 1893, Sp. 35 f. – Laut § 43 der Satzung von 1887 hatte der Schiedsspruch für die Parteien die Wirkung eines rechtskräftigen gerichtlichen Urteils (ebda 1890, Sp. 22). Dieser § 43 wurde später gestrichen (ebda 1893, Sp. 35).

96 *Kulemann* 1908, S. 169.

97 Satzung des SvDS, a.a.O.; Satzung des DSB, a.a.O. – Schiedsgerichte hatten diese beiden Verbände nicht.

98 Satzung des ASV, a.a.O.

99 Nach dem § 4 der Satzung konnte der Vorsitzende des ASV jederzeit beliebig viele Mitglieder in den Vorstand mit Sitz und Stimme hinzuziehen. Außerdem hatte er nach den §§ 4 und 7 das Primat in der Einberufung von Vorstandswahlen und Mitgliederversammlungen. Nach § 7 stand ihm neben dem Vorstand das Recht zu, die Beschlußfassung über ihm wichtig erscheinende Anträge zu vertagen (ebda).

100 Ebda, Jg. 7, Nr. 117. 1. 5. 1904, Beilage.

101 Satzung des WSB, a.a.O. – Als einziger Verband hatte der WSB in seiner Satzung einen Paragraphen (§ 10), der die Mitglieder ausdrücklich zur Unterstützung des Verbandes verpflichtete.

102 Ebda.

103 Satzung des SDS, a.a.O.

104 Vgl.: Der Schriftsteller(1). Jg. 3, H. 1/2. 1912. S. 15 f.

105 Protokoll der Hauptversammlung des SDS am 9./10. 1. 1932 in Berlin. Ebda, Jg. 20, H. 1/2. 1932. S. 27.

106 Vgl.: Der Schriftsteller(3). Jg. 5, H. 3. 1952. S. 51.

107 Ebda, Jg. 12, H. 4. 1959. S. 44.

108 Satzung des VS, a.a.O.

109 Geschäftsordnung des VS in der IG Druck und Papier, a.a.O.

110 Satzung der IG Druck und Papier (Fassung 1971). Geschäftsstelle der IG Druck und Papier, Stuttgart.

111 Satzung des FDA, a.a.O. – Bei Redaktionsschluß dieser Arbeit lag noch keine Ehrenratsordnung des FDA vor.

112 *Steinitz* 1891, S. 218 f.; Bericht von der 4. Allgemeinen Versammlung des DSV vom 12.–14. 9. 1891 in Berlin. Vgl.: Deutsche Presse. Jg. 4, Nr. 26. S. 250–253; Nr. 27. S. 262–264; Nr. 28. S. 274–278; Nr. 29. S. 287–289.

113 Protokoll der Generalversammlung des SDS am 29. 3. 1931 in Berlin. Vgl.: Der Schriftsteller(1). Jg. 19, H. 6. 1931. S. 11, 13, 19 f. u. 22.

114 Protokoll der Generalversammlung des SDS am 9./10. 1. 1932 in Berlin. Vgl.: Der Schriftsteller(1), Jg. 20, H. 1/2. 1932. S. 27 f.; ebda, Jg. 19, H. 11. 1931. S. 25 f.

115 Protokoll der Generalversammlung des SDS am 9./10. 1. 1932 in Berlin. A.a.O., S. 27.

116 Ebda, Jg. 20, H. 9/10. 1932. S. 199 f.

117 Vgl.: Der Schriftsteller(3). Jg. 5, H. 3. 1952. S. 50.

118 Schreiben der »Arbeitsgemeinschaft Deutscher Schriftstellerverbände« an die Vereinigung vom 9. 12. 1958. VS-Archiv im Büro Dr. W. Nordemann et al., Berlin; Memorandum über die Geschäftsführung des Präsidenten der Vereinigung W. v. Hollander. Ebda. – Dieses Memorandum, das gemäß einer handschriftlichen Notiz von W. Schendell verfaßt worden ist, enthält massive Vorwürfe gegen W. v. Hollander und den SDA-Nordwest. – Der »Arbeitsgemeinschaft Deutscher Schriftsteller-

verbände« gehörten an: SDS-Berlin, SDS-Hessen, SDS-Rheinland-Pfalz, Verband Saarländischer Autoren, VDBB, VDK.

119 Protokoll der Mitgliederversammlung der Vereinigung am 10./11. 1. 1959 in Berlin. VS-Archiv im Büro Dr. W. Nordemann et al., Berlin; Rundschreiben der Vereinigung 1/1959 vom 19. 1. 1959. Ebda; *Schilling* 1959.

120 Protokoll der Mitgliederversammlung der Vereinigung am 10./11. 1. 1959 in Berlin, a.a.O.

121 Protokoll der Mitgliederversammlung der Vereinigung am 18./19. 2. 1960 in Berlin. VS-Archiv im Büro Dr. W. Nordemann et al., Berlin.

122 *Damwerth* 1964; Grundsatzerklärung des Präsidiums der Vereinigung zu den »Gedanken zur Neuorganisation der Vereinigung« von W. Damwerth. VS-Archiv im Büro Dr. W. Nordemann et al., Berlin.

123 Brief des SDS-Bayern an die Vorsitzenden der Landesverbände und das Präsidium der Vereinigung vom 16. 10. 1964. Ebda.

124 Protokoll der Generalversammlung der Vereinigung am 31. 10./1. 11. 1965 in Saarbrücken. VS-Archiv in der VS-Bundesgeschäftsstelle, München.

125 Protokoll der Jahreshauptversammlung der Bundesvereinigung am 11./12. 3. 1967 in Berlin. A.a.O.

126 Protokoll der Jahreshauptversammlung der Bundesvereinigung am 7./8. 4. 1968 in München. VS-Archiv in der VS-Bundesgeschäftsstelle, München.

127 *Lattmann* 1970(7), S. 7; *ders.* 1971(5), S. 19.

128 Eine Dokumentation der Ereignisse und Stellungnahmen des VS: Für die Einheit des VS 1972; desgl. vgl.: publikation, Jg. 22, Nr. 4. 1972. S. 42–44.

129 Ebda, S. 44.

130 Vgl.: Saarbrücker Zeitung Nr. 112, Saarbrücken, 16. 5. 1972. S. 5.

131 *Zierer* 1972(3).

132 Vgl.: Der Schriftsteller(1). Jg. 13, H. 1. 1926. S. 7.

133 Protokoll der Hauptversammlung des SDS am 26. 3. 1926 in Berlin. Ebda, Jg. 13, H. 3 1926. S. 25. – G. Pohl wurde die Möglichkeit eingeräumt, sich nach einem Jahr wieder um die Mitgliedschaft im SDS zu bewerben. Von dieser Möglichkeit hat er auch Gebrauch gemacht; sein Name befindet sich 1931 auf einer Unterschriftenliste zugunsten der 18 ausgeschlossenen Mitglieder der OSDS (Aktionen 1966, S. 383).

134 Auch der DSV schloß 1890 3 Mitglieder wegen ›ehrenrühriger Sachen‹ aus, doch sind in diesen Fällen die näheren Umstände nicht genannt (Bericht von der 4. Allgemeinen Versammlung des DSV am 12.–14. 9. 1891 in Berlin. Vgl.: Deutsche Presse. Jg. 4, Nr. 16. 1891. S. 250).

135 Vgl.: Der Schriftsteller(1). Jg. 14, H. 4. 1927. S. 43 f.; *Mahrholz* 1926, S. 1 (Vorspann).

136 Vgl.: Der Schriftsteller(1). Jg. 13, H. 12. 1926. S. 99. – Th. Heuss, der nach dem 2. Weltkrieg wiederholt auf seine Arbeit als Mitbegründer des SDS hingewiesen hat (*Heuss* 1954[2]; *ders.* 1963, S. 96 f.), behauptete dabei, er sei nie 1. Vorsitzender des Verbandes gewesen; diese Funktion sei immer einem Dichter vorbehalten gewesen (*ders.* 1954[1]). In seinen Erinnerungen schreibt er, daß er an seine Arbeit im SDS mit Freude und Kummer zurückdenke. Gründe für den Kummer nennt er nicht (*ders.* 1963, S. 96 f.).

137 Vgl.: Der Schriftsteller(1). Jg. 13, H. 12. 1926. S. 100.

138 Vgl.: Der Autor. Jg. 1951, H. 4. S. 2 f.; Protokoll der Vollversammlung des SDA-Berlin am 11. 7. 1951. Ebda, H. 5. S. 18 f.

139 Geschäftsbericht der Vereinigung für das Jahr 1958. VS-Archiv im Büro Dr. W. Nordemann et al., Berlin.

140 Protokoll der Generalversammlung der Vereinigung am 10./11. 1. 1959 in Berlin. A.a.O.

141 Als A. Kols schon keine Gelder mehr an Autoren auszahlen konnte, erhöhte er sein

eigenes Gehalt eigenmächtig von DM 1000,– auf DM 1300,– (Der GELU letzter Akt 1958).

142 Ebda; *Schilling* 1958(1), S. 19.

143 Beschluß über den Ausschluß des Deutschen Schriftsteller-Verbandes e.V., Hannover vom 19. 7. 1961. VS-Archiv im Büro Dr. W. Nordemann et al., Berlin.

144 Protokoll der Vorstandssitzung der Vereinigung am 16. 11. 1957 in Hamburg. Akte 95 VR 1627 Nz, a.a.O.

145 Protokoll der Vorstandssitzung der Vereinigung am 10. 1. 1959 in Berlin. A.a.O.

146 Vgl.: Die Feder. Jg. 4, Nr. 38. 1901. S. 336 u. a.

147 Vgl.: Der Schriftsteller(1). Jg. 4, H. 2/3. 1914. S. 47 f.

148 Ebda, Jg. 6, H. 1/3. 1916. S. 46 f. 149 Ebda, Jg. 7, H. 1/3. 1917. S. 46.

150 Ebda, Jg. 9, H. 1/3. 1922. S. 3. 151 Ebda, Jg. 10, H. 2. 1923. S. 7.

152 Ebda, Jg. 18, H. 5. 1930. S. 21; *Zweig* 1930(2), S. 10.

153 *Böll* 1969(1). 154 *Böll* 1970; *Grass* 1970; *Walser* 1970.

155 *Nossack 1973; Lenz* 1973; *Mechtel* 1973.

156 *Lattmann* 1971(3), S. 11.

157 Vgl.: der literat. Jg. 12, H. 3. 1970. S. 57.

158 *Walser* 1971(2); *ders.* 1972.

159 »Der deutsche Schriftstellerstand und seine Zukunft« 1899, S. 97.

160 Vgl.: Die Feder. Jg. 9, Nr. 167. 1906. S. 1503.

161 Vom Schutzverband 1918. 162 *Eloesser* 1927, S. 64 u. 66.

163 *Eulenberg* 1928, S. 13.

164 Protokoll der Hauptversammlung des SDS am 17. 3. 1929 in Berlin. Vgl.: Der Schriftsteller(1). Jg. 17, H. 4/5. 1929. S. 12. – Entgegen dieser Ansicht hatte K. Tucholsky 1921 im SDS betont, daß sich Schriftsteller untereinander nicht literarisch werten dürften, wenn sie gemeinsam ihre berufspolitischen Interessen vertreten wollten (*Tucholsky* 1921, S. 5).

165 Vgl.: Süddeutsche Zeitung Nr. 110, München, 15. 5. 1972, S. 16.

166 *Lattmann* 1972(1), S. 17. 167 *Gregor-Dellin* 1973, S. 30.

168 Vgl.: Süddeutsche Zeitung Nr. 28, München, 27. 2. 1973, S. 15.

169 Vgl.: Weimarer Schriftsteller-Zeitung. Nr. 48. 1919. S. 621 f. – Mit diesem Vorwurf wurde ein Aufruf zur Gründung eines Gegenverbandes gegen den VDBB verbunden.

170 *Stein* 1919(3), S. 720.

171 Was wir erreichen müssen 1920, S. 5030. – Die Bemerkung, der SDS wolle als allein berechtigter Schriftstellerverband gelten, entspricht einer Äußerung R. Breuers in seinem Geschäftsbericht des SDS für das Jahr 1916, in dem er erklärte, daß der SDS alle Verbände mit ›privatkapitalistischem Charakter‹ – gemeint waren u. a. der ASV und der »Verband Deutscher Bühnenschriftsteller« – ausschalten müsse, auch wenn sie nicht ganz ohne Erfolg im Interesse der Schriftsteller arbeiteten. Es sollte erreicht werden, daß der SDS von den Verlegern als ›alleinige Vertretung der Interessen der freien Schriftsteller‹ anerkannt werde (Protokoll der Generalversammlung des SDS am 18. 3. 1917 in Berlin. Vgl.: Der Schriftsteller(1). Jg. 7, H. 1/3. 1917. S. 35 f.).

172 *Eichacker* 1920(1), S. 5014; *ders.* 1921(2), S. 5151.

173 Ebda; *ders.* 1921(6), S. 5182. – Im Gegensatz zum Hauptvorstand des SDS hatte der SDS Gau Bayern den Beitritt zum BdT befürwortet (ders. 1920[1], S. 5014).

174 *Ders.* 1921(2), S. 5151; *ders.* 1921(6), S. 5182; *Rauecker* 1922, S. 194.

175 *Eichacker* 1920(2).

176 Vgl.: Der Schriftsteller(1), Jg. 13, H. 11. 1926. S. 89.

177 Vgl.: Die Feder. Jg. 20, Nr. 695. 1929; *Hirschfeld* 1929.

178 Der VDE wurde am 15. 8. 1920 auf Initiative von W. Goldbaum gegründet. Er war mit dem VDBB und dem »Verband Deutscher Filmautoren« (VDF) kartelliert, deren Syndikus und Geschäftsführer W. Goldbaum selber war (*Kyser* 1921, S. 2 u. 5–7).

Der SDS sah die Gründung des VDE als besonders schädigend für die Einheit des deutschen Schrifttums an (Geschäftsbericht auf der Generalversammlung des SDS am 8. 5. 1921 in Berlin. Vgl.: Der Schriftsteller[1]. Jg. 8, H. 5/6. 1921. S. 51).

179 Entwurf eines Vertrages zwischen dem VDE und der B. A. G. der Vereinigung schönwissenschaftlicher Verleger. Vgl.: Karger 1922, Anhang S. IV–VIII.

180 *Kyser* 1921, S. 13. – Die am 10. 12. 1920 im Gegenzug vom SDS gegründete Fachgruppe »Bund der Erzähler« warf dem VDE vor, den Verlegern einige Millionen schenken zu wollen, »um sich von ihnen seinen Anspruch auf Vormachtstellung legalisieren zu lassen.« (*Schaffner* 1921, S. 59.)

181 Vgl.: Der Schriftsteller(1). Jg. 8, Sondernummer. 1921, S. 1.

182 *Kyser* 1921, S. 15 u. 11. – H. Kyser schloß seine Abhandlung mit einem Aufruf an alle gemeinnützigen Schriftstellerverbände, sich zu einer Arbeitsgemeinschaft zusammenzuschließen (ebda, S. 15 f.).

183 Vgl.: Der Schriftsteller(1). Jg. 9, H. 1/3. 1922. S. 20.

184 Ebda, S. 3; ebda, Jg. 9, H. 4/6. 1922. S. 33 f.

185 *Kyser* 1921, S. 6.

186 Vgl.: Der Schriftsteller(1). Jg. 3, H. 8/10. 1913. S. 115; Geschäftsbericht des SDS für das Jahr 1920. Ebda, Jg. 8, H. 1/2. 1921. S. 3.

187 *Eloesser* 1927, S. 64.

188 *Eulenberg* 1928, S. 12.

189 *Schaffner* 1931(3), S. 4.

190 Protokoll der Hauptversammlung des SDS am 17. 3. 1929 in Berlin. Vgl.: Der Schriftsteller(1). Jg. 17, H. 4/5. 1929. S. 12.

191 Vgl.: Frankfurter Allgemeine Zeitung Nr. 49, Frankfurt 27. 2.1973. S. 2; *Ude* 1973; *Stankiewitz* 1973; vgl.: der literat. Jg. 15, Nr. 12. 1973. S. 304.

192 *Krämer-Badoni* 1973(2), S. 6.

193 Vgl.: Süddeutsche Zeitung Nr. 48, München 27. 2. 1973, S. 15; *Braem* 1973.

194 *Gregor-Dellin* 1973, S. 33.

195 *Kuhn* 1919, S. 522.

196 Vgl.: Der Schriftsteller(1). Jg. 7, H. 1/3. 1917. S. 47; Protokoll der Hauptversammlung des SDS am 25./26. 3. 1928 in Berlin. Ebda, Jg. 15, H. 4. 1928. S. 51 u. 53.

197 Protokoll der Hauptversammlung des SDS am 17. 3. 1929. A.a.O., S. 5. – Mit ähnlichen Argumenten wurde 1927 die Gründung des »Reichsverbandes des deutschen Schrifttums« durch den SDS begründet: »Die bisherige Zersplitterung hat den einzelnen Gruppen nichts genutzt und der Gesamtheit geschadet. Man war zum Teil füreinander, zum Teil gegeneinander, aber in der Vertretung der Interessen, die doch gemeinsam waren, nicht geschlossen und darum nicht stark. Den Vorteil hatten zuletzt nur kleine Organisationen mehr oder minder dilettantischen Gepräges«, (vgl.: Der Schriftsteller[1]. Jg. 14, H. 7/8. 1927. S. 75).

198 *Rutra* 1931, S. 13.

199 *Bloem* 1910, S. 179.

200 *Kuhn* 1919, S. 523.

201 Die Einheit des deutschen Schrifttums 1921, S. 5.

202 *Eulenberg* 1928, S. 11 f.

203 *Landsberg* 1910, S. 152 f.

204 *Herrmann* 1910, S. 156; *Engel* 1910, S. 180; *Heuss* 1916, S. 237; *Kellermann* 1921, S. 49; *Döblin* 1921, S. 53; *Molo* 1929, S. 1.

205 *Reuß-Löwenstein* 1947, S. 1.

206 *Schäferdieck* 1951(2), S. 173 f.

107 *Reuß-Löwenstein* 1952, S. 98. – H. Reuß-Löwenstein schrieb, daß die Schriftsteller lange abseits gestanden hätten, »während die Lebenstüchtigen kräftig zulangten« (*ders.* 1953, S. 2).

208 *Lüth* 1963(1), S. 3 f.

209 *Böll* 1969(1), S. 11.

210 *Groth* 1917, S. 1; *Bourfeind* 118(91), S. 5 f.; *ders.* 1918(2), S. 8 f.; *ders.* 1918(3), S. 22; *Kuhn* 1919, S. 523.

211 *Stein* 1919(3), S. 720 f.

212 *Kuhn* 1919, S. 522. – 1921 jedoch forderte der WSB seine Mitglieder zum Beitritt in den SDS auf (vgl.: Der Schriftsteller[1]. Jg. 8, H. 1/2. 1921. S. 3).

213 Ebda, Jg. 3, H. 8/10. 1913. S. 115.
214 Ebda, Jg. 5, H. 1. 1915. S. 15. – Noch 1916 wurde im SDS die Frage einer allgemeinen Genossenschaft deutscher Schriftsteller diskutiert, die auf eine Gesamtvereinigung aller Schriftstellerverbände hinzielen sollte (*Lehmann* 1916, S. 18).
215 H. *Mann* 1931, S. 3.
216 Vgl.: Der Schriftsteller(1). Jg. 8, H. 5/6. 1921. S. 51.
217 Ebda, Jg. 10, H. 1. 1923. S. 2.
218 Protokoll der Hauptversammlung des SDS am 23. 3. 1923 in Berlin. Ebda, Jg. 10, H. 2. 1923. S. 5.
219 Protokoll der Generalversammlung des SDS am 5. 4. 1925 in Berlin. Ebda, Jg. 12, H. 2. 1925. S. 10.
220 Ebda, Jg. 14, H. 4. 1927. S. 43.
221 Protokoll der Generalversammlung des SDS am 9./10. 1. 1932 in Berlin, ebda Jg. 20, H. 1/2. 1932. S. 5.
222 Ebda, Jg. 20, H. 5/6. 1932. S. 81.
223 *Kellermann* 1921, S. 50; *Bulcke* 1922, S. 1.
224 Protokoll der Hauptversammlung des SDS am 5. 4. 1925 in Berlin. A.a.O., S. 10.
225 Vgl.: Der Schriftsteller(1). Jg. 8, H. 5/6. 1921. S. 57.
226 *Zeitlin* 1922, S. 379.
227 Protokoll der Generalversammlung des SDS am 29. 3. 1931 in Berlin. Vgl.: Der Schriftsteller(1). Jg. 19, H. 5. 1931. S. 29.
228 Protokoll der Generalversammlung des SDS am 31. 3. 1930 in Berlin. Ebda, Jg. 18, H. 5. 1930. S. 27.
229 Vgl.: Der Schriftsteller(2). Jg. 1, H. 10. 1948. S. 20.
230 Vgl.: Der Autor. Jg. 1, H. 10/11. 1948. S. 4.
231 Vgl.: VS-Informationen. Nr. 3. 1970. S. 6.
232 Ebda, Nr. 1. 1971. S. 4.
233 Ebda, Nr. 1. 1972. S. 18.
234 *Forstenheim* 1888; *Fuld* 1889.
235 *Fromm* 1963.
236 Geschäftsbericht des SDS für das Jahr 1920. Vgl.: Der Schriftsteller(1). Jg. 8, H. 1/2. 1921. S. 3.
237 Ebda, S. 4.
238 Ebda, Jg. 17, H. 4/5. 1929. S. 1.
239 *Teich* 1962(2). – Neben der ALAI und der Comes ist als dritte bedeutende internationale Urheberorganisation die 1926 zur Verbesserung des internationalen Urheberrechts gegründete »Confédération Internationale des Sociétés d'Auteurs et Compositeurs« (CISAC) zu nennen, der von deutscher Seite allerdings kein reiner Schriftstellerverband sondern die »Verwertungsgesellschaft WORT« (VG Wort) angehört (vgl.: Süddeutsche Zeitung Nr. 245, München, 13. 10. 1971: »Ziel: Stärkung der Autorenrechte«). Ein Mitbegründer der CISAC war übrigens L. Fulda (*Bars* 1962).
240 *Fromm* 1965(2); *Lattmann* 1969(5).
241 *Rösch* 1905.
242 *Fred* 1911, S. 59; *Breuer* 1913, S. 14; *Bourfeind* 1918(3), S. 20; *Döblin* 1924, S. 13; *Reger* 1931, S. 11; *Schwerin* 1931, S. 11 f.; Protokoll der Generalversammlung des SDS am 29. 3. 1931 in Berlin. Vgl.: Der Schriftsteller(1). Jg. 19, H. 6. 1931. S. 12; *Reuß-Löwenstein* 1952, S. 98; *Lüth* 1963(3), S. 66; u a.
243 *Lattmann* 1968, S. 76.
244 *Ders.* 1969(1), S. 6.
245 *Böll* 1969(1). S. 24.
246 *Fohrbeck/Wiesand* 1972, S. 416.
247 *Bernsdorf* 1972, S. 375 f.
248 *Fred* 1911, S. 23; *Rauecker* 1922, S. 164–168.
249 *Fulda* 1910, S. 150; *Nissen* 1910, S. 157; *Wolzogen* 1910, S. 151.
250 *Rauecker* 1922, S. 165.
251 *Beyer* 1919, S. 1015; *A. Braun* 1922, S. 18; *Deneke* 1954, S. 51; *ders.* 1955(2), S. 30; *Linz* 1965, S. 166.

252 *Rauecker* 1922, S. 169.

253 Die Erklärung der schriftstellerischen Individualität aus der Einsamkeit literarischer Produktion gehörte bisher zu den Topoi in den Versuchen, das Wesen der Schriftsteller zu erfassen (*Mahrholz* 1922, S. 63; *Karger* 1922, S. 45; *Schmitt* 1966, S. 105 Fn.). Die SPIEGEL-Enquete zeigte, daß 82 % aller hauptberuflichen Autoren (77 % der nebenberuflichen) allein arbeiten. Dabei liegt der Prozentsatz bei den über 60jährigen Autoren mit 90 % am höchsten, bei den zwischen 20- und 30jährigen mit 75 % am niedrigsten. Es deutet sich die Tendenz wachsender Kooperation im literarischen Schaffensprozeß vor allem in den audio-visuellen Medien an (*Fohrbeck/Wiesand* 1972, S. 82 f.).

254 *Karger* 1922, S. 19 f.

255 Ebda, S. 17. – »darüber entscheidet die Nachwelt«. (Ebda.)

256 *Beyer* 1919, S. 1015; A. *Braun* 1922, S. 24.

257 *Rauecker* 1922, S. 173 u. 175 f.

258 *Fohrbeck/Wiesand* 1972, S. 412.

259 *Hofmann* 1921, S. 19.

260 Ebda, S. 20.

261 Satzung des ADSV, a.a.O.

262 Vgl.: Deutscher Literaturkalender 1880, Teil 2, S. 75 f.

263 Satzung des DSchV, a.a.O.

264 Vgl.: Deutscher Literaturkalender 1890, S. 16. – Später wurde diese Bestimmung dahingehend erweitert, daß nur jeder großjährige deutsche Schriftsteller Mitglied im DSV werden konnte (ebda 1893, S. 31).

265 Ebda 1890, S. 16.

266 *Steinitz* 1888(2), S. 33 f.

267 Ebda, S. 43 f.

268 Protokoll der Verhandlungen des DSV auf seiner 3. Allgemeinen Versammlung am 17./18. 8. 1890 in Breslau. Vgl.: Deutsche Presse. Jg. 3, Nr. 43. 1890. S. 338 f.

269 *Blüthgen* 1899, S. 55 f.

270 So der DSchV (vgl.: Deutscher Literaturkalender 1886, S. 32) und der DSV, der von Anfang an Bezirksvereine in Berlin, Breslau, Leipzig, Frankfurt/M., Stuttgart, München, Hamburg und Graz hatte (Bericht von der 1. Allgemeinen Versammlung des DSV vom 1.–3. 9. 1888 in München. Vgl.: Deutsche Presse. Jg. 1, Nr. 37. 1888. S. 291).

271 Vgl.: Deutscher Literaturkalender 1888, S. 17; ebda 1889, S. 15.

272 »Der Deutsche Schriftstellerstand und seine Zukunft« 1899, S. 97; vgl.: Die Feder. Jg. 9, Nr. 167. 1906. S. 1503.

273 Satzung des ASV (Fassung 1902), a.a.O. – Mit 2500 Mitgliedern war der ASV 1922 der zahlenmäßig stärkste deutsche Schriftstellerverband; er bestand jedoch nach dem Urteil B. Raueckers zum großen Teil aus Dilettanten (*Rauecker* 1922, S. 192).

274 Vgl.: Die Feder. Jg. 7, Nr. 117. 1904. Beilage. – 1906 führte ein Mitgliederverzeichnis des KlA 122 Namen auf (ebda, Jg. 9, Nr. 168. 1906. Beilage).

275 Protokoll der Generalversammlung des SDS am 19. 3. 1931 in Berlin. Vgl.: Der Schriftsteller(1). Jg. 19, H. 6. 1931. S. 22.

276 Satzung des VDBB, a.a.O. – Mit dieser Regelung und dem § 6, der die Mitglieder zur Einhaltung aller vom VDBB mit anderen Verbänden abgeschlossenen Verträge verpflichtete, wurde der Kartellvertrag des VDBB abgesichert.

277 Ebda, S. IX f.

278 Satzung des WSB, a.a.O. – Auf Mitgliederversammlungen hatten ordentliche Mitglieder dreifaches, außerordentliche einfaches Stimmrecht (ebda).

279 *Stein* 1918, S. 377; *Bourfeind* 1918(1), S. 7.

280 *Bourfeind* 1918(2), S. 9 f.

281 *Stein* 1919(3), S. 721.

282 Satzung des SDS, a.a.O.

283 Vgl.: Deutscher Literaturkalender 1911–1917. – B. Rauecker berichtete, daß die Gewährleistung dieser einschränkenden Bestimmung durch den Vorweis einer Empfehlung seitens zweier Mitglieder des SDS eingehalten werden sollte (*Rauecker* 1922, S. 172).

284 *Landsberg* 1910, S. 153. 285 *Breuer* 1913, S. 46.
286 Ebda, S. 46 f.; *ders.* 1916; *Schreiber* 1913, S. 60; u. a.
287 *Breuer* 1913, S. 46 f. 288 *Grabowsky* 1916, S. 6.
289 Protokoll der Hauptversammlung des SDS am 5. 4. 1925 in Berlin. Vgl.: Der Schriftsteller(1). Jg. 12, H. 2. 1925. S. 10.
290 Ebda, S. 14 u. 15.
291 Protokoll der Hauptversammlung des SDS am 20. 2. 1927 in Berlin. Ebda, Jg. 14, H. 3. 1927. S. 32.
292 Protokoll der Hauptversammlung des SDS am 25./26. 3. 1928 in Berlin. Ebda, Jg. 15, H. 4. 1928. S. 54.
293 Protokoll der Hauptversammlung des SDS am 31. 3. 1930 in Berlin. Ebda, Jg. 18, H. 5. 1930. S. 16, 17 u. 20.
294 1913 wurde die erste Ortsgruppe in München gegründet, 1914 folgte Berlin, 1916 Dresden und 1920/21 Wien, Königsberg, Mannheim, Hamburg, später noch Bremen und Braunschweig. Gaugruppen gab es in Sachsen, Schlesien, Oberschlesien, Baden, Bayern, Rheinland-Westfalen, Schwaben. Dazu kam der Nordwestgau, der Gau Weser-Ems und der Gau Rhein-Main.
295 Geschäftsbericht des SDS für das Jahr 1920. Vgl.: Der Schriftsteller(1). Jg. 8, H. 1/2. 1921. S. 3. – Die erste Fachgruppe des SDS war der am 10. 12. 1920 gegründete »Bund der Erzähler«. 1922 folgten der »Bund der Lyriker«, das »Essayisten-Kartell« und der »Bund technisch-wissenschaftlicher Autoren«. 1929 schlossen sich dem SDS als Fachgruppen der »Bund deutscher Übersetzer«, der »Verband der Kunstkritiker« und der »Verband der Pressemitarbeiter« an. Wie bereits erwähnt, kartellierte 1930 das KlA mit dem »Bund der Lyriker«. Letzte Fachgruppe war die »Gruppe freier Pressemitarbeiter«.
296 *Wynands* 1931, S. 7; *Schaffner* 1931(1), S. 11; *ders.* 1931(2), S. 9.
297 *Ders.* 1931(1), S. 9; *Rutra* 1931, S. 14 u. 16.
298 Vgl.: Der Schriftsteller(1). Jg. 21, H. 3/5. 1933. S. 35.
299 Ebda, Jg. 21, H. 10. 1933. S. 129. 300 *Schendell* 1947(1), S. 8.
301 Vgl.: Der Autor. Jg. 1, H. 10/11. 1948. S. 6.
302 Vgl.: Der Schriftsteller(3). Jg. 5, H. 3. 1952. S. 50.
303 Satzung des SBS (Fassung 1951). Akte 95 UR 1888 Nz. A.a.O.
304 Vgl.: Der Schriftsteller(3). Jg. 6, H. 3, 1953. S. 70.
305 Vgl.: Der Autor. Jg. 1, H. 10/11. 1948. S. 5.
306 Gruppe 1 erhielt das passive Wahlrecht und das Recht auf Inanspruchnahme aller durch den Verband gegebenen Vergünstigungen. Der 2. Gruppe wurde lediglich der Rechtsschutz und eine Materialzuteilung ›im Rahmen des Möglichen‹ zugesprochen (ebda, S. 6).
307 *Schendell* 1948, S. 1.
308 Vgl.: Der Schriftsteller(3), Jg. 2, H. 1. 1948. S. 6.
309 Ebda, Jg. 2, H. 11. 1949. S. 6; ebda, Jg. 2, H. 19. 1949. S. 5 .
310 Protokoll der Arbeitstagung deutscher Schriftstellerverbände am 11.–14. 3. 1949 in Hamburg. A.a.O.
311 Protokoll der Mitgliederversammlung der Vereinigung am 19./20. 5. 1962 in Stuttgart. VS-Archiv in der VS-Bundesgeschäftsstelle, München.
312 Protokoll der Generalversammlung der Vereinigung am 10./11. 5. 1963 in Berlin. A.a.O.
313 Satzungs-Entwurf für eine »Deutsche Schriftsteller-Kammer«. VS-Archiv in der VS-Bundesgeschäftsstelle, München.
314 *Lüth* 1963(4), S. 81.
315 *Ders.* 1926(1), S. 134; *ders.* 1964, S. 118; *Drewitz* 1969; *Haufs* 1969, S. 1 f.
316 Vgl.: Der Schriftsteller(3). Jg. 15, H. 5/6. 1962. S. 75.

317 Rundbrief des Präsidenten der Bundesvereinigung an alle Mitgliederverbände (1968). VS-Archiv in der Bundesgeschäftsstelle, München; Rundschreiben Nr. 12 der Bundesvereinigung vom 26. 3. 1968. Ebda.

318 Vgl.: Ende der Bescheidenheit 1969, S. 25 f.

319 *Lattmann* 1969(4), S. 6; *ders.* 1970(5), S. 6; u. a. – Die SPIEGEL-Enquete bestätigte diese Aussage. Von den 300 dort befragten Autoren, die Mitglieder der VS waren, gaben mit Mehrfachnennungen als ihre Tätigkeitsbereiche an: 57 % Sachbuch/Belletristik, 56 % Funk, 54 % Tages- und Wochenpresse, 31 % Fach- und Spezialzeitschriften, 30 % Fernsehen, 19 % Publikumszeitschriften (Illustrierte), 16 % Kinder- und Jugendbuch, 13 % wissenschaftliches Buch, 9 % Theater, 8 % Film, 5 % Schulbuch und 4 % Heftroman. 10 % arbeiteten im Auftrag von Verbänden und Gewerkschaften, 6 % von Firmen und Industrie und 5 % von Behörden und Ministerien. Diese Zahlen entsprechen zum großen Teil den durchschnittlichen Angaben aller befragten Autoren (s. 1.2.1, S. 11). Deutlich überrepräsentiert sind im VS die Autoren in den Bereichen Sachbuch/Belletristik (gegenüber 31 % im Durchschnitt), Kinder- und Jugendbuch (gegenüber 7 %) und Funk (gegenüber 43 %). Leicht unterrepräsentiert sind im VS Autoren im Bereich wissenschaftliches Buch (gegenüber 18 %) und in den Arbeitsbereichen bei Verbänden, Firmen, Behörden etc. (*Fohrbeck/Wiesand* 1972, S. 407). 60 % der VS-Mitglieder waren hauptberuflich, 82 % nebenberuflich und 12 % teilberuflich tätig. Das ergibt, gemessen an den bereits genannten Durchschnittswerten der Gesamtbefragung, einen relativ hohen Anteil der hauptberuflich tätigen Schriftsteller (ebda, S. 32).

320 Geschäftsordnung des VS in der IG Druck und Papier. VS-Bundesgeschäftsstelle, München. – Anschluß-Mitglieder haben nach § 2 (4) kein passives Wahlrecht. Außerdem steht ihnen von den Leistungen des Verbandes nur der Rechtsschutz in urheberrechtlichen Fragen zu.

321 *Lattmann* 1969(4), S. 6 f. u. 4.

322 *Böll* 1969(1), S. 24. – H. Böll sprach von ›gesellschaftspolitischer Solidarität‹, was aber im engeren Sinne seines Referats nicht berufspolitischer gleichzusetzen ist.

323 *Lattmann* 1969(4), S. 4 f.

324 Vgl.: Süddeutsche Zeitung Nr. 83/84/85/86, München, 12. 4. 1973. S. 49.

325 Vgl.: VS-Informationen. Nr. 2. 1970. S. 4.

326 *Drews-Bernstein* 1971, S. 5.

327 Satzung des FDA, a.a.O.

328 Rundbrief des FDA Nr. 2. Juli 1973. FDA-Bundesgeschäftsstelle, München.

329 Diese Aussage gilt nicht für die Landesverbände.

330 *Friedrich* 1880(1), S. 215.

331 Ebda.

332 Ebda.

333 Vgl.: Deutscher Literaturkalender 1886, S. 31.

334 *Wendlandt* 1889, S. 394.

335 Der Deutsche Schriftsteller-Verband 1888, S. 10.

336 *Stein* 1918, S. 377; *ders.* 1919(2), S. 602.

337 *Grünfeld* 1918.

338 *Kyser* 1910, S. 182 f.

339 *Breuer* 1913, S. 44; *Eloesser* 1921, S. 107.

340 *Molo* 1927, S. 57.

341 Vgl.: Der Schriftsteller(1). Jg. 14, H. 5. 1927. S. 55.

341a *Hollander* 1931, S. 8 f.

342 *Landsberg* 1909, S. 378; *ders.*, 1910, S. 154, *ders.*, 1911.

343 Protokoll der Hauptversammlung des SDS am 17. 3. 1929 in Berlin. Vgl.: Der Schriftsteller (1). Jg. 17, H. 4/5. 1929. S. 4 f.

344 *Schendell* 1947(1), S. 8.

345 *Ders.* 1947(2), S. 7.

346 Th. *Mann* 1947, S. 3.

347 *Mäker* 1948(1), S. 4.

348 *Ders.* 1948(2), S. 22 f.

349 Vgl.: Der Schriftsteller(3). Jg. 1, H. 8. 1947. S. 1 f.

350 *Reuß-Löwenstein* 1951(1), S. 2.

351 *Lüth* 1962(1), S. 136. – E. Lüth erklärte aber auch, daß sich der Beruf des Schriftstellers nur noch gelegentlich mit seinem Selbst- und Fremdverständnis decke, da die ›Vielschichtigkeit des Massendaseins‹ auch zu einer Vielschichtigkeit der schriftstellerischen Aufgaben führe (ebda, S. 134).
352 *Molo* 1952, S. 178.
353 Vgl.: Der Schriftsteller(3). Jg. 7, H. 7/8. 1954. S. 61.
354 *Molo* 1954, S. 61.
355 *Hollander* 1954(2), S. 133.
356 Geschäftsbericht der Vereinigung für 1959. VS-Archiv im Büro Dr. W. Nordemann et al., Berlin.
357 *Pohl* 1963(3); ders. 1965(1).
358 Dichterwürde 1954, S. 91.
359 *Hartwig* 1954, S. 53; *Baumann* 1954, S. 51.
360 *Molo* 1954, S. 63.
361 *Lattmann* 1968, S. 76.
362 *Ders.* 1949(4), S. 4; *ders.* 1970(1), S. 158.
363 *Böll* 1969(1), S. 12 u. 15.
364 *Walser* 1970, S. 33 f.
365 *Böll* 1969(1), S. 19 f.
366 *Drewitz* 1970(2), S. 6.
367 Vgl.: Einigkeit der Einzelgänger 1971, S. 74.
368 Kritik an einem Orakel-Spruch 1971; *Lattmann* 1971(1), S. 120; *ders.* 1971(7), S. 49.
369 *Schwenger* 1971, S. 34.
370 *Lattmann* 1971(6), S. 10; *ders.* 1970(4).
371 *Braem* 1972.
372 Satzung des FDA, a.a.O. – Dem ersten DAR des FDA gehörten u. a. H. Habe als Präsident, O. Zierer und A. Lernet-Holenia als Vizepräsidenten an (Rundbrief des FDA Nr. 1 (ohne Datum). FDA-Bundesgeschäftsstelle, München).
373 *Löwenstein* 1973, S. 1.
374 Vgl.: Für den Autor. Nr. 1. 1973. S. 9.
375 *Mayntz* 1963, S. 23.
376 *Kurucz* 1967, S. 30 u. 48.
377 *Lämmert* 1971, S. 6 f.
378 *Hartmann* 1968, S. 202.
379 Ebda, S. 203.
380 Ebda, S. 216.
381 *Steinitz* 1888(1), S. 1 f.
382 *Ders.* 1891, S. 217.
383 *Thieß* 1904, S. 189.
384 Vgl.: Die Feder. Jg. 18, Nr. 377. 1915. S. 3962.
385 *Rauecker* 1922, S. 193; *Schmitt* 1966, S. 103 f.
386 *Bierbaum* u. a. 1904.
387 *Rauscher* 1913, S. 47; *Landsberg* 1913, S. 58; *Schickele* 1913, S. 62.
388 *Breuer* 1913, S. 47.
389 *Ders.* 1916, S. 16.
390 Organisation und Qualität 1913, S. 17.
391 *Kellermann* 1921(1), S. 50.
392 *Zweig* 1929, S. 5 f.
393 *Molo* 1929, S. 2.
394 *Reuß-Löwenstein* 1951(1), S. 1.
395 *Ders.* 1951(2), S. 54.
396 *Deneke* 1955(2), S. 43.
397 Denkschrift 1965.
398 *Zierer* 1972(4).
399 *Wendlandt* 1889, S. 397 f.
400 Mit der Zeit mitgehen! 1914.
401 Die jetzige Absatzmöglichkeit 1919; Erzielen von Erfolgen 1919.
402 Nationale Manuskripte 1933.
403 *Stein* 1918, S. 379.
404 Rundbrief des FDA Nr. 2. Juli 1973. FDA-Bundesgeschäftsstelle, München.
405 *Habe* 1973, S. 3.
406 Vgl.: Für den Autor. Nr. 1. 1973, S. 3.
407 *Habe* 1973, S. 3 u. 4.
408 Geschäftsbericht des ADSV für die Jahre 1879/1880. Vgl.: Deutscher Literaturkalender 1881, 2. Teil, S. 233.
409 Jahresbericht des ADSV für 1882. Ebda 1883, S. 153 f.
410 Ebda, S. 154.
411 Ebda 1882, S. 153.
412 Ebda 1888, S. 16.
413 Ebda 1882, S. 154 f.
414 Ebda 1881, 2. Teil, S. 210 f.
415 Ebda 1882, S. 153 f.
416 *Steinitz* 1888, S. 2.
417 Nach dem § 1 seiner Satzung diente das Literarische Bureau der Verwertung schrift-

stellerischer Arbeiten der Verbandsmitglieder, dem Arbeits- und Stellennachweis und der Ermittlung des unbefugten Nachdrucks sowie unbefugter Aufführungen von Theaterstücken (s. 3.3.1.2, S. 139 u. 3.4.2.1, S. 191).

418 Vgl.: Deutscher Literaturkalender 1890, Sp. 24.

419 Bericht von der 4. Allgemeinen Versammlung des DSV am 12.–14. 9. 1891 in Berlin. Vgl.: Deutsche Presse. Jg. 4, Nr. 28. 1891. S. 274 f.

420 *Fuld* 1888, S. 53.

421 *Leixner* 1902. – O. v. Leixner hatte gemeinsam mit V. Blüthgen u. a. den Plan seit 1898 verfolgt und durch mehrere Gespräche mit dem Preußischen Kultusminister vorangetrieben. Als Sitz der Akademie war Weimar und als erster Präsident F. Spielhagen vorgeschlagen (ebda).

422 Festbericht von der 1. Allgemeinen Versammlung des DSV am 1.–3. 9. 1888 in München. Vgl.: Deutsche Presse. Jg. 1, Nr. 37. 1888. S. 292.

423 Ebda, S. 292–294; ebda, Nr. 38. 1888. S. 297–299; Bericht von der 3. Allgemeinen Versammlung des DSV am 16.–19. 8. 1890 in Breslau. Ebda, Jg. 3, Nr. 34. 1890. S. 265–269; *Eloesser* 1926; u. a.

424 *Rösch* 1905.

425 Vgl.: Die Feder. Jg. 5, Nr. 83. 1902. Vereinsnachrichten Nr. 3. 2. 6; ebda. Jg. 8, Nr. 139. 1905. S. 1167; vgl. Auskunftsbuch 1912, S. 104. – Nur einmal wurde berichtet, daß die Kritische Abteilung 17mal in Anspruch genommen worden ist (vgl.: Die Feder. Jg. 6, Nr. 87. 1903. Vereinsnachrichten Nr. 5. S. 10). Der Gründung der Kritischen Abteilung ging ein Beschluß voraus, nach dem jeweils nach Erledigung der geschäftlichen Angelegenheiten von anwesenden Mitgliedern kleinere literarische Arbeiten mit anschließender Besprechung verlesen werden konnten (ebda, Jg. 4, Nr. 56. 1901. S. 480).

426 Ebda, Jg. 5, Nr. 65. 1902. S. 552.

427 Ebda, Jg. 5, Nr. 68. 1902. S. 576.

428 Ebda, Jg. 5, Nr. 70. 1902. S. 592.

429 *Hirschfeld* 1917.

430 *Schmitt* 1966, S. 103.

431 Vgl.: Die Feder. Jg. 2, Nr. 15. 1899. S. 126.

432 Ebda, Jg. 3, Nr. 27. 1900. Beilage.

433 Ebda, Jg. 4, Nr. 45. 1901. S. 392.

434 *Bierbaum* u. a. 1904. – Unverständlich allerdings ist die Behauptung, daß die durch diese Maßnahmen erreichte ›gerechtere Entschädigung der begabteren Talente‹ keine Benachteiligung der ›weniger begabten‹ mit sich bringen werde (ebda).

435 Vgl.: Die Feder. Jg. 22, Nr. 474. 1919. S. 4739.

436 Satzung des WSB, a.a.O.

437 *Zeitlin* 1922, S. 383; *Engel* 1926, S. 4.; *Friedrich* 1931, S. 20.

438 H. *Mann* 1921, S. 94 f.

439 *Eloesser* 1925, S. 28.

440 Protokoll der Hauptversammlung des SDS am 5. 4. 1925 in Berlin. Vgl.: Der Schriftsteller(1). Jg. 12, H. 2. 1925. S. 11.

441 Protokoll der Generalversammlung des SDS am 19. 3. 1931 in Berlin. Ebda, Jg. 19, H. 6. 1931. S. 10.

442 Protokoll der Hauptversammlung des SDS am 17. 2. 1924 in Berlin. Ebda, Jg. 11, H. 1. 1924. S. 8.

443 Satzung der Notgemeinschaft des deutschen Schrifttums. Ebda, Jg. 18, H. 2. 1930. S. 1–4.

444 Protokoll der Generalversammlung des SDS am 31. 3. 1930 in Berlin. Ebda, Jg. 18, H. 5. 1930. S. 25.

445 Vgl.: Der Schriftsteller(2). Jg. 1, H. 4/5. 1948. S. 1 f. – Die Fragen zielten auf eine Wertung der zeitgenössischen Literatur, auf die Stellung des Schriftstellers in der Gesellschaft und eine Bewertung der Kontroll- und kulturellen Führungsmethoden der Besatzungsmächte. Befragt wurden 35 Verbandsmitglieder; 19 antworteten, 7 sagten ab und 9 reagierten nicht (ebda, Jg. 1, H. 6/7. 1948. S. 1). Die Antworten

sind als private Meinungsäußerungen im engen Sinne nicht Gegenstand dieser Untersuchung, sie können aber als aufschlußreich für die Beurteilung des Wertklimas des Verbands angesehen werden: Interessant ist, daß von den 19 antwortenden Autoren 14 die Frage nach den Eigenarten und Neigungen der deutschen Literatur des letzten halben Jahrhunderts, die sie als wertvoll ansähen, nicht beantworteten, daß also 14 von 19 Autoren kein positives Urteil über die Literatur dieses Zeitraumes hatten (Heiseler 1948; Schwarz 1948; Schulenburg 1948; Schneider-Schelde 1948; Molo 1948; Meissinger 1948; Tralow 1948; Wagenseil 1948; Weismantel 1948; Windisch 1948; Süskind 1948; Li 1948; Thesing 1948; Dörfler 1948). Als vorbildlich wurden von deutschen Autoren lediglich A. Paquet (*Bauer* 1948, S. 7), G. Trakl (*Moosen* 1948, S. 8), B. Frank und J. Wassermann (*Stahl* 1948, S. 16) sowie aus der Nachkriegszeit E. Kogon (*Wagenseil* 1948, S. 14), W. Heist und W. Kolbenhoff (*Schneider-Lengyel* 1948, S. 10) genannt. Im Vordergrund einer als anzustrebenden Wertung standen das Streben nach Wahrhaftigkeit, dem ›zeitgerechten Ausdruck der ewigen Wahrheit‹ (*Schulenburg* 1948, S. 4; *Schneider-Schelde* 1948, S. 6; *Molo* 1948; *Windisch* 1948, S. 6; *Thesing* 1948, S. 14)., der Dichter als Gestalter von ›Ur-Ereignissen‹ aus der ›Phantasie der Innerlichkeit‹ (*Schwarz* 1948, S. 4), als Gestalter menschlicher Schicksale (*Weismantel* 1948, S. 17), als Stimme der Leidenschaft (*Wagenseil* 1948, S. 15) in universeller Geltung (*Tralow* 1948, S. 13). Die Forderung nach Tendenzlosigkeit und Zeitenthobenheit hat ebenfalls mehrere Diskussionsbeiträge bestimmt (*Dörfler* 1948, S. 15; *Molo* 1948, S. 9; *Moosen* 1948, S. 7; *Li* 1948, S. 13; *Heiseler* 1948, S. 2). Ansonsten wurde auch schon damals eine große Heterogenität der Antworten festgestellt (*Szczesny* 1948), was bereits darauf hinweist, daß der Versuch des SDS-Bayern, bei der Suche gemeinsamer Standpunkte zu vermitteln, im Ansatz scheitern mußte. Weitgehend gemeinsam waren nur die Werthaltungen, die sich in der Auffassung des Schriftstellers als autonomem Schöpfer zeitenthobener Wahrheiten äußerten.

446 *Schendell* 1947(3), S. 5 f.; vgl.: Der Autor. Jg. 1, H. 2. 1947, S. 10.

447 *Schendell* 1949, S. 24. – Dieser Preis wurde 1949 zum ersten und einzigen Mal an St. Hermlin verliehen (ebda).

448 *Drewitz* 1969, S. 1 f.

449 Vgl.: Der Schriftsteller(3). Jg. 3, H. 3. 1950. S. 1–3.

450 Ebda, Jg. 1, H. 8. 1947. S. 1.

451 Protokoll der Arbeitstagung deutscher Schriftstellerverbände vom 11.–14. 3. 1949 in Hamburg. A.a.O., S. 5 f.

452 Ebda, S. 6. – Am 17./18. 3. 1950 fand die konstituierende Tagung der »Deutschen Akademie für Sprache und Dichtung« in Stuttgart statt, wobei die von H. Reuß-Löwenstein, K. F. Borée u. a. ausgearbeitete Satzung verabschiedet und R. Pechel zum Präsidenten der Akademie gewählt wurde. Vertreter der Schriftstellerverbände wurde H. Berl (vgl.: Der Schriftsteller[3], Jg. 3, H. 4. 1950. S. 2 f.).

453 Ergebnisse der Hauptversammlung des VDA am 18./19. 10. 1950 in Hamburg. Ebda, Jg. 3, H. 11. 1950. S. 1 f.

454 Ebda, Jg. 4, H. 3. 1951. S. 24.

455 Ebda, Jg. 5, H. 6., 1952. S. 104.

456 Zuletzt: Rundschreiben Nr. 10 der Bundesvereinigung vom 5. 3. 1968. VS-Archiv in der VS-Bundesgeschäftsstelle, München.

457 Hollander 1955(2), S. 37 f.

458 Eine Urhebernachfolgetantieme ist eine Abgabe der Verleger für urheberrechtlich nicht mehr geschützte Werke.

459 Vgl.: Der Schriftsteller(3), Jg. 15, H. 3. 1962. S. 33.

460 Ebda, Jg. 15, H. 4. 1962. S. 50; *Bohner* 1962, S. 51. – Diese Berlin-Stiftung des BDI sollte zum Ost-West-Verständnis und zur Stärkung des Durchhaltewillens der Berlinder Bevölkerung beitragen (ebda).

461 *Fromm* 1968(1), S. 14.

462 Rundbrief des Präsidenten der Bundesvereinigung D. Lattmann vom 22. 6. 1968. VS-Archiv in der VS-Bundesgeschäftsstelle, München.

463 Ebda. – In ihrem Schreiben an das zuständige Bundesministerium erklärte die Bundesvereinigung lediglich, sie habe niemanden gefunden, der für die Tätigkeit in der Bundesprüfstelle ›sachlich und berufspolitisch überzeugend genug‹ erschienen sei, um ihn vorschlagen zu können (Schreiben der Bundesvereinigung an das Bundesministerium für Familie und Jugend vom 21. 6. 1968. VS-Archiv in der VS-Bundesgeschäftsstelle, München). Von den grundsätzlichen Bedenken war in diesem Schreiben nicht die Rede.

464 Protokoll der Vorstandssitzung der Bundesvereinigung am 28./29. 1. 1969 in Berlin. Ebda.

465 Vgl.: Der Schriftsteller(3). Jg. 1, H. 11. 1948. S. 1 f.

466 Protokoll der Arbeitstagung deutscher Schriftstellerverbände am 11.–14. 3. 1949 in Hamburg. A.a.O.

467 Vgl.: Der Schriftsteller(3). Jg. 5, H. 4/5. 1952. S. 92; H. *Reuß-Löwenstein* 1952, S. 97.

468 Man muß es miterleben ... 1957; *Zarncke* 1959, S. 37. – Schon früher wurde das Verbandsleben durch kleine Feiern aufgelockert (vgl. z. B.: Der Schriftsteller[3]. Jg. 1, H. 10. 1948. S. 4 f.).

469 *Deppisch* 1957, S. 13 f.

470 *Drewitz* 1969, S. 3; *Haufs* 1969.

471 *Lattmann* 1969(4), S. 3.

472 Ebda, S. 8.

473 Schreiben des VS an alle Geschäftsstellen der VS-Landes- und -Fachgruppen vom 4. 9. 1969. VS-Archiv in der VS-Bundesgeschäftsstelle, München. – Es lasen Th. Bernhard, H. Bienek, H. J. Fröhlich, J. Becker, U. Herms und H. Novak.

474 Vgl.: VS-Informationen. Nr. 3. 1970. S. 5.

475 Auch auf diese Aktivitäten kann hier aus Platzgründen nicht näher eingegangen werden. Sie sind ersichtlich aus den monatlichen Nachrichten einzelner Landesgruppen des VS in den Zeitschriften »der literat« und »publikation«. »publikation« hat ihr Erscheinen am 1. 1. 1973 eingestellt.

476 Vgl.: Einigkeit der Einzelgänger 1971. S. 83; vgl.: Entwicklungsland Kultur 1973, S. 102.

477 Vgl.: VS-Informationen. Nr. 1. 1970. S. 6; *Lattmann* 1970(7), S. 7.

478 Dem am 21. 1. 1973 von VS gewählten Autorenrat gehören W. Damwerth, H. G. Noack, E. Endres, H. M. Braem und H. W. Brinks an (vgl.: Entwicklungsland Kultur 1973, S. 101).

479 *Zierer* 1972(3).

480 *Ders.* 1972(4). – »Neues Kulturforum« stellte sein Erscheinen nach 5 Nummern bereits wieder ein.

481 Satzung des FDA. A.a.O. – An anderer Stelle heißt es, der Preis werde mindestens alle zwei Jahre verliehen und sei auf DM 10 000,– bis DM 20 000,– dotiert (vgl.: Für den Autor. Nr. 1. 1973. S. 9). Bei Redaktionsschluß für diese Arbeit lag noch keine Stiftungsordnung des DAR vor.

482 Vgl.: Für den Autor. Nr. 1. 1973. S. 9.

483 *Blüthgen* 1899, S. 87.

484 *Bourfeind* 1918(1), S. 7.

485 *Grabowsky* 1916, S. 2.

486 Das Manuskript 1954. – In diesem Buch versuchten O. Schumann (Erzählende Prosa, Lyrik, wissenschaftliches Manuskript), S. Graff (Theater), F. Schneider-Facius (Rundfunk), C. H. Gutbrod (Film) Fragen des literarischen ›Handwerks‹ darzulegen. Hinzu kam ein juristischer Teil von E. Leer.

487 Sind Dichterschulen unzeitgemäß? 1954.

488 *Gregor-Dellin* 1972(2), S. 6; *Hutzler* 1972.

489 *Gregor-Dellin* 1973, S. 31.

490 *Schwenger* 1972, S. 14; *Rhode* 1972. – In der SPIEGEL-Enquete befindet sich ein Verzeichnis der Kursthemen (*Fohrbeck/Wiesand* 1972, S. 395–397).
491 W. *König* 1973.
492 *Adler* 1969, S. 616 f.; *Gansberg* 1970, S. 16–19.
493 *Adler* 1969, S. 619.
494 *Hauser* 1969, S. 438.
495 Ebda, S. 350 u. 566.
496 Ebda, S. 567.
497 Ebda, S. 635 f.; *Zilsel* 1926, S. 210 f.
498 *Zilsel* 1926, S. 319.
499 Ebda, S. 4.
500 *Fohrbeck/Wiesand* 1972, S. 19 f., 242, 245 u. 356. – Auch M. Scharang zeigte sich skeptisch, was die Einsicht der Schriftsteller in die Konsequenzen ihrer Berufswirklichkeit betrifft (*Scharang* 1971, S. 19 u. 24).
501 *Linz* 1965, S. 145; *Doehlemann* 1970, S. 22.
502 *Fohrbeck/Wiesand* 1972, S. 73.
503 *Kurucz* 1970, S. 25.

Schriftstellerverbände: Interessenpolitik

1 *Bolte* 1970, S. 110.
2 *König/Silbermann* 1964, S. 42–57, 72 f. u. 78 f.; *Bayer/Lehner/Mechtel* 1972, S. 13. – Einen Überblick über die bestehenden Versorgungsmöglichkeiten für Schriftsteller gibt die SPIEGEL-Enquete, die ebenfalls zu dem Fazit kommt, daß diese Möglichkeiten nicht als ausreichend angesehen werden können (*Fohrbeck/Wiesand* 1972, S. 291–296).
3 *Ude* 1971; *Arnold* 1971, S. 8 u. 11; *Mechtel* 1972.
4 *Fohrbeck/Wiesand* 1972, S. 289.
5 *Hofmann* 1921, S. 54. – J. Hofmann wies darauf hin, daß die am 10. 11. 1859 gegründete Schiller-Stiftung es vermochte, in größerem Umfang dieser bereits vom Leipziger Literatenverein angegangenen Aufgabe nachzukommen (ebda).
6 Vgl.: Deutscher Literaturkalender 1883, S. 153; ebda 1884, S. 53.
7 Ebda 1884, S. 53.
8 Ebda 1886, S. 30.
9 Ebda, S. 31.
10 Ebda, S. 33 f.
11 Bericht von der 1. Allgemeinen Versammlung des DSV am 1.–3. 9. 1888 in München. Vgl.: Deutsche Presse. Jg. 1, Nr. 50. 1888. S. 354.
12 Bericht von der 2. Allgemeinen Versammlung des DSV am 21.–23. 9. 1889 in Frankfurt/M. Ebda, Jg. 2, Nr. 47. 1889. S. 372.
13 Vgl.: Deutscher Literaturkalender 1890, Sp. 15 u. 22.
14 Bericht von der 2. Allgemeinen Versammlung des DSV am 21.–23. 9. 1889 in Frankfurt/M. A.a.O. S. 373.
15 Protokoll der Verhandlungen auf der 3. Allgemeinen Versammlung des DSV am 17./18. 8. 1890 in Breslau. Ebda, Jg. 3, Nr. 91. 1890. S. 330 f.
16 Vgl.: Deutscher Literaturkalender 1893, Sp. 35.
17 *Steinitz* 1888(1), S. 1.
18 Vgl.: Deutscher Literaturkalender 1901, Sp. 13.
19 *Böttger* 1901; vgl.: Deutscher Literaturkalender 1905, Sp. 9. – Ursprünglich sollte dieses als Alters- und Erholungsheim geplante Heim, das auf einer Grundstücksschenkung von T. Schröter aus dem Jahr 1897 beruhte, ganz vom DSV aufgebaut und verwaltet werden. Nachdem der Verband aber der mit der Stiftung verbundenen Verpflichtung, das Heim bis 1901 zu errichten, nicht nachgekommen war, wurde unter der Leitung von O. v. Leixner, J. Kürschner u. a. der »Verein Deutsches Schriftstellerheim in Jena« gegründet, der aus Spenden die ersten Bauten errichtete (*Böttger* 1901, S. 906).

20 Ebda, S. 906.
21 Ebda. – Später wurde Satz 1 durch den Zusatz »*deutsche* Schriftsteller« ergänzt (vgl.: Deutscher Literaturkalender 1905, Sp. 9).
22 *Böttger* 1901, S. 907; vgl.: Deutscher Literaturkalender 1905, Sp. 9.
23 Satzung der Pensionanstalt, vgl.: Deutscher Literaturkalender 1895, Sp. 14–17. – Die Pensionsanstalt scheint bis zum 1. Weltkrieg recht erfolgreich gewesen zu sein; 1914 vermochte sie sogar Zuschüsse an ihre Rentenempfänger auszuzahlen (ebda 1915, Sp. 47* f.).
24 *Thieß* 1904, S. 189; *Rösch* 1905.
25 Vgl.: Deutscher Literaturkalender 1926, Sp. 226*.
26 Vgl.: Die Feder. Jg. 3, Nr. 32. 1900. S. 283. – Satzung der Unterstützungskasse, Ebda, Jg. 4, Nr. 29. 1901. S. 336.
27 Ebda, Jg. 3, Nr. 35. 1900. S. 310. – Haupteinnahmequellen der Unterstützungskasse waren Spenden einzelner Mitglieder, Überschüsse aus Veranstaltungen des Vereins und Erträge aus Wohltätigkeitsbazaren, die der ASV regelmäßig zugunsten der Unterstützungskasse veranstaltete (ebda, Jg. 5, Nr. 62. 1902. Beilage; ebda, Jg. 22, Nr. 491. 1919. S. 4868; u. a.).
28 Vgl.: Hilfsbuch 1905, S. 118.
29 § 5 der ASV-Satzung bestimmte, daß die Vorstandsmitglieder der Unterstützungskasse das Recht hatten, »in dringenden Fällen bis zu 20 Mark zu bewilligen, jedoch im Vierteljahr nicht mehr als 50 Mark«. (Vgl.: Die Feder, Jg. 5, Nr. 62. 1902. Beilage.) Im 1. Geschäftsjahr wurden insgesamt in 5 Fällen Unterstützungen gewährt, wobei betont wurde, daß die Betroffenen der Redaktion der »Feder« schon seit Jahren als Schriftsteller bekannt gewesen seien (ebda). – In späteren Jahren wurden nur sporadisch extrem knappe Angaben über kleinere Unterstützungen im Verbandsorgan veröffentlicht, die jedoch keinen Aufschluß über Einzelheiten zulassen.
30 *Bourfeind* 1918(5), S. 30.
31 *Herrmann* 1910, S. 156.
32 *Bulcke* 1922, S. 1.
33 H. *Mann* 1931, S. 5.
34 Vgl.: Der Schriftsteller(1). Jg. 9, H. 1/3. 1922. S. 2.
35 Bericht von der Hauptversammlung des SDS am 23. 3. 1923 in Berlin. Ebda, Jg. 10, H. 2. 1923. S. 5 u. 6.
36 Protokoll der Hauptversammlung des SDS am 17. 2. 1924 in Berlin. Ebda, Jg. 11, H. 2. 1924. S. 7.
37 Ebda.
38 Protokoll der Hauptversammlung des SDS am 17. 3. 1929 in Berlin. Ebda, Jg. 17, H. 4/5. 1929. S. 5; Protokoll der Generalversammlung des SDS am 9./10. 1. 1932 in Berlin. Ebda, Jg. 20, H. 1/2. 1932. S. 6.
39 Protokoll der Generalversammlung des SDS am 29. 3. 1931 in Berlin. Ebda, Jg. 19, H. 5. 1931. S. 27.
40 Protokoll der Generalversammlung des SDS am 31. 3. 1930 in Berlin, a.a.O., S. 13.
41 Satzung der Notgemeinschaft des deutschen Schrifttums, vgl.: Der Schriftsteller(1). Jg. 18, H. 2. 1930. S. 1–4.
42 Protokoll der Generalversammlung des SDS am 31. 3. 1930 in Berlin. A.a.O., S. 13.
43 Protokoll der Generalversammlung des SDS am 9./10. 1. 1932 in Berlin. A.a.O., S. 6.
44 *Märker* 1948(3), S. 21 f.
45 Vgl.: Der Schriftsteller(2). Jg. 1, H. 10. 1948. S. 23.
46 Ebda, Jg. 1, H. 8/9. 1948, S. 24–27; ebda, Jg. 1, H. 10. 1948. S. 20.
47 Vgl.: Der Schriftsteller(3). Jg. 11, H. 10. 1958. S. 105.
48 Ebda, Jg. 1, H. 11. 1948. S. 1 f.
49 *Reuß-Löwenstein* 1951(1), S. 1; *ders.* 1951(2), S. 54.
50 Protokoll der Jahreshauptversammlung der Bundesvereinigung am 8./9. 4. 1968 in München. A.a.O.
51 Vgl.: Der Schriftsteller(3). Jg. 7, H. 5. 1954. S. 61 f.; ebda, Jg. 7, H. 6. 1954. S. 69.

52 Ebda. Jg. 7, H. 7/8. 1954. S. 76.

53 *Schendell* 1953, S. 5; *Schilling* 1958(4), S. 11; Protokoll der Mitgliederversammlung der Vereinigung am 10./11. 1. 1959 in Berlin. A.a.O.; vgl.: Der Schriftsteller(3). Jg. 15, H. 6. 1964. S. 95.

54 Protokoll der Mitgliederversammlung der Vereinigung am 14./15. 4. 1961 in Bonn. VS-Archiv in der VS-Bundesgeschäftsstelle, München.

55 Ebda. 56 Ebda.

57 Protokoll der Mitgliederversammlung der Vereinigung am 19./20. 5. 1962 in Stuttgart. A.a.O.

58 *Märker* 1948(3), S. 22; *Schendell* 1947(2), S. 5 f.

59 Unsere Ziele und Aufgaben 1961. 60 *Leithäuser* 1963, S. 99.

61 Protokoll der Generalversammlung der Vereinigung am 3.–5. 5. 1964 in Kiel. A.a.O. – Zum »Versorgungswerk der deutschen Presse« s. *Fohrbeck/Wiesand* 1972, S. 291 f.

62 Protokoll der Generalversammlung der Vereinigung am 10./11. 5. 1963 in Berlin. A.a.O.; Protokoll der Generalversammlung der Vereinigung am 3.–5. 5. 1964 in Kiel. A.a.O.

63 *Lattmann* 1970(1), S. 161. 64 Ders. 1969(4). S. 7.

65 Antworten des VS zum Fragenkatalog zur öffentlichen Informationssitzung in Bonn am 12. 3. 1971 vom 5. 2. 1971. Betr.: Änderung des Urheberrechtsgesetzes. Drucksache VI/911 + 1076. VS-Archiv in der VS-Bundesgeschäftsstelle, München; vgl.: VS-Informationen. Nr. 2. 1971. S. 7; *Lattmann* 1971(5). S. 17; *Baumgart* 1971(2); *Bayer/Lehner/Mechtel* 1972, S. 15 f.

66 Vgl.: VS-Informationen. Nr. 2. 1972. S. 1.

67 Vgl.: Einigkeit der Einzelgänger 1971, S. 74.

68 Vgl.: VS-Informationen. Nr. 3. 1972. S. 6. – Die Bibliotheksabgabe soll anhand einer Hochrechnung von 100 ausgewählten, als repräsentativ angesehenen Bibliotheken der Bundesrepublik und der damit ermittelten Ausleihgewohnheiten errechnet werden. Den VS-Initiativen gingen Studien einer VS-Delegation in Schweden voraus, an dessen Vorbild die realisierte Form stark anlehnt (vgl.: der literat. Jg. 12, H. 4. 1970. S. 79; vgl.: publikation. Jg. 20, H. 10. 1970. S. 11; *Bolay* 1970, S. 183 f.; *Lattmann* 1971[2], S. 10). – Bei Abschluß dieser Untersuchung standen jedoch noch keine Mittel aus der Bibliotheksabgabe zur Verfügung, da sich Bund und Länder erst Ende 1974 über die prozentuale Höhe ihres jeweils zu zahlenden Anteils hatten einigen können.

69 Vgl.: Entwicklungsland Kultur 1973, S. 93 f.

70 Vgl.: VS-Informationen. Nr. 3. 1972. S. 6.

71 Ebda, Nr. 3. 1971. S. 2; *Lattmann* 1971(5), S. 17 f.; *Fohrbeck/Wiesand* 1972, S. 304 ff.

72 Vgl.: VS-Informationen. Nr. 1. 1970. S. 5. – Die Bertelsmann-Autorenrente gewährleistet eine Alters-, Invaliden- und Hinterbliebenenrente für Autoren, die mindestens drei Publikationen im Bertelsmann-Verlag oder einem der ihm mit 100 % angeschlossenen Verlage nachweisen können. Anspruch besteht mindestens 5 Jahre nach dem Erscheinen der entsprechenden Veröffentlichung. Die Höhe der Rente errechnet sich aus der Zahl der Veröffentlichungen, ihrem Umfang und dem aus dem Umsatz errechneten Erfolg. Garantiert wird eine Mindestrente von DM 300,–. Das Versorgungswerk wird von einem Beirat verwaltet, der sich aus 2 angestellten Mitarbeitern des Hauses Bertelsmann, 2 Bertelsmann-Autoren und 1 Vertreter des VS zusammensetzt (vgl.: Süddeutsche Zeitung, Nr. 65. München. 17. 3. 1970. »Bei Bertelsmann Autoren-Rente«). 1972 wurden erstmals Renten vom Bertelsmann-Versorgungswerk an 22 Autoren ausgezahlt, wobei der Verlag monatlich insgesamt DM 14 349,– bei einem Rentendurchschnitt von DM 712,– aufwendete, wobei eine Höchstrente von monatlich DM 3180,– hervorragte. Nach der gleichen Mel-

dung spart der Verlag für das Grundkapital für alle zukünftigen Rentenberechtigten monatlich DM 2480,– (ebda, Nr. 184. 12./13. 8. 1972. S. 12). – Diese Privatinitiative des Bertelsmann-Verlages hat einige strukturbedingte Mängel: u. a. bevorzugt sie 1. eine bestimmte Autorengruppe, da in diesem Verlag das Sachbuch mit einem Umfang von 200 bis 300 Seiten überwiegt, 2. kann eine schlechte Bilanz des Unternehmens das Rentenwerk wieder gefährden, 3. würde ein eventueller Konkurs die bereits aufgebauten Ansprüche zunichte machen und 4. könnte eine Änderung im Verlagsprogramm die weitere Mitarbeit eines Autors und somit die Erfüllung der Bedingungen für die endgültige Einbeziehung in die Versorgungsberechtigung durch den Verlag verhindern (*Frenzel* 1970; *Fohrbeck/Wiesand* 1972, S. 294).

73 *Lattmann* 1970(6), S. 7.

74 Vgl.: VS-Informationen. Nr. 1. 1972. S. 5.

75 Ebda, Nr. 3. 1971. S. 7; *Boensch* 1972; *Fohrbeck/Wiesand* 1972, S. 292 f.

76 Vgl.: VS-Informationen. Nr. 2. 1971. S. 3.

77 Ebda, Nr. 2. 1971. S. 8.

78 Rundbrief des FDA Nr. 2. Juli 1973. FDA-Bundesgeschäftsstelle, München.

79 Vgl.: Für den Autor. Nr. 1. 1973. S. 10.

80 Ebda, S. 10 f. – Auf Anfrage beim FDA wurde keine Auskunft über die angebotene Versicherung und ihrer weiteren Modalitäten erteilt.

81 Ebda, S. 9.

82 Ebda, S. 10 f.

83 *Fohrbeck/Wiesand* 1972, S. 312.

84 *König/Silbermann* 1964, S. 18.

85 *Bremme* 1961, S. XI.

86 *Lattmann* 1970(4).

87 *Ulmer* 1951, S. 38 f. u. 60; *Gieseke* 1957, S. 73; *Haferkorn* 1963, S. 129; *Riedel* 1963, S. 20 ff.

88 *Gieseke* 1957, S. 87; *Hubmann* 1966, S. 13 u. 16 ff.

89 *Ridder* 1963, S. 14 f.

90 *Ulmer* 1951, S. 35–46; *Gieseke* 1967; *Hubmann* 1966, S. 7–20.

91 *Ulmer* 1951, S. 64.

92 *Hubmann* 1966, S. 28; *ders.* 1954, S. 31.

93 *Ders.* 1954, S. 49; *ders.* 1966, S. 34.

94 *Ders.* 1954, S. 6 u. 57; *Gieseke* 1957, S. 83 ff.; *Riedel* 1963, S. 9 ff.; *Ermecke* 1963, S. 10 f.

95 *Hubmann* 1966, S. 19.

96 *Ulmer* 1951, S. 61; *Delp* 1958, S. 92; *Ermecke* 1963, S. 25 f.; *Hubmann* 1966, S. 56 u. 70; *Riehl-Heyse* 1971.

97 *Hofmann* 1921, S. 31.

98 Ebda, S. 38–40.

99 Vgl.: Deutscher Literaturkalender 1882, S. 155 f.; ebda 1884, S. 53.

100 Ebda 1883, S. 155.

101 Ebda 1881, 2. Teil, S. 230 f.; ebda 1883, S. 154.

102 Ebda 1881, 2. Teil, S. 230; ebda 1882, S. 154; ebda 1883, S. 153; u. a.

103 Ebda 1886, S. 32 f.

104 *Steinitz* 1888(1), S. 2.

105 Bericht von der 1. Allgemeinen Versammlung des DSV am 1.–3. 9. 1888 in München. Vgl.: Deutsche Presse. Jg. 1, Nr. 49. 1888. S. 388.

106 *Forstenheim* 1888; *Fuld* 1889.

107 Satzung des Syndikats des DSV. Vgl.: Deutscher Literaturkalender 1890, Sp. 25. – Im Geschäftsjahr 1889–1890 z. B. wurde das Syndikat von 113 Mitgliedern des DSV in 160 Fällen beansprucht. In allen Fällen wurde Rat und Beistand gewährt, wobei 29 gerichtliche Verfahren und 1 Schiedsverfahren anfielen (Geschäftsbericht der Verhandlungen des DSV auf seiner 3. Allgemeinen Versammlung am 17./18. 8. 1890 in Breslau. Vgl.: Deutsche Presse. Jg. 3, Nr. 41. 1890. S. 322).

108 Satzung des SvDS, a.a.O.; Satzung des DSB, a.a.O.

109 Vgl.: Deutscher Literaturkalender 1898, Sp. 11–13. – Ursprünglich hatte die DSG auch die Gewährung von Rechtshilfe und die Verfolgung des unerlaubten Nachdrucks

und unerlaubter Theateraufführungen angeboten (s. 3.4.2.1, S. 192), sie trat jedoch ihre gesamte Urheberrechtstätigkeit an die »Deutsche Gesellschaft zum Schutze des geistigen Eigentums« ab (ebda, Sp. 11), die am 8. 4. 1900 in den »Litterarischen Rechtsschutz-Verein, Berlin« umgewandelt (ebda 1901, Sp. 11) aber im Deutschen Literaturkalender von 1902 nicht mehr genannt wurde. Im März 1900 war als Gegenverband zu ihm der Verein »Urheberschutz« als allgemeine Vereinigung zur Wahrung des literarischen und künstlerischen Eigentums in Berlin gegründet worden (ebda, Sp. 11), der wiederum 1903 mit dem 1889 als »Berliner Journalisten- und Schriftstellerverein« gegründeten »Journalisten- und Schriftstellerverein Urheberschutz, Berlin« fusionierte, dessen Aufgabe die Pflege der Kollegialität, die Wahrung der Standesehre, die Förderung und Vertretung der gemeinsamen, insbes. der urheberrechtlichen Interessen, die Begründung einer Rechtskommission zur Gewährung rechtlicher Hilfe und ein Schiedsgericht sowie die Gründung einer Unterstützungs- und Sterbekasse war (ebda 1924, Sp. 46*).

110 Satzung des ASV, a.a.O.

111 Nachdem die Rechtsabteilung ursprünglich 10 % der erstrittenen Nachdruckshonorare einbehalten hatte, wurde am 23. 11. 1901 beschlossen, daß die Rechtsabteilung den Mitgliedern unentgeltlich zur Verfügung stehen sollte, was auch für die Übernahme von Prozessen galt (vgl.: Die Feder. Jg. 4, Nr. 59. 1901. S. 505; ebda, Jg. 5, Nr. 62. 1902. Beilage). Seit 1914 wurden jedoch wieder 5 % und seit 1926 10 % der erstrittenen Beträge zur Finanzierung der Rechtsabteilung einbehalten (ebda, Jg. 17, Nr. 355. 1914. S. 3756; ebda, Jg. 27, Nr. 619. 1926. S. 5). Am 21. 12. 1925 wurde zudem beschlossen, daß die Rechtsabteilung vor Rechtsstreitigkeiten die Zahlungsfähigkeit der zu Beklagenden auf Kosten des Klagenden festzustellen habe (ebda, Jg. 27, Nr. 618. 1926. S. 5).

112 Zweidruck-Verwertung 1925.

113 Vgl.: Die Feder. Jg. 8, Nr. 150. 1905. Beilage.

114 *Bierbaum* u. a. 1902.

115 *Bierbaum* u. a. 1904.

116 Statut des KlA. A.a.O.

117 *Bourfeind* 1918(2), S. 8; *ders.* 1918(5), S. 29.

118 *Landsberg* 1910, S. 154.

119 Vgl.: Der Schriftsteller(1). Jg. 6, H. 1/3. 1916. S. 44.

120 *Kellermann* 1921, S. 50; *Bulcke* 1922, S. 1.

121 Protokoll der Hauptversammlung des SDS am 23. 3. 1923 in Berlin. Vgl.: Der Schriftsteller(1). Jg. 10, H. 2. 1923. S. 5.

122 Protokoll der Hauptversammlung des SDS am 20. 2. 1927 in Berlin. Ebda, Jg. 14, H. 3. 1927. S. 27 f.; Protokoll der Hauptversammlung des SDS am 25./26. 3. 1928 Berlin. Ebda, Jg. 15, H. 4. 1928. S. 49.

123 Protokoll der Hauptversammlung des SDS am 17. 3. 1929 in Berlin. Ebda, Jg. 17, H. 4/5. 1929. S. 7.

124 Protokoll der Generalversammlung des SDS am 31. 3. 1930 in Berlin. Ebda, Jg. 18, H. 5. 1930. S. 14; Protokoll der Generalversammlung des SDS am 29. 3. 1931 in Berlin. Ebda, Jg. 19, H. 5. 1931. S. 30.

125 Protokoll der Hauptversammlung des SDS am 17. 3. 1929 in Berlin. A.a.O., S. 6; Protokoll der Generalversammlung des SDS am 31. 3. 1930 in Berlin. A.a..O, S. 14.

126 *Lelewer* 1932, S. 220 f.

127 Z. B. wurden im Jahr 1914 in 119 Fällen Rechtsbeistand geleistet, wovon 25 neu übernommene und 44 aus früheren Jahren weitergeführte gerichtliche Verfahren und 8 Vergleiche als die bedeutendsten hervorgehoben wurden. 27 Verfahren wurden als gewonnen, 13 als verloren angegeben (vgl.: Der Schriftsteller[1]. Jg. 5, H. 1915. S. 24). 1930 wurden allein 127 neue Gerichtsverfahren eingeleitet (Protokoll der Generalversammlung des SDS am 29. 3. 1931 in Berlin. Ebda, Jg. 19, H. 5. 1931. S. 27 f.).

128 Protokoll der Generalversammlung des SDS am 31. 3. 1930 in Berlin. Ebda, Jg. 18, H. 5. 1930. S. 12.
129 Protokoll der Generalversammlung des SDS am 9./10. 1. 1932 in Berlin. Vgl.: Der Schriftsteller(1). Jg. 20, H. 1/2. 1932. S. 8.
130 Rechtsschutzordnung des SDS. Ebda, Jg. 16, H. 3. 1929. S. 14–17.
131 1929 z. B. gab der SDS bei einem Gesamt-Etat von ca. RM 73 500,– RM 34 638,– für den Rechtsschutz aus (Protokoll der Generalversammlung des SDS am 31. 3. 1930 in Berlin. Ebda, Jg. 18, H. 5. 1930. S. 14). 1931 betrugen die Rechtsschutzkosten bei einem Etat von RM 59 342,– RM 16 334,– (Protokoll der Hauptversammlung des SDS am 9./10. 1. 1932 in Berlin. Ebda, Jg. 20, H. 1/2. 1932. S. 7).
132 Protokoll der Generalversammlung des SDS am 31. 3. 1930 in Berlin. A.a.O., S. 25; Protokoll der Generalversammlung des SDS am 9./10. 1. 1932 in Berlin. A.a.O., S. 4.
133 *Schendell* 1947(2), S. 4 u. 6. 134 *Ders.* 1949, S. 21.
135 *Märker* 1948(3), S. 22.
136 Protokoll der Arbeitstagung deutscher Schriftstellerverbände vom 11.–14. 3. 1949 in Hamburg. A.a.O., S. 4 u. 3.
137 Vgl.: Der Schriftsteller(3). Jg. 3, H. 11. 1950. S. 2.
138 *Schendell* 1953, S. 4; *Hollander* 1954(1), S. 81.
139 Protokoll der Generalversammlung der Vereinigung am 3./4. 7. 1954 in Wetzlar. Akte 95 VR 1627 Nz. a.a.O.; Protokoll der Mitgliederversammlung der Vereinigung am 1. 5. 1955 in Bad Homburg. Ebda; etc.
140 Rundschreiben der Vereinigung Nr. 5/1960 vom 9. 11. 1960. VS-Archiv im Büro Dr. W. Nordemann et al., Berlin; Protokoll der Mitgliederversammlung der Vereinigung am 19./20. 5. 1962 in Stuttgart. A.a.O.
141 *Deneke* 1955(2), S. 42; *Teich* 1959, S. 63; *Fromm* 1964(1), S. 58 f.
142 Protokoll der Generalversammlung der Vereinigung am 10./11. 5. 1963 in Berlin. A.a.O.
143 Vgl.: Der Schriftsteller(3). Jg. 15, H. 3. 1962. S. 36; *Teich* 1959, S. 64 f.; *Lüth* 1963(4), S. 82 f.; *Märker* 1958, S. 109; *ders.* 1963, S. 54.
144 *Ermecke* 1962.
145 Rundschreiben der Vereinigung Nr. 5/1960 vom 9. 11. 1960. VS-Archiv im Büro Dr. W. Nordemann et al., Berlin.
146 Unsere Ziele und Aufgaben 1961.
147 Protokoll der Generalversammlung der Vereinigung am 10./11. 5. 1963 in Berlin. A.a.O.
148 Ebda.
149 Vgl.: Der Schriftsteller(3). Jg. 16, H. 11. 1963. S. 165 f.; ebda, Jg. 17, H. 1. 1964. S. 7.
150 *Fromm/Nordemann* 1966, S. 50 u. 228 f.
151 Protokoll der Generalversammlung der Vereinigung am 31. 10./1. 11. 1965 in Saarbrücken. A.a.O.; *Fromm* 1968(2).
152 Rundschreiben der Bundesvereinigung Nr. 2 vom 20. 12. 1966. VS-Archiv in der VS-Bundesgeschäftsstelle, München.
153 Protokoll der Mitgliederversammlung der Vereinigung am 14./15. 4. 1961 in Bonn. A.a.O.
154 Arbeitsbericht der Bundesvereinigung für das Jahr 1966. VS-Archiv in der VS-Bundesgeschäftsstelle, München.
155 *Lattmann* 1969(4), S. 7 f.
156 Vgl.: Süddeutsche Zeitung Nr. 155. München, 30. 6. 1969 (Deutscher Protest gegen »Stockholmer Protokoll«).
157 *Lattmann* 1970(7), S. 6; vgl.: der literat. Jg. 12, H. 4. 1970. S. 79.
158 Vgl.: VS-Informationen. Nr. 1. 1971. S. 6.
159 Ebda, Nr. 3. 1970. S. 6. 160 *Riehl-Heyse* 1971.
161 Vgl.: Entwicklungsland Kultur 1973, S. 94.

162 Vgl.: VS-Informationen. Nr. 1. 1972. S. 18 f.
163 Vgl.: Entwicklungsland Kultur 1973, S. 100.
164 *Böll* 1969(1), S. 20 ff.
165 *Ders.* 1970, S. 23.
166 *Grass* 1970, S. 31 f.
167 *Walser* 1970, S. 26 u. 34 f. – Daß M. Walser nicht grundsätzlich gegen den Gebrauch des Urheberrechts ist, zeigt eine Stellungnahme von ihm vor dem 2. Schriftstellerkongreß des VS, in der er die Nebenrechte der Schriftsteller besser behandelt sehen wollte und forderte, »daß die Konzerne, die unsere Taschenbücher zu Hunderttausenden verbreiten, in Zukunft nicht mehr so selbstherrlich über unsere Rechte verfügen können dürfen« (*ders.* 1973).
168 *Ulmer* 1951, S. 29.
169 *Karger* 1922, S. 27 f. u. 29.
170 *Potthoff* 1922, S. 364.
171 Ebda, S. 329 u. 330 f.
172 Ebda, S. 331.
173 Ebda, S. 330.
174 Ebda, S. 363 u. 331 f.
175 Ebda, S. 333.
176 *Maus* 1968, S. 370 u. 374.
177 Ebda, S. 369 f.
178 Ebda, S. 372 f.
179 *Olenhusen* 1972, S. 554.
180 Freie Mitarbeiter 1971, S. 47; Schriftsteller: Ende einer schönen Fiktion 1972, S. 116; *Olenhusen* 1972, S. 554.
181 *Fohrbeck/Wiesand* 1972, S. 223.
182 Freie Mitarbeiter 1971, S. 47 f.
183 *Eloesser* 1921, S. 109.
184 Protokoll der Hauptversammlung des SDS am 19. 3. 1922 in Berlin. Vgl.: Der Schriftsteller(1). Jg. 9, H. 1/2. 1922, S. 3.
185 *Potthoff* 1922, S. 340 u. 364.
186 Protokoll der Hauptversammlung des SDS am 23. 3. 1923 in Berlin. Vgl.: Der Schriftsteller(1). Jg. 10, H. 2. 1923. S. 7.
187 *Lattmann* 1969(4), S. 8.
188 *Lattmann* 1970(7), S. 7.
189 *Grass* 1970, S. 27.
190 Vgl.: Einigkeit der Einzelgänger 1971, S. 76.
191 Vgl.: VS-Informationen. Nr. 2. 1971. S. 2.
192 Ebda, Nr. 1/2. 1973. S. 4.
193 Ebda, Nr. 1. 1972. S. 1.
194 Freie Mitarbeiter 1971, S. 70.
195 Vgl.: Süddeutsche Zeitung Nr. 134. 12./13. 6. 1974. S. 21; vgl.: Saarbrücker Zeitung Nr. 244. 22. 10. 1974. S. 5. – Das Gesetz war erstmals am 11. 6. 1974 verabschiedet worden, wurde aber vom Bundesrat zurückgewiesen.
196 Arbeitspapier des VS-Arbeitskreises der AFM 1972.
197 *Fohrbeck/Wiesand* 1972, S. 244; *Olenhusen* 1972, S. 556 f.
198 *Haferkorn* 1963, S. 171 u. 184.
199 *Wiese* 1922, S. 391; *Feuchtwanger* 1922, S. 14; A. *Weber* 1923, S. 8; *Kurucz* 1967, S. 10; *Kreuzer* 1968, S. 246; s. auch 1.2.4, S. 23.
200 *Feuchtwanger* 1922, S. 7 f.
201 *Nötzel* 1922, S. 313; *Feuchtwanger* 1922, S. 65.
202 *Feuchtwanger* 1922, S. 604 f.
203 Ebda, S. 14 u. 18.
204 *Hubmann* 1966, S. 40.
205 *Wiese* 1922, S. 391.
206 Ebda, S. 390 f.; *Hodeige* 1950, S. 54; *Kliemann* 1950, S. 15 f.; *Ferber* 1963, S. 116; *Hubmann* 1966, S. 34.
207 *Wiese* 1922, S. 390.
208 *Hubmann* 1966, S. 40 f.
209 Ebda, S. 29, 36 u. 40.
210 *Hodeige* 1950, S. 53; *Schloz* 1969, S. 13; *Arnold* 1971, S. 9–11; *Mechtel* 1972, S. 13.
211 *Gansberg* 1970, S. 14.
212 *Adorno* 1967, S. 61.
213 Ebda, S. 62; *Jaeggi* 1972, S. 21 f. u. 114.
214 *Schloz* 1971, S. 200.
215 *König/Silbermann* 1964, S. 87.
216 G. *Bauer* 1971, S. 47 u. 50.
217 *Panskus* 1971, S. 84. – Zudem ist der Verleger auch als wichtiger Gesprächspartner

des Autors anzusehen, der ihm die Wünsche und Interessen des Publikums nahebringt (*Escarpit* 1963, S. 67).

218 H. *Kliemann* 1950, S. 11 u. 17; *Panskus* 1971, S. 84.
219 *Kolbe/Krüger* 1971, S. 95.
220 *Melzer* 1971; *Panskus* 1971, S. 87; *G. Bauer* 1971, S. 47.
221 G. *Bauer* 1971, S. 48.
222 *Zimmer* 1971(3); *Kolbe* 1971.
223 *Greven* 1971, S. 25; *Kolbe* 1971.
224 *Fohrbeck/Wiesand* 1972, S. 172.
225 *Rauecker* 1920, S. 617; *Reichel* 1964, S. 86; *Greven* 1971, S. 22.
226 *Lüth* 1961(1), S. 133; *Fohrbeck/Wiesand* 1972, S. 182.
227 *Kolbe/Krüger* 1971, S. 92 f.
228 *Schulz* 1971, S. 210.
229 Buch und Buchhandel 1971, S. 15 u. 17.
230 Ebda, S. 33.
231 Ebda, S. 37 u. 39.
232 Ebda, S. 37.
233 Ebda, S. 55.
234 Ebda, S. 56.
235 *Kolbe/Krüger* 1971, S. 96.
236 *Hubmann* 1954, S. 62; *ders.* 1966, S. 41; *Deneke* 1955(1), S. 7; *Numrich* 1968, S. 1015; *May* 1970, S. 45.
237 *May* 1970, S. 46.
238 *Schulz* 1971, S. 209.
239 *Härtling* 1971.
240 *Panskus* 1971, S. 80–82 u. 90.
241 *Arnold* 1971, S. 10.
242 *Melzer* 1971.
243 *Härtling* 1971; *Hitzer* 1972(2), S. 565.
244 *Zimmer* 1971(3).
245 Buch und Buchhandel 1971, S. 143.
246 *Weinhold* 1956, S. 1 f. u. 6 f.
247 *Weise* 1969.
248 *Haferkorn* 1963, S. 170; *Lämmert* 1971, S. 4.
249 *Haferkorn* 1963, S. 171.
250 Ebda, S. 173.
251 *Habermas* 1962, S. 51.
252 *Kesting* 1964, S. 20; *Härtling* 1971; *Fohrbeck/Wiesand* 1972, S. 20 u. a.
253 *Wellershoff* 1969, S. 123 f.; *Scharang* 1971, S. 17; *Kolbe* 1971.
254 *König/Silbermann* 1964, S. 88.
255 Ebda, S. 97 u. 99.
256 *Hodeige* 1950, S. 54; O. *Schumann* 1954, S. 7.
257 *Doehlemann* 1971, S. 19.
258 *Habermas* 1962, S. 181.
259 *Deneke* 1956(2), S. 101.
260 *Stieglitz* 1960, S. 259 f.
261 *Deneke* 1956(2), S. 104 f.
262 A. *Weber* 1923, S. 28 u. 36.
263 *Deneke* 1956(2), S. 91 f.
264 Ebda, S. 104 f.
265 *Kairat* 1969, S. 92 f.
266 Ebda, S. 93 f.
267 Ebda, S. 98 u. 104.
268 Ebda, S. 104–106.
269 Ebda, S. 104; *Potthoff* 1922, S. 331.
270 *Warneken* 1972, S. 217.
271 Die sechs nach ihrem Umsatz größten Verlage erfaßten allein oder anteilmäßig nach dem Stand vom November 1971 folgende Sparten: 1. *Axel Springer Gesellschaft für Publizistik KG, Berlin:* 8 Tageszeitungen, 3 Wochenblätter, 3 Zeitschriften, 3 Buchverlage, 1 Fernseh-Produktions- und Vertriebs-GmbH. 2. *Bertelsmann AG, Gütersloh:* 23 Buchverlage, 12 Buch- und Schallplattengemeinschaften, 4 Unternehmen der Schallplattenproduktion und -technik, 4 Filmunternehmen, 1 Fernsehproduktion. 3. *Heinrich-Bauer-Verlag, Hamburg:* 1 Tageszeitung, 14 Zeitschriften, 4 Buchverlage. 4. *Burda-Gruppe, Offenburg:* 8 Zeitschriften, 2 Hörfunk- und Fernsehunternehmen. 5. *Gruner und Jahr GmbH & Co. KG, Itzehoe und Hamburg:* 9 Zeitschriften, 1 Wochenschrift, 2 Hörfunk- und Fernsehunternehmen, Fachzeitschriften u. a. 6. *Georg v. Holtzbrinck GmbH, Stuttgart:* 1 Tageszeitschrift, 2 Zeitschriften und mehrere Fachzeitschriften, 11 Buchverlage, 8 Buchgemeinschaften (*Diederichs* 1972, S. 86–91).
272 *Delp* 1958, S. 13; *Adorno* 1962, S. 51; *Wellershof* 1969, S. 131 ff.; *Fohrbeck/Wiesand* 1972, S. 234.
273 *Lattmann* 1967, S. 40 f.; *Härtling* 1971.
274 *Fohrbeck/Wiesand* 1972, S. 234.
275 *Lattmann* 1957, S. 24 f.
276 *Fohrbeck/Wiesand* 1972, S. 239.

277 Ebda, S. 172.
278 Ebda, S. 234.
279 *Warneken* 1972, S. 217.
280 *Ridder* 1963, S. 15.
281 *Fohrbeck/Wiesand* 1972, S. 213.
282 Ebda, S. 241.
283 *Haferkorn* 1963, S. 130; *Scharang* 1971, S. 17; *Warneken* 1972, S. 223.
284 *Fohrbeck/Wiesand* 1972, S. 209.
285 *König/Silbermann* 1964, S. 87; *Hodeige* 1950, S. 57; *Panskus* 1971, S. 84.
286 G. *Bauer* 1971, S. 50.
287 Beispiel für einen heute üblichen Verlagsvertrag. In: kürbiskern. Literatur, Kritik, Klassenkampf. Hrsg. v. Walter *Fritzsche* u. a. H. 4 (Abhängigkeit in der Kulturindustrie). München 1972. S. 774–779.
288 *Höck* 1963.
289 *Olenhusen* 1972.
290 *Reinhardt* 1971, S. 75; *Hitzer* 1972 (2), S. 563; Schriftsteller 1972, S. 115 f.
291 *Fohrbeck/Wiesand* 1972, S. 184.
292 *Hitzer* 1972 (2), S. 568 u. 561.
293 *Fohrbeck/Wiesand* 1972, S. 127.
294 *Schönfeldt* 1971; *Kirsch* 1971; *Sperr* 1972, S. 573 f.
295 *Fohrbeck/Wiesand* 1972, S. 208 u. 185.
296 Beispiel für einen heute üblichen Verlagsvertrag, a.a.O.
297 *Fohrbeck/Wiesand* 1972, S. 182 f.
298 P. *Kliemann* 1971, S. 135.
299 Ebda, S. 136.
300 Ebda, S. 138–144; *Hitzer* 1972(2), S. 564.
301 P. *Kliemann* 1971, S. 135.
302 *Arnold* 1971, S. 15 f.
303 *Wellershoff* 1969, S. 134.
304 G. *Bauer* 1971, S. 49; *Neumann* 1972, S. 136; *Jaeggi* 1972, S. 21.
305 *Kolbe/Krüger* 1971, S. 96; *Zimmer* 1971(3).
306 *Weinhold* 1956, S. 6.
307 *Habermas* 1962, S. 181 f.
308 *Härtling* 1971.
309 *Kolbe/Krüger* 1971, S. 96.
310 *Fohrbeck/Wiesand* 1972, S. 78.
311 Unter einer publizistischen Einheit werden Tageszeitungen mit verschiedenen Titeln zusammengefaßt, die in ihrem Mantel, d. h. in ihrem aktuellen politischen Teil identisch sind (*Reumann/Schulz* 1971, S. 222). 1971 gab es bei der Tagespresse in der BRD bei 1066 Titeln nur noch 138 selbständige publizistische Einheiten, das sind ca. 13 % (*Fohrbeck/Wiesand* 1972, S. 94 f.).
312 *Noelle-Neumann* 1972, S. 242 f.; *Diederichs* 1972, S. 74–80; *Fohrbeck/Wiesand* 1972, S. 111; *Michaels* 1972, S. 24.
313 *Messow/Spoo* 1972, S. 606 f.
314 Karl *Bücher:* Zur Frage der Pressereform. Tübingen 1922. Zit. nach *Fohrbeck/Wiesand* 1972, S. 100.
315 Max *Weber:* Rede auf dem 1. Deutschen Soziologentag, Frankfurt/M. 1910. Zit. nach *Fohrbeck/Wiesand* 1972, S. 98.
316 *Fohrbeck/Wiesand* 1972, S. 98 f.
317 *Messow/Spoo* 1972, S. 609 f. – *Fohrbeck/Wiesand* 1972, S. 100 f.
318 *Fohrbeck/Wiesand* 1972, S. 122.
319 *Noelle-Neumann* 1971(3), S. 280 u. 282; *Messow/Spoo* 1972, S. 612.
320 *Messow/Spoo* 1972, S. 610 f.
321 *Reumann/Schulz* 1971, S. 228 f. u. 232 f.
322 *Messow/Spoo* 1972, S. 608.
323 Zum Begriff der Zeitschrift und deren Typen s. *Kieslich* 1971; *Reumann/Schulz* 1971, S. 233–237.
324 *Fohrbeck/Wiesand*, S. 105 f., 107 u. 109 f.
325 *Doehlemann* 1970, S. 20; *Fohrbeck/Wiesand* 1972, S. 110.
326 *Fohrbeck/Wiesand* 1972, S. 100 f. u. 106.
327 Ebda, S. 102 f.
328 Ebda, S. 120 f.
329 Ebda, S. 106.
330 Ebda, S. 117.
331 *Eberhard/Schulz* 1972, S. 37 f.
332 Ebda, S. 38–41.

333 Ebda, S. 40 f.
334 *Meyn/Schulz* 1971, S. 14 f.
335 *Eberhard/Schulz* 1971, S. 39.
336 *Flottau* 1972.
337 *Eberhard/Schulz* 1971, S. 39.
338 *Schulz/Tonnemacher* 1971, S. 119 ff. (insbes. BBC, S. 125).
339 E. *Wagner* 1963, S. 32; *Seifert* 1971, S. 316 f.
340 E. *Wagner* 1963, S. 32 u. 34.
341 *Holzer/Schuhler* 1971, S. 441 u. 414 f.; *Seifert* 1971, S. 320.
342 *Holzer/Schuhler* 1971, S. 410 f.; *Seifert* 1971, S. 320; *Maas* 1972, S. 628 f.
343 *Diederichs* 1972, S. 87–90.
344 E. *Wagner* 1963, S. 35.
345 *Eberhard/Schulz* 1971, S. 43.
346 *Fohrbeck/Wiesand* 1972, S. 142.
347 Ebda, S. 143.
348 *Meyn/Schulz* 1971, S. 19.
349 *Doehlemann* 1970, S. 20.
350 *Ridder* 1963, S. 11.
351 E. *Wagner* 1963, S. 34; *Kesting* 1964, S. 20.
352 *Bayer/Lehner/Mechtel* 1972, S. 14.
353 *Meyn/Schulz* 1971, S. 16 f.
354 *Eberhard/Schulz* 1971, S. 18.
355 Ebda, S. 39 f.
356 Zweites Deutsches Fernsehen 1965, S. 42 f.
357 *Meyn/Schulz* 1971, S. 18.
358 *Flottau* 1972. – Der Versuch der CSU-Mehrheit im Bayerischen Landtag von 1972, den Prozentsatz der vom Landtag bestimmten Mitglieder des Rundfunkrates auf 33 % zu erhöhen, wurde 1973 infolge eines auf Initiative verschiedener parlamentarischer und außerparlamentarischer Gruppen erfolgreich durchgeführten Volksbegehrens am 1. 7. 1973 durch einen Volksentscheid verhindert (vgl.: Süddeutsche Zeitung Nr. 19. München. 24. 1. 1973. S. 15; ebda, Nr. 150. 3. 7. 1973. S. 18).
359 *Wagner* 1963, S. 35; Freie Mitarbeiter 1971, S. 36.
360 *Heidenreich* 1971, S. 8; *Arnold* 1971, S. 14.
361 *Haedecke* 1971(2), S. 207 f.
362 *Mechtel* 1972, S. 19 f.
363 *Donner* 1971(1); *Bosch* 1971, S. 13; *Holzer/Schuhler* 1971, S. 409 f.; *Flottau* 1972; *Maas* 1972, S. 624–626 u. 630–635.
364 *Bausch* 1965, S. 361 f.
365 *Arnold* 1971, S. 12 f.
366 *Heidenreich* 1971, S. 9.
367 *Seifert* 1971, S. 317.
368 Ebda, S. 313 u. 320.
369 *Haedecke* 1971, S. 210 u. 212.
370 *Donner* 1971(2).
371 *Seifert* 1971, S. 309.
372 *Heißenbüttel* 1970.
373 *Maus* 1968, S. 372.
374 *Fohrbeck/Wiesand* 1972, S. 234.
375 *Maus* 1968, S. 372.
376 Vgl. Der Schriftsteller (3). Jg. 6, H. 4. 1953. S. 77–80.
377 Normalvertrag des WDR über Honorarbedingungen für Urheber. In: kürbiskern, a.a.O., S. 779–782.
378 Normalvertrag des SWF über Honorarbedingungen für Urheber bei Hörfunk und Fernsehen. Ebda, S. 784–788.
379 Mitwirkungsvertrag des ZDF. In: Freie Mitarbeiter 1971, S. 75–77.
380 *Ridder* 1963, S. 11.
381 *Maus* 1968, S. 368.
382 *Fohrbeck/Wiesand* 1972, S. 238.
383 Vgl.: Saarbrücker Zeitung Nr. 27. 1. 2. 1973, S. 5; ebda, Nr. 37. 13. 2. 1973. S. 5.
384 *Seifert* 1971, S. 313 f. u. 320; *Bosch* 1971, S. 14; *Runge* 1971, S. 441 f.; *Holzer/Schu-* 1971, S. 408 f.; *Donner* 1971(1); *Maas* 1972.
385 *Holzer/Schuhler* 1971, S. 409 f.
386 *Maus* 1968, S. 372; Freie Mitarbeiter 1971, S. 37 u. 47.
387 Normalvertrag des WDR über Honorarbedingungen für Urheber. A.a.O.
388 Normalvertrag des SWF über Honorarbedingungen für Urheber bei Hörfunk und Fernsehen. A.a.O.
389 Freie Mitarbeiter 1971, S. 38; *Fohrbeck/Wiesand* 1972, S. 154–157.
390–399 [entfallen]
400 Freie Mitarbeiter 1971, S. 38.

401 *Maus* 1968, S. 368.
402 Ebda, S. 367 u. 368 Fn. 8; Freie Mitarbeiter 1971, S. 8 u. 10; *Arnold* 1971, S. 12; *Holzer/Schuhler* 1971, S. 408.
403 *Bolte* 1970, S. 100.
404 Ebda, S. 108 f. u. 110 f.
405 *Böker* 1971, S. 102.
406 *Maus* 1968, S. 368.
407 Ebda, S. 372.
408 *Fohrbeck/Wiesand* 1972, S. 150.
409 Freie Mitarbeiter 1971, S. 41 u. 76.
410 *Völker* 1970, S. 130; *Vaßen* 1972, S. 47.
411 *Benjamin* 1934, S. 269 f.
412 G. *Bauer* 1971, S. 47; *Warneken* 1972, S. 225.
413 Vgl.: Deutscher Literaturkalender 1880. Teil 2. S. 67 f.
414 Ebda, 1881, Teil 2. S. 206.
415 *Steinitz* 1888(1), S. 1.
416 *Blüthgen* 1898, S. 71.
417 Bericht von der 4. Allgemeinen Versammlung des DSV am 12.–14. 9. 1891 in Berlin. Vgl.: Deutsche Presse. Jg. 4, Nr. 28. 1891. S. 275.
418 Satzung des Literarischen Bureaus des DSV. Vgl.: Deutscher Literaturkalender 1890, Sp. 24 f.
419 Ebda. – Über literarisch wertende Einschränkungen und Absichten des Literarischen Bureaus wurde bereits berichtet (s. 2.5.3, S. 101 f.).
420 Ebda.
421 Geschäftsbericht des DSV für das Jahr 1889. Vgl.: Deutsche Presse. Jg. 3, Nr. 41. 1890. S. 322.
422 Bericht von der 4. Allgemeinen Versammlung des DSV am 12.–14. 9. 1891 in Berlin. A.a.O., S. 276.
423 Vgl.: Deutscher Literaturkalender 1895, Sp. 13; ebda 1897, S. 11; etc.
424 *Blüthgen* 1898, S. 71.
425 Ebda, S. 71 f.
426 Vgl.: Deutscher Literaturkalender 1888, S. 18; ebda, 1889, S. 16.
427 Satzung der DSG. Vgl.: Deutscher Literaturkalender 1892, Sp. 21–30.
428 Vgl.: Deutscher Literaturkalender 1893, Sp. 38.
429 Ebda 1895, Sp. 14.
430 Satzung der DSG. A.a.O.
431 Vgl.: Die Feder. Jg. 1, Nr. 8. 1898. Beilage.
432 Vgl.: Deutscher Literaturkalender 1901, Sp. 13.
433 Ebda 1899, Sp. 12; Kulemann 1908, S. 169 f.
434 Vgl.: Die Feder. Jg. 8, Nr. 150. 1905. Beilage.
435 Ebda, Jg. 22, Nr. 474. 1919. S. 4734; u. a.
436 Ebda, Jg. 8, Nr. 150. 1905. Beilage.
437 *Karger* 1922, S. 51 u. 57.
438 *Bourfeind* 1918(3), S. 22.
439 *Ders.* 1918(4), S. 24 f.
440 Satzung der SGW. Vgl.: Arbeitsmarkt. Nr. 22. 1918. Sp. 177–180.
441 Vgl.: Arbeitsmarkt. Nr. 22. 1918. Sp. 182.
442 *Stein* 1919(1), S. 578.
443 *Lehmann* 1916, S. 19.
444 Ebda, S. 19 f.
445 Protokoll der Hauptversammlung des SDS am 20. 2. 1927 in Berlin. Vgl.: Der Schriftsteller(1). Jg. 14, H. 3. 1927. S. 27.
446 Vgl.: Der Schriftsteller(1). Jg. 14, H. 5. 1927. S. 55.
447 Protokoll der Hauptversammlung des SDS am 25./26. 3. 1928 in Berlin. Ebda, Jg. 15, H. 4. 1928. S. 49; Protokoll der Generalversammlung des SDS am 29. 3. 1931 in Berlin. Ebda, Jg. 19, H. 5. 1931. S. 29; Protokoll der Generalversammlung des SDS am 9./10. 1. 1932 in Berlin. Ebda. Jg. 20, H. 1/2. 1932. S. 4. – Die Siedlung befand sich in Berlin am Südwestkorso zwischen Laubenheimer und Bonner Straße, Nähe Breitenbachplatz.
448 Geschäftsbedingungen der Darlehensgenossenschaft des SDS. Ebda, Jg. 19, H. 4. 1931. S. 28–30. – Ende 1931 zählte die Genossenschaft 72 Mitglieder mit einem buchmäßigen Kapital von ca. RM 4000,–. Bis dahin waren 250 Auszahlungen von insgesamt RM 16 000,– erfolgt, von denen die Hälfte bereits zurückgezahlt worden

war (Protokoll der Generalversammlung des SDS am 9./10. 1. 1932 in Berlin. A.a.O., S. 4). Die Darlehensgenossenschaft des SDS hatte einen Vorläufer in der 1927 gegründeten Darlehnsgenossenschaft des SDS-Gaues Bayern (Protokoll der Hauptversammlung des SDS am 25./26. 3. 1928 in Berlin. A.a.O., S. 51).

449 Protokoll der Generalversammlung des SDS am 28. 3. 1931 in Berlin. A.a.O., S. 27.

450 *Schendell* (1947(1), S. 9.

451 Vgl.: Der Schriftsteller(3). Jg. 7, H. 2. 1954. S. 23.

452 Protokoll der Mitgliederversammlung der Vereinigung am 1. 5. 1955 in Bad Homburg. Akte 95 VR 1627 Nz, a.a.O.; *Fromm* 1956, S. 16; *Schendell* 1956, S. 37–39. – In Konkurenz zur GELU gründete F. Märker 1955 die »Verwertungsgesellschaft für literarische Urheberrechte (VLU)«, mit der er versuchte, Mitglieder der GELU und der späteren VG Wort abzuwerben (Protokoll der Mitgliederversammlung der Vereinigung am 10./11. 1. 1959 in Berlin. VS-Archiv im Büro Dr. W. Nordemann et al., Berlin).

453 Protokoll der Mitgliederversammlung der Vereinigung am 16./17. 11. 1957 in Hamburg. Akte 95 VR 1627 Nz, a.a.O.

454 *Schilling* 1948(2), S. 27; *Teich* 1962(1), S. 13; *Haensel* 1964, S. 102–106. – Nach Startschwierigkeiten arbeitete die VG Wort inzwischen recht erfolgreich: sie konnte 1971 bei 1800 Wahrnehmungsberechtigten und 20 000 durch ihre Verlage vertretenen Autoren sowie 60 000 eingesandten Anmeldungskarten auf Verwertungsansprüche (1969 waren es noch 45 000) zum erstenmal die Grenze von DM 1 Mill. an Ausschüttungen überschreiten (vgl.: der literat. Jg. 13, Nr. 7. 1971. S. 137).

455 Vgl.: VS-Informationen. Nr. 1. 1972. S. 18.

456 *Seyppel* 1973, S. 115 f.

457 Vgl.: Entwicklungsland Kultur 1973, S. 101.

458 Vgl.: Süddeutsche Zeitung Nr. 261. 12. 11. 1973. S. 16.

459 *Zierer* 1972(3).

460 *Habe* 1973, S. 3.

461 *Steinitz* 1888(1), S. 2.

462 Vgl.: Deutsche Presse. Jg. 3, Nr. 17, 1890. S. 130 f.; ebda, Jg. 3, Nr. 19. 1890. S. 145 f.; ebda, Jg. 3, Nr. 20. 1890. S. 154.

463 Protokoll der Verhandlungen des DSV auf seiner 3. Allgemeinen Versammlung am 17./18. 8. 1880 in Breslau. Ebda, Jg. 3, Nr. 41. 1890. S. 329.

464 Ebda, S. 324 u. 329 f.

465 Entwurf eines Gesetzes über den Verlags-Vertrag. Ebda, Jg. 4, Nr. 19. 1891. S. 165–169.

466 Bericht von der 4. Allgemeinen Versammlung des DSV am 12.–14. 9. 1881 in Berlin. Ebda, Jg. 4, Nr. 27. 1891. S. 265–267.

467 *Thieß* 1904, S. 189; *Kulemann* 1908, S. 170.

468 *Bierbaum* u. a. 1902.

469 Vgl.: Die Feder. Jg. 7, Nr. 117. 1904. Beilage.

470 *Bierbaum* u. a. 1904. – Eine Abrechnung der Jahreseinnahmen des Kartells von 1912 zeigt, daß das KlA bis zu jenem Jahr die Rechte an 41 Anthologien erworben hatte (vgl.: Die Feder. Jg. 16, Nr. 366. 1913. S. 352 f.).

471 *Bierbaum* u. a. 1904.

472 Vertrag zwischen dem VDBB und der »Vereinigung der Bühnenverleger«. Vgl.: *Karger* 1922. Anhang S. X–XIII.

473 *Karger* 1922, S. 71–80; *Rauecker* 1922, S. 189.

474 Kartellvertrag zwischen dem VDBB, dem »Deutschen Bühnenverein« und der »Vereinigung der Bühnenverleger«. Vgl.: *Karger* 1922. Anhang S. XIII–XV; vgl.: Weimarer Schriftsteller-Zeitung. Nr. 63. 1919. S. 713 f.

475 Vertrag über die allgemeinen Bestimmungen zwischen den Mitgliedern des VDBB, des »Deutschen Bühnenvereins« und der »Vereinigung der Bühnenverleger«. Vgl.: *Karger* 1922. Anhang S. XV–XXII.

476 Mit diesem Erfolg des VDBB versuchte G. v. Karger in ihrer Dissertation den Beweis dafür zu führen, daß schriftstellerische Fachverbände grundsätzlich erfolgreicher arbeiten können als Berufsorganisationen, die alle schriftstellerischen Tätigkeitsbereiche umfassen (*Karger* 1922, S. 49 u. 84 f.). Hierbei überging sie aber völlig die von ihr selbst dargelegten unterschiedlichen Bedingungen der Bühnenautoren gegenüber den Autoren, deren Hauptmedium das geschriebene Wort, also die Publikation in Buch, Zeitung, Zeitschrift etc. ist. Im Gegensatz zum Buchverlag druckt der Bühnenverlag die ihm anvertrauten Werke nicht (was nicht ausschließt, daß ein Buchverlag auch als Bühnenverlag fungieren kann), sondern er vermittelt sie gegen eine Provision an Theater. Es ist somit eine reine Manuskript-Agentur mit weniger Rechten als ein Buchverlag, und er hat keine dem Buchverlag entsprechende wirtschaftliche Macht gegenüber dem Autor. Der Autor kann gegenüber dem Bühnenverlag seine Selbständigkeit besser bewahren, da er ihm in der Regel keine Rechte abtritt und jederzeit sein Manuskript zurückverlangen kann (*Karger* 1922, S. 56). Dagegen hat der Bühnenunternehmer oder der Bühnenleiter eine rechtliche gesehen bedeutendere Stellung dem Autor gegenüber; ihnen werden die Aufführungsrechte übertragen, die jedoch vertraglich begrenzt und kündbar sind (ebda, S. 59; vgl.: Vertragswerk 1956, S. 7 f. u. 13 f.).

477 Vgl. Vertragswerk 1965, S. 3–16.

478 *Schöfer* 1971(1), S. 19.

479 Fassung des WMT vom 1. 7. 1920. Vgl. Die Feder. Jg. 23, Nr. 506. 1920. S. 5007 f.; Fassung vom 1. 4. 1921. Vgl. *Karger* 1922, Anhang, S. I–IV; Fassung von 1922. Vgl. Die Feder. Jg. 25. Nr. 547. 1922. S. 5338 f.

480 *Eichacker* 1920(1), S. 5015.

481 *Ders.* 1920(2). – 1921 veröffentlichete »Die Feder« wiederholt Listen von Verlagen, die den WMT als Tarifabkommen angenommen hatten. Im einzelnen waren dies 25 Verlage, verschiedener Art (vgl. Die Feder. Jg. 24, Nr. 524. 1921. S. 5150), 6 Verlage (ebda, Jg. 24, Nr. 527. 1921. S. 5174 f.) und 9 Verlage (ebda, Jg. 24, Nr. 526. 1921. S. 5166).

482 Vgl.: Die Feder. Jg. 23. Nr. 504. 1920. S. 4991.

483 *Eichacker* 1921(1)

484 *Ders.* 1921(4), S. 5167.

485 *Ders.* 1921(1).

486 Vgl.: Die Feder. Jg. 23, Nr. 504. 1920. S. 4991.

487 Ebda, Jg. 23, Nr. 505. 1920. S. 4999.

488 Was wir erreichen müssen 1920, S. 5030; Zehn Pfennig die Zeile 1925. – Es ist nach allen den dargestellten Zusammenhängen unerfindlich, wie H. Schmitt in seiner Arbeit im Zusammenhang mit dem ASV von erfolgten Abschlüssen von Tarifverträgen sprechen kann (*Schmitt* 1966, S. 103). Belege für diese Behauptung bleibt er schuldig.

489 Vgl.: Die Feder. Jg. 13, Nr. 695. 1929. Extra-Beilage. – Anwalt der »Gesellschaft für Senderechte« war H. E. Wolff, zugleich Geschäftsführer des SDS.

490 Ebda.

491 Ebda, Jg. 30, Nr. 698. 1929. Beilage.

492 Ebda, Jg. 30, Nr. 696. 1929. Extra-Beilage.

493 Ebda, Jg. 30, Nr. 698. 1929. Beilage.

494 Ebda, Jg. 30, Nr. 699. 1929. S. 5 f.

495 Entwurf eines Vertrags zwischen dem VDE und der Belletristischen Arbeitsgemeinschaft der Vereinigung schönwissenschaftlicher Verleger. Vgl.: *Karger* 1922. Anhang S. IV–VIII.

496 *Kyser* 1921, S. 11.

497 *Landsberg* 1909, S. 378.

498 *Ders.* 1911.

499 *Herrmann* 1910, S. 155.

500 *Fred* 1911, S. 9 u. 36.

501 *Heuss* 1911, S. 563.

502 *Rauscher* 1913, S. 40.

503 *Breuer* 1913, S. 48.

504 *Zeitlin* 1922, S. 379.

505 Vgl.: Der Schriftsteller(1). Jg. 10, H. 2. 1923. S. 6.

506 Protokoll der Hauptversammlung des SDS am 25./26. 3. 1928 in Berlin. Ebda, Jg. 15, H. 4. 1928. S. 46.

507 Protokoll der Hauptversammlung des SDS am 17. 3. 1929 in Berlin. Ebda, Jg. 17, H. 4/5. 1929. S. 4.
508 Protokoll der Generalversammlung des SDS am 31. 3. 1930 in Berlin. Ebda, Jg. 18, H. 5. 1930. S. 12.
509 *Herrfahrdt* 1921, S. 128.
510 *Zeitlin* 1932. S. 222.
511 Vgl.: Der Schriftsteller(1). Jg. 3, H. 1/2. 1912. S. 1.
512 *Breuer* 1913, S. 47.
513 *Eloesser* 1921, S. 109; *Kellermann* 1921, S. 50.
514 Vgl.: Der Schriftsteller(1). Jg. 8, Sondernummer. 1921. S. 1.
515 *Kyser* 1921, S. 9 u. 11 f.
516 Ebda, S. 11.
517 Protokoll der Hauptversammlung des SDS am 19. 3. 1922 in Berlin. Vgl.: Der Schriftsteller(1). Jg. 9, H. 1/3. 1922. S. 4.
518 Protokoll der Hauptversammlung des SDS am 23. 3. 1923 in Berlin. Ebda, Jg. 10, H. 2. 1923. S. 5 f.
519 Protokoll der Hauptversammlung des SDS am 20. 2. 1927 in Berlin. Ebda, Jg. 14, H. 3. 1927. S. 26.
520 Vgl.: Der Schriftsteller(1). Jg. 13, H. 10. 1927. S. 18 f.; ebda, Jg. 16, H. 3. 1929. S. 17–22.
521 Protokoll der Generalversammlung des SDS am 29. 3. 1931 in Berlin. Ebda, Jg. 19, H. 5. 1931. S. 31.
522 Protokoll der Generalversammlung des SDS am 9./10. 1. 1932 in Berlin. Ebda, Jg. 20, H. 1/2. 1932. S. 6.
523 Protokoll der Generalversammlung des SDS am 29. 3. 1931 in Berlin. Ebda, Jg. 19, H. 5. 1931. S. 29.
524 Protokoll der Generalversammlung des SDS am 9./10. 1. 1932 in Berlin. A.a.O., S. 5.
525 Ebda, S. 28. – Im Text ähnlich, inhaltlich gleich waren auch etwas ältere ›Richtlinien für den Geschäftsverkehr zwischen erzählenden Autoren und Verlegern‹ (vgl. Der Schriftsteller(1). Jg. 19, H. 3. 1931. S. 2–4).
526 Protokoll der Generalversammlung des SDS am 9./10. 1. 1932 in Berlin. A.a.O., S. 29.
527 Neue Richtlinien für den Verkehr mit Verlegern. Vgl.: Der Schriftsteller(1). Jg. 20, H. 7/8. S. 127–129.
528 Protokoll der Hauptversammlung des SDS am 17. 2. 1924 in Berlin. Vgl.: Der Schriftsteller(1). Jg. 11, H. 2. 1924. S. 6.
529 Protokoll der Hauptversammlung des SDS am 5. 4. 1925 in Berlin. Ebda, Jg. 12, H. 2. 1925. S. 11.
530 Protokoll der Hauptversammlung des SDS am 28. 4. 1926 in Berlin. Ebda, Jg. 13, H. 3. 1926. S. 21; Protokoll der Hauptversammlung des SDS am 20. 2. 1927 in Berlin. Ebda, Jg. 14, H. 3. 1927. S. 26.
531 Protokoll der Hauptversammlung des SDS am 25./26. 3. 1928 in Berlin. Ebda, Jg. 1 H. 4. 1928. S. 48.
532 Protokoll der Hauptversammlung des SDS am 31. 3. 1930 in Berlin. Ebda, Jg. 18, H. 5. 1930. S. 14 f.
533 Ebda, S. 15.
534 Protokoll der Generalversammlung des SDS am 29. 3. 1931 in Berlin. A.a.O., S. 21.
535 Protokoll der Generalversammlung des SDS am 9./10. 1. 1932 in Berlin. A.a.O., S. 6.
536 Ebda.
537 Protokoll der Hauptversammlung des SDS am 5. 4. 1925 in Berlin. Ebda, Jg. 12, H. 2. 1925. S. 12.
538 Protokoll der Hauptversammlung des SDS am 20. 2. 1927 in Berlin. Ebda, Jg. 14, H. 3. 1927. S. 27. – 1937 wurde die »Gesellschaft für Senderechte« aufgelöst und durch den »Deutschen Verein zur Verwertung von Urheberrechten an Werken des Schrifttums« ersetzt (*Linz* 1965, S. 103).
539 Protokoll der Generalversammlung des SDS am 29. 3. 1931 in Berlin. Vgl.: Der

Schriftsteller(1). Jg. 19, H. 5. 1931. S. 30 f.

540 Protokoll der Generalversammlung des SDS am 9./10. 1. 1932 in Berlin. Ebda, Jg. 20, H. 1/2. 1932. S. 34.

541 *Linz* 1965, S. 103.

542 Vgl.: Der Schriftsteller(2). Jg. 1, H. 3. 1947. S. 14; *Godin* 1947, S. 7; *Schendell* 1948, S. 1 f.

543 *Schendell* 1947(1), S. 8 f.; *ders.* 1947(3), S. 4.

544 *Ders.* 1949, S. 15; vgl.: Der Schriftsteller(2). Jg. 1, H. 10. 1948. S. 23.

545 *Reuß-Löwenstein* 1951(2), S. 54.

546 Ebda, S. 53; *Schäferdieck* 1951(2), S. 173.

547 *Schilling* 1952, S. 15 f.; *Schendell* 1953, S. 4.

548 *Reuß-Löwenstein* 1953, S. 2; *Hollander* 1954(1), S. 81.

549 Vgl.: Der Schriftsteller(3). Jg. 6, H. 4. 1953. S. 74.

550 Ebda, S. 76 f.

551 Molo 1954, S. 63.

552 *Deneke* 1955(1), S. 6.

553 Ebda, S. 6 u. 7 f.; *ders.* 1955(2), S. 31. – In seinem Hauptwerk über die freien Berufe erklärte V. Deneke, daß Vertrauen und Autorität wesentliche Merkmale der Träger freier Berufe seien, die als ›ideelle Honorarwerte‹ eine ›Bereicherung der freiberuflichen Tätigkeit‹ darstelle (*ders.* 1956[2]. S. 86).

554 Protokoll der Mitgliederversammlung der Vereinigung am 14./15. 4. 1961 in Bonn. VS-Archiv in der VS-Bundesgeschäftsstelle, München.

555 Protokoll der Generalversammlung der Vereinigung am 10./11. 5. 1963 in Berlin. Ebda.

556 Ebda.

557 Ebda.

558 Rundschreiben der Bundesvereinigung Nr. 10 vom 5. 3. 1968. VS-Archiv in der VS-Bundesgeschäftsstelle, München.

559 Rundschreiben des Präsidenten der Bundesvereinigung D. Lattmann vom 15. 10. 1968. Ebda.

560 Protokoll der Genralversammlung der Vereinigung am 3.–5. 5. 1964 in Kiel. Ebda.

561 Protokoll der Generalversammlung der Vereinigung am 31. 10./1. 11. 1965 in Saarbrücken. Ebda.

562 Protokoll der Jahreshauptversammlung der Bundesvereinigung am 11./12. 3. 1967 in Berlin. Ebda.

563 Protokoll der Jahreshauptversammlung der Bundesvereinigung am 7./8. 4. 1968 in München. Ebda.

564 Protokoll der Vorstandssitzung der Bundesvereinigung am 28./29. 1. 1969 in Berlin. Ebda.

565 Protokoll der Jahresversammlung der Bundesvereinigung am 8. 6. 1969 in Köln. Ebda.

566 *Lattmann* 1969(4), S. 8.

567 *Böll* 1969(1), S. 13, 14, 15, 17 u. 22. – Der Verband Schöngeistiger und Wissenschaftlicher Verleger antwortete auf die Rede H. Bölls in einem offenen Brief, in dem sich die Verleger als verantwortungsbewußte Partner und Treuhänder der Autoren darstellten, die selber mit wirtschaftlichen Problemen zu kämpfen hätten aber auf deren Erfahrungen gegenüber »den heute so wichtigen und mächtigen Verwertungsinstitutionen, wie Rundfunkanstalten. Pressekonzerne, Verwertungsgesellschaften« die Autoren angewiesen seien. »Autor und Verleger sitzen dabei wahrhaft im selben Boot.« (*Piper, Hauff* u. a. 1969.) H. Böll antwortete seinerseits auf die Verleger, »daß es nicht Sache eines *Autoren*verbandes sein kann, den steuer-, kultur- und wirtschaftspolitischen Kummer der *Verleger* zu artikulieren«, daß aber möglicherweise der Zeitpunkt kommen werde, »wo die Frage geklärt werden kann, wer abhängiger von wem ist: die Verleger von den Autoren oder die Autoren von den Verlegern oder beide von den Buchhändlern.« (*Böll* 1969[2].)

568 *Lattmann* 1970(7), S. 6; *Drewitz* 1970(1), S. 78.

569 *Lattmann* 1970(7), S. 6; *ders.* 1970(1), S. 165.
570 *Ders.* 1970(5); *ders.* 1970(6), S. 7.
571 Vgl.: der literat. Jg. 12, H. 1. 1970. S. 13.
572 Vgl.: VS-Informationen. Nr. 1. 1970. S. 5.
573 Ebda, Nr. 2. 1970. S. 3.
574 Vgl.: publikation. Jg. 20, H. 10. 1970. S. 12.
575 Rundschreiben der Bundesgeschäftsstelle des VS an alle VS-Landes- und Fachgruppen vom 25. 11. 1969. VS-Archiv in der VS-Bundesgeschäftsstelle, München.
576 Vgl.: VS-Informationen. Nr. 1. 1970. S. 3.
577 Ebda, Nr. 3. 1970, S. 4; vgl.: publikation. Jg. 20, H. 10. 1970. S. 11; *Lattmann* 1970(7), S. 7.
578 Protokoll des 1. Schriftstellerkongresses des VS am 21.–23. 11. 1970 in Stuttgart. VS-Archiv in der VS-Bundesgeschäftsstelle, München.
579 Vgl.: publikation. Jg. 20, H. 11/12. 1970. S. 9.
580 Vgl.: Stuttgarter Zeitung Nr. 267. Stuttgart, 19. 11. 1970. S. 21. – Der Verlegerausschuß argumentierte wie schon bei seiner Antwort auf H. Böll mit der ›Treuhänderfunktion des Verlegers‹ gegenüber dem Autor, aus der er das Recht auf eine ›angemessene Beteiligung‹ des Verlegers an allen Nebenrechten herleitete. Aus der Tatsache, daß auch das verliehene Buch vom Verleger hergestellt und vertrieben wurde, folgerte der Verlegerausschuß, »daß ein prinzipieller Anspruch des Verlegers besteht, an den Erlösen [aus der Bibliotheksabgabe] beteiligt zu werden.« (Ebda.)
581 Protokoll des 1. Schriftstellerkongresses des VS am 21.–23. 11. 1970 in Stuttgart. A.a.O.
582 Vgl.: Einigkeit der Einzelgänger 1971, S. 78.
583 Ebda.
584 Vgl.: VS-Informationen. Nr. 2. 1970. S. 4.
585 Ebda.
586 Ebda, Nr. 3. 1970. S. 6.
587 Ebda.
588 VS-Tonband-Archiv vom 1. Schriftstellerkongreß des VS am 21.–23. 11. 1970 in Stuttgart. Band KW 49501/II. VS-Bundesgeschäftsstelle, München.
589 Vgl.: Einigkeit der Einzelgänger 1971, S. 74.
590 Ebda, S. 75. (Hervorhebung vom Verf.)
591 Vgl.: VS-Informationen. Nr. 3. 1971. S. 6.
592 Muster für einen Verlagsvertrag des VS (Fassung 1972). Ebda, Nr. 2. 1972. S. 3–5.
593 Vgl.: VS-Informationen. Nr. 3. 1971. S. 5.
594 Entwurf des VS und der RFFU über »Allgemeine Bedingungen zu Verträgen zwischen Rundfunkanstalten und frei mitarbeitenden Autoren«. Ebda, S. 5 f.
595 Vgl.: VS-Informationen. Nr. 1. 1972. S. 18.
596 Ebda, S. 17. – Der SWF, der SDR und der SR haben durch eine weitgehende Programmzusammenlegung die Beschäftigungsmöglichkeiten für freie Mitarbeiter nahezu auf ein Drittel gekürzt, wobei für das Haushaltsvolumen der drei Rundfunkanstalten von DM 2,9 Mill. nicht einmal Einsparungen von 1 % erreicht wurden (*Hutzler* 1971, S. 157).
597 *Drews-Bernstein* 1972.
598 Vgl.: Entwicklungsland Kultur 1973, S. 93.
599 *Zimmer* 1973(1).
600 Ebda; *Bohrer* 1973; *Pragal* 1973.
601 *Beyer* 1919, S. 1013 f.
602 Ebda, S. 1019 u. 1016.
603 Ebda, S. 1020.
604 *Wiese* 1922, S. 409.
605 A. *Weber* 1923, S. 32.
606 Ebda, S. 23.
607 *Nötzel* 1922, S. 515.
608 *Rauecker* 1920, S. 618.
609 *Ders.* 1922, S. 171.
610 *Heuss* 1954(2), S. 436.
611 *Ders.* 1916, S. 238.
612 H. G. *Schumann* 1972, S. 304.
613 Statuten des ADSV. A.a.O.
614 *Wendlandt* 1889, S. 394.

615 Vgl.: Deutsche Presse. Jg. 3, Nr. 20. 1890. S. 154.
616 Protokoll der Verhandlungen des DSV auf seiner 3. Allgemeinen Versammlung am 17./18. 8. 1890 in Breslau. Ebda, Jg. 3, Nr. 41. 1890. S. 329.
617 Bericht von der 4. Allgemeinen Versammlung des DSV am 12.–14. 9. 1891 in Berlin. Ebda, Jg. 4, Nr. 27. 1891. S. 265 f.
618 *Blüthgen* 1899. S. 86.
619 *Thieß* 1904, S. 190; *Kulemann* 1908, S. 170.
620 Gewerkschaftung der Schriftsteller 1915, S. 3993 f.
621 *Bierbaum* u. a. 1904.
622 *Bourfeind* 1918(2), S. 10.
623 *Ders.* 1918(3), S. 19.
624 *Grünfeld* 1918.
625 *Kuhn* 1919, S. 522.
626 *Bourfeind* 1918(3), S. 21.
627 Ebda.
628 *Stein* 1918, S. 378.
629 *Bourfeind* 1918(1), S. 6.
630 *Stein* 1919(3), S. 720 f.
631 *Kyser* 1921, S. 8.
632 Entwurf eines Vertrags zwischen dem VDE und der B.A.G. der Vereinigung der schönwissenschaftlichen Verleger. Vgl.: *Karger* 1922, Anhang, S. IV–VIII.
633 *Landsberg* 1909, S. 378.
634 *Ders.* 1910, S. 152.
635 Ebda, S. 154.
636 *Ders.* 1911.
637 *Heuss* 1911, S. 563.
638 *Fred* 1911, S. 9.
639 Ebda, S. 25 u. 20.
640 Ebda, S. 24 u. 27.
641 Ebda, S. 6.
642 *Heuss* 1911, S. 562.
643 Ebda, S. 563.
644 *Ders.* 1916, S. 246 f.
645 *Breuer* 1913, S. 44.
646 Ebda, S. 45.
647 *Landsberg* 1913, S. 56 f.
648 *Eloesser* 1921, S. 109.
649 *Tucholsky* 1921, S. 5 u. 7.
650 *Landsberg* 1911.
651 *Ders.* 1910, S. 252 f.
652 *Fred* 1911, S. 8.
653 *Heuss* 1911, S. 561.
654 *Breuer* 1913, S. 45 u. 47.
655 *Jacobs* 1921, S. 1.
656 *Tucholsky* 1921, S. 6 u. 7.
657 Die Einheit des Schrifttums 1921, S. 5.
658 *Schaffner* 1921, S. 58.
659 *Eloesser* 1921, S. 107.
660 Protokoll der Generalversammlung des SDS am 31. 3. 1930 in Berlin. Vgl.: Der Schriftsteller(1). Jg. 18, H. 5. 1930. S. 14 f.
661 Protokoll der Generalversammlung des SDS am 29. 3. 1931 in Berlin. Ebda, Jg. 19, H. 6. 1931. S. 12 f.
662 *Zweig* 1930, S. 11.
663 *Schaffner* 1931(2), S. 9.
664 Protokoll der Generalversammlung des SDS am 9./10. 1. 1932 in Berlin. Vgl.: Der Schriftsteller(1). Jg. 20, H. 1/2. 1932. S. 34.
665 *Kyser* 1921, S. 13.
666 Geschäftsbericht für das Jahr 1916, vorgetragen auf der Generalversammlung des SDS am 18. 3. 1917 in Berlin. Vgl.: Der Schriftsteller(1). Jg. 7, H. 1/3. 1917. S. 35.
667 Geschäftsbericht des SDS für das Jahr 1920. Ebda, Jg. 8, H. 1/2. 1921. S. 2.
668 Protokoll der Hauptversammlung des SDS am 8. 5. 1921 in Berlin. Ebda, Jg. 8, H. 5/6. 1921. S. 51.
669 Protokoll der Hauptversammlung des SDS am 19. 3. 1922 in Berlin. Ebda, Jg. 9, H. 1/3. 1922. S. 51.
670 Protokoll der Hauptversammlung des SDS am 17. 2. 1924 in Berlin. Ebda, Jg. 11, H. 2. 1924. S. 7. – Ähnlich hieß es auch 1925: »Von dem Schiedsgericht erhoffen wir nicht nur schnelle, sachverständige Rechtsprechung, sondern auch eine Entwicklung des Urheber- und Verlagsrechts und eine Aufstellung von Richtlinien, die für Vertragsabschlüsse maßgebend sind.« (Protokoll der Hauptversammlung des SDS am 5. 4. 1925 in Berlin. Ebda, Jg. 12, H. 2. 1925. S. 11.)
671 Protokoll der Hauptversammlung des SDS am 17. 2. 1924 in Berlin. Ebda, Jg. 11, H. 2. 1924. S. 9.

672 Protokoll der Hauptversammlung des SDS am 5. 4. 1925 in Berlin. Ebda, Jg. 12, H. 2. 1925. S. 15.
673 Ebda, S. 11.
674 Protokoll der Hauptversammlung des SDS am 20. 2. 1927 in Berlin. Ebda, Jg. 14, H. 3. 1927. S. 25 u. 30.
675 Protokoll der Hauptversammlung des SDS am 25./26. 3. 1928 in Berlin. Ebda, Jg. 15, H. 4. 1928. S. 48 u. 50.
676 Ebda, S. 47.
677 Protokoll der Generalversammlung des SDS am 31. 3. 1930 in Berlin. Ebda, Jg. 18, H. 5. 1930. S. 12.
678 Protokoll der Hauptversammlung des SDS am 9./10. 1. 1932 in Berlin. A.a.O., S. 9.
679 *Engel* 1913, S. 53; *Grabowsky* 1916, S. 8.
680 *Herrmann* 1910, S. 156.
681 *Bloem* 1910, S. 179; *Kyser* 1921, S. 14.
682 *Landsberg* 1910, S. 151.
683 *Bloem* 1910, S. 178.
684 *Eloesser* 1921, S. 110.
685 *Breuer* 1913, S. 44 u. 46; Organisation und Qualität 1913, S. 18; *Eloesser* 1921, S. 107; *Döblin* 1914, S. 13.
686 *Heuss* 1916, S. 238.
687 *Beyer* 1919, S. 1016.
688 *Rauecker* 1922, S. 171. – Etwa zur gleichen Zeit, als sich der SDS seinen Gewerkschafts-Beinamen zulegte, wurde von R. Eichacker auch der BDT als Organisation zur Vorbereitung einer Schriftsteller-Gewerkschaft bezeichnet, ein Ziel, das der SDS bereits teilweise erfüllt hätte, indem er sich ›zur Gewerkschaft erklärt‹ habe. Aus der Forderung, daß der SDS nur noch mit seinem »Prinzip der Exklusivität und Eigenbrötelei« hätte brechen müssen (*Eichacker* 1920[1], S. 5015), ist abzuleiten, daß auch R. Eichacker unter einer ›Schriftsteller-Gewerkschaft‹ lediglich den Zusammenschluß aller Schriftsteller in einem Verband, also eine gehobene Qualität schriftstellerischer Solidarität verstand.
689 *Zweig* 1938, S. 89; *Schmitt* 1966, S. 111; Aktionen 1966, S. 322 f.
690 *Kyser* 1921, S. 9.
691 *Bulcke* 1922, S. 1.
692 *Wynands* 1931, S. 8.
693 *Schickele* 1930, S. 1.
694 *Rutra* 1931, S. 13.
695 *Breuer* 1931(2), S. 819.
696 *Lania* 1926.
697 Protokoll der Hauptversammlung des SDS am 20. 2. 1927 in Berlin. Vgl.: Der Schriftsteller(1). Jg. 14, H. 3. 1927. S. 31.
698 Ebda, S. 32.
699 Protokoll der Generalversammlung des SDS am 31. 3. 1930 in Berlin. Ebda, Jg. 18, H. 5. 1930. S. 22.
700 *Mühsam* 1931, S. 60 f.
701 *Koenig* 1931, S. 25.
702 Ebda.
703 Vgl.: Aktionen 1966, S. 371.
704 Vgl.: Der Schriftsteller(1). Jg. 19, H. 7. 1931. S. 19.
705 Protokoll der Generalversammlung des SDS am 9./10. 1. 1932 in Berlin. Ebda, Jg. 20, H. 1/2. 1932. S. 27.
706 *Schendell* 1932, S. 218 f.
707 *Ders.* 1947(1), S. 7.
708 Ebda.
709 Ebda, S. 9 f.
710 Ebda, S. 7.
711 Ebda, S. 9 f.
712 Ebda, S. 8; *Bettauer* 1949.
713 *Schendell* 1947(1), S. 8.
714 *Ders.* 1947(2), S. 4.
715 *Ders.* 1948, S. 3.
716 *Ders.* 1949, S. 20.
717 Vgl.: Der Autor. Jg. 6, H. 2/3. 1951. 2. Umschlagseite; Bericht über die Vollversammlung des SDA am 11. 7. 1951 in Berlin-Wilmersdorf. Ebda, Jg. 6, H. 5. 1951. S. 18.
718 *Schwenger* 1971, S. 22.
719 Protokoll der Arbeitstagung deutscher Schriftstellerverbände am 11.–14. 3. 1949 in

Hamburg. Vgl.: Der Schriftsteller(3). Jg. 2, H. 13. 1949. Beilage, S. 1.
720 Ebda, S. 2.
721 Vgl.: Der Schriftsteller(3). Jg. 5, H. 3. 1952. S. 50; ebda, Jg. 8, H. 11. 1955. S. 130.
722 Satzung des WAV (Fassung 1952). A.a.O.
723 Vgl.: Der Autor Jg. 1, H. 8. 1947. S. 19.
724 Protokoll der Arbeitstagung deutscher Schriftstellerverbände am 11.–14. 3. 1949 in Hamburg. A.a.O., S. 4.
725 Geschäftsbericht der Vereinigung für das Jahr 1959. VS-Archiv in der VS-Bundesgeschäftsstelle, München.
726 *Schilling* 1962(1), S. 44.
727 Protokoll der Mitgliederversammlung der Vereinigung am 19./20. 5. 1962 in Stuttgart. VS-Archiv in der VS-Bundesgeschäftsstelle, München.
728 Protokoll der Generalversammlung der Vereinigung am 10./11. 5. 1963 in Berlin. Ebda.
729 Denkschrift 1965.
730 Protokoll der Generalversammlung der Vereinigung am 31. 10./1. 11. 1965 in Saarbrücken. VS-Archiv in der VS-Bundesgeschäftsstelle München; Protokoll der Vorstandssitzung der Bundesvereinigung am 30. 4. 1966 in Berlin. Ebda.
731 Die Gegenwartslage 1954, S. 121 f.
732 Die freien Schriftsteller 1958, S. 80.
733 *Baumann* 1954, S. 51.
734 *Schilling* 1963, S. 119.
735 *Lüth* 1963(5), S. 114; *Ferber* 1963, S. 116.
736 *Deneke* 1955(2), S. 30 u. 40.
737 *Ders.* 1955(1), S. 8.
738 Ebda, S. 20.
739 *Fromm* 1964(1), S. 60.
740 *Reichel* 1964, S. 86.
741 Vgl.: Der Schriftsteller(3). Jg. 17, H. 6. 1964. S. 85.
742 Ebda, Jg. 15, H. 3. 1962. S. 33.
743 Protokoll der Mitgliederversammlung der Vereinigung am 18./19. 2. 1960 in Berlin. VS-Archiv im Büro Dr. W. Nordemann et al., Berlin.
744 Protokoll der Generalversammlung der Vereinigung am 10./11. 5. 1963 in Berlin. VS-Archiv in der VS-Bundesgeschäftsstelle, München.
745 Protokoll der Generalversammlung der Vereinigung am 3.–5. 5. 1964 in Kiel. Ebda. – 1957 war von der Vereinigung beschlossen worden, daß Schiedsgerichte nur regional bestehen sollten (Protokoll der Mitgliederversammlung der Vereinigung am 16./17. 11. 1957 in Hamburg. Akte 95 VR 1627 Nz, a.a.O.).
746 Denkschrift 1965.
747 Rundbrief des Präsidenten der Bundesvereinigung D. Lattmann vom 15. 10. 1968. VS-Archiv in der VS-Bundesgeschäftsstelle, München.
748 *Lattmann* 1968(1), S. 77.
749 *Ders.* 1969(1), S. 37; *ders.* 1969(2).
750 *Ders.* 1969(4), S. 6.
751 H. Bingel und G. Zwerenz planten damals eine Schriftsteller-Union als Gegengründung zum VS, die sich mit dem Gewerkschaftsbund in einem ›Kartellverhältnis‹ verbinden sollte (*Schloz* 1969, S. 14).
752 *Lattmann* 1969(4), S. 6; *ders.* 1970(1), S. 159.
753 Vgl.: der literat. Jg. 12, H. 3. 1970. S. 57.
754 *Lattmann* 1971(7), S. 46; *ders.* 1971(6), S. 9; *Walser* 1972, S. 531.
755 *Lattmann* 1970(3), S. 77; *ders.* 1970(8), S. 20.
756 Protokoll der Jahreshauptversammlung der Bundesvereinigung am 8. 6. 1969 in Köln. VS-Archiv in der VS-Bundesgeschäftsstelle, München.
757 *Grass* 1970, S. 26 f.
758 *Walser* 1970, S. 33; *Böll* 1970, S. 21.
759 *Lattmann* 1971(7), S. 47.
760 Vgl.: Einigkeit der Einzelgänger 1971, S. 79–82. – Unterzeichnet war diese Erklärung von F. Benseler, H. Böll, B. Engelmann, H. M. Enzensberger, Chr. Geissler,

G. Herburger, F. Hitzer, R. Hochhuth, A. Hüfner, U. Johnson, A. Mechtel, E. Runge, E. Schöfer und M. Walser.
761 Ebda, S. 76.
762 Vgl.: VS-Informationen. Nr. 1. 1970. S. 2; *Lattmann* 1970(3), S. 77.
763 Vgl.: VS-Informationen. Nr. 2. 1971. S. 1 u. 2.
764 *Braem* 1971(3), S. 44; *Baumgart* 1973, S. 20.
765 *Walser* 1970, S. 39.
766 *Lattmann* 1971(5), S. 18 f.; *ders.* 1972(3), S. 3; *Hitzer* 1971, S. 16; *Schwenger* 1971, S. 7.
767 Vgl.: VS-Informationen. Nr. 2. 1971. S. 1.
768 Ebda.
769 Ebda, S. 2.
770 VS-Informationen. Nr. 1. 1972. S. 6–8.
771 *Lattmann* 1971(6), S. 162.
772 *Walser/Hitzer* 1971, S. 160.
773 *Mahlein* 1971.
774 Ebda.
775 Ebda.
776 *Drewitz* 1971(2), S. 16; *Paul* 1971; *Zierer* 1972(1), S. 15 u. 17.
777 Vgl.: VS-Informationen. Nr. 1, 1972. S. 14. – Eine für den Entwicklungsstand des VS aufschlußreiche Diskussion ergab sich auf der Delegiertenversammlung, nachdem H. Bingel und H. Chr. Kirsch berichtet hatten, daß der Börsenverein des deutschen Buchhandels dem VS jährlich DM 4500,– mit der Auflage zur Verfügung stellen wolle, schwerpunktmäßig das Geld den VS-Landesverbänden für die Veranstaltung von Lesungen in Berufsschulen zur Verfügung zu stellen. Der Antrag, dieses Geld anzunehmen, wurde mit Stimmengleichheit abgelehnt (Protokoll der Delegiertenversammlung des VS am 3./4. 11. 1971 in Berlin. VS-Archiv in der VS-Bundesgeschäftsstelle, München). Die Hälfte der Delegierten verpflichtete somit den Verband, kein Geld vom wirtschaftlichen Gegner, dem Börsenverein, anzunehmen.
778 *Zirer* 1972(2), S. 79; *Horst* 1972, S. 76; *Norden* 1972(2), S. 54.
779 *Norden* 1972(1), S. 14.
780 *Hochrain* 1972, S. 231.
781 *Gregor-Dellin* 1971(2); *ders.* 1971(3).
782 *Ders.* 1972(1), S. 15 f.; *Endres* 1972, S. 11; *Mendelssohn* 1972, S. 38.
783 Vgl.: Entwicklungsland Kultur 1973, S. 95. – Diesem Beschluß stimmten von 303 anwesenden Mitgliedern 275 zu. 19 stimmten dagegen und 9 enthielten sich der Stimme (ebda).
784 Ebda, S. 93.
785 Ebda, S. 104 f.
786 [entfällt]
787 *Tauziehen* 1971, S. 14.
788 *Zierer* 1972(2), S. 80.
789 Vgl.: der literat. Jg. 14, H. 4. 1972. S. 80; ebda, Jg. 14, H. 3. 1972. S. 59; *Ude* 1972.
790 *Stankiewitz* 1973; *Ude* 1973.
791 Rundbrief des FDA Nr. 1 (ohne Datum). FDA-Bundesgeschäftsstelle, München.
792 Vgl.: der literat. Jg. 15, H. 12. 1973. S. 304.
793 *Krämer-Badoni* 1973(2), S. 6.
794 *Maus* 1968, S. 373.
795 *Beyer* 1919, S. 1019; *Rauecker* 1920, S. 618; *ders.* 1922, S. 167; *Karker* 1922, S. 48; *Hubmann* 1954, S. 65; *Drews* 1970; *Arnold* 1971, S. 14.
796 A. *Weber* 1923, S. 23.
797 Satzung des SvDS, a.a.O.; Satzung des DSV, a.a.O.
798 »Der Deutsche Schriftstellerstand und seine Zukunft« 1899, S. 97.
799 Vgl.: Die Feder. Jg. 5, Nr. 62. 1902. Beilage.
800 Ebda, Jg. 7, Nr. 117. 1904. Vereinsnachrichten des ASV, Nr. 20. S. 39 f.
801 Ebda, Jg. 7, Nr. 127. 1904. Vereinsnachrichten des ASV, Nr. 24. S. 59.
802 Nummer 100, 1903.
803 Vgl.: Die Feder. Jg. 23, H. 504. 1920. S. 4991; ebda, Jg. 23, H. 505. 1920. S. 4999.
804 Ebda, Jg. 23, Nr. 506. 1920. S. 5007.
805 Ebda, Jg. 25, Nr. 566. 1923. S. 1.
806 Schriftstellerstreik 1923.
807 *Eichacker* 1923.
808 Vgl.: Die Feder. Jg. 25, Nr. 565. 1923. S. 1 f.

809 Ebda, Jg. 25, Nr. 566. 1923. (S. 3). 810 *Bierbaum* u. a. 1904.
811 *Karger* 1922, S. 66–68. 812 Vgl.: Der Schriftsteller(1). Jg. 7, H. 1/3. 1917. S. 28.
813 Ebda. 814 *Breuer* 1913, S. 47; *Eloesser* 1921, S. 111; *Tucholsky* 1921, S. 5 u. 6.
815 *Rauecker* 1922, S. 177; Satzung des SDS (Fassung 1928), a.a.O.
816 Protokoll der Hauptversammlung des SDS am 5. 4. 1924 in Berlin. Vgl.: Der Schriftsteller(1). Jg. 12, H. 2. 1925. S. 12.
817 Ebda, S. 15. – Dieser als Abs. 5 des § 8 der Satzung beschlossene Text findet sich merkwürdigerweise nicht in der 1928 im Verbandsorgan des SDS veröffentlichten Fassung, obwohl diese Änderung nie aufgehoben worden ist.
818 Protokoll der Generalversammlung des SDS am 31. 3. 1930 in Berlin. Ebda, Jg. 18, H. 5. 1930. S. 27.
819 *Böll* 1969(1), S. 14 f. 820 *Lattmann* 1970(3), S. 77.
821 *Grass* 1970, S. 27 f. 822 *Schnabel* 1970, S. 60.
823 *Lattmann* 1971 (7), S. 48 u. 52. 824 *Mahlein* 1971.
825 Ebda. 826 *Baumgart* 1973, S. 23.
827 *Lattmann* 1973. 828 *Krämer-Badoni* 1973(1), S. 41.
829 *König/Silbermann* 1964, S. 12. 830 M. *Weber* 1964, S. 18.
831 *Zimmer* 1971(1); *ders.* 1971(2). 832 *Lattmann* 1972(3), S. 4; *Zimmer* 1973(1)
833 *Lattmann* 1972(3), S. 4. 834 *Herder-Dorneich* 1965, S. 21 f.
835 *Zimmer* 1973(2). 836 *Habermas* 1962, S. 166.
837 G. *Bauer* 1971, S. 47; *Warneken* 1972, S. 225.
838 G. *Bauer* 1971, S. 48 f. 839 *Jaeggi* 1972, S. 24.
840 *König/Silbermann* 1964, S. 9. 841 *Benjamin* 1934, S. 269 u. 373.
842 *Fohrbeck/Wiesand* 1972, S. 419. – Erstaunlicherweise wußten anfang November 1971 nur 20 % der befragten VS-Mitglieder die Gewerkschaftsdiskussion im VS von sich aus als berufspolitisches Geschehen zu nennen; 2 % nur kannten die Bemühungen um Mitbestimmung (ebda, S. 409). Hier bestätigt sich, daß bei vielen Autoren, die einen Gewerkschaftskurs des VS unterstützten, nicht die Kenntnis der berufspolitischen Aktivität des VS überwog, sondern daß ihr Votum eher emotional bestimmt war. Noch deutlicher wird dies aus der Tatsache, daß 72 % aller Autoren einen Streik der Wortautoren sowohl gegenüber Sendern als auch gegenüber Verlegern für richtig und für erfolgversprechend ansahen (ebda, S. 414 f.), andererseits nur 52 % aller Autoren (70 % der VS-Mitglieder) sich überhaupt um ihre Vertragsbedingungen kümmerten. 26 % erklärten, es komme ihnen mehr auf die Veröffentlichung als auf den Verdienst an (21 % der VS-Mitglieder), für 23 % waren die juristischen Einzelheiten zu kompliziert (40 % der VS-Mitglieder), 25 % gaben an, keine Zeit dafür zu haben (23 %), 26 % hielten das von vornherein für nutzlos (24 % der VS-Mitglieder und sogar 55 % aller Autoren unter 30 Jahren) (ebda, S. 413). Die Tatsache, daß 47 % der Autoren den Status der arbeitnehmerähnlichen Person für sich ablehnten (ebda, S. 441 Fn. 14), und daß 72 % einen Schriftstellerstreik für sinnvoll hielten, daß also die Streikbereitschaft höher lag als die Bereitschaft, das berufliche Selbstverständnis zu ändern, stärkt zudem den Verdacht, daß die Entscheidung für die Gewerkschaft z. T. auch irrationalen Motiven entsprach.
843 *Warneken* 1972, S. 217. 844 *Mayntz* 1963, S. 23.
845 Ebda, S. 65. 846 Ebda, S. 64.

Schriftstellerverbände: Interessen und Politik

1 *Kaiser* 1956, S. 228 f.; *Hondrich* 1963, S. 9; *Herder-Dorneich* 1965, S. 38; *Lange* 1966, S. 66 f.; *Neyses* 1968, S. 106 f.; *Beyme* 1969, S. 40, 46 u. 153.
2 *Habermas* 1962, S. 8, 11 f. u. 217 f.; *ders.* 1964, S. 226.

3 *Beyme* 1969, S. 46 u. 151; *Noelle-Neumann* 1971(1), S. 210 f.
4 *Noelle-Neumann* 1971(1), S. 214 f.
5 *Gurland* 1958, S. 527; *Habermas* 1962, S. 229; *Bernsdorf* 1964, S. 282; *Euchner* 1970, S. 401 u. 407.
6 *Bolte* 1959, S. 40 f.; *Doehlemann* 1970, S. 10.
7 *Hofmann* 1921, S. 49.
8 Ebda.
9 Vgl.: Deutscher Literaturkalender 1880. Teil 2, S. 68 f.
10 Ebda 1881. Teil 2, S. 227.
11 Ebda 1880. Teil 2, S. 71; F. *Friedrich* 1880(2), S. 226.
12 F. *Friedrich* 1880(1), S. 216; *ders.* 1880(2), S. 226.
13 Vgl.: Deutscher Literaturkalender 1886, S. 32.
14 *Steinitz* 1888(2), S. 217.
15 *Ders.* 1888(1), S. 1.
16 *Ders.* 1888(2), S. 33 u. 115.
17 Bericht von der 3. Allgemeinen Versammlung des DSV vom 16.–19. 8. 1890 in Breslau. Vgl.: Deutsche Presse. Jg. 3, Nr. 34. 1890. S. 266.
18 Bericht von der 2. Allgemeinen Versammlung des DSV vom 21.–23. 9. 1889 in Frankfurt/M. Vgl.: Deutsche Presse. Jg. 2, Nr. 47. 1889. S. 373.
19 Ebda, Nr. 48. S. 378.
20 *Stein* 1918, S. 379 f.
21 *Bourfeind* 1918(1), S. 5; *Groth* 1918, S. 145; *Grünfeld* 1918.
22 *Groth* 1918, S. 145.
23 *Stein* 1919(2), S. 602 f.
24 *Bourfeind* 1918(4), S. 23.
25 *Landsberg* 1909.
26 *Ders.* 1913, S. 7 f.
27 *Herrmann* 1910, S. 156.
28 *Fred* 1911, S. 7.
29 *Breuer* 1913, S. 47.
30 *Grabowsky* 1916, S. 7 u. 10 f.
31 *Kellermann* 1921, S. 88; *Eloesser* 1921, S. 111; *ders.* 1927, S. 67; *Tucholsky* 1921, S. 7; H. *Mann* 1921, S. 94 f.; *Hochdorf* 1921, S. 93; *Döblin* 1921, S. 53; *Schaffner* 1921, S. 60.
32 *Mahrholz* 1928, S. 64 u. 66.
33 *Molo* 1927, S. 57.
34 Ebda; *Reger* 1931, S. 11; H. *Mann* 1931, S. 2; *Bohner* 1932, S. 191.
35 *Schaffner* 1931(1), S. 11.
36 Protokoll der Hauptversammlung des SDS am 5. 4. 1925 in Berlin. Vgl.: Der Schriftsteller(1). Jg. 12, H. 2. 1925. S. 15.
37 *Koenig* 1931, S. 25.
38 Ebda.
39 Aktionen 1966, S. 370 u. 372 f.
40 *Breuer* 1931(2); *Schendell* 1932.
41 *Weisenborn* 1947(1), S. 1, 3 f. u. 5.
42 *Birkenfeld* 1947, S. 11.
43 *Schendell* 1947(2), S. 6 f.
44 Vgl.: Der Schriftsteller(2). Jg. 1, H. 8/9. 1948. S. 23.
45 *Hartenfels* 1947, S. 1.
46 *Gymnich* 1948, S. 2.
47 Satzung des WAV. A.a.O.
48 *Reuß-Löwenstein* 1949, S. 1.
49 Vgl.: Der Autor. Jg. 1, H. 10/11. 1948. S. 4.
50 *Reuß-Löwenstein* 1952, S. 98.
51 *Rehfisch* 1953, S. 98.
52 *Molo* 1952, S. 177.
53 *Pohl* 1960, S. 125.
54 *Ders.* 1965(1).
55 Unsere Ziele und Aufgaben 1961.
56 Denkschrift 1965.
57 Protokoll der Generalversammlung der Vereinigung am 10./11. 5. 1963 in Berlin. A.a.O.
58 *Lüth* 1963(4), S. 82; vgl.: Der Schriftsteller(3). Jg. 15, H. 5/6. 1962. S. 75.
59 *Deneke* 1955(2), S. 29.
60 *Lüth* 1963(5), S. 113.
61 Denkschrift 1965.
62 Protokoll der Mitgliederversammlung der Vereinigung am 20. 5. 1962 in Stuttgart. VS-Archiv in der VS-Bundesgeschäftsstelle, München; *Schilling* 1962(1), S. 44.
63 *Lüth* 1963(3), S. 65.
64 *Linz* 1965, S. 108; *Schloz* 1969, S. 14; *Reichenberger* 1969.

65 *Drewitz* 1967(1); *dies.* 1969, S. 3.
66 *Horst* 1968, S. 30.
67 *Illing* 1968; *Fromm* 1968(1), S. 14.
68 Protokoll der Jahreshauptversammlung der Bundesvereinigung am 7./8. 4. 1968 in München. VS-Archiv in der VS-Bundesgeschäftsstelle, München; Rundschreiben des Präsidenten der Bundesvereinigung D. Lattmann an alle Mitgliedsverbände vom 15. 10. 1968. Ebda.
69 Rundschreiben des Präsidenten der Bundesvereinigung D. Lattmann an alle Mitgliedsverbände vom 22. 6. 1968 und vom 15. 10. 1968. Ebda.
70 *Trinckler* 1969. – C. H. Trincklers Kritik an einigen verantwortlichen Politikern bezog sich u. a. auf den ehemaligen Bundeskanzler L. Erhard, der in einer Rede vor dem Wirtschaftstag der CDU Schriftsteller wie R. Hochhuth bezichtigte, sie seien unter die Sozialpolitiker und Sozialkritiker gegangen und hätten sich auf diesem Feld als ›Banausen und Nichtskönner‹ erwiesen. »Die sprechen von Dingen, von denen sie von Tuten und Blasen keine Ahnung haben. Sie begeben sich auf die Ebene, auf die parterrste Ebene eines kleinen Parteifunktionärs und wollen doch mit dem hohen Grad eines Dichters ernst genommen werden. Nein, so haben wir nicht gewettet. Da hört der Dichter auf, da fängt der ganz kleine Pinscher an.« (*Erhard* 1965.)
71 *Lattmann* 1969(1), S. 37; *ders.* 1969(3).
72 *Ders.* 1969(4), S. 8.
73 *Ders.* 1970(3), S. 76.
74 *Drewitz* 1970(2), S. 6.
75 *Bayer/Lehner/Mechtel* 1972, S. 15 f.
76 *Gregor-Dellin* 1973, S. 32.
77 *Drewitz* 1970(1), S. 78.
78 *Böll* 1969(1), S. 22; *Lattmann* 1970(6), S. 7.
79 *Böll* 1969(1), S. 22.
80 *Lattmann* 1971(7), S. 49.
81 *Ders.* 1970(6), S. 7.
82 *Böll* 1969(1), S. 12 u. 22 f.
83 *Lattmann* 1970(1), S. 156.
84 *Ders.* 1970(3), S. 77; *ders.* 1971(1), S. 119; *ders.* 1971(7), S. 49.
85 *Ders.* 1971(6); *Horst* 1971, S. 22; *Hitzer* 1971, S. 16.
86 *Lenz* 1973, S. 67 u. 64 f.
87 *Lattmann* 1971(6), S. 10.
88 VS-Presse-Archiv in der VS-Bundesgeschäftsstelle, München.
89 Vgl.: VS-Informationen. Nr. 1. 1970. S. 2; ebda, Nr. 2. 1970. S. 3.
90 *Horst* 1972(2), S. 22; *Zierer* 1972(1), S. 15; *Hochrain* 1971, S. 231; *Norden* 1972(1), S. 15.
91 Satzung des FDA. A.a.O.
92 *Ude* 1973.
93 *Pikart* 1964, S. 327.
94 *Herrfahrdt* 1921, S. 141 f.
95 Ebda, S. 144.
96 *Daim* 1960, S. 174.
97 *Stammer* 1969(1), S. 217.
98 *Daim* 1960, S. 89.
99 *Stammer* 1969(1), S. 217 f.
100 *Lüben* 1959, S. 97; *Pikart* 1964, S. 328.
101 [entfällt]
102 *Deneke* 1956(2), S. 112.
103 *Lüben* 1959, S. 98 f.
104 *König/Silbermann* 1964, S. 26.
105 *Mahrholz* 1922, S. 66.
106 *Lämmert* 1971, S. 3.
107 *Kesting* 1964, S. 19; *Schloz* 1969, S. 13.
108 *Fohrbeck/Wiesand* 1972, S. 356.
109 Ebda, S. 358.
110 Ebda, S. 364.
111 *Stammer* 1969(1), S. 218.
112 *Lattmann* 1957, S. 23.
113 *Lämmert* 1971, S. 13.
114 *Hofmann* 1921, S. 34 f. u. 38.
115 Vgl.: Deutscher Literaturkalender 1882, S. 154.
116 Ebda 1884, S. 52 f.
117 Protokoll der 2. Allgemeinen Versammlung des DSV am 22./23. 9. 1889 in Frankfurt/M. Vgl.: Deutsche Presse. Jg. 2, Nr. 46. 1889. S. 361.
118 Protokoll der 3. Allgemeinen Versammlung des DSV am 17./18. 8. 1890 in Beslau. Ebda, Jg. 3, Nr. 41. 1890. S. 324.
119 Ebda, Jg. 3, Nr. 42. 1890. S. 329 f.
120 Ebda, Jg. 1, Nr. 37. 1888. S. 292.
121 Ebda, S. 292 f.
122 Ebda, Jg. 1, Nr. 38. 1888. S. 299.

123 Ebda.
124 Ebda, Jg. 2, Nr. 40. 1889. S. 314.
125 Ebda, S. 315.
126 Ebda, Jg. 1, Nr. 11. 1888. S. 81.
127 Ebda, S. 81 f.
128 *Fuld* 1888, S. 53 f.
129 *Thieß* 1904, S. 190; *Kulemann* 1908, S. 169.
130 Eloesser 1926; *ders.* 1927.
131 Vgl.: Die Feder. Jg. 19, Nr. 403. 1916. S. 4175.
132 Was erwarten die Schriftsteller 1918. S. 4677.
133 Alles bleibt beim Alten 1920, S. 4942.
134 *Eichacker* 1921(3), S. 5159; *ders.* 1921(5), S. 5174; *ders.* 1921(7), S. 5199.
135 Die Kulturabgabe 1921.
136 Vgl.: Die Feder. Jg. 22, Nr. 474. 1919. S. 4739.
137 *Bourfeind* 1918(2), S. 8; *ders.* 1918(3), S. 19; *ders.* 1918(5). S. 29.
138 Vgl.: Der Schriftsteller(1). Jg. 4, H. 2/3. 1914. S. 47.
139 *Kellermann* 1921, S. 89. – Eine Umsatzsteuer von 1,5 % auf Honorare aus selbständiger Arbeit wurde durch den Erlaß des Umsatzsteuergesetzes vom 24. 12. 1919 eingeführt. Sie hat damals zu einer starken Abwanderung ehemals freier Schriftsteller in festbesoldete Berufe zur Folge gehabt (*Rauecker* 1922, S. 183 f.).
140 *Döblin* 1921, S. 58 f. u. 61.
141 *Hochdorf* 1921.
142 *Engel* 1926, S. 3 f.
143 Vgl.: Der Schriftsteller(1). Jg. 13, H. 1. 1926. S. 8.
144 *Molo* 1927, S. 57.
145 *Schickele* 1930, S. 1 u. 3 f.
146 *Eloesser* 1921, S. 109; H. *Mann* 1921, S. 95; *Bulcke* 1922, S. 1.
147 Vgl.: Der Schriftsteller(1). Jg. 8, H. 5/6. 1921. S. 51 f.
148 Ebda, Jg. 8, H. 10/12. 1921. S. 128.
149 Protokoll der Hauptversammlung des SDS am 25. 3. 1923 in Berlin. Ebda, Jg. 10, H. 2. 1923. S. 5 u. 6.
150 Protokoll der Hauptversammlung des SDS am 25./26. 3. 1928 in Berlin. Ebda, Jg. 15, H. 4. 1928. S. 49; Protokoll der Hauptversammlung des SDS am 17. 3. 1929 in Berlin. Ebda, Jg. 17, H. 4/5. 1929. S. 7.
151 Protokoll der Generalversammlung des SDS am 31. 3. 1930 in Berlin. Ebda, Jg. 18, H. 5. 1930. S. 14.
152 Protokoll der Generalversammlung des SDS am 29. 3. 1931 in Berlin. Ebda, Jg. 18, H. 5. 1931. S. 30; Protokoll der Generalversammlung des SDS am 9./10. 1. 1932 in Berlin. Ebda, Jg. 20, H. 1/2. 1932. S. 8.
153 Protokoll der Hauptversammlung des SDS am 20. 2. 1927 in Berlin. Ebda, Jg. 14, H. 3. 1927. S. 27.
154 *Koenig* 1931, S. 26.
155 *Mühsam* 1931, S. 60; *Luschnat* 1931, S. 584.
156 *Mühsam* 1931, S. 60.
157 Protokoll der Generalversammlung des SDS am 29. 3. 1931 in Berlin. A.a.O., S. 30.
158 *Zweig* 1930, S. 10.
159 *Zeitlin* 1932, S. 221 f.
160 *Ders.* 1922, S. 374.
161 Protokoll der Hauptversammlung des SDS am 25. 3. 1923 in Berlin. Vgl.: Der Schriftsteller(1). Jg. 10, H. 2. 1923. S. 6.
162 Protokoll der Hauptversammlung des SDS am 17. 2. 1924 in Berlin. Ebda, Jg. 11, H. 2. 1924. S. 9.
163 Ebda, S. 6; Protokoll der Hauptversammlung des SDS am 28. 3. 1926 in Berlin. Ebda, Jg. 13, H. 3. 1926. S. 20.
164 Protokoll der Hauptversammlung des SDS am 5. 4. 1925 in Berlin. Ebda, Jg. 12, H. 2. 1925. S. 11.
165 Vgl.: Der Autor. Jg. 1, H. 2. 1947. S. 10.
166 Ebda, Jg. 6, H. 1. 1951. S. 13.
167 Ebda, S. 13 f.
168 Ebda, Jg. 1, H. 8. 1947, S. 19.
169 Ebda.

170 Vgl.: Der Schriftsteller(2). Jg. 1, H. 3. 1947. S. 14.
171 Ebda, Jg. 1, H. 8/9. 1948. S. 23.
172 Ebda, S. 24.
173 *Märker* 1948(2), S. 22.
174 Ebda, Jg. 1, H. 4/5. 1948. S. 2. – Die Antworten sind auch hier nur insofern interessant, als sie zeigen, wie weit die latente Absicht der Initiatoren dieser Umfrage innerhalb des Verbands Unterstützung finden konnten, was Rückschlüsse auf das in ihm vorherrschende Wertklima zuläßt. 12 der Befragten äußerten sich in irgendeiner Form positiv im Sinne der Frage (*Heiseler* 1948, S. 3; *Schwarz* 1948, S. 4; *Schulenberg* 1948, S. 5; W. *Bauer* 1948, S. 8; *Molo* 1948, S. 9; *Meissinger* 1948, S. 11; *Tralow* 1948, S. 13; *Wagenseil* 1948, S. 15; *Windisch* 1948, S. 7; *Süskind* 1948, S. 9; *Schneider-Lengyel* 1948, S. 11; *Stahl* 1948, S. 16 f.). Gegen einen ›Kultursenat‹ entschieden sich 5 Befragte (*Schneider-Schelde* 1948, S. 6; *Moosen* 1948, S. 8; *Li* 1948, S. 14; *Thesing* 1948, S. 14; *Dörfler* 1948, S. 16). Einer enthielt sich (*Edschmid* 1948, S. 18) und einer ist in die anderen Antworten nicht einzuordnen (*Weismantel* 1948).
175 Vgl.: Der Schriftsteller(2). Jg. 1, H. 8/9. 1948. S. 5.
176 *Märker* 1948(3), S. 22.
177 Vgl.: Der Autor. Jg. 1, H. 10/11. 1948. S. 5.
178 Protokoll der Arbeitstagung deutscher Schriftstellerverbände vom 11.–14. 3. 1949 in Hamburg. Vgl.: Der Schriftsteller(3). Jg. 2, H. 13. 1949. Beilage, S. 7.
179 *Reuß-Löwenstein* 1951(2), S. 53; *Schäferdieck* 1951(2), S. 173.
180 *Reuß-Löwenstein* 1952, S. 97; *ders.* 1953, S. 2; *Rehfisch* 1953, S. 3.
181 *Reuß-Löwenstein* 1952, S. 97.
182 Vgl.: Der Schriftsteller(3). Jg. 5, H. 6. 1952. S. 104.
183 Ebda.
184 *Ermann* 1952, S. 98 u. 103.
185 Ebda, S. 103 f.
186 *Molo* 1952, S. 178.
187 *Ders.* 1954, S. 63.
188 *Pohl* 1960, S. 125.
189 *Ders.* 1965(1).
190 *Ermann* 1952, S. 101–103.
191 *Deneke* 1955(2), S. 42.
192 *Pohl* 1965(1).
193 Protokoll der Generalversammlung der Vereinigung am 10./11. 5. 1963 in Berlin. VS-Archiv in der VS-Bundesgeschäftsstelle, München.
194 Denkschrift 1965.
195 Ebda.
196 *Fromm* 1965(2).
197 Arbeitsbericht der Bundesvereinigung für das Jahr 1966. VS-Archiv in der VS-Bundesgeschäftsstelle, München.
198 Rundschreiben der Bundesvereinigung Nr. 3 vom 10. 2. 1967. Ebda.
199 Protokoll der Jahreshauptversammlung der Bundesvereinigung am 11./12. 3. 1967 in Berlin. Ebda; Brief des Präsidenten der Bundesvereinigung W. Illing an alle Mitgliederverbände vom 5. 8. 1967. Ebda.
200 Vgl.: Der Schriftsteller(3). Jg. 1, H. 8. 1947. S. 1 f.
201 Ebda, Jg. 6, H. 12. 1953. S. 35.
202 *Hollander* 1954(1), S. 85; *Molo* 1954, S. 62 f.
203 *Schilling* 1963, S. 18 f.; *ders.* 1964, S. 62; *Lüth* 1963(5), S. 113; *Ferber* 1963, S. 117; *Pohl* 1963(3).
204 Protokoll der Generalversammlung der Vereinigung am 10./11. 5. 1963 in Berlin. A.a.O.; *Ferber* 1963, S. 116.
205 *Lüth* 1963(5), S. 113.
206 *Schilling* 1963, S. 118.
207 *Ferber* 1963, S. 116.
208 Vgl.: der literat. Jg. 6, Nr. 9. 1963. S. 107.
209 *Pohl* 1963(3).
210 *Böll* 1969(1), S. 23 u. 24.
211 *Lattmann* 1969(4), S. 9.
212 Vgl.: publikation. Jg. 20, H. 10. 1970. S. 11.
213 *Brandt* 1970, S. 9.
214 *Lattmann* 1971(3), S. 11; *ders.* 1971(5), S. 17. – Dem VS standen als eigenständige

Berufsorganisation lediglich sein Vorstand in ehrenamtlicher Tätigkeit bei geringem Unkosten-Ausgleich und eine hauptberufliche Sekretärin zur Verfügung.
215 Vgl.: VS-Informationen. Nr. 1. 1972. S. 2.
216 Ebda.
217 Satzung der IG Druck und Papier (Fassung 1971). A.a.O.
218 Rundschreiben der Bundesgeschäftsstelle des VS an alle VS-Landes- und Fachgruppen vom 25. 11. 1969. VS-Archiv in der VS-Bundesgeschäftsstelle, München.
219 Vgl.: VS-Informationen. Nr. 1. 1970. S. 4; *Lattmann* 1972(1).
220 Vgl.: Süddeutsche Zeitung Nr. 8. München, 12. 1. 1972 (»Keine Grundsubventionen für den VS«).
221 Ebda Nr. 19. 25. 1. 1972 (»Einigung über öffentliche Mittel für Schriftstellerverband«).
222 *Lattmann* 1972(1).
223 Ebda.
224 Vgl.: Entwicklungsland Kultur 1973. S. 102.
225 Ebda, S. 94.
226 Geschäftsordnung des VS in der IG Druck und Papier. A.a.O.
227 *Lattmann* 1969(4), S. 8.
228 *Böll* 1969(1), S. 19.
229 Vgl.: Einigkeit der Einzelgänger 1970, S. 75.
230 Ebda, S. 78.
231 Entwurf des VS und der RFFU über »Allgemeine Bedingungen der Verträge zwischen Rundfunkanstalten und frei mitarbeitenden Autoren«. Vgl.: VS-Informationen. Nr. 3. 1971, S. 5 f.; Muster für einen Verlagsvertrag des VS (Fassung 1972). Ebda, Nr. 2. 1972. S. 3–5.
232 Vgl.: Entwicklungsland Kultur 1973, S. 94.
233 *Daim* 1960, S. 174.
234 *König/Silbermann* 1964, S. 72.
235 *Ridder* 1963, S. 11 u. 21.
236 *Stammer* 1969(2), S. 1110.
237 Ebda, S. 1109; *Euchner* 1970, S. 399.
238 *Hofmann* 1921, S. 34.
239 Ebda, S. 36.
240 Auszug aus dem »Gesetz gegen die gemeingefährlichen Bestrebungen der Sozialdemokratie (›Sozialistengesetz‹)« vom 21. 10. 1878, die Presse betreffend. Vgl.: Deutscher Literaturkalender 1890. Teil 2. S. 21–23.
241 *Kulemann* 1908, S. 169.
242 Vgl.: Der Schriftsteller(1). Jg. 6, .H 1/3. 1916. S. 43.
243 *Ridder* 1963, S. 13 u. 16 f.
244 *Eichacker* 1921(5), S. 5174.
245 *ders.* 1921(3), S. 5159.
246 *Kellermann* 1921(1), S. 50.
247 *Eloesser* 1921, S. 108 f.
248 Vgl.: Der Schriftsteller(1). Jg. 8, H. 10/12. 1921. S. 128.
249 Protokoll der Hauptversammlung des SDS am 25. 3. 1923 in Berlin. Ebda, Jg. 10, H. 2. 1923. S. 5.
250 *Döblin* 1921, S. 59 f.
251 Vgl.: Der Schriftsteller(1). Jg. 12, H. 5. 1925. S. 35–37.
252 Ebda, Jg. 11, H. 2. 1924. S. 10; *Eloesser* 1925, S. 27 f. u. 30; Protokoll der Hauptversammlung des SDS am 5. 4. 1925 in Berlin. Vgl.: Der Schriftsteller(1). Jg. 12, H. 2. 1925. S. 15 u. 16; ebda, Jg. 13, H. 12. 1926. S. 101; Protokoll der Hauptversammlung des SDS am 28. 3. 1926 in Berlin. Ebda, Jg. 13, H. 3. 1926. S. 21; ebda, Jg. 14, H. 7/8. 1927. S. 85 f.; Protokoll der Hauptversammlung des SDS am 20. 2. 1927 in Berlin. Ebda, Jg. 14, H. 3. 1927. S. 24 f. u. 27; ebda, Jg. 14, H. 4. 1927. S. 41 f.; ebda, Jg. 14, H. 6. 1927. S. 67; ebda, Jg. 14, H. 7/8. 1927. S. 85 f.; *Apfel* 1927, S. 54; Protokoll der Hauptversammlung des SDS am 25./26. 3. 1928 in Berlin. Vgl.: Der Schriftsteller(1). Jg. 15, H. 4. 1928. S. 46 f.
253 Protokoll der Hauptversammlung des SDS am 20. 2. 1927 in Berlin. A.a.O., S. 33.
254 *Mahrholz* 1926, S. 3; *Borchardt* 1926, S. 73.
255 Protokoll der Hauptversammlung des SDS am 28. 3. 1926 in Berlin. A.a.O., S. 24 f.
256 Gesetz zum Schutz der Jugend vor Schund und Schmutz. Vgl.: Der Schriftsteller(1). Jg. 13, H. 12. 1926. S. 97–99. – Nach § 2(1) des Gesetzes setzte sich eine Prüfstelle

aus einem beamteten Vorsitzenden und 8 Sachverständigen zusammen, die sich wie folgt untergliederten: 2 von Kunst und Literatur (sie wurden vom Reichsinnenminister aufgrund der Vorschläge der beteiligten Verbände ernannt), 2 vom Kunst- und Buchhandel, 2 von der Jugendwohlfahrt und den Jugendverbänden, 2 von der Lehrerschaft und den Volksbildungsorganisationen.

257 Vgl.: Der Schriftsteller(1). Jg. 13, H. 12. 1926. S. 100.

258 Ebda, S. 97.

259 *Eloesser* 1925, S. 28; Protokoll der Hauptversammlung des SDS am 5. 4. 1925 in Berlin. A.a.O., S. 11; Protokoll der Hauptversammlung des SDS am 28. 3. 1926 in Berlin. A.a.O., S. 21.

260 Protokoll der Hauptversammlung des SDS am 26./26. 3. 1928 in Berlin. A.a.O., S. 47.

261 Protokoll der Hauptversammlung des SDS am 20. 2. 1927 in Berlin. A.a.O., S. 24.

262 Vgl.: Der Schriftsteller(1). Jg. 14, H. 4. 1927. S. 42.

263 Protokoll der Hauptversammlung des SDS am 25./26. 3. 1928 in Berlin. A.a.O., S. 47.

264 Ebda, S. 55–57. – Auch in den folgenden Jahren wurden von den Mitgliederversammlungen des SDS Anträge mit gleicher Intention angenommen (Protokoll der Hauptversammlung des SDS am 17. 3. 1929 in Berlin. Ebda, Jg. 17, H. 4/5. 1929. S. 14; Protokoll der Generalversammlung des SDS am 31. 3. 1930 in Berlin. Ebda, Jg. 18, H. 5. 1930. S. 29), die aber hier aus Platzgründen im Wortlaut nicht zitiert werden können, die aber auch keine neuen Aspekte zur Darstellung dieser SDS-Aktivitäten enthalten.

265 Protokoll der Hauptversammlung des SDS am 17. 3. 1929 in Berlin. A.a.O., S. 4 f.; Protokoll der Generalversammlung des SDS am 31. 3. 1930 in Berlin. A.a.O., S. 12; Protokoll der Generalversammlung des SDS am 29. 3. 1931 in Berlin. Ebda, Jg. 19, H. 5. 1931. S. 30 f.; *Schendell* 1932, S. 220.

266 Vgl.: Der Schriftsteller(1). Jg. 16, H. 3. 1929. S. 24; Protokoll der Generalversammlung des SDS am 31. 3. 1930 in Berlin. A.a.O., S. 12.

267 Protokoll der Genralversammlung des SDS am 29. 3. 1931 in Berlin. A.a.O., S. 29; Protokoll der Generalversammlung des SDS am 9./10. 1. 1932 in Berlin. Ebda, Jg. 20, H 1/2. 1932. S. 5.

268 Protokoll der Generalversammlung des SDS am 31. 3. 1930 in Berlin. A.a.O., S. 28. – Über die Verwendung des Fonds sollte ein Aktionsausschuß entscheiden, in den u. a. H. Mann, E. Toller, E. E. Kisch, Th. Bohner, L. Renn, A. Döblin, W. Hasenclever, A. E. Rutra gewählt wurden (ebda).

269 Protokoll der Generalversammlung des SDS am 29. 3. 1931 in Berlin. A.a.O., S. 24.

270 *Luschnat* 1931, S. 586; *Mühsam* 1931, S. 60.

271 Protokoll der Generalversammlung des SDS am 29. 3. 1931 in Berlin. A.a.O., S. 25.

272 H. *Mann* 1931, S. 4.

273 Protokoll der Generalversammlung des SDS am 29. 3. 1931 in Berlin. A.a.O., S. 24 f.

274 *Breuer* 1927, S. 40 f.

275 *Ders.* 1931(2), S. 819.

276 *Berl* 1947, S. 14; A. *Bauer* 1947, S. 3 f.; *Schendell* 1949, S. 17.

277 *Ridder* 1963, S. 18 f.

278 Vgl.: Der Schriftsteller(3). Jg. 6, H. 9. 1953. S. 202.

279 *Hollander* 1954(1). S. 81; *ders.* 1955(2), S. 37 f.

280 Protokoll der Mitgliederversammlung der Vereinigung am 10./11. 1. 1959 in Berlin. VS-Archiv im Büro Dr. W. Nordemann et al., Berlin.

281 *Lüth* 1962(2), S. 156 f.

282 Vgl.: VS-Informationen. Nr. 2. 1970. S. 4.

283 Vgl.: Einigkeit der Einzelgänger 1971, S. 84 f.

284 *Lattmann* 1969(4), S. 4.

285 *Ders.* 1970(5), S. 8.

286 *Ders.* 1972(5), S. 2 f.

287 *Hitzer* 1972(2), S. 561.

288 *Lenz* 1973, S. 67.

289 Vgl.: Einigkeit der Einzelgänger 1971. S. 79.

290 Vgl.: VS-Informationen. Nr. 1. 1972. S. 17.
291 Arbeitspapier 1972.
292 *Drews-Bernstein* 1972, S. 20; *Hutzler* 1972, S. 158.
293 *Gregor-Dellin* 1971(2), S. 20. – Ähnlich argumentierte später auch E. Horst, der ursprünglich den Gewerkschaftsbeitritt unterstützt hatte, gegen die ›gleichschaltende Formel‹ eines Gewerkschaftsbeitritts (*Horst* 1972, S. 76).
294 *Lattmann* 1971(4); *Baumgart* 1971(1).
295 *Mahlein* 1971.
296 *Zierer* 1972(1), S. 15 u. 17. – Bald nach dieser ersten Kehrtwende machte sich O. Zierer wieder zum Anwalt derjenigen VS-Mitglieder, die nach seiner Ansicht »sicher auch vor einer möglichen Einengung ihrer geistigen Freiheit« durch die Gewerkschaft zurückschreckten (*ders.* 1972[2], S. 79).
297 Satzung der IG Druck und Papier. A.a.O.
298 Vgl.: VS-Informationen. Nr. 2. 1971. S. 2 f.; Einigkeit der Einzelgänger 1971, S. 81; *Walser* 1972, S. 532; *Hitzer* 1972(2), S. 569.
299 Vgl.: Entwicklungsland Kultur 1973, S. 102 f.
300 Ebda, S. 104 f.
301 Satzung des FDA. A.a.O.
302 Rundbrief des FDA Nr. 1 (ohne Datum). FDA-Bundesgeschäftsstelle, München.
303 *Norden* 1972(1), S. 14.
304 *Zierer* 1972(1), S. 15.
305 *Hofmann* 1921, S. 12.
306 Ebda, S. 21.
307 Ebda, S. 18.
308 Ebda, S. 20 f. u. 29.
309 Ebda, S. 16, 21 f. u. 56.
310 *Bußmann* 1968, S. 93; *Zunkel* 1968, S. 104; *Stern* 1970, S. 169, 171 ff., 176 u. 178.
311 Vgl.: Deutsche Presse. Jg. 1, Nr. 11. 1888. S. 81.
312 Ebda, Jg. 1, Nr. 25. 1888. Titelblatt.
313 *Steinitz* 1888(1), S. 2.
314 *Ders.* 1888(2), S. 45.
315 Der Deutsche Schriftstellerverband 1888, S. 10 f.
316 *Steinitz* 1888(2), S. 43 u. 44.
317 Bericht von der 3. Allgemeinen Versammlung des DSV am 16.–19. 8. 1890 in Breslau. Vgl.: Deutsche Presse. Jg. 3, Nr. 34. 1890. S. 266.
318 *Rösch* 1905.
319 *Thieß* 1904, S. 191.
320 *Eloesser* 1926, S. 30.
321 Der Krieg und die Schriftsteller 1914.
322 Vgl.: Die Feder. Jg. 17, Nr. 367. 1914. S. 3886; ebda, Jg. 12, Nr. 368. 1914. S. 3893.
323 Was erwarten die Schriftsteller 1918, S. 4676.
324 Zur Verpflichtung 1933.
325 *Breuer* 1913, S. 44.
326 *Eloesser* 1927, S. 65.
327 Vgl.: Der Schriftsteller(1). Jg. 7, H. 1/3. 1917. S. 41.
328 Protokoll der Hauptversammlung des SDS am 17. 2. 1924 in Berlin. Ebda, Jg. 11, H. 2. 1924. S. 8 u. 9. – In der einzigen, 1928 im SDS-Verbandsorgan veröffentlichten Fassung der SDS-Satzung ist im § 1 und auch anderswo keine derartige Bestimmung enthalten (Satzung des SDS [Fassung 1928]. A.a.O.).
329 *Döblin* 1924, S. 13.
330 Ebda.
331 Vgl.: Der Schriftsteller(1). Jg. 12, H. 5. 1925. S. 36. – In einem anderen Schreiben an den Senatspräsidenten des Reichsgerichts vertrat der SDS 1927 einen ähnlichen Standpunkt (ebda, Jg. 14, H. 4. 1927. S. 41 f.).
332 Ebda, Jg. 13, H. 1. 1926. S. 8.
333 Ebda, Jg. 13, H. 3. 1926. S. 28.
334 *Zweig* 1930, S. 11.
335 Vgl.: Der Schriftsteller(1). Jg. 5, H. 1. 1915. S. 5–11.
336 Protokoll der Hauptversammlung des SDS am 17. 2. 1924 in Berlin. Ebda, Jg. 11, H. 2. 1924. S. 10.
337 Protokoll der Generalversammlung des SDS am 29. 3. 1931 in Berlin. Ebda, Jg. 11, H. 2. 1931. S. 10. – Auch der SDS-Gau Rhein-Main hatte gegen die Inhaftierung F. Wolfs protestiert. Interessant ist hierzu der Bericht O. Schwerins, nach dessen

Überzeugung der SDS »eine vollkommen unpolitische Organisation bleiben« sollte, und der erklärte, daß der Gau bei der Protestfassung sehr vorsichtig verfahren mußte, »um nicht ins Politische hinüberzugleiten«. Trotz dieser Vorsicht wurde von einigen Mitgliedern Kritik an dieser Protestaktion geübt, eine Kritik, die O. Schwerin für durchaus berechtigt gehalten hatte (ebda, S. 14).

338 *Peukert* 1929, S. 7.

339 Protokoll der Generalversammlung des SDS am 31. 3. 1930 in Berlin. Vgl.: Der Schriftsteller(1). Jg. 18, H. 5. 1930. S. 16.

340 Protokoll der Generalversammlung des SDS am 29. 3. 1931 in Berlin. A.a.O., S. 16.

341 Protokoll der Generalversammlung des SDS am 31. 3. 1930 in Berlin. A.a.O., S. 16, 19 u. 16 f.

342 *Lania* 1926.

343 Zur Tradition 1967, S. 85, 164 u. 168; *Gallas* 1971, S. 26 u. 56.

344 Aktionen 1966, S. 370.

345 Ebda, S. 373.

346 Ebda, S. 372.

347 Protokoll der Generalversammlung des SDS am 9./10. 1. 1932 in Berlin. Vgl.: Der Schriftsteller(1). Jg. 20, H. 1/2. 1932. S. 10.

348 Ebda, S. 27.

349 Vgl.: Der Schriftsteller(1). Jg. 20, H. 9/10. 1932. S. 199 f. – Die Ortsgruppe Berlin hat in der Folgezeit ihre vom SDS-Hauptvorstand verfügte Auflösung ignoriert und ihre Arbeit fortgesetzt.

350 *Barthel* 1931.

351 Protokoll der konstituierenden Sitzung der Ortsgruppe Berlin-Brandenburg am 11. 12. 1931. Vgl.: Der Schriftsteller(1). Jg. 19, H. 11. 1931. S. 27.

352 Ebda, S. 25.

353 *Barthel* 1931.

354 Protokoll der konstituierenden Sitzung der Ortsgruppe Berlin-Brandenburg am 11. 12. 1931. A.a.O., S. 26.

355 Aktionen 1966, S. 330.

356 Protokoll der Generalversammlung des SDS am 9./10. 1. 1932 in Berlin. A.a.O., S. 34 f.

357 Ebda, S. 35.

358 *Eloesser* 1927, S. 65.

359 *Breuer* 1931(1), S. 5.

360 Protokoll der Generalversammlung des SDS am 29. 3. 1931 in Berlin. A.a.O., S. 30.

361 *Schendell* 1932, S. 220.

362 *Bohner* 1932, S. 192.

363 Aktionen 1966, S. 458 f.

364 Ebda, S. 460 f. u. 462.

365 Vgl.: Der Schriftsteller(1). Jg. 21, H. 3/5. 1933. S. 33. – Die Personenveränderungen im SDS waren keineswegs gering, denn von den 18 1932 gewählten Vorstandsmitgliedern schieden »nach einer Besprechung mit Mitgliedern der Arbeitsgemeinschaft nationaler Schriftsteller« 11 aus, unter ihnen Th. Bohner, R. Breuer, A. Eloesser, M. Jacobs und L. Zeitlin. Die restlichen 7, darunter W. Goetz, C. Haensel, H. Richter und W. Schendell, kooptierten u. a. M. Barthel, W. Bergengruen, W. Bloem, B. H. Jahn und H. H. Mantau-Salida in einen Übergangsvorstand (ebda), der am 4. 5. 1933 von einem neuen Vorstand abgelöst wurde, dessen Ehrenvorsitzender W. Bloem, 1. Vorsitzender G. O. Stoffregen, 2. Vorsitzender H. Richter waren und dem von den genannten Mitgliedern des Übergangsvorstands neben W. Goetz auch W. Schendell nicht mehr angehörten (ebda, S. 34). Die Gehässigkeiten, von denen die ›Umstellung‹ des SDS begleitet waren, kommen im Bericht über sie zum Ausdruck, den H. H. Mantau-Salida geschrieben hatte. Danach besetzte die ›Arbeitsgemeinschaft nationaler Schriftsteller‹, die sich im SDS aus nationalsozialistischen und national gesinnten Schriftstellern gebildet hatte, das Büro des SDS während einer Sitzung des Hauptvorstandes und forderte den Vorstand zum Rücktritt auf. Nach 30 Minuten Bedenkzeit traten fast alle widerstandslos zurück, nur R. Breuer erklärte, er weiche allein der Gewalt, wozu H. H. Mantau-Salida zynisch bemerkte, daß es gar keiner Gewaltanwendung bedurft habe. Er fand seine Genugtuung schließlich

darin, daß die ›Rotfront-Genossen‹ und ›Rotfront-Krächzer‹, die ›bolschewistischen Hetzer‹ und ›pazifistischen Lumpen und Landesverräter‹ sowie all die Mitglieder, die gegen deutsches Wesen und gegen das nationale Gefühl verstoßen hätten und auch die, von denen zu erwarten war, daß sie sich dem neuen System verweigern würden, in wenigen Tagen aus dem Vorstand ausgeschlossen worden waren (*Mantau-Salida* 1933).

366 Ebda, S. 55. 367 Ebda, S. 34.

368 *Jahn* 1933(1), S. 44. 369 *Ders.* 1933(2), S. 71.

370 *Kantorowicz* 1938, S. 61; *ders.* 1947, S. 1. – Der SDS im Exil hatte Landes- und Ortsgruppen je nach Lage der politischen bzw. militärischen Entwicklung in Prag, Paris, Moskau, England, USA und Mexiko (*ders.* 1947, S. 2).

371 *Ders.* 1938, S. 62. 372 *Frei* 1938, S. 143.

373 Ebda.

374 *Kantorowicz* 1938, S. 63; *ders.* 1947, S. 1 f. u. 4; *Frei* 1938, S. 143–146.

375 *Frei* 1938, S. 146–148. 376 *Kantorowicz* 1947, S. 4.

377 *Gebhardt* 1947, S. 3. 378 Th. *Mann* 1947, S. 1.

379 *Berl* 1947, S. 11.

380 Satzung des SDS Rheinland-Pfalz (Fassung 1952). A.a.O.

381 Satzung des WAV (Fassung 1952). A.a.O.

382 Bericht über die Vollversammlung des SDA-Berlin am 11. 2. 1951 in Berlin-Wilmersdorf. Vgl.: Der Autor. (Jg. 6). H. 5. 1951. S. 18 f.

383 Satzung des SBS (Fassung 1951). Akte 95 UR 1988 Nz, a.a.O.

384 *Schendell* 1947(3), S. 5. 385 *Ders.* 1947(1), S. 8.

386 Vgl.: Der Schriftsteller(2). Jg. 1, H. 1. 1947. S. 12.

387 Ebda, S. 3 f.

387a Vgl.: Der Autor. Jg. 1, H. 10/11. 1948. S. 4 u. 6.

388 Daß diese Sondierung der Mitglieder nach politischen Gesichtspunkten von vornherein nicht in allen Verbänden gleich konsequent gehandhabt wurde, zeigt die Tatsache, daß M. Barthel in den ersten Jahren nach dem 2. Weltkrieg Vorsitzender der SDS Rheinland-Pfalz war. Dort wurde er 1962 zu seinem 70. Geburtstag als einer der letzten aus der Reihe der Arbeiterdichtung gefeiert, seine oben dargestellte Rolle im SDS vor 1933 wurde jedoch mit keinem Wort erwähnt (vgl.: Der Schriftsteller [3]. Jg. 16, H. 10. 1962. S. 155).

389 *Schendell* 1947(3), S. 7. 390 *Birkenfeld* 1947, S. 8.

391 *Kron* 1973, S. 103 f.

392 Vgl.: Der Schriftsteller(3). Jg. 1, H. 8. 1947. S. 1.

393 Protokoll der Arbeitstagung deutscher Schriftstellerverbände vom 11.–14. 3. 1949 in Hamburg. A.a.O., S. 2 u. 5.

394 Geschäftsbericht des SDA Berlin für das Geschäftsjahr 1949/50. Vgl.: Der Autor. (Jg. 6). H. 2/3. 1951. S. 14.

395 Vgl.: Der Autor. (Jg. 6). H. 6. 1951. S. 14.

396 *Beheim-Schwarzbach* 1951. S. 4. 397 *Reuß-Löwenstein* 1951(1), S. 2.

398 Protokoll der Mitgliederversammlung der Vereinigung am 13./14. 10. 1956 in Hamburg. Akte 95 VR 1627 Nz. A.a.O.

399 *Birkenfeld* 1954, S. 123. 400 Ebda.

401 *Schilling* 1959, S. 1. 402 Vgl.: der literat. Jg. 6, H. 10. 1963. S. 111.

403 *Fromm* 1965(2).

404 Protokoll der Vorstandssitzung der Bundesvereinigung am 30. 4. 1966 in Berlin. VS-Archiv in der VS-Bundesgeschäftsstelle, München.

405 Protokoll der Jahreshauptversammlung der Bundesvereinigung am 7./8. 4. 1968 in München. Ebda.

406 Protokoll der Mitgliederversammlung der Vereinigung am 18./19. 2. 1960 in Berlin. VS-Archiv im Büro Dr. W. Nordemann et al., Berlin.

407 *Pohl* 1960, S. 125.
408 *Ders.* 1965(2).
409 *Fromm* 1965(2).
410 *Damwerth* 1964.
411 *Pohl/Karsch* 1960.
412 *Lüth* 1962(1), S. 130 f. – Als die »Gruppe 47« von H. Dufhues als eine ›geheime Reichsschrifttumskammer‹ bezeichnet worden war, erhob E. Lüth energischen Protest, ohne allerdings Namen zu nennen, da er sich ›aus dem tagespolitischen Geraufe der Parteien heraushalten‹ wollte (*ders.* 1963[2], S. 49).
413 Vgl.: der literat. Jg. 10, H. 6. 1968. S. 95.
414 *Horst* 1968, S. 30 f.
415 Protokoll der Jahreshauptversammlung der Bundesvereinigung am 7./8. 4. 1968 in München. A.a.O.
416 Rundbrief des Präsidenten der Bundesvereinigung D. Lattmann vom 22. 8. 1968. VS-Archiv in der VS-Bundesgeschäftsstelle, München.
417 Ebda.
418 Rundbrief des Präsidenten der Bundesvereinigung D. Lattmann vom 2. 4. 1969. Ebda.
419 *Lattmann* 1969(2); *ders.* 1969(3).
420 *Ders.* 1969(4), S. 8.
421 Ebda, S. 9.
422 Ebda, S. 4 u. 7; *ders.* 1970(1), S. 158 f.; *Drewitz* 1970(2); *Gregor-Dellin* 1971(1).
423 *Böll* 1969(1), S. 23 f.
424 *Ders.* 1970, S. 23.
425 Vgl.: der literat. Jg. 13, Nr. 5. 1971. S. 95.
426 *Lattmann* 1971(1), S. 120; *ders.* 1971(7), S. 50.
427 *Lattmann* 1970(3), S. 77.
428 *Ders.* 1971(7), S. 49.
429 Vgl.: der literat. Jg. 12, Nr. 3. 1970. S. 57.
430 *Lattmann* 1971(1), S. 121.
431 *Ders.* 1971(3), S. 11.
432 VS-Tonband-Archiv. Band KW 49 501/II. VS-Bundesgeschäftsstelle, München.
433 Vgl.: Süddeutsche Zeitung. München, 22. 8. 1969 (»Gegen Gewalt auf der Buchmesse«). – H. M. Braem wurde vom VS als erster Delegierter des VS als Mitglied des Messerates gewählt (vgl.: VS-Informationen. Nr. 2. 1970. S. 3), nach ihm wurde es R. Hey (ebda, Nr. 2. 1971. S. 8).
434 *Lattmann* 1969(5).
435 Rundbrief der VS-Bundesgeschäftsstelle an alle Vorsitzenden und Vorstandsmitglieder der VS-Landes- und Fachgruppen vom 25. 11. 1969. VS-Archiv in der VS-Bundesgeschäftsstelle, München.
436 Vgl.: VS-Informationen. Nr. 1. 1970. S. 5.
437 *Braem* 1971(1).
438 Vgl.: der literat. Jg. 12, Nr. 5. 1970. S. 104.
439 Vgl.: VS-Informationen. Nr. 2. 1970. S. 4.
440 Ebda.
441 Vgl.: Einigkeit der Einzelgänger 1970, S. 77.
442 *Lattmann* 1971(1), S. 120 f.
443 *Zimmer* 1971(5).
444 *Baumgart* 1971(2).
445 *Lattmann* 1972(1).
446 Anläßlich der VS-Delegiertenversammlung vom 4. 11. 1971 veranstaltete der VS in Berlin einen Diskussionsabend zum Thema Rauschdrogen, mit der Absicht, den derzeitigen Stand der Drogenforschung bewußt zu machen und durch den Hinweis auf dieses gesellschaftspolitische Problem eine allgemeine politische Diskussion auszulösen (*ders.* 1971[5], S. 19). Die Jahreshauptversammlung des VS in Berlin sandte am 27. 4. 1972 ein Telegramm an das Bundeskanzleramt, in dem sie die Erwartung aussprach, daß die Ostverträge ratifiziert und somit die Entspannung in Europa gesichert würden (vgl.: der literat. Jg. 14, Nr. 5. 1972. S. 100). Der VS in Bayern beteiligte sich an den Aktionen gegen die Pläne der CSU-Landtagsfraktion, das Rundfunkgesetz zu verändern (s. S. 422 Anm. 358).
447 Vgl.: Entwicklungsland Kultur 1973, S. 103 u. 86.

448 Ebda, S. 103.
449 *Walser* 1970, S. 36 f.
450 Ebda, S. 41.
451 *Schöfer* 1971(2).
452 *Lattmann* 1971(7), S. 52.
453 *Mechtel* 1973, S. 55.
454 *Lenz* 1973, S. 66 u. 67 f.
455 *Mahlein* 1973, S. 72 u. 70.
456 Geschäftsordnung des VS in der IG Druck und Papier. A.a.O.
457 Satzung der IG Druck und Papier (Fassung 1971). A.a.O.
458 *Drews* 1973; *Zimmer* 1973(2); *Pragal* 1973.
459 Vgl.: Entwicklungsland Kultur 1973. S. 101.
460 *Drewitz* 1971(2), S. 17.
461 *Walser* 1973.
462 Vgl.: Entwicklungsland Kultur 1973, S. 104.
463 Vgl.: Einigkeit der Einzelgänger 1971, S. 83.
464 Vgl.: Entwicklungsland Kultur 1973. S. 102.
465 *Kammrad* 1973, S. 106 f.
466 *Horst* 1971, S. 22.
467 *Ders.* 1972(2).
468 *Pragal* 1972.
469 *Norden* 1972(2), S. 55 f.
470 *Zierer* 1972(3). – Ähnlich hat auch R. Krämer-Badoni, der 1970 die Öffnung des VS zum Politischen als Nicht-Mitglied kritisiert hatte (*Krämer-Badoni* 1971), die Konstituierung des FDA begründet. Ausgehend von der Empfehlung des 2. Schriftstellerkongresses des VS an die VS-Mitglieder, einzeln in die IG Druck und Papier einzutreten und von der Verabschiedung der Solidaritätsadresse an die Dortmunder Vietnam-Kundgebung, die R. Krämer-Badoni falsch als an den Bundeskanzler adressiert ausgab, erklärte er, daß für Schriftsteller, »die eine solche Verbandspolitik für ein durchsichtiges Mittel zu seinem anderen Zweck durchschauen und etwas derartiges nicht mitmachen wollen, [...] daher ein überparteilicher Verband geschaffen werden« mußte, »der jedem Schriftsteller, gleich welcher politischen Richtung, offensteht und die Probleme behandelt, die einen jeden Schriftsteller als Schriftsteller berühren.« (*Ders.* 1973[2], S. 6 f.)
471 Satzung des FDA. A.a.O.
472 Ebda.
473 Vgl.: Für den Autor. Nr. 1. 1973. S. 9.
474 *Löwenstein* 1973, S. 2.
475 Ebda, S. 1.
476 Ebda.
477 Rundbrief des FDA Nr. 1 (ohne Datum). FDA-Bundesgeschäftsstelle, München.
478 *Stankiewitz* 1973.
479 *Scharang* 1971, S. 24 f.
480 *Schwenger* 1974, S. 192.
481 *Scharang* 1971, S. 25.
482 *Habermas* 1962, S. 66.
483 Ebda, S. 68 u. 98.
484 Ebda, S. 48 ff. u. 84 f.
485 Ebda, S. 64.
486 Ebda, S. 220.
487 *Breitling* 1955, S. 85; *Mayntz* 1963, S. 65 f.; *Bernsdorf* 1964, S. 270.
488 *Roegele* 1971, S. 76 f.; *Schulz/Tonnemacher* 1971, S. 109.
489 *Zehm* 1969.
490 Ebda.
491 *Ders.* 1973.
492 *Daim* 1960, S. 51 u. 132.
493 Ebda, S. 128.
494 *Kurucz* 1967, S. 56 f.
495 Ebda, S. 78 u. 69 f.
496 *Linz* 1965, S. 10.
497 Ebda, S. 9–12.
498 I. *Jens* 1971, S. 138.
499 Ebda, S. 288–292 u. 191 f.
500 Aktionen 1966, S. 321 f.
501 Ebda, S. 324 f.
502 Ebda, S. 324.
503 *Zweig* 1938, S. 98 f.
504 Aktionen 1966, S. 338.
505 *Kron* 1973, S. 103 f.
506 Ebda, S. 104.
507 H. *Krüger* 1962, S. 19.
508 *Scharang* 1971, S. 13 f.; *Kron* 1973, S. 106.
509 H. *Krüger* 1962, S. 9 u. 23; *Hitzer* 1972(1), S. 60.
510 *Kurucz* 1967, S. 76.
511 *Greven* 1971, S. 24; *Hitzer* 1972(1), S. 60.
512 *Meyer* 1971.
513 *Bauschmid* 1970.
514 *Weidl* 1971.
515 *Pragal* 1971.

516 *Scharang* 1971, S. 14.
517 *Fritzsche* 1972, S. 73; *Schütte* 1972, S. 231.
518 *Doehlemann* 1970, S. 63.
519 Ebda, S. 82.
520 Ebda, S. 68.
521 Ebda, S. 67.
522 *Linz* 1965, S. 202.

Ergebnisse, Prognosen, Perspektiven

1 In den Klammern erscheinen die Verbände, bei denen das jeweilige Kriterium nachgewiesen werden konnte, was nicht ausschließt, daß auch andere darunter gefallen sein könnten. Kursiv gedruckt sind Verbände, bei denen es besonders deutlich erschien.
2 *Fohrbeck/Wiesand* 1972, S. 214.
3 Ebda, S. 408 u. 417.
4 *Habermas* 1962, S. 97 f.
5 *Doehlemann* 1970, S. 22, 27 u. 38 ff.
6 Ebda, S. 45 f.
7 *Benjamin* 1936, S. 21.
8 *Hesse* 1968, S. 151.
9 Ebda, S. 153.
10 *Doehlemann* 1970. S. 34.
11 G. *Bauer* 1971, S. 53.
12 *Heidenreich* 1971, S. 8.
13 *Walser* 1971.
14 *Hitzer* 1971, S. 8.
15 *Lattmann* 1971(6), S. 11; *ders.* 1970(2), S. 19.
16 *Hitzer* 1972(1), S. 67.
17 *Kühne/Schöfer* 1970(2), S. 335.
18 *Doehlemann* 1970, S. 65.
19 Ebda, S. 81 u. 63.
20 *Löwenthal* 1964, S. 270; *Jaeggi* 1972, S. 118; *Adorno* 1973, S. 345.
21 *Noelle-Neumann* 1971(2), S. 321.
22 *Dies.* 1972, S. 254 f.
23 *Benjamin* 1934, S. 267 f.
24 *Kühne/Schöfer* 1970(2), S. 337.
25 *Runge* 1971, S. 446; *Schütt* 1971, S. 515 ff.; *Wallraff* 1970, S. 316 ff.; *Kühne/Schöfer* 1970(1), S. 321.
26 G. *Bauer* 1971, S. 55.
27 *Adorno* 1973, S. 374.

Quellenverzeichnis

1. Bücher und Zeitschriften (Ausführliche Angaben über die Quellen, die im Text mit der Einleitung »Vgl.«: und z. T. gekürzt zitiert worden sind, soweit sie der vorgelegten Untersuchung zugrunde lagen.)

Arbeitsmarkt. – Arbeitsmarkt der Weimarer Schriftsteller-Zeitung. (Beiblatt zur Weimarer Schriftsteller-Zeitung. Hrsg. v. Franz von der Groth.) Weimar 1918/1919.

Auskunftsbuch 1902. – Auskunftsbuch für Schriftsteller. Hrsg. v. der Redaktion der ›Feder‹ (Schriftstellerbibliothek. Bd. 1.). 1. Aufl. Berlin 1902. 3., verb. Aufl. Berlin 1912. (Enthält Auszüge aus der Satzung sowie weitere Verbandsmitteilungen des ASV.)

Der Autor. – Der Autor. Berlin 1947–1952.
bis 1948: Der Autor. Zeitschrift des Schutzverbandes deutscher Autoren in der Gewerkschaft für Kunst und Schrifttum. FDGB.
bis 1950: Der Autor. Zeitschrift des Schutzverbandes deutscher Autoren im Kartell Kunst und Schrifttum FDGB.
bis 1952 (letztes Erscheinungsjahr): Der Autor. Zeitschrift des Schutzverbandes Deutscher Autoren.

der literat. – der literat. Zeitschrift für Literatur und Kunst. Jg 6 ff. Frankfurt/M. 1963 ff.
bis 1969: Hrsg. v. Schutzverband Deutscher Schriftsteller Hessen e. V.
bis 1971: Hrsg. v. Verband deutscher Schriftsteller (VS) Hessen.
ab 1972: Hrsg. v. Theodor Tauchel. (Enthält Verbandsnachrichten verschiedener schriftstellerischer Berufsorganisationen.)

Der Schriftsteller (1). – Der Schriftsteller. Jg 3–21. Berlin 1912–1933.
bis Jg 7 (1917): Der Schriftsteller. Zeitschrift des Schutzverbandes deutscher Schriftsteller.
ab Jg 8 (1921): Der Schriftsteller. Zeitschrift des Schutzverbandes deutscher Schriftsteller e. V. (Gewerkschaft Deutscher Schriftsteller).

Der Schriftsteller (2). – Der Schriftsteller. Zeitschrift des Schutzverbandes Deutscher Schriftsteller. München 1947/1948.
bis H 2: Hrsg. v. Rudolf Schneider-Schelde.
bis H 7: Hrsg. v. Ernst Penzoldt.
bis H 11/12 (letztes Heft): Hrsg. v. Friedrich Märker.

Der Schriftsteller (3). – Der Schriftsteller. Jg 1–17. Hamburg 1947–1964.
bis Jg 4, H 6 (1950): Der Schriftsteller. Schutzverband Deutscher Autoren Nord-West.
bis Jg 5, H 10 (1952): Der Schriftsteller. Zeitschrift des Verbandes Deutscher Autoren.
bis Jg 9, H 12 (1956): Der Schriftsteller. Zeitschrift der Vereinigung Deutscher Schriftstellerverbände.
bis Jg 15, H 5/6 (1962): Der Schriftsteller. Zeitschrift des Schutzverbandes Deutscher Autoren Nordwest.
bis Jg 15, H 10 (1962): Der Schriftsteller. Hrsg. v. Schutzverband Deutscher Autoren Nordwest.
bis Jg 17, H 10 (1964 – letztes Heft): Der Schriftsteller. Zeitschrift für die Berufsfragen der Schriftsteller und für die Autorenverbände. Hrsg. v. Schutzverband Deutscher Autoren Nordwest.

Deutsche Presse. – Deutsche Presse. Organ des Deutschen Schriftsteller-Verbandes. Jg 1–4. Berlin 1888–1891.

Deutscher Literaturkalender. – 1879 ff.
bis 1882: Allgemeiner Deutscher Literaturkalender. Hrsg. v. Heinrich und Julius Hart. Bremen.
1883–1902: Allgemeiner Deutscher Literaturkalender. Hrsg. v. Joseph Kürschner.
ab 1902: Kürschners Deutscher Literaturkalender. Versch. Hg.

Die Feder. – Die Feder. Jg 1–36. Berlin 1898–1934.

bis Jg 2 (1900): Die Feder. Organ für alle deutschen Schriftsteller und Journalisten.
bis Jg 19 (1917): Die Feder. Halbmonatsschrift für die deutschen Schriftsteller und Journalisten.
bis Jg 25 (1923): Die Feder. Halbmonatsschrift für die deutschen Schriftsteller und Schriftleiter.
bis Jg 36 (1934 – letztes Erscheinungsjahr): Die Feder. Halbmonatsschrift für die deutschen Schriftsteller und Schriftleiter. Organ des Allgemeinen Schriftstellervereins.

Einigkeit der Einzelgänger 1971. – Einigkeit der Einzelgänger. Dokumentation des 1. Schriftstellerkongresses des Verbandes deutscher Schriftsteller (VS). Hrsg. v. Dieter Lattmann. München 1971.

Ende der Bescheidenheit 1969. – Ende der Bescheidenheit. Die Texte der Gründungsveranstaltung des Verbands deutscher Schriftsteller (VS). (Münster 1969.)

Entwicklungsland Kultur 1973. – Entwicklungsland Kultur. Dokumentation des 2. Schriftstellerkongresses des Verbandes deutscher Schriftsteller (VS). Hrsg. v. Dieter Lattmann. München 1973.

Für den Autor. – Für den Autor. FDA-Informationsblatt. Hrsg. v. Hubertus Prinz zu Löwenstein. Jg 1, H 1. München (1973).

Hilfsbuch 1905. – Hilfsbuch für schriftstellerische Anfänger. Hrsg. v. der Redaktion der ‚Feder'. (Schriftstellerbibliothek. Bd. 4.) Berlin (1905). (Enthält Auszüge aus der Satzung sowie weitere Verbandsmitteilungen des ASV.)

Karger 1922, Anhang. – Karger, Gertrud von: Die Organisation der Schriftsteller. Diss. rer. pol. Tübingen 1922. Dokumentarischer Anhang.

Mitteilungen des Kartells. – Mitteilungen des Kartells deutscher Schriftstellervereine. Beiblatt des Korrespondenzblattes des Akademischen Schutzvereins. Jg 1. Leipzig 1912.

Nachschlagebuch 1906. – Nachschlagebuch für Übersetzer. Hrsg. v. der Redaktion der ›Feder‹. (Schriftstellerbibliothek. Bd 7.) Berlin (1906). (Enthält Auszüge aus der Satzung und weitere Verbandsmitteilungen des ASV.)

publikation. – publikation. Jg 20–22. 1970–1972.
bis Jg 21, H 12 (1971): publikation. Der literarische Markt. Hrsg. v. Karl Koch. Düsseldorf/München.
bis Jg 22, H 7 (1972): publikation. Zeitschrift für literarische Öffentlichkeit – Der literarische Markt. Hrsg. v. Karl Koch. Düsseldorf/München.
bis Jg 22, H 12 (1972 – letztes Heft): publikation. Zeitschrift für literarische Öffentlichkeit – Der literarische Markt. Hrsg. v. Wolfhart Eilers, Heinz Ludwig Arnold u. a. München.

VS-Informationen. – VS-Informationen. Verband deutscher Schriftsteller (VS) e. V. München 1970–1973.

Weimarer Schriftsteller-Zeitung. – Weimarer Schriftsteller-Zeitung. Hrsg. v. Franz von der Groth. Weimar 1918/1919.

dazu: ab 1969 verschiedene *Tageszeitungen.*

2. Archive

Amtsgericht Berlin-Charlottenburg, Vereinsregister.
Akte 95 VR 1170 Nz (SDA-Berlin)
Akte 95 UR 1888 Nz (SBS, später SDS-Berlin)
Akte 95 VR 1627 Nz (Vereinigung)

Bundesgeschäftsstelle des FDA. München, Pacellistr. 8 III.

VS-Archiv in der VS-Bundesgeschäftsstelle. München, Clemensstr. 58 I.

VS-Tonband-Archiv (1. Schriftstellerkongreß des VS) in der VS-Bundesgeschäftsstelle. ebda.

VS-Presse-Archiv in der VS-Bundesgeschäftsstelle. ebda.

VS-Archiv im Büro Dr. W. Nordemann et al. Berlin, Uhlandstr. 173/174 III.

(Ausführliche Angaben der Titel, die im Text in Kurzform zitiert worden sind. Bei Titeln aus Büchern und Zeitschriften, die bereits im Quellenverzeichnis aufgeführt sind, werden im folgenden die dort ergänzten Kurztitel verwandt.)

Adler 1969. – Adler Franz: Kunstsoziologie. In: Wörterbuch der Soziologie. 2. neubearb. u. erw. Aufl. Hrsg. v. Wilhelm Bersdorf. Stuttgart 1969. S. 616–620.

Adorno 1962. – Adorno, Theodor W.: Kultur und Verwaltung. In: Max Horkheimer und Theodor W. Adorno: Sociologica II. Reden und Vorträge. Frankfurt/M. 1962. S. 48–68.

Adorno 1967. – ders.: Résumé über Kulturindustrie. In: Th. W. Adorno: Ohne Leitbild. Parva Aesthetica. Frankfurt/M. 1967. S. 60–70.

Adorno 1973. – ders.: Ästhetische Theorie. Frankfurt/M. 1973.

Aktionen 1966. – Aktionen, Bekenntnisse, Perspektiven. Berichte und Dokumente vom Kampf um die Freiheit des literarischen Schaffens in der Weimarer Republik. Hrsg. v. der Deutschen Akademie der Künste zu Berlin, Sektion Dichtung und Sprachpflege, Abt. Geschichte der sozialistischen Literatur. Berlin, Weimar 1966.

Alles bleibt beim Alten 1920. – Alles bleibt beim Alten. In: Die Feder. Jg 23, Nr 498. 1920. S. 4942 f.

Apfel 1927. – Apfel, (?) (RA): Der Fall Becher. In: Der Schriftsteller (1). Jg 14, H 5. 1927. S. 51–54.

Arbeitspapier 1972. – Arbeitspapier des VS-Arbeitskreises der AFM (4. 3. 1972). In: publikation. Jg 22, H 5. 1972. S. 41.

Arnold 1971. – Arnold, Heinz Ludwig: Skizzen aus dem Literaturbetrieb in der Bundesrepublik. In: Literaturbetrieb in Deutschland. Hrsg. v. H. L. Arnold. München 1971. S. 7–20.

Bars 1962. – Bars, Richard: Dem hundertjährigen Ludwig Fulda, dem Dichter und Kämpfer. In: Der Schriftsteller (3). Jg 15, H 7. 1962. S. 81–83.

Barthel 1931. – Barthel, Max: Eine neue Berliner Ortsgruppe. In: Der Schriftsteller (1). Jg 19, H 11. 1931. S. 24.

A. Bauer 1947. – Bauer, Arnold: Die deutsche Verlagstätigkeit seit Kriegsende. In: Der Autor. (Jg 1) H 9. 1947. S. 2–5.

G. Bauer 1971. – Bauer, Gerhard: Zum Gebrauchswert der Ware Literatur. In: LiLi. Zeitschrift für Literaturwissenschaft und Linguistik. Hrsg. v. Helmut Kreuzer u. a. Jg 1, H 1/2. Frankfurt/M. 1971. S. 47–57.

W. Bauer 1948. – Bauer, Walter: Was ist mit der deutschen Literatur? (Antwort auf eine Umfrage.) In: Der Schriftsteller (2). H 4/5. 1948. S. 6–8.

Baumann 1954. – Baumann, Max: Schriftsteller. Werbung und moderne Welt. In: Der Schriftsteller (3). Jg 7, H 5. 1954. S. 49–51.

Baumgart 1971 (1). – Baumgart, Reinhard: Schriftsteller – gemeinsam bellen. In: DIE ZEIT. Nr 24 (11. 6.). Hamburg 1971. S. 16.

Baumgart 1971 (2). – ders.: Die Groschenpanik. Stehen Autoren gegen die Bibliothekare? ebda, Nr 51 (17. 12.). 1971. S. 18.

Baumgart 1973. – ders.: Warum in die IG Druck und Papier? Ein Resümee nach zwei Jahren Verhandlungen. In: Entwicklungsland Kultur 1973. S. 19–26.

Bausch 1965. – Bausch, Hans: Der Kampf um das neue Medium. In: Zwanzig Jahre danach. Eine deutsche Bilanz 1945–1965. Hrsg. v. Helmut Hammerschmidt. München, Wien, Basel 1965. S. 360–374.

Bauschmid 1970. – Bauschmid, Elisabeth: Erntedank oder: Wie man das Fürchten lernt. Tage deutscher Kultur. In: Süddeutsche Zeitung. Nr 259 (29. 10.). München 1970.

Bayer/Lehner/Mechtel 1972. – Bayer, Hans, Horst Lehner und Angelika Mechtel: Wie geht es den Autoren in der BRD? Round-Table-Gespräch im SR – Studio Karlsruhe. In: publikation. Jg 22, H 7. 1972. S. 12–18.

Beheim-Schwarzbach 1951. – Beheim Schwarzbach, Martin: Sind wir gespalten? In: Der Schriftsteller (3). Jg. 4, H 1. 1951. S. 4 f.

Benjamin 1934. – Benjamin, Walter: Der Autor als Produzent. (1934) In: Marxismus und Literatur. Hrsg. v. Fritz J. Raddatz. Reinbeck bei Hamburg 1969. Bd 2. S. 263–277.

Benjamin 1936. – ders.: Das Kunstwerk im Zeitalter seiner technischen Reproduzierbarkeit. (1936) In: W. Benjamin: Das Kunstwerk im Zeitalter seiner technischen Reproduzierbarkeit. Drei Studien zur Kunstsoziologie. Frankfurt/M. 3. Aufl. 1969. S. 7–63.

Berl 1947. – Berl, Heinrich: Die geistige Situation des deutschen Schriftstellers. Baden-Baden 1947.

Bernsdorf 1964. – Bernsdorf, Wilhelm: Pressure groups. In: Staat und Politik. Hrsg. v. Ernst Fraenkel u. Karl Dietrich Bracher. (Das Fischer Lexikon. Bd 2.) Neuausgabe. Frankfurt/M., Hamburg 1964. S. 270–283.

Bernsdorf 1972. – ders.: Integration (Desintegration), soziale. In: Wörterbuch der Soziologie. Hrsg. v. W. Bernsdorf. Neubearb. u. aktual. Taschenbuchausg. Frankfurt/M. 1972. Bd 2, S. 373–377.

Bettauer 1949. – Bettauer, Fritz Ernst: Zusammenarbeit oder Zersplitterung? In: Der Autor. (Jg 2) H 3/4. 1949. S. 22–26.

Beyer 1919. – Beyer, Georg: Die Gewerkschaft der Geistigen. In: Die Glocke. Hrsg. v. Jarrus. Bd 4. Berlin 1919. S. 1013–1020.

Beyme 1969. – Beyme, Klaus von: Interessengruppen in der Demokratie. München 1969.

Bierbaum u. a. 1902. – Bierbaum, Otto Julius, Carl Busse, Richard Dehmel, Gustav Falke, Hugo von Hofmannsthal, Arno Holz, Detlev von Liliencron: Aufruf! In: Die Feder. Jg 5, Nr 75. 1902. (S. 1.)

Bierbaum u. a. 1904. – dieselben: Wesen und Ziel des Kartells lyrischer Autoren. ebda, Jg 7, Nr 117. 1904. (Beilage.)

Birkenfeld 1947. – Birkenfeld, Günther: Das Buch und der Autor in dieser Zeit. In: Der Autor. (Jg 1) H 4/5. 1947. S. 8–11.

Birkenfeld 1954. – ders.: Ost-West-Gespräche. Ja oder Nein? In: Der Schriftsteller. Jg 7, H 11. 1954. S. 123 f.

Bloem 1910. – Bloem, Walter: (Die soziale Lage der deutschen Schriftsteller). In: Das Blaubuch. Wochenschrift für öffentliches Leben, Literatur und Kunst. Hrsg. v. Heinrich Ilgenstein. Jg 5, Nr 8. Berlin 1910. S. 177–179.

Blüthgen 1899. – Blüthgen, Viktor: Der deutsche Schriftstellerstand und seine Zukunft. In: Internationale Litteraturberichte. Leipzig 1899. S. 39 f., 55–57, 71–73 u. 86–88.

Boensch 1972. – Boensch, Ellmar: Pensionskasse für freie Mitarbeiter. In: publikation. Jg 22, H 2. 1972. S. 24 f.

Bohner 1932. – Bohner, Theodor: Zur Auflösung der Ortsgruppe Berlin. In: Der Schriftsteller (1). Jg 20, H 9/10. 1932. S. 191–194.

Bohner 1962. – ders.: Tischrede. In: Der Schriftsteller (3). Jg 15. H 4. 1962. S. 50 f.

Bohrer 1973. – Bohrer, Karl-Heinz: Gretchenfrage ist die Tarifhoheit. In: Frankfurter Allgemeine Zeitung, Nr 18 (22. 1.). Frankfurt/M. 1973. S. 20.

Böker 1971. – Böker, Alexander: Das Weisungsrecht des Arbeitgebers. Frankfurt/M. 1971.

Bolay 1970. – Bolay, Karl H.: Der schwedische Schriftstellerfonds und die Bibliotheksgebühren. In: der literat. Jg 12, H 9. 1970. S. 183 f.

Böll 1969 (1). – Böll, Heinrich: Ende der Bescheidenheit. Zur Situation der Schriftsteller in der Bundesrepublik. In: Ende der Bescheidenheit 1969. S. 11–24.

Böll 1969 (2). – ders.: Brief an die Verleger. In: der literat. Jg 11, H 7. 1969. S. 117.

Böll 1970. – ders.: Einigkeit der Einzelgänger. (1970). In: Einigkeit der Einzelgänger 1971. S. 19–24.

Bolte 1959. – Bolte, Karl Martin: Sozialer Aufstieg und Abstieg. Eine Untersuchung über Berufsprestige und Berufsmobilität. Stuttgart 1959.
Bolte 1969. – ders.: Berufsprestige. In: Wörterbuch der Soziologie. Hrsg. v. Wilhelm Bernsdorf. 2., neubearb. u. erw. Aufl. Stuttgart 1969. S. 103–106.
Bolte 1970. – ders.: Beruf und Gesellschaft in Deutschland. Berufsstruktur und Berufsprobleme. Opladen 1970.
Borchardt 1926. – Borchardt, Julian: Kampf gegen das Schundgesetz. In: Der Schriftsteller (1). Jg 13, H 10. 1926. S. 72–75.
Bosch 1971. – Bosch, Manfred: Funk und Fernsehen: Im Fadenkreuz des Rechtskartells. In: publikation, Jg 21, H 12. 1971. S. 13–15.
Böttger 1901. – Böttger, Ernst: Deutsches Schriftstellerheim in Jena. In: Das Magazin für Literatur. Nr 38. Berlin 1901. S. 906 f.
Bourfeind 1918 (1). – Bourfeind, Paul: Standesbewußtsein. In: P. Bourfeind u. Franz von der Groth: Standesbewußtsein und andere Aufsätze aus Theorie und Praxis. Weimar 1918. S. 5–7.
Bourfeind 1918 (2). – ders.: Schriftstellerische Wirtschaftspolitik. ebda, S. 8–11.
Bourfeind 1918 (3). – ders.: Mißstände – ihre Begründung und Bekämpfung. ebda, S. 19–22.
Bourfeind 1918 (4). – ders.: Arbeit und Kapital! ebda, S. 23–26.
Bourfeind 1918 (5). – ders.: Der geistige Arbeiter und der Staat. ebda, S. 27–31.
Braem 1969. – Braem, Helmut M.: Kommerzialisierung der Literatur. In: Monat. Jg 21, H 253. Hamburg 1969. S. 27–33.
Braem 1971 (1). – ders.: Delegationsaustausch westdeutscher Autoren mit der UdSSR. In: VS-Informationen. Nr 3. 1971. S. 8.
Braem 1971 (2). – ders.: Buchhandel auf der Strafbank. In: Süddeutsche Zeitung, Nr 176 (24./25. 7.). München 1971.
Braem 1971 (3). – ders.: Aufbruch der Literaturproduzenten. In: Literaturbetrieb in Deutschland. Hrsg. v. Heinz Ludwig Arnold. München 1971. S. 49–45.
Braem 1972. – ders.: Arbeitnehmerähnliche Personen. Zur Situation der Schriftsteller in der Bundesrepublik. In: Badische Ztg. (29./30. 7.). Freiburg 1972.
Braem 1973. – ders.: Zum Geburtstag eine frohe Todesanzeige. Was sich aus der Organisation des »Freien Deutschen Autorenverbands« für Schlüsse ziehen lassen. ebda, Nr 72. 3./4. 3. 1973. S. 8.
Brandt 1970. – Brandt, Willy: Braucht die Politik den Schriftsteller? (1970). In: Einigkeit der Einzelgänger 1971. S. 9–18.
Braun 1922. – Braun, Adolf: Grundlinien der äußeren und inneren Gliederung des Schriftstellertums und Verlages. In: Die geistigen Arbeiter. Teil 2: Journalisten und bildende Künstler. Hrsg. v. Ernst Francke u. Walter Lotz. (Schriften des Vereins für Sozialpolitik. Bd 152/2.) München, Leipzig 1922, S. 1–27.
Breitling 1955. – Breitling, Rupert: Die Verbände in der Bundesrepublik. Ihre Arten und ihre politische Wirkungsweise. Meisenheim am Glan 1955.
Breitling 1960/61. – ders.: Die zentralen Begriffe der Verbandsforschung. In: Politische Vierteljahresschrift. Jg. 1/2. Köln, Opladen 1960/1961. S. 47–73.
Bremme 1961. – Bremme, Gabriele: Freiheit und soziale Sicherheit. Motive und Prinzipien sozialer Sicherung dargestellt an England und Frankreich. Stuttgart 1961.
Breuer 1913. – Breuer, Robert (Rede auf der »Nachtversammlung der Berliner Schriftsteller«.) In: Der Schriftsteller (1). Jg 3, H 5/7. 1913. S. 44–49.
Breuer 1916. – ders.: Organisation und Qualität. ebda, Jg 6, H 1–3. 1916. S. 11–16.
Breuer 1927. – ders.: Der Setzer als Zensor. Inquisition des Reichsgerichts. ebda, Jg 14, H 4. 1927. S. 40 f.
Breuer 1931 (1). – ders.: Das Grundgesetz des S. D. S. ebda, Jg 19, H 9/10. 1931. S. 5–9.
Breuer 1931 (2). – ders.: Über den Schutzverband. In: Die Weltbühne. Der Schaubühne

27. Jahr. Wochenschrift für Politik, Kunst, Wirtschaft. Geleitet von Carl v. Ossietzky. Jg 27, Nr 48. Berlin-Charlottenburg 1931. S. 818 f.

Bücher 1922. – Bücher, Karl: Gutachten über das Gesamtgebiet der Schriftstellerfrage. In: Die geistigen Arbeiter. Teil 1: Freies Schriftstellertum und Literaturverlag. Hrsg. v. Ludwig Sinzheimer. (Schriften des Vereins für Sozialpolitik. Bd 152/1.). München, Leipzig 1922. S. 463–479.

Buch und Buchhandel 1971. – Buch und Buchhandel in Zahlen. Ausgabe 1971. Hrsg. v. Börsenverein des deutschen Buchhandels. Frankfurt/M. 1971.

Bulcke 1922. – Bulcke, Carl: An die Mitglieder! In: Der Schriftsteller (1). Jg 9, H 1/3. 1922. S. 1 f.

Burke 1966. – Burke, Kenneth: Dichtung als symbolische Handlung. (The Philosophy of Literary Form. 1941. dtsch.). Frankfurt/M. 1966.

Bußmann 1968. – Bußmann, Walter: Zur Geschichte des deutschen Liberalismus im 19. Jahrhundert. In: Probleme der Reichsgründungszeit 1848–1879. Hrsg. v. Helmut Böhme. Köln, Berlin 1968. S. 85–103.

Daheim 1970. – Daheim, Hansjürgen: Der Beruf in der modernen Gesellschaft. Versuch einer soziologischen Theorie beruflichen Handelns. Köln, Berlin, 2. Aufl. 1970.

Daim 1960. – Daim, Wilfried: Die kastenlose Gesellschaft. München 1960.

Damwerth 1964. – Damwerth, Wilhelm: Gedanken zur Neuorganisation der Vereinigung der deutschen Schriftstellerverbände e. V. Münster 1964. VS-Archiv in der VS-Bundesgeschäftsstelle, München.

Damwerth 1971. – ders.: Dank an Willi Schäferdiek. In: der literat. Jg 13, H 12. 1971. S. 253.

Das Manuskript 1954. – Das Manuskript. Handbuch für Autoren. Formen der Wortkunst – Werkzeug und Handgriffe des Schriftstellers. Hrsg. v. Otto Schumann. Wilhelmshaven 1954.

Delp 1958. – Delp, Ludwig: Kleines Praktikum für Urheber- und Verlagsrecht. Stuttgart 1958.

Deneke 1954. – Deneke, J. F. Volrad: Die literarische Bundesrepublik. In: Der Schriftsteller (3). Jg 7, H 6. 1954. S. 51 f.

Deneke 1955 (1). – ders.: Freiberufliche Honorare im System der Marktwirtschaft. Eine grundlegende Untersuchung. ebda, Jg 8, H 1 u. 2. 1955. S. 6–8 u. 20 f.

Deneke 1955 (2). – ders.: Honorare für ideelle Güterproduktion. ebda, Jg 8, H 3 u. 4. 1955. S. 29–31 u. 40–43.

Deneke 1956 (1). – ders.: Der Schriftsteller in der Sozialreform. ebda, Jg 9, H 1. 1956. S. 1 f.

Deneke 1956 (2). – ders.: Die freien Berufe. Stuttgart 1956.

Deneke 1965. – ders.: Freiheit als Beruf. Idee und Wirklichkeit der freien Berufe. In: Zwanzig Jahre danach. Eine deutsche Bilanz 1945–1965. Hrsg. v. Helmut Hammerschmidt. München, Wien, Basel 1965. S. 261–272.

Deneke 1966. – ders.: Sind die freien Berufe in der Industriegesellschaft noch gefragt? In: Niedersächsisches Ärzteblatt. Jg 39, Nr 7. Hannover 1966. S. 199–208.

Denkschrift 1965. – Denkschrift an die Ständige Konferenz der Kultusminister der Länder der Bundesrepublik Deutschland überreicht durch das Präsidium der Vereinigung der deutschen Schriftstellerverbände e. V. Berlin, Hamburg, München (1965). VS-Archiv im Büro Dr. W. Nordemann et al., Berlin.

Deppisch 1957. – Deppisch, Walter: Wo bleiben die großen Kontroversen? In: Der Schriftsteller (3). Jg 10, H 2. 1957. S. 13 f.

Der Deutsche Schriftsteller-Verband 1888. – Der Deutsche Schriftsteller-Verband. In: Deutsche Presse. Jg 1, Nr 1. u. 2. 1888. S. 3 f. u. 9–11.

»Der deutsche Schriftstellerstand und seine Zukunft« 1899. – »Der deutsche Schriftstellerstand und seine Zukunft«. In: Die Feder. Jg 2, Nr 12, 13 u. 14. 1899. S. 96 f., 103 f. und 113.

Der freie Schriftsteller 1958. – Der freie Schriftsteller und der Wohlfahrtsstaat. In: Der Schriftsteller (3). Jg 11, H 7/8. 1958. S. 80–83.

Der GELU letzter Akt 1958. – Der GELU letzter Akt. Gefängnis für ehemaligen Geschäftsführer. ebda, Jg 11, H 12. 1958. S. 129–132.

Der Krieg und die Schriftsteller 1914. – Der Krieg und die Schriftsteller. In: Die Feder. Jg 17, Nr 364. 1914. S. 3858.

Der Zusammenschluß 1911. – Der Zusammenschluß des freien Schrifttums. In: Korrespondenzblatt des Akademischen Schutzvereins. Jg 5, H 7. Leipzig 1911. S. 73–76.

Dichterwürde 1954. – Dichterwürde und Reklame. In: Der Schriftsteller (3). Jg 7, H 9. 1954. S. 91.

Diederichs 1972. – Diederichs, Helmut H.: Medienkonzentration in der BRD – Konzept und empirischer Überblick. In: Massenkommunikationsforschung. Bd 1: Produktion. Hrsg. v. Dieter Prokop. Frankfurt/M. 1972. S. 73–95.

Die Einheit des deutschen Schrifttums 1921. – Die Einheit des deutschen Schrifttums. In: Der Schriftsteller (1). Jg 8, H 1/2. 1921. S. 4 f.

Die Gegenwartslage 1954. – Die Gegenwartslage der freien Berufe. In: Der Schriftsteller (3). Jg 7, H 11. 1954. S. 121–123.

Die jetzige Absatzmöglichkeit 1919. – Die jetzige Absatzmöglichkeit. In: die Feder. Jg 22, Nr 482. 1919. S. 4801.

Die Kulturabgabe 1921. – Die Kulturabgabe. ebda, Jg 24, Nr 527. 1921. S. 5174.

Döblin 1921. – Döblin, Alfred: Staat und Schriftsteller. (1921) In: A. Döblin: Aufsätze zur Literatur. Hrsg. v. Walter Muschg. Freiburg i. Br. 1963. S. 49–61.

Döblin 1924. – ders.: Schriftsteller und Politik. In: Der Schriftsteller (1). Jg 11, H 3. 1924. S. 13 f.

Döblin 1929. – ders.: Kunst ist nicht frei, sondern wirksam: ars militans. (1929). In: A. Döblin: Aufsätze zur Literatur. Hrsg. v. Walter Muschg. Freiburg i. Br. 1963. S. 97–103.

Doehlemann 1967. – Doehlemann, Martin: Die soziale Situation, die Gesellschaftsbilder und Ideologien jüngerer Schriftsteller. (Magister-Arbeit). München 1967.

Doehlemann 1970. – ders.: Junge Schriftsteller. Wegbereiter einer antiautoritären Gesellschaft? Opladen 1970.

Doehlemann 1971. – ders.: Zur gesellschaftlichen Rolle des heutigen Schriftstellers. In: Aus Politik und Zeitgeschichte. Beilage zur Wochenzeitung »Das Parlament«. B 9/71 vom 27. 2. 1971. S. 15–30.

Donner 1971 (1). – Donner, Wolf: Das Fernsehen unter Beschuß. In: DIE ZEIT, Nr 10 (12. 3.). Hamburg 1971.

Donner 1971 (2). – ders.: Krach auf der Spielwiese. Kulturelle Sendungen im Fernsehen unter Beschuß. ebda, Nr 45 (5. 11.). 1971. S. 13.

Dörfler 1948. – Dörfler, Peter: (Was ist mit der deutschen Literatur? – Antwort auf eine Umfrage.). In: Der Schriftsteller (2). Jg 1, H 6/7. 1948. S. 15 f.

Drewitz 1967 (1). – Drewitz, Ingeborg: Alte Herren pflegen Heimatdichtung. In: DIE ZEIT, (24. 11.). Hamburg 1967.

Drewitz 1967 (2). – dies.: An den Präsidenten der Bundesvereinigung der Deutschen Schriftstellverbände, Herrn Werner Illing. 27. 12. 1967. VS-Archiv in der VS-Bundesgeschäftsstelle, München.

Drewitz 1969. – dies.: Rede an meine Widersacher – oder über die Gefahr der Mittelmäßigkeit. (Manuskript.)

Drewitz 1970 (1). – dies.: Soll der VS in den DGB oder nicht? In: der literat. Jg 12, H 4. 1970. S. 78.

Drewitz 1970 (2). – dies.: Perspektiven. In: publikation. Jg 20, H 11/12. 1970. S. 6 f. – gekürzt auch als: Meine Meinung. In: VS-Informationen. Nr 3. 1970. S. 7 f.

Drewitz 1971 (1). – dies.: Die Jahrhundertentscheidung. Der Anschluß an die IG Druck und Papier wäre ein Umweg. In: DIE ZEIT, Nr 25 (18. 6.). Hamburg 1971. S. 17.

Drewitz 1971 (2). – dies.: Auf dem Weg zur I. G. Kommunikation? Delegiertenkonferenz des VS in Berlin. In: publikation, Jg 21, H 11. 1971. S. 16 f. – Auch in: DIE ZEIT, Nr 46 (12. 11.). Hamburg 1971. S. 23.

Drewitz 1972. – dies.: Notizen zu einem Berufsbild. Schriftsteller zwischen Wunschbild und Realität. In: DIE ZEIT, Nr 9 (3. 3.). Hamburg 1972. S. 21.

Drews 1970. – Drews, Jörg: Schriftsteller in eigener Sache. In: Süddeutsche Zeitung, Nr 285 (28./29. 11.). München 1970, S. 4.

Drews 1973. – ders.: Das Prinzip Zuversicht. ebda, Nr 18 (23. 1.). 1973. S. 12. – Auch in: Entwicklungsland Kultur 1973. S. 78–84.

Drews-Bernstein 1971. – Drews-Bernstein, Charlotte: AFM (Arbeitsgruppe der freien Mitarbeiter). In: VS-Informationen. Nr 2. 1971. S. 5 f.

Drews-Bernstein 1972. – dies.: Protest-Story. Autoren protestieren beim NDR gegen Etatkürzungen im Hörfunk. ebda, Nr 1. 1972. S. 19 f.

Eberhard/Schulz 1971. – Eberhard, Fritz und Winfried Schulz: Hörfunk. In: Publizistik. Hrsg. v. Elisabeth Noelle-Neumann u. W. Schulz. (Das Fischer Lexikon. Bd 9.). Frankfurt/M. 1971. S. 36–44.

Eder 1969. – Eder, Klaus: Bei den letzten Individualisten unserer Gesellschaft. In: Allgemeine Zeitung vom 13. 4. 1969. Mainz 1969.

Edschmid 1948. – Edschmid, Kasimir: (Was ist mit der deutschen Literatur? – Antwort auf eine Umfrage.). In: Der Schriftsteller (2). Jg 1, H 6/7. 1948. S. 17 f.

Eichacker 1920 (1). – Eichacker, Reinhold: Tarifkampf. In: Die Feder. Jg 23, Nr 507. 1920. S. 5014 f.

Eichacker 1920 (2). – ders.: Bund der Tarifkämpfer. ebda, Jg 23, Nr 509. 1920. S. 5030.

Eichacker 1921 (1). – ders.: Tarifkampf. ebda, Jg 24, Nr 519. 1921. S. 5110.

Eichacker 1921 (2). – ders.: Bund der Tarifkämpfer. ebda, Jg 24, Nr 524. 1921. S. 5150 f.

Eichacker 1921 (3). – ders.: Verderben dem Schriftsteller. ebda, Jg 24, Nr 525. 1921. S. 5158 f.

Eichacker 1921 (4). – ders.: Bund der Tarifkämpfer. ebda, Jg 24, Nr 526. 1921. S. 5166 f.

Eichacker 1921 (5). – ders.: Bund der Tarifkämpfer. ebda, Jg 24, Nr 527. 1921. S. 5174 f.

Eichacker 1921 (6). – ders.: Bund der Tarifkämpfer. ebda, Jg 24, Nr 528. 1921. S. 5181 f.

Eichacker 1921 (7). – ders.: Der Herr Reichsminister. ebda, Jg 24, Nr 530. 1923. S. 5198 f.

Eichacker 1923. – ders.: Zur Lage. ebda, Jg 25, Nr 565. 1923. (S. 2.).

Eloesser 1921. – Eloesser, Arthur: Zu unseren Aufgaben. In: Der Schriftsteller (1). Jg 8, H 10/12. 1921. S. 107–111.

Eloesser 1925. – ders.: Einkreisung des Schriftstellers. ebda, Jg 12, H 4. 1925. S. 27–30.

Eloesser 1926. – ders.: Rhein- und Weinreisen. ebda, Jg 13, H 4/5. 1926. S. 29–31.

Eloesser 1927. – ders.: Zersplitterung des Schrifttums. ebda, Jg 14, H 6. 1927. S. 63–67.

Endres 1972. – Endres, Elisabeth: Für die Unabhängigkeit der Schriftsteller. In: Für die Einheit des VS. Gegen die Spalterfraktion. Hrsg. v. Hartmann Goertz u. a. München 1972. S. 22 f.

Engel 1910. – Engel, Fritz: (Die soziale Lage der deutschen Schriftsteller). In: Das Blaubuch. Wochenschrift für öffentliches Leben, Literatur und Kunst. Hrsg. v. Heinrich Ilgenstein. Jg 5, Nr 8. Berlin 1910. S. 179 f.

Engel 1913. – ders.: (Rede auf der »Nachtversammlung der Berliner Schriftsteller«.) In: Der Schriftsteller (1). Jg 3, H 5/7. 1913. S. 49–54.

Engel 1926. – ders.: Der Staat und das Schrifttum. ebda, Jg 13, H 1. 1926. S. 3 f.

Erhard 1965. – Erhard, Ludwig: (Rede vor dem Wirtschaftstag der CDU/CSU in Düsseldorf am 9. 6. 1965 [Ausschnitt].). In: Der Schriftsteller (3). Jg 18, H 7/8. 1965. S. 89.

Ermann 1952. – Ermann, Hans: Kultur und Staat. ebda, Jg 5, H 6. 1952. S. 98–104.

Ermecke 1962. – Ermecke, Gustav: Die naturrechtlichen Grundlagen des staatlichen Urheberrechts. ebda, Jg 15, H 5/6. 1962. S. 66 f.

Ermecke 1963. – ders.: Die soziale Bedeutung des geistigen Eigentums. Berlin, Frankfurt/M. 1963.

Erzielen von Erfolgen 1919. – Erzielen von Erfolgen. In: Die Feder. Jg 22, Nr 483. 1919. S. 4808 f.

Escarpit 1961. – Escarpit, Robert: Das Buch und der Leser. Entwurf einer Literatursoziologie. (Sociologie de la littérature. dtsch.). 1., deutsche erw. Aufl. Köln, Opladen 1961.

Escarpit 1963. – ders.: Literatur, Geschichte und Soziologie. In: Der Schriftsteller und seine Zeit. Otzenhausen 1963. S. 65–69.

Eschenburg 1956. – Eschenburg, Theodor: Herrschaft der Verbände? Stuttgart 1956.

Euchner 1970. – Euchner, Walter: Staat. In: Handlexikon der Politikwissenschaft. Hrsg. v. Axel Görlitz. München 1970. S. 399–404.

Eulenberg 1927. – Eulenberg, Herbert: Vorschläge zu einer Spitzenvereinigung aller deutschen Schriftsteller-Verbände. In: Bergische Geschichtsblätter. Jg 5. Elberfeld 1928. S. 11–14.

Falkenberg 1962. – Falkenberg, Josef: »Knebelungsverträge«. Eine Entscheidung des Bundesgerichtshofes. In: Der Schriftsteller (3). Jg 15, H 4. 1962. S. 56–58.

Ferber 1963. – Ferber, Christian: Mehrwertsteuer gegen den Geist. ebda, Jg 16, H 8. 1963. S. 116–118.

Feuchtwanger 1922. – Feuchtwanger, Sigbert: Die freien Berufe. Im besonderen: Die Anwaltschaft. Versuch einer allgemeinen Kulturwirtschaftslehre. München, Leipzig 1922.

Fiemsch 1928. – Fiemsch, Herbert: Die Verbände der freien Berufe. Diss. phil. Leipzig 1928.

Flottau 1972. – Flottau, Heiko: »Die schwere Hand parteipolitischer Kontrollen«. In: Süddeutsche Zeitung, Nr 33 (10. 2.). München 1972. S. 4.

Fohrbeck/Wiesand 1972. – Fohrbeck, Karla u. Andreas Wiesand: Der Autorenreport. Reinbeck bei Hamburg 1972.

Forstenheim 1888. – Forstenheim, A.: Der internationale literarische Kongreß in Venedig. In: Deutsche Presse. Jg 1, Nr 42. 1888. S. 329–332.

Fraenkel 1964. – Fraenkel, Ernst: Pluralismus. In: Staat und Politik. Hrsg. v. E. Fraenkel u. Karl Dietrich Bracher. (Das Fischer Lexikon. Bd 2.). Neuausgabe. Frankfurt/M., Hamburg 1964. S. 254–257.

Fred 1911. – Fred, W.: Literatur als Ware. Bemerkungen über die Wertung schriftstellerischer Arbeit. Hrsg. v. Schutzverband deutscher Schriftsteller. Berlin 1911.

Frei 1938. – Frei, Bruno: Fünf Jahre Schutzverband deutscher Schriftsteller im Exil. In: Internationale Literatur der Weltrevolution. Jg 8, H 10. Moskau 1938. S. 142–148.

Freie Mitarbeiter 1971. – Freie Mitarbeiter für Hörfunk und Fernsehen. Begriff, Tätigkeit, Recht. Hrsg. v. der Rundfunk-Fernseh-Film-Union (RFFU) im DGB. München 1971.

Frenzel 1970. – Frenzel, Ivo: Schriftsteller als Rentner. Das Bertelsmann-Modell kann nur ein Anfang sein. In: Süddeutsche Zeitung, Nr 69 (21./22. 3.). München 1970.

F. Friedrich 1880 (1). – Friedrich, Friedrich: (Rede beim Begrüßungsabend des 2. Schriftstellertages des ADSV vom 25.–27. 9. 1880 in Weimar). In: Deutscher Literaturkalender 1881. 2. Teil. S. 215 f.

F. Friedrich 1880 (2). – ders.: (Zur Eröffnung der Beratungen des 2. Schriftstellertages des ADSV vom 25.–27. 6. 1880 in Weimar). ebda, S. 225 f.

H. Friedrich 1931. – Friedrich, Hans: Offene Antwort an Herrn Oberbürgermeister Dr. h. c. A. Scharnagl. In: Der Schriftsteller (1). Jg 19, H 2. 1931. S. 20 f.

Fritzsche 1972. – Fritzsche, Walter: Werkkreis und Literatur. In: kürbiskern. Literatur und Kritik. Hrsg. v. W. Fritzsche u. a. H 1. München 1972. S. 69–87.

Fromm 1956. – Fromm, Karl Friedrich: Späte Sternstunde der Dichter. Zur Gründung der GELU. In: Der Schriftsteller (3). Jg 9, H 2. 1956. S. 15–17.

Fromm 1963. – ders.: Der 50. Kongreß der ALAI in München. ebda, Jg 16, H 10. 1963. S. 145–149.

Fromm 1964. – ders.: Standortbestimmung in der Urheberrechtsreform. Eine Entgegnung. ebda, Jg 17, H 4. 1964. S. 55–60.

Fromm 1965 (1). – ders.: »Geistiger Diebstahl« – kein Kavaliersdelikt mehr. In: der literat. Jg 7, H 6. 1965. S. 94 f.

Fromm 1965 (2). – ders.: Brief an den Senatsrat beim Senator für Wissenschaft und Kunst, Berlin, Herrn Wilke. 25. 10. 1965. (Abschrift). VS-Büro in der VS-Bundesgeschäftsstelle, München.

Fromm 1968 (1). – ders.: (Antwort auf Ingeborg Drewitz). In: der literat. Jg 10, H 1. 1968. S. 13 f.

Fromm 1968 (2). – ders.: Urhebernachfolgevergütung und Filmförderung. ebda, Jg 10, H 4. 1968. S. 60.

Fromm/Nordemann 1966. – ders. u. Wilhelm Nordemann: Urheberrecht. Kommentar zum Urheberrechtsgesetz und zum Wahrnehmungsgesetz mit den internationalen Abkommen und dem sowjetzonalen Gesetz über das Urheberrecht. Stuttgart, Berlin, Köln, Mainz 1966.

Fügen 1966. – Fügen, Hans Norbert: Die Hauptrichtungen der Literatursoziologie und ihre Methoden. Ein Beitrag zur literatursoziologischen Theorie. Bonn 1966.

Fügen 1968. – ders.: Einleitung. In: Wege der Literatursoziologie. Hrsg. v. H. N. Fügen. Neuwied, Berlin 1968. S. 11–35.

Fuld 1888. – Fuld, Ludwig: Pensionen für Schriftsteller. In: Deutsche Presse. Jg 1, Nr 7. 1888. S. 53 f.

Fuld 1889. – ders.: Die Verhandlungen des Internationalen Schriftsteller-Kongresses in Paris. ebda, Jg 2, Nr 28. 1889. S. 217–219.

Fulda 1910. – Fulda, Ludwig: (Die soziale Lage der deutschen Schriftsteller). In: Das Blaubuch. Wochenschrift für öffentliches Leben, Literatur und Kunst. Hrsg. v. Heinrich Ilgenstein. Jg 5, Nr 7. 1910. S. 150 f.

Für die Einheit des VS 1972. – Für die Einheit des VS. Gegen die Spalterfraktion. Dokumente und Stellungnahmen zu den Vorgängen im VS. Hrsg. v. Hartmann Goerts u. a. München 1972.

Gallas 1971. – Gallas, Helga: Marxistische Literaturtheorie. Kontroversen im Bund proletarisch-revolutionärer Schriftsteller. Neuwied, Berlin 1971.

Gansberg 1971. – Gansberg, Marie Luise: Zu einigen populären Vorurteilen gegen die materialistische Literaturwissenschaft. In: M. L. Gansberg u. Paul Gerhard Völker: Methodenkritik der Germanistik. Materialistische Literaturtheorie und bürgerliche Praxis. 3. Aufl. Stuttgart 1971. S. 7–39.

Gebhardt 1947. – Gebhardt, Hertha von: Wir vom alten Schutzverband – hier. In: Der Autor. Jg 1, H 4/5. 1947. S. 2–4.

Gehlen 1961. – Gehlen, Arnold: Anthropologische Forschung. Reinbeck bei Hamburg 1961.

Gewerkschaftung der Schriftsteller 1915. – Gewerkschaftung der Schriftsteller. In: Die Feder. Jg 18, Nr 381. 1915. S. 3993 f.

Gieseke 1957. – Gieseke, Ludwig: Die geschichtliche Entwicklung des deutschen Urheberrechts. Göttingen 1957.

Godin 1947. – Godin, Marie-Amelie Freiin von: Die Frau im Schutzverband Deutscher Schriftsteller. In: Der Schriftsteller (2). Jg 1, H 3. 1947. S. 7 f.

Goldschmit 1971. – Goldschmit, Rudolf: Wie reich sind die Schriftsteller? In: Süddeutsche Zeitung, Nr 300 (16. 12.). München 1971.

Gollhardt 1971. – Gollhardt, Heinz: Taschenbücher. In: Literaturbetrieb in Deutschland. Hrsg. v. Heinz Ludwig Arnold. München 1971. S. 117–134.

Görlitz 1970. – Görlitz, Axel: Verbände. In: Handlexikon der Politikwissenschaft. Hrsg. v. A. Görlitz. München 1970. S. 425–431.

Grabowsky 1916. – Grabowsky, Adolf: Der Schriftsteller nach dem Kriege. In: Der Schriftsteller (1). Jg 6, H 1–3. 1916. S. 1–11.

Grass 1970. – Grass, Günter: Schriftsteller und Gewerkschaft. In: Einigkeit der Einzelgänger 1971. S. 25–32.

Grebing 1971. – Grebing, Helga: Konservative gegen die Demokratie. Konservative Kritik an der Demokratie in der Bundesrepublik nach 1945. Frankfurt/M. 1971.

Gregor-Dellin 1971 (1). – G(regor)-D(ellin), M(artin): Ausbruch aus der Routine. In: publikation. Jg 21, H 2. 1971. S. 7.

Gregor-Dellin 1971 (2). – Gregor-Dellin, Martin: Schriftsteller in die Gewerkschaft? Warnungen vor einem falschen Schritt. In: DIE ZEIT, Nr 22 (28. 5.). Hamburg 1971. S. 19 f.

Gregor-Dellin 1971 (3). – ders.: Erst denken, dann bellen. Eine Erwiderung auf Lattmann und Baumgart. ebda, Nr 25 (18. 6.). 1971.

Gregor-Dellin 1972 (1). – ders.: Gibt es einen dritten Weg? In: Für die Einheit des VS. Gegen die Spalterfraktion. Hrsg. v. Hartmann Gorts u. a. München 1972. S. 15–17.

Gregor-Dellin 1972 (2). – ders.: Berufsbild und Selbstverständnis. In: VS-Informationen. Nr 3. 1972. S. 5 f.

Gregor-Dellin 1973. – ders.: Wie abhängig ist der Autor? In: Entwicklungsland Kultur 1973. S. 27–33.

Greven 1971. – Greven, Jochen: Bemerkungen zur Soziologie des Literaturbetriebs. In: Literaturbetrieb in Deutschland. Hrsg. v. Heinz Ludwig Arnold. München 1971. S. 21–32.

Groschen für Urheber 1971. – Groschen für Urheber. In: DER SPIEGEL. Jg 25, Nr 51 (13. 12.). Hamburg 1971. S. 132–137.

Groth 1917. – Groth, Franz von der: Schriftsteller-Organisation. In: Weimarer Schriftstellerzeitung. Nr 1. 1917. S. 1 f.

Groth 1918. – ders.: Ein Schriftsteller-Trust? ebda, Nr 6. 1918. S. 146 f.

Grünfeld 1918. – Grünfeld, G.: Standesbewußtsein *oder* Zusammenschluß. ebda, Nr 6. 1918. S. 147.

Gurland 1958. – Gurland, A. R. L.: Interessenwahrnehmung in der Demokratie. Publizität als Aufgabe. In: Offene Welt. Frankfurt/M. 1958. S. 521–528.

Gutmann 1929. – Gutmann, Paul: Werbt für den Schutzverband! In: Der Schriftsteller (1). Jg 17, H 4/5. 1929. S. 2 f.

Gymnich 1948. – Gymnich, Alfried: Zerfall des Geistes? In: Der Schriftsteller (3). Jg 2, H 4. 1948. S. 1 f.

Habe 1973. – Habe, Hans: DAR – Den jungen Autoren eine Tribüne! In: Für den Autor. Nr 1. 1973. S. 3 f.

Habermas 1962. – Habermas, Jürgen: Strukturwandel der Öffentlichkeit. Untersuchungen zu einer Kategorie der bürgerlichen Gesellschaft. Neuwied, Berlin (1. Aufl. 1962). 4. Aufl. 1969.

Habermas 1964. – ders.: Öffentlichkeit. In: Staat und Politik. Hrsg. v. Ernst Fraenkel u. Karl Dietrich Bracher. (Das Fischer Lexikon. Bd 2.). Neuausgabe. Frankfurt/M., Hamburg 1964. S. 220–226.

Haedecke 1971 (1). – Haedecke, Gert: Fahrkarte. Eine Erwiderung. In: publikation. Jg 21, H 1. 1971. S. 4 f.

Haedecke 1971 (2). – ders.: Der Ast, auf dem wir sitzen. Rundfunk und Literaturbetrieb. In: Literaturbetrieb in Deutschland. Hrsg. v. Heinz Ludwig Arnold. München 1971. S. 206–213.

Haensel 1964. – Haensel, Carl: Die sozial-staatlichen Ansprüche der Autoren auf Verwertungshilfe. In: Der Schriftsteller (3). Jg 17, H 7. 1964. S. 102–106.

Haferkorn 1963. – Haferkorn, Hans Jürgen: Der freie Schriftsteller. Eine literatur-soziologische Studie über seine Entstehung und Lage in Deutschland zwischen 1750 und 1800. In: Börsenblatt für den deutschen Buchhandel. Frankfurter Ausgabe. Jg 19, H 8a. (Archiv für die Geschichte des Buchwesens. Nr 33.). Frankfurt/M. 1963. S. 125–219.

Handbuch der Tätigkeitselemente 1967. – Handbuch der Tätigkeitselemente. (Work Performed Manual. 1959. dtsch.). Wiesbaden 1967.

Hartenfels 1947. – Hartenfels, Ludwig: Leser und Schriftsteller. In: Der Schriftsteller (3). Jg 1, H 7. 1947. S. 1.

Härtling 1971. – Härtling, Peter: Das kranke Buch. In: Süddeutsche Zeitung, Nr 242 (9./10. 10.). München 1971.

Hartmann 1968. – Hartmann, Heinz: Arbeit, Beruf, Profession. In: Soziale Welt. Zeitschrift für sozialwissenschaftliche Forschung und Praxis. Jg 19, H 3/4. Göttingen 1968. S. 193–216.

Hartwig 1954. – Hartwig, Heinz: Da überall ist dein Feld – Autor! Eine nüchterne Beurteilung der Frage ‚Schriftsteller und Werbung'. In: Der Schriftsteller (3). Jg 7, H 5. 1954. S. 51–53.

Haufs 1969. – Haufs, Rolf: Abschiedsrede für Dr. Ingeborg Drewitz. Gehalten am 29. 3. 1969, (Manuskript).

Hauser 1958. – Hauser, Arnold: Philosophie der Kunstgeschichte. München 1958.

Hauser 1969. – ders.: Sozialgeschichte der Kunst und Literatur. (Sonderausgabe in einem Band.) München 1969.

Heidenreich 1971. – Heidenreich, Gert: Sprechsprache. Der Hörfunk als Medium für neue Literatur. In: publikation. Jg 21, H 7. 1971. S. 8–11.

Heiseler 1948. – Heiseler, Bernd von: (Was ist mit der deutschen Literatur? Antwort auf eine Umfrage.) In: Der Schriftsteller (2). Jg 1, H 4/5. 1948. S. 2 f.

Heissenbüttel 1971. – Heissenbüttel, Helmut: Wer hat Macht über das Programm? In: Süddeutsche Zeitung, Nr 122 (22./23. 5.). München 1971.

Herder-Dorneich 1965. – Herder-Dorneich, Philipp: Zur Theorie der sozialen Steuerung. Köln 1965.

Herrfahrdt 1921. – Herrfahrt, Heinrich: Das Problem der berufsständischen Vertretung von der französischen Revolution bis zur Gegenwart. Stuttgart, Berlin 1921.

Herrmann 1910. – Hermann, Georg: (Die soziale Lage der deutschen Schriftsteller). In: Das Blaubuch. Wochenschrift für öffentliches Leben, Literatur und Kunst. Hrsg. v. Heinrich Ilgenstein. Jg 5, Nr 7. Berlin 1910. S. 155 f.

Hesse 1968. – Hesse, Hans Albrecht: Berufe im Wandel. Ein Beitrag zum Problem der Professionalisierung. Stuttgart 1968.

Heuss 1911. – Heuss, Theodor: Literatur als Ware. In: Die Schaubühne. Jg 7, Nr 21. Berlin 1911. S. 561–564.

Heuss 1916. – ders.: Organisationsprobleme der ‚freien Berufe'. In: Festschrift für Lujo Brentano zum 70. Geburtstag. München, Leipzig 1916. S. 237–249.

Heuss 1954 (1). – ders.: Erkenntnisse gemeinsamer Aufgaben. In: Der Schriftsteller (3). Jg 7, H 1. 1954. S. 1.

Heuss 1954 (2). – ders.: (Eröffnung der Diskussion über ‚freie Berufe'). In: Kölner Zeitschrift für Soziologie. Hrsg. v. Leopold von Wiese. Jg 6, H 3/4 (Verhandlungen des 12. Deutschen Soziologentages und der 3. Anthropologischen Konferenz vom 15.–17. 10. 1954 in Heidelberg). Köln, Opladen 1954. S. 435–438.

Heuss 1963. – ders.: Erinnerungen 1905–1933. Tübingen 1963.

Hirschfeld 1917. – Hirschfeld, Max: In eigener Sache. In: Die Feder. Jg 20, Nr 443. 1917. S. 4492.

Hirschfeld 1929. – ders.: Der Schutzverband. ebda, Jg 30, Nr 702. 1929. A. 4.

Hitzer 1971. – Hitzer, Friedrich: Rede für die Gewerkschaft. In: publikation. Jg 21, H 6. 1971. S. 15 f.

Hitzer 1972 (1). – ders.: Literatur heute. Von der ‚toten' Literatur zum ‚kranken' Buch.

In: kürbiskern. Literatur und Kritik. Hrsg. v. Walter Fritzsche u. a. H 1. München 1972. S. 54–68.

Hitzer 1972 (2). – ders.: Wortproduktion oder Literatur? ebda, H 4 (Abhängigkeit in der Kulturindustrie). 1972. S. 557–569.

Hochdorf 1921. – Hochdorf, Max: Staat und Schriftsteller. In: Der Schriftsteller (1). Jg 8, H 7/9. 1921. S. 93 f.

Hochrain 1971. – Hochrain, Helmut: Die Schriftsteller werden der Gewerkschaft teuer. In: der literat. Jg 13, H 11. 1971. S. 230 f.

Höck 1963. – Höck, Wilhelm: Von Büchern Leben. ebda, Jg 6, H 3. 1963. S. 33.

Hodeige 1950. – Hodeige, Fritz: Literarischer Erfolg und die Werbung im Buchhandel. In: Horst Kliemann: Die Werbung fürs Buch. Stuttgart 1950. S. 53–74.

Hofmann 1921. – Hofmann, Johannes: Die erste deutsche Schriftstellerorganisation und die Schriftstellerbewegung. Leipzig 1921.

Hollander 1931. – Hollander, Walter von: Der Schriftsteller als Gewissen seiner Zeit. In: Der Schriftsteller (1). Jg 19, H 3. 1931. S. 8–11.

Hollander 1954 (1). – ders.: Unsere nächsten Aufgaben. In: Der Schriftsteller (3). Jg 7, H 9. 1954. S. 81 f.

Hollander 1954 (2). – ders.: Kann der Dichter die Wahrheit sagen? ebda, Jg 7, H 12. 1954. S. 133 f.

Hollander 1955 (1). – ders.: Ein bißchen mehr Achtung! ebda, Jg 8, H 1. 1955. S. 1.

Hollander 1955 (2). – ders.: Sie verbieten schon wieder! Untaugliche und gefährliche Versuche mit dem Zensurersatz durch Gerichte. ebda, Jg 8, H 4. S. 37 f.

Holzer/Schuhler 1971. – Holzer, Horst und Conrad Schuhler: Presse, Funk und Fernsehen in der BRD. In: kürbiskern. Literatur und Kritik. Hrsg. v. Walter Fritzsche u. a. H 3. München 1971. S. 402–420.

Hondrich 1963. – Hondrich, Karl Otto: Die Ideologien von Interessenverbänden. Eine strukturell-funktionale Analyse öffentlicher Äußerungen des Bundesverbandes der Deutschen Industrie, der Bundesvereinigung der Deutschen Arbeitgeberverbände und des Deutschen Gewerkschaftsbundes. Berlin 1963.

Horkheimer/Adorno 1944. – Horkheimer, Max u. Theodor W. Adorno: Dialektik der Aufklärung. Philosophische Fragmente. (1944). Frankfurt/M. 1969.

Horst 1968. – Horst, Eberhard: (Antwort auf Ingeborg Drewitz). In: der literat. Jg 10, H 2. 1968. S. 30 f.

Horst 1971. – ders.: Politisierung des Schriftstellerverbandes? In: publikation. Jg 21, H 6. 1971. S. 22–24.

Horst 1972. – ders.: Schriftsteller in die IG Druck und Papier? In: der literat. Jg 14, H 4. 1972. S. 76–78.

Hubmann 1954. – Hubmann, Heinrich: Das Recht des schöpferischen Geistes. Eine philosophisch-juristische Betrachtung zur Urheberrechtsreform. Berlin 1954.

Hubmann 1966. – ders.: Urheber- und Verlagsrecht. Ein Studienbuch. 2., völlig neubearb. Aufl. München, Berlin 1966.

Hüppauf/Köhn/Philippi 1971. – Hüppauf, Bernd, Lothar Köhn u. Klaus-Peter Philippi: Marxismus. In: Jürgen Hauff, Albrecht Heller u. a.: Methodendiskussion. Arbeitsbuch zur Literaturwissenschaft. Frankfurt/M. 1971. Bd 2. S. 83–99.

Hutzler 1972. – Hutzler, Anneliese: Soll und Haben aus der Sicht des freien Mitarbeiters beim Saarländischen Rundfunk. In: der literat. Jg 14, H 8. 1972. S. 157 f.

Ideen zu einer Verbandsgründung 1899. – Ideen zu einer Verbandsgründung bzw. Verbandsreform. In: Die Feder. Jg 2, Nr 16. 1899. S. 129 f.

Illing 1967. – Illing, Werner: In eigener Sache (Rundschreiben des Präsidenten der Vereinigung der deutschen Schriftstellerverbände an alle Mitgliedsverbände vom 20. 12. 1967). VS-Archiv in der VS-Bundesgeschäftsstelle, München.

Illing 1968. – ders.: Berichtigung in Sachen Bundesvereinigung der Deutschen Schriftstellerverbände. In: der literat. Jg 10, H 1. 1968. S. 13.

Internationale Standardklassifikation 1960. – Internationale Standardklassifikation der

Berufe. (International Standard Classification of Occupations. 1958. dtsch.) Stuttgart, Mainz 1960.

Jacobs 1921. – Jacobs, Monty: Geleitwort. In: Schriftsteller (1). Jg 8, H 1/2. 1921. S. 1 f.

Jaeggi 1972. – Jaeggi, Urs: Literatur und Politik. Ein Essay. Frankfurt/M. 1972.

Jahn 1933 (1). – Jahn, Bruno H.: Zu neuen Maßstäben. In: Der Schriftsteller (1). Jg 21, H 3/5. 1933. S. 44–46.

Jahn 1933 (2). – ders.: Das Urheberrecht im neuen Recht. ebda, Jg 21, H 6/7. 1933. S. 70 f.

Jens 1971. – Jens, Inge: Dichter zwischen rechts und links. Die Geschichte der Sektion für Dichtkunst der Preußischen Akademie der Künste, dargestellt nach den Dokumenten. München 1971.

Kairat 1969. – Kairat, Hans: ‚Professions' oder ‚Freie Berufe'? Professionales Handeln im sozialen Kontext. Berlin 1969.

Kaiser 1956. – Kaiser, Joseph H.: Die Repräsentation organisierter Interessen. Berlin 1956.

Kallweit/Lepenies 1970. – Kallweit, Hilmar u. Wolf Lepenies: Literarische Hermeneutik und Soziologie. In: Ansichten einer künftigen Germanistik. Hrsg. v. Jürgen Kolbe. 4., rev. Aufl. München 1970. S. 131–142.

Kammrad 1973. – Kammrad, Horst: Werkkreis Literatur der Arbeitswelt. In: Entwicklungsland Kultur 1973, S. 106–109.

Kantorowicz 1938. – Kantorowicz, Alfred: Fünf Jahre Schutzverband Deutscher Schriftsteller im Exil. In: Das Wort. Literarische Monatsschrift. H 12. Moskau 1938. (Neudruck in 11 Bänden. Bd 9 (H 10–12). Hilversum, Zürich 1969.) S. 60–76.

Kantorowicz 1947. – ders.: Der Schutzverband im Exil. In: Der Autor. Jg 1, H 2. 1947. S. 1–4.

Karger 1922. – Karger, Gertrud von: Die Organisation der Schriftsteller. Diss. rer. pol. Tübingen 1922.

Kellermann 1921 (1). – Kellermann, Bernhard: An die Mitglieder des Schutzverbandes. In: Der Schriftsteller (1). Jg 8, H 5/6. 1921. S. 49 f.

Kellermann 1921 (2). – ders.: Die wirtschaftliche Lage des freien Schriftstellers. ebda, Jg 8, H 7/9. 1921. S. 88 f.

Kempski 1954. – Kempski, Jürgen von: Wissenschaft als freier Beruf. In: Kölner Zeitschrift für Soziologie. Hrsg. v. Leopold von Wiese. Jg 6, H 3/4. (Verhandlungen des 12. Deutschen Soziologentages und der 3. Anthropologischen Konferenz vom 15.–17. 10. 1954 in Heidelberg). Köln, Opladen 1954. S. 423–434.

Kesting 1964. – Kesting, Marianne: Seltsam und zwielichtig. Die soziale Rolle des Schriftstellers in der Bundesrepublik – und anderswo. In: Deutschlands Schriftsteller. Magnum, Jahresheft 1964. Hrsg. v. Alfred Neven DuMont. Köln 1964. S. 18–21.

Kieslich 1971. – Kieslich, Günter: Zeitschrift. In: Publizistik. Hrsg. v. Elisabeth Noelle-Neumann u. Winfried Schulz. (Das Fischer Lexikon, Bd 9.). Frankfurt/M. 1971. S. 350–355.

Kirsch 1971. – Kirsch, Hans Christian: Literatur zweiter Wahl. Die Situation der Kinder- und Jugendbuchautoren. In: der literat. Jg 13, H 3. 1971. S. 47–50.

Klassifizierung der Berufe 1966. – Klassifizierung der Berufe. Berufstätigkeiten in der Bundesrepublik Deutschland beschrieben in der Zusammenfassung nach berufssystematischen Einheiten. Stuttgart, Köln, Berlin, Mainz 1966.

H. Kliemann 1950. – Kliemann, Horst: Die Werbung fürs Buch. Stuttgart 1950.

P. Kliemann 1971. – Kliemann, Peter: Buchgemeinschaften. In: Literaturbetrieb in Deutschland. Hrsg. v. Heinz Ludwig Arnold. München 1971. S. 135–146.

Kluckhohn 1949. – Kluckhohn, Paul: Dichterberuf und bürgerliche Existenz. Tübingen, Stuttgart 1949.

Knospe 1969. – Knospe, Horst: Literatursoziologie. In: Wörterbuch der Soziologie. Hrsg. v. Wilhelm Bernsdorf. 2., neubearb. u. erw. Aufl. Stuttgart 1969. S. 637–643.

Koenig 1931. – Koenig, Johannes Karl: Sturm im SDS. In: Die Linkskurve. Jg 3, Nr 7. Berlin 1931. S. 25 f.

Kolbe 1971. – Kolbe Jürgen: Baisse auf dem Literaturmarkt? Ein Lektor über Schwierigkeiten beim Büchermachen. In: Süddeutsche Zeitung, Nr 32 (6./7. 2.). München 1971.

Kolbe/Krüger 1971. – ders. u. Michael Krüger: Die Reihe Hanser. In: Literaturbetrieb in Deutschland. Hrsg. v. Heinz Ludwig Arnold. München 1971. S. 91–97.

König 1972. – König René: Handgreifliche neue Einsichten. Der ‚Autorenreport' als Revision eines Berufsbildes. In: DIE ZEIT, Nr 26 (30. 6.), Hamburg 1972. S. 14.

König/Silbermann 1964. – ders. u. Alphons Silbermann: Der unversorgte selbständige Künstler. Über die wirtschaftliche und soziale Lage der selbständigen Künstler in der Bundesrepublik. Köln, Berlin 1964.

W. König 1973. – König, Wilhelm: Seminar für Autorenausbildung in Berlin. In: der literat. Jg 15, H 8. 1973. S. 186.

Krämer-Badoni 1971. – Krämer-Badoni, Rudolf: Warum ich dem Schriftstellerverein nicht angehöre. ebda, Jg 13, H 1. 1971. S. 17 f.

Krämer-Badoni 1973 (1). – ders.: Ein Genie namens Lattmann. ebda, Jg 15, H 2. 1973. S. 40 f.

Krämer-Badoni 1973 (2). – ders.: PEN – eine Alternative? In: Für den Autor. Nr 1. 1973. S. 5–7.

Kreuzer 1968. – Kreuzer, Helmut: Die Boheme. Beiträge zu ihrer Beschreibung. Stuttgart 1968.

Kritik an einem Orakel-Spruch 1971. – Kritik an einem Orakel-Spruch. Offener Brief des Schriftsteller-Verbandes an Rudolf Augstein. In: Süddeutsche Zeitung, Nr 303 (20. 12.). München 1971.

Kron 1973. – Kron, Friedhelm: Autoren in der Nachkriegszeit. In: Solidarität gegen Abhängigkeit – Auf dem Weg zur Mediengewerkschaft. Hrsg. v. Ulrich Paetzold u. Hendrik Schmidt. Darmstadt, Neuwied 1973. S. 101–115.

Krüger 1962. – Krüger, Horst: Der Schriftsteller in der Opposition. In: Literatur zwischen rechts und links. Deutschland, Frankreich, USA. München 1962. S. 5–27.

Kuhn 1919. – Kuhn, Alfred: Zur Kartellfrage. In: Weimarer Schriftsteller-Zeitung. Nr 32. 1919. S. 521–524.

Kühn 1962. – Kühn, Alfred: Die freien Berufe in der Sozialordnung – ohne Alterssicherung. Stuttgart 1962.

Kühne/Schöfer 1970 (1). – Kühne, Peter u. Erasmus Schöfer: Schreiben für die Arbeitswelt. In: Akzente. Zeitschrift für Literatur. Hrsg. v. Hans Bender. H 4. München 1970. S. 319–334.

Kühne/Schöfer 1970 (2). – dieselben: Werkkreis Literatur der Arbeitswelt. Programm (beschlossen am 7. 3. 1970). ebda, S. 335–343.

Kulemann 1908. – Kulemann, Wilhelm: Die Berufsvereine. Abt 1: Geschichtliche Entwicklung der Berufsorganisationen der Arbeitnehmer und Arbeitgeber aller Länder. Bd 1: Deutschland I. Einleitung – Organisation der Arbeitnahmer I: Öffentliche Beamte. Freie Berufe. Privatangestellte. Jena 1908.

Kurucz 1967. – Kurucz, Jenö: Struktur und Funktion der Intelligenz während der Weimarer Republik. Köln 1967.

Kurucz 1970. – ders.: Falsches Bewußtsein und geronnener Geist. Ein Beitrag zur Theorie und Anwendung der Wissenssoziologie. Köln, Berlin 1970.

Kurucz 1972. – ders.: Einstellung der Befragten zur Unternehmerseite und ihr Standortproblem. In: Das Selbstverständnis von Naturwissenschaftlern in der Industrie. Ergebnisse einer Befragung promovierter Industriechemiker. Hrsg. v. J. Kurucz. Weinheim/Bergstr. 1972. S. 105–127.

Kyser 1910. – Kyser, Hans: (Die soziale Lage der deutschen Schriftsteller). In: Das Blaubuch. Wochenschrift für öffentliches Leben, Literatur und Kunst. Hrsg. v. Heinrich Ilgenstein. Jg 5, Nr 8. Berlin 1910. S. 182 f.

Kyser 1921. – ders.: Der Verrat am deutschen Schrifttum. In: Der Schriftsteller (1). Jg 8, Sondernummer. 1921. S. 2–16.

Lämmert 1971. – Lämmert, Eberhard: Über die öffentliche Verantwortung des Schriftstellers. In: Aus Politik und Zeitgeschichte. Beilage zur Wochenzeitung ›Das Parlament‹ B 9/71 (27. 2.). Bonn 1971. S. 3–14.

Landsberg 1909. – Landsberg, Hans: Schriftsteller-Verbände. In: Allgemeine Zeitung (24. 4.). München 1909. S. 378 f.

Landsberg 1910. – ders.: (Die soziale Lage der deutschen Schriftsteller). In: Das Blaubuch. Wochenschrift für öffentliches Leben, Literatur und Kunst. Hrsg. v. Heinrich Ilgenstein. Jg 5, Nr 7. Berlin 1910. S. 152–155.

Landsberg 1911. – ders.: Schriftstellerei als Beruf. In: Schrifttum und Presse. Fachzeitung für Schriftstellertum, Pressejournalismus, Verlagsverkehr. Hrsg. v. Ernst Lorenz. Jg 11, H 6. Berlin 1911.

Landsberg 1913. – ders.: (Rede auf der »Nachtversammlung der Berliner Schriftsteller«). In: Der Schriftsteller (1). Jg 3, H 5/7. 1913. S. 54–58.

Lange 1966. – Lange, Klaus-Jürgen: Die Rechtsstellung der Interessentenverbände. Diss. jur. Würzburg 1966.

Lania 1926. – Lania, Leo: Die Politisierung der Schriftsteller. In: Die literarische Welt. Jg 2, Nr 13. Berlin 1926.

Lattmann 1957. – Lattmann, Dieter: Bürger der Kunst. In: D. Lattmann: Die gelenkige Generation. München 1957. S. 21–25.

Lattmann 1967. – ders.: Aus dem Tagebuch eines Bücherwurms. In: D. Lattmann: Zwischenrufe und andere Texte. München 1967. S. 40–74.

Lattmann 1968. – ders.: Ich bin Mitglied des SDS. In: der literat. Jg 10, H 5. 1968. S. 76 f.

Lattmann 1969 (1). – ders.: Gründungsmodell für den Verband deutscher Schriftsteller. ebda, Jg 11, H 2. 1969. S. 37 f.

Lattmann 1969 (2). – ders.: So hartnäckig und energisch wie eine gute Gewerkschaft (Interview). In: Bonner Rundschau (5. 6.). Bonn 1969.

Lattmann 1969 (3). – ders.: (Interview). In: Kölner Stadt-Anzeiger, Nr 129 (7./8. 6.). Köln 1969.

Lattmann 1969 (4). – ders.: Der Poet auf dem Supermarkt. Aufgaben des Verbands deutscher Schriftsteller. In: Ende der Bescheidenheit 1969. S. 3–10.

Lattmann 1969 (5). – ders.: Internationaler Schriftstellerkongreß in Moskau. In: der literat. Jg 11, H 8. 1969. S. 131 f.

Lattmann 1970 (1). – ders.: Schriftsteller – Dinosaurier des kybernetischen Zeitalters? In: Kultur ohne Wirtschaftswunder. Hrsg. v. Rolf Italiaander. München 1970. S. 156–169.

Lattmann 1970 (2). – ders.: Schwarzer Freitag für große Worte. In: der literat. Jg 12, H 2. 1970. S. 19 f.

Lattmann 1970 (3). – ders.: (Interview mit Otto Schönfeldt). ebda, Jg 12, H 4. 1970. S. 76 f.

Lattmann 1970 (4). – ders.: Der Autor als Arbeitnehmer. Die Lage aus der Sicht eines Schriftstellers. In: Frankfurter Allgemeine Zeitung (22. 5.). Frankfurt 1970.

Lattmann 1970 (5). – ders.: Das Proletariat der freien Mitarbeiter. In: Frankfurter Rundschau (20. 6.). Frankfurt/M. 1970. S. 7.

Lattmann 1970 (6). – ders.: Die soziale Lage der Schriftsteller und die Bertelsmann-Autoren-Versorgung. In: VS-Informationen. Nr 2. 1970. S. 7 f.

Lattmann 1970 (7). – ders.: Schriftsteller in der Arbeitswelt. In: publikation. Jg 20, H 10. 1970. S. 6 f.

Lattmann 1970 (8). – ders.: Auswanderung der Musen. In: Monat. Jg 22, H 264. Hamburg 1970. S. 17–20.

Lattmann 1971 (1). – ders.: Fazit. In: Einigkeit der Einzelgänger 1971. S. 117–123.

Lattmann 1971 (2). – ders.: Skandinavien-Report. In: publikation. Jg 21, H 2. 1971. S. 10–14.

Lattmann 1971 (3). – ders.: Schwierig, ein Gesetz zu ändern. ebda, Jg 21, H 3. 1971. S. 11 f.

Lattmann 1971 (4). – ders.: Schriftsteller in die Gewerkschaft? In: DIE ZEIT, Nr 23 (4. 6.). Hamburg 1971. S. 18.

Lattmann 1971 (5). – ders.: Gebt uns das neue Urheberrecht jetzt (Interview mit Wolfhardt Eilers). In: publikation. Jg 21, H 10. 1971. S. 17–19.

Lattmann 1971 (6). – ders.: Gewerkschaft und Schriftsteller: Wer nützt wem? (Rede vor dem Gewerkschaftstag der IG Druck und Papier vom 25. 10. 1971). In: VS-Informationen. Nr 1. 1972. S. 9–11.

Lattmann 1971 (7). – ders.: Können Schriftsteller streiken? Zur Berufsorganisation der Urheber in der BRD. In: Literaturbetrieb in Deutschland. Hrsg. v. Heinz Ludwig Arnold. München 1971. S. 46–52.

Lattmann 1972 (1). – ders.: Literaturdiplomatie – ein Etatproblem. In: DIE ZEIT, Nr 5 (4. 2.). Hamburg 1972. S. 14.

Lattmann 1972 (2). – ders.: Politisierung des VS? In: Für die Einheit des VS. Gegen die Spalterfraktion. Hrsg. v. Hartmann Goertz u. a. München 1972. S. 17–19.

Lattmann 1972 (3). – ders.: Nachdenken über die Mediengewerkschaft. In: VS-Informationen. Nr 3. 1972. S. 2–5.

Lattmann 1973. – ders.: (Offener Brief an die VS-Mitglieder). ebda. Nr 1/2. 1973. S. 1.

Lehmann 1916. – Lehmann, E. E.: Eine allgemeine Genossenschaft deutscher Schriftsteller. In: Der Schriftsteller (1). Jg 6, H 1/3. 1916. S. 17–21.

Leithäuser 1963. – Leithäuser, Joachim G.: Die Diskussion über die Schriftsteller-Kammer. In: Der Schriftsteller (3). Jg 16, H 7. 1963. S. 99 f.

Leixner 1902. – Leixner, Otto von: Eine Schriftsteller-Akademie. In: Die literarische Praxis. Fachzeitung und Offertenblatt für Journalisten, Schriftsteller, Zeichner und Verleger. Offizielles Organ des ›Deutschen Schriftsteller-Verbandes‹ etc. Hrsg. v. Hugo Rösch. Jg 3, Nr 3. Erfurt, Leipzig 1902. S. 42–44.

Lelewer 1932. – Lelewer, (?): Zur Arbeit des SDS. In: Der Schriftsteller (1). Jg 20, H 11/12. 1932. S. 220 f.

Lenz 1973. – Lenz, Siegfried: Das Dilemma der Außenseiter. In: Entwicklungsland Kultur 1973. S. 64–68.

Li 1948. – Li, Mirok: (Was ist mit der deutschen Literatur? Antwort auf eine Umfrage). In: Der Schriftsteller (2). Jg 1, H 6/7. 1948. S. 13 f.

Linz 1965. – Linz, Gertraud: Literarische Prominenz in der Bundesrepublik. Olten, Freiburg i. Br. 1965.

Löwenstein 1973. – Löwenstein, Hubertus Prinz zu: FDA warum? In: Für den Autor. Nr 1. 1973. S. 1 f.

Löwenthal 1964. – Löwenthal, Leo: Literatur und Gesellschaft. Das Buch in der Massenkultur. (Literature, Popular Culture and Society. 1961. dtsch.). Neuwied, Berlin 1964.

Lüben 1959. – Lüben, Gerhard: Die Fundamente der freien geistigen Berufe. Köln, Berlin 1959.

Lukács 1909. – Lukács, Georg: (Aus dem Vorwort zu »Entwicklungsgeschichte des modernen Dramas«. 1909.). In: G. Lukács: Schriften zur Literatursoziologie. Ausgew. u. eingel. v. Peter Ludz. 2. Aufl. Neuwied, Berlin 1963. S. 71–74.

Luschnat 1931. – Luschnat, David: Schriftsteller-Schutzverband. In: Die Weltbühne. Der Schaubühne 27. Jahr. Wochenschrift für Politik, Kunst, Wirtschaft. Geleitet von Carl von Ossietzky. Jg 27, Nr 42. Berlin-Charlottenburg 1931. S. 584–587.

Lüth 1962 (1). – Lüth, Erich: Der Schriftsteller im Massenzeitalter. In: Der Schriftsteller (3). Jg 15, H 10. 1962. S. 129–136.

Lüth 1962 (2). – ders.: Eine Vorzensur findet nicht statt! ebda, Jg 15, H 11. 1962. S. 145–148.

Lüth 1963 (1). – ders.: Wir sprechen für alle deutschen Schriftsteller. ebda, Jg 16, H 1. 1963. S. 1–4.
Lüth 1963 (2). – ders.: Die ‚Gruppe 47' – eine ‚geheime Reichsschrifttumskammer'?. ebda, Jg 16, H 4. 1963. S. 49–51.
Lüth 1963 (3). – ders.: Macht und Ohnmacht des Schriftstellers. ebda, Jg 16, H 5. 1963. S. 65–67.
Lüth 1963 (4). – ders.: Für und wider eine ‚Deutsche Schriftsteller-Kammer'. ebda, Jg 16, H 6. 1963. S. 81–83.
Lüth 1963 (5). – ders.: Will Bonn Amok gegen den Geist laufen? Deutsche Autoren protestieren gegen die Mehrwertsteuer. ebda, Jg 16, H 8. 1963. S. 113–115.
Lüth 1964. – ders.: Dichter und wilde Tiere. ebda, Jg 17, H 8. 1964. S. 117–119.
Maas 1972. – Maas, Anna (Pseud.): Hörfunk und Fernsehen. Der Proporz, der Kommerz und die Konservativen oder: Abhängigkeiten im Kontext. In: kürbiskern. Literatur, Kritik, Klassenkampf. Hrsg. v. Walter Fritzsche u. a. H 4 (Abhängigkeit in der Kulturindustrie). München 1972. S. 619–635.
Mahlein 1971. – Mahlein, Leonhard: Im geistigen Schaffen völlig frei. Rede vor den Delegierten des VS. In: DIE ZEIT, Nr 46 (12. 11.). Hamburg 1971. S. 23.
Mahlein 1973. – ders.: Tatsachen. In: Entwicklungsland Kultur 1963. S. 69–73.
Mahrholz 1922. – Mahrholz, Werner: Die Wesenszüge des schriftstellerischen Schaffensprozesses. In: Die geistigen Arbeiter. Teil 1: Freies Schriftstellertum und Literaturverlag. Hrsg. v. Ludwig Sinzheimer. (Schriften des Vereins für Sozialpolitik. Bd 152/1.). München, Leipzig 1922. S. 57–73.
Mahrholz 1926. – ders.: »Schundliteratur-Industrie«. In: Der Schriftsteller (1). Jg 13, H 1. 1926. S. 1–3.
Mahrholz 1928. – ders.: Katastrophenpolitik des Geistes. ebda, Jg 15, H 5. 1928. S. 64–66.
Man muß es miterleben 1957. – Man muß es miterleben ... In: Der Schriftsteller (3). Jg 10, H 4. 1957. S. 37 f.
H. Mann 1921. – Mann, Heinrich: Zensur. Ein Vorschlag. In: Der Schriftsteller (1). Jg 8, H 7/9. 1921. S. 94 f.
H. Mann 1931. – ders.: (Rede, gehalten auf dem Bankett des SDS zur Feier seines 60. Geburtstages.). ebda, Jg 19, H 5. 1931. S. 2–5.
Th. Mann 1931. – Mann, Thomas: (Begrüßungsrede, gehalten auf der Generalversammlung des SDS-Gau Bayern am 11. 3. 1931.). ebda, Jg 19, H 4. 1931. S. 2–4.
Th. Mann 1947. – ders.: Geleitwort. In: Der Schriftsteller (2). Jg 1, H 1. 1947. S. 1–3.
Mantau-Salida 1933. – Mantau-Salida, Hans Heinz: Warum wir den SDS gleichgeschaltet haben. In: Der Schriftsteller (1). Jg 21, H 6/7. 1933. S. 76–79.
Märker 1948 (1). – Märker, Friedrich: Freiheit des Spiels und des Gewissens. In: Der Schriftsteller (2). Jg 1, H 8/9. 1948. S. 1–4.
Märker 1948 (2). – ders.: Der Kampf um unser Recht. ebda, Jg 1, H 8/9. 1948. S. 22 f.
Märker 1948 (3). – ders.: Unser Kampf gegen die Not. ebda, Jg 1, H 10. 1948. S. 21 f.
Märker 1963. – ders.: Zur Urheberrechtsreform. In: Der Schriftsteller (3). Jg 16, H 4. S. 53–55.
Maus 1968. – Maus, Wilhelm: Die ‚freien Mitarbeiter' der Deutschen Rundfunk- und Fernsehanstalten. Eine arbeitsrechtliche Studie über den Begriff und die Rechtsstellung der sogenannten ‚arbeitnehmerähnlichen Personen'. In: Recht der Arbeit. Jg 21, H 10. München, Berlin 1968. S. 367–376.
May 1970. – May, Hannelore: Über die Produktion von Literatur. Versuch einer sozioökonomischen Einordnung der Literaturproduzenten. In: Frank Benseler, Hannelore May u. Hannes Schwenger: Literaturproduzenten! Berlin 1970. S. 41–56.
Mayntz 1963. – Mayntz, Renate: Soziologie der Organisation. Reinbeck bei Hamburg 1963.
Mechtel 1972. – Mechtel, Angelika: Alte Schriftsteller in der Bundesrepublik. Gespräche und Dokumente. München 1972.

Mechtel 1973. – dies.: Kulturgesellschaft mit beschränkter Haftung. Autoren im Notstand. In: Entwicklungsland Kultur 1973. S. 55–63.

Meissinger 1948. – Meissinger, K. A.: (Was ist mit der deutschen Literatur? Antwort auf eine Umfrage.). In: Der Schriftsteller (2). Jg 1, H 4/5. 1948. S. 11 f.

Melzer 1971. – Melzer, Peter: Die fatale Situation der mittleren Verlage. In: der literat. Jg 13, H 9. 1971. S. 166.

Mendelssohn 1972. – Mendelssohn, Peter de: (ohne Titel). In: Für die Einheit des VS. Gegen die Spalterfraktion. Hrsg. v. Hartmann Goertz u. a. München 1972. S. 37 f.

Messow/Spoo 1972. – Messow, Hannelore u. Eckart Spoo: Wie Journalisten gehandelt und gehandhabt werden. In: kürbiskern. Literatur, Kritik, Klassenkampf. Hrsg. v. Walter Fritzsche u. a. Nr 4 (Abhängigkeit in der Kulturindustrie). München 1972. S. 605–619.

Meyer 1971. – Meyer, Claus Heinrich: Eine Welt der falschen Träume. In: Süddeutsche Zeitung (10. 11./12. 4.). München 1971.

Meyn/Schulz 1971. – Meyn, Hermann u. Winfried Schulz: Fernsehen. In: Publizistik. Hrsg. v. Elisabeth Noelle-Neumann u. W. Schulz. (Das Fischer Lexikon. Bd 9.). Frankfurt/M. 1971. S. 14–25.

Michaels 1972. – Michaels, Heinz: Heimat für Dichter. IG Druck will zur Mediengewerkschaft werden. In: DIE ZEIT, Nr 31 (4. 8.). Hamburg 1972. S. 23 f.

Mit der Zeit mitgehen 1914. – Mit der Zeit mitgehen. In: Die Feder. Jg 17, Nr 355. 1914. S. 3750.

Molle 1968. – Molle, Fritz: Handbuch der Berufskunde. Köln, Berlin, Bonn, München 1968.

Molo 1927. – Molo, Walter von: Schloß und Dachkammer. In: Der Schriftsteller (1). Jg 14, H 5. 1927. S. 56 f.

Molo 1929. – ders.: An die Organisationsgegner in Schriftstellerkreisen. ebda, Jg 16, H 3. 1929. S. 1 f.

Molo 1948. – ders.: (Was ist mit der deutschen Literatur? Antwort auf eine Umfrage.). In: Der Schriftsteller (2). Jg 1, H 4/5. 1948. S. 8–11.

Molo 1952. – ders.: Die soziale Lage der Schriftsteller. In: Der Schriftsteller (3). Jg 5, H 9. 1952. S. 177–180.

Molo 1954. – ders.: Sünde an unserer Zukunft. Einordnung der dichterisch und publizistisch Schaffenden. ebda, Jg 7, H 7/8. 1954. S. 61–63.

Molo 1955. – ders.: Unser Weg 1955. ebda, Jg 8, H 1. 1955. S. 1 f.

Moossen 1948. – Moossen, Inge: (Was ist mit der deutschen Literatur? Antwort auf eine Umfrage.). In: Der Schriftsteller (2). Jg 1, H 6/7. 1948. S. 7–9.

Mühsam 1931. – Mühsam, Erich: Gewerkschaft der Schriftsteller. In: Die Weltbühne. Der Schaubühne 27. Jahr. Wochenschrift für Politik, Kunst, Wirtschaft. Geleitet von Carl von Ossietzky. Jg 27, Nr 28. Berlin-Charlottenburg 1931. S. 57–61.

Müller 1922. – Müller, August: Schriftsteller und genossenschaftliche Selbsthilfe. In: Die geistigen Arbeiter. Teil 1: Freies Schriftstellertum und Literaturverlag. Hrsg. v. Ludwig Sinzheimer. (Schriften des Vereins für Sozialpolitik. Bd 152/1.). München, Leipzig 1922. S. 139–155.

Nationale Manuskripte 1933. – Nationale Manuskripte. In: Die Feder. Jg 34, Nr 809. 1933. S. 5.

Neumann 1972. – Neumann, Nicolaus: Buchmacher oder Büchermacher. In: kürbiskern. Literatur und Kritik. Hrsg. v. Walter Fritzsche u. a. H 1. München 1972. S. 136–142.

Neyses 1968. – Neyses, Wilhelm: Die Beteiligung von Interessenverbänden an der Gesetzesvorbereitung durch die Bundesregierung. Diss. jur. Bochum 1968.

Nissen 1910. – Nissen, Walter: (Die soziale Lage der deutschen Schriftsteller.). In: Das Blaubuch. Wochenschrift für öffentliches Leben, Literatur und Kunst. Hrsg. v. Heinrich Ilgenstein. Jg 5, Nr 7. Berlin 1910. S. 156–158.

Noelle-Neumann 1971(1). – Noelle-Neumann, Elisabeth: Öffentliche Meinung. In: Publizistik. Hrsg. v. E. Noelle-Neumann u. Winfried Schulz. (Das Fischer-Lexikon. Bd. 9). Frankfurt/M. 1971. S. 210–216.

Noelle-Neumann 1971(2). – dies.: Wirkung der Massenmedien. ebda, S. 316–350.

Noelle-Neumann 1971(3). – dies.: Presserecht. Innere Pressefreiheit. ebda, S. 277–283.

Noelle-Neumann 1972. – dies.: Pressekonzentration und Meinungsbildung. In: Massenkommunikationsforschung. 1: Produktion. Hrsg. v. Dieter Prokop. Frankfurt/M. 1972. S. 242–274.

Norden 1972 (1). – Norden, Peter: Gegen die Auflösung des VS. In: der literat. Jg 14, H 1. 1972. S. 14 f.

Norden 1972 (2). – ders.: Am Ende einer Illusion. ebda, Jg 14, H 3. 1972. S. 54–56.

Nossack 1973. – Nossack, Hans Erich: Das Engagement der Intellektuellen. In: Entwicklungsland Kultur 1973. S. 51–54.

Nötzel 1922. – Nötzel, Karl: Die Sonderstellung des Schriftstellers und die Organisation des Schrifttums. In: Das literarische Echo. Halbmonatsschrift für Literaturfreunde. Hrsg. v. Ernst Heilborn. Jg 24, H 9. Stuttgart 1922. S. 513–517.

Nummer 100 1903. – Nummer 100. In: Die Feder. Jg 6, Nr 100. 1903 (S. 1).

Numrich 1968. – Numrich, Walter: Die soziologische Funktion des festen Ladenpreises im Buchhandel. In: Börsenblatt für den Deutschen Buchhandel. Frankfurter Ausgabe. Nr 34. Frankfurt/M. 1968. S. 995–1036.

Olenhusen 1972. – Olenhusen, Albrecht Götz von: Heimarbeit und Industrie. In: kürbiskern. Literatur, Kritik, Klassenkampf. Hrsg. v. Walter Fritzsche u. a. H 4 (Abhängigkeit in der Kulturindustrie). München 1972. S. 551–557.

Organisation und Qualität 1913. – Organisation und Qualität. In: Der Schriftsteller (1). Jg 3, H 3/4. 1913. S. 17 f.

Panskus 1971. – Panskus, Hartmut: Buchwerbung in Deutschland. In: Literaturbetrieb in Deutschland. Hrsg. v. Heinz Ludwig Arnold, München 1971. S. 78–90.

Paul 1971. – Paul, Wolfgang: Auf dem Wege in die IG Druck und Papier. In: der literat. Jg 13, H 11. 1971. S. 227.

Petto o. J. – Petto, Alfred: Verband saarländischer Autoren. Grundsatzpapier, o. J. Archiv Hans Bernhard Schiff, VS im Saarland, Saarbrücken.

Peukert 1929. – Peukert, Willi Erich: Organisationsfragen der Gauverbände. In: Der Schriftsteller (1). Jg 17, H 6/7. 1929. S. 6–16.

Pikart 1964. – Pikart, Eberhard: Ständestaat. In: Staat und Politik. Hrsg. v. Ernst Fraenkel u. Karl Dietrich Bracher. (Das Fischer Lexikon. Bd. 2). Neuausgabe. Frankfurt/M., Hamburg 1964. S. 325–328.

Piper/Hauff u. a. 1969. – Piper, Klaus, Günther Hauff, H. M. Ledig-Rowohlt, Berthold Spangenberg u. Carl Hanser: (Offener Brief des Vorstandes des Verbandes Schöngeistiger und Wissenschaftlicher Verleger e. V. an Heinrich Böll). In: der literat. Jg 11, H 7. 1969. S. 116 f.

Pohl 1960. – Pohl, Gerhard: Risiko und Chancen der Unabhängigkeit. In: Der Schriftsteller (3). Jg 13, H 12. 1960. S. 125.

Pohl 1961. – ders.: Zwischen Macht und Geist. ebda, Jg 14, H 4. 1961. S. 37–39.

Pohl 1963 (1). – ders.: Abschied von Theodor Bohner. ebda, Jg 16, H 2. 1963. S. 27 f.

Pohl 1963 (2). – ders.: Protest. In: der literat. Jg 6, H 10. 1963. S. 108.

Pohl 1963 (3). – ders.: Der absurde Streit zwischen Macht und Gewissen. ebda, Jg 6, H 6. 1963. S. 110.

Pohl 1965 (1). – ders.: (Begrüßungsworte zum Kongreß der Übersetzer in Hamburg am 5. 4. 1965). VS-Archiv im Büro Dr. W. Nordemann et al., Berlin.

Pohl 1965 (2). – ders.: (Dankwort beim Empfang von der Regierung des Saarlandes anläßlich der Generalversammlung der Vereinigung in Saarbrücken vom 31. 10. 1965). ebda.

Pohl/Karsch 1960. – ders. u. Walter Karsch: Denkschrift zur Reorganisation der Vereinigung Deutscher Schriftstellerverbände als Diskussionsbasis für die Mitgliederverbände zur späteren Beschlußfassung. ebda.

Potthoff 1922. – Potthoff, Heinz: Das Arbeitsrecht der Schriftsteller. In: Die geistigen Arbeiter. Teil 1: Freies Schriftstellertum und Literaturverlag. Hrsg. v. Ludwig Sinzheimer. (Schriften des Vereins für Sozialpolitik. Bd 152/1.). München, Leipzig 1922. S. 327–364.

Pragal 1971. – Pragal, Peter: Rechtfertigung als Geschäft. Nationalistische, völkische und neonazistische Literatur findet immer noch ihren Markt. In: Süddeutsche Zeitung, Nr 290 (4./5. 12.). München 1971.

Pragal 1972. – ders.: Dichter und Denker hoffen auf die Arbeiter. Schriftsteller wollen in die Gewerkschaft. ebda, Nr 55 (7. 3.). 1972. S. 3.

Pragal 1973. – ders.: Für Dichter und Denker ein Pakt mit den Druckern. ebda, Nr 17 (22. 1.). 1973. S. 3. – Auch in: Entwicklungsland Kultur 1973, S. 73–77.

Rauecker 1920. – Rauecker, Bruno: Die Not der Schriftsteller. In: Soziale Praxis und Archiv für Volkswohlfahrt. Jg 29, Nr 27. Leipzig 1920. S. 617–619.

Rauecker 1922. – ders.: Die Fachvereine der deutschen Schriftsteller. In: Die geistigen Arbeiter. Teil 1: Freies Schriftstellertum und Literaturverlag. Hrsg. v. Ludwig Sinzheimer. (Schriften des Vereins für Sozialpolitik. Bd 152/1.). München, Leipzig 1922 S. 157–198.

Rauscher 1913. – Rauscher, Ulrich: (Rede auf der ‚Nachtversammlung der Berliner Schriftsteller'). In: Der Schriftsteller (1). Jg 3, H 5/7. 1913. S. 38–44.

Reger 1931. – Reger, Erik: Mißverständnisse über die Grundlagen. Zur ›Krise‹ im SDS. ebda. Jg 19, H 11. 1931. S. 9–12.

Rehfisch 1953. – Rehfisch, Hans: An alle Kollegen. In: Der Schriftsteller (3). Jg 6, H 1. 1953. S. 3.

Reichel 1964. – Reichel, Werner: Standpunkte der Verleger. ebda, Jg 17, H 6. 1964. S. 85–92.

Reichenberger 1969. – Reichenberger, Theo: Wie einig sind die Schriftsteller? In: Publik (23. 5.). Frankfurt 1969.

Reinhardt 1971. – Reinhardt, Stephan: Anmerkungen zum Thema: Ein Lektor und sein Gewerbe. In: Literaturbetrieb in Deutschland. Hrsg. v. Heinz Ludwig Arnold. München 1971. S. 72–77.

Reumann/Schulz 1971. – Reumann, Kurt u. Winfried Schulz: Presse. BRD. In: Publizistik. Hrsg. v. Elisabeth Noelle-Neumann u. W. Schulz. (Das Fischer Lexikon. Bd 9.). Frankfurt/M. 1971. S. 220–240.

Reuß-Löwenstein 1947. – Reuß-Löwenstein, Harry: Mehr Kameradschaft. In: Der Schriftsteller (1). Jg 1, H 6. 1947. S. 1 f.

Reuß-Löwenstein 1949. – ders.: Der Anfang ist gemacht. ebda, Jg 2, H 13. 1949. S. 1 f.

Reuß-Löwenstein 1951 (1). – ders.: Zum neuen Jahr. ebda, Jg 4, H 1. 1951. S. 1 f.

Reuß-Löwenstein 1951 (2). – ders.: Zum Geleit. ebda, Jg 4, H 7. 1951. S. 53 f.

Reuß-Löwenstein 1952. – ders.: Schließt Euch zusammen! ebda, Jg 5, H 6. 1952. S. 97 f.

Reuß-Löwenstein 1953. – ders.: Zum neuen Jahr. ebda, Jg 6, H 1. 1953. S. 2.

Reuß-Löwenstein 1955. – ders.: Einigkeit ist Not. ebda, Jg 8, H 1. 1955. S. 2.

Reuß-Löwenstein 1957. – ders.: Zum Geleit. ebda, Jg 10, H 1. 1957. S. 1 f.

Rhode 1972. – Rhode, Werner: Wortproduzenten ohne Weihrauch. Zwei Berliner Modelle: Autorenkunde und Medienwerkstatt. In: Süddeutsche Zeitung, Nr 157 (12. 7.). München 1972. S. 27.

Ridder 1963. – Ridder, Helmut: Freiheit der Kunst nach dem Grundgesetz. Berlin, Frankfurt/M. 1963.

Riedel 1963. – Riedel, H.: Naturrecht – Grundrecht – Urheberrecht. Gedanken und Kritik zu Grundsatzproblemen der Urheberrechtsreform. Berlin, Frankfurt/M. 1963.

Riehl-Heyse 1971. – Riehl-Heyse, Herbert: Literaturverständnis. In: Süddeutsche Zeitung, Nr 247 (15. 10.). München 1971.

Roegele 1971. – Roegele, Otto B.: Kommunikationspolitik. Grundlagen, Werte, Ziele. In:

Publizistik. Hrsg. v. Elisabeth Noelle-Neumann u. Winfried Schulz. (Das Fischer Lexikon. Bd 9.). Frankfurt/M. 1971. S. 76–89.

Rösch 1905. – Rösch, Hugo: Der Verband deutscher Journalisten und Schriftstellervereine. In: Illustrierte Zeitung, Nr 3255 (29. 6.). Leipzig 1905. S. 996.

Runge 1971. – Runge, Erika: Parteilichkeit und Zensur im Fernsehen. In: kürbiskern. Literatur und Kritik. Hrsg. v. Walter Fritzsche. H 3. München 1971. S. 440–448.

Rutra 1931. – Rutra, Arthur Ernst: Einheit des Schutzverbandes: Fachgruppen- oder Gaugruppen-Verband? In: Der Schriftsteller (1). Jg 19, H 7. 1931. S. 12–16.

Schäfer 1910. – Schäfer, Wilhelm: Der Schriftsteller. Frankfurt/M. 1910.

Schäferdiek 1951 (1). – Schäferdiek, Willi: Zum Geleit. In: Der Schriftsteller (3). Jg 4, H 7. 1951. S. 54 f.

Schäferdiek 1951 (2). – ders.: Zum neuen Jahre! (1952). ebda, Jg 4, H 12. 1951. S. 173 f.

Schaffner 1921. – Schaffner, Jacob: Der Bund der Erzähler und der Reichs-Schutzverband. In: Der Schriftsteller (1). Jg 8, H 5/6. 1921. S. 58–60.

Schaffner 1931 (1). – ders.: Die Situation des SDS und seine Zukunft. ebda, Jg 19, H 7. 1931. S. 8–12.

Schaffner 1931 (2). – ders.: Noch einmal die Zukunft des SDS. ebda, Jg 19, H 8. 1931. S. 7–11.

Schaffner 1931 (3). – ders.: Der Ausschluß der achtzehn. ebda, Jg 19, H 9/10. 1931. S. 1–4.

Scharang 1971. – Scharang, Michael: Zur Emanzipation der Kunst. In: M. Scharang. Zur Emanzipation der Kunst. Essays. Neuwied, Berlin 1971. S. 7–25.

Schendell 1932. – Schendell, Werner: Zur Arbeit der SDS. Presseerklärung vom 21. 11. 1932. In: Der Schriftsteller (1). Jg 20, H 11/20. 1932. S. 218–220.

Schendell 1947 (1). – ders.: Der neue Schutzverband. In: Der Autor. (Jg 1) H 1. 1947. S. 6–10.

Schendell 1947 (2). – ders.: Der Kulturpfennig. ebda, (Jg 1) H 2. 1947. S. 4–7.

Schendell 1947 (3). – ders.: (Geschäftsbericht zur Generalversammlung des Schutzverbandes Deutscher Autoren). ebda, (Jg 1) H 4/5. 1947. S. 4–7.

Schendell 1948. – ders.: Aus der Arbeit des SDA. ebda, (Jg 1) H 10/11. 1948. S. 1–4.

Schendell 1949. – ders.: Geschäftsbericht des SDA 1948/49. ebda, (Jg 2) H 1/2. 1949. S. 19–26.

Schendell 1953. – ders.: Abwehr und Aufbau. In: Der Schriftsteller (3). Jg 6, H 1. 1953. S. 3–5.

Schendell 1956. – ders.: Welche Rechte sammelt die GELU? ebda, Jg 9, H 4. 1956. S. 37–39.

Schickele 1913. – Schickele, René: (Rede auf der ‚Nachtversammlung der Berliner Schriftsteller'). In: Der Schriftsteller (1). Jg 3, H 5/7. 1913. S. 60–62.

Schickele 1930. – ders.: Gaugründung Baden. ebda, Jg 18, H 1. 1930. S. 1–4.

Schilling 1952. – Schilling, Franz: Der freie Schriftsteller beim Rundfunk. In: Der Schriftsteller (3). Jg 5, H 1. 1952. S. 14–16.

Schilling 1953. – ders.: Wer ist Schriftsteller? ebda, Jg 6, H 5. 1953. S. 114 f.

Schilling 1956. – ders.: Steuerstatistik bestätigt die Notlage der Schriftsteller. ebda, Jg 9, H 11. 1956. S. 114 f.

Schilling 1958 (1). – ders.: Das Ende der GELU. ebda, Jg 11, H 2. 1958. S. 19 f.

Schilling 1958 (2). – ders.: Die »Verwertungsgesellschaft Wort«. ebda, Jg 11, H 5. 1958. S. 27.

Schilling 1958 (3). – ders.: Sind sie wirklich Schriftsteller? ebda, Jg 11, H 9. 1958. S. 94 f.

Schilling 1958 (4). – ders.: Altersversorgung. ebda, Jg 11, H 10. 1958. S. 109–111.

Schilling 1959. – ders.: Bekenntnis zu Berlin. Gerhard Pohl neuer Präsident der Vereinigung. ebda, Jg 12, H 1. 1959. S. 1–4.

Schilling 1962 (1). – ders.: Verlagsusancen. ebda, Jg 15, H 3. 1962. S. 44.

Schilling 1962 (2). – ders.: Schriftstellerische Einnahmen 1959 und 1957 nach der Umsatzsteuerstatistik. ebda, Jg 15, H 4. 1962. S. 59–61.

Schilling 1963. – ders.: Wird die Mehrwertsteuer von der Umsatzsteuer befreien? ebda, Jg 16, H 8. 1963. S. 118 f.

Schilling 1964. – ders.: Der Schriftsteller in der Umsatzsteuerstatistik 1962. ebda, Jg 17, H 4. 1964. S. 62–64.

Schilling 1965. – ders.: Bonner Enttäuschungen. ebda, Jg 18, H 6. 1965. S. 71–73.

Schilling 1970. – ders.: Finanzen und Steuern der Musendiener. In: Kultur ohne Wirtschaftswunder. Hrsg. v. Rolf Italiaander. München 1970. S. 170–182.

Schilling 1971 (1). – ders.: Die Zahl der Schriftsteller. In: publikation. Jg 21, H 9. 1971. S. 16.

Schilling 1971 (2). – ders.: Die Einnahmen der Schriftsteller im Jahre 1968. ebda, Jg 21, H 9. 1971. S. 17.

Schlegel 1800. – Schlegel, Friedrich: Ideen. (1800). In: Athenaeum. Eine Zeitschrift von August Wilhelm Schlegel u. Friedrich Schlegel. Ausgew. u. bearb. v. Curt Grützmacher. Reinbeck bei Hamburg. 1969. Bd 2. S. 135–152.

Schloz 1969. – Schloz, Günther: Keiner fürchtet den Schriftsteller. In: Christ und Welt. (21. 3.). Stuttgart 1969. S. 13 f.

Schloz 1971. – ders.: Literaturbetrieb im Feuilleton. In: Literaturbetrieb in Deutschland. Hrsg. v. Heinz Ludwig Arnold. München 1971. S. 200–205.

Schmitt 1966. – Schmitt, Heinz: Entstehung und Wandlungen der Zielsetzungen, der Struktur und der Wirkungen der Berufsverbände. Berlin 1966.

Schmölders 1965. – Schmölders, Günter: Das Selbstbild der Verbände. Empirische Erhebung über die Verhaltensweisen der Verbände in ihrer Bedeutung für die wirtschaftspolitische Willensbildung in der Bundesrepublik Deutschland. Berlin 1965.

Schnabel 1970. – Schnabel, Ernst: Zielansprache. (1970) In: Einigkeit der Einzelgänger 1971. S. 43–64.

Schneider-Lengyel 1948. – Schneider-Lengyel, Ilse: (Was ist mit der deutschen Literatur? Antwort auf eine Umfrage). In: Der Schriftsteller (2). Jg 1, H 6/7. S. 10–13.

Schneider-Schelde 1948. – Schneider-Schelde, Rudolf: (Was ist mit der deutschen Literatur? Antwort auf eine Umfrage). ebda, Jg 1, H 4/5. 1948. S. 5 f.

Schöfer 1971 (1). – Schöfer, Erasmus: Die Theaterneger blasen zur Organisation. In: publikation. Jg 21, H 12. 1971. S. 18–20.

Schöfer 1971 (2). – ders.: Schriftsteller als Kulturarbeiter. In: Badische Zeitung, Nr 282 (8. 12.). Freiburg i. Br. 1971. S. 7.

Schönfeldt 1971. – Schönfeldt, Sybill Gräfin: Ein Protest, der lange fällig war. Die Kinderbuchautoren werden erwachsen. In: DIE ZEIT, Nr 15 (8. 4.). Hamburg 1971.

Schönthan 1899. – Schönthan, Paul von: Das freieste Gewerbe. In: Das neue Jahrhundert. Jg 2, Nr 45. Köln 1899. S. 935–937.

Schreiber 1913. – Schreiber, Adele: (Rede auf der ‚Nachtversammlung der Berliner Schriftsteller'). In: Der Schriftsteller (1). Jg 3, H 5/7. 1913. S. 58–60.

Schriftsteller 1972. – Schriftsteller: Ende einer schönen Fiktion. In: DER SPIEGEL, Jg 26, Nr 37 (4. 9.). Hamburg 1972. S. 110–123.

Schriftstellerstreik 1923. – Schriftstellerstreik. In: Deutsche Verlegerzeitung. Hrsg. v. Deutschen Verlegerverein. Jg 4, Nr 6. Leipzig 1923. S. 45–47.

Schuhler 1972. – Schuhler, Conrad: Mitbestimmung in Funk und Fernsehen. In: kürbiskern. Literatur, Kritik, Klassenkampf. Hrsg. v. Walter Fritzsche u. a. H 4 (Abhängigkeit in der Kulturindustrie). München 1972. S. 635–643.

Schulenburg 1948. – Schulenburg, Werner von der: (Was ist mit der deutschen Literatur? Antwort auf eine Umfrage). In: Der Schriftsteller (1). Jg 1, H 4/5. 1948. S. 4 f.

Schulz 1971. – Schulz, Uwe: Steigende Auflagen – sinkende Sutorenhonorare. In: der literat. Jg 13, H 11. 1971. S. 209 f.

Schulz/Tonnemacher 1971. – Schulz, Winfried u. Jan Tonnemacher: Massenmedien. Europa. In: Publizistik. Hrsg. v. Elisabeth Noelle-Neumann u. W. Schulz. (Das Fischer Lexikon. Bd 9.). Frankfurt/M. 1971. S. 109–126.

H. G. Schumann 1972. – Schumann, Hans-Gerd: Gewerkschaften. In: Wörterbuch der Soziologie. Hrsg. v. Wilhelm Bernsdorf. Neu bearb. u. aktual. Taschenbuchausg. Frankfurt/M. 1972. Bd 1. S. 304–310.

O. Schumann 1954. – Schumann, Otto: Das edle Handwerk. In: Das Manuskript. Formen der Wortkunst – Werkzeug und Handgriffe des Schriftstellers. Hrsg. v. O. Schumann. Wilhelmshaven 1954. S. 5–8.

Schütt 1971. – Schütt, Peter: Literarische Parteiarbeit. In: kürbiskern. Literatur und Kritik. Hrsg. v. Walter Fritzsche u. a. H 3. München 1971. S. 509–518.

Schütte 1972. – Schütte, Wolfram: Von einer Notwendigkeit und einem langen Weg. Plädoyer für eine ‚IG Massenmedien'. In: Massenkommunikationsforschung. 1: Produktion. Hrsg. v. Dieter Prokop. Frankfurt/M. 1972. S. 229–235.

Schwarz 1948. – Schwarz, Georg: (Was ist mit der deutschen Literatur? Antwort auf eine Umfrage). In: Der Schriftsteller (2). Jg 1, H 4/5. 1948. S. 3 f.

Schwenger 1971. – Schwenger, Hannes: Die Gewerkschaftsfrage eine Bündnisfrage. Berlin 1971.

Schwenger 1972. – ders.: Ohne ihn kein Anfang. Der ‚Autorenreport' als Grundlage konkreter Berufspolitik. In: DIE ZEIT. Nr 26 (30. 6.). Hamburg 1972. S. 14 f.

Schwenger 1974. – ders.: Schriftsteller und Gewerkschaft. Ideologie, Überbau, Organisation. Darmstadt, Neuwied 1974.

Schwerin 1931. – Schwerin, Otto: Der deutsche Schriftsteller in der Agonie. In: Der Schriftsteller (1). Jg 19, H 2. 1931. S. 11–15.

Seifert 1971. – Seifert, Jürgen: Probleme der Parteien- und Verbandskontrolle von Rundfunk- und Fernsehanstalten. (1971). In: Massenkommunikationsforschung. 1: Produktion. Hrsg. v. Dieter Prokop. Frankfurt/M. 1972. S. 301–330.

Seyppel 1973. – Seyppel, Joachim: Vom Ende der Bescheidenheit zur Geschäftsfähigkeit – Oder sind autoreneigene Verlage möglich? In: Entwicklungsland Kultur 1973. S. 113–117.

Shell 1970. – Shell, Kurt L.: Pluralismus. In: Handlexikon der Politikwissenschaft. Hrsg. v. Axel Görlitz. München 1970. S. 306–310.

Silbermann 1966. – Silbermann, Alphons: Literaturphilosophie, soziologische Literaturästhetik oder Literatursoziologie. In: Kölner Zeitschrift für Soziologie und Sozialpsychologie. Jg 18. Hrsg. v. René Könie. Köln, Opladen 1966. S. 139–148.

Sind Dichterschulen unzeitgemäß? 1954. – Sind Dichterschulen unzeitgemäß? Anleitung zur Bewältigung der Formfragen. Zu dem Werk ‚Das Manuskript'. In: Der Schriftsteller (3). Jg 7, H 10. 1954. S. 115 f.

Sperr 1972. – Sperr, Monika: Vom Elend unserer Kinder- und Jugendliteratur oder: Die Situation der Kinder- und Jugendbuchautoren. In: kürbiskern. Literatur, Kritik, Klassenkampf. Hrsg. v. Walter Fritzsche u. a. H 4 (Abhängigkeit in der Kulturindustrie). München 1972. S. 570–575.

Stahl 1948. – Stahl, Hermann: (Was ist mit der deutschen Literatur? Antwort auf eine Umfrage). In: Der Schriftsteller (2). Jg 1, H 6/7. 1948. S. 16 f.

Stammer 1969 (1). – Stammer, Otto: Elite und Elitenbildung. In: Wörterbuch der Soziologie. Hrsg. v. Wilhelm Bernsdorf. 2., neubearb. u. erw. Aufl. Stuttgart 1969. S. 217–220.

Stammer 1969 (2). – ders.: Staatssoziologie. ebda, S. 1107–1111.

Stankiewitz 1973. – Stankiewitz, Karl: Mit Habe und Trenker gegen Linksrutsch. In: Saarbrücker Zeitung, Nr 49 (27. 2.). Saarbrücken 1973. S. 6.

Statistik der Armut 1954. – Statistik der Armut. Niedersächsische Sozial-Enquete über die Einkommensverhältnisse der künstlerisch und publizistisch Freischaffenden. In: Der Schriftsteller (3). Jg 7, H 10. 1954. S. 110 f.

Steffani 1969. – Steffani, Winfried: Pluralismus. In: Wörterbuch der Soziologie. Hrsg. v. Wilhelm Bernsdorf. 2., neubearb. u. erw. Aufl. Stuttgart 1969. S. 807–811.

Stein 1918. – Stein, Otto Theodor: Standesverein oder rein geschäftliche Organisation? In: Weimarer Schriftsteller-Zeitung. Nr 14. 1918. S. 377–382.

Stein 1919 (1). – ders.: Zur Sozialisierung im deutschen Schrifttum. ebda, Nr 41. 1919. S. 577 f.

Stein 1919 (2). – ders.: Über Zweck und Ziele eines Schriftsteller-Verbandes. ebda, Nr 45. 1919. S. 601–603.

Stein 1919 (3). – ders.: Zur Kartellfrage. ebda, Nr 64. 1919. S. 720 f.

Steinitz 1888 (1). – Steinitz, Heinrich: Unsere Ziele. In: Deutsche Presse. Jg 1, Nr 1. 1888. S. 1 f.

Steinitz 1888 (2). – ders.: Erwerb und Verlust der Mitgliedschaft des Deutschen Schriftsteller-Verbandes. ebda, Jg 1, Nr 5, 6 u. 15. 1888. S. 33–35, 43–45 u. 113–115.

Steinitz 1891. – ders.: Revolution oder Reform im Deutschen Schriftstellerverbande. ebda, Jg 4, Nr 23. 1891. S. 216–219.

Stern 1970. – Stern, Fritz: Die politischen Folgen des unpolitischen Deutschen. In: Das kaiserliche Deutschland. Politik und Gesellschaft 1870–1918. Hrsg. v. Michael Stürmer. Düsseldorf 1970. S. 168–186.

Stieglitz 1960. – Stieglitz, Heinrich: Der soziale Auftrag der freien Berufe. Ein Beitrag zur Kultursoziologie der industriellen Gesellschaft. Köln, Berlin 1960.

Süskind 1948. – Süskind, Wilhelm Emanuel: (Was ist mir der deutschen Literatur? Antwort auf eine Umfrage). In: Der Schriftsteller (2). Jg 1, H 6/7. 1948. S. 9 f.

Systematik der Berufe 1949. – Systematik der Berufe. Berufsverzeichnis für die Arbeitsstatistik. Bonn 1949.

Szczesny 1948. – Szczesny, Gerhard: (Was ist mit der deutschen Literatur? Kommentar zu einer Umfrage). In: Der Schriftsteller (2). Jg 1, H 8/9. 1948. S. 20 f.

Tauchel 1968. – Tauchel, Theodor: Warnung vor Illusionen. In: der literat. Jg 10, H 11. 1968. S. 191.

Tauziehen 1971. – Tauziehen um Tantiemen. In: Die Wirtschaftswoche, Nr 6 (5. 2.). Düsseldorf, Frankfurt/M. 1971. S. 12–14.

Teich 1959. – Teich, Walter: Hilfe für Schriftsteller? In: Der Schriftsteller (3). Jg 12, H 6. 1959. S. 62–65.

Teich 1962 (1). – ders.: Die Schriftsteller rücken vor. ebda, Jg 15, H 1. 1962. S. 13 f.

Teich 1962 (2). – ders.: Die Gemeinschaft Europäischer Schriftstellerverbände (Comes). ebda, Jg 15, H 1. 1962. S. 14 f.

Thesing 1948. – Thesing, Curt: (Was ist mit der deutschen Literatur? Antwort auf eine Umfrage). In: Der Schriftsteller (2). Jg 1, H 6/7. 1948. S. 14 f.

Thieß 1904. – Thieß, K.: Soziale Bestrebungen der deutschen Journalisten und Schriftsteller. In: Soziale Praxis. Zentralblatt für Sozialpolitik. Jg 14, Nr 8. Leipzig 1904. S. 169–191.

Tralow 1948. – Tralow, Johannes: (Was ist mit der deutschen Literatur? Antwort auf eine Umfrage). In: Der Schriftsteller (2). Jg 1, H 4/5. 1948. S. 12–14.

Trinckler 1969. – Trinckler, Carl Heinz: Die deutschen Autoren sind unterprivilegiert (Interview). In: Hamburger Abendblatt (16. 4.), Hamburg 1969.

Tucholsky 1921. – Tucholsky, Kurt: Solidarität. In: Der Schriftsteller (1). Jg 8, H 1/2. 1921. S. 5–7.

Tuchtfeld 1962. – Tuchtfeld, Egon: Heutiger Stand und künftige Perspektiven der Verbandsdiskussion. In: Die Verbände in der pluralistischen Gesellschaft. Hrsg. v. E. Tuchtfeld. Hamburg 1962. S. 65–82.

Ude 1971. – Ude, Karl: Der arme Poet – kein Spitzweg-Idyll. In: Süddeutsche Zeitung, Nr. 5 (7. 1.). München 1971. S. 3.

Ude 1972. – ders.: Fraktions-Kämpfe im bayerischen VS. ebda, Nr 59 (11./12. 3.). 1972. S. 12.

Ude 1973. – ders.: Nun trennen sie sich wieder. In München konstituierte sich der FDA als zweiter Schriftstellerverband auf Bundesebene. ebda, Nr 48 (27. 2.). 1973. S. 15.

Ulmer 1951. – Ulmer, Eugen: Urheber- und Verlagsrecht. Berlin, Göttingen, Heidelberg 1951.

Unsere Ziele und Aufgaben 1961. – Unsere Ziele und Aufgaben. Informationsmaterial für Presse und Rundfunk anläßlich der Generalversammlung der Vereinigung der deutschen Schriftstellerverbände am 14./15. 4. 1961 in Bonn. VS-Archiv im Büro Dr. W. Nordemann et al., Berlin.

Vaßen 1972. – Vaßen, Florian: Methoden der Literaturwissenschaft II: Marxistische Literaturtheorie und Literatursoziologie. Düsseldorf 1972.

Vertragswerk 1956. – Vertragswerk von 3. 5. 1956, abgeschlossen zwischen dem Deutschen Bühnenverein e. V. Köln, dem Verband Deutscher Bühnenschriftsteller und Bühnenkomponisten e. V. Berlin – Frankfurt/M., der Vereinigung der Bühnenverleger und Bühnenvertriebe e. V. Berlin, dem Verein Deutscher Bühnenverleger e. V. Hamburg. Berlin o. J.

Völker 1968. – Völker, Paul-Gerhard: Die inhumane Praxis einer bürgerlichen Wissenschaft. Zur Methodengeschichte der Germanistik. In: Das Argument. Berliner Hefte für Probleme der Gesellschaft. 49 (Kritik der bürgerlichen Germanistik). Jg 10, H 6. Berlin 1968. S. 431–454.

Völker 1970. – ders.: Skizze einer marxistischen Literaturwissenschaft. In: Marie Luise Gansberg und P. G. Völer: Methodenkritik der Germanistik. Materialistische Literaturtheorie und bürgerliche Praxis. Stuttgart 1970. S. 74–132.

Vom Deutschen Schriftsteller-Verband 1898. – Vom Deutschen Schriftsteller-Verband. In: Die Feder. Jg 1, Nr 7. 1898. S. 49 f.

Vom Schutzverband 1918. – Vom Schutzverband. In: Weimarer Schriftsteller-Zeitung. Nr 11. 1918. S. 330.

Wagenseil 1948. – Wagenseil, Hans B.: (Was ist mit der deutschen Literatur? Antwort auf eine Umfrage). In: Der Schriftsteller(2). Jg 1, H 4/5. 1948. S. 14 f.

Wagner 1963. – Wagner, Egon: Rundfunk und Urheberrechtsreform. In: Die Urheberrechtsreform. Hrsg. v. Martin Löffler. München, Berlin 1963. S. 32–40.

Wallraff 1970. – Wallraff, Günter: Wirkungen in der Praxis. In: Akzente. Zeitschrift für Literatur. Hrsg. v. Hans Bender. H 4. München 1970. S. 312–318.

Walser 1970. – Walser, Martin: IG Kultur? (1970). In: Einigkeit der Einzelgänger 1971. S. 33–41.

Walser 1971. – ders.: Das ist der Weg zur IG Kultur. Gegen Abhängigkeit hilft nur gemeinsamer Kampf. Beilage zu: kürbiskern. Literatur und Kritik. Hrsg. v. Walter Fritzsche u. a. H 3. München 1971.

Walser 1972. – ders.: Wie schwer ist es, eigene Erfahrungen zu verstehen? In: kürbiskern. Literatur, Kritik, Klassenkampf. Hrsg. v. Walter Fritzsche u. a. H 4 (Abhängigkeit in der Kulturindustrie). München 1972. S. 531–533.

Walser 1973. – ders.: Komische Kaste beim Zerteilen des Nebels (Interview). In: Badische Zeitung, Nr 16 (20./21. 1.). Freiburg i. Br. 1973. S. 6.

Walser/Hitzer 1971. – ders. u. Friedrich Hitzer: An die Delegierten des Gewerkschaftstages der IG Druck und Papier. (1971). In: kürbiskern. Literatur und Kritik. Hrsg. v. Walter Fritzsche u. a. H 1. München 1972. S. 160 f.

Warneken 1972. – Warneken, Bernd Jürgen: Abriß einer Analyse literarischer Produktion. In: Das Argument. Zeitschrift für Philosophie und Sozialwissenschaften. Hrsg. v. Wolfgang Fritz Haug. 72 (Problem der Ästhetik IV. Literatur- und Sprachwissenschaft. Jg 14, H 3/4. Berlin 1972. S. 207–232.

Was erwarten die Schriftsteller 1918. – Was erwarten die Schriftsteller von der Umwälzung? In: Die Feder. Jg 21, Nr 466/467. 1918. S. 4676 f.

Was wir erreichen müssen 1920. – Was wir erreichen müssen. ebda, Jg 23, Nr 509. 1920. S. 5030 f.

A. Weber 1923. – Weber, Alfred: Die Not der geistigen Arbeiter. München, Leipzig 1923.

M. Weber 1964. – Weber, Max: Wirtschaft und Gesellschaft. Grundriß der verstehenden Soziologie. Studienausgabe. Hrsg. v. Johannes Winckelmann. Köln, Berlin 1964.

W. Weber 1958. – Weber, Werner: Spannungen und Kräfte im westdeutschen Verfassungssystem. 2., erw. Aufl. Stuttgart 1958.

Weidl 1971. – Weidl, Erhard: Militaristische Subliteratur blüht weiter. In: Deutsche Volkszeitung, Nr 30 (22. 7.). Düsseldorf 1971.

Weinhold 1956. – Weinhold, Heinz: Marktforschung für das Buch. St. Gallen 1956.

Weise 1969. – Weise, Gerhard: Mehr Bücher – weniger Verlage? In: der literat. Jg 11, H 6. 1969. S. 106.

Weisenborn 1947 (1). – Weisenborn, Günther: An die deutschen Dichter im Ausland. In: Der Autor. (Jg 1) H 1. 1947. S. 1–5.

Weisenborn 1947 (2). – ders.: Von Tod und Hoffnung der Dichter. ebda, (Jg 1) H 8. 1947. S. 5–9.

Weismantel 1948. – Weismantel, Leo: (Was ist mit der deutschen Literatur? Antwort auf eine Umfrage). In: Der Schriftsteller (2). Jg 1, H 4/5. 1948. S. 15–20.

Wellershoff 1969. – Wellershoff, Dieter: Literatur, Markt, Kulturindustrie. In: D. Wellershoff: Literatur und Veränderung. Köln, Berlin 1969. S. 123–147.

Wendlandt 1889. – Wendlandt, Wilhelm: Der literarische Markt. In: Deutsche Presse. Jg 2, Nr 50. 1889. S. 394–398.

Wer gehört zu den Schriftstellern 1961. – Wer gehört zu den Schriftstellern? In: Der Schriftsteller (3). Jg 14, H 9. 1961. S. 100–102.

Wiese 1922. – Wiese, Leopold von: Die Sozialisierung des Buchverlages. In: Die geistigen Arbeiter. Teil 1: Freies Schriftstellertum und Literaturverlag. Hrsg. v. Ludwig Sinzheimer. (Schriften des Vereins für Sozialpolitik. Bd 152/1.). München, Leipzig 1922. S. 385–414.

Windisch 1948. – Windisch, Hans: (Was ist mit der deutschen Literatur? Antwort auf eine Umfrage). In: Der Schriftsteller (2). Jg 1, H 6/7. 1948. S. 1–7.

Wirsing 1971. – Wirsing, Sybille: Heute ›in‹ und morgen ›out‹. Der Autor und das Fernsehen. In: der literat. Jg 13, H 4. 1971. S. 67.

Wolzogen 1910. – Wolzogen, Ernst Freiherr von: (Die soziale Lage der deutschen Schriftsteller). In: Das Blaubuch. Wochenschrift für öffentliches Leben, Literatur und Kunst. Hrsg. v. Heinrich Ilgenstein. Jg 5, Nr 7. 1910. S. 151 f.

Wössner 1961. – Wössner, Jacobus: Die ordnungspolitische Bedeutung des Verbandswesens (Die Verbands-Gesellschaft). Tübingen 1961.

Wulf 1963. – Wulf, Joseph: Literatur und Dichtung im Dritten Reich. Eine Dokumentation. (1963). Taschenbuchausgabe. Reinbeck bei Hamburg 1966.

Wynands 1931. – Wynands, Franz: Der Weg zur Einheit. In: Der Schriftsteller (1). Jg 19, H 5. 1931. S. 7 f.

Zarncke 1959. – Zarncke, Wilhelm: Zum Thema Verbands-›Leben‹. In: Der Schriftsteller (3). Jg 12, H 4. 1959. S. 37 f.

Zehm 1969. – Zehm, Günter: Kollege Dichter. In: DIE WELT, (14. 6.). Berlin 1969.

Zehm 1973. – ders.: Gewerkschaft ›Medien‹, die große Zauberformel. ebda, Nr 18 (22. 1.). Hamburg 1973. S. 15.

Zehn Pfennig die Zeile 1925. – Zehn Pfennig die Zeile. In: Die Feder. Jg 27, Nr 595. 1925. S. 2.

Zeitlin 1922. – Zeitlin, Leon: Finanzpolitik und Schriftstellerfragen. In: Die geistigen Arbeiter. Teil 1: Freies Schriftstellertum und Literaturverlag. Hrsg. v. Ludwig Sinzheimer. (Schriften des Vereins für Sozialpolitik. Bd 152/1.). München, Leipzig 1922. S. 365–384.

Zeitlin 1932. – ders.: Zur Arbeit des SDS. Presseerklärung vom 21. 11. 1932. In: Der Schriftsteller (1). Jg 20, H 11/12. 1932. S. 221–223.

Zierer 1972 (1). – Zierer, Otto: Die Gewerkschaftsfrage nach der Delegierten-Versammlung von Berlin. In: VS-Informationen. Nr 1. 1972. S. 15–17.

Zierer 1972 (2). – ders.: Zusammenfassende Stellungnahme. In: der literat. Jg 14, H 4. 1972. S. 79 f.

Zierer 1972 (3). – ders.: Neuer Schriftstellerverband in Bayern. ebda, Jg 14, H 6. 1972. S. 119.

Zierer 1972 (4). – ders.: Im Geiste der Freiheit und Toleranz. ebda, Jg 14, H 8. 1972. S. 161.

Zilsel 1926. – Zilsel, Edgar: Die Entstehung des Geniebegriffes. Ein Beitrag zur Ideengeschichte der Antike und des Frühkapitalismus. Tübingen 1926.

Zimmer 1971 (1). – Zimmer, Dieter E.: Vom Dichter zum Urheber Wort. In: DIE ZEIT, Nr 22 (28. 5.). Hamburg 1971. S. 14.

Zimmer 1971 (2). – ders.: Versuch eines Resumees. Schriftsteller und Gewerkschaft. ebda, Nr 26 (15. 6.). 1971. S. 12.

Zimmer 1971 (3). – ders.: Die Diktatur der Bestseller. ebda, Nr 42 (15. 10.). 1971. S. 1.

Zimmer 1971 (4). – ders.: So schlecht sind die Autoren nicht dran. ebda, Nr 50 (10. 12.). 1971. S. 18.

Zimmer 1973 (1). – ders.: Fünf Ratschläge an Schriftsteller. ebda, Nr 4 (19. 1.). 1973. S. 19.

Zimmer 1973 (2). – ders.: Mit Druck und Papier. Die Mehrheit votierte für die Gewerkschaft. ebda, Nr 5 (16. 1.). 1973. S. 12.

Zunkel 1968. – Zunkel, Friedrich: Das rheinisch-westfälische Unternehmertum 1834–1879. In: Probleme der Reichsgründungszeit 1848–1879. Hrsg. v. Helmut Böhme. Köln, Berlin 1968. S. 104–113.

Zur Lage der Schriftsteller 1920. – Zur Lage der Schriftsteller. In: Die Feder. Jg 23, Nr 501. 1920. S. 4966.

Zur Tradition 1967. – Zur Tradition der sozialistischen Literatur in Deutschland. Eine Auswahl von Dokumenten. Hrsg. u. kommentiert von der Deutschen Akademie der Künste zu Berlin, Sektion Dichtung und Sprachpflege. Abteilung Geschichte der sozialistischen Literatur. 2., durchges. u. erw. Aufl. Berlin, Weimar 1967.

Zur Verpflichtung 1933. – Zur Verpflichtung der Anmeldung beim Reichsverband. In: Die Feder. Jg 34, Nr 809. 1933. S. 1 f.

Zweig 1929. – Zweig, Arnold: Werbung für den Schutzverband. In: Der Schriftsteller (1). Jg 16, H 3. 1929. S. 2–6.

Zweig 1930. – ders.: (Brief an die Generalversammlung des SDS vom 31. 3. 1930). ebda, Jg 18, H 5. 1930. S. 9–11.

Zweig 1938. – ders.: Fünfundzwanzig Jahre SDS. In: Das Wort. Literarische Monatsschrift. H 11. Moskau 1938. (Neudruck in 11 Bänden. Bd 9, H 10–12). Hilversum, Zürich 1969.) S. 89–93.

Zweitdruck-Verwertung 1925. – Zweitdruck-Verwertung. In: Die Feder. Jg 27, Nr 594. 1925. S. 5 f.

Zweites Deutsches Fernsehen 1965. – Zweites Deutsches Fernsehen. Jahrbuch 1962/64. Mainz 1965.

Personenregister

(enthält zugleich ein Verzeichnis der in dieser Untersuchung berücksichtigten Verbandsrepräsentanten und ihre Funktionen.)

(Ist ein Autor, auf den Bezug genommen oder der zitiert wurde, im Text nicht ausdrücklich genannt, so wird im Personenregister auf die dazugehörige Anmerkung verwiesen.)

Adenauer, Konrad 185
Adler, Franz 116 (s. Anm. 151 u. 152), 413, 448
Adorno, Theodor W. 16, 18, 19, 27, 28, 157 (s. Anm. 212), 165 (s. Anm. 272), 389 (s. Anm. 20), 390 f., 393, 394, 395, 419, 445, 448, 458
Albrecht, Friedrich 357 f.
Amery, Carl (1969 im Vorstand des VS in Bayern) 343
Apfel, (?) 306 (s. Anm. 252), 438, 448
Arnim, Bettina u. Achim von 106
Arnold, Heinz Ludwig 120 (s. Anm. 3), 157 (s. Anm. 210), 161 (s. Anm. 241), 171 (s. Anm. 302), 180 f., 181 (s. Anm. 365), 187 (s. Anm. 402), 248 (s. Anm. 795), 413, 419, 420, 422, 423, 432, 448
Astel, Arnfried (1970–1974 im Vorstand des VS im Saarland) 313

Bars, Richard 405, 448
Barthel, Max (1931 1. Vors. der SDS-Ortsgruppe Berlin-Brandenburg. 10. 3. 1933 in Hauptvorstand des SDS kooptiert. 4. 5. 1933 Beisitz im Vorstand des SDS. 1950–1956 1. Vors. des Verbandes Rheinisch-Pfälzischer Schriftsteller, seit 1952 SDS Rheinland-Pfalz. Ab 1956 Alterspräsident des SDS Rheinland-Pfalz. 1952 Beisitz im Vorstand der Vereinigung) 326 (s. Anm. 350), 327, 357, 441, 442, 448
Bauer, Arnold 312 (s. Anm. 276), 439, 448
Bauer, Gerhard 158 (s. Anm. 216, 220 u. 221), 167 (s. Anm. 286), 171 (s. Anm. 304), 189 (s. Anm. 412), 259 (s. Anm. 837), 388, 390, 419, 420, 421, 423, 433, 445, 448
Bauer, Walter 411, 437, 448
Baumann, Max (1954 Leiter der Redaktion von Der Schriftsteller [3]) 91 (s. Anm. 359), 239, 409, 431, 448
Baumgart, Reinhard (1970–1974 stellvertr. Vors. des VS) 129 (s. Anm. 65), 243 (s. Anm. 764), 253 (s. Anm. 826), 315 (s. Anm. 294), 343, 415, 432, 433, 440, 443, 448
Bausch, Hans 181, 422, 448
Bauschmid, Elisabeth 360 (s. Anm. 513), 444, 448
Bayer, Hans (Thaddäus Troll) (1968 1. Vors. des Süddeutschen Schriftstellerverbandes. 1969–1973 stellvertr. Vors. des VS) 120 (s. Anm. 2), 129 (s. Anm. 65), 273, 413, 415, 422, 435, 448 f.
Becher, Johannes R. (1928–1930 Beisitz im Vorstand des SDS. 1945 im Vorstand des SDA-Berlin) 305, 322, 324, 334
Becker, Jürgen 412
Beheim-Schwarzbach, Martin 334, 442, 449
Benjamin, Walter 28, 188, 260, 359, 387, 390, 395, 423, 433, 445, 449
Benseler, Frank 431
Bergengruen, Werner (ab 4. 5. 1933 im Vorstand des SDS) 441
Berl, Heinrich (1947 Mitbegründer des Verbandes südwestdeutscher Autoren. 1949 Mitbegründer des VDA. 1950 Beisitz im Präsidium der Deutschen Akademie für Sprache und Dichtung als Vertreter der Schriftstellerverbände. 1952 1. Vors. des Verbandes südwestdeutscher Autoren) 41, 107, 312 (s. Anm. 276), 331, 333, 398, 411, 439, 442, 449
Bernhard, Thomas 412
Bernsdorf, Wilhelm 72 (s. Anm. 247), 262 (s. Anm. 5), 335 (s. Anm. 487), 405, 434, 444, 449
Bettauer, Fritz Ernst (bis 1933 1. Vors. des SDS-Gaues Schlesien. 1946 Geschäftsführer der vom SDA-Berlin gegründeten Gesellschaft für Senderechte und der Zentralstelle der Autoren und Verleger GmbH) 236 (s. Anm. 712), 430, 449
Beyer, Georg 14 f., 27 (s. Anm. 29), 73 (s. Anm. 251), 74 (s. Anm. 256), 222, 233, 248 (s. Anm. 795), 393, 397, 405, 406, 428, 430, 432, 449
Beyme, Klaus von 5 (s. Anm. 15), 8 (s. Anm. 21), 262 (s. Anm. 1 u. 3), 392, 433, 434, 449
Bienek, Horst 412
Bierbaum, Otto Julius (1902 Mitbegründer und Komitee-Mitglied des KlA) 36, 47 (s. Anm. 78), 97 (s. Anm. 386), 103 (s. Anm. 434), 141 (s. Anm. 114), 200 (s. Anm. 468 u. 470), 226 (s. Anm. 621), 251 (s. Anm. 810), 400, 409, 410, 417, 424, 429, 433, 449
Bingel, Horst (1971–1974 1. Vors. des VS in Hessen. 1973–1974 stellvertr. Vors. des

VS. 1973 Sprecher des Initiativ-Komitees Autorenverlag des VS. 1974 1. Vors. des VS in der IG Druck und Papier) 197, 400 f., 431, 432
Birkenfeld, Günther (1927 Generalsekretär des Reichsverbands des deutschen Schrifttums. 1930 Direktionssekretär des VDE. 1945 im Vorstand des SDA-Berlin. 1953 Vizepräs. des SBS. 1956 Präs. des SBS. 1952 im Beirat der Vereinigung. 1954 Vizepräs. der Vereinigung) 268, 333, 335 f., 434, 442, 449
Bloem, Walter (1931 Beisitz im Vorstand des SDS. 10. 1.–4. 4. 1932 1. Vors. des SDS. 1932 im Beirat des VDE. 10. 3. 1933 in Vorstand des SDS kooptiert. 4. 5. 1933 Ehrenvors. des SDS. 23. 6. 1933 im Ehrensenat des RDS) 67, 233 (s. Anm. 681), 310, 328, 404, 430, 441, 449
Blum, Robert (Mitbegründer des Leipziger Literatenvereins) 317, 318
Blüthgen, Victor (1880 Mitgl. des ADSV. 1906 Mitgl. desl KlA. 1909–1912 2. Vors. des DSV. 1912–1914 1. Vors. des DSV. Ab 1914 Ehrenvors. des DSV. 1912–1919 Vors. der Rechtsabt. des ASV. Ab 1919 Ehrenmitgl. des ASV) 60, 61, 79, 82, 111 f., 113, 191 f., 225, 320, 406, 410, 412, 423, 429, 449
Boensch, Ellmar 131 (s. Anm. 75), 416, 449
Bohner, Theodor (1928 2. Schatzmeister des SDS. 1929 Beisitz im Vorstand des SDS. 1931 2. Vors. des SDS. 1930–16. 6. 1931 1. Vors. der SDS-Ortsgruppe Berlin. 19. 12. 1931 1. Vors. der SDS-Ortsgruppe Berlin-Brandenburg. 25. 4. 1932 – 10. 3. 1933 1. Vors. des SDS. 1953 Vizepräs. der Vereinigung. 1954 Ehrenpräs. der Vereinigung) 55, 108 (s. Anm. 460), 267 (s. Anm. 34), 310, 326, 328, 335, 411, 434, 441, 449
Bohrer, Karl-Heinz 221 (s. Anm. 600), 428, 449
Böker, Alexander 187 (s. Anm. 405), 423, 449
Bolay, Karl H. 415, 449
Böll, Heinrich 61, 67, 71, 75, 86, 92, 110, 147, 215, 241, 242, 252, 273 f., 294, 298, 340, 347, 403, 404, 405, 408, 409, 419, 427, 428, 431, 433, 435, 437, 438, 443, 449
Bolte, Karl Martin 7 (s. Anm. 26), 24 (s. Anm. 132), 25 (s. Anm. 143), 187 (s. Anm. 403), 263 (s. Anm. 6), 392, 395, 423, 434, 450
Borchardt, Julian (1926 Schriftführer der SDS-Ortsgruppe Berlin) 307 (s. Anm. 254), 438, 450
Borée, Friedrich Karl (1945 im Vorstand des SDA-Berlin. 1949 1. Vors. des Berliner Schriftstellerverbands) 91, 332, 411
Bosch, Manfred 181 (s. Anm. 363), 185 (s. Anm. 384), 422, 450
Böttger, Ernst 123, 413 f., 450
Bourfeind, Paul (1917 Mitbegründer des WSB. 1927 1. Vors. des SDS-Gaus Rheinland-Westfalen) 37, 68 (s. Anm. 210), 70 (s. Anm. 242), 80 (s. Anm. 280), 112, 124, 128, 141 f., 194, 226, 266, 284, 404, 405, 406, 412, 414, 417, 423, 429, 434, 436, 450
Braem, Helmut M. (1962 2. Vors. des VdÜ. 1969–1973 stellvertretender Vors. des VS. 1969–1971 Delegierter des VS im Messerat der Frankfurter Buchmesse. 1973 Mitglied des VS-Autorenrats) 66 (s. Anm. 193), 93, 216, 243 (s. Anm. 764), 342 (s. Anm. 437), 404, 409, 412, 432, 443, 450
Brandt, Willy 61, 295, 437, 450
Braun, Adolf 10 (s. Anm. 39), 20 (s. Anm. 102), 73 (s. Anm. 251), 74 (s. Anm. 256), 393, 394, 405, 406, 450
Braun, Hanns (1947 Mitglied des Drei-Männer-Präsidiums des SDS-Bayern. 1948 Sachbearbeiter für Wohlfahrtsfragen im SDS-Bayern) 289
Brecht, Bertholt 330
Breitling, Rupert 25 (s. Anm. 141), 335 (s. Anm. 487), 392, 395, 444, 450
Bremme, Gabriele 134 f., 416, 450
Breuer, Robert (1914–1917 Geschäftsführer des SDS. 1920–10. 3. 1933 Beisitz im Vorstand des SDS. 1926–16. 6. 1931 2. Vors. der SDS-Ortsgruppe Berlin) 48, 71 (s. Anm. 242), 81, 89 (s. Anm. 339), 97, 206, 207, 228 f., 229, 233 (s. Anm. 685), 234, 251 (s. Anm. 814), 267, 268 (s. Anm. 40), 311, 320 f., 328 (s. Anm. 359), 358, 400, 405, 407, 408, 409, 425, 426, 429, 430, 433, 434, 439, 440, 441, 450 f.
Brinks, Helmut W. (1973 Mitglied des VS-Autorenrats) 412
Brüning, Heinrich 310, 311
Bücher, Karl 10 (s. Anm. 39), 172, 393, 421, 451
Bulcke, Carl (1906 Mitglied des KlA. 1920 Beisitz im Vorstand des SDS. 1922–1924 1. Vors. des SDS. 1924 1. Schiedsrichter des vom SDS. und dem Deutschen Verlegerverein gegründeten paritätischen Schiedsgerichts) 69 (s. Anm. 223), 124, 142, 234, 286 (s. Anm. 146), 397, 414, 430, 436, 451
Burke, Kenneth 17, 394, 451
Busch, Wilhelm 204
Busse, Carl (1902 Mitbegründer des KlA) 36, 449
Bußmann, Walter 318 (s. Anm. 310), 440, 451

Chruschtschow, Nikita 55

Clemenceau, Georges 286
Cohn, Fritz Th. 64, 427

Daheim, Hansjürgen 9 (s. Anm. 28), 20 f. (s. Anm. 103, 104 u. 106), 24 f. (s. Anm. 133, 135 u. 136), 392, 394, 395, 451
Daim, Wilfried 276 (s. Anm. 96 u. 98), 300, 356 f., 435, 438, 444, 451
Damwerth, Wilhelm (1965 Geschäftsführer des WAV. 1971 Geschäftsführer des VS in Nordrhein-Westfalen. 1965–1969 Geschäftsführer der Vereinigung, bis 31. 12. 1969 des VS. 1973 Mitglied des VS-Autorenrats) 40 (s. Anm. 46), 56 (s. Anm. 122), 337 (s. Anm. 410), 398, 402, 412, 443, 451
Dehmel, Richard (1902 Mitbegründer und Komitee-Mitglied des KlA) 36, 61, 103, 449
Delp, Ludwig 165 (s. Anm. 272), 420, 451
Deneke, J. F. Volrad 23 (s. Anm. 112, 116, 118 ff.), 24, 25 (s. Anm. 134), 73 (s. Anm. 251), 97, 144 (s. Anm. 141), 160 (s. Anm. 236), 163, 164, 214, 239, 271, 276 f., 292, 394, 395, 405, 409, 418, 420, 427, 431, 434, 435, 437, 451
Deppisch, Walter 109 (s. Anm. 469), 412, 451
Diederichs, Helmut H. 172 (s. Anm. 312), 177 (s. Anm. 343), 420, 421, 422, 452
Döblin, Alfred (1920 2. Vors. der SDS-Fachgruppe „Bund der Erzähler". 1920 in den Vorstand des SDS kooptiert. 1921 bis 1924 Schriftführer des SDS. 1924–1925 1. Vors. des SDS. 1930 Vorstandsmitglied des VDE. 1947 Initiator und Mitbegründer des Verbandes südwestdeutscher Autoren) 61, 67 (s. Anm. 204), 71 (s. Anm. 242), 233 (s. Anm. 685), 267 (s. Anm. 31), 285, 305, 306, 321, 330, 331, 357, 358, 404, 405, 430, 434, 436, 438, 440, 452
Doehlemann, Martin 17, 20 (s. Anm. 102), 117, 163 (s. Anm. 257), 174 (s. Anm. 325), 178, 263 (s. Anm. 6), 360 f., 387 (s. Anm. 5 f.), 388, 389, 393, 394, 413, 420, 421, 422, 434, 445, 452
Donner, Wolf 181 (s. Anm. 363), 182 (s. Anm. 370), 185 (s. Anm. 384), 422, 452
Dörfler, Peter (1947 Mitglied des Drei-Männer-Präsidiums des SDS-Bayern) 289, 411, 437, 452
Drewitz, Ingeborg (1961–1965 Vizepräs. des SDS-Berlin. 1965–1969 Präs. des SDS Berlin. 1969–1971 Beisitz im Vorstand des SDS-Berlin. 1971–1974 stellvertr. Vors. des VS in Berlin. 1969–1974 stellvertr. Vors. des VS. 1972 Sprecherin des AFM-Ausschusses des VS) 42, 85 (s. Anm. 315), 92, 106, 109 (s. Anm. 470), 215 (s. Anm. 568), 245 (s. Anm. 776), 272, 273, 340 (s. Anm. 422), 347, 399, 407, 409, 411, 412, 427, 432, 434, 435, 443, 444, 452 f.
Drews, Jörg 248 (s. Anm. 795), 346 (s. Anm. 458), 432, 444, 453
Drews-Bernstein, Charlotte (1971–1972 Sprecherin des AFM-Ausschusses des VS) 86 (s. Anm. 326), 220 f. (s. Anm. 597), 315 (s. Anm. 292), 408, 428, 440, 453
Dufhues, Heinrich 443

Eberhard, Fritz 175 f. (s. Anm. 331 ff.), 178 (s. Anm. 345), 179 f. (s. Anm. 354 f.), 421 f., 453
Ebert, Friedrich 286
Eder, Klaus 400, 453
Edschmid, Kasimir (1954 zum Vizepräs. der Vereinigung kooptiert) 91, 437, 453
Ehard, Hans 289
Eichacker, Reinhold (1920 Begründer und Vors. des BdT) 39, 63, 203, 250, 284, 304, 397, 403, 425, 430, 432, 436, 438, 453
Eloesser, Arthur 48, 62 (s. Anm. 162), 65 (s. Anm. 187), 82, 89 (s. Anm. 339), 102 (s. Anm. 423), 104, 150, 207, 211, 229, 230, 233, 234, 251 (s. Anm. 814), 267 (s. Anm. 31), 283 (s. Anm. 130), 285, 286 (s. Anm. 146), 287, 288, 304, 306 (s. Anm. 252), 308 (s. Anm. 300), 320 (s. Anm. 320), 321, 328, 358, 400, 403, 404, 408, 410, 419, 426, 429, 430, 433, 434, 436, 438, 440, 441, 453
Elster, Hans Martin (1932 Beisitz im Vorstand des SDS. 1954 Mitgl. des Sozialausschusses der Vereinigung. 1961–1962 Vizepräs. der Vereinigung. 1960 Geschäftsführer der VG Wort) 209
Endres, Elisabeth (seit 1972 im Vorstand des VS in Bayern. 1973 Mitglied des VS-Autorenrats) 246 (s. Anm. 782), 432, 453
Engel, Fritz 67 (s. Anm. 204), 104 (s. Anm. 437), 232 (s. Anm. 679), 285, 404, 410, 430, 436, 453
Engelmann, Bernd 431
Enzensberger, Hans Magnus 181, 431
Erhard, Ludwig 435, 453
Ermann, Hans (1949 im Vorstand des Berliner Schriftstellerverbands. 1953 Präs. des SBS. 1973 1. Vors. des FDA-Landesverbands Berlin) 291, 292, 437, 454
Ermecke, Gustav 137 f. (s. Anm. 94 u. 96), 144 f., 416, 418, 454
Escarpit, Robert 27 (s. Anm. 149 u. 151 f.), 395, 419 f., 454
Eschenburg, Theodor 8 (s. Anm. 22), 392, 454
Euchner, Walter 262 (s. Anm. 5), 302 (s. Anm. 237), 434, 438, 454
Eulenberg, Herbert 31 (s. Anm. 1), 47, 62

(s. Anm. 163), 65 (s. Anm. 188), 67, 395, 400, 403, 404, 454

Falke, Gustav (1902 Mitbegründer und Komitee-Mitglied des KlA) 36, 449
Falkenberg, Josef (bis 10. 3. 1933 Mitglied der Rechtsschutzkommission des SDS. 1945 Syndikus im Vorstand des SDA-Berlin. 1953 Justitiar des SBS. 1952–1960 Justitiar der Vereinigung. 1960 Ehrenpräsident der Vereinigung) 41 (s. Anm. 61), 399, 454
Ferber, Christian 156 (s. Anm. 206), 293, 419, 437, 454
Feuchtwanger, Sigbert 23, 24, 25, 156, 157, 394, 395, 419, 454
Fiemsch, Herbert 24, 25 (s. Anm. 141), 394, 395, 454
Flottau, Heiko 176 (s. Anm. 336), 180 (s. Anm. 358), 181 (s. Anm. 363), 422, 454
Foch, Ferdinand 286
Fohrbeck, Karla 11 f. (s. Anm. 46 ff.), 12, 13 f. (s. Anm. 55 ff.), 19 (s. Anm. 123), 21, 72 (s. Anm. 246), 76, 117, 121 (s. Anm. 4), 130 f. (s. Anm. 71 u. 75), 134, 150 (s. Anm. 181), 154 (s. Anm. 197), 159 (s. Anm. 224 u. 226), 162 (s. Anm. 252), 166, 169 (s. Anm. 291 u. 293), 170 (s. Anm. 295 u. 297), 172 (s. Anm. 310 ff.), 173, 174 f. (s. Anm. 326 ff.), 178, 183 (s. Anm. 374), 185 (s. Anm. 382), 186 (s. Anm. 399), 187 (s. Anm. 408), 260 (s. Anm. 842), 278 f., 383, 385 f. (s. Anm. 3), 393, 394, 405, 406, 408, 413, 415, 416, 419, 420, 421, 422, 423, 433, 435, 445, 454
Forstenheim, Anna 70 (s. Anm. 234), 139 (s. Anm. 106), 405, 416, 454
Fraenkel, Ernst 8 (s. Anm. 21 u. 24), 392, 454
Frank, Bruno 411
Fred, W. (1914 Beisitz im Vorstand des SDS. 1914 1. Vors. der SDS-Ortsgruppe München) 71 (s. Anm. 242), 72, 206, 228, 229, 235, 266 f., 405, 425, 429, 434, 454
Frei, Bruno 39 (s. Anm. 41), 330 (s. Anm. 415 ff.), 397, 442, 454
Frenssen, Gustav 321
Frenzel, Ivo 416, 454
Freytag, Gustav 112
Friedrich III. von Preußen 282, 319
Friedrich, Friedrich (1878 Begründer und bis 1887 1. Vors. des ADSV) 88, 100, 264 (s. Anm. 11 f.), 408, 434, 454
Friedrich, Hans 104 (s. Anm. 437), 410, 454
Fritzsche, Walter 360 (s. Anm. 517), 445, 455
Fröhlich, Hans J. 412
Fromm, Friedrich Karl (1954–1969 Justitiar der Vereinigung. 1955 Justitiar der GELU. 1957 Geschäftsführer der Vereinigung. 1966–1969 Vizepräs. der Vereinigung) 58, 70 (s. Anm. 235 u. 240), 108 (s. Anm. 461), 128, 144, 145 (s. Anm. 150), 196 (s. Anm. 452), 214, 215, 238, 239 f., 272 (s. Anm. 67), 292 f., 336, 337, 399, 405, 412, 418, 424, 431, 435, 437, 442, 443, 455
Fügen, Hans Norbert 27, 395, 455
Fuld, Ludwig (1887 Mitglied des DSV. 1890 Mitglied der Verlagsrechtskommission des DSV) 70 (s. Anm. 234), 101 f. (s. Anm. 420), 139 (s. Anm. 106), 283, 405, 410, 416, 436, 455
Fulda, Ludwig 73 (s. Anm. 249), 405, 455

Gallas, Helga 324 (s. Anm. 343), 441, 455
Gansberg, Marie Luise 27 (s. Anm. 145), 28 (s. Anm. 159), 116 (s. Anm. 492), 157 (s. Anm. 211), 395, 413, 419, 455
Gärtner, Rolf 306
Gebhardt, Hertha von (10. 3. 1933 im Vorstand des SDS. 1945 im Vorstand des SDA-Berlin. 1949 im Vorstand des Berliner Schriftstellerverbands. 1952 1. Vors. des Berliner Schriftstellerverbands. 1953 Vizepräs. des SBS. 1952–1954 im Beirat der Vereinigung) 330, 442, 455
Gehlen, Arnold 17, 393, 455
Geissler, Christian 431
Gieseke, Ludwig 136 (s. Anm. 88), 137 f. (s. Anm. 90 u. 94), 416, 455
Godin, Marie-Amelie Freiin von (1948 Schriftführerin des SDS-Bayern) 212 (s. Anm. 542), 427, 455
Goebbels, Josef 39, 336
Goethe, Johann Wolfgang v. 88, 100, 101, 107, 271
Goetz, Wolfgang (1932–4. 5. 1933 im Vorstand des SDS. 1951 Vizepräs. des SBS. 1953–1956 Präs. des SBS) 441
Goldbaum, Wenzel (1921 Schriftführer des VDF. 1921 Schriftführer und Syndikus des VDBB. 1921 Gründer des VDE) 64
Goldschmidt, Rudolf 14 (s. Anm. 62), 393, 455
Görlitz, Axel 5 (s. Anm. 15), 392, 456
Grabowsky Adolf (1916 im Vorstand der SDS-Ortsgruppe Berlin. 1916 2. Schatzmeister des SDS) 81, 112, 232 (s. Anm. 679), 267, 400, 407, 412, 430, 434, 456
Graff, Sigmund 412
Grass, Günter 60, 92, 110, 147, 151, 242, 252, 339, 343, 403, 419, 433, 456
Grebing, Helga 392, 456
Gregor-Dellin, Martin (1969 im Vorstand des VS in Bayern. 1970 Vizepräs. des VS in Bayern. 1972–1974 1. Vors. des VS in Bayern. Seit 1973 stellvertr. Vors. des VS) 62, 66, 112 f., 246, 273, 315, 340 (s. Anm. 422), 403, 404, 412, 432, 435, 440, 443, 456

Greven, Jochen 158 f. (s. Anm. 223), 359 f. (s. Anm. 511), 420, 444, 456
Groth, Franz von der 37, 68 (s. Anm. 210), 266, 404, 434, 456
Grünfeld, G. 89 (s. Anm. 337), 226 (s. Anm. 624), 408, 429, 456
Günther, Georg 318
Gurland, A. R. L. 3 (s. Anm. 5), 7 (s. Anm. 19), 8 (s. Anm. 25), 262 (s. Anm. 5), 392, 434, 456
Gutbrod, Curt Hanno 412
Gutmann, Paul (1927 2. Schriftführer des SDS. 1928–1933 1. Schriftführer des SDS) 48 (s. Anm. 85), 400, 456
Gutzkow, Karl 100
Gymnich, Alfried 269 (s. Anm. 46), 434, 456

Habe, Hans (ab 1973 Präsident des DAR des FDA) 99 f., 197 (s. Anm. 460), 409, 424, 456
Habermas, Jürgen 7 f. (s. Anm. 20), 162 (s. Anm. 251), 163 (s. Anm. 258), 171 (s. Anm. 307), 258, 262, 354 f. (s. Anm. 482 ff.), 387 (s. Anm. 4), 392, 420, 421, 433, 434, 444, 445, 456
Haedecke, Gert 181, 182, 422, 456
Haensel, Carl (1932 Beisitz im Vorstand des SDS. 1932–4. 5. 1933 2. Vors. des SDS. Ab 4. 5. 1933 Syndikus des SDS. 1957–1959 Präs. des SDS-Berlin. 1960 Präs. der VG-Wort. Später Ehrenpräs. der VG-Wort) 196 (s. Anm. 454), 240, 424, 441, 456
Haferkorn, Hans Jürgen 15 (s. Anm. 69), 136 (s. Anm. 87), 156 (s. Anm. 198), 162 (s. Anm. 248), 166 (s. Anm. 283), 393, 416, 419, 420, 421, 457
Hagelstange, Rudolf (1952 im Beirat der Vereinigung) 85
Hagemann, Karl 251
Hahn, Victor 251
Halbe, Max (1913 1. Vors. der SDS-Ortsgruppe München) 60
Hanser, Carl 465
Harden, Maximilian 60
Harig, Ludwig 185, 347
Hartenfels, Ludwig 269, 434, 457
Härtling, Peter 161, 162 (s. Anm. 252), 165, 171 f., 420, 421, 457
Hartmann, Heinz 21 (s. Anm. 103 u. 106), 95, 113, 393, 409, 457
Hartung, Hugo (1957 Präs. des SBS. 1959 Vizepräs. des SDS-Berlin) 85
Hartwig, Heinz 91 (s. Anm. 359), 409, 457
Hasenclever, Walter 438
Hauff, Günther 427, 465
Haufs, Rolf 84 f. (s. Anm. 315), 109 (s. Anm. 470), 407, 412, 457
Hauptmann, Gerhart (seit 1925 Ehrenmitglied des SDS. 1930–1933 im Beirat des VDE) 61, 211, 321
Hauser, Arnold 15 f., 17, 117 (s. Anm. 494 ff.), 393, 394, 413, 457
Heidenreich, Gert 180 f., 181 f., 388 (s. Anm. 12), 422, 445, 457
Heinemann, Gustav 295
Heiseler, Bernd von 91, 411, 437, 457
Heißenbüttel, Helmut 182 f., 422, 457
Heist, Walter 411
Herburger, Günter 432
Herder, Johann Gottlieb 271
Herder-Dorneich, Philipp 3 (s. Anm. 5), 4, 258 (s. Anm. 834), 262 (s. Anm. 1), 392, 433, 457
Hermlin, Stephan 411
Herms, Uwe 412
Herrfahrdt, Heinrich 207 (s. Anm. 509), 276 (s. Anm. 94 f.), 426, 435, 457
Herrmann, Georg (1909–1912 1. Vors. des SDS. 1931 Beisitz im Vorstand der SDS-Ortsgruppe Berlin-Brandenburg) 67 (s. Anm. 204), 124 (s. Anm. 31), 205, 232 f., 266 (s. Anm. 27), 397, 404, 414, 425, 430, 434, 457
Herzfelde, Wieland 335
Hesse, Hans Albrecht 19 f., 24 f. (s. Anm. 133, 137 u. 142), 387 f., 394, 395, 445, 457
Heuss, Theodor (1909 Gründungsmitglied des SDS. 1921 1. Vors. des SDS-Gaues Berlin-Brandenburg, Provinz Sachsen. 1921–1925 2. Vors. des SDS. 1925–1926 1. Vors. des SDS. 1960 Ehrenpräsident der Vereinigung) 20 (s. Anm. 102), 23 (s. Anm. 100 f. u. 122 f.), 24 (s. Anm. 129), 58, 59, 150, 206, 223, 229, 233, 285, 305, 307, 322, 394, 395, 397, 402, 425, 428, 429, 430, 457
Hey, Richard (1971 VS-Delegierter in den Messerat der Frankfurter Buchmesse) 347, 443
Hirsch, Franz (1880–1883 Schriftführer des ADSV) 264
Hirschfeld, Max (1901–1933 1. Vors. des ASV) 51, 63, 103, 123, 403, 410, 457
Hitzer, Friedrich (seit 1972 im Vorstand des VS in Bayern) 161 (s. Anm. 243), 169, 171 (s. Anm. 300), 243 (s. Anm. 766), 244 f., 247, 274 (s. Anm. 85), 314 (s. Anm. 287), 315 (s. Anm. 298), 316, 347, 348, 359 f. (s. Anm. 509 u. 511), 389, 420, 421, 432, 435, 439, 440, 444, 445, 457 f., 571
Hochdorf, Max 267 (s. Anm. 31), 285, 434, 436, 458
Hochhuth, Rolf 432, 435
Hochrain, Helmut (1971–1972 im Vorstand des VS in Bayern) 246, 275 (s. Anm. 90), 348, 432, 435, 458

Höck, Wilhelm 14 (s. Anm. 62), 169 (s. Anm. 288), 393, 421, 458
Hodeige, Fritz 156 (s. Anm. 206), 157 (s. Anm. 210), 163 (s. Anm. 256), 167 (s. Anm. 285), 419, 420, 421, 458
Hofmann, Johannes 32 f., 46 (s. Anm. 73), 77 (s. Anm. 260), 88, 121 (s. Anm. 5), 138 (s. Anm. 97 f.), 264 (s. Anm. 7 f.), 280 (s. Anm. 114), 303 (s. Anm. 238 f.), 317 f., 395, 400, 406, 413, 416, 434, 435, 438, 440, 458
Hofmannsthal, Hugo von (1902 Mitbegründer und Komitee-Mitglied des KlA. 1928 bis 1929 1. Vors. des SDS-Österreich) 36, 61, 103, 211, 449
Hölderlin, Johann Christian Friedrich 15
Hollander, Walter von (1930–1931 2. Vors. des SDS. 1952 2. Vors. des VDA. 1952 im Beisitz der Vereinigung. 1954–1959 Präs. der Vereinigung. 1959 Ehrenpräs. der Vereinigung) 42 (s. Anm. 63), 55, 89, 91, 108 (s. Anm. 457), 109, 144 (s. Anm. 138), 213 (s. Anm. 548), 293, 310, 312, 335, 339, 399, 401, 408, 409, 411, 418, 427, 437, 439, 458
Holz, Arno (1902 Mitbegründer und Komitee-Mitglied des KlA) 36, 61, 103, 449
Holzer, Horst 177 (s. Anm. 341 f.), 181 (s. Anm. 363), 185 (s. Anm. 384), 186 f. (s. Anm. 402), 422, 423, 458
Hondrich, Karl-Otto 3 (s. Anm. 5), 5 (s. Anm. 11), 6, 262 (s. Anm. 1), 392, 433, 458
Horkheimer, Max 19, 394, 458
Horst, Eberhard (1966 im Vorstand des SDS-Bayern. 1969 Vizepräs. des VS in Bayern. 1970–1972 1. Vors. des VS in Bayern. 1969–1970 stellvertretender Vors. des VS) 245 f. (s. Anm. 778), 272, 274 (s. Anm. 85), 275 (s. Anm. 90), 338, 348, 399, 432, 435, 440, 443, 444, 458
Hubmann, Heinrich (1960 juristischer Berater der Vereinigung in Sachen Urheberrechtsreform) 16 (s. Anm. 76), 136 (s. Anm. 88), 137 f., 144, 156 (s. Anm. 206), 157, 160 (s. Anm. 236), 248 (s. Anm. 795), 393, 416, 419, 420, 432, 458
Huchel, Peter (1951 1. Vors. des SDA-Berlin) 335
Hüfner, Agnes 432
Hugo, Victor 70
Hüppauf, Bernd 27 (s. Anm. 145 f.), 395, 458
Hutzler, Anneliese (1971 Sprecherin des AFM-Ausschusses des VS im Saarland) 113 (s. Anm. 488), 315 (s. Anm. 292), 412, 428, 440, 458

Illing, Werner (1953 im Vorstand des Süddeutschen Schriftstellerverbands, bis 1968 1. Vors., ab 1968 Ehrenvors. des Südd. Schriftstellerverbands. 1965 Vizepräs. der Vereinigung, seit 1966 kommissarischer Leiter. 1967–1968 Präs. der Bundesvereinigung) 85, 272 (s. Anm. 67), 293 (s. Anm. 199), 399, 435, 437, 458
Italiaander, Rolf (1960 im Vorstand des VdÜ) 240

Jacobs, Monty (1920–1921 1. Vors. des SDS. 1921–10. 3. 1933 Beisitz im Vorstand des SDS) 229, 326, 327, 429, 441, 459
Jaeggi, Urs 16, 19 (s. Anm. 97), 27 (s. Anm. 145, 147 u. 150), 157 (s. Anm. 213), 171 (s. Anm. 304), 259 (s. Anm. 839), 399 (s. Anm. 20), 393, 394, 395, 419, 421, 433, 445, 459
Jahn, Bruno H. (am 10. 3. 1933 in den Vorstand des SDS kooptiert. Ab 4. 5. 1933 Schatzmeister des SDS) 329, 441, 442, 459
Jahnn, Hans Henny (1928 Geschäftsführer des SDS-Gau Nordwest) 69
Jens, Inge 357 (s. Anm. 498 f.), 444, 459
Johnson, Uwe 432

Kairat, Hans 24 (s. Anm. 132), 164, 395, 420, 459
Kaiser, Joseph H. 262 (s. Anm. 1), 433, 459
Kallweit, Hilmar 27 (s. Anm. 145 u. 153), 395, 459
Kammrad, Horst 348, 444, 459
Kantorowicz, Alfred 39 (s. Anm. 41), 330, 397, 442, 459
Karger, Gertrud von 9 (s. Anm. 27 u. 29), 20 (s. Anm. 102), 32 (s. Anm. 2), 36 (s. Anm. 25), 74, 148, 193 (s. Anm. 437), 201 (s. Anm. 473), 248 (s. Anm. 795), 251 (s. Anm. 811), 392, 394, 395, 396, 406, 419, 423, 424, 425, 432, 433, 459
Karsch, Walter (1945 im Vorstand des SDA-Berlin. 1959—1961 Vizepräs. der Vereinigung. 1962—1964 desgl.) 324, 337, 443, 465
Karsunke, Yaak 182
Kästner, Erich 324, 332
Keil, Robert (1890 Schriftführer des DSV) 225, 281
Kellermann, Bernhard (1920 im Vorstand der SDS-Fachgruppe »Bund der Erzähler«. 1921 1. Vors. des SDS. 1922—1923 Beisitz im Vorstand des SDS) 48 (s. Anm. 79), 61, 67 (s. Anm. 204), 69 (s. Anm. 223), 97, 142 (s. Anm. 120), 207 (s. Anm. 513), 267 (s. Anm. 31), 285, 304 (s. Anm. 246), 400, 404, 405, 409, 417, 426, 434, 436, 438, 459
Kempski, Jürgen von 24, 394, 459
Kerr, Alfred 100
Keyserling, Graf Eduard 321
Kiesinger, Georg 338
Kesting, Marianne 14 (s. Anm. 62), 162 (s.

Anm. 252), 179 (s. Anm. 351), 277 (s. Anm. 107), 393, 420, 422, 435, 459
Kieslich, Günter 174 (s. Anm. 323), 421, 459
Kirsch, Hans Christian (1971 2. Vors. des VS in Hessen) 170 (s. Anm. 294), 421, 432, 459
Kisch, Egon Erwin (1928—1931 Beisitz im Vorstand des SDS) 234, 287, 438
Kliemann, Horst 156 (s. Anm. 206), 158 (s. Anm. 218), 419, 420, 459
Kliemann, Peter 170 (s. Anm. 298), 171 (s. Anm. 301), 421, 459
Klopstock, Friedrich Gottlieb 15
Kluckhohn, Paul 15, 393, 459
Knebel, Hajo (1963 im Vorstand des SDS Rheinland-Pfalz. 1968 1. Vors. des SDS-Rheinland-Pfalz. Seit 1970 1. Vors. des VS in Rheinland-Pfalz) 338
Knospe, Horst 27 (s. Anm. 144), 395, 459
Koch, Thilo 110
Koenig, Johannes Karl 235, 268, 287, 310, 430, 434, 436, 460
Kogon, Eugen 411
Köhn, Lothar 27 (s. Anm. 145 f.), 395, 458
Kolbe, Jürgen 158 (s. Anm. 219 u. 223), 159 (s. Anm. 227), 160 (s. Anm. 235), 163 (s. Anm. 253), 171 (s. Anm. 305), 420, 421, 460
Kolbenheyer, Erwin Guidò 357
Kolbenhoff, Walter 411
Kols, Albert (1950—1960 Präs. des DSV-Hannover. 1955—1958 Geschäftsführer der GELU) 58 f., 403
König, René 12 (s. Anm. 54), 14, 15 (s. Anm. 69), 24 (s. Anm. 132), 120 (s. Anm. 2), 134, 157 (s. Anm. 215), 163, 167, 256, 260, 277 (s. Anm. 104), 300, 393, 395, 413, 416, 420, 421, 433, 435, 438, 460
König, Wilhelm 113 (s. Anm. 491), 413, 460
Köster, Adolf 286
Krämer-Badoni, Rudolf (1952 im Beirat der Vereinigung. 1973 Vizepräs. des FDA u. Beisitzer des DAR) 65 f., 247 f., 254, 317, 404, 432, 444, 460
Kreuzer, Helmut 156 (s. Anm. 199), 419, 460
Kron, Friedhelm 333 (s. Anm. 391), 359 (s. Anm. 505 f. u. 508), 442, 444, 460
Krüger, Horst 359 (s. Anm. 507 u. 509), 444, 460
Krüger, Michael 158 (s. Anm. 219), 159 (s. Anm. 277), 160 (s. Anm. 235) 171 (s. Anm. 305), 172 (s. Anm. 309), 420, 421, 460
Kuhn, Alfred (1919 im Vorstand des WSB. 1928 Beisitz im Vorstand des SDS) 66, 67, 68, 226 (s. Anm. 625), 404, 429, 460
Kühn, Alfred 23 (s. Anm. 120), 394, 460
Kühne, Peter 389 (s. Anm. 17), 390 (s. Anm. 24 f.), 445, 460
Kulemann, W. 25 (s. Anm. 17), 50 (s. Anm. 96), 193 (s. Anm. 433), 200 (s. Anm. 467), 225 (s. Anm. 619), 283 (s. Anm. 129), 304 (s. Anm. 241), 396, 397, 401, 423, 424, 429, 436, 438, 460
Kurella, Alfred 324, 335
Kürschner, Joseph (1885 Begründer u. Schriftführer des DSchV. 1891 Mitglied des Syndikats der DSG. 1895 Mitbegründer der »Deutschen Gesellschaft zum Schutze des geistigen Eigentums«. 1901 im Vorstand des Vereins »Deutsches Schriftstellerheim in Jena«) 34, 413
Kurucz, Jenö 19, 95 (s. Anm. 376), 118, 156 (s. Anm. 199), 357 (s. Anm. 494 f.), 359 (s. Anm. 510), 394, 409, 413, 419, 444, 460
Kutscher, Artur 60
Kyser, Hans (1920—1922 Geschäftsführer des SDS) 64 (s. Anm. 180 u. 182), 65, 89 (s. Anm. 338), 205 (s. Anm. 496), 207, 227, 231, 233 (s. Anm. 681), 233 f., 286, 404, 408, 425, 426, 430, 460 f.

Lämmert, Eberhard 15 (s. Anm. 69), 95, 162 (s. Anm. 248), 393, 409, 420, 435, 461
Landsberg, Hans (1909–1914 2. Vors. des SDS. 1914 2. Vors. der SDS-Ortsgruppe Berlin) 67, 81 (s. Anm. 284), 89, 97 (s. Anm. 487), 142, 205, 227 f., 229, 233, 266, 397, 404, 407, 408, 409, 417, 425, 429, 430, 434, 461
Lange, Klaus-Jürgen 3 (s. Anm. 5), 8 (s. Anm. 23), 262 (s. Anm. 1), 392, 433, 461
Lania, Leo 234, 324, 430, 441, 461
Lask, Berta 322
Lattmann, Dieter (1968–1969 Präs. der Bundesvereinigung. 1969–1974 1. Vors. des VS) 42, 49, 56 (s. Anm. 127), 61, 62, 70 (s. Anm. 240), 71, 85, 86, 91 f., 109 f., 128 f., 131, 146 (s. Anm. 155 u. 157), 151, 166 (s. Anm. 275), 215, 216 ff., 240 ff., 258, 272 ff., 278, 294 ff., 297 f. (s. Anm. 227), 313 f., 315 (s. Anm. 294), 338 ff., 342 (s. Anm. 442), 343, 344, 389, 399, 400, 402, 403, 405, 408, 409, 412, 415, 416, 418, 419, 420, 427, 428, 431 f., 433, 435, 438, 439, 440, 443, 444, 445, 461 f.
Ledig-Rowohlt, H. M. 465
Leer, Eugen 412
Lehmann, E. E. 36 (s. Anm. 25), 194 f., 396, 405, 423, 462
Lehner, Horst 120 (s. Anm. 2), 129 (Anm. 65), 179, 413, 415, 422, 435, 448 f.
Leibniz, Gottfried Wilhelm 291
Leithäuser, Joachim G. (1949 im Vorstand des Berliner Schriftstellerverbands. 1959–1965 Präs. des SDS-Berlin) 84, 128 (s. Anm. 60), 214, 271, 415, 462

Leixner, Otto von (1898 1. Vors. des DSV. 1901 im Vorstand des Vereins »Deutsches Schriftstellerheim in Jena«) 102 (s. Anm. 421), 410, 413, 462
Lelewer, (?) (1931–1933 Syndikus des SDS) 142 (s. Anm. 126), 417, 462
Lenz, Siegfried 61, 274, 314, 343, 345, 403, 435, 439, 444, 462
Lepenies, Wolf 27 (s. Anm. 145 u. 153), 395, 459
Lernet-Holenia, Alexander (1973 Vizepräs. des DAR des FDA) 409
Lersch, Heinrich (1919 Mitglied des Komitees des KlA) 103
Lessing, Gotthold Ephraim 271
Lettau, Reinhard 182
Li, Mirok 411, 437, 462
Liliencron, Detlev von (1902 Mitbegründer und Komitee-Mitglied des KlA) 36, 499
Linz, Gertraud 9 (s. Anm. 27), 20 (s. Anm. 102), 73 (s. Anm. 251), 117, 212 (s. Anm. 541), 271 (s. Anm. 64), 357 (s. Anm. 496 f.), 361 (s. Anm. 522), 392, 394, 405, 413, 426, 427, 434, 444, 445, 462
Löwenstein, Hubertus Prinz zu (1973 Präs. des FDA) 93, 350, 409, 444, 462
Löwenthal, Leo 16, 393, 462
Ludwig I. von Bayern 281
Ludwig II. von Bayern 281 f.
Lüben, Gerhard 24 (s. Anm. 132), 25, 276 (s. Anm. 100), 277 (s. Anm. 103), 395, 435, 462
Lukács, Georg 17, 27, 324, 394, 462
Luschnat, David 287, 310 (s. Anm. 270), 436, 438, 462
Lüth, Erich (1962–1966 1. Vors. des SDA-Nordwest) 48 (s. Anm. 87), 67 (s. Anm. 208), 71 (s. Anm. 242), 84 (s. Anm. 314), 90 (s. Anm. 351), 144 (s. Anm. 143), 159 (s. Anm. 226), 239 (s. Anm. 735), 271, 293, 312, 337 f., 400, 404, 405, 407, 409, 418, 420, 431, 434, 437, 439, 443, 462 f.
Lutz, Johann Freiherr von 281

Maas, Anna (Pseud.) 177 (s. Anm. 342), 181 (s. Anm. 363), 185 (s. Anm. 384), 422, 463
Mahlein, Leonhard 245, 253, 315, 345, 432, 433, 440, 444, 463
Mahrholz, Werner (1925 Schriftführer des SDS. 1927 Beisitz im Vorstand des SDS) 15, 20 (s. Anm. 102), 21 (s. Anm. 107), 57 (s. Anm. 135), 267, 277, 307 (s. Anm. 254), 393, 394, 402, 406, 434, 435, 438, 463
Mann, Heinrich (1929–1930 2. Vors. des SDS) 48, 61, 68, 91, 104, 124, 267 (s. Anm. 31 u. 34), 286 (s. Anm. 146), 310, 321, 357, 400, 405, 410, 414, 434, 436, 438, 463
Mann, Thomas (1920 im Vorstand der SDS-Fachgruppe »Bund der Erzähler«. 1928–1933 1. Vors. des SDS-Gau Bayern. 1929 Ehrenmitglied des SDS. 1930–1933 im Beirat des VDE) 46, 61, 75, 90, 321, 330, 357, 400, 408, 442, 463
Mantau-Salida, Hans Heinz (Am 10. 3. 1933 in den Vorstand des SDS kooptiert. Ab 4. 5. 1933 Schriftführer des SDS) 441, 463
Märker, Friedrich (1948–1966 Präs. des SDS-Bayern. 1960 Urheberrechtsbevollmächtigter der Vereinigung. 1960 Beisitz im Vorstand der VG Wort) 90, 126, 128, 143 f., 144 (s. Anm. 143), 214, 289 f., 408, 414, 415, 418, 437, 463
Martens, Alexander U. 217
Martens, Kurt (1914–1916 1. Vors. der SDS-Ortsgruppe München) 60
Maus, Wilhelm 149, 183 (s. Anm. 373 u. 375), 185 (s. Anm. 381), 186 f. (s. Anm. 386 u. 401 f.), 187, 248 (s. Anm. 794), 419, 422, 423, 432, 463
May, Hannelore 160, 420, 463
Mayntz, Renate 3 (s. Anm. 4 u. 6), 4 (s. Anm. 7 u. 9), 5 (s. Anm. 11 ff.), 94 (s. Anm. 375) 261, 355 (s. Anm. 487), 392, 409, 433, 444, 463
Mechtel Angelika 14 (s. Anm. 62), 61, 120 (s. Anm. 2), 129 (s. Anm. 65), 181, 344 f., 393, 403, 413, 415, 432, 435, 444, 448 f., 463
Meissinger, Karl August 411, 437, 464
Melzer, Peter 158 (s. Anm. 220), 161 (s. Anm. 242), 420, 464
Mendelssohn, Peter de (ab 1972 2. Vors. des VS in Bayern) 246 (s. Anm. 782), 432, 464
Messow, Hannelore 172 (s. Anm. 313), 173 (s. Anm. 317 u. 320), 421, 464
Meyer, A. R. (1919 Mitglied des Komitees des KlA) 103
Meyer, Claus Heinrich 360 (s. Anm. 512), 444, 464
Meyn, Hermann 176 (s. Anm. 334), 178 (s. Anm. 348), 179 (s. Anm. 353), 180, 422, 464
Michaels, Heinz 172 (s. Anm. 312), 421, 464
Michels, Robert 4
Miquel, Johannes von 282
Molle, Fritz 9 (s. Anm. 28), 21 (s. Anm. 105), 24 (s. Anm. 129), 392, 394, 395, 464
Molo, Walter von (1927–1929 1. Vors. des SDS. 1929 Beisitz im Vorstand des SDS. 1927 Präs. des Reichsverbands des deutschen Schrifttums. 1930 im Vorstand des VDE. 1952–1954 Vizepräs. der Vereinigung. 1954 Ehrenpräs. der Vereinigung) 48 (s. Anm. 87), 67 (s. Anm. 204), 89 (s. Anm. 340), 91, 97 (s. Anm. 393), 213 f.,

267, 270 (s. Anm. 52), 286, 287, 291, 293, 400, 404, 408, 409, 411, 427, 434, 437, 464
Mombert, Alfred 103
Mönckeberg, Vilma 90
Moosen, Inge 411, 437, 464
Müffling, Wilhelm Freiherr von 282
Mühsam, Erich 234, 287, 310 (s. Anm. 270), 324, 430, 436, 438, 464

Neumann, Nicolaus 171 (s. Anm. 304), 421, 464
Neyses, Wilhelm 562 (s. Anm. 1), 433, 464
Nissen, Walter 73 (s. Anm. 249), 405, 464
Nixon, Richard 338 f.
Noack, Hans-Georg (seit 1970 Sprecher des VS-Ausschusses für Kinder- und Jugendbuchautoren. 1973 Mitglied des Autorenrats des VS) 412
Noelle-Neumann, Elisabeth 172 (s. Anm. 312), 173 (s. Anm. 319), 262 (s. Anm. 3 f.), 389 f., 421, 434, 445, 464 f.
Nordemann, Wilhelm (1969–1974 Justitiar im Vorstand des VS) 145 (s. Anm. 150), 147, 216, 217, 418, 455
Norden, Peter (1972 Sprecher der Fraktion unabhängiger Schriftsteller im VS in Bayern) 56, 59, 246, 275 (s. Anm. 90), 317, 348, 432, 435, 440, 444, 465
Nossack, Hans Erich 61, 85, 403, 465
Nötzel, Karl 156 (s. Anm. 201), 223, 419, 428, 465
Novalis – Friedrich Leopold Freiherr von Hardenberg 15
Novak, Helga 412
Nowak, Josef (1947 Präs. des Niedersächsischen Autorenverbands. 1952 im Beirat der Vereinigung. 1954–1956 Vizepräs. der Vereinigung. Seit 1957 Präs. des DAV-Hannover) 333
Numrich, Walter 160 (s. Anm. 236), 420, 465

Olenhusen, Albrecht Götz von 149 (s. Anm. 179 f.), 154 (s. Anm. 197), 169 (s. Anm. 289), 419, 421, 465

Panskus, Hartmut 158 (s. Anm. 217 f. u. 220), 161 (s. Anm. 240), 167 (s. Anm. 285), 419, 420, 421, 465
Paquet, Alfons 411
Pareto, Vilfredo 4, 118
Paul, Wolfgang (1963–1967 im Vorstand des SDS-Berlin. 1967–1969 Vizepräs. des SDS-Berlin. 1969–1973 1. Vors. des VS in Berlin) 245 (s. Anm. 776), 432, 465
Pechel, Rudolf (1945 im Vorstand des SDA-Berlin. 1950 Präs. der Deutschen Akademie für Sprache und Dichtung. 1952 1. Vors. des Süddeutschen Schriftstellerverbands. 1952–1954 Präs. der Vereinigung) 411
Penzoldt, Ernst (1947 Mitglied des Drei-Männer-Präsidialrats des SDS-Bayern) 289
Petto, Alfred (1948 Mitbegründer des Saarländischen Autorenverbands und dessen Vors.) 40 (s. Anm. 51), 398, 465
Peukert, Willi Erich 323, 441, 465
Philippi, Klaus-Peter 27 (s. Anm. 145 f.), 395, 458
Pikart, Eberhard 276 (s. Anm. 93 u. 100), 435, 465
Piper, Klaus 427, 465
Pohl, Gerhard (1953–1956 Vizepräs. des SBS. 1956–1957 Präs. des SBS. 1957 bis 1959 Präs. des SDS-Berlin. 1959–15. 8. 1966 (†) Präs. der Vereinigung) 55, 57, 58, 59, 91, 238, 240, 270, 291, 292, 293 (s. Anm. 203), 294, 336, 337, 402, 434, 437, 443, 465
Potthoff, Heinz 148 f., 150, 164 f. (s. Anm. 269), 419, 420, 465
Pragal, Peter 221 (s. Anm. 600), 346 (s. Anm. 458), 348 (s. Anm. 468), 360 (s. Anm. 515), 428, 444, 466

Quistorf, Hermann (1932 Vors. der Berufungskommission des SDS. 1949 2. Vors. des VDA. 1952–1954 Vizepräs. der Vereinigung) 334

Radbruch, Gustav 286
Raichle, Karl 306
Rauecker, Bruno (1921 Delegierter des SDS-Gau Bayern) 32 (s. Anm. 2), 36 (s. Anm. 25), 39 (s. Anm. 34), 63 (s. Anm. 174), 72 ff., 96 (s. Anm. 385), 134, 159 (s. Anm. 225), 201 (s. Anm. 473), 223, 233, 248 (s. Anm. 795), 251, 355, 395, 396, 397, 403, 405, 406, 420, 424, 428, 430, 432, 433, 436, 466
Rauscher, Ulrich (1912–1918 1. Vors. des SDS) 97 (s. Anm. 387), 206 (s. Anm. 502), 409, 425, 466
Reger, Erik 71 (s. Anm. 242), 267 (s. Anm. 34), 400, 405, 434, 466
Rehfisch, Hans (1952 Präs. des VDBB. 1952–1954 Präs. der Vereinigung. 1955 Präs. des Verwaltungsrats der GELU) 270 (s. Anm. 51), 291 (s. Anm. 180), 399, 434, 437, 466
Reichel, Werner 159 (s. Anm. 225), 240 (s. Anm. 740), 420, 431, 466
Reichenberger, Theo 271 (s. Anm. 64), 434, 466
Reinhardt, Stephan 169 (s. Anm. 290), 421, 466
Renn, Ludwig 324, 438
Reumann, Kurt 174 (s. Anm. 321), 421, 466

Reuß-Löwenstein, Harry (1929 Delegierter des SDS-Gau Nordwest. 1930–1931 Geschäftsführer des SDS-Gau Nordwest. 1947–1949 1. Vors. des SDA-Nordwest. 1949–1952 1. Vors. des VDA. 1952 Präs. der Vereinigung. 1954 Ehrenpräs. der Vereinigung) 40 (s. Anm. 44 u. 52), 41, 42 (s. Anm. 63), 48 (s. Anm. 87), 67, 71 (s. Anm. 242), 90, 97 (s. Anm. 394 f.), 109 (s. Anm. 467), 127 (s. Anm. 49), 213 (s. Anm. 545 f. u. 548), 270, 291, 293, 333, 334, 398, 399, 400, 404, 405, 408, 409, 411, 412, 414, 427, 434, 437, 442, 466
Rhode, Werner 113 (s. Anm. 490), 413, 466
Richter, Hans (1932 2. Vors. des VDE. 1933 1. Vors. des VDE. 1932 Beisitz im Vorstand des SDS. 10. 3.–4. 5. 1933 Geschäftsführer des SDS. Ab 4. 5. 1933 2. Vors. des SDS. 1933 Schriftführer des RDS) 441
Richter, Hans Werner (1952 im Beirat der Vereinigung) 85
Ridder, Helmut 136 (s. Anm. 89), 166, 179, 184 f., 300 f., 304 (s. Anm. 243), 312 (s. Anm. 277), 416, 421, 422, 438, 439, 466
Riedel, H. 136 (s. Anm. 87), 137 f. (s. Anm. 94), 416, 466
Riehl-Heyse, Herbert 138 (s. Anm. 96), 146 f. (s. Anm. 160), 416, 418, 466
Roegele, Otto B. 355 (s. Anm. 488), 444, 466
Rösch, Hugo 38 (s. Anm. 32), 70 f., 102 (s. Anm. 424), 123 (s. Anm. 24), 319 f. (s. Anm. 318), 397, 405, 410, 414, 440, 466
Runge, Erika 185 (s. Anm. 384), 347, 390 (s. Anm. 25), 422, 432, 445, 467
Rutra, Arthur Ernst (1922–1928 2. Schriftführer des SDS-Gau Bayern. 1928–1933 1. Schriftführer des SDS-Gau Bayern) 66, 82 (s. Anm. 297), 234, 404, 407, 430, 438, 467

Schäfer, Wilhelm 9 (s. Anm. 27), 14, 20 (s. Anm. 102), 392, 393, 394, 467
Schäferdieck, Willi (1948–1971 1. Vors. des WAV. 1971 Ehrenmitglied des VS in Nordrhein-Westfalen. 1952–1956 im Beirat der Vereinigung. 1956–1958 Vizepräs. der Vereinigung) 41 (s. Anm. 58), 67 (s. Anm. 206), 213 (s. Anm. 546), 291 (s. Anm. 179), 399, 404, 427, 437, 467
Schaffner, Jakob (1920 1. Vors. der SDS-Fachgruppe »Bund der Erzähler«. 1931 bis 1932 1. Vors. der SDS-Ortsgruppe Berlin) 65 (s. Anm. 189), 82 (s. Anm. 298), 230, 267, 404, 407, 429, 434, 467
Scharang, Michael 163 (s. Anm. 253), 167 (s. Anm. 283), 354, 359 (s. Anm. 508), 360 (s. Anm. 516), 413, 420, 421, 444, 467
Schendell, Werner (1920 im Vorstand der SDS-Fachgruppe »Bund der Erzähler«. 1922–1929 Beisitz im Vorstand des SDS. 1929–10. 3. 1933 Geschäftsführer des SDS. 10. 3.–4. 5. 1933 im Vorstand des SDS. 1931–1933 Vors. der Darlehensgenossenschaft des SDS. 1945–1951 Geschäftsführer des SDA-Berlin. 1951 Geschäftsführer des SBS. 1953–1956 Vizepräs. des SBS. 1956–1957 Präs. des SBS. 1959–1961 Vizepräs. des SDS-Berlin. 1952–1956 Geschäftsführer der Vereinigung. 1959 Geschäftsführer des VDBB) 40 (s. Anm. 42 u. 52), 55, 58, 82 (s. Anm. 300), 90, 106 (s. Anm. 447), 127 (s. Anm. 53), 128, 143, 144 (s. Anm. 138), 196 (s. Anm. 450 u. 452), 206, 209, 212 (s. Anm. 542), 213, 235, 236, 268 f., 309 (s. Anm. 265), 312 (s. Anm. 276), 328, 332 (s. Anm. 384 f.), 333, 334, 397, 398, 401, 407, 408, 411, 415, 418, 424, 427, 430, 434, 438, 439, 441, 442, 467
Schickele, René 97 (s. Anm. 387), 234, 286, 409, 430, 436, 467
Schiller, Friedrich 88, 271
Schilling, Franz (1952–1954 Kassenprüfer der Vereinigung. 1954–1959 Steuerexp. der Vereinigung. 1966–1969 Steuerexp. der Bundesvereinigung. 1969 Sachverständiger des VS in Steuerfragen) 12 (s. Anm. 53), 23 (s. Anm. 111 u. 122), 48 (s. Anm. 87), 55 (s. Anm. 119), 58 (s. Anm. 142), 127 (s. Anm. 53), 196 (s. Anm. 454), 213 (s. Anm. 547), 238, 239, 271 (s. Anm. 62), 293, 336 (s. Anm. 401), 392, 393, 394, 400, 402, 403, 415, 424, 427, 431, 434, 437, 442, 467 f.
Schlegel, Friedrich 32, 395, 468
Schloz, Günther 157 (s. Anm. 210), 271 (s. Anm. 64), 277 (s. Anm. 107), 419, 431, 434, 435, 468
Schmitt, Heinz 23 (s. Anm. 110 u. 118), 32 (s. Anm. 2), 96 (s. Anm. 385), 103, 233 (s. Anm. 689), 394, 395, 406, 409, 410, 425, 430
Schmitt-Sulzthal, Rudolf (1966–1970 Präs. des SDS-Bayern. 1968–1969 Vizepräs. der Bundesvereinigung) 56
Schmölders, Günter 6, 392, 468
Schnabel, Ernst 352 (s. Anm. 822), 433, 468
Schneider-Facius, Franz 412
Schneider, Lengyel, Ilse 411, 437, 468
Schneider-Schelde, Rudolf (1946 – 11. 11. 1947 1. Vors. des SDS-Bayern) 237, 269, 288, 289, 411, 437, 468
Schöfer, Erasmus 202 (s. Anm. 478), 347, 389 (s. Anm. 17), 390 (s. Anm. 24 f.), 425, 432, 445, 468
Schönfeldt, Sybill Gräfin 170 (s. Anm. 294), 421, 468

Schönthan, Paul von 20 (s. Anm. 102), 394, 468
Schreiber, Adele (1916 2. Vors. der SDS-Ortsgruppe Berlin. 1921–1923 u. 1928 bis 1933 2. Schriftführerin des SDS) 81 (s. Anm. 286), 407, 468
Schröter, Timon (1901 im Vorstand des Vereins »Deutsches Schriftstellerheim in Jena«) 413
Schuhler, Conrad 177 (s. Anm. 341 f.), 181 (s. Anm. 363), 185 (s. Anm. 384 f.), 186 f. (s. Anm. 402), 422, 423, 458
Schulenburg, Werner von der 411, 437, 468
Schulz, Uwe 159 (s. Anm. 228), 161 (s. Anm. 238), 420, 468
Schulz, Winfried 174 (s. Anm. 321), 175 (s. Anm. 331), 176 (s. Anm. 332 ff.), 178 (s. Anm. 345 u. 348), 179 f. (s. Anm. 353 ff.), 355 (s. Anm. 488), 421, 422, 444, 453, 464, 466, 468
Schumann, Hans-Gerd 223 f. (s. Anm. 612), 428, 468 f.
Schumann, Otto 21 (s. Anm. 107), 394, 163 (s. Anm. 256), 469, 412, 420, 469
Schumpeter, Josef 4
Schütt, Peter 390 (s. Anm. 25), 445, 469
Schütte, Wolfram 360 (s. Anm. 517), 445, 469
Schwarz, Georg 411, 437, 469
Schweichel, Robert (1885–1887 1. Vors. des DSchV. 1887–1891 1. Vors. des DSV) 34, 198, 265, 281, 282
Schwenger, Hannes (1971 Beisitz im Vorstand des VS in Berlin. Seit 1973 1. Vors. des VS in Berlin) 92 (s. Anm. 369), 113 (s. Anm. 490), 237 (s. Anm. 718), 243 (s. Anm. 766), 354, 409, 413, 430, 432, 444, 469
Schwerin, Otto (1930 Geschäftsführer des SDS-Gau Rhein-Main) 71 (s. Anm. 242), 405, 440 f., 469
Seghers, Anna 310, 324, 335
Seifert, Jürgen 177 (s. Anm. 339 u. 341), 182 (s. Anm. 367 u. 371), 185 (s. Anm. 384), 422, 469
Seyppel, Joachim 196 f. (s. Anm. 456), 198, 424, 469
Shell, Kurt L. 7 (s. Anm. 19), 8 (s. Anm. 24), 392, 469
Silbermann, Alfons 12 (s. Anm. 54), 14, 15 (s. Anm. 69), 24 (s. Anm. 132), 27 (s. Anm. 144 u. 154), 120 (s. Anm. 2), 134, 157 (s. Anm. 215), 163, 167, 256, 260, 277 (s. Anm. 104), 300, 393, 395, 413, 416, 420, 421, 433, 435, 438, 460, 469
Solschenizyn, Alexander 341, 342
Sonnemann, Ulrich 313
Spangenberg, Berthold 465
Spengler, Oskar 321
Sperr, Monika 170 (s. Anm. 294), 421, 465
Spielhagen, Friedrich 112, 410
Spoo, Eckart 172 (s. Anm. 313), 173 (s. Anm. 317 u. 320), 421, 464
Stahl, Hermann 411, 437, 469
Stammer, Otto 7 (s. Anm. 19), 276, 278 (s. Anm. 111), 301 (s. Anm. 236), 392, 435, 438, 469
Stankiewitz, Karl 65 (s. Anm. 191), 247 (s. Anm. 790), 351 (s. Anm. 478), 404, 432, 444, 469
Steffani, Winfried 8 (s. Anm. 21), 392, 469
Steiger, Edgar 222
Stein, Otto Theodor (1918 1. Vors. des WSB) 63 (s. Anm. 170), 68, 80 (s. Anm. 279), 81 (s. Anm. 281), 89 (s. Anm. 336), 99 (s. Anm. 403), 194, 226, 232, 266, 403, 404, 406, 408, 409, 423, 429, 434, 469 f.
Steinitz, Heinrich (1888–1890 Redakteur des DSV-Organs »Deutsche Presse«) 35 (s. Anm. 15), 54 (s. Anm. 112), 78 f., 96 (s. Anm. 381 f.), 101 (s. Anm. 416), 122, 139 (s. Anm. 104), 191 (s. Anm. 415), 198, 265, 319 (s. Anm. 313 f. u. 316), 396, 401, 409, 413, 416, 423, 434, 440, 470
Stern, Fritz 318 (s. Anm. 310), 440, 470
Stieglitz, Heinrich 23 (s. Anm. 113 ff.), 24, 163, 394 f., 420, 470
Stoffregen, Goetz Otto (ab 4. 5. 1933 1. Vors. des SDS. 1933 Präs. des RDS) 441
Stotz, Eugen 346
Strauß, Franz Josef 313
Süskind, Wilhelm Emanuel 411, 437, 470
Szczesny, Gerhard 411, 470

Tarsis, Valerij 336
Tauchel, Theodor (1959–1969 1. Vors. des SDS-Hessen. 1969–1971 1. Vors. des VS in Hessen) 338, 400, 470
Teich, Walter (1957–1959 Geschäftsführer der Vereinigung) 58, 70 (s. Anm. 239), 144 (s. Anm. 141 u. 143), 196 (s. Anm. 454), 405, 418, 424, 470
Thesing, Curt 411, 437, 470
Thieß, Frank 91
Thieß, K. 38 (s. Anm. 32), 96 (s. Anm. 383), 123 (s. Anm. 24), 200 (s. Anm. 467), 225 (s. Anm. 619), 283 (s. Anm. 129), 320 (s. Anm. 319), 397, 409, 414, 424, 429, 436, 440, 470
Tieck, Ludwig 100
Toller, Ernst 285, 321, 438
Tonnemacher, Jan 176 (s. Anm. 338), 355 (s. Anm. 488), 422, 444, 468
Trakl, Georg 411
Tralow, Johannes 411, 437, 470
Trinckler, Carl Heinz (1966–1969 1. Vors. des SDA-Nordwest. 1969 im Vorstand des VS in Hamburg) 272, 435, 470
Tucholsky, Kurt (1920–1921 Schriftführer des SDS) 48, 229 f., 251 (s. Anm. 814),

267 (s. Anm. 31), 400, 403, 429, 433, 434, 470
Tuchtfeldt, Egon 8 (s. Anm. 24) , 392, 470

Ude, Karl 65 (s. Anm. 191), 120 (s. Anm. 3), 247 (s. Anm. 790), 275 (s. Anm. 92), 404, 413, 432, 435, 470
Ulmer, Eugen 136 (s. Anm. 87), 137 (s. Anm. 90 f.), 138 (s. Anm. 96), 148, 416, 419, 470

Vaßen, Florian 27 (s. Anm. 146), 28 (s. Anm. 156), 188 (s. Anm. 410), 395, 423, 471
Vesper, Will 61
Vetter, Heinz Oskar 273
Voigtländer, R. 198
Völker, Paul-Gerhard 27 (s. Anm. 153), 188 (s. Anm. 410), 395, 423, 471

Wagenseil, Hans B. 411, 437, 471
Wagner, Egon 177, 179 (s. Anm. 351), 180 (s. Anm. 359), 422, 471
Wallraff, Günter (seit 1971 im Vorstand des VS in Nordrhein-Westfalen) 182, 390 (s. Anm. 25), 445, 471
Walser, Martin 61, 92, 147, 241 (s. Anm. 754), 242, 243, 254 f., 247, 316, 343, 344, 347, 388 (s. Anm. 14), 403, 409, 419, 431, 432, 440, 444, 445, 471
Warneken, Bernd Jürgen 15, 16, 17, 18 (s. Anm. 91), 28 (s. Anm. 157), 165 (s. Anm. 270), 166 (s. Anm. 279), 167 (s. Anm. 283), 189 (s. Anm. 412), 259 (s. Anm. 837), 261 (s. Anm. 843), 393, 394, 395, 420, 421, 423, 433, 471
Wassermann, Jacob 357
Weber, Alfred 15, 23 (s. Anm. 121), 156 (s. Anm. 199), 164, 223, 248, 393, 394, 419, 420, 428, 432, 471
Weber, Max 3, 4 (s. Anm. 8), 5, 12, 14, 29, 172 f., 257, 392, 393, 395, 421, 433, 471
Weber, Werner 8 (s. Anm. 22), 392, 472
Wedekind, Frank 61
Weidl, Erhard 360 (s. Anm. 415), 444, 472
Weinhold, Heinz 162, 171 (s. Anm. 306), 420, 421, 472
Weise, Gerhard 162 (s. Anm. 247), 420, 472
Weisenborn, Günther (1945 Vors. des SDA-Berlin) 85, 268, 434, 472
Weismantel, Leo 321, 411, 437, 472
Wellershoff, Dieter 163 (s. Anm. 253), 165 (s. Anm. 272), 171, 420, 421, 472
Wendlandt, Wilhelm (1888–1890 Leiter des Literarischen Büros des DSV. 1925 1. Vors. des DSV) 88 f. (s. Anm. 334), 98, 101, 224, 408, 409, 428, 472
Wiesand, Andreas 11 f. (s. Anm. 46 ff.), 12, 13 f. (s. Anm. 55 ff.), 19 (s. Anm. 123), 21, 72 (s. Anm. 246), 76, 117, 121 (s. Anm. 4), 130 f. (s. Anm. 71 u. 75), 134, 150 (s. Anm. 181), 154 (s. Anm. 197), 159 (s. Anm. 224 u. 226), 162 (s. Anm. 252), 166, 169 (s. Anm. 291 u. 293), 170 (s. Anm. 295 u. 297), 172 (s. Anm. 310 ff.), 173, 174 f. (s. Anm. 326 ff.), 178, 183 (s. Anm. 374), 185 (s. Anm. 382), 186 (s. Anm. 399), 187 (s. Anm. 408), 260 (s. Anm. 842), 278 f., 383, 385 f. (s. Anm. 3), 393, 394, 405, 406, 408, 413, 415, 416, 419, 420, 421, 422, 423, 433, 435, 445, 454
Wiese, Leopold von 23 (s. Anm. 121), 156, 157, 223 (s. Anm. 604), 394, 419, 428, 472
Wilhelm I. von Preußen 282, 319
Wilhelm II. von Preußen 319
Windisch, Hans 411, 437, 472
Wirsing, Sybille 472
Wolf, Friedrich 323
Wolff, Hans Erich (1923–1929 Syndikus des SDS. 1928–1929 Geschäftsführer des SDS) 90, 206, 208, 212, 425
Wolzogen, Ernst Freiherr von (1887 1.Vors. des SvDS. 1891 Mitglied des Sachverständigen-Collegiums des Syndikats der DSG) 35, 73 (s. Anm. 249), 405, 472
Wössner, Jacobus 8 (s. Anm. 23), 392, 472
Wulf, Joseph 39 (s. Anm. 40), 397, 472
Wynands, Franz (1930–1933 1. Vors. der SDS-Fachgruppe »Verband der freien Pressemitarbeiter«) 82 (s. Anm. 296), 211, 234, 407, 430, 472

Zarncke, Wilhelm 109 (s. Anm. 468), 412, 472
Zech, Paul (1919 Mitglied des Komitees des KlA) 103
Zehm, Günter 355 f., 444, 472
Zeitlin, Leon (1920 Beisitz im Vorstand des SDS. 1920 ff. Vertreter des SDS im RWR. 1921–1928 2. Schatzmeister des SDS. 1928–10. 3. 1933 1. Schatzmeister des SDS) 69 (s. Anm. 226), 104 (s. Anm. 437), 142, 206, 286, 287, 293, 397, 405, 410, 425, 426, 436, 441, 472
Zierer Otto (1969–1972 im Vorstand des VS in Bayern. 1970 VS-Delegierter im Beirat der Bertelsmann-Autorenversorgung. 1972 Ehrenpräs. des FDA-Bayern. 1973 Vizepräs. des DAR des FDA) 56, 98 (s. Anm. 398), 110 (s. Anm. 479 f.), 197, 245 (s. Anm. 776), 246 (s. Anm. 778), 247, 275 (s. Anm. 90), 315, 317, 348 f., 409, 412, 424, 432, 435, 440, 444, 472 f.
Zilsel, Edgar 117, 413, 473
Zimmer, Dieter E. 14 (s. Anm. 62), 158 (s. Anm. 222), 161 (s. Anm. 244), 171 (s. Anm. 305), 221 (s. Anm. 559), 257, 258

(s. Anm. 835), 343 (s. Anm. 443), 346 (s. Anm. 458), 393, 420, 421, 428, 433, 443, 444, 473
Zola, Emile 98
Zuckmayer, Carl 306
Zunkel, Friedrich 318 (s. Anm. 310), 330, 473
Zweig, Arnold (1928 2. Vors. des SDS. 1929 1. Vors. des SDS. 1930–1931 Beisitz im Vorstand des SDS. 1947 Ehrenpräs. des SDA-Berlin) 48, 61, 97, 230, 233 (s. Anm. 689), 287, 322, 358, 400, 403, 409, 429, 430, 436, 440, 444, 473
Zwerenz, Gerhard 400 f., 431

Sachregister

Abhängigkeit 1, 19, 29, 73, 74, 75, 89, 90, 92, 93, 94, 98, 115, 116, 130, 133, 134, 148 f., 149, 151, 153, 154, 163, 164 f., 166, 167, 169, 173, 181, 185, 186, 188, 189, 218, 221, 223, 226, 227, 228 f., 239, 242, 245, 246, 247, 255, 257, 259, 266, 296, 298, 314, 345, 347, 349, 354, 363, 378, 383, 390, 395, 427

Abnehmer lit. Produkte s. Verwertung

Absatz, Absatzchance 29, 99, 100, 101, 107, 135, 157 f., 159, 171 f., 189, 192, 226, 367, 374, 381, 383

Agent 194

Agentur 101, 139, 191, 192, 195, 197, 216, 224, 248 f., 369, 371, 425

Akademien 3, 102, 290, 292, 372, 410

Akademischer Schutzverein 68, 397

Allgemeiner Deutscher Schriftstellerverband (ADSV) 33 f., 38, 47, 48, 49, 67, 77 f., 88, 91, 100 f., 102, 121, 138 f., 190 f., 224, 264, 280, 303, 319 f., 353, 363, 364, 365 f., 367, 368, 370, 371, 372, 373, 395, 396

Allgemeiner Schriftstellerverein (ASV) 35 f., 51, 60, 61 f., 63, 68, 79 f., 96, 98 f., 102 f., 123 f., 141 f., 193, 203 f., 225, 249 ff., 283, 304, 320, 364, 365, 368, 369, 370, 371, 372, 396, 397, 401, 417

Almosen 120, 133, 206, 273, 286, 348, 383

Alter 13, 14, 29, 76, 101 f., 129, 135, 247, 265, 289, 386

Altersversicherung s. Sozialversicherung

Analyse der Bedingungen schriftstellerischer Existenz s. Realitätsverhältnis

Angebot 158, 248 (s. auch Angebot und Nachfrage)

Angebot und Nachfrage 22, 157, 160, 228

angestellte Autoren 73

Anpassung 19, 167, 171, 182, 185, 186 f., 320, 325, 339, 365, 375, 383

Ansehen, soziales s. Prestige

Anspruchsniveau 18, 159, 189

Anthologien 36, 96 f., 141, 200, 226, 251, 338, 369

Anthropologie, anthropologisch 15, 17, 18, 29, 92

antikapitalistisch s. Kapitalismus

Antisemitismus s. Rassenpolitik

Arbeit, geistige 14 f., 23, 101, 141, 164, 188, 203, 214, 223, 247, 248, 274, 285, 290, 294, 372, 380, 388, 395

Arbeit, industrielle 258

Arbeit, körperliche 226, 247, 323

Arbeit, schriftstellerische s. Produktion, literarische

Arbeiter, geistige 48, 64, 67, 124, 194, 195, 214, 222 f., 226, 236, 247, 253, 266, 268, 270, 284, 289 f., 291, 309, 350, 390

Arbeiterbewegung s. Gewerkschaften

Arbeiterkorrespondenten 235, 268

Arbeiterliteratur 103, 373, 379, 381

Arbeiterschaft, Arbeiter u. Angestellte, Lohnabhängige 2, 67, 95, 103, 223, 233, 234, 235, 236, 242, 245, 247, 250, 253, 256, 257, 260, 268, 274 f., 290, 302, 323, 324, 325, 326, 344, 346, 347 f., 351, 353, 359, 373, 379, 383, 384, 388, 389

Arbeitgeber 131, 133, 151 f., 223 f., 226, 227, 229, 236, 241, 247, 258, 384

Arbeitgeberanteil s. Arbeitnehmer- und Arbeitgeberanteil

Arbeitgeberorganisation 384

Arbeitnehmer 89, 92, 133, 148 f., 151 f., 188, 203, 214, 223 f., 226, 227, 229, 233, 238, 241, 242, 243, 244, 256, 344

Arbeitnehmerähnlichkeit 149 f., 151 f., 153, 166, 221, 242, 243, 258, 298 f., 369, 386, 433

Arbeitnehmer- und Arbeitgeberanteil 127 f., 129, 130, 131, 134

Arbeitsamt des deutschen Schrifttums 209

Arbeitsgegenstand, literarischer 15, 16, 18, 28, 228, 347, 375, 376, 380, 386 389

Arbeitsgemeinschaft der freien geistigen Berufe (Weimarer Zeit) 287 f.

Arbeitsgemeinschaft der freien geistigen Berufe (Bayern nach 1945) 69, 90, 126, 269, 289

Arbeitsgemeinschaft der öffentlich-rechtlichen Rundfunkanstalten der Bundesrepublik Deutschland (ARD) 128, 151, 176, 178, 179, 182, 184, 186, 213, 214, 217 f., 219, 314, 384

Arbeitsgemeinschaft deutscher Schriftstellerverbände 55, 401 f.

Arbeitsgemeinschaft für Kunst und Schrifttum 69

Arbeitsgemeinschaft nationaler Schriftsteller 441

Arbeitsgruppe der freien Mitarbeiter (AFM) 69 f., 86, 130, 217, 220, 298, 314

Arbeitskampf s. Streik

Arbeitskraft 13, 15, 17 f., 375, 379

Arbeitskreis Kulturindustrie 61, 314, 315, 388 f.,

Arbeitslohn
s. Honorar
Arbeitslosenversicherung
s. Sozialversicherung
Arbeitsorganisation 20, 22, 27, 29, 115, 116, 118, 363, 376
Arbeitsrecht, arbeitsrechtlich 37, 130, 131, 133, 134, 135, 136, 148–152, 152, 153, 154, 247, 258, 295, 367, 368 f., 383, 384, 386
Arbeitsteilung, arbeitsteilig 25, 115 f., 118, 130, 134, 189, 259, 369, 378, 380
Arbeits- und Honorarbedingungen 1, 2, 19, 28, 37, 39, 64, 68, 70, 73, 75, 76, 89, 92 f., 93 f., 95, 113, 115, 116, 149, 150, 151, 153, 154, 155–190, 196, 198, 202, 205, 206, 210 ff., 215, 217 f., 219, 221, 224, 227, 228, 229, 231, 232 f., 235, 241, 242, 244, 253, 255, 258 f., 260, 261, 273, 297, 302, 314, 317, 340, 348, 349, 352, 356, 357, 360, 361, 363, 369, 370, 371, 374, 375, 377, 378, 379, 380 f., 382, 383, 385, 390
Arbeitsverhältnis
s. Dienstverhältnis
Arbeitsvermittlung 36, 37, 191, 192, 193, 197, 369
Arbeitsvertrag 73, 148, 187
Arbeitswelt 24, 297, 348, 360
Arbeit und Kapital 354
arrivierte Autoren
s. Prominenz, literarische
Association littéraire et artistique internationale (ALAI) 70, 139, 140, 336, 405
Ästhetik, ästhetisch 14, 27, 28, 32, 33, 36, 48, 74, 103, 110, 116, 163, 165, 177, 188, 189, 197, 198, 285, 309, 322, 340, 356, 360, 365, 372, 380, 381
»Auchschriftsteller«
s. Dilettanten
Aufnahme lit. Werke
s. Rezeption
Aufnahme von Mitgliedern
s. Mitgliedschaft
Auftrag, auftragsgebunden 18, 19, 95, 165 f., 169, 177, 178, 180, 376, 380, 388
Auftraggeber literarischer Produktion 19, 73, 127, 133, 149, 151, 152, 166, 178, 180, 189, 221, 224, 243, 245, 255, 381, 383, 384, 387
Ausbeutung 226, 228, 234, 235, 237, 268, 285, 324 f., 328
Ausbildung
s. Berufsausbildung
Ausschluß von Mitgliedern
s. Mitgliedschaft
Autonomie, autonom 1, 16, 18, 19, 29, 43, 45, 76, 89 ff., 93, 94, 95, 110, 115, 116, 117, 118, 133, 134, 136, 153, 156, 188, 189, 227, 258, 259, 275, 301, 349, 375, 377, 379, 380, 381, 411
Autorenverlag 193, 194, 196 f., 198, 369
Autor-Verleger-Verhältnis 198, 199, 207, 212, 224, 226, 227, 231, 233, 239 f., 247, 371 f.
Avantgarde 75, 134

Basis-Überbau 28, 94, 382,
Bearbeitung 138, 168, 183, 184, 199, 201, 205, 210, 219, 220
Bedarf
s. Nachfrage
Bedürfnisse, Bedürfnisbefriedigung 17, 157, 158, 162, 165, 166, 178, 188, 278, 284, 376, 387, 389
Begabung 18, 86, 108, 117, 126, 214, 228, 239, 410
Behörden, Verwaltung 8, 11, 39, 40, 66, 102, 104, 107 f., 230, 237, 265, 269, 270, 332, 408
Belletrist 16, 71, 82, 85, 250
Belletristik 10 f., 12, 17, 27, 63, 74, 101, 158, 159, 165, 169, 249, 376, 388, 408
Belletristische Arbeitsgemeinschaft (B.A.G.) der Vereinigung schönwissenschaftlicher Verleger 63 f., 204 f., 207, 227, 231
Berliner Journalisten- und Schriftstellerverein 417
Berliner Schriftstellerverband 237, 397
Berlin-Stiftung für Dichtung und Sprache des Kulturkreises der deutschen Industrie (BDI) 108, 411
Berlin-Ultimatum 55, 336
Bertelsmann-Autorenrente 131, 415 f.
Berufsausbildung 3, 14, 20 f., 32, 111–113, 116, 277, 375 f., 381, 383, 394
Berufsethik 24, 25, 51 f., 54, 95, 156, 164, 188, 222, 223, 269, 277, 285, 291, 338, 353, 374
Berufsgerichtsbarkeit 277
Berufs-Konstrukteure 19
Berufsposition 20, 25, 373
Berufssoziologie 2, 9–26, 29, 155, 363, 374 bis 377
Berufsstand
s. Stand
Berufsverbände 2, 3, 44, 71 f., 362, 363, 365, 374, 378
Berufswirklichkeit 11 f., 14, 20, 21, 24, 26, 29 f., 77, 92, 117 f., 163 f., 167, 188, 239, 260, 263, 314, 351, 355 f., 374, 376, 378, 380 f., 386
Berufung 14 f., 23, 24 f., 88, 91, 223, 237, 238, 264, 267
Besatzungsmächte 126, 175, 176, 212, 269, 311, 332, 410
Besatzungszonen 40, 41, 44, 288, 359
Bestseller 169
Bewußtseinserweiterung 385
Bibliothekare 343
Bibliotheken 129, 138, 343, 366
Bibliotheksabgabe 129 f., 132, 133, 134,

143, 146, 153, 217, 218, 295, 301, 343, 366, 368
Bildende Künstler 23, 69, 92, 112, 126, 140, 146, 243, 244, 245, 260
Bildung, gebildet 163, 227, 272, 276, 325, 350, 354, 381
Bildungspolitik 278, 284, 291, 323, 338, 340, 384
Börsenverein des deutschen Buchhandels 10, 130, 136, 139, 145, 151, 159, 161, 198 f., 208, 209, 215, 216 f., 218, 219, 225, 240, 295, 368, 384, 432
Boulevardpresse 175
Broschüren 10
Buch 9, 10 f., 12, 79, 95, 99, 151, 158, 161, 171, 175, 188, 189, 194, 195, 211, 233, 245, 262, 376, 381, 425
Buchautor 10, 78, 79, 86, 209, 246
Buchgemeinschaft 165, 168, 170 f., 219, 322, 420
Buchhandel 40, 136, 145, 157 f., 159, 161 f., 167–172, 175, 188, 224, 225, 231, 255, 317, 367
Buchhändler 27, 107, 136, 137, 157, 207, 224, 225, 236, 306, 311, 312, 322, 427
Buchmarkt 18 f., 97, 156, 160 f.
Buchmarktforschung 162, 171
Buchpreis 159, 160 f., 197, 228, 385
Buchproduktion 10 f., 133, 158, 159, 250, 274, 311, 341, 374
Buchwerbung
s. Werbung für das Buch
Bühne
s. Theater
Bühnenautor, Bühnenschriftsteller, Dramatiker 36, 64 f., 71, 80, 85, 107, 138, 177, 200 ff., 246
Bühnenkomponist
s. Komponist
Bühnenleiter 36, 200
Bühnenverlag, Bühnenverleger 193, 202, 236, 251, 369, 371, 425
Bund der Tarifkämpfer (BdT) 39, 48, 63, 65, 67, 202 f., 249, 250, 283 f., 304, 365, 371, 372, 397, 430
– Weimarer Mindesttarif (WMT) 202, 425
Bund Deutscher Grafik-Designer (BDG), Landesgruppe Baden-Württemberg 70
Bundesprüfstelle für jugendgefährdende Schriften 108, 312, 412
Bundesrechnungshof 296, 297
Bundesverband Bildender Künstler (BBK) 70
Bundesverband der deutschen Industrie (BDI) 6, 108, 411
Bundesverband der freien Berufe 69, 92
Bundesverband der Zeitungsverleger 128
Bundesvereinigung der deutschen Schriftstellerverbände (Bundesvereinigung)
s. Vereinigung der deutschen Schriftstellerverbände
Bundesvereinigung deutscher Arbeitgeberverbände (BDA) 6, 180
Bundesverfassungsgericht 145 f., 179
Bund für Fachschrifttum 397
Bund proletarisch-revolutionärer Schriftsteller (BPRS) 235, 268, 324
Bürgerliches Gesetzbuch (BGB) 139, 281
Bürgertum, bürgerlich 14, 117, 163, 167, 189, 242, 269, 277, 278, 282, 317, 318 f., 320, 325, 327, 344, 351, 353, 354, 355, 356, 359, 360, 375, 381, 382, 387, 389

Choreograph 87
Communità Europea Degli Scrittori (Comes) 70, 405
Confédération Internationale des Sociétés d'Auteurs et Compositeurs (CISAC) 336, 405
Conferencier 87
Christlich-Demokratische Union (CDU) 435
Christlich Soziale Union (CSU) 313, 422, 443

Dachorganisation, Dachverband 38, 39, 44, 56, 60, 82, 284, 291, 345, 347,
Darlehenskasse 61, 121, 370
Demokratie, demokratisch 42, 43, 176, 247, 262, 270, 277, 291, 292, 295, 310 f., 312, 316, 325, 338, 339, 341, 342, 343, 345 f., 349, 350, 353, 358, 360, 361, 382, 388
Denken 94, 118, 357
Deutsche Akademie für Sprache und Dichtung (Darmstadt) 91, 107, 272, 361, 411
Deutsche demokratische Partei 57
Deutsche Demokratische Republik (DDR) 239, 288, 235 f., 341, 355, 358
Deutsche Dichterstiftung 106, 288
Deutsche Gesellschaft zum Schutze des geistigen Eigentums 140, 368, 417
Deutsche Journalisten-Union (dju) 69, 385
Deutsche Kommunistische Partei (DKP) 348, 386
Deutsche Künstlerhilfe 120, 127, 300
Deutscher Autoren-Verband (DAV), Hannover 40, 108, 398, 399
Deutscher Bühnenverein 62, 64, 80, 194, 201, 202, 371
Deutscher Bund 137
Deutsche Reichsbibliothek 280
Deutscher Gewerkschaftsbund (DGB) 6, 69, 151, 152, 197, 241, 242, 243, 245, 257, 273, 302, 317, 363, 366, 368, 384
Deutscher Journalistenverband (DJV) 317, 385
Deutscher Schriftstellerbund (DSB) 35, 50, 140, 192, 248, 363, 364, 369, 371, 372, 373
Deutscher Schriftstellerinnenbund 397
Deutscher Schriftsteller-Verband (DSV) 34 f., 39, 44, 47, 50, 51, 53, 54, 59, 61, 62, 65, 68, 70, 78 f., 82, 87, 88 f., 96, 98,

101 f., 104, 109, 121 ff., 124, 127, 139, 140, 152, 191 f., 198 ff., 224 f., 255, 265 f., 280 ff., 303, 319 f., 353, 355, 363, 364, 365, 366, 367, 368, 369, 370, 371, 372, 373, 395, 396, 397, 400, 402, 406, 416
– Erholungsheim »Demmins Hort« 123, 255
– Litterarisches Büreau 101, 139, 191 f., 224, 409 f.
Deutscher Schriftstellerverband (DSV), DDR 355
Deutscher Schriftstellerverband, Hannover (DSV-Hannover) 398, 399
Deutscher Schriftstellerverein (DSchV) 34, 38, 47, 50, 87, 88, 121, 139, 198, 264 f., 353, 363, 364, 365, 367, 368, 370, 371, 373, 396
Deutscher Verein zur Verwertung von Urheberrechten an Werken des Schrifttums 426
Deutscher Verlegerverein 68, 200, 208, 209, 232, 250
Deutsche Schriftsteller-Genossenschaft (DSG) 123, 140, 192 f., 194, 197, 368, 369, 370, 373, 416 f.
Deutsches Schriftstellerheim in Jena
s. Verein Deutsches Schriftstellerheim in Jena
Deutsche Wirtschaftskommission 288
Deutsche Zentralverwaltung für Volksbildung 288
Deutschtum
s. Nationalismus
Deutung der Welt
s. Weltauslegung
Dialektik, dialektisch 18, 28, 94, 162 f., 189, 259, 278, 369, 382
Dichter, dichterisch 14 f., 21, 31, 62, 73, 79, 88, 89, 91, 92, 93, 95, 96, 97, 100, 101, 103, 108, 123, 126, 141, 189, 191, 228, 239, 265, 268, 269, 290, 291, 296, 305, 327, 328, 392, 402, 411, 435
Dichtung, Dichtkunst 112, 305, 321, 357
Dienstgesinnung, soziale 95, 274, 382, 388
Dienstleistung, ideelle 23
Dienstverhältnis 148, 150, 187, 355
Dilettantismus, Dilettanten 39, 61 f., 70, 74, 79, 80 f., 84 f., 96, 97, 112, 400, 404
Dirigent 87
Dokumentarbericht 11, 393
Drama 11, 107, 112, 138, 204, 306, 370, 371
Dramatiker
s. Bühnenautor
Dramatiker-Union
s. Verband Deutscher Bühnenschriftsteller und Bühnenkomponisten (VDBB)
dysfunktionales Verhalten
s. funktionales und dysfunktionales Verhalten
Ehre der Kunst und Literatur 47, 264
Ehre des Schriftstellerstandes
s. Standesehre
Ehrengericht 33, 49, 50, 52, 54, 373
Ehrenhaftigkeit 192, 363
Ehrenrat 51, 53
Ehrenrechte, bürgerliche 50, 51, 78, 79, 123
ehrenrühriges Handeln 57, 364
Eigenbrötelei, Eigenbrötler, eigenbrötlerisch 48, 72 f., 134, 167, 244, 377, 378
Eigentum, Besitz 351, 354, 355
Eigentum, geistiges 70, 136, 137, 138, 139, 140, 141, 144, 145, 146, 147 f., 153, 211, 369, 417
Eigenverantwortlichkeit 23, 24, 163, 167, 187
Einnahmen
s. Versorgungs- und Erwerbschance
Einsamkeit
s. Isolation
Einschätzung, realistische
s. Realitätsverhältnis
Einstellung 3 f., 138, 188, 189, 198, 257, 262, 272, 278, 348, 356, 389
Elite, gesellschaftliche, elitär, Elite der Nation, Erzieher der Nation, Gewissen der Zeit etc. 14 f., 19, 47, 89, 90, 91, 97 f., 241, 264, 266, 267, 268, 269 f., 273, 276, 278, 281 f., 285, 286, 291, 297, 301, 302, 303, 325, 332, 333, 344, 352, 361, 366, 374, 377, 379, 380, 388, 389
Elite, literarische 49, 71, 75, 276, 285, 292, 356, 367, 380, 381
Emanzipation 32, 223, 387, 388, 390
Emigration 39, 330 f., 332
Emigration, innere 330, 332
Engagement, berufspolitisches 1, 7, 30, 49, 61, 244, 377, 381, 391
Engagement, gesellschaftspolitisches 53, 76, 278, 295, 303, 305, 317–351, 353, 361, 388, 389, 391
Entnazifizierung 332, 333
Epigonen, Epigonentum 88
Erfolg, berufspolitischer 38, 46, 48, 49, 54, 71, 72, 97, 114, 139, 203, 214, 222, 231, 232, 241, 244, 251, 255, 256, 283, 292, 303, 305, 308, 309, 337, 364 ff., 384, 385, 386
Erfolg, literarischer 21, 29, 72, 80, 111 f., 120, 135, 157, 161, 162, 169, 170, 189, 198, 214, 367, 383, 385
Erfolgsbedingungen, literarische 17 f., 376
Erfolgschance, berufspolitische 1, 8, 67 f., 222, 241, 242, 249, 254, 256 f., 262, 274, 302, 307, 308, 315, 318, 323, 347, 362 f., 367, 369, 372
Erfolgschance, literarische 19, 157, 259, 376 f.
Erkenntniskritik, Erkenntnistheorie 95, 382
Erkenntnisstruktur
s. kognitive Struktur

Erwartung, Verhaltenserwartung 19, 22, 52, 87, 114, 166, 171, 179, 189, 257, 380, 388
Erwerbschance
s. Versorgungs- und Erwerbschance
Erzähler
s. Belletrist
Erzählung 11, 305, 393, 412
Erzieher der Nation
s. Elite, gesellschaftliche
Essayist 82, 357
Ethik, ethischer Appell 24, 29, 53, 54, 71, 81, 87, 88, 90, 93, 114, 156, 193, 363, 364, 365, 373, 376, 378
Ewigkeitswerte
s. Wert, kultureller
Exil
s. Emigration
Existenzbedingungen, schriftstellerische 1, 13, 29, 94, 98, 118, 135, 148, 149, 152, 153, 164, 171, 188, 214, 216, 227, 228 f., 235, 250, 253, 262, 263, 270, 279, 285, 294, 301, 304, 319, 325, 332, 344 f., 377, 383
Existenzkampf 117, 138, 229, 240
Exklusivität, exklusiv 275, 367
Expressionismus 69
Extremismus, extremistisch 86 f., 317, 342, 346 f., 349, 350 f., 360

Fachgruppen, Fachverbände 52, 78, 79, 80, 82, 85, 86, 230, 256, 260, 263, 407, 425
Fachkenntnisse
s. Wissen
Fachschriftsteller 174, 392
Fachzeitschrift 11, 159, 165, 174, 408
falsches Bewußtsein 117 f., 263, 381, 382
Faschismus, faschistisch 268, 310, 311, 325, 328, 330, 342, 345, 348, 357, 358, 359
Feature 11, 166, 393
Fernsehen 11 f., 18, 70, 73, 75, 86, 149, 151, 162, 165, 168, 175, 177, 178, 186, 214, 216, 219, 220, 245, 408
(s. auch Rundfunk)
Fernsehspiel 85, 86, 178
Fest, Feiern
s. Geselligkeit
Feudalismus, Feudalsystem 167
Feuilleton 11, 158, 174, 277, 339, 360, 393
Feuilletonist 392
Fiktion, fiktiv 17, 27
Film 11, 40, 68, 90, 95, 112, 151, 168, 178, 205, 206, 210, 212, 219, 240, 245, 301, 372, 381, 393, 408
Filmautor 85, 246, 309
Flugblatt 10
Föderalismus, föderalistisch 400
Förderung, literarisch-qualitative 96, 98 bis 100, 102, 103, 106, 107, 108, 110, 111, 115, 116, 165, 240, 288, 292, 300, 301, 350, 372, 383, 389
Form, literarische 16, 18, 28, 376
Fortschritt, fortschrittlich, progressiv 16, 90, 226, 316, 325, 328, 330, 339, 379, 390
Fraktion unabhängiger Schriftsteller im VS Bayern 56, 247, 275, 317, 348
Frankfurter Buchmesse 341, 360
freie Berufe, freiberuflich 22–26, 29, 69, 72, 90, 92, 95, 120, 156, 163, 164, 167, 180, 187, 214, 223, 238 f., 241, 276 f., 288, 289, 293 f., 301, 352, 376, 394 f., 427
Freie Gewerkschaften 324
freie Marktwirtschaft 157 f., 159, 160, 239, 344
Freie Mitarbeiter 10, 70, 149, 151, 164, 171, 172, 174 f., 178, 180, 181, 183, 184, 185, 186, 187, 207, 210, 211, 213, 214, 215, 216, 218, 219, 221, 246, 298, 380, 384
Freier Deutscher Autorenverband (FDA) 43 f., 45, 53, 62, 65 f., 75 f., 86 f., 93, 94, 95, 98, 99 f., 110 f., 114, 115, 116, 117, 118, 132, 197, 222, 247 f., 254, 257, 261, 275, 276, 299, 316 f., 348, 349 ff., 352, 355, 356, 360, 361, 363, 364, 365, 369, 370, 371, 372, 373, 380, 385, 386, 400, 444
– Deutscher Autorenrat (DAR) 93, 99 f., 110 f., 197, 275, 316, 349 f., 351, 409
– Förderverein zur Freiheit des Geisteslebens 93, 132, 350
– Preis für die Freiheit des Geistes 93, 110 f., 350
– Sozialausschuß 132
– Stiftung des Deutschen Autorenrates 111
– Verbandslektorat zur Förderung junger Autoren 99 f., 197
Freier Deutscher Autorenverband in Bayern (FDA-Bayern) 56, 62, 110, 197
Freier Deutscher Gewerkschaftsbund (FDGB) 236, 237, 331, 334
Freiheit, frei 19, 24, 32, 68, 76, 83, 88, 90, 92, 97, 134, 135, 148, 164, 166, 169, 171, 176, 180, 183, 186, 187, 188, 189, 214, 215, 222, 223, 224, 228, 229, 236, 237, 238 f., 245, 246, 247, 252, 258, 260, 275, 282, 285, 286, 287, 289, 291, 292, 294, 298, 305, 308, 322, 338, 343, 349 f., 355, 356, 357, 360, 362, 380, 394 f.
Freiheit, geistige und künstlerische 24, 25, 42, 43, 57, 86 f., 89, 93, 134, 164, 172, 228, 247, 303–317, 321, 324 f., 328, 330, 331, 335, 336, 338, 342, 344, 349 f., 353, 363, 366, 378
Freiheit, politische 23, 328, 330, 337, 338, 350, 378
Freiheit, schöpferische
s. Autonomie
Freizeit, Freizeitverhalten, Freizeitindustrie 158, 171, 259, 375, 386
Fremdbestimmung 20, 29, 163, 166, 167, 172, 175, 219, 260, 263, 314, 316, 351,

354, 356, 376, 379, 380, 381, 386, 388, 389
Fremdverständnis 14, 117, 223, 259, 264, 294, 296, 300, 384, 385, 388, 409
funktionales und dysfunktionales Verhalten 4, 49, 52, 54, 57 f., 59, 72, 114, 321, 326, 364
Fürsorge, soziale 120, 125, 126

Gattung, literarische 17, 71, 74, 192
Gebrauchswert
s. Wert, wirtschaftlicher
Gegenmacht
s. Macht
geistiges Klima
s. Werterhaltungen
geistige Interessen 19, 37, 98, 226, 237, 281, 285, 291, 294, 304, 306, 312, 315, 317, 326, 329, 331, 350, 359, 365, 372 f.
Geistesgut 138
Gemeingut, geistiges 16, 27, 137, 138, 144, 375
Gemeinnützige Heimstätten GmbH Künstlerkolonie, Berlin 89, 195, 285 f., 287
Gemeinschaft, soziale 104, 329, 330, 350
Gemeinwohl 8, 262, 301, 352, 353
Generosität 75
Genie, Geniebegriff, Geniekult 14, 92, 117, 122, 136, 206, 291, 294
Genossenschaft, genossenschaftlich 33, 37, 100, 133, 190–198, 255, 260, 369 f., 392, 405
Genossenschaft Deutscher Bühnenangehöriger 69, 195
Genossenschaft Deutscher Dramatiker 36, 139, 194 f.
Genossenschaft deutscher Tonsetzer 69
George-Kreis 112
Gesamtverband
s. Zentralverband
Geschmack, Geschmacksbildung 16, 116, 120, 189, 372, 381
(s. auch Publikumsgeschmack)
Geselligkeit 33, 36, 42, 101, 102, 103, 104, 109 ff., 365, 372, 412
Gesellschaft, Nation, Volk etc. 1, 5, 8, 9, 14 f., 18, 19, 22, 23, 24, 25, 27, 28, 29, 30, 42, 67, 79, 88, 89 ff., 94, 95, 97, 98, 101, 113, 117, 122, 124, 133, 137, 157, 158, 162, 164, 165, 166, 179, 181, 182, 214, 215, 222, 223, 233, 236, 243, 247, 262, 263, 264–279, 280, 281, 282, 284, 289, 291, 292, 296, 297, 299, 301, 307, 315, 316, 318, 320, 323, 325, 329, 338, 340, 341, 344, 345, 346, 348, 352, 353, 354, 355, 356, 358, 359, 361, 362, 365, 366, 367, 373, 374, 375, 377, 378, 379, 380, 382, 383, 385, 386, 388, 389, 390, 391, 410 f.
Gesellschaft für musikalische Aufführungs- und mechanische Vervielfältigungsrechte (GEMA) 145
Gesellschaft für Senderechte (Weimarer Zeit) 204, 212, 370
Gesellschaft für Senderechte (Berlin nach 1945) 196, 213, 370
Gesellschaftsordnung, Gesellschaftssystem 27, 268, 276, 277, 287, 302, 303, 306, 341, 344, 350, 351, 356, 357, 360, 361, 373, 378, 390
Gesellschaftspolitik 243, 278, 300, 323, 338, 339, 340, 341, 344, 382, 386
Gesellschaft zur Verwertung literarischer Urheberrechte (GELU) 58 f., 196, 370, 424
Gesetzgeber
s. Staat
Gesetz gegen die gemeingefährlichen Bestrebungen der Sozialdemokratie (›Sozialistengesetz‹) 303 f., 319, 320, 353
Gesetz über die Verbreitung jugendgefährdender Schriften 107 f., 312, 353
Gesetz zum Schutz der Jugend bei Lustbarkeiten 68, 308 f., 353
Gesetz zur Bewahrung der Jugend vor Schund und Schmutz 57, 307 f., 309, 312, 353
Gesinnung
s. Weltanschauung
Gesinnungsgemeinschaft 118, 328
Gewerkschaft, gewerkschaftlich 1, 6, 11, 53, 65 f., 67, 72, 76, 82, 119, 151, 154, 173, 180, 190, 198, 222–248, 249, 251, 252 f., 256 f., 258, 260, 267, 274, 279, 295, 297, 299, 302, 314, 315, 316, 317, 322, 324, 328, 344, 345, 346, 349, 356, 363, 367, 368, 383, 384, 386, 387, 408
(s. auch Industriegewerkschaft)
Gewerkschaft Kunst im DGB 69, 151, 242, 244, 246, 260
Gewerkschaft 17 Kunst und Schrifttum im FDGB 236, 237
Gewerkschaftsbegriff 223 f.
Gewerkschaftsbeitritt der Schriftsteller 1, 43, 65 f., 151, 221, 236, 242, 243 f., 246 ff., 253, 256, 257, 258, 272, 273, 274, 298, 315, 316, 317, 344 f., 346, 347, 348, 352, 354, 356, 359, 361, 363, 367, 380, 382, 385, 386, 387, 388, 389, 390
Gewinn, Profit 154, 158, 159, 165, 167, 169, 173, 188, 192, 197, 210, 225, 236, 344
Gewissen der Zeit, der Nation
s. Elite, gesellschaftliche
Glosse 392
Glück 75, 189, 377
Goethebund Berlin 308
Gotteslästerung 306
Graphik-Designer 69, 245
Grundgesetz der Bundesrepublik Deutsch-

land 179, 312, 313, 317, 349, 350, 351, 378
Gruppen, soziale 7 f., 19, 54, 67, 71, 72, 117, 179, 189, 353, 374, 377, 387, 390
Gruppe 61 360
Gruppenverhalten 7, 27 f., 78, 362, 377, 378, 379
Gruppe 47 112, 338, 443
Gutachten, Gutachtertätigkeit 101 f., 104, 108, 115, 308, 309, 312, 372
Güterproduktion, ideelle 23
Güterproduktion materielle 28

»Hain«, Göttinger Dichterbund 32
Handelsgesetzbuch 281
Handwerksberufe 19 f.
hauptberuflicher Schriftsteller 11, 12, 13, 14, 18, 21, 22, 72, 73, 74, 76, 78, 79, 80, 81, 82, 83, 85, 87, 93, 166, 187, 221, 250, 261, 278, 363, 393, 406
Heft-Roman, Groschen-Hefte 10, 11, 158, 159, 169, 408
Heimarbeiter 149, 150, 229, 369
Heinrich-Heine-Preis 106
Herkunft, soziale 43, 72, 74
Herrschaft
s. Macht
herrschende Klasse
s. Oberschicht
Hinterbliebenenversicherung
s. Sozialversicherung
Hochkapitalismus
s. Kapitalismus
Hoch- und Landesverrat 305, 306, 311
Honorar 36, 99, 103, 105, 127, 129, 140, 141, 143, 149, 150, 155, 160 f., 165, 169, 170, 174, 183, 184, 185, 186, 192, 196, 199, 200, 201 202, 204, 205, 206, 207, 208, 209, 210, 212, 213, 214, 215, 217, 219, 220, 229, 239, 247, 249, 251, 252, 271, 285, 294, 298, 330, 370, 374, 380, 383, 385
Honorarbedingungen
s. Arbeits- und Honorarbedingungen
Hörfunk 11 f., 20, 70, 73, 75, 149, 151, 162, 165, 168, 175, 177, 178, 179, 214, 219, 220
(s. auch Rundfunk)
Hörspiel 11, 85, 86, 168, 178, 182, 185,
Humanität, humanistisch, Humanismus 90, 332, 349, 351, 357, 360

Idealgüterwirtschaft 156, 162, 239, 271, 288, 292
Idealismus, idealistisch, ideell etc. 10, 89, 92, 96, 117, 157, 189, 207, 214, 228, 240, 264, 265, 281, 288, 305
ideelle Interessen 35, 137, 206, 226, 289, 321, 358
Identifikation, Identifikationsangebot 116, 274 f., 276, 279, 299, 300, 321, 344, 352, 353, 354, 356, 372, 373, 378, 389
Ideologie, ideologisch 5, 24, 25, 30, 70, 147, 163, 166, 174, 187, 223, 257, 302, 314, 315, 317, 345, 347, 348, 349, 354, 356, 359, 360, 373, 378
illusionäre Selbstwahrnehmung
s. Realitätsverhältnis
Illustrierte
s. Publikumszeitschrift
Individualismus, individualistisch 70, 72, 89, 114, 137, 163, 236, 358
Individualität, individuell 154, 167, 223, 229, 233, 273, 274, 276, 294, 315, 318, 343, 362, 367, 375, 379, 383
Industrialisierung 259, 276 f.
Industrie 11, 40, 90, 125, 129, 159, 162, 173, 174, 215, 216, 253, 278, 290 f., 295, 310 f., 344, 360, 371, 376, 390, 408
Industrieberufe 19 f., 260
Industriegesellschaft 24 f., 241, 256, 273, 277, 292
Industriegewerkschaft, industriegewerkschaftliches Prinzip 65, 76, 92, 119, 243, 245, 247, 256, 258, 348, 380
Industriegewerkschaft Druck und Papier (IG Druck und Papier) 1, 43, 52 f., 60, 114, 119, 131, 147, 151, 221, 242, 243, 244, 245, 246 f., 248, 252, 256, 260, 274, 295, 315, 316, 344, 345 f., 361, 363, 364, 385
Industriegewerkschaft Kultur (IG Kultur) 243
Industriegewerkschaft Medien (IG Medien)
s. Mediengewerkschaft
Inflation 123, 124, 133, 206, 208, 210, 250
Information 9, 171, 177, 178, 316, 390
Informationstheorie 389 f.
Inkommensurabilität, inkommensurabel 23, 153, 156, 157, 164, 188, 214, 223, 239, 248, 258, 372, 379, 380, 381
Innenpolitik 278, 342
Innerlichkeit 90, 355, 411
Innovation, innovatorisch 106, 112, 153 f., 381
Inspiration 117
Institut für Buchmarktforschung, Hamburg 162
Integration und Desintegration 4, 5, 31, 46 bis 76, 87, 297, 299, 326, 352, 363, 364, 367, 373, 378, 379, 382, 386, 387, 388
Intellektuelle 243, 253, 257, 329, 337, 347, 348, 357, 359, 381, 387, 388, 389, 390
Intelligenz 17, 67, 117
Intendant 179, 180, 182, 186, 216, 260
Interessen, Gruppeninteressen 1, 4, 6, 19, 22, 35, 37, 50, 51, 53, 55, 57, 60, 67, 71, 72, 73, 75, 94, 114, 154, 163, 167, 173, 174, 182, 188, 196, 225, 226, 227, 231, 233, 238, 253, 255, 256, 261, 262, 263, 268, 275, 278, 280, 281, 283, 284, 295,

301, 304, 318, 320, 326, 328, 344, 346, 348, 353, 354, 356, 362, 363, 368, 373, 374, 377, 378, 381, 384, 385, 388, 389
Interessengegensätze
s. Konflikt
Interessenverbände 3, 25, 29, 47, 48, 67, 223, 262, 273, 280, 337, 355, 362, 364 f.
internationale Beziehungen 42 f., 70, 98, 110, 165, 171, 337, 341 f.
Internationaler Schutzverband deutschsprachiger Schriftsteller (ISDS) 39
Internationale Schriftsteller-Union 296
International Writers Guild (IWG) 70, 336, 336 f., 341
Interpretation 27, 157, 354, 355, 379
Invalidenversicherung
s. Sozialversicherung
irrationales Handeln 15 f., 76, 135, 257, 302, 372, 385, 433
Isolation, schriftstellerische 72, 74, 95, 387, 406

Journalist, Journalismus 38, 47, 77, 78, 123, 126, 164, 172, 173, 180, 192, 211, 237, 241, 243, 304, 385, 392
Journalisten- und Schriftstellerverein Urheberschutz 417
Jugendbuch
s. Kinder- und Jugendbuch
Junges Deutschland 32, 101, 318

Kammer, Künstler-Kammer, Schriftsteller-Kammer 69, 84 f., 128, 231, 271, 277, 304 f.
Kammer der Kulturschaffenden 40
Kampf, Kampfmaßnahmen
s. Streik
Kampfausschuß gegen die Zensur 309
Kapital 153, 158, 189, 208, 228, 229, 230, 233, 244, 314, 324, 366, 369, 370, 371, 372, 374
Kapitalismus, kapitalistisch 18, 158, 162, 163, 166, 167, 174, 177, 188, 222, 227, 228, 235, 259, 261, 268, 283, 285, 354, 356, 360, 385, 389
Kartell 39, 65, 68, 81, 186, 202, 226, 431
Kartell deutscher Schriftstellervereine (KDS) 38
Kartell Kunst und Schrifttum FDGB 237
Kartell lyrischer Autoren (KlA) 36, 37, 47, 51, 54, 55, 80, 87, 96, 103, 141, 152, 200, 221, 225 f., 233, 251, 256, 284, 363, 364, 366, 367, 368, 369, 370, 371, 372, 373, 396, 397, 407, 424
Kartellrecht 150, 169, 202, 215, 217, 218, 219
Kartellverträge 36, 62 f., 63 f., 193 f., 200 ff., 204 f., 207, 227, 231, 233, 237, 371, 406
Kassetten 177, 216, 314
Kassetten-Fernsehen 177, 217, 296
Kasuistik, kasuistisch 79, 82, 235, 236, 242, 296, 328, 357, 358
Kinder- und Jugendbuch 11, 107 f., 408
Kinder- und Jugendbuchautor 86, 169 f.
Kirche, kirchlich 15, 129, 162, 179, 180, 295, 307, 354
Klassen, soziale 116, 230, 249 f., 303, 305 (s. auch Schichtung, soziale, Oberschicht, Unterschicht)
Klassenbewußtsein 235, 322
Klassenkampf 324
Klassik, 88, 97, 98, 101
kleine Rechte
s. Nebenrechte
Koalitionsfreiheit 252, 313
kognitive Dissonanz 390
kognitive Strukturen, kognitive Stile 7, 94, 379 f., 382, 388, 389, 390
Kollektivismus, kollektiv 154, 355
Kombination 10, 12, 14, 17
Kommentar 174
Kommerzialisierung 158, 162, 163, 177
Kommunikation 245, 274, 314, 332, 355
Kommunikationsmittel 274, 313, 345
Kommunismus, kommunistisch 303, 321, 322, 324, 327, 328, 329, 330, 342, 346, 348, 386, 441 f.
Kompetenz, literarische 22, 166
Komponist, Bühnenkomponist 36, 37, 69, 80, 83, 86, 87, 92, 126, 140, 144, 145, 177, 237, 244, 260
Konflikt, Zielkonflikt, Interessengegensatz 5, 8, 19, 31, 44, 50, 54, 57, 58, 59, 60, 65, 66, 70, 72, 75, 76, 102, 116, 173, 174, 180 f., 183, 185, 199, 232, 234, 253, 256, 259, 321, 339, 347, 363, 380, 384
Konfliktlösung 49–60, 71, 114, 231
Konkurrenz der Verbände 31, 35, 38, 44, 46, 59, 61–66, 70 f., 72, 75, 114, 139 f., 213, 249, 257, 261, 362, 373, 379
Konkurrenz, geistige 117
Konkurrenz, schriftstellerische 133, 136, 160, 197, 248, 352, 369, 385
Konkurrenz verlegerische 170 f.
Konservatismus, konservativ 76, 108, 276, 319, 320, 348, 351, 357, 359, 360, 373, 379, 385
»Konservative Revolution« 276, 357
Konstanten und Variable im Verbandshandeln 6, 30, 46, 53, 114, 258, 357, 363
Konsum 156, 160 f., 162, 163
Konsument
s. Publikum
Kontinuität der Verbandsarbeit 3, 5, 38, 59, 87, 119, 152, 244, 365
Kontrolle 49–60, 71, 94, 114, 164, 166, 167, 172, 175, 176, 179, 180, 181, 182, 183, 188, 260, 263, 316, 318, 383
Konzentration, wirtschaftliche im Medienbereich 172, 216, 220, 242, 243, 244, 245, 259, 313, 314, 324, 338, 344, 345

Konzerne 295
Kooperation 31, 44, 62, 66, 67–70, 72, 171, 185, 225, 232, 235, 242, 243, 371
Koordinationsausschuß der deutschen Schriftstellerverbände 41, 82, 83 f., 106 f., 109, 126 f., 144, 270, 290, 333, 363, 372
Korrespondenzen 208
Krankenversicherung
s. Sozialversicherung
Kreativität, kreativ, schöpferisch 15, 16, 22, 23, 87, 94, 106, 115, 116, 117, 133, 134, 136, 137, 154, 156, 239, 243, 258, 293, 296, 304, 305, 327, 350, 352, 357, 375, 377, 379
Krieg, Kriegsfolgen 133, 206, 268, 301
Kriegsliteratur 199, 320
Kritik 11, 36, 102, 162, 360, 361
Kritiker 27, 86
kritisches Bewußtsein 274, 388
Kultur, kulturell 15, 23, 24, 92, 97, 105, 107, 117, 126, 138, 156, 174, 178, 179, 226, 240, 243, 245, 258, 261, 266, 267, 270, 271, 273, 286, 292, 293, 296 f., 301, 311, 322, 323, 343, 350, 354, 375, 376, 380 f., 382, 384, 395
kulturelle Interessen 42, 43, 44, 97, 107, 110, 159, 227, 233, 235, 238, 243, 244, 273, 280, 284, 287, 289, 291, 296 f., 323, 331, 352, 371, 372, 380, 385
Kulturabgabe, »Kulturpfennig«, Reichskulturabgabe etc. 69, 125, 143, 269, 284, 286
Kulturbegriff 296, 297, 343, 380 f.
Kulturbund zur demokratischen Erneuerung Deutschlands 288
Kulturepoche 18
Kulturfonds 106, 134, 288, 300
Kulturgemeinschaft 23, 329
Kulturgewerbe 239
Kulturgut 98, 137, 350
Kulturindustrie, kulturindustriell 1, 19, 22, 27, 28, 29, 75, 92, 93, 94, 98, 115 f., 117, 118, 119, 130, 134, 135, 153, 154, 158, 165, 166, 169, 172, 177, 189, 243, 256, 258, 259, 298, 302, 313, 314, 317, 341, 347, 349, 356, 363, 367, 369, 376, 377, 378, 379, 380, 381, 384, 385, 387, 388, 389
Kulturparlament 290, 437
Kulturpolitik der Verbände 73, 256, 297, 323, 324, 335, 337 f., 339, 383
Kulturpolitik, staatliche 42, 278, 284, 288 f., 297, 300, 301, 324, 337, 338, 341, 343, 355, 385, 387
Kulturproduktion, Kulturschaffen
s. Produktion, kulturelle
Kulturreaktion
s. Reaktion
Kulturstaat 289, 301 f., 337, 377
Kulturwert
s. Wert, kultureller
Kulturwirtschaft 23, 239
Kunst, künstlerisch 16, 19, 28, 69, 74, 92, 116, 137, 162, 163, 166, 173, 177, 179, 180, 189, 190, 278, 285, 291, 297, 301, 304, 312, 354, 357, 359, 361, 387, 390
Künstler 23, 106, 117, 120, 126, 166, 178, 228, 239, 260, 267, 290, 296 f., 304, 305, 384, 387
künstlerische Interessen 97, 157, 306, 307, 314, 361
Künstler-Kammer
s. Kammer
Künstler-Kartell, Hamburg 69
Künstlerkolonie, Berlin
s. Gemeinnützige Heimstätten-GmbH Künstlerkolonie
Kunstproduktion
s. Produktion, künstlerische
Kunstproduzenten 243, 260, 354
Kunstsoziologie 116
Kunst- und Kulturschaffen
s. Produktion, kulturelle
Kunstwerk 157, 357
Kunstwert
s. Wert, literarischer
Kurzgeschichte 174, 393

Landesgewerkschaft Freie Berufe, Hessen 69, 237
Landesverbände
s. Mitgliedsverbände
Lebensbedingungen
s. Existenzbedingungen
Lebenshaltungskosten 215, 383
Lebens- und Lernschicksal 18
Lebensunterhalt 19, 22, 73, 85, 165, 247
Lebensversicherung
s. Sozialversicherung
Leihbibliotheken
s. Bibliotheken
Leipziger Literatenverein 32 f., 46, 70, 77, 88, 121, 138, 152, 264, 280, 303, 317 f., 353, 363, 364, 365 f., 367, 370, 371, 373
Leistung, berufliche 95, 383
Leistung, kulturelle 156
Leistung, künstlerische 288
Leistung, schriftstellerische 10, 12, 14, 17 f., 19, 29, 73, 87, 97, 116, 117, 120, 123, 124, 136, 137, 150, 154, 156, 160, 164, 165, 166, 186, 187, 206, 214, 239, 259, 265 f., 270, 276, 285, 288, 294, 297, 367, 369, 375 f., 377 f., 379, 381, 382, 388
Leistungsangebot der Verbände 4, 5, 364, 368
Leistungswilligkeit der Mitglieder 5, 49, 50, 51, 52, 53, 124, 196, 237, 363, 364
Leistungszwang 19
Leitartikel 11, 305 f.
Lektor 100, 158, 163, 177, 189, 259
Lektorat 313
Leser
s. Publikum

Lesung 11, 37, 103, 104, 108, 110, 219, 296, 327, 338, 393
Lexikonartikel 393
»Lex-Soraja« 312
Liberalismus, liberal 187, 262, 317, 318, 346, 353, 354
Librettist 86
»Linksintellektuelle«, »linke« Literatur 242, 351, 357, 359, 360, 390
Literatur 1, 10, 14 f., 18, 19, 28, 31, 40, 64, 69, 77, 80, 92, 95, 96–111, 115, 116, 122, 157, 163, 190, 224, 233, 239, 248, 259, 260, 263, 274, 278, 280, 290, 291, 297, 304, 305 f., 307, 311, 318, 333, 338 f., 353, 354, 356, 359 f., 360, 372, 381, 382, 389
literarische Interessen 42, 44, 83, 96, 103, 108, 327, 365, 373
Literatur als Ware 28, 95, 155, 163, 188, 189, 205 f., 228, 229, 233, 239, 288, 294, 298, 354, 379
Literaturanalyse 28
Literaturbegriff 27, 119, 352
Literaturkritik 27
Literaturphilosophie 27
Literaturpreise 105, 106, 110 f., 300, 372, 383
Literaturproduktion
s. Produktion, literarische
Literatursoziologie, literatursoziologisch 1, 27 f., 30, 363, 377–382
Literaturtheorie 45, 47, 87, 88, 375, 380, 382
Literaturwissenschaft 27, 28, 73, 157, 158, 189
Literaturzeitschrift 174
Litterarischer Rechtsschutzverein, Berlin 417
Lobby 3, 292, 295, 344
Lohnabhängige, lohnabhängig
s. Arbeiterschaft
Lorbeer 88, 100, 109, 273 f., 319
Lyrik 11, 200, 204, 228, 239, 249, 251, 305, 370, 393, 412
Lyriker 71, 82, 96 f., 107, 134, 156, 226, 320

Macht, mächtig, Herrschaft etc. 7 f., 20, 29, 47, 55, 60, 65, 67 f., 71, 72, 74, 75, 114, 119, 154, 164, 166, 173, 177, 181, 182, 183, 185, 190, 191, 193, 208, 209, 213, 215, 216, 217, 222, 224, 226, 227, 228, 229, 230, 234, 235, 238, 240, 242, 243, 249, 253, 255, 256, 258, 260, 262, 270, 274, 277, 279, 281, 294, 295, 302, 307, 308, 311, 313, 314, 316, 317, 318, 319, 322, 328, 329, 337, 342, 345, 351, 353, 354, 364, 365, 367, 368, 374, 378, 379, 384, 385, 387, 425
Manipulation 184, 316
Manuskriptvermittlung
s. Agentur
Markt, literarischer 21, 48, 90, 95, 96, 98, 99, 117, 120, 134, 136, 149, 155, 156, 157, 160, 161, 162, 163, 164, 165, 166, 167, 171, 172, 178, 189, 191, 206, 224, 228, 229, 233, 256, 313, 314, 345, 360, 371, 382, 383
Marktchance 162, 292
Marktgängigkeit 214, 228, 239, 259
Marktorientierung 19, 158
Marktposition, Marktstärke 164, 166
Marktwert
s. Wert, wirtschaftlicher
Marktwirtschaft
s. freie Marktwirtschaft
Marxismus, marxistisch 27, 28, 65, 358
Massenmedien 12, 14, 112, 151, 152, 166, 169, 181, 215, 216, 218, 242, 243, 245, 274, 314, 316, 344, 390
Material, literarisches 15, 16, 18, 21, 29, 112, 260, 347, 375, 378, 380, 386
Materialismus, materialistisch 28, 97, 264
materielle Interessen 147, 156, 157, 190, 205, 214, 239, 259, 283, 289
Mäzenatentum 117, 178, 300, 355, 366, 383, 385
Medien 21, 75, 76, 134, 135, 152, 154, 163, 175, 181, 215, 217, 221, 243, 273, 280, 298, 315, 316, 340, 354, 356, 378, 382, 389
(s. auch Massenmedien)
Medien, audio-visuelle 169, 171, 177, 185, 217, 323, 406
(s. auch Rundfunk)
Medienbereiche 158, 216, 221, 245, 247, 250, 257, 259, 261, 263, 297, 314, 371, 375, 376, 384
Medienbesitzer 128, 351, 354, 356, 380, 384
Mediengewerkschaft 221, 246, 252, 254, 256, 258, 260, 384
Medienindustrie 216, 245, 247, 252, 372, 384, 385
Medienpolitik 112, 345, 383, 389
Medienverwalter 128, 181, 189, 351, 354, 356, 380, 384,
Mehrheit 4, 46, 94, 316, 322, 325, 343, 346, 384, 388, 389, 390
Mehrwertsteuer
s. Steuern
Meinung 21, 173, 182, 337, 379, 389
Meinungsbildung 179, 318, 341, 389 f.
Meinungsfreiheit
s. Freiheit, geistige und künstlerische
Meinungsindustrie 314
Meinungs- und Informationsvielfalt 172, 313, 314, 316, 384
Messerat 217, 341, 443
Militarismus, militaristisch 40, 268, 331, 345
Militärregierung
s. Besatzungsmächte
Minderheit 46, 176, 178, 273, 294, 343, 387
Ministerien

s. Staat, -Instanzen, einzelne
Mitbestimmung, Mitsprache 198, 221, 242, 253, 260, 273, 315 f., 345, 351, 354, 356, 379, 383, 384, 387, 388, 389
Mitglied, Mitgliedschaft 3 f., 4 f., 9, 30, 31, 34, 43, 46, 48, 49–54, 56, 57, 61, 65, 71, 74, 75, 76, 77–88, 93, 94, 97, 104, 112, 114, 121, 122, 124, 126, 127, 133, 191, 192, 194, 200, 203, 208, 213, 225, 234, 235, 248, 249, 252, 257, 260, 261, 262, 264, 265, 271, 277, 287, 315, 318, 320, 321, 321 f., 326, 329, 331, 333, 335, 337, 342, 350, 356, 362, 363 ff., 366, 367, 368, 370, 373, 374, 378, 385, 386, 387, 389, 396, 397
Mitgliederwerbung 139, 142, 152, 368
Mitgliedsbeiträge
s. Leistungswilligkeit der Mitglieder
Mitgliedsverbände 38, 39, 41, 42, 44, 52, 55, 56, 59 f., 86, 146, 147, 284, 304, 337, 346, 397, 399
Mittel, literarische
s. Material, literarisches
Mobilität 117, 187, 382
Mode, literarische 73, 99, 100, 115, 120, 161, 189
Monopole im Medienbereich 92, 149, 177, 183, 185, 186, 216, 218, 242, 259, 310, 313, 314, 316, 345, 347, 382
Monopol, organisatorisches 63 ff., 66, 72
Montanus-Buchladenketten 171
Moral, moralisch 77, 97, 106, 193, 265, 266, 288, 304, 325, 359
Motivation, motiviert 3 f., 7, 96, 110, 158, 167, 257, 272, 314, 327, 329, 334, 335, 337, 348, 363, 372, 373, 379, 382, 385, 433
Motivstruktur 18, 189
Musik 288
Musiker 23, 112
Musikverleger 146
Mustervertrag
s. Verlagsvertrag, Rundfunkvertrag

Nachdruck, Nachdruckskontrolle 32, 33, 36, 103, 138, 139, 140, 141, 143, 168, 191, 192, 200, 205, 219, 251, 284, 370, 409 f.
Nachfrage 13, 14, 160, 177, 179, (s. auch Angebot und Nachfrage)
Nachlaß 105, 106, 108
Nachwuchsautoren 83 f., 107, 108, 165, 288
Nation
s. Gesellschaft
Nationaldemokratische Partei Deutschlands (NPD) 342
Nationalismus, nationalistisch 40 f., 65, 99, 101, 319, 323 f., 327, 328, 331, 342, 360
Nationalsozialismus, NS-Herrschaft, NS-Zeit, NS-Autoren etc. 39, 40, 57, 82, 83, 87, 106, 152, 209, 212, 239, 268, 270, 312, 320, 328 f., 330, 331, 332, 333, 335, 337, 338, 339 f., 358, 359, 360, 368 f., 441 f.
Naturrecht 137 f., 144 f., 153
Naturwissenschaft 95
nebenberuflicher Schriftsteller 11, 12, 13 f., 21, 72, 73, 74, 78, 80, 81, 82, 85, 87, 93, 278, 363, 394, 406, 408
Nebenrechte 143, 145, 158, 167 f., 169, 196, 198, 199, 204, 205, 206, 209 f., 212, 215, 219, 255, 314, 368, 370, 385, 419, 428
Niveau, literarisches
s. Rang, literarischer
Norddeutscher Schriftstellerverband, Hamburg 215, 372, 398
Normalvertrag
s. Verlagsvertrag, Rundfunkvertrag
Notgemeinschaft des deutschen Schrifttums 105, 125 f., 287, 372
Notgemeinschaft für Kunst 125
Notgemeinschaft für Wissenschaft 125
Notverordnungen, Nordverordnungspolitik 310, 311, 325,
Novelle 204, 228, 250

Oberschicht, herrschende Klasse 15, 116, 189, 268, 276, 279, 300, 318, 319, 325, 352, 353, 373, 378, 379
öffentliche Meinung 141, 262, 264, 267, 271, 306
Öffentlichkeit, öffentlich 1, 7, 39, 40, 50, 51, 53, 57, 58, 59, 60, 68, 71 f., 73, 84, 94, 104, 106, 111, 112, 113, 114, 115, 122, 126, 127, 130, 131, 132, 133, 134, 135, 164, 172, 179, 182, 214, 228, 248, 256, 262 f., 264–279, 280, 282, 283, 286, 292, 295, 297, 299, 301, 303, 306, 310, 311, 313, 318, 321, 322, 323, 335, 338, 339, 343, 354, 355, 358, 359, 360, 364, 366, 378, 387
Öffentlichkeitsarbeit 262, 264, 267 f., 271, 275, 300
Ohnmacht, berufspolitische
s. Erfolgschance, berufspolitische
Oligopol, oligopolartig 165, 170, 314
Organisationsform 44, 55, 56, 76, 92, 221, 222, 229, 242, 245, 246, 247, 250, 253 f., 256, 258, 260, 261, 296, 348, 349, 352, 353, 359, 371, 374, 385, 386
Organisationsprobleme, Organisierbarkeit der Schriftsteller 1, 14, 31, 67 ff., 70, 73 ff., 81, 222, 238, 255, 257, 344, 352, 355, 377
Organisationssoziologie, organisationssoziologisch 2, 3–8, 94, 261, 363–374
Originalität 16, 116, 117, 167, 378, 379 f., 382
Ost-West-Verhältnis 41, 90, 333 ff., 341 f., 359, 411, 443

§ 218 StGB 323

Parameter 94, 95, 115, 116, 118, 153, 156, 227, 233, 258 f., 379 f., 381, 386
Parameter-Wechsel 94, 95, 116, 117, 118, 119, 134, 259, 302, 379, 381, 386
Parlament
s. Staat
Parteien 8, 43, 67, 180, 181, 182, 183, 207, 276, 278, 321, 328, 342, 345, 349, 350, 443
Parteipolitik, parteipolitisch 314, 315, 317, 321, 322, 326, 331, 353, 361, 378 f.
partikular 25, 48, 95, 118, 262, 319, 353, 354, 355, 356, 377, 378, 379, 382
Pazifismus 328
PEN-Club 3, 89, 110, 217, 220, 272, 314, 332, 334, 342
Pensionsanstalt deutscher Journalisten und Schriftsteller 123, 131, 365 f., 373
Pensionskassen 121, 122, 265
Pensionskasse für freie Mitarbeiter der deutschen Rundfunkanstalten 131
Phantasie 16, 17, 137, 375, 411
Philosophie 24, 92, 354
Pluralismus, pluralistisch 7, 68, 95, 158, 181, 301 f., 353, 361, 377, 378, 382, 392
Politik, politisch 3, 32, 33, 34, 38, 41 f., 43, 44, 48, 65, 66, 67, 72, 75 76, 82, 83, 87, 88, 110, 114, 116, 132, 171, 173, 174, 175, 176, 178, 181, 182, 183, 185, 188, 234, 237, 248, 253, 260, 263, 267, 269 f., 272, 273, 277 f., 283, 294, 302, 303–361, 362, 366, 372, 373, 377, 378, 381 f., 384, 386, 387, 388, 390
Politiker 109, 218, 272, 295, 296, 384
politisches Buch 11
Positivismus, positivistisch 27
Pragmatismus, pragmatisch 341
Presse, Tageszeitung, Zeitschrift etc. 11, 12, 14, 19, 36, 40, 73, 78, 79, 85, 86, 89, 127, 141, 142, 151, 155, 156, 158, 162, 164, 165, 167, 172–175, 179, 188, 189, 193, 195, 198, 200, 202, 210 f., 212, 225, 245, 246, 251, 255, 264, 271, 277, 282 f., 295, 311, 312, 314, 322, 338, 339, 355, 360, 370, 374, 376, 425
Pressefreiheit 280, 303, 304, 310, 316, 317, 325
Presserecht 38, 304
pressure group 3
Prestige 8, 47, 49, 50, 52, 53, 54, 58, 59, 71, 78, 84, 89, 96, 102, 113, 148, 156, 158, 162, 164, 181, 214, 265, 266, 267, 269, 270, 274, 278, 368, 374, 386
Preußische Akademie der Künste, Sektion für Dichtkunst 357
Privatfernsehen 315
Privatwirtschaft, privatökonomisch 92, 136, 158, 172, 174, 175, 177, 217, 218, 295, 345, 356
Privilegien 136, 272, 276, 277, 298, 315, 351, 377, 378
Produktion, geistige 222, 247
Produktion, kulturelle 25, 43, 87, 93, 134, 163, 270, 275, 286, 296, 297, 350, 353
Produktion, künstlerische 163, 256, 344
Produktion, literarische 1, 16, 19, 20 f., 22, 28, 29, 72, 88, 89, 93 f., 95, 96, 104, 106, 115, 117, 134, 135, 148, 158, 159, 163, 165, 169, 185, 187, 188, 189, 198, 206, 238, 239, 253, 255 f., 258, 259, 260, 274, 277, 287, 299, 301, 302, 307, 314, 316, 341, 349, 353, 356, 357, 358, 364, 369, 371, 372 f., 375, 376, 377, 379, 380 f., 382, 385, 388, 390, 406
Produktion, permanente 19, 21, 163, 165, 259, 278, 297, 376, 386
Produktionsbedingungen
s Arbeits- und Honorarbedingungen
Produktionsverhältnisse 28, 30, 391
Produktivkräfte, literarische 15, 16, 18, 22, 28, 29, 354, 375, 376, 391
Professionalisierung 388
Programmzusammenlegung
s. Rundfunkprogramme
Proletarier, Proletariat 123, 148, 257, 268, 283, 320, 328, 390
Proletarisierung 222, 246
Prominenz, literarische, »große Namen« etc. 47, 48, 49, 60 f., 61, 62, 72, 74, 80, 100, 109, 117, 169, 186, 187, 191, 197, 206, 235, 255, 273, 274, 276, 285, 297, 335, 355 f., 383
Propaganda 8, 322
Pseudonym 175
Psychologe, psychologisch 15, 17, 18, 24, 27, 29, 95, 137, 171, 233, 294, 381, 382, 390
Publikum, Leser, Hörer, Konsument etc. 19, 21, 24, 27, 77, 98, 100, 112, 134, 158, 161, 163, 165, 166, 167, 168, 169, 171, 189, 239, 262, 265, 273, 278, 313, 314, 316, 360, 375, 381, 382, 387, 389 f.
Publikumsgeschmack 73, 115, 158, 163, 175, 265
Publikumsinteresse 173, 253, 277, 387
Publikumszeitschrift, Illustrierte 11, 19, 165, 174 f., 408
publizistische Einheit 172, 421
Publizität, offenes Verbandshandeln 262 f., 268, 271, 275
Publizität, öffentliche Resonanz 61, 262, 271 f., 275, 323, 339, 364 f., 366

Qualifikation 14–22, 375, 376, 379
Qualität 113, 253, 258, 299, 372, 390
(s. auch Quantität und Qualität)
Qualität, literarische, qualitativ 16, 17, 61, 72, 74, 77, 78, 79, 81, 82, 83 f., 87, 96, 100, 102, 104, 106, 110, 111, 114, 115, 125, 157, 158, 163, 189, 203, 228, 229, 292, 345, 363, 372, 381
Quantität und Qualität 299, 354

Rahmenverträge
s. Verlagsvertrag, Rundfunkvertrag
Ramsch, Verramschung, Ramschrecht 170, 199, 205, 207, 208, 209
Rang, literarischer 48, 72, 85, 86, 186, 198, 226, 239, 292, 328, 380
Rasse, rassistisch 43, 82, 179, 337, 350
Rassenpolitik 82, 320, 330, 337
Rationalisierung 113, 159, 375, 387
Rationalität
s. zweckrationales Handeln, wertrationales Handeln
Reaktion, reaktionär 76, 234, 254, 257, 287, 309, 311, 322, 325, 328, 336, 345, 358, 358 f., 379
Realismus, literarischer 74, 98
Realität, vorgefundene Wirklichkeit 17, 18, 24, 25, 89, 276, 277, 344 f., 348, 356, 375 f., 381, 384, 387, 389
Realitätsverhältnis 1, 17, 26, 29, 29 f., 93 f., 95, 117 f., 244, 256, 257, 257 f., 263, 273, 295, 323, 333, 340, 341, 347, 348, 349, 352, 356, 359, 363, 371, 373, 374, 376, 378, 380, 381, 382, 387, 388, 390, 391
Recht
s. Arbeitsrecht, Urheberrecht, Verlagsrecht
rechtliche Interessen 27, 32, 33, 34, 37 f., 39, 40 f., 42 f., 43, 44, 70, 83, 92, 96, 119, 120, 130, 136–154, 166, 169, 179, 184, 187, 189 f., 191, 198, 205, 209 f. 217, 219, 224, 231 f., 240, 255, 258, 259, 277, 280 f., 283, 304, 318, 326, 337, 338, 352, 365, 367 ff., 377, 382, 383
Recht, bürgerliches 86 f., 136
Rechtspolitik 323
Rechtsschutz, Rechtsberatung, Rechtshilfe 35 f., 37, 38, 40, 138, 139, 140, 142 f., 144, 146, 147, 152, 192, 194, 234, 252, 286, 306, 310, 368, 407, 408
Rechtsweg, ordentlicher 227, 231 f., 312
Redakteur 51, 74, 99, 100, 148, 158, 164, 180, 181, 182, 185, 189, 193, 200, 248, 259, 260, 262, 306, 311, 376
Redaktion 140, 180, 191, 193, 249
Redaktionsstatut 313 f., 316
Regierung
s. Staat
Regisseur 243
Reichsgesetz für Erwerbs- und Wirtschaftsgenossenschaften 192
Reichskulturabgabe
s. Kulturabgabe
Reichskulturkammer-Gesetz 39
Reichsrundfunkgesellschaft 212
Reichsrundfunkkommissar 175
Reichsschrifttumskammer (RSK) 39, 330
Reichsverband der Bildenden Künstler 309
Reichsverband der deutschen Presse 38, 68, 210, 211
Reichsverband des deutschen Schrifttums 39, 68, 105, 125, 142, 366, 371, 372, 373, 404
Reichsverband Deutscher Schriftsteller (RDS) 39, 82, 320
Reichswirtschaftsrat, vorläufiger (RWR) 69, 142, 207, 276, 286, 288, 397
Reklame
s. Werbung
Religion, religiös, konfessionell 42, 43, 48, 179, 331, 335, 338, 345, 349, 350, 382, 384
Renaissance 117
Rentabilität 172
Rentenversicherung
s. Sozialversicherung
Reportage 78
Reporter 79
Repräsentanten 4, 6, 25, 30, 66, 79, 88, 90, 94, 95, 98, 112, 182, 198, 256, 261, 266, 267, 268, 269, 272, 276, 279, 282 f., 284, 287, 335, 337, 352, 385
Repräsentation, repräsentativ 4, 7, 33, 42, 85, 95, 100–111, 115, 159, 162, 223, 263, 272, 275, 281, 290, 296, 297, 338, 343, 352, 354, 360, 372
Reproduktion, Reproduktionsmittel 21, 27, 95, 112, 189, 244, 253, 256, 260, 297, 345, 351, 353, 354, 372, 375, 379, 381, 384
Reproduzenten, Sendetechniker, Drucker etc.
s. Arbeiterschaft
Resonanz
s. Publizität, öffentliche Resonanz
Restauration 237 f., 318, 358, 359, 360
Revolution, revolutionär 222, 268, 284, 318, 320, 329, 354, 378, 379, 390
Rezeption, Rezeptionsbedingungen 17, 19, 20, 95, 116, 157, 297, 359, 381, 390
Rheinisch-Westfälischer Schriftstellerverband 40
Risiko 159, 167, 169, 187, 196, 198, 240, 273
Risikoerwartung, Risikokalkulation 258, 372, 384
Roman 11, 99, 112, 138, 159, 174, 204, 239, 412
Romanautor
s. Belletrist
Romantik 32, 101
Ruhm, literarischer 88, 96, 156, 206
Rundfunk, Hörfunk und Fernsehen 9, 10, 11, 12, 14, 18, 40, 70, 86, 90, 92, 95, 112, 120, 126, 127, 131, 133 f., 149, 150, 151, 152, 155, 156, 158, 164, 165, 167, 175 bis 187, 188, 189 f., 195, 196, 204, 206, 210, 211 f., 213, 214, 216, 217 f., 219 ff., 221, 224, 240, 245, 246, 247, 248, 252, 253, 255, 256, 258, 259, 271, 277, 293, 298, 314 f., 316, 355, 356, 370, 372, 374, 375, 376, 381, 382, 383, 384, 385, 387
Rundfunkanstalten, einzelne
– Bayerischer Rundfunk (BR) 126, 175, 180, 214, 216, 422, 443

– British Broadcasting Corporation (BBC) 176
– Deutsche Welle 176
– Deutschlandfunk 176
– Hessischer Rundfunk (hr) 175
– Norddeutscher Rundfunk (NDR) 175, 179 f., 180, 220 f.
– Nordwestdeutscher Rundfunk (NWDR) 175 f., 183
– Radio Bremen 175
– RIAS Berlin 176
– Saarländischer Rundfunk (SR) 176, 185, 314, 428
– Sender Freies Berlin (SFB) 175 f.
– Süddeutscher Rundfunk (SDR) 175, 176, 180, 314, 428
– Südwestfunk (SWF) 175, 184, 186, 314, 428
– Westdeutscher Rundfunk (WDR) 175, 179 f., 180, 183 f., 186
Rundfunk-Autor 85, 86, 392
Rundfunk-Fernseh-Film-Union (RFFU) 10, 69, 128, 131, 152, 214, 219 f., 221
Rundfunkgebühren 214, 385
Rundfunkprogramme 19, 179, 181, 183, 220, 314
Rundfunkgeräte 179 f., 182, 422
Rundfunkvertrag für freie Mitarbeiter 165, 183 ff., 215, 217 f., 220, 221, 247, 255, 258, 260, 298, 356, 380, 383, 384, 433

Sachbuch 11, 12, 17, 393, 408
Sachbuchautor 16, 85
Sachgüterwirtschaft 156, 162
Säkularisierung 92, 274, 387
Sanktion 4, 49–60, 71, 335, 364 f.
Satellitenfernsehen 177, 296
Schallplatte 177, 178, 245
Schallplattenfernsehen 177, 217
Schauspieler 23, 87, 243
Schichtung, soziale 27, 113, 189, 223 f., 268, 359, 360
Schiedsgericht 36, 49, 50, 52, 54, 58, 68, 143, 224, 225, 227, 231 f., 236, 238, 417
Schiller-Stiftung 120, 122, 125, 127, 413
Schleswig-Holsteinischer Schriftstellerverband 40, 399
Schlichtung 59, 225, 227, 231, 240
schöpferisch
s. Kreativität
Schriftstellerberuf, schriftstellerischer Berufsbegriff 5, 9, 12, 14, 17 f., 20, 21 f., 24, 27, 29, 31, 45, 72 f., 77–95, 111–113, 115, 118, 119, 122, 128, 134, 148, 152, 153, 154, 155, 156, 157, 198, 223, 227, 238, 246, 258 f., 263, 265, 266, 275 f., 285, 286, 302, 352, 362, 363, 364, 373, 375, 376, 377, 379 f.
Schriftsteller-Genossenschaft Weimar (SGW) 194
Schriftsteller-Kammer
s. Kammer
Schriftstellerkongreß, 1. deutscher nach dem 2. Weltkrieg 41, 359
Schriftstellerstand
s. Stand
Schulbuch 11, 138, 141, 145 f., 168, 408
Schutzfrist 136, 142, 143, 145, 286, 329, 367 f.
Schutzverband Berliner Schriftsteller (SBS) 58, 331, 334, 397
Schutzverband Deutscher Autoren, Berlin (SDA-Berlin) 40, 58, 84, 90, 106, 143, 196, 212 f., 236 f., 288, 330, 331, 332, 333 f., 335, 359, 366, 370, 398
Schutzverband Deutscher Autoren, Hamburg (SDA-Nordwest) 40, 41, 59, 84, 90, 106, 109, 269, 312, 334, 337 f., 398, 399
Schutzverband deutscher Schriftsteller (SDS) 37 f., 39, 40, 41, 43, 48, 51 f., 54 f., 57 f., 60, 60 f., 62, 63 ff., 66, 67, 68 ff., 70, 75, 81 f., 87, 89 f., 91, 94, 97, 104 f., 112, 124 f., 142 f., 150, 152, 194 ff., 199 f., 202, 204, 205 ff., 227 ff., 238, 244, 251 f., 255, 256, 266 ff., 276, 283, 284 ff., 293, 300, 304 ff., 320 ff., 355, 357 ff., 364, 365, 366, 367, 368, 369, 370, 371, 372, 373, 378, 396, 397, 399, 400, 402, 403, 425, 430, 433, 440 f., 442
– Darlehensgenossenschaft des SDS 195 f., 370
– Fachgruppe »Bund der Erzähler« 404, 407
– Fachgruppe »Bund deutscher Lyriker« 55, 396, 407
– Fachgruppe »Bund deutscher Übersetzer« 407
– Fachgruppe »Bund technisch-wissenschaftlicher Autoren« 407
– Fachgruppe »Essayisten-Kartell« 407
– Fachgruppe »Gruppe freier Pressemitarbeiter« 211, 230, 407
– Fachgruppe »Verband der Kunstkritiker« 407
– Gau Baden 234, 286, 324, 407
– Gau Bayern 61, 75, 104, 209, 252, 288, 403, 407, 424
– Gau Nordwest 55, 104, 252, 407
– Gau Oberschlesien 323 f., 407
– Gau Ostpreußen 324
– Gau Rhein-Main 407, 440 f.
– Gau Rheinland-Westfalen 55, 230, 407
– Gau Sachsen 407
– Gau Schlesien 61, 407
– Gau Schwaben 407
– Gau Weser-Ems 407
– Landesgruppe Österreich 70, 324
– Landesgruppe Tschechoslowakei 70, 324
– Opposition im SDS (OSDS) 55, 57, 60, 234 f., 268, 287, 311, 324 ff., 332, 359, 373, 402
– Ortsgruppe Berlin 55, 57, 60, 150, 209,

230, 234, 284, 285, 307, 309, 310, 321, 322, 324, 325, 326, 327, 328, 329, 330, 407, 441
- Ortsgruppe Berlin-Brandenburg 55, 326 ff., 329 f., 357
- Ortsgruppe Braunschweig 407
- Ortsgruppe Bremen 407
- Ortsgruppe Dresden 407
- Ortsgruppe Hamburg 407
- Ortsgruppe Königsberg 407
- Ortsgruppe Mannheim 407
- Ortsgruppe München 407
- Ortsgruppe Wien 407
Schutzverband deutscher Schriftsteller im Exil (SDS im Exil) 39, 330, 442
Schutzverband Deutscher Schriftsteller, Bayern (SDS-Bayern) 40 f., 55 f., 69, 90, 105 f., 126, 143 f., 214, 237 f., 269, 288 ff., 300, 330 f., 332 f., 338, 370, 372, 373, 398, 399
Schutzverband Deutscher Schriftsteller, Berlin (SDS-Berlin) 40, 55, 59, 106, 109, 397, 398
Schutzverband Deutscher Schriftsteller, Hessen (SDS-Hessen) 40, 69, 236, 237, 399, 402
Schutzverband Deutscher Schriftsteller, Rheinland-Pfalz (SDS-Rheinland-Pfalz) 331, 338, 398, 402, 442
Schutzverband Niedersächsischer Schriftsteller 59, 398
Schutzverein Deutscher Schriftsteller (SvDS) 35, 50, 140, 192, 248, 363, 364, 369, 371, 372, 373
Science-fiction 393
Selbständigkeit, Selbständiger, selbständig 76, 92, 120, 153, 163, 164, 187, 190, 223, 229, 236, 299, 347, 395, 425
Selbstbeauftragung, selbstbeauftragt 19, 166, 274, 275, 297, 311, 386
Selbstbestimmung 20, 21, 131, 163, 175, 187, 277, 313 f., 345, 354, 361, 376, 386
Selbstdarstellung, schriftstellerische 19, 161, 168, 185, 190, 380
Selbsthilfe 121, 124, 126, 129, 133, 190 bis 198, 224, 255, 365 f., 369 f.
Selbstlosigkeit 23, 24, 163, 167
Selbstverwirklichung 189, 220
Selbstverständnis, Selbstbild etc. 1, 6 f., 8, 14, 22, 27, 29, 76, 92, 95, 108, 117 f., 136, 148, 150, 153, 156, 162, 167, 177, 186, 187, 190, 203, 207, 223, 224, 233, 240, 241, 246, 257, 258, 259, 263, 264, 265 f., 267, 269, 273 f., 276 f., 278 f., 292, 293, 294 f., 296, 299, 301, 303, 317, 321, 323, 325, 327, 331, 332, 333, 337, 339, 340, 341, 344, 349, 352, 354, 355, 357, 358, 359, 361, 362, 370, 377, 378, 379, 381, 382, 384, 385, 387, 388, 391, 409, 433
Selbstzensur 166, 172, 173, 185
Sensibilität 16
Showmaster 87
Sicherheit, soziale und wirtschaftliche 22, 23, 32, 33, 34, 35, 36, 37, 38, 41, 42, 43, 44, 47, 67, 70, 73, 74, 88, 96, 99, 102, 108, 119, 120–135, 140, 144, 148, 152, 153, 160, 166, 190, 198, 205, 242 f., 247, 253, 255, 259, 268 f., 283, 292, 295, 302, 311, 327, 340, 351, 352, 358, 365 ff., 382, 383, 385, 386
Sichtweise
s. Wahrnehmung
Sinnerleben 25, 264
Sitte, sittlich 23, 79, 91, 104, 114, 179, 264, 265, 301, 306, 307, 329, 377
Solidarität, solidarisch 46–49, 51, 53 f., 60 f., 64, 67, 71, 72, 75, 86, 114, 145, 191 f., 218, 223, 225, 226, 230, 233, 234, 241, 243, 244, 248 f., 250, 251, 252, 256, 294, 295, 304, 310, 325, 327, 338, 340, 343, 347, 355, 364, 380, 384, 386, 390, 408
Sozialbewußtsein 95, 386
Sozialdemokratie, sozialdemokratisch, Sozialdemokraten 67, 303, 318, 319 f., 328, 346, 358, 361, 385
soziale Interessen
s. Sicherheit, soziale und wirtschaftliche
Sozialismus, sozialistisch, Sozialisten 303, 340, 346, 354, 357, 361
Sozialpolitik, sozialpolitisch 42, 73, 127, 134, 224, 242 f., 244, 245, 278, 295, 300, 301, 331, 335, 338, 383, 435
Sozialversicherungen 13 f., 33, 38, 40, 120 f., 123, 126 ff., 129 ff., 132, 133, 134, 144, 147, 247, 365 f., 383, 386
Spaltung 76, 116, 257, 261, 326 f., 334, 343, 359, 361, 380
Spätkapitalismus
s. Kapitalismus
Spezialisierung 12, 14, 259, 376, 380
SPIEGEL-Affäre 312
SPIEGEL-Enquete 11, 12, 13, 18, 21, 72, 76, 93, 117 f., 120 f., 159, 166, 169, 170, 174 f., 183, 185, 187, 188, 260, 277 f., 385 f., 393, 394, 406, 408, 413, 433
Spitzenverbände
s. Dachorganisation
Spontaneität 17, 167
Sprache 15, 17, 282, 350, 375
Staat, Gesetzgeber, Regierung, staatliche Instanzen etc. 7, 8, 11, 25, 30, 39, 42, 43, 47, 57, 67 f., 69, 101 f., 104, 124, 125, 126, 127, 128, 129, 130, 133, 138, 139, 142, 144, 145, 146 f., 150, 152, 162, 166, 175, 176, 179, 180, 183, 195, 213, 230, 234, 235, 247, 255, 262, 263, 267, 273, 267, 273, 276, 277, 280–302, 304, 305, 306, 310, 311, 312, 317, 318, 322, 329, 337, 338, 343, 345, 349, 352 f., 354, 355,

358, 366, 367, 368, 373, 377, 378, 383, 384, 385, 408
– Instanzen, einzelne:
– Auswärtiges Amt 42
– Bundesjustizministerium 144, 312
– Bundesministerium des Innern 42, 292, 296
– Bundesministerium für Arbeit und Sozialordnung 152
– Bundesministerium für Jugend, Familie und Gesundheit 412
– Bundesministerium für gesamtdeutsche Fragen 42
– Bundesvertriebenenministerium 42
– Kultusministerien der Länder 120, 399
– Kultusministerkonferenz der Länder 41, 292 f., 296
– Reichsarbeitsministerium 150
– Reichsinnenministerium 175, 286
– Reichsjustizministerium 68, 286, 305, 321
– Reichskanzlei 287
– Reichskultusministerium 287
– Reichsministerium für Volksaufklärung und Propaganda 39
– Reichspostministerium 211
– Reichswirtschaftsministerium 207
Stand, ständisch, standesgemäß etc. 8, 25 f., 29, 33, 34, 38, 39, 40, 50, 52, 53, 54, 57, 62, 66, 69, 70, 74, 75, 76, 78, 79, 81, 82, 83, 84, 85, 87 f., 92, 93, 95, 112, 114, 116, 123, 180, 190, 207, 222, 223, 231, 233, 241, 244, 246, 249, 253, 254, 255, 256 f., 258, 260, 263, 264–279, 284, 291, 292, 301, 317, 318, 325, 326, 352, 355, 359, 377, 378, 380, 385, 387
Standesbewußtsein 25, 264 f., 266, 267, 301, 373
Standesehre 33, 38, 50, 80, 83, 96, 100, 225, 264 f., 266, 273, 417
Standesethik 25, 264, 265, 266, 269
Standespflichten s. Berufsethik
Ständestaat 267, 276, 290, 301
Status, sozialer 277, 278, 299, 387
Steuern, Steuerrecht 69, 151, 239, 241, 271, 284, 285, 287 f., 288, 290, 293 f., 298 f., 300
Stiftungen 105, 106, 108, 110 f., 120, 122, 125, 127, 130, 133, 134, 288, 355, 366, 367, 383, 413
Stil 17, 19, 74, 160
Stockholmer Protokoll 146
Streik, Arbeitskampf, Kampfmaßnahmen, Boykott 53, 131, 222, 223, 224, 225 f., 231 f., 248–254, 256, 268, 284, 289, 371 f., 384, 433
Sturm und Drang 32
subjektive Redlichkeit 362
Subvention, Subventionierung 97, 104, 107, 131 f., 133, 196, 234, 267, 280, 283, 286, 287, 292, 296 f., 300 f., 337, 343, 352, 355, 366, 400
Süddeutscher Schriftstellerverband 398
Symbol 17, 109
Symposion, Leipziger Schriftsteller-Gesellschaft 33
Synekdoche 17

Tageszeitung s. Presse
Talent 64, 99, 106, 165, 222, 410
Tänzer 87
Tarif s. Honorar
Tarifautonomie 150, 316
Tarifdenken 223
Tariffähigkeit 151, 242, 248, 252
Tarifhoheit 221
Tarifkommissionen 221, 383 f.
Tarifpolitik, tarifpolitisch 130, 154, 222, 249, 250, 255, 256, 259, 311, 354, 355 f., 367, 369, 370 f., 383, 385
Tarifrecht, tarifrechtlich 196, 215, 299, 365, 367, 383, 384, 386
Tarifvertrag, Tarifvereinbarung 36, 37, 39, 43, 63, 65, 133, 149, 150, 151, 152, 153, 198–222, 258, 297, 298, 299, 301, 356
Tarifvertragsgesetz 149, 150, 151, 221, 243, 247, 258, 367
Taschenbuch 10 f., 158, 159, 160 f., 168, 170, 219, 419
Tätigkeit, schriftstellerische s. Produktion, literarische, Schriftstellerberuf
Tätigkeitsbereiche, Tätigkeitsfeld 9–12, 16, 17 f., 21 f., 29, 30, 71, 72, 74, 75, 77, 79, 82, 83, 85 f., 87 f., 89, 92, 93, 134, 160, 165, 170, 174, 259, 274, 362, 363, 369, 370, 372, 373, 374, 375, 384, 425
Tätigkeitselemente 9–12, 29
Tauschwert s. Wert, wirtschaftlicher
Technik der Medien s. Reproduktion
Techniken, literarische s. Material, literarisches
teilberufliche Schriftsteller 12, 13, 21, 22, 187, 278, 408
Television-Rundfunk-Verlagsunion (TR-Verlagsunion) 216, 217, 314
Temperament 18, 339
Tendenzschutz, § 118 Betriebsverfassungsgesetz 173, 316, 384 f.
Theater, Bühne 11, 40, 51, 62 f., 73, 85 f., 86, 102, 107, 139, 152, 168, 178, 192, 193 f. 201, 213, 236, 251, 253, 291, 296, 301, 304, 306, 308, 343, 369, 412, 425
Theaterdirektoren 74, 124, 227, 248
Toleranz 71, 179, 247, 317, 349, 350, 351, 359
Totalitarismus, totalitär 126, 339, 342
Tradition, traditional 94, 101, 107, 112, 114, 115, 118, 131, 139, 158 f., 186, 187, 188, 223, 227, 233, 256 f., 261, 264, 275, 276, 277, 278, 294, 296, 299, 301, 302,

327, 342, 344, 360, 372, 373, 374, 377, 378, 380, 386, 387, 388
traditionales Handeln 5, 7, 257, 261, 302, 365, 366, 372
Trivialliteratur 16, 17, 74

Überparteilichkeit, überparteilich, unparteiisch, politisch neutral etc. 43, 65 f., 317, 319, 321 f., 324, 326, 328, 331, 332, 335, 339, 340, 345, 349, 350, 354, 384, 386, 444
Übersetzer 85, 87
Übersetzung 5, 158, 159, 168, 171, 199, 205, 210, 219, 393
Umsatz 159 f.
Umsatzsteuer s. Steuern
Unabhängigkeit s. Freiheit, Selbständigkeit
Universalität, universal 23, 95, 116, 118, 274, 275, 301, 306, 307, 352, 353, 354, 355, 356, 379, 382, 388, 411
Unterhaltung 17, 174, 178, 376
Unternehmer 150, 151, 153, 167, 203, 219, 223, 227, 229, 230, 241, 254, 258, 298, 299, 314 f., 344
Unterschicht 279, 381
Unterstützungskasse 121, 122, 124, 125, 192, 286, 414, 417
Urhebernachfolgegebühr 108, 124, 128, 129, 133, 144, 145, 146, 240, 271, 366, 368
Urheberrecht, urheberrechtlich 33, 36, 38, 51, 55, 68, 69, 73, 85, 96, 106, 115, 128, 129, 130, 133, 136–148, 151, 152 f., 154, 167, 192, 194, 196, 199, 207, 210, 211, 212, 216, 217, 225, 227, 231, 241, 243, 248, 255, 271, 280, 281, 284, 286, 292, 295, 301, 314, 329, 330, 344, 366, 368 f., 405
Urheberrecht, internationales 139, 147, 154, 296
Urheberschaft 19, 380
Urheberschutz, Berliner Verein 417
Urheber Wort s. Worturheber

Variable, Veränderung s. Wandel
Veränderung literarischer Werke s. Bearbeitung
Verantwortungsbewußtsein s. Berufsethik
Verband, Verbände, Verbandsbegriff 3–5, 7 f., 11, 40, 301, 408
Verband der deutschen Korrespondenzverleger 208
Verband der Musikalienhändler 139
Verband Deutscher Autoren (VDA) 41, 55, 84, 97, 106 f., 109, 127, 144, 213, 290 f., 334, 365, 371, 372, 399
Verband Deutscher Bühnenschriftsteller und Bühnenkomponisten (VDBB) 36, 39, 62 f., 64, 68, 80, 86, 87, 193 f., 195, 200 ff., 204, 221, 251, 256, 308, 363, 366, 367, 368, 369, 370, 371, 372, 397, 399, 401 f., 403, 404, 425
Verband deutscher Erzähler (VDE) 39, 63 f., 65, 68 f., 80, 204 f., 207, 212, 277, 231, 233 f., 308, 366, 371, 397, 403 f.
Verband deutscher Filmautoren (VDF) 64, 68, 397, 403
Verband Deutscher Journalisten- u. Schriftstellervereine (VDJS) 38, 50, 70, 96, 102, 123, 193, 200, 225, 283, 304, 320, 367, 369, 371, 372, 373, 397
Verband deutscher Komponisten 145
Verband deutscher Kritiker (VdK) 86, 399, 402
Verband Deutscher Schriftsteller, Rheinland-Pfalz 338, 398
Verband deutscher Schriftsteller (VS) 1, 42 f., 44, 45, 52 f., 54, 56, 57, 59, 60, 61, 62, 65 f., 67, 69 f., 72, 75, 76, 85 f., 87, 92 f., 94, 95, 98, 109 f., 114, 115, 116, 119, 127, 128 ff., 132, 146 ff., 151 f., 196 f., 198, 215 ff., 221, 240, 241 ff., 250, 252 ff., 255, 256 ff., 260 f., 272 ff., 275, 278, 294 ff., 301, 302, 312 ff., 317, 339 ff., 351, 352, 353, 355, 361, 363, 364, 366, 367, 368 f., 370, 371, 372, 373, 375, 378, 379, 380, 381, 382, 385, 386, 387, 389, 390, 391, 399 f., 408, 412, 415, 433, 437 f.
- Verband deutscher Schriftsteller (VS) in der IG Druck und Patier 43, 52 f., 75, 85, 110, 131, 221 f., 245 ff., 253 f., 257 f., 261, 273, 295, 297, 315 f., 345 ff., 356, 368, 372, 373, 408
- AFM-Ausschuß des VS 86, 314
- Arbeitsgruppe Autorenverlag 196 f.,
- Ausschuß für Kinder- und Jugendbuchautoren 86
- Autorenrat 110, 115
- Förderkreise des VS 132, 366
- Initiativ-Komitee-Autorenverlag 197
- VS in Bayern 56, 59, 245 f., 247, 317, 348, 443
- VS in Berlin 113, 443
- VS in Hamburg 220 f,, 241, 342
- VS in Niedersachsen 398
Verband deutscher Übersetzer (VdÜ) 86, 240, 399
Verband deutscher Zeitungsverleger 210, 211
Verbändesoziologie 2, 3–8, 30, 262, 377
Verband Rheinisch-Pfälzischer Schriftsteller 40, 398
Verband Saarländischer Autoren 40, 402
Verbandsarbeit, Verbandsaussagen s. Verbandshandeln
Verbandsbeschlüsse 52, 53, 54, 58, 71
Verband schöngeistiger und wissenschaftlicher Verleger 151, 215, 216, 218
Verbandshandeln, Verbandstätigkeit 3–5, 6, 7, 30, 43, 44 f., 55, 57, 59, 88, 93, 114, 224, 257, 275, 307, 310, 326, 328, 362 f., 364 f., 373, 377, 378, 379, 380, 391

verbandsschädigendes Verhalten s. funktionales und dysfunktionales Verhalten
Verband südwestdeutscher Autoren 40, 331, 398, 399
Verein 3
Verein Deutscher Bühnenverleger 202
Verein Deutsches Schriftstellerheim in Jena 122 f., 413
Verein schöngeistiger Verleger 203
Vereinigung der Bühnenverleger 62, 64, 80, 200 f., 371
Vereinigung der Bühnenverleger und Bühnenvertriebe 202
Vereinigung der deutschen Schriftstellerverbände, Vereinigung Deutscher Schriftstellerverbände, Bundesvereinigung der deutschen Schriftstellerverbände 41 f., 48 f., 52, 55 f., 57, 58 f., 60, 61, 67, 69 f., 84 f., 87, 90 f., 94, 97 f., 107 f., 109, 112, 115, 127 f., 144 ff., 196, 213 ff., 238 ff., 270 ff., 291, 299, 335 ff., 361, 363, 364, 365, 366, 367, 368, 370, 371, 372, 373, 399, 400, 401 f.
Vereinigung deutscher Musikbearbeiter 70
Vereinigung schönwissenschaftlicher Verleger 64, 204 f., 207, 227, 231
Vereinsmeierei 103, 104, 109
Verfügungsmacht s. Macht
Verkehrsgut 138, 157
Verinnerlichung, verinnerlicht 74 f., 320, 353, 381
Verlag, Verlage 51, 73, 76, 89, 99, 127, 131, 133, 151, 159, 159 f., 161, 164, 165, 166, 168, 169, 170, 171, 177, 189 f., 193, 194, 197, 198, 202, 206, 207, 209, 212, 215, 216, 218, 227, 228, 242, 243, 245, 248, 249, 251, 252, 259, 314, 316, 345, 355, 360, 368, 372, 383, 385, 387, 425
– Verlage, verschiedene:
– Heinrich Bauer Verlag, Hamburg 360, 420
– Bertelsmann-Verlag 131, 170 f., 177, 313, 314, 415 f., 420
– Burda-Gruppe, Offenburg 177, 420
– W. Fischer Verlag, Göttingen 131
– Gruner und Jahr GmbH & Co 177, 420
– Hanser Verlag 172
– Georg von Holtzbrinck GmbH 170 f., 314, 420
– Luchterhand-Verlag 185
– Pabel-Verlag 360
– Reclam-Verlag 200
– Signal-Verlag, Baden-Baden 131
– Axel Springer Gesellschaft für Publizistik KG, Berlin 177, 216, 313, 314, 344, 360, 420
– Türmer-Verlag 360
– Verlag für Buchmarktforschung 162
Verlagsbedingungen s. Arbeits- und Honorarbedingungen
Verlagsprogramm 168
Verlagsrecht, verlagsrechtlich 33, 38, 69, 138, 139, 167, 196, 199, 206, 207, 208, 210, 219, 231, 280 f.
Verlagsvertrag 36, 43, 148 f., 165, 167, 168, 169, 170, 199, 200, 205, 207, 210, 215, 216, 219, 221, 225, 252, 255, 258, 260, 298, 356, 380, 383, 433
Verleger 27, 36, 39, 63 f., 67, 68, 74, 81, 99, 100, 107, 124, 136, 137, 140, 142, 143, 145, 146, 148 f., 150, 151, 153, 155, 157, 158, 159, 160, 161, 162, 167, 173, 174, 188, 189, 191, 196, 198, 199, 200, 203, 204, 208, 209, 212, 213, 215, 216, 218, 219, 221, 224, 225, 226, 227, 228, 229, 230, 231, 232, 233, 235, 236, 237, 239, 240, 241, 245, 247, 248, 249, 252, 255, 256, 258, 260, 262, 265, 268, 283, 284, 293, 306, 312, 322, 330, 368, 370, 371, 372, 376, 384, 428
Vermittler 20, 24, 73, 155 f., 158, 163, 166, 380, 387 (s. auch Verleger, s. auch Redakteur)
Vermittlung 18, 21, 165, 297, 376
Versorgungs- und Erwerbschance 12–14, 20, 21, 22, 29, 120, 135, 155, 159, 160, 162, 163, 164, 165, 167, 172, 174, 186, 188, 192, 206, 224, 228, 311, 368, 369, 370, 371 f., 374, 376, 380, 383, 385, 386
Versorgungswerk der deutschen Presse 128
Verwaltung s. Behörden
Verwertung, Abnehmer literarischer Produkte 35, 75, 102, 112, 127 f., 133, 136, 137, 144, 145, 149, 153, 154, 157, 168 f., 189, 190, 191, 192, 194, 196, 198, 201, 204, 209 f., 224, 235 f., 239, 240, 252, 255, 293, 298, 367, 368, 369, 370, 372, 374, 375, 380, 381, 384, 385
Verwertungsgesellschaft für literarische Urheberrechte (VLU) 370, 424
Verwertungsgesellschaft WORT (VG Wort) 196, 215, 370, 405, 424
Vietnam-Krieg 341, 343, 444
Volk s. Gesellschaft
Vormärz 318

Wahrheit 15, 16, 91, 92, 95, 116, 291, 411
Wahrnehmung, Sichtweise 17, 44 f., 94, 116, 117, 118, 134, 138, 153 f., 156, 258, 302, 355, 379 f., 381, 390
Währungsreform 126, 213, 291, 333
Wandel 1, 9, 21, 24, 28, 29, 65, 92, 94, 108, 112, 114, 115, 116, 117, 119, 134, 136, 151, 153, 159, 163, 181, 187, 200, 206, 216, 242, 258, 273, 274, 276, 278, 296, 302, 317, 332, 339, 340, 341, 344, 345, 361, 362, 369, 373, 375, 377, 379, 382, 383, 387, 388, 389, 390, 391
Weimarer Mindesttarif (WMT) s. Bund der Tarifkämpfer (BdT) – Weimarer Mindesttarif
Weimarer Schriftsteller-Bund (WSB) 37,

51, 62 f., 66, 80 f., 87, 89, 90, 94, 99, 104, 112, 124, 141 f., 194, 226 f., 232 f., 266, 284, 364, 365, 366, 368, 369, 371, 372, 373
Weimarer Verfassung 304, 309, 378
Weisungsrecht, Weisungsgebundenheit 23, 149, 164, 166, 182 f., 187, 238
Weltanschauung 43, 70, 160, 169, 176, 182, 189, 306, 310, 314, 320, 323, 326, 329, 332, 334, 349, 350, 356, 387, 359, 380, 390
Weltauslegung, Deutung der Welt 15, 94, 95, 118, 133, 239, 268 f., 307, 379, 388
Weltkrieg, I. 68, 304, 320, 323
Weltkrieg, II. 442
Weltwirtschaftskrise 125, 206
Werbung als schriftstellerischer Tätigkeitsbereich 11, 91, 392
Werbung für das Buch 161 f., 169, 170, 171, 199, 239
Werbung im Rundfunk 176, 178
Werbung in der Presse 173, 188
Werkkreis Literatur der Arbeitswelt 110, 115, 347 f., 379, 389, 390
Wert, kultureller 92, 94, 116, 156, 226 f., 233, 238, 239, 258 f., 372, 380, 384, 387, 392
Wert, literarischer, Kunstwert 100, 103, 105, 157, 306
Wert, richtungsweisender s. Elite, gesellschaftliche
Wert, wirtschaftlicher 103, 156, 159 f., 160 f., 169, 188, 226, 228, 259, 372, 380, 384
Werthaltungen, Wertklima 5, 29, 30, 31, 44 f., 75, 77, 89, 90, 91, 93, 102, 106, 114, 115, 116, 119, 122, 133, 179, 188, 189, 213 f., 226 f., 257 f., 261, 262, 263, 276, 351, 355, 364, 373 f., 376, 379, 389, 411, 437
wertrationales Handeln 5, 7, 257, 302, 365, 372, 373
Wertschätzung, soziale 25, 29, 53, 114, 264, 265 f., 267, 270, 272, 273, 275, 276, 292, 294, 297, 299, 300, 326, 352, 366, 373
Wertschöpfung 239, 274, 275, 301
Wertung, literarische 29, 30, 32, 37, 62, 66, 74, 78, 79, 80, 81, 85, 86, 87, 93, 96, 102, 104, 105, 106, 107, 108, 110, 112, 114, 115, 120, 123, 125 f., 134, 229, 357, 363, 372, 410 f.
Westdeutscher Autorenverband (WAV) 40, 237, 269, 331, 332, 398, 399
Westdeutscher Schriftstellerbund 397
Wille 16, 18, 375
Wirkung, literarisch künstlerische 27, 76, 278, 305 f., 359, 386, 388, 389 f.
Wirkung, berufspolitische s. Erfolg, berufspolitischer
Wirtschaft, ökonomisch 19 f., 27, 28, 95, 119, 174, 310, 311, 313, 314, 317, 318, 324, 325, 345, 346, 349, 354, 378 f., 382, 384, 385, 389
wirtschaftliche Bedingungen der Literaturproduktion s. Arbeits- und Honorarbedingungen
wirtschaftliche Interessen 32, 33, 34, 35, 36, 37, 38, 39, 41, 43, 44, 48, 51, 70, 74, 75, 80, 83, 88, 92, 96, 97, 102, 103, 108, 119, 138, 140, 152, 154, 155–261, 266, 283, 287, 291 f., 302, 315, 321, 324, 326, 327, 340, 351, 352, 358, 365, 369 ff., 380, 385
Wirtschaftsenthobenheit s. Inkommensurabilität
Wirtschaftsordnung, Wirtschaftssystem 157, 166, 224, 351
Wirtschafts- und Finanzpolitik 278
Wirtschaftsverbände 5, 6, 67, 72
Wissen 14–22, 29, 95, 113, 116, 166, 260, 278, 375, 375 f., 379, 380, 381, 382, 385, 387
Wissenschaft, wissenschaftlich 25, 137, 173, 180, 282, 304, 350, 382
Wissenschaftler 16, 70, 80, 85, 87, 106, 346, 392
wissenschaftliches Buch 11, 17, 159, 170, 408, 412
Wissenssystematik 21, 95, 375
Worturheber, Urheber Wort 92, 94, 112, 130, 215 f., 218, 243 f., 298, 356
Würde des Schriftstellerstandes 100, 123, 126, 264, 270, 292

Zeitschrift s. Presse
Zensur durch ökonomische Bedingungen 166, 311, 314, 378 f.
Zensur, staatliche 33, 34, 37, 38, 39, 104, 108, 115, 166, 185, 286, 303–317, 318 f., 336, 353, 378
Zentrale für private Fürsorge 125
Zentralstelle der Autoren und Verleger GmbH 213, 236
Zentralverband 42, 44, 60, 337
Zentralverwaltung für Volksbildung 213
Zentrum 320
Zersplitterung s. Konkurrenz der Verbände
Ziele, Verbandsziele s. Zweck
Zielorientierung, Zielvorstellung s. Werthaltungen
Zufall 189, 229, 377
Zwangsverband 39, 44
Zweck, Verbandsziel 3, 4, 5, 30, 31, 32–45, 96, 103, 114, 246, 257, 261, 301, 362, 365, 378
zweckrationales Handeln 5, 7, 20, 25, 26, 30, 119, 190, 257, 260, 302, 365, 366, 367, 368, 369, 370, 372, 373, 382, 385, 386
Zweites Deutsches Fernsehen (ZDF) 151, 176, 177, 178, 179, 180, 184, 187, 218, 314, 384